제3판

憲法學(上)

洪性邦

傳 英 社

제 3 판 머리말

제 2 판을 발간하고 나서 2년 반 만에 제 3 판을 낸다.

제 3 판에서는 여러 가지 이유에서 제 2 판에서 미진했던 부분들을 보완하려고 노력하였다. 우선, 저자가 헌법 Ⅰ(1999. 7.)과 헌법 Ⅱ(2000. 3.)를 출판하고 난 후 출판된 10여 종 넘는 국내 헌법교과서들 가운데 계속해서 출간되고 있는 교과서 몇 종과 독일에서 출판된 30여 종의 교과서들 중 저자가 읽을 수 있었던 12종의 교과서 및 2000년대 들어서면서 국내의 여러 논문집에서 발표된 중요한 논문들의 내용을 검토하여 수록하였다.

다음으로, 그리 흔한 경우는 아니지만, 여러 교과서와 논문에서 저자의 생각과는 다르거나 저자의 생각을 오해하는 견해들도 발견되고 있어 가능한 한 그에 대한 저자의 생각을 밝힘과 동시에 저자의 생각에 미숙한 부분이 있었다면 그를 보완 또는 수정하였다.

마지막으로, 제 2 판 발간 이후에 내려진 중요한 헌법재판소 결정들과 대법원 판례들도 가능하면 수록하려고 노력하였다.

그 결과 달라지거나 보완된 중요한 부분은 다음과 같은 것들이다. 1. '영토조항'의 해석과 관련하여 각주에서 많은 문헌의 내용을 검토하여 수록하였다. 2. '자유민주주의원리'를 설명하면서 제 2 판까지는 '복수정당제도'를 '선거제도'에 앞서 기술했던 것을 그 순서를 바꾸었다. 민주주의의 핵심이 국민주권원리라면 오늘날의 간접민주정에서 국민주권원리는 선거에 의하여 실현되며, 선거에서 국민의 정치적 의사가 제대로 실현되도록 하기 위해서 정당이 필요한 것이라면 민주주의원리를 국민주권원리→선거제도→복수정당제도의 순으로 기술하는 것이 더 설득력이 있다고 생각하기 때문이다. 3. 정당에 대한 국고보조금과 관련하여 개인적인 생각을 첨가하였다. 4. 법치주의원리의 말미에 '민주주의와 법치주의의 갈등'이라는 항목을 추가하였다. 5. 기본권의 기능 마지막 부분에 '국가의 기본권 보호의무'라는 항목을 추가하였다. 6. 기본권의 제 3 자효 끝부분에 '기본권의 제 3 자효와 기본권 보호의무'라는 항목을 추가하였다. 독일과 국내의 일부 학자들 가운데 기본권 보호의무를 강조하면서 기본권의 제 3 자효 이론에 대하여 가치 절하적 평가를 하는데 대한 개인적 생각을 밝힌 부분이다. 7. 기본권의 제한과 관련하여 '기본권의 특별한 제한'으로 분류했던 '행정법상의 특별신분관계'(이른바 특별권력관계)를 '기본권의 일반적 제한' 중 '법률에 의한 제한'의 부분으로 옮겼다. 8. 형식적으로는 지난 해 제2판이 발간된 헌법학(중)과 형식을 통일하는 것이 필요하다고 생각되어 판례를 음영 처리하였고, 각주를 편별로 일련의 각주 배열에서 쪽마다 각주를 새롭게 배열하는 방법으로 변경하였다.

이러한 여러 가지 이유로 제2판에 비해 쪽수가 70쪽이나 늘었지만, 여전히 많은 면에서 부족하다는 생각을 금할 수 없다. 모자란 부분은 힘이 닿는 대로 계속해서 고치고 보완하기를 거듭할 것이다.

2016. 2.

홍 성 방

제 2 판 머리말

헌법학 상권에서 다루고 있는 사항은 헌법총론 부분과 기본권총론 부분이다. 따라서 헌법학 상권은 개별기본권을 대상으로 하는 헌법학 중권과 국가기구와 국가작용에 대하여 설명하는 헌법학 하권에 비하여 이론적인 부분이라 할 수 있다. 그런 만큼 헌법학 상권에서 개정판을 내기 위해서는 그에 해당하는 연구가 있어야 한다.

그러나 개정판을 낼 만큼의 공부를 하지 못했다. 그래서 올해 초 출판사의 개정판 제의도 중판으로 대체하는 것으로 대답하였다. 그러나 중판도 이제 거의 남지 않았다고 한다. 다시 중판으로 대신할 수는 없어 개정판이라는 명칭을 쓰기로 했다.

개정판에서는 법령의 개정으로 고친 부분과 헌법재판소의 판례변경으로 판례를 대체한 부분을 제외하곤 기본적으로 달라진 부분은 없다. 그 대신 합헌적 해석과 헌법지향적 해석의 구별이 불분명하다는 지적이 있어 그 부분에 약간의 설명을 첨가하였고, 40여 곳에서 본문의 내용을 이해하는 데 더욱 도움이 되도록 판례를 보충하였으며, 그 밖에 50여 곳에서 본문과 각주를 보완하였다. 부족한 부분은 힘닿는 대로 계속 보완해 나가려고 한다.

이 책이 국가라는 정치공동체 내에서 인간의 존엄을 실현하려는 헌법의 정신을 이해하는 데 작은 부분이나마 도움이 되었으면 한다.

2013. 8.
홍 성 방

머 리 말

헌법은 정치적 선언이다. 헌법은 정치적 과거사에 대한 반성이자 현재와 미래에 대한 청사진이다. 우리의 헌법학은 우리 공동체가 직면하고 있는 여러 가지 문제들에 대한 해결책을 제시해야 한다. 그러기 위해서는 이미 과거가 되어버린(부분적으로는 현실성을 가지고 있기는 하지만 이미 과거에 해결된) 문제들에 대한 해결책으로 제시된 여러 가지 헌법관을 우리 헌법의 해석척도로 그대로 고집할 수는 없다. 달리 표현하자면, 우리의 현실은 여러 가지 헌법관이 성립되는 당시에는 알려져 있지도 않았던 문제들(특히 환경문제와 핵문제와 같은 인류의 사활이 걸린 문제들), 당시에도 알려져 있었지만 현재에는 과거와 다른 형태로 제기되는 문제들(이른바 선진국과 개발도상국 사이에서는 물론 한 국가 내에서도 부유층과 빈곤층 사이에서 발생하는 사회적 정의의 문제) 및 우리에게 특유한 과제들(남북분단의 평화적 해결, 예컨대 점점 늘어가는 다문화가정의 문제)에 대하여 설득력 있는 해결책을 제시할 수 있는 새로운 헌법관을 요구하고 있다.

새로운 헌법관은 이러한 문제와 과제의 해결을 통하여 이루려는 목적을 분명히 해야 한다. 헌법은 국가의 기본법이고 국가는 국민으로 이루어진다. 따라서 국민은 국가의 근간이다(民惟邦本). 국가는 국민 각 개인의 그리고 전체로서의 국민의 '인간의 존엄의 실현'이라는 국민의 공통된 바람을 실현해야 한다. 결국 헌법학은 단순한 조직법에 대한 설명도(법실증주의 헌법관), 적나라한 실력자의 결단을 정당화하는 것도(결단론적 헌법관) 또한 정치적 통합의 법에 대한 기술도(통합론적 헌법관) 아니고, 그렇다고 헌법조문의 해석방법론(이른바 대화이론과 규칙/원칙모델)에 한정된 것도 아니다. 결국 헌법학은 국가공동체 내에서 인간의 존엄을 확보하기 위한 기본법인 헌법에 대한 체계적인 서술이자 논증이라고 할 수 있다.

1989년 헌법재판소가 출범한 후 이제까지 거의 대부분의 헌법적 분쟁들이 유권해석을 통하여 설득력 있게 해결되었다. 그러나 헌법재판소 결정례 중에는 이해하기 힘든 것도 없지는 않다. 세계의 모든 헌법학 관련 서적들을 섭렵한 것은 아니지만 헌법개정의 대상은 성문헌법전의 조항이라는 것이 세계적인 통설인데 관습헌법도 헌법개정의 대상이라고 한 결정, 양심의 개념과 관련하여 협의의 윤리적 양심설과 광의의 사회적 양심설을 오락가락하고 있는 결정들,

청구인의 주장 요지에 대한 검토도 없이 결론을 내린 결정(일반사병 이라크파병 위헌확인 사건)들이 그 대표적 예라고 할 수 있다. 어떻든 헌법에 대한 최종유권해석기관인 헌법재판소의 결정례를 열거하는 것을 헌법학의 본분인 듯 착각하고 있는 책들도 없지 않다. 그렇게 하는 것에 국한되지는 않지만 주로 그렇게 하면서 한국적 헌법학을 운위하는 경우도 있다. 그러나 이로써 헌법학의 실존적 임무를 다한 것으로 볼 수는 없을 것이다.

헌법학도 이론인 이상 다음과 같은 질문으로부터 자유스러울 수는 없을 것으로 생각된다. 이론은 그 이론과 일치하지 않는 실현에 대하여 어느 정도까지 책임을 져야 하는가. 정신적인 것은 도대체 현실적인 사건에 대하여 책임질 수 있는가. 이에 대한 대답은 다음과 같은 것일 수밖에 없다고 생각한다. 현실적인 사건이 정신적인 것의 결과이고 그것이 예견된 것이었다면 책임을 져야 한다. 구름이 흘러갔다고 구름이 존재했던 사실까지 부정할 수는 없다. 법관뿐만 아니라 법학자도 법과 양심에 따라야 한다는 데에는 이론이 있을 수 없다.

따라서 당연한 일이지만, 이 책은 개념의 정확한 사용, 논리의 일관성, 문헌의 정확한 인용과 그리고 우리 실정헌법을 근거로 한 논증에 철저하려고 하였다. 그러다 보니 다른 헌법학 책들과는 달리 많은 각주를 적어놓을 수밖에 없었다. 그리고 경우에 따라서는 헌법의 개괄서로서는 반드시 필요한 것으로 생각되지도 않는 부분들에 대해서도 어느 정도의 양을 할애할 수밖에 없었다. 그러나 주장은 있되 논거가 없는, 또는 논증절차 없이 한두 사람의 대가를 인용하여 그것이 모든 것인 양 결론을 내리는, 그것도 아니면 일정한 원칙 없이 헌법에 관한 다수의 사실을 열거하는 것으로 할 일을 다했다고 치부하는 우리의 부분현실에 대한 반성은 있어야 한다는 것이 저자의 지론이다.

올해부터는 기존의 헌법학 책을 절판하고 박영사에서 책을 내기로 했다. 이 기회에 학생들의 편의를 위해 상, 중, 하 세 권으로 분권하기로 했다. 무거운 책을 들고 다니는 학생들이 안쓰럽기도 했고, 한 학기 동안 헌법 중 일부분만을 공부하는데 헌법 전부에 대한 책이 필요하지도 않을 것이라는 판단에서이다. 참고로 상권은 헌법일반이론과 기본권일반이론, 중권은 개별기본권, 하권은 국가작용과 국가기관에 대한 것임을 밝혀둔다.

지난 11년 동안 책을 출판해 준 현암사 관계자들에게 이 기회에 고마움을 표한다. 또한 이 책의 발간을 선뜻 허락해주신 박영사의 안종만 회장님, 편집·출판과정에서 여러 가지로 도와주신 이구만 부장님과 나경선 과장님, 어느덧 커서 교정과 함께 조언까지 해준 유창이와 경선이 그리고 까다로운 성격의 저자를 불평 없이 내조해 왔으면서도 아직껏 고맙다는 말을 거의 들어본 적 없는 아내에게도 고맙다는 말을 해야 하겠다.

헌법학에 뜻을 둔 지 35년, 점점 '소년은 늙기 쉽고 학문은 이루기 어렵다'(少年易老學難成)라는 말이 가지는 의미를 실감하고 있다. 동학의 후배들에게 이 말의 뜻을 절감하게 되면 늦을 것이라는 말을 해주어도 될 나이가 되었다. 독자들이 읽어서 실망하지는 않을 책을 쓰는 것이 언제나 소박한 희망사항이었다. 그러나 그러한 바람이 이루어지기가 어렵다는 것도 잘 안다. 따라서 힘이 닿는 한 언제라도 부족한 부분에 대해서는 고치고 보완하기를 거듭할 생각이다.

2010. 2.
南海 知足 無望軒에서
洪 性 邦

차 례

第 1 編 憲法의 基礎

第 1 章 憲法의 槪念과 特性

第 1 節 憲法의 槪念 ··· 3
1. 憲法의 語義 ··· 3
(1) 憲法의 意義 ··· 3
(2) 法學的 意味의 憲法 ··· 4
(3) 法學的 意味의 憲法 分類 ··· 4
2. 憲法學과 憲法觀 ··· 6
(1) 憲 法 學 ··· 6
(2) 憲法解釋學과 憲法觀 ··· 6
3. 法實證主義的 憲法槪念 ··· 7
(1) 法實證主義的 憲法槪念 ··· 7
(2) 法實證主義的 憲法槪念의 問題點과 實質的 憲法觀의 登場 ··· 8
4. 決斷論的 憲法槪念 ··· 8
(1) 決斷論的 憲法槪念—슈미트의 憲法에 대한 槪念定義 ··· 8
(2) 決斷論主 憲法槪念의 問題點 ··· 10
5. 統合論的 憲法槪念 ··· 11
(1) 統合論的 憲法槪念—스멘트의 憲法에 대한 槪念定義 ··· 11
(2) 헤세에 의한 統合論的 憲法槪念의 發展 ··· 12
(3) 統合論的 憲法槪念의 問題點 ··· 12
6. 憲法의 槪念定義 ··· 13
(1) 綜合的 考察의 必要性 ··· 13
(2) 國家에 대한 언급의 必要性 ··· 14
(3) 憲法의 槪念定義에 經濟秩序를 포함시켜야 할 當爲性 ··· 16
(4) 憲法의 槪念定義 ··· 17

第 2 節 憲法의 特性 ··· 17
1. 憲法의 特性의 槪念 ··· 17
(1) 國內學說의 槪觀 ··· 17

(2) 私　見 …… 18
2. 憲法의 包括的 規範性 …… 19
3. 憲法의 最高規範性 …… 19
(1) 憲法의 最高規範性 …… 19
(2) 法律이 憲法에 合致되어야 한다는 말의 意味 …… 20
(3) 憲法의 最高規範性의 宣言方法 …… 20
(4) 憲法의 自己保障性과 憲法에의 의지 …… 20
4. 憲法의 組織規範性 …… 21
(1) 憲法의 組織規範性 …… 21
(2) 憲法의 權力制限性 …… 21
5. 憲法의 政治·經濟規範性 …… 21
(1) 憲法의 政治規範性 …… 21
(2) 憲法의 經濟規範性 …… 22
6. 憲法의 構造的 開放性 …… 22
(1) 憲法의 構造的 開放性 …… 22
(2) 憲法이 構造的으로 開放性을 띨 수밖에 없는 이유 …… 23
(3) 憲法의 構造的 開放性에 대한 例外 …… 23

第 2 章　憲法의 解釋

第 1 節　憲法解釋의 意義 …… 24
1. 憲法解釋의 槪念 …… 24
2. 憲法解釋의 必要性 …… 24
3. 憲法解釋의 課題 …… 25
第 2 節　憲法解釋의 方法 …… 26
1. 傳統的 解釋方法 …… 26
(1) 傳統的 解釋方法 …… 26
(2) 傳統的 解釋方法을 추종하고 있는 學說과 判例 …… 28
2. 憲法에 固有한 解釋方法 …… 29
(1) 憲法에 固有한 解釋方法의 必要性 …… 29
(2) 憲法에 固有한 解釋方法 …… 30
(3) 學說에 대한 檢討 …… 33
3. 私　見 …… 33

第 3 節 憲法解釋의 指針과 限界 ······ 34
1. 憲法解釋의 指針 ······ 34
(1) 槪 觀 ······ 34
(2) 憲法解釋의 具體的 指針 ······ 35
2. 憲法解釋의 限界 ······ 37

第 4 節 合憲的 法律解釋(憲法合致的 解釋) ······ 37
1. 合憲的 法律解釋의 槪念 ······ 37
2. 合憲的 法律解釋과 區別되어야 할 槪念 ······ 38
3. 合憲的 法律解釋의 理論的 根據 및 受容 ······ 39
4. 合憲的 法律解釋의 限界 ······ 41

第 3 章 憲法의 制定과 改正

第 1 節 憲法의 制定 ······ 43
1. 憲法의 制定 ······ 43
2. 憲法制定權力의 槪念과 主體 ······ 44
(1) 憲法制定權力의 槪念 ······ 44
(2) 憲法制定權力의 主體 ······ 45
3. 憲法制定權力理論의 形成과 展開 ······ 46
(1) 시이예스의 理論 ······ 46
(2) 슈미트의 理論 ······ 47
4. 憲法制定權力의 行使와 限界 ······ 48
(1) 憲法制定權力의 行使方法 ······ 48
(2) 憲法制定權力의 限界 ······ 49
5. 憲法制定權力과 正當性의 문제 ······ 50
(1) 學 說 ······ 50
(2) 學說에 대한 批判 ······ 50
(3) 私 見 ······ 51

第 2 節 憲法의 改正 ······ 51
1. 憲法改正의 意義 ······ 51
(1) 憲法改正의 槪念과 必要性 ······ 51
(2) 憲法改正과 區別되어야 할 槪念들 ······ 53
(3) 憲法改正의 類型 ······ 55

2. 憲法改正의 方法과 節次 ······ 55
(1) 憲法改正의 方法 ······ 55
(2) 우리 憲法上의 憲法改正節次 ······ 56
(3) 憲法改正에 대한 現行憲法規定의 問題點 ······ 57
3. 憲法改正의 限界 ······ 58
(1) 意 義 ······ 58
(2) 憲法改正無限界論—法實證主義的 憲法觀 ······ 59
(3) 憲法改正限界論 ······ 60
(4) 憲法改正의 具體的 限界 ······ 62
4. 韓國憲法 改正略史 ······ 64
(1) 建國憲法 ······ 64
(2) 제1차·제2차 改憲 ······ 64
(3) 제3차·제4차 改憲 ······ 65
(4) 제5차·제6차 改憲 ······ 65
(5) 제7차 改憲 ······ 65
(6) 제8차 改憲 ······ 66
(7) 제9차 改憲 ······ 68
(8) 韓國憲法改正史의 特徵 ······ 68

第4章 憲法의 適用範圍

第1節 槪 觀 ······ 69
第2節 國 民 ······ 69
1. 國民의 槪念과 地位 ······ 69
(1) 國民의 槪念 ······ 69
(2) 國民의 地位 ······ 70
2. 國籍의 取得과 喪失 ······ 71
(1) 國籍法定主義 ······ 71
(2) 國籍의 取得方法 ······ 72
(3) 國籍喪失 ······ 73
3. 在外國民의 保護 ······ 74
(1) 在外國民의 槪念 ······ 74
(2) 在外國民의 保護 ······ 74
(3) 在外國民登錄制度 ······ 75
4. 脫北住民의 問題 ······ 77

(1) 判例와 學說 …… 77
(2) 私 見 …… 77

第3節 領 域 …… 78

1. 領域의 槪念 …… 78
(1) 槪 念 …… 78
(2) 憲法規定 …… 78
(3) 領海와 領空 …… 79
2. 領域의 變更 …… 80
3. 北韓地域 …… 80
(1) 判例의 立場 …… 80
(2) 學 說 …… 82
(3) 學說에 대한 檢討 …… 82
(4) 私 見 …… 83

第5章 憲法의 守護

第1節 憲法守護槪觀 …… 87

1. 憲法守護의 槪念 …… 87
2. 憲法의 守護者 …… 88
(1) 憲法의 守護者論爭 …… 88
(2) 韓國憲法上 憲法의 守護者 …… 90
3. 憲法守護의 手段 …… 91
(1) 憲法秩序에 대한 공격의 類型 …… 91
(2) 憲法守護의 수단 …… 92

第2節 抵 抗 權 …… 92

1. 抵抗權의 槪念 …… 92
(1) 抵抗權의 歷史的 展開 …… 92
(2) 憲法守護手段으로서의 抵抗權 …… 92
2. 抵抗權의 根據 …… 93
3. 抵抗權의 行使主體와 行使對象 …… 95
(1) 抵抗權의 行使主體 …… 95
(2) 抵抗權의 行使對象 …… 95
(3) 抵抗權의 手段 …… 96

4. 抵抗權의 行使要件 ········ 96
(1) 最後手段性, 明白性, 成功可能性 ········ 96
(2) 抵抗權의 行使要件에 대한 새로운 解釋의 試圖와 抵抗權認定의 意味 ········ 97

第 3 節 防禦的 民主主義 ········ 101
1. 一 般 論 ········ 101
(1) 防禦的 民主主義의 槪念 ········ 101
(2) 防禦的 民主主義의 受容背景 ········ 102
(3) 防禦的 民主主義의 問題點과 限界 ········ 103
2. 違憲政黨解散 ········ 105
3. 基本權의 失效 ········ 106
(1) 規定 및 機能 ········ 106
(2) 基本權失效의 要件과 效果 ········ 107
(3) 基本權失效의 現實的 意義 ········ 108

第 2 編 憲法의 基本原理

第 1 章 憲法의 基本原理와 憲法前文

第 1 節 憲法의 基本原理 ········ 111
1. 意 義 ········ 111
(1) 槪 念 ········ 111
(2) 憲法의 基本原理의 표현형태 ········ 112
(3) 憲法의 基本原理의 拘束力 ········ 112
2. 韓國憲法의 基本原理 ········ 113
(1) 學 說 ········ 113
(2) 學說에 대한 檢討 ········ 114
(3) 私 見 ········ 114

第 2 節 憲法前文 ········ 116
1. 憲法前文의 意義 ········ 116
(1) 憲法前文의 槪念 ········ 116
(2) 憲法前文의 歷史 ········ 116

(3) 憲法前文의 內容과 形式 ········ 116
2. 憲法前文의 法的 性格 ········ 117
(1) 憲法前文의 法的 性格에 대한 논의의 발단 ········ 117
(2) 憲法前文의 法的 性格 ········ 117
(3) 韓國 憲法前文의 機能 ········ 118
3. 憲法前文의 內容과 憲法의 基本原理 ········ 119
(1) 槪　　觀 ········ 119
(2) 憲法前文의 內容 ········ 119
(3) 憲法前文에 表現된 憲法의 基本原理 ········ 120

第 2 章　韓國憲法의 基本原理

第 1 節　自由民主主義原理 ········ 122
第 1 項　槪　　觀 ········ 122
1. 憲法規定 ········ 122
(1) 憲法의 基本原理로서의 民主主義 ········ 122
(2) 自由民主主義와 國民主權原理의 관계에 대한 학설 ········ 122
(3) 民主主義에 대한 역사적·이념사적 개관의 필요성 ········ 123
2. 民主主義 ········ 123
(1) 由　　來 ········ 123
(2) 近代民主主義의 이념 ········ 123
3. 自由民主的 基本秩序 ········ 125
(1) 自由民主的 基本秩序에 대한 槪念定義 ········ 125
(2) 民主的 基本秩序와 自由民主的 基本秩序의 相互關係 ········ 127
4. 우리 憲法에 具體化된 自由民主主義原理(狹義의 民主主義) ········ 133
(1) 廣義의 民主主義와 狹義의 民主主義 ········ 133
(2) 政治原理로서의 民主主義의 구성요소 ········ 133
第 2 項　國民主權의 原理 ········ 133
1. 憲法規定 ········ 133
2. 民主共和國의 意味 ········ 134
(1) 共和國의 歷史的 意味 ········ 134
(2) 共和國의 現代的 意味 ········ 134
3. 國民主權의 意味 ········ 135
(1) 主權理論의 歷史的 展開 ········ 135

(2) 國民主權의 現代的 意味 ········· 136
4. 民主共和國과 國民主權의 關係 ········· 138
(1) 民主共和國과 國民主權의 관계에 대한 학설 ········· 138
(2) 民主共和國과 國民主權의 관계에 대한 사견 ········· 139
(3) 우리 憲法 제1조의 國民主權原理의 의미 ········· 139
5. 國民主權의 行使方法 ········· 140
(1) 槪 觀 ········· 140
(2) 直接民主制 ········· 141
(3) 間接民主制 ········· 143

第3項 選擧制度 ········· 143
1. 選擧의 意義 ········· 143
2. 選擧權과 被選擧權 ········· 146
(1) 選 擧 權 ········· 146
(2) 被選擧權 ········· 150
3. 選擧의 基本原則 ········· 151
(1) 槪 觀 ········· 151
(2) 普通選擧 ········· 151
(3) 平等選擧 ········· 153
(4) 直接選擧 ········· 154
(5) 秘密選擧 ········· 155
(6) 自由選擧 ········· 157
4. 代表制와 選擧區制 ········· 158
(1) 代表制와 選擧區制의 槪念 및 相互關係 ········· 158
(2) 代表制와 選擧區制의 類型 ········· 158
5. 現行法上의 選擧制度 ········· 162
(1) 大統領選擧·國會議員選擧·地方自治團體選擧 ········· 162
(2) 選擧運動 ········· 165
(3) 選擧에 관한 爭訟 ········· 171

第4項 複數政黨制度 ········· 173
1. 政黨의 憲法에의 受容과 複數政黨制의 意義 ········· 173
(1) 政黨의 成立과 政黨國家의 登場 ········· 173
(2) 우리 憲法의 政黨條項과 複數政黨制의 意義 ········· 176
2. 政黨의 槪念과 政黨의 任務 ········· 178
(1) 政黨의 槪念 ········· 178
(2) 政黨의 任務 ········· 180

3. 政黨의 憲法上 地位와 法的 形態 ······ 181
(1) 政黨의 憲法上 地位 ······ 181
(2) 政黨의 法的 形態 ······ 186
4. 政黨과 政治資金 ······ 187
(1) 政治資金의 意義 ······ 187
(2) 우리 現行法上의 政治資金 ······ 188
5. 政黨의 解散과 登錄取消 ······ 193
(1) 政黨解散의 種類 ······ 193
(2) 政黨의 强制解散의 意義 ······ 193
(3) 政黨의 强制解散의 要件 ······ 194
(4) 解散決定의 執行과 政黨解散의 效果 ······ 198
(5) 政黨의 登錄取消 ······ 200

第 5 項　多數決原理 ······ 201
1. 民主主義와 多數決原理의 相關關係 ······ 201
(1) 決定의 槪念 ······ 201
(2) 多數決과 民主主義의 관계 ······ 202
2. 多數決原理의 歷史的 展開 ······ 203
(1) 多數란 용어의 由來 ······ 203
(2) 多數決原理의 의미 ······ 203
(3) 고대와 중세의 多數決 ······ 203
(4) 근대의 多數決原理 ······ 204
3. 民主主義에 있어서 多數決原理의 正當性根據 ······ 204
(1) 多數決原理의 正當性根據 ······ 204
(2) 法的인 側面에서 多數決原理를 正當化하려는 見解 ······ 205
(3) 內的으로 多數決原理를 正當化하려는 見解 ······ 206
(4) 私　　見 ······ 207
4. 民主主義에 있어서 多數決原理의 前提와 限界 ······ 208
(1) 多數決原理의 前提 ······ 208
(2) 多數決原理의 限界 ······ 211
5. 多數決原理의 類型과 適用 ······ 212
(1) 全體數의 確定方法 ······ 212
(2) 決定多數의 類型 ······ 212
(3) 多數決의 類型과 우리 憲法 ······ 213

第 2 節　法治主義原理 ······ 213

1. 法治主義의 槪念 ···· 213
2. 法治主義 思想의 展開 ···· 215
(1) 英國의 法의 支配 ···· 215
(2) 獨逸의 法治國家 ···· 218
3. 法治主義의 意義 ···· 221
4. 우리 憲法에 具體化된 法治主義 ···· 222
(1) 우리 憲法에 具體化된 法治主義의 要素에 대한 檢討 ···· 222
(2) 基本權保障 ···· 223
(3) 權力分立制度 ···· 224
(4) 國家作用, 특히 立法作用의 憲法 및 法羈束 ···· 224
(5) 行政의 合法律性 ···· 225
(6) 司法的 權利保護 ···· 226
(7) 公權力行使의 豫測可能性保障과 信賴保護의 原則 ···· 227
(8) 比例의 原則 ···· 231
5. 民主主義와 法治主義의 갈등 ···· 231

第 3 節 社會國家原理 ···· 234

1. 社會國家 解析 모델에 대한 檢討 ···· 234
(1) 憲法의 基本原理 ···· 234
(2) 社會國家槪念의 不確定性 ···· 235
(3) 社會國家 解釋모델에 대한 檢討 ···· 236
2. 社會國家의 槪念的 由來와 社會國家를 登場시킨 原因들 ···· 237
(1) 社會國家의 槪念的 由來 ···· 237
(2) 社會國家를 登場시킨 原因들 ···· 238
3. 社會國家의 槪念 및 法的 性格 ···· 240
(1) '社會的'(sozial)이라는 말의 뜻 ···· 240
(2) 社會國家의 槪念定義 ···· 242
(3) 社會國家의 法的 性格 ···· 243
4. 社會國家의 理念的 內容 ···· 246
(1) 槪 觀 ···· 246
(2) 社會的 正義 ···· 247
(3) 社會的 安全 ···· 248
(4) 社會의 統合 ···· 250
5. 社會國家와 補充性의 原理 ···· 252
(1) 槪 觀 ···· 252
(2) 補充性의 原理의 意味와 性格 ···· 253

(3) 社會國家와 補充性의 原理 ··· 254
6. 社會國家와 法治國家의 關係 ··· 256
(1) 學 說 ··· 256
(2) 私 見 ··· 257
7. 社會國家의 限界 ··· 259
8. 우리 憲法에 具體化된 社會國家原理 ··· 260

第 4 節 文化國家原理 ··· 261
1. 憲法의 基本原理 ··· 261
(1) 文化에 대한 최초의 憲法規定 ··· 261
(2) 우리 憲法의 基本原理 ··· 262
2. 文化國家의 槪念 ··· 263
(1) 文化의 槪念 ··· 263
(2) 文化와 國家의 關係 ··· 264
(3) 文化國家의 槪念 ··· 265
3. 文化國家의 內容 ··· 266
(1) 文化的 自律性의 保障 ··· 266
(2) 文化의 保護·育成·振興·傳受 ··· 268
(3) 文化的 平等權의 保障 ··· 270
4. 우리 憲法에 具體化된 文化國家原理 ··· 270

第 5 節 平和國家原理 ··· 274
1. 平和國家의 意義 ··· 274
(1) 平和國家의 槪念 ··· 274
(2) 平和國家의 展開 ··· 275
2. 우리 憲法에 具體化된 平和國家原理 ··· 277
(1) 憲法規定 ··· 277
(2) 侵略戰爭의 否認 ··· 277
(3) 國際法尊重主義 ··· 278
(4) 外國人의 法的 地位保障 ··· 283
(5) 平和的 統一指向 ··· 283

第 3 編 基本權一般理論

第 1 章 基本權의 歷史的 展開

第 1 節 序 論 …… 287

1. 法의 歷史와 政治史의 關聯性 …… 287
2. 基本權思想의 淵源 …… 287
3. 基本權思想의 成文化 …… 288
4. 絕對主義國家觀 …… 288
5. 市民階級의 등장과 득세 …… 288
6. 自由와 法的 安定性에 대한 要求 …… 289

第 2 節 自由權的 基本權의 歷史的 展開 …… 289

1. 原基本權(Ur-Grundrecht) …… 289
   (1) 人權의 起源에 대한 부뜨미와 옐리네크의 論爭 …… 289
   (2) 英國의 大憲章 …… 290
   (3) 大憲章의 法的 性格 …… 291
   (4) 私 見 …… 292
2. 英 國 …… 292
   (1) 英國에서의 人權 및 基本權의 展開 …… 292
   (2) 英國에서의 人權 및 基本權展開의 特色 …… 293
3. 美 國 …… 293
   (1) 美國에서의 人權 및 基本權의 展開 …… 293
   (2) 美國에서의 人權 및 基本權展開의 特色 …… 295
4. 프 랑 스 …… 296
   (1) 人間과 市民의 權利宣言 …… 296
   (2) 人間과 市民의 權利宣言 以後 …… 297
5. 獨 逸 …… 299
   (1) 獨逸의 特殊한 狀況 …… 299
   (2) 獨逸에서의 人權과 基本權의 展開 …… 299

第 3 節 社會的 基本權의 登場과 展開 …… 302

1. 一 般 論 …… 302
2. 프랑스 大革命을 前後한 時期의 社會權 …… 303

(1) 루이16세의 布告文과 社會權 ………… 303
(2) 프랑스 大革命과 社會權 ………… 303
(3) 자코뱅당의 憲法草案과 社會權 ………… 304
3. 英國의 차티즘運動과 社會權 ………… 305
4. 1848년 革命期의 社會權 ………… 306
(1) 1848년의 프랑스革命과 社會權 ………… 306
(2) 1848/1849년의 프랑크푸르트憲法과 社會權 ………… 307
5. 바이마르憲法과 社會權 ………… 309
(1) 바이마르憲法의 成立背景 ………… 309
(2) 바이마르憲法에 規定된 社會的 基本權 ………… 311
(3) 바이마르憲法의 基本權에 대한 評價 ………… 311
6. 그리스도 교회의 社會倫理와 社會權 ………… 313

第 4 節 1945년 이후의 人權保障—人權保障의 現代的 展開 ………… 313

1. 人權保障의 現代的 趨勢 ………… 313
2. 人權保障의 國際化 ………… 314
(1) 國際的 人權宣言 ………… 314
(2) 國際聯盟과 人權의 國際化—특히 國際勞動機構 ………… 315
(3) 國際聯合의 成立과 人權의 國際化 ………… 315
(4) 유럽人權協約 ………… 316
(5) 國際人權規約 ………… 317
(6) 人權의 效力 ………… 317
3. 社會的 人權의 憲法的 受容 ………… 318
4. 第三世代 人權의 登場 ………… 319
(1) 人權의 現在的 狀況 ………… 319
(2) 第三世代 人權의 登場과 그 目錄 ………… 320
(3) 第三世代 人權의 特色 ………… 321
(4) 第三世代 人權에 대한 反對論據 ………… 321
(5) 私 見 ………… 322

第 2 章 基本權의 概念과 分類

第 1 節 基本權의 概念 ………… 324

1. 基本權의 概念定義 ………… 324
(1) 基本權의 一般的 概念定義 ………… 324

(2) 狹義의 基本權概念과 廣義의 基本權概念 ······ 325
(3) 私 見 ······ 325
2. 人權과 基本權 ······ 326
(1) 人權과 基本權의 相關關係 ······ 326
(2) 人權과 基本權의 區別 ······ 328
(3) 基本權이 人權에서 由來한다는 말의 意味 ······ 330
(4) 특히 基本權과 (基本)價値 ······ 333
(5) 人間의 權利와 國民의 權利 ······ 336

第 2 節 基本權의 分類 ······ 338
1. 學說의 槪觀 ······ 338
(1) 多 數 說 ······ 338
(2) 小 數 說 ······ 339
2. 옐리네크의 地位論과 그 現代的 變容 ······ 339
(1) 옐리네크의 地位論 ······ 339
(2) 批 判 ······ 341
(3) 現代的 變容 ······ 342
3. 生活領域에 따른 基本權의 分類 ······ 344
(1) 內 容 ······ 344
(2) 檢 討 ······ 345
4. 私 見 ······ 348

第 3 章 基本權의 本質과 機能(性格)

第 1 節 基本權의 本質—基本權理論 ······ 349
1. 基本權理論의 새로운 體系化와 現代의 基本權理論에 미친 스멘트의 影響 ······ 349
(1) 基本權理論의 새로운 體系化 ······ 349
(2) 現代의 基本權理論에 미친 스멘트의 影響 ······ 350
2. 自由主義的(市民的·法治國家的) 基本權理論 ······ 351
(1) 內 容 ······ 351
(2) 評 價 ······ 352
(3) 現代的 意味 ······ 353
3. 制度的 基本權理論 ······ 354
(1) 슈미트의 制度保障理論 ······ 355

(2) 해벌레 *P. Häberle*의 制度的 基本權理論 ······ 358
4. 價値理論 ······ 362
(1) 成立背景 ······ 362
(2) 內 容 ······ 362
(3) 評 價 ······ 363
5. 民主的 機能理論 ······ 364
(1) 內 容 ······ 364
(2) 評 價 ······ 365
6. 社會國家的 基本權理論 ······ 366
(1) 內 容 ······ 366
(2) 評 價 ······ 367
7. 基本法의 基本權理論 ······ 369
(1) 內 容 ······ 369
(2) 評 價 ······ 370
(3) 基本法의 基本權理論을 補完하려는 試圖 ······ 370
8. 私見—우리 憲法의 基本權理解 ······ 372

第 2 節 基本權의 機能 ······ 374
1. 一 般 論 ······ 374
2. 主觀的 公權으로서의 基本權 ······ 375
(1) 主觀的 公權 ······ 375
(2) 防禦權的 機能, 參與權的 機能, 請求權的 機能, 給付權的 機能 ······ 376
(3) 특히 社會權的 基本權에 대하여 ······ 377
3. 客觀的 價値秩序(法秩序, 法原理)로서의 基本權 ······ 380
4. 制度的 保障으로서의 基本權 ······ 383
5. 국가의 기본권보호의무 ······ 384

第 4 章 基本權享有의 主體

第 1 節 一 般 論 ······ 387
第 2 節 國 民 ······ 387
1. 國民의 範圍 ······ 387
2. 基本權의 主體能力과 基本權의 行使能力 ······ 388
(1) 基本權의 主體能力 ······ 388

(2) 基本權의 行使能力 ··· 390
(3) 基本權의 行使能力의 制限에 관한 理論과 判例
(특히 未成年者의 基本權行使能力) ··· 391

第3節 外 國 人 ··· 396

1. 外國人의 範圍 ··· 396
2. 外國人의 基本權享有主體性 ··· 396
(1) 憲法觀에 따른 見解의 차이 ··· 396
(2) 國內 학자들의 見解 및 判例 ··· 397
(3) 私 見 ··· 398

第4節 法 人 ··· 400

1. 問 題 點 ··· 400
2. 法人의 基本權享有主體性의 根據 ··· 400
(1) 法人의 基本權享有主體性認定與否에 관한 學說 ··· 400
(2) 私 見 ··· 401
3. 內國法人 ··· 402
(1) 私法上의 法人 ··· 402
(2) 公法上의 法人 ··· 405
4. 外國法人 ··· 409
5. 性質上 法人에게 適用될 수 있는 基本權 ··· 411
(1) 原 則 ··· 411
(2) 韓國憲法上 法人에게 適用될 수 있는 基本權 ··· 411

第5章 基本權의 效力

第1節 槪念과 種類 ··· 413

1. 槪 念 ··· 413
2. 基本權의 對國家的 效力 ··· 413
3. 基本權의 對私人的 效力 ··· 413
4. 基本權의 放射效 ··· 414

第2節 基本權의 對國家的 效力 ··· 415

1. 基本權의 立法權羈束 ··· 415
2. 基本權의 行政權羈束 ··· 416
3. 基本權의 司法權羈束 ··· 417

第 3 節 基本權의 效力擴張論 ········ 418

1. 一 般 論 ········ 418
2. 美國에서의 接近方法—公的 關係擬制論(美國判例) ········ 418
   (1) 修訂憲法 第14條 ········ 418
   (2) 셸리 대 크래머 事件 ········ 419
   (3) 公的 關係擬制論 ········ 419
   (4) 公的 關係擬制論의 特徵 ········ 420
3. 獨逸의 理論—基本權의 第 3 者的 效力 ········ 420
   (1) 基本權의 第 3 者的 效力否定說 ········ 421
   (2) 直接適用說 ········ 422
   (3) 間接適用說 ········ 425
   (4) 그 밖의 學說 ········ 428
   (5) 基本權의 第 3 者的 效力이 認定되는 結果 發生하는 問題 ········ 429
4. 韓國憲法과 基本權의 第 3 者的 效力 ········ 429
   (1) 學 說 ········ 429
   (2) 判 例 ········ 432
5. 基本權의 第 3 者效와 (국가의) 基本權 保護義務 ········ 433

第 6 章 基本權의 衝突과 競合

第 1 節 基本權의 衝突 ········ 434

1. 理論的 背景 ········ 434
2. 槪 念 ········ 435
   (1) 槪 念 ········ 435
   (2) 區別되어야 할 槪念 ········ 436
3. 基本權의 衝突을 解決하는 方法 ········ 438
   (1) 解釋에 일임된 問題의 解決 ········ 438
   (2) '立法의 自由領域의 理論'(Die Theorie des legislatorischen Freibereichs) ········ 439
   (3) '基本權의 서열질서'(Rangordnung der Grundrechte)의 理論 ··· 440
   (4) 法益衡量理論—獨逸聯邦憲法裁判所 判例의 立場 ········ 442
   (5) '實際的 調和'(praktische Konkordanz)의 理論 ········ 444
   (6) 憲法裁判所의 立場 ········ 445
   (7) 私 見 ········ 447

第 2 節 基本權의 競合 ········· 448
1. 槪念 및 類型 ········· 448
(1) 槪 念 ········· 448
(2) 類 型 ········· 449
2. 解 決 策 ········· 449
(1) 一般的 基本權과 特別基本權이 競合하는 경우 ········· 449
(2) 制限程度가 다른 基本權들이 競合하는 경우 ········· 449
(3) 規範領域이 서로 다른 基本權들이 競合하는 경우 ········· 452
(4) 私 見 ········· 452

第 7 章 基本權의 限界와 制限

第 1 節 基本權의 限界 ········· 455
1. 基本權制限의 槪念 ········· 455
2. 基本權의 保護領域과 基本權制限의 相關關係 ········· 458
(1) 基本權의 制限可能性 ········· 458
(2) 基本權의 保護領域 ········· 459
(3) 基本權의 保護領域의 確定 ········· 460
3. 基本權制限의 對象과 形態 ········· 461
(1) 對 象 ········· 461
(2) 形 態 ········· 463
第 2 節 基本權의 內在的 限界 ········· 464
1. 內在的 限界의 槪念 및 作用 ········· 464
(1) 基本權의 內在的 限界理論의 登場背景 ········· 464
(2) 基本權의 內在的 限界의 槪念 ········· 466
(3) 基本權의 內在的 限界의 作用 ········· 466
2. 基本權의 內在的 限界에 관한 學說 ········· 466
(1) 3限界理論 ········· 467
(2) 槪念內在的 限界理論 ········· 467
(3) 國家共同體留保理論 ········· 468
(4) 實際的 調和의 理論 ········· 469
3. 韓國憲法과 基本權의 內在的 限界 ········· 470
第 3 節 基本權의 制限 ········· 471

1. 基本權의 一般的 制限 ······ 471
(1) 憲法에 의한 制限 ······ 471
(2) 法律에 의한 制限 ······ 472
2. 基本權의 特別한 制限 ······ 509
(1) 國家緊急權行使에 의한 基本權制限의 特色 ······ 509
(2) 緊急財政·經濟命令과 緊急命令에 의한 基本權의 制限 ······ 510
(3) 非常戒嚴 하에서의 基本權의 制限 ······ 510

第 8 章 基本權의 保護

第 1 節 基本權保護의 종류 ······ 512
第 2 節 基本權 保護手段 ······ 514
1. 基本權의 一般的 保護手段 ······ 514
2. 基本權의 事前的 保護手段 ······ 514
3. 基本權의 事後的 保護手段 ······ 515
(1) 一 般 論 ······ 515
(2) 具體的 規範統制 ······ 515
(3) 憲法訴願 ······ 516
(4) 基本權의 失效 ······ 517
4. 基本權의 最後的 保護手段 ······ 517

대한민국헌법 ······ 519
판례색인 ······ 531
사항색인 ······ 544

중권 차례

第 4 編　個別基本權

第 1 章　基本權保障의 理念과 包括的 基本權
- 第 1 節　人間의 尊嚴과 價値
- 第 2 節　幸福追求權
- 第 3 節　平等의 原理와 平等權

第 2 章　自由權的 基本權
- 第 1 節　槪　　觀
- 第 2 節　身體의 自由
- 第 3 節　居住·移轉의 自由
- 第 4 節　職業選擇의 自由
- 第 5 節　住居의 自由
- 第 6 節　私生活의 秘密과 自由
- 第 7 節　通信의 自由
- 第 8 節　良心의 自由
- 第 9 節　宗敎의 自由
- 第10節　言論·出版의 自由
- 第11節　集會·結社의 自由
- 第12節　學問의 自由·藝術의 自由
- 第13節　財 産 權

第 3 章　社會的 基本權
- 第 1 節　社會的 基本權一般論
- 第 2 節　敎育을 받을 權利
- 第 3 節　勤勞의 權利
- 第 4 節　勤勞者의 勞動三權
- 第 5 節　人間다운 生活을 할 權利
- 第 6 節　環 境 權
- 第 7 節　婚姻·家族·母性保護·保健에 관한 權利

第 4 章　參政權的 基本權

第 1 節　參政權的 基本權一般論

第 2 節　選 擧 權

第 3 節　公務擔任權

第 4 節　國民投票權(國民票決權)

第 5 章　基本權保障을 위한 基本權(請求權的 基本權, 節次基本權)

第 1 節　基本權保障을 위한 基本權(請求權的 基本權, 節次基本權)一般論

第 2 節　請 願 權

第 3 節　裁判請求權

第 4 節　刑事補償請求權

第 5 節　國家賠償請求權

第 6 節　犯罪被害者救助請求權

第 6 章　國民의 基本義務

第 1 節　國民의 基本義務一般論

第 2 節　個別的 基本義務

하권 차례

第 5 編　國家作用과 國家機關

第 1 章　國家作用과 國家機關一般論

第 1 節　國家作用의 本質과 國家機關의 構成

第 2 節　權力分立原理

第 3 節　政府形態

第 4 節　公務員制度

第 5 節　地方自治制度

第 2 章　國　　會

第 1 節　議會主義

第 2 節　國會의 憲法上 地位

第 3 節　國會의 構成과 組織

第 4 節　國會의 運營과 議事原則

第 5 節　國會의 權限

第 6 節　國會議員

第 3 章　大統領과 行政府

第 1 節　大統領의 憲法上 地位

第 2 節　大統領職

第 3 節　大統領의 權限

第 4 節　行 政 府

第 5 節　選擧管理委員會

第 4 章　法　　院

第 1 節　法院의 憲法上 地位

第 2 節　司法權의 獨立

第 3 節　法院의 組織과 管轄

第 4 節　司法節次와 運營

第 5 節　司法權의 限界

第 5 章 憲法裁判所
第 1 節 憲法裁判一般論
第 2 節 憲法裁判所의 憲法上 地位·構成과 組織
第 3 節 憲法裁判所의 一般審判節次
第 4 節 違憲法律審判
第 5 節 彈劾審判
第 6 節 政黨解散審判
第 7 節 權限爭議審判
第 8 節 憲法訴願審判

第 6 編 經濟憲法

第 1 章 經濟憲法一般論
第 1 節 經濟憲法의 槪念
第 2 節 經濟憲法의 沿革
第 3 節 政治憲法과 經濟憲法

第 2 章 韓國憲法과 經濟秩序
第 1 節 韓國憲法上의 經濟條項
第 2 節 韓國憲法上 經濟에 대한 原則規定
第 3 節 具體的 經濟規定들

參考文獻

◆國內文獻

계희열, 헌법학(상), 박영사, 2001

계희열, 헌법학(중), 박영사, 2000

권영성, 헌법학원론, 법문사, 2001

김철수, 헌법학개론, 박영사, 2001(또는 헌법학신론, 박영사, 2013)

문홍주, 한국헌법, 해암사, 1987

박일경, 신헌법, 일명사, 1977

성낙인, 헌법학, 법문사, 2014(제14판)

장영수, 헌법학, 홍문사, 2014(제8판)

정종섭, 헌법학원론, 박영사, 2014(제9판)

한동섭, 헌법, 박영사, 1969

한수웅, 헌법학, 법문사, 2014(제4판)

한태연, 헌법학, 법문사, 1976

허 영, 헌법이론과 헌법, 박영사, 1988

허 영, 한국헌법론, 박영사, 2001

◆外國文獻

Arndt, Hans-Wolfgang/Fetzer, Thomas: Öffentliches Recht, 16. Aufl.(2013)

Arndt, Hans-Wolfgang/Rudolf, Walter: Öffentliches Recht, 4. Aufl.(1983)

Badura, Peter: Staatsrecht. Systematische Erläuterung des Grundgesetzes für die Bundesrepublik Deutchland, 1986

Battis, Ulrich/Gusy, Christoph: Einführung in das Staatsrecht, 3. Aufl.(1991)

Degenhart, Christoph: Staatsrecht Ⅰ, Staatsorganisationsrecht, 24. Aufl.(2008)(경우에 따라서는 홍일선 역(28판, 2012), 독일헌법총론, 피엔씨미디어, 2015)

Detterbeck, Steffen: Öffentliches Recht, 9. Aufl.(2013)

Haverkate, Görg: Verfassungslehre. Verfassung als Gegenseitigkeitsordnung, 1992

Heller, Hermann: Staatslehre, 1934(6. revidierte Aufl. 1983)

Hesse, Konrad: Grundzüge des Verfassungsrechts der Bundesrepublik Deutschland, 18. Aufl.(1991)

Heun, Werner: Die Verfassungsordnung der Bundesrepublik Deutschland, 2012

Hufen, Friedhelm: Staatsrecht Ⅱ, Grundrechte, 4. Aufl.(2014)

Ipsen, Jörn: Staatsrecht Ⅰ, Staatsorganisationsrecht, 22. Aufl.(2010)

Jellinek, Georg: Allgemeine Staatslehre, 1921(3. Aufl.; 6. Neudruck 1959)

Kämmerer, Jörn Axel: Staatsorganisationsrecht, 2008

Katz, Alfred: Staatsrecht. Grundkurs im öffentlichen Recht, 12. Aufl.(1994)

Kelsen Hans: Allgemeine Staatslehre, 1925

Kremser, Holger/Leisner, Anna: Verfassungsrecht Ⅲ, Staatsorganisationsrecht, 1999

Kriele, Martin: Einführung in die Staatslehre. Die geschichtlichen Legitimitätsgrundlagen des demokratischen Verfassungsstaates, 5. Aufl.(1994)

Lepa, Manfred: Der Inhalt der Grundrechte, 4. Aufl.(1981)

Löw, Konrad: Die Grundrechte, 2. Aufl.(1982)

Manssen, Gerrit: Staatsrecht Ⅱ, Grundrechte, 11. Aufl.(2014)

Maunz, Theodor/Zippelius, Reinhold: Deutsches Staatsrecht, 25. Aufl.(1983)

Münch, Ingo von: Grundbegriffe des Staatsrechts Ⅰ, 1979

Münch, Ingo von: Grundbegriffe des Staatsrechts Ⅱ, 1976

Papier, Hans–Jürgen/Krönke, Christoph: Grundkurs Öffentliches Recht 2, Grund-rechte, 2012

Pieroth, Bodo/Schlink, Bernhard: Grundrechte. Staatsrecht Ⅱ, 1985(또는 1999)

Schmitt, Carl: Verfassungslehre, 1928(5. unveränderte Aufl. 1970)

Schramm, Theodor: Staatsrecht, Bd. Ⅰ, 3. Aufl.(1985)

Schramm, Theodor: Staatsrecht, Bd. Ⅱ, 3. Aufl.(1985)

Schunck, E./De Clerk, H.: Allgemeines Staatsrecht und Staatsrecht des Bundes und der Länder, 11. Aufl.(1983)

Smend, Rudolf: Verfassung und Verfassungsrecht, 1928

Sodan, Helge/Ziekow, Jan: Grundkurs Öffentliches Recht, 6. Aufl.(2014)

Staff, Ilse: Verfssungsrecht, 1976

Stein, Ekkehart: Staatsrecht, 8. Aufl.(1982)

Stern, Klaus: Das Staatsrecht der Bundesrepublik Deutschland, Bd. Ⅰ, 2. Aufl.(1984)

Unruh, Georg–Christoph von: Grundkurs öffentliches Recht, 1976

第 1 編

憲法의 基礎

第 1 章 憲法의 槪念과 特性
第 2 章 憲法의 解釋
第 3 章 憲法의 制定과 改正
第 4 章 憲法의 適用範圍
第 5 章 憲法의 守護

第 1 章　憲法의 槪念과 特性
第 1 節　憲法의 槪念
第 2 節　憲法의 特性
第 2 章　憲法의 解釋
第 1 節　憲法解釋의 意義
第 2 節　憲法解釋의 方法
第 3 節　憲法解釋의 指針과 限界
第 4 節　合憲的 法律解釋(憲法合致的 解釋)
第 3 章　憲法의 制定과 改正
第 1 節　憲法의 制定
第 2 節　憲法의 改正
第 4 章　憲法의 適用範圍
第 1 節　槪　　觀
第 2 節　國　　民
第 3 節　領　　域
第 5 章　憲法의 守護
第 1 節　憲法守護槪觀
第 2 節　抵 抗 權
第 3 節　防禦的 民主主義

第 1 章　憲法의 槪念과 特性

第 1 節　憲法의 槪念

1. 憲法의 語義

(1) 憲法의 意義

1. 헌법의 어의: 특정영역의 공동생활의 질서

'헌법'(Verfassung, constitution)은 '상태'(Zustand), 곧 어떤 특정영역의 공동생활의 질서를 뜻한다. 헌법이란 개념은 헌법사적으로는 17세기 중반 이래 유럽대륙을 지배하던 절대군주정을 대체한 국가형태, 곧 '입헌군주정'(die konstitutionelle Monarchie)을 통하여 처음 등장하였다. 절대군주정에서는 '절대권력'(legibus solutus)을 가진 군주가 '법과는 무관하게'(supra ius, et contra ius, et extra ius) 통치하였음에 반하여, 입헌군주정에서는 군주의 권력은 헌법문서를 통하여 제한되게 된다. 보통 헌법사(문헌)에서는 입헌군주정국가를 '헌법국가'(Verfassungsstaat)라 부른다. 곧 '헌법국가'니 '입헌적 헌법'(konstitutionelle Verfassung)이니 하는 표현은 헌법사에서 특정의 헌법형태를 가리키는 말이다.[1)]

따라서 이러한 헌법사적 의미를 떠나 헌법국가나 입헌적 헌법이란 용어를 법학의 일반용어로 사용한다면 그것은 동어반복이 되어 엄밀한 의미에서는 잘못이다. 왜냐하면 헌법국가란 언어논리적으로는 헌법을 가진 국가를 가리키는데 어떻든 모든 국가는 일정한 상태에 놓여 있기 때문이다.

판례 〈'국가보위에 관한 특별조치법' 제 5 조 제 4 항 위헌제청(위헌)〉 "입헌주의적 헌법은 국민의 기본권 보장을 그 이념으로 하고 그것을 위한 권력분립과 법치주의를 그 수단으로 하기 때문에 국가권력은 언제나 헌법의 테두리 안에서 헌법에 규

1) E.-W. Böckenförde, Geschichtliche Entwicklung und Bedeutungswandel der Verfassung, in: *Festschrift für R. Gmür*, 1983, S. 7ff.는 헌법사적 관점에서 헌법을 ① 자유의 특허장, 지배계약 및 통치형태로서의 헌법, ② 군주의 권력제한으로서의 헌법, ③ 계약으로서의 헌법, ④ 국가와 국가권력의 기초로서의 헌법, ⑤ 계급간의 타협으로서의 헌법으로 분류하고 있다. 이에 대한 자세한 소개는 계희열, 헌법학(상), 박영사, 2001, 7-11쪽 참조.

정된 절차에 따라 발동되지 않으면 안 된다."(헌재 1994. 6. 30. 92헌가18 결정)

(2) 法學的 意味의 憲法

2. 법학적 의미의 헌법: 국가의 기본법

법학에서는 헌법이란 용어를 법적 헌법으로 제한하여 사용한다. 법적 헌법은 법적으로 규정된 상태이며, 이는 결국 특정영역의 공동생활의 질서를 구성하는 법, 곧 공동생활의 '규범체계'(ein System von Normen)를 뜻한다. 이러한 의미의 헌법은 국가 이외의 조직이나 단체들도 갖고 있다. 그러나 국가를 제외한 다른 조직이나 결사의 상태를 구성하는 기본법은 일반적으로 '정관'(Satzung)으로 표현되고, 국가공동생활의 질서를 구성하는 기본법만을 헌법이라고 한다. 결국 법학에서 헌법이라고 할 때 그것은 국가의 법적 기본질서, 곧 국가의 기본법을 뜻한다.

(3) 法學的 意味의 憲法 分類

3. 법학적 의미의 헌법의 분류: 형식적 의미의 헌법, 실질적 의미의 헌법

법학적 의미의 헌법은 형식적 의미의 헌법과 실질적 의미의 헌법으로 구분된다.[1] 전자는 성문화된 헌법전을 의미한다. 그에 반하여 후자는 성문화된 것이든 성문화되지 않은 것이든 그 형태를 불문하고 국가의 기초, 구성 및 작용에 대한 법규정의 총체를 의미한다.[2] 현대국가는 영국과 같은 몇몇 예외적인 경우를

1) 그 밖에도 헌법은 여러 가지 다양한 방법으로 분류된다. 헌법의 존재형식에 따라 성문헌법과 불문헌법으로, 헌법개정절차의 난이도에 따라 경성헌법과 연성헌법으로, 헌법제정주체에 따라 흠정헌법, 협약헌법, 민정헌법으로, 헌법의 독창성 여부에 따라 독창적 헌법과 모방적 헌법으로, 헌법의 이념성 여부에 따라 이념적·프로그램적 헌법과 실용적 헌법으로 나누기도 한다. 그 밖에도 K. Loewenstein, *Verfassungslehre*, 1959, 151ff.(김기범 역, 현대헌법론, 교문사, 1973)은 헌법규범의 사실상의 효력을 기준으로 한 존재론적 분류방법을 주장하고 있다. 그에 따르면 헌법규범이 권력과정의 현실과 일치하는 규범적 헌법, 헌법은 존재하나 현재의 정치적, 사회적 그리고 그 밖의 여러 가지 여건으로 말미암아 헌법규범이 권력과정의 현실과 일치하지 못하는 명목적 헌법, 헌법이 적용되고 운용되기는 하지만 국가의 강제기구를 장악한 실권자의 이익만을 위하여 현재의 정치적 권력상태를 헌법적 용어로써 형식화하는 데 지나지 않는 장식적 헌법으로 분류된다.

2) 헌법은 과거에 국가법(Staatsrecht)과 동의어로 사용된 적이 있고 오늘날에도 종종 그렇게 사용하고 있기 때문에 헌법과 국가법을 구별하는 것이 헌법의 개념과 성격을 이해함에 있어 선결적인 과제라고 하면서 국가법은 국가의 형태, 성질, 조직, 체계, 작용 등에 관한 법(정종섭, 헌법학원론, 박영사, 2015, 5쪽), 즉 통치메커니즘으로서의 국가(=정부)에 관한 법이기 때문에(19쪽), 권리장전이 헌법에 포함되어 있지 않은 상태에서는 국가법과 헌법은 동일한 것이었으나, 권리장전이 헌법에 포함되어 있는 대다수 현대 입헌주의국가에서 국가법은 헌법의 일부를 형성할 뿐이기 때문에 이 둘은 더 이상 동일한 것이 아니(25쪽)라는 견해가 있다. 이러한 견해에 따르면 헌법을 형식적 의미의 헌법과 실질적 의미의 헌법으로 분류할 경우 형식적 의미의 헌법은 헌법전을 의미하고 최고법으로서의 지위를 가

제외하고는 대부분 성문화된 헌법전을 가지고 있다.

판례 〈당진군과 평택시 간의 권한쟁의(인용=권한확인, 각하)〉 "국립지리원이 간행한 지형도상의 해상경계선은 행정관습법상 해상경계선으로 인정될 뿐만 아니라 행정판례법상으로도 인정되고 있기 때문에, 불문법상의 해상경계가 된다."(헌재 2004. 9. 23. 2000헌라2 결정)

판례 〈신행정수도의 건설을 위한 특별조치법 위헌확인(위헌)〉 "일반적으로 실질적인 헌법사항이라고 함은 널리 국가의 조직에 관한 사항이나 국가기관의 권한구성에 관한 사항 혹은 개인의 국가권력에 대한 지위를 포함하여 말하는 것이다."(헌재 2004. 10. 21. 2004헌마554 등 병합결정)

짐에 반하여(23쪽), "권리장전을 헌법의 구성부분으로 포섭하고 있는 오늘날의 헌법개념에서는 실질적 의미의 헌법이라는 개념을 국가의 조직·작용 등에 관한 법령의 총체를 의미하는 것만으로는 충분하지 않고 유용성도 적다. 오히려 어떤 사항이 헌법입법상의 오류로 인하여 그 형식에서는 헌법의 하위의 규범에 정해져 있으나 성질에서는 헌법에 정해야 할 사항은 실질적 의미의 헌법에 해당한다"고 한다(24쪽). 즉 헌법 = 권리장전(기본권) + 국가작용법, 헌법 = 형식적 의미의 헌법(권리장전=기본권 + 국가작용법) + 실질적 의미의 헌법(어떤 사항이 헌법입법상의 오류로 인하여 그 형식에서는 헌법의 하위의 규범에 정해져 있으나 성질에서는 헌법에 정해야 할 사항)이라는 것이다.

그러나 다른 국가에서는 모르겠으나 오늘날 독일에서는 일반적으로 국법(Staatsrecht) = 헌법(Verfassungsrecht) = 형식적 의미의 헌법(기본권 + 국가조직과 작용) + 실질적 의미의 헌법(성문화된 것이든 성문화되지 않은 것이든 그 형태를 불문하고 국가의 기초, 구성 및 작용에 대한 법규정의 총체, 달리 표현하면 본질상 헌법에 속하는 규정들의 총체)으로 이해되고 있다. 즉 국법은 (규범피라미드에서 최고규범성이 보장되는) 헌법(형식적 의미의 헌법 = 기본권 + 국가조직과 작용)과 (규범피라미드에서 최고규범성이 보장되지 않는) 국가조직과 작용에 관한 법률들(예컨대 연방헌법재판소법, 선거법 또는 정당법과 같은)을 포함하는 개념으로 기능적으로 행정법을 제외한 (좁은 의미의) 국내공법을 의미하는 것으로 사용되고 있다. 즉 국법은 헌법과 동의어로 사용되고 있으며, 이러한 사실은 대다수 독일의 헌법교과서들이 '헌법'(Verfassungsrecht)이라는 표현 대신 '국법'(Staatsrecht)이라는 명칭을 사용하면서 기본권(Grundrecht)과 국가조직(Staatsorganisation)을 그 내용으로 다루고 있는데서 증명된다. 그리고 기본법은 '정치적 통일체라는 공동체의 법적 기본질서를 형성하기 때문에' 실질적 의미의 헌법이자 동시에 '특별한 헌법전에 규정되어 있으며, 그 내용은 특별한 절차를 통해서만 개정될 수 있기 때문에' 형식적 의미의 헌법이라고 한다(Chr. Degenhart, *Staatsrecht I. Staatsorganisationsrecht*, 24. Aufl. 2008., S. 5. 홍일선 역, 독일헌법총론, 피엔씨미디어, 2015). 이러한 이야기는 우리 헌법과 관련해서도 그대로 타당하기 때문에 「대한민국헌법」은 실질적 의미의 헌법이자 동시에 형식적 헌법이다.

이러한 문제를 넘어서 헌법이론적으로 '헌법'(Verfassung)이 반드시 규정해야 하는 사항은 어떤 것인가라는 질문이 제기될 수 있다. 이에 대하여 켈젠은 입법절차만큼은 반드시 '헌법'(Verfassung)이 규정해야 할 것이라고 한다(H. Kelsen, *Reine Rechtslehre*, 2. Aufl., 1960, S. 228ff.).

2. 憲法學과 憲法觀

(1) 憲 法 學

4. 광의의 헌법학과 협의의 헌법학(헌법해석학)

헌법학은 일반헌법학, 헌법사, 비교헌법학, 헌법사회학, 헌법해석학, 헌법정책학 등을 포함하는 매우 넓은 학문분야이다. 헌법학을 넓게 이해하는 경우는 이러한 분야가 모두 포함된다. 우리나라에서는 일반적으로 헌법학을 좁게 이해하여 헌법해석학과 동일시하고 있다.

(2) 憲法解釋學과 憲法觀

5. 헌법해석학의 과제: 실정헌법규정의 내용과 의미를 파악하고 해석하고 적용하는 것

헌법해석학은 실정헌법규정의 내용과 의미를 파악하고 해석하고 적용하는 것을 그 과제로 이해한다. 헌법해석학에서는 헌법을 보는 관점에 따라 헌법의 본질 또는 헌법의 우선적 효력 근거에 대한 이해가 각각 다르다.

헌법학에서 헌법관의 문제를 공리공론적인 문제로 치부해버리는 사람들이 있다. 그들 중 몇몇은 헌법관은 단지 과거사의 문제일 뿐 현대의 헌법적 문제를 해결하는 데는 도움이 되지 않는다고 단언하기도 한다.

그러나 우리의 생각은 다르다. 아무리 급한 수혈이 필요한 중환자가 있다 하더라도 그 환자에게 수혈되는 피는 그 환자의 혈액형과 합치되는 것이어야 한다. 그렇지 않으면 그러한 수혈행위는 환자에게 도움이 되기는커녕 그와는 정반대로 치명적인 결과를 가져올 수 있기 때문이다. 이러한 이야기에 대해서 이의를 제기할 사람은 아마 없을 것이다. 우리는 같은 이야기가 헌법학적 문제의 해결에도 해당된다고 생각한다. 학문은 논리적 일관성을 생명으로 한다. 헌법학도 이에 대한 예외가 될 수 없다. 따라서 모든 경우는 아니지만 많은 경우에 어떤 헌법학적 문제를 해결함에 있어 서로 결합될 수 없는 헌법관의 주장들을 같이 뒤섞어 논증하는 경우 설득력을 상실하게 되어 문제를 바르게 해결할 수 없게 된다고 할 수 있다. 그러한 한에서 헌법관의 문제는 현재에도 현실성을 가진다.

6. 우리의 헌법해석학에 영향을 미친 헌법관: 법실증주의적

우리의 헌법해석학에 커다란 영향을 미쳤거나 미치고 있는 헌법관으로는 법실증주의적 헌법관, 결단론적 헌법관 그리고 통합론적 헌법관을 들 수 있다.

헌법관, 결단론적 헌법관 그리고 통합론적 헌법관

3. 法實證主義的 憲法槪念

(1) 法實證主義的 憲法槪念

1) 옐리네크의 헌법에 대한 개념정의

7. 헌법상의 법실증주의의 철학적 기초: 신칸트철학

철학상의 실증주의를 법학에 도입한 법실증주의는 내용이 아니라 형식, 정의가 아니라 법적 안정성, 이성이 아니라 의지의 결정, 가치가 아니라 사실 또는 권력을 중시한다. 이러한 법실증주의적 고찰방법은 19세기 중반 게르버 *C. F. v. Gerber*에 의하여 헌법학에 도입되었다. 헌법상의 법실증주의는 신칸트철학에 근거하여 당위와 존재,[1] 규범과 사실, 국가와 사회를 엄격하게 구별하고 오직 실정헌법규범만을 헌법학의 대상으로 삼으려 한다.

8. 옐리네크의 헌법에 대한 개념정의: 국가의 최고기관을 정하고 그 구성방법과 상호관계 및 권한을 확정하며 국가권력에 대한 개인의 기본적 지위를 정한 법규

헌법의 규범성과 경직성에서 헌법의 우선적 효력을 보는 수많은 법실증주의 헌법학자들(라반트 *P. Laband*, 옐리네크 *G. Jellinek*, 켈젠 *H. Kelsen*, 안쉬츠 *G. Anschütz*, 토마 *R. Thoma*)을 대표하여 옐리네크는 헌법을 "국가의 최고기관을 정하고 그 구성방법과 상호관계 및 권한을 확정하며 국가권력에 대한 개인의 기본적 지위를 정한 법규"[2]라고 정의하였다.

2) 법실증주의적 헌법관의 현대적 계승

9. 법실증주의적 헌법관의 현대적 계승: 캐기의 규범주의적 헌법관

법실증주의적 헌법관은 세부적인 점에서는 차이가 있으나 헌법을 "국가의 법적인 기본질서"로 이해하는 스위스의 헌법학자 캐기 *W. Kägi*의 규범주의적 헌법관[3]에서 계속되고 있다.[4]

---

1) 칸트(I. Kant)는 세계를 필연의 왕국과 목적의 왕국으로 구분한다. 필연의 왕국은 인과법칙이 지배하는 자연의 세계를 말하며, 목적의 왕국은 인간의 자유의지가 만들어내는 가치의 세계를 말한다. 칸트에 따르면 인간은 이론이성을 통해 필연의 왕국을 지배하는 자연법칙을 인식할 수 있으며, 실천이성을 통해 목적의 왕국에서 실현해야 할 도덕법칙과 이를 위한 전제조건으로서의 법규범을 인식할 수 있다고 본다. 이러한 의미에서 법은 목적의 왕국에 속하는 것이며, 인간의 실천이성의 산물이라고 할 수 있다. 존재와 당위를 구별하는 신칸트학파의 방법이원론의 뿌리는 바로 여기에 있다.

2) G. Jellinek, *Allgemeine Staatslehre*, 3. Aufl.(1921, 6. Neudruck 1959), S. 505(김효전 역, 일반국가학, 법문사, 2005).

3) W. Kägi, *Die Verfassung als rechtliche Grundordnung des Staates*, 1945(Neudruck 1971)(홍성방 역, 국가의 법적 기본질서로서의 헌법, 유로, 2011). 규범주의적 헌법관에 대한 국내문헌의 설명은 허영, 헌법이론과 헌법, 박영사, 1988, 5-7쪽 참조.

4) 우리나라의 경우 법실증주의적 헌법관은 과거에 박일경, 신헌법, 일명사, 1977이 따른 바 있다.

(2) 法實證主義的 憲法概念의 問題點과 實質的 憲法觀의 登場

1) 법실증주의적 헌법개념의 문제점

법실증주의 학자들이 활동했던 시기는 농업중심적이고 비교적 정적(靜的)인 입헌군주정의 시대였다. 그러나 독일은 제1차 세계대전에서 패하여 군주정이 무너지고 1919년 바이마르 공화정이 들어선다. 이때를 전후하여 사회는 다원화되고 산업화되기 시작한다.

10. 법실증주의적 헌법개념의 문제점: 추상적인 헌법개념

그러나 헌법의 규범성과 형식성만을 강조하고 법학에서 모든 존재적·가치적·의사적 요소를 배제하여 형식화되고 추상화될 수밖에 없었던 법실증주의는 변화된 사실과 그러한 사실에 기초하여 성립된 헌법을 이론적으로 설명할 수도 없었다. 곧 법실증주의 헌법학은 '국가 없는 국가론, 법 없는 법이론, 규범 없는 규범학, 실정성 없는 실증주의'[1]로 될 수밖에 없었다.

2) 실질적 헌법관의 등장

11. 실질적 헌법관의 등장: 슈미트와 스멘트의 헌법관

이러한 법실증주의의 형식적·정태적 헌법관의 문제점을 지적하면서 실질적·동태적 헌법관을 제시하려고 노력한 헌법학자가 슈미트 *C. Schmitt*와 스멘트 *R. Smend*이다.

4. 決斷論的 憲法概念

(1) 決斷論的 憲法概念—슈미트의 憲法에 대한 概念定義

12. 슈미트의 헌법의 개념분류: 절대적 헌법개념, 상대적 헌법개념, 실정적 헌법개념, 헌법의 이상(理想) 개념

슈미트는 400쪽 남짓한 그의 「헌법학」에서 헌법의 개념을 설명하기 위해서 40여 쪽을 할애하고 있다.[2] 헌법을 어떻게 보는가라는 문제가 헌법학의 기초가 된다는 그의 생각을 잘 나타내주고 있는 것이라 할 수 있겠다. 어떻든 슈미트는 헌법의 개념을 절대적 헌법개념, 상대적 헌법개념, 실정적 헌법개념, 헌법의 이상(理想)개념의 넷으로 나누었다.

슈미트는 절대적 헌법개념에 '통일적 전체로서의 헌법'이라는 부제를 달고 있다. 우선, 슈미트에게 절대적 의미의 헌법은 모든 실존적인 정치적 통일과 더불어

1) H. Heller, *Staatslehre*, 1934(6. revidierte Aufl., 1983), S. 224f.(홍성방 역, 국가론, 민음사, 1997).

2) C. Schmit, *Verfassungslehre*, 1928(5. unveränderte Aufl. 1970), S. 20ff.(김기범 역, 헌법이론, 교문사, 1976).

부여되는 구체적인 존재양식을 의미한다. 그리고 그것은 구체적으로는 1) 어느 특정 국가의 정치적 통일과 사회적 질서의 구체적인 전체상태, 2) 특별한 종류의 정치적·사회적 질서 그리고 3) 정치적 통일체의 동적인 형성의 원리라는 세 가지 의미를 가진다. 다음으로, 슈미트에게 절대적 의미의 헌법은 근본법률적 규율, 곧 하나의 통일적이고 완결적인 체계의 최고 궁극적인 규범을 의미한다. 따라서 슈미트가 말하는 절대적 헌법개념에는 사회학적인 것과 규범적인 것이 동시에 포함된다.

상대적 헌법개념에는 '다수의 개개 법률로서의 헌법'이라는 부제가 달려 있으며, 슈미트는 "헌법개념의 상대화는 전체로서의 통일적인 헌법 대신에 개개 헌법률만이 규정되고 더욱 그 헌법률의 개념이 외부적·부차적 소위 형식적 표지에 의하여 규정되는 점에 있다"고 설명하고 있다. 따라서 상대적 의미에서의 헌법은 개개의 헌법률을 의미하며, 이는 성문헌법의 형식성과 헌법률의 형식적 표지로서의 곤란화된 변경가능성에 그 특징이 있다고 한다. 슈미트가 상대적 헌법개념으로 이야기하고자 했던 바는 헌법학적 법실증주의자들의 형식적·정태적 헌법관의 문제점을 지적하려고 했던 것으로 이해된다.

슈미트는 헌법의 이상개념(理想槪念)보다 실정적 헌법개념을 먼저 설명하고 있다. 그러나 여기에서는 편의상 헌법의 이상개념에 대하여 먼저 살펴보기로 한다. 헌법의 이상개념에는 '특정내용 때문에 우수하다고 불리어지는 헌법'이라는 부제가 달려 있으며, 슈미트는 이를 "정치적 이유 때문에 헌법의 특정 이상에 부합되는 헌법만을 때로 '진실한' 또는 '진정한' 헌법이라고 부를 때도 있다"고 부연설명하고 있다. 곧 근대헌법의 역사적 발전에서 특별한 이상적 개념이 매우 성과 있게 실현되었기 때문에 18세기 이후에는 시민적 자유의 요청에 부합하고 이러한 자유를 보장하는 내용을 가진 헌법만을 헌법이라고 부른다는 것이다. 헌법의 이상개념에 따르면 헌법은 시민적 자유의 보장체계라는 등식이 성립되며, 헌법은 성문헌법(헌법전)의 형태로 존재하여야 한다고 한다. 국내에서는 헌법의 이상개념을 이상적 헌법개념이라고 부르는 사람들도 있으나, Idealbegriff der Verfassung이라는 말의 번역으로 어색한 또는 잘못된 번역이라는 점에서 수정되어야 할 것으로 생각된다.

실정적 헌법개념에는 '정치적 통일체의 종류와 형식에 관한 전체결단으로서의 헌법'이라는 부제가 달려 있다. 슈미트의 헌법관을 결단론적 헌법관 또는 결단주의적 헌법관이라고 부르는 이유가 바로 여기에 있다. 슈미트는 실정적 헌법개념을 설명함에 있어(또는 주장함에 있어) 법실증주의적 헌법관, 곧 상대적 헌법개념에 대한 비판으로써 시작하고 있다. "헌법의 개념은 헌법과 헌법률을 구별함으로써 비로소 가능하다. 첫째로, 헌법을 다수의 개개 헌법률로 해체하고 둘째로, 헌법률을 어떤 외부적 표지에 의하여, 더 나아가서는 그 개정방법에 따라서 규정하는 것은 허용될 수 없다. 이러한 방법으로는 국가학의 본질적 개념과 헌법학의 본질적 기본개념이 상실된다. 어느 유명한 국법학자가 헌법이 '일종의 법률'로 변천한 것을 '현대 정치문화의 성과'라고 주장한 것은 특기할 만한 오류였다. 오히려 헌법학에서는 헌법과 헌법률을 구별하는 것이 나머지를 설명하는 데 시발점이 된다."

따라서 슈미트는 실정적 의미의 헌법은 규범적 또는 추상적 올바름과는 전혀 관계가 없는 실존적인 정치적 의지, 곧 명령인 헌법제정권력의 행위에 의해서 성립하며, 헌법은 결단이라고 정의한다. "하나의 통일체로서의 헌법에 관하여 말하고 또 그 한도 내에서 헌법의 절대적 의미를 유지하는 것이 필요하다. 이와 동시에 개개 헌법률의 상대화도 부인될 수는 없다. 그러나 헌법과 헌법률의 구별은 헌법의 본질이 하나의 법률 또는 하나의 규범 속에 내포되지 않아야만 가능하다. 모든 규율화 이전에 헌법제정권력, 곧 민주정에서는 국민의, 진정한 군주정에서는 군주의 기본적인 정치적 결단이 선존한다."

13. 슈미트의 헌법에 대한 개념정의: 실존하는 정치적 통일체의 종류와 형식에 관한 근본결단

이렇게 슈미트는 실정적 헌법, 곧 실존하는 정치적 통일체의 종류와 형식에 관한 근본결단[1]을 '헌법'(Verfassung)이라고 보고 이러한 결단에 의해 혼돈으로부터 질서가 생겨난다고 한다.

슈미트는 바이마르 헌법에서 이러한 근본적 결단으로 민주주의, 공화국, 연방국가구조, 의회주의적·대의제적 형태, 기본권과 권력분립을 포함하는 시민적 법치국가를 들고 있다. 또한 그는 이러한 결단이 규범화된 것을 '헌법률'(Verfassungsgesetz)이라 하여 헌법과 헌법률을 엄격히 구별한다.

한때 우리나라에서도 결단주의적 헌법관의 열렬한 추종자가 있었다.[2]

(2) 決斷論主 憲法槪念의 問題點

1) 슈미트 헌법관의 요체

14. 슈미트 헌법관의 요체: 정당성보다 사실성을 강조

슈미트 헌법관의 중심은 정치적인 것의 개념[3]이다. 정치적인 것은 친구와 적의 실존적 대립을 통하여 결정된다. 슈미트는 친구의 동질적인 정치적 통일을 전제로 국가가 성립하고, 그러한 한에서 국가는 국민의 정치적 통일체이며, 헌법은 국가의 법적 질서라고 본다.

그러나 그에게 헌법은 내용적으로 올바르기 때문에 효력을 가지는 것이 아니라 오히려 힘을 가진 자, 곧 헌법제정권력자의 의사에 의하여 정립되었기 때문에 효력을 가진다. 곧 헌법제정권력자의 의사는 헌법에 우선한다. 따라서 슈미트의 경우 사실적인 힘과 더 이상의 근거가 필요 없는 찰나적인 단 한번의 결단이 국가를 만들어내며 또한 모든 법의 근거를 이룬다. 곧 국가와 법은 정상상태가 아닌 비상상태로부터 근거가 부여된다.

1) C. Schmitt, *Verfassungslehre*, S. 20ff.
2) 한태연, 헌법학, 법문사, 1976.
3) C. Schmitt, *Der Begriff des Politischen*, 1932(김효전 역, 정치적인 것의 개념, 법문사, 1992).

2) 슈미트 헌법관의 문제점

결국 슈미트의 헌법관은 다음과 같은 문제점을 가지고 있다. 첫째, 법실증주의적 헌법관을 극복하려는 원래의 기도와는 달리 정치적 통일체를 전제함으로써 추상적·형식적으로 되었다.[1] 둘째, 규범성을 무시하고 일방적으로 실력만을 강조하여[2] 국가를 권력투쟁의 장이 되게 하였다. 셋째, 그럼으로써 궁극적으로는 권위주의적 독재국가의 등장에 이론적 근거를 제공하였다.

15. 슈미트 헌법관의 문제점: 1. 정치적 통일체를 전제—추상화, 형식화; 2. 규범성의 무시, 실력의 강조—국가의 권력투쟁 장소화; 3. 권위주의적 독재국가의 등장에 이론적 근거 제공

5. 統合論的 憲法槪念

(1) 統合論的 憲法槪念—스멘트의 憲法에 대한 槪念定義

스멘트는 이른바 통합론적 헌법관을 주장하고 있다. 통합론에 따르면 국가는 정태적으로 이미 선존(先存)하는 전체(완전한 통일체)가 아니다. 국가는 지속적인 갱신(更新)의 과정, 지속적으로 새롭게 경험되는 과정에서 그 생명력을 얻는다. 곧 국가는 날마다 반복되는 국민투표를 통하여 생명력을 얻는다. 국가는 과정이며, 그것도 인적·사항적·기능적 통합을 통한 정치적 통합의 과정이다. 헌법은 이러한 과정의 법적 질서로 생각된다. 곧 "헌법은 국가의 법질서이며 좀더 정확히 말하면 생활의 법질서, 곧 국가의 통합과정의 질서이다. 이 과정의 의미는 국가의 전체적 생활을 항상 새롭게 형성하는 것이며, 헌법이란 이 통합과정의 개별적 측면을 법적으로 규정한 것이다."[3] 그러한 한에서 스멘트에게 국가와 헌법은 존재하는 것이라기보다는 오히려 과제로서 주어지는 것이다. 곧 국가와 헌

16. 스멘트의 국가와 헌법에 대한 개념정의: 1. 국가는 정치적 통합의 과정; 2. 헌법은 생활의 법질서, 곧 국가의 통합과정의 질서; 3. 국가와 헌법은 존재하는 것이라기보다 오히려 과제로서 주어진다

---

1) 슈미트는 법실증주의적 헌법관, 그 중에서도 특히 켈젠의 헌법관에 반대하여 헌법을 실질적으로 파악하려 하였다. 그러나 그는 결단(곧 권력)이라는 부분현상만을 순수하게 추상적인 국가체계의 핵심점으로 고양시키고 있다는 점에서는 과학적 실증주의를 탈피하지 못하였다. 그 때문에 그의 헌법관을 사회학적 실증주의로 부르기도 한다.

2) 슈미트와 같이 법을 결정하는 의사(의지)가 가지는 절대권력을 규범비구속성으로 이해하는 것도 곤란하다. 왜냐하면 전체적으로 내용적 가능성을 구성하고 제한하는 도덕적·윤리적 또는 논리적·구성적 내용의 일반적 법원리가 모든 법정립의사보다 우위에 있기 때문이다. 곧 법정립자는 무엇이 옳은가—아직은 법이 아니다—라는 관념영역 내에서 구체적 법규를 실정화하는 결정을 내릴 수 있을 뿐이다. 사람들이 언어법칙을 따르지 않을 경우 의사소통이 불가능하듯이 앞에서 말한 일반적 법원리를 따르지 않는 법정립권의 행사는 정당한 행사라 할 수 없으며, 일반적 법원리를 따르지 않고 정립된 법은 국민들로부터 복종되지도 않는다.

3) R. Smend, *Verfassung und Verfassungsrecht*, 1928, S. 78(김승조 역, 국가와 헌법, 교육과학사, 1994).

법은 공통성을 근거하기 위한 것이다.

(2) 헤세에 의한 統合論的 憲法概念의 發展

17. 헤세의 헌법에 대한 개념정의: 공동체의 법적 기본질서로서 정치적 통일의 형성과 국가적 과제를 수행할 지도원리를 규정하고 공동체 내에서의 갈등을 극복할 절차를 규정하고 정치적 통일형성의 국가작용의 조직과 절차를 규정하고 공동체의 전체적 법질서를 마련하며 그 대강을 규정하는 것

통합론적 헌법관은 오늘날의 민주주의적 상황과 다원적 산업사회에 적합하다는 것이 인정되어 1945년 이후 독일에서는 통설이 되었다. 예컨대 현재 스멘트학파의 대표적 계승자인 헤세 *K. Hesse*는 헌법을 "공동체의 법적 기본질서로서 정치적 통일의 형성과 국가적 과제를 수행할 지도원리를 규정하고 공동체 내에서의 갈등을 극복할 절차를 규정하고 정치적 통일형성과 국가작용의 조직과 절차를 규정하고 공동체의 전체적 법질서의 기초를 마련하며 그 대강을 규정하는 것"[1]으로 정의하고 있다.

최근에 우리나라에서도 유력한 학설이 통합론적 헌법관에 근거하여 헌법이론을 전개하고 있다.[2]

(3) 統合論的 憲法概念의 問題點

1) 일반적 문제점

18. 통합론적 헌법개념의 일반적 문제점: 헌법의 규범성 무시, 통합과정에 있을 수 있는 갈등의 요소를 과소평가

그러나 스멘트의 헌법관에 대해서도 비판은 있다. 통합의 중요성을 지나치게 강조한 나머지 헌법의 규범성을 소홀히 했다던가,[3] 통합과정을 너무 조화롭게만 보고 통합과정에 있을 수 있는 갈등의 요소를 과소평가했다[4]는 비판이 그것이다.

2) 스멘트의 헌법관에 대한 헬러의 비판

19. 스멘트의 헌법관에 대한 헬러의 비판: 국가관의 문제점, 인식론적 오류, 개념사용의 불명료성

그러나 통합론적 헌법관에 대한 더욱 근본적인 비판은 헬러 *H. Heller*의 비판이다. 우선, 헬러는 "서로 교차하는 통합과정의 다양성 속에서 … 모든 변화에서 자신을 주장하는 국가의 통일성은 해체되어 사라질 수밖에 없으며"[5]라고 하

---

1) K. Hesse, *Grundzüge des Verfassungsrechts der Bundesrepublik Deutschland*, 18. Aufl.(1991), S. 10(Rdnr. 17)(계희열 역, 통일독일헌법원론(1995, 제20판), 박영사, 2001.

2) 예컨대 허영, 한국헌법론, 박영사, 2001, 20쪽은 "헌법은 공감대적인 가치를 바탕으로 한 국가사회의 동화적 통합을 실현시키고 촉진시키기 위한 정치규범으로 요약할 수 있을 것이다"라고 하고 있고, 계희열, 헌법학(상), 44쪽은 헤세의 견해를 그대로 수용하고 있다.

3) W. Kägi, *Die Verfassung als rechtliche Grundordnung des Staates*, S. 142ff.

4) K. Hesse, *Grundzüge des Verfassungsrechts der Bundesrepublik Deutschland*, S. 6(Rdnr 7).

5) H. Heller, *Staatslehre*, S. 64. 또한 헬러는 다른 곳에서 "그러므로 민족의 일치된 연합은 아니라 하더라도 민족 내의 일치적 연합은 국가뿐만 아니라 볼링클럽에서 교회에 이르는 모든 임의적 조직이 성립하고 존립하기 위한 기본적 과정이라는 데 대하여는 의문의 여지

여 국가를 끊임없는 갱신의 과정으로서의 통합으로 보고 있는 스멘트국가관의 문제점을 지적한다.

다음으로, 헬러는 통합론의 인식론적 잘못을 비판한다. 국가현실은 현상학적 의식분석으로 확인할 수 없는 것이다. 그렇기 때문에 리트 *Th. Litt*는 그의 연구에서 사회적 관계에 지향된 개별 참여자의 '지식과 의욕'을 필요로 하는 모든 사회적 관계와 또한 '공동체 자체와 관련된, 곧 공동체의 의미에서 규율되고 통일된 행위의 전체세계'를 제외했음에도 불구하고, 스멘트는 이를 오해하여 국가현실을 '정신적 현실의 부분영역'의 현실로서 오해하였다[1]는 것이다.

셋째로, 헬러는 국가의 전체생활과 국가의 생활현실과 같은 개념은 그 개념의 광의성 때문에 학문에서 사용할 수 없다[2]고 하여 스멘트가 개념사용에서 명확하지 않음을 지적한다.

6. 憲法의 概念定義

(1) 綜合的 考察의 必要性

20. 종합적 고찰의 필요성: 헌법을 개념정의하기 위해서는 종합적 고찰이 필요하다

앞에서 대표적인 세 가지 헌법관을 간단히 살펴보았다. 그러나 어떤 학설도 헌법의 본질에 대하여 전적으로 수긍할 수 있는 대답을 주고 있지는 않다고 이야기할 수 있다. 이것은 헌법이라는 것이 어느 한 요소에만 환원시킬 수 없는 국가라는 현상의 기본질서라는 데서 오는 필연적 결과이다. 따라서 헌법을 개념정의하기 위해서는 헌법을 구성하는 모든 요소들을 동시에 고려하지 않으면 안 된다. 이러한 관점에서만 현재 통합론적 헌법관의 대표적 후계자인 헤세가 스멘트의 이론을 철저하게 계승하면서도 헬러, 보이믈린 *R. Bäumlin*, 캐기, 엠케 *H. Ehmke* 그리고 그 밖의 국가이론과 헌법이론을 그의 헌법개념에 접목시키려는 시도를 하는 것[3]과 우리나라의 중요한 헌법교과서 중 하나가 헌법의 규범적·결단적·가치적 요소를 종합적으로 고려하는 범학파적인 자세의 필요성을 강조하는 것[4]을 이해할 수 있을 것이다.

가 없다. 그렇기 때문에 스멘트가 영미사회학을 모방하여 이러한 연합을 부르고 있는 통합은 현실영역에서는 국가적인 것의 핵심실체와 축점(軸点)으로 볼 수 없다"고 한다(S. 187).

1) H. Heller, *Staatslehre*, S. 83.

2) H. Heller, *Staatslehre*, S. 310.

3) K. Hesse, *Grundzüge des Verfassungsrechts der Bundesrepublik Deutschland*, S. 4f. (Rdnr. 4).

4) 허영, 한국헌법론, 20쪽은 "생각건대 헌법의 우선적 효력을 설명하기 위해서는 헌법에 내

그러나 개인적으로는 헌법의 효력이나 헌법의 해석이 문제되는 경우에 어떤 헌법관이 되었든 기존의 어떤 하나의 헌법관을 가지고 그 문제상황을 해결하지 못한다면, 그것 자체가 기존의 헌법관이 충분하지 못하다는 이야기가 된다고 생각한다. 그 경우 필요한 것은 전혀 다른 전제와 기초 위에서 전개되었기 때문에 결합이 불가능한 헌법관들을 종합적으로 고려하는 것이 아니라 기존의 헌법관의 부족을 메워 주는 새로운 헌법관의 정립이어야 할 것이다.

(2) 國家에 대한 언급의 必要性

1) 국가에 대한 언급의 필요성

21. 국가에 대한 언급의 필요성: 헌법을 개념정의하기 위해서는 그 전제로서 국가에 대한 언급이 필요하다

달리 표현한다면, 이러한 모든 요소들을 종합적으로 고찰하여 헌법에 대한 개념정의를 한다 하더라도 헌법의 본질을 충분하게 설명할 수 있다고는 할 수 없다. 왜냐하면 헌법을 이해하는 데 필수적인 국가에 대한 납득할 만한 설명 없이는 충분하지 않기 때문이다. 앞에서 살핀 헌법관들에 대한 비판은 동시에 그것들이 기초하고 있는 국가관에 대한 비판이기도 하다. 이것은 국가를 정치공동체로 바꾸어 표현하는 경우에도 마찬가지이다. 따라서 수긍할 수 있는 국가에 대한 개념정의와 국가에 부여된 과제에 대한 간략한 설명이 필요하다.

2) 국가의 어의와 국가란 용어의 유래

22. 국가의 어의와 국가란 용어의 유래: 국가는 라틴어의 status에서 왔으며, 북부이탈리아의 도시공화국들에서 처음 사용되었다

국가라는 현상은 인류가 지구상에 등장하면서부터 존재하여 왔다. 그러나 현대와 같은 형태의 국가는 근대에 비로소 역사에 등장하였다. 상태라는 뜻을 가진 라틴어의 status에서 온 도시를 뜻하는 단어 stato를 국가에 처음 적용한 것은 북부 이탈리아의 도시공화국들(stato di Padova, stato di Firenze)이었다. 이 말은 16, 17세기가 경과하면서 영어(state), 불어(État), 독일어(Staat), 스페인어(estado) 등에서 현재와 같은 형태로 고정된다.

재되고 있는 여러 가지 복합적인 요소들을 종합적으로 고찰하지 않으면 아니 된다고 본다. 헌법의 본질에서 '사람에 의한 결정의 요소'나 '규범성'을 배제할 수 없는 것과 마찬가지로 헌법의 '가치지향적인 통합촉진의 요소" 또한 도외시할 수 없다고 할 것이다. 따라서 헌법의 효력이나 헌법의 해석이 문제되는 경우에는 언제나 이 세 가지 헌법의 본질적 요소를 함께 생각할 수 있는 범학파적인 자세가 꼭 필요하다고 본다"라고 하고 있다. 또한 최근에 이준일, 헌법학강의, 홍문사, 2005, 31쪽도 "각각의 헌법관에서 강조하고 있는 헌법개념과 효력개념의 요소들을 종합적으로 고려함으로써 비실증주의적 헌법개념과 효력개념을 구성하는 것이 합리적이라고 생각한다"고 하여 비슷한 생각을 표현하고 있다.

3) 국가 3 요소설

① 유래와 내용

이러한 변화에 대응하여 최초의 정치학자인 마키아벨리 *N. Machiavelli* (1469-1527)는 1514년 그의 「군주론」(Il Principe)에서 "사람들에 대하여 명령권을 가지고 있었고, 또 현재 가지고 있는 통치영역은 국가이며, 그것은 공화국이나 군주국 가운데 하나"라고 함으로써 국가라는 단어를 처음으로 학문에 도입하였다.[1] 동시에 그는 국가의 구성요소로서 토지, 인간, 지배력의 3요소를 들고 있다. 이를 옐리네크가 그의 국가론에 차용(借用)하여 현재까지도 국제법에서는 통설로 통하는 국민, 영토, 국가권력(주권)으로 국가가 이루어진다는 국가3요소설을 만들어낸다.[2]

23. 마키아벨리의 국가에 대한 개념정의: 사람들에 대하여 과거와 현재에 명령권을 가지고 있는 통치영역/옐리네크의 국가3요소설: 국가는 국민, 영토, 주권으로 이루어진다

② 문 제 점

국민, 영토, 국가권력(주권)이라는 3요소가 국가현상에서 빼놓을 수 없는 요소임에는 틀림없다. 그러나 국가3요소설은 시간적 흐름에 따른 3요소의 변동을 설명해주지 못한다.[3] 그런가 하면 이들 이질적인 3요소가 국가라는 현상 속에 필연적으로 결합되어야 할 어떠한 당위성도 근거짓지 못한다. 따라서 국가현상을 달리 해석하려는 시도가 있게 마련이다. 이와 관련하여 독일에는 현재 네 가지 커다란 국가론의 흐름이 있다.[4]

24. 국가3요소설의 문제점: 1. 시간적 흐름에 따른 국가구성요소의 변동을 설명할 수 없다; 2. 국가를 구성하는 이질적 요소들이 결합되어야 할 당위성을 설명할 수 없다

4) 국가철학에 의한 국가개념의 보완필요성

이 곳에서는 이들을 모두 논할 지면도, 논할 필요도 없다. 이들 역시 국가를 그 부분적 현상에 환원시키고 있다는 것을 지적함으로써 족할 것이다. 따라서

25. 국가철학에 의한 국가개념의 보완필요성

---

1) G. Jellinek, *Allgemeine Staatslehre*, S. 132 및 각주 3.

2) G. Jellinek, *Allgemeine Staatslehre*, S. 394ff. 또한 BVerfGE 36, 1(16), 77, 137(150); J. Isensee, in: Isensee/Kirchhof(Hrsg,), *Handbuch des Staatsrechts*, 3. Aufl.(2004), § 15, Rdnr. 24도 참조.

3) 이와 관련하여 스멘트(*Verfassung und Verfassungsrecht*, S. 9)는 국가 3요소설이 처음부터 국가를 '공간적이고 정태적인 잘못된 길'(die Irrwege räumlich-statischen Denkens)로 이끌어가고 있다고 비판하면서 국가를 정신적이고 가치적인 관점에서 이해할 것을 강조하고 있다.

4) P. Häberle, Staatslehre als Verfassungsgeschichte, in: ders., *Verfassung als öffentlicher Prozeß*, 1978, S. 384ff.(350)에 따르면 ① 다원주의에 대한 반대 입장으로서의 '국가적' 국가론(Forsthoff, Quaritsch), ② 법적 또는 실증주의적 국가론에 대한 반대입장으로서의 '사회적' 국가론(Heller, Luhmann), ③ 헌법이론으로서의 국가론(Smend, Scheuner, Kriele), ④ 혼합형태(H. Krüger)의 네 가지 커다란 조류가 있다.

국가론적 연구를 통하여 파악된 국가는 국가철학을 통하여 보완되어야 한다. 이것은 옐리네크, 켈젠, 슈미트 및 스멘트와 의견을 달리하고 있는 헬러와 의견을 같이하여 국가의 현재의 구조와 기능, 역사적 형성 그리고 그 발전경향에서 국가를 이해하는 경우에도 마찬가지이다. 국가는 과거이자 현재이면서 동시에 일정한 목적을 가지고 미래를 지향하는 그 무엇이기 때문이다.

5) 국가의 개념정의

26. 국가의 개념정의: 국민과 영토로 구성된 조직인 동시에 제 가치의 질서

이러한 관점에서 국가를 이해하는 경우, 국가는 일정지역의 인간(주민)들이 그들의 공동체적 필요를 위해서 창설한 것으로, 일체성과 계속성을 추구하며 크든 작든 그 구성원에게 더욱 강화된 요청을 하고 내외의 적으로부터 자신을 지키고 유지하려는 목적을 가진다. 곧 국가는 그 구성원, 곧 사람들에 봉사하기 위하여 계속적으로 창설된 조직이며, 그것은 사회적 제 가치의 질서를 구성한다. 따라서 국가는 국민과 영토와 국가권력으로 구성된 조직인 동시에 제 가치의 질서이다.[1)]

그러나 국가의 현실을 파악하려는 국가론의 기술적 개념구성을 국가철학적으로 보완하더라도 그것만으로는 법적 결과를 가져올 수 없다. 이러한 결함을 극복하기 위하여 법적으로는 국가는 (공법상의) 법인[2)] — 지역공동체 — 으로 이해된다.[3)] 그리고 자연인과는 달리 법인은 스스로 활동할 수 없기 때문에 '기관'(Organ)을 필요로 하며, 기관은 기관의 권한을 행사하는 자연인인 '기관담당자'(Organwalter)와 구별된다.[4)]

(3) 憲法의 概念定義에 經濟秩序를 포함시켜야 할 當爲性

27. 국가현상을 정치현상에 환원시킬 수만은 없다

통합론적 헌법관이 국가를 정치적 통합의 과정이라고 설명함으로써 그 밖의 헌법관에서 문제삼지 않았거나 또는 소홀히 한 국가의 문제를 헌법을 이해하

---

1) E. Fr. Sauer, *Staatsphilosophie*, 1965, S. 9. 참조.

2) 국가를 법인으로 이해하면 국가는 지배자라는 자연인으로부터 분리되고 지배자에게는 단순한 (국가라는 법인의) 기관의 지위가 부여된다. 이러한 목적 하에 1837년에 알브레히트 *Wilhelm Eduard Albrecht*가 국가법인론을 전개하였다(*Rezension über Maurenbrechers Grundsätze des heutigen Staatsrechts*, 1837, Neudr., 1962, S. 4).

3) 공법상의 법인이라는 카테고리(범주)는 단지 권리와 의무의 주체로서의, 활동하는 고권담당자로서의 국가에 대한 사고모형(思考模型)을 우리가 사용하게 할 뿐이다. 국가는 단지 지극히 복합적인 기관을 개념적으로 표현하는 약어(略語)일 뿐이다(J. Ipsen, *Staatsrecht I, Staatsorganisationsrecht*, 22. Aufl.(2010), S. 4).

4) H. J. Wolff/O. Bachof, *Verwaltungsrecht II*, 4. Aufl.(1976), § 74 IV b) 1.

기 위한 중심개념으로 끌어내고 있는 것은 통합론적 헌법관의 커다란 공적이다. 그러나 통합론적 헌법관이 국가를 주로 정치현상에 환원시키고 있는 것은 타당하다고 할 수 없다.

국가를 국민과 영토와 국가권력으로 구성된 조직인 동시에 제 가치의 질서라 할 때 결국 국가에게는 국민의 공통된 바람을 충족시켜야 할 과제가 부과되어 있다고 보아야 한다. 국민은 인간의 존엄을 향유하기 위하여 국가가 과거에 이룬 바를 계속하여 유지해 줄 것과 국가가 과거에 이루지 못한 것과 지금 이루어가는 중에 있는 것을 현재와 미래에 이루어주기를 바란다. 정치적 통합이 전자에 속한다면, 사회적 정의의 실현은 후자에 속하는 것으로 볼 수 있다. 국가를 정치공동체임과 동시에 똑같은 정도로 경제공동체라고 말할 수까지는 없다 하더라도, 국가가 경제문제를 도외시한다면 그 과제를 다한다고 볼 수는 없을 것이다. 오히려 현대 사회국가의 국민은 더욱 더 국가에게 정의로운 경제생활의 보장을 요구하고 있다고 할 것이다.

28. 국가의 과제: 국민의 공통된 바람을 충족시켜야 할 과제, 곧 정치적 통합과 사회적 정의의 실현

(4) 憲法의 概念定義

부족하지만 앞에서 한 이야기를 간추려 헌법은 인간의 존엄을 실현하기 위하여 정치적 통일과 정의로운 경제질서를 형성하는 국가적 과제의 수행원리와 국가 내에서의 갈등을 극복할 절차 및 국가작용의 조직과 절차의 대강을 규정하는 국가의 법적 기본질서로 정의할 수 있다.

29. 헌법의 개념정의—사견

第 2 節 憲法의 特性

1. 憲法의 特性의 概念

(1) 國內學說의 概觀

헌법은 어떤 특성을 가지는가에 대하여 국내에서는 크게 두 가지 견해가 대립되어 있다.

30. 헌법의 특성에 대한 국내학설

첫 번째 견해는 헌법을 사실로서의 측면과 법규범으로서의 측면을 가지는 것으로 본다. 그에 따라 제 1 설은 헌법의 특성을 헌법제도의 특성과 헌법규범의 특성으로 나누고, 전자에 속하는 것으로 정치성, 이념성 · 역사성 · 가치성 · 개방성, 규범성을, 후자에 속하는 것으로 수권적 조직규범, 기본권 보장 · 권력제한규범,

최고규범, 헌법제정·개정규범을 든다.[1] 제2설은 헌법의 특질이라는 표현 아래 헌법의 사실적 특질(정치성, 이념성, 역사성), 헌법의 규범적 특질(최고법규성, 기본권보장규범성, 조직·수권규범성, 권력제한규범성, 자기보장규범성), 헌법의 구조적 특질(개방성)을 나눈다.[2]

그에 반하여 두 번째 견해는 헌법의 특성을 헌법의 규범적 특성으로 이해한다. 이에 따라 제3설은 헌법의 특성으로 최고규범성, 정치규범성(유동성, 추상성, 개방성, 미완성성), 조직규범성, 생활규범성, 권력제한규범성, 역사성을 든다.[3] 제4설은 헌법의 특성으로 최고규범성, 개방성, 자기보장성, 정치성을 든다.[4]

(2) 私　見

31. 헌법의 특성의 개념정의: 헌법의 특성은 헌법의 규범적 특성이다

앞에서 헌법을 "… 국가의 법적 기본 질서"로 개념정의하였다. 곧 이 책은 사회학적 헌법개념을 취하지 않는다. 따라서 헌법의 특성이라 할 때 그것은 다른 법분야와 구별되는 또는 다른 법분야에 비해 두드러지는 헌법규범의 특성을 말하는 것이다.

32. 헌법은 규범체계로서는 다른 법규범과 구별되지 않는다

조직임과 동시에 제 가치의 질서인 국가는 현실이며 동시에 과제이다. 따라서 이러한 국가의 법적 기본질서인 헌법 또한 현실이며 과제일 수밖에 없다. 이러한 헌법도 규범체계인 한 다른 법규범과 마찬가지로 인간 상호간의 관계와 인간과 객체와의 상호관계를 규율하며 인간에게 작위와 부작위를 요구한다. 따라서 이것으로 다른 규범(다른 법분야)과 비교될 수 있는 헌법의 특성이 이야기된 것이라고는 할 수 없다.

33. 헌법의 특성

다른 법분야와 구별되는 헌법의 특성은 포괄적 규범성, 최고규범성, 조직규범성, 정치·경제규범성, 구조적 개방성에서 찾아볼 수 있다.

---

1) 김철수, 헌법학개론, 박영사, 2001, 19-23쪽. 약간의 차이가 있으나 성낙인, 헌법학, 법문사, 2008, 25-29쪽도 기본적으로 같은 입장에 있다.

2) 권영성, 헌법학원론, 법문사, 2001, 10-14쪽.

3) 허영, 한국헌법론, 23-32쪽.

4) 계희열, 헌법학(상), 44-57쪽. 그밖에도 장영수, 헌법학, 홍문사, 2014, 17쪽은 헌법특질(특성)은 다른 법규범과 헌법규범의 특질을 지칭한다고 보고, 39쪽 이하에서는 헌법의 특성으로 헌법의 우위(헌법의 최고성), 헌법의 형식상의 특성(헌법의 추상성, 개방성), 헌법의 효력상의 특성(헌법의 자기보장성)을 든다. 한수웅, 헌법학, 법문사, 2014, 11쪽 이하는 헌법의 특성에 대한 개념정의 없이 헌법의 특성으로 정치성 및 이념성, 최고규범성, 추상성·개방성을 든다.

2. 憲法의 包括的 規範性

국가 내에서 활동하는 모든 구성요소들 — 예컨대 개인, 가정, 기업, 산업, 이익단체, 종교단체, 노동조합, 정당, 행정청, 지방자치단체 등 — 은 나름대로 자신의 공동생활을 영위하기 위하여 지켜야 하는 법규범을 가지고 있다. 그리고 어떤 구성요소가 지켜야 하는 법규범을 다른 구성요소는 지키지 않아도 되는 경우가 있다. 곧 헌법 이외의 법 분야는 국가 내에서 부분적 생활영역만을 규율한다.

34. 헌법의 포괄적 규범성: 헌법 이외의 법분야는 국가 내에서 부분적 생활분야만을 규율함에 반하여, 헌법은 국가의 모든 구성요소와 모든 생활영역을 규율한다

그에 반해 헌법은 국가의 모든 구성요소와 모든 생활영역을 규율한다. 곧 헌법은 국가 내의 모든 생활영역에서 활동하는 모든 구성원들에게 원칙을 제시하고 있다. 이것을 헌법의 포괄적 규범성이라 표현할 수 있을 것이다. 헌법규범은 포괄성을 가진다는 점에서 일차적으로 다른 법규범과 구별된다.

3. 憲法의 最高規範性

(1) 憲法의 最高規範性

헌법은 국가의 법적 기본질서이기 때문에 국내법체계 내에서는 다른 법들보다 상위에 있다. 헌법의 최고규범성은 헌법이 국민적 합의를 내용으로 하고 주권자인 국민에 의해서 제정되었기 때문에 인정된다.[1]

35. 헌법의 최고규범성: 헌법은 국내법체계 내에서는 최상위에 있다

판례 〈국회의원선거법 제33조, 제34조의 위헌심판(위헌=헌법불합치)〉 "헌법은 국민적 합의에 의해 제정된 국민생활의 최고 도덕규범이며 정치생활의 가치규범으로서 정치와 사회질서의 지침을 제공하고 있기 때문에 민주사회에서는 헌법의 규범을 준수하고 그 권위를 보존하는 것을 기본으로 한다."(헌재 1989. 9. 8. 88헌가6 결정)

헌법은 이러한 속성에서 법창조의 전제, 형식, 절차를 정하고 이러한 법창조의 원리들과 한계를 확정할 뿐만 아니라 국가기관에 의한 법적용의 절차와 방법을 정한다.[2] 따라서 헌법의 하위에 있는 법률들은 헌법으로부터 그 효력을 부여받으며 존속을 보장받는다. 그렇기 때문에 법률은 그 내용이 헌법에 합치되지 않으면 안 된다. 곧 헌법에 위반하는 내용의 법률은 무효이다.

---

1) R. Wahl, Der Vorrang der Verfassung, Der Staat Bd. 20(1981), S. 485ff. 또한 권영성, 헌법학원론, 12쪽도 참조.
2) 계희열, 헌법학(상), 45쪽 참조.

(2) 法律이 憲法에 合致되어야 한다는 말의 意味

36. 법률이 헌법에 합치되어야 한다는 말의 의미: 1. 법률은 소극적으로 헌법에 모순되어서는 안 된다; 2. 법률은 적극적으로 헌법을 실현시키지 않으면 안 된다

법률이 헌법에 합치되어야 한다는 것은 법률은 소극적으로 헌법에 모순되어서는 안 될 뿐만 아니라 적극적으로 헌법을 실현(구체화)하지 않으면 안 된다는 것을 뜻한다. 이처럼 법률은 헌법을 구체화시키기 때문에 경우에 따라서는 헌법을 해석하는 데 헌법을 실현시킨 법률을 원용할 수도 있다. 헌법 제23조의 재산권을 해석하는 데 공·사법상의 재산권개념을 끌어들이는 경우가 그 예이다.[1)]

(3) 憲法의 最高規範性의 宣言方法

37. 헌법의 최고규범성의 선언방법: 명시적 선언방법, 묵시적 선언방법

명시적으로 헌법의 최고규범성을 선언하고 있는 나라도 있다(미연방헌법 제6조 제2항,[2)] 독일기본법 제20조 제3항,[3)] 일본국헌법 제98조 제1항[4)]). 그러나 우리 헌법은 특별히 고양(高揚)된 헌법개정절차(제128조-제130조)와 비록 제한적이기는 하지만 위헌법률심사제(제107조 1항, 제111조 1항 1호)를 통하여 헌법의 최고규범성을 간접적으로 인정하고 있다.

(4) 憲法의 自己保障性과 憲法에의 의지

38. 헌법의 자기보장성과 헌법에의 의지

이러한 헌법의 최고규범성에도 불구하고 헌법은 규범체계상 하위에 있는 법규범들과는 달리 스스로가 스스로를 보장하지 않으면 안 된다. 다른 법규범들에는 상위의 법규범인 헌법이 있을 뿐만 아니라 국가권력이라는 절대적인 강제수단이 있어 그 효력이 보장된다. 그러나 헌법은 그렇지 못하다. 물론 헌법도 소극적으로는 특정 법률이나 특정 국가기관의 행위가 위헌임을 선언할 수는 있다. 그러나 적극적으로 그 결정을 관철할 수 있는 수단을 갖추고 있지는 않다. 헌법은 그 본질상 국가권력 자체를 규율·통제·구속하(려)는 법규범이기 때문에 특히 국가권력이 헌법이 그 효력을 보장하기 위하여 자체 내에 규정하고 있는 보장

---

1) U. Battis/Chr. Gusy, *Einführung in das Staatsrecht*, 3. Aufl.(1991), S. 2 참조.

2) 미연방헌법 제6조 제2항: "헌법은 국가의 최고법규이며, 이 헌법에 의하여 제정되는 합중국법률 및 합중국의 권한에 의하여 체결된 모든 조약은 이에 구속된다. 모든 주의 법관은 이에 구속되며 1주의 헌법 또는 법률 중에 이에 배치되는 규정이 있어도 그에 구속되지 아니한다."

3) 독일기본법 제20조 제3항: "입법은 헌법질서에 구속되고, 집행과 사법은 법률과 법에 구속된다."

4) 일본국헌법 제98조 제1항: "이 헌법은 국가의 최고법규이며 이 조항에 반하는 법률, 명령, 소칙 및 국무에 관한 기타행위의 전부 또는 일부는 그 효력이 없다."

장치들을 무력하게 만드는 경우 강제가 어렵다. 따라서 헌법의 최고규범으로서의 효력은 그 헌법 아래에서 생활하는 모든 수범자(受範者)들이 헌법의 내용을 실현하려는 '헌법에 대한 적극적(또는 현실적) 의지'(aktueller Wille zur Verfassung)[1]에 좌우된다고 할 수 있다.

4. 憲法의 組織規範性

(1) 憲法의 組織規範性

헌법은 서로 비조직적인 사람의 집단과 그들이 지배하고 있는 토지를 공통의 가치를 연결고리로 하여 국가를 창설해 낸다. 헌법은 국가 내에서 이러한 공통의 가치를 최대한 실현할 수 있도록 갈등을 해결하고 국가작용을 체계화하기 위하여 그를 담당할 기관과 그 절차를 규정한다. 그러한 한에서 헌법의 조직규범성을 이야기할 수 있다.

39. 헌법의 조직규범성: 헌법은 국가작용을 담당할 기관과 그 절차를 규정한다

(2) 憲法의 權力制限性

그러나 헌법은 단순히 국가작용을 체계화하고 국가기관을 조직하는 데 그치지 않는다. 더 나아가서 헌법은 국가작용을 담당하는 기관이 그 권한을 남용하거나 유월하여 오히려 국가가 추구하는 바 목적인 공통의 가치를 위험에 빠뜨리지 않도록 노력하고 있다. 곧 헌법은 처음부터 조직적인 측면에서 권력을 제한하고 통제하여 그 악용 또는 남용의 가능성을 배제하고 있다.

40. 헌법의 권력제한성: 헌법은 조직적인 측면에서 권력을 제한하고 통제한다

5. 憲法의 政治·經濟規範性

(1) 憲法의 政治規範性

헌법은 다른 법규범에 비하여 정치성이 강하다. 헌법의 성립과 존속 및 변경은 정치에 의하여 좌우된다.[2] 헌법은 정치적 투쟁과 타협의 산물이다. 곧 헌법

41. 헌법의 정치규범성: 1. 헌법은 정치적 투쟁과 타협의

1) K. Hesse, *Grundzüge des Verfassungsrechts der Bundesrepublik Deutschland*, S. 17(Rdnr. 44).

2) 따라서 A. Hauriou, *Droit constitutionnel et institutions politiques*, 1985, p. 29가 ① 미국독립과 프랑스혁명, ② 1830년과 1848년의 프랑스혁명, ③ 바이마르공화국헌법과 소비에트헌법의 탄생, ④ 제 2 차 세계대전 이후의 자유민주주의원리에 입각한 헌법체제의 정립이라는 '네 가지 물결이론'을 통하여 근대헌법에서 현대헌법에 이르는 헌법의 역사적 발전과정을 설명하고 있는 것은 탁견에 속한다.

산물이다; 2. 헌법은 정치적 결정권력에 접근하는 방법과 그 권력행사의 절차 및 그 한계를 규율한다

이라는 법적 기본질서의 배후에는 언제나 어떤 정치적 이념, 이해관계, 세력이 존재하고 있으며, 어떤 정치적 세력(들)이 시정하려고 했던 역사적 또는 시대적 병폐와 해악이 있기 마련이다. 이렇게 헌법은 한편으로는 정치에 의하여 생겨나지만, 다른 한편으로는 정치투쟁이 혼란과 무질서에 빠지지 않도록 넘어서는 안 되는 틀과 기본적인 규칙을 규정하고 있다. 헌법은 정치적 결정권력에 접근하는 방법과 그 권력행사의 절차 및 그 한계를 규율한다.

(2) 憲法의 經濟規範性

42. 헌법의 경제규범성: 헌법은 정의로운 경제질서를 위한 기본법이기도 하다

물론 헌법은 정치 외에도 경제·사회·문화의 기본질서이기도 하다. 전래적으로 경제·사회·문화영역은 사회의 자기조절능력과 자기결정에 일임되어 왔다. 사회와 문화영역에 관한 한 사회의 자기조절능력과 자기결정권은 별 무리 없이 기능하여 왔다. 그러나 경제영역에 관해서는 그렇지 못해 온 것이 사실이다. 특히 자본주의의 잘못된 발전은 국가가 경제영역에 간섭하고 조정하고 촉진하고 통제하는 방식으로 개입할 수밖에 없도록 하였다. 세계적인 대공황과 두 차례의 세계대전을 거치고 난 오늘날의 사회국가는 경제영역에 적극적으로 관여하고 있다. 우리 헌법도 경제질서에 대하여 많은 규정을 두어 이를 규율하고 있다. 경제질서의 확립과 안정 없이 다른 모든 질서의 안정은 바랄 수 없는 것이 사실이다. 오늘날 대부분의 대내·대외적인 정치논의의 중점은 경제적인 사항들이라는 점에서 헌법의 특성에 정치규범성과 함께 똑같은 정도는 아니라고 하더라도 경제규범성을 첨가해야 할 것이다.

6. 憲法의 構造的 開放性

(1) 憲法의 構造的 開放性[1]

43. 헌법의 구조적 개방성: 용어의 추상성과 체계의 비완결성

헌법은 구조적으로는 개방성을 그 특징으로 한다. 헌법을 제외한 다른 법률들을 살펴보면 예외적인 경우에 '일반조항'(Generalklausel)을 두고 있는 경우를 제외하고는 대부분의 경우 개별조문 자체가 구체적이고 명확한 용어로 구성되어 있다. 뿐만 아니라 전체적 체계에서도 완비된 대법전의 형태를 취하고 있다. 그에 반하여 헌법의 개별규정들(특히 기본권규정들)에 사용되어 있는 대부분의 용어

1) 최근에 이준일, 헌법학강의, 34·35쪽은 헌법의 특성을 구조적 개방성에 한정시키지 않고 의미론적 개방성, 가치적 개방성, 도덕적 개방성에까지 확장시키려는 시도를 하고 있다.

들은 추상적이고 불확정적일 뿐만 아니라 전체적 체계에 있어서도 완결성을 고집하지 않는다.

(2) 憲法이 構造的으로 開放性을 띨 수밖에 없는 이유

이렇게 헌법이 구조적으로 개방성을 띨 수밖에 없는 이유는 헌법의 규율대상이 역사적 생활이기 때문이다. 따라서 헌법제정 당시에 예견할 수 없는 사항은 해석을 통하여 역사적 변화에 적응할 수 있도록 할 수밖에 없다.

44. 헌법이 구조적으로 개방성을 띨 수밖에 없는 이유: 1. 인간의 미래통찰력의 한계; 2. 역사적 변화에 적응할 필요성

(3) 憲法의 構造的 開放性에 대한 例外

그러나 헌법이 모든 사항을 개방적으로 남겨둔다면 국가와 헌법은 해체되어버릴 위험이 있다. 그렇기 때문에 국가 내에서 정치적 세력이나 노선들 사이에 끊임 없는 투쟁의 대상이 되거나 갈등의 소지가 될 수 있는 부분들은 구속력 있게 확정되어야 한다. 헌법이 개방된 채로 남겨두어서는 안 되는 것으로는 특히 국가의 구성원리, 국가의 권력구조, 개방되어 있는 문제들을 결정할 절차를 들 수 있다.[1] 따라서 이러한 부분과 관련된 헌법규정들은 엄격하게 해석되어야 한다.

45. 헌법의 개방성에 대한 예외: 국가 내에서 정치적 세력이나 노선들 사이에 끊임없는 투쟁의 대상이 되거나 갈등의 소지가 될 수 있는 부분들

1) 계희열, 헌법학(상), 48·49쪽 참조.

第 2 章 憲法의 解釋

第 1 節 憲法解釋의 意義

1. 憲法解釋의 概念

46. 헌법해석의 개념: 일반적·추상적으로 규정되어 있는 헌법조문의 내용을 구체적 사실에 적용할 수 있도록 분명히 하고 구체화하며 또한 법적인 의미를 정확하게 밝혀내는 작업

헌법해석에는 광의의 헌법해석과 협의의 헌법해석이 있다. '광의의 헌법해석'(Verfassungsinterpretation)은 '협의의 실정헌법해석'(Verfassungsauslegung)과 '헌법의 계속형성'(Verfassungsfortbildung 또는 법문보충 Rechtsatzergänzung)을 포함하는 개념이다. 그러나 헌법의 해석은 헌법이나 헌법제정자가 정하지 않은 예외적인 경우(헌법흠결의 경우)를 제외하고는 주로 협의의 실정헌법해석에 한정된다. '협의의 헌법해석'(Verfassungsauslegung)이란 일반적·추상적으로 규정되어 있는 헌법조문의 내용을 구체적 사실에 적용할 수 있도록 분명히 하고 구체화하며 또한 법적인 의미를 정확하게 밝혀내는 작업을 뜻한다.

그러한 한에서 합헌적 법률해석은 헌법해석의 문제가 아니라 법률해석의 문제이다. 그러나 합헌적 법률해석은 헌법의 해석과 밀접한 관계를 가지고 있기 때문에 이곳에서 같이 다루기로 한다.

2. 憲法解釋의 必要性

47. 헌법해석의 필요성

헌법규범은 수많은 국민들의 수많은 생활관계를 규율하고자 한다. 그 결과 헌법규범의 표현은 추상적이고 일반적일 수밖에 없다. 따라서 하나의 헌법규범을 특정의 생활관계에 적용하려는 경우 해석, 곧 사후적 이해를 통하여 추상적·일반적으로 표현된 헌법규범의 의미를 밝혀내지 않으면 안 된다.

48. 헌법이 내용적으로 광범위하고 불확정적인 이유

앞에서도 보았듯이 헌법은 다른 법분야와는 달리 구조적 개방성을 특성으로 하기 때문에, 또 특히 중요한 헌법개념들은 예컨대 인간의 존엄이나 행복추구 또는 양심 등의 예에서 보듯이 내용적으로 광범위하고 불확정적이기 때문에

헌법의 적용에 있어서 사후적 이해의 과정은 특히 어려운 경우가 많다. 헌법이 내용적으로 광범위하고 불확정적인 이유는 여러 가지 원인에서 찾을 수가 있다.[1] 우선, 헌법은 헌법제(개)정에 참여한 자들 사이의 정치적 타협의 산물이라는 점이다.[2] 예컨대 이러한 사정은 사유재산제도를 보장하면서 동시에 재산권의 공공복리적합성을 강조하고 있는 재산권규정에서 분명해진다. 다음으로, 많은 헌법규정들은 헌법제(개)정시에는 장래에 점진적으로 실현되어야 할 목표로서 주어진다는 점이다. 우리 헌법에 규정되어 있는 사회적 기본권들이 그 예에 속한다. 세 번째로, 많은 헌법규정들은 처음부터 예견할 수 없는 사회적 변화에 적응할 수 있도록 개방적인 용어들을 사용하고 있다는 점이다. 이러한 개방적인 용어들은 공동체의 공동생활을 지속적으로 규율하고자 하는 헌법의 요구를 충족시켜주는 역할을 하며, 잦은 헌법개정을 방지하는 기능도 한다. 우리 헌법 제21조 제 4 항의 공중도덕이나 사회윤리와 같은 용어들이 그 예에 속한다. 끝으로, 국가의 기본법인 헌법은 기본적인 문제들에 대해서만 규정하고, 세부적인 문제들에 대해서는 이를 헌법하위의 법규범들에 위임하기 때문이다.

3. 憲法解釋의 課題

49. 헌법해석의 과제: 합리적이고 통제할 수 있는 절차를 통하여 헌법적으로 타당한 결과를 발견하고, 이 결과를 합리적이고 통제할 수 있게 논증함으로써 법적 확실성과 법적 예측가능성을 창출하는 것

따라서 내용적으로 광범위하고 불확정적인 헌법규범의 내용을 확인하고 구체화하며 헌법을 법전 속의 문자로부터 끄집어내어 현실화시키는 작업인 헌법해석은 매우 중요하다. 왜냐하면 헌법해석은 합리적이고 통제할 수 있는 절차를 통하여 헌법적으로 타당한 결과를 발견하고, 이 결과를 합리적이고 통제할 수 있게 논증함으로써 법적 확실성과 법적 예측가능성을 창출하는 것을 과제로 하기 때문이다.[3] 따라서 헌법해석의 중요성은 헌법재판소의 판결이 개인과 국가기관을 직접 구속하는(헌법재판소법 제47조 제 1 항, 제54조 제 1 항, 제59조, 제67조, 제75조) 헌법재판제도를 채택하고 있는 현행헌법(제11조-제113조, 제107조 제 1 항, 제

1) P. Badura, *Staatsrecht, Systematische Erläuterung des Grundgesetzes für die Bundesrepublik Deutschland*, 1986, S. 14; U. Battis/Ch. Gusy, *Einführung in das Staatsrecht*, S. 17f. 참조.

2) 헌법이 정치적 타협의 산물이기 때문에 경우에 따라서는 공동체를 위하여 특히 중요한 문제가 헌법제정시에 공감대의 결여로 헌법에 규정되지 않는 경우도 있다. 그 예로는 독일기본법이 경제헌법에 대하여, 곧 계획경제인지 아니면 시장경제인지에 대하여 분명한 언급을 하지 않은 것을 들 수 있다.

3) K. Hesse, *Grundzüge des Verfassungsrechts der Bundesrepublik Deutschland*, S. 20(Rdnr. 51).

8조 제4항, 제65조 참조)에서는 더욱 크다 하겠다.

第2節 憲法解釋의 方法

1. 傳統的 解釋方法

(1) 傳統的 解釋方法

1) 전통적 해석방법의 전제

50. 전통적 해석방법의 전제: 헌법과 법률의 규범구조가 동일하다

헌법은 특별히 고양된 효력을 가진다는 점에서 하위의 법규범들과 구별된다. 그러나 넓은 의미에서는 헌법도 법률에 속한다. 따라서 헌법의 전통적 해석방법은 헌법과 법률의 규범구조가 동일하다는 전제하에서 사비니 *Fr. C. v. Savigny*가 제시한 법률의 해석원칙, 곧 문법적 해석, 논리적 해석, 역사적 해석, 체계적 해석[1]은 순차적으로 헌법의 해석방법으로도 적용될 수 있다고 한다.

2) 문법적 해석

51. 문법적 해석

문법적 해석은 자구(문구)해석이라고도 한다. 문법적 해석의 본질은 입법자가 사용한 언어법칙을 해명함에 있으며(Savigny),[2] 해석의 출발점과 한계를 자구의 의미에서 찾는다. 예컨대 주거의 개념에 공장을 포함시킬 것인가가 문법적 해석의 예이다. 그러나 많은 경우에 자구는 단 하나의 해석만을 타당하게 할 정도로 확정적이지 않다는 점에서 문제가 있는 해석방법이다.

3) 논리적 해석

52. 논리적 해석

사비니에 따르면 해석의 논리적 요소는 사고의 구성, 곧 개별적인 부분들이

---

1) Fr. C. v. Savigny, *System des heutigen Rümischen Rechts*, Bd. I, 1840, S. 212ff.

2) 오늘날 문법적 해석은 이와는 달리 이해되기도 한다. 예컨대 K. Engisch, *Einführung in das juristische Denken*, 3. Aufl.(1964), S. 78는 문법적 해석을 '단어가 가지는 의미'의 확정으로, K. Stern, *Gesetzesauslegung und Auslegungsgrundsätze des Bundesverfassungsgerichts*, Diss. München 1956(Man.), S. 191, 194은 어떤 단어의 다의성을 단순히 확인하는 것으로 이해한다. 이에 대하여 M. Kriele, *Theorie der Rechtsgewinnung entwickelt am Problem der Verfassunginterpretation*, 2. Aufl.(1976), S. 82(홍성방 역, 법발견의 이론, 유로, 2013)는 이러한 태도를 지나치게 확장된 것이라 비판한다. "왜냐하면 이러한 것을 위해서는 다른 해석요소들도 기여할 수 있기 때문이다. 곧 예컨대 기본법 제2조 제1항의 '헌법적 질서'란 단어의 의미가 무엇인가는 역사적, 체계적 해석 등을 통해서도 확인될 것이다."

상호의존하고 있는 논리적 관계에 관한 것이다. 오늘날 일반적으로 논리적 해석은 법문의 자구에 구속됨이 없이 논리적 조작에 의하여 법문을 해석하는 것으로 이해된다.[1] 논리적 해석의 방법에는 확장해석, 축소해석, 반대해석, 물론해석, 보정해석 등의 방법이 있다.

4) 역사적 해석

역사적(성립사적) 해석은 법문을 해석함에 있어 규범성립에 있어서의 역사적 소여를 해석의 중요요소로 이해한다. 역사적 해석을 위해서는 법률안의 이유서, 제안자의 의견, 의사록 등이 중요한 의미를 갖는다.[2] 53. 역사적 해석

무엇보다도 성립사에는 다른 해석방법의 적용을 통해 획득된 결과를 확인하는 기능이 부여된다.[3] 어떤 규범의 문구와 그 체계적 관련성으로부터 명백한 결과를 도출할 수 없는 경우에도 성립사가 고려될 수 있다. 독일연방헌법재판소의 실무에서는 성립사도 다른 해석기준들과 마찬가지로 적용되고 있다.[4]

학자에 따라서는 성립사적 해석을 '발생사적'(genetisch) 해석(입법과정에 참여한 자들, 기본법의 경우 헌법제정의회 의원들의 의견을 고려하는 방법)과 좁은 의미의 역사적 해석(기본법의 경우 기본법 제정 당시 이미 존재했던 지방支邦헌법과 같은 다

---

1) 물론 견해가 일치되어 있는 것은 아니다. 예컨대 H.-J. Wolff/O. Bachof, *Verwaltungs-recht*, Bd. I(9. Aufl., 1974), §28 Ⅲ C는 여러 개념의 의미와 전후관계의 확인으로, K. Stern, *Gesetzesauslegung und Auslegungsgrundsätze des Bundesverfassungsgerichts*, S. 201은 단어가 가지는 의미의 축소 또는 확장으로 이해한다. 또 K. Engisch, *Einführung in das juristische Denken*, S. 77f.는 논리적 해석과 체계적 해석을 하나로 종합하고 있다. 국내에서는 권영성, 헌법학원론, 24쪽이 엥기쉬를 따르고 있다. 또 M. Kriele, *Theorie der Rechtsgewinnung*, 82f.는 "사비니가 논리적 관계에서 이해하고 있는 것이 무엇인가는 분명하게 확인될 수 없다. 아마도 그는 시선을 하나의 문장 또는 문장의 부분에서 그를 둘러싸고 있는 전후관계로, 곧 원문 속에 존재하고 해석되는 원문의 위치와 '논리적' 전후관계에 있는 예외, 개념규정, 설명들에로 돌리고자 하였을 것이다. 또한 우리들은 본문에 있는 모순을 확인하는 것 … '논리적 해석'의 범주로 고려할 수 있을 것이다"라고 한다.

2) 이와 관련하여 M. Kriele, *Theorie der Rechtsgewinnung*, S. 83는 "사비니에 따르면 역사적 요소는 '법규정을 통하여 존재하는 법관계에 대하여 주어진 법률의 시대를 규정하는 상태를 대상으로 한다. 법률은 특정한 방법으로 이러한 상태 관여하고 이러한 관여의 유형은 (?) 이러한 법률에 의해서 법에 새롭게 삽입된 것인데 이는 제요소를 분명하게 하여야 한다.' 따라서 이와 같은 의미에서 역사적 해석은 일차적으로 법상태의 비교를 의미하고, 해석대상인 법률이 공포된 후에는 이러한 비교로부터 의미를 해석하는 준거점을 발견하는 것을 의미한다. 따라서 이는 원문에 대한 비판도 아니며, '발생시적'(입법자의 의사의) 확인도 아니며, 입법자에게 요청하는 정치적·경제적·사회적 필요의 확인도 아니라 '법규정을 통한'(!) 특정한 상태의 규율인 것이다"라고 하고 있다.

3) BVerfGE 90, 263(275); 92, 365(409f.); 95, 64(95).

4) BVerfGE 87, 48(66); 87, 274(279, 281); 88. 187(196); 90, 263(275); 94, 49(95).

른 헌법조문들을 고려하는 방법)으로 더욱 세분하기도 한다.[1)]

5) 체계적 해석

54. 체계적 해석

체계적 해석은 법률체계 내에서 법문의 위치에 따라 다른 법조문들과의 관계를 따져 해석하는 것을 말한다. 그러나 체계적 해석에서는 규범의 특정한 위치에의 배치, 곧 형식적 전후관계를 따라야 하느냐 또는 사항적 전후관계를 따라야 하느냐의 문제가 해결되어 있지 않다.

6) 목적론적 해석

55. 목적론적 해석

이 밖에도 사비니는 언급하고 있지 않으나 법률의 해석방법으로는 목적론적 해석이 있다. 목적론적 해석은 헌법에 내재하는 객관적인 규범목적, 곧 헌법제정자의 불변의 의사를 탐구하고 이를 지도이념으로 하여 헌법조문을 해석하는 방법을 말한다. 그러나 목적론적 해석에는 해석자의 정치적 바람이나 주관적 가치판단이 개입될 위험성이 있다. 더 나아가 목적론적 해석은 헌법의 규범목적이 어떻게 찾아질 수 있느냐 하는 물음에 대해서 아무 대답도 할 수 없다는 단점이 있다.

(2) 傳統的 解釋方法을 추종하고 있는 學說과 判例

1) 학 설

56. 전통적 해석방법을 추종하는 학설

이러한 사비니의 법률해석방법을 오늘날의 헌법해석에도 표준적인 것으로 추천하는 학자가 있는가 하면,[2)] 이 방법을 더욱 분화시켜 5단계로 나누거나[3)] 7단계로 나누는[4)] 학자도 있다.

---

1) 예컨대 Chr. Degenhart, *Staatsrecht I, Staatsorganisationsrcht*, S. 8f.; H. Sodan/J. Ziekow, *Grundkurs Öffentliches Recht*, 6. Aufl.(2014), S. 7.

2) E. Forsthoff, *Zur Problematik der Verfassungsauslegung*, 1961, S. 21는 해석은 '법률에 내재하는 사상의 재구성'이며, 이는 사비니가 상세하게 설명한 의미에서, 곧 문법적, 논리적, 역사적 그리고 체계적 의미에서 4가지 협동적 요소들 속에서 수행된다고 한다.

3) K. Larenz, *Methodenlehre der Rechtswissenschaft*, 4. Aufl.(1979), S. 307ff.는 문리적 해석, 체계적 해석, 역사적 해석, 목적론적 해석, 헌법합치적 해석으로 5분하고 있다.

4) H.-J. Wolff/O. Bachof, *Verwaltungsrecht*는 어학적 해석, 논리적 해석, 체계적 해석, 역사적 해석, 비교법학적 해석, 법제정자의 주관적 해석, 목적론적 해석의 7단계를 거쳐야 한다고 한다.

2) 판 례

독일연방헌법재판소는 "법문의 자구 또는 법문이 위치하는 의미의 전후관계에서 법문에 표현되어 있는 입법자의 객관적 의사가 법문해석에 있어 결정적이다. 그에 반하여 법문의 의미에 대한 입법절차에 관여한 기관 또는 그 구성원의 '주관적 의사'는 중요하지 않다. 법문의 성립사는… 원칙들에 따른 해석의 타당성을 입증하거나 객관적 이론만으로는 해결될 수 없는 의문이 있는 경우에만 중요하다"고 하면서,[1] 객관적 의사를 밝히는 구체적 해석방법으로 "규범의 문구로부터의 해석(문법적 해석), 규범의 관련으로부터의 해석(체계적 해석), 규범의 목적으로부터의 해석(목적론적 해석), 법률자료와 성립사로부터의 해석(역사적 해석)"을 들고 있다.[2]

57. 전통적 해석방법을 추종하는 판례

2. 憲法에 固有한 解釋方法

(1) 憲法에 固有한 解釋方法의 必要性

이러한 견해에 대해서는 헌법의 해석을 법률해석방법의 네 가지 요소에 한정시키는 것은 사비니의 방법론이 뜻하는 바와는 다를 뿐만 아니라,[3] 헌법으로부터는 이러한 원칙들이 도출되지 않는다고 하면서 이 원칙들은 결코 선험적 확실성을 가진 것이 아니기 때문에, 이 원칙들에 안주할 수는 없고 그것들을 새롭게 숙고하는 것이 필요하다는 주장[4]이 더욱 합리적인 것으로 생각된다. 달리 표

58. 헌법에 고유한 해석방법의 필요한 이유: 과제와 대상, 구조와 기능 및 보장방법 등에서 일반법들과는 다른 특성을 가지는 헌법을

1) BVerfGE 1, 299(312).
2) BVerfGE 11, 126(130).
3) M. Kriele, *Theorie der Rechtsgewinnung*, S. 78.
4) M. Kriele, *Theorie der Rechtsgewinnung*, S. 44ff.는 다음과 같이 기술하고 있다. "오히려 위의 원칙들은 예로부터 인정된 학설의 내용일 뿐이다. 따라서 이 원칙을 지지한다는 것은 그 학설을 승인하고, 그것이 역사적 산물이라는 사실을 지적하거나 그 합목적성을 문제시함으로써 그 원칙들을 상대화시키지 않겠다는 의미를 가질 뿐이다. … 그러나 이 원칙들은 결코 선험적 확실성을 가진 것이 아니고, 법관의 법인식에 대한 해석이론에 그 출발점을 가지고 있다는 사실이 간과되어서는 안 된다. 다른 말로 바꿔 말한다면 전례의 방법론의 창시자들은 연역적으로 작업을 하였던 것이 아니다. 왜냐하면 연역할 수 있는 확실한 규범이 없었기 때문이다. 그들은 오히려 실무를 판정할 수 있는 기준을 귀납적으로 찾아나갔다. 그들에게 현실에서 어떤 것이 폐단으로 비춰지거나 또는 특별히 타당하고 모범적인 것으로 비춰지면, 그들은 그 이유를 규명하려는 노력을 경주하였다. 표준적인 원칙을 구성하려는 시도는 항상 가설적일 수밖에 없었다. 그리고 그 시도는 다른 기회에 그리고 논쟁을 거치면서 증명되어야만 했다. 따라서 현실을 판단하는 척도가 존재하기는 한다. … 그 척도들은 구체적인 실무를 관찰하는 기회에 처음에는 무의식적으로 나타났고, 그 다음

해석하기 위해서는 헌법에 고유한 해석 방법이 있어야 한다

현한다면, 과제와 대상, 구조와 기능 및 보장방법 등에서 일반법들과는 다른 특성을 가지는 헌법을 해석하기 위해서는 헌법에 고유한 해석방법이 있어야 한다는 것이다.

(2) 憲法에 固有한 解釋方法

1) 개　관

59. 헌법에 고유한 해석방법에 대한 개관

현재 헌법의 고유한 해석방법으로는 크게 '전통적·해석학적 방법'(die klassische-hermeneutische Methode),[1] '토픽적·문제지향적 방법'(die topisch-problemorientiete Methode),[2] '해석학적·구체화적 방법'(die hermeneutische-konkretisieren-

---

에는 소급·성찰되면서 비로소 '발견'된다 … 그러므로 주어진 원칙에서 구속력 있는 확실한 척도가 이미 존재하고 있다는 믿음을 갖는다면 이는 스스로를 속이는 것과 같다. 왜냐하면 원칙들이란 어떠한 방법론이 그 창시자에게 타당하고 합리적으로 비추어졌는가를 기술하려는 가설적 시도이기 때문이다. … 그러므로 이 원칙들에 안주할 수는 없고, 그것들을 새롭게 숙고하여야 한다. 그 창시자들이 현실과 그 현실의 구체적 폐해와 장점에서 출발하였듯이, 특히 오늘날 나타나는 방법론이론과 실무의 분리현상에 의문을 제기하고 법관의 현실과 새롭게 연계시켜 관찰하는 것이 필요하고 유용할 것으로 생각된다. 예컨대 사비니의 방법론에 만족하려는 것은 마치 피아노선생이 현재에도 체르니 *Czerny*나 비익 *Wieck*의 피아노 연주방법에 안주하려는 것과 같다."

1) '해석학적'(hermeneutisch)이란 용어는 그리스어 Hermeneutik에서 왔으며, '해석의 기술'(Kunst der Auslegung)을 뜻한다.

2) '토픽적'(topisch)이란 용어를 계희열, 헌법학(상), 71쪽은 문제변증론적으로 해석한다. 이에 대하여 허영, 한국헌법론, 68쪽, (각주 1)은 "라틴어에서 유래하는 Topik(topic)이라는 개념을 우리 말로 정확히 번역하기는 어렵다. 왜냐하면 이 개념은 다시 topos(복수는 topoi=Gesichtspunkte, Denkansätze)란 개념을 전제한 것으로서 'topoi'에 관한 이론(Topik=Lehre von den topoi)을 뜻하기 때문이다. 특히 해석법학과 관련해서 자주 사용되고 있는 topos란 말은 매우 다의적으로 사용되고 있기 때문에 그 의미를 한 가지로 말할 수는 없으나, '일반적인 법의식에 의해서 당연히 인정(전제)되는 법원리의 관점(Gesichtspunkte)'이라고 풀이할 수 있다. 예컨대 신의성실의 관점, 신뢰보호의 관점, 소수보호의 관점 등이 그것이다. 이같은 여러 관점이 어느 사안의 해결에 논증으로 인용되는 경우에 그것은 하나의 topos(topoi)가 된다. 따라서 Topik은 말하자면 법규범을 떠난 관점론이라고 볼 수 있다. 하지만 이제부터는 원어의 참뜻을 되도록 존중하는 의미에서 topos, topoi, topic 등의 개념을 번역하지 않고 그대로 사용하기로 한다"고 하고 있다.

그러나 Topik는 후기라틴어 topic(=topica: 개연성뿐인 일반여론을 전제로 하는 논법, 일반공리)에서 유래하며, topice(=topica)는 그리스어 topike(=topica)에서 유래하였다(예컨대 E. Stein, *Staatsrecht*, 8. Aufl.(1982), S. 37과 I. v. Münch, *Grundbegriffe des Staatsrechts I*, 1979, S. 23은 이러한 사실을 분명히 하고 있다). *Cicero*가 *Aristoteles*의 논리학(Organon)의 제 4 권(Topica)을 번역하였는데, Topica를 Dialetica(변증론, 개연적 추리론)이라고도 한다. Topik를 처음 법정용어로 사용한 *Cicero*는 Topos를 'sedes argumenti'(논증의 위치), 곧 '논증의 근거점'(Fundstelle der Argumentation)으로 이해하였다. Topik은 독일어로는 Lehre von den topoi로 번역되며, topoi는 topos의 복수이다. topos는 고대

de Methode) 및 '현실과학지향적 방법'(die wirklichkeitswissenschaftlich orientierte Methode)의 네 가지 방법이 있다.[1] 전통적 해석방법에 대해서는 앞에서 살펴보았기 때문에 여기서는 나머지 것에 대해서만 간추리기로 한다.

2) 토픽적 · 문제지향적 방법

토픽적·문제지향적 방법은 그 내용이 개방적이고 광범위하며, 실용적이고 불확정적일 뿐만 아니라 문제에 대한 설명이 규범과 체계보다 우위에 있다는 데에서 출발한다. 따라서 토픽적·문제지향적 방법에서는 논증의 근거점인 topos를 중요시하며, 법규범도 하나의 topos에 불과하며, 결코 기속적인 것이 아니다. 토픽적·문제지향적 방법에 따르면 헌법해석은 개방적인 논증과정이며, 동시에 해석에 참여한 자들 사이의 공감대 속에 존재하는 '선이해'(Vorverständnis)[2]가 해석에 대한 '선결정'(Vorentscheidung)을 좌우한다.

60. 토픽적·문제지향적 방법: 토픽적·문제지향적 방법에 따르면 헌법해석은 개방적인 논증과정이다

3) 해석학적 · 구체화적 방법

해석학적·구체화적 방법은 뮐러 *Fr. Müller*에게서[3] 영향을 받은 헤세가[4] 특히 강조하고 있다. 이 방법은 헌법해석은 헌법이 명백하게 결정하지 않은 문제에 답하려고 하는 경우에 필요하고 문제가 되기 때문에, 헌법해석은 일종의 법

61. 해석학적·구체화적 방법: 1. 헌법해석은 일종의 법창조행위; 2. 토픽적·

수사학에서는 일반적으로 승인된 개념 또는 관점으로 사용되었으나, 현대문헌에서는 '상투어'(festes Klischee), '전통적 사고·표현규준'(traditionelles Denk- und Ausdrucksschemata) 또는 '상투어'(Gemeinplatz)로 사용된다. 어떻든 Topik은 경우에 따라 여러 가지로 번역하는 것이 적절하다고 할 수 있다. 저자는 이전에 Topik를 문제변증법으로 해석한 바 있다(홍성방 역, 법발견의 이론, 162쪽 이하). 그러나 이곳에서는 문제지향적이라는 말과의 관계상 원어 그대로 사용하였다. 헌법적 방법으로서의 Topik에 대하여 자세한 것은 M. Kriele, *Theorie der Rechtsgewinnung*, S. 114ff. 참조.

1) 이는 E.-W. Böckenförde, Die Methoden der Verfassungsinterpretation-Bestandsaufnahme und Kritik, NJW 1976. S. 2089ff.의 분류에 따른 것이다. 국내학자들의 경우 권영성, 헌법학원론, 24·25쪽은 현실기준적 해석방법, 헌법이념합치적 해석방법, 절충적 해석방법으로, 허영, 한국헌법론, 68-70쪽에서는 현실기준적 해석방법, 법학적 관점론, 절충적 해석방법으로 분류하고 있다.

2) 선이해란 해석자가 법문(텍스트)에 접근하면서 가지고 들어가는 가설을 말한다. 이러한 선이해에는 해결해야 할 법적 문제를 올바르게 결정하기 위한 해석자의 추정이나 기대가 담겨져 있다. 그리고 이러한 추정이나 기대는 대부분 해석자가 일상생활에서 얻은 경험이나 직업적으로 획득한 체험에 기초하여 형성된다.

3) Fr. Müller, *Juristische Methodik*, 5. Aufl.(1993). 뮐러의 이론에 대한 소개로는 김주환, 구조화 법규범이론과 그 방법론, 헌법논총 제12집(2001), 443쪽 이하, 특히 464쪽 이하 참조. 뮐러의 저술의 한국어 번역으로는 홍성방, 법관법, 유로, 2014가 있다.

4) K. Hesse, *Grundzüge des Verfassungsrechts der Bundesrepublik Deutschland*, S. 24ff. (Rdnrn. 60ff.).

문제지향적 성격을 가진다; 3. 문제의 우위가 아닌 헌법조문의 우위에서 출발한다는 점에서 토픽적·문제지향적 방법과 구별된다

창조행위(구체화)라는 인식을 근거로 삼고 있다. 헌법재판소는 헌법해석에 있어서 창조적 기능을 인정한다. 물론 이 경우에도 해석은 (법조문에 해당하는 규범프로그램과 규범영역을 포괄하는) 헌법규범에 기속되어 있기 때문에 단지 제한적으로만 창조적이다. 해석학적·구체화적 방법은 토픽적·문제지향적 성격을 가진다. 따라서 해석학적·구체화적 방법에서는 규범프로그램을 확인(법조문을 해석)하고 규범이 적용되는 현실을 반영한 규범영역(즉 규범프로그램이 규율하고자 하는 영역으로 선택한 사회적 현실의 단면)을 분석하는 과정을 밟는다.[1] 그러나 해석학적·구체화적 방법은 문제의 우위가 아닌 헌법조문의 우위에서 출발한다는 점에서 토픽적·문제지향적 방법과 구별된다.

> **판례** 〈국회의원선거법 제33조, 제34조의 위헌심판(위헌=헌법불합치)〉 "헌법의 해석은 헌법이 담고 추구하는 이상과 이념에 따른 역사적·사회적 요구를 올바르게 수용하여 헌법적 방향을 제시하는 헌법의 창조적 기능을 수행하여 국민적 욕구와 의식에 알맞은 실질적 국민주권의 실현을 보장하는 것이어야 한다. 그러므로 헌법의 해석과 헌법의 적용이 우리 헌법이 지향하고 추구하는 방향에 부합하는 것이 아닐 때에는, 헌법적용의 방향제시와 헌법적 지도로써 정치적 불안과 사회적 혼란을 막는 가치관을 설정하여야 한다."(헌재 1989. 9. 8. 88헌가6 결정)

4) 현실과학지향적 방법

62. 현실과학지향적 방법: 사회학적 헌법해석방법

현실과학지향적 방법은 사회학적 헌법해석방법이라고도 한다. 이 방법은 자구(문구)와 '이론적 추상성'(dogmatische Begrifflichkeit)[2]이 아닌 헌법의 의미와 현실이 헌법해석의 기반과 척도가 되어야 한다는 데에서(이른바 통합론에서) 출발한

1) 국내에서는 계희열, 헌법학(상), 67쪽(특히 72-74쪽) 이하가 이 방법을 따르고 있다.
2) Dogma라는 용어도 우리말로 통일적으로 번역하기가 쉽지 않은 말이다. Dogma는 그리스어 dokein에서 파생된 말로서 dokei moi라고 하면 '나에게 분명하다'(es leucht mir ein)는 뜻이 된다. Dogma는 신학에서는 보통 신조, 교의, 교리, 신앙명제 또는 교조(敎條)로 사용된다. 철학에서는 정론(定論), 정설(定說) 또는 경우에 따라서는 부정적인 의미로 독단론으로 사용된다. 우리나라에서는 학자에 따라 Rechtsdogmatik을 법해석학, 법교의(조)학, 법말씀론 등으로 번역한다. 그러나 Rechtsdogmatik을 법해석학으로 번역하면 Juristische Hermeneutik과 구별되지 않는다. 그렇다고 Rechtsdogmatik을 법교의(조)학 또는 법말씀론으로 번역하는 것도 지나치게 종교적인 색채를 띤 번역이라고 할 수 있다. 그리스도교에서는 보통 Dogmatik은 그리스도교신앙론에 대한 학문적 설명을 뜻한다. 저자는 이전에 Rechtsdogmatik을 법해석학으로 옮긴 바가 있다(홍성방 역, 법과 실천이성, 유로, 1013). 그러나 이제부터는 dogmatisch를 '이론적'으로 그리고 Rechtsdogmatik을 'Rechtstheorie'(법이론)와의 혼동이 염려되지 않는 것은 아니지만, 더 나은 표현을 찾을 때까지 우선 '법리학(법이론학)'으로 옮기기로 한다. 그리고 이때 Rechtsdogmatik은 Jurispru-denz보다 Rechtswissenschaft라는 용어와 더욱 근접한다고 할 수 있다.

다. 그리고 헌법의 의미는 헌법이 그 속에서 국가가 국가의 생활현실을 갖는 통합과정의 법질서라는 점에서 관찰된다고 한다.

(3) 學說에 대한 檢討

63. 헌법에 고유한 해석방법에 관한 학설 검토

우선, 토픽적·문제지향적 방법은 실정법을 무시하고 있으며, 더 나아가서 topos의 설정에 있어 주관이 배제되지 않을 때 독단론으로 치우칠 위험이 있다.[1] 다음으로, 해석학적·구체화적 방법은 헌법해석은 헌법이나 헌법제정자가 사실상 결정하지 않은 경우를 결정하는 것이라고 하나, 이는 모든 해석의 목표가 조문을 이해하는 것이라는 점을 망각하고 있는 것이라고 할 수 있다. 곧 어떤 해석과정도 하나의 조문으로부터 조문의 작성자가 집어넣지 않은 의미를 꺼낼 수는 없다. 그리고 그러한 일이 현실적으로 일어난다면 그것은 해석, 곧 조문의 이해가 아니라 조문과는 무관한(또는 이질적인) 내용을 삽입하는 것이 될 것이다. 그러한 한에서 해석학적·구체화적 방법은 헌법해석을 헌법의 계속형성에만 한정시키고 있다는 점에서 문제가 있다. 끝으로, 현실과학지향적 방법은 법학적 방법론이라기보다는 사회학적 방법론이라는 한계가 있다. 더 나아가서 이 방법은 헌법해석의 과제를 헌법의 규범내용의 실현의 아닌 현실적응에 전락시킬 염려가 있다.

3. 私　　見

64. 헌법해석의 방법에 대한 사견: 우선적으로는 전통적인 방법을 따라 해석을 하고, 전통적인 방법만으로 해석이 불가능한 경우에는 해석학적·구체화적 방법에 따르는 것이 바람직하다

헌법도 특수성이 있기는 하지만 법률임에는 틀림없다. 따라서 우선적으로는 전통적인 방법을 따라 해석을 하고, 전통적인 방법만으로 해석이 불가능한 경우에는 헌법조문을 근거로 하면서도 토픽적 방법을 접합시키고 있는 해석학적·구체화적 방법에 따르는 것이 바람직하다고 생각된다. 또한 헌법의 해석은 구체적인 사안의 모든 상황을 고려하는 가운데 헌법규범의 의미를 밝히고 구체화시키는 것이어야 한다. 오히려 중요한 것은 헌법의 특수성 때문에 헌법해석은 구체적으로 무엇을 지침으로 삼아야 하는가라는 문제를 결정하는 것일 것이다.

---

1) 예컨대 E.-W. Böckenförde, Die Methoden der Verfassungsinterpretation, NJW 1976. S. 2091ff.(2093)는 토픽적·문제지향적 방법에 대하여 다음과 같은 문제점을 지적하고 있다. ① 이 방법은 헌법의 (객관적) 내용을 확인하는 것이 아니라 (임의로) 확정하고 있다. ② 이 방법에서는 규범이 문제해결을 위한 하나의 관점으로 전락되고 만다. ③ 따라서 규범으로서의 헌법은 완전히 분해되고 만다. ④ 이 방법에 따른 해석의 결과는 불확정적이며 유동적이다.

第3節 憲法解釋의 指針과 限界

1. 憲法解釋의 指針

(1) 槪 觀

65. 헌법해석의 지침의 개념

앞에 적은 방법에 따라 헌법을 해석할 때 항상 그 정신과 취지를 해석과정에 반영시켜야 하는 것을 헌법해석의 지침이라고 할 수 있다.[1]

> **판례** 〈국회의원선거법 제3조, 제34조의 위헌심판(헌법불합치=잠정적용)〉 "헌법의 해석은 헌법이 담고 추구하는 이상과 방향에 따른 역사적, 사회적 욕구를 올바르게 수용하여 헌법적 방향을 제시하는 헌법의 창조적 기능을 수행하여 국민적 욕구와 의식에 알맞은 실질적 국민주권의 실현을 보장하는 것이어야 한다. 그러므로 헌법의 해석과 헌법의 적용이 우리 헌법이 지향하고 추구하는 방향에 부합하는 것이 아닐 때에는 헌법 적용의 방향제시와 헌법적 지도로써 정치적 불안과 사회적 혼란을 막는 가치관을 설정하여야 한다."(헌재 1999. 9. 8. 88헌가6 결정)

66. 헌법해석의 지침에 대한 사견

무엇을 헌법해석의 지침으로 보아야 할 것인가에 대해서는 견해가 일치되어 있지 않다.[2] 개인적으로는 헤세와 기본적으로 생각을 같이한다. 그러한 한에서 헌법해석의 지침으로서는 헌법의 통일성의 원리, 실제적 조화의 원리, 기능적 적정성의 원리, 통합작용의 원리와 헌법의 규범력의 원리를 들 수 있다.

---

1) 허영, 한국헌법론, 71쪽. 계희열, 헌법학(상), 75쪽은 독일의 일반적인 용어례를 따라 헌법해석의 원리라고 부르고 있다.

2) K. Hesse, *Grundzüge des Verfassungsrechts der Bundesrepublik Deutschland*, S. 26ff.(Rdnrn. 70ff.)는 헌법의 통일성의 원리, 실제적 조화의 원리, 기능적 적정성의 원리, 통합작용의 원리, 헌법의 규범력의 원리를 들고 있고, K. Stern, *Das Staatsrecht der Bundesrepublik Deutschland*, 2. Aufl.(1984), S. 131ff.는 헌법의 통일성의 원리, 조화의 원리, 통합작용의 원리를 든다. 또 I. v. Münch, *Grundbegriffe des Staatsrechts* I, S. 24는 헌법의 통일성의 원리, 효력최대화의 원리를 들며, A. Katz, *Staatsrecht*, 12. Aufl.(1994), S. 51ff.는 헌법의 통일성의 원리, 조화의 원리, 국가적 통합의 원리를 들고 있다.
국내의 경우 허영, 한국헌법론, 71쪽 이하는 헌법의 통일성, 헌법의 기능적 과제, 헌법의 사회안정적 요인을 들고 있고, 계희열, 헌법학(상), 74쪽 이하는 헤세의 분류를 따르고 있다. 또 김철수, 헌법학개론, 33쪽은 헌법해석의 원칙으로서 통일성의 원칙, 실천적 조화의 원칙, 헌법의 기능적 과제, 합헌적 법률해석, 해석적 구체화를 들고 있으며, 권영성, 헌법학원론, 23쪽은 헌법규범의 통일성·조화존중의 원칙, 헌법규범의 기능존중의 원칙, 논리성과 체계성존중의 원칙을 들고 있다.

(2) 憲法解釋의 具體的 指針

1) 헌법의 통일성의 원리

헌법은 그 자체로서 하나의 통일체를 이루기 때문에 하나의 헌법조문은 다른 헌법조문과의 상호관련 속에서 고찰되어야 하고 고립적으로 분리해서 고찰해서는 안 된다. 따라서 하나의 헌법조문을 해석하는 경우에도 해당 조항만을 대상으로 해서는 안 되고 그 조문을 헌법전체와 관련시켜 고찰해야 한다. 결국 헌법의 통일성의 원리는 헌법의 규범은 다른 헌법규범과 모순되지 않도록 해석되어야 한다는 것을 의미한다.

67. 헌법의 통일성의 원리: 헌법의 규범은 다른 헌법규범과 모순되지 않도록 해석되어야 한다

2) 실제적 조화의 원리

실제적 조화의 원리란 서로 상반되는 헌법규범이나 헌법의 원칙을 최대한으로 조화시켜 모든 헌법규범이나 헌법의 원칙이 동시에 가장 잘 실현되도록 주의해야 한다는 원리를 말한다. 실제적 조화의 원리는 헌법의 통일성의 원리와 밀접한 관련이 있으며,[1] 헌법규범 내의 계층구조를 부정하는 사고에 기초하고 있다.

68. 실제적 조화의 원리: 모든 헌법규범이나 헌법의 원칙이 동시에 가장 잘 실현되도록 주의해야 한다

> **판례** 〈국가배상법 제 2 조 제 1 항 등 위헌소원(일부각하, 일부합헌)〉 "헌법은 전문과 각 개별조항이 서로 밀접한 관련을 맺으면서 하나의 통일된 가치체계를 이루고 있는 것으로서, 헌법의 제 규정 가운데는 헌법의 근본가치를 보다 추상적으로 선언한 것도 있고, 이를 보다 구체적으로 표현한 것도 있으므로 이념적·논리적으로 규범상호간의 우열을 인정할 수 있는 것이 사실이다. 그러나 이때 인정되는 규범상호간의 우열은 추상적 가치규범의 구체화에 따른 것으로 헌법의 통일적 해석에 있어서는 유용할 것이지만, 그것이 헌법의 어느 특정규정이 다른 규정의 효력을 전면적으로 부인할 수 있을 정도의 개별적 헌법규정 상호간에 효력상의 차등을 의미하는 것이라고는 볼 수 없다."(헌재 1995. 12. 28. 95헌바3 결정)

헌법상 보호되는 모든 보호법익 상호간에 충돌이 생기는 경우 실제로는 법익형량의 방법에 의해서 문제가 해결된다. 그러나 실제적 조화의 원리는 법익형량이 불가피한 경우라도 성급한 법익형량이나 추상적 가치형량에 따라 양자택일적으로 하나의 법익만을 실현하고 다른 법익을 희생시켜서는 안 된다고 한다. 헌법재판소는 실제적 조화의 원리를 규범조화적 해석이라고 부르면서 이를 채용

---

1) 허영, 한국헌법론, 73쪽은 조화의 원칙(실제적 조화의 원리)을 헌법의 통일성의 한 부분으로 본다.

하고 있다.

판례 〈「정기간행물의 등록 등에 관한 법률」 제16조 제3항, 제19조 제3항의 위헌 여부에 관한 헌법소원(합헌)〉 "모든 권리의 출발점인 동시에 그 구심점을 이루는 인격권이 언론의 자유와 서로 충돌하게 되는 경우에는 헌법을 규범조화적으로 해석하여 이를 합리적으로 조정하여 조화시키기 위한 노력이 따르지 아니할 수 없고 … 우리 헌법 제10조 … 제17조 … 제21조의 제1항 … 제4항은 … 언론·출판의 자유가 민주사회에서 비록 중요한 기능을 수행한다고 하더라도 그것이 인간의 존엄성에서 유래하는 개인의 일반적 인격권 등의 희생을 강요할 수는 없음을 분명히 밝히고 있다."(헌재 1991. 9. 16. 89헌마163 결정)

3) 기능적 적정성의 원리

69. 기능적 적정성의 원리: 헌법을 해석하는 기관은 해석의 방법이나 결론에 의하여 헌법이 정한 기능의 분배를 변경시켜서는 안 된다

헌법은 국가의 기능을 여러 기관에 분배해 주고 일정한 방법에 따라 그들의 임무를 수행하고 상호간에 협력하도록 규정하고 있다. 따라서 기능적 적정성의 원리란 헌법을 해석하는 기관은 자기에게 배정된 기능의 테두리 내에 머물러야 하고 해석의 방법이나 결론에 의하여 헌법이 정한 기능의 분배를 변경시켜서는 안 된다는 원리이다. 이 원리는 특히 헌법재판소와 입법자의 관계에서 문제된다.

이 문제와 관련하여 또 다른 문제는 입법자가 법정립의무를 해태하는 경우 헌법재판소(나 법원)는 어떤 태도를 취하여야 하는가 하는 문제이다. 이 문제에 대해서는 사법적극주의와 사법소극주의가 대립되어 있다. 그러나 개인적으로는 헌법재판소(나 법원)는 입법자가 자신의 법정립의무를 정당한 이유 없이 상당기간 동안 해태하는 경우에는 흠결보충을 할 수 있고 또 하지 않으면 안 된다는 생각을 가지고 있다.

4) 통합작용의 원리

70. 통합작용의 원리: 헌법상의 조직규범들을 해석함에 있어서는 그 규범들이 가장 커다란 통합적 효력을 발휘할 수 있도록 해석되어야 한다

통합작용의 원리는 헌법상의 (조직)규범들을 해석함에 있어서는 그 규범들이 가장 커다란 통합적 효력을 발휘할 수 있도록 해석되어야 한다는 원리이다. 따라서 헌법적 문제를 해결하는 데 있어서 정치적 통일을 조성하고 유지하는 작용을 하는 관점이 우선되어야 한다. 그러나 이러한 관점은 합헌적이야 한다는 한계가 있다.

5) 헌법의 규범력의 원리

71. 헌법의 규범력의

헌법의 규범력의 원리는 헌법적 문제를 해결함에 있어 그때그때 주어진 여

러 가지 조건하에서 헌법규범에 최적의 실효성을 부여하는 관점을 우선시켜야 한다는 원리를 말한다. 이와 관련하여 독일연방헌법재판소는 제 1 차 낙태판결에서 모든 헌법규범, 특히 기본권규범에 대하여 "의심스러운 경우에는 기본권규범의 법적 효력을 가장 강력하게 전개하는 해석을 선택하여야 한다"고 판시한 바 있다.[1)]

원리: 그때그때 주어진 여러 가지 조건하에서 헌법규범에 최적의 실효성을 부여하는 관점을 우선시켜야 한다

그러나 이 원리는 "의심스러운 경우에는 자유에 유리하게"(in dubio pro libertate)라는 원칙과 혼동해서는 안 된다. 왜냐하면 의심스러운 경우에 자유우선의 원칙은 법정책적 공식이지 공인된 헌법해석의 원리는 아니기 때문이다.[2)]

72. 헌법의 규범력의 원리는 법정책적 공식인 의심스러운 경우에 자유우선의 원칙과는 구별되어야 한다

2. 憲法解釋의 限界

헌법해석은 원칙적으로 실정헌법을 전제로 한다. 곧 실정헌법은 헌법해석이 넘을 수 없는 한계이다. 따라서 헌법의 해석은 첫째, 헌법의 구속적 정립이 존재하지 않는 경우, 둘째, 법조문의 의미 있는 이해의 가능성이 끝나는 경우, 셋째, 어떤 해석이 법조문과 명백하게 모순되는 경우에 그 한계가 있다.[3)]

73. 헌법해석의 한계: 실정헌법

第 4 節 合憲的 法律解釋(憲法合致的 解釋)

1. 合憲的 法律解釋의 槪念

'합헌적 법률해석'(헌법합치적 해석 verfassungskonforme Auslegung)이란 하나의 법률규정이 여러 가지로 해석될 수 있는 경우(곧 부분적으로는 합헌적으로도 해석될 수 있고, 부분적으로는 위헌적으로 해석될 수 있는 경우)에 그 법률규정은 합헌으로 해석되어야 한다는 법률의 해석지침을 말한다.

74. 합헌적 법률해석의 개념: 하나의 법률규정이 여러 가지로 해석될 수 있는 경우에 그 법률규정은 합헌으로 해석되어야 한다

합헌적 법률해석의 특수형태로 '기본권 지향적'(grundrechtsorientierte) 해석이 있다. 기본권 지향적 해석이란 합헌적으로 해석할 수 있는 여러 경우가 있는 경우에 기본권을 가장 잘 보호할 수 있는 해석을 따라야 한다는 원칙이다. 그러므로 예컨대 행정법상의 규정들을 해석함에 있어 기본권 우호적으로 해석할 것이

1) BVerfGE 39, 1(38).

2) I. v. Münch, *Grundbegriffe des Staatsrechts* I, S. 24.

3) K. Hesse, *Grundzüge des Verfassungsrechts der Bundesrepublik Deutschland*, S. 29 (Rdnrn. 77f.); 계희열, 헌법학(상), 79쪽.

요구된다.

판례 〈국가보안법 제7조 제5항의 위헌심판(한정합헌)〉 "합헌해석 또는 한정 합헌해석이라 함은 법률의 규정을 넓게 해석하여 위헌의 의심이 생길 경우에, 이를 좁게 한정하여 해석하는 것이 당해 규정의 입법목적에 부합하여 합리적 해석이 되고 그와 같이 해석하여야 비로소 헌법에 합치하게 될 때 행하는 헌법재판의 한 가지 형태인바, 이것은 헌법재판소가 위헌심사권을 행사할 때 해석 여하에 따라서는 위헌이 될 부분을 포함하고 있는 광범위한 규정의 의미를 한정하여, 위헌이 될 가능성을 제거하는 해석기술이기도 하다."(헌재 1990. 6. 25. 90헌가11 결정)

75. 합헌적 법률해석은 소극적 내용과 적극적 내용을 포함한다

합헌적 법률해석은 소극적 내용과 적극적 내용을 포함한다. 곧 합헌적 법률해석은 한편으로는 어떤 법률에 대해서 헌법합치적 해석이 가능하다면 그 법률의 효력을 지속시켜야 한다는 것과 다른 한편으로는 법치국가원리가 허용하는 한 헌법의 정신에 상응하도록 법률의 내용을 제한·보충 또는 새롭게 형성해야 한다는 것을 내용으로 한다.

2. 合憲的 法律解釋과 區別되어야 할 槪念

76. 합헌적 법률해석과 구별하여야 할 개념: 헌법지향적 해석, 법률의 위헌심사

합헌적 법률해석에서는 어떤 법률규정이나 그의 해석가능성을 헌법적 기준에 따라 측정하여 경우에 따라서는 배척하게 된다. 따라서 합헌적 법률해석은 해석의 여지가 있는 법률 규정을 해석하고 적용함에 있어 헌법의 기본적 결정을 존중할 것을 요구하는(특히 전체 법질서에 미치는 기본권의 방사효로 말미암아 어떠한 법률규정도 기본권의 가치질서와 모순되어서는 안 되고, 모든 법률규정은 기본권적 가치질서의 정신에 비추어 해석되어야 한다는 법률해석) 이른바 '헌법지향적 해석'(verfassungsorientierte Auslegung)과는 구별된다.[1] 곧 헌법지향적 해석(또는 헌법의 기본결정을 고려하는 해석)은 법률을 그 위헌성에서 심사하는 것이 아니라, 근본적으로 합헌으로 판단되는 법률(개괄조항이나 불확정개념을 포함하는 법률)을 구체적인 개별사건에서 헌법에 비추어 해석하고 집행하는 경우에 행해지는 해석이다. 이때 헌법은 법률의 내용을 인식하는 인식규범으로 작용한다. 결국 헌법지향적 해석은 법원이 합헌적 법률을 위헌적으로 적용하는지에 관한 문제로서 헌법에 부합하는 법률내용의 구체화 또는 확정에 관한 것이다.[2] 그러나 합헌적 법률해

1) K. Schlaich, *Das Bundesverfassungsgericht — Stellung, Verfahren, Entscheidungen*, 1985, S. 187f.(정태호 역, 독일헌법재판론 — 독일연방헌법재판소의 지위·절차·재판, 미리, 2001).

2) Wank, Verfassungsgerichtliche Kontrolle der Gesetzesauslegung und Rechtsfortbildung

석과 헌법지향적 해석의 구분은 이해를 돕기 위한 이론적인 것으로서 헌법실무에서 항상 구분이 용이한 것은 아니며, 특히 헌법소원 절차에서 두 가지 해석원칙의 구분은 불명확하다 하겠다.[1)]

또 합헌적 법률해석은 법률의 위헌심사와도 구별된다. 물론 합헌적 법률해석은 주로 규범통제과정에서 문제되는 것이 보통이다. 그러나 합헌적 법률해석은 규범통제를 반드시 전제하는 것은 아니다. 합헌적 법률해석에서 헌법은 '해석규칙'(Auslegungsregel), 곧 (법률의 해석이 헌법에 조화되도록 해석될 것을 요구하는) 해석기준으로 기능함에 반해서, 법률에 대한 규범통제에서 헌법은 '저촉규범'(Kollisionsregel), 곧 (헌법에 위반되는 법률은 무효화될 것을 요구하는) 심사기준으로 기능한다. 따라서 양자는 매우 밀접한 관계를 가지고 있지만 양자가 추구하는 목표는 다르다.[2)]

3. 合憲的 法律解釋의 理論的 根據 및 受容

합헌적 법률해석은 헌법의 최고규범성에서 나오는 법질서의 통일성과 권력분립의 정신에서 나오는 입법권의 존중 및 모든 법규범은 그것이 제정·공포된 이상 일단 효력이 있다는 '법률의 추정적 효력'(faver legis)[3)]을 그 이론적 근거로

77. 합헌적 법률해석의 이론적 근거: 법질서의 통일성, 입법권존중, 법률의 추정적 효력

durch die Fachgerichte, JuS 1980, S. 548.

한수웅, 헌법재판소법 제68조 제 2 항에 의한 헌법소원심판에서 한정위헌결정의 문제점, 홍익법학 제 8 권 제 2 호(2007), 137쪽 이하(157쪽)는 합헌적 법률해석과 헌법지향적 해석을 다음과 같이 구별한다. 첫째, '헌법지향적 해석'은 구체적인 개별사건을 결정하기 위하여 행해지는 법률의 해석·적용의 문제이다. 이에 대하여 합헌적 법률해석은 규범통제절차에서 행해진다. 법률을 헌법에 부합하게 해석해야 한다는 일반적 요청은 법적용기관인 법원과 행정청에게는 일차적으로 헌법지향적 해석의 원칙을 의미하고, 헌법재판기관인 헌법재판소에게는 합헌적 법률해석의 원칙을 의미한다.

둘째, 헌법지향적 해석은 구체적인 개별사건에서 그에 적용되는 합헌적인 법률의 내용을 헌법의 정신에 비추어 구체화함으로써 법률해석을 통하여 헌법의 정신을 적극적으로 실현하고자 하는 것인 반면, 합헌적 법률해석은 위헌적 해석가능성을 내포하는 법규범을 소극적으로 법질서에서 존속시키고자 한다.

셋째, 헌법지향적 해석은 합헌적인 법률을 위헌적으로 적용하였는지에 관한 법률적용의 위헌성심사인 반면, 합헌적 법률해석은 입법자가 합헌적인 법률을 제정했는지에 관한 위헌성심사이다. 즉 헌법지향적 해석은 법원에 대한 통제인 반면, 합헌적 법률해석은 입법자에 대한 통제이다.

1) Simon, Die verfassungskonforme Gesetzesauslegung, EuGRZ 1974, S. 86.

2) 허영, 한국헌법론, 75쪽.

3) 김진한, '불매운동의 표현행위의 업무방해죄의 구성과 합헌적 법률해석의 통제기준', 헌법실무연구 제13권, 박영사, 2012, 87쪽 이하(95, 96쪽)에 따르면, 이러한 '법률의 합헌성 추

한다.[1]

판례 〈화장품법 제14조 제1항 중 보관 부분 위헌제청(합헌)〉 "일반적으로 어떤 법률에 대한 여러 갈래의 해석이 가능할 때에는 원칙적으로 헌법에 합치되는 해석을 하여야 한다. 왜냐하면 국가의 법질서는 헌법을 최고법규로 하여 그 가치질서에 의하여 지배되는 통일체를 형성하는 것이며, 그러한 통일체 내에서 상위규범은 하위규범의 효력근거가 되는 동시에 해석근거가 되기 때문이다."(헌재 2007. 4. 26. 2006헌가2 결정)

78. 합헌적 법률해석의 수용

합헌적 법률해석은 실무상으로는 일찍이 미연방대법원에 의하여 발전되었고,[2] 독일연방헌법재판소도 초기판결에서부터 이 방법을 자주 활용하고 있다.[3] 우리 헌법재판소와 대법원은 소극적 내용에 한정된 것이기는 하지만 합헌적 법

정의 원칙'(Presumption in Favor of Constitutionality)으로부터 합헌적 법률해석에 해당하는 '심각한 위헌의심회피의 법리'(Serious Constitutional Doubts Canon)가 도출된다. 심각한 위헌의심회피의 법리는 합헌적 법률해석의 원칙과 유사하지만, 가급적 법률의 위헌판단을 하지 아니한다는 법리에 그치는 것이 아니라 가급적 위헌적인 쟁점을 피하는 방식으로 해석하여야 한다는 의미까지 포함하고 있다는 점에서 합헌적 법률해석의 원칙과 구별된다고 한다.

1) 이러한 세 가지 외에도 허영, 한국헌법론, 78쪽은 국가간의 신뢰보호를 더 들고 있다.
한수웅, 헌법학, 법문사, 2014, 53쪽은 법질서의 통일성을 유지하기 위하여 합헌적 법률해석의 원칙이 필연적으로 요청되는 것은 아니라고 한다. "법질서의 통일성의 핵심적인 내용이 법질서 내에서 상위규범과 하위규범간에 발생하는 모순과 부조화가 제거됨으로써 법질서의 통일성이 유지되어야 한다는 것이라면, 법질서의 통일성은 합헌적인 법률해석의 방법 외에도 법률에 대한 위헌결정이나 부분위헌결정을 통하여 실현될 수 있다. 즉, 법질서의 통일성은 단지 헌법에 위반되는 법률해석을 금지하는 것일 뿐, 그 자체로서 합헌적 법률해석을 요청하는 것은 아니다. 이러한 점에서 법질서의 동일성은 합헌적 법률해석의 하나의 이론적 근거를 제공하기는 하나, 그것만으로는 불충분하다고 볼 수 있다." 더 나아가서 54쪽에서는 헌법재판제도를 명시적으로 규정하고 있는 헌법질서에서 '법률의 합헌성 추정'의 사고가 유지될 수 있는지에 대해서 의문을 표시하고 있다. "오히려 우리 헌법은 헌법재판제도의 도입과 더불어 규범통제절차를 명시적으로 수용함으로써 '법률의 합헌성 추정'에 대한 불신을 표현하고 있다. 뿐만 아니라, 합헌적 법률해석은 법률의 합헌성이 의문시되는 경우 이러한 상황에 대한 해결책을 찾는 문제라는 점에서 '법률의 합헌성추정'의 사고는 합헌적 법률해석의 형태로 이루어지는 법률에 대한 위헌심사(규범통제)를 정당화하는 논거로서 부적절하다. '추정의 원칙'이 합헌적 법률해석의 근거로서 고려될 수 있다면, 이는 '법률의 합헌성추정의 원칙'이 아니라, 입법자는 오로지 헌법에 합치하는 법률을 제정하고자 의도하였다는 의미에서 '합헌적 법률제정에 관한 입법자 의사 추정원칙'이다."

2) K. Schlaich, *Das Bundesverfassungsgericht*, S. 184. 예컨대 미연방대법원은 1827년 Ogden v. Saunder 사건에서 "입법부가 의결한 법률은 그 위헌성이 명백한 것으로 판명될 때까지는 일단 그 유효성을 의제하여야 한다. 그렇게 하는 것이 입법부의 지혜·성실·그 애국심에 대하여 정의를 표하는 것이 된다"[25 U.S. (1827)]고 판시한 바 있다.

3) BVerfGE 2, 266(282).

률해석의 당위성을 확인하고 있다.

판례 〈사회보호법 제 5 조의 위헌심판(일부위헌·일부합헌)〉 "법률의 합헌적 해석은 헌법의 최고규범성에서 나오는 법질서의 통일성에 바탕을 두고, 법률이 헌법에 조화하여 해석될 수 있는 경우에는 위헌으로 판단하여서는 아니 된다는 것을 뜻하는 것으로서 권력분립과 입법권을 존중하는 정신에 그 뿌리를 두고 있다. 따라서, 법률 또는 법률의 위 조항은 원칙적으로 가능한 범위 안에서 합헌적으로 해석함이 마땅하나 그 해석은 법의 문구와 목적에 따른 한계가 있다. 즉, 법률의 조항의 문구가 간직하고 있는 말의 뜻을 넘어서 말의 뜻이 완전히 다른 의미로 변질되지 아니하는 범위 내이어야 한다는 문의적 한계와 입법권자가 그 법률의 제정으로써 추구하고자 하는 입법자의 명백한 의지와 입법의 목적을 헛되게 하는 내용으로 해석할 수 없다는 법목적에 따른 한계가 바로 그것이다. 왜냐하면 그러한 범위를 벗어난 합헌적 해석은 그것이 바로 실질적 의미에서의 입법작용을 뜻하게 되어 결과적으로 입법자의 입법권을 침해하는 것이 되기 때문이다."(헌재 1989. 7. 14. 88헌가5 등 병합결정)

판례 〈상속세법 제32조의2의 위헌 여부에 관한 헌법소원(일부인용-한정합헌)〉 "일반적으로 어떤 법률에 대한 여러 갈래의 해석이 가능할 때에는 원칙적으로 헌법에 합치되는 해석 즉 합헌해석을 하여야 한다. 왜냐하면 그러한 통일체 내에서 상위규범은 하위규범의 효력근거가 되는 동시에 해석근거가 되는 것이므로, 헌법은 법률에 대하여 형식적인 효력의 근거가 될 뿐만 아니라 내용적인 합치를 요구하고 있기 때문이다."(헌재 1989. 7. 21. 89헌마38 결정)

판례 "어떤 법률이 한 가지 해석방법에 의하면 헌법에 위배되는 것처럼 보이더라도 다른 해석방법에 의하면 헌법에 합치되는 것으로 보일 때에는 헌법에 합치하는 해석방법을 택하여야 할 것이다."(대법원 1992. 5. 8. 91부8 판결)

4. 合憲的 法律解釋의 限界

79. 합헌적 법률해석의 장·단점

합헌적 법률해석에는 법률의 무효를 통하여 발생할 수 있는 불안전성을 피할 수 있다는 장점이 있다. 그에 반해서 합헌적 법률해석에서는 헌법재판소가 합헌적 법률해석을 수단으로 입법자의 의도, 곧 위헌적이고 따라서 지탱될 수 없는 해석가능성을 배제함으로써 입법자를 무시하게 되는 위험도 있다.

80. 합헌적 법률해석의 한계: 법률의 문구나 목적, 기능적 한계

따라서 합헌적 법률해석이라 하더라도 법률의 문구나 법률의 목적에 명백하게 모순되는 해석은 할 수 없다는 한계와 기능적 한계가 있다. 여기서 기능적 한계란 법률의 효력을 지속시키기 위해서 헌법규범의 내용을 지나치게 확대해석

함으로써 헌법규범이 가지는 정상적인 수용한계를 넘어서는 안 된다는 한계, 곧 법률의 헌법합치적 해석이 '헌법의 법률합치적 해석'(gesetzeskonforme Auslegung der Verfassung)이 되어서는 안 된다(법률의 효력이 가능하면 유지되어야 한다는 원칙에 따라 헌법규범이 해석되어서는 안 된다, 즉 법률의 존속이라는 관점이 헌법해석의 지침이 되어서는 안 된다)는 한계를 말한다.[1)]

판례 〈「보건범죄 단속에 관한 특별조치법」 제6조 위헌제청(위헌)〉 "합헌적 법률해석은 어디까지나 법률조항의 문언과 목적에 비추어 가능한 범위 안에서의 해석을 전제로 하는 것이고, 법률조항의 문구 및 그로부터 추단되는 입법자의 명백한 의사에도 불구하고 문언상 가능한 해석의 범위를 넘어 다른 의미로 해석할 수는 없다(헌재 1989. 7. 14. 88헌가5등, 판례집 1, 69, 86-87 참조). 따라서 이 사건 법률조항을 그 문언상 명백한 의미와 달리 "종업원의 범죄행위에 대해 영업주의 선임감독상의 과실(기타 영업주의 귀책사유)이 인정되는 경우"라는 요건을 추가하여 해석하는 것은 문언상 가능한 범위를 넘어서는 해석으로서 허용되지 않는다고 보아야 한다."(헌재 2007. 11. 29. 2005헌가10 결정)

---

1) 허영, 한국헌법론, 78·79쪽과 계희열, 헌법학(상), 85·86쪽은 기능적 한계를 헌법수용적 한계라고 부른다.

第3章 憲法의 制定과 改正

第1節 憲法의 制定

1. 憲法의 制定

헌법의 제정은 국가의 법적 기본질서를 마련하는 법창조행위를 말한다. 역사적 사실로는 지배력을 구심점으로 하여 결합된 인간의 집단과 그들이 지배하는 토지가 일정한 가치질서에 의하여 통합됨으로써 사실상의 정치공동체가 성립한다. 그러나 이러한 정치공동체는 아직까지는 정치사회학적 현상에 지나지 않으며, 그 작용도 사실적인 것일 뿐 규범적인 것이라 할 수는 없다. 이러한 사실상의 정치공동체가 정당하게, 곧 규범적으로 활동하기 위해서는 법적 정치공동체로 형성되지 않으면 안 된다. 이를 위해서는 사실상의 정치공동체에 규범력을 부여하여 법적 정치공동체로 전환되게 하는 행위가 필요하다. 이러한 의미에서 헌법의 제정은 국가의 법적 기본질서를 마련하는 법창조행위인 동시에 국가권력을 구성함으로써 사회학적 의미의 정치공동체를 법적인 의미의 국가로 승화시키는 행위라고 할 수 있겠다.[1] 일반인들이 이해하기 힘든 "헌법이 국가에 우선한

81. 헌법제정의 개념: 국가의 법적 기본질서를 마련하는 법창조행위인 동시에 국가권력을 구성함으로써 사회학적 의미의 정치공동체를 법적인 의미의 국가로 승화시키는 행위

---

1) 이 생각은 헌법의 제정을 법창조의 과정, 평화와 질서의 창출과정, 통일적인 법질서를 통하여 결합된 법공동체를 창설하는 과정으로 이해하는 P. Badura, Art. Verfassung, in: *Evangelisches Staatslexikon*, 2. Aufl.(1975), Sp. 2708ff.(2713)의 생각과 가깝다. 이 생각은 헌법의 제정을 "사회공동체를 정치적인 일원체로 조직하기 위해서 일원적인 법공동체의 법적인 기본질서를 마련하는 법창조행위"로 개념규정하는 허영, 한국헌법론, 40쪽의 생각과 비슷하다. 또한 이 생각은 헌법의 제정을 "국가(공동체)의 법적 기본질서를 마련하는 법창조작용"으로 정의하고 헌법제정의 의의를 "정치적 통일체로서의 국가를 형성하고 유지하며 국가권력을 구성"하는 것으로 보는 계희열, 헌법학(상), 87·88쪽의 생각과도 비슷하다.

그러나 이 생각은 헌법의 성립(정치사회학적 현상)과 헌법의 제정(헌법학적 현상)을 개념적으로 구별하면서 이미 성립되어 있는 현실적 헌법에 규범력을 부여하여 (규범적=저자의 삽입) 헌법이 되게 하는 행위로 이해하는 생각(허영, 한국헌법론, 39·40쪽)과는 헌법제정 이전에 존재하는 것은 사회학적 의미의 헌법이 아니라 사회학적 의미의 국가이며, 헌법의 제정을 이미 성립되어 있는 사회학적 의미의 헌법(=사실)에 규범력을 부여하는

다"는 이야기는 이러한 관점에서 이해되어야 할 것이다.[1)]

2. 憲法制定權力의 槪念과 主體

(1) 憲法制定權力의 槪念

82. 헌법제정권력의 개념: 헌법제정주체가 헌법을 제정하는 데 사용하는 현실적인 행위능력

우리는 헌법의 특성을 이야기하면서 헌법의 최고규범성에 대하여 이야기하였다. 곧 국가질서의 일반적 단계에서 모든 힘은 법, 특히 그 중에서도 헌법에 의하여 규율된다. 그러나 국가질서의 최고단계에서는 법을 만드는 힘이 있고, 헌법도 궁극적으로는 이 힘에 의하여 만들어진다. 헌법이 제정되기 위해서는, 곧 국가의 통일적 기본질서가 계획적으로 규범화되기 위해서는 그 자체로서 결정능력이 있고 작용능력이 있는 의사통일체인 헌법제정주체가 전제되어야 한다.[2)] 이 헌법제정주체가 헌법을 제정하는 데 사용하는 현실적인 행위능력을 '헌법제정권력'(pouvoir constituant, verfassunggebende Gewalt)이라고 한다.

행위가 아니라 사회학적 의미의 정치공동체를 법적 의미의 정치공동체인 국가로 형성하는(전환 또는 승화시키는) 것으로 이해한다는 점에서 다르다. 또 이 생각은 헌법제정에 국가권력의 제한을 통한 개인의 자유와 권리보호라는 소극적 의의를 부여하고 있는 생각(계희열, 헌법학(상), 87·88쪽)과도 다르다. 왜냐하면 국가권력의 제한을 통한 개인의 자유와 권리보호가 논해져야 할 적절한 장소는 헌법제정권력의 한계부분이라고 생각되기 때문이다.

1) 정종섭, 헌법학원론, 박영사, 2008, 32쪽은 "규범적으로 헌법이 국가를 창설하는가, 국가가 헌법을 창설하는가 하는 것은 지배의 정당성 문제이고 주권의 문제"라 하여 이 문제를 다른 관점에서 보고 있다. 즉 "군주적 정당성(=군주주의적 정당성)에 기초하여 군주의 지배체제가 곧 국가였던 군주국가에서는 군주를 정점으로 하는 국가가 존재하고 군주가 헌법을 제정하기 때문에 헌법은 군주의 주권적 통치의사로 나타나고, 따라서 '국가가 헌법을 창설한다'는 법리가 성립한다. 그러나 국민주권에 근거하여 국민이 헌법제정권력을 보유·행사하여 헌법을 제정하고, 이러한 민주적 정당성(=민주주의적 정당성)에 기초한 헌법에 의해 국가가 창설되는 민주국가에서는 '헌법이 국가를 창설한다'는 법리가 성립한다. 이것이 국민주권에 기초한 입헌주의원리와 헌법국가원리의 핵심적인 법리"라는 것이다.

그러나 이러한 생각은 '사회학적 의미의 국가-헌법제정권력의 행사-헌법의 성립-법학적 의미의 국가'의 순으로 헌법과 국가의 전·후관계를 보는, 즉 헌법과 국가의 전·후 관계를 법학적 의미에서 보는 저자의 입장에서는 동의하기가 힘들다. 왜냐하면 위 견해는 사회학적 의미의 국가와 법학적 의미의 국가를 구분하지 않는다는 점에서는 앞의 각주에서 검토한 견해들과 다르지 않기 때문이다.

2) H. Heller, *Staatslehre*, S. 313.

(2) 憲法制定權力의 主體

1) 헌법제정권력자의 역사적 변천

누가 헌법제정권력자인가 또는 헌법제정권력자이어야 하는가에 대하여는 역사적으로 변천이 있었다. 중세에는 신약성서 로마인들에게 보낸 편지 13장 1절 "모든 권력은 신으로부터 온다"(non est enim potestas nisi a Deo, Ad Romanos 13, 1)라는 구절의 해석상 헌법제정권력도 신으로부터 군주에게 주어진 것으로 관념되었다. 프랑스 대혁명기[1]에는 정치적 자의식을 가지게 된 시민계급이 헌법제정권력을 차지하였다. 그 후 왕정복고기(1815-1830)에는 다시금 군주에게 헌법제정권력이 있는 것으로 간주되었다.

83. 헌법제정권력자의 역사적 변천: 중세 — 군주; 프랑스대혁명기 — 시민계급; 왕정복고기 — 군주

2) 현대민주국가에서의 헌법제정권력자

그러나 오늘날의 민주국가에서는 헌법제정권력자는 국민이다. 우리 헌법도 전문(… 우리 대한국민은 … 1948년 7월 12일에 제정되고)과 제 1 조 제 2 항에서 국민이 헌법제정권력자임을 분명히 하고 있다.

84. 현대민주국가에서의 헌법제정권력자: 국민

판 례 〈**신행정수도의 건설을 위한 특별조치법 위헌확인(위헌)**〉 "국민이 대한민국의 주권자이며, 국민은 헌법제정권력이기 때문에 성문헌법의 제·개정에 참여할 뿐만 아니라 헌법전에 포함되지 아니한 헌법사항을 필요에 따라 관습의 형태로 직접 형성할 수 있는 것이다."(헌재 2004. 10. 21. 2004헌마554 등 병합결정)

---

1) 어느 시기를 프랑스 혁명기로 볼 것인가에 대해서는 최소한 1789-1791, 1789-1795, 1789-나폴레옹의 실권시로 보는 세 가지 견해가 대립되어 있다. 그러나 이곳에서는 1789-1791년의 기간을 프랑스 혁명기로 보기로 한다. 왜냐하면 1791년의 프랑스헌법 제 3 편 제 2 조에는 "모든 권력은 국민으로부터 나오며, 국민은 위임에 의해서만 이를 행사할 수 있다"라고 하여 국민이 헌법제정권력자임을 선언하고 있기 때문이다. 그러나 그 후에는 1792년 8월 제 2 의 혁명이 발발하여 의회주권(1792-93), 공안위원회주권(1793-95)의 시기를 거쳐 나폴레옹의 독재로 넘어가게 된다. 이에 대하여 자세한 것은 M. Kriele, *Einführung in die Staatslehre*, 1975[5. überarbeitete Aufl.(1994)], S. 145ff.(국순옥 역, 민주적 헌정국가의 역사적 전개, 종로서적, 1983, 279쪽 이하) 참조.

3. 憲法制定權力理論의 形成과 展開

(1) 시이예스의 理論

1) 시이예스 이전의 헌법제정권력이론

85. 시이예스 이전의 헌법제정권력이론

국민이 헌법제정권력의 주체라는 생각은 이미 중세에 시작되었다. 예컨대 파두아의 마르실리우스 *Marsilius von Padua*(1275/80-1343)는 중세의 일반적인 사고와는 다르게 '국민'(populus), 곧 '시민일반'(universitas civium)을 헌법제정권력의 주체로 내세운 바 있다.[1] 그러나 국민을 헌법제정권력자로 보는 사상은 '근본법'(lex fundamentalis)사상과 루소 *J. J. Rousseau*(1712-1778)의 국민주권사상에서 확고해진 것으로 볼 수 있다. 헌법제정권력의 주체가 현실적인 문제로 된 것은 프랑스 대혁명기였다.

2) 시이예스의 의도

86. 시이예스의 의도: 구체제의 파괴와 새로운 체제의 건설

1789년 프랑스 혁명전야에 저자미상의 「제 3 신분이란 무엇인가?」 Qu'est-ce que le Tiers-état?[2]라는 질문과 대답 형식으로 구성된 선동적인 소책자가 뿌려졌다. 나중에 이 소책자의 저자는 시이예스 *E. J. Sieyés*(1748-1836)라는 성직자임이 밝혀졌다.[3] 그 당시 시이예스는 프랑스에서는 영국에서처럼 기존세력과의 협상으로는 혁명을 이룰 수 없으므로 구체제와 완전히 결별하는 제 3 신분 주도하의 새로운 혁명이 필요하다는 것을 입증하고자 하였다. 그는 그러한 혁명으로 가기 위해서 프랑스 사람들이 공통의 법률에 의해 규율되는 하나의 '국민'(nation)이 되도록 일체성을 확보해야 하며, 그런 다음 귀족·교회대표·시민계급의 대표로 구성되는 '제헌의회'(constituante)를 소집하여 국민적 총의로 이루어진 만인을 위한 헌법을 제정함으로써 정치권력의 정당성을 담보하는 새 체제를 만들어야 한다고 주장하였다.

---

1) R. Schmidt, Die Vorgeschichte der geschriebenen Verfassung, in: R. Schmidt/E. Jacobi, *Zwei öffentlichrechtliche Abhandlungen als Festgabe für O. Mayer*, 1916, S. 79ff.(132ff.) 여기서는 H. Heller, *Staatslehre*, S. 313f.에서 재인용.

2) 박인수 역, 제 3 신분이란 무엇인가?, 책세상, 2003.

3) *E. J. Sieyés*를 Abbé Sieyés라고 표현하는 경우가 있다. 그러나 Abbé는 '수도원장, 신부, 사제'로 번역되는 보통명사이므로 가능하면 *E. J. Sieyés*로 표현하는 것이 정확하다고 하겠다.

3) 시이예스의 헌법제정권력이론

87. 시이예스의 헌법제정권력이론: 1. 주체 — 국민; 2. 헌법제정권력과 헌법에 의하여 제정된 권력의 구별; 3. 헌법제정권력의 특성 — 비구속성, 절대성, 무오류성, 시원성, 자율성, 비양도성

이러한 배경에서 시이예스는 헌법제정권력의 주체는 국민(제3신분)이며, 이 국민은 국가와 헌법을 초월한다고 하였다. 곧 그는 헌법을 제정하는 권력과 헌법에 의하여 제정된 권력을 구별하였다. 그럼으로써 그는 입법권·집행권·사법권은 모두 '헌법에 의하여 창조된 권력'(pouvoir constitué)으로서 헌법의 구속을 받지만, 헌법제정권력은 헌법을 만드는 힘으로서 절대적이고 오류를 범할 수 없으며 시원적(始原的)이고 자율적일 뿐만 아니라 양도할 수도 없는 것이라고 하고 있다.

그러나 이와 같은 시이예스의 헌법제정권력이론은 하나의 혁명이론으로서 위기상황에서 헌법제정을 위한 최소조건을 설명하고 있을 뿐이라는 비판을 받고 있다.[1]

(2) 슈미트의 理論

1) 법실증주의 헌법학에 의한 헌법제정권력의 부인

88. 법실증주의 헌법학에 의한 헌법제정권력의 부인: 국가주권설의 결론, 헌법제정권력은 사회적 현상

헌법제정권력사상은 독일의 경우 법실증주의 헌법학자들에 의하여 오랫동안 이론적으로 부정되었다. 이것은 그들이 국가를 모든 법의 연원(淵源)으로 보았을(국가주권설) 뿐만 아니라 헌법제정권력을 법적 문제가 아닌 사회적 현상으로 보았기 때문이다. 예컨대 안쉬츠는 "입법권과 구별되며 입법권에 우월하는 특별한 헌법제정권력의 사상은 독일의 국법(國法)과는 전혀 무관하다"[2]고 하였다.

2) 슈미트의 헌법제정권력이론

89. 슈미트의 헌법제정권력이론: 1. 헌법제정권력 — 실존적인 정치적 의지, 곧 명령; 2. 헌법제정권력의 특성 — 통일성, 불가분성, 자율성, 항구성; 3. 헌법제정권력의 주체 — 적나라한 실력자

독일에서 헌법제정권력의 문제가 본격적으로 탐구되고 논의된 것은 슈미트에 의해서였다. 슈미트에 따르면 헌법은 그 자체 어떤 개별규율도 포함하지 않고 단 한번의 결단에 의하여 정치적 통일체의 전체를 그 특수한 존재형식에 관해서 규정하는 헌법제정권력의 행위를 통하여 성립된다.[3] 헌법제정권력은 규범적 또는 추상적 올바름과는 전혀 관계가 없는 실존적인 정치적 의지, 곧 명령이다. 따라서 그는 헌법제정권력의 행사 결과 성립되는 헌법과 헌법을 근거로 규

1) 이준일, 헌법학강의, 39쪽.
2) G. Anschütz, *Die Verfassung des Deutschen Reiches*, 14. Aufl.(1933, Neudruck 1965), S. 401.
3) C. Schmitt, *Verfassungslehre*, S. 21.

범화된 헌법률을 엄격하게 구별할 뿐만 아니라 헌법제정권력과 입법권, 집행권, 사법권 등 기타의 권력을 구별한다.[1] 그는 이러한 헌법제정권력은 다른 모든 권력의 포괄적 기초이므로 통일적이고 불가분적인 것이라고 한다.[2] 더 나아가서 그것은 어떤 절차에도 구속받지 않고 활동할 수 있기 때문에 자율적인 것이며,[3] 위탁·양도·흡수 또는 소모될 수 없는 항구적인 것이라고 한다.[4]

슈미트는 헌법제정권력의 주체를 국민(제 3 신분)에 한정시킨 시이예스와는 달리 헌법제정권력의 주체를 이론적으로는 개인, 소수인, 국민이 될 수 있다고 하면서도[5] 현실적으로는 정치적 실존의 종류와 형식에 대하여 근본결단을 내릴 수 있는 자, '비상사태를 결단하는 주권자',[6] 곧 적나라한 실력자로 보고 있다.

그러나 슈미트의 헌법제정권력이론은 실제로는 힘과 권위를 가진 개인으로서 히틀러의 정권을 정당화하는 역할을 하여 궁극적으로는 권위주의적 독재국가의 등장에 이론적 근거를 제공하였다. 따라서 슈미트의 헌법제정권력이론에 대해서는 사실적인 힘과 권위가 반드시 정당한 것은 아니기 때문에 헌법제정권력에도 일정한 한계가 부가되어야만 한다는 비판이 가능하다.[7]

4. 憲法制定權力의 行使와 限界

(1) 憲法制定權力의 行使方法

1) 단일국가에서의 헌법제정권력의 행사방법

90. 단일국가에서의 헌법제정권력의 행사방법: 1. 제헌의회의 의결; 2. 제헌의회의 기초와 국민투표에 의한 결정; 3. 제헌의회의 의결과 국민투표를 함께 실시

헌법제정권력이 행사되는 방법은 이론적으로는 누가 헌법제정권력의 주체인가에 따라 다를 수 있다. 그러나 오늘날의 민주국가에서는 국민만이 헌법제정권력의 주체이기 때문에, 국민이 직접적이든 간접적이든 헌법제정권력권을 행사한다. 현실적으로는 다음과 같은 세 가지 유형이 있을 수 있다. 첫째, 바이마르 헌법과 우리 건국헌법처럼 민주적으로 선출된 제헌의회가 헌법을 의결하는 방법이다. 둘째, 1958년 프랑스 제 5 공화국 헌법과 같이 제헌의회에서는 헌법안만을

1) C. Schmitt, *Verfassungslehre*, S. 76.
2) C. Schmitt, *Verfassungslehre*, S. 76.
3) C. Schmitt, *Verfassungslehre*, S. 82.
4) C. Schmitt, *Verfassungslehre*, S. 91.
5) C. Schmitt, *Verfassungslehre*, S. 77ff.
6) C. Schmitt, *Politische Theologie*, 2, Aufl.(1934), S. 11(김효전 역, 정치신학 외, 법문사, 1988).
7) 이준일, 헌법학강의, 40쪽.

기초하고 헌법안에 대한 결정은 국민투표를 통하여 확정시키는 방법이다. 셋째, 1946년 프랑스 제4공화국 헌법과 같이 제헌의회의 의결과 국민투표를 함께 실시하는 혼합형도 있다. 첫째의 방법은 시이예스의 이론에 가깝고, 둘째와 셋째의 방법은 슈미트의 견해에 더 가깝다고 할 수 있다.[1)]

2) 연방국가에서의 헌법제정권력의 행사방법

그 밖에도 연방국가의 경우는 제헌의회나 국민투표를 통하여 연방헌법이 성립하는 것이 아니라, 보통 연방국가에 가입하려는 지방(支邦)의 동의를 필요로 한다.

91. 연방국가에서의 헌법제정권력의 행사방법: 지방의 동의

(2) 憲法制定權力의 限界

1) 학 설

헌법제정권력의 시원성(始原性)과 혁명성을 주장하는 시이예스와 슈미트는 헌법제정권력의 행사에 어떠한 한계도 인정하지 않는다. 곧 이들은 헌법제정권력의 사실적 측면만을 강조하고 있다.

92. 헌법제정권력 무한계론: 시이예스, 슈미트—헌법제정권력의 시원성과 혁명적 성격

그러나 헌법이 헌법이기 위해서는, 곧 법에 맞는 질서로서 효력을 가지기 위해서는 슈미트 스스로도 인정하고 있듯이 "헌법제정권력의 권력과 권위가 승인되고 있는 경우에만"[2)] 가능하다고 할 수 있다. 그러한 한에서 헌법제정권력은 실존적인 동시에 규범적이며, 이 양자는 모순되는 것이 아니라 상호제약적이라 할 수 있다.[3)]

93. 헌법제정권력 한계론: 헌법제정권력의 규범성 인정

2) 구체적 한계

헌법제정권력에 규범적인 측면을 인정하는 한 헌법제정권력의 행사에는 일반적으로 다음과 같은 한계가 있다.

94. 헌법제정권력의 구체적 한계

첫째, 법적 이성, 정의, 법적 안정성 등과 같은 법내재적 기본원리와 헌정의 전통에서 성립된 특별한 법문화에 구속된다.[4)] 둘째, 국민의 가치관과 법관념[5)] 또는 불변의 근본가치[6)]에 구속된다. 셋째, 예컨대 전국가적(前國家的) 인권과 같

1) 허영, 한국헌법론, 48쪽 참조.
2) C. Schmitt, *Verfassungslehre*, S. 87.
3) H. Heller, *Staatslehre*, S. 315.
4) P. Badura, Art. Verfassung, in: *Evangelisches Staatslexikon*, Sp. 2716.
5) K. Stern, *Das Staatsrecht der Bundesrepublik Deutschland*, S. 149.
6) W. Kägi, *Die Verfassung als rechtliche Grundordnung des Staates*, S. 57; ders.,

은 초실정적 자연법[1]에 구속된다. 넷째, 경우에 따라서는 패전국이 승전국의 의사에 따라 영향을 받게 되듯이 국제법적 제약을 받기도 한다.

5. 憲法制定權力과 正當性의 문제

(1) 學 說

95. 헌법제정권력과 정당성에 관한 학설: 1. 시대의 일반적인 정치적 이념과의 부합여부에서 정당성을 찾는 견해; 2. 헌법에 규정된 기본질서에 대한 국민의 합의에서 정당성을 찾는 견해

이 문제와 관련해서는 최근 국내의 교과서들에서 두 가지 견해가 대립되어 있다. 하나는 헌법제정권력과 헌법의 정당성문제는 법적인 질(質)의 문제가 아니라 이데올로기적인 질의 문제라고 하면서 헌법제정권력과 헌법은 그 시대의 일반적인 정치적 이념과 부합할 때 정당성을 갖는다는 견해[2]와 의견을 같이하는 입장이다.[3]

다른 하나는 헌법제정권력과 헌법의 정당성의 문제를 법적인 질의 문제가 아니라 이데올로기적인 질의 문제로 구별하여 보는 것은 불분명하다고 하면서 헌법에 규정된 기본질서에 대한 국민의 합의에서 정당성을 찾아야 한다는 견해[4]에 찬성하는 입장이다.[5]

(2) 學說에 대한 批判

1) 민주국가에서의 정당성

96. 민주국가에서의 정당성: 1. 민주국가에서의 정당성은 실질적 합리성으로부터만 근거지어진다; 2. 합리적 정당성의 요체는 논증의 가능성과 정당성부여의 능력이다

민주국가에서 정당성은 카리스마적 정당성으로부터도, 전통적 합리성으로부터도 근거지어지지 않는다. 민주국가에서 정당성은 오직 실질적 합리성으로부터만 근거지어진다. 그리고 어떤 행동이 합리적 성격을 갖는 것은 토의가능한 근거를 통하여 정당화될 수 있을 경우에 한정된다. 곧 합리적 정당성의 요체는 논증가능성과 정당성부여의 능력이다.[6]

Rechtsstaat und Demokratie, in: *Festgabe für Z. Giacometti*, 1953, S. 107ff.

1) Th. Maunz/R. Zippelius, *Deutsches Staatsrecht*, 25. Aufl.(1983), S. 37.
2) P. Badura, Art. Verfassung, in: *Evangelisches Staatslexikon*, Sp. 2714.
3) 허영, 한국헌법론. 2011년 판(43쪽)에서는 일반적인 또는 보편적인 정치이념·시대사상·생활감각으로 표현하면서 국민의 생활 속에 흐르고 있는 시대보편적 이데올로기에 의해 정당화된다고 한다.
4) K. Stern, *Das Staatsrecht der Bundesrepublik Deutschland*, S. 149.
5) 계희열, 헌법학(상), 99·100쪽.
6) K. Kriele, *Einführung in die Staatslehre*, S. 36.

2) 헌법제정권력과 정당성에 관한 학설에 대한 검토

헌법은 한 국가 내의 정치영역을 규율할 뿐만 아니라 똑같은 정도는 아니라 하더라도 경제영역을 규율하며, 더 나아가서 사회영역과 문화영역까지 규율한다. 따라서 헌법과 헌법제정권력의 정당화에 이념을 근거로 내세운다 하더라도 정치이념만을 내세울 수는 없을 것이다. 또한 헌법에 규정된 기본질서에 대한 국민의 합의라는 것은 헌법의 정당성의 근거가 될 수는 있겠지만 헌법을 만들어 내는 헌법제정권력의 정당성을 근거지을 수는 없다.

97. 헌법제정권력과 정당성에 관한 학설에 대한 검토: 1. 정치이념이 헌법제정권력을 정당화하기 위한 유일한 근거가 될 수는 없다; 2. 기본질서에 대한 국민의 합의가 헌법제정권력 자체를 정당화할 수는 없다

(3) 私　　見

민주국가에서는 전체주의적 독재국가에서와는 달리 정신의 자유가 지배하기 때문에 동의는 강제될 수 없다. 민주국가에서 동의는 신념에서 비롯된다. 이러한 신념은 살아 움직이는 윤리, 곧 상식과 연결되어 있다.[1] 결국 헌법과 헌법제정권력은 헌법제정 당시의 국민의 상식, 곧 국민들 속에서 생동하는 정치적·경제적·사회적·문화적 윤리에 의하여 정당화된다고 볼 수밖에 없다. 이러한 국민의 상식, 국민들 속에 생동하는 윤리와 결합되지 않는 헌법제정권력은 정당성도, 그렇다고 권위도 갖지 못할 것이며 그 결과 또한 존재하지도 못할 것이다.

98. 헌법제정권력의 정당성에 대한 사견: 헌법과 헌법제정권력은 헌법제정 당시의 국민의 상식, 곧 국민들 속에서 생동하는 제윤리에 의하여 정당화된다

第 2 節　憲法의 改正

1. 憲法改正의 意義

(1) 憲法改正의 槪念과 必要性

1) 헌법개정의 개념

'헌법의 개정'(Verfassungsänderung)이란 헌법의 규범력을 높이기 위하여(헌법개정의 목적) 헌법에 규정된 절차에 따라(헌법개정의 형식적 요건) 헌법의 기본적 동일성을 유지하면서(헌법개정의 실질적 요건) 의식적으로 헌법전의 조항(헌법개정의 대상)을 수정, 삭제 또는 추보(追補)하는 것을 말한다. 따라서 실질적 의미의 헌법에는 속하나, 형식적 의미의 헌법에는 속하지 않는 관습헌법은 헌법개정의

99. 헌법개정의 개념: 헌법의 규범력을 높이기 위하여 헌법에 규정된 절차에 따라 헌법의 기본적 동일성을 유지하면서 의식적으로 헌법전의 조항을 수정, 삭제 또는 추보(追補)하는 것

1) K. Kriele, *Recht und praktische Vernunft*, 1979, S. 12(홍성방 역, 법과 실천이성, 유로, 2013).

대상이 아니다. 그러나 헌법재판소는 관습헌법도 헌법개정의 대상이라고 한다.[1)]

> **판례** 〈「신 행정수도의 건설을 위한 특별조치법」 위헌확인(위헌)〉 "어느 법규범이 관습헌법으로 인정된다면 그 개정가능성을 가지게 된다. 관습헌법도 헌법의 일부로서 성문헌법의 경우와 동일한 효력을 가지기 때문에 그 법규범은 최소한 헌법 제130조에 의거한 헌법개정의 방법에 의하여만 개정될 수 있다. … 다만 이 경우 관습헌법규범은 헌법전에 그에 상반하는 법규범을 첨가함에 의하여 폐지하게 되는 점에서, 헌법전으로부터 관계되는 헌법조항을 삭제함으로써 폐지되는 성문헌법과는 구분된다. 한편 이러한 형식적인 헌법개정 외에도, 관습헌법은 그것을 지탱하고 있는 국민의 합의성을 상실함에 의하여 법적 효력을 상실할 수 있다. 관습헌법은 주권자인 국민에 의하여 유효한 헌법규범으로 인정되는 동안에만 존속하는 것이며, 관습법의 존속요건의 하나인 국민적 합의성이 소멸되면 관습헌법으로서의 법적 효력도 상실하게 된다. 관습헌법의 요건들은 그 성립의 요건일 뿐만 아니라 효력유지의 요건이다.
>
> 우리나라의 수도가 서울이라는 점에 대한 관습헌법을 폐지하기 위해서는 헌법이 정한 절차에 따른 헌법개정이 이루어져야 한다. 이 경우 성문의 조항과 다른 것은 성문의 수도조항이 존재한다면 이를 삭제하는 내용의 개정이 필요하겠지만 관습헌법은 이에 반하는 내용의 새로운 수도설정조항을 헌법에 넣는 것만으로 그 폐지가 이루어지는 점이 있다. 다만 헌법규범으로 정립된 관습이라고 하더라도 세월의 흐름과 헌법적 상황의 변화에 따라 이에 대한 침범이 발생하고 나아가 그 위반이 일반화되어 그 법적 효력에 대한 국민적 합의가 상실되기에 이른 경우에는 관습헌법은 자연히 사멸하게 된다. 이와 같은 사멸을 인정하기 위하여서는 국민에 대한 종합적 의사의 확인으로서 국민투표 등 모두가 신뢰할 수 있는 방법이 고려될 여지도 있을 것이다. 그러나 이 사건의 경우에 이러한 사멸의 사정은 확인되지 않는다. 따라서 우리나라의 수도가 서울인 것은 우리 헌법상 관습헌법으로 정립된 사항이며 여기에는 아무런 사정의 변화도 없다고 할 것이므로 이를 폐지하기 위해서는 반드시 헌법개정의 절차에 의하여야 한다."(헌재 2004. 10. 21. 2004헌마554 등 병합결정)

2) 헌법개정의 필요성

100. 헌법개정의 필요성: 헌법이 변화된 현실을 규율할 수 있기 위하여

헌법은 구조적으로는 개방성을 그 특징으로 한다. 그 이유는 헌법제정 당시에 예견할 수 없는 사항에 대해서는 해석을 통하여 역사적 변화에 적응하도록

1) 허영, 한국헌법론(2011), 35쪽, (각주 1)은 "수도서울은 태극기·애국가 등과 함께 비록 헌법전에 명문화된 사항은 아니지만, 대한민국의 동일성과 국민통합의 징표를 나타내는 상징물로서 헌법적인 비중을 갖는 관행에 해당하기 때문에 수도이전에는 반드시 헌법개정에 준하는 국민적인 합의가 필요하다는 점을 강조하는 방향으로 논증하는 것이 보다 합리적이었다고 생각하고" 있다.

하기 위한 것이다. 그러나 헌법의 현실적용가능성에는 한계가 있다. 헌법이 이러한 한계에 도달하게 되면 헌법은 부분적으로나 전체적으로 그 기능을 제대로 수행할 수 없다. 따라서 헌법이 변화된 현실을 규율할 수 있도록 헌법을 고치는 일, 곧 헌법의 개정이 필요하게 된다.

(2) 憲法改正과 區別되어야 할 槪念들

1) 개　관

101. 헌법개정과 구별되어야 할 개념들

헌법의 개정과 비슷하나 구별되어야 할 개념으로 슈미트는 '헌법의 파괴'(Verfassungsvernichtung), '헌법의 폐제'(Verfassungsbeseitigung), '헌법의 침해'(Verfassungsdurchbrechung), '헌법의 정지'(Verfassungssuspension)를 들고 있다.[1] 이 밖에도 헌법의 개정과 구별되어야 할 개념으로 '헌법의 변천'(Verfassungswandlung)이 있다.

2) 헌법의 파괴

102. 헌법의 파괴: 보통 혁명에 의하여 기존의 헌법뿐만 아니라 그 헌법의 기초가 되는 헌법제정권력까지도 배제하는 경우

헌법의 파괴란 보통 혁명, 곧 초헌법적 원인에 의하여 기존의 헌법뿐만 아니라 그 헌법의 기초가 되는 헌법제정권력까지도 배제하는 경우를 말한다. 1789년의 프랑스 대혁명, 1917년 11월의 러시아 혁명, 1918년 11월의 독일 혁명 등이 그 중요한 예이다. 그러나 헌법의 파괴는 1947년의 일본국헌법의 제정과 같이 평화적인 방법으로 이루어지기도 한다. 헌법파괴의 경우에는 신·구 헌법 사이에 동일성이 인정되지 않는다. 헌법파괴 후 생겨나는 새 헌법과 파괴된 구 헌법은 전혀 다른 것이다. 따라서 형식적으로는 개정의 형식을 취하더라도 새 헌법은 제정된 것으로 보아야 한다.

3) 헌법의 폐제

103. 헌법의 폐제: 헌법제정권력은 변경되지 않으면서 기존의 헌법을 배제하는 경우

헌법의 폐제(廢除)란 헌법의 파괴와는 달리 헌법제정권력은 변경되지 않으면서 기존의 헌법을 배제하는 경우, 곧 정변이나 쿠데타에 의한 '헌법의 교체'(Verfassungswechsel)를 말한다. 헌법의 폐제는 기존의 헌법에 규정된 헌법개정절차에 따라 기존의 헌법이 개폐되는 것이 아니다. 곧 헌법의 폐제는 헌법개정의 형식적 요건을 무시한 것이기 때문에 헌법개정과 구별된다. 1946년의 프랑스헌

---

1) C. Schmitt, *Verfassungslehre*, S. 99f. 권영성, 헌법학원론, 52쪽은 슈미트가 헌법의 변천을 헌법의 개정과 구별되는 인접개념으로 들고 있는 것으로 소개하고 있다. 그러나 이는 명백한 잘못이다.

법이 1958년 드골 *De Gaulle* 헌법으로 교체된 것이나 우리나라에서 5·16 군사쿠테타 이후 제2공화국 헌법이 정한 절차가 아닌 국가재건최고회의가 제정한 국민투표법에 의하여 치러진 국민투표를 통하여 제2공화국헌법이 제3공화국 헌법으로 교체된 것이 헌법폐제의 대표적인 경우이다.[1)]

4) 헌법의 침해

104. 헌법의 침해: 헌법의 조문을 명시적으로 고치지 않은 채 헌법규정에 반하는 조치를 취하는 것

헌법의 침해란 헌법의 조문을 명시적으로 고치지 않은 채 헌법규정에 반하는 조치를 취하는 것이다. 이러한 헌법의 침해는 바이마르헌법 아래서 자주 행해졌다. 헌법의 침해는 형식상 기존의 헌법을 배제하거나 헌법의 조항을 개변하는 것이 아니며 또 침해상태가 제거되면 침해되었던 조항이 다시 계속해서 효력을 가지기 때문에 헌법개정과 구별된다.

5) 헌법의 정지

105. 헌법의 정지: 헌법의 일정조항을 개변함이 없이 일시적으로 그 효력만을 상실시키는 경우

헌법의 정지란 헌법의 일정조항을 개변함이 없이 일시적으로 그 효력만을 상실시키는 경우를 말한다. 헌법의 정지는 바이마르헌법 제48조 제2항의 경우처럼 헌법의 명시적 규정에 의하여 행해지는 경우와 1961년 5·16 군사쿠테타 이후의 국가비상조치, 1972년 이른바 10월유신의 10·17 비상조치, 1980년 국가보위비상대책위원회의 5·17 조치 등에 의한 헌법정지와 같이 헌법에 명시된 규정이 존재하지 않는데도 행해지는 경우의 두 경우가 있다. 전자를 합헌적 헌법정지, 후자를 위헌적 헌법정지라 부를 수 있을 것이다.[2)] 헌법의 정지 또한 종국적으로 해당 헌법조항의 효력을 상실시키는 것은 아니기 때문에 헌법의 개정과 구별된다.

6) 헌법의 변천

106. 헌법의 변천: 헌법의 조항이 그 문언을 개변함이 없이 의식적이든 무의식적이든 법원의 판례, 헌법적 관습 또는

헌법의 변천이란 (헌법의 안정성과 헌법에 대한 존중을 위협하지 않는 범위 내에서) 헌법의 조항이 그 문언(文言)을 개변함이 없이 의식적이든 무의식적이든 법원의 판례, 헌법적 관습 또는 객관적 사정의 변화에 따라 그 의미가 실질적으로 변경되는 것을 말한다. 헌법의 변천은 특히 헌법의 구조적 개방성에서 오는 것

---

1) 한동섭, 헌법, 박영사, 1971, 33쪽은 1962년 12월 26일에 공포된 한국헌법이 종전의 헌법을 폐제한 경우로 본다.

2) 권영성, 헌법학원론, 53쪽. 한태연, 헌법학, 98·99쪽은 헌법무시적인 헌법의 긴급조치와 헌법존중적인 헌법의 긴급조치라는 용어를 계희열, 헌법학(상), 103쪽은 헌법존중적 헌법정지와 헌법무시적 헌법정지라는 용어를 사용하고 있다.

이다. 헌법의 변천은 라반트가 헌법학에 도입하였고,[1] 옐리네크와[2] 쉬 다우린 *Hsü Dau-Lin*이[3] 명시적인 헌법개정에 대립되는 개념으로 사용하였다. 현재는 스멘트 학파에서 헌법변천에 커다란 의미를 부여하고 있다.[4] 헌법의 변천은 성문헌법의 조항의 문언을 개변하는 것이 아니라는 점에서 헌법개정과 구별된다. 그러나 헌법개정과 헌법변천 사이에는 일정한 함수관계가 성립되어 있는 것으로 볼 수 있다. 왜냐하면 헌법개정의 문제는 헌법변천의 가능성이 끝나는 곳에서 시작되기 때문이다.[5]

객관적 사정의 변화에 따라 그 의미가 실질적으로 변경되는 것

(3) 憲法改正의 類型

헌법의 개정은 일부개정이 보통이다. 그러나 우리 제2공화국 헌법이나 현행헌법과 같이 헌법전의 거의 전부를 뜯어고치는 '전면개정'(Totalrevision)도 있다. 후자의 경우를 특히 '헌법개혁'(Verfassungsreform)이라 부르기도 한다.

107. 헌법개정의 유형: 일부개정과 전면개정

헌법개정의 방법으로서는 기존의 헌법조항에 대한 수정·삭제가 일반적이다. 그러나 미국의 경우처럼 기존의 헌법조항을 그대로 둔 채 수정조항을 추가하는 경우도 있다.

2. 憲法改正의 方法과 節次

(1) 憲法改正의 方法

헌법개정의 방법은 크게 보아 다음의 네 가지로 나눌 수 있다. 첫째, 독일기본법, 오스트레일리아헌법, 우리의 건국헌법이나 제2공화국헌법과 같이 의회가 헌법개정권한을 갖지만 발의와 의결에서 특별다수결에 의하는 방법이다.

108. 헌법개정의 방법: 의회의 특별다수결, 최종적으로 국민투표에 의한 확정, 특별한 헌법회의, 연방의 경우 지방의 동의

1) P. Laband, *Die Wandlungen der deutschen Reichsverfassung*, 1895.
2) G. Jellinek, *Verfassungsänderung und Verfassungswandlung*, 1906는 헌법변천의 유형을 ① 헌법해석에 의한 변천(의회·정부·법원 등이 헌법규범의 해석을 통하여 헌법규범의 미비점을 보완하는 경우), ② 정치적 필요에 의한 변천(국회나 정부의 정치적 관행에 따라 헌법규범의 실질적 의미나 내용이 변하는 경우), ③ 오래 계속된 관행에 의한 변천, ④ 국가권력의 불행사에 의한 변천, ⑤ 헌법의 흠결을 보충하고 보완하기 위한 변천으로 나누고 있다.
3) Hsü Dau-Lin, *Die Verfassungswandlung*, 1932.
4) K. Hesse, Grenzen der Verfassungswandlung, in: *Festschrift für U. Scheuner*, 1974, S. 123ff.; P. Häberle, Zeit und Verfassung, in: ders., *Verfassung als öffentlicher Prozeß*, 1978, S. 59ff.
5) K. Hesse, *Grundzüge des Verfassungsrechts der Bundesrepublik Deutschland*, S. 16(Rdnr. 39).

둘째, 개헌안에 대하여 의회의 의결을 거치거나(오스트리아헌법, 일본국헌법, 프랑스 제5공화국 헌법, 우리의 현행헌법과 1980년 헌법), 거침이 없이(1972년의 우리 헌법) 최종적으로 국민투표에 의하여 확정하는 방법이다.

셋째, 스위스헌법, 벨기에헌법, 노르웨이헌법의 예에서 보듯이 헌법개정안을 발의·의결하기 위하여 특별한 헌법회의를 소집하는 방법이다.

넷째, 연방국가의 경우에는 연방헌법을 개정하기 위해서 지방(支邦)의 참여나 동의를 얻도록 하고 있다. 미국의 경우에는 모든 주의회의 4분의 3 또는 모든 주헌법회의의 4분의 3 이상의 승인을 얻도록 하고 있으며, 독일의 경우에는 연방참사원(Bundesrat)[1]의 3분의 2 이상의 동의를 필요로 하며, 스위스의 경우에는 과반수의 지방(Kanton)에서 과반수 이상의 동의를 얻도록 하고 있다.

(2) 우리 憲法上의 憲法改正節次

109. 우리 헌법의 개정절차: 발안-공고-국회의결-국민투표로 확정-공포-발효

헌법개정의 절차는 헌법개정의 방법에 따라 차이가 있다. 그러나 대체로 ① 발안, ② 공고, ③ 의회의 의결, ④ 국민투표에 의한 확정, ⑤ 공포, ⑥ 발효의 절차를 거치는 것이 보통이다.

여기에서는 우리 현행헌법의 헌법개정절차만을 간추리기로 한다.

1) 발 안

헌법개정은 국회재직의원 과반수 또는 국무회의의 심의를 거쳐 대통령의 발의로 제안된다(헌법 제128조 제1항, 제89조 제3호).[2]

2) 공 고

제안된 헌법개정안은 대통령이 20일 이상 공고한다(헌법 제129조).

3) 국회의 의결

국회는 헌법개정안이 공고된 날로부터 60일 이내에 기명투표로 의결하여야 하며, 그에 필요한 의결정족수는 국회재적의원 3분의 2 이상이다(헌법 제130조 제1항). 국회가 의결을 행함에 있어서는 공고된 헌법개정안의 내용을 수정할 수

1) 연방참사원은 각 지방의 주민(외국인 포함)수에 따라 각 지방에서 파견한 최소 3인의 지방정부구성원으로 구성되어 있다. 1990년 10월 3일 통독 후 연방참사원은 현재 68명으로 구성되어 있다.

2) 우리 헌정사에서 제2차 개정헌법, 제2공화국헌법 및 제3공화국헌법에서는 국회의원선거권자 50만인 이상의 찬성으로써도 헌법개정안을 발의할 수 있도록 한 바 있다.

없으며, 국회가 공고일로부터 60일 이내에 의결을 하지 아니한다 하더라도 헌법개정안은 폐기되지 않는다.

4) 국민투표에 의한 확정

헌법개정안은 국회가 의결한 후 30일 이내에 국민투표에 회부한다. 헌법개정은 국회의원선거권자 과반수의 투표와 투표자 과반수의 찬성으로 확정된다(헌법 제130조 제 2 항·제 3 항).

5) 대통령의 공포

국민투표에 의하여 확정된 헌법개정안은 대통령이 즉시 공포하여야 한다(헌법 제130조 제 3 항).

6) 발　　효

현행헌법은 개정 당시의 합의에 따라 1988년 2월 25일부터 시행된다고 되어 있다(헌법 부칙 제 1 조). 그러나 헌법개정의 발효시기에 대하여 부칙에 특별한 규정이 없는 경우에는 공포일로부터 효력을 발생한다.

7) 이의제기

국민투표의 효력에 관하여 이의가 있는 투표인은 투표인 10만인 이상의 찬성을 얻어 중앙선거관리위원회위원장을 피고로 하여 투표일로부터 20일 이내에 대법원에 제소할 수 있고, 이 국민투표무효소송에서 전부 또는 일부무효판결이 있으면 재투표를 실시한다(국민투표법 제97조).

(3) 憲法改正에 대한 現行憲法規定의 問題點

1) 개정된 헌법이 정당성을 가지기 위한 조건

헌법개정은 기존의 헌법이 가지고 있는 부족한 점을 보정(補整)하려는 국민의 합의에 바탕을 두어야 한다. 또한 그와 같은 국민의 의사를 수렴하여 헌법개정안에 반영시켜야 한다. 더 나아가서 국민의 의사에 따라 개정 여부를 결정할 수 있는 절차가 마련되어 있어야 한다. 이러한 것이 확보되어 있을 때에만 개정된 헌법은 정당성을 가진다고 할 수 있다. 이러한 생각을 바탕으로 헌법개정에 대한 현행헌법의 규정을 살펴보면 특히 발안과 공고와 관련하여 문제점이 발견된다.

110. 개정된 헌법이 정당성을 가지기 위한 조건: 1. 현행헌법의 부족한 점을 보정하려는 국민적 합의가 있어야 한다; 2. 국민의 의사에 따라 개정 여부를 결정할 수 있는 절차가 마련되어 있어야 한다

2) 현행 헌법개정규정의 문제점

111. 현행 헌법개정규정의 문제점: 1. 여당에는 유리하나 야당에는 불리하다; 2. 공고기간이 지나치게 단기간이다

현대 대중민주주의에서 국민의 정치적 의사를 수렴하여 조직하는 것은 정당이다. 그리고 정당인 한 여당과 야당에 평등한 기회가 주어지는 것이 바람직하다. 그러나 헌법개정과 관련해서는 여당은 대통령이 헌법개정안을 제안할 수 있어 언제나 헌법개정안을 발안할 수 있는 반면, 야당이 헌법개정안을 제안하기 위해서는 반드시 국회재적의원 과반수 이상을 확보해야 하기 때문에 여당에는 유리하나 야당에는 불리하게 되어 있다.

공고는 제안된 헌법개정안의 내용을 국민에게 주지시키고 그에 대한 자유로운 비판과 의견교환을 통하여 국민적 합의를 도출해내기 위하여 필요한 절차이다. 비록 헌법개정안발안 이전부터 개헌에 대한 논의가 시작된다고 하지만 본격적인 논의는 헌법개정안의 공고와 더불어 시작된다고 할 수 있다. 이러한 점을 감안한다면 20일이라는 단기간의 공고기간은 찬·반 토론을 통하여 국민적 합의를 도출해내기 위해서는 충분하지 않다고 할 것이다.[1]

3. 憲法改正의 限界

(1) 意 義

112. 헌법개정의 한계의 의의: 1. 헌법규정 가운데는 헌법개정의 대상에서 제외되는 규정이 있는가라는 문제; 2. 명시적인 헌법개정금지규정과는 관계없이 언제나 제기되는 문제

헌법개정의 한계문제는 헌법규정 가운데 헌법개정의 대상에서 제외되는 규정이 있는가라는 문제이다. 헌법개정의 한계문제는 우리 현행헌법과 같이 명시적으로 헌법개정금지규정을 두고 있지 않은 경우[2]는 물론 독일기본법이나 프랑스헌법 또는 이탈리아헌법 등과 같이 명시적인 헌법개정금지조항을 두고 있는 경우에도 제기된다. 후자의 경우에도 금지규정을 개정하고 난 후 모든 규정을 개정할 수 있다는 주장[3]이 가능할 뿐만 아니라 일정한 조항에 대하여 헌법개정을 금지한다고 해서 규범력을 상실한 헌법이 생명을 유지할 수 있는 것도 아니기 때문이다.[4] 따라서 헌법개정의 한계문제는 언제 폭발할지 모르는 또는 정확

1) 계희열, 헌법학(상), 107쪽 참조.

2) 우리 헌정사에서는 예컨대 1954년 11월 27일의 제2차 개헌(이른바 사사오입개헌)의 결과 성립된 헌법 제98조 제6항과 제2공화국 헌법 제98조 제6항에서 "민주공화국"(제1조), "국민주권"(제2조), "주권제약이나 영토변경 등 중요 사항에 관한 국민투표"(제7조의2)의 규정을 개폐할 수 없다고 하는 헌법개정금지조항을 둔 적이 있다.

3) 이는 전형적인 법실증주의 헌법학자들의 생각이다. 우리나라에서는 박일경, 신헌법, 125쪽이 이러한 주장을 한 바 있다.

4) K. Hesse, *Grundzüge des Verfassungsrechts der Bundesrepublik Deutschland*, S. 276

하게는 개헌논의가 있을 때마다 반드시 터지게 되어 있는 휴화산과 같은 문제이다. 그러한 한에서 헌법개정의 한계문제는 항상 현실성을 가지는 이론적인 문제라 하겠다.[1)]

(2) 憲法改正無限界論 — 法實證主義的 憲法觀

1) 내 용

법실증주의자들은 헌법의 현실적응성의 요청과 헌법제정권력과 헌법개정권력의 구별부인[2)]을 근거로 헌법개정의 한계를 인정하지 않는다. 그들은 헌법은 그 고양된 개정절차에서 법률과 차이가 있을 뿐 개정될 수 없는 내용은 없다고 한다. 그들은 일체의 규범외적 상황을 법학의 대상에서 제외시키기 때문에 실정헌법에 반하는 헌법상황에 해당되는 헌법의 변천을 법적으로 파악할 수 없다. 그 결과 헌법규범과 사회현실 사이의 괴리현상을 극복하기 위해서는 헌법개정을 무제한으로 인정할 수밖에 없다.

113. 헌법개정무한계론: 법실증주의 헌법학자들의 주장

2) 문 제 점

그러나 이렇게 헌법개정의 한계를 부인하면 헌법개정의 방법으로 헌법 자체를 제거해 버릴 위험이 생긴다.[3)] 뿐만 아니라 그들은 규범적 사고와 규범외적 사고를 엄격하게 구별하는 자신들의 주장에 반해서 헌법개정이라는 법적 사실을

114. 헌법개정무한계론의 문제점: 1. 헌법개정의 방법으로 헌법 자체를 제거해 버릴 염려가 있다;

(Rdnr. 701).

1) 이 문제와 관련하여 종래 국내에서는 한계부정설과 한계긍정설이 대립되어 있다. 한계부정설의 논거는 다음과 같다. ① 국가성립과 더불어 제정된 헌법은 개정만 있을 뿐이다. ② 사회생활이 변화하면 헌법도 변화하기 때문에 헌법개정의 한계를 인정할 수 없다. ③ 헌법규범 상호간에 우열을 인정할 수 없다. ④ 헌법제정권력과 헌법개정권력의 차이를 인정할 수 없다. ⑤ 현실적으로 헌법개정의 한계를 벗어난 헌법개정에 대하여 무효를 선언할 기관이 없다. ⑥ 헌법도 상대적인 규범이므로 현재세대의 규범이나 가치관으로 장래세대를 구속하는 것은 타당하지 않다.

이에 대하여 한계긍정설의 논거는 다음과 같이 요약될 수 있다. ① 시원적 제헌권으로부터 비롯되는 제도화된 제헌권의 발동에는 일정한 한계가 있다. ② 시원적 제헌권발동의 기초가 되는 헌법의 근본규범에 대한 개정은 이미 헌법의 동일성을 상실하고 있으므로 헌법의 개정이 아니라 헌법의 제정이다. ③ 따라서 헌법규범 상호간에는 우열을 인정할 수밖에 없다. ④ 시원적 제헌권의 발동을 통하여 정립된 자연법적 원리는 헌법개정의 대상이 될 수 없다.

2) 예컨대 H. Nawiasky, *Allgemeine Rechtslehre*, 2. Aufl.(1948), S. 33은 다음과 같이 말하고 있다. "왜냐하면 헌법의 제정(Schaffung)은 물론 그 개정에서도 새로운 규범의 정립이 문제되기 때문이다. 공백을 매우거나 기존의 내용을 수정하는 것 사이에는 어떠한 차이도 없다."

3) 계희열, 헌법학(상), 111쪽.

2. 헌법개정이라는 법적 사실을 사회학적 방법으로 정당화하는 모순이 있다

'완성된 사실'(fait accompli)의 이론 또는 '사실의 규범력'(normative Kraft des Faktischen)[1]을 근거로, 곧 사회학적 방법으로 정당화할 수밖에 없게 된다.

(3) 憲法改正限界論

1) 결단주의적 헌법관

① 내 용

115. 슈미트의 헌법개정한계론: 헌법은 개정할 수 없으나 헌법률은 개정할 수 있다

슈미트는 헌법제정권력자가 내린 "근본적 결단"인 헌법과 그에 근거해서 규범화된 헌법률을 엄격하게 구별하고, 헌법은 조직하는 권력이 내린 근본결단이기 때문에 조직된 국가권력인 헌법개정권력에 의하여 개정될 수 없다고 한다. 곧 헌법의 개정이란 용어는 정확하게는 '헌법률의 개정'(Verfassungsgesetzänderung)으로 표현해야 한다고 한다.[2]

② 문 제 점

116. 슈미트의 헌법개정무한계론의 문제점: 현대민주주의에서는 헌법제정권력과 헌법개정권력의 구별을 전제로 헌법개정의 한계를 설정하는 것은 적절하지 못하다

슈미트가 헌법개정의 한계를 인정한 것은 커다란 공적으로 평가되고 있다. 그러나 오늘날의 민주주의 아래에서는 국민이 헌법제정권력자이자 동시에 헌법개정권력자[3]일 뿐만 아니라 헌법제정절차와 헌법개정절차에 국민이 결정적으로 참여하고 있다. 따라서 헌법제정권력과 헌법개정권력의 구별을 전제로 헌법개정의 한계를 설정하려는 시도는 적절하지 못하다 하겠다.[4]

2) 통합론적 헌법관

① 스멘트의 입장

117. 헌법개정에 대한 스멘트의 입장: 스멘트는 헌법변천에는 많은 관심을 표명하였으나, 헌법개정에 대하여는 거의 언급하지 않았다

헌법의 사회통합기능을 중시하는 통합론을 창시한 스멘트에게는 헌법의 동태적이고 유동적인 현실적응력이 중요시된다. 그렇게 때문에 스멘트는 헌법의 가변성(die Veränderlichkeit der Verfassung), 곧 헌법변천의 가능성(die Möglichkeit der Verfassungswandlung)을 이야기한다.[5]

---

1) G. Jellinek, *Allgemeine Staatslehre*, S. 337ff. 참조.

2) C. Schmitt, *Verfassungslehre*, S. 99.

3) 한수웅, 헌법학, 법문사, 2014, 30쪽은 한국헌법의 경우, 헌법개정권력은 국회와 국민(헌법 제130조)이라고 한다. "국민은 '헌법개정권력'으로서 국회와 함께 헌법개정권한을 행사하는 것"이라는 37쪽도 참조.

4) 계희열, 헌법학(상), 112·113쪽; 허영, 한국헌법론, 59쪽 참조. 우리 헌법재판소는 헌법제정권력과 헌법개정권력의 구분에 대하여 한편으로는 그 가능성을 인정하면서도 다른 한편으로는 명문규정이 없음을 근거로 부정하고 있다. 헌재 1995. 12. 28. 95헌바3 결정 참조.

5) R. Smend, *Verfassung und Verfassungsrecht*, S. 137.

그러나 스멘트 자신은 헌법해석의 결과 생겨나는 헌법변천에 대하여 이야기했을 뿐 헌법변천과 헌법개정 사이의 관계나 헌법개정의 한계에 대하여는 전혀 또는 거의 언급하지 않았다.[1)]

② 스멘트 제자들의 입장

118. 스멘트 제자들의 헌법개정한계론: 스멘트와는 달리 그 제자들은 각각 상이한 근거에서 헌법개정에 한계를 인정한다

스멘트와는 달리 스멘트의 제자들은 헌법개정의 문제에 대하여 언급하고 있다. 그리고 헌법개정의 문제와 관련하여 스멘트의 후계자들은 견해의 차이를 보이고 있다.

쉬 다우-린은 무한정의 헌법변천을 인정하고 헌법개정의 여지를 최소한으로 줄이려는 해석을 하며,[2)] 헤세는 헌법변천을 불가피한 것으로 보면서도 헌법의 명확성, 안정성, 규범성을 위하여 헌법개정에 더 큰 비중을 두는 해석을 한다.[3)] 그런가 하면 해벌레 *P. Häberle*는 헌법변천의 문제를 헌법해석의 문제로 보고 그 개념조차 배척하면서[4)] 헌법의 개정을 헌법의 '시대적응적 필요성'(zeitgerechte Konsequenz) 또는 '헌법정책적 명령'(verfassungspolitisches Gebot)으로 보는[5)] 해석을 한다.

어떻든 헤세와 해벌레는 헌법개정의 한계를 인정한다. 곧 헤세는 "역사적 변천 속에서의 지속성유지"와 "헌법의 동일성과 공동체의 법적 기본질서의 계속성"[6)]을, 해벌레는 "헌법의 기본적 동일성과 계속성"[7)]을 헌법개정의 한계로 보고 있다.

---

1) 계희열, 헌법학(상), 113쪽은 이 부분을 '헌법의 변화성'(Veränderlichkeit der Verfassung)이라 해석하고, 이 변화성이라는 말 가운데는 헌법의 변천은 말할 것도 없고 헌법의 개정도 당연히 포함된다고 이야기한다. 그러나 헌법의 가변성이 들어 있는 문장(Endlich ist die Veränderlichkeit der Verfassung, die Möglichkeit der "Verfassungswandlung", eine mit der Totalität des Verfassungsrechts gegebene Eigentümlichkeit dieses Rechts-gebiets.)의 해석상 헌법의 가변성에 헌법의 개정이 당연히 포함된다는 결론은 내릴 수 없는 것으로 보인다. 더구나 이 문장이 들어 있는 부분은 '전체로서의 헌법의 해석'이란 표제가 붙어 있는 부분이다. 따라서 스멘트는 이 부분에서 헌법의 개정을 염두에 두고 있지는 않은 것으로 보인다. 그러한 면에서 스멘트가 헌법개정에 대하여 언급한 듯이 기술하고 있는 허영, 한국헌법론, 57쪽도 문제가 있다.

2) Hsü Dsu-Lin, *Die Verfassungswandlung*, S. 152ff.

3) K. Hesse, Grenzen der Verfassungswandlung, S. 139ff.

4) P. Häberle, Grenzen der Verfassungswandlung, S. 82f.

5) P. Häberle, Grenzen der Verfassungswandlung, S. 88ff.

6) K. Hesse, *Grundzüge des Verfassungsrechts der Bundesrepublik Deutschland*, S. 276f.(Rdnr. 701).

7) P. Häberle, Grenzen der Verfassungswandlung, S. 91, 87.

(4) 憲法改正의 具體的 限界

1) 일 반 론

119. 헌법개정의 한계일반론: 현행헌법질서의 근간을 이루는 기본적인 원리들은 개정할 수 없다

헌법은 헌법개정권자에게 헌법을 개정할 권한만을 주었지 헌법을 제거하거나 폐제할 권한은 부여하지 않았다.[1] 헌법개정권자는 현행헌법질서의 실체, 곧 기초를 헌법개정이라는 형식적·합법적 방법으로 제거하여 전체주의정권을 사후적으로 합법화할 수는 없다.[2] 곧 헌법개정권자는 현행헌법질서의 근간을 이루는 기본적인 원리들을 원칙적으로 희생시켜 현행헌법의 기본적 동일성과 지속성을 해치는 헌법개정은 할 수 없다.

2) 구체적 한계

120. 헌법개정의 구체적 한계: 헌법내재적 한계, 헌법외적 한계, 실정법적 한계

이러한 기초 위에서 우리 헌법과 관련하여 헌법개정의 구체적인 한계를 헌법내재적 한계, 헌법외적 한계, 실정법적 한계[3]의 셋으로 나누어 볼 수 있다. 첫째, 헌법개정에는 헌법내재적 한계가 있다. 곧 헌법의 핵에 해당되는 민주공화국, 국민주권의 원리, 자유민주적 기본질서, 권력분립주의, 핵심적인 기본적 인권, 국제평화주의, 복수정당제, 사유재산제, 사회적 시장경제질서 등을 완전히 무시하는 헌법개정은 있을 수 없다.[4]

---

1) H. Ehmke, *Grenzen der Verfassungsänderung*, 1953, S. 90.
2) BVerfGE 30, 1ff.(24) 参조.
3) H. Ehmke, *Grenzen der Verfassungsänderung*, S. 91f. 参조.
4) ① 이에 대하여 허영, 한국헌법론, 59·60, 62쪽은 헌법개정의 구체적 한계는 개헌시점의 시대사상·정치이념·생활감각에 따라 판단될 문제이기 때문에 처음부터 확정할 수는 없다고 한다.

그러나 헌법개정의 구체적 한계는 기존헌법의 동일성과 계속성의 유지라는 관점에서 판단되는 것이지 개헌시점의 시대사상·정치이념·생활감각에 따라 판단되는 것은 아니다. 오히려 개헌시점의 시대사상·정치이념·생활감각이란 헌법내재적 한계가 아닌 헌법외적 한계로서는 거론될 수 있을 것이다.

어쨌든 그도 결과에서는 "현행헌법의 근본정신(예컨대 정의사회구현, 통일지향성, 자유주의사상)과 정치제도(권력분립주의, 민주주의, 평화적 정권교체, 법치주의)를 완전히 무시해버리는 개헌은 있을 수 없다"(61·62쪽)고 하여 구체적 한계를 언급하고 있다.

② 또한 장영수, 헌법학 I, 홍문사, 2004, 45쪽은 "논란의 소지가 있는 것은 정부형태에 관한 헌법규정이 헌법개정에 의해 변경될 수 있는가 하는 문제이다. 그동안 많은 학자들은 민주주의의 틀 안에서 정부형태가 바뀌는 것, 예컨대 대통령제에서 의원내각제로 바뀌는 것은 국가 자체의 동일성을 파괴하는 것은 아니라는 관점에서 정부형태를 헌법의 개정의 한계 내에 있는 것으로 보는 견해가 많았다. 그러나 정부형태의 변화는 단순한 몇 개 헌법규정의 변화가 아니라 국가조직의 전체적인 변혁을 의미하는 것이고, 그것이 국가질서 전체에 미치는 파급효를 생각할 때, 이는 개정의 한계 밖에 있는 것으로 보아야

둘째, 헌법개정에는 헌법외적 한계가 있다. 곧 헌법개정에는 자연법, 국제법과 경제적·기술적 조건 또는 지리적 상황 등이 한계로 작용한다.

셋째, 헌법개정에는 실정법적 한계가 있다. 헌법개정의 한계를 부정하는 법실증주의자들에게도 개정금지규정을 삭제하는 헌법개정은 현실적으로 그리 쉽지는 않을 것이다. 그렇기 때문에 실정법적 한계를 과소평가해서는 안 될 것이다.[1] 그러나 우리 헌법에는 실정법적 한계에 해당되는 규정은 없다.[2] 현행헌법의 "대통령의 임기연장 또는 중임변경을 위한 헌법개정은 그 헌법개정제안 당시의 대통령에 대해서는 효력이 없다"(헌법 제128조 제 2 항)는 규정은 헌법개정의 한계를 정한 것이 아니라, 헌법개정의 효력에 대한 한계규정이다.[3]

하지 않을까 생각한다"는 독특한 생각을 전개하고 있다.

그러나 이러한 견해에 대해서도 ①에서 한 지적을 되풀이할 수밖에 없을 것이다.

③ 한수웅, 헌법학, 34쪽은 "일반적으로, 헌법 제정 당시의 국민적 합의사항인 기본적 가치질서, 즉 헌법의 근본결정은 변경될 수 없다. … 한국헌법의 최고의 가치이자 모든 헌법규범의 궁극적 목적인 인간의 존엄성 보장 및 헌법의 정치적 기초가 되는 자유민주적 기본질서의 핵심적 내용을 폐지하는 개정은 할 수 없다. 자유민주적 기본질서에서의 '자유'란 바로 기본적인 인권의 보장, 권력분립주의, 사법권의 보장 등 법치국가적 요소를 의미하고, '민주'란 국민주권주의, 선거제도, 의회제도, 복수정당제 등 민주주의적 요소를 뜻하는데, 이와 같이 법치국가와 민주주의를 구성하는 본질적 요소는 헌법개정의 대상이 될 수 없다. 사회국가는 민주주의의 필연적인 정치적 결과로서 발생한다는 점에서, 사회국가에 관한 헌법적 결정도 헌법개정의 한계라 할 수 있다"고 하여 헌법개정의 한계는 민주주의원리, 법치국가원리, 사회국가원리에 한정된다고 하면서(34쪽), 평화국가원리, 문화국가원리, 환경국가원리는 헌법개정의 대상이 될 수 있다고 한다(103쪽).

그러나 이러한 견해에 대해서는 예컨대 평화국가원리의 핵심내용인 국제법존중주의를 헌법개정으로 삭제할 수 있을지는 대단히 의심스럽다는 점을 지적하고자 한다.

1) 계희열, 헌법학(상), 115·116쪽.

2) 그러나 김선택, 집권연장목적의 헌법개정제안 봉쇄조항 — 헌법 제128조 제 2 항의 해석, 서정호 교수 정년기념논문집, 1996, 47쪽 이하는 헌법 제128조 제 2 항을 실정법적 개정한계조항으로 보고 있다.

또한 성낙인, 헌법학, 51쪽도 "한국헌법상 헌법개정대상의 제한에 관한 명시적 규정은 없지만, 국민주권주의·자유민주주의·사회복지국가원리·국제평화주의과 관련된 제규정은 헌법개정대상의 제한으로 볼 수 있다"고 한다.

3) 이 부분과 관련하여 이준일, 헌법학강의, 47쪽은 다음과 같이 설명하고 있다. "따라서 임기연장이나 중임변경을 위한 헌법개정은 허용되지만 제안 당시의 대통령에 대해서는 개정의 효력이 미치지 않음으로써 효력의 인적 범위가 제한된다. 또한 헌법 제128조 제 2 항은 개정금지조항이 아니기 때문에 그 조항 자체의 개정도 허용된다. 다시 말해 헌법개정의 인적 효력범위를 제한하는 이 규정 자체를 먼저 개정하여 삭제하고, 임기연장이나 중임변경을 위한 헌법개정을 한 경우에는 헌법개정의 효력이 제안 당시의 대통령에게도 발생한다. 하지만 이를 위해서는 두 번의 국회의결과 국민투표를 거쳐야 하는데 이것이 사실상 가능할지에 대해서는 여전히 의문으로 남는다."

4. 韓國憲法 改正略史

(1) 建國憲法

121. 건국헌법: 단원제국회, 대통령제 정부형태, 헌법위원회의 위헌법률심사권

우리 헌법은 1948년 5월 10일 남한단독선거에 의하여 2년 임기로 선출된 198명의 의원으로 구성된 제헌국회의 헌법기초위원회에서 유진오(兪鎭午)의 안을 원안으로 하고 권승열(權承烈)의 안을 참고안으로 하여 작성된 초안을 수정하여 1948년 7월 12일에 국회에서 통과되고 같은 해 7월 17일부터 시행되기 시작하였다.

건국헌법은 국회를 양원제로 하고, 정부형태를 의원내각제로 하며, 법률의 위헌심사권을 대법원에 부여하는 초안이 이승만과 그 동조세력의 강력한 반대로 단원제국회, 대통령제정부형태, 헌법위원회에 의한 위헌법률심사권행사로 바뀐 것이었다. 그 밖에도 건국헌법은 부통령과 국무총리를 두고, 경제와 관련하여 중요자원의 국유화, 중요기업의 국·공영 등 국가의 조정·통제 등을 규정하였다.

우리 헌법은 그 후 9차례에 걸쳐 개정되었다.

(2) 제1차·제2차 改憲

1) 제1차 개헌

122. 제1차 개헌: 정·부통령 직선제, 국회양원제, 국회의 국무원불신임제도 채택

1952년 7월 7일의 제1차 개헌은 이른바 발췌개헌으로 불리는데, 대통령·부통령직선제, 양원제(민의원·참의원), 국회의 국무원불신임제도 채택 등이 그 골자였다. 이 개헌은 헌법에 정해진 사전공고조차 이행하지 않은 위헌적인 것이었다.

2) 제2차 개헌

123. 제2차 개헌: 초대 대통령 3선 허용

1954년 11월 29일에 행해진 초대 대통령 3선을 위한 제2차 개헌(이른바 四捨五入 개헌)은 주권의 제약·영토의 변경 등 중대사항에 관한 국민투표제 채택, 국무총리제 폐지, 국회의 국무원불신임제도를 국무위원에 대한 개별적 불신임제도로 전환, 군법회의에 대한 헌법적 근거마련, 경제에 관한 국가의 조정·통제 완화 등을 내용으로 하였다. 이 제2차 개헌 또한 정족수미달로 인한 위헌적 개헌이었다. 그럼에도 불구하고 효력은 발생하였다.

(3) 제3차·제4차 改憲

1) 제3차 개헌

124. 제3차 개헌: 제2공화국 성립, 내각책임제 채택

1960년의 3·15 부정선거와 4·19 학생의거로 자유당정권이 몰락하고 1960년 6월 15일 제3차 개헌을 통하여 국민의 기본권 일부강화(언론·출판에 대한 허가제금지 등), 정당보호 규정 신설, 내각책임제, 헌법재판소의 신설 및 중앙선거관리위원회의 헌법기관화, 대법원장·대법관의 선거제, 경찰의 중립보장, 시·읍·면장의 주민직선제 등을 채택한 제2공화국 헌법이 성립되었다.

2) 제4차 개헌

125. 제4차 개헌: 자유당정권하의 반민주행위자 처벌을 위한 소급입법의 근거 마련

이 헌법은 절차에 하자가 없었지만 자유당정권하의 반민주행위자를 처벌하기 위한 소급입법의 근거를 마련하고 그들을 처벌하기 위한 특별재판부 및 특별검찰부를 설치하기 위하여 1960년 11월 29일 제4차 개헌이 이루어졌다.

(4) 제5차·제6차 改憲

1) 제5차 개헌

126. 제5차 개헌의 골자: 제3공화국 성립, 대통령제로 환원

그러나 제2공화국은 1961년 5월 16일 군사쿠테타로 단명으로 끝나고, 1962년 12월 17일 우리 역사상 최초의 국민투표를 통하여 제5차 개헌이 이루어졌다. 이 제3공화국 헌법에서는 대통령중심제로 환원한 외에도 자유권·사회권·참정권 등 국민의 기본권조항의 체계화, 대통령 및 국회의원입후보에 있어서 정당추천제, 단원제국회, 헌법재판소를 폐지하고 위헌법률심사권 등을 법원에 부여, 헌법개정에 대한 국민투표제 등을 채택하였다.

2) 제6차 개헌

127. 제6차 개헌의 골자: 대통령 3선연임

그 후 1969년 10월 21일에는 대통령 3선연임을 위한 제6차 개헌이 이루어졌다. 그 밖에도 제6차 개헌에서는 국회의원수를 150-200인에서 150-250인으로 하고, 대통령에 대한 탄핵소추요건을 강화하였다.

(5) 제7차 改憲

128. 제7차 개헌: 유신헌법 성립

1972년 10·17 비상조치와 헌정중단에 이어 12월 27일에는 제4공화국의 근거가 되는 제7차 개헌이 있었다. 그 결과 이른바 유신헌법이 성립되었다. 이 헌

법은 조국의 평화적 통일지향조항과 통일주체국민회의를 신설하고, 국회권한을 축소시켰으며, 정당국가적 성격을 지양(止揚)하고, 헌법위원회를 설치하였으며, 헌법개정절차를 2원화(대통령제안에 대한 국민투표, 국회제안에 대한 통일주체국민회의의결)시켰다. 특히 유신헌법은 통일주체국민회의에서 간선된 대통령에게 막강한 권력(긴급조치권·국회해산권·국회의원 3분의 1 추천권, 각종헌법기관구성권)을 부여하여 합법적인 독재의 길을 열어주었다.

(6) 제 8 차 改憲

129. 제 8 차 개헌: 제 5 공화국 성립

18년간 헌정사를 온갖 파행과 왜곡으로 얼룩지게 한 박정희군사독재정권은 1979년 10월 26일 당시의 중앙정보부장에 의하여 대통령이 피살됨으로써 막을 내렸다. 그러나 민주주의에 대한 국민의 염원과는 달리 1979년 12·12 군사반란과 1980년 5·17 내란행위 등을 통하여 광주에서의 5·18 민주화투쟁을 많은 희생자를 내면서 무력으로 진압한 신군부는 같은 해 5월 31일 국가보위비상대책위원회를 설치하고 모든 정치활동을 금지한 가운데 작성된 헌법개정안을 10월 22일 국민투표에 의하여 확정하였다.

판례 **〈1979년 12·12 군사반란 관련 불기소처분취소(일부각하·일부기각)〉** “피의자의 범행이 군권장악을 위한 불법한 병력동원과 무력행사를 통하여 인명을 살상하고 저질러진 하극상의 군사반란으로서 국민들로 하여금 좌절감과 굴욕감을 느끼게 하였고, 우리 헌정사에는 왜곡과 퇴행의 오점을 남기게 한 범죄행위이며….” (헌재 1995. 1. 20. 94헌마246 결정)

판례 **〈1980년 5·17 내란행위 관련 불기소처분취소(심판절차종료선언)〉** “내란행위의 정당성은 내란행위가 정의·인도와 동포애에 입각하여 사회적 폐습과 불의를 타파하고 자유민주적 기본질서를 더욱 확고히 하기 위한 것으로서 국민의 주권을 회복하거나 확립하기 위한 것인지의 여부, 내란행위에 나아가기 이전에 헌법과 법률이 정하는 절차에 따라 평화적으로 정치·사회적 모순과 갈등을 해소하기 위한 최선의 노력을 했는지의 여부, 그 행위에 나아가게 된 배경과 명분 및 당시의 시대적 상황에 비추어 그 행위가 다른 선택의 여지가 없을 정도로 불가피한 것이었는지의 여부, 그 행위로 인한 국민의 피해를 최소화하기 위하여 최선의 조치를 했는지의 여부, 피해보상 등 권리구제를 위한 충분한 조치를 다했는지의 여부 등을 종합적으로 고려하여 객관적으로 판단되어야 할 것이다. 따라서 이와 같은 여러 기준에 비추어 보아 내란행위의 정당성이 인정되지 아니할 경우에는 설사 내란행위자들이 그 목적을 달성하여 국가권력을 장악하고 국민을 지배하였다고 하더라도 그 행위의 위법성은 소멸되지 아니하며 처벌될 수 있다고 보아야 한다.”(헌재

1995. 12. 15. 95헌마221 등 병합결정)

판례 〈1980년 5·17 내란행위 관련 불기소처분취소(심판절차종료선언)〉 "피청구인은 여기에서 피의자들이 그들의 내란행위에 대하여 국민적 심판을 받아 새로운 정권창출에 성공한 이상 새 정권과 헌법질서의 창출을 위한 행위의 법적 효력을 다루거나 법적 책임을 물을 수 없는 것이라고 주장하나, 피의자 전두환이 통일주체국민회의 등을 통한 간접선거에 의하여 두 차례 대통령으로 당선된 것이나 제5공화국 헌법개정안이 국민투표에 의하여 통과된 것은 그것이 비록 형식적으로는 당시의 헌법과 법률의 규정에 따른 것이기는 하지만 그 진상이 은폐되고 계엄령하의 강압적인 분위기하에서 이루어진 것이어서 이를 가리켜 국민이 자유롭게 그들의 주권적 의사를 결정할 수 있는 상태에서 피의자들이 이 사건 내란행위에 대하여 승인을 한 것이라고는 볼 수 없고, 피의자 노태우가 제13대 대통령으로 당선된 것은 이 사건 내란행위에 의하여 창출된 제5공화국의 질서가 국민의 저항으로 더 이상 유지되지 못하고 국민의 의사에 따른 새로운 헌법질서로 이행하는 과정에서 그 진상이 정확히 규명되지 아니한 채 국민의 상대적인 다수의 지지를 얻음으로써 이루어진 것에 불과하며 이로써 이 사건 내란행위에 대하여 국민의 승인이 있는 것으로 볼 수도 없으므로 피청구인의 주장은 받아들일 수 없다."(헌재 1995. 12. 15. 95헌마221 등 병합결정에 대한 소수의견)

판례 "피고인들이 군사반란과 내란을 통하여 정권을 장악하고 헌법을 개정하여 국가를 통치한 것을 들어 새로운 법질서를 수립한 것이라고 할 수 없고, 더욱이 국회가 5·18민주화운동에관한특별법 등을 제정하고 헌법재판소가 그에 대하여 합헌결정까지 한 이상 피고인들의 이 사건 군사반란 및 내란행위는 사법심사의 대상이 되는 것이고 그에 대한 형사책임도 면할 수 없다."(대법원 1997. 4. 17. 96도3376 판결)

제8차 개헌의 내용은 다음과 같다. ① 제5공화국의 출발선언, ② 기본권의 개별적 법률유보 삭제·구속적부심부활 등 신체의 자유강화, 언론·출판의 자유 및 재산권의 보장조항 강화, 근로자의 보호, 재외국민보호조항·행복추구권·사생활의 비밀과 자유·국가의 평생교육진흥의무·환경권 신설 등 기본권 대폭신장, ③ 대통령제 채택, 대통령의 비상조치권·국회해산권의 행사요건제한, 국회의원추천권·일반법관임명권 배제 등 대통령권한의 조정, ④ 대통령은 선거인단에서 간선, 7년단임, 임기조항개정효력제한조항 신설 등 평화적 정권교체 보장, ⑤ 대통령권한의 조정 및 국정조사권 명문화 등에 따른 국회의 지위 회복, 사법부의 독립 강화, ⑥ 독과점 폐해규제, 중소기업보호육성, 소비자보호 등 사회국가의 지향, ⑦ 사회정의 및 도의정치구현의지 표명, ⑧ 국가의 전통문화 계승 및 민족문화창달의무조항 신설 등.

(7) 제9차 改憲

130. 제9차 개헌: 제6공화국 성립, 여·야 공동발의

광주민주화투쟁을 무력으로 진압하였을 뿐만 아니라 민주적 정당성을 결여한 채 성립된 전두환정권은 1987년 6월항쟁의 결과 선언된 이른바 6·29선언을 마지못해 받아들였고 1987년 9월 18일에는 여·야 공동으로 헌법안이 발의되고 10월 27일 국민투표에서 투표자의 93.1%의 찬성으로 확정되었다.

이 개헌이 제9차 개헌이며, 제9차 개헌의 결과 성립된 헌법이 현행헌법이다. 현형헌법은 헌법전문, 본문 10장 130조, 부칙 6조로 구성되어 있으며, 부칙 제1조의 규정에 따라 1988년 2월 25일부터 시행되고 있다.

(8) 韓國憲法改正史의 特徵

131. 한국헌법개정사의 특징: 정권강화와 연장을 위한 개헌

이렇듯 우리 헌법의 개정사에서 제2공화국 헌법과 현행헌법을 제외한 나머지 헌법개정은 단순히 정권의 강화와 연장을 위하여 개정절차를 밟아 꾸며낸 장식이었다고 할 수 있다.

이러한 점을 도외시하더라도 우리 헌법의 개정사와 관련하여 그것이 순수한 의미의 개정이냐 제정이냐의 논란이 있다. 특히 제3차, 제5차, 제7차, 제8차,[1] 제9차 개헌에 대하여 논란이 있다. 제3차와 제9차 개헌은 전면개정으로 헌법개혁에 해당되고, 나머지는 헌법의 폐제에 해당된다고 볼 수 있다.

---

1) 대법원은 제8차 개정헌법, 곧 제5공화국헌법에 대하여 "… 1980. 10. 27. 제5공화국헌법의 제정공포에 따라 …"라고 함으로써 제5공화국헌법이 헌법의 개정이 아니라 새로운 헌법의 제정이라고 판시하고 있다(대법원 1985. 1. 29. 74도3501 판결).

第 4 章　憲法의 適用範圍

第 1 節　概　　觀

헌법의 적용범위란 헌법의 형식적 효력범위를 말한다. 곧 헌법의 적용범위란 국민과 영토로 구성된 제 가치의 질서로 정의되는 국가의 기본법인 헌법이 시간적·장소적·인적으로 어느 범위에서 효력을 가지는가 하는 문제이다. 헌법은 시간적으로는 제정시부터 개정·폐지시까지 효력을 갖는다. 이러한 헌법의 시간적 효력은 대부분 명확하기 때문에 커다란 문제를 일으키지 않는다. 또한 대한민국의 헌법이 장소적·인적으로 어느 범위에서 효력을 가지는가 하는 문제에 대해서도 대한민국영토와 대한민국국민에 대하여 효력을 가진다는 데 대해서는 누구도 이의를 제기하지 않는다는 점에서 문제가 없다고 할 수 있다.

132. 헌법의 적용범위의 개념: 헌법의 형식적 효력범위

그러나 우리나라는 남북이 분단되어 있기 때문에 이 문제는 그렇게 명확하지 않은 것으로 보인다.

第 2 節　國　　民

1. 國民의 概念과 地位

(1) 國民의 概念

국민(국가라는 인적 단체의 구성원으로서)이란 국적, 곧 국가의 구성원이 되는 법적 자격을 가진 모든 사람을 말한다. 국민은 법적 개념이다. 국민은 혈연을 기초로 하는 민족과도 동일하지 않으며, 국가의 구성원이 아닌 사회의 구성원인 인민과도 구별된다. 민족은 인종학적·인류학적 개념이며, 인민은 사회학적 개념이기 때문이다. 역사적으로는 봉건적 사회질서가 해체되고 시민사회가 성립하기 시작한 시기에 국민주의적·자유민주적 사상을 배경으로 혈연공동체인 민족으로

133. 국민의 개념: 국적을 가진 모든 사람

부터 정치적·법적 국민이 구성되었다.[1]

(2) 國民의 地位

134. 국민의 지위: 주권자, 기본권의 주체, 피치자

대한민국의 국적을 가진 자, 곧 대한민국의 국민은 '대인고권'(對人高權, Personalhoheit)의 속성상 비록 외국에서 생활하고 있다고 하더라도 대한민국헌법의 적용을 받는다. 물론 외국의 국적을 가진 자, 곧 외국인과 국적이 없는 자, 곧 무국적자와 이중국적자도 대한민국 영역 내에 있는 한 대한민국헌법의 적용을 받는다. 그러나 그 지위는 국제법과 조약이 정하는 바에 따라 보장될 뿐(헌법 제6조 제2항) 대한민국국민이 주권자로서, 기본권의 주체로서 그리고 피치자로서 누리는 지위에 비하여 포괄적인 것은 아니다.[2]

> **판례** 〈국적법 제2조 제1항 제1호 위헌제청(헌법불합치, 일부각하)〉 "국적은 국민이 되는 자격·신분을 의미하므로 국민이 아닌 자는 외국인(외국국적자, 이중국적자, 무국적자 포함. 이하 같다)이라고 한다. 국민은 항구적 소속원이므로 어느 곳에 있던지 그가 속하는 국가의 통치권에 복종할 의무를 부담하고, 국외에 있을 때에는 예외적으로 거주국의 통치권에 복종하여야 한다."(헌재 2000. 8. 31. 97헌가12 결정)

---

1) H. Heller, *Staatslehre*, S. 178, 183 참조. 독일에서는 Volk, Nation, Staatsvolk라는 서로 혼용되거나 동일시되기도 하는 단어들이 있다. 엄밀하게 이야기한다면 Volk는 민족을, Nation은 사회학적 의미의 국민, 곧 인민을, Staatsvolk는 법적 의미의 국민을 뜻하는 것으로 이해할 수 있다. 그러나 H. Heller, *Staatslehre*, S. 183은 19세기 초만 하더라도 사람들은 Nation을 교양과 소유를 통하여 지배하는 계급, 민족(Volk) 가운데 '더 훌륭한, 생각이 있는 부분'으로 이해하였다고 한다. 그렇다면 현대적 용어로는 결국 Nation이란 사회구성원을 대표하는 계층이란 의미가 될 것이다. 이에 반하여 불어에는 nation과 peuple이라는 개념이 있으며, 보통 nation은 국적 보유자의 총체, 곧 국민으로, peuple은 유권자시민의 총체, 곧 인민으로 사용하고 있다.

2) 과거에는 우리 국민의 경우에도 귀화자인 경우에는 외무공무원은 될 수 없다(외무공무원법 제8조 제2항 제2호)는 제한이 있었다. 그러나 1995년 12월 6일 법률 4987호로 동조항이 개정되어 현재는 그러한 제한이 없다.

우리 국적과 다른 국가의 국적을 가지는 이중국적자(다중국적자 포함)의 경우는 문제가 더 복잡하다. 이중국적자의 경우 한편으로는 우리 국적을 가지고 있다는 점에서 국민과 같은 취급을 하여야 하겠지만, 다른 한편으로는 이중국적자는 (역사공동체로서의 국가의) 구성원(국민)이라는 소속감과 민주주의원리가 요구하는 충성심이 우리 국민에 비하여 차이가 있을 것이기 때문에(J. Kokott, in: M. Sachs, *Grundgesetz – Kommentar*, 4. Aufl, Art. 16 Rdnr. 7 참조) 그런 한에서는 국민과 다른 취급을 하는 것이 불가피할 것으로 생각된다. 예컨대 재외국민 보호와 관련하여 우리 국민과 이중국적자의 경우 같은 취급을 할 수는 없을 것으로 생각된다.

2. 國籍의 取得과 喪失

(1) 國籍法定主義

국적과 관련하여 우리 헌법은 제 2 조 제 1 항에서 "대한민국 국민이 되는 요건은 법률로 정한다"라고 규정함으로써 국적법정주의를 선언하고 있다. 135. 국적법정주의

이에 따라 국적법이 제정되어 있으며 현행 국적법은 단일국적주의를 채택하고 있다. 따라서 대한민국 국적을 취득한 외국인으로서 외국 국적을 가지고 있는 자는 대한민국의 국적을 취득한 날로부터 6월 이내에 그 외국 국적을 포기하여야 한다(동법 제10조 제 1 항). 또한 출생 후 만 20세 전에 대한민국 국적과 외국 국적을 함께 가지게 된 이중국적자는 만 22세 전까지, 만 20세 이후에 이중국적이 된 자는 그때부터 2년 이내에 하나의 국적을 선택하여야 한다(동법 제12조 제 1 항). 다만, 병역법 제 8 조의 규정에 따라 제 1 국민역에 편입된 자는 편입된 때부터 3월 이내에 다음의 어느 하나에 해당하는 때부터 2년 이내에 하나의 국적을 선택하여야 한다(동법 제12조 제 1 항 단서). "1. 현역·상근예비역 또는 보충역으로 복무를 마치거나 마친 것으로 보는 때, 2. 병역면제처분을 받은 때, 3. 제 2 국민역에 편입된 때"(동법 제12조 제 3 항 각호).

판례 〈국적법 제 2 조 제 1 항 제 1 호 위헌제청(일부각하·헌법불합치)〉 "국적은 국가와 구성원간의 법적 유대이고 보호와 복종관계를 뜻하므로 이를 분리하여 생각할 수 없다. 즉 국적은 국가의 생성과 더불어 발생하고 국가의 소멸은 바로 국적의 상실사유인 것이다. 국적은 성문의 법령을 통해서가 아니라 국가의 생성과 더불어 존재하는 것이므로, 헌법의 위임에 따라 국적법이 제정되나 그 내용은 국가의 구성요소인 국민의 범위를 구체화, 현실화하는 헌법사항을 규율하고 있는 것이다."(헌재 2000. 8. 31. 97헌가12 결정)

판례 〈국적법 제12조 제 1 항 단서 위헌소원(합헌)〉 "병역에 관한 헌법 및 병역법조항, 이중국적자의 국적선택제도에 관한 국적법조항 등을 전체적으로 조감하여 보면 위 국적법조항은 이중국적자라 하더라도 대한민국 국민인 이상 병역의무를 이행하여야 한다는 것을 전제로 하고서, 국적선택제도를 통한 병역의무면탈을 차단하려는 데에 그 입법취지가 있다."(헌재 2004. 8. 26. 2003헌마806 결정)

판례 〈입법부작위 등 위헌확인(각하)〉 "'이중국적자의 국적선택권'이라는 개념은 별론으로 하더라도, 일반적으로 외국인인 개인이 특정한 국가의 국적을 선택할 권리가 자연권으로서 또는 우리 헌법상 당연히 인정된다고는 할 수 없다."(헌재

2006. 3. 30. 2003헌마806 결정)

판례 〈국적법 제12조 제1항 등 위헌확인(합헌)〉 "이중국적자의 국적선택의 자유를 제한하고 있는 국적법 제1항 단서 등의 규정은 합헌이다."(헌재 2006. 11. 30. 2005헌마739 결정)

(2) 國籍의 取得方法

136. 국적의 취득방법: 선천적 취득과 후천적 취득

대한민국의 국적을 취득하는 방법에는 선천적 취득과 후천적 취득의 두 가지 방법이 있다.

1) 선천적 취득

137. 국적의 선천적 취득: 원칙 — 속인주의, 예외 — 속지주의

선천적 취득이란 출생과 더불어 국적을 취득하는 것을 말한다. 국적법은 부모의 국적에 따라 출생자의 국적이 정해지는 속인주의(ius sanguinis 부모양계혈통주의)를 원칙으로 하고(법 제2조 제1항 제1호), 출생지에 따라 국적이 정해지는 속지주의(ius soli 토지주의, 출생지주의)를 예외적으로 인정하고 있다. 곧 부모가 분명하지 않거나 부모가 무국적자일 때에는 대한민국에서 출생한 자(법 제2조 제1항 제3호)와 대한민국 내에서 발견된 기아(棄兒)에게는 예외적으로 대한민국 국적이 주어진다(법 제2조 제2항).

판례 〈국적법 제2조 제1항 제1호 위헌제청(일부각하·헌법불합치)〉 "부계혈통주의원칙을 채택한 구법조항은 출생한 당시의 자녀의 국적을 부의 국적에만 맞추고 모의 국적은 단지 보충적인 의미만을 부여하는 차별을 하고 있다. 이렇게 한국인 부와 외국인 모 사이의 자녀와 한국인 모 사이와 외국인 부 사이의 자녀를 차별취급하는 것은, 모가 한국인인 자녀와 그 모에게 불리한 영향을 끼치므로 헌법 제11조 제1항의 남녀평등원칙에 어긋난다. … 구법조항은 자녀의 입장에서 볼 때에도 한국인 모의 자녀를 한국인 부의 자녀에 비교하여 현저하게 차별취급을 하고 있으므로 헌법상의 평등원칙에 위배된다."(헌재 2000. 8. 31. 97헌가12 결정)

2) 후천적 취득

138. 국적의 후천적 취득: 인지, 귀화, 수반취득, 국적회복, 국적재취득

국적의 후천적 취득이란 인지, 귀화, 수반취득, 국적회복, 국적재취득 등 출생 이외의 사실에 의하여 국적을 얻게 되는 것을 말한다. 우리 국적법은 우리 국민인 부 또는 모가 인지한 미성년자는 법무부장관에게 신고함으로써(법 제3조), 일정한 요건을 갖춘 외국인은 법무부 장관의 허가를 얻어 귀화함으로써(법 제4조-제7조), 미성년인 자가 한국국적을 취득한 부(父) 또는 모(母)에 수반하여 국적취득을 신청함으로써(법 제8조) 또는 법무부장관의 허가를 얻어 국적을 회복

함으로써(법 제9조) 대한민국의 국적을 취득할 수 있도록 규정하고 있다.

판례 "법무부장관은 귀화신청인이 법률이 정하는 귀화요건을 갖추었다고 하더라도 귀화를 허가할 것인지 여부에 관하여 재량권을 가진다."(대법원 2010. 7. 15. 2009두19069 판결)

(3) 國籍喪失

국적법은 대한민국국적을 상실하게 되는 여러 가지 경우를 규정하고 있다. 139. 국적상실
즉 대한민국의 국민이 혼인·입양·인지 등으로 인하여 외국국적을 취득한 때(법 제15조), 이중국적자가 법정기간 내에 대한민국 국적을 선택하지 않거나 대한민국의 국적을 이탈한다는 신고를 한 때에는(법 제12조 내지 제14조)에는 대한민국의 국적을 상실한다.

우리 국적을 상실한 자는 우리 국민만이 누릴 수 있는 권리를 국적상실의 날로부터 3년 이내에 우리 국민에게 양도하여야 한다. 이 기간이 지나면 그 권리를 상실한다(법 제18조).[1)]

판례 "대한민국의 국민이 미국의 시민권을 취득하면 구 국적법(1997. 12. 13. 법률 제5431호로 전문 개정되기 전의 것) 제12조 제4호 소정의 '자진하여 외국의 국적을 취득한 자'에 해당하여 우리 나라의 국적을 상실하게 되는 것이지 대한민국과 미국의 '이중국적자'가 되어 구 국적법 제12조 제5호의 규정에 따라 법무부장관의 허가를 얻어 대한민국의 국적을 이탈하여야 비로소 대한민국의 국적을 상실하게 되는 것은 아니라고 할 것이다."(대법원 1999. 12. 24. 99도3354 판결)

또한 국적법은 특정한 요건을 충족시키는 이중국적자에 대하여 국적이탈의 가능성을 병역의무의 이행에 결부시키고 있다(법 제12조 제3항).

판례 〈국적법 제12조 제1항 등 위헌확인(기각, 각하)〉 "가. 국적법 제12조 제1항 단서 및 그에 관한 제14조 제1항 단서는 이중국적자라 하더라도 대한민국 국민인 이상 병역의무를 이행하여야 한다는 것을 원칙적인 전제로 하여, 이중국적자로서 구체적인 병역의무 발생(제1국민역 편입) 시부터 일정기간(3월) 내에 한국 국적을 이탈함으로써 한국의 병역의무를 면하는 것은 허용하되, 위 기간 내에 국적이탈을 하지 않은 이중국적자는 병역문제를 해소하지 않는 한 한국 국적을 이탈하

---

1) 그러나 이에 대하여 과거에는 예외를 인정한 판례도 있었다. 대법원은 한국국적을 상실한 사람이 1년 이내에 토지를 우리 국민에게 양도하지 않았다 하더라도 당연히 그 소유권을 상실하는 것은 아니고, 외국인토지법에 정한 경매가 있을 때에 비로소 그 소유권을 상실한다고 판시한 바 있다(대법원 1970. 12. 22. 68사58 판결).

지 못하게 함으로써 국적선택제도를 통하여 병역의무를 면탈하지 못하게 하려는 데에 그 입법취지가 있다.

나. 현행 법제상 한국 국적의 이탈로 인한 불이익·불편이 병역면탈 의도의 국적이탈을 저지할 만큼 심각하지 않아서 위 조항들과 같은 규제가 없다면 국적선택제도를 이용한 병역 면탈이 보다 용이하게 되어, 첫째, 병역자원의 일정한 손실을 초래하고, 둘째, 이중국적자가 생활의 근거를 한국에 두면서 한국인으로서 누릴 각종 혜택을 누리다가 정작 국민으로서 의무를 다해야 할 때에는 한국 국적을 버리는 기회주의적 행태가 허용되는 결과가 되어 병역부담평등의 원칙이 심각하게 훼손된다.

다. 위 조항들에 의하더라도 국적선택의 자유가 완전히 박탈되는 것이 아니라 부분적인 제한을 받을 뿐이다. 18세가 되어 제1국민역에 편입된 때부터 3월이 지나기 전이라면 자유롭게 국적을 이탈할 수 있고, 그 이후부터 입영의무 등이 해소되는 시점(36세)까지만 국적이탈이 금지되므로 일정한 시기적인 제약을 받을 뿐이며, 제1국민역에 편입된 때부터 3월이 지났더라도 병역의무를 이행하거나 면제받는 등으로 병역문제를 해소한 때에는 역시 자유롭게 국적을 이탈할 수 있다.

라. 주된 생활의 근거를 외국에 두고 있는 이중국적자들의 경우 적극적으로 국적이탈을 함으로써 병역의무를 조기에 해소할 수도 있고, 관련 병역법 규정에 따라 소극적인 방법으로 병역의 문제를 자연스럽게 해결할 수도 있어서, 이들에 대하여 국적선택제한조항의 적용을 명시적으로 배제하는 규정을 두지 않았다 하더라도 그 점만으로 이들의 국적이탈의 자유를 침해하는 것이라 할 수 없다."(헌재 2006. 11. 30. 2005헌마739 결정)

3. 在外國民의 保護

(1) 在外國民의 概念

140. 재외국민의 개념

재외국민이란 외국에서 장기체류하거나 영주하는 한국국적소지자를 말한다(「재외동포의 출입국과 법적 지위에 관한 법률」 제2조 참조).

(2) 在外國民의 保護

141. 재외국민의 보호: 헌법 제2조 제1항

이러한 재외국민의 수가 증가하면서 이들이 체류국에서 불법·부당한 대우를 받거나 권리를 침해당할 경우 그들을 보호하고, 그들의 민족의식을 고취하고 국민으로서의 동질성을 유지하며 조국에 대한 귀속감을 확고하게 할 필요성이 커졌다. 이를 위하여 우리 헌법은 1980년에 헌법에 처음으로 "재외국민은 국가의 보호를 받는다"(제2조 제2항)는 소극적 조항을 두었다. 현행헌법은 "국가는 법률이 정하는 바에 의하여 재외국민을 보호할 의무를 진다"(제 2 조 제 2 항)라고 하여 국가의 적극적 보호의무를 규정하고 있다. 재외국민을 보호할 제 1 차적 책임은 우리의 해외공관이 진다.

판례 〈1980년 「해직공무원의 보상 등에 관한 특별조치법」에 대한 헌법소원(기각)〉 "헌법 제 2 조 제 2 항에서 규정한 재외국민을 보호할 국가의 의무에 의하여 재외국민이 거류국에 있는 동안 받는 보호는 조약 기타 일반적으로 승인된 국제법규와 당해 거류국의 법령에 의하여 누릴 수 있는 모든 분야에서의 정당한 대우를 받도록 거류국과의 관계에서 국가가 하는 외교적 보호와 국외 거주 국민에 대하여 정치적인 고려에서 특별히 법률로써 정하여 베푸는 법률·문화·교육 기타 제반영역에서의 지원을 뜻하는 것이다."(헌재 1993. 12. 23. 89헌마189 결정)[1)]

(3) 在外國民登錄制度

현재 우리나라는 재외국민보호의 실효성을 높이기 위해 재외국민등록제도를 실시하고 있다. 그리고 1999년 9월 2일에는 「재외동포의 출입국과 법적 지위에 관한 법률」이 제정되어 재외국민(대한민국의 국민으로서 외국의 영주권을 취득한 자 또는 영주할 목적으로 외국에 거주하고 있는 자) 외에도 외국국적동포(대한민국의 국적을 보유하였던 자 또는 그 직계비속으로서 외국국적을 취득한 자 중 대통령령이 정하는 자)에게도 보호의 폭을 넓히고 있다. 142. 재외국민등록제도

판례 〈「재외동포의 출입국과 법적 지위에 관한 법률」 제 2 조 제 2 호 위헌확인(헌법불합치)〉 "대한민국 정부수립시점을 기준으로 정부수립 이전에 조국을 떠난 동포를 수립 이후에 떠난 동포와 차별하는 것은 자의적인 입법이어서 헌법 제11조의 평등원칙에 위배된다. … 정부수립 이전에 조국을 떠난 사람들은 일제시대에 독립운동을 하거나 일제의 강제징용·수탈 등을 피해 조국을 떠났던 중국 및 구 소련동포가 대부분인데 이들을 돕지는 못할지언정 오히려 차별을 하는 것은 정당하지 못하다."(헌재 2001. 11. 29. 99헌마494 결정)

---

1) 이 밖에도 미성년자보호협약 미가입과 재외국민보호의무와 관련된 결정례로는 헌재 1998. 5. 28. 97헌마282 결정〈재외국민 보호의무 불이행 위헌확인(각하)〉, 재일한국인 비징용부상자들의 보상에 관한 중재회부 불이행과 재외국민 보호의무와 관련된 결정례로는 헌재 2000. 3. 30. 98헌마206 결정〈중재요청 불이행 위헌확인(각하)〉, 재외국민의 선거권과 관련된 결정례로는 헌재 1998. 1. 28. 97헌마263 등 병합결정〈훈장치탈 의무불이행 위헌확인(각하)〉, 해외거주자의 선거권과 관련된 결정례로는 헌재 1999. 3. 25. 97헌마99 결정〈「공직선거 및 선거부정방지법」 제38조 제 1 항 등 위헌확인(기각, 각하)〉을 참조.

판례 **〈2006년 3월 30일 선고한 2003헌마806 입법부작위 등 위헌확인(각하) 사건에서 조대현 재판관이 제시한 일부 반대의견의 입장〉**: "국적법 제정 시까지 조선인의 국적을 확립하여 법률관계의 귀속을 명백히 하기 위하여 1948. 5. 11. 공포된 남조선과도정부 법률 제11호 국적에 관한 임시조례(이하 '임시조례'라 한다) 제 2 조는 조선인을 부친으로 하여 출생한 자 등은 조선의 국적을 가진다고 규정하였고, 1948. 7. 17. 공포된 제헌 헌법 제100조는 현행법령은 이 헌법에 저촉되지 아니하는 한 효력을 가진다고 규정하였다.

그런데 일제는 대한제국을 강제병합한 후 칙령 제318호로 대한제국을 조선이라 개칭한 점, 일제는 대만인과 사할린인에게는 일본국적법을 적용하면서도 조선인에게는 일본국적법을 적용하지 아니한 점, 일제시대 민적법에 따른 민적이나 조선호적령에 따른 조선호적은 일본의 호적법에 따른 일본호적과 준별되었으며 조선호적과 일본호적 간의 교류는 혼인·이혼·입양·인지 등 특별한 신분변동사유가 있는 경우에만 매우 제한적으로 인정되었던 점, 그리하여 일제시대에는 호적을 기준으로 일본인으로서의 지위를 가진 사람과 조선인으로서의 지위를 가진 사람에 대한 법적 구별이 존재하였던 점, 일제는 1941년부터 3개년 계획으로 만주 거주 재만조선인 취적사업을 실시한 점, 조선호적령은 일제 패망 이후에도 재조선미국육군사령부군정청 법령 제21호에 의하여 효력이 지속된 점, 임시조례 제 5 조는 일본호적을 취득한 혈통상 조선인이 일본호적에서 이탈하면 조선국적을 소급적으로 회복한다는 취지의 규정을 두고 있는 점, 호적의임시조치에관한규정(1948. 4. 1. 남조선과도정부 법령 제179호)에 의하여 38선 이북에 본적을 두고 38선 이남에 거주하는 자에 대해서도 가호적이 편제된 점 등을 종합해 볼 때, 위 임시조례에서 말하는 조선인이란, 일제시대에 조선인으로서의 법적 지위를 가졌던 사람, 즉 조선호적에 등재되었거나 등재될 사람을 의미한다고 할 것이다.

그리고 제헌 헌법 전문이 "유구한 역사와 전통에 빛나는 우리들 대한국민은 3·1운동으로 대한민국을 건립하여 세계에 선포한 위대한 독립정신을 계승하여 이제 민주독립국가를 재건"한다고 밝히고 있고, 1919년 3·1운동을 계기로 수립된 대한민국임시정부의 헌법인 대한민국임시헌법(1919. 9. 11.) 제 1 조는 "대한민국은 대한인민으로 조직함"이라고 규정하고 있고, 대한민국임시헌장(1944. 4. 22.) 제 3 조는 "대한민국의 인민은 원칙상 한국민족으로 함"이라고 규정하고 있는 점에 비추어, 위 임시조례 제 2 조의 내용은 제헌 헌법에 저촉되지 아니한다고 할 것이므로, 1048. 5. 11. 임시조례에 의하여 조선의 국적을 부여받은 조선인 및 그의 후손들은 1948. 7. 17. 제헌 헌법 제 3 조, 제100조에 의하여 대한민국의 국적을 취득하였다고 할 것이다.

그렇다면 최초의 대한민국 국민은 임시조례상의 조선인, 즉 조선호적 입적자 또는 입적대상자라고 할 것이다."

4. 脫北住民의 問題

(1) 判例와 學說

우리나라의 특수한 사정 때문에 북한지역의 주민도 대한민국의 국민에 해당되는지가 문제된다. 대법원은 헌법 제 3 조의 영토조항을 근거로 북한지역도 대한민국의 영토에 속하는 한반도의 일부를 이루는 것이어서 대한민국의 주권이 미치고 북한주민도 대한민국국적을 취득·유지하는 데 아무런 영향이 없는 것으로 해석하고 있다. 그리하여 조선인을 부친으로 출생한 자는 설사 그가 북한법의 규정에 따라 북한국적을 취득하였다고 하더라도, 국적에관한임시조례(1948. 5. 11. 남조선과도정부법률 제11호) 제 2 조 제 1 호에 따라 조선국적을 취득하였다가 1948. 7. 17. 제헌헌법의 공포와 동시에 대한민국국적을 취득하였다고 한다. 헌법재판소도 대법원과 견해를 같이하고 있다.[1] 학설상으로는 탈북주민을 우리 국민으로 보아 북한이탈주민이 우리 영역 내로 들어오는 것을 거주·이전의 자유의 행사로 설명하는 견해가 있다.[2] 143. 탈북주민의 문제에 관한 판례와 학설

판례 "남조선과도정부법률 제11호 국적에관한임시조례 제 2 조 제 1 호는 조선인을 부친으로 하여 출생한 자는 조선의 국적을 가지는 것으로 규정하고 있고, 제헌헌법은 제 3 조에서 대한민국의 국민되는 요건을 법률로써 정한다고 규정하면서 제100조에서 현행 법령은 이 헌법에 저촉되지 아니하는 한 효력을 가진다고 규정하고 있는바, 원고는 조선인인 위 이승호를 부친으로 하여 출생함으로써 위 임시조례의 규정에 따라 조선국적을 취득하였다가 1948. 7. 17. 제헌헌법의 공포와 동시에 대한민국 국적을 취득하였다 할 것이다."(대법원 1996. 11. 12. 96누1221 판결)

(2) 私 見

그러나 개인적으로는 기본권의 주체 여부는 국적의 문제이며, 법적 개념인 국민과 인종학적·인류학적 개념인 민족을 혼동해서는 안 된다고 생각한다. 따라서 국적법 제 2 조 제 1 항 제 1 호와 제 2 호에 규정된 자를 제외하고는 북한이탈주민이 우리 통치영역에 들어오는 것을 입국의 자유의 행사로 설명하기보다는 오히려 정치적 망명권의 행사나 경제적 난민으로 이해하는 것이 타당하리라고 본다. 북한주민이 우리와 같은 민족이라는 점을 고려하여 북한이탈주민을 일정 144. 탈북주민의 문제에 관한 사견: 정치적 망명권의 행사나 경제적 난민으로 이해하는 것이 타당

1) 헌재 2000. 8. 31. 97헌가12 결정〈국적법 제 2 조 제 1 항 제 1 호 위헌제청(헌법불합치, 일부각하)〉.
2) 허영, 한국헌법론, 440쪽.

한 절차를 거쳐 우리의 국민으로 받아들이고 「북한이탈주민의 보호 및 정착지원에 관한 법률」에 의하여 보호하는 것은 이 문제와는 별개의 문제라 할 것이다. 헌법재판소도 이 점을 분명히 하고 있다.

판례 〈국가보안법 제7조에 대한 위헌심판(한정합헌)〉 "자유민주적 기본질서에 입각한 통일을 위하여 때로는 북한을 정치적 실체로 인정함이 불가피하게 된다. 북한집단과 접촉·대화 및 타협하는 과정에서 자유민주적 기본질서에 위해를 주지 않는 범위 내에서 때로는 그들의 주장을 일부 수용하여야 할 경우도 나타날 수 있다. 순수한 동포애의 발휘로서 서로 도와주는 일, 체제문제와 관계없이 협력하는 일은 단일민족으로서의 공감대형성이며, 이는 헌법전문의 평화적 통일의 사명에 입각하여 민족의 단결을 공고히 하는 소위인 것으로서 헌법정신에 합치되는 것일 수도 있다."(헌재 1990. 4. 2. 89헌가113 결정)

또 대법원과 헌법재판소는 우리 헌법이 "대한민국의 영토는 한반도와 부속도서로 한다"는 영토조항(제3조)을 두고 있는 이상 대한민국의 헌법은 북한지역을 포함한 한반도 전체에 그 효력이 미치고 따라서 북한지역은 당연히 대한민국의 영토가 되므로, 북한을 외국으로, 북한주민을 외국인으로 바로 인정하기는 어렵지만, 개별 법률의 적용 내지 준용에 있어서는 남북한의 특수관계적 성격을 고려하여 북한지역을 외국에 준하는 지역으로, 북한주민 등을 외국인에 준하는 지위에 있는 자로 규정할 수도 있음을 인정하고 있다(헌재 2005. 6. 30. 2003헌바114, 판례집 17-1, 879, 891 이하; 대법원 2004. 11. 12. 2004도4044 판결 참조).

第3節 領 域

1. 領域의 槪念

(1) 槪 念

145. 영역의 개념: 국가의 공간적 존립기반

영역이란 국가의 공간적 존립기반을 말한다. 영역은 보통 영토와 영해와 영공으로 구성된다. 국가는 영역 내에서 배타적 권력, 곧 '영토고권'(Gebietshoheit)을 행사한다.

(2) 憲法規定

146. 영역에 대한 헌법규정: 헌법 제3조

우리 헌법은 영역에 관하여 "대한민국의 영토는 한반도와 그 부속도서로 한다"(제3조)고 규정하여 영토에 관하여만 규정하고 있다. 이는 영토를 중심으로 영토에 접속한 일정한 범위의 해역인 영해와 영토와 영해의 수직적 상공인 영공이 결정되기 때문이다.

판례 **〈「대한민국과 일본국 간의 어업에 관한 협정」 비준 등 위헌확인(일부기각, 일부각하)〉** "헌법 제3조의 영토조항은 우리나라의 공간적인 존립기반을 선언하는 것인바, 영토변경은 우리나라의 공간적인 존립기반에 변동을 가져오고, 또한 국가의 법질서에도 변화를 가져옴으로써, 필연적으로 국민의 주관적 기본권에도 영향을 미치지 않을 수 없는 것이다. 이러한 관점에서 살펴본다면, 국민의 개별적 기본권이 아니라 할지라도 기본권보장의 실질화를 위하여서는, 영토조항만을 근거로 하여 독자적으로는 헌법소원을 청구할 수 없다 할지라도, 모든 국가기능의 정당성의 근원인 국민의 기본권 침해에 대한 권리구제를 위하여 그 전제조건으로서 영토에 관한 권리를, 이를테면 영토권이라 구성하여, 이를 헌법소원의 대상인 기본권의 하나로 간주하는 것은 가능한 것으로 판단된다."(헌재 2001. 3. 21. 99헌마139 등 병합결정)

판례 **〈「대한민국과 일본국 간의 어업에 관한 협정」 위헌소원(합헌)〉** "독도 등을 중간수역으로 정한 '대한민국과 일본국 간의 어업에 관한 협정' 제9조 제1항 등의 조항이 헌법상 영토조항을 위반하였다고 할 수 없다."(헌재 2009. 2. 26. 2007헌바35 결정)

(3) 領海와 領空

한 나라의 영역은 영토를 중심으로 다른 나라의 영토와의 경계인 국경에 의하여 구획된다. 영역의 확정과 관련하여 문제는 오늘날 영해를 어느 선에서 결정하느냐 하는 것이다. 우리나라는 「영해 및 접속수역법」에 따라 영해기선으로부터 측정하여 그 외측 12해리까지의 해양을 영해로 하고(법 제1조),[1] 영해기선으로부터 24해리 이내 영역에 접속수역을 설정하여 관세·출입국관리·위생에 관한 법규위반행위를 단속하고 있다(법 제3조의2: 해양법에 관한 국제연합협약). 또 UN 해양법협약 제76조 제1항에 따라 우리 연안으로부터 수심 200m까지의 해저대륙붕에서 천연자원을 개발할 수 있는 권리를 가진다. 영공은 영토와 영해의 수직상공 중 지배가능한 상공에 한정된다고 보는 것이 지배적 학설의 입장이다. 147. 영해와 영공

영해와 영공에 대한 국가권력의 행사는 우리의 영토고권의 본질이 침해되지 않는 한 국제법상의 호혜(상호)주의의 원칙에 따라 무해항해권, 무해항공권, 우주개발권 등에 의하여 제한받기도 한다.

---

1) 「영해 및 접속수역법 시행령」은 대한해협의 경우 잠정적으로 3해리까지를 우리 영해로 규정하고 있다.

2. 領域의 變更

148. 영역의 변경

우리 헌법은 영역의 변경에 대한 규정을 두고 있지 않다. 그러나 영역은 국제조약, 자연현상 또는 사실행위에 의하여 변경될 수 있다. 다만 우리 헌법은 침략적 전쟁을 부인하고 있기 때문에(제5조 제1항) 무력전쟁에 의한 영역의 변경은 금지된다.[1] 또한 조약에 의한 영역의 변경도 국적의 변경을 가져올 뿐만 아니라 그 영역에 적용되는 법체계에 영향을 미치기 때문에 헌법개정을 전제로 해서만 가능할 것이다.[2]

3. 北韓地域

(1) 判例의 立場

149. 북한지역에 대한 판례의 입장: 1. 헌법재판소 — 대한민국은 한반도 내의 유일합법정부이다; 2. 대법원 — 북한은 국가보안법상의 반국가단체이다

"대한민국의 영토는 한반도와 부속도서로 한다"(제3조)는 우리 헌법의 규정에도 불구하고 북한지역에는 '조선민주주의 인민공화국'이 사실상 통치하고 있어 우리 헌법은 북한지역에는 적용되지 못하고 있다.

과거에는 북한지역과 관련하여 이른바 대한민국의 영역은 구한말시대의 국가영역을 근거로 한다는 구한말영토승계론, 휴전선이북지역은 인민공화국이 불법으로 점령한 미수복지역이라는 미수복지역론, 한반도에서의 유일한 합법정부는 대한민국이라는 유일합법정부론 등이 주장되었다.

그러나 1970년대 이후 '평화통일을 위한 남북공동성명'(1972. 7. 4.), 1973년의 '6·23 선언', 1988년의 한민족공동체통일방안에 기초한 '7·7 특별선언', 「남북교류협력에 관한 법률」 제정(1990. 8. 1.)을 거쳐 1991년 9월에는 남·북한이 국제연합에 공동가입하였으며, 1991년 12월에는 '남북 사이의 화해와 교류협력에 관한 합의서'가 채택되었다.[3] 그럼에도 불구하고 헌법재판소는 유일합법정부론의

---

1) 허영, 한국헌법론, 181쪽.

2) 허영, 한국헌법론, 181쪽.

3) 남북합의서의 법적 성격에 대하여 헌법재판소는 "남북합의서는 남북관계를 '나라와 나라 사이의 관계가 아닌 통일을 지향하는 과정에서 잠정적으로 형성되는 특수관계'임을 전제로 하여 이루어진 합의문서인바, 이는 한민족공동체 내부의 특수관계를 바탕으로 한 당국간의 합의로서 남북당국의 성의 있는 이행을 상호 약속하는 일종의 공동성명 또는 신사협정에 준하는 성격을 가짐에 불과"하다고 판시하였고(헌재 1997. 1. 16. 92헌바6 등 병합결정), 대법원도 "남북합의서는 … 남북한 당국이 각기 정치적인 책임을 지고 상호간에 그 성의 있는 이행을 약속한 것이기는 하나 법적 구속력이 있는 것은 아니어서 이를 국가간의 조약 또는 이에 준하는 것으로 볼 수 없고, 따라서 국내법과 동일한 효력이 있는

입장을 고수하고 있으며,[1] 대법원도 북한을 국가보안법상의 반국가단체로 보고 있다.[2]

판례 〈「남북교류 협력에 관한 법률」 제 9 조 제 3 항 위헌소원(합헌)〉 "이 법은 기본적으로 북한을 평화적 통일을 위한 대화와 협력의 '동반자'로 인정하면서 남북대결을 지양하고, 자유왕래를 위한 문호개방의 단계로 나아가기 위하여 종전에 원칙적으로 금지되었던 대북한 접촉을 허용하며, 이를 법률적으로 지원하기 위하여 제정된 것으로서, 그 입법목적은 평화적 통일을 지향하는 헌법의 제반규정에 부합하는 것이다."(헌재 2000. 7. 20. 98헌바63 결정)

판례 "북한이 여전히 우리나라와 대치하면서 우리나라의 자유민주주의 체제를 전복하고자 하는 적화통일노선을 완전히 포기하였다는 명백한 징후를 보이지 않고 있고, 그들 내부에 뚜렷한 민주적 변화도 보이지 않고 있는 이상, 북한은 조국의 평화적 통일을 위한 대화와 협력의 동반자임과 동시에 적화통일노선을 고수하면서 우리의 자유민주주의 체제를 전복하고자 획책하는 반국가단체라는 성격도 아울러 가지고 있다고 보아야 하고, 남북 사이에 정상회담이 개최되고 남·북한 사이의 교류와 협력이 이루어지고 있다고 하여 바로 북한의 반국가단체성이 소멸하였다거나 대한민국의 안전을 위태롭게 하는 반국가활동을 규제함으로써 국가의 안전과 국민의 생존 및 자유를 확보함을 목적으로 하는 국가보안법의 규범력이 상실되었다고 볼 수는 없다는 것이 대법원의 확립된 견해이다."(대법원 2004. 8. 30. 2004도3212 판결)

판례 〈구 외국환거래법 제27조 제 1 항 제 8 호 등 위헌소원(합헌)〉 "우리 헌법이 "대한민국의 영토는 한반도와 그 부속도서로 한다"는 영토조항(제 3 조)을 두고 있는 이상 대한민국의 헌법은 북한지역을 포함한 한반도 전체에 그 효력이 미치고 따라서 북한지역은 당연히 대한민국의 영토가 되므로, 북한을 법 소정의 "외국"으로, 북한의 주민 또는 법인 등을 "비거주자"로 바로 인정하기는 어렵지만, 개별 법률의 적용 내지 준용에 있어서는 남북한의 특수관계적 성격을 고려하여 북한지역을 외국에 준하는 지역으로, 북한주민 등을 외국인에 준하는 지위에 있는 자로 규정할 수 있다고 할 것이다(대법원 2004. 11. 12. 2004도4044 판결 참조)."(헌재 2005. 6. 30. 2003헌바114 결정)

것도 아니다"고 판시하여(대법원 1999. 7. 23. 98두14525 판결), 남북합의서가 법률이 아님은 물론 국내법과 동일한 효력이 있는 조약이나 이에 준하는 것으로 볼 수 없다는 것을 명백히 하였다.

1) 헌재 1990. 4. 2. 89헌가113 결정〈국가보안법 제 7 조에 대한 위헌심판(한정합헌)〉.

2) 대법원 1992. 7. 24. 92도1148 판결.

(2) 學 說

150. 북한지역에 대한 학설의 입장: 1. 제1설 — 헌법의 문언상 대한민국의 영토이다; 2. 제2설 — 사정이 변화했기 때문에 대한민국의 영토를 휴전선 이남의 지역으로 보아야 한다

이에 대하여 학설의 입장은 크게 둘로 나누어져 있다. 하나의 입장은 대체적으로 판례에 동조하면서 헌법의 문언에 충실하려는 입장이다. 대한민국의 통치권은 실제로 휴전선남방지역에서만 행사되고 있음에도 불구하고 우리 헌법 제3조의 문언상 휴전선북방지역도 대한민국의 영토일 수밖에 없다는 입장이[1] 그것이다.

다른 입장은 변화된 사실을 중시하여 대한민국의 영토를 휴전선 이남의 지역으로 보아야 한다고 한다. 1991년의 남·북한 동시 유엔가입과 1992년의 이른바 '남·북기본합의서' 발효는 북한지역의 통치질서를 사실상 인정하는 결과가 되었으므로 이제는 북한을 하나의 실제적인 통치집단으로 인정하고, 북한지역까지를 대한민국의 영토로 보려는 경직되고 비현실적인 냉전시대의 사고에서 하루속히 탈피하여야 한다는 견해와,[2] 냉전논리에 바탕을 둔 유일합법정부론은 평화적 통일조항과 모순되며, 이러한 모순은 구법에 대한 신법우선의 원칙과 비현실에 대한 현실우선의 원칙에 따라 해결되어야 하므로 북한지역은 사실상 북한의 영토라고 보는 견해[3]가 그것이다.

(3) 學說에 대한 檢討

151. 북한지역에 관한 학설에 대한 검토: 1. 영토조항의 문언에 충실한 해석은 현실성이 없다;

제3조 영토조항의 문언에 충실한 해석은 평화적 통일에 관한 조항을 분단의 현실, 곧 북한의 실체를 인정하고 통일의 방법을 평화적으로 달성한다는 것을 의미할 뿐이며, 영토조항과 통일조항의 관계는 일반법과 특별법의 관계에 따

1) 계희열, 헌법학(상), 163쪽; 김철수, 헌법학개론, 113쪽.

2) 허영, 한국헌법론, 181·182쪽.

3) 이는 권영성, 헌법학원론, 법문사, 1997, 122쪽이 취했던 입장이다. 그러나 현재 권영성, 헌법학원론, 126쪽은 "우리 헌법재판소는 최근의 결정에서 「현 단계에 있어서의 북한은 조국의 평화적 통일을 위한 대화와 협력의 동반자임과 동시에 대남적화노선을 고수하면서 우리 자유민주주의 체제의 전복을 획책하고 있는 반국가단체라는 성격도 함께 갖고 있음이 엄연한 현실인 점에 비추어, 남북교류협력에관한법률 등이 공포·시행되었다 하여 국가보안법의 필요성이 소멸되었다거나 북한의 반국가단체성이 소멸되었다고는 할 수 없다」라고 판시함으로써(헌재 1997. 1. 16. 92헌바6 등 병합결정), 「북한정권의 2중적 성격론」을 전개하고 있다. 이와 같은 북한정권의 2중적 성격론은 영토조항을 근거로 하여 북한을 반국가단체로 규정하면서도, 평화통일조항을 근거로 하여 북한을 대외적 협력의 동반자로도 규정하고 있다는 점에서, 양 조화의 규범조화적 해석을 시도한 견해라고 할 수 있다"고 하여 더 이상 이 입장을 취하지 않는다. 그러나 왜 견해를 바꾸었는지에 대해서는 언급이 없다.

라 통일조항이 우선하는 것으로 해석하고 있다.[1] 이러한 해석은 우선 현실적인 측면에서 문제가 있다. 북한의 실체를 인정하면서 평화통일을 실현하는 것은 북한이 자진해서 백기를 들고 대한민국의 통치권 아래 들어오는 경우에나 가능할 것이다. 그러나 그것은 현실성이 희박한 희망사항에 지나지 않을 것이다.

2. 영토조항과 통일조항을 신법과 구법의 관계로 볼 수 없다

다음으로, 법이론적으로 영토조항과 통일조항을 일반법과 특별법의 관계로 볼 수 있겠느냐 하는 점이다. 일반법과 특별법은 인(人)과 사항과 장소를 표준으로 법을 구별하는 것인데, 영토와 통일은 이러한 표준을 가지고 일반-특수를 나눌 수가 없다. 또 통일조항이 영토조항에 대하여 특별법이라 하더라도 우리 영토는 휴전선 이남일 수밖에 없다. 왜냐하면 통일은 분단을 전제로 한 개념이기 때문이다.

그리고 남·북간의 변화된 현실에 맞추어 대한민국의 영토를 휴전선 이남의 지역에 한정시키려는 해석도 문제가 없는 것은 아니다. 특히 이 생각이 영토조항과 통일조항의 문제를 구법과 신법의 관계로 보고 신법우선의 원칙에 따라 구법인 제 3 조의 영토조항은 신법인 제 4 조의 통일조항에 따라 극복된 것으로 보려고 하는 경우[2] 문제는 심각해진다. 만일 이러한 생각이 전체 헌법규정 사이에 적용되는 경우 굳이 예를 들 필요도 없이 커다란 혼란을 가져올 것이다. 이 생각이 이러한 신법-구법의 구별을 영토조항과 통일조항에만 한정시킨 것이라 하더라도 그러한 한정에 대한 설득력 있는 논거가 우선되어야 할 것이다.

(4) 私 見

152. 북한지역에 대한 사견: 1. 우리 헌법상의 영토조항은 궁극적으로는 개정을 통하여 현실에 맞도록 수정되어야 한다; 2. 그러나 그때까지는 현행헌법의 영토조항을 통일대한민국의 영토를 선언한 것으로 해석하는 것이 합리적일 것이다

변화된 현실은 변화된 해석을 요구한다. 변화된 현실을 해석으로 해결하는 것이 가능하다면 그것은 헌법해석의 문제이고, 해석으로는 도저히 불가능하다면 그것은 헌법정책의 문제가 될 것이다. 변화된 현실을 고려하여 휴전선 이남의 지역만을 대한민국의 영역으로 보려는 해석은 헌법의 명문규정에 반하며, 헌법 문언에 충실하여 사실상 규범력을 상실한 조항에 억지로 규범력을 부여하려는 해석은 현실에 반한다. 따라서 우리 헌법상의 영토조항은 궁극적으로는 개정을 통하여 현실에 맞도록 수정되어야 할 것이다.[3]

---

1) 계희열, 헌법학(상), 166쪽.
2) 이 견해는 권영성, 헌법학원론, 1997, 법문사, 122쪽이 취한 입장이었으나, 더 이상 주장되지 않고 있다. 이 문제에 대해서도 왜 견해를 바꾸었는지에 대하여 전혀 언급이 없다.
3) 이 문제에 대하여 통독 전의 서독기본법 제23조의 규정, 곧 기본법의 적용범위를 서독지역에만 한정하고 그 밖의 지역은 서독에 편입될 때 적용되도록 한 규정이 커다란 참고가 될 것이다. 이 조문은 1990년 10월 3일 구 동독의 독일연방공화국에의 가입으로 폐지되

문제는 개정시까지 우리 헌법의 영토조항을 어떻게 해석하는 것이 논리적이며 현실에 적합한 것인가 하는 것이다. 그리고 그러한 해석은 영토조항과 통일조항 사이의 관계를 조화롭게 결합시킬 수 있는 것이어야 함은 물론이다. 이렇게 생각할 때 우리 헌법의 영토조항은 통일대한민국의 영토를 선언한 것으로 해석하는 것이 바람직하다. 곧 헌법 제3조의 영토조항은 대한민국의 영토가 구대한제국의 영토를 기초로 하여 확정되었을 뿐만 아니라 대한민국이 이 지역에서 대한제국과 상해임시정부를 계승한 단 하나의 정통성을 가진 국가로서 이 지역을 평화적으로 통일할 사명을 가지며, 통일대한민국은 한반도 이외의 지역에 대해서는 더 이상의 영토적 야심이 없다는 것을 국제적으로, 특히 한반도 주변국가에 천명하는 의미를 갖는다. 이렇게 해석한다면 영토조항과 통일조항 사이의 모순은 저절로 해결될 것이다. 곧 양 조항은 대한민국이 자유민주적 기본질서에 입각한 평화적 통일정책을 수립하여 추진한 결과(제4조) 성립될 통일대한민국의 영토는 한반도와 그 부속도서로 한다(제3조)고 조화롭게 해석될 수 있다.[1]

고, 지금은 그 자리에 '유럽연합'(Europäische Union)이 규정되어 있다.

1) 이와 비슷한 생각으로는 "현재의 남북관계의 법적 상황에서 볼 때 우리 헌법의 영토조항이 법적 의제(Fiktion)가 아니라면, 그것은 1948년 수립된 한국의 영토가 아니라 앞으로 통일될 한민족 전체국가의 영토를 규정하고 있는 것으로 보는 것이 현재 주어진 상황에 적합하고, 통일이라는 정치적 목표에 가장 일치하는 해석이 될 것이다."라고 하는 이승우, '국가보안법의 헌법적 조명', 인권과 정의(1995. 5.), 54쪽 및 (비록 국제법적 고찰이긴 하지만) "… 객관적이고 법적인 관점에서 볼 때 한반도에는 1948년 이래 행하여진 정치적 발전에 따라 헌법, 사회질서 및 민주주의적 정통성의 양태가 대립된 2개의 국가와 이와 함께 2개의 국적이 성립하였다. 즉 한국과 북한이 그것이다(475쪽). … 한국의 국가권력은 헌법 제3조의 영토조항에도 불구하고 실제에 있어서 한국의 관할, 영토고권 및 통치권은 남한지역에 한정되었다(한국은 정부수립 이래 한반도 전역에 대하여 통치권을 행사한 적이 없었고, 국제법적으로 한국의 영토가 한반도 전체라고 인정된 바가 없다). 따라서 이미 오래전부터 국제사회에서 한국의 영토는 남한을 가리키는 것으로 인식되어 왔다. 이 영역에 대해서만 한국은 통치권을 행사하고 이 범위 내에서 그의 권한은 국제법적으로 인정된다. 그러므로 남한만이 법적·논리적으로 한국에 대하여 내국으로 간주될 수 있다. 한반도 전체를 영토로 한 국가조직인 대한제국이 국가로서 소멸한 이후 법학적으로 보아 한반도가 한국의 국가영토로서는 더 이상 존재하지 않는다(476쪽). … 북한은 국가로서 국제사회에서 일반적으로 법적 승인을 받고 있으므로 국제법상 한반도에는 한국과 북한이 상호 동등한 주권국가로서 공존하고 있다. 한국이 북한을 법적으로 승인하지 않았다 하더라도 북한주민은 그들에게 국적을 부여한 권력체제에 속하므로 일응 북한의 국적을 갖는 외국인으로서 지위를 갖는다고 보지 않을 수 없다. 그러므로 영토조항은 국적과 관련하여 북한주민에게 당연히 한국국적을 취득케 하는 근거가 될 수 없고 단지 한국국적의 취득의 문호가 개방되어 있음을 의미한다(479, 480쪽). … 나아가 다른 국가의 주민에게 귀화 또는 체류에 있어서 특별한 지위를 인정하는 것은 국제법에 저촉하지 않으

며 북한에 대한 주권평등의 원칙을 침해하지 않는다."(480쪽)라고 하는 나인균, '한국헌법의 영토조항과 국적문제', 헌법논총 제 5 집(1994), 451쪽 이하가 있다. 더 나아가서 다음과 같은 한수웅, 헌법학의 표현도 저자와 비슷한 취지로 이해된다. "영토조항은 영토를 통하여 표현된 통일과제조항이다. 즉, 영토조항은 영토의 형식으로 통일의 과제를 제시하고 있다. 헌법이 대한민국의 국가권력이 실제로 미치는 범위로 영토를 제한하지 아니하고 북한지역까지 영토의 범위를 확장한 것은, 통일에 대한 염원과 의지를 선언적으로 확인하면서 장래에 북한지역까지 영토의 범위를 확장한 것은, 통일에 대한 염원과 의지를 선언적으로 확인하면서 장래에 북한지역까지 대한민국의 국가권력이 미치도록 노력해야 할 통일의 목표와 과제를 부과한 것이다. 이러한 의미에서 영토조항은 오늘의 현실을 규율하고 확정하는 조항이 아니라 미래를 향하여 존재하고 실현되는 조항이다. 이러한 의미의 영토조항은 제 4 조의 통일과제조항과 밀접한 연관관계에 있으면서, 통일과제조항에 의하여 지지되고 있다(96쪽). … 영토조항을 영토의 형식을 빌려 국가에게 평화통일의 과제를 부과하고 있는 통일목표조항으로 이해한다면, 영토조항과 평화통일조항은 상호 충돌하는 것이 아니라 상호 보완하는 것이다. 영토조항을 이와 같이 이해한다면, 영토조항이 평화통일조항과 조화를 이루기 위하여 개정되어야 할 필요도 없고, 나아가 평화통일정책의 걸림돌이 되는 것도 아니다(97쪽)."

이에 대하여 이준일, 헌법학강의, 117쪽은 영토조항에 대한 합리적인 해석의 노력은 여전히 요청된다고 하면서 "예를 들어 상당히 문제가 있어 보이기는 하지만 영토조항을 통일 이후의 영토에 대한 선언으로 보려는 해석(홍성방)도 그러한 노력의 하나로 볼 수 있다"고 한다. 저자로서는 저자가 문제점을 시정할 수 있도록 저자의 해석이 어떤 점에서 상당히 문제가 있는지 까지를 이러한 논평이 지적해주었다면 더욱 좋았을 것이라고 생각한다.

그런가 하면 영토조항(제 3 조)과 통일조항(제 4 조)의 관계를 조화롭게 해석하는 방법이 모색되어야 한다고 하면서 그 전제로서 남북한 관계의 특수성(현재로서는 분단되어 있지만, 통일을 지향하고 있는 특수한 상황)을 인식하여 헌법 제 3 조는 남북한의 대내적 관계(대내적으로는 대한민국의 국내법상 북한은 독립된 주권국가가 아니라 불법집단이다), 헌법 제 4 조는 남북한의 대외적 관계(대외적으로 북한이 국제법주체로 활동하고 있다는 현실을 부정할 수 없기 때문에 적어도 대외적으로는 북한의 실체를 인정하여야 한다)를 규율하는 것으로 해석하여 각기 적용영역이 구별되는 것으로 보는 것이 합리적인 해석이라는 견해도 있다(장영수, 헌법학, 123쪽). 그러나 이러한 견해는 국민, 영토, 주권이 국가의 구성요소라는 국제법적인 통설의 입장에서 볼 때 헌법의 조항을 어떤 것은 규범을 토대로, 어떤 것은 현실을 토대로 판단하는 것이 허용되겠는가라는 의문에 적절한 대답을 하기 어려울 것으로 생각한다.

그런가 하면 성낙인, 헌법학, 2014, 303쪽은 다른 논문(심경수, "영토조항의 통일지향적 의미와 가치", 헌법학연구 7－2, 131－168쪽)을 참조하여 영토는 한반도 전체이지만 대한민국의 실질적 통치권이 한반도 전역에 미치도록 하기 위한 수단으로 무력이 아닌 평화적 방법을 추구하고 있다고 이해하는 것이 평화통일조항과 영토조항을 조화롭게 해석하는 길이라 한다.

도회근, "헌법 제 3 조(영토조항)의 해석", 권영성 교수 정년기념 논문집, 1999: "영토조항은 미래지향적 규정으로서 한반도 전체를 영토로 한 국가형성이라는 미래에 달성하여야 할 목표를 제시하고 있는 미래지향적·미완성적 성격을 가진 조항이며, 평화통일조항은 영토조항이 제시하고 있는 목표를 달성하기 위하여 현재 국가가 취해야 할 절차·방법·내용을 규정하고 있는 현실적·구체적 성격을 가진 조항이다."

이처럼 대부분의 견해가 영토조항과 통일조항의 모순 내지 충돌됨을 인정하면서 그 조화로운 해석을 시도하고 있음에 반하여, 영토조항은 '법규범적인 성질을 가지는 것'(de juris)이고, 통일조항은 '사실적인 성질을 가지는 것'(de facto)이기 때문에 양자 사이에는 서로 충돌이 발생하지 않으며, 그러한 한에서 영토조항과 통일조항 사이에 충돌이 발생한다는 견해를 사이비문제제기로 보는 견해도 있다(정종섭, 헌법학원론, 박영사, 2015, 115, 258·259쪽). 그러나 이러한 견해가 "통일은 헌법 제4조에 의하여 이루어지는 것이 아니라 현실의 사회상황에 의하여 이루어지거나 이루어지지 않는 것이므로 통일은 사실에 의하여 지배된다"는 논거로 헌법 제4조 통일조항을 법규범적인 성질을 가지는 것이 아니라 사실적인 성질을 가지는 것이라고 하는 것은 문제가 있다. 왜냐하면 헌법의 제정(또는 개정)과 더불어 헌법에 규정된 모든 내용은 (헌법) 규범의 내용을 이루는 것이기 때문에, 영토는 법규범적인 성질을 가지는 것이고 통일은 사실적인 성질을 가지는 것이라고 할 수는 없고, 양자를 모두 법규범적인 성질을 가지는 것이라고 하여야 할 것이기 때문이다. 그러한 한에서 통일조항을 법규범적인 성질을 가지는 것이 아니라 사실적인 성질을 가지는 것이라는 견해는 법학의 과제를 오인 내지 해태하고 있다고 할 것이다. 더 나아가서 이러한 견해가 헌법 전반에 확산·적용될 경우 그 결과는 헌법에 규정된 모든 내용이 헌법규정에 의하여 이루어지는 것이 아니라 현실의 사회상황에 의하여 이루어지거나 이루어지지 않는 것이라는 해석을 가능하게 하여 규범적 헌법의 해체로 이어질 수도 있을 것이다.

第 5 章　憲法의 守護

第 1 節　憲法守護槪觀

1. 憲法守護의 槪念

153. 헌법수호의 개념: 헌법에 규정된 특정한 국가형태를 보호하는 것

'헌법의 수호'(Verfassungsschutz)란 헌법(성문헌법과 불문헌법을 포함)에 규정된 특정한 국가형태를 보호하는 것을 말한다. 헌법수호의 대상은 헌법에 의하여 질서지어지고 헌법을 지향하는 국가공동생활의 법적·사실적 기초, 곧 헌법질서이다. 따라서 헌법의 수호는 국가의 법적·사실적 존립 자체를 내외의 공격으로부터 보호하는 것을 목적으로 하는 국가의 수호와는 구별된다.[1)]

헌법재판소는 헌법수호의 보호법익을 자유민주적 기본질서와 시장경제원리

1) 동지: 한수웅, 헌법학, 56쪽; 장영수, 헌법학, 391쪽. 그러면서도 이들은 헌법수호(또는 헌법의 보장·보호)란 제목 하에 국가긴급권을 다루고 있다.
그러나 다수의 국내학자들은 헌법수호를 국가수호를 포함하는 광의의 개념으로 이해하고 있다. 김철수, 헌법학개론, 1241쪽 이하는 헌법의 보장이란 제목하에 헌법의 존속을 확보하는 것을 헌법보장(협의의 헌법 자체의 효력보장과 광의의 국가보장을 포함하는 개념)으로 이해하고, 우리 헌법의 헌법보장제도로서 위헌법률심판, 탄핵제도, 위헌정당해산제도, 국가긴급권 및 저항권을 들고 있다. 권영성, 헌법학원론, 64쪽 이하는 헌법의 수호라는 제목하에 헌법의 수호를 "헌법의 핵심적 내용이나 규범력이 헌법에 대한 침해로 말미암아 변질되거나 훼손되지 아니하도록 헌법에 대한 침해행위를 사전에 예방하거나 사후에 배제하는 것을 말한다. 이에 대하여 국가의 수호는 국가의 존립과 안전 그 자체를 수호의 대상으로 하기 때문에 주로 외침에 대한 방어를 그 내용으로 한다. 그러나 양자는 서로 밀접불가분한 관계에 있기 때문에 넓은 의미의 헌법수호에는 민주국가의 존립과 안전의 보장도 포함된다고 할 수 있다"고 하면서, 헌법수호제도를 평상적 헌법수호제도(사전예방적 헌법수호제도, 사후교정적 헌법수호제도)와 비상적 헌법수호제도(국가긴급권, 저항권)로 나누고 있다. 또 허영, 한국헌법론, 82쪽 이하는 헌법의 보호라는 제목하에 "헌법의 보호란 헌법이 확립해 놓은 헌정생활의 법적·정치적 기초가 흔들리거나 무너지는 것을 막음으로써 헌법적 가치질서를 지키는 것"으로 이해하고, 헌법보호의 수단을 하향식 헌법침해에 대한 보호수단(헌법개정권력에 대한 헌법의 보호, 기타 국가권력에 대한 헌법의 보호, 저항권)과 상향식헌법침해에 대한 보호수단(헌법내재적 보호수단, 헌법외적 보호수단)으로 나누고, 그것에 국가비상사태와 헌법의 보호라는 항목을 더하고 있다.

로 보고 있다.

판례 **〈「제주 4·3사건 진상규명 및 희생자 명예회복에 관한 특별법」 의결행위 취소 등(각하)〉** "우리 헌법은 폭력적·자의적인 지배, 즉 일인 내지 일당독재를 지지하거나, 국민들의 기본적 인권을 말살하는 어떠한 지배원리도 용인하지 않는다. 형식적으로는 권력분립·의회제도·복수정당제도·선거제도를 유지하면서 실질적으로는 권력집중을 획책하여 비판과 견제기능을 무력화하고, 자유·비밀선거의 외형만을 갖춰 구성된 일당독재를 통하여 의회제도를 형해화하거나, 또는 헌법상 보장된 기본권을 인정하지 아니함으로써 사유재산 및 시장경제질서를 부정하고 공산주의를 신봉하는 정당이나 집단은 우리 헌법의 이념과 배치되고, 이러한 이념을 추구한 정당 또는 단체와 그 구성원들의 활동도 헌법과 법률에 의하여 보호되지 아니한다고 할 것이다. 결국 우리 국민들의 정치적 결단인 자유민주적 기본질서 및 시장경제원리에 대한 깊은 신념과 준엄한 원칙은 현재뿐 아니라 과거와 미래를 통틀어 일관되게 우리 헌법을 관류하는 지배원리로서 모든 법령의 해석기준이 되므로 이 법의 해석 및 적용도 이러한 틀 안에서 이루어져야 할 것이다."(헌재 2001. 9. 27. 2000헌마238 등 병합결정)

2. 憲法의 守護者

(1) 憲法의 守護者論爭

1) 의 미

154. 헌법의 수호자 논쟁의 의미

한 나라의 법질서는 헌법을 정점으로 하여 그 밑에 법률, 명령, 규칙, 지방자치법규의 순으로 상하의 위계질서를 이루고 있다. 법질서 전체의 체계는 이러한 위계질서를 중심으로 헌법규범 이하의 규범들이 헌법에 합치한다는 전제하에서 통일된 질서를 이루고 있다. 곧 헌법규범 이하의 규범들은 헌법에 합치됨으로써 그 효력과 정당성을 인정받는다. 그렇다면 헌법은 누가 그 정당성을 담보하는가? 달리 표현한다면 누가 헌법의 수호자인가?

2) 영국왕정복고기의 헌법수호

155. 영국왕정복고기의 헌법수호: 공화정적 헌법질서를 지키는 것이 헌법수호의 목적

헌법의 수호자문제는 헌법의 위기적 상황에서는 언제나 제기되는[1] 그 자체가 커다란 문제이다. 근대헌법사에서 헌법수호가 문제된 것은 영국의 크롬웰 *Oliver Cromwell*의 공화정 시대로 알려져 있다. 곧, 1658년 크롬웰이 사망하자

1) C. Schmit, *Der Hüter der Verfassung*, 1. Aufl.(1931)(김효전 역, 칼 슈미트-한스 켈젠, 헌법의 수호자 논쟁, 교육과학사, 1991).

스튜어트왕가가 부활하면서 공화정은 붕괴하였고, 이러한 왕정복고로부터 공화정적 정치질서를 유지하는 것이 헌법수호의 목적이었다. 이러한 생각은 프랑스의 시이예스에 의하여 프랑스혁명헌법의 이념으로 나타났다.

3) 비스마르크의 흠결설

156. 비스마르크의 흠결설

예산과 관련하여 1850년의 프로이센헌법은 국왕과 상·하원의 동의를 필요로 하는 예산법률의 형태를 규정하였다. 그러나 1862년 비스마르크 *Otto v. Bismarck*의 군비확장을 위한 예산안이 하원에서 부결되는 바람에 1862-1866년에 하원의 동의없이 상원의 의결만을 거쳐 예산을 집행하는 사태가 벌어졌다. 이것이 독일헌법사에서 유명한 프로이센의 '헌법분쟁'(der preußische Verfassungsstreit)이다. 이러한 사태를 합리화시키기 위한 것이 비스마르크의 이른바 '흠결설'(Lückentheorie)이었다. 그에 따르면 정부가 제출한 예산안에 대하여 의회가 이를 부결시킬 경우 어떤 조치를 취할 것인가에 대한 명문규정이 헌법에 없는 이상 국왕은 의회의 동의없이도 지출권한을 가진다고 해석되며, 국왕의 이와 같은 권한은 초기입헌정치의 이론에 전적으로 타당하다는 것이다. 왜냐하면 국왕이야 말로 이른바 '대권'(pouvoir royal)의 보유자로서 실질적으로 정치권력의 담당자이며 이 대권이야말로 '제 4 의 권력'(die vierte Gewalt)이기 때문이라는 것이다.

4) 바이마르시대의 헌법수호자 논쟁

157. 바이마르시대의 헌법수호자논쟁: 켈젠 — 국사재판소가 헌법의 수호자; 슈미트 — 국민에 의하여 직선되고 국가긴급권을 보유하는 대통령만이 헌법의 수호자로서 최적의 위치에 있다

바이마르헌법하에서는 바이마르헌법 제48조의 국가긴급권규정을 둘러싸고 켈젠 *Hans Kelsen*과 트리펠 *Heinrich Triepel*, 슈미트와 켈젠 사이에 누가 헌법의 수호자인가에 대하여 논쟁이 있었다.

켈젠은 그의 순수법학에 입각한 법단계설의 입장에서 '헌법보장이란 위헌법률을 저지하기 위한 수단'으로 본다. 그는 헌법보장유형을 사전적·예방적 보장, 사후적·교정적 보장, 인적 보장, 물적 보장으로 분류하고, 특히 헌법보장의 목적은 사후적·교정적 보장형식에 의하여 달성된다고 한다. 그러한 한에서 켈젠은 헌법의 수호자로서 '국사재판소'(Staatsgerichtshof)를 지적한다.[1]

이에 대하여 트리펠은 헌법분쟁의 본질을 정치적 분쟁으로 파악하고, 헌법재판은 본질적으로 사법적 형식으로 판단할 수 없는 분쟁과 관련되어 있다고 한다.[2]

---

1) H. Kelsen, Wesen und Entwicklung der Staatsgerichtsbarkeit, *VVDStRL* Heft 5(1929), S. 30ff.(39f.).

2) H. Triepel, Wesen und Entwicklung der Staatsgerichtsbarkeit, *VVDStRL* Heft 5(1929), S. 2ff.(3ff., 8.).

또한 슈미트는 당시의 바이마르공화국의 헌법상태를 정치적 다원주의라 명하고, 이러한 현실에서는 헌법상태의 통일에 성공할 수 있는 것은 국사재판소도 아니며 정당의 각축장인 국회도 아니라고 한다. 더 나아가서 슈미트는 법원도 궁극적으로는 각 정당의 자의적인 헌법해석의 대변자에 불과하다고 본다. 따라서 슈미트는 꽁스땅 *Benjamin Constant*의 '중립적 권력'(povoir neutre)의 사고를 빌려 국민에 의하여 직선되고 국가긴급권을 보유하는 대통령만이 헌법의 수호자로서 최적의 위치에 있다고 한다.

이러한 슈미트의 견해에 대하여 켈젠은 다시금 헌법의 수호자란 헌법침해행위로부터 헌법을 보호하는 기관이라고 하고, 특히 헌법침해는 많은 경우 법률제정과 법률집행에서 나타나기 때문에 정부나 의회에 헌법수호 책임을 맡길 수 없고 헌법의 수호자의 역할은 사법의 영역에 기대할 수밖에 없다고 하면서, 군주(여기서는 대통령을 의미함)를 의회와 행정부라는 양대 권력대립의 중개적 권력으로 보려는 태도는 어디까지나 '정치적 이데올로기'(politische Ideologie)이지 과학적인 인식태도, 곧 법학적·정치학적 인식태도는 아니라고 한다.[1)]

(2) 韓國憲法上 憲法의 守護者

158. 한국헌법상 헌법의 수호자

우리 헌법상 헌법수호의 기능은 대통령, 헌법재판소, 법원 및 최종적 헌법수호자로서의 국민에 분산되어 있다. 그러나 대통령의 헌법수호자로서의 지위는 비상사태에서 기능하는 측면이 강한 반면, 헌법재판소와 법원의 그것은 전적으로 평상시에 작용하는 점에 차이가 있다.

판례 〈대통령(노무현)탄핵(기각)〉 "헌법은 제66조 제 2 항에서 대통령에게 '국가의 독립·영토의 보전·국가의 계속성과 헌법을 수호할 책무'를 부과하고, 같은 조 제 3 항에서 '조국의 평화적 통일을 위한 성실한 의무'를 지우면서, 제69조에서 이에 상응하는 내용의 취임선서를 하도록 규정하고 있다. 헌법 제69조는 단순히 대통령의 취임선서의무만을 규정한 것이 아니라, 헌법 제66조 제 2 항 및 제 3 항에 규정된 대통령의 헌법적 책무를 구체화하고 강조하는 실체적 내용을 지닌 규정이다.

헌법 제66조 제 2 항 및 제69조에 규정된 대통령의 '헌법을 준수하고 수호해야 할 의무'는 헌법상 법치국가원리가 대통령의 직무집행과 관련하여 구체화된 헌법적 표현이다. 헌법의 기본원칙인 법치국가원리의 본질적 요소는 한 마디로 표현하자면, 국가의 모든 작용은 '헌법'과 국민의 대표로써 구성된 의회의 '법률'에 의해야 한다는 것과 국가의 모든 권력행사는 행정에 대해서는 행정재판, 입법에 대해

1) H. Kelsen, Wer soll der Hüter der Verfassung sein? Die Justiz 6, 1931(1971), S. 43.

서는 헌법재판의 형태로써 사법적 통제의 대상이 된다는 것이다. 이에 따라, 입법자는 헌법의 구속을 받고, 법을 집행하고 적용하는 행정부와 법원은 헌법과 법률의 구속을 받는다. 따라서 행정부의 수반인 대통령은 헌법과 법률을 존중하고 준수할 헌법적 의무를 지고 있다.

'헌법을 준수하고 수호해야 할 의무'가 이미 법치국가원리에서 파생되는 지극히 당연한 것임에도, 헌법은 국가의 원수이자 행정부의 수반이라는 대통령의 막중한 지위를 감안하여 제66조 제 2 항 및 제69조에서 이를 다시 한번 강조하고 있다. 이러한 헌법의 정신에 의한다면, 대통령은 국민 모두에 대한 '법치와 준법의 상징적 존재'인 것이다. 이에 따라 대통령은 헌법을 수호하고 실현하기 위한 모든 노력을 기울여야 할 뿐만 아니라, 법을 준수하여 현행법에 반하는 행위를 해서는 안 되며, 나아가 입법자의 객관적 의사를 실현하기 위한 모든 행위를 해야 한다." (헌재 2004헌나1 결정)

또한 평상시 헌법수호의 기능은 대부분의 경우 그리고 중요한 부분에서 헌법재판소가 담당하고 있다(제111조 제 1 항). 따라서 법원의 헌법수호자로서의 기능은 부차적인 것이라 할 수밖에 없다. 곧 법원은 명령·규칙의 위헌·위법심사(제107조 제 2 항), 헌법재판소에의 위헌법률심사의 제청(제107조 제 1 항), 선거에 대한 재판 등을 통하여 헌법수호의 기능을 부분적으로 수행하고 있을 뿐이다.

3. 憲法守護의 手段

(1) 憲法秩序에 대한 공격의 類型

159. 헌법질서에 대한 공격의 유형: 위로부터의 헌법질서에 대한 공격, 아래로부터의 헌법질서에 대한 공격

헌법질서에 대한 공격은 두 가지가 있을 수 있다. 하나는 예컨대 국가원수나 행정부 또는 국회가 암암리에 헌법을 침해하거나 또는 정변을 통하여 공개적으로 헌법에 위반되는 행위를 하는 경우이다. 다른 하나는 헌법적대적인 사회세력이 현행헌법질서를 전복하려는 시도를 실현에 옮기는 경우이다.

전자를 위로부터의 헌법질서에 대한 공격, 후자를 아래로부터의 헌법질서에 대한 공격으로 부를 수 있을 것이다.[1] 일반적으로는 후자에 대한 방어를 좁은 의미의 헌법수호라고 부르고 있다.[2]

---

1) K. Hesse, *Grundzüge des Verfassungsrechts der Bundesrepublik Deutschland*, S. 297은 전자를 위로부터의 정변, 후자를 아래로부터의 정변이라고 부르며, 허영, 한국헌법론, 85쪽 이하는 전자를 하향식헌법침해, 후자를 상향식헌법침해라고 부르고 있다.

2) Th. Maunz/R. Zippelius, *Deutsches Staatsrecht*, S. 428.

(2) 憲法守護의 수단

160. 헌법수호의 수단

따라서 헌법수호의 수단도 두 가지로 나누어진다. 곧 위로부터의 헌법질서에 대한 공격으로부터 헌법을 수호하기 위한 수단으로는 헌법재판제도, 권력분립제도와 저항권을 들 수 있으며, 아래로부터의 헌법질서에 대한 공격으로부터 헌법을 수호하기 위한 수단으로는 방어적 민주주의와 저항권을 들 수 있다.

이 밖에도 헌법수호의 수단으로서 국가긴급권발동이 이야기되기도 한다. 그러나 국가긴급권은 국가의 존립 자체가 문제되는 전쟁·내란 또는 경제공황과 같은 비상사태가 발생한 경우 일정한 국가기관에 권력을 집중시켜 이러한 위기를 극복하기 위한 수단이므로 넓은 의미의 국가보호에는 속하나, 헌법수호의 개념에는 포함되지 않는다고 할 수 있다.

이곳에서는 헌법의 수호와 관련하여 직접적으로 관련되는 저항권과 방어적 민주주의에 대해서만 다루기로 한다.

第2節 抵抗權

1. 抵抗權의 概念

(1) 抵抗權의 歷史的 展開

161. 저항권의 역사적 전개: 폭군방벌론에서 시작-실정법에 반대할 수 있는 권리-헌법수호의 수단

저항권은 폭군방벌론에서 시작되었다. 저항권은 고도의 가치, 곧 자연법을 근거로 불법한 국가권력에 대하여 실력으로써 대항할 수 있는 권리 또는 '실정법에 반대할 수 있는 권리'(ius contra legem)가 되었다가,[1] 현대의 헌법국가에서는 헌법수호를 위한 수단으로 변하였다.

(2) 憲法守護手段으로서의 抵抗權

162. 헌법수호수단으로서의 저항권: 최후의 헌법비상구제수단

헌법학에서 사용되는 저항권이란 용어는 불법국가를 전제로 해서 형식적으로는 법치국가를, 실질적으로는 인간의 존엄을 방어하고 회복하려는 '인권으로서의 저항권'(Widerstandsrecht als Menschenrecht)을 의미하는 것과는 달리 법치국가를 전제로 해서 행사되는 '헌법수호수단으로서의 저항권'(Widerstandsrecht als

---

1) 예컨대 프랑스의 1793년 인권선언 제33조는 "압제에 대한 저항은 인간의 모든 권리의 결과이다"라고 규정한 바 있다.

Verfassungsschutzmittel)을 뜻한다.[1] 따라서 저항권은 헌법질서가 헌법의 적에 의하여 규범력을 발휘하지 못하는 극단적 상황에서 국민이 '비국가적인 수단'(unstaatlichesMittel)[2]에 의하여 헌법을 수호하려고 하는 최후의 '헌법비상구제수단'(Verfassungsnothilfemittel)이다. 그러한 한에서 저항권의 일차적인 보호법익은 국가의 기본질서, 곧 헌법이며, 이차적으로는 기본권을 보호하는 기능을 수행한다.[3]

2. 抵抗權의 根據

163. 저항권의 근거: 자연법, 우리 대법원은 저항권 부인

저항권의 근거에 대해서는 초실정법에서 그 근거를 구하는 견해(법제사적인 측면에서 구하는 견해,[4] 자연법에서 구하는 견해[5])가 절대적 다수설을 이루고 있다. 독일의 판례도 불문의 저항권을 인정하고 있다.[6] 곧 저항권은 헌법의 명문화 여부를 떠나 인정된다 하겠다.[7]

---

1) H. Scholler, *Widerstand und Verfassung*, 1969, S. 36; Z.-W. Shim, *Widerstandsrecht und Menschenwürde*, Diss, Bielefeld 1973, S. 33f.

2) J. Isensee, *Das legalisierte Widerstandsrecht*, 1969, S. 37.

3) H. Scholler, *Widerstand und Verfassung*, S. 36; Z.-W. Shim, *Widerstandsrecht und Menschenwürde*, S. 27. 이러한 견해는 독일은 물론 국내의 통설이다. 예컨대 Th. Maunz/R. Zippelius, *Deutsches Staatsrecht*, S. 171.는 저항권은 헌법수호수단이나, 개인으로서는 인권을 방어하기 위한 자구권이라고 말하며, 허영, 헌법이론과 헌법, 박영사, 1995, 118쪽은 저항권은 기본권적 성격과 헌법보호수단으로서의 성격을 함께 가지고 있다고 한다.

4) C. Heyland, *Das Widerstandsrecht des Volkes*, 1950, S. 115, 124.

5) 예컨대 "저항권은 국가형태, 정부형태와는 무관하게 그리고 실정법상의 규정 유무와는 무관하게 실존적인 자연법에서 나온다"고 이야기하는 F. Ermacora, *Grundriß einer Allgemeinen Staatslehre*, 1978, S. 214를 들 수 있다.

6) 독일에서는 1968년 6월 24일 독일기본법 제20조 제4항에 저항권이 수용되기 전에 불문의 저항권을 인정한 바 있다. 독일연방헌법재판소는 이미 초기판결(BVerfGE 5, 85ff., 376f.)에서 "이 불문의 저항권은 기본법에 의하여 추구되는 가치적인 체계, 국가권력의 상호억제와 균형 및 국가에 의한 '헌법의 침해'(Verfassungsverstöße)와 '헌법의 변조'(Verfassungsver-fälschungen)에 대한 유효한 보호를 위하여 기본법에 의하여 추구되는 가치적인 체계의 결과이다"라고 하였다.

우리 대법원은 세칭 김재규사건에 대한 판결의 소수견해에서 "저항권은 헌법에 명문화되어 있지 않더라도 일종의 자연법상의 권리로서 이를 인정하는 것이 타당하다 할 것이고 이러한 저항권이 인정된다면 재판규범으로서의 기능을 배제할 근거가 없다고 할 것이다"라고 하였다(대법원 1980. 5. 20. 80도316 판결).

7) 권영성, 헌법학원론, 83쪽은 "현행 헌법에는 저항권에 관한 명문의 규정이 없다. 1987년의 개헌협상 과정에서 저항권의 명시 여부가 여·야간에 쟁점이 된 바 있지만, 결국 저항권을 직접 명시하지 아니하고 헌법전문에 「불의에 항거한 4·19 민주이념을 계승하고」라는 문구를 추가함으로써 저항권규정을 대신하기로 합의하였다. … 당시의 개헌안작성자들

대법원은 저항권을 부인하는 판례를 남긴 바 있다. 즉 대법원은 1975년 긴급조치위반 사건판결(세칭 민청학련사건)에서 피고인 등이 그들의 행위가 위법성이 없는 행위라고 주장하면서, 그들의 행위는 민주수호행위로서 정당성이 있는 것이고, 또 이는 이른바 "저항권에 의한 행위이므로 위법성이 없다"고 주장한 데 대하여 "… 저항권 자체의 개념이 막연할 뿐 아니라, … 그것은 실존하는 실정법적 질서를 무시한 초실정법적인 자연법질서 내에서의 권리주장이며, 이러한 전제하에서의 권리로써 실정적 법질서를 무시한 행위를 정당화하려는 것으로 해석되는바, 실존하는 헌법적 질서를 전제로 한 실정법의 범주 내에서, 국가의 법적 질서의 유지를 그 사명으로 하는 사법기능을 담당하는 재판권행사에 대하여 실존하는 헌법적 질서를 무시하고 초법규적인 권리개념으로써 현행 실정법에 위배된 행위의 정당성을 주장하는 것은, 그 자체만으로서도 이를 받아들일 수 없는 것"이라고 판시하였다.[1] 또한 1980년 5월 20일의 세칭 김재규사건(80도316 판결)에서는 "저항권이 비록 존재한다고 인정하더라도 그 저항권이 실정법에 근거를 두지 못하고 자연법에만 근거하고 있는 한, 법관은 그것을 재판규범으로 원용할 수 없다"고 하여 저항권의 존재는 인정하면서도 그 재판규범성은 부정하였다.[2]

헌법재판소는 기본권보호수단으로 저항권을 인정하지만 입법과정의 하자는 저항권행사의 대상이 아니라고 하였다.

> **판례** 〈「노동조합 및 노동조합 관계조정법」 등 위헌제청(각하)〉 "저항권은 국가권력에 의하여 헌법의 기본원리에 대한 중대한 침해가 행하여지고 그 침해가 헌법의 존재 자체를 부인하는 것으로서 다른 합법적인 구제수단으로는 목적을 달성할 수 없을 때에 국민이 자기의 권리·자유를 지키기 위하여 실력으로 저항하는 권리이므로, 국회법 소정의 협의 없는 개의시간의 변경과 회의일시를 통지하지 아니한 입법과정의 하자는 저항권행사의 대상이 되지 아니한다."(헌재 1997. 9. 25. 97헌가4 결정)

의 의도가 동 문구를 저항권에 관한 완곡한 표현이라는 점에 양해하였음을 상기할 때, 헌법전문의 동 문구를 저항권에 관한 근거규정으로 해석하여도 무방할 것"이라고 한다. 또한 성낙인, 헌법학, 68쪽도 "저항권의 표현이라 할 수 있는 3·1운동과 '불의에 항거한 4·19 민주이념을 계승하고'라고 규정하고 있음에 비추어 본다면 현행헌법은 간접적으로 저항권을 인정하고 있을 뿐만 아니라"라고 하여 비슷한 생각을 표시하고 있다.

1) 대법원 1975. 4. 8. 74도3323 판결.

2) 대법원 1980. 5. 20. 80도316 판결. 이러한 다수의견에 대해서 임항준 대법원판사가 "인권과 민주적 헌법의 기본질서의 옹호를 위한 최후의 수단으로서 저항권은 헌법에 명문화되어 있지 않더라도 일종의 자연법상의 권리로서 이를 인정하는 것이 타당하다 할 것이고, 이러한 저항권이 인정된다면 재판규범으로서의 기능을 배제할 근거가 없다"는 소수의견을 개진하였다는 것을 기록할 필요가 있다.

3. 抵抗權의 行使主體와 行使對象

(1) 抵抗權의 行使主體

저항권의 행사주체는 모든 국민이며, 여기에는 단체와 정당도 포함된다.[1] 164. 저항권의 행사주체: 모든 국민

저항권의 행사주체와 관련하여 공무원이나 국가권력이 저항권의 주체가 될 수 있는가가 문제된다. 그러나 국가권력에게는 헌법질서를 유지하기 위하여 국가긴급권이 주어져 있는 터에 저항권의 주체성까지 인정한다면 강한 힘을 가지고 있는 자에게 더욱 위험한 수단을 제공하는 결과가 되므로 국가권력의 저항권 주체성은 부정되어야 한다. 그러나 공무원은 사인(私人)의 자격으로는 저항권을 행사할 수 있다고 보아야 한다.[2]

(2) 抵抗權의 行使對象

저항권의 행사대상은 전통적으로 국가권력에 한정되어 왔다.[3] 그러나 저항권의 보호법익인 자유민주적 기본질서는 반드시 국가권력에 의해서만 침해되는 것은 아니다. 예컨대 헌법적대적인 사회세력이 현재의 자유민주적 기본질서를 부정하여 다른 헌법체계로 바꾸려 한다든지 무정부상태를 야기하려 한다든지 또는 헌법의 개별적인 기능을 마비시키려 하는 시도를 얼마든지 할 수 있다. 그러 165. 저항권의 행사대상: 국가권력과 헌법적대적인 사회의 혁명세력

---

1) 그러나 J. Isensee, *Das legalisierte Widerstandsrecht*, S. 45ff.는 저항권은 극히 위험한 수단이기 때문에 단체는 저항권행사의 주체가 될 수 없다고 한다.

2) J. Isensee, *Das legalisierte Widerstandsrecht*, S. 48f. 또한 *Isensee*는 그렇게 되면 군사쿠데타를 일으킨 자들이 저항권을 남용할 위험성이 있다고 경고하고 있다(S. 48).

3) 권영성, 헌법학원론, 81쪽도 "저항권의 객체는 위헌적인 공권력 행사를 통하여 민주적·법치국가적 기본질서를 파괴하거나 위협하는 모든 공권력담당자가 될 것이다"라고 하여 저항권의 행사대상을 국가권력에 제한시키고 있다. 김철수, 헌법학신론, 박영사, 2013, 91쪽도 "저항이 행해질 대상자는 공권력을 위헌적으로 행사하여 민주질서·정치질서·사회국가질서를 파괴하는 모든 자연인 또는 법인 및 그 집단이다"라고 한다. 허영, 한국헌법론, 박영사, 2011, 86−89쪽도 저항권을 하향식 헌법침해에 대한 헌법보호의 수단으로 보고 있다.

이들과는 반대로 한수웅, 헌법학, 66쪽은 사인에 대해서도 저항권을 행사할 수 있어야 한다고 한다. "저항권은 역사적·이념적으로 원래 국가에 대한 저항권에서 출발하였지만, 오늘날 헌법질서에 대한 위협이 국가뿐만 아니라 사회세력으로부터도 발생할 수도 있다는 점에서, 헌법제정권력의 주체인 국민은 헌법질서를 제거하고자 하는 사회세력에 대해서도 저항할 수 있어야 한다. 헌법질서에 대한 위협이 국가기관으로부터 또는 사인으로부터 발생하는지에 따라, 헌법질서를 수호하고자 하는 수단으로서 저항권의 인정 여부가 달라질 수 없다. 따라서 저항권은 국가에 대한 저항권뿐만 아니라 사인에 대한 저항권도 포괄하는 것이다." 장영수, 헌법학, 408쪽도 아래로부터의 정변에 대한 저항권행사를 긍정하고 있다.

한 시도가 현실화되는 경우 헌법은 침해될 수 있다. 따라서 국가권력에 의한 '위로부터의 정변'(Staatsstreich von oben)뿐만 아니라 사회의 혁명세력에 의한 '아래로부터의 정변'(Staatsstreich von unten)에 대해서도 저항권은 행사될 수 있어야 할 것이다. 사회의 혁명세력에 대하여 저항권을 행사할 필요성은 특히 그 세력이 외국의 비호를 받고 있는 경우에 더욱 커질 것이다.[1] 후자의 경우에도 정치적 다수가 자신에 반대하는 정치적 소수를 탄압하기 위한 수단으로 저항권이 행사되어서는 안 될 것은 두말할 여지가 없다.[2]

(3) 抵抗權의 手段

166. 저항권의 수단

저항권은 비례의 원칙을 지키는 한 모든 수단을 다 사용할 수 있다.

4. 抵抗權의 行使要件

(1) 最後手段性, 明白性, 成功可能性

167. 저항권의 행사요건: 최후수단성, 명백성, 성공가능성

저항권과 관련하여 가장 중요한 것은 저항권의 행사요건에 관한 것이다. 왜냐하면 저항권은 예외적인 것이고 지극히 위험한 것이기 때문에 저항권을 행사하기 위해서는 엄격한 요건을 지킬 것이 요구된다. 저항권은 보통 최후수단성(보충성, 예비성), 명백성, 성공가능성의 세 가지 요건을 충족할 경우에 비로소 행사될 수 있다고 이야기된다.[3]

첫째로, 저항권은 헌법이나 법률에 규정된 일체의 법적 구제수단이 이미 유효한 수단이 될 수 없는 경우로서(보충성, 예비성) 민주적·법치국가적 기본질서를 재건하기 위한 최후의 수단으로 저항권의 행사만이 남아 있는 경우에(협의의

---

1) K. Hesse, *Grundzüge des Verfassungsrechts der Bundesrepublik Deutschland*, S. 297 (Rdnr. 758). 그러나 사회세력에 대한 헌법침해는 국가긴급권으로 충분하다는 견해도 있다. 예컨대 O. E. Kempen, Widerstandsrecht in: D. Sterzel (Hrsg.), *Kritik der Notstandsgesetze*, 1968, S. 65ff.(75ff.). 또한 저항권의 제3자효를 인정하는 경우 만인의 만인에 대한 투쟁을 야기할 위험이 있다는 점도 지적된다. G. Scheidle, *Das Widerstandsrecht*, 1969, S. 123f., 153f.

2) R. Herzog, *Das positivierte Widerstandsrecht*, 1970, S. 103f.

3) 이에 대하여 허영, 한국헌법론, 98쪽은 보충성, 최후수단성, 성공가능성을 들고 있다. 김철수, 헌법학신론, 박영사, 2013, 92쪽은 명백성, 보충성, 최종성을 들고 있고, 권영성, 헌법학원론, 법문사, 2009, 79쪽은 명백성, 보충성 내지 예비성, 최후수단성을 들고 있다. 장영수, 헌법학, 408쪽은 보충성과 최후수단성을 들고 있고, 한수웅, 헌법학, 69쪽은 명백성, 보충성, 최후수단성을 들고 있다.

최후수단성) 국가기관이 헌법질서를 유지할 능력이 없거나 헌법질서를 유지하고자 하지 않는 경우에만 행사할 수 있다.[1)]

둘째로, 저항권이 행사되기 위해서는 헌법질서에 대한 공격이 명백하여야 한다.[2)] 또한 이때 헌법에 적대적인 자들이 헌법을 파괴하려는 것과 같은 주관적 동기는 필요하지 않다.[3)] 침해는 헌법질서의 일부에 대한 침해로서 충분하다.[4)] 따라서 예컨대 자유민주적 기본질서 중에서 핵심요소 중의 하나인 의회주의 하나만 폐지되어도 저항권은 행사될 수 있다고 하겠다.

셋째로, 저항권은 성공가능성의 요건이 충족되어야 행사될 수 있다. 곧 저항권의 행사는 위헌적인 행사를 제거할 가망성이 있어야지 그것이 전혀 없으면 행사할 수 없다.[5)]

(2) 抵抗權의 行使要件에 대한 새로운 解釋의 試圖와 抵抗權認定의 意味

1) 요건충족의 어려움

168. 저항권행사의 요건충족의 어려움: 1. 최후수단성의 요건은 저항권의 행사시기와 관련하여 지나치게 막연; 2. 성공가능성의 요건을 충족시키는 것은 사실상 불가능

그러나 이러한 저항권의 행사요건을 전부 갖춘다는 것은 거의 불가능하다고 보아야 한다. 우선, 이러한 저항권행사의 요건 중 최후수단성은 저항권의 행사시기와 관련하여 너무 막연하다. 왜냐하면 정상상황과 저항상황의 한계가 극히 유동적이기 때문이다. 그런가 하면 저항상황의 도래 여부에 대하여 개인이 판단해야 할 뿐만 아니라 현대와 같이 복잡하고 고도로 기술이 발달된 상황에서는 명백성의 요건 또한 충족하기 어려울 것이다.[6)] 특히 성공가능성의 요건은 더욱 충족되기가 어려울 것이다. 왜냐하면 저항권의 행사가 성공하기 위해서는 대부분 헌법침해의 초기에 저항권이 행사되기 시작해야 할 것이지만, 이 단계에서는 아직 최후수단성의 요건이 충족되지 않는 것이 보통이고, 반대로 최후수단성의 요건이 충족된 경우에는 이미 불법권력이 뿌리를 깊게 내리고 있기 때문에 성공가능성이 희박하겠기 때문이다.[7)]

1) J. Isensee, *Das legalisierte Widerstandsrecht*, S. 32ff.
2) J. Isensee, *Das legalisierte Widerstandsrecht*, S. 23f.; K. Hesse, *Grundzüge des Verfassungsrechts der Bundesrepublik Deutschland*, 같은 곳.
3) J. Isensee, *Das legalisierte Widerstandsrecht*, S. 26f. 그러나 C. Heyland, *Das Widerstandsrecht des Volkes*, S. 92는 주관적 동기도 필요하다고 한다.
4) J. Isensee, *Das legalisierte Widerstandsrecht*, S. 21.
5) J. Isensee, *Das legalisierte Widerstandsrecht*, S. 74ff.
6) G. Scheidle, *Das Widerstandsrecht*, S. 128.
7) 허영, 한국헌법론, 91쪽.

2) 새로운 해석의 시도

① 내 용

169. 저항권행사요건에 대한 새로운 해석: 시민불복종이론 원용, 비판적인 복종의 자세, 성공가능성의 요건 부정 또는 완화

따라서 오늘날에는 저항권의 문제는 비례성의 원칙에 귀결되는 이익형량의 문제라고 하면서 저항권을 미국의 시민불복종이론, 특히 롤즈 *J. Rawls*의 시민불복종이론으로 설명하려는 견해가 있는가 하면,[1] 저항권을 국가권력에 대한 '비판적인 복종의 자세'로 이해하고 이를 '수시적이고 계속적인 현상'(Widerstandsrecht der kleinen Münze)으로 이해하려는 입장도 있다.[2] 그런가 하면 저항권의 행사요건으로서 성공가능성의 요건을 부정하는 견해도 있다.[3]

② 검토 및 사견

170. 저항권행사요건에 대한 새로운 해석에 대한 검토

우선, 저항권을 시민불복종이론으로 설명하려는 견해는 저항권과 시민불복종이 본질적으로 다르다는 것을 오해하고 있다. 일반적으로 '시민불복종'(Civil Disobedience)이라 함은 "양심상 부정하다고 확신하는 법이나 정책을 개선할 목적으로 기존의 법을 위반하여 행한 공적이고 비폭력적이며 정치적인 항의행위"[4]

---

1) R. Dreier, Widerstandsrecht im Rechtsstaat, in: Achter/Krawietz/Wyduckel(Hrsg.), *Recht und Staat im sozialen Wandel*, 1983, S. 573ff. "모든 사람은 그가 심각한 불법에 항의하고 그 항의가 비례적인 한, 단독 내지 타인과 연대하여 공개적으로, 실력의 행사가 아닌 방법으로, 정치적·도덕적 근거에서 법을 위반할 권리를 가진다"(S. 593).

2) A. Kaufmann(Hrsg.), *Widerstandsrecht*, 1972, S. XIII; ders., Das Widerstandsrecht in Geschichte und Grundgesetz, in: Rill/Scholz(Hrsg.), *Der Rechtsstaat und seine Feinde*, 1986, S. 57ff.(65). 결국 카우프만에 따르면 저항은 정신적 영역의 문제이며, 권력에 대한 회의·공공연히 비판할 수 있는 용기·불법에 대한 부정·위법한 국가의 비밀행위의 폭로 등과 같은 국가권력에 대한 '국민의 자세'(staatsbürgerliche Haltung)라는 것이다(S. 66). 국내에서는 허영, 한국헌법론, 99쪽이 이 견해를 받아들이고 있다.

3) Z.-W. Shim, *Widerstandsrecht und Menschenwürde*, S. 42f.; K. F. Bertram, *Widerstand und Revolution*, 1964, S. 40; P. Schneider, Widerstand und Rechtssaat, AöR Bd. 89(1964), S. 1ff.(18ff.). 이들은 다음과 같은 논거를 든다. 저항권의 행사는 단지 상황조건적 상태와 사실상 올바른 수단에 의하여 정당화되는 것이지, 결코 성공가능성에 의하여 정당화되는 것은 아니다. 하나의 비상상황이 발생하면 모든 비상방어가 행해져야지, 성공가능성 여부는 중요하지 않다. 정종섭, 헌법학원론, 2008, 66·67쪽도 "피지배자인 국민이 폭력을 합법적으로 독점하고 있는 국가권력에 대항하여 최후의 방어선을 펼치는 것이기 때문에 성공가능성의 여부를 판단할 수 없다. 따라서 가능성이 있을 때 저항권의 행사가 정당화된다는 논리는 저항권의 법리와는 합치하지 않는다"라고 하여 저항권의 행사요건으로서 성공가능성의 요건을 인정하지 않는다. 그런가 하면 장영수, 헌법학, 409쪽은 저항권 행사의 정당성은 그 규범으로서의 타당성에 기초하는 것이지, 사실적 조건에 따라 그 정당서 여부를 결정할 수는 없기 때문에 저항권 행사의 요건으로서 성공가능성을 인정할 수 없다고 한다.

4) J. Rawls, *Eine Theorie der Gerechtigkeit*, 1975, S. 401.

를 말한다. 즉 저항권을 행사할 수 있는 경우처럼 총체적 불법상태는 아니고 어느 정도의 법치국가가 실현되고 있는 국가에서 합법적 절차에 의하여 자신이 생각하는 정의를 더 이상 모색할 수 없을 때 시민들은 자신이 생각하는 정의의 규범적·윤리적 근거를 공개적으로 널리 알릴 목적으로 법을 의식적으로 위반함으로써 상징적인 항거를 할 수 있는바, 이를 시민불복종이라고 부른다. 예컨대 국영방송의 편파보도를 시정할 수 없을 때 시청료납부를 거부하는 경우가 그에 속한다.[1)]

이러한 시민불복종운동으로 승인되기 위한 조건으로는 (가) 시민불복종운동의 주체는 불복종운동이 민주적 의사형성의 의사소통적 흐름으로 자리매김될 수 있기에 적합한 특성, 곧 시민성을 갖출 것, (나) 운동은 비폭력적일 것, (다) 불복종의 근거와 주장내용을 공식적으로 천명하고, 실정법상의 처벌을 감수하겠다는 자세가 있을 것(공공성), (라) 기존의 모든 법적 절차에 의하여 불복종하려는 실정법을 변화시킬 수 있는 가능성이 다 소진된 경우이면서(보충성), 그 실정법에 의해 침해되는 이익이 불복종운동에 의해 침해되는 제3자의 이익보다도 더 중대한 것일 것(비례성), (마) 운동이 표방하는 정의내용이나 새로운 행위규범들이 공론 영역에서 적어도 기존의 법규범과 함께 정당성을 향한 경쟁을 상당한 정도로 견디어내는 단계에 이를 수 있을 것(공론경쟁력) 등이다.[2)]

다음으로, 저항권을 국가권력에 대한 '비판적 복종의 자세'로 이해하고 이를 수시적이고 계속적인 현상으로 이해하려는 입장도 저항권이 헌법수호의 최후적 수단이라는 점을 오해하고 있을 뿐만 아니라, 저항권은 국가권력에 대한 '위로부터의 정변'뿐만 아니라 사회의 혁명세력에 의한 '아래로부터의 정변'에 대한 것이라는 점을 간과하고 있다는 점에서 문제가 있다고 할 것이다.

끝으로, 앞에서도 보았듯이 저항권의 행사요건 중 특히 성공가능성의 요건은 충족되기가 어려운 것이 사실이다. 그렇기 때문에 성공가능성의 요건을 저항권의 행사요건에서 제외시킨다면 문제는 비교적 쉽게 해결될 것이다. 그러나 그러한 경우에도 저항권의 행사가 성공한 경우에는 성공가능성의 요건을 저항권의 행사요건으로 인정하는 경우와 마찬가지의 결론에 이를 뿐만 아니라, 저항이 실패한 경우에는 문제를 해결할 수 없다. 왜냐하면 그 경우에는 실패한 저항권의

1) 이상돈, 법학입문, 박영사, 2001, 22쪽.
2) 이상돈, 시민불복종운동 — 논쟁, 이론, 개념, 법제화, 「법치국가와 시민불복종」, 91쪽 이하. 여기서는 이상돈, 법학입문, 23쪽에서 재인용, 시민불복종의 대하여 더 자세한 것은 김영환, 법철학의 근본문제, 홍문사, 2006, 142-154쪽 참조.

행사도 저항권의 행사로 인정하라는 실현불가능한 법집행자에 대한 도의적 요청 이상의 것을 할 수 없기 때문이다.[1] 저항권이란 개념 자체를 부정하고 저항권을 재판규범으로 원용할 수 없다는 판례를 가지고 있는 나라에서 또 다시 극한적인 상황이 발생하는 경우 이러한 요청이 지켜지기를 바라는 것은 실현되지 않을 희망사항에 지나지 않는다.

171. 저항권행사요건에 대한 사견: 저항권의 행사요건으로서 성공가능성의 요건을 인정하면서도 그것을 완화시켜 비록 실패했다 하더라도 국민이 마지막 헌법수호자로서 저항권을 행사하였다는 것이 국제사회에 알려지면 성공가능성의 요건을 충족한 것으로 해석하는 것이 바람직하다

따라서 개인적으로는 저항권의 행사요건으로서 성공가능성의 요건을 인정하면서도 그것을 완화시켜 "비록 실패했다 하더라도 국민이 마지막 헌법수호자로서 저항권을 행사하였다는 것이 국제사회에 알려지면 성공가능성의 요건을 충족한 것으로" 해석하는 것[2]이 더욱 바람직하다고 생각한다. 성공가능성의 요건을 저항권행사의 요건으로 인정하든 인정하지 않든 실패한 저항은 그 당시로서는 처벌받을 수밖에 없다. 중요한 것은 시간이 지나더라도 법치국가적 질서가 재건될 경우 실패한 저항을 저항권행사의 요건을 전부 충족하였기 때문에 사후적으로라도 유효한 것으로 인정하여 그에 대한 정당한 평가를 내릴 수 있는 법적 논거를 마련해 주는 것일 것이다.

---

1) 정종섭, 헌법학원론, 박영사, 2015, 73쪽. "저항권의 행사가 실패로 돌아가 국가가 저항권을 행사한 국민을 실정법에 위반한 행위라고 하여 책임을 묻거나 재판을 하는 경우에는 저항권을 인정하기가 쉽지 않다. 이미 국가권력(=국가권력을 장악한 세력)과 국민이 치열한 투쟁을 통하여 국민이 패배한 상황이기 때문이다. 따라서 저항권의 인정에서도 현실에서 중요한 의미를 가지는 것은 국민과 국가권력간에 존재하는 힘의 우열이다(A). 그러나 저항권이 완전히 현실적인 힘의 문제에 불과한 것은 아니다(B). 저항권의 규범적인 의미는 국민이 불법적 국가권력에 대항하여 저항권을 행사한 것이 실패로 돌아간 경우라 할지라도 이를 저항권의 행사로 인정하여 법적 책임을 면제해야 한다는 데 있다. 이런 점은 법집행자에게 중요한 의미를 갖는다(B)."

그러나 A인 경우에 B라는 아주 비중 없는 예외를 주장하면서 C를 주장하는 것은, 즉 '국가권력이 전면적인 불법적 행사가 행해지는 불법국가'(동 69쪽)에서 다시 모든 불법적 방법을 동원하여 저항권을 행사하는 국민과의 생사를 건 투쟁에서 어쩌면 가까스로 승리한 승자(불법적으로 국가권력이나 국가권력을 다시 장악한 세력) 자신이 아닌 법집행자에게 패자(저항권을 행사한 국민)의 책임을 면제하라고 요청하는 것은 극히 실현되기 어려운 요청이라 할 것이다.

2) M. Kriele, *Die demokratische Weltrevolution, Warum sich die Freiheit durchsetzen wird*, 1987, S. 135(홍성방 역, 민주주의 세계혁명, 도서출판 새남, 1990)는 다음과 같이 이야기하고 있다. "득실의 형량, 특히 저항이 어느 정도 성공할 기회를 가지고 있느냐 하는 것이다. 문제가 되는 것은 반드시 군사적 승리의 기회가 아니라고 하더라도 최소한 불법상태에 대한 국민의 의구심을 폭로함으로써 민주국가들로 하여금 국제사회에서 연대성을 갖게 하고 그렇게 함으로써 정권에 영향을 줄 수 있는 기회이다."

3) 저항권인정의 의미

저항권의 행사요건이 매우 엄격하게 해석되기 때문에 모든 요건을 갖추어 저항권을 행사하기란 매우 힘들 것이다. 그러나 저항권이 인정된다는 것은 최종적인 헌법수호와 기본권보호의 주체는 다름 아닌 국민 자신이라는 것을 확인하는 의미만은 부인할 수 없을 것이다. 그리고 저항이 성공하여 법치국가적 질서가 재건되면 저항행위는 소급하여 유효한 것으로 정당화된다.[1)]

172. 저항권 인정의 의미: 헌법수호와 기본권보호의 최종적인 주체는 국민 자신임을 확인

第3節 防禦的 民主主義

1. 一 般 論

(1) 防禦的 民主主義의 槪念

민주주의는 원칙적으로 가치상대주의 내지 다원주의에 기초하고 있다. 따라서 민주주의는 개념상, 만일 주권자가 그러기를 원한다면, 그의 폐지에 대해서도 개방적이다. 그에 반하여 방어적 민주주의는 이러한 주권자의 이익을 실현하기 위하여 민주주의를 폐지하기 위한 민주주의의 개방성을 배제하려는 시도이다. 달리 표현한다면, 민주주의가 가치상대주의와 다원주의를 기초로 하고 있다 하더라도 다양성은 기본적 합의의 범위 내에서 그리고 이러한 기본적 합의에서 출발하는 공동생활의 기본규칙 내에서 허용되는 것이지, 그러한 다양성이 자유민주적 헌법질서 자체를 위험에 빠뜨리는 것은 허용되지 않는다. 곧 민주주의의 이름으로 민주주의 그 자체를 공격하거나 자유의 이름으로 자유 그 자체를 말살하려는 헌법질서의 적을 효과적으로 방어하고 그와 투쟁하기 위한 것이 '방어적'(abwehrhafte, wehrhafte) 또는 '전투적'(streitbare) 민주주의이다.[2)]

173. 방어적 민주주의의 개념: 헌법질서의 적을 효과적으로 방어하고 그와 투쟁하기 위한 것

위헌정당해산제도와 기본권실효제도로 표현되는 방어적 민주주의는 형법,

1) Th. Maunz/R. Zippelius, *Deutsches Staatsrecht*, S. 172.

2) 방어적 민주주의의 개념에 대해서는 R. Dreier, Verfassung und Ideologie, in: *Gedächtnisschrift für Friedrich Klein*, 1977, S. 86ff.; J. Lahmeyer, *Streitbare Demokratie*, 1980, S. 20ff. 참조. 이 개념의 창안자로서는 1937년에 이 개념의 성립에 커다란 영향을 준 독일계 미국학자 뢰벤슈타인 *K. Loewenstein*, Militant Democracy and Fundamental Rights, American Political Science Review XXXI, 1937. 691쪽 이하, 725쪽 이하를 들 수 있다. Quaritsch, Diskussionsbeitrag, in: *VVDStRL* Heft 37(1979), S. 141 참조.

경찰질서, 대외적 국가안전을 통한 현행국가질서의 평상적 보호를 넘어선다. 곧 방어적 민주주의는 무장된 힘, 외국에 대한 정찰, 간첩에 대한 방어의 어느 것도 포함하지 않는다. 방어적 민주주의는 특정의 내용(가치)에 구속됨으로써 민주주의의 정당성에 참여하고, 민주주의에 특수한 형태를 부여한다.

(2) 防禦的 民主主義의 受容背景

174. 방어적 민주주의의 수용배경: 바이마르공화국에서의 다수설이었던 상대주의적 민주주의이론과 헌법수호의 불충분성 및 그 결과로서의 과격주의자들에 의한 바이마르공화국의 파괴가 동기를 제공

1948년 9월 8일의 헌법제정회의에서 슈미트 *Carlo Schmid* 의원은 앞으로는 "민주주의와 자유로운 기본질서에 적대적인 투쟁에 기본권을 사용하고자 하는 자는 기본권을 원용하지 못하도록" 해야 할 것이라고 이야기한 바 있다.[1] 이러한 발언에서 보듯이 방어적 민주주의를 수용하는 데에는 바이마르공화국에서의 다수설이었던 상대주의적 민주주의이론과[2] 헌법수호의 불충분성 및 그 결과로서의 과격주의자들에 의한 바이마르공화국의 파괴가 동기를 제공하였다.[3] 곧 자유에 대한 위협은 종종 국가가 원인을 제공하는 것이 사실이지만, 자유에 대한 위협은 국가에 의한 것에 한정되지는 않는다는 점이다. 자유민주적 기본질서는 기본권의 도움을 받아 자유민주적 기본질서와 투쟁하기 위하여 기본권을 원용하고 사용하는 사람들에 의해서도 위협을 받는다.[4] 이러한 인식과 더불어 자유민

1) Parlamentarischer Rat, *Stenographische Berichte über die Plenarsitzungen*, 1948/49, S. 14. 또한 1948년 9월 9일의 헌법제정회의에서 브로크만 *Brockmann* 의원은 민주주의는 "그가 보장한 자유의 조력을 얻어 스스로 공격되고 부정되는 데에서 보호되어야 한다"(앞의 책, S. 56)고 발언하고 있다. 그런데 이 발언은 1921년 8월 29일의 공화국수호를 위한 제국대통령령의 제정에 대한 제국수상 비르트 *Wirth*의 제국정부포고(RGBl. I S. 1239)에 표현된 다음과 같은 방어적 민주주의의 사상과 다르지 않다. "출판과 결사와 집회의 자유의 민주적 제 요청을 실현하는 헌법은 동시에 그것들이 헌법 자체를 파괴하는 데 남용되는 경우 이러한 자유들을 제한할 권한을 보증한다." 물론 이러한 사고는 바이마르공화국 당시에는 지지되지 않았다.

2) 상대주의적 민주주의이론의 대표자인 한스 켈젠은 바이마르공화국이 멸망하기 직전인 1932년에도 다음과 같이 말하고 있다. "다수의 의사에 반하여, 심지어는 무력으로써 자신을 주장하고자 하는 민주주의는 민주주의기를 그만둔다. 국민의 지배는 국민에 반하여 존재할 수 없다. … 곧 민주주의에 찬성하는 자는 민주주의를 구원하기 위하여 숙명적인 모순과 독재에 호소해서는 안 된다. 우리는 비록 군함이 침몰한다 하더라도 군기에 충실해야 한다."(F. K. Formme, Die streitbare Demokratie im Bonner Grundgesetz, in: Bundesministerium des Innern(Hrsg.), *Verfassungsschutz und Grundgesetz*, 1981, S. 185ff.(217).

3) H. v. Mangoldt/Fr. Klein, *Das Bonner Grundgesetz*, 2. Aufl.(1965), S. 518.

4) R. Zippelius, *Allgemeine Staatslehre*, 8. Aufl.(1982), S. 218은 방어적 민주주의가 필요한 실제적 예로서 예컨대 이미 1928년에 괴벨스 *Goebbels*가 다음과 같은 말을 했음을 적고 있다. "우리는 민주주의의 무기고에서 민주주의 자신의 무기로 우리를 무장하기 위하여

주국가는 갈등상황에 놓이게 된다. 독재는 어떤 시기에도 자신을 적으로부터 방어한다 하여 자기모순에 빠지지 않는다. 자신의 적을 폭력으로 억압하는 것은 독재의 특성이기 때문이다. 그러나 민주국가는 자유와 기본권을 방어하고자 하며, 민주국가가 자유와 기본권을 방어하는 일은 기본권이 자유민주적 기본질서에 대항하는 수단으로 남용되는 한에서 자유민주적 기본질서에 대한 적대자에게 부분적으로 기본권을 원용할 수 없게 함으로써만 가능하다.[1] 그렇게 해서 민주국가는 '전투적' 민주주의로 된다.[2]

(3) 防禦的 民主主義의 問題點과 限界

1) 방어적 민주주의의 필요성

민주주의가 그 적으로부터 스스로를 보호하는 것은 당연하다. 우리의 과거 헌정사에서 확인될 수 있는 분단과 동족상잔 및 극한적 이념대립이라는 상황에서 판단할 때 다른 어느 곳에서보다 우리나라의 경우 방어적 민주주의가 필요하다는 데 대해서는 이의가 있을 수 없다. 175. 방어적 민주주의의 필요성

2) 방어적 민주주의의 문제점

그러나 방어적 민주주의에는 문제점도 있다. 우선 생각할 수 있는 것은 정치적 기본가치와 민주적 제도들에 의한 기본적 합의가 행정청의 법률일상에서 너무 좁게 해석될 수도 있고 또 가능한 여러 가지 정치적 신념이나 세계관 중 어느 하나에 상응하는 가치관들만이 기본적 합의라고 왜곡될 수도 있다는 점이다. 다음으로 생각할 수 있는 것은 자유로운 정신적·정치적 논쟁에 대하여 '방어적'(또는 투쟁적) '개방성'을 과장함으로써 바로 언론의 자유를 저지하는 국가수 176. 방어적 민주주의의 문제점

제국의회로 간다. 우리는 바이마르적 정서의 지지기반을 무력화시키기 위하여 제국의회 의원이 될 것이다. 만일 민주주의가 우리에게 무료입장권과 식사를 제공할 정도로 어리석다면, 그것은 그들 자신의 몫이다. 우리는 그 때문에 골머리를 앓을 필요는 없다. 우리에게는 현재의 상황을 혁명하는 모든 법률적 수단이 정당하다. … 우리는 확신과 희생과 열정을 요구한다! 우리에게 표는 하나의 보조수단일 뿐이다. … 우리는 의사당에 들어가는 데 … 어려움이 없을 것이고, 광범한 국민대중의 혁명적 의지를 (의회 내에 — 저자의 삽입) 들여놓을 것이다. … 우리는 친구로서 또한 중립자로서 (의회로 — 저자의 삽입) 가는 것이 아니라 우리는 적으로서 간다! 늑대가 양떼에 침입하듯이 우리는 (의회로 — 저자의 삽입) 간다!"

1) Th. Maunz/R. Zippelius, *Deutsches Staatsrecht*, S. 163.

2) BVerfGE 28, 48f. 또 Bleckmann, *Allgemeine Grundrechtslehren*, 1979, S. 287은 이 규정은 기본법 제9조 제2항과 제21조 제2항과 더불어 바이마르공화국의 가치상대주의를 극복하고 '전투적 민주주의'(streitbare Demokratie)를 도입한 것이라고 한다.

호조치나 헌법수호조치가 정당화될 수도 있다는 점이다.[1)]

3) 방어적 민주주의의 한계

177. 방어적 민주주의의 한계: 1. 민주주의 본질을 침해해서는 안 된다; 2. 그 밖의 다른 헌법의 기본원리의 본질을 침해해서는 안 된다; 3. 방어적 민주주의를 근거로 한 제한은 엄격한 비례의 원칙을 따라야 한다

여기에서 다시 한번 방어적 민주주의는 민주주의의 적으로부터 민주주의를 보호하기 위하여 등장한 것이라는 것을 확인할 필요가 있다. 달리 표현하면, 민주주의의 보호라는 목적을 넘어 방어적 민주주의가 확대적용되는 경우 그것은 민주주의의 수호가 아닌 민주주의의 파괴 또는 민주주의의 자기부정이 된다.[2)] 따라서 방어적 민주주의의 한계를 명확히 하는 것이 필요하다.

> **판례** 〈통합진보당 해산(인용=해산)〉 "정당해산심판제도가 비록 정당을 보호하기 위한 취지에서 도입된 것이라 하더라도 다른 한편 이는 정당의 강제적 해산가능성을 헌법상 인정하는 것이므로, 그 자체가 민주주의에 대한 제약이자 위협이 될 수 있음을 또한 깊이 주의해야 한다. 정당해산심판제도는 운영 여하에 따라 그 자체가 민주주의에 대한 해악이 될 수 있으므로 일종의 극약처방인 셈이다. 따라서 정치적 비판자들을 탄압하기 위한 용도로 남용되는 일이 생기지 않도록 정당해산심판제도는 매우 엄격하고 제한적으로 운용되어야 한다. '의심스러울 때에는 자유를 우선시하는(in dubio pro libertate)' 근대 입헌주의의 원칙은 정당해산심판제도에서도 여전히 적용되어야 할 것이다."(헌재 2014. 12. 19 2013헌다1 결정)

방어적 민주주의의 한계로는 다음과 같은 세 가지를 드는 것이 일반적이다. 우선, 방어적 민주주의는 민주주의의 본질을 침해해서는 안 된다. 다음으로, 헌법의 기본원리로서의 민주주의는 헌법의 다른 기본원리들과 함께 헌법질서를 형성하기 때문에 법치주의원리, 사회국가원리, 문화국가원리 및 평화국가원리와 같은 그 밖의 다른 헌법의 기본원리의 본질을 침해해서는 안 된다. 끝으로, 방어

---

1) E. Denninger, Der Schutz der Verfassung, in: E. Benda/W, Maihofer/H.-J. Vogel, *Handbuch des Verfassungsrechts*, 1984, S. 1293ff.(1326f.) 참조. 우리나라의 헌정사에서는 방어적 민주주의의 필요성이 다른 어느 곳에서보다 더욱 필요하지만, 문제점 또한 많이 노정되었다고 할 수 있다. 이를 계희열, 헌법학(상), 232·233쪽은 다음과 같이 표현하고 있다. "우리의 헌정사를 되돌아볼 때 분단과 6·25 그리고 극한적인 이념적 대립이라는 상황에서 민주주의의 방어와 수호의 필요성은 그 어느 곳에서보다 크다는 것이 사실이다. 우리 헌법은 1962년의 헌법 이래 명시적으로 방어적 민주주의를 규정하고 있다. 그럼에도 불구하고 방어적 민주주의의 이론은 전혀 아무런 역할도 하지 못했다. 민주주의 방어와 수호는 그 근거와 한계에 대한 이론적 성찰 없이 필요에 따라 행해졌고 이러한 필요성에 근거한 방어는 항상 남용되고 필요성의 한계를 넘어섰으며, 이로써 민주주의를 방어하는 것이 아니라 오히려 스스로를 부정하고 파괴하는 경우가 적지 않았음을 볼 수 있다. 특히 국가보안법은 기본적으로 (국가의 존립과 안전) 민주주의를 보호하기 위한 법이지만 그 형성과 운영이 민주주의를 오히려 부정하고 파괴하는 면이 적지 않았다."

2) E. Denninger, *Staatsrecht I*, 1973, S. 90.

적 민주주의를 근거로 한 제한은 엄격한 비례의 원칙을 따라야 한다.[1)]

판례 〈통합진보당 해산(인용=해산)〉 "북한식 사회주의를 실현하고자 하는 피청구인의 목적과 활동에 내포된 중대한 위헌성, 대한민국 체제를 파괴하려는 북한과 대치하고 있는 특수한 상황, 피청구인 구성원에 대한 개별적인 형사처벌로는 정당 자체의 위험성이 제거되지 않는 등 해산 결정 외에는 피청구인의 고유한 위험성을 제거할 수 있는 다른 대안이 없는 점, 그리고 민주적 기본질서의 수호와 민주주의의 다원성 보장이라는 사회적 이익이 정당해산결정으로 인한 피청구인의 정당활동의 자유에 대한 근본적 제약이나 다원적 민주주의에 대한 일부 제한이라는 불이익에 비하여 월등히 크고 중요하다는 점을 고려하면, 피청구인에 대한 해산결정은 민주적 기본질서에 가해지는 위험성을 실효적으로 제거하기 위한 부득이한 해법으로서 비례원칙에 위배되지 아니한다."(헌재 2014. 12. 19 2013헌다1 결정)

2. 違憲政黨解散

우리 헌법은 제8조 제4항에서 "정당의 목적이나 활동이 민주적 기본질서에 위배될 때에는 정부는 헌법재판소에 그 해산을 제소할 수 있고, 정당은 헌법재판소의 심판에 의하여 해산된다"라고 하여 위헌정당해산제도를 규정하고 있다. 178. 위헌정당해산: 헌법 제8조 제4항

정당은 한편으로는 오늘날의 정당국가적 민주주의에서 없어서는 안 될 존재이지만, 다른 한편으로는 민주주의에 대한 잠재적 파괴자로 나타날 수도 있다.[2)] 어떤 정당이 민주주의를 제거하거나 비민주적인 정치체제로 전환시키려는 정치적 목적을 추구하는 경우, 그 정당은 민주주의에 없어서는 안 될 존재라기보다는 오히려 민주주의를 위하여 일찍 제거되어야만 하는 존재라 하겠다.[3)] 자유민주적 기본질서를 침해하려는 정치활동은 제한될 수밖에 없다. 따라서 모든 다른 헌법들과 마찬가지로 자유민주적 헌법도 자신의 적에 대항하여 법이라는 무기로 자위할 권리를 가진다.[4)] 이러한 방어적 민주주의가 표현된 것 가운데 하나가 정당에 대한 강제해산제도이며, 그것은 나치 독일의 이른바 합법적 권력획득, 즉 바이마르헌법이 '전체주의적' 정당들 중 가장 공격적인 정당에게 죽임을

1) 계희열, 헌법학(상), 231·232쪽; 권영성, 헌법학원론, 88쪽 참조.
2) G. Leibholz, Die Strukturwandel der modernen Demokrtie, in: ders., *Struktur-probleme der modernen Demokratie*, 1958, S. 123f.
3) K. Hesse, *Grundzüge des Verfassungsrechts der Bundesrepublik Deutschland*, S. 281f.(Rdnr. 714).
4) G. Leibholz, Die Strukturwandel der modernen Demokratie, S. 139.

당한 쓰라린 경험을 배경으로 한 것이다.[1]

우리나라의 경우 그 목적이나 활동이 민주적 기본질서에 위배된다는 이유로 정당이 강제해산된 예는 아직까지는 없다. 그러나 일련의 국가보안법 위반사건에서 헌법재판소[2]와 대법원[3]은 자유민주주의를 헌법의 최고이념으로 규정하고, 이를 수호하기 위한 필요성을 강조하고 있다. 이로부터 헌법재판소와 대법원은 방어적 민주주의의 이론을 수용하고 있는 것으로 해석할 수 있다.

> **판례** 〈국가보안법 제7조에 대한 위헌심판(한정합헌)〉 "국가보안법 제7조 제1항은 그 소정의 행위가 국가의 존립·안전이나 자유민주적 기본질서에 해악을 끼칠 명백한 위험이 있는 경우에만 적용하도록 축소 제한해석하는 한 합헌이다."(헌재 1990. 4. 2. 89헌가113 결정)

> **판례** 〈경찰법 제11조 제4항 등 위헌확인(위헌, 일부각하)〉 "헌법 제8조 제4항은 '정당의 목적이나 활동이 민주적 기본질서에 위배될 때에는 정부는 헌법재판소에 그 해산을 제소할 수 있고, 정당은 헌법재판소의 심판에 의하여 해산된다'고 규정하고 있다. 정당의 해산에 관한 위 헌법규정은 민주주의를 파괴하려는 세력으로부터 민주주의를 보호하려는 소위 '방어적 민주주의'의 한 요소이고, 다른 한편으로는 헌법 스스로가 정당의 정치적 성격을 이유로 하는 정당금지의 요건을 엄격하게 정함으로써 되도록 민주적 정치과정의 개방성을 최대한으로 보장하려는 것이다."(헌재 1999. 12. 23. 99헌마135 결정)

3. 基本權의 失效

(1) 規定 및 機能

1) 규 정

179. 기본권실효 규정: 독일기본법 제18조

독일기본법 제18조는 "의사표현의 자유, 특히 신문의 자유(제5조 제1항), 교수의 자유(제5조 제3항), 집회의 자유(제8조), 결사의 자유(제9조), 서신, 우

---

1) BVerfGE 5, 138f. 참조.

2) 헌재 1990. 4. 2. 89헌가113 결정〈국가보안법 제7조에 관한 위헌심판(한정합헌)〉; 헌재 1991. 3. 11. 91헌마21 결정〈지방의회의원선거법제36조 제1항에 대한 헌법소원(헌법불합치, 각하)〉; 헌재 1997. 1. 16. 92헌마6 등 병합결정〈민사소송법 제426조 제3항 등에 대한 헌법소원(각하)〉; 헌재 2001. 9. 27. 2000헌마238 등 병합결정〈「제주 4·3사건 진상규명 및 희생자 명예회복에 관한 특별법」의결행위 취소 등(각하)〉 참조.

3) 대법원 1992. 8. 14. 92도1211 판결; 대법원 1992. 8. 18. 92도1244 판결; 대법원 1998. 7. 24. 98도1395 판결 참조.

편 및 전신의 비밀(제10조), 재산권(제14조) 또는 망명자비호권(제16조 제2항)을 자유민주적 기본질서에 대한 공격을 위해 남용하는 자는 이 기본권들의 효력을 상실한다. 실효와 그 범위는 연방헌법재판소에 의하여 선고된다"라고 하여 특정 기본권의 실효에 대해서 규정하고 있다.

2) 기 능

이 규정은 독일기본법 제21조 제2항의 정당해산에 대해서 특별규정을 이룬다. 이 규정은 일차적으로는 헌법수호의 기능을, 이차적으로는 기본권보호의 기능을 한다.[1)]

180. 기본권실효 규정의 기능: 일차적으로는 헌법수호기능, 이차적으로는 기본권 보호기능

(2) 基本權失效의 要件과 效果

독일기본법 제18조는 기본권실효의 요건으로서 특정 기본권이 자유민주적 기본질서에 대한 투쟁수단으로 남용되고, 그 결과 자유민주적 기본질서에 중대한 위험이 발생되는 것을 요구한다.[2)] 우선, 자유민주적 기본질서의 개념은 연방헌법재판소에서 확정된 개념을 따른다.[3)] 다음으로, 기본법 제18조에서 사용된 남용이란 용어는 단순한 비판을 넘어선 자유민주적 기본질서에 대한 공격적이고 위험한 정치적 활동을 뜻한다.

181. 기본권실효의 요건: 특정 기본권이 자유민주적 기본질서에 대한 투쟁수단으로 남용되어 자유민주적 기본질서에 중대한 위험이 발생할 것

---

1) 이 규정의 성격 내지 기능에 대해서는 다음과 같은 세 가지 견해가 대립되고 있다. 1) A. Hamann, in: A. Hamann/H. Lenz, *Das Grundgesetz für die Bundesrepublik Deutschland-Kommentar*, 1956, S. 316, Anm. 1 zu Art. 18. 기본법 제18조는 기본권을 포함하고 있다. 왜냐하면 기본법 제18조의 구성요건은 한정되어 있으며, 실효는 특정의 기본권에 제한되어 있고 그 선언은 연방헌법재판소에 의해서만 행해진다. 그러므로 기본법 제18조는 자유권이다. 2) W. Schmitt Glaeser, *Mißbrauch und Verwirkung von Grundrechten im politischen Meinungskampf*, 1968, S. 56. 이 조항의 성립사로부터 기본법 제18조의 기본권실효제도는 일차적으로 헌법수호규정이며, 이차적으로는 자유권을 보호하기도 한다. 3) A. Bleckmann, *Allgemeine Grundrechtslehren*, S. 287f. '기본법제정회의'(Parlamentarischer Rat)의 견해를 무시할 수 없고 그러한 한에서 헌법수호규정이다.
2) BVerfGE 38, 23(24f.).
3) BVerfGE 2, 1(12f.). 또한 BVerfGE 5, 140 참조. 그에 반하여 자유민주적 기본질서의 개념을 궁극적으로 확정하고자 하려는 견해도 있다. 그 견해에 따르면 기본법 제79조 제3항에 포함된 원칙들은 자유민주적 기본질서의 내용에서 제외되어야 한다고 한다. 왜냐하면 기본법 제79조에 따라 합헌적으로 개정될 수 있을지도 모르는 헌법원칙들도 자유민주적 기본질서에 포함시킨다면, 기본법 제18조는 본래의 목적과는 달리 절대적 가치질서를 변경하려는 데 대해서 적용되지 않고 그저 절차(곧 필요한 다수)만을 보호하기 때문이라는 것이다. 그 밖에도 헌법을 합법적인 수단으로 개정하려는 시도는 허용되지 않으면 안 된다고 한다. W. Schmitt Glaeser, *Mißbrauch und Verwirkung von Grundrechten im politischen Meinungskampf*, S. 46ff.

182. 기본권실효의 효과: 해당 기본권을 정치적 투쟁에서 무기로 사용할 수 없다

이상의 요건이 갖추어지면 연방의회나, 연방정부 또는 주정부가 기본법 제18조에 열거된 기본권에 한하여 연방헌법재판소에 기본권의 실효를 제청한다. 연방헌법재판소는 재판관 3분의 2 다수로 결정하며, 연방헌법재판소의 결정은 창설적 효력을 갖는다. 연방헌법재판소가 실효를 선고한 순간부터 당사자들은 해당 기본권을 더 이상 원용할 수 없게 된다. 곧 그 시점부터 실효된 기본권의 보호가 그 당사자에게는 미치지 않는다.

실효의 의미는 과거에 대한 형벌이라기보다 현재와 미래를 위한 예방적인 것이며, 실효는 해당 기본권 자체의 상실이 아닌, 해당 기본권을 정치적 투쟁에서 무기로서 행사할 수 없다는 뜻이다. 따라서 예컨대 언론의 자유를 실효당하더라도 스포츠신문에서는 일할 수 있다. 기본권실효의 기간은 무기, 유기 모두 가능하나 후자의 경우 최소한 1년이다. 무기한의 경우 2년 경과 후 원고나 피고의 신청으로 연방헌법재판소는 그 기간을 단축시키거나 장래에 향하여 무효로 할 수 있다. 연방헌법재판소가 단축결정을 한 경우에는 그 결정이 이루어진 후 1년이 경과하면 다시 검토를 신청할 수 있다.

(3) 基本權失效의 現實的 意義

183. 기본권실효의 현실적 의의: 거의 없다

기본권의 실효가 지금까지 실무상의 의의를 가진 적은 없다.[1] 왜냐하면 기본권의 실효는 두 번 제청되었으나 받아들여지지는 않았기 때문이다.

첫 번째의 경우는 연방정부가 이미 금지된 '사회주의제국당'(SRP)의 부의장에 대하여 소를 제기한 경우였다. 1960년 7월 25일의 결정에서 연방헌법재판소는 동 청구를 '현재 충분한 이유가 없다'고 기각하였다.[2]

두 번째의 경우는 1969년 3월 20일 연방정부가 극우적이라고 생각되는 출판인과 편집인에 대하여 특히 출판의 자유를 실효시켜 줄 것을 청구한 사건이었다. 동 청구는 1974년 7월 2일 연방헌법재판소에 의하여 거부되었다.[3] 이 두 번째 사건에서 연방정부는 청구 자체를 더 이상 심각하게 시도하지 않은 것으로 보인다. 연방헌법재판소의 결정에 따르면 연방정부는 "변론문에서 광범위한 사실과 법적 설명에 대하여 답변하지도 않았고" 또한 청구당사자의 "현재의 위험성"의 문제에 대하여 언급하지도 않았다고 한다.

---

1) K. Hesse, *Grundzüge des Verfassungsrechts der Bundesrepublik Deutschland*, S. 281 (Rdnr. 713).
2) BVerfGE 11, 282f.
3) BVerfGE 38, 23f.

第 2 編
憲法의 基本原理

第 1 章 憲法의 基本原理와 憲法前文
第 2 章 韓國憲法의 基本原理

第 1 章　憲法의 基本原理와 憲法前文
第 1 節　憲法의 基本原理
第 2 節　憲法前文
第 2 章　韓國憲法의 基本原理
第 1 節　自由民主主義原理
第 2 節　法治主義原理
第 3 節　社會國家原理
第 4 節　文化國家原理
第 5 節　平和國家原理

第 1 章　憲法의 基本原理와 憲法前文

第 1 節　憲法의 基本原理

1. 意　　義

(1) 槪　　念

사람들이 그것을 '법적 원리'(Rechtsgrundsätze)[1]라 부르든, '헌법의 기본원리'(verfassungsrechtliche Leitgrundsätze, verfassungsrechtliche Leitprinzipien)[2]라 부르든, '국가목표규정'(Staatszielbestimmungen)[3]이라 부르든, '국가의 기초규범'(Staatsfundamentalnormen)[4]이라 부르든, '헌법형성적 기본결단'(verfassunggestaltende Grundentscheidungen)[5]이라 부르든, '헌법명령'(Verfassungsdirektiven)[6]이라 부르든 또는 그 밖의 다른 것으로 부르든[7] 명칭과는 관계없이 헌법에는 헌법질서의 전

184. 헌법의 기본원리의 개념: 헌법에서 정치적 통일과 정의로운 경제질서를 형성하고 국가의 과제를 수행하는 데 준거를 제공하는 지도적 원리

1) W. Abendroth, Zum Begriff des demokratischen und sozialen Rechtsstaates im Grund–gesetz der Bundesrepublik Deutschland, in: *Aus Geschichte und Politik. Festschrift zum 70. Geburtstag von L. Bergstreser*, 1954, S. 279ff.

2) U. Scheuner, *Die Ausgestaltung verfassungsrechtlicher Leitgrundsätze, Rechtsgutachten zu der Frage der unmittelbaren Rechtswirkung des Artikels 41 der hessischen Ver–fassung vom 11. Dezember 1946*, 1952, S. 39.

3) H. P. Ipsen, *Über das Grundgesetz*, 1950, S. 14ff. Chr. Degenhart, *Staatsrecht I, Staatsorganisationsrecht*, S. 1과 S. Detterbeck, *Öffentliches Recht*, 9. Aufl., 2013, S. 3은 국가목표규정과 헌법형성적 기본결단이라는 용어를 함께 사용하고 있다.

4) H. Nawiasky, *Allgemeine Rechtslehre als System der rechtlichen Grundbegriffe*, 2. Aufl.(1948), S. 41.

5) H. J. Wolff, Rechtsgrundsätze und verfassunggestaltende Grundentscheidungen als Rechtsquellen, in: *Forschungen und Berichte aus dem öffentlichen Recht, Gedächtnis–schrift für W. Jellinek*, 1955, S. 33ff.

6) P. Lerche, *Übermaß und Verfassungsrecht*, 1961, S. 61ff.

7) 최근에는 "국가구성원리(Staatsstrukturprinzipien)와 국가목표(Staatsziele)"라는 용어를 사용하는 경우도 있다. 그러한 용례에 따르면 국가구성원리는 민주주의, 법치국가, 연방국가, 공화국과 사회국가와 같이 독일연방공화국의 국가조직과 관련된 근본적이고 헌법개정의 대상에서 제외되는 헌법제정권자의 결단으로 이해된다. 그에 반하여 국가목표규정은

체적 형성에 있어서 그 기초나 지주(支柱)가 되는 원리가 있다. 곧 헌법에는 정치적 통일과 정의로운 경제질서를 형성하고 국가의 과제를 수행하는 데 준거가 되는 지도적 원리들이 있다. 이를 헌법의 기본원리라 한다. 달리 표현하면 헌법의 기본원리란 헌법의 핵(核)이라 할 수 있다.

(2) 憲法의 基本原理의 표현형태

185. 헌법의 기본원리의 표현형태: 직접적인 경우, 간접적인 경우

헌법의 기본원리는 비교적 분명하게 표현되어 있는 경우도 있지만, 헌법전문, 헌법규정들 그리고 헌법의 여러 제도들 속에서 추론해 내야 하는 경우도 있다. 독일 기본법 제20조, 제28조는 전자의 경우에 속하고, 우리 헌법은 후자의 경우에 속한다.

(3) 憲法의 基本原理의 拘束力

186. 헌법의 지도원리는 직접적인 구속력을 갖는다

헌법의 기본원리는 법적으로 직접적인 구속력을 갖는다. 헌법의 기본원리는 헌법과 모든 법령해석의 척도가 되며, 입법과 정책결정에 방향을 제시하며, 모든 국가기관과 모든 공직자 그리고 모든 국민의 행동지침이 되고, 헌법개정의 한계가 된다.[1] 또한 헌법의 기본원리는 특히 사회국가의 예에서 볼 수 있듯이 그를 지향하는 헌법현실을 정당화할 뿐만 아니라 그 속에 표현된 가치를 통하여 통합하는 작용을 한다.[2]

판례 〈축산업협동조합법 제99조 제2항 위헌소원(위헌)〉 "헌법의 기본원리는 헌법의 이념적 기초인 동시에 헌법을 지배하는 지도원리로서 입법이나 정책결정의 방향을 제시하며 공무원을 비롯한 모든 국민·국가기관이 헌법을 존중하고 수호하도록 하는 지침이 되며, 구체적 기본권을 도출하는 근거로 될 수는 없으나 기본권의 해석 및 기본권제한입법의 합헌심사에 있어 해석기준의 하나로 작용한다."(헌

헌법적 가치결단으로서 환경보호, 동물보호 및 통합유럽의 실현과 같이 헌법개정입법자에 의하여 도입된 것으로 그 구체적인 실현이 (단순)입법자에게 위임되어 있는 것을 특색으로 한다(H. Sodan/J. Ziekow, *Öffentliches Recht*, S. 44).

그런가 하면 '헌법의 기본원리'(Verfassungsgrundsätze)를 '국가구성원리'(Staatsstruktur-prinzipien), '국가목표규정'(Staatszielbestimmungen)' 및 '행위명령'(Handlungsdirektiven)으로 3분하는 견해도 있다(H. Kremser/A. Leisner, *Verfassungsrecht Ⅲ*, *Staatsorganisationsrecht*, 1999, S. 39ff.). 이에 따르면 행위명령은 예컨대 보호가치 있는 신뢰의 존중과 같이 특정의 방식으로 행위할 것을 요청하는 국가기관에 대한 명령(지시)을 의미하며, 국가구성원리와 국가목표규정과 같은 헌법형성적 기본결정을 구체화하는 작용을 한다.

1) 김철수, 헌법학개론, 박영사, 2001, 85쪽; 권영성, 헌법학원론, 법문사, 2001, 127쪽; 계희열, 헌법학(상), 박영사, 2001, 180·181쪽.

2) I. Contiades, *Verfassungsgesetzliche Staatsstrukturbestimmungen*, 1967, S. 117ff.

재 1996. 4. 25. 92헌바47 결정)

판례 〈「제주 4·3사건 진상규명 및 희생자 명예회복에 관한 특별법」 의결행위 취소 등(각하)〉 "헌법의 기본원리는 헌법의 이념적 기초인 동시에 헌법을 지배하는 지도원리로서 입법이나 정책결정의 방향을 제시하여 공무원을 비롯한 모든 국가기관이 헌법을 존중하고 수호하도록 하는 지침이 되며 … 헌법의 지도원리는 국가기관 및 국민이 준수하여야 할 최고의 가치규범이고, 헌법의 각 조항을 비롯한 모든 법령의 해석기준이며, 입법권의 범위와 한계 그리고 국가정책결정의 방향을 제시한다."(헌재 2001. 9. 27. 2000헌마238 등 병합결정)

2. 韓國憲法의 基本原理

(1) 學　說

187. 한국헌법의 기본원리에 관한 학설

한국 헌법의 기본원리가 무엇인가에 대하여 국내의 학설은 의견이 일치되어 있지 않다.

제 1 설은 국민주권주의, 자유민주주의와 권력분립주의, 평화통일주의, 문화국가주의, 국제평화주의, 군의 정치적 중립성보장, 기본권존중주의, 복지국가주의, 사회적 시장경제주의 등을 한국헌법의 기본원리로 든다.[1)]

제 2 설은 국민주권의 원리, 자유민주주의, 사회국가의 원리, 문화국가의 원리, 법치국가의 원리, 평화국가의 원리 등을 한국헌법의 기본원리라 한다.[2)]

제 3 설은 헌법전문에 우리 헌법이 추구하고 있는 근본이념이 표현된 것으로 보아 그것을 국민주권의 이념, 정의사회의 이념, 문화민족의 이념, 평화추구의 이념으로 4분하고, 이러한 근본이념을 실현하는 원리를 헌법의 기본원리로 본다. 따라서 이 견해에 따르면 통치권의 기본권에의 기속, 자유민주주의원리, 법치주의원리(이상 국민주권의 이념실현), 사회적 기본권의 보장, 사회국가원리, 수정자본주의원리(=사회적 시장경제질서, 이상 정의사회의 이념실현), 문화국가원리, 혼인·가족제도(이상 문화민족의 이념실현), 평화통일의 원칙, 국제법존중의 원칙(이상 평화추구의 이념실현)이 한국헌법의 기본원리가 된다.[3)]

제 4 설은 헌법을 국제질서에 대한 것과 국내질서에 대한 것으로 나누고, 국제질서와 관련하여 국제평화주의를, 국내질서와 관련하여 민주주의의 원리, 법

1) 김철수, 헌법학개론, 85쪽 이하.
2) 권영성, 헌법학원론, 126쪽 이하.
3) 허영, 한국헌법론, 박영사, 2001, 129쪽 이하.

치주의의 원리, 사회국가의 원리, 문화국가의 원리를[1] 한국헌법의 기본원리로 들고 있다.

(2) 學說에 대한 檢討

188. 한국헌법의 기본원리에 관한 학설에 대한 검토

그러나 제1설은 한국헌법의 기본원리 외에도 대한민국의 기본질서라는 것을 인정하여 민주질서, 정치질서, 행정질서, 사회·경제질서, 국제질서를 나누고 있다. 그리고 이러한 기본질서의 내용으로 여러 제도들과 헌법의 기본원리에 해당되는 것을 다시 설명하고 있어 그들 사이의 관계를 이해하기 어렵게 만들고 있다.

그런가 하면 제2설도 헌법의 기본원리 외에 헌법의 기본질서와 헌법의 기본제도라는 것을 나누어 설명한다. 그러면서 그 속에서 헌법의 기본원리에 대하여 중첩적으로 설명하고 있어 이들 사이의 관계가 분명하지 않다.

제3설이 헌법의 근본이념을 실현하는 것을 헌법의 기본원리로 본 것은 탁견(卓見)이다. 그렇지만 기본원리와 기본원리를 구체화하고 있는 구체적인 제도들을 같이 취급하고 있는 것은 논리적으로 문제가 있다.

제4설은 헌법의 기본원리에 구체적으로 어떤 규정들이 포함되는가에 대한 언급이 부족한 흠이 있다.

(3) 私 見

189. 한국헌법의 기본원리에 대한 사견: 자유민주주의원리, 법치주의원리, 사회국가원리, 문화국가원리, 평화국가원리

이처럼 학자에 따라 헌법의 기본원리의 내용이 다른 것은 다음과 같은 두 가지 이유 때문이다. 첫째, 헌법의 기본원리에 대한 확고한 개념규정을 하지 않고 헌법의 기본원리를 제시하고 있기 때문이다.[2] 둘째, 개념규정을 하는 경우에도 헌법의 기본원리에 어떤 헌법규정들이 포함되는가에 대한 검토가 행해지고 있지 않기 때문이다.

보통 헌법의 기본원리를 나타내는 규정들은 국체와 정체에 대한 규정, 비국가적 조직체에 대한 국가의 관계에 관한 규정과 '국가의 이념을 표현하는 규

1) 계희열, 헌법학(상), 181쪽 이하. 장영수. 헌법학 I, 홍문사, 2004, 190쪽 이하도 거의 비슷한 입장에 속한다. 그러면서도 후자는 국내질서에 관한 헌법의 기본원리로서 환경국가원리를 더 첨가하고 있으며, 제1설과 제2설과 마찬가지로 헌법의 기본원리 외에 헌법의 제도적 기초(정당제도, 선거제도, 지방자치제도, 공직제도)를 나누어 설명하고 있다. 그러나 현행헌법상 제35조의 환경권규정만을 근거로 환경국가를 우리 헌법의 기본원리로 볼 수 있는가는 매우 의심스럽다 하겠다.

2) 계희열, 헌법학(상), 179쪽.

정'(Bestimmungen über staatsideologische Staatsprädizierungen), 다른 국가들과의 관계에 대한 규정들을 포함한다.[1)] 그러한 한에서 우리 헌법의 기본원리로 자유민주주의 원리, 법치주의원리, 사회국가원리, 문화국가원리, 평화국가원리를 들 수 있다.[2)]

---

1) I. Contiades, *Verfassungsgesetzliche Staatsstrkturbestimmungen*, S. 81ff. *Contiades*는 이 밖에도 국가의 영역과 '국가의 구성부분'(Staatsgliederung)을 포함하는 '국가구성규정'(Staatsaufbaubestimmungen)을 이에 포함시키고 있다.

2) 성낙인, 헌법학, 법문사, 2014, 129쪽 이하는 우리 헌법의 기본원리를 이념적·법적 기초: 국민주권주의, 정치적 기본원리: 자유민주주의, 경제·사회·문화의 기본원리: 사회복지국가, 국제질서의 기본원리: 국제평화주의를 들고 있다. 이에 따르면 우리 헌법의 기본원리는 국민주권주의, 자유민주주의(법치주의 포함), 사회복지국가(문화국가 포함), 국제평화주의로 구성된다. 그러나 이러한 분류가 설득력을 가지기 위해서는 국민주권주의와 자유민주주의를 별개의 기본원리로 구별해야 하는 이유, 자유민주주의에 법치주의가 포함되는 이유 및 사회복지국가에 문화국가가 포함되는 이유에 대한 논거가 제시되어야 할 것으로 생각된다.

정종섭, 헌법학원론, 박영사, 2015, 226쪽 이하는 헌법의 기본원리에 대한 개념정의 없이 한국헌법의 기본원리를 국가구조원리(민주공화국가, 법치국가, 단일국가), 경제영역의 기본원리(시장경제), 사회영역의 기본원리(사회정의, 복지국가), 문화영역의 기본원리(문화공동체), 국제영역의 기본원리(평화주의, 국제법의 존중, 외국인의 지위 보장)로 들고 있다. 그러나 헌법의 기본원리는 국가의 구성원리(구조원리)이기도 하기 때문에 한국헌법의 기본원리를 국가구조원리(민주공화국가, 법치국가, 단일국가)와 기타의 기본원리(경제영역의 기본원리, 사회영역의 기본원리, 문화영역의 기본원리, 국제영역의 기본원리)로 나누는 것은 논리적 설득력이 부족할 뿐만 아니라 경제에 대한 부분을 경제영역의 기본원리와 사회영역의 기본원리에서 나누어 설명하는 것도 논리적 일관성을 결여한 것이 아닌가 한다. 더 나아가서 이러한 견해의 주장자는 북한을 반국가단체로 보고 있다는 점에서(113쪽) 평화통일의 문제(256−259쪽)를 국제영역의 기본원리의 내용 중의 하나인 평화주의에서 다룰 수 있을지도 매우 의심스럽다 하겠다.

이준일, 헌법학강의, 홍문사. 2005, 118쪽 이하는 헌법의 기본원리는 법치주의, 민주주의, 사회국가라는 세 가지 원리만으로도 충분히 합리적 설명이 가능하고, 거기에 기초하여 국제평화주의와 문화국가원리도 설명이 가능하다고 하면서도, 헌법의 기본원리를 구체적으로 설명함에 있어서는 법치주의, 민주주의, 사회복지주의, 국제평화주의, 문화국가원리를 대등하게 열거함으로써 결론적으로는 저자와 견해를 같이하고 있다.

그런가 하면 한수웅, 헌법학, 102·103쪽은 헌법의 기본원리를 헌법과 국가의 정체성 및 성격을 규정하는 원리(헌법개정의 한계가 되는 민주주의원리, 법치국가원리, 사회국가원리)와 국가목표로서의 그 외의 원리(헌법개정의 대상이 될 수 있는 평화국가원리, 문화국가원리, 환경국가원리)를 들고 있다. 그러나 예컨대 평화국가원리의 핵심내용인 국제법존중주의를 헌법개정의 대상으로 삼을 수 있을지는 대단히 의심스럽다는 점에서 어떤 헌법규정들이 헌법의 기본원리에 속하는가에 대한 설득력 있는 언급이 요구된다 하겠다.

第 2 節 憲法前文

1. 憲法前文의 意義

(1) 憲法前文의 槪念

190. 헌법전문의 개념: 헌법전의 본문 앞에 있는 서문

헌법의 전문이란 헌법전의 본문 앞에 있는 서문(序文)을 말한다. 헌법전문은 법령 등의 공포에 따르는 공포문과는 다르다. 곧 헌법전문은 형식상 헌법이란 표제 다음 본문 앞에 위치하며, 헌법 제·개정 절차에 따라 본문과 함께 제·개정된다. 따라서 헌법전문은 헌법전의 일부를 구성한다.

(2) 憲法前文의 歷史

191. 헌법전문의 역사

헌법전문의 역사는 일찍이 1215년 영국의 '자유대헌장'(Magna Charta Libertatum)에 소급할 수 있다. 그러나 성문헌법의 전문의 효시가 된 것은 1787년의 미국헌법의 전문이다. 제 2 차 세계대전 이후에 제정된 대부분의 헌법은 전문을 두고 있다. 그러나 모든 성문헌법이 전문을 두고 있는 것은 아니다. 예컨대 1831년의 벨기에 헌법, 1929년의 오스트리아 헌법, 1936년의 소련 헌법, 1947년의 이태리 헌법 등에는 전문이 없다. 따라서 헌법의 전문은 성문헌법의 필수적 구성요소는 아니다.

(3) 憲法前文의 內容과 形式

192. 헌법전문의 내용과 형식

헌법에 전문을 두고 있는 경우에도 그 내용이나 형식은 일정하지가 않다. 이를 대별하여 보면 다음과 같은 네 가지 유형으로 나눌 수 있다. 첫째, 헌법제정의 역사적 경위를 밝힌 간단한 전문이 있다. 둘째, 헌법제정의 목적이나 취지를 간단히 선언하고 있는 전문이 있다. 셋째, 헌법의 기본이념이나 기본원리까지를 언급하고 있는 전문이 있다. 넷째, 아주 예외적인 경우로 1946년 프랑스 제 4 공화국 헌법의 예에서 보듯이 기본권보장까지를 선언하고 있는 아주 장문의 전문이 있다. 우리 헌법의 전문은 세 번째 유형에 속한다.

2. 憲法前文의 法的 性格

(1) 憲法前文의 法的 性格에 대한 논의의 발단

헌법전문의 성격과 규범적 효력에 대한 평가가 처음으로 문제된 것은 바이마르 헌법의 전문과 관련하여서이다. 1919년의 바이마르 헌법 이전에는 헌법전문은 헌법제정의 경위를 기술한다든가(1871년의 독일제국헌법) 또는 간단한 제정목적을 밝히는(1874년의 스위스 헌법) 정도의 내용을 포함하고 있었다. 그 때문에 그 법적 의의는 별로 문제되지 않았다. 그러나 종래의 헌법들과는 달리 바이마르 헌법은 그 전문에서 "독일국민은 … 국가를 자유와 정의에 따라 새롭게 하고 공고히 하며 국내 및 국외의 평화에 이바지하고 사회의 진보를 촉진하기 위하여 이 헌법을 제정하였다"고 선언하였다. 따라서 이에 대한 해석을 둘러싸고 헌법전문의 법적 성격이 이론적으로 문제되기 시작하였다.

193. 헌법전문의 법적 성격에 대한 논의의 발단: 바이마르 헌법의 전문

(2) 憲法前文의 法的 性格

앞에서도 보았듯이 법실증주의자들은 헌법에 포함되어 있는 이념적·가치적 요소를 무시한다. 그 결과 그들은 헌법전문은 법적 구속력을 가진 규정이 아니라 단지 선언적이며 구속력이 없다고 한다.[1)]

194. 헌법전문의 법적 성격: 1. 법실증주의자 — 법적 성격 부인; 2. 결단론자·통합론자 — 법적 성격인정

그에 반해서 결단주의적 헌법관과 통합론적 헌법관에서는 이론적 근거는 다르지만 헌법전문의 법적 효력을 인정하고 있다. 슈미트는 헌법전문이 헌법제정권력의 소재를 밝히고 있기 때문에 그 법적 효력을 인정한다.[2)]

스멘트는 헌법의 전문에는 통합의 방향과 목표 및 헌법을 정당화시켜 주는 최고의 정치적 가치가 포함되어 있기 때문에 그 법적 효력을 인정한다.[3)] 헤세는 헌법전문에는 정치적 통일이 형성되고 국가의 과제가 수행되는 데 준거가 되는

---

1) G. Anschütz, *Die Verfassung des Deutschen Reiches*, 14. Aufl.(1933, Neudruck 1965), S. 31. 미국의 학설과 판례도 헌법전문의 법적 효력을 부인하고 있다. 예컨대 미연방대법원은 Jacobson v. Mass., 197 U. S. 11(1905)에서 "엄밀하게 말해서 헌법전문은 헌법이 아니라 헌법 앞에 위치할 뿐이다. 헌법전문은 이것을 근거로 정부권력의 근거가 될 수 없을 뿐 아니라 기본권보장의 근거도 될 수 없다"고 판시한 바 있다.
   그러나 많은 면에서 법실증주의와 유사성을 보이고 있는 규범주의적 헌법관의 주장자인 W. Kägi, *Die Verfassung als rechtliche Grundordnung des Staates*, 1945(Neudruck 1971), S. 129f.는 스위스 헌법의 전문과 관련하여 국민의 행위를 제약하는 법적 구속력을 가진다고 한다.
2) C. Schmitt, *Verfassungslehre*, 1928(5. unveränderte Aufl. 1970), S. 24.
3) R. Smend, *Verfassung und Verfassungsrecht*, 1928, S. 108f.

지도원리들이 규정되어 있기 때문에[1] 헌법전문의 법적 효력을 인정한다. 또한 독일의 판례도 헌법전문의 규범적 효력을 긍정하고 있다.[2] 우리 헌법재판소 판례 중에는 본문에는 없고 전문에만 있는 내용에 대해서도 법적 효력을 인정한 것이 있다.

판례 〈국회의원선거법 제33조, 제34조의 위헌심판(헌법불합치)〉 "우리 헌법의 전문과 본문의 전체에 담겨있는 최고 이념은 국민주권주의와 자유민주주에 입각한 입헌민주헌법의 본질적 기본원리에 기초하고 있다. 기타 헌법상의 제 원칙도 여기에서 연유되는 것이므로 이는 헌법전을 비롯한 모든 법령해석의 기준이 되고, 입법형성권 행사의 한계와 정책결정의 방향을 제시하며, 나아가 모든 국가기관과 국민이 존중하고 지켜가야 하는 최고의 가치규범이다."(헌재 1989. 9. 8. 88헌가6 결정)

판례 〈서훈추천부작위 등 위헌확인(각하)〉 "헌법은 국가유공자 인정에 관하여 명문 규정을 두고 있지 않다. 그러나 헌법은 전문에서 '3·1운동으로 건립된 대한민국임시정부의 법통을 계승'한다고 선언하고 있다. 이는 대한민국이 일제에 항거한 독립운동가의 공헌과 희생을 바탕으로 이룩된 것임을 선언한 것이고, 그렇다면 국가는 일제로부터 조국의 자주독립을 위하여 공헌한 독립유공자와 그 유족에 대하여는 응분의 예우를 하여야 할 헌법적 의무를 지닌다고 보아야 할 것이다."(헌재 2005. 6. 30. 2004헌마859 결정)

(3) 韓國 憲法前文의 機能

195. 한국헌법전문의 기능: 법령의 해석기준, 입법과 정책결정의 방향제시, 국가기관 및 모든 국민의 행동규범, 재판규범, 헌법개정의 한계

우리 헌법의 전문에는 헌법의 성립유래와 대한민국의 정통성, 헌법제정의 목적, 헌법이 정당한 절차를 밟아 제정되었고 개정되었다는 것 외에도 우리 헌법의 기본원리에 해당되는 사항들이 선언되어 있기 때문에 법적 효력을 갖는다. 따라서 우리 헌법전문은 헌법의 헌법으로서 헌법이나 법률해석에서 해석기준이 되며,[3] 구체적 사건에서 재판규범으로 기능하고,[4] 헌법전문의 핵심내용은 헌법

---

1) K. Hesse, *Grundzüge des Verfassungsrechts der Bundesrepublik Deutschland*, 18. Aufl. (1991), S. 51(Rdnr. 114).

2) 독일연방헌법재판소는 헌법전문으로부터 해석규칙과 장래의 입법기준을 얻을 수 있다고 하기도 하고(BVerfGE 4, 287), 헌법전문에는 헌법적·정치적 의의뿐만 아니라 법적 의의도 있다고 하며(BVerfGE 5, 85, 127), 헌법 전문에(통독 전의) 선언된 통일의 사명은 헌법적 사명이라고(BVerfGE 36, 1, 17) 판시하고 있다.

3) 우리 헌법재판소는 '소송촉진 등에 관한 특례법 제6조의 위헌심판'에서 "헌법은 그 전문에서 기회균등을 선언하고 있는바, 그것은 우리 헌법의 최고원리로서 국가가 입법을 하거나 법을 해석하고 집행함에 있어서 따라야 할 기준"이라고 판시한 바 있다(헌재 1989. 1. 25. 88헌가7 결정).

4) 우리 헌법재판소는 국가보안법 제7조의 위헌여부를 판단함에 있어서 헌법 제4조, 제8

개정에서도 한계로 작용한다.[1)]

3. 憲法前文의 內容과 憲法의 基本原理

(1) 槪 觀

우리 헌법전문에는 한편으로는 헌법의 성립유래와 대한민국의 정통성, 헌법 제정의 목적 및 헌법이 정당한 절차를 밟아 제정되었고 개정되었다는 것이 선언되고 있고, 다른 한편으로는 우리 헌법의 기본이념 내지 기본원리가 직접 또는 간접으로 선언되고 있다.

196. 헌법전문의 내용: 대한민국헌법의 성립유래와 그 민주적 정당성 선언, 헌법을 제정한 목적의 천명, 헌법이 정당한 절차에 따라 제·개정되었음을 밝힘, 우리 헌법의 기본이념 내지는 기본원리를 선언

(2) 憲法前文의 內容

우선, 헌법전문은 "유구한 역사와 전통에 빛나는 우리 대한국민은 3·1 운동으로 건립된 대한민국임시정부의 법통과 불의에 항거한 4·19 민주이념을 계승하고, … 1948년 7월 12일에 제정되고 8차에 걸쳐 개정된 헌법을 … 개정한다"라고 함으로써 대한민국헌법이 성립된 유래와 대한민국이 대한민국임시정부의 법통을 계승하고 민주적 정당성을 가지고 있음을 밝히고 있다.

판 례 〈「대한민국과 일본국 간의 어업에 관한 협정」 비준 등 위헌확인(각하)〉 "'헌법전문에 기재된 3·1정신'은 우리나라 헌법의 연혁적·이념적 기초로서 헌법이나 법률해석에서의 해석기준으로 작용한다고 할 수 있지만, 그에 기하여 곧바로 국민의 개별적 기본권성을 도출해 낼 수는 없다고 할 것이므로, 헌법소원의 대상인 '헌법상 보장된 기본권'에 해당하지 아니한다."(헌재 2001. 3. 21. 99헌마139 등 병합결정)

판 례 〈「대한민국과 일본국 간의 재산 및 청구권에 관한 문제의 해결과 경제협력에 관한 협정」 제 3 조 부작위 위헌확인(인용=위헌확인)〉 "우리 헌법은 전문에서 "3·1

조 제 4 항과 더불어 헌법전문의 자유민주적 기본질서를 그 근거로 하였다〈헌재 1990. 4. 2. 89헌가113 결정(국가보안법 제 7 조에 대한 위헌심판, 한정합헌); 헌재 1990. 6. 25. 90헌가11 결정(국가보안법 제 7 조 제 5 항의 위헌심판, 한정합헌); 헌재 1992. 1. 28. 89헌가8 결정(국가보안법 제 7 조 등에 관한 헌법소원, 한정합헌)〉. 그런가 하면 국회의원선거법 제55조의3 등에 관한 헌법소원에 대한 일부위헌결정에서는 헌법전문에 선언된 평등원칙과 헌법 제11조를 근거로 판결함으로써 헌법전문의 재판규범성을 인정하였다(헌재 1992. 3. 13. 92헌마37 등 병합결정).

1) 김철수, 헌법학개론, 83쪽; 권영성, 헌법학원론, 131·132쪽; 허영, 한국헌법론, 131쪽; 계희열, 헌법학(상), 185쪽.

운동으로 건립된 대한민국임시정부의 법통"의 계승을 천명하고 있는바, 비록 우리 헌법이 제정되기 전의 일이라 할지라도 국가가 국민의 안전과 생명을 보호하여야 할 가장 기본적인 의무를 수행하지 못한 일제강점기에 일본군위안부로 강제 동원되어 인간의 존엄과 가치가 말살된 상태에서 장기간 비극적인 삶을 영위하였던 피해자들의 훼손된 인간의 존엄과 가치를 회복시켜야 할 의무는 대한민국임시정부의 법통을 계승한 지금의 정부가 국민에 대하여 부담하는 가장 근본적인 보호의무에 속한다고 할 것이다."(헌재 2011. 8. 30. 2006헌마788 결정)

다음으로, "… 우리 대한국민은 … 우리들과 우리들의 자손의 안전과 자유와 행복을 영원히 확보할 것"을 분명히 함으로써 한반도를 생존기반으로 하는 한민족공동체가 국가를 구성하고 헌법을 제정하는 목적을 밝히고 있다.

셋째로, "… 우리 대한국민은 … 1948년 7월 12일에 제정되고 8차에 걸쳐 개정된 헌법을 이제 국회의 의결을 거쳐 국민투표에 의하여 개정한다"라고 함으로써 헌법이 정당한 절차에 따라 제정되고 개정되었음을 선언하고 있다.

(3) 憲法前文에 表現된 憲法의 基本原理

197. 헌법전문에 표현된 헌법의 기본원리: 자유민주주의원리, 법치주의원리, 사회국가원리, 문화국가원리, 평화국가원리

우선, 우리 헌법전문은 "… 우리 대한국민은 … 1948년 7월 12일에 제정되고 8차에 걸쳐 개정된 헌법을 이제 국회의 의결을 거쳐 국민투표에 의하여 개정한다"라고 선언하여 헌법제정 및 개정의 주체를 밝히고, "4·19 민주이념을 계승하고", "조국의 민주개혁", "자유민주적 기본질서를 더욱 확고히 하여"라는 표현들로써 자유민주주의의 원리를 선언하고 있다.

다음으로, "정치·경제·사회·문화의 모든 영역에 있어서 각인의 기회를 균등히 하고, … 자유와 권리"에 대하여 언급함으로써 간접적으로 법치주의원리를 선언하고 있다.

그런가 하면, 특히 "… 경제·사회 … 의 모든 영역에 있어서 각인의 기회를 균등히 하고 능력을 최고도로 발휘하게 하며, 자유와 권리에 따르는 책임과 의무를 완수하게 하여 안으로는 국민생활의 균등한 향상을 기하고"라고 함으로써 정의로운 경제질서의 확립을 통하여 사회국가원리를 실현할 것을 선언하고 있다.

더 나아가서, "유구한 역사와 전통에 빛나는 우리 대한국민", "정치·경제·사회·문화의 모든 영역에 있어서 각인의 기회를 균등히 하고"라는 표현 등에는 미약하게나마 문화국가의 원리가 표현되고 있다.

끝으로, "조국의 … 평화적 통일의 사명에 입각하여 정의·인도와 동포애로

써 민족의 단결을 공고히 하여"라는 평화통일에 대한 언급과 "밖으로는 항구적인 세계평화와 인류공영에 이바지함으로써"라는 국제평화주의에 대한 언급은 평화추구의 이념을 선언하고 있는 것이다.

이렇게 본다면 우리 헌법전문은 자유민주주의원리, 법치주의원리, 사회국가원리, 문화국가원리, 평화국가원리를 직·간접으로 선언하고 있다 하겠다.[1]

---

1) 약간씩 설명이 다르기는 하지만 이상이 우리 학계에서 헌법의 전문을 설명하고 있는 방법이다. 그러나 허영, 한국헌법론, 133쪽은 헌법전문의 내용을 민주개혁과 평화통일달성의 방법을 제시하고 비개인주의적·비집단주의적인 자주적 인간상을 동화적 통합의 전제조건으로 내세우고 있으며 더 나아가서 헌법이 추구하는 근본이념을 표명하고 있다고 본다.

第 2 章　韓國憲法의 基本原理

第 1 節　自由民主主義原理

第 1 項　槪　　觀

1. 憲法規定

(1) 憲法의 基本原理로서의 民主主義

198. 헌법의 기본원리로서의 민주주의

우리 헌법은 전문과 여러 조항에서 "민주"(헌법전문의 4·19 민주이념, 조국의 민주개혁, 제 1 조 제 1 항의 민주공화국), "민주적" 또는 "민주적 기본질서"(제 8 조 제 2 항·제 4 항), "자유민주적 기본질서"(헌법전문, 제 4 조), "민주주의원칙"(제32조 제 2 항), "민주화"(제119조 제 2 항) 등의 용어를 사용하고 있다. 이러한 표현을 근거로 우리 학계에서는 자유민주주의를 우리 헌법의 기본원리 가운데 하나로 설명하고 있다.[1]

(2) 自由民主主義와 國民主權原理의 관계에 대한 학설

199. 자유민주주의와 국민주권원리의 관계에 대한 학설

그러나 민주주의와 자유민주주의 그리고 국민주권원리의 상호관계에 대하여는 극단적인 견해의 차이가 있다. 우선, 국민주권주의와 자유민주주의를 별개의 독립된 헌법의 기본원리로 보는 견해가 있다.[2] 다음으로, 국민주권의 이념을 실현하는 원리 가운데 하나로서 자유민주주의를 들고 있는 견해가 있다.[3] 그와는 반대로 국민주권의 원리를 헌법에 구현된 민주주의의 원리 가운데 하나로 보는 견해도 있다.[4] 그런가 하면 헌법의 기본원리와는 별도로 대한민국의 기본질

1) 김철수, 헌법학개론, 86쪽; 권영성, 헌법학원론, 137쪽 이하; 허영, 한국헌법론, 138쪽 이하; 특히 계희열, 헌법학(상), 177쪽 이하, 206쪽 이하는 자유민주주의의 원리가 아닌 민주주의의 원리를 우리 헌법의 기본원리로 본다.
2) 김철수, 헌법학개론, 86쪽; 권영성, 헌법학원론, 137쪽.
3) 허영, 한국헌법론, 137쪽 이하.
4) 계희열, 헌법학(상), 213쪽 이하.

서라는 것을 들면서 그 가운데 하나로 민주질서를 들고 민주질서에는 국민주권주의와 민주적 기본질서가 포함되는 것으로 이해하는 견해도 있다.[1]

(3) 民主主義에 대한 역사적·이념사적 개관의 필요성

이러한 견해의 차이는 결국 민주주의에 대한 개념의 차이에서 오는 것이라 생각된다. 구체적인 경우 무엇이 민주주의인지를 밝히는 일은 우리 헌법의 실정 헌법규정들을 기초로 해야 할 것이다. 그러나 그를 위해서는 그에 앞서 민주주의에 대한 역사적·이념사적 개관이 불가피하다.

200. 민주주의에 대한 역사적·이념사적 개관의 필요성

2. 民主主義

(1) 由 來

민주주의는 고대 그리스의 유산이다. 고대 그리스의 도시국가에서는 자유성인남자들이 모여 도시국가의 문제를 투표로써 처리하였다. 그들은 자신들의 국사처리방법을 demokratia, 곧 국민(demos)의 지배(kratia)라 불렀다. 그러나 이러한 한정된 형태의 고대민주주의는 약 200년간 계속되다가[2] 로마제정의 성립과 더불어 소멸하였다.[3]

201. 민주주의는 고대 그리스에서 유래하였다

(2) 近代民主主義의 이념

따라서 우리가 오늘날 민주주의에 대해서 이야기할 때에는 현대민주주의의 모체인 근대민주주의, 곧 대강 200년 전에 형성과 발전에서 자유주의와 결합된 형태로 부활된 민주주의에 대하여 이야기하게 된다. 근대민주주의는 절대왕권의 전제적 지배로 나타난 절대주의이념에 대한 신흥시민계급의 도전으로 시작된다. 신흥시민계급이 성장하면서 그들은 군주와 귀족, 승려 등의 특권층에 대립하여 자신의 정치적·경제적 이익을 보호하고자 하였다. 이를 위해 그들은 그리스도교의 평등사상과 정치계몽주의의 이념적 지원을 받아 근대민주주의를 탄생시킨다. 그리고 이러한 민주주의에는 외관상으로는 모순되는 것처럼 보이는 로크 *Locke*의 국민주권이론과 루소 *Rousseau*의 사회계약론, 로크의 국민대표이론과 몽테스

202. 근대민주주의의 이념은 자유와 평등이다

1) 김철수, 헌법학개론, 127쪽 이하.
2) K. Loewenstein, *Verfassungslehre*, 3. Aufl.(1975), S. 74.
3) Chr. Meier, *Entstehung des Begriffs Demokratie*, 1970; J. Bleicken, *Die athenische Demokratie*, 1986 참조.

키와 *Montesquieu*의 권력분립이론이 결합되어 있다.[1] 이렇듯 민주주의라는 국가형태는 자유의 원칙과 평등의 원칙에 근거를 두고 사상가들에 의하여 생각되었다. 이 국가형태는 역사가 흐르면서 미국에서는 인권을 헌법적으로 보장한 1776년의 독립선언으로, 유럽의 경우에는 프랑스에서 자유·평등·형제애를 헌법적으로 요청한 1789년의 대혁명과 그를 집대성시킨 1791년의 헌법으로 나타나게 된다. 이 1791년의 헌법에는 프랑스혁명의 3대구호는 물론 그 일치성이 18세기 정치계몽주의의 정수(精髓)를 형성한 인권, 권력분립 그리고 민주주의가 구현되어 있다. 따라서 민주주의의 이념은 자유와 평등이다.[2]

203. 버크와 라이프홀츠는 민주주의의 이념을 평등으로 본다

이러한 생각에 대해서는 버크 *E. Burke*와 라이프홀츠 *G. Leibholz*처럼 자유는 자유주의적인 것이고 평등은 민주주의적이라는 반대견해[3]도 없지 않다. 그러나 이러한 견해는 민주적 헌법국가가 발전해온 역사적 과정을 무시한 사실 이해와 현실 인식에 있어서의 결함을 근거로 하고 있다.[4] 자유와 평등이 민주주의의 이념이라는 것은 민주주의의 고전적 정의로서 잘 알려진 링컨 *A. Lincoln*의 게티스버그연설에서도 명확하게 나타나 있다. "지금으로부터 87년 전 우리의 조상들은 자유의 생각과 모든 사람은 평등하게 창조되었다는 신념으로 이 대륙에 새로운 국가를 건설하였다."

204. 민주주의=국민의 정치: 1. 국민에 의한 정치+국민을 위한 정치; 2. 기본적 인권의 최대한 보장+국민의 의사에 의한 국정 운영; 3. 평등한 자유를 통한 인간의 존엄의 확보

이상을 정리하여 국민의 지배인 민주주의는 국민에 의한 지배와 국민을 위한 지배로 이루어진다고 할 수 있다. 달리 표현한다면 민주주의는 모든 국민의 기본적 인권을 최대한으로 보장할 것과 직접·간접으로 국민에 의하여 국정이 이루어질 것을 요구한다. 그러므로 민주주의란 가치와 직결된 것이며, 이때 가치란 자유와 평등, 더 정확하게는 평등한 자유를 통해 확보되는 인간의 존엄이다.

---

1) W. Maihofer, Prinzipien freiheitlicher Demokratie, in: Benda/Maihofer/Vogel(Hrsg.), *Handbuch des Verfassungsrechts*, 1984, S. 173ff.(194).

2) 프랑스혁명의 3대구호 가운데 형제애는 프랑스혁명에서 실제적, 정치적 역할을 하지 못했을 뿐만 아니라, 그것은 자유와 평등을 전제로 해서만 성립될 수 있기 때문에 민주주의의 이념에서는 제외될 수밖에 없다. M. Kriele, *Befreiung und politische Aufklärung*, 1980, S. 67ff. (홍성방 역, 해방과 정치계몽주의, 제1판, 가톨릭 출판사, 1988; 제2판, 새남, 1997). 오히려 형제애는 사회주의의 이념적 기초가 되었음을 Th. Ramm(Hrsg.), *Ferdinand Lassalle. Ausgewählte Text*, 1962, S. 160과 Arthur Rosenberg, *Demokratie und Sozialismus*, Neuaufl.(1962), S. 62(박호성 역, 프랑스대혁명 이후의 유럽정치사. 사회주의와 민주주의, 역사비평사, 1990)는 보여주고 있다. 그러나 형제애는 부분적으로는 민주주의헌법에서도 사회국가에 표현되고 있다. R. Zippelius, *Allgemeine Staatslehre*, 8. Aufl. (1982), S. 318.

3) G. Leibholz, Verfassungsrecht und Arbeitsrecht, in: Hueck/Leibholz, *Zwei Vorträge zum Arbeitsrecht*, 1960.

4) M. Kriele, *Einführung in die Staatslehre*, 5. Aufl.(1994), S. 206f.

결국 민주주의의 목표는 인간이다.

3. 自由民主的 基本秩序

(1) 自由民主的 基本秩序에 대한 槪念定義

205. 독일연방헌법재판소의 자유민주적 기본질서에 대한 개념정의: 모든 폭력적 지배와 자의적 지배를 배제하고 그때그때의 다수의사에 따른 국민의 자기결정과 자유 및 평등에 기초하는 법치국가적 질서

이러한 정치이념과 정치제도로서의 민주주의가 헌법에 표현된 것이 자유민주적 기본질서이다. 그러나 자유민주적 기본질서는 불확정개념이다.[1] 학자들은 그 의미에 대한 해석을 시도하여 민주적 가치 내지는 가치로서의 민주주의는 보호되어야 한다는 결론에 이르렀다.[2] 그리고 독일연방헌법재판소는 1952년 10월 23일의 사회주의제국당(SRP) 위헌판결에서 자유민주적 기본질서에 대한 개념정의를 내림과 동시에 그 구체적 내용을 명확히 하였다.

> "기본법에서 내려진 헌법정책적 결단에 따르면, 결국 자유민주적 기본질서의 기초가 되어 있는 것은 인간은 창조질서 내에서 고유의 독자적 가치를 지니며 자유와 평등은 국가적 통일의 항구적 기본가치라는 생각이다. 그러므로 기본질서는 가치구속적인 질서이다. 이는 인간의 존엄과 자유와 평등을 거부하는 배타적인 통치권력으로서의 전체국가의 반대개념이다. … 그러므로 자유민주적 기본질서는 모든 폭력적 지배와 자의적 지배를 배제하고 그때그때의 다수의사에 따른 국민의 자기결정과 자유 및 평등에 기초하는 법치국가적 통치질서를 말한다. 이 질서의 기본적 원리에는 적어도 다음과 같은 것이 포함되어야 한다. 기본법에 구체화되어 있는 기본적 인권, 특히 생명권과 인격의 자유로운 발현권의 존중, 국민주권, 권력분립, 정

---

1) BVerfGE 5, 85(112); W. O. Schmitt, Der Begriff der freiheitlichen demokratischen Grundordnung und Art. 79 AbS. 3 des Grundgesetzes, DÖV 1965, S. 433ff.(435) "국가기관이 그 내용을 유권적으로 결정할 수 있는 불확정개념이다." 이에 대하여는 그 밖에도 A. Stohlmann, Die Unbestimmtheit der Begriffe "Rechtsstaat" und "freiheitliche demokratische Grundordnung" in der Rechtsprechung des Bundesverfassungsgerichts, Diss. Münster, 1965, S. 54ff.; M. Ruland, *Der Begriff der freiheitlichen demokratischen Grundordnung im Grundgesetz für Bundesrepublik Deutschland*, Diss. Berlin, 1971 참조.

2) 자유민주적 기본질서가 가지는 의미를 해석하려는 시도는 크게 법해석학적 방향과 법윤리적 방향으로 구분된다. 법해석학적 방향은 G. Leibholz, Freiheitliche demokratische Grundordnung und das Bonner Grundgesetz, DVBl. 1951, S. 554ff., in: ders., *Strukturprobleme der modernen Demokratie*, 1967, S. 132ff.에 의하여 대변되고, 법윤리적 방향은 E. Kaufmann, Die Grenzen des verfassungsmäßigen Verhaltens nach dem Bonner Grundgesetz, insbesondere: was ist unter einer freiheitlichen demokratischen Grundordnung zu verstehen?, in: Festvortrag auf dem 39. deutschen Juristentag, Tübingen 1952. (이곳에서는 E. Denninger(Hrsg.), *Freiheitliche demokratische Grundordnung*, Bd. I, 1976, S. 96ff.)에 의하여 대변된다.

부의 책임성, 행정의 합법률성, 사법권의 독립, 복수정당제의 원리와 헌법상 야당을 결성하고 활동할 권리를 포함하는 모든 정당에 대한 기회균등."[1][2]

206. 우리 헌법재판소의 자유민주적 기본질서에 대한 개념정의: 모든 폭력적 지배와 자의적 지배를 배제하고 다수의 의사에 의한 국민의 자치·자유·평등의 기본원칙에 의한 법치국가적 통치질서

우리 헌법재판소도 국가보안법 제7조 제1항·제5항에 대한 한정합헌결정에서 자유민주적 기본질서에 대한 독일연방헌법재판소의 견해를 대체로 수용하고 있다.

"… 자유민주적 기본질서에 위해를 준다 함은 모든 폭력적 지배와 자의적 지배, 즉 반국가단체의 1인독재 내지 1당독재를 배제하고 다수의 의사에 의한 국민의 자치·자유·평등의 기본원칙에 의한 법치국가적 통치질서의 유지를 어렵게 만드는 것이고, 이를 보다 구체적으로 말하면 기본적 인권의 존중, 권력분립, 의회제도, 복수정당제도, 선거제도, 사유재산과 시장경제를 골간으로 한 경제질서 및 사법권의 독립 등 우리의 내부체제를 파괴·변혁시키려는 것으로 풀이할 수 있을 것이다."(헌재 1990. 4. 2. 89헌가113 결정)

판례 **〈통합진보당 해산(인용=해산)〉** "입헌적 민주주의의 원리, 민주 사회에 있어서의 정당의 기능, 정당해산심판제도의 의의 등을 종합해 볼 때, 우리 헌법 제8조 제4항이 의미하는 민주적 기본질서는, 개인의 자율적 이성을 신뢰하고 모든 정치적 견해들이 각각 상대적 진리성과 합리성을 지닌다고 전제하는 다원적 세계관에 입각한 것으로서, 모든 폭력적·자의적 지배를 배제하고, 다수를 존중하면서도 소수를 배려하는 민주적 의사결정과 자유·평등을 기본원리로 하여 구성되고 운영되는 정치적 질서를 말하며, 구체적으로는 국민주권의 원리, 기본적 인권의 존중, 권력분립제도, 복수정당제도 등이 현행 헌법상 주요한 요소라고 볼 수 있다. ……
그렇다면 헌법 제8조 제4항에서 말하는 민주적 기본질서의 위배란, 민주적 기본질서에 대한 단순한 위반이나 저촉을 의미하는 것이 아니라, 민주 사회의 불가결한 요소인 정당의 존립을 제약해야 할 만큼 그 정당의 목적이나 활동이 우리 사회의 민주적 기본질서에 대하여 실질적인 해악을 끼칠 수 있는 구체적 위험성을 초래하는 경우를 가리킨다."(헌재 2014. 12. 19 2013헌다1 결정)

또한 헌법재판소는 자유민주적 기본질서가 현재뿐 아니라 과거와 미래를

1) BVerfGE 2, 1(12f.). 이러한 자유민주적 기본질서에 대한 정의는 1956년 8월 17일의 구독일공산당 위헌판결(BVerfGE 5, 85ff.)에서 재확인되었다.

2) 독일연방헌법재판소는 자유민주적 기본질서에 대한 이 개념정의에서 자유민주적 기본질서를 구성하는 여러 요소에 법치국가질서의 기본적 구성부분을 포함시켜 이해하고 있다. 이는 민주주의와 법치국가가 서로 밀접한 관계를 가지고 있으며 자유민주적 기본질서는 법치국가 없이는 존재할 수 없다는 것을 말한다(K. Hesse, *Grundzüge des Verfassungsrechts der Bundesrepublik Deutschland*, S. 55f.=Rdnr. 130f.; 계희열, 헌법학(상), 211쪽). 그러나 양자는 구별된다.

통틀어 일관되게 우리 헌법을 관류하는 지배원리라고 판시하고 있다(헌재 2001. 9. 27. 2000헌마238 결정).

(2) 民主的 基本秩序와 自由民主的 基本秩序의 相互關係

1) 헌법규정

207. 민주주의에 대한 우리 헌법규정: 민주적 기본질서와 자유민주적 기본질서를 혼용

우리 헌법은 "민주적 기본질서"와 "자유민주적 기본질서"를 혼용하고 있다. 곧 우리 헌법은 전문(자유민주적 기본질서를 더욱 확고히 하여)과 제 4 조(… 자유민주적 기본질서에 입각한 평화적 통일정책을 수립하고 이를 추진한다)에서는 자유민주적 기본질서를 이야기하고 있고, 제 8 조 제 4 항(정당의 목적이나 활동이 민주적 기본질서에 위배될 때에는 … 해산된다)에서는 민주적 기본질서를 언급하고 있다.

이러한 우리 헌법상의 규정 때문에 "민주적 기본질서"와 "자유민주적 기본질서"가 동일한 것인지 여부에 대하여 의견이 나누어져 있다.

2) 양자를 다른 것으로 보는 견해

208. 민주적 기본질서와 자유민주적 기본질서를 다른 것으로 보는 견해: 1. 민주주의의 이념은 자유·평등·복지이다; 2. 민주주의에는 자유민주주의와 사회민주주의가 있다; 3. 사회민주주의는 자유민주주의에 사회적 정의·복지와 평화주의를 가미한 것이다

우선, 이 견해는 민주적 기본질서의 이념을 평등과 자유, 복지의 셋으로 본다.[1] 다음으로, 이 견해는 민주적 기본질서와 자유민주적 기본질서를 구별하여 민주적 기본질서 중에서도 서구적 자유민주주의의 개념과 결부된 것만을 자유민주적 기본질서로 본 입장[2]을 근거로 민주적 기본질서는 자유민주주의와 사회민주주의(자유민주주의에 사회적 정의·복지와 평화주의를 가미한 것) 등을 내포하는 개념이며, 그 공통개념이라고 한다.[3]

따라서 이 견해에 따르면 첫째, 헌법전문의 "자유민주적 기본질서를 더욱 확고히 하여"라는 선언은 대한민국이 사회민주적 기본질서를 배척하고 자유민주적 기본질서만을 그 이념으로 하고 있다는 뜻이 아니라, 자유민주적 기본질서를 더욱 확고히 하려는 것임을 뜻하는 것이다. 둘째, 제 4 조의 "자유민주적 기본질서에 입각한 평화적 통일"의 원칙은 인민민주주의에 입각한 통일을 규정한 북한헌법에 대응하여 서구적 민주주의하의 통일을 강조하고 있는 것이다. 셋째, 헌법 제 8 조의 정당해산요건으로서의 민주적 기본질서는 민주정치의 기본원리 내지는 기본질서를 의미하는 것으로서 자유민주적 기본질서뿐만 아니라 사회민주적

1) 김철수, 헌법학개론, 141쪽.
2) G. Leibholz, Freiheitliche demokratische Grundordnung und das Bonner Grundgesetz 참조.
3) 김철수, 헌법학개론, 141 · 143쪽.

질서까지 포함하는 것이다.[1]

3) 양자를 상이한 것으로 보면서도 예외를 인정하자는 견해

209. 민주적 기본질서와 자유민주적 기본질서를 상이한 것으로 보면서도 예외를 인정하려는 견해: 1. 민주주의는 국가의사를 결정하는 정치원리이다; 2. 헌법질서>민주적 기본질서>사회민주주의>자유민주주의라는 도식이 성립된다; 3. 단 우리 헌법 제8조 제4항의 민주적 기본질서는 자유민주적 기본질서로 한정해석되어야 한다

이 견해는 민주주의의 이상적 형태는 국민에 의한 통치를 수단과 방법으로 하여 인류사회의 보편적 가치를 실현하는 경우라 본다. 그러나 이 견해는 현실적으로는 이러한 것이 불가능하기 때문에 민주주의를 정치질서의 내용이라기보다 정치질서를 형성하기 위한 수단이자 방법이라고 보는 쪽에 비중을 둔다. 곧 민주주의라 함은 국가의 최고의사가 국민에 의하여 결정되어야 할 것을 전제로 하고, 국민 중의 유권자가 직접 국가의사를 결정하거나 국민에 의하여 선출된 대표기관이 국민을 대신하여 국가의사를 결정하게 하는 정치원리로 이해하여야 한다고 한다.[2]

더 나아가서 이 견해는 민주적 기본질서는 헌법질서의 하나로서 사회민주주의와 자유민주주의를 비롯하여 모든 민주주의를 그 내용으로 포괄하는 공통분모적 상위개념이며 사회민주주의는 자유민주주의를 전제로 하여 실질적 평등을 지향하는 민주주의의 한 유형이라고 한다. 그렇기 때문에 이 견해에 따르면 헌법질서>민주적 기본질서>사회민주주의>자유민주주의라는 도식화가 가능하다고 한다.[3]

그러나 이 견해는 제8조 제4항의 "민주적 기본질서"만은 "자유민주적 기본질서"로 한정해서 해석해야 한다고 하고, 그 이유로서 다음과 같은 세 가지를 들고 있다. 첫째, 현행헌법의 경우 사회민주주의의 중요한 내용이 되는 사회국가의 원리, 사회정의의 실현, 사회적 시장경제질서 등은 여러 헌법조항에서 규정하고 있으므로 제8조 제4항의 민주적 기본질서 중에 반드시 사회민주주의를 포함시켜야 할 필요가 없다. 둘째, 제8조 제4항이 "민주적 기본질서"를 규정하고 있는 것은 정당의 존립과 활동의 자유에 관하여 일정한 한계를 설정함과 동시에 그 자유를 최대한 보장하려는 것이기 때문에 정당해산의 구실을 극소화하기 위해서도 동조의 "민주적 기본질서"를 "자유민주적 기본질서"로 제한하여 해석하여야 한다. 셋째, 헌법전문이 대한민국의 국가적 이념을 "자유민주적 기본질서"를 더욱 확고히 하는 것을 명문화하고 있고, 이것이야 말로 어떤 경우에도 수호하지 않으면 안 될 헌법상의 최후의 보루이다.[4]

---

1) 김철수, 헌법학개론, 145쪽.
2) 권영성, 헌법학원론, 155쪽.
3) 권영성, 헌법학원론, 158쪽.
4) 권영성, 헌법학원론, 196·197쪽.

4) 검 토

결국 두 가지 입장을 정리해 보면, 상위개념으로서 민주주의를 설정하고, 이러한 민주주의에는 자유민주주의와 사회민주주의가 있다고 가정하는 점에서는 의견이 일치되어 있다. 그러나 우리 헌법의 규정을 문언(文言) 그대로 해석하여 민주적 기본질서와 자유민주적 기본질서를 상이한 것으로 해석할 것이냐 아니면 제 8 조 제 4 항의 경우에만 민주적 기본질서를 자유민주적 기본질서로 제한시킬 것이냐에서 차이가 난다.

210. 민주적 기본질서와 자유민주적 기본질서에 관한 학설에 대한 검토: 1. 양자를 같은 것으로 보는 견해는 민주주의의 이념에 대한 자세한 논증과 정확한 문헌검토를 결여하고 있다; 2. 양자를 같은 것으로 보면서도 예외를 인정하려는 견해는 명백한 문언의 차이를 무시하고 있다

우선 전자의 입장에 대하여 살펴보면, 명백한 문언의 차이를 그대로 인정하고 있다는 점에서는 전혀 문제가 없다고 할 수 있다. 곧 헌법전문의 “자유민주적 기본질서”와 제 8 조의 “민주적 기본질서”는 얼핏 보아서는 서로 상이한 해석을 용납하는 것으로 생각될 수도 있다. 그러나 엄격한 문리해석을 하려면 헌법전문의 자유민주적 기본질서는 대한민국이 “사회민주적 기본질서를 배척하고 자유민주적 기본질서만을 그 이념으로 하고 있다는 뜻이 아니라, 자유민주적 기본질서를 더욱 확고히 하려는 것임을 나타낸 것”[1]으로 해석해서는 안 되고, 오히려 이제까지 어떠한 이유에서든 확고히 하지 못했던 또는 할 수 없었던 자유민주적 기본질서를 앞으로 더욱 확고히 하겠다는 헌법제(개)정자의 의사로 해석하여야 할 것이다. 그리고 나서 헌법전문의 “자유민주적 기본질서”와 제 8 조 제 4 항의 “민주적 기본질서” 사이의 관계를 헌법의 통일성의 관점에서 재음미했어야 할 것이다.

또 이 견해는 자세한 논증과 정확한 문헌에 대한 검토없이 일방적인 결론을 내리고 있다. 곧 이 견해는 민주정치의 이념에 대한 몇 가지 학설을 나열한 후 그에 대한 자세한 검토없이 민주정치의 이념을 평등과 자유, 복지의 셋으로 확정짓고,[2] 민주적 기본질서는 자유민주주의와 사회민주주의 등을 내포하는 상위개념이며 그 공통개념이라고 단언한 후,[3] 다시 평등을 민주정치의 이념이라고 보는 학자의 견해에 따라 민주적 기본질서의 내용을 서술하고,[4] 자유민주적 기본질서의 내용에는 위의 민주적 기본질서의 내용 외에 법치국가적 기본질서(형식적 법치주의)가 가미된 것이라고 하고, 사회민주적 기본질서에는 상기 민주정치의 요소에 사회적 정의·복지와 평화주의를 가미한 것이며, 이러한 민주정치는

1) 김철수, 헌법학개론, 146쪽.
2) 김철수, 헌법학개론, 141쪽.
3) 김철수, 헌법학개론, 141쪽.
4) 김철수, 헌법학개론, 142·143쪽.

반드시 자유민주주의가 아니라도 가능하다고 보는 것이 일반적 견해이다[1] 라고 결론짓고 있다. 그러나 이러한 설명은 납득하기가 힘들다 하겠다. 왜냐하면 이러한 설명에 따르면 헌법전문의 자유민주적 기본질서는 제8조 제4항의 민주적 기본질서와 공통요소를 가지기 보다는 전면 모순될 수도 있기 때문이다.

다음으로, 후자의 견해에 대하여 살펴보면 명백한 문언의 차이를 동일한 것으로 보려는 것은 잘못이라고 할 수밖에 없다. 더구나 헌법 제1조 제1항의 "민주공화국"의 민주를 민주주의적인 것으로 이해하여 이에는 자유민주주의, 민족적 민주주의, 사회적 민주주의 등이 포함되는 것으로 이해하면서[2] 제8조 제4항의 "민주적 기본질서"의 경우에는 "자유민주적 기본질서"에 제한하여야 한다는 주장은 납득하기 어렵다. 뿐만 아니라 사회민주주의의 중요한 사항들은 다른 헌법조항에서 규정하고 있기 때문에 제8조 제4항의 "민주적 기본질서" 중에 반드시 사회민주주의를 포함시켜야 할 필연적인 이유가 없다는 해석도 논리상 "민주적 기본질서"에 사회민주주의를 포함하여 해석할 수 있다는 데 대한 답변은 될 수 없다. 또한 이 견해는 제8조 제4항이 사회민주적 기본질서까지 존중할 의무를 규정한 것이라고 본다면 자유민주주의를 부정하는 정당은 말할 것도 없고, 사회민주주의에 찬성하지 아니하는 정당까지도 해산의 대상이 되는 불합리하고 비극적인 결과를 초래한다고 한다. 그러나 이에 대해서도 오늘날 "사회적 안전과 사회적 정의는 우리 시대의 최대관심사"[3]이기 때문에 모든 정당은 많고 적은 차이는 있지만 사회민주적 요소를 추구하고 있다는 것을 지적하고자 한다. 끝으로, 자유민주적 기본질서가 우리 헌법질서에 있어서 중핵이기 때문에 자유민주적 기본질서를 부정하는 전체주의를 지향할 경우 이를 더 이상 방임할 수 없다는 논거로 제8조 제4항의 민주적 기본질서와 자유민주적 기본질서를 같은 것으로 이해하는 근거로 삼으려는데 대해서도 찬성할 수 없다. 왜냐하면 민주주의의 반대는 전체주의이지 사회민주주의가 민주주의 내지는 자유민주주의의 반대물은 아니기 때문이다.[4]

---

1) 김철수, 헌법학개론, 144쪽.
2) 권영성, 헌법학원론, 114쪽.
3) W. Eucken, *Grundsätze der Wirtschaftspolitik*, hrsg. v. E. Eucken-Erdsiek/Hensel, 1952, S. 10.
4) W. Schmitt Glaeser, *Mißbrauch und Verwirklichung von Grundrechten im politischen Meinungskampf*, 1968, S. 43는 자유민주적 기본질서를 "전체주의적 권력체제에 대한 모든 대항의 총체"로, Ruland, *Der Begriff der freiheitlichen demokratischen Grundordnung im Grundgesetz für Bundesrepublik Deutschland*, S. 62는 자유민주적 기본질서를 "전체주의국가에 대한 반대지위"로 파악하고 있다.

5) 사　　견

우리 헌법상의 민주적 기본질서와 자유민주적 기본질서 사이의 관계를 확정짓기 위해서는 헌법의 통일성이라는 해석지침에 따라 양자의 조화를 꾀하는 것과 자유민주주의를 구성하는 요소들이 확장되는가를 살펴보는 것이 중요하다고 생각된다.

211. 민주적 기본질서와 자유민주적 기본질서에 대한 사견: 1. 헌법의 통일성이라는 해석지침에 따를 때 양자는 같은 것이다; 2. 민주주의의 구성요소는 확장되고 발전한다; 3. (자유) 민주주의는 평등한 자유를 통하여 인간의 존엄을 실현시키려고 한다

헌법은 전체로서 사회공동체를 정치적인 일원체로 조직하기 위한 법질서를 뜻한다. 그렇기 때문에 하나하나의 헌법조문이 독립해서 어떤 의의를 갖는다기보다는 모든 조문이 불가분의 밀접한 관계를 가지면서 서로 보충·제한하는 기능을 나타낸다. 따라서 헌법의 이러한 일원성 내지 통일성이 언제나 헌법해석의 지침이 되어야 한다. 곧 어느 하나의 헌법조문을 해석하는 경우에도 그 해당조문만을 대상으로 할 것이 아니라 그 조문을 헌법전체의 통일적인 각도에서 살피는 것이 중요하다.

그러므로 우리 헌법전문의 "자유민주적 기본질서"와 제 8 조 제 4 항의 "민주적 기본질서"를 해석함에도 이러한 헌법의 통일성이라는 해석지침이 그대로 적용되어야 한다. 그런데 헌법전문은 헌법규정에 들어 있는 규범적 내용의 연혁적, 이념적 기초로서 헌법전체를 이념적·원리적으로 지도하는 성문헌법의 핵이라 할 수 있고, 그러한 한에서 헌법전문의 내용을 구체화시키는 것이 헌법본문의 규정들이라고 할 수 있다. 곧 이러한 해석에 따르면 헌법전문의 "자유민주적 기본질서"와 "4·19 민주이념", "조국의 민주개혁"에서 사용되고 있는 민주, 자유민주적 기본질서들은 같은 내용을 포함하고 있고, 이러한 것들이 제 1 조 제 1 항의 "민주공화국", 제 4 조의 "자유민주적 기본질서", 제 8 조 제 2 항의 "민주적", 제 8 조 제 4 항의 "민주적 기본질서", 제32조 제 2 항의 "민주주의원칙", 제119조 제 2 항의 "민주화"에서 구체화되고 있다고 볼 수 있을 뿐만 아니라 또한 이들은 동일한 내용을 가지고 있다고 볼 수 있다. 이념이나 원리를 구체화하는 개별규정들이 이념에 모순되거나 이념과는 다른 내용을 가진다고는 볼 수 없기 때문이다. 따라서 문언상 상이한 민주적 기본질서와 자유민주적 기본질서는 동일한 것을 뜻한다고 보아야 한다.

그러나 이러한 해석만으로 문제가 해결되었다고 할 수는 없다. 왜냐하면 민주주의는 자유민주주의만이 아니라 사회민주주의 등 그 밖의 민주주의도 그 내포로 하는 것이라는 국내의 고정관념은 좀처럼 움직일 수 없을 것 같기 때문이다. 곧 적지 않은 수의 사람들이 민주주의를 고정된 개념으로 생각하고 있다.

우리는 앞에서 고대 그리스인들이 민주주의를 창안해 낸 이래 우리 시대까지 민주주의라고 불리우는 개념은 끊임없이 변화해 왔다는 것을 보았다. 그리고 오늘날의 민주주의는 국민을 위한 정치라는 전제 아래 국민에 의한 정치가 이루어질 것을 요구하는 정치이념이며, 이는 내용적으로 자유와 평등, 더 정확하게는 평등한 자유를 통하여 확보되는 인간의 존엄과 직결된 것으로 볼 수밖에 없다는 것을 인정하였다. 그렇다면 인간의 존엄에 기여하는 한 그것은 민주주의의 요소로 보아야 한다. 이러한 관점에서 사회적 정의와 사회적 안전, 곧 실질적 평등을 이념으로 하는 사회국가원리가 자유민주주의의 구체적 요소가 되는가 하는 점을 검토하여야 한다. 그리고 이 점은 긍정될 수밖에 없다. 왜냐하면 민주주의의 이념을 자유와 평등이라고 할 때의 평등은 정치적 평등과 물질적(=경제적: 저자의 삽입) 평등을 동시에 포함하고 있는 것으로 해석되어야 할 뿐만 아니라, 자유와 이러한 의미의 평등은 서로 분리될 수 없을 정도로 결합되어 있으며 진정한 자유란 법적 평등을 통하여 보장되는 인간실존의 최저조건을 보장하는 것을 토대로 해서만 가능하기 때문이다.[1] 궁핍과 곤궁에 처해 있는 자는 자유로울 수 없고, 철저하게 자신의 생활근거를 유지하기 위하여 강제된다. 따라서 궁핍의 극복은 평등의 기초적 요청일 뿐만 아니라 또한 자유의 요청이기도 하다. 왜냐하면 궁핍 속에서 생활한다는 것은 곧 자유가 없다는 것을 뜻하기 때문이다.[2] 결국 이전에 사회민주주의의 내용으로 주장되거나 추구되던 사항들은 이제는 자유민주주의의 내용이 되었으며, 이제는 더 이상 사회민주주의와 자유민주주의를 이념적으로 구별할 실익이 없다고 생각된다. 그러한 한에서 우리 헌법의 여러 곳에서 혼용되고 있는 민주적 기본질서와 자유민주적 기본질서는 같은 것으로 해석되어야 한다.[3]

---

1) K. Hesse, Gleichheit und Freiheit als Grundprinzipien heutiger staatlichen Ordnung, In: *Individuum und Kollektive*, 1962, S. 1ff.(13).

2) M. Kriele, Freiheit und Gleichheit, in: Benda/Maihofer/Vogel(Hrsg.), *Handbuch des Verfassungsrechts*, Bd. I, 1984, S. 129ff.(146).

3) 헌법제정과정에서는 북한에서 '인민'이라는 용어를 쓰고 있기 때문에 남한에서는 '국민'이라는 용어를 쓰자는 발언이 있었다(헌법제정회의록, 국회도서관, 1967, 390쪽). 계희열, 헌법학(상), 277쪽, 각주 207은 '자유'민주적 기본질서라고 할 때 자유의 의미는 인민민주주의(공산주의)와 구별하려는 의미 이상이 있다고 보기는 어렵다고 이야기하고 있다.

4. 우리 憲法에 具體化된 自由民主主義原理(狹義의 民主主義)

(1) 廣義의 民主主義와 狹義의 民主主義

앞에서 본 바와 같이 민주주의를 광의로 이해하는 경우 민주주의는 헌법의 거의 모든 내용과 관련된다. 곧 헌법의 거의 모든 규정은 민주주의 이념을 규범화한 것으로 이해된다. 그러한 한에서 법치국가원리도 사회국가원리도 문화국가원리도 그리고 평화국가원리도 민주주의의 이념하에서 설명할 수 있을 것이다. 그러나 헌법의 기본원리 가운데 하나로서 민주주의를 이야기할 때에는 협의의 민주주의, 곧 정치원리로서의 민주주의를 뜻하는 것이 보통이다.

212. 광의의 민주주의와 협의의 민주주의(정치원리로서의 민주주의)

(2) 政治原理로서의 民主主義의 구성요소

이러한 정치원리로서의 민주주의는 헌법질서 내에서 국가권력을 창설하고 이 권력을 작용하게 하는, 곧 국가권력에 근거를 부여해 주는 원리이다. 민주주의원리는 헌법체계에서 초개인적 계속성의 창설을 가능하게 하고, 정치적 의사형성을 위하여 민주주의에 고유한 절차와 이 절차의 공개를 통해 정치과정을 합리화하며, 국가권력을 제한한다.[1] 달리 표현한다면, 민주주의국가는 시민의 참여를 통하여 시민의 자유를 보장한다. 따라서 민주주의는 단순히 국가권력의 정당화를 위한 도식에 그치는 것이 아니라, 국가적 결정에 국민의 참여를 보장하고 요구한다.

213. 정치원리로서의 민주주의의 구성요소: 국민주권의 원리, 복수정당제도, 선거제도, 민주주의의 기능원리로서의 다수결원리

정치원리로서의 (자유)민주주의는 국민주권의 원리, 선거제도, 복수정당제도와 민주주의의 기능원리로서의 다수결원리에 구체화되어 있다.

第 2 項 國民主權의 原理

1. 憲法規定

우리 헌법은 민주주의의 핵심인 국민주권을 헌법전문과 헌법 제 1 조에서 분명히 하고 있다. 곧 헌법전문에서 "… 우리 대한국민은 … 1948년 7월 12일에 제정되고 8차에 걸쳐 개정된 헌법을 이제 국회의 의결을 거쳐 국민투표에 의하여 개정한다"라고 선언하여 헌법제정 및 개정의 주체로서 국민을 밝힌 것이나,

214. 한국헌법 제 1 조: 우리나라의 국호와 국가형태의 선언

---

1) K. Hesse, *Grundzüge des Verfassungsrechts der Bundesrepublik Deutschland*, S. 58(Rdnr. 137ff.); 계희열, 헌법학(상), 212 · 213쪽.

헌법 제1조에서 "대한민국은 민주공화국이다. 대한민국의 주권은 국민에게 있고, 모든 권력은 국민으로부터 나온다"라고 선언하고 있는 것은 국가의 최고권력인 주권이 국민에게 있음을 분명히 한 것이다.

여기에서 특히 '민주공화국'(제1조 제1항)과 '국민주권'(제1조 제2항)의 관계와 그 의미가 문제된다.

2. 民主共和國의 意味

(1) 共和國의 歷史的 意味

215. 공화국의 역사적 의미: 군주가 존재하지 않는 국가

'공화국'(Republik)이란 단어는 '공적 사항'(öffentliche Sachen) 또는 '공동체'(Gemeinwesen)를 뜻하는 라틴어 'res publica'에서 왔다. 마키아벨리는 「군주론」에서 지배체계를 1인이 국가권력을 소유하고 있는 군주국과 다수인이 국가권력을 보유하고 있는 공화국으로 구별하였다. 곧 역사적 관점에서는 공화국은 (세습군주이건 선거군주이건 종신직 국가원수인)군주가 존재하지 않는 국가이다. 이러한 공화국은 다시 소수권력자에게 권력이 독점되어 있는 과두공화국 또는 귀족공화국과 권력이 모든 국민에게 있는 민주공화국으로 구별된다.

(2) 共和國의 現代的 意味

216. 공화국의 현대적 의미: 비군주국, 비독재국가, 자유로운 국가, 국민국가

그러나 오늘날 (민주)공화국이라 하면 군주국이 아닌 국가뿐만 아니라 또한 (일반적으로 선거가 아닌 쿠데타에 의하여 정권을 장악하고 종신 동안 국가원수의 지위를 유지하는 독재자가 존재하는) 독재국가가 아닌 국가를 의미하며, 더 나아가서는 자유로운 국가, 국민국가를 의미한다.[1] 헌법이론에서와는 달리 정치학에서는 공화국은 절대군주정이나 독재정에서의 "통제되지 않는 권력"에 대한 반대의 의미로 "통제된 권력"이라는 견해도 있다.[2]

---

1) Maunz-Zippelius, *Deutsches Staatsrecht*, 25. Aufl.(1983), S. 66(§10 Ⅱ).

2) K. Löw, Was bedeutet "Republik" in der Bezeichnung "Bundesrepublik Deutschland", DÖV 1979, S. 819ff. 참조.

3. 國民主權의 意味

(1) 主權理論의 歷史的 展開

1) 주권의 의미

217. 주권의 의미: 1. 일반적 의미 — 국내에서는 최고의 권력, 외국에 대하여는 독립된 권력; 2. 통치권 — 국가권력 자체; 3. 국가의 시원적 지배권의 연원

오늘날 일반적으로 주권은 국내에서는 최고의 권력을, 외국에 대하여는 독립된 권력을 뜻하는 것으로 사용된다. 그러나 주권은 경우에 따라 국가권력[1] 자체를 가리켜 통치권이라는 의미로 사용되기도 하고, 국가의 시원적 지배권의 연원을 지칭하는 의미로 사용되기도 한다.

2) 주권이론의 전개

218. 주권이론의 전개: 군주주권이론에서 국민주권이론으로

① 군주주권론

주권이란 개념은 구체적인 역사적 상황에서 특정의 목표를 달성하기 위하여 성립하였다. 보뎅 *J. Bodin*과 홉스 *Th. Hobbes*의 군주주권론은 교황과 황제의 권위에 근거를 두었던 중세봉건질서가 붕괴하면서 안정된 새질서의 형성과 유지를 위하여 왕(군주)에게 절대적 권위, 곧 대외적으로는 독립이고 대내적으로는 최고의 권력을 부여하려는 목적에서 주장된 것이었다.

② 국민주권론

그에 반하여 토마스 아퀴나스 *Thomas v. Aquin*에게까지 소급되는 국민주권의 이념은 초기사회계약론자들(그로티우스 *H. Grotius*, 푸펜도르프 *S. Pufendorf*, 알투지우스 *J. Althusius*)에 의하여 절대주의의 군주주권에 대한 투쟁구호로서 성립되었다. 이 이념은 주권을 '일반의사'(volonté générale)의 행사로 보아 불가양·불가분이며 언제나 올바르고 공공이익지향적인 것으로 본 루소에게서 극에 달한다.[2] 곧 중세후기의 사회는 수많은 계급특권에 기초를 두고 성립하였던 반면, 절

---

1) "국가권력은 국가의 영역 내부에서 국민에 대한 유일하고 포괄적이며 원칙적으로 무제한한 국가의 지배력으로 이해된다. … 지배력이란 특히 국가가 — 그리고 오로지 국가만이 — 특별한 수권이 없이도 독자적인 권위를 통해 일방적이고 구속력 있는 규정을 제정하고 결정을 내릴 수 있다는 것을 의미한다. 이에 대한 일정한 동의가 없다고 하여도 위와 같은 내용들은 지켜져야 한다. … 국가권력은 이러한 명령들이 강제적인 방법으로도 관철될 수 있다는 것을 의미한다. 국가는 권력을 독점하고 있다. … 민주국가에서 국가권력의 근원은 국민이다."(Chr. Degenhart, *Staatsrecht I*, *Staatsorganisationsrecht*, S. 2)

2) 이 밖에도 국가를 독립된 법인격으로 인정하는 데에서 출발하여 법인으로서의 국가 그 자체 또는 국가권위의 기초가 되는 법에 주권이 있다는 법주권론과 국가주권론이 언급되는 경우가 있다. 이렇게 국가를 법인이라고 규정한 국가가 주권을 소유한다는 논리를 국가법인설이라 하는데, 그 요점은 다음과 같다. 「주권자는 통치권의 소유자가 아니다. 통치권소

대군주는 그에 대하여 혈통을 근거로 무제한적으로 통치권과 행정권을 주장하였다. 이러한 출생과 관련된 주권은 국민주권에 의하여 부정되었다.[1] 국민주권원칙이 서구에서 혁명적으로 관철되면서 그것은 신분제적, 절대주의적 사회조직에 필수적이었던 출생을 통한 권력승계를 부인하였고 그와 동시에 이러한 사회질서와 그를 통하여 조직된 국가를 파괴하였다.[2]

(2) 國民主權의 現代的 意味

1) 국민주권이념의 한계

219. 국민주권이념의 한계: 의제이며 허구였기 때문에 구체적

그러나 국민주권의 이념은 구체적으로 국가질서를 형성하는 원리로는 작용하지 못했다. 왜냐하면 국민주권이 관철된다 하더라도 주권자로서의 국민은 구

유자로서의 국가는 법인이고 주권자는 법인인 국가의 기관에 지나지 않는다. 법인은 자연인과 달리 의사결정기관과 결정된 의사를 집행하는 집행기관 등 각 기관을 통하여 행동한다. 각 기관은 통치권소유자인 국가(법인)를 위해 행동해야 한다. 법인은 각 기관에 의한 의사결정과 집행에 혼란이 없도록 국가의사의 최고·최종결정권을 가지는 최고기관이 필요하다. 군주주권은 군주가 그러한 최고기관의 지위에 있음을 의미하고, 그때의 주권은 통치권(국가권력) 그 자체가 아니라 최고기관의 권한을 의미한다.」

그러나 크라베 *H. Krabbe*의 법주권론과 옐리네크의 국가주권론은 군주나 의회 또는 국민을 기관이라고 이해함으로써 현실적으로 당시 대립하고 있던 전제군주와 귀족, 시민세력을 타협시키려는 시도로서의 의미를 가졌을 뿐 주권의 본래의 의미, 곧 한계상황에서 최종적인 결정권이라는 의미에 비추어 볼 때에는 단지 문제의 회피 내지 우회에 지나지 않는다. 계희열, 헌법학(상), 216·217쪽. 그러한 한에서 국가주권론과 법주권론에는 현실적 의미를 부여할 수 없다.

1) Pr. Dagtoglou, Souveränität, in: *Evangelisches Staatslexikon*, 2. Aufl.(1975), Sp. 2322ff.; M. Drath, Staat, in: *Evangelisches Staatslexikon*, 2. Aufl.(1975), Sp. 2431ff.(2438ff.) 참조.

2) 국민주권론 외에도 루소에서 유래하는 인민주권론에 대하여 설명하는 경우가 있다(예컨대 권영성, 성낙인). 국민주권론과 인민주권론을 대비하여 설명하는 경우 그 각각의 내용은 다음과 같이 요약될 수 있다(이하 성낙인, 헌법학, 법문사, 2008, 126쪽).

국민주권론에 의하면 ① 주권의 주체는 하나의 통일체로서의 전체국민이다. ② 전체국민이 선출한 대표자가 국정을 책임지는 대의제원리가 도출된다. ③ 그런데 대표자를 선출하는 선거인은 교양과 재산을 가진 자에게만 부여되는 제한선거제를 채택한다. ④ 국민의 권리가 아니라 책무로서의 선거를 통해 당선된 대표자는 이제 단순히 선거구민의 대표가 아니라 전체국민을 대표하는 기속위임금지(자유위임)의 법리에 따른다. ⑤ 자유위임의 문제점을 극복하기 위하여 통치방식은 다극화된 권력분립원리에 입각할 수밖에 없다.

인민주권론에 의하면 ① 주권의 주체는 구체적인 개개인의 총합이다. ② 따라서 현실적·구체적인 주권자인 인민(Peuple) 자신이 직접 통치하는 직접민주제를 이상으로 한다. ③ 바로 주권자인 인민의 투표권행사는 어떠한 제한도 불가능하므로 보통선거를 채택한다. ④ 비록 인민을 대신하여 대표가 선출되었다고 하더라도 그 대표자는 항시 인민의 지시·통제를 받는 기속위임의 법리를 채택한다. ⑤ 국민의 직접적인 지시·통제를 받는 체제에서 권력분립원리는 반드시 채택하여야만 하는 필수적 원리가 아니다.

체적으로 행동할 수 있는 개개인이거나 그들 중의 일정집단이 아니라 추상적·이념적 통일체인 전체로서의 국민, 곧 관념적 단위에 불과하며, 그러한 한에서 국민이 최고의 독립성을 가지고 국가의사를 불가분적으로 결정한다는 주장은 하나의 의제이며 허구에 지나지 않기 때문이다.[1]

으로 국가질서를 형성하는 원리로는 작용하지 못하였다

2) 국민주권의 현대적 이해

220. 국민주권의 현대적 이해: 자주적 국가질서의 기본적인 전제를 형성하는 것

따라서 오늘날에는 국민주권은 과거와는 다른 의미, 곧 자주적 국가질서의 기본적인 전제를 형성하는 것으로 이해된다. 왜냐하면 보통·평등·비밀·직접선거를 통하여 일정기간 지배에 대한 위임을 공동결정한다는 것은 지배에 복종하는 사회의 구성원들에게 국가권력을 수인(受忍)할 수 있는 것으로 만들어 주기 때문이다. 그리고 이렇게 정해진 기간 동안 지배권을 행사하게 함으로써 비로소 상충하는 정치세력과 이해관계 사이에 평화로운 공존과 통합의 가능성이 보장될 것이며 그러한 것을 통해서 지배는 정당화될 것이다. 곧 국민주권은 국가질서의 정당성에 대한 근거 내지 기준으로 작용하며, 국가질서가 지향해야 할 바를 제시한다.[2] 그리고 그러한 선거와 국민투표를 통한 국가작용의 정당화는 부단히 연속되어야 한다.[3] 이렇게 본다면 국민주권(내지 선거와 국민투표를 통한 국민에 의한 국가작용의 정당화)은 자유민주적 기본질서의 필수조건이라 할 수 있다.[4]

---

1) 허영, 한국헌법론, 135·136쪽; 계희열, 헌법학(상), 218쪽. 그러한 한에서 국민을 전체로서의 '국민'(nation)과 유권자의 총체를 뜻하는 '인민'(peuple)으로 2분하여 주권자를 설명하려는 견해(권영성, 헌법학원론, 134쪽)도 의제적이고 허구적일 수밖에 없다고 할 것이다.
2) 계희열, 헌법학(상), 218쪽. 또한 허영, 한국헌법론, 135-137쪽 참조.
3) BVerfGE 77, 1(40); 83, 60(73); 93, 37(68) 참조.
독일연방헌법재판소는 국가권력과 국가작용을 동일시한다. 국가권력은 "직접 대외적 효력을 가지는가 '국가기관 내에서'(behördeninternen)만 효력을 가지는가 여부와는 무관하게 어떻든 '국가기관의 과제'(Amtsaufgaben)를 실현하기 위한 전제를 창출해내는 결정의 성격을 가지는 모든 '국가기관의'(amtliche) 작용이다."(BVerfGE 93, 37, 68; 107, 50, 87. 또한 BVerfGE 47, 253, 273; 83, 60, 73; 130, 76, 123도 참조)
4) 이와 같은 뜻을 계희열, 헌법학(상), 218쪽은 "비록 국민주권만으로써 민주주의가 완성되는 것은 아니지만 국민주권을 부정하는 민주주의는 있을 수 없다"고 표현하고 있다. 이러한 생각은 국민주권의 원리를 자유민주주의의 한 부분으로 본다는 점에서 자유민주주의의 원리를 국민주권의 이념의 실현으로 보는 허영, 한국헌법론, 133쪽 이하의 생각, 국민주권주의와 자유민주주의를 별개의 독립된 헌법의 기본원리로 보는 김철수, 헌법학개론, 86쪽 이하의 생각과 권영성, 헌법학원론, 137쪽 이하의 생각과 다르다.

4. 民主共和國과 國民主權의 關係

(1) 民主共和國과 國民主權의 관계에 대한 학설

221. 민주공화국과 국민주권의 관계에 대한 학설

학설은 우리 헌법 제1조 제1항의 민주공화국이 우리나라의 국호와 국가형태에 대한 것이라는 데 대하여 의견이 일치되어 있다. 다만 이 규정이 제2항의 국민주권과 관련하여 어떤 의미를 가지는가에 대해서는 견해가 대립되어 있다.

곧 렘 *H. Rehm*의 예에 따라[1] 주권자가 누구냐 하는 국체와 주권의 행사방법을 뜻하는 정체의 구별을 전제로 다음과 같이 상이한 수많은 견해가 대립되어 있다.

제1설은 민주공화국 중 '민주'는 정체를, '공화국'은 국체를 밝힌 것이며, 제2항의 국민주권에 관한 규정은 제1항을 부연한 것이라고 한다.[2] 제2설은 제1조 제1항의 민주공화국은 정체를, 제1조 제2항의 주권재민(主權在民)조항은 국체를 표현한 것이라고 한다.[3] 제3설은 국체와 정체의 구별을 부정하면서 제1조 제1항의 민주공화국은 국가형태를 공화국으로 규정한 것이고, '민주'라는 말은 공화국의 정치적 내용이 민주주의적으로 형성될 것을 요구하는 공화국의 내용에 관한 규정이라고 한다.[4] 제4설은 국체와 정체에 따른 국가형태의 분류를 의미가 없다고 하면서 민주공화국 자체를 국가형태로 파악한다.[5] 제5설은 국가형태를 국민주권사상을 바탕으로 해서 사회공동체가 정치적인 일원체로 조직되고 통일되는 형식으로 보아 주권의 소재를 기준으로 한 국가형태를 논할 실익이 없다고 하면서 국가형태를 '사회의 국가에 대한 영향'(input)과 '국가의 사회에 대한 영향'(output)의 관계에 따라 결정하려고 한다.[6]

---

1) H. Rehm, *Allgemeine Staatslehre*, 1899, S. 176ff.
2) 문홍주, 한국헌법, 해암사, 1987, 106·107쪽.
3) 박일경, 신헌법, 일명사, 1977, 46·50쪽.
4) 권영성, 헌법학원론, 112·113쪽. 이 견해의 주장자는 국가형태를 국가의 조직형태와 기본적 가치질서가 어떠한 것인가를 기준으로 한 국가의 유형으로 이해한다(108쪽). 한수웅, 헌법학, 99쪽도 헌법 제1조 제1항은 대한민국의 국가형태를 민주공화국으로 천명하고 있고, 제2항은 민주국가의 본질을 한 마디로 요약함으로써 그 자체로서 형식적인 개념인 공화국을 내용적으로 채우고 있다고 한다.
5) 김철수, 헌법학개론, 125쪽; 계희열, 헌법학(상), 194쪽. 그러나 양자는 국가형태를 약간은 달리 이해하고 있는 것으로 보인다. 전자는 국가의 전체적 성격을 나타내는 것으로 이해하고 있고(118쪽), 후자는 P. Badura, *Staatsrecht*, 1986, Rdnr. D 1(S. 170)의 예에 따라 한 국가의 특색을 나타내는 정치적 지배형태로 이해하고 있다(188쪽).
6) 허영, 한국헌법론, 184·188-190쪽. 이러한 견해에 대하여 계희열, 헌법학(상), 192쪽, 각주

(2) 民主共和國과 國民主權의 관계에 대한 사견

222. 민주공화국과 국민주권의 관계에 대한 사견: 1. 민주공화국은 국가형태를 뜻한다; 2. 헌법의 기본원리로서의 민주주의는 국가형태로서의 민주주의보다 넓은 개념이다; 3. 국민주권원리는 민주주의의 필수적 구성부분이다

상징적인 군주제도를 두고 있는 나라들에서도 현실적으로 국민주권사상이 일반화된 오늘날에는 주권의 소재(국체)를 기준으로 한 국가형태는 논할 실익이 없다.[1] 또한 통치권의 행사가 민주적이냐 독재적이냐의 문제는 통치권의 사실적 행사에 대한 평가를 통해 분류할 수 있는 문제이지 통치권의 행사방법(정체)에 대한 규정으로 분류하기는 어렵다.[2] 따라서 국체와 정체를 전제로 한 국가형태의 구별은 의미가 없으며 그러한 한에서 민주공화국 자체를 국가형태로 이해하려는 견해가 타당한 것으로 보인다. 그리고 국가형태로서의 민주주의는 헌법의 기본원리로서의 민주주의와 동일한 표현이다. 양자는 그 내용에 있어서 서로 겹치는 점이 있으나 헌법의 기본원리로서의 민주주의는 국가 형태로서의 민주주의보다 넓은 개념이다.[3] 그러나 그 이유는 헌법의 기본원리로서의 민주주의가 헌법질서의 전체를 형성하는 기본원리이기 때문이라기보다는[4] 오히려 헌법 제 1 조 제 1 항의 민주공화국이 국가형태를 선언함과 동시에 헌법전문의 헌법제·개정주체로서의 국민과 헌법 제 1 조 제 2 항의 주권재민조항과 더불어 국민주권을 선언하고 있고[5] 국민주권원리는 민주주의원리의 필수적인 부분이기는 하나 그렇다고 민주주의원리의 전체는 아닌 구성부분이기 때문이다.[6]

(3) 우리 憲法 제 1 조의 國民主權原理의 의미

223. 우리 헌법 제 1 조의 국민주권원리의 의미: 1. 소극적 의미 — 군주국과 독재국가의 부정;

헌법전문과 헌법 제 1 조에 표현되고 있는 국민주권원리는 소극적으로는 어떠한 형태의 군주국도 인정하지 않으며, 더 나아가서 모든 형태의 전체주의적 또는 독재적 국가형태가 부정되어야 함을 뜻한다.[7)8)] 또한 동 원리는 적극적으로

45은 이러한 시도가 의미있음을 인정하면서도 국가와 사회의 이원적 구조가 전제되어야 하며 제시된 모델들의 구별기준이 좀더 분명해야 한다는 점을 지적하고 있다.

1) 허영, 한국헌법론, 191쪽; 계희열, 헌법학(상), 194쪽.
2) 계희열, 헌법학(상), 193쪽.
3) 계희열, 헌법학(상), 188쪽은 국내에서는 처음으로 헌법의 기본원리와 국가형태 사이의 관계를 언급하면서 국가형태가 헌법의 기본원리에 속한다는 것을 지적하였다.
4) 계희열, 헌법학(상), 188쪽.
5) 허영, 한국헌법론, 137쪽.
6) 계희열, 헌법학(상), 217·218쪽 참조.
7) 권영성, 헌법학원론, 113쪽; 계희열, 헌법학(상), 196쪽.
8) 공화국이 군주국에 대한 부정이라는 것은 이미 공화국이라는 명칭이 기원하는 로마공화정 시대부터 이미 공화국의 본질적 표지였다. 그리고 공화국에서 '독재'(Diktatur)를 배제하는 것은 (비상시에 임명되는 고대 로마의) '독재집정관'(dictator)이 원래는 공화정의 시한부

2. 적극적 의미 — 대한민국의 국가적 질서는 자유국가적·국민국가적 질서라야 한다

는 대한민국의 국가적 질서가 자유국가적·국민국가적 질서라야 한다는 것을 뜻한다.[1] 뿐만 아니라 동 원리는 우리나라 국가권력의 정당성이 국민에게 있고, 모든 통치권력의 행사를 최후적으로 국민의 의사에 귀착시킬 수 있다는 뜻이지, 국민이 직접 통치권을 행사한다는 뜻은 아니다.[2] 마지막으로 헌법 제 1 조는 헌법의 기본원리 가운데 하나인 자유민주주의원리의 핵심적 부분이므로 헌법개정의 대상이 되지 않으며, 국가형태를 변경시키려 할 때에는 형법이나 국가보안법 등에 의하여 처벌을 받는다.[3]

판례 "국가보안법 제 1 조에서 말하는 '국가를 교란한다' 함은 자유민주주의에 입각한 헌법상의 제도, 즉 국가형태에 관한 규정, 주권의 소재에 관한 규정, 권력의 분립에 관한 규정, 의회제도에 관한 규정 등으로 표상된 대한민국의 정치적 조직을 불법으로 파괴하는 것을 의미한다고 해석하는 것이 타당하다고 할 것이고, 자유민주주의에 관한 헌법의 여러 제도를 유지하면서, 다만 현정부의 행정·입법·사법의 각 기관을 구성하는 각 자연인을 교체할 목적을 가졌다 하여, 국가변란의 목적이 있었다고 할 수 없다 할 것이다."(대법원 1966. 4. 21. 66도152 판결)

5. 國民主權의 行使方法

(1) 概 觀

224. 국민주권의 행사방법: 1. 원칙 — 간접민주제; 2. 예외 — 직접민주제

국민주권의 원리는 국민을 국가의 시원적 지배권의 연원으로 하는 원리이다. 따라서 국민주권의 원리는 모든 국가권력의 행사는 국민에 의하여 지속적으로 정당화될 것을 요구하며, 그렇기 때문에 국민이 정치의사형성에 직접·간접으로 참여할 것을 요구한다. 국민이 정치의사형성에 참여하는 방법으로는 직접민주제와 간접민주제가 있다. 보통 현대민주주의국가들은 후자의 방법을 원칙으로 하고, 전자의 방법은 예외적으로만 채택하고 있다.

판례 〈「주민소환에 관한 법률」 제 1 조 등 위헌확인(기각)〉 "법 제 7 조 제 1 항 제 2 호 중 시장에 대한 부분이 주민소환의 청구사유에 제한을 두지 않은 것은 주민소환제를 기본적으로 정치적인 절차로 설계함으로써 위법행위를 한 공직자뿐만

공직이었으나, 점점 그것이 군주정적 통치형태로 발전된 경험을 반영한다(H. Kremser/A. Leisner, *Verfassungsrecht III*, *Staatsorganisationsrecht*, S. 47f. 참조).

1) 권영성, 헌법학원론, 113쪽.
2) 허영, 한국헌법론, 137쪽; 계희열, 헌법학(상), 218쪽.
3) 권영성, 헌법학원론, 113쪽; 계희열, 헌법학(상), 196쪽.

아니라 정책적으로 실패하거나 무능하고 부패한 공직자까지도 그 대상으로 삼아 공직에서의 해임이 가능하도록 하여 책임정치 혹은 책임행정의 실현을 기하려는 데 그 입법목적이 있다.

입법자는 주민소환제의 형성에 광범위한 입법재량을 가지고, 주민소환제는 대표자에 대한 신임을 묻는 것으로 그 속성이 재선거와 같아 그 사유를 묻지 않는 것이 제도의 취지에도 부합하며, 비민주적, 독선적인 정책추진 등을 광범위하게 통제한다는 주민소환제의 필요성에 비추어 청구사유에 제한을 둘 필요가 없고, 업무의 광범위성이나 입법기술적인 측면에서 소환사유를 구체적으로 적시하기 쉽지 않으며, 청구사유를 제한하는 경우 그 해당 여부를 사법기관에서 심사하게 될 것인데 그것이 적정한지 의문이 있고 절차가 지연될 위험성이 크므로, 법이 주민소환의 청구사유에 제한을 두지 않는 데에는 나름대로 상당한 이유가 있고, 청구사유를 제한하지 아니한 입법자의 판단이 현저하게 잘못되었다고 볼 사정 또한 찾아볼 수 없다.

또 위와 같이 청구사유를 제한하지 않음으로써 주민소환이 남용되어 공직자가 소환될 위험성과 이로 인하여 주민들이 공직자를 통제하고 직접참여를 고양시킬 수 있는 공익을 비교하여 볼 때, 법익의 형량에 있어서도 균형을 이루었으므로, 위 조항이 과잉금지의 원칙을 위반하여 청구인의 공무담임권을 침해하는 것으로 볼 수 없다."(헌재 2009. 3. 26. 2007헌마843 결정)

(2) 直接民主制

1) 직접민주제의 의의

직접민주제는 국민이 직접적으로 국정을 운영하는 제도이다. 이렇게 국민이 직접적으로 국정을 운영하는 것은 주로 입법의 경우이기 때문에 직접민주제를 직접입법이라고도 한다. 또 직접민주제는 국민의 투표에 의한 표결의 방법으로 행해지는 것이 보통이므로 국민투표제라고도 한다. 직접민주제의 방법으로는 국민표결, 국민발안, 국민파면(=국민 소환)이 있다.

225. 직접민주제의 방법: 국민표결, 국민발안, 국민소환

2) 우리 헌법에 채택된 직접민주제

우리 헌법은 직접민주제의 방법 중 국민투표의 방법만을 제도화하고 있다. 국회가 발안한 헌법개정안에 대한 필수적 국민투표(제130조 제 2 항)와 '외교·국방·통일 기타 국가안위'에 관한 임의적 국민투표(제72조)가 그것이다.

226. 우리 헌법에 채택된 직접민주제: 국민투표

3) 직접민주제의 장점

직접민주제의 열렬한 제창자인 루소가 「사회계약론」(Contrat social, 1762)에

227. 직접민주제의

장점: 국민자치의 사상과 가장 부합

서 간접민주제를 비판하여 "영국인은 그들이 자유라고 생각하고 있지만 그것은 잘못이다. 그들이 자유인 것은 의원을 선거하는 때뿐이고, 그 의원이 선출되자마자 그들은 노예가 된다"라고 토로하고 있듯이, 직접민주제는 국민자치의 사상과 가장 부합되는 매우 민주적인 제도라고 할 수 있다.[1)]

4) 직접민주제의 문제점

228. 직접민주제의 문제점

그러나 과거에 각국 헌법에서 채택된 직접민주제적 제도들의 실시과정에서 많은 문제들이 드러났다.[2)] 뿐만 아니라 현대사회에서는 특히 다음과 같은 이유 때문에 예외적인 경우를 제외하고는 직접민주제를 채택하기가 힘든 형편이다. 첫째, 국가의 규모가 크고 사회적 분업이 발달된 경우에는 모든 국민이 모여 직접 국정을 결정한다는 것이 거의 불가능하다. 둘째, 대다수의 국민이 모든 국정문제를 판단하고 처리할 수 있는 정치적 소양과 시간적 여유를 가지고 있지는 않다. 셋째, 오늘날 복잡하고 다양한 이해관계, 그에 따른 다양한 집단의 존재, 거대정당들, 매스컴 등 여러 가지 현실적 여건 때문에 실제로는 본래의 취지를 실현하기 어렵고 오히려 악용될 소지가 많다. 따라서 우리 헌법의 국민투표제도와 관련해서도 그 문제점이 지적되고 있다.[3)]

---

1) 루소는 인민(유권자시민의 총체)을 주권, 곧 통치권의 소유자로 하는 인민(peuple)주권론을 주장하였다. 인민주권론은 바르레 *J.-F. Varlet*에 의하여 더욱 이론적으로 체계화되었다. 국민(nation)주권론과 인민주권론을 비교하면 다음과 같다. ① 국민주권론에서 주권의 주체는 관념적 통일체인 국민인 반면, 인민주권론에서 주권의 주체는 현실적인 유권자시민의 총체이다. ② 따라서 국민주권하에서는 주권의 소유와 행사는 필연적으로 분리되고, 국민대표에 의한 국가의사결정이 불가피하며(간접민주정의 원칙), 이러한 국민대표는 그를 선출한 국민에 대하여 책임을 지지 아니한다(무기속위임 또는 자유위임). 이에 반하여 인민주권하에서는 인민이 주권행사에 참가할 고유한 권리를 가지며(직접민주정의 원칙), 불가피하게 대표제를 도입하는 경우에도 그때의 대의제는 직접민주정의 대체물에 지나지 않고, 그 결과 인민대표는 실재하는 인민, 곧 유권자의 의사를 확인하여 표시하고 입법하여야 한다(기속위임). ③ 국민주권론을 채택하는 경우 대표를 선임하는 조건이나 구체적인 형태는 각각의 헌법에서 어떻게 정하느냐에 따라 다르므로, 반드시 제한선거제를 취할 필요는 없다. 보통선거제를 도입하여 국민대표를 뽑을 수도 있고, 경우에 따라서는 직접민주제를 도입하여 유권자집단을 국민대표로 할 수도 있다. 그에 반하여 인민주권론을 취하는 경우 제한선거는 주권적 인민의 주권을 제한하는 것이므로 용납되지 아니한다.

2) 계희열, 헌법학(상), 219쪽은 직접민주제의 시행과정에서 드러난 문제점으로서 결정이 순간적 감정에 의해 쉽게 영향을 받는다는 점, 복잡한 사안의 경우 투표의 결과가 무의미해진다는 점, 사안에 따라 투표권자의 참여범위를 어떻게 정하는가가 쉽지 않다는 점, 무엇보다도 이 제도의 실시결과가 매우 부정적이라는 점을 들고 있다.

3) 계희열, 헌법학(상), 220쪽은 국민투표는 현실적으로 집권자에 의하여 부당한 정당화수단으로 악용될 수 있고 헌법개정의 절차를 불필요하게 어렵게 만들 뿐만 아니라 대통령의 권한을 지나치게 확대한 결과를 가져왔다고 한다. 따라서 신임투표적 성격의 것과 구체적

(3) 間接民主制

1) 의 의

그러므로 대부분의 현대민주국가들은 국민주권의 행사방법으로 간접민주제를 채택하고 있다. 간접민주제는 국민이 그의 대표를 통하여 간접적으로 국정에 참여하는 국민주권의 행사방법을 말한다. 이 때 국민은 선거를 통하여 그들의 대표를 선출하기 때문에 간접민주제는 곧 대의제도(의회정치)를 의미한다.

229. 간접민주제: 대의제

판례 〈국회의원선거법 제33조, 제34조의 위헌심판(위헌=헌법불합치)〉 "헌법상의 국민주권론을 추상적으로 보면 전체국민이 이념적으로 주권의 근원이라는 전제 아래 형식적인 이론으로 만족할 수 있으나, 현실적으로 보면 구체적인 주권의 행사는 투표권행사인 선거를 통하여 이루어지는 것이다. 실질적 국민주권을 보장하기 위하여 유권자들이 자기들의 권익과 전체국민의 이익을 위해 적절하게 주권을 행사할 수 있도록 민주적인 선거제도가 마련되어야 하고, 국민 각자의 참정권을 합리적이고 합헌적으로 보장하는 선거법을 제정하지 않으면 안 된다. … 주권자인 국민은 선거를 통하여 직접적으로는 국가기관의 구성원을 선출하고 간접적으로는 여하한 정부를 원하느냐에 관한 국민의 의사를 표시한다. 이러한 정치행위를 참정권이라고 하고, 이를 모아 집합적인 총의로 최종결정을 하는 것을 헌법상 주권의 행사라고 하나 … 민주주의의 기본적 가치라고 할 수 있는 주권재민의 원리(헌법 제 1 조)가 현실적인 제도로 구체적으로 현출되는 것이 선거제도이고 선거법이다." (헌재 1989. 9. 8. 88헌가6 결정)

2) 우리 헌법에 채택된 국민주권의 행사방법

우리 헌법도 기본적으로는 대의제의 원리에 입각하여 국민이 선출한 의원으로 구성되는 국회(제41조 제 1 항)와 국민이 직접 선출하는 대통령(제67조 제 1 항)에게 입법권(제40조)과 집행권(제66조)을 맡기고 있다.

230. 우리 헌법에 채택된 국민주권의 행사방법: 기본적으로는 대의제원리

第 3 項 選擧制度

1. 選擧의 意義

선거란 대표자나 기관을 선임하는 행위를 말한다. 오늘날과 같이 대부분의 민주국가가 대의민주제를 채택하고 있는 경우에는 국민의 대표기관이 미리 정해

231. 선거의 의의: 1. 대표자와 기관을 선임하는 행위; 2. 주권

사안에 대한 것으로 개정하거나 삭제하는 것이 바람직할 것이라고 한다.

자측에서는 주권행사, 정치지도자측에서는 민주적 정당성 획득; 3. 정당국가적 민주주의에서는 정당정책에 대한 국민투표적 성격

진 시간적 간격[1]을 두고 정기적으로 국민에 의하여 선출되는 것은 매우 중요한 의미를 가진다. 왜냐하면 선출된 국민대표기관이 다시 선거를 통하여 교체될 가능성이 없으면 국민에 대한 국민대표기관의 책임을 확보할 수 없을 뿐만 아니라 더 나아가서 시간이 많이 흐른 뒤에는 국민대표기관의 행위가 국민의 의사에 기반을 두고 있다는 것을 더 이상 확인하기도 어려울 것이기 때문이다. 대의민주제에서는 선거를 통하여 주권자인 국민은 자신의 주권을 행사하며, 정치적 지도자는 민주적 정당성을 얻게 된다. 곧 선거를 통하여 한편으로는 정치적 지도자는 정당화되고 권위를 부여받으며, 다른 한편으로는 치자와 피치자 사이에 동질성이 창출된다.

판례 〈국회의원선거법 제33조, 제34조의 위헌심판(위헌=헌법불합치)〉 "주권자인 국민은 선거를 통하여 직접적으로는 국가기관의 구성원을 선출하고 간접적으로는 여하한 정부를 원하느냐에 관한 국민의 의사를 표시한다. 이러한 정치행위를 참정권이라고 하고, 이를 모아 집합적인 총의로 최종결정을 하는 것을 헌법상 주권의 행사라고 한다."(헌재 1989. 9. 8. 88헌가6 결정)

판례 〈국회의원선거법 제33조, 제34조의 위헌심판(위헌=헌법불합치)〉 "민주주의의 기본적 가치라고 할 수 있는 주권재민의 원리(제 1 조)가 현실적인 제도로 구체적으로 현출되는 것이 선거제도이고 선거법이다. 민주주의의 존립에 가장 중요한 문제는 선거에 달려 있고 선거와 관련되어 정치적·법률적 문제가 제기된다. … 국민은 오직 선거에 의해서만 국정에 참가하는 것이며 선거를 통하여 여론정치가 행해지므로 민주정치에 있어서 선거는 가장 중요한 국가적 행사의 하나이며 국법질서의 기초가 된다. … 선거법의 제정과 개정에도 국민주권과 국민대표제의 본질은 침해되거나 제한할 수 없다는 한계가 설정되는 것이다. 국회의원선거법에 규정되어 있는 선거제도의 여하는 민주주의의 사활의 문제이고 국민의 정치적 생존권에 관계되는 문제이며 자유민주주의의 기본질서와 법치주의를 구현하는 근본이다."(헌재 1989. 9. 8. 88헌가6 결정)

판례 〈「공직선거 및 선거부정방지법」 제48조 등 위헌확인(기각)〉 "대의제민주주의에 바탕을 둔 우리 헌법의 통치구조에서 선거제도는 국민의 주권행사 내지 참정권행사의 과정으로서 국가권력의 창출과 국가 내에서 행사되는 모든 권력의 정당

1) 현행 헌법의 경우 국회의원의 임기는 4년이고(제42조), 대통령의 임기는 5년이다(제70조). 이 임기는 헌법개정으로 연장될 수 있으나, 어떤 경우에도 선출된 국민대표기관에 대한 국민의 영향력이 보장되어야 한다. 독일에서는 국민대표기관의 임기는 길어야 5년과 6년 사이의 기간을 넘어서는 안 되는 것으로 보고 있다(H. Sodan/J. Ziekow, Grundkurs Öffentliches Recht, S. 49).

성을 국민의 정치적인 합의에 근거하게 하는 통치기구의 조직원리이다."(헌재 1996. 8. 29. 96헌마99 결정)

판 례 **〈「공직선거 및 선거부정방지법」 제53조 제 3 항 위헌확인(위헌)〉** "민주국가에서의 국민주권의 원리는 무엇보다도 대의기관의 선출을 의미하는 선거와 일정사항에 대한 국민의 직접적 결단을 의미하는 국민투표에 의하여 실현된다. 특히 선거는 오늘날의 대의민주주의에서 주권자인 국민이 주권을 행사할 수 있는 가장 의미 있는 수단이며, 모든 국민이 선거권과 피선거권을 가지며 균등하게 선거에 참여할 기회를 가진다는 것은 민주국가에서 국가권력의 민주적 정당성을 담보하는 불가결의 전제이다."(헌재 2003. 9. 25. 2003헌마106 결정)

그렇기 때문에 선거행위에서 국민의 의사가 굴절 없이 행사될 수 있게끔 여러 가지 제도가 구비되는 것이 필요하다. 이를 위하여 오늘날의 민주적 헌법에서는 언론·출판·집회·결사의 자유가 보장되어 있으며, 정당활동의 자유와 정당의 기회균등과 같은 정당제도가 확립되어 있고, 보통·평등·직접·비밀·자유선거의 원칙이 명시되고 있다.

판 례 **〈지방의회의원선거법 제36조 제 1 항에 대한 헌법소원(헌법불합치, 일부각하)〉** "오늘날 입헌 민주국가에서는 대의제도에 의한 통치가 불가피한 것으로서 선거야말로 국민의 의사를 체계적으로 결집하고 수렴하고 구체화하는 방법으로 국민의 정치적 의사를 형성하는 가장 합리적인 절차이며, 따라서 국민의 의사가 얼마나 굴절없이 정당하게 반영되었느냐의 여부가 통치권의 정통성과 정당성을 담보하는 생명이라고 할 수 있는 것이다. 그러므로 선거제도를 지배하는 보통·평등·직접·비밀선거의 4가지 원칙(헌법 제41조 제 1 항, 제67조 제 1 항)이 실질적으로 얼마나 잘 보장되느냐가 선거제도의 성패를 가름하는 갈림길이 되는 것이다."(헌재 1991. 3. 11. 91헌마21 결정)

판 례 **〈공직선거법 제146조 제 2 항, 제56조 등, 제189조 위헌확인(한정위헌)〉** "선거는 주권자인 국민이 그 주권을 행사하는 통로이므로 선거제도는 첫째, 국민의 의사를 제대로 반영하고, 둘째, 국민의 자유로운 선택을 보장하여야 하고, 셋째, 정당의 공직선거 후보자의 결정과정이 민주적이어야 하며, 그렇지 않으면 민주주의원리 나아가 국민주권의 원리에 부합한다고 볼 수 없다."(헌재 2001. 7. 19. 2000헌마91 등 병합결정)

오늘날의 정당국가적 민주주의에서는 선거는 대표자의 선출이라는 의미 외에도 정당정책에 대한 국민투표적 성격, 곧 가능한 여러 정부 가운데서 하나를 선택한다는 의미에서 정부선택적 국민투표의 성격을 가진 것으로 평가되고 있다.

2. 選擧權과 被選擧權

(1) 選 擧 權

1) 선 거 권

232. 선거권: 선거에 참여할 수 있는 권리

선거권이란 선거에 참여할 수 있는 권리를 말한다. 누가 선거권을 가지는가라는 문제는 오늘날의 민주주의국가에서는 매우 중요한 문제이다. 왜냐하면 오늘날에는 국민주권의 원칙이 확립되어 있으면서도 국민이 모든 경우에 스스로 주권을 행사하는 것이 아니라, 주권행사가 국민대표에 위임되어 있는 간접민주정이 채택되고 있기 때문이다. 모든 인간은 자유와 정치적 자결에 대한 동등한 자결권을 가져야 한다는 프랑스혁명기에 싹튼 의식[1]은 20세기 초에 모든 국민에게 선거권을 인정하는 보통선거의 원칙으로 확립되었다.[2] 따라서 오늘날에는 국민주권은 국민과 '능동시민'(Aktivbürger)은 일치하여야 한다는 사고, 곧 시민의 자격을 자의적으로 제한할 수 없다는 사고가 지배적인 것으로 되어 있다.

2) 선거권의 제한과 그 개선책

① 선거권의 제한

233. 선거권의 제한과 그 개선책

우리 현행 공직선거법에서도 결격사유(금치산자, 수형자 등)가 없는 한, 재외국민을 포함하는(헌재 2007. 6. 28. 2004헌마644 등 병합결정 참조) 만 19세 이상인 모든 국민에게 선거권이 인정되고 있다(법 제15조, 제18조 참조). 또한 2005년 8월 4일 개정된 선거법에서는 국회부재자투표제도가 도입되었다.

판례 〈입법부작위 위헌확인(각하)〉 "현행 공선법상 해외에 거주하는 국민 모두에게 부재자투표를 허용하기 위해서는 선거기간을 연장해야 하는데, 이는 국가와 후

---

1) M. Kriele, *Einführung in die Staatslehre*, S. 235. 그러나 국민주권원리를 처음으로 채택한 1791년의 프랑스 헌법은 투표일 현재 만 25세이며 1년 이상 프랑스에 주소를 가진 자로서 어느 집의 하인이 아니고 매년 비교육노동자의 3일분 임금에 해당되는 직접세를 납부한 남자만을 투표권자로 인정하였다(동헌법 제 1 장 제 2 절 제 2 조 참조). 그 결과 그 당시 대강 2,500만 명 프랑스인구 중 대략 1,500만 명이 25세 이상이었음에도 불구하고 선거권은 대략 450만 명 정도에게만 주어졌다. 그리고 이 시민권을 가진 자를 시민(citoyen)이라 불렀다. 1793년의 프랑스 헌법은 남자에 대하여 보통·평등선거권을 인정하였다(S. 234f. 참조).

2) 보통선거의 원칙은 만 20세 이상의 독일인에게 보통·평등·직접·비밀선거에 참여할 수 있는 권리를 부여한 1919년 8월 11일의 바이마르헌법 제22조와 그를 구체화한 1920년 4월 27일의 제국선거법에 의하여 확립되었다고 할 수 있다. 그러나 스위스의 경우에는 1971년에야 비로소 여자에게 선거권이 인정되었다.

보자들의 선거비용 증가 등 그로 인한 국가적 부담이 가중되는 문제를 초래하게 되고, 국내보다 훨씬 공정선거감시 체계가 미약할 수밖에 없는 해외에서는 선거의 공정성을 확보하기가 더욱 어렵다. 또한 해외거주자들은 투표권행사에 장해가 되는 사유를 스스로 초래하였다는 점에서 국내에 거주하는 사람들과는 근본적인 차이가 있으므로 자발적으로 출국하여 해외에 거주하는 국민들까지 같은 대우를 받아야 하는 것은 아니며, 해외에 거주하는 국민들에 대하여 부재투표를 실시하는 데에는 훨씬 많은 비용과 시간을 소요하게 된다. 따라서 비록 해외거주자들에 대하여 부재자투표를 인정하지 아니하는 차별을 한다고 할지라도 합리적인 이유가 없는 것은 아니다."(헌재 1999. 3. 25. 97헌마99 결정)

② 개 선 책

그러나 이와 관련해서는 선거가 국민의 가장 중요하고 기본적인 주권행사 수단이기 때문에, 더욱 많은 국민이 선거에 참여할 수 있도록 하는 것이 필요하다는 주장이 제기되고 있다. 곧 선거권부여연령을 만 18세로 하향 조정하는 것이 바람직하며,[1] 수형자 등에 대해서도 선거사범의 경우를 제외하고는 형사책임과 주권자의 권리는 별개의 것이기 때문에 선거권을 인정하는 것이 헌법의 정신에 합치된다[2]는 주장이 그것이다. 타당한 주장이라고 생각된다. 그러나 헌법재판소는 수형자의 선거권제한에 대하여 합헌으로 판단하고 있다.

판례 〈「공직선거 및 선거부정방지법」 제15조 위헌확인(기각)〉 "헌법은 제24조에서 선거권연령의 구분을 입법자에게 위임하고 있다. 이와 같이 선거권연령의 구분이 입법자의 몫이라 하여도, 선거권연령에 이르지 못한 국민들의 선거권이 제한되고 그들과 선거권연령 이상의 국민들 사이에 차별취급이 발생하므로, 이에 관한 입법은 국민의 기본권을 보장하여야 한다는 헌법의 기본이념과 연령에 의한 선거권제한을 인정하는 보통선거제도의 취지에 따라 합리적인 이유와 근거에 터잡아 합목적적으로 이루어져야 할 것이며, 그렇지 아니한 자의적 입법은 헌법상 허용될 수 없는 것이다. 입법자가 '공직선거및선거부정방지법'에서 '민법'상의 성년인 20세 이상으로 선거권연령을 합의한 것은 미성년자의 정신적, 신체적 자율성의 불충분 외에도 교육적 측면에서 예견되는 부작용과 일상생활 여건상 독자적으로 정치적인 판단을 할 수 있는 능력에 대한 의문들을 고려한 것이다. 선거권과 공무담임권의 연령을 어떻게 규정할 것인가는 입법자가 입법목적 달성을 위한 선택의 문제이고 입법자가 선택한 수단이 현저하게 불합리하고 불공정한 것이 아닌 한 재량에 속하는 것인바, 선거권연령을 공무담임권의 연령인 18세와 달리 20세로 규정한 것은 입법부에 주어진 합리적인 재량의 범위를 벗어난 것으로 볼 수 없다."

1) 계희열, 헌법학(상), 284쪽.
2) 허영, 한국헌법론, 513쪽; 계희열, 헌법학(상), 284쪽.

(헌재 1997. 6. 26. 96헌마89 결정)

판례 〈「공직선거 및 선거부정방지법」 제18조 위헌확인(기각)〉 "이 사건 법률조항(=선거일 현재 금고 이상의 형의 선고를 받고 그 집행이 종료되지 아니한 자는 선거권이 없다고 규정하고 있는 선거법조항)이, 국가공동체의 구성원으로서 부담하고 있는 납세·병역·준법 기타 필요한 사회적 책무를 이행하지 아니하고 오히려 그 의무에 반하여 공동체의 안전을 파괴하고, 다른 구성원들의 생명·신체·재산을 위협한 사람들에 대한 사회적 제재로서 일정한 기간 구금을 명하고 구금시설인 교도소 등의 질서와 수형자의 교화를 위하여 필요한 제한을 가하는 한편, 선거권의 행사를 위하여 필요한 정보의 제공이 현실적으로 어려운 수형자에게 그 기간 동안 공민권의 행사를 정지시키는 것은, 형벌집행의 실효성확보와 선거의 공정성을 위하여 입법자가 그 일을 추구할 수 있는 것으로서 입법목적의 정당성이나 방법의 적정성을 충족시킨다고 할 것이다. 이 사건 법률조항은 형사처벌을 받은 모든 사람에 대하여 무한정 선거권을 제한하는 것이 아니라 금고 이상의 형의 선고를 받은 자에 대하여 그 집행이 종료되지 아니한 경우에 한하여 선거권을 제한하고 있어, 어느 정도의 중대한 범죄를 범하여 사회로부터 격리되어 형벌의 집행을 받는 등 선거권을 제한함이 상당하다고 인정되는 경우만으로 한정되며 내용적으로도 그 불이익은 금고보다 가벼운 형벌인 자격상실이나 자격정지의 한 효과에 불과하다. 또한 수형자가 선거권을 행사하지 못하는 것은 수형자 자신의 범죄행위로 인한 것으로서 자신의 책임으로 인하여 일정한 기본권제한을 받는 것이므로, 수형자의 선거권제한을 통하여 달성하려는 선거의 공정성 및 형벌집행의 실효성 확보라는 공익이 선거권을 행사하지 못함으로써 입게 되는 수형자 개인의 기본권침해의 불이익보다 크다고 할 것이어서 그 법익간의 균형성도 갖추었다. 이와 같이 이 사건 법률조항은 과잉입법금지의 원칙을 위배하였다고 보기 어렵고, 그 밖에 대부분의 나라에서 형의 선고와 관련하여 이 사건 법률조항과 비슷한 유형의 선거권 결격사유를 규정하고 있는 외국의 입법례에 비추어 보더라도 특별히 헌법에 위반된다고 볼 수 없다고 할 것이다."(헌재 2004. 3. 25. 2002헌마411 결정)[1]

1) 헌법재판소는 〈공직선거법 제18조 제1항 제2호 위헌확인 사건, 이른바 제2차 수형자의 선거권박탈 사건〉에서도 합헌결정을 하였으나, 재판관 5인은 위헌의견에서 이에 대하여 다음과 같이 진지한 의문을 제기하고 있다. 〈재판관 5인의 위헌의견〉: "이 사건 법률조항이 민주주의 등 헌법질서를 부정하는 반국가적 성격의 범죄와 무관한 경미한 범죄로 단기자유형을 받은 자에게까지 폭넓게 선거권을 제한하는 것은 세계관의 다원주의를 전제로 다양한 사상이나 전력을 갖는 사람들이 자유롭게 선거에 참여하여 공동체의 질서를 형성하고자 하는 자유민주주의 국가의 선거제도에 부합하지 아니한 측면이 있다. 이러한 사정을 종합해 볼 때, 입법자는 선거권의 중요성을 고려하여 그 제한을 엄격히 하여야 함에도, 범죄자의 선거권을 제한함에 있어 '개개 범죄의 종류나 내용, 불법성의 정도 등이 선거권 제한과 어떤 직접적인 연관성을 갖는지'에 관하여 세심히 살피지 아니한 채 이 사건 법률조항으로써 단지 '금고 이상의 형을 선고받은 자로서 그 형의 집행을 마치지 아니한 자'라는 기준을 설정하여 쉽사리 그리고 일률적으로 수형자의 선거권을 제한하였다고 볼 수 있

판 례 〈공직선거법 제15조 제 2 항 등 위헌확인(헌법불합치=잠정적용)〉 "주민등록을 요건으로 재외국민의 국정선거권을 제한하고 있는 것, 국내거주자에게만 부재자신고를 허용하고 국외거주자에게 이를 인정하지 않는 것, 주민등록을 요건으로 재외국민의 국민투표권을 제한하는 것은 헌법 제37조 제 2 항에 위반하여 재외국민의 선거권과 평등권을 침해하고 보통선거의 원칙에도 위반된다."(헌재 2007. 6. 28. 2004헌마644 등 병합결정)

판 례 〈주민투표법 제 5 조 위헌확인(헌법불합치=잠정적용)〉 "주민등록을 할 수 없는 국내거주 재외국민에 대하여 주민투표권을 인정하지 않고 있는 주민투표법 제 5 조 제 1 항은 국내거주 재외국민의 평등권을 침해한다."(헌재 2007. 6. 28. 2004헌마643 결정)

판 례 〈「공직선거 및 선거부정방지법」 제15조 제 2 항 등 위헌확인 등(헌법불합치)〉 "선거권의 제한은 불가피하게 요청되는 개별적·구체적 사유가 존재함이 명백할 경우에만 정당화될 수 있고, 막연하고 추상적인 위험이나 국가의 노력에 의해 극복될 수 있는 기술상의 어려움이나 장애 등을 사유로 그 제한이 정당화될 수 없다. 북한주민이나 조총련계 재일동포가 선거에 영향을 미칠 가능성, 선거의 공정성, 선거기술적 이유 등은 재외국민등록제도나 재외국민 거소신고제도, 해외에서의 선거운동방법에 대한 제한이나 투표자 신분확인제도, 정보기술의 활용 등을 통해 극복할 수 있으며, 나아가 납세나 국방의무와 선거권 간의 필연적 견련관계도 인정되지 않는다는 점 등에 비추어 볼 때, 단지 주민등록이 되어 있는지 여부에 따라 선거인명부에 오를 자격을 결정하여 그에 따라 선거권 행사 여부가 결정되도록 함으로써 엄연히 대한민국의 국민임에도 불구하고 주민등록법상 주민등록을 할 수 없는 재외국민의 선거권 행사를 전면적으로 부정하고 있는 법 제37조 제 1 항은 어떠한 정당한 목적도 찾기 어려우므로 헌법 제37조 제 2 항에 위반하여 재외국민의 선거권과 평등권을 침해하고 보통선거원칙에도 위반된다."(헌재 2007. 6. 28. 2004헌마644 등 병합결정)

판 례 〈공직선거법 제38조 등 위헌확인(헌법불합치=잠정적용)〉 "공직선거법이 부재자투표를 할 수 있는 사람과 부재자투표의 방법을 규정하면서 대한민국 국외의 구역을 항해하는 선박에서 장기 기거하는 선원들에 대해서 부재자투표의 대상자로 규정하지 않고 이들이 투표할 수 있는 방법을 정하지 않고 있는 것은 이러한 선원들의 선거권을 침해한다."(헌재 2007. 6. 28. 2005헌마772 결정)

으므로, 이 사건 법률조항은 기본권 침해의 최소성의 원칙에 위반하였다 할 것이다."(헌재 2009. 10. 29. 2007헌마1462 결정)

(2) 被選擧權

234. 피선거권: 선거에 의하여 공직에 선출될 수 있는 자격

피선거권이란 선거에 의하여 대통령, 국회의원, 지방자치단체의 장 또는 그 의원으로 선출될 수 있는 자격을 말한다. 피선거권도 선거권과 마찬가지로 성별, 종교, 사회적 신분, 재산 등에 의하여 차별되어서는 안 된다. 그러나 피선거권은 공무를 수행할 수 있는 능력과 결부되어 있기 때문에 선거권보다 엄격한 요건을 요구하는 것이 일반적이다. 우리 현행공직선거법도 피선거권과 관련하여 선거권보다 연령제한의 폭을 높이고 결격사유도 확대하고 있다(법 제16조). 또한 헌법에서도 겸직금지를 규정하여 피선거권을 제한하고 있다(헌법 제43조, 제83조, 법 제19조 등). 이러한 제한도 합리적인 것이어야 함은 물론이다.

판례 **〈지방의회의원선거법 제12조 제 3 호 위헌확인(기각)〉** "선거범으로서 형벌을 받은 자에 대하여 일정기간 피선거권을 정지하는 규정 자체는 이로써 선거의 공정을 확보함과 동시에 본인의 반성을 촉구하기 위한 법적 조치로서 국민의 기본권인 공무담임권과 평등권을 합리적 이유 없이 자의적으로 제한하는 위헌규정이라 할 수 없다."(헌재 1994. 7. 29. 93헌마23 결정)

판례 **〈공직선거법 제16조 제 2 항 위헌확인(기각)〉** "국회의원으로 당선될 권리로서 피선거권을 누구에게, 어떤 조건으로 부여할 것인지는 입법자가 그의 입법형성권의 범위 내에서 스스로 정할 사항이지만, 이때에도 헌법이 피선거권을 비롯한 공무담임권을 기본권으로 보장하는 취지와 대의민주주의 통치질서에서 선거가 가지는 의미와 기능이 충분히 고려되어야 한다는 헌법적인 한계가 있다. … 국회의원의 피선거권 행사연령을 25세 이상으로 정한 '공직선거 및 선거부정방지법' 제16조 제 2 항은 입법자의 입법형성권의 범위와 한계 내의 것으로, 청구인들의 공무담임권 등 기본권의 본질적 내용을 침해할 정도로 과도한 것이라 볼 수 없다."(헌재 2005. 4. 28. 2004헌마219 결정)

판례 **〈「공직선거 및 선거부정방지법」 제19조 제 1 호 등 위헌확인(기각)〉** "선거범으로서 100만원 이상의 벌금형을 선고받아 확정되면 5년 동안 피선거권이 제한되도록 하는 공직선거법 규정은 과잉금지원칙에 위배하여 공무담임권을 제한하고 있다고 할 수 없다."(헌재 2008. 1. 17. 2004헌마41 결정)

3. 選擧의 基本原則

(1) 槪　　觀

우리 헌법은 선거의 원칙으로서 국민의 보통·평등·직접·비밀선거를 규정하고 있다(제41조 제 1 항, 제67조 제 1 항). 민주선거의 원칙으로서는 이 밖에도 자유선거의 원칙이 포함된다. 우리 헌법은 자유선거의 원칙을 명시적으로 규정하고 있지는 않다. 그러나 우리 헌법의 어디에도 선거에 참여가 강제되고 있지 않은 점으로 보아 이는 전제되어 있는 것으로 볼 수 있다.[1)]

235. 선거의 기본원칙: 보통·평등·직접·비밀·자유선거

(2) 普通選擧

보통선거란 제한선거에 대한 개념으로 일정연령에 달한 모든 국민에게 선거권이 인정되는 선거제도를 말한다. 따라서 성별·재산·학력·직업·종교 또는 사회적 신분 등을 근거로 선거권을 제한하는 것은 인정되지 않는다. 그러나 선거권의 부여를 일정한 연령과 같은 합리적 사유와 결부시키거나 선거인명부에 등록하게 하는 등의 정당한 형식적 전제요건에 결부시키거나 선거법위반자 등과 같이 엄격한 합리적 요건하에서 선거권을 제한하는 것은 가능하다. 그러한 한에서 보통선거는 일반적 평등원리가 선거에서 구체화된 경우라 할 수 있다.[2)] 보통선거의 원칙은 피선거권에도 적용된다.[3)]

236. 보통선거

판례 〈「공직선거 및 선거부정방지법」 제53조 제 3 항 등 위헌확인(위헌, 일부기각)〉 "민주주의는 참정권의 주체와 국가권력의 지배를 받는 국민이 되도록 일치할 것을 요청한다. 국민의 참정권에 대한 이러한 민주주의적 요청의 결과가 바로 보통선거의 원칙이다. 즉, 원칙적으로 모든 국민이 균등하게 선거에 참여할 것을 요청하는 보통·평등선거원칙은 국민의 자기지배를 의미하는 국민주권의 원리에 입각한 민주국가를 실현하기 위한 필수적 요건이다. 원칙적으로 모든 국민이 선거권과 피선거권을 가진다는 것은 바로 국민의 자기지배를 의미하는 민주국가에의 최대한의 접근을 의미하기 때문이다."(헌재 1999. 5. 27. 98헌마214 결정)

---

1) 권영성, 헌법학원론, 207쪽; 허영, 한국헌법론, 723쪽; 계희열, 헌법학(상), 291쪽.
2) 허영, 한국헌법론, 720쪽.
3) 우리 헌법재판소는 과다한 기탁금을 규정하여 재력 없는 사람의 입후보기회를 제한한 구 국회의원선거법 제33조·제34조(1천만원 내지 2천만원)를 보통·평등선거의 원리에 위배된다고 선언했고(헌재 1989. 9. 8. 88헌가6 결정), 또한 구 지방의회의원선거법 제36조 제 1 항(광역의회의원후보자의 기탁금 700만원)에 대해서도 헌법불합치결정을 내렸다(헌재 1991. 3. 11. 91헌마21 결정).

판례 〈「공직선거 및 선거부정방지법」 제15조 제1항 위헌확인(기각)〉 "보통선거제도는 일정한 연령에 이르지 못한 국민에 대하여 선거권을 제한하는 것을 당연한 전제로 삼고 있고, 헌법의 제24조에서 모든 국민은 '법률이 정하는 바'에 의하여 선거권을 가진다고 규정함으로써 선거권연령의 구분을 입법자에게 위임하고 있으므로, 보통선거에서 선거연령을 몇 세로 정할 것인가의 문제는 입법자가 그 나라의 역사, 전통과 문화, 국민의 의식수준, 교육적 요소, 미성년자의 신체적·정신적 자율성, 정치적 사회적 영향 등 여러 가지 사항을 종합하여 결정하는 것으로서, 이는 입법자가 입법목적 달성을 위한 선택의 문제이고 입법자가 선택한 수단이 현저하게 불합리하고 불공정한 것이 아닌 한 재량에 속하는 것이다."(헌재 2001. 6. 28. 2000헌마111 결정)

판례 〈「공직선거 및 선거부정방지법」 제15조 제2항 등 위헌확인 등(헌법불합치=잠정적용)〉 "선거권의 제한은 불가피하게 요청되는 개별적·구체적 사유가 존재함이 명백할 경우에만 정당화될 수 있고, 막연하고 추상적인 위험이나 국가의 노력에 의해 극복될 수 있는 기술상의 어려움이나 장애 등을 사유로 그 제한이 정당화될 수 없다. 북한주민이나 조총련계 재일동포가 선거에 영향을 미칠 가능성, 선거의 공정성, 선거기술적 이유 등은 재외국민등록제도나 재외국민 거소신고제도, 해외에서의 선거운동방법에 대한 제한이나 투표자 신분확인제도, 정보기술의 활용 등을 통해 극복할 수 있으며, 나아가 납세나 국방의무와 선거권 간의 필연적 견련관계도 인정되지 않는다는 점 등에 비추어 볼 때, 단지 주민등록이 되어 있는지 여부에 따라 선거인명부에 오를 자격을 결정하여 그에 따라 선거권 행사 여부가 결정되도록 함으로써 엄연히 대한민국의 국민임에도 불구하고 주민등록법상 주민등록을 할 수 없는 재외국민의 선거권 행사를 전면적으로 부정하고 있는 법 제37조 제1항은 어떠한 정당한 목적도 찾기 어려우므로 헌법 제37조 제2항에 위반하여 재외국민의 선거권과 평등권을 침해하고 보통선거원칙에도 위반된다. … 직업이나 학문 등의 사유로 자진 출국한 자들이 선거권을 행사하려고 하면 반드시 귀국해야 하고 귀국하지 않으면 선거권 행사를 못하도록 하는 것은 헌법이 보장하는 해외체류자의 국외 거주·이전의 자유, 직업의 자유, 공무담임권, 학문의 자유 등의 기본권을 희생하도록 강요한다는 점에서 부적절하며, 가속화되고 있는 국제화시대에 해외로 이주하여 살 가능성이 높아지고 있는 상황에서, 그것이 자발적 계기에 의해 이루어졌다는 이유만으로 국민이면 누구나 향유해야 할 가장 기본적인 권리인 선거권의 행사가 부인되는 것은 타당성을 갖기 어렵다는 점에 비추어 볼 때, 선거인명부에 오를 자격이 있는 국내거주자에 대해서만 부재자신고를 허용함으로써 재외국민과 단기해외체류자 등 국외거주자 전부의 국정선거권을 부인하고 있는 법 제38조 제1항은 정당한 입법목적을 갖추지 못한 것으로 헌법 제37조 제2항에 위반하여 국외거주자의 선거권과 평등권을 침해하고 보통선거원칙에도 위반된다."(헌재 2007. 6. 28. 2004헌마644 등 병합결정)

(3) 平等選擧

1) 의 의

평등선거란 차등선거 또는 불평등선거에 대한 개념으로 모든 선거권자가 행사하는 투표가 동등한 계산가치와 동등한 결과가치를 가지는 선거를 말한다. 뿐만 아니라 평등선거의 원리는 모든 선거참여자가 여러 가지 대안(代案) 가운데서 자유롭게 선택할 수 있도록 자유로운 정당의 설립과 활동을 비롯한 정치적 자유권이 보장될 것을 요구하며, 국가의 공권력이 선거전에 편파적으로 개입하거나 간섭하는 것을 허용하지 않는다.[1] 237. 평등선거

판례 〈「공직선거 및 선거부정방지법」 별표 1의 「국회의원 지역선거구 구역표」 위헌확인(일부위헌, 일부기각)〉 "평등선거의 원칙은 평등의 원칙이 선거제도에 적용된 것으로서 투표의 수적 평등, 즉 복수투표제 등을 부인하고 모든 선거인에게 1인 1표(one man, one vote)를 인정함을 의미할 뿐만 아니라, 투표의 성과가치의 평등, 즉 1표의 투표가치가 대표자 선정이라는 선거의 결과에 대하여 기여한 정도에 있어서도 평등하여야 함(one vote, one value)을 의미한다."(헌재 1995. 12. 27. 95헌마224 등 병합결정)

2) 평등선거의 문제점

오늘날 평등선거와 관련하여 선거구획정과 선거구인구의 불균형문제와 사표(死票)가 문제되고 있다. 사표와 관련해서는 사표를 최소화할 수 있는 비례대표제가 추천되고 있다. 선거구획정과 관련해서는 현행공직선거법이 국회 내에 선거구획정위원회를 설치하도록 하고 있다(법 제24조). 그러나 선거구의 획정에 가장 직접적인 이해관계를 가지는 국회가 이를 결정하도록 하면서 그에 대한 기준이나 통제장치를 마련하고 있지 않다는 점에서 문제점이 지적되고 있다.[2] 238. 평등선거의 문제점: 선거구인구의 불평등, 사표

판례 〈「공직선거 및 선거부정방지법」 별표 1 '국회의원 지역선거구 구역표' 위헌확인(헌법불합치)〉 "선거구획정에 관하여 국회의 광범한 재량이 인정되지만 그 재량에는 평등선거의 실현이라는 헌법적 요청에 의하여 일정한 한계가 있을 수밖에 없

---

1) 헌법재판소는 선거운동에 있어서 정당후보와 무소속후보를 차별한 구 국회의원선거법 제55조의3 및 제56조를 위헌선언하였다(헌재 1992. 3. 13. 92헌마37·39 병합결정). 그러나 비정당단체에 대한 선거운동금지는 합헌이라고 하였다(헌재 1995. 5. 25. 95헌마105 결정). 또한 일정률 이상을 득표한 정당에 대해서만 비례대표제에 의한 의석을 배분하는 봉쇄조항(저지규정)도 합헌으로 보아야 할 것이다(BVerfGE 3, 27; 4, 39ff.; 6, 90ff.).

2) 계희열, 헌법학(상), 288·289쪽.

는바, 첫째로, 선거구획정에 있어서 인구비례원칙에 의한 투표가치의 평등은 헌법적 요청으로서 다른 요소에 비하여 기본적이고 일차적인 기준이기 때문에, 합리적 이유없이 투표가치의 평등을 침해하는 선거구획정은 자의적인 것으로서 헌법에 위반된다는 것이고, 둘째로, 특정 지역의 선거인들이 자의적인 선거구획정으로 인하여 정치과정에 참여할 기회를 잃게 되었거나, 그들이 지지하는 후보가 당선될 가능성을 의도적으로 박탈당하고 있음이 입증되어 특정 지역의 선거인들에 대하여 차별하고자 하는 국가권력의 의도와 그 집단에 대한 실질적인 차별효과가 명백히 드러난 경우, 즉 게리맨더링에 해당하는 경우에는, 그 선거구획정은 입법재량의 한계를 벗어난 것으로서 헌법에 위반된다. … 인구편차의 허용한계에 관한 다양한 견해 중 현시점에서 선택가능한 방안으로, 상하 $33\frac{1}{3}$% 편차(이 경우 상한인구수와 하한인구수의 비율은 2:1)를 기준으로 하는 방안 또는 상하 50% 편차(이 경우 상한인구수와 하한인구수의 비율은 3:1)가 고려될 수 있다. 그런데 이 중 상하 $33\frac{1}{3}$% 편차 기준에 의할 때 행정구역 및 국회의원정수를 비롯한 인구비례의 원칙 이외의 요소를 고려함에 있어 적지 않은 난점이 예상된다. 또 우리 재판소가 선거구 획정에 따른 선거구간의 인구편차의 문제를 다루기 시작한 지 겨우 5년 여가 지난 현재의 시점에서 너무 이상에 치우친 나머지 현실적인 문제를 전적으로 도외시하기는 어렵다. 따라서 이번에는 평균인구수 기준 상하 50%의 편차를 기준으로 위헌 여부를 판단하기로 한다. 그러나 앞으로 상당한 기간이 지난 후에는 인구편차가 상하 $33\frac{1}{3}$% 또는 그 미만의 기준에 따라 위헌 여부를 판단하여야 할 것이다."(헌재 2001. 10. 25. 2000헌마92 등 병합결정)

(4) 直接選擧

239. 직접선거

직접선거란 간접선거에 대한 개념으로 선거되는 대표자가 중간매개체 없이 결정적으로 선거인에 의하여, 곧 투표를 통하여 그리고 투표시에 확정되는 것이 보장되는 선거를 말한다. 따라서 어떤 기관이 사후적으로 개입함으로써 그 기관의 재량에 따라 선거결과가 좌우되는 것은 직접선거가 아니다.[1] 유권자가 각 주에서 선거인단을 확정하고, 이들이 대통령을 선출하는 미국식 대통령선거는 직접선거에 해당되지 않는 대표적인 예이다. 그러나 후보자명부에 따른 선거는, 그에 상응하는 법적 규정에 의하여 특정의 또는 특정할 수 있는 후보자에게 투표가 귀속되는 것이 보장되어 있는 한, 직접선거의 원칙에 위반되지 않는다.

판례 〈「공직선거 및 선거부정방지법」 제146조 제2항 위헌확인, 「공직선거 및 선거부정방지법」 제56조 등 위헌확인, 「공직선거 및 선거부정방지법」 제189조 위헌확

1) BVerfGE 3, 45(49); 7, 63(68); 7, 77(84f.); 47, 253(279); K. Hesse, *Grundzüge des Verfassungsrechts der Bundesrepublik Deutschland*, S. 61 (Rdnr 146); E. Stein, *Staatsrecht*, 8. Aufl.(1982), S. 90; 허영, 한국헌법론, 722쪽; 계희열, 헌법학(상), 290쪽.

인(위헌, 한정위헌)〉 "직접선거의 원칙은 선거결과가 선거권자의 투표에 의하여 직접 결정될 것을 요구하는 원칙이다. 국회의원선거와 관련하여 보면, 국회의원의 선출이나 정당의 의석획득이 중간선거인이나 정당 등에 의하여 이루어지지 않고 선거권자의 의사에 따라 직접 이루어져야 함을 의미한다. 역사적으로 직접선거의 원칙은 중간선거인의 부정을 의미하였고, 다수대표제하에서는 이러한 의미만으로도 충분하다고 할 수 있다. 그러나 비례대표제하에서 선거결과의 결정에는 정당의 의석배분이 필수적인 요소를 이룬다. 그러므로 비례대표제를 채택하는 한 직접선거의 원칙은 의원의 선출뿐만 아니라 정당의 비례적인 의석확보도 선거권자의 투표에 의하여 직접 결정될 것을 요구하는 것이다."(헌재 2001. 7. 19. 2000헌마91 등 병합결정)

(모사전송 시스템을 이용하여 선상에서 투표를 하는) 선상투표는 선거권자가 직접 의사결정을 하고 단지 그 송부만이 모사전송 시스템에 의하여 이루어지는 것이므로 직접선거의 원칙에 위배되지 않는다(헌재 2007. 6. 28. 2005헌마772 결정).

판례 〈동시계표 투표함 수 무제한 허용 위헌확인(기각)〉 "헌법 제24조에 규정된 선거권이란 국민이 보통·평등·직접·비밀선거에 의하여 공무원을 선출하는 권리를 말하고, 이러한 선거권은 유권자가 자유롭게 후보자를 투표할 뿐 아니라, 투표를 통해 표출된 국민의 의사가 공정한 개표절차에 의해 정확한 선거결과로 반영될 때에만 제대로 보장된다. 이처럼 공정한 개표절차가 진행되기 위해서는 개표절차에 대한 관리·감독이 제대로 이루어져야 하는데, 개표절차의 공정성을 확보하기 위한 대표적인 방법이 개표참관인에 의한 참관이므로, 투표함의 동시계표를 제한 없이 허용함으로써 개표에 대한 개표참관인의 실질적 감시를 어렵게 만들 경우, 유권자들의 선거권을 제한할 수 있다."(헌재 2013. 8. 29. 2012헌마326 결정)

(5) 秘密選擧

비밀선거란 공개선거에 대한 개념으로 선거인이 누구에게 선거했는지를 제3자가 알 수 없도록 하는 선거를 말한다. 비밀선거의 원칙은 선거인이 외부로부터의 강제나 압력을 받지 않는 자유롭고 공정한 선거를 보장하기 위한 것이다.[1] 240. 비밀선거

1) 우편선거에서 비밀선거의 원칙이 완벽하게 지켜지는가에 대해서는 의심이 있을 수 있다. 투표용지를 기입하는 과정에서 제3자가 유권자의 어깨 너머로 보고 영향력을 행사할 수 있는 가능성이 전혀 배제되지는 않기 때문이다. 그러나 다른 한편으로 우편선거는 보통선거에 기여하는 측면도 있다. 투표소에 방문할 수 없는 자의 선거를 가능하게 해주기 때문이다. 이를 통해 비밀선거에 대한 제한이 어느 정도 정당화될 수도 있기는 하지만(Chr. Degenhart, *Staatsrecht I, Staatsorganisationsrecht*, S. 20), 그것은 정도의 문제에 불과하다. 또한 우편선거에서는 자유선거의 원칙이 제한될 수 있는 여지도 존재한다. 이와 관련하여 독일연방헌법재판소는 상이한 선거원칙들 사이에 충돌이 있을 수 있다는 것을 인정

이러한 비밀선거는 투표용지, 기표소, 투표함 등을 사전에 철저하게 준비함으로써만 가능하기 때문에, 그 성패는 많은 부분 선거준비와 선거업무조직에 달려 있다. 그러한 한에서 일반행정기관과 선거업무담당기관은 분리·독립되는 것이 바람직하다.[1)]

판례 〈공직선거법 제38조 등 위헌확인(헌법불합치)〉 "비밀선거는 선거인이 누구를 선택하였는지 제3자가 알지 못하도록 하는 상태로 투표하는 것을 말하는데, 모사전송 시스템을 이용하여 선상에서 투표를 할 수 있는 방안이 마련된다면, 전송 과정에서 투표의 내용이 직·간접적으로 노출되어 비밀선거원칙이 침해될 우려가 있다는 지적이 있다. 그러나 통상 모사전송 시스템의 활용에는 특별한 기술을 요하지 않고, 당사자들이 스스로 이를 이용하여 투표를 한다면 비밀 노출의 위험이 적거나 없을 뿐만 아니라, 설사 투표 절차나 전송 과정에서 비밀이 노출될 우려가 있다 하더라도, 이는 국민주권 원리나 보통선거원칙에 따라 선원들이 선거권을 행사할 수 있도록 충실히 보장하기 위한 불가피한 측면이라 할 수도 있으므로, 이를 두고 섣불리 헌법에 위반된다 할 수 없다. 더욱이 그러한 방식에 의한 선상투표가 인정된다면, 주권자로서의 자발적인 의사에 기하여 선거권을 행사하려는 선원들로서는 자신의 투표 결과에 대한 비밀이 노출될 위험성을 스스로 용인하고 투표에 임할 수도 있을 것이다. 나아가 헌법의 해석은 헌법의 이상과 이념에 따른 역사적, 사회적 요구를 올바르게 수용하여 헌법적 방향을 제시하는 창조적 기능을 수행하여 국민적인 욕구와 의식에 알맞도록 실질적 국민주권의 실현을 보장하는 것이어야 한다(헌재 1989. 9. 8. 88헌가6, 판례집 1, 199, 206 참조). 국민주권의 원리를 실현하고 국민의 근본적인 권리인 선거권의 행사를 보장하려면, 비밀선거의 원칙에 일부 저촉되는 면이 있다 하더라도, 이 사건과 같은 경우 '선거권' 내지 '보통선거원칙'과 '비밀선거원칙'을 조화적으로 해석하여 이들 관계를 합리적으로 조정할 필요가 있다. 모사전송 시스템이나 기타 전자통신 장비를 이용한 선상투표 결과 그 내용이 일부 노출될 우려가 있다 하더라도, 그러한 부정적인 요소보다는 국외의 구역을 항해하는 선박에 장기 기거하는 대한민국 선원들의 선거권 행사를 보장한다고 하는 긍정적인 측면에 더욱 관심을 기울여야 할 것이다. 이러한 점을 고려할 때, 모사전송 시스템을 이용한 선상투표와 같은 제도는 국외를 항해하는 대한민국 선원들의 선거권을 충실히 보장하기 위한 입법수단으로 충분히 수용될 수 있고, 입법자는 비밀선거원칙을 이유로 이를 거부할 수 없다 할 것이다."(헌재 2007. 6. 28. 2005헌마772 결정)

하고, 그러한 충돌은 입법자가 전체 선거체계의 통일성을 위하여 조정해야 한다고 하고 있다(BVerfGE 59, 119, 124; BVerfG, NVwZ 2013, 1272, 1273).

1) 허영, 한국헌법론, 723쪽.

(6) 自由選擧

자유선거란 강제선거에 대한 개념으로 선거인이 선거권을 자유롭게 행사할 수 있는 선거를 말한다. 자유선거는 비밀선거가 전제될 때에만 가능하다. 자유선거는 선거의 내용뿐 아니라 선거에 참여 여부까지도 선거권자에게 일임되는 선거의 원칙이므로 기권자에 대하여 제재를 가하는 것은 금지된다. 따라서 대통령 후보자 및 그 가족이나 공식선거운동원이 아닌 일반국민에게 일체의 선거운동을 금하고 있는 구 대통령선거법 제36조 제 1 항은 국민의 선거운동의 자유를 전면적으로 박탈하는 것으로서 헌법에 규정된 국민의 참정권의 본질적 내용을 침해하여 위헌이다(헌재 1994. 7. 29. 93헌가4 등 병합결정). 241. 자유선거

판례 〈구 대통령선거법 제36조 제 1 항 위헌제청, 구 대통령선거법 제34조 등 위헌제청(일부한정위헌, 일부합헌)〉 "자유선거의 원칙은 비록 우리 헌법에 명시되지는 않았지만 민주국가의 선거제도에 내재하는 법원리인 것으로서 국민주권의 원리, 의회민주주의의 원리 및 참정권에 관한 규정에서 그 근거를 찾을 수 있다. 이러한 자유선거의 원칙은 선거의 전 과정에 요구되는 선거권자의 의사형성의 자유와 의사실현의 자유를 말하고, 구체적으로는 투표의 자유, 입후보의 자유, 나아가 선거운동의 자유를 뜻한다."(헌재 1994. 7. 29. 93헌가4 등 병합결정)

판례 〈대통령(노무현)탄핵(기각)〉 "헌법 제41조 제 1 항 및 제67조 제 1 항은 각 국회의원선거 및 대통령선거와 관련하여 선거의 원칙을 규정하면서 자유선거원칙을 명시적으로 언급하고 있지 않으나, 선거가 국민의 정치적 의사를 제대로 반영하기 위해서는, 유권자가 자유롭고 개방적인 의사형성과정에서 외부로부터의 부당한 영향력의 행사 없이 자신의 판단을 형성하고 결정을 내릴 수 있어야 한다. 따라서 자유선거원칙은 선출된 국가기관에 민주적 정당성을 부여하기 위한 기본적 전제조건으로서 선거의 기본원칙에 포함되는 것이다.

자유선거원칙이란, 유권자의 투표행위가 국가나 사회로부터의 강제나 부당한 압력의 행사 없이 이루어져야 한다는 것뿐만 아니라, 유권자가 자유롭고 공개적인 의사형성과정에서 자신의 판단과 결정을 내릴 수 있어야 한다는 것을 의미한다. 이러한 자유선거원칙은 국가기관에 대해서는, 특정 정당이나 후보자와 일체감을 가지고 선거에서 국가기관의 지위에서 그들을 지지하거나 반대하는 것을 금지하는 '공무원의 중립의무'를 의미한다."(헌재 2004. 5. 14. 2004헌나1 결정)

판례 〈정치자금법 제21조 제 3 항 제 2 호(대통령선거경선후보자 부분) 위헌확인(위헌)〉 "선거의 자유에는 입후보의 자유가 포함되는바, 입후보의 자유란 공직선거의

> 입후보에 관한 사항은 개인의 주관적인 판단에 기초하여 자유로이 결정하여야 할 사항으로서 직접적 내지 간접적인 법적 강제가 개입되어서는 아니된다고 하는 의미를 갖는다. 한편, 입후보의 자유는 선거의 전과정에서 입후보와 관련한 의사형성 및 의사실현의 자유를 의미하는 것인바, 이에는 공직선거에 입후보할 자유 뿐 아니라 입후보하였던 자가 참여하였던 선거과정으로부터 이탈할 자유도 포함된다."(헌재 2009. 12. 29. 2007헌마1412 결정)

4. 代表制와 選擧區制

(1) 代表制와 選擧區制의 概念 및 相互關係

1) 개　　념

242. 대표제와 선거구제의 개념: 1. 대표제 — 대표결정방식; 2. 선거구제 — 선거인단을 지역단위로 분할하는 방식

선거 제도의 구체적인 내용을 이루는 것은 대표를 결정하는 방식인 대표제와 선거인단을 지역단위로 분할하는 방식인 선거구제이다.[1]

2) 상호관계

243. 대표제와 선거구제의 상호관계

대표제와 선거구제는 서로 밀접한 관계에 있다. 곧 소선거구제는 다수대표제와, 중선거구제와 대선거구제는 소수대표제와 결합되고 있는 것이 일반적이다.

대표제와 선거구제는 일차적으로는 기술적인 문제이다. 그러나 현실적으로는 한 나라의 정치현실에 커다란 영향을 미친다. 그렇기 때문에 정확하게 민의를 반영하여 안정된 정국운영을 확보할 수 있는 선거제도가 요구된다.

(2) 代表制와 選擧區制의 類型

1) 유　　형

244. 대표제와 선거구제의 유형: 1. 대표제 — 다수대표제, 소수대표제, 비례대표제, 직능대표제; 2. 선거구제 — 소선거구제, 중선거구제, 대선거구제

일반적으로 대표제에는 다수대표제, 소수대표제, 비례대표제, 직능대표제가 있고, 선거구제에는 1개 선거구에서 1인을 선출하는 소선거구제, 2인 내지 4인을 선출하는 중선거구제, 5인 이상을 선출하는 대선거구제가 있다.

1) '선거구'(electoral district, constituency)는 보통 '전체의 선거인을 선거인단체로 구분하는 표준이 되는 지역'(정요섭, 선거론, 박영사, 1993, 172쪽), '대표를 선출하는 지역적 단위'(성낙인, 선거법론, 법문사, 1998, 51쪽), '국회의원을 선출하는 단위인 지구'(김철수, 헌법학개론, 박영사, 2007, 252쪽)로 정의되나, 대의민주제에 충실한 입장에서 선거구개념을 기능적으로 파악하면, 선거구는 '후보자의 입후보, 선거권자의 투표 그리고 의석의 배분이 이루어지는 단위'(Rae, The Political Consequences of Electtoral Laws, 1971, p. 19 참조)를 의미한다.

판례 〈「공직선거 및 선거부정방지법」 별표 1의 '국회의원 지역선거구 구역표' 위헌확인(일부위헌, 일부기각)〉 "선거구의 획정은 사회적·지리적·역사적·경제적·행정적 연관성 및 생활권 등을 고려하여 특단의 불가피한 사정이 없는 한 인접지역이 1개의 선거구를 구성하도록 함이 상당하다."(헌재 1995. 12. 27. 95헌마224 등 병합결정)

2) 다수대표제

① 개 념

245. 다수대표제: 절대다수대표제, 상대다수대표제

다수대표제는 선거인으로부터 다수표를 얻은 사람을 당선자로 결정하는 대표제를 말한다.

② 유 형

다수대표제는 다시 선거에서 과반수 이상의 득표수를 당선의 요건으로 하는 절대다수대표제와 선거에서 가장 많이 득표한 후보자를 당선자로 하는 상대다수대표제로 나누인다. 프랑스의 대통령선거는 절대다수대표제의 예이다. 절대다수대표제는 상대다수대표제에 비하여 당선자에게 더 많은 민주적 정당성이 부여될 수 있는 장점이 있다. 그러나 제 1 차 투표에서 당선자가 나오지 않을 경우 제 2 차 투표를 해야 하는 등의 단점이 있으므로, 대부분의 국가에서는 상대다수대표제를 채택하고 있다.

③ 장 · 단점

246. 다수대표제의 장·단점: 1. 장점 — 정국안정; 2. 단점 — 사표발생, Bias현상 발생

다수대표제가 소선거구제와 결합되면 양당제도의 확립과 다수세력의 형성에 유리하여 정국의 안정을 가져올 수 있는 장점이 있다.[1] 그러나 다수대표제는 사표(死票)가 많이 발생하며, 경우에 따라서는 다른 정당보다 득표수에서는 앞섰지만 의석수에서는 뒤지는 'Bias 현상'이 나타날 수 있다는 것이 단점으로 지적되고 있다.

3) 소수대표제

① 개념과 방법

247. 소수대표제

소수대표제는 한 선거구에서 다수당만이 의원을 독점하는 것을 보완하기

1) J. Ipsen, *Staatsrecht I, Staatsorganisationsrecht*, S. 24는 정국의 안정은 대표제에 의해서만 결정되는 것이 아니라 특히 정당제도에 의하여 결정되는 것이기 때문에, 다수대표제가 정국의 안정을 보장한다는 가정은 적절하지 않다고 한다. 더 나아가서 그는 다수대표제가 바로 양당제도의 확립으로 이어진다는 것은 역사적으로 증명되지 않았다고 하면서 그 예로 바이마르공화국을 들고 있다.

위한 제도로 한 선거구에서 2인 이상의 대표를 선출하는 제도를 말한다. 그 구체적인 방법으로는 누적투표제, 제한투표제, 체감연기투표제, 대선거구단기(비이양식)투표제 등이 있다.[1]

② 비판과 학설

소수대표제에 대하여는 정당에 대한 국민적 지지의 차이를 무의미하게 만든다는 비판이 있다.[2] 일반적으로 소수대표제는 중선거구제 및 대선거구제와 결합되고 있다.

4) 비례대표제

① 개념과 유래

248. 비례대표제

비례대표제는 각 정당에게 득표수에 비례하여 의석을 배분하는 대표제의 유형을 말한다.[3] 따라서 이 제도는 정당제도의 확립을 필수적인 전제로 한다. 이 제도는 1919년 바이마르헌법 제22조에서 정착되기 시작하였다.[4]

판례 〈공직선거법 제146조 제2항, 제56조 등, 제189조 위헌확인(한정위헌)〉 "비례대표선거제란 정당이나 후보자에 대한 선거권자의 지지에 비례하여 의석을 배분하는 선거제도를 말한다. 비례대표제는 거대정당에게 일방적으로 유리하고, 다양해진 국민의 목소리를 제대로 대표하지 못하며, 사표를 양산하는 다수대표제의 문제점에 대한 보완책으로 고안·시행되는 것이다.

비례대표제는 그것이 적절히 운용될 경우 사회세력에 상응한 대표를 형성하고, 정당정치를 활성화하며, 정당간의 경쟁을 촉진하여 정치적 독점을 배제하는 장점을 가질 수 있다."(헌재 2001. 7. 19. 2000헌마91 등 병합결정)

---

1) 이들 제도에 대하여 자세한 것은 김철수, 헌법학개론, 182·183쪽; 계희열, 헌법학(상), 293쪽 참조.

2) 계희열, 헌법학(상), 292쪽.

3) 비례대표제는 가장 중립적인 선거제도, 가장 공정하고 왜곡 없는 국민의사의 반영이라고 할 수 있으며, 국민의사의 정확한 반영 내지 대표의 정확성이라는 점에서는 가장 이상적이라 할 수 있다. 이러한 맥락에서 G. Leibholz, Zur Gestaltung des künftigen Bundeswahlrechts, in: ders., *Strukturprobleme der modernen Demokratie*, 3. Aufl.(1974), S. 55ff.(57f.)는 비례대표제가 다수대표제보다 더 민주적일 뿐 아니라 더 정의에 합치된다고 한다. 그러나 *Duverger*와 *Burdeau*는 라이프홀츠와는 반대의 생각을 표시하고 있다. 김철수, 현대헌법론, 1979, 552쪽, 주 66 참조.

4) 바이마르 헌법 제22조: "의원은 비례선거의 제 원칙에 따라 20세 이상의 남성과 여성에 의한 보통·평등·직접·비밀선거에서 선출된다. 선거일은 일요일이거나 공휴일이어야 한다. 자세한 것은 제국선거법이 정한다."

② 장 · 단점

비례대표제는 평등선거의 원리와 잘 조화되며 소수의 보호에 유리한 반면, 선거절차와 그 과정이 정당에 의하여 주도되기 때문에 주권자인 선거권자가 소외될 수 있는 단점이 있다. 곧 비례대표제의 가장 커다란 문제점은 선거에 있어서 국민의사의 직접성을 훼손한다는 것이다. 뿐만 아니라 후보자의 선정과 순위결정에서 금권과 파벌 등의 부조리가 생겨날 수 있으며 군소정당이 난립[1]하여 정국불안의 원인이 될 수도 있다. 더 나아가서 제 1 당에게 의석배분에서 보너스가 주어지는 경우 정부와 여당의 절대다수의석확보수단으로 악용될 수도 있다.[2] 따라서 비례대표제를 채택하고 있는 대부분의 국가에서는 이 제도를 지역구선거의 문제점을 보완하는 수단으로 생각하여 다수대표제 또는 소수대표제와 병용하고 있다.

249. 비례대표제의 장·단점: 1. 장점 — 소수보호에 유리; 2. 단점 — 선거권자의 소외가능성, 국민의사의 직접성훼손, 금권정치의 우려, 정국불안, 정부와 여당의 절대다수의석 확보수단으로 악용염려

③ 유 형

비례대표제에는 여러 가지 유형이 있으나,[3] 일반적으로 명부식비례대표제가 채택되고 있다. 이것은 선거인이 정당이 순위를 정하여 제시한 명부를 토대로 정당에 투표하고 각 정당이 득표한 총수에 비례하여 의원수가 배정되는 방법이다. 각 정당이 득표율에 따라 의석을 배분하는 방법에는 여러 가지가 있으나, 동트(d'Hondt)식 계산방법과 헤어-니마이어(Hare-Niemeyer)식 계산방법이 일반적이다. 독일에서는 1985년 선거법개정 이래 수학적으로 비례에 맞으며 군소정당에 유리한 헤어-니마이어식[4]을 채택하고 있다. 우리의 비례대표의석배분방법도 이 범주에 속한다고 할 수 있다.[5] 비례대표제는 전국을 하나의 선거구로 하는 전국구제도와 가장 잘 어울린다.

250. 비례대표제의 유형: 명부식비례대표제, 헤어 — 니마이어식 계산방법이 일반적

5) 직능대표제

직능대표제는 선거인단을 각 직능별로 분할하고 직능을 단위로 대표를 선출하는 제도이다. 이 제도는 전국구후보 가운데 직능대표성을 가지는 후보를 포함시키는 선에서만 채택되고 있다.

251. 직능대표제

1) 따라서 비례대표제를 채택하고 있는 나라들에서는 군소정당의 난립을 방지하기 위하여 선거에서 일정수 이상의 득표율을 올렸거나 당선자를 낸 정당에게만 의석배분에 참여할 수 있는 이른바 저지규정을 두고 있는 것이 보통이다.
2) 허영, 한국헌법론, 729 · 730쪽.
3) 이에 대하여 좀더 자세한 것은 허영, 한국헌법론, 731-733쪽 참조.
4) 헤어-니마이어식에 따른 의석배분의 예는 계희열, 헌법학(상), 296쪽, 각주 238 참조.
5) 허영, 한국헌법론, 732쪽.

5. 現行法上의 選擧制度

(1) 大統領選擧·國會議員選擧·地方自治團體選擧

1) 선거에 관한 헌법규정

252. 선거에 관한 헌법규정

우리 헌법은 제67조와 제68조에서 대통령선거를, 제41조에서 국회의원선거를, 제118조에서 지방자치단체선거를 각각 규정하고 있다. 그 구체적인 내용은 공직선거법에서 규정하고 있다.

2) 대통령선거제도

253. 대통령선거제도

현행헌법상 대통령선거제도는 국회의원의 피선거권이 있고 선거일 현재 5년 이상 국내에 거주하고 있는 40세에 달한 후보자에 대한 직선제, 상대적 다수대표제에 의한 선거를 원칙으로 한다(제67조 제 5 항, 법 제16조 제 1 항, 법 제187조 제 1 항). 그러나 대통령후보자가 1인일 경우에는 그 득표수가 선거권자 총수의 3분의 1 이상이어야 당선되며(제67조 제 3 항, 법 제187조 제 1 항 단서), 대통령선거에서 최고득표자가 2인 이상인 때에는 중앙선거관리위원회의 통보에 의하여 국회는 그 재적의원과반수가 출석한 공개회의에서 결선투표를 하고 다수표를 얻은 자를 당선인으로 결정한다(제67조 제 2 항, 법 제187조 제 2 항). 현행대통령선거제도에 대하여는 절대적 다수대표제의 도입필요성이 제기되고 있다.[1]

3) 국회의원선거제도

254. 국회의원선거제도

현행국회의원선거제도는 만 25세가 된 일정한 결격사유 없는 후보자에 대한(법 제16조 제 2 항, 법 제19조) 다수대표제와 비례대표제를 혼합하고 있다. 곧 지역구의 경우에는 소선거구-다수대표제를, 전국구에서는 비례대표제를 채택하고 있다. 현행국회의원선거제도에 대하여는 한편으로는 지역구와 관련하여 선거구획정의 문제가 심각하게 제기되고 있으며,[2] 다른 한편으로는 전국구의석배분에서 지역구의 투표결과를 직접 사용하기 때문에 그것이 과연 진정한 비례대표제인가라는 의문이 제기되어 왔다.[3]

---

1) 허영, 한국헌법론, 735·736쪽; 계희열, 헌법학(상), 297쪽.
2) 허영, 한국헌법론, 739·740쪽; 계희열, 헌법학(상), 297쪽.
3) 계희열, 헌법학(상), 297쪽.

판례 〈「공직선거 및 선거부정방지법」 [별표 1]의 '국회의원 지역선거구 구역표' 위헌확인(헌법불합치)〉 "선거구획정에 관하여 국회의 광범위한 재량이 인정되지만 그 재량에는 평등선거의 실현이라는 헌법적 요청에 의하여 일정한 한계가 있을 수밖에 없는바, 첫째로, 선거구획정에 있어서 인구비례원칙에 의한 투표가치의 평등은 헌법적 요청으로서 다른 요소에 비하여 기본적이고 일차적인 기준이기 때문에, 합리적 이유없이 투표가치의 평등을 침해하는 선거구획정은 자의적인 것으로서 헌법에 위반된다는 것이고, 둘째로, 특정지역의 선거인들이 자의적인 선거구획정으로 인하여 정치과정에 참여할 기회를 잃게 되었거나, 그들이 지지하는 후보자가 당선될 가능성을 의도적으로 박탈당하고 있음이 입증되어 특정지역의 선거인들에 대하여 차별하고자 하는 국가권력의 의도와 그 집단에 대한 실질적인 차별효과가 명백히 드러난 경우, 즉 게리멘더링에 해당하는 경우에는, 그 선거구획정은 입법재량의 한계를 벗어난 것으로서 헌법에 위반된다는 것이다."(헌재 2001. 10. 25. 2000헌마92 등 병합결정)

헌법재판소는 비례대표 국회의원의석의 배분방식을 규정하고 있는 공직선거법의 해당 규정에 대하여 위헌선언을 내렸다. 그 이유는 다음과 같은 네 가지로 요약된다. ① 현행 비례대표제도는 정당명부에 대한 투표가 따로 없으므로 결국 비례대표의원의 선출에 있어서는 정당의 명부작성행위가 최종적·결정적인 의의를 지니게 되고, 선거권자들의 투표행위로써 비례대표의원의 선출을 직접·결정적으로 좌우할 수 없으므로 직접선거의 원칙에 위배된다. ② 현행 1인 1표제하에서의 비례대표 의석배분방식에서 자신이 지지하는 정당이 자신의 지역구에 후보자를 추천하지 않아 어쩔 수 없이 무소속후보자에게 투표하는 유권자들로서는 자신의 의사에 반하여 투표가치의 불평등을 강요당하게 되는바, 이는 평등선거의 원칙에 위배된다. ③ 공직선거법 제146조 제 2 항 중 "1인 1표로 한다" 부분은 국회의원선거에 있어 지역구국회의원선거와 병행하여 정당명부식 비례대표제를 실시하면서도 별도의 정당투표를 허용하지 않는 범위에서 헌법에 위반된다. ④ 1인 1표제를 채택하고 있는 공선법 제146조 제 2 항과 지역구선거에서 표출된 유권자의 의사를 그대로 정당에 대한 지지의사로 의제하여 비례대표의석을 배분하도록 하고 있는 동법 제189조 제 1 항은 선거에 있어 국민의 의사를 제대로 반영하고 국민의 자유로운 선택권 등을 보장할 것을 요구하는 민주주의원리에 부합하지 않는다.[1)]

1) 헌재 2001. 7. 19. 2000헌마91 등 병합결정. 〈「공직선거 및 선거부정방지법」 제146조 제 2 항 위헌확인, 「공직선거 및 선거부정방지법」 제56조 등 위헌확인, 「공직선거 및 선거부정방지법」 제189조 위헌확인(한정위헌)〉

이에 따라 국회는 2002년 3월 7일 공직선거법 제146조 제2항을 개정하여 우선 시·도의원선거에 1인 2표제를 도입하였고, 또한 2004년 3월 12일에는 국회의원선거에도 1인 2표제를 도입함으로써, 종래 비례대표제의 문제점을 입법적으로 해결하였다.

판례 〈공직선거법 제200조 제2항 단서 위헌확인(헌법불합치)〉 "1. 현행 비례대표선거제하에서 선거에 참여한 선거권자들의 정치적 의사표명에 의하여 직접 결정되는 것은, 어떠한 비례대표국회의원후보자가 비례대표국회의원으로 선출되느냐의 문제라기보다는 비례대표국회의원의석을 할당받을 정당에 배분되는 비례대표국회의원의 의석수라고 할 수 있다. 그런데 심판대상조항은 임기만료일 전 180일 이내에 비례대표국회의원에 궐원이 생긴 때에는 정당의 비례대표국회의원 후보자명부에 의한 의석 승계를 인정하지 아니함으로써 결과적으로 그 정당에 비례대표국회의원의석을 할당받도록 한 선거권자들의 정치적 의사표명을 무시하고 왜곡하는 결과가 된다. 또한, 비례대표국회의원에 궐원이 생긴 때에는 지역구국회의원에 궐원이 생긴 때와는 달리 원칙적으로 상당한 비용이나 시간이 소요되는 보궐선거나 재선거가 요구되지 아니하고 정당이 제출한 후보자명부에 기재된 순위에 따라서 간명하게 승계 여부가 결정되는 점, 국회의원으로서의 의정활동준비나 업무수행이 임기만료일 전부터 180일이라는 기간 내에는 불가능하다거나 현저히 곤란한 것으로 단정하기는 어려운 점 등을 종합해 볼 때, '임기만료일 전 180일 이내에 비례대표국회의원에 궐원이 생긴 때'를 일반적인 경우와 달리 취급하여야 할 합리적인 이유가 있는 것으로 보기도 어렵다. 더욱이 임기만료일 전 180일 이내에 비례대표국회의원에 상당수의 궐원이 생길 경우에는 의회의 정상적인 기능수행을 부당하게 제약하는 결과를 초래할 수도 있다. 따라서 심판대상조항은 선거권자의 의사를 무시하고 왜곡하는 결과를 낳을 수 있고, 의회의 정상적인 기능 수행에 장애가 될 수 있다는 점에서 헌법의 기본원리인 대의제 민주주의 원리에 부합되지 않는다고 할 것이다.

2. 심판대상조항은 앞에서 본 바와 같이 대의제 민주주의 원리에 부합되지 아니하는 것으로서 합리적 이유 없이 비례대표국회의원선거를 통하여 표출된 선거권자들의 정치적 의사표명을 무시, 왜곡하는 결과를 초래할 뿐이라 할 것이므로, 수단의 적합성 요건을 충족한 것으로 보기 어렵다. 나아가 비례대표국회의원의 전체 임기(4년)의 1/8 정도에 해당하는 180일이라는 기간은 비례대표국회의원으로서 국정을 수행함에 있어 결코 짧지 않은 기간이라 할 수 있고, 잔여임기가 180일 이내인 경우에 궐원된 비례대표국회의원의 의석 승계를 일체 허용하지 아니하는 것은 그 입법목적에 비추어 지나친 것이어서 침해의 최소성원칙에도 위배된다. 따라서 심판대상조항은 과잉금지원칙에 위배하여 청구인들의 공무담임권을 침해한 것이다."(헌재 2009. 6. 25. 2008헌마413 결정)

4) 지방의회의원선거제도

지방의회의원선거에서는 중선거구-다수대표제(법 제190조), 자치단체 전체를 하나의 선거구로 하는 비례대표제가 병용되고 있다(법 제190조의2). 지방자치단체의 장의 경우에는 주민의 직선에 의한 상대적 다수대표제가 채택되고 있다(법 제191조). 255. 지방의회의원선거제도

판례 〈공직선거법 제23조 제 1 항 등 위헌확인(각하, 기각)〉 "다른 선거에서는 소선거구제를 채택하면서 기초의원 선거에서만 중선거구제를 채택하였다고 하여 자치구·시·군의 지방자치제도나 지방의회제도의 본질을 훼손한다고 볼 수 없다." (헌재 2007. 11. 29. 2005헌마977 결정)

(2) 選擧運動

1) 선거운동의 개념과 선거공영제

① 개 념

선거운동이란 공직선거에서 특정후보자를 당선되게 하거나 당선되지 못하게 하는 행위를 말한다. 그러나 선거에 관한 단순한 의견의 개진이나 의사의 표시, 입후보와 선거운동을 위한 준비행위, 통상적인 정당활동 등은 선거운동으로 보지 아니한다(공선법 제58조). 선거운동은 한편으로는 국민이 선거에 참여하는 정당들과 후보자들에 대한 폭넓은 정보를 위해서 자유로워야 한다. 그러나 선거운동은 다른 한편으로는 선거의 공정성을 위해서 규제되지 않을 수 없다.[1)] 256. 선거운동의 개념: 공직선거에서 특정후보자를 당선되게 하거나 당선되지 못하게 하는 행위

판례 "지방의회의원선거법 제38조 소정의 '선거운동'이란 특정의 선거에 있어서 특정한 후보의 당선을 직접목적으로 투표를 얻거나 얻게 하기 위하여 필요하고 또 유리한 모든 행위, 또는 반대로 특정한 후보의 낙선을 직접목적으로 하는 데 필요하고 불리한 모든 행위를 말하고, 특정한 후보자를 위한 득표를 목적으로 한다는 주관적 요소의 개입이 없는 단순한 선거에 관련한 의견이나 의사를 밝히는 것과 투표를 얻기 위한 목적으로 하는 것이 아니고 단순히 후보자가 되기 위한 준비행위는 제외된다."(대법원 1992. 4. 28. 92도344 판결)

판례 〈구 대통령선거법 제36조 제 1 항 위헌제청, 구 대통령선거법 제34조 등 위헌제청(일부한정위헌, 일부합헌)〉 "선거운동이라 함은 특정 후보자의 당선 내지 이를

1) 헌재 1996. 3. 28. 96헌마9 등 병합결정〈「공직선거 및 선거부정방지법」 제150조 제 3 항 등 위헌확인(기각)〉

위한 득표에 필요한 모든 행위 또는 특정 후보자의 낙선에 필요한 모든 행위 중 당선 또는 낙선을 위한 것이라는 목적의사가 객관적으로 인정될 수 있는 능동적, 계획적 행위를 말하는 것으로 풀이할 수 있다."(헌재 1994. 7. 29. 93헌가4 등 병합결정)

판례 **〈구 대통령선거법 제36조 제1항 위헌제청, 구 대통령선거법 제34조 등 위헌제청(일부한정위헌, 일부합헌)〉** "선거운동은 국민주권의 행사의 일환일 뿐 아니라 정치적 표현의 자유의 한 형태로서 민주사회를 구성하고 움직이게 하는 요소이므로, 선거운동의 허용범위는 아무런 제약없이 입법자의 재량에 맡겨진 것이 아니고 그 제한입법의 위헌 여부에 대하여는 엄격한 심사기준이 적용된다."(헌재 1994. 7. 29. 93헌가4 등 병합결정)

판례 **〈「공직선거 및 선거부정방지법」 제58조 등 위헌확인(기각)〉** "1. 가. 선거운동은 당선을 목적으로 하는 것(이하 당선운동이라 한다)과 낙선을 목적으로 하는 것(이하 낙선운동이라 한다)으로 나누어 볼 수 있고, 낙선운동은 다시 이를 나누어 당선을 목적으로 하여 운동하는 후보자측이, 경쟁 후보자의 낙선을 위하여 수행하는 낙선운동(이하 후보자편의 낙선운동이라 한다)과 당선의 목적없이 오로지 특정 후보자의 낙선만을 목적으로 하여 후보자편 이외의 제3자가 벌이는 낙선운동(이하 제3자편의 낙선운동이라 한다)으로 분류할 수 있으나 우선 첫째로 제3자편의 낙선운동이 실제로 선택하는 운동의 방법이나 형식은 후보자편의 낙선운동이 취하는 운동의 방법, 형식과 다를 것이 없고 둘째로 제3자편의 낙선운동의 효과는 경쟁하는 다른 후보자의 당선에 크건 작건 영향을 미치게 되고 경우에 따라서는 제3자편의 낙선운동이 그 명분 때문에 후보자편의 낙선운동보다도 훨씬 더 큰 영향을 미칠 수도 있다. 이러한 점들을 생각할 때에, 제3자편의 낙선운동은 후보자측이 자기의 당선을 위하여 경쟁 후보자에 대하여 벌이는 낙선운동과 조금도 다를 것이 없다.

나. 객관적으로 구별해내기 어려운 당선의 목적 유무라는 주관적 사유로 양자의 규제를 달리 한다면 「공직선거 및 선거부정방지법」의 적용에 큰 어려움을 초래하여 이 법의 목적을 사실상 달성하기 어렵게 할 것이다. 또한 당선의 목적유무라는 것은 객관적으로 명백하게 판정하기 어려운 기준인데 이에 따라 차별적 규제를 한다면, 일부 후보자들이 제3자편의 낙선운동을 상대 후보자를 비방하는 데 암묵적으로 악용할 우려가 있다. 나아가 이러한 불분명한 기준의 도입은 단속기관의 자의가 개입할 여지를 열어주어 선거의 공정을 해할 우려도 있다. 따라서 특정후보자를 당선시킬 목적의 유무에 관계없이, 당선되지 못하게 하기 위한 행위 일체를 선거운동으로 규정하여 이를 규제하는 것은 불가피한 조치로서 그 목적의 정당성과 방법의 적정성이 인정된다.

2. 선거운동이라 함은 특정 후보자의 당선 내지 이를 위한 득표에 필요한 모든 행위 또는 특정 후보자의 낙선에 필요한 모든 행위 중 당선 또는 낙선을 위한 것

이라는 목적의사가 객관적으로 인정될 수 있는 능동적, 계획적 행위를 말하는 것으로 풀이할 수 있다. 즉, 단순한 의견개진 등과 구별되는 가벌적 행위로서의 선거운동의 표지로 당선 내지 득표(반대후보자의 낙선)에의 목적성, 그 목적성의 객관적 인식가능성, 능동성 및 계획성이 요구된다 할 것이다. 선거운동을 위와 같이 풀이한다면 법집행자의 자의를 허용할 소지를 제거할 수 있고, 건전한 상식과 통상적인 법감정을 가진 사람이면 누구나 그러한 표지를 갖춘 선거운동과 단순한 의견개진을 구분할 수 있을 것이므로 헌법 제12조 제 1 항이 요구하는 죄형법정주의의 명확성의 원칙에 위배된다고 할 수 없다."(헌재 2001. 8. 30. 2000헌마121 등 병합결정)

판례 "선거운동은 특정후보자의 당선 내지 득표나 낙선을 위하여 필요하고도 유리한 모든 행위로서 당선 또는 낙선을 도모한다는 목적의사가 객관적으로 인정될 수 있는 능동적·계획적인 행위를 말하는 것으로, 단순히 장래의 선거운동을 위한 내부적·절차적인 준비행위에 해당하는 선거운동의 준비행위나 통상적인 정당활동과는 구별되나, 구체적으로 어떠한 행위가 선거운동에 해당하는지 여부를 판단함에 있어서는 단순히 그 행위의 명목뿐만 아니라 그 행위의 태양, 즉 그 행위가 행하여지는 시기·장소·방법 등을 종합적으로 관찰하여 그것이 특정후보자의 당선 또는 낙선을 도모하는 목적의지를 수반하는 행위인지 여부를 판단하여야 한다." (대법원 2007. 3. 15. 2006도8869 판결)

② 선거공영제

헌법은 선거운동의 원칙으로서 기회균등과 선거경비국고부담을 내용으로 하는 선거공영제를 규정하고 있다(제116조). 이를 구체화한 공직선거법은 제58조 제 2 항에서 선거운동의 자유를 규정하고 선거공영제를 확대시키고 있다(법 제64 내지 제66조, 제71조, 제73조, 제83조 등).

257. 선거운동의 원칙: 기회균등, 선거공영제

판례 〈「공직선거 및 선거부정방지법」 제88조 등 위헌확인(기각)〉 "선거운동에서의 기회균등보장도 일반적 평등원칙과 마찬가지로 절대적이고도 획일적인 평등 내지 기회균등을 요구하는 것이 아니라 합리적인 근거가 없는 자의적인 차별 내지 차등만을 금지하는 것으로 이해하여야 한다. … 따라서 공직선거법 제89조 제 1 항은 법정선거운동기구 이외의 선거운동기구의 난립으로 야기될 과열경쟁과 낭비를 방지하고 후보자간에 선거운동의 균등한 기회를 보장함으로써 선거의 공정성을 확보하기 위한 규정인데, 정당의 활동을 보장하기 위한 예외규정을 둠으로써 무소속후보자에게는 정당의 후보추천자에 비하여 선거운동의 자유가 상대적으로 제한되었다고 볼 수도 있으나, 그러한 차별은 정당의 본질적 기능과 기본적 활동을 보장하기 위한 합리적이고 상대적인 차별이라 할 것이다."(헌재 1999. 1. 28. 98헌마172 결정)

판례 〈「공직선거 및 선거부정방지법」 제87조 등 위헌확인(기각)〉 "공직선거에 특히 정당이나 후보자를 지지·반대하거나 지지·반대할 것을 권유하는 선거운동을 함에 있어서 '각종단체'를 '노동조합'에 비교하여 차별취급을 한다고 하더라도, 이는 헌법에 근거를 둔 합리적인 차별로 보아야 하므로, 노동조합이 아닌 단체에 대하여 선거운동을 허용하지 아니한 것은 헌법상의 선거운동의 균등보장규정 및 평등원칙에 위반된다고 할 수 없다."(헌재 1999. 11. 25. 98헌마141 결정)

2) 선거운동의 제한

258. 선거운동의 제한: 시간적, 인적, 방법적, 비용적 제한

그러나 선거운동은 무제한 자유인 것은 아니고, 각급 선거관리위원회의 관리하에 법률이 허용하는 범위 내에서 하여야 한다. 현행 공직선거법상 선거운동에 관해서는 시간적, 인적, 방법적, 비용적인 측면에서 제한이 있다.

판례 〈「공직선거 및 선거부정방지법」 제87조 등 위헌확인(기각)〉 "시민단체나 사회단체 등의 선거운동금지를 규정한 공직선거법 제87조가 청구인들의 평등권이나 정치적 의사표현의 자유의 본질적인 내용을 침해하였거나 이를 과도하게 제한한 것이라고 보기 어렵다."(헌재 1995. 5. 25. 95헌마105 결정)

첫째, 사전선거운동과 선거일의 선거운동은 금지된다. 곧 선거운동은 시간적으로 당해후보자의 등록이 끝난 때부터 선거일 전까지만 할 수 있다(법 제59조).

판례 〈「공직선거 및 선거부정방지법」 제58조 등 위헌확인(기각)〉 "기간의 제한 없이 선거운동을 무한정 허용할 경우에는 후보자간의 지나친 경쟁이 선거관리의 곤란으로 이어져 부정행위의 발생을 막기 어렵게 된다. 또한 후보자간의 무리한 경쟁의 장기화는 경비와 노력이 지나치게 들어 사회경제적으로 많은 손실을 가져올 뿐만 아니라 후보자간의 경제력 차이에 따른 불공평이 생기게 되고 아울러 막대한 선거비용을 마련할 수 없는 젊고 유능한 신참 후보자의 기회를 빼앗은 결과를 가져올 수 있다."(헌재 2001. 8. 30. 2000헌마121 등 병합결정)

판례 "'사전선거운동'이라 함은 특정의 선거에 있어서 선거운동기간 전에 특정한 후보자의 당선을 목적으로 투표를 얻거나 얻게 하기 위하여 필요하고 유리한 모든 행위, 또는 반대로 특정한 후보의 낙선을 목적으로 필요하고 불리한 모든 행위 중 선거인을 상대로 당선 또는 낙선을 도모하기 위하여 하는 것이라는 목적의사가 객관적으로 인정될 수 있는 능동적·계획적 행위를 말하며, 일상적·의례적·사교적인 행위는 여기에서 제외되고, 일상적·의례적·사교적인 행위인지 여부는 그 행위자와 상대방의 사회적 지위, 행위의 동기, 방법, 내용과 태양 등 제반 사정을 종합하여 사회통념에 비추어 판단하여야 한다."(대법원 2005. 1. 27. 2004도7511 판결)

판례 〈공직선거법 제93조 제 1 항 등 위헌확인(한정위헌)〉 "인터넷은 누구나 손쉽게 접근 가능한 매체이고, 이를 이용하는 비용이 거의 발생하지 아니하거나 또는 적어도 상대적으로 매우 저렴하여 선거운동비용을 획기적으로 낮출 수 있는 정치공간으로 평가받고 있고, 오히려 매체의 특성 자체가 '기회의 균형성·투명성·저비용성의 제고'라는 공직선거법의 목적에 부합하는 것이라고도 볼 수 있는 점, 후보자에 대한 인신공격적 비난이나 허위사실 적시를 통한 비방 등을 직접적으로 금지하고 처벌하는 법률규정은 이미 도입되어 있고 모두 이 사건 법률조항보다 법정형이 높으므로, 결국 허위사실, 비방 등이 포함되지 아니한 정치적 표현만 이 사건 법률조항에 의하여 처벌되는 점, 인터넷의 경우에는 정보를 접하는 수용자 또는 수신자가 그 의사에 반하여 이를 수용하게 되는 것이 아니고 자발적·적극적으로 이를 선택(클릭)한 경우에 정보를 수용하게 되며, 선거과정에서 발생하는 정치적 관심과 열정의 표출을 반드시 부정적으로 볼 것은 아니라는 점 등을 고려하면, 이 사건 법률조항에서 선거일전 180일부터 선거일까지 인터넷상 선거와 관련한 정치적 표현 및 선거운동을 금지하고 처벌하는 것은 후보자 간 경제력 차이에 따른 불균형 및 흑색선전을 통한 부당한 경쟁을 막고, 선거의 평온과 공정을 해하는 결과를 방지한다는 입법목적 달성을 위하여 적합한 수단이라고 할 수 없다"(헌재 2011. 12. 29. 2007헌마1001 결정)

판례 〈공직선거법 제155조 제 2 항 등 위헌확인(헌법불합치, 기각, 각하)〉 "이 사건 투표시간조항이 (부재자) 투표개시시간을 일과시간 이내인 오전 10시부터로 정한 것은 투표시간을 줄인 만큼 투표관리의 효율성을 도모하고 행정부담을 줄이는 데 있고, 그 밖에 부재자투표의 인계·발송절차의 지연위험 등과는 관련이 없다. 이에 반해 일과시간에 학업이나 직장업무를 하여야 하는 부재자투표자는 이 사건 투표시간조항 중 투표개시시간 부분으로 인하여 일과시간 이전에 투표소에 가서 투표할 수 없게 되어 사실상 선거권을 행사할 수 없게 되는 중대한 제한을 받는다. 따라서 이 사건 투표시간조항 중 투표개시시간 부분은 수단의 적정성, 법익균형성을 갖추지 못하므로 과잉금지원칙에 위배하여 청구인의 선거권과 평등권을 침해하는 것이다."(헌재 2012. 2. 23. 2010헌마601 결정)

둘째, 선거사무종사자, 일반직공무원, 교원(예외 있음), 미성년자(기계적 노무는 제외) 등은 선거운동을 할 수 없다(법 제60조). 특히 지방자치단체의 장은 그 지위를 이용하여 선거에 영향을 미쳐서는 안 된다(법 제86조 제 2 항).

판례 〈구 대통령선거법 제36조 제 1 항 위헌제청, 구 대통령선거법 제34조 등 위헌제청(일부한정위헌, 일부합헌)〉 "구 대통령선거법 제36조 제 1 항 본문은 원칙적으로 전 국민에 대하여 선거운동을 금지한 다음 후보자의 가족, 정당이나 후보자에 의하여 선임되어 선거관리위원회에 신고된 극소수의 선거관계인들만이 선거운동을 할 수 있도록 하고 있으므로 이는 선거의 공정성확보라는 목적에 비추어 보더라도 필요한 정도를 넘어 국민의 정치적 표현의 자유를 지나치게 제한하는 것이고 … 따라서 위 법 제36조 제1항 본문은 선거권이 없는 사람과 선거의 공정을 해칠 우려가 있는 일정 범위의 사람들에 대하여 선거운동을 금지하는 것은 합헌이라 할 것이고, 선거의 공정을 해칠 우려가 없는 선거권을 가진 일반국민까지 선거운동을 금지하여 이들의 선거운동의 기회를 박탈하는 것은 헌법에 위반된다."(헌재 1994. 7. 29. 93헌가4 등 병합결정)

셋째, 현행 공직선거법은 선거운동의 방법에 대하여 선전벽보의 개수제한(법 제64조), 소형인쇄물의 규격·내용 등의 제한(법 제66조), 현수막(법 제67조), 표찰·수기 등(법 제68조), 신문·방송 광고(법 제69-70조, 제94조), 후보자 등의 방송연설 등(법 제71-74조, 제98조), 연설·대담(법 제79조-82조), 호별방문제한(법 제106조), 서명·날인운동의 금지(법 제107조), 여론조사의 결과공표금지(법 제108조), 기부행위의 제한(법 제112조-117조) 등을 자세하게 규정하고 있다. 뿐만 아니라 당선인이 당해선거에서 공직선거법의 규정을 위반함으로써 징역 또는 100만원 이상의 벌금형의 선고를 받은 때, 또는 선거사무장, 선거사무소의 회계책임자, 후보자의 직계존·비속 및 배우자가 당해선거에서 매수 및 이해유도죄, 당선무효유도죄, 기부행위의 금지제한의 위반죄 등을 범하여 징역형의 선고를 받은 때에는 그 후보자의 당선을 무효로 하도록 하고 있다(법 제264조, 제265조).

판례 〈대통령선거법 제65조 위헌확인(일부각하, 일부기각)〉 "대통령선거의 중요성에 비추어 선거의 공정을 위하여 선거일을 앞두고 어느 정도의 기간 동안 선거에 관한 여론조사결과의 공표를 금지하는 것 자체는 그 금지기간이 지나치게 길지 않는 한 위헌이라고 할 수 없다."(헌재 1995. 7. 21. 92헌마177 등 병합결정)

판례 〈방송토론회 진행사항 결정행위 등 취소(기각)〉 "방송토론회가 방송토론 회의 장점을 극대화하고 대담·토론의 본래 취지를 살리기 위하여, 공직선거법이 부여한 재량범위 내에서, 후보자선정기준으로서 최소한의 당선가능성과 주요 정당의 추천에 입각한 소수의 후보자를 선정한 것은 비합리적이고 자의적이라 할 수 없다."(헌재 1998. 8. 27. 97헌마372 등 병합결정)

판례 〈「공직선거 및 선거부정방지법」 제58조 등 위헌확인(기각)〉 "선거운동은 당선을 목적으로 하는 것(당선운동)과 낙선을 목적으로 하는 것(낙선운동)으로 나누어 볼 수 있고, 낙선운동은 다시 이를 나누어 당선을 목적으로 하여 운동하는 후보자 측이, 경쟁후보자의 낙선을 위하여 수행하는 낙선운동(후보자편의 낙선운동)

과 당선의 목적없이 오로지 특정 후보자의 낙선만을 목적으로 하여 후보자편 이외의 제 3 자가 벌이는 낙선운동(제 3 자편의 낙선운동)으로 분류할 수 있으나, 우선 첫째로 제 3 자편의 낙선운동이 실제로 선택하는 운동의 방법이나 형식은 후보자편의 낙선운동이 취하는 운동의 방법, 형식과 다를 것이 없고 둘째로 제 3 자편의 낙선운동의 효과는 경쟁하는 다른 후보자의 당선에 크건 작건 영향을 미치게 되고 경우에 따라서는 제 3 자편의 낙선운동이 그 명분 때문에 후보자편의 낙선운동보다도 훨씬 더 큰 영향을 미칠 수도 있다. 이러한 점들을 생각할 때에, 제 3 자편의 낙선운동은 후보자 측이 자기의 당선을 위하여 경쟁후보자에 대하여 벌이는 낙선운동과 조금도 다를 것이 없다."(헌재 2001. 8. 30. 2000헌마121 등 병합결정)

판례 **〈「공직선거 및 선거부정방지법」 제90조 등 위헌소원(합헌)〉** "모든 선거 운동방법의 전반에 대한 전면적인 제한이 아니라 특히 폐해의 우려가 크다고 인정되는 인쇄물, 광고 등의 제작·배부라고 하는 특정한 선거운동방법에만 국한되는 부분적인 제한에 불과하며 이러한 방법 이외의 방법은 자유롭게 선택될 수 있는 여지를 남겨두고 있으므로, 이로써 선거운동의 자유 내지 이를 한 태양으로 하는 의사표현의 자유가 전혀 무의미해지거나 형해화된다고 단정할 수 없다. 그러므로 위 조항들은 과잉금지의 원칙이나 본질적 내용의 침해 금지원칙에 반하여 선거운동 내지 의사표현의 자유를 침해하는 것이라고 할 수 없다."(헌재 2001. 12. 20. 2000헌바96 등 병합결정)

넷째, 선거비용과 관련해서는 액수제한(법 제121조)을 규정하고 있다. 그뿐만 아니라 공직선거법 제122조에 따라 공고된 선거비용제한액의 200분의 1 이상을 초과지출한 이유로 선거사무장 또는 선거사무소의 회계책임자가 징역형의 선고를 받은 경우와 300만원 이상의 벌금형을 받은 경우에는 그 후보자의 당선을 무효로 하고 있다(법 제263조).

(3) 選擧에 관한 爭訟

선거에 관한 쟁송에는 현행법상 선거소청과 선거소송 및 당선소송의 세 종류가 인정되고 있다. 259. 선거에 관한 쟁송: 선거소청, 선거소송, 당선소송

1) 선거소청

선거소청이란 지방의회의원 및 지방자치단체장의 선거에서 선거의 효력 또는 당선의 효력에 관하여 이의가 있는 선거인·정당(후보자를 추천한 정당에 한함) 또는 후보자가 선거일로부터 14일 이내에 당해선거구 선거관리위원회위원장을 피소청인으로 하여 지방의회의원선거 및 자치구·시의장 선거에서는 시·도선거 260. 선거소청

관리위원회에, 시·도지사의 선거에서는 중앙선거관리위원회에 제기하는 심판의 청구를 말한다(법 제219조).

선거소청을 접수한 중앙 또는 시·도선거관리위원회는 접수일로부터 60일 이내에 소청에 대하여 결정을 하여야 한다(법 제220조). 선거소청의 절차에 관하여는 행정심판법의 규정이 많이 적용된다(법 제221조).

2) 선거소송

261. 선거소송

선거소송이란 선거절차상의 흠을 이유로 그 선거의 전부 또는 일부의 효력을 다투는 소송으로 일종의 민중소송이다.

대통령선거 및 국회의원선거에서 선거의 효력에 관하여 이의가 있는 선거인·정당(후보자를 추천한 정당에 한함) 또는 후보자는 선거일로부터 30일 이내에 당해선거구 선거관리위원회위원장(대통령선거의 경우는 중앙선거관리위원회위원장)을 피고로 하여 대법원에 소를 제기할 수 있다(법 제222조 제1항). 선거에 관한 소청이나 소송은 다른 소송에 우선하여 신속히 재판하여야 하며, 소송이 제기된 날로부터 180일 이내에 처리하여야 한다(법 제225조).

이에 반하여 지방의회의원 및 지방자치단체의 장의 선거소청에 대한 결정과 관련하여 불복이 있는 소청인은 소청에 대한 결정서를 받은 날로부터 10일 이내에 당해선거구 선거관리위원회위원장을 피고로 하여 시·도지사선거의 경우에는 대법원에, 지방의회의원 및 자치구·시·군의 장의 선거의 경우에는 선거구를 관할하는 고등법원에 제소한다(법 제222조 제2항).

3) 당선소송

262. 당선소송

당선소송은 예컨대 당선인의 무자격, 등록일 이후의 입후보등록, 개표의 부정 또는 착오 등을 이유로 당선의 효력에 이의가 있는 후보자 또는 정당이 법원에 제기하는 소송을 말한다.

대통령선거 및 국회의원선거에서 정당 또는 후보자가 등록무효(법 제52조) 또는 피선거권상실로 당선무효(법 제192조)를 주장하는 경우에는 당선인을 피고로, 당선인의 결정·공고·통지 및 비례대표국회의원 의석의 배분(법 제187-189조) 또는 당선인의 재결정 및 비례대표국회의원의석의 재배분(법 제194조)의 위법을 주장하는 경우에는 그 당선인을 결정한 중앙선거관리위원회위원장(대통령선거의 경우) 또는 당해선거구 선거관리위원회위원장(국회의원선거의 경우)을 각각 피고로 대법원에 제소할 수 있다(법 제223조 제1항).

이에 반하여 지방의회의원 및 지방자치단체의 장의 선거에서는 선거소청에 대한 결정에 대하여 불복이 있는 소청인 또는 당선인인 피소청인은 당선인 또는 당해선거구 선거관리위원회위원장을 피고로 하여 결정서를 받은 날로부터 10일 이내에 시·도지사선거의 경우는 대법원에, 지방의회의원선거 및 자치구·시·군의 장 선거의 경우에는 그 선거구를 관할하는 고등법원에 제소한다(법 제223조 제 2 항).

당선소송에서 피고로 될 당선인이 사퇴·사망하거나 피선거권상실 등의 사유로 당선의 효력이 상실되거나 당선이 무효가 된 때에는 대통령선거의 경우는 법무부장관을, 기타 선거의 경우는 관할 고등검찰청 검사장을 피고로 한다(법 제223조 제 3 항).

第 4 項 複數政黨制度

1. 政黨의 憲法에의 受容과 複數政黨制의 意義

(1) 政黨의 成立과 政黨國家의 登場

1) 정당의 성립과 정당에 대한 국가의 태도

① 정당의 성립

263. 정당의 등장과 정당에 대한 국가의 태도변화: 적대시단계-무시단계-승인과 합법화단계-헌법에의 편입단계

루소의 사상[1]과는 달리, 시민적 정당은 역사적 사실로서는 공공복리를 추구하기 위한 조직이 아니라 특수이익을 대변하기 위한 조직으로 출발하였다. 이러한 사실은 프랑스혁명기의 프랑스에서 급진시민을 대표하기 위해 성립된 자코뱅당과 구체제와 타협할 준비가 되어 있던 지롱드당의 성립에서 분명해진다.[2] 그

1) 루소의 초기시민적 헌법이론은 시민계급을 대표하는 인민(Nation)의 이익이 모순없이 일치한다는 데에서 출발한다. 이 이론에 따르면 공공복리는 원칙적으로 모든 시민에게 균등한 것이며, 모든 시민은 자신의 사회적 입장과는 관계없이 공공복리를 의식하고 인식할 수 있다고 한다. 따라서 모든 시민은 공공복리에 이바지할 수 있을 뿐만 아니라 또한 그의 정치적 행동의 방향을 이에 맞출 수 있다고 한다. 정치적 결정을 내리기 위해서는 토론이 필요하지만, 이 토론도 이해관계를 전적으로 공공복리에 지향한 같은 방향의 토론이어야 한다고 한다. 이러한 일치된 이해관계 때문에 모든 시민은 원칙적으로 인민의 대변자가 될 수 있다는 것이다. 이에 대응하여 선거에서는 파당의 이익이 문제되지 않고, 공공복리를 지도하고 관철하는 데 가장 적합하다고 생각되는 자를 선출하는 것이 문제가 된다고 한다(사회계약론, 제 2 권 1장, 3장 및 제 4 권 1장, 2장 참조).

2) 이러한 사실은 프랑스에서뿐만 아니라 영국에서의 (왕권을 제한함으로써 귀족진영, 금융계와 상업부르주아지의 이해를 대변하고자 한 후일의 자유당의 전신인) 휘그당(Whigs)과 (왕정이 대지주와 영국국교도의 상층부의 이해관계를 보호해줄 가장 강력한 방파제라고

렇기 때문에 초기에는 정당에 대한 국가의 태도는 적대적인 것이었다.

② 정당에 대한 국가의 태도

그러므로 정당에 대한 국가의 태도를 트리펠 *H. Triepel*은 '적대시 단계'(Stadium der Bekämpfung), '무시단계'(Stadium der Ignorierung), '승인과 합법화단계'(Stadium der Anerkennung und Legalisierung)를 거쳐 '헌법에 편입되는 단계'(Ära der verfassungsmäßigen Inkorporation)로 나누고 있다.[1]

2) 정당국가의 등장

① 정당국가적 민주주의론의 등장

264. 정당국가적 민주주의의 등장

이러한 과정을 거쳐 제2차 세계대전 이후부터 헌법에 본격적으로 수용된 정당은 이제 민주주의국가에서는 없어서는 안 될 존재가 되었다. 곧 오늘날 대다수의 국가에서는 공고하고 방대한 조직을 갖춘 정당이 원내에서의 절차와 의결에 앞서 국정에 관한 문제를 결정하고 지도할 뿐만 아니라 원외에서의 정치적 여론형성에서 결정적 역할을 하고 있다. 그렇기 때문에 라이프홀츠는 현대의 민주주의를 정당국가적 민주주의(parteistaatliche Demokratie)라고 부른다.[2]

② 정당국가의 개념

265. 정당국가의 개념: 복수정당 또는 복수정당 중의 다수가 국가를 지배하고 있는 국가

라이프홀츠에 따르면 오늘날처럼 보통선거권이 확립되어 자유민주주의시대와는 달리 일부의 특수층, 곧 교양과 재산을 가진 사람만이 아니라, 모든 일정한 연령에 도달한 국민이 정치에 관여할 수 있는 대중민주주의에 있어서 정당은 불가피한 기능적 필연성을 나타내고 있다고 한다. 곧 정당만이 정치적으로 성숙한 대중을 동원할 수 있으며, 정당은 바로 정치적으로 성숙한 국민이 그들의 정치적 의사를 종합하여 명료하게 표현하고 정치적 결정을 내리기 위하여 사용하는 전음관(傳音管)이라는 것이며, 정당이 국민과 국가지도체제 사이에 개입하지 않고서는 오늘날 대중은 정치나 국사에 영향을 미칠 수 없다고 한다. 정당은 오늘날의 정당국가적·국민투표적 대중민주주의에 있어서는 곧 국민 그 자체라는 것이다. 따라서 정당국가적 민주주의는 합리화된 형태의 직접민주주의 또는 직접민주주의의 대용물(代用物)이라고 한다. 따라서 정당국가적 민주주의에 있어서

생각한 후일의 보수당의 전신인) 토리당(Torries)의 성립 및 미국에서의 연방주의자(후일의 공화당)와 공화주의자(후일의 민주당)의 성립에서도 증명된다. K. Hesse, Politische Parteien, in: *Evangelisches Staatslexikon*, 2. Aufl.(1975), Sp. 1770ff.; M. Kriele, *Einführung in die Staatslehre*, S. 240ff.

1) H. Triepel, *Die Staatsverfassung und die politischen Parteien*, 2. Aufl.(1930), S. 12ff.

2) G. Leibholz, Der Strukturwandel der modernen Demokratie, in: ders., *Struktur-probleme der modernen Demokratie*, 1958, S. 78ff.(S. 89f.).

국민의 의사는 대표의 원리에 의해서가 아니라, 동일성 내지는 자동성의 원리에 의해서 형성된다고 한다.[1] 이렇게 현대에는 정당이 중요한 역할을 하기 때문에 라이프홀츠는 자유민주적 정당국가를 복수정당 또는 복수정당 중의 다수가 국가를 지배하고 있는 국가로 정의한다.

③ 정당국가적 민주주의의 특색

이러한 정당국가적 민주주의의 특색은 다음과 같은 다섯 가지로 간추릴 수 있다. 첫째, 근대정적 간접민주정의 직접민주정에로의 전환이다. 그 결과 국민의 의사는 정당에 의하여 형성되고, 또한 다수결로써 형성되고 있는 그 국민의 의사는 대표의 원리에 의해서가 아니라, '자동성'(Identität)의 원리에 의하여 국민의 의사로 간주된다. 따라서 정당국가적 민주주의에서는 의회와 정부에 있어서의 다수당의 의사와 국민의 의사가 동일시된다. 266. 정당국가적 민주주의의 특색

둘째, 국가의 의사형성에 있어서의 의회의 고유한 성격의 상실이다. 정당국가에서의 의회는 의원부(議員部)를 통하여 이미 준비된 정당의 결정을 확인하는 장소이고, 그 토론도 정치적 문제에 대한 국민의 결단에 영향을 주는 정치적 선전의 성격으로 변질된다.

셋째, 정당국가에 있어서의 의원은 정당의 대표로서 정당의 지시에 따르는 정당의 전시인(展示人)에 지나지 않는다.

넷째, 정당국가에 있어서는 선거의 성격이 대표의 선출에서 정당의 정책에 대한 '국민투표적'(plebiszitär) 성격으로 변질되고 있다.

다섯째, 정부의 의회해산권의 성격이 부적당한 대표의 대체에서 정당의 정책에 대한 국민투표를 의미하게 된다.

판례 〈「정치자금에 관한 법률」 제18조 위헌확인(기각, 각하)〉 "오늘날 대의제민주주의는 국민의 정치적 의사형성을 위한 매개체로서의 정당의 역할이 증대됨에 따라 정당국가적 민주주의의 경향으로 변화하여, 국회는 국민의 대표인 의원들의 의사에 따라 운영되는 것이 아니라 정당의 구성원인 의원들이 정당을 통하여 그리고 정당속에서 결합하여 운영되고 있고, 정당의 국회 내에서의 활동도 교섭단체를 중심으로 이루어짐에 따라 국민의 정치적 의사를 형성하여 국가기관의 의사결정에 영향을 미치는 정당의 공적 기능을 수행하는데 국회에 진출한 정당과 진출하지 못한 정당 사이, 그리고 국회에 진출하여 교섭단체를 구성한 정당과 이를 구성하지 못한 정당 사이에 상당한 차이가 나타날 수박에 없다."(헌재 2006. 7. 27. 2004헌마655 결정)

---

1) G. Leibholz, Zum Begriff und Wesen der Demokratie, in: ders., *Strukturprobleme der modernen Demokratie*, 1958, S. 146f.

판례 〈대통령의 선거중립의무 준수요청 등 조치취소(기각)〉 "현대 민주주의는 종래의 순수한 대의제 민주주의에서 정당국가적 민주주의로 변화하였는바, 정당은 국민과 국가의 중개자로서 정치적 도관(導管)의 기능을 수행하여 주체적·능동적으로 국민의 다원적 정치의사를 유도·통합함으로써 국가정책의 결정에 직접 영향을 미칠 수 있는 규모의 정치적 의사를 형성하고 있다."(헌재 2008. 1. 17. 2007헌마700 결정)

(2) 우리 憲法의 政黨條項과 複數政黨制의 意義

1) 우리 헌법의 정당조항

267. 우리 헌법의 정당조항: 제8조

이렇듯 국가생활에서 정당이 차지하는 비중을 감안하여 우리 헌법은 첫째, 정당설립의 자유와 복수정당제를 보장하고 있다(제8조 제1항). 둘째, 정당이 국가의사형성의 중개자로서 기능하는 데 필수적인 조건을 밝히고 있다(제8조 제2항). 셋째, 더 나아가서 복수정당제가 갖는 중요한 의미와 기능을 고려하여 정당의 특권을 규정하고 있다(제8조 제3항). 넷째, 정당의 목적이나 활동이 반민주적일 때에는 정당을 해산할 수 있도록 규정함으로써(제8조 제4항) 자유민주주의를 실현하고 수호하겠다는 의지를 분명히 밝히고 있다.

판례 〈경찰법 제11조 제4항 등 위헌확인(위헌, 일부각하)〉 "민주적 의사형성과정의 개방성을 보장하기 위하여 정당설립의 자유를 최대한으로 보호하려는 헌법 제8조의 정신에 비추어, 정당의 설립 및 가입을 금지하는 법률조항은 이를 정당화하는 사유의 중대성에 있어서 적어도 '민주적 기본질서에 대한 위반'에 버금가는 것이어야 한다고 판단된다. 다시 말하면, 오늘날의 의회민주주의가 정당의 존재 없이는 기능할 수 없다는 점에서 심지어 '위헌적인 정당을 금지해야 할 공익'도 정당설립의 자유에 대한 입법적 제한을 정당화하지는 못하도록 규정한 것이 헌법의 객관적인 의사라면, 입법자가 그 외의 공익적 고려에 의하여 정당설립금지조항을 도입하는 것은 원칙적으로 헌법에 위반된다."(헌재 1999. 12. 23. 99헌마135 결정)

판례 〈정당법 제3조 등 위헌확인(기각)〉 "헌법 제8조 제1항이 명시하는 정당설립의 자유는 설립할 정당의 조직형태를 어떠한 내용으로 할 것인가에 관한 정당조직선택의 자유 및 그와 같이 선택된 조직을 결성할 자유를 포함한다. 정당조직의 자유는 정당설립의 자유에 개념적으로 포괄될 뿐만 아니라, 정당조직의 자유가 완전히 배제되거나 임의적으로 제한될 수 있다면, 정당설립의 자유가 실질적으로 무의미해지기 때문이다. 또한 헌법 제8조 제1항은 정당활동의 자유도 보장한다. 정당의 설립만이 보장될 뿐 설립된 정당이 언제든지 다시 금지될 수 있거나 정당활동이 임의로 제한될 수 있다면, 정당설립의 자유는 사실상 아무런 의미가 없기 때문이다. 이와 같이 헌법 제 8 조 제 1 항은 정당설립의 자유, 정당조직의 자유, 정당활동의 자유 등을 포괄하는 정당의 자유를 보장하고 있다. 이러한 정당의 자유는 국민이 개인적으로 갖는 기본권일 뿐만 아니라, 단체로서의 정당이 가지는 기본권이기도 하다."(헌재 2004. 12. 16. 2004헌마456 결정)

판례 〈정당법 제 3 조 등 위헌확인(기각)〉 "헌법 제 8 조 제 2 항은 … 라고 규정하고 있다. 이 규정은 헌법 제 8 조 제 1 항에 의하여 정당의 자유가 보장됨을 전제로 하여, 그러한 자유를 누리는 정당의 목적·조직·활동이 민주적이어야 한다는 요청, 그리고 그 조직이 국민의 정치적 의사형성에 참여하는 데 필요한 조직이어야 한다는 요청을 내용으로 하는 것으로서 정당에 대하여 정당의 자유의 한계를 부과한 것이다. 또 이 규정은 정당의 핵심적 기능과 임무를 '국민의 정치적 의사형성에 참여'하는 것으로 선언하면서 위 기능과 임무를 민주적인 내부질서를 통하여 수행할 수 있도록 그에 필요한 입법을 해야 할 의무를 입법자에게 부과하고 있다."(헌재 2004. 12. 16. 2004헌마456 결정)

2) 복수정당제의 의의

268. 복수정당제의 의의: 다양한 정치노선 사이의 선택가능성의 보장

헌법이 규정하고 있는 복수정당제는 오늘날은 다양한 정치노선 사이의 선택가능성을 의미한다. 달리 표현한다면, 복수정당제는 능동시민이 어떤 정치적 집단(정당)에게는 국가의 지도를 위임하고 다른 정치적 집단(정당)에게는 지배에 대한 정당성을 거부함을 뜻한다. 정당활동의 자유는 '의사 소통기본권'(Kommunikations-grundrecht)에서 유래하며, 정당의 기회균등은 최소한 선거와 관련하여 차별금지를 의미한다. 국민의 선택가능성을 보장하기 위해서는 최소한 의견을 달리하는 두 개 이상의 정치적 집단이 존재하여야 한다. 곧 복수정당제는 누구도 자신의 의사를 명백히 하고 그것을 집단에 의하여 대표하는 것에 간섭받지 않을 것을 요구한다. 그 결과 현실적으로는 정치적 반대의사가 정당을 결성하고 평등하게 선거에 참여함으로써 표현될 수 있어야 한다.[1] 결국 민주국가에서 복수정당제는 국민의 경쟁적 의견과 이해관계 및 필요의 표현이라고 할 수 있다.

1) BVerfGE 5, 85(223f.).

2. 政黨의 概念과 政黨의 任務

(1) 政黨의 概念

1) 우리 헌법과 정당법상의 정당개념

269. 우리 헌법과 정당법상의 정당개념

정당은 국고지원을 받고(제8조 제3항) 헌법재판소의 심판에 의해서만 해산되는(제8조 제4항) 등 일반결사와는 달리 헌법상 특권이 인정된다. 그렇기 때문에 법적으로 정당의 개념을 정확히 하는 것이 필요하다.

헌법은 제8조 제2항에서 "정낭은 그 복적·조직과 활동이 민주적이어야 하며, 국민의 정치적 의사형성에 참여하는 데 필요한 조직을 가져야 한다"고 하고 있을 뿐, 정당의 개념과 관련된 규정을 두고 있지 않다. 정당의 개념과 관련된 규정은 정당법에서 볼 수 있다. 곧 정당법 제2조는 "정당이라 함은 국민의 이익을 위하여 책임 있는 정치적 주장이나 정책을 추진하고 공직선거의 후보자를 추천 또는 지지함으로써 국민의 정치적 의사형성에 참여함을 목적으로 하는 국민의 자발적 조직"이라 하고 있다.

판례 〈「공직선거 및 선거부정방지법」 제48조 등 위헌확인(기각)〉 "정당은 정치적 결사로서 국민의 정치적 의사를 적극적으로 형성하고 각계각층의 이익을 대변하며, 정부를 비판하고 정책적 대안을 제시할 뿐만 아니라, 국민 일반이 정치나 국가작용에 영향력을 행사하는 매개체의 역할을 수행하는 등 현대의 대의제민주주의에 없어서는 안 될 중요한 공적 기능을 수행하고 있다. … 우리 헌법은 정당제민주주의를 채택하여 정당설립의 자유와 국가의 보호를 규정함으로써(제8조 제1항·제3항) 정당활동의 자유를 포함한 정당의 자유를 광범위하게 보장하고 있으며, 이에 따라서 정당법도 정당활동의 자유를 보장하고 있다(제30조)."(헌재 1996. 8. 29. 96헌마99 결정)

2) 헌법과 정당법의 적용대상이 되기 위한 정당의 요건

270. 헌법과 정당법의 적용대상이 되기 위한 정당의 요건

그러나 이러한 정당개념은 확실한 법적 개념으로 기능하기에는 충분하지 않다.[1] 따라서 정당의 개념표지들은 이 규정 외에도 헌법 제8조의 규정과 정당법의 다른 규정들로부터 추론해 내지 않으면 안 된다.

헌법 제8조와 정당법의 적용대상이 되기 위해서는 정당은 다음과 같은 요소를 갖추어야 한다. 첫째, 국가와 (자유)민주주의를 긍정하여야 한다(헌법 제8조 제4항). 둘째, 국민의 이익을 위하여 책임 있는 정치적 주장이나 정책을 추진해

1) 계희열, 헌법학(상), 244쪽.

야 한다.[1] 셋째, 공직선거의 후보자를 추천 또는 지지함으로써 국민의 정치적 의사형성에 참여해야 한다. 넷째, 국민의 자발적 조직이어야 한다(이상 법 제 2 조). 다섯째, 시간적으로 계속적이고 지역적으로 공고한 조직을 갖추어야 한다.[2] 여섯째, 정당법에 따라 등록하여야 한다(법 제 4 조).[3]

판례 〈정당법 제25조 등 위헌확인(기각)〉 "정당등록제도는 정당임을 자처하는 정치적 결사가 일정한 법률상의 요건을 갖추어 관할 행정기관에 등록을 신청하고, 이 요건이 충족된 경우 정당등록부에 등록하여 비로소 그 결사가 정당임을 법적으로 확인시켜 주는 제도이다. 이러한 정당의 등록제도는 어떤 정치적 결사가 정당에 해당되는지의 여부를 쉽게 확인할 수 있게 해주며, 이에 따라 정당에게 부여되는 법률상의 권리·의무관계도 비교적 명확하게 판단할 수 있게 해준다. 이러한 점에서 정당등록제는 법적 안정성과 확실성에 기여한다고 평가할 수 있다. … 우리 헌법 및 정당법상 정당의 개념적 징표로서는 ① 국가와 자유민주주의 또는 헌법질서를 긍정할 것, ② 공익의 실현에 노력할 것, ③ 선거에 참여할 것, ④ 정강이나 정책을 가질 것, ⑤ 국민의 정치적 의사형성에 참여할 것, ⑥ 계속적이고 공고한 조직을 구비할 것, ⑦ 구성원들이 당원이 될 수 있는 자격을 구비할 것 등을 들 수 있다. 즉 정당은 정당법 제 2 조에 의한 정당의 개념표지 외에 예컨대 독일의 정당법(제 2 조)이 규정하고 있는 바와 같이 '상당한 기간 또는 계속해서', '상당한 지역에서' 국민의 정치적 의사형성에 참여해야 한다는 개념표지가 요청된다고 할 것이다."(헌재 2006. 3. 30. 2004헌마246 결정)

---

1) 정당의 개념적 요소로서 공익실현의무를 긍정하는 견해로는 계희열, 헌법학(상), 257쪽; 권영성, 헌법학원론, 189쪽이 있고, 부정하는 견해로는 "정당에 대하여 공익실현의 요청을 하는 것은, 다원적 민주주의에서 다양한 견해의 대립과 경쟁을 통하여 공익에 부합하는 정치적 결정이 내려진다는 기본사고와 부합하지 않는다. 국가는 의사를 형성하고 공익을 발견하기 위하여, 사회의 영역으로부터, 즉 정당, 언론 및 이익단체 등으로부터 다양한 이익과 견해가 표출되는 것에 의존하고 있다. 그러나 정당에 대하여 공익실현의 요청을 하는 것은 국가기관과 마찬가지로 정당 내부에서도 상충하는 다양한 이익간의 조정을 요청하는 것이며, 국가의 이익조정과 공익발견을 위하여 필요로 하는 다양성의 제거를 요청하는 것과 다름 아니다. 그러므로 정당에게 공익실현의 의무를 부과하는 것은 다원적 민주주의에서 공익발전과정에도 반하는 것이다"라고 하는 한수웅, 헌법학, 193·194쪽이 있다.

2) 이와 관련하여 우리 정당법은 정당은 5 이상의 시·도당을 가져야 하며(법 제 17조), 시·도당은 1천인 이상의 당원을 가져야 한다(법 제18조 제 1 항)고 규정하고 있다.

3) 이성환·정태호·송석윤·성선제, 정당해산심판제도에 관한 연구(헌법재판연구 제15권), 헌법재판소, 2004, 120－122쪽은 ① 정당의 등록을 정당의 성립요건으로 한 것은 헌법에 의하여 발생하는 헌법이 예정하지 않은 등록제도에 결부시키고 있다. ② 정당설립의 자유를 침해할 소지가 있다. ③ 등록취소요건이 국회의원총선거의 결과만을 기준으로 정당의 존치여부를 결정하도록 하고 있다. ④ 등록취소제도는 헌법 제21조 제 2 항의 결사의 허가제금지에 반하다 등의 이유를 들어 정당의 등록제는 위헌이라고 한다.

(2) 政黨의 任務

1) 정당의 일반적 임무

271. 정당의 임무: 1. 국민의 정치적 의사형성에 참여; 2. 여당 — 국민과 국가의 지도층을 연결; 3. 야당 — 여당과 정부를 비판, 통제, 대안 제시

헌법은 정당에 국민의 정치적 의사형성에 참여할 것을 임무로 부과하고 있다(제8조 제2항). 정당이 국민의 정치적 의사형성에 참여한다는 것은 민주적 질서가 지향하는 자유롭고 개방된 정치과정의 담당자인 동시에 중개자가 되어야 한다는 것을 말한다. 이는 한편으로는 국민 사이에 산재하는 정치적 견해를 수집·정리·대변하고 자신의 정강에 따라 지도하는 것을 뜻하며, 다른 한편으로는 정치지도자를 발굴·양성하여 선거에서 국민에게 그들을 제시함으로써 정권을 획득하기 위하여 노력하는 것을 뜻한다.[1)]

판 례 〈국회의원과 국회의장 간의 권한쟁의(기각)〉 "정당은 국민과 국가의 중개자로서 정치적 도관(導管)의 기능을 수행하여 주체적·능동적으로 국민의 다원적 정치의사를 유도·통합함으로써 국가정책의 결정에 직접 영향을 미칠 수 있는 규모의 정치적 의사를 형성하고 있다. 구체적으로는 각종 선거에서의 입후보자 추천과 선거활동, 의회에서의 입법활동, 정부의 정치적 중요결정에 영향력 행사, 대중운동의 지도 등의 과정에 실질적 주도권을 행사한다."(헌재 2003. 10. 30. 2002헌라1 결정)

2) 여당과 야당의 임무

선거의 결과 정당은 여당과 야당으로 나누어진다. 그에 따라 정당에 부여되는 구체적 임무도 상이해진다. 곧 여당에게는 국민과 국가의 지도층을 연결하는 역할이 부여됨에 반하여, 야당은 여당과 정부를 비판·통제하고 그에 대한 대안을 제시하는 과제를 담당하게 된다.[2)]

---

1) K. Hesse, *Grundzüge des Verfassungsrechts der Bundesrepublik Deutschland*, S. 71(Rdnr. 169)는 이와 관련하여 '다수를 획득하기 위하여 노력하는 것'이라고 이야기하고 있다. 그러나 우리 헌법의 정부형태는 독일 기본법의 정부형태와 다르기 때문에 의회다수당과 대통령의 출신정당이 다를 수 있다. 따라서 우리 헌법과 관련해서는 정권획득이라는 표현이 더 적합할 것이다.

2) 계희열, 헌법학(상), 247쪽.

3. 政黨의 憲法上 地位와 法的 形態

(1) 政黨의 憲法上 地位

1) 정당의 일반적 지위

272. 정당의 일반적 지위: 헌법영역에서 국민의 정치적 의사형성을 제도적으로 보장하는 중개자적 역할

과거에는 정당이 헌법상 어떠한 지위를 가지는가에 대하여 많은 논의가 있었다. 그와 함께 정당의 헌법상 지위를 국가기관으로 보는 견해, 사적 결사로 보는 견해 및 국가기관과 사적 결사의 중간에 위치하는 것으로 보는 견해가 대립되어 있었다.[1] 그러나 이제 우리나라에서는 학설이나 판례가 일치하여 정당을 헌법영역에서 국민의 정치적 의사형성을 제도적으로 보장하는 중개자적 역할을 한다고 보고 있다.

판례 〈지방의회의원선거법 제36조 제 1 항에 대한 헌법소원(헌법불합치결정·잠정적용, 각하)〉 "헌법 제 8 조에 의하여 보장되는 정당제도에 있어서 정당이라 함은 국민의 이익을 위하여 책임 있는 정치적 주장이나 정책을 추진하고 공직선거의 후보자를 추천 또는 지지함으로써 국민의 정치적 의사형성에 참여함을 목적으로 하는 국민의 자발적 조직을 의미하는 것이다. 정당은 자발적 조직이기는 하지만 다른 집단과는 달리 그 자유로운 지도력을 통하여 무정형적이고 무질서적인 개개인의 정치적 의사를 집약하여 정리하고 구체적인 진로와 방향을 제시하며 국정을 책임지는 공권으로까지 매개하는 중요한 공적 기능을 수행하기 때문에 헌법은 정당의 기능에 상응하는 지위와 권한을 보장함과 동시에 그 헌법질서를 존중해 줄 것을 요구하고 있는 것이다."(헌재 1991. 3. 11. 91헌마21 결정; 헌재 1993. 7. 29. 92헌마262 결정)

판례 〈공직선거법 제111조 등 위헌확인(기각)〉 "정치적 결사로서의 정당은 국민의 정치적 의사를 적극적으로 형성하고 각계각층의 이익을 대변하며, 정부를 비판하고 정책적 대안을 제시할 뿐만 아니라, 국민 일반이 정치나 국가작용에 영향력을 행사하는 매개체의 역할을 수행하는 등 대의제민주주의에 없어서는 안 될 중요한 공적 기능을 수행하고 있다."(헌재 1996. 3. 28. 96헌마18 등 병합결정)

판례 〈정당법 제 6 조 제 1 호 등 위헌확인(기각)〉 "정당은 국민과 국가의 중개자

---

1) 독일연방헌법재판소는 초기에는 정당을 '헌법기관'(Verfassungsorgan)으로 보다가(BVerfGE 4, 27, 30; 12, 276, 280), 그 후에는 기본법 제21조에 따라 정당의 과제와 기능은 조직화된 국가의 영역에 결합하는 것을 금지한다고 하였다(BVerfGE 20, 56, 101f.). 그리고 이제는 정당은 기본법 제21조를 통하여 '헌법상의 제도'(verfassungsrechtliche Institution)의 지위로 고양되었다고 표현하고 있다(BVerfGE 44, 125, 145; 107, 339, 361; 111, 54, 85).

> 로서 정치적 도관(導管)의 기능을 수행하여 주체적·능동적으로 국민의 다원적 정치의사를 유도·통합함으로써 국가정책의 결정에 직접 영향을 미칠 수 있는 규모의 정치적 의사를 형성하고 있다. 이와 같이, 정당은 오늘날 대중민주주의에 있어서 국민의 정치의사형성의 담당자이며 매개자이자 민주주의에 있어서 필수불가결한 요소이기 때문에, 정당의 자유로운 설립과 활동은 민주주의 실현의 전제요건이라고 할 수 있다."(헌재 2004. 3. 25. 2001헌마710 결정)

2) 임무에 따른 정당의 지위

① 개　　관

273. 임무에 따른 정당의 지위: 헤세 — 자유의 지위, 평등의 지위, 공공의 지위

그러나 정당의 헌법상 지위를 국민의 의사와 국가의사를 중개하는 중개체로 본다고 해서 문제가 해결되는 것은 아니다. 왜냐하면 정당이 규범적으로 국민의 의사와 국가의사를 중개하도록 정해져 있다고 해서, 정당이 현실적으로 국민의 의사와 국가의사를 중개한다고는 볼 수 없기 때문이다. 따라서 정당에게는 정당이 주어진 임무를 다할 수 있도록 하는 전제가 충족되지 않으면 안 된다. 곧 정당의 헌법상 지위란 정당에 주어진 임무, 곧 국민의 정치적 의사형성에 적절하게 참여하기 위한 전제이지 그 결과는 아니다. 이러한 생각을 바탕으로 헤세는 정당의 헌법상 지위를 자유의 지위, 평등의 지위, 공공의 지위로 보아야 한다고 한다.[1)]

② 자유의 지위

274. 정당의 자유의 지위: 대외적 자유의 지위+대내적 자유의 지위

정당의 자유의 지위는 대외적 자유의 지위와 대내적 자유의 지위를 포함한다. 정당의 대외적 자유는 국가 및 노동조합과 같은 비국가적 단체의 침해와 영향으로부터의 자유를 뜻한다. 곧 국가와 비국가적 단체들은 정당의 설립, 가입, 탈퇴에 대하여 간섭하거나 영향력을 행사해서는 안 된다(제 8 조 제 1 항). 또한 정당은 그 목적이나 활동이 민주적 기본질서에 위배되어 헌법재판소의 해산심판을 받지 않는 한 해산되지 않는다(제 8 조 제 4 항). 정당의 대내적 자유란 정당 내에서 자유로운 정치적 의사형성이 가능해야 한다는 것(제 8 조 제 2 항), 곧 당내민주주의를 뜻한다.[2)3)]

---

1) K. Hesse, *Grundzüge des Verfassungsrechts der Bundesrepublik Deutschland*, S. 72ff. (Rdnr. 172ff.).

2) K. Hesse, *Grundzüge des Verfassungsrechts der Bundesrepublik Deutschland*, S. 72f. (Rdnr. 173ff.); 계희열, 헌법학(상), 255-257쪽 참조.

3) 장영수, 민주헌법과 국가질서, 홍문사, 1997, 190-192쪽은 당내민주주의 실현의 구체적 요소로서 ① 당헌·강령의 민주성, ② 당원의 법적 지위의 보장(입당과 탈당의 자유 보장, 당원 간의 평등, 언론의 자유), ③ 정당 내부의 민주적 의사형성, ④ 정당의 내부기관의 민주성, ⑤ 공직선거후보자의 추천, ⑥ 정당재정의 민주화를 들고 있다.

판례 〈국회의원선거법 제33조, 제34조의 위헌심판(위헌=헌법불합치)〉 "현대국가에서는 정당정치가 바로 민주정치라고 인정하게 되었으나 그 정당은 국민 각자의 선거의 자유와 기회균등을 보장하는 민주사회의 기반 위에서 존립하는 것이므로 당내민주주의가 확립되고 민의에 따라 정당이 구성되고 공천되는 것을 전제로 하고 있다. 이러한 민주정당이 육성되고 발전하는 것 역시 국민의 주권이 실질적으로 행사되도록 현실적으로 보장하는 데에 있으며 정당정치를 우리 헌법이 보호(헌법 제 8 조)하는 이유도 여기에 있기 때문에 정당의 보호는 선거제도의 민주화와 함께 국민주권을 실질적으로 현실화하는 데에 있는 것이지 정치의 정당독점을 의미하는 것은 아니다."(헌재 1989. 9. 8. 88헌가6 결정)

판례 "헌법 제 8 조는 정당설립의 자유를 보장하고 국가의 보호를 받도록 규정하고 있으므로 정당활동의 자유는 헌법에 의하여 보장되고 보호된다고 할 것이고, 이에 터잡아 정당법 제30조는 정당활동의 자유를 명시하여 규정하고 있는바, 이러한 정당활동의 자유를 제한하기 위하여는 헌법 제37조 제 2 항에 따라 국가안전보장, 질서유지 또는 공공복리를 위하여 필요한 경우에 한하여 법률의 규정에 의하여만 가능하고, 이를 제한하는 경우에도 정당활동의 자유와 권리의 본질적인 내용을 침해할 수 없는 것 …"(대법원 1994. 4. 12. 93도 2712 판결)

판례 〈「공직선거 및 선거부정방지법」 제87조 등 위헌확인(기각)〉 "헌법이 정당에 대하여 일반결사와는 다른 특별한 보호와 규제를 하고 있는 이유는 정당이 '국민의 이익을 위하여 책임 있는 정치적 주장이나 정책을 추진하고 공직선거의 후보자를 추천 또는 지지함으로써 국민의 정치적 의사형성에 참여함을 목적으로' 하여 조직된 단체이고 또 그러한 목적수행에 필요한 조직을 갖추고 있기 때문인 것으로 이해되고(정당법 제 1 조, 제 2 조 참조) 반대로 일반결사에 대하여 정당의 경우와 같은 헌법상의 보호와 규제가 없는 것은 그러한 단체는 각기 자기고유의 설립목적이 따로 있고 또 그러한 의사형성에 참여하는 데 필요한 조직도 갖추고 있지 않기 때문인 것으로 이해된다."(헌재 1995. 5. 25. 95헌마105 결정)

판례 〈「정치자금에 관한 법률」 제 5 조 등 위헌확인(기각)〉 "우리 헌법은 정당제 민주주의에 바탕을 두고 정당설립의 자유와 복수정당제를 보장하고(헌법 제 8 조 제 1 항), 정당의 목적·조직·활동이 민주적인 한 법률이 정하는 바에 의하여 국가가 이를 보호하며, 정당운영에 필요한 자금을 보조할 수 있도록 하는 등(헌법 제 8 조 제 2 항 내지 제 4 항) 정당을 일반결사에 비하여 특별히 두텁게 보호하고 있다. 헌법의 정당에 대한 위와 같은 보호는 정당이 국민의 이익을 위하여 책임 있는 정치적 주장이나 정책을 추진하고 공직선거의 후보자를 추천 또는 지지함으로써 국민의 정치적 의사형성에 참여함을 목적으로 하는 국민의 자발적 조직으로서 다른 집단과는 달리 그 자유로운 지도력을 통하여 무정형적(無定型的)이고 무질서한 개개인의 정치적 의사를 집약하여 정리하고 구체적인 진로와 방향을 제시하며 국정을 책임지는 공권력으로까지 매개하는 중요한 공적 기능을 수행하기 때문인 것이며 그와 정당의 기능에 상응하는 지위와 권한을 보장하고자 하는 헌법정신의 구현이라 할 수 있다."(헌재 1997. 5. 29. 96헌마85 결정)

판례 〈국회의원과 국회의장간의 권한쟁의(기각)〉 "국회의원의 원내활동을 기본적으로 각자에 맡기는 자유위임은 자유로운 토론과 의사형성을 가능하게 함으로써 당내민주주의를 구현하고 정당의 독재화 또는 과두화를 막아주는 순기능을 갖는다. 그러나 자유위임은 의회내에서의 정치의사형성에 정당의 협력을 배척하는 것이 아니며, 의원이 정당과 교섭단체의 지시에 기속되는 것을 배제하는 근거가 되는 것도 아니다. 또한 국회의원의 국민대표성을 중시하는 입장에서도 특정 정당에 소속된 국회의원이 정당기속 내지는 교섭단체의 결정(소위 '당론')에 위반하는 정치활동을 한 이유로 제재를 받는 경우, 국회의원 신분을 상실하게 할 수는 없으나 "정당내부의 사실상의 강제" 또는 소속 "정당으로부터의 제명"은 가능하다고 보고 있다. 그렇다면, 당론과 다른 견해를 가진 소속 국회의원을 당해 교섭단체의 필요에 따라 다른 상임위원회로 전임(사·보임)하는 조치는 특별한 사정이 없는 한 헌법상 용인될 수 있는 "정당내부의 사실상 강제"의 범위내에 해당한다고 할 것이다."(헌재 2003. 10. 30. 2002헌라1 결정)

판례 〈정당법 제3조 등 위헌확인(기각)〉 "헌법 제8조 제1항이 명시하는 정당설립의 자유는 설립할 정당의 조직형태를 어떠한 내용으로 할 것인가에 관한 정당조직 선택의 자유 및 그와 같이 선택된 조직을 결성할 자유를 포함하는 '정당조직의 자유'를 포함한다. 정당조직의 자유는 정당설립의 자유에 개념적으로 포괄될 뿐만 아니라, 정당조직의 자유가 완전히 배제되거나 임의적으로 제한될 수 있다면, 정당설립의 자유가 실질적으로 무의미해지기 때문이다. 또한 헌법 제8조 제1항은 정당활동의 자유도 보장하고 있기 때문에 위 조항은 결국 정당설립의 자유, 정당조직의 자유, 정당활동의 자유 등을 포괄하는 정당의 자유를 보장하고 있다."(헌재 2004. 12. 16. 2004헌마456 결정)

판례 〈정당법 제25조 등 위헌확인(기각)〉 "헌법 제8조 제1항 전단의 정당설립의 자유는 정당설립의 자유만이 아니라 누구나 국가의 간섭을 받지 아니하고 자유롭게 정당에 가입하고 정당으로부터 탈퇴할 수 있는 자유를 함께 보장한다. 구체적으로 정당의 자유는 개개인의 자유로운 정당설립 및 정당가입의 자유, 조직형식 내지 법형식 선택의 자유를 포함한다. 또한 정당설립의 자유는 설립에 대응하는 정당해산의 자유, 합당의 자유, 분당의 자유도 포함한다. 뿐만 아니라 정당설립의 자유는 개인이 정당 일반 또는 특정 정당에 가입하지 아니할 자유, 가입했던 정당

으로부터 탈퇴할 자유 등 소극적 자유도 포함한다."(헌재 2006. 3. 30. 2004헌마246 결정)

③ 평등의 지위

정당의 평등의 지위는 정당의 자유의 지위를 전제하며, 정당의 자유의 지위가 잘 보장될 때 함께 보장된다. 정당의 평등은 원칙적으로 도식적인 평등을 뜻한다. 따라서 대정당과 군소정당, 여당과 야당을 법적으로 차별하는 것은 예외적인 경우를 제외하고는 허용되지 않는다. 이러한 예외적인 경우는 선거법, 국회법 등에 규정되어 있고, 정당에 대한 국고보조나 전파매체를 통한 선거운동의 경우에도 발견된다.[1]

275. 정당의 평등의 지위: 정당의 평등은 원칙적으로 도식적인 평등을 뜻한다

판례 〈지방의회의원선거법 제36조 제 1 항에 대한 헌법소원(헌법불합치, 일부각하)〉 "지방의회의원 선거후보자에 대한 과다한 기탁금은 선거권·공무담임권·평등권 등을 침해하는 것인데 이러한 법리는 자연인에게 국한되는 것이 아니고 정당에 대하여서도 원용될 수 있는 것이다. 정당은 후보자의 추천과 후보자를 지원하는 선거운동을 통하여 소기의 목적을 추구하는데, 이 경우 평등권 및 평등선거의 원칙으로부터 나오는 (선거에 있어서의) 기회균등의 원칙은 후보자에 대하여서는 물론 정당에 대하여서도 보장되는 것이며, 따라서 정당 추천의 후보자가 선거에서 차등 대우를 받는 것은 바로 정당이 선거에서 차등 대우를 받는 것과 같은 결과가 되는 것이다. 이와 같이 정당이 선거에 있어서 기회균등의 보장을 받을 수 있는 헌법적 권리는 정당활동의 기회균등의 보장과 참정권 보장에 내포되어 있다고 할 것이므로 헌법 제 8 조 제 1 항 내지 제 3 항, 제11조 제 1 항, 제24조, 제25조는 그 직접적인 근거규정이 될 수 있는 것이다."(헌재 1991. 3. 11. 91헌마21 결정)

판례 〈국회의원선거법 제55조의3 등에 대한 헌법소원(일부위헌, 일부기각)〉 "국회의원선거법 제58조의2는 정당의 대표자나 그 대리인이 방송이나 간행물을 경영하는 자와의 계약에 의하여 보도할 수 있도록 하는 것으로서 정당정치의 일환으로 정당활동을 보장하는 데 주안점이 있는 것이지 지역구후보자의 개별적인 선거운동을 하는 데 주안을 둔 규정이 아니므로 선거운동의 기회균등을 차별하는 것이 아니고, 같은 법 제55조의5는 합동연설회와 정당연설회 등의 개회에 관한 시간과 장소 등에 관한 조절제한규정이므로 청구인들의 기본권침해의 직접적인 규정이라 할 수 없다."(헌재 1992. 3. 13. 92헌마37 등 병합결정)

---

1) K. Hesse, *Grundzüge des Verfassungsrechts der Bundesrepublik Deutschland*, S. 73f. (Rdnr. 176); 계희열, 헌법학(상), 258·259쪽 참조.

④ 공공의 지위

276. 정당의 공공의 지위

정당의 공공의 지위는 조직화된 국가제도의 영역이 아니라, '비국가적인 것'과 '국가적인 것'의 과도영역, 곧 정치적 통일형성의 분야에 기초하고 있다. 이 분야에서 정당의 임무는 그곳에 참여하는 다른 요소들이 사적 이익을 추구하기 때문에 사적 지위를 가지는 데 반하여 공적인 것이기 때문에 공공의 지위를 가진다.[1]

> **판례** 〈국회의원과 국회의장 간의 권한쟁의(기각)〉 "정당은 그 자유로운 지위와 함께 '공공의 지위'를 함께 가지므로 이 점에서 정당은 일정한 법적 의무를 지게 된다. 현대정치의 실질적 담당자로서 정당은 그 목적이나 활동이 헌법적 기본질서를 존중하지 않으면 안 되며, 따라서 정당의 활동은 헌법의 테두리 안에서 보장되는 것이다. 또한 정당은 정치적 조직체인 탓에 그 내부 조직에서 형성되는 과두적·권위주의적 지배경향을 배제하여 민주적 내부질서를 확보하기 위한 법적 규제가 요구된다."(헌재 2003. 10. 30. 2002헌라1 결정)

(2) 政黨의 法的 形態

1) 문제의 소재

277. 정당의 법적 형태: 법인격 없는 사단

정당의 법적 형태의 문제는 정당과 관련하여 정당과 정당 사이에 또는 정당 내부에서 분쟁이 발생한 경우 그 분쟁을 공법적 절차에 따라 해결할 것인가 사법적 절차에 따라 결정할 것인가와 관련하여 중요하다.

2) 학설과 판례

정당의 법적 형태에 대하여는 학설과 판례가 통일되어 있지 않다. 학설상으로는 민법상의 법인격 없는 사단설,[2] 사적 정치결사설,[3] 헌법제도와 결사의 혼성체설[4] 등이 주장되고 있다. 하급법원의 판례는 정당을 사법상의 사단으로 해석하는 경우가 있는가 하면,[5] 정치활동을 목적으로 하는 자치적 정치단체라고도 해석한[6] 경우도 있다.

---

1) K. Hesse, *Grundzüge des Verfassungsrechts der Bundesrepublik Deutschland*, S. 74 (Rdnr. 177); 계희열, 헌법학(상), 259·260쪽.
2) 권영성, 헌법학원론, 193쪽.
3) 문홍주, 한국헌법, 168쪽.
4) 김철수, 헌법학개론, 161쪽.
5) 1979년 9월 8일의 이른바 신민당총재단 직무집행정지 가처분결정(서울민사지법 1979. 9. 8. 79카21709 판결).
6) 1987년 7월 30일의 의장직무 행사정지 가처분결정(서울민사지법 1987. 7. 30. 87카30864

3) 사 견

정당의 법적 형태를 정함에 있어서 주의해야 할 점은 정당의 법적 형태와 정당의 헌법상 지위를 구별해야 한다는 것이다. 곧 정당이 당원들에 의하여 자발적으로 구성된 단체라는 점과 정당에게 주어진 임무, 곧 국민의 정치적 의사형성에 적절하게 참여하기 위한 전제로서 주어지는 정당의 특수한 지위는 구별되어야 한다. 그러한 한에서 정당의 법적 형태는 (사법상의) 법인격 없는 사단의 일종으로 보아야 할 것이다.[1] 우리 헌법재판소도 정당의 재산권귀속관계에서는 정당을 법인격 없는 사단으로 봄으로써 같은 견해임을 추측케 하고 있다.

> **판례** 〈불기소처분취소(기각)〉 "정당의 법적 지위는 적어도 그 소유재산의 귀속관계에 있어서는 법인격 없는 사단으로 보아야 하고, 중앙당과 지구당과의 복합적 구조에 비추어 정당의 지구당은 단순한 중앙당의 하부조직이 아니라 어느 정도의 독자성을 가진 단체로서 역시 법인격 없는 사단에 해당한다고 보아야 할 것이다."(헌재 1993. 7. 29. 92헌마262 결정)

4. 政黨과 政治資金

(1) 政治資金의 意義

278. 정치자금의 의의: 민주주의의 사활을 좌우

정당은 헌법상 국민의 정치적 의사형성에 참여하는 중대한 임무를 부여받고 있다. 정당이 이러한 임무를 수행하기 위하여 필요한 인적·물적 자원을 충당하고 유지하기 위해서는 막대한 경비가 필요하다. 정당이 정치자금을 적절히 조달하느냐 못하느냐에 따라 집권여부가 결정된다. 따라서 정당은 소기의 목적을 달성하기 위하여 당비 외에도 기탁금에 의존하지 않을 수 없다. 그 때문에 정당은 자본가들의 지배하에 놓일 수도 있다. 그렇게 되면 민주주의는 금권정치로 타락하게 되고, 정당은 자신에게 부여된 임무를 온전히 수행할 수 없게 된다. 결국 정치자금을 합리적으로 조달하는 방법을 확립할 수 있는가 여부에 민주주의의 사활이 걸려 있다고 할 수 있겠다. 그렇기 때문에 세계의 여러 나라들은 원활하게 정치자금을 조달하면서도 정치적 부패를 방지하기 위하여 그를 통제할 수

판결).

1) 사법상의 결사는 단체의 비중이 높은가 아니면 인간관계의 비중이 높은가에 따라 사단과 조합으로 구분된다. 정당의 경우 당원들 사이의 인간관계는 정당이라는 단체의 배후로 밀려난다.

있는 입법을 마련하고 있다.[1)]

> **판례** 〈「정치자금에 관한 법률」 제30조 제1항 위헌소원(합헌)〉 "정치자금의 조달을 정당 또는 정치인에게 맡겨 두고 아무런 규제를 하지 않는다면 정치권력과 금력의 결탁이 만연해지고, 필연적으로 기부자의 정치적 영향력이 증대될 것이다. 금력을 가진 소수 기득권자에게 유리한 정치적 결정이 이루어진다면 민주주의의 기초라 할 수 있는 1인 1표의 기회균등원리가 심각하게 훼손될 수 있다. 그러므로 구체적인 내용은 별론으로 하더라도, 정치자금에 대한 규제는 대의제 민주주의의 필연적 귀결이다."(헌재 2004. 6. 24. 2004헌바16 결정)

(2) 우리 現行法上의 政治資金

1) 정치자금법

279. 정치자금법

우리나라에서도 1965년 2월 9일에 「정치자금에 관한 법률」을 제정하였다. 현재 시행되고 있는 정치자금법은 2005년 8월 4일 전부 개정된 것이다.

> **판례** 〈「공직선거 및 선거부정방지법」 제59조 등 위헌확인(기각)〉 정치자금법은 "종래 정치자금의 수수가 부정과 부패에 연결되고 경제인에 대한 정치인의 보복이 있는 사례가 있었다는 반성에서 정치자금의 수수를 양성화하고 그 금액과 사용정도를 투명하게 하기 위해 제정된 것이다."(헌재 1995. 11. 30. 94헌마97 결정)

280. 정치자금의 종류: 당비, 후원금, 기탁금, 국고보조금

정치자금법 제3조는 정치자금을 "당비, 후원금, 기탁금, 보조금과 정당의 당헌·당규 등에서 정한 부대수입 그 밖에 정치활동을 위하여 정당(중앙당창당준비위원회를 포함한다), 공직선거에 의하여 당선된 자, 공직선거의 후보자 또는 후보자가 되고자 하는 자, 후원회·정당의 간부 또는 유급사무직원 그 밖에 정치활동을 하는 자에게 제공되는 금전이나 유가증권 그 밖의 물건과 그 자의 정치활동에 소요되는 비용"이라고 규정하여, 현실적으로 중요한 정당의 정치자금원으로 당비, 후원금, 기탁금 및 국고보조금을 들고 있다.

> **판례** 〈「정치자금에 관한 법률」 제3조 제8호 등 위헌확인(기각)〉 "국회의원이 국민의 대표로서 그 활동범위가 국정 전반에 걸치고 정치를 전업으로 하는 데 반해 시·도의원은 그 활동범위가 시·도의 지역사무에 국한되고 무보수 명예직으로서 정치는 비전업의 부업에 지나지 않는다. 같은 정치활동이라 하더라도 그 질과 양에서 근본적인 차이가 있고 그에 수반하여 정치자금을 필요로 하는 정도나 소요자금의 양에서도 현격한 차이가 있으므로 국회의원에 대해서는 개인후원회를 허

---

1) 각국의 정치자금의 통제방법에 대하여는 계희열, 헌법학(상), 261-265쪽 참조.

> 용하면서 시·도의원에게는 이를 금지하였다 하여 평등의 원칙에 위반된다고 할 수 없다. 또 국회의원의 후원회를 둔 경우 당해 국회의원이 대표자로 있는 지구당은 별도의 후원회를 둘 수 없도록 한 것은 후원회조직을 일원화함으로써 정치자금의 모집과 사용을 투명화하고 공정성을 기하려는 데에 그 입법목적이 있다 할 것이고, 이 경우 국회의원의 후원회로 일원화한 것은 지구당이 국회의원의 책임하에 그를 중심으로 운영되고 있는 현실을 반영한 결과라고 할 것이므로 이 또한 자의적인 차별로서 평등의 원칙에 위반되는 것이라고 할 수 없다."(헌재 2000. 6. 1. 99헌마576 결정)

2) 정치자금의 종류

① 당　　비

281. 당비

당비는 명칭 여하를 불문하고 정당의 당헌 또는 당규에 의하여 정당의 당원이 부담하는 금전이나 유가증권 기타 물건을 말한다(법 제 3 조 제 3 호). 정당이 당원의 자발적 조직인 한 정당은 당비에 의하여 운영되는 것이 원칙이다.

② 후 원 금

282. 후원금

후원금이란 후원회의 회원이 후원회에 기부하는 금전이나 유가증권 기타 물건을 말한다(법 제 3 조 제 4 호). 후원회란 정치자금법의 규정에 의하여 정치자금의 기부를 목적으로 설립·운영되는 단체로서 관할선거관리위원회에 등록된 단체를 말한다(법 제 3 조 제 7 호). 외국인, 국내·외의 법인 또는 단체와 같이 기부를 할 수 없는 자(법 31조 제 1 항)와 정당의 당원이 될 수 없는 자(정당법 제22조)는 회원이 될 수 없다(법 제 8 조 제 1 항).

> **판례** 〈「정치자금에 관한 법률」 제30조 제 1 항 등 위헌소원(합헌, 일부각하)〉 "개인후원회를 둘 것인지 여부 및 그에 관한 규제의 정도나 내용은 원칙적으로 입법정책의 문제로서 입법자의 입법형성의 자유에 속하는 사항이라고 할 수 있다. … 따라서 정당후원회 이외에 개인후원회를 둘 수 있는 자를 국회의원 또는 국회의원입후보등록을 한 자로 한정하고 있는 법 제 3 조 제 8 호는 헌법 제 11조 제 1 항 및 제25조에 위반되지 아니한다."(헌재 2001. 10. 25. 2000헌바5 결정)

후원회원은 연간 1만원 또는 그에 상당하는 가액 이상의 후원금을 납입하여야 하며(법 제11조 제 5 항), 그 한도액은 연간 대통령후보자 등·대통령선거경선후보자후원회에는 각각 1천만원, 그 외의 후원회에는 각각 500만원이다(법 제11조 제 2 항). 후원회원이 연간 후원회에 기부할 수 있는 금액은 2천만원을 초과할 수 없다(법 제11조 제 1 항). 후원회원이 아닌 후원인은 1회 10만원 이하, 연간 120

만원 이하의 금품은 이를 익명으로 기부할 수 있다(법 제11조 제3항).

판 례 〈「공직선거 및 선거부정방지법」 제33조 제1항 제2호 등 위헌확인(기각)〉 "정치자금법의 입법목적을 고려할 때 후원회를 통한 정치자금조달이 허용되는 대상자를 선정함에 있어 특정이 객관적으로 명확하지 아니한 단순한 입후보예정자를 제외한 것은 위와 같은 입법목적을 실현하기 위한 불가피한 선택이고, 예비후보자로 등록 가능한 시점을 선거일 전 120일로 정한 것 역시 예비후보자로 등록되면 관할선거관리위원회의 규제를 받으며 일부 선거운동원이 허용되고 후보자 등록무효 규정의 준용을 받는 등 후보자에 준하는 지위가 부여되는 점을 생각할 때(공직선거법 제60조의2, 제60조의3), 그것이 우리 재판소가 관여하여야 할 정도로 입법재량을 현저히 불합리하게 또는 자의적으로 행사한 것이라고 단정할 수도 없으므로, 이 사건 정치자금법규정은 평등의 원칙에 위배되지 않는다."(헌재 2005. 2. 3. 2004헌마216 결정)

대통령선거경선후보자후원회는 중앙선거관리위원회규칙에 따라 공고한 대통령선거 선거비용제한액의 100분의 5에 해당하는 금액을 초과하여 모금할 수 없으며, 국회의원, 국회의원후보자 및 당대표경선후보자의 후원회는 각각 1억 5천만원을 초과하여 모금할 수 없다(법 제12조). 그러나 공직선거가 있는 연도에 중앙당후원회, 시·도당후원회, 지역구국회의원후원회는 그 2배까지 모금할 수 있다(법 제13조).

후원회가 후원인으로부터 금품을 기부받은 때에는 기부자의 인적 사항을 확인할 수 없는 등의 부득이한 사유가 없는 한, 30일 이내에 정치자금정액영수증을 후원인에게 교부하여야 한다(법 제16조).

③ 기 탁 금

283. 기탁금 기탁금이란 정치자금을 정당에 기부하고자 하는 개인이 선거관리위원회에 기탁한 금전이나 유가증권 기타 물건을 말한다(법 제3조 제5호). 정당에 정치자금을 기탁하고자 하는 자는 기명으로 선거관리위원회에 기탁하여야 한다(법 제22조). 개인이 기탁할 수 있는 기탁금은 1회 1만원 또는 그에 상당하는 가액 이상이며, 연간 기탁할 수 있는 한도액은 1억원 또는 전년도소득의 100분의 5 중 다액이다(법 제22조 제2항). 중앙선거관리위원회는 기탁된 정치자금을 기탁 당시 국가보조금배분율에 따라 배분·지급한다(법 제23조 제1항).

개정된 정치자금법 제31조 제2항은 국내·외의 법인 또는 단체와 관련된 자금으로 정치자금을 기부할 수 없게 하고 있다.

④ 국고보조금

국고보조금이란 정당의 보호·육성을 위하여 국가가 정당에 지급하는 금전이나 유가증권을 말한다(법 제3조 제6호). 그러나 국고보조금의 문제는 두 가지 측면, 즉 한편으로는 정당이 당원들에 의하여 자발적으로 구성된 사법상의 단체로서 국가로부터 자유롭게 정치적 의사를 형성하여야 한다는 측면과 다른 한편으로는 선거에서의 정당의 기능은 국가기관을 형성하는데 불가피한 전제이고 따라서 공적 과제로 간주된다는 측면을 생각하여 판단하여야 할 것이다. 그러한 한에서 정치적 의사형성이 국가에 의하여 보조되는 경우 자유로운 정치적 의사형성이 국가의 영향 하에 놓일 수 있고 극단적인 경우는 국가에 종속될 수 있으므로, 국고보조금은 정당 자체의 전체 수입(당비, 후원금, 기탁금 등)을 넘지 않고 정당의 기능을 유지하기 위해서 불가피한 범위 내에서 사후적으로 그 사용에 대해 감사를 받는다는 조건으로 교부되어야 할 것이다. 다만, 선거비용, 그것도 선거전에서 중요한 역할을 행사할 수 있는 비용만큼은 국가가 전부 보조하여야 될 것이다. 왜냐하면 선거는 국가의사형성의 전제이고, 선거는 정당 없이는 치러질 수 없으므로, 국가의사형성에 기여한 만큼, 즉 일정요건을 갖춘 정당에게 유권자들로부터 획득된 정당의 성취결과에 따라 지급하는 것은 반드시 필요하다 할 것이다. 284. 국고보조금

정치자금법에 따르면 국가는 정당에 대한 보조금으로 최근 실시한 국회의원총선거의 선거권자 총수에 보조금 계상단가를 곱한 금액을 매년 예산에 계상하여야 한다(법 제25조 제1항). 대통령선거, 국회의원총선거 또는 공직선거법 제203조 제1항에 의한 동시지방선거가 있는 연도에는 각 선거마다 보조금 계상단가를 추가한 금액을 예산에 계상하여야 한다(법 제25조).

보조금은 지급 당시 동일정당의 소속의원으로 교섭단체를 구성한 정당에 대하여 그 100분의 50을 정당별로 균등하게 분할하여 배분·지급한다(법 제27조 제1항). 보조금의 지급 당시 교섭단체를 구성하지 못한 정당으로서 5석 이상의 의석을 얻은 정당에 대하여는 100분의 5씩을, 의석을 얻지 못하였거나 5석 미만을 얻은 정당 가운데서 일정요건을 갖춘 정당에게는 100분의 2씩을 배분·지급한다(법 제27조 제2항). 이상에서 지급하고 난 잔여분 중 100분의 50은 지급당시 국회의석을 가진 정당에 그 의석수의 비율에 따라 배분·지급하고, 그 잔여분은 최근에 실시된 국회의원총선거에서 득표한 정당의 득표수비율에 따라 배분·지급한다(법 제27조 제3항). 선거에 참여하지 않은 정당에 대하여는 보조금을 배분·지급하지 아니한다(법 제27조 제4항).

또 정당은 공직후보자로 여성이나 장애인을 추천하는 경우 보조금을 받을 수 있다(법 제26조, 제26조의2).

판례 〈「정치자금에 관한 법률」 제18조 위헌확인(기각, 각하)〉 "입법자는 정당에 대한 보조금의 배분기준을 정함에 있어 입법정책적인 재량권을 가지므로, 그 내용이 현재의 각 정당들 사이의 경쟁상태를 현저하게 변경시킬 정도가 아니면 합리성을 인정할 수 있다. 정당의 공적기능의 수행에 있어 교섭단체의 구성 여부에 따라 차이가 나타날 수밖에 없고, 이 사건 법률조항이 교섭단체의 구성 여부만을 보조금 배분의 유일한 기준으로 삼은 것이 아니라 정당의 의석수비율과 득표수비율도 함께 고려함으로써 현행의 보조금 배분비율이 정당이 선거에서 얻은 결과를 반영한 득표수비율과 큰 차이를 보이지 않고 있는 점 등을 고려하면, 교섭단체를 구성할 정도의 다수 정당과 그에 미치지 못하는 소수 정당 사이에 나타나는 차등지급의 정도는 정당 간의 경쟁상태를 현저하게 변경시킬 정도로 합리성을 결여한 차별이라고 보기 어렵다."(헌재 2006. 7. 27. 2004헌마655 결정)

판례 "정당보조금의 목적, 용도 외 사용의 금지 및 위반 시의 제재조치 등 그 근거 법령의 취지와 규정 등에 비추어 볼 때, 정당보조금은 국가와 정당 사이에서만 수수·결제되어야 하는 것으로 봄이 상당하므로 정당의 국가에 대한 정당보조금지급채권은 그 양도가 금지된 것으로서 강제집행의 대상이 될 수 없다."(대법원 2009. 1. 28. 2008마1440 판결)

3) 정치자금의 공개여부

285. 정당의 정치자금의 공개의무

정당은 정치자금을 공개하여야 한다. 정당의 회계책임자는 회계장부를 비치하고 지출에 관한 사항을 기재하여야 하며(법 제37조), 정당·후원회 등의 회계책임자는 회계장부와 정치자금의 수입·지출에 관한 명세서 및 영수증을 이 법에 의한 회계보고를 마친 후 3년간 보존하여야 한다(법 제44조 제1항). 정당·정당공직후보자 등의 회계책임자는 예컨대 그 재산 및 정치자금의 수입·지출에 관한 내역 및 결산내역을 매년 12월 31일 현재로 다음 해 2월 15일까지 관할선거관리위원회에 보고하여야 한다(법 제40조 제1항). 이 서류와 증빙서류는 관할선거관리위원회가 3개월간 공개하여야 하며, 누구든지 이를 열람할 수 있다(법 제42조).

판례 〈노동조합법 제12조 등 위헌확인(일부위헌, 일부각하)〉 "정당의 정치적 의사결정은 정당에게 정치자금을 제공하는 개인이나 단체에 의하여 현저하게 영향을 받을 수 있으므로, 사인이 정당에 정치자금을 기부하는 것 그 자체를 막을 필요는 없으나, 누가 정당에 대하여 영향력을 행사하려고 하는지, 즉 정치적 이익과 경제적 이익의 연계는 원칙적으로 공개되어야 한다. 유권자는 정당의 정책을 결정하는 세력에 관하여 알아야 하고, 정치자금의 제공을 통하여 정당에 영향력을 행사하려는 사회적 세력의 실체가 정당의 방향이나 정책과 일치하는가를 스스로 판단할 수 있는 기회를 가져야 한다."(헌재 1999. 11. 25. 95헌마154 결정)

5. 政黨의 解散과 登錄取消

(1) 政黨解散의 種類

정당의 해산에는 자진해산과 강제해산이 있다. 우리 정당법은 정당이 그 대의기관의 의결로써 자유롭게 해산할 수 있게 하고 있다. 다만 자진해산을 결의한 경우 그 대표자는 지체없이 그 뜻을 당해선거관리위원회에 신고하지 않으면 안 된다(법 제45조). 정당의 설립이 자유인 이상 그 해산도 자유인 것은 당연한 일이라 하겠다. 286. 정당해산의 종류: 자진해산, 강제해산

그러나 정당은 국민의 의사형성에 참여하는 중대한 임무를 부여받고 있기 때문에 함부로 강제해산될 수는 없다. 따라서 정당은 엄격한 요건하에서만 강제해산된다.

그 밖에도 정당은 일정한 요건하에서는 등록이 취소되기도 한다.

(2) 政黨의 强制解散의 意義

헌법은 제 8 조 제 4 항에서 "정당의 목적이나 활동이 민주적 기본질서에 위배될 때에는 정부는 헌법재판소에 그 해산을 제소할 수 있고, 정당은 헌법재판소의 심판에 의하여 해산된다"라고 규정하고 있다. 이는 민주적 기본질서와 국가의 긍정과 같은 정당의 의무에 관한 규정인 동시에 또한 행정처분에 의하여 해산될 수 있는 일반결사와는 다른 정당의 특권에 관한 규정이다. 이 규정은 직접적으로 효력을 갖는 규정이다. 287. 정당의 강제해산에 관한 헌법규정의 의의: 1. 정당의 의무와 특권규정; 2. 방어적 민주주의의 표현; 3. 헌법제도로서의 정당보호

정당은 한편으로는 오늘날의 정당국가적 민주주의에서는 없어서는 안 될 존재이지만, 다른 한편으로는 민주주의에 대한 잠재적 파괴자로 나타날 수도 있다.[1] 어떤 정당이 민주주의를 제거하거나 비민주적인 정치체제로 전환시키려는 정치적 목적을 추구하는 경우, 그 정당은 민주주의에 없어서는 안 될 존재라기보다는 오히려 민주주의를 위하여 일찍 제거되어야만 하는 존재라 하겠다.[2] 자

1) G. Leibholz, Der Strukturwandel der modernen Demokratie, S. 123f.
2) K. Hesse, *Grundzüge des Verfassungsrechts der Bundesrepublik Deutschland*, S. 281f.

유민주적 기본질서를 침해하려는 정치활동은 제한될 수밖에 없다. 따라서 모든 다른 헌법들과 마찬가지로 자유민주적 헌법도 자신의 적에 대항하여 법이라는 무기로 자위할 권리를 가진다.[1] 이러한 '방어적 민주주의'(streitbare Demo-kratie)가 표현된 것 가운데 하나가 정당에 대한 강제해산제도이다.

또한 우리 헌법의 정당해산조항은 정부의 야당탄압의 경험을 반영하는 것이라 할 수 있다. 곧 1958년 2월 25일의 진보당사건[2]을 계기로 1960년의 제 2 공화국 헌법에서 정당보호조항을 신설하여 일반결사와는 달리 정당을 행정부의 자의[3]로부터 해방하고 헌법의 수호자인 헌법재판소의 판결에 의해서만 해산될 수 있도록 한 점에서 헌법제도로서의 정당을 보호한 데 그 의의가 있다.[4]

(3) 政黨의 强制解散의 要件

1) 헌법규정

288. 정당의 강제해산의 요건: 헌법 제 8 조 제 4 항

정당의 강제해산과 관련하여 우리 헌법 제 8 조 제 4 항은 실질적 요건(정당의 목적이나 활동이 민주적 기본질서에 위배될 때)과 형식적 요건(정부의 제소와 헌법재판소의 해산결정)을 규정하고 있다.

2) 실질적 요건

289. 정당의 강제해산의 실질적 요건: 정당의 목적이나 활동이 민주적 기본질서에 위배될 때

정당이 강제해산되기 위한 실질적 요건은 "정당의 목적이나 활동이 민주적 기본질서에 위배될 때"이다.

첫째, 강제해산의 대상이 되는 정당은 정당법상의 개념요건을 갖추고 등록

(Rdnr. 714).

1) G. Leibhlz, Verfassungsrecht und Arbeitsrecht, S. 139.

2) 그 당시 대법원은 "진보당의 강령·정책(혁신정치의 실현, 수탈없는 경제체계의 확립, 평화통일의 실현)은 헌법의 전문, 제 5 조, 제 8 조, 제18조, 제84조의 각 규정에 비추어 볼 때 위헌이라 할 수 없고, 평화통일에 관한 주장 역시 헌법 제13조의 언론자유의 한계를 이탈하지 아니하는 한 이를 위헌이라 할 수 없다"고 합헌이라고 판시하였지만(대법원 1959. 2. 27. 4291형상559 판결), 당시의 헌법에는 정당해산에 대한 특권 규정이 없었기 때문에 진보당은 공보실장의 명령에 따라 등록취소되었다. 그리고 진보당 당수 조봉암은 간첩죄 등으로 1959년 사형이 집행되었다. 그러나 대법원은 2011. 1. 20. 조봉암에 대한 국가변란혐의 무죄, 간첩혐의 무죄, 불법무기소지 선고유예를 선언하였다.

3) 우리나라에서 정당이 행정부의 자의에 따라 해산된 것은 1958년 미군정법령이었던 「정당에 관한 규칙」에 근거하여 정당이 해산(등록취소)된 것(이른바 진보당 사건)과 1961년의 5·16 군사쿠데타로 군사혁명위원회의 포고장(제16호)에 의해 그 해 5월 23일 모든 기성정당이 해산되었던 것 등 두 차례이다.

4) 김철수, 헌법학개론, 172쪽.

을 마친 기성정당에 한한다. 정당의 방계조직, 위장조직, 대체정당 등은 헌법 제8조 제4항에서 말하는 정당이 아니다. 이들은 헌법 제21조의 일반결사에 지나지 않으므로 행정처분에 의하여 해산된다.[1)]

둘째, 정당은 그 목적이나 활동이 민주적 기본질서에 위배될 때에 한하여 해산된다. 정당의 목적은 정당의 강령, 기본정책, 당헌, 당대표와 당간부의 연설 또는 발언, 기관지, 출판물, 선전자료 등으로부터 인식될 수 있다. 정당의 활동은 당대표와 당간부 및 평당원의 활동은 물론 더 나아가 당원이 아닌 추종자의 활동까지를 포함한다.

판례 〈경찰법 제11조 제4항 위헌확인(위헌, 각하)〉 "정당의 해산에 관한 헌법규정은 민주주의를 파괴하려는 세력으로부터 민주주의를 보호하려는 소위 '방어적 민주주의'의 한 요소이고, 다른 한편으로는 헌법 스스로가 정당의 성격을 이유로 하는 정당금지의 요건을 엄격하게 정함으로써 되도록 민주적 정치과정의 개방성을 최대한으로 보장하려는 것이다. 즉, 헌법은 정당의 금지를 민주적 정치과정의 개방성에 대한 중대한 침해로서 이해하여 오로지 제8조 제4항의 엄격한 요건하에서만 정당설립의 자유에 대한 예외를 허용하고 있다. 이에 따라 자유민주적 기본질서를 부정하고 이를 적극적으로 제거하려는 조직도, 국민의 정치적 의사형성에 참여하는 한 '정당의 자유'의 보호를 받는 정당에 해당하며, 오로지 헌법재판소가 그의 위헌성을 확인한 경우에만 정당은 정치생활의 영역으로부터 축출될 수 있다."(헌재 1999. 12. 23. 99헌마135 결정)

판례 〈통합진보당 해산(인용=해산)〉 "정당의 목적이란, 어떤 정당이 추구하는 정치적 방향이나 지향점 혹은 현실 속에서 구현하고자 하는 정치적 계획 등을 통칭한다. 이는 주로 정당의 공식적인 강령이나 당헌의 내용을 통해 드러나겠지만, 그 밖에 정당대표나 주요 당직자 및 정당관계자(국회의원 등)의 공식적 발언, 정당의

1) 창당신고를 마쳤으나 아직 정당으로서 등록하지 않은 결성단계에 있는 정당에 대해서는 행정처분의 대상이 된다는 견해(김철수, 헌법학개론, 173쪽), 기성정당과 같이 취급해야 한다는 견해(권영성, 헌법학원론, 195쪽), 해산의 대상도 행정처분의 대상도 되지 않는다는 견해(계희열, 헌법학(상), 277쪽)가 대립되어 있다. 그런가 하면 최근에는 등록되지 않은 정당의 정치적 활동을 인정하는 입장에서 볼 때 해산의 대상이 되는 정당을 비등록정당을 포함하는 것으로 넓게 이해할 필요가 있다고 하면서, 다만 비등록정당의 경우, 그 정당의 규모가 작고, 따라서 현실적 위험성이 상대적으로 적을 것이기 때문에 정당해산이라는 제도를 사용할 만한 현실적 필요성이 있을 것인지에 대하여는 별도의 검토가 필요할 것이라는 흥미로운 견해도 주장되고 있다(장영수, 헌법학, 275쪽). 개인적으로는 정당의 창당신고와 등록 사이의 시차(時差)는 그리 길지는 않을 것이므로 이러한 논의는 커다란 의미를 갖지 않을 것으로 생각한다. 그러나 논리적으로는 해산의 대상이 되는 기성정당이란 등록을 마친 정당이므로 창당신고를 마쳤으나 등록하지 않은 정당은 행정처분의 대상이 된다 할 것이다.

기관지나 선전자료와 같은 간행물, 정당의 의사결정과정에서 일정한 영향력을 가지거나 정당의 이념으로부터 영향을 받은 당원 들의 행위 등도 정당의 목적을 파악하는 데에 도움이 될 수 있다. 만약 정당의 진정한 목적이 숨겨진 상태라면 공식 강령은 이른바 허울이나 장식에 불과할 것이고, 이 경우에는 강령 이외의 자료를 통해 진정한 목적을 파악해야 한다.

정당의 활동이란, 정당 기관의 행위나 주요 정당관계자, 당원 등의 행위로서 그 정당에게 귀속시킬 수 있는 활동 일반을 의미한다. 여기에서는 정당에게 귀속시킬 수 있는 활동의 범위, 즉 정당과 관련한 활동 중 어느 범위까지를 그 정당의 활동으로 볼 수 있는지가 문제된다. 구체적으로 살펴보면, 당대표의 활동, 대의기구인 당대회와 중앙위원회의 활동, 집행기구인 최고위원회의 활동, 원내기구인 원내의 원총회와 원내대표의 활동 등 정당 기관의 활동은 정당 자신의 활동이므로 원칙적으로 정당의 활동으로 볼 수 있고, 정당의 최고위원 등 주요 당직자의 공개된 정치활동은 일반적으로 그 지위에 기하여 한 것으로 볼 수 있으므로 원칙적으로 정당에 귀속시킬 수 있을 것으로 보인다. 정당 소속의 국회의원 등은 비록 정당과 밀접한 관련성을 가지지만 헌법상으로는 정당의 대표자가 아닌 국민 전체의 대표자이므로 그들의 행위를 곧바로 정당의 활동으로 귀속시킬 수는 없겠으나, 가령 그들의 활동 중에서도 국민의 대표자의 지위가 아니라 그 정당에 속한 유력한 정치인의 지위에서 행한 활동으로서 정당과 밀접하게 관련되어 있는 행위들은 정당의 활동이 될 수도 있을 것이다.

그 밖의 정당에 속한 개인이나 단체의 활동은 그러한 활동이 이루어진 구체적인 경위를 살펴서 그것을 정당의 활동으로 볼 수 있는 사정이 있는지를 판단해야 한다. 예컨대, 활동을 한 개인이나 단체의 지위 등에 비추어 볼 때 정당이 그러한 활동을 할 권한을 부여하거나 그 활동을 독려하였는지 여부, 설령 그러한 권한의 부여 등이 없었다 하더라도 사후에 그 활동을 적극적으로 옹호하는 등 그 활동을 사실상 정당의 활동으로 추인한 것과 같다고 볼 수 있는 사정이 있는지 여부, 혹은 사전에 그 정당이 그러한 활동의 계획을 알았더라도 이를 정당 차원에서 지원하고 지지했을 것이라고 가정적으로 판단할 수 있는 사정이 있는지 여부 등을 구체적으로 살펴 전체적이고 종합적으로 판단해야 한다. 반면, 정당대표나 주요 관계자의 행위라 하더라도 개인적 차원의 행위에 불과한 것이라면 이러한 행위에 대해서까지 정당해산심판의 심판대상이 되는 활동으로 보기는 어렵다."(헌재 2014. 12. 19 2013헌다1 결정)

셋째, 민주적 기본질서에 대해서는 이미 자세하게 설명하였다.[1)] 따라서 여기서는 민주적 기본질서와 자유민주적 기본질서는 같은 표현이라는 것만 지적해 두겠다. 정당을 해산하기 위해서는 구체적으로 다음과 같은 두 가지 요소를 갖추어야 한다. 우선, 정당이 자유민주적 기본질서에 투쟁하는 경향을 보이거나 이

1) 제2편 제2장 제1절 참조.

투쟁이 계획적으로 추진되는 것을 인식할 수 있는 것으로는 부족하고 자유민주적 기본질서의 침해 또는 제거의 구체적 위험이 요구된다.[1] 다음으로, 정당을 해산할 수 있기 위해서는 정당이 헌법의 개별규정 또는 전체제도를 부인하는 것만으로는 충분하지 않고 정당의 목적과 당원 및 추종자들의 행태를 중심으로 해서 판단할 때 정당이 헌법의 기본원리에 적대적일 때이다.[2]

판례 〈통합진보당 해산(인용=해산)〉 "입헌적 민주주의의 원리, 민주 사회에 있어서의 정당의 기능, 정당해산심판제도의 의의 등을 종합해 볼 때, 우리 헌법 제8조 제4항이 의미하는 민주적 기본질서는, 개인의 자율적 이성을 신뢰하고 모든 정치적 견해들이 각각 상대적 진리성과 합리성을 지닌다고 전제하는 다원적 세계관에 입각한 것으로서, 모든 폭력적·자의적 지배를 배제하고, 다수를 존중하면서도 소수를 배려하는 민주적 의사결정과 자유·평등을 기본원리로 하여 구성되고 운영되는 정치적 질서를 말하며, 구체적으로는 국민주권의 원리, 기본적 인권의 존중, 권력분립제도, 복수정당제도 등이 현행 헌법상 주요한 요소라고 볼 수 있다. ……

그렇다면 헌법 제8조 제4항에서 말하는 민주적 기본질서의 위배란, 민주적 기본질서에 대한 단순한 위반이나 저촉을 의미하는 것이 아니라, 민주 사회의 불가결한 요소인 정당의 존립을 제약해야 할 만큼 그 정당의 목적이나 활동이 우리 사회의 민주적 기본질서에 대하여 실질적인 해악을 끼칠 수 있는 구체적 위험성을 초래하는 경우를 가리킨다. ……

정권의 획득이나 권력의 장악을 추구하는 정당의 개념본질적인 표지로 인해, 정당의 목적은 항상 실천적 성격과 현실적 지향성을 지닌다. 정당의 목적이나 정치적 이념은 단순한 관념에 불과한 것이 아니라 현실 속에서 구현하고자 하는 실물적인 힘과 의지를 내포한다. 따라서 정당이라는 단체의 위헌적 목적은 그 정당이 제도적으로 존재하는 한 현실적인 측면에서 상당한 위험성을 인정할 충분한 이유가 된다. 특히 우리의 경우 정당법상 정당등록요건을 갖추기 위해서는 일정 수준의 당원(1천인 이상)과 시·도당수(5 이상)를 가져야 하는바(정당법 제17조, 제18조), 피청구인의 경우 주도세력에 의하여 정당의 의사결정이 이루어질 뿐만 아니라 16개 시·도당수에 수만 명의 당원을 가지고 활동하고 있다.

또한 위 내란관련 사건, 비례대표 부정경선 사건, 중앙위원회 폭력 사건 및 ○○을 지역구 여론조작 사건 등 앞서 본 피청구인의 여러 활동들은 그 경위, 양상, 피청구인 주도세력의 성향, 구성원의 활동에 대한 피청구인의 태도 등에 비추어 보면, 피청구인이 단순히 일회적, 우발적으로 민주적 기본질서에 저촉되는 사건을 일으킨 것이 아니라 피청구인의 진정한 목적에 기초하여 일으킨 것으로서, 향후 유사상황에서 반복될 가능성도 매우 크다. 더욱이 앞서 본 바와 같이 피청구인이 폭력에 의한 집권 가능성을 인정하고 있는 점에 비추어 피청구인의 여러 활동들은

1) 김철수, 헌법학개론, 173쪽; 계희열, 헌법학(상), 278쪽.
2) 계희열, 헌법학(상), 278쪽.

민주적 기본질서에 대해 실질적인 해악을 끼칠 구체적 위험성이 발현된 것으로 보인다. 특히 내란관련 사건에서 보듯이 이○기를 정점으로 한 피청구인 주도세력은 북한의 정전협정 폐기 선언을 전쟁상태의 돌입으로 인식하면서 북한에 동조하여 국가기간시설 파괴 등을 도모하는 등 대한민국의 존립에 위해를 가할 수 있는 방안들을 구체적으로 논의하기까지 하였다. 이는 피청구인의 진정한 목적을 단적으로 드러낸 것으로 표현의 자유의 한계를 넘어 민주적 기본질서에 대한 구체적 위험성을 배가시킨 것이다. 또한 북한과 정치·군사적으로 첨예하게 대치하고 있는 한반도 상황에 비추어 이러한 위험성은 단순히 추상적 위험에 그친다고 볼 수만은 없다.

이상을 종합하면, 피청구인의 위와 같은 진정한 목적이나 그에 기초한 활동은 우리 사회의 민주적 기본질서에 대해 실질적인 해악을 끼칠 수 있는 구체적 위험성을 초래하였다고 판단된다."(헌재 2014. 12. 19 2013헌다1 결정)

3) 형식적 요건

290. 정당의 강제해산의 형식적 요건: 1. 정부에 의한 제소; 2. 헌법재판소의 해산결정

정당의 강제해산에 필요한 형식적 요건은 정부에 의한 제소(제8조 제4항)와 헌법재판소의 해산결정이다(제111조 제1항 제3호).

대통령은 정당해산의 제소에 앞서 국무회의의 심의를 거쳐야 한다(제89조 제14호). 정당해산의 결정권은 헌법재판소에 있으며, 정당해산의 결정에는 9인의 재판관 중 6인 이상의 찬성이 있어야 한다(제113조 제1항). 헌법재판소는 청구인의 신청 또는 직권으로 종국결정의 선고시까지 피청구인의 활동을 정지하는 결정을 할 수 있으며(헌법재판소법 제57조), 위헌정당이 아니라는 결정이 내려진 경우에는 다시 제소할 수 없다(헌법재판소법 제39조). 정당해산심판에는 헌법재판소법에 특별한 규정이 있는 경우를 제외하고는 민사소송에 관한 법령과 행정소송법을 준용한다(헌법재판소법 제40조). 헌법재판소의 정당에 대한 해산결정은 창설적 효력을 가지므로 이 시점으로부터 당해정당에 대한 조치가 취해질 수 있다.

(4) 解散決定의 執行과 政黨解散의 效果

1) 해산결정의 집행

291. 정당의 강제해산의 집행: 중앙선거관리위원회의 등록 말소와 그 공고

헌법재판소가 해산결정을 한 때에는 그 결정서를 피청구인(정당의 대표), 국회, 정부, 중앙선거관리위원회에 송달하여야 한다(헌법재판소법 제58조 제2항). 중앙선거관리위원회는 해산결정의 통지를 받으면 정당법의 규정에 따라 이를 집행한다(헌법재판소법 제60조). 중앙선거관리위원회는 해산결정이 내려진 정당의 등록을 말소하고 지체없이 그 뜻을 공고하여야 한다(정당법 제40조). 헌법재판소의

정당에 대한 해산결정은 창설적 효력을 가지므로 선거관리위원회의 해산공고는 단지 선언적·확인적 효력만을 갖는다.

2) 정당해산의 효과

헌법재판소의 해산결정이 있으면 그 시점에서부터 정당은 모든 특권을 상실한다.

292. 정당의 강제해산의 효과: 1. 정당은 모든 특권을 상실; 2. 해산된 정당의 잔여재산은 국고에 귀속; 3. 해산된 정당의 소속의원은 의원직상실

첫째, 해산된 정당의 대표자와 간부는 해산된 정당의 강령(또는 기본정책)과 동일하거나 유사한 대체정당을 창설하지 못하며(법 제40조), 해산된 정당의 명칭과 동일한 명칭은 정당의 명칭으로 다시 사용하지 못한다(정당법 제41조 제 2 항).

둘째, 해산된 정당의 잔여재산은 국고에 귀속된다(법 제 48조 제 2 항).

셋째, 해산된 정당의 소속의원이 자격을 상실하는가에 대해서는 견해가 나누어져 있다. 곧 정당제민주주의와 방어적 민주주의 및 독일의 판례[1]를 근거로 의원직을 상실한다는 견해[2]와 의원직을 상실하지 않는다는 견해가 나누어져 있다. 후자는 의원직을 유지한다는 근거로 현행 공직선거법이 무소속입후보를 허용하고 있고, 비례대표국회의원의 경우 공직선거법 제192조 제 4 항이 해산의 경우에도 의원직을 유지하게 하고 있는 것을 이유로 들거나[3] 의원(議院)의 정당성은 독립적이라는 것을 이유로[4] 들고 있다.

그러나 헌법 제 8 조 제 4 항에 규정된 정당의 해산은 민주주의의 자기 보호와 관련된다는 점에서 헌법적대적 정당, 반민주적 정당의 핵심구성원이 계속해서 정치활동을 하는 것을 금지한다고 할 것이다. 왜냐하면 그러한 정당의 구성원이 국민의 대표로서 계속하여 정치활동을 하도록 허용한다면 실질적으로는 그 정당이 계속 활동하고 있는 것과 같아서 헌법 제 8 조 제 4 항의 정당해산은 그 의미를 상실하게 될 것이기 때문이다. 따라서 해산된 정당의 소속의원은 의원직을 상실하는 것으로 해석되어야 한다.

판례 〈통합진보당 해산(인용=해산)〉 "(1) 헌법재판소의 해산결정에 따른 정당의 강제해산의 경우에는 그 정당 소속 국회의원이 그 의원직을 상실하는지 여부에 관하여 헌법이나 법률에 아무런 규정을 두고 있지 않다. 따라서 위헌으로 해산되는 정당 소속 국회의원의 의원직 상실 여부는 위헌정당해산 제도의 취지와 그 제도의 본질적 효력에 비추어 판단하여야 한다.

---

1) BVerfGE 2, 1(73ff.); 5, 85(392).
2) 권영성, 헌법학원론, 198쪽; 허영, 헌법이론과 헌법(상), 박영사, 1988, 264쪽.
3) 김철수, 헌법학개론, 174쪽.
4) 계희열, 헌법학(상), 280·281쪽.

(2) 정당해산심판 제도의 본질은 그 목적이나 활동이 민주적 기본질서에 위배되는 정당을 국민의 정치적 의사 형성과정에서 미리 배제함으로써 국민을 보호하고 헌법을 수호하기 위한 것이다. 어떠한 정당을 엄격한 요건 아래 위헌정당으로 판단하여 해산을 명하는 것은 헌법을 수호한다는 방어적 민주주의 관점에서 비롯되는 것이고, 이러한 비상상황에서는 국회의원의 국민대표성은 부득이 희생될 수밖에 없다.

(3) 국회의원이 국민 전체의 대표자로서의 지위를 가진다는 것과 방어적 민주주의의 정신이 논리 필연적으로 충돌하는 것이 아닐 뿐 아니라, 국회의원이 헌법기관으로서 정당기속과 무관하게 국민의 자유위임에 따라 정치활동을 할 수 있는 것은 헌법의 테두리 안에서 우리 헌법이 추구하는 민주적 기본질서를 존중하고 실현하는 경우에만 가능한 것이지, 헌법재판소의 해산결정에도 불구하고 그 정당 소속 국회의원이 위헌적인 정치이념을 실현하기 위한 정치활동을 계속하는 것까지 보호받을 수는 없다.

(4) 만일 해산되는 위헌정당 소속 국회의원들이 의원직을 유지한다면 그 정당의 위헌적인 정치이념을 정치적 의사 형성과정에서 대변하고 또 이를 실현하려는 활동을 계속하는 것을 허용함으로써 실질적으로는 그 정당이 계속 존속하여 활동하는 것과 마찬가지의 결과를 가져오게 될 것이다. 따라서 해산정당 소속 국회의원의 의원직을 상실시키지 않는 것은 결국 위헌정당해산 제도가 가지는 헌법수호의 기능이나 방어적 민주주의 이념과 원리에 어긋나는 것이고, 나아가 정당해산결정의 실효성을 제대로 확보할 수 없게 된다.

(5) 이와 같이 헌법재판소의 해산결정으로 해산되는 정당 소속 국회의원의 의원직 상실은 정당해산심판 제도의 본질로부터 인정되는 기본적 효력으로 봄이 상당하므로, 이에 관하여 명문의 규정이 있는지 여부는 고려의 대상이 되지 아니하고, 그 국회의원이 지역구에서 당선되었는지, 비례대표로 당선되었는지에 따라 아무런 차이가 없이, 정당해산결정으로 인하여 신분유지의 헌법적인 정당성을 잃으므로 그 의원직은 상실되어야 한다."(헌재 2014. 12. 19 2013헌다1 결정)

(5) 政黨의 登錄取消

1) 등록취소사유

293. 정당의 등록취소: 1. 등록취소사유 — 유효하게 등록된 정당의 사후적 요건 흠결; 2. 당해 선거관리위원회의 직권에 의한 등록취소와 공고

정당은 국민의 정치적 의사형성에 참여하는 데 필요한 조직을 가져야 한다(제8조 제2항). 따라서 일단 조직상의 요건을 갖추어 유효하게 등록된 정당이라 하더라도 사후적으로 조직기준에 흠결이 있을 때에는 당해선거 관리위원회가 직권으로써 그 등록을 취소하며, 이에 따라 정당자격이 상실된다.

정당법은 다음과 같은 세 가지 경우에 중앙선거관리위원회로 하여금 중앙당의 등록을 취소하게 하고 있다. 첫째, 정당법 제17조의 법정시·도당수(5 이상

의 시·도당)를 충족하지 못한 때 및 제18조의 시·도당의 법정당원수(1천인 이상의 당원)를 충족하지 못한 때, 둘째, 최근 4년간 임기만료에 의한 국회의원선거 또는 임기만료에 의한 지방자치단체의 장 선거나 시·도의회의원선거에 참여하지 아니한 때, 셋째, 임기만료에 의한 국회의원선거에 참여하여 의석을 얻지 못하고 유효투표총수의 100분의 2 이상을 득표하지 못한 때(법 제44조 제 1 항).

2) 등록취소의 효과

등록을 취소한 때에는 당해선거관리위원회는 지체 없이 그 뜻을 공고하여야 한다(법 제44조 제 2 항). 등록이 취소된 정당의 잔여재산은 자진해산한 정당의 잔여재산과 마찬가지로 당헌이 정하는 바에 따르고, 당헌에 규정이 없으면 국고에 귀속된다(법 제48조 제 1 항·제 2 항).

第 5 項　多數決原理

1. 民主主義와 多數決原理의 相關關係

(1) 決定의 槪念

294. 결정의 개념: 합의와 확신과는 무관한 구속력의 창출

다른 정치적 질서와 마찬가지로 민주적 질서도 현실적으로 기능하기 위해서는 그 질서 내에서 서로 대립·충돌하는 다양한 부분의사를 하나의 구속적 의사로 형성하지 않으면 안 된다. 이 때 가장 바람직한 것은 이상적 담화[1]를 통하여 다양한 부분의사 사이에 이상적 합의를 이루어내는 것이다. 그러나 이상적 담화라고 하는 것은 주제와 관련해서 나타나는 복잡한 현실에 직면하여 불가능할 뿐만 아니라, 또한 사회현실과 보조를 맞추지 못한다는 점에서 비효율적이기도 하다.[2] 따라서 합의와 확신과는 무관하게 구속력의 창출을 의미하는 결정[3]은 인간의 공동생활에서는 피할 수 없다. 그것은 민주적 질서 내에서도 마찬가지다.

---

1) 예컨대 J. Habermas, Vorbereitende Bemerkungen zu einer Theorie der kommunikati-ven Kompetenz, in: J. Habermas/N. Luhmann, *Theorie der Gesellschaft oder Sozialtechnologie*, 1971, S. 101ff.는 이러한 이상적 담화의 가능성을 인정하면서, 그 조건들을 제시하고 있다(S. 137-139).

2) R. Alexy, Probleme der Diskurstheorie, Zeitschrift für philosophische Forschung, Bd. 93(1989), S. 81ff.는 이상적 대화는 내부적으로도 인식의 한계, 실천의 한계, 조직의 한계라는 세 가지 구조적 한계를 가진다고 한다.

3) M. Kriele, *Recht und praktische Vernunft*, 1979, S. 40(홍성방 역, 법과 실천이성, 유로, 2013, 61쪽).

(2) 多數決과 民主主義의 관계

295. 다수결과 민주주의의 관계: 1. 다수결은 민주적 의사결정방법이나, 다수의 횡포를 정당화하는 도구가 될 수도 있다; 2. 따라서 다수결의 전제와 한계를 분명히할 필요가 있다

오늘날에는 다수결이 민주적 의사결정방법이라는 것,[1] 곧 민주적 의사결정은 다수결로 이루어져야 한다는 것은 보통 전혀 의문의 여지 없는 자명한 사실로 받아들여지고 있다. 학설도 다수결의 원리를 민주주의의 핵심적 제도라고 하는 데 이의가 없다.[2]

그러나 민주주의는 다의적(多義的)인 개념이며, 민주주의를 어떻게 이해하느냐에 따라 다수결원리와 민주주의의 관계는 그렇게 자명한 것일 수만은 없다.[3] 곧 다수결원리가 민주주의의 개념필연적 결과라는 성급한 주장은 민주주의 아닌 곳에서도 다수결원리가 예나 지금이나 종종 채택되고 있다는 사실에서 정당성을 가질 수 없다. 뿐만 아니라 다수결은 경우에 따라서는 민주주의를 파괴하기도 한다. 우리는 1920년대 독일에서 다수결이 민주주의에 대한 형식적 이해(켈젠류의 상대주의적 민주주의이론)와 결부되어 민주적 방식에 의한 민주주의의 파괴, 곧 히틀러의 전례 없는 독재에 이르렀음을 잘 알고 있다. 또한 현실에서도 다수결원리는 경우에 따라서는 국민의 진정한 다수의사를 은폐하고 왜곡하는 수단이 되어 오히려 소수 지배를 가져오거나, 다수의 이름으로 무엇이든지 결정하는 다수의 횡포를 정당화하는 도구로 될 수 있는 여지가 얼마든지 있다. 이러한 폐해는 국민과 정당을 동일시하는 현대정당국가에서는 과거 어느 때보다도 더욱 심각할 수 있다.

따라서 민주적 질서 내에서 공동의 관심사에 대하여 결정을 내리기 위한 다수결원리가 자유와 평등을 기초로 하여 보장되는 인간의 존엄을 지향하는 민주주의의 기능원리로서 제몫을 수행하기 위해서는 여러 가지 전제를 충족해야 하

---

1) "민주주의 원리로부터 결정권자 다수의 의지가 결정적이라는 것이 결론된다"(BVerfGE 112, 118, 140f.).

2) K. Hesse, *Grundzüge des Verfassungsrechts der Bundesrepublik Deutschland*, S. 59ff.(Rdnr. 140ff.); M. Kriele, Das demokratische Prinzip im Grundgesetz, *VVDStRL* Heft 29, 1971, S. 46ff.(47f.); K. Stern, *Das Staatsrecht der Bundesrepublik Deutschland*, 1977, S. 454f. 다수결 원리에 대한 국내학자들의 판단은 일정하지 않다. 김철수, 헌법학개론, 752쪽과 권영성, 헌법학원론, 750·751쪽은 다수결원리를 의회주의의 본질적 원리로 보고 있으며, 허영, 한국헌법론, 852쪽과 헌법이론과 헌법(상), 218쪽 이하는 민주 주의를 실현시키기 위한 형식적 원리에 지나지 않는다는 점을 강조하고 있고, 계희열, 헌법학(상), 230쪽 이하는 헌법에 구현된 민주주의의 원리로 본다.

3) 따라서 다수결원리를 헌법적 주제로 다루기 위해서는 민주주의에 대한 고찰을 선행해야 한다는 P. Häberle, Das Mehrheitsprinzip als Strukturelement der freiheitlichdemokratischen Grundordnung, JZ 1977, S. 241 ff.(243)의 주장은 경청할 가치가 있다.

며, 그 자체 여러 가지 한계를 가지고 있다는 것을 분명히 할 필요가 있다. 그리고 이러한 것을 분명히 인식할 때에만 다수결의 폐해를 방지할 수도 있다.

2. 多數決原理의 歷史的 展開

(1) 多數란 용어의 由來

다수라는 용어는 라틴어의 major pars에서 유래하였다. 이 라틴어는 중세에 널리 유럽에서 통용되다가, 17·18세기가 경과하면서 유럽각국에서 이에 해당되는 용어들이 생겨나며, 그것들은 곧 투표와 관련하여(예컨대 영국의 경우에는 1743년에, 프랑스의 경우는 1789년에) 의미를 가지게 된다.

296. 다수란 용어의 유래: 라틴어의 major pars에서 유래

(2) 多數決原理의 의미

다수는 그때그때의 수적(數的) 전체에서 다른 부분보다 하나라도 우세한 부분을 가리킨다.[1] 따라서 다수결원리란 이러한 다수가 공통의 관심사에 대하여 결정을 내린다는 것을 뜻한다.

297. 다수결원리의 의미: 다수가 공통의 관심사에 대하여 결정을 내린다

(3) 고대와 중세의 多數決

다수결원리는 고대 아테네민회의 거수표결 등에서 그 오래된 형태가 발견되나, 그것이 여러 분야에서 지배적 결정원리로 자리를 잡은 것은 중세였다. 그러나 중세의 수도원과 등족회의에서 행해지던 다수결은 오늘날과는 다른 것이었다. 중세의 수도원에서는 다수결의 방법과 함께 '비교적 건전한 부분'(major et sanior pars)이 결정하는 방식[2]이 병행되었다. 그리고 등족회의에서 채택된 다수결은 공동체의 전체구성원이 참여하여 합의를 도출하는 것이 아니라, 등족들이 합의를 보기 위한 수단에 지나지 않았다.

298. 고대와 중세의 다수결: 수단적 의미가 강함

---

1) H. J. Varain, Die Bedeutung des Mehrheitsprinzips im Rahmen unserer politischen Ordnung, ZfP 11(1964), S. 239ff.(242).

2) 이 정식은 교회의 선거에서 소수표를 얻었으나 장로의 동의를 받은 후보가 직책에 취임할 수 있었던 예에서 보듯이 선거의 결과를 확정함에 있어서 수적으로는 소수라 하더라도 그에게 주어진 투표의 질을 고려하거나 선택된 자의 존엄성에 힘입어 내적인 우월성을 가진 쪽에 우선순위가 주어질 수 있다는 것을 뜻한다.

(4) 근대의 多數決原理

299. 근대의 다수결 원리: 정당성의 근거

다수결원리가 사상적·제도적으로 확고한 위치를 차지하게 된 것은 근대에 들어서면서이다. 한편으로는 푸펜도르프와 로크와 같은 사회계약론자들이 다수결원리를 사회계약론과 결부시켜 사회의 구성원으로 남아 있기 위하여 개인은 다수에 의한 사회계약에 복종하여야 한다고 함으로써 다수결 원리는 국가지배의 바탕이 되는 일반적 합의라는 사상의 기초가 되었다. 다른 한편으로는 명령적 위임에 기초를 두었던 등족회의가 무기속위임에 기초를 둔 근대의회로 대치되면서 다수결원리는 민주주의에서 지배적 의사결정원리로 받아들여지게 되었다. 따라서 다수결에 의한 대표의 선출은 정당성의 근거가 되며, 대의기관 내에 있어서의 의사형성 또한 다수결에 의하여 이루어지지 않으면 안 되게 되었다.[1)]

그 결과 오늘날 민주주의에서는 모든 국가권력은 다수의 이름으로 행사되며, 다수에 의한 결정은 정당성을 가지는 것으로 통한다.

3. 民主主義에 있어서 多數決原理의 正當性根據

(1) 多數決原理의 正當性根據

300. 다수결원리의 정당성근거의 의미: 1. 법적인 것; 2. 내적인 것

민주주의 내에서는 다수에 의하여 내려진 결정은 전체의 의사로 간주된다. 곧 다수에 반대한 소수에 대하여서까지도 구속력이 있는 것으로 간주된다. 따라서 왜 소수는 다수의 결정에 따라야 하는가라는 질문이 제기된다. 이러한 질문에 대답하려는 것이 다수결원리의 정당성근거에 대한 논의이다. 다수결의 정당성을 논의하기 위하여는 정당성에 대한 논의가 선행되어야 하고, 정당성을 논의하기 위해서는 정당성의 개념정의가 우선되어야 한다. 그러나 정당성의 문제는 그 자체 커다란 문제이므로 여기서는 정당성을 잠정적으로 '내적 승인'(innere Anerkennung)으로 정의하는 것에[2)] 만족하고자 한다. 결국 다수결원리의 정당성근거에 대한 물음은 다수에 반대한 소수가 왜 다수에 의하여 내려진 결정을 마음속

---

1) 다수결원리의 역사적 전개과정에 대해서는 특히 U. Scheuner, *Das Mehrheitsprinzip in der Demokratie*, 1979 참조.

2) M. Kriele, *Legitimitätsprobleme der Bundesrepublik*, 1977, S. 7의 정의. 그곳에서 크릴레는 "정당성은 국가와 그 헌법에 대한 내적 승인이다. 현대 민주적 헌법국가라는 조건하에서는 정당성은 국가와 국가의 법이 대체적으로 합리적으로 근거지어질 수 있다는 확신에서 비롯된다"고 이야기하고 있다. 정당성에 대한 개괄적 설명은 M. Kriele, *Einführung in die Staatslehre*,, S. 19-46 참조.

으로부터 인정하고 따르지 않으면 안 되는가에 대한 물음이라 할 수 있겠다.

다수결을 정당화하는 근거로서 언급될 수 있는 것은 크게 법적인 것과 내적인 것이 있을 수 있다.[1)]

(2) 法的인 側面에서 多數決原理를 正當化하려는 見解

1) 내 용

301. 법적인 측면에서 다수결원리를 정당화하려는 견해: 1. 사회계약론의 현대적 형태; 2. 문제점 — 역사적 입증곤란성, 나중에 구성원이 되는 자의 동의불가능성, 다수결채택에 대한 입증곤란성

이 견해는 다수결원리의 구속력을 일치된 의제적 합의나 묵시적 동의[2)] 또는 헌법에 존재하는 기본적 합의[3)] 등에서 구한다. 곧 이 입장은 다수결원리를 추상적 가치로부터 끌어내지 않고, 인간의 자율관념과 다수결원리 사이에 특별한 효력근거로서 동의란 개념을 설정한다. 그러한 점에서 이 입장은 사회계약론의 현대적 형태로 이해할 수 있다.[4)]

2) 문 제 점

이 견해는 다음과 같은 점에서 문제가 있다. 그러한 합의에 의해서 내려진 결정이라는 것이 역사적으로 입증될 수 없다는 점, 곧 이 견해의 기초가 되는 정치적 공동체의 성립에 대한 사회계약이 의제인 것처럼 합의도 의제일 수밖에 없다는 것이다. 뿐만 아니라 이 견해는 사회계약을 역사적 사실로 친다 하더라도 나중에 편입되는 구성원은 어떻게 그것에 동의하여야 하는가라는 문제에 대답을

---

1) 이는 대체로 R. Herzog, Mehrheitsprinzip, in: *Evangelisches Staatslexikon*, 2. Aufl. (1975), Sp. 1547ff.(1548f.)의 분류이다. 물론 이와 다른 분류도 가능하다. 예컨대 W. Heun, *Das Mehrheitsprinzip in der Demokratie*, 1983, S. 79ff. 참조.

국내의 경우 장영수, 헌법의 기본원리로서의 민주주의, 안암법학 창간호, 1993, 67쪽 이하(특히 105-109쪽)는 다수결원리의 민주적 정당성의 근거를 ① 다수의 수적 우위 내지 사실적 세력의 우위, ② 합리적인 결정을 내릴 가능성, ③ 다수결의 민주적 정당성의 근거로서의 자유, ④ 다수결의 민주적 정당성의 근거로서의 평등으로 나누어 설명하고 있고, 계희열, 헌법학(상), 231·232쪽은 이러한 분류를 따르면서 거기에 경제적 민주주의의 관점에서 이익의 극대화를 하나 더 첨가하고 있다.

그러나 다수결의 수적 우위 내지 사실적 세력의 우위를 다수결 원리의 정당성근거로 보는 것은 다음과 같은 점에서 문제가 있다. 첫째, 다수의 수적 우위 내지 사실적 세력의 우위에서 다수결을 정당화하려는 견해는 현재 거의 찾아볼 수 없으며, 설혹 그러한 견해를 찾아볼 수 있다 하더라도 그것은 다수의 횡포 내지는 다수의 독재를 정당화하려는 견해일 것이라는 점. 둘째, 정당성의 개념을 "내적 승인"으로 보는 경우 이러한 개념과 다수의 수적 우위는 결합될 수 없으리라는 점이 그것이다.

2) 예컨대 W. Fach, Demokratie und Mehrheitsprinzip, ARSP 61(1975), S. 201ff.(210).

3) U. Scheuner, Der Mehrheitsentscheid im Rahmen der demokratischen Grundordnung, in: *Menschenrechte, Föderalismus, Demokratie. Festschrift für W. Kägi*, 1979, S. 301ff.(312).

4) W. Heun, *Das Mehrheitsprinzip in der Demokratie*, S. 82.

줄 수 없다. 또한 이 견해에서는 사회계약을 함에 있어서(또는 헌법에 다수결을 도입하는 과정에서) 다른 많은 방법을 배제하고 굳이 다수결을 채택하기로 합의하여야 하는가라는 문제가 대답되지 않은 채 남아 있게 된다.[1]

(3) 內的으로 多數決原理를 正當化하려는 見解

302. 내적으로 다수결원리를 정당화하려는 입장: 1. 합리성으로부터 정당화하려는 입장; 2. 민주주의의 가치로부터 정당화하려는 입장

이 방법에는 크게 다수결을 합리성으로부터 정당화하려는 입장과 민주주의의 가치(자유, 평등, 자유와 평등)로부터 정당화하려는 입장이 나누어져 있다.

1) 다수결을 합리성으로부터 정당화하려는 견해

① 내 용

303. 다수결을 합리성으로부터 정당화하려는 입장: 1. 가장 오래된 입장; 2. 문제점 — 결정의 합리성만을 강조한다면 소수 엘리트의 결정이 합리적일 수도 있다

다수결을 합리성으로부터 정당화하려는 입장은 가장 오래된 입장으로[2] 다수가 결정하는 것이 옳은, 합리적인 결정일 수 있기 때문에 다수가 결정해야 한다고 한다. 이 견해는 의회주의와 관련하여 다수결의 경우 이성과 정의 또는 진리가 관철될 수 있는 확률이 크다는 것을 강조하고 있다.[3]

② 문 제 점

그러나 이 견해에 대하여는 다음과 같은 비판이 가능하다. 곧 소수집단 보다는 다수집단 내에 다양한 의견이 있을 수 있고, 다수집단이 편파성에 빠질 위험이 적은 것은 사실이지만 그렇다고 그것이 올바름을 담보할 수는 없다. 단순히 결정의 합리성이라는 관점만을 강조한다면 소수 엘리트의 결정이 더욱 바람직할 수도 있다. 민주적 다수결과 균등한 교육을 받은 전문가들의 소집단에 있어서의 다수결을 똑같은 차원에서 평가할 수는 없다. 또한 합리성이라는 것은 복합적인 의사형성과정, 공개적 토론 등 다수결에 선행하는 전체적인 절차에서 나올 수 있지만, 그렇다고 다수의 결정이 올바르기 때문에 다수결원리를 채택하는 것이라고는 볼 수 없다. 만일 다수결은 올바른 것이라고 한다면, 다수결의 변경과 다수관계의 변동은 잘못된 것이 될 것이기 때문이다.[4] 예컨대 어느 누가 501명의 견해가 499명의 견해보다 옳고, 그 결정을 사후에 바꾸는 것이 잘못되

---

1) R. Herzog, Mehrheitsprinzip, Sp. 1548f.; W. Heun, *Das Mehrheitsprinzip in der Demokratie*, S. 83f.

2) 보통 이 입장을 처음으로 주장한 이로는 Aristoteles, *Politik* 1281a-1282a를 든다.

3) H. Krüger, *Allgemeine Staatslehre*, 2. Aufl.(1966), S. 284ff.; M. Kriele, *Einführung in die Staatslehre*, S. 53, 76, 107

4) Chr. Gusy, Das Mehrheitsprinzip im demokratischen Staat, AöR 106(1981), S. 329ff. (338ff.).

었다고 할 수 있겠는가. 그 밖에도 이 견해에는 객관적으로 인식될 수 있는 진리 또는 공동의 이익이라는 것이 실재하는 것으로 오도될 위험성이 있다는 비판도 있다.[1)]

2) 다수결을 민주주의의 가치로부터 정당화하려는 견해

304. 다수결을 민주주의의 가치로부터 정당화하려는 입장: 1. 켈젠-자유; 2. 라이프홀츠-평등

다수결을 민주주의의 가치로부터 정당화시키려는 방법은 민주주의를 어떻게 보느냐에 따라 다시 몇 가지로 세분된다.

① 자유를 강조하는 입장

켈젠은 다수결원리는 자유의 관점에서 정당화된다고 한다.[2)] 켈젠은 다수결에 따를 때 가능한 한 많은 사람이 자유로워진다는 것, 곧 가능한 한 적은 수의 사람이 사회질서라고 하는 일반의사에 반하는 의사를 갖게 된다는 것에서 다수결원리의 정당성을 끌어낼 수 있다고 한다.[3)]

② 평등을 강조하는 입장

이에 대하여 민주주의의 이념을 평등에 한정시키고 있는 라이프홀츠와 민주주의의 본질을 평등이라고 하는 헤세는 다수결의 정당성의 근거를 평등에서 구하고 있다. 특히 헤세는 다수가 결정하는 것이 현실적 평등의 최대한을 보장해주기 때문에 다수결은 정당화된다고 한다.[4)]

(4) 私 見

305. 다수결원리의 정당성근거에 대한 사견: 다수결원리는 평등한 자유를 통하여 인간의 존엄성을 최대한 보장할 수 있는 의사결정방법이기 때문에 정당화된다

이러한 모든 견해들은 모두 부분적으로는 타당성을 가지고 있다. 그러나 오늘날 국민과 정당을 동일시하는 정당국가에서(극단적인 경우 정당의 지도자들과 동일시되는) 국민에 의한 정치가 아닌 진정한 국민에 의한 정치가 이루어질 것을 요구하는 정치이념이 민주주의이고, 이 때의 민주주의는 자유와 평등 내지는 평등한 자유를 통해 확보되는 인간의 존엄을 지향한다면, 다수결원리도 이러한 민주주의이해로부터 정당화될 수밖에 없다. 곧 다수결원리는 국민 개개인의 평등한 자유 내지 이러한 평등한 자유의 핵심적 부분인 자결권을 최대한 보장한다. 그렇게 함으로써 다수결원리는 오늘날의 정당국가적 민주주의하에서 인간의 존

---

1) H. Kelsen, *Vom Wesen und Wert der Demokratie*, 2. Aufl.(1925), S. 57ff., 100.
2) H. Kelsen, *Vom Wesen und Wert der Demokratie*, S. 53ff.
3) H. Kelsen, *Vom Wesen und Wert der Demokratie*, S. 9f.
4) K. Hesse, Der Gleichheitsgrundsatz im Staatsrecht, in: ders., *Ausgewählte Schriften*, 1984, S. 233ff.(253f.).

엄성을 최대한 보장할 수 있는 의사결정방법이다. 그렇기 때문에 다수결원리는 민주적 정당성을 가진다고 하여야 할 것이다.[1]

4. 民主主義에 있어서 多數決原理의 前提와 限界

(1) 多數決原理의 前提

306. 다수결원리의 전제: 1. 결정참여자들 사이의 평등한 지위; 2. 법적 유대의 성립과 구성원들 사이의 동질성; 3. 자유롭고 개방된 의사의 형성; 4. 다수관계의 교체가능성

다수결이 인정되고 있는 이유는 이상적 담화가 현실에서는 불가능한 반면, 현실은 결정을 요구하기 때문이다. 이때 다수에 의하여 내려진 어떤 결정이 진정한 효력을 발휘하기 위해서는 그 결정이 모든 국민에 의해서 받아들여지는 것이 필요하다. 곧 다수가 다수결에 의해 자기지배를 실현하고 있는 반면, 소수는 자기의사에 반하여 억압받고 있다는 생각을 갖지 않도록 하는 여러 가지 전제요건이 충족되어야 한다.

이러한 다수결의 전제요건에 대하여 학설은 견해가 여러 가지로 나누어지고 있다.[2] 그러나 이들을 종합하면 다수결원리의 전제는 다음과 같이 네 가지로

1) 약간씩 차이는 있지만 자유와 평등이라는 두 가지 요소를 모두 강조하는 입장으로는 H. J. Varain, Die Bedeutung des Mehrheitsprinzips im Rahmen unserer politischen Ordnung, S. 246; W. Heun, *Das Mehrheitsprinzip in der Demokratie*, S. 96; W. Fach, Demokratie und Mehrheitsprinzip, S. 209f.; 장영수, '헌법의 기본원리로서의 민주주의', 109쪽; 계희열, 헌법학(상), 236쪽.

2) 예컨대 U. Scheuner, *Das Mehrheitsprinzip in der Demokratie*, S. 46, 50, 53, 57는 결정참여자 사이의 평등원리에 기초한 구성, 다수결로 결정될 범위의 모든 구성원들을 포함하는 확고한 법적 유대의 존재 및 견해와 정당의 다양성의 인정과 결정의 개방성을 들면서 이러한 전제가 결여된 곳에서의 다수결원리의 한계를 설명하고 있다. 그런가 하면 K. Hesse, *Grundzüge des Verfassungsrechts der Bundesrepublik Deutschland*, S. 60(Rdnr. 143)는 소수와 관련하여 볼 때 다수결원리는 다수가 결정을 내린다는 점과 다수관계의 가능성 및 다수관계의 변경가능성이라는 두 가지 기본전제하에서만 실질적으로 정당한 결정방식이 된다고 한다. 또한 K. Stern, *Das Staatsrecht der Bundserepublik Deutschland*, S. 613은 투표권자의 평등, 자유롭고 개방된 의견과 의사형성을 기초로 한 규율된 절차에서의 다수의 확인을 들고 있다. 그 밖에도 W. Heun, *Das Mehrheitsprinzip in der Demokratie*, S. 176, 190, 194는 공동체의 동질성과 정치적인 기본적 합의, 의사의 자유의 공공적 의사의 보장 및 다수교체의 기회와 다수결의 변경가능성을 들고 있다.
국내에서는 허영, 헌법이론과 헌법(상), 220·221쪽이 다수결의 전제에 대하여 U. Scheuner와 대체로 의견을 같이하고 있는 반면, 장영수, '헌법의 기본원리로서의 민주주의', 109-111쪽은 객관적 진리가 존재하지 않는 영역, 결정에 참여하는 사람들간의 평등, 다원적 개방성(다수와 소수의 실질적 기회균등)의 셋을 들고 있다. 비록 다수결의 외적, 특히 정치적 전제들이 다수결의 한계의 의미로도 기능하기는 하지만, 다수결원리의 정치적 전제와 그 내재적 한계는 엄밀히 구별된다. 그러한 의미에서 객관적 진리가 존재하지 않는 영역이라는 것을 다수결 원리의 전제로서 열거할 수 있을지는 의심스럽다. 오히려

정리된다.

첫째, 다수결원리가 정당하게 적용될 수 있기 위하여는 결정참여자들 사이에 평등한 지위가 전제되어야 한다.[1] 왜냐하면 이 경우에만 결정에 참여하는 모든 사람은 자기주장을 관철할 수 있는 균등한 기회를 가지기 때문이다. 이는 다수결원리의 정치적 형식원리로서의 성질을 강조하지 않는다 하더라도 정치적 원리로서 민주주의의 기본적 요청이기도 하다. 민주주의는 국민이 합리적 결정을 내릴 사실적 능력의 여부와 관계없이 그들 모두를 정치적 영역에서 똑같이 취급한다. 이로부터 민주주의에서 다수결원리의 특징인 의회에서의 투표의 평등과 선거인단구성에서의 평등이 결합된다. 전자는 후자에 의하여 보완된다. 따라서 민주주의에서 국가 또는 자치단체의 대표기관은 국민이 투표의 평등을 가지고 참여한 선거로부터 구성될 때에만 정당한 것이 될 수 있다.

둘째, 다수결로 결정될 범위의 모든 구성원이 포괄되는 일정한 법적 유대,[2] 곧 합의[3]가 성립되어 있어야 하며, 구성원들 사이에는 어느 정도 동질성[4]이 성립되어 있어야 한다. 우선 다수결이 소수를 구속할 수 있기 위하여는 다수의 전체에 대한 효력의 인정이 선행하는 기본적 합의에 기초하고 있어야 하며, 이와 같은 합의는 신뢰를 전제로 해서만 가능하다. 왜냐하면 한편으로는 다수가 민주주의의 실질적 내용은 물론 민주주의의 일정한 형식원리를 지킬 것이라는 신뢰가, 다른 한편으로는 공동의 기본가치의 존속과 효력에는 변함이 없다는 신뢰가 없다면 다수결은 가능하지 않기 때문이다. 이러한 신뢰관계의 존재 없이 다수결이 극한적인 대립과 힘에 의한 지배의 형태로 나타나게 된다면, 그것은 결국 다

이 부분은 다수결 원리의 한계(특히 내재적 한계)로서 보는 것이 더 합리적이라고 생각한다. 계희열, 헌법학(상), 236-238쪽은 다수결원리의 전제로서 결정에 참여하는 사람들간의 평등, 다수의 교체가능성, 언론의 자유와 자유로운 여론의 형성가능성, 공동체의 동질성과 정치적 기본합의를 들고 있다.

1) U. Scheuner, *Das Mehrheitsprinzip in der Demokratie*, S. 48; K. Hesse, *Grundzüge des Verfassungsrechts der Bundesrepublik Deutschland*, S. 60(Rdnr. 143); K. Stern, *Das Staatsrecht der Bundserepublik Deutschland*, S. 613; G. Leibholz, Zum Begriff und Wesen der Demokratie, in: ders., *Srukturprobleme der modernen Demokratie*, 3. Aufl. (1974), S. 142ff.(151); R. Herzog, Mehrheitsprinzip, Sp. 1549.

2) H. J. Varain, Die Bedeutung des Mehrheitsprinzips im Rahmen unserer politischen Ordnung, S. 244. 그는 이 전제조건을 사회계약론으로부터 나오는 것이라고 한다.

3) U. Scheuner, *Das Mehrheitsprinzip in der Demokratie*, S. 9f.; K. Hesse, *Grundzüge des Verfassungsrechts der Bundesrepublik Deutschland*, S. 60(Rdnr. 143); W. Heun, *Das Mehrheitsprinzip in der Demokratie*, S. 176.

4) H. J. Varain, Die Bedeutung des Mehrheitsprinzips im Rahmen unserer politischen Ordnung, S. 144; W. Heun, *Das Mehrheitsprinzip in der Demokratie*, S. 176ff.

수의 소수에 대한 독재를 뜻하게 될 것이다. 그리고 이러한 신뢰는 구성원들 사이에 어느 정도 동질성을 요구한다. 곧 다수결원리는 타협과 절충에 의해서 조정되고 극복될 수 있는 상대적인 대립관계를 전제로 해서만 그 적용이 가능하다.

셋째, 다수결원리는 자유롭고 개방된 의사의 형성을 전제조건으로 한다.[1] 다수결은 다수의 대안(代案)들 사이에서 결정한다는 것을 의미한다. 따라서 결정 가능한 대안들이 선택의 폭, 내용과 효과 면에서 실질적 표지에 따라 평가될 수 있는 상태에 놓이도록 모든 결정이 자기의 자유로운 의사에 따라 형성될 수 있어야 한다. 이것은 자유로운 여론형성이 불가피하다는 것을 의미한다. 이러한 자유로운 여론형성은 기본적인 토론과 대화가 선행될 때에만 가능하다. 곧 광범하고 자유로운 가능한 모든 관점하에서 행해지는 공개된 토의는 결정에 개인이 민주적으로 참여할 수 있는 전제일 뿐만 아니라 또한 적합하고 합리적이며 공익과 관련된 다수결정의 내용, 투표결과의 기초가 된다. 이러한 다수의 결정을 이끌어 내는 결정과정의 필수요소는 상이한 입장들에 대한 개방성이다. 따라서 다양한 정치적·사회적 여러 견해 및 경향과 조직적 제 세력으로 이해되는 다원주의는 민주적 다수결원리에 기본적인 의의를 갖는다고 할 수 있다.

넷째, 다수결원리는 다수관계의 교체가능성을 전제로 한다.[2] 왜냐하면 소수도 언젠가 다수가 될 수 있는 제도적·법적 가능성이 보장되지 않는 곳에서는 다수결원리는 영원한 다수의 영원한 소수에 대한 독재에 지나지 않게 되며, 영구적이고 구조적인 또는 식별할 수 있는 소수자의 존재는 이러한 소수자로 하여금 다수자의 결정을 승락하거나 받아들이지 못하도록 만들기 때문이다.[3] 곧 소수가 다수에 승복하는 심리의 저변에는 다수관계의 교체가능성에 대한 기대가 크게 작용하고 있다는 사실을 경시할 수 없다.[4] 따라서 다수는 일정한 집단을 형성한 채 고정되어 있거나 또는 변할 수 없는 블럭으로 응결되어서는 안 되며, 다수의 구성은 지속적인 교체 속에서 변경되어야 한다.[5] 이러한 다수결원리의 동적 성격은 선거단체에서는 다수에의 소속의 변화가능성으로 표현되는 반면, 의회에서

1) U. Scheuner, *Das Mehrheitsprinzip in der Demokratie*, S. 57; K. Stern, *Das Staatsrecht der Bundserepublik Deutschland*, S. 613; W. Heun, *Das Mehrheitsprinzip in der Demokratie*, S. 190.

2) U. Scheuner, *Das Mehrheitsprinzip in der Demokratie*, S. 58; K. Hesse, *Grundzüge des Verfassungsrechts der Bundesrepublik Deutschland*, S. 60(Rdnr. 143); W. Heun, *Das Mehrheitsprinzip in der Demokratie*, S. 194.

3) U. Scheuner, *Das Mehrheitsprinzip in der Demokratie*, S. 58f., 60.

4) G. Leibholz, Zum Begriff und Wesen der Demokratie, S. 150.

5) W. Heun, *Das Mehrheitsprinzip in der Demokratie*, S. 195.

는 일반적으로 정부교체의 가능성, 여당과 야당의 교체가능성으로 표현된다.[1] 동시에 다수의 교체는 이러한 방법으로 정치체제에 통합되고 헌법생활에 참여하는 정부가 될 수 있는 정당에 대하여도 중대한 의의를 갖게 된다.

(2) 多數決原理의 限界[2]

다수결원리의 한계에는 내재적 한계와 외재적 한계가 있다.

307. 다수결원리의 한계: 1. 내재적 한계 — 결정의 용의, 관련성, 선호의 강도의 문제, 전문자격의 문제, 이질적 구성단체, 국제사회; 2. 외재적 한계 — 기본권, 소수자보호, 다수결의 절차

1) 내재적 한계

다수결원리의 내재적 한계는 결정의 주체나 객체에 비추어 다수결원리를 그것에 적용하는 것이 부적절하다고 생각되는 경우이다.

이러한 내재적 한계는 다수결원리의 기본요소로부터 나오며, 개인적 투표자의 특성에 근거하고 있다. 그 결과 다수결원리의 내재적 한계는 다수결원리를 무제약적으로 사용한다고 해서 극복될 수는 없다.

다수결원리의 내재적 한계로서 문제되는 것은 다수결의 주체 및 객체와 관련하여 결정의 용의(用意), 관련성, 선호(選好)의 강도(强度)문제, 전문자격의 문제, 이질적 구성단체와 국제사회의 경우이다.

2) 외재적 한계

다수결원리의 외재적 한계는 다수결원리 자체로부터 직접 나오지 않고 민주적 통치체제의 질서, 체제의 기능성으로부터 나온다.

다수결원리의 외재적 한계는 가치관련적 기본질서의 보호를 위한 법원칙들에 의하여 다수결원리의 적용이 한정되는 경우이다. 다수결의 외재적 한계는 경우에 따라서는 다수결원리의 전제조건과 중첩될 수도 있다.

외재적 한계로서 문제되는 것은 기본권, 소수자보호[3] 및 다수결의 절차

---

1) W. Heun, *Das Mehrheitsprinzip in der Demokratie*, S. 196f. 그러나 이 이야기는 정확하게는 의원내각제에서만 타당하다고 할 수 있다. 왜냐하면 대통령중심제에서는 사정이 다를 수 있기 때문이다.

2) 이 부분은 특히 W. Heun, *Das Mehrheitsprinzip in der Demokratie*, S. 202ff.에 따랐음.

3) 다수결원리에 포함되어 있는 소수자보호의 가능성을 H. Kelsen, *Allgemeine Staatslehre*, 1925, S. 324(민준기 역, 일반국가학, 민음사, 1990)는 다음과 같이 서술하고 있다. "다수결 원리는 — 비록 자연적 자유는 아니라 하더라도 — 정치적 자유의 이념에 적합하다. 왜냐하면 다수는 이미 그 개념상 소수의 존재를 전제로 하며, 따라서 다수의 권리는 소수의 존재권(存在權)을 전제로 하기 때문이다. 이로부터 다수에 대한 소수보호의 필연성은 아니나 가능성은 나온다. 어떻든 다수결원리는 소수에 대한 다수의 무조건적 지배라는 사상과 동일시되어서는 안 된다."

이다.

5. 多數決原理의 類型과 適用

(1) 全體數의 確定方法

308. 전체수의 확정 방법: 투표자기준, 출석자기준, 재적자 기준

다수결의 종류는 매우 다양하다. 다수라는 개념은 전체수 가운데 다수를 뜻하기 때문에 먼저 전체수가 확정되어야 다수를 확인할 수 있다. 전체수를 확정하는 방법으로는 투표자를 기준으로 하는 방법, 출석자를 기준으로 하는 방법, 재적자를 기준으로 하는 방법이 있다.

(2) 決定多數의 類型

1) 개　　관

309. 결정다수의 유형: 상대다수, 단순다수, 절대다수, 가중다수

또한 결정다수의 유형으로는 상대다수, 단순다수, 절대다수, 가중다수의 방법이 있을 수 있다.

2) 상대다수

상대다수는 투표자의 전체수에 비례한 표의 백분율과는 관계없이 어떤 대안이 다른 대안들보다 한 표라도 더 획득했다면 그것을 결정된 것으로 보는 방법이다.

3) 단순다수

단순다수는 가(可)가 부(否)보다 한 표라도 많으면 결정이 이루어지고 기권투표는 계산되지 않는 것이 특징이다. 이때 기권자는 불참한 자로 간주된다.

4) 절대다수

절대다수는 여러 개의 대안 가운데 어떤 하나의 대안에 주어진 표수가 전체수의 반보다 최소한 하나라도 많아야 결정이 이루어지는 방법이다. 여기에서는 단순다수와는 달리 기권표를 전체수에 포함시킨다. 본래적 의미의 민주적 다수라 할 때에는 절대다수를 가리킴이 보통이다.[1)]

---

1) W. Heun, *Das Mehrheitsprinzip in der Demokratie*, S. 124.

5) 가중다수

가중다수는 일반적으로 3분의 2 다수의 형태로 나타나며, 헌법개정이나 의회의 중대한 결정에서 예외적으로 사용된다. 가중다수는 3분의 2 다수로 소수자 일부의 동의를 필요로 하도록 함으로써 특별한 경우에 가중된 보호를 할 수 있으며, 그러한 한에서 가중다수는 소수자집단의 최소한의 자결권을 보장해 준다고 할 수 있다.[1)]

(3) 多數決의 類型과 우리 憲法

1) 다수결의 유형

이러한 전체수와 결정다수의 유형을 조합하면 이론적으로 다음과 같은 10가지 다수결의 유형을 생각할 수 있다. ① 투표자상대다수, ② 투표자단순다수, ③ 투표자절대다수, ④ 출석자절대다수, ⑤ 재적자절대다수, ⑥ 투표자가중다수, ⑦ 출석자가중다수, ⑧ 재적자가중다수, ⑨ 투표자복가중다수, ⑩ 출석자복가중다수.[2)]

310. 다수결의 유형과 우리 헌법상의 다수결유형

2) 우리 헌법상의 다수결제도

우리 헌법은 결정할 사안에 따라 다양한 다수결제도를 규정하고 있다(제49조, 제53조 제 4 항, 제63조 제 2 항, 제64조 제 3 항, 제65조 제 2 항, 제67조 제 2 항, 제77조 제 5 항, 제113조 제 1 항, 제128조 제 1 항, 제130조 제 1 항).

第 2 節 法治主義原理

1. 法治主義의 槪念

명시적 규정이 없음에도 불구하고 법치주의원리가 우리 헌법의 기본원리 가운데 하나라는 데 대하여는 이론이 없다.[3)] 그러나 정작 법치주의가 무엇인가

311. 법치주의의 개념: 법이 국가·국가작용 및 국가 내의

1) W. Heun, *Das Mehrheitsprinzip in der Demokratie*, S. 126.
2) 다수결의 유형에 대하여는 W. Heun, *Das Mehrheitsprinzip in der Demokratie*, S. 106ff.; H. J. Varain, Die Bedeutung des Mehrheitsprinzips im Rahmen unserer politischen Ordnung, S. 242f.; K. G. Schneider, *Die Abstimmung unter besonderer Berücksichtigung der verschiedenen Mehrheitsbegriffe*, Diss. Heidelberg, 1951을 참조.
3) 물론 전적으로 견해가 통일되어 있는 것은 아니다. 예컨대 김철수, 헌법학개론, 85쪽 이

전체생활 등에 기준을 제공하는 국가의 구조적 원리

에 대하여는 학자들마다 약간씩 견해를 달리하고 있다.[1] 그 이유는 법치주의의 내용이 시대와 국가에 따라 차이를 보이며 발전해 왔기 때문이다. 따라서 법치주의의 원리는 헌법차원의 상세하고 일의적인 명령과 금지를 담고 있는 것이 아니라, 실제상황에 따라 구체화를 필요로 하는 하나의 헌법이념이다.[2] 그러나 일반적으로 법치주의는 법이 국가·국가작용 및 국가 내의 전체생활 등에 기준을 제공하는 국가의 구조적 원리[3]라고 정의할 수 있을 것이다. 그리고 이때의 법이란 실질적·형식적 제원리에 의하여 각인된 이성법을 말한다.[4]

하는 한국헌법의 기본원리로서 법치주의를 들고 있지 않다. 그 대신 법치주의의 내용에 해당되는 권력분립주의와 기본권보장주의를 헌법의 기본원리로 들고 있으며, 법치주의는 대한민국의 기본질서 중 행정질서(176쪽 이하)에서 설명하고 있다.

1) 김철수, 헌법학개론, 189쪽은 "국가가 국민의 권리를 제한하든가, 국민에게 새로운 의무를 부과하려 할 때에는 국민의 의사를 대표하는 국회가 제정한 법률에 의하거나 법률에 근거가 있어야 한다. 또 법률은 국민만이 아니고 국가권력의 담당자도 규율한다는 원리를 말한다"고 하고, 권영성, 헌법학원론, 147쪽은 "사람이나 폭력이 지배하는 국가가 아니라 법이 지배하는 국가 … 법치국가의 원리란 모든 국가적 활동과 국가적 생활은 국민의 대표기관인 의회가 제정한 법률에 근거를 두고 법률에 따라 이루어져야 한다는 헌법원리"로 보며, 허영, 한국헌법론, 141쪽은 "법우선의 원칙에 따라 국가공동생활에서 지켜야 할 법규범을 마련하고 국가작용을 이에 따르게 함으로써 인간생활의 기초가 되는 자유·평등·정의를 실현시키려는 국가의 구조적 원리를 뜻한다"고 하며, 계희열, 헌법학(상), 321쪽은 "오늘날의 법치주의원리는 적극적·긍정적 국가구성의 본질적 요소로, 즉 구성원리로 이해해야 하며, 따라서 정치적 요소가 배제된 비정치적 원리로서가 아니라, 정치적 구성원리(politisches Formprinzip)로 이해해야 한다"고 하면서 "오늘날의 법치주의는 형식적 합법성만을 강조하는 형식적 법치주의가 아니라, 실질적 법치주의로 이해될 수밖에 없다"고 한다.

독일의 경우에는 법치국가의 요소로 141개를 들고 있는 학자가 있는가 하면(K. Sobota, *Das Prinzip Rechtsstaat*, 1997, S. 27ff., 253ff.), 그와는 정반대로 법치국가가 규범적 원리라는 것을 인정하지 않는 학자도 있다(P. Kunig, *Das Rechtsstaatsprinzip*, 1986, S. 457ff.).

2) BVerfGE 7, 89(92f.).

3) K. Hesse, Der Rechtsstaat im Verfassungssystem des Grundgesetzes, in: *Staatsverfassung und Kirchenordnung. Festgabe für R. Smend zum 80. Geburtstag*, 1962, S. 71ff.(92) 참조(계희열 역, 헌법의 기초이론, 삼영사(제2판), 1988, 143쪽 이하 참조).

이러한 법치주의에 대한 정의는 독일의 통설적인 입장이다. 이 밖에도 U. Scheuner, Die neuere Entwicklung des Rechtsstaates in Deutschland, 1960, in: E. Forsthoff (Hrsg.), *Rechtsstaatlichkeit und Sozialstaatlichkeit*, 1968, S. 461ff.(488)는 법치국가를 "국민의 개인적·정치적 자유를 보호하고 모든 공권력의 행사를 완화하고 법에 구속시키는 것으로 이해하며, K. Stern, *Das Staatsrecht der Bundesrepublik Deutschland*, 2. Aufl.(1984), S. 781은 "법치국가는 인간의 존엄, 자유, 정의와 법적 안정성을 보장하기 위하여 국가권력의 행사가 헌법과 형식적·실질적으로 합헌적으로 공포된 법률을 근거로 해서만 인정되는 것을 뜻한다"고 한다.

4) R. v. Mohl, *Geschichte und Literatur der Staatswissenschaften*, Bd. I, 1855, S. 229ff.(239f., 241); U. Scheuner, Die neuere Entwicklung des Rechtsstaates in Deutschland, S.

우리 헌법에 간접적인 방법으로 채택되어 있는 법치주의원리는 근대 이후 특히 경찰국가 또는 절대국가와의 대립·투쟁을 통하여 형성·발전되어 온 것이다. 절대국가에서는 국가의 침해권한에 한계가 있다는 생각은 생소한 것이었다. 그래서 절대국가의 군주는 국가권력을 절대적으로 행사하였으며, 군주는 자신이 공포한 법률 위에 군림하였다. 그래서 18세기와 19세기의 자유시민계급은 법치주의 사상을 특히 국가로부터 자유로운 개인영역이라는 요청과 결합시켜 개인의 권리는 군주가 자의적으로 변경할 수 없고 국가적 침해로부터 안전하게 확정되어 있는 것이라고 주장하였다. 312. 법치주의원리의 기초: 영국의 법의 지배와 독일의 법치국가사상

법치주의 원리는 영국에서 발전한 '법의 지배'(rule of law)의 전통과 독일에서 발전된 법치국가론이 기초가 되어 있다.[1)]

2. 法治主義 思想의 展開

(1) 英國의 法의 支配

1) 영국의 법의 지배의 출발

이미 법의 지배의 사상은 다음과 같은 치체로 *Cicero*의 말에서 볼 수 있다. "법률을 수행하는 관리, 법률을 해석하는 법관, 나아가 우리 모두는 자유로워지기 위해 법률의 노예이다." 그러나 본격적인 법의 지배의 사상을 발전시킨 것은 영국이다. 영국에서는 13세기 말 사법제도의 정비와 함께 판례법을 중심으로 하 313. 영국의 법의 지배의 출발: 보통법의 지배

470ff.; E.-W. Böckenförde, Entstehung und Wandel des Rechtsstaatsprinzips, in: *Festschrift für A. Arndt*, 1969, S. 53ff.

1) 이 밖에도 허영, 한국헌법론, 142쪽, 각주 3은 프랑스법상의 '법의 지배'(règne de la loi)를, 장영수, 헌법의 기본원리로서의 법치주의, 안암법학 제 2 집(1994), 133쪽 이하(특히 140쪽 이하)는 프랑스의 법의 지배와 미국의 '적법절차'(due process of law) 조항을 더 첨가하기도 한다. 그러나 프랑스의 법의 지배는 영국의 법의 지배나 독일의 법치국가에 비교할 만큼 법이론적 발전을 보이지 못했기 때문에, 미국의 적법절차는 영국의 전통을 의식적으로 벗어나려는 노력에도 불구하고 절차중심적이라는 점에서 영국의 법의 지배와 비슷한 것으로 이해할 수 있기 때문에 여기에서는 일반적인 예에 따르기로 하였다.

*Th. Rambaud*는 '2007년 프랑스에서의 법치주의의 현실과 이론적 논의', 2007. 6. 29. 한국공법학회 제138회 국제학술대회「한국 법치주의의 전개와 차기정부의 과제」, 91쪽 이하(92쪽)에서 법치국가의 프랑스적 특수성을 다음의 네 가지로 요약하였다. ① 1789년 프랑스 인권선언 잔재의 연장에서 법률에 근거하여 성립된 프랑스 법치국가 모델과의 단절, ② 기본권 보장에 있어서 권한분배의 개별적 개념(헌법은 입법자가 사법제도를 조직하고, 법관은 효과적으로 기본권을 보장한다고 규정하고 있다), ③ 기본권보호의 프랑스 모델에서 공공질서의 중심적 역할, ④ 공화국의 통일성과 불가분성, 기본권보장.

는 보통법(common law)이 발전하면서 이러한 보통법이 국왕까지도 구속한다는 사상이 발달하여 보통법의 지배라는 의미에서 법의 지배의 원리가 싹트게 되었다.[1] 특히 '권리청원'(Petition of Rights, 1628)을 기초하기도 한 에드워드 코크 *Sir Edward Coke*(1552-1633)[2]는 보통법은 바로 이성, 곧 '인위적 이성'(artificial reason)이기 때문에, 국가권력과 교회권력을 구속하는 것으로 간주하였다. 코크에게 법은 여러 세대가 숙고한 결과이며 여러 세대의 경험에 의하여 검증된 것이고 항상 보충되고 개선되는 것이었기 때문에 역사적 발전의 결과이자 현실화된 이성이었다. 따라서 코크는 "누구도 스스로를 법보다 더 현명하다고 생각해서는 안 된다"(Neminem oportet esse sapientiorem legibus)[3]고 결론을 내렸다.[4]

2) 영국의 법의 지배의 확립

314. 영국의 법의 지배의 확립: 의회주권의 확립 — 의회제정법의 지배

그러나 영국에서 법의 지배의 원리가 확립된 것은 '명예혁명'(Glorius Revolution, 1688), '권리장전'(Bill of Rights, 1689),[5] '왕위계승법'(The Act of Settlement, 1701) 등을 통하여 '의회주권'(Supremacy of Parliament)이 확립되면서, 곧 의회입법이 정치적으로 현실화되면서부터라고 할 수 있다. 의회주권의 결과 국가권력의 행사는 의회의 제정법에 근거해야 한다는 요청이 관철되었고, 법의 지배는 그때까지의 보통법의 지배 대신 의회제정법의 지배를 의미하게 되었다. 이 시기

---

1) 1260년 경 헨리 3세의 치하에서 영국법의 아버지인 브랙튼 *Bracton*은 "왕 자신은 모든 인간의 위에 있으나 신과 법의 아래에 있어야 한다. 왜냐하면 법이 왕을 만들기 때문이다. 따라서 법이 왕에게 부여한 것, 즉 지배와 권한을 왕도 법에게 되돌려 보답하도록 해야 한다. 왜냐하면 법이 아닌 자의에 의해서 지배되는 곳에서 왕도 존재할 수 없기 때문이다"라고 썼다〈J. McClellan, Liberty, Order and Justice. An Introduction to the Constitutional Principles of American Government, 1989, 변정일(역), '미국헌법의 기본개념들 – 연방주의 · 권력분립 · 법의 지배', 「헌법재판의 전개」(헌법재판자료 제 4 집), 헌법재판소, 1991. 12., 423쪽 이하(468쪽)에서 간접 인용)〉.

2) 코크의 생애와 의미에 대하여는 특히 Holdsworth, *A History of English Law*, Vol. v., 1924, pp. 425-456 참조.

3) I Institutions, 97b.

4) 대법관 시절 코크는 Dr. Bonham(1810)사건에서 "국회의 제정법이 보편적 정의와 이성에 반하거나 보통법에 반하는 경우 또는 그 자체가 모순되거나 집행이 불가능할 경우, 보통법은 그것을 억제하고 이러한 법률을 무효라고 판단할 수 있다"고 주장하였으며, 이러한 코크의 주장은 미국에서의 위헌법률심사제의 이론적 근거가 되었다고 한다. 장영수, '헌법의 기본원리로서의 법치주의', 140 · 141쪽 및 각주 12 참조.

5) I. Jennings, *The Law and the Constitution*, 3. ed., reprint 1948, p. 46는 영국의 법의 지배는 1689년 이래 존재한다고 한다. 독일의 학자들도 권리장전에 법의 지배의 사상이 잘 표현되어 있다고 생각하고 있다. U. Scheuner, Die neuere Entwicklung des Rechtsstaates in Deutschland, S. 472f.

에 살았던 자유주의 국가이론의 대변자인 로크 *J. Locke*(1632-1704)는 국가의 전횡으로부터 개인의 자유를 보장하기 위해 인간에 의한 통치가 아니라 법에 의한 통치를 주장하였다. "모든 통치는 단지 제한된 위임에 지나지 않으며, 이 위임된 통치는 '실정법'(promulgated standing law)에 따라 수행되어야 한다."[1)]

3) 다이시의 법의 지배이론의 정리

315. 다이시의 법의 지배이론의 정리: 정규법의 우위, 법 앞의 평등, 영국헌법의 특수성

19세기 말에는 다이시 *A. V. Dicey*가 법의 지배의 의미를 정규법의 우위, 법 앞의 평등, 영국헌법의 특수성이라는 세 가지로 정리하고, 법의 지배가 영국헌법에서 가지는 의미를 다음과 같은 세 가지로 요약하였다. 첫째, 보통법원이 통상의 법적 절차에 따라 확정한 판결에 의하지 아니하고는 누구도 차별받거나 재산을 박탈당하지 아니한다. 둘째, 법 앞에 누구나 평등하다. 신분의 여하를 불문하고, 누구나 보통법과 보통법원의 재판권에 복종하며, 행정법이라든가 행정법원과 같은 제도는 인정되지 아니한다. 셋째, 개인의 권리는 헌법을 근거로 발생하는 것이 아니고, 헌법규범이라는 것은 개개의 사건에서 법원이 확인한 개인의 권리의 집적이다.[2)] 다이시의 법의 지배에 대한 이해는 오늘날까지도 영국에서 지배적인 생각으로 남아 있다. 곧 영국에서의 법의 지배는 개인의 자유와 권리를 더욱 효율적으로 확보하기 위해서 절차법적인 측면에 중점을 두는 법원리이다.[3)]

---

1) J. Locke, Two Treatises of Civil Government, Book Ⅱ, Chap. Ⅺ § 136, 139. 여기서는 계희열, 헌법학(상), 311쪽에서 재인용.

2) A. V. Dicey, *Introduction to the Study of the Constitution*, 10th ed., 1961, p. 184(안경환·김종철 역, 헌법학입문, 경세원, 1993).

이러한 다이시의 견해에 대하여는 다음과 같은 I. Jennings, *The Law and the Constitution*, 1976(5th. ed.), pp. 305-317의 비판이 있다. ① 다이시가 정규법의 우위를 주장하면서 내세운 행정권의 광범한 자유재량의 배제는 오늘날 영국에서도 관철될 수 없다. ② 형식적 의미의 평등은 영국에 특유한 것이 아니며, 또한 다이시가 염두에 둔 행정재판소의 부재는 '법의 지배'라는 거창한 이론의 토대로 삼기에는 불충분하다. 실제로 프랑스의 Conseil d'Etat(행정법원)의 경우에도 이미 다이시의 주장이 있을 무렵에는 행정부의 영향이나 통제에서 독립한 효과적인 인권보장기관으로 기능하고 있었다. ③ '영국헌법의 특수성'에 대하여는 헌법이 법의 결과이기도 하지만 법이 헌법의 결과이기도 하다는 것을 강조할 수 있다. 특히 의회주권이나 그 밖의 국정의 기본원칙은 의회와 국왕과의 오랜 정치적 투쟁의 결과로 나타난 것이지, 보통법의 발전의 결과로 형성된 것은 아니다.

3) 법의 지배의 현재 상황에 대하여는 Grote, Rule of Law, Rechtsstaat und Etat de droit, in: Starck(Hrsg.), *Constitutionalism, Universalism and Democracy — A Comparative Analysis*, 1999, S. 269ff.; Morin, The Rule of Law and the Rechtsstaat Concept, in: McWhinney et al.(Hrsg.), *Federalism in the Making*, 1992, S. 60ff.; J. Jowell, The Rule of Law today, in: ders./D. Oliver*des.), *The Changing Constitution*, 4. ed., 2000, S. 3ff. 참조.

그럼에도 불구하고 영국에서 법의 지배가 형식적인 것에 치우치지 않는 이유는 민주주의를 통한 보완이 있기 때문이다.[1]

(2) 獨逸의 法治國家

1) 법치국가사상에 미친 칸트의 영향

316. 법치국가사상에 미친 칸트의 영향

독일의 법치국가사상의 기원은 푸펜도르프 *Samuel Freiherr v. Pufendorf*(1631-1694)까지 소급되기도 한다. 그러나 독일의 법치국가사상의 발전에 커다란 영향을 미친 것은 칸트 *Immanuel Kant*(1724-1804)의 관념론적 국가철학으로 이해되고 있다. 칸트는 국가의 목적(과 활동)을 인간의 자유·평등·자결을 보장하기 위한 '이성법'(Vernunftrecht)의 실현에 한정함으로써[2] 현대의 실질적 법치국가에 이념적 기초를 제공한 것으로 생각되고 있다.[3] 그러나 칸트에게서는 법치국가라는 용어는 나타나지 않고 있다.

2) 몰에 의한 법치국가라는 용어 사용

317. 몰에 의한 법치국가 사용: 고유한 국가유형 — 전체 헌법질서와 관련된 정치적 개념

일반적으로 법치국가라는 용어를 처음으로 사용한 것은 몰 *Robert v. Mohl* (1799-1875)[4]이라고 알려져 있다. 몰은 이성법을 신봉하여 법치국가를 '이성의 국가'(Staat der Vernunft)로 본 벨커 *C. T. Welcker*, 법치국가를 "이성적인 전체의사에 의하여 통치되며, 오로지 '공공선'(公共善, allgemeine Beste)을 지향하는 국가"로 설명한 아레틴 *Johann Christoph Freiherr v. Aretin*과 같은 초기자유주의자들과 마찬가지로 법치국가를 '이성국가'(Verstandesstaat)로 보았다. 몰은 법치국가를 "개인의 계약으로 구성되고 그 활동이 개인의 자유를 위해 제한되는 새로운 형태의 국가로서 정확한 법률을 제정하고 신민을 보호하기 위하여 법원을 설치하는 국가"[5]로 정의함으로써 법치국가를 고유한 국가유형, 곧 전체 헌법질서와

---

1) 장영수, '헌법의 기본원리로서의 법치주의', 142·143쪽; 계희열, 헌법학(상), 312·313쪽.

2) I. Kant, *Metaphysik der Sitten*, § 45 참조.

3) E.-W. Böckenförde, Entstehung und Wandel des Rechtsstaatsprinzips, S. 57는 첫째, 칸트의 국가철학에서는 신의 섭리나 권력국가의 이념이 아닌 개인중심사상이 뚜렷하게 나타나고 있으며 둘째, 칸트의 국가는 인간의 자유·평등·자결을 위해서 창조된 것이기 때문에 국가의 목적이나 활동이 처음부터 제한되고 있을 뿐만 아니라 셋째, 칸트의 국가는 조직이나 활동에서 언제나 이성의 원리를 따르게 된다고 하고 있다.

4) R. v. Mohl, *Das Staatsrecht des Königreichs Württemberg*, Bd. 1, 1829, S. 8. 그러나 이에 대하여는 다른 견해도 있다. H. Krüger, *Allgemeine Staatslehre*, 2. Aufl.(1966), S. 776은 이미 1809년에 뮐러 *A. Müller*가 법치국가라는 용어를 사용했다고 한다.

5) R. v. Mohl, *Geschichte und Literatur der Staatswissenschaften*, Bd. I, S. 451ff.

관련된 정치적 개념으로 이해하였다. 슈타인 *Lorenz v. Stein*(1815- 1890)[1]과 그 나이스트 *Rudolf v. Gneist*(1816-1895)[2]도 대체로 같은 생각이었다.[3]

3) 법치국가의 형식화

그러나 1848년의 3월 혁명과 그 결과 성립된 1849년의 프랑크푸르트 헌법이 무위로 돌아간 뒤 독일의 법치국가사상은 슈탈 *Friedrich Julius Stahl*, 배어 *Otto Bähr* 등에 의하여 내용적으로 축소되고 형식화되기 시작하였다. 예컨대 슈탈은 법치국가를 "국가의 목적과 내용이 아니라, 국가 스스로를 실현시키는 방식과 성격을 의미하는 것"[4]으로 보았고, 배어는 행정에 대한 사법적 통제를 법치국가의 본질적 조건으로 이해하였다.[5][6] 마이어는 법치국가를 '잘 정리된 행정법의 국가'(Staat der wohlgeordneten Verwaltungsrechts)[7]라 특징지음으로써 행정의 합법률성에서 법치국가의 본질을 파악하였다.

318. 법치국가의 형식화: 1. 프랑크푸르트헌법의 실패; 2. 슈탈, 배어, 마이어 — 잘 정리된 행정법의 국가

4) 형식적 법치국가의 계속

법치국가의 형식화 현상, 곧 법치국가의 핵심적 내용을 '행정의 법률적합성'(Gesetzäßigkeit der Verwaltung), '법원에 의한 권리구제'(gerichtlicher Rechtsschutz), '국가적 권한행사의 예측가능성'(Meßbarkeit aller staatlichen Befugnisse)으로 보는 현상은 바이마르 공화국에서도 대체로 계속되었다. 예컨대 슈미트는 법치국가의 원리와 정치적 형태를 분리·대조하여 법치국가원리를 단순한 '자유의 보장수단' 또는 '국가권력의 통제 수단'으로 보았다.[8] 그런가 하면 켈젠은 법치국가를 엄격한 '합법성의 체계'(Legalitätssytem)로 보아 모든 국가를 법치국가로 보았다.[9]

319. 형식적 법치국가의 계속: 1. 바이마르공화국시대; 2. 슈미트 — 자유의 보장수단, 켈젠 — 모든 국가는 법치국가

---

1) L. v. Stein, *Verwaltungslehre*, 2 Bde., 2. Aufl.(1869), Bd. 1, S. 25 ff., 82ff., 294ff., Bd. 2, S. 5ff., 27ff., 148ff. 참조.
2) R. v. Gneist, *Der Rechtsstaat*, 2. Aufl.(1879), S. 157, 216ff., 229ff., 247ff., 265ff., 278ff. 참조.
3) 허영, 헌법이론과 헌법(상), 270·271쪽; 계희열, 헌법학(상), 302쪽.
4) F. J. Stahl, *Die Philosophie des Rechts*, Bd. Ⅱ/2, 6. Aufl.(1963), S. 137f.
5) O. Bähr, *Der Rechtsstaat*, 1864(Neudruck 1963), S. 50ff.
6) 허영, 한국헌법론, 273쪽은 법치국가사상이 이처럼 축소된 것을 R. Bäumlin, Rechtsstaat, in: *Evangelisches Staatslexikon*, 2. Aufl.(1975), Sp. 2042 ff.을 인용하여 시민의 민주적인 정치참여의 요청이 실패로 돌아가자 최소한 행정권을 제한함으로써 국민의 자유와 재산권을 보호하려는 마지막 노력이 결국 법치행정, 사법적 권리보호의 요청으로 나타나기 시작했다고 볼 수도 있다고 해석하고 있다.
7) O. Mayer, *Deutsches Verwaltungsrecht*, Bd. 1, 1895, 3. Aufl.(1924), S. 58.
8) C. Schmitt, *Verfassungslehre*, S. 125ff., 199ff.
9) H. Kelsen, *Allgemeine Staatslehre*, 1925, S. 44, 91(민병기 역, 일반국가학, 민음사, 1990).

5) 실질적 법치국가

320. 실질적 법치국가: 1. 본기본법; 2. 법치주의와 민주주의의 관련성 강조 — 헬러

이러한 법치국가에 대한 형식적 이해는 민주주의에 대한 형식적 이해와 더불어 나치의 '합법적' 불법통치를 가능하게 하였다. 그 결과는 역사상 전무후무한 인권 유린을 가져왔다. 따라서 1949년에 제정된 본 기본법하에서는 법치국가를 실질적으로 이해하면서 특히 나치시대에 민주주의와 법치국가의 내적인 결합을 회복시키기 위하여 노력하다 망명지에서 요절한 헬러[1]의 사상에 따라 법치주의와 민주주의의 관련성이 강조되게 되었다.

그러나 여전히 법치국가를 '법적 자유의 보장을 위한 법기술적 기교의 체계'로 이해하는 포르스트호프 *E. Forsthoff*[2] 같은 학자도 있다.

---

1) H. Heller, Rechtsstaat oder Diktatur, in: ders., *Gesammelte Schriften*, Bd. Ⅱ, 1971, S. 443ff.(김효전 편역, 법치국가의 원리, 법원사, 1996, 5-26쪽 참조); ders., Politische Demokratie und soziale Homogenität, in: ders., *Gesammelte Schriften*, Bd. Ⅱ, 1971, S. 421ff. 참조. 헬러의 생각은 다음과 같이 간추릴 수 있다. 국가는 규범과 관념의 복합체가 아니므로 논리필연적으로 법치국가일 수 없다. 문화로부터 성장해 온 초실정적인 법원칙들을 무시하는 국가는 혼란만을 초래할 것이며, 그렇기 때문에 국가는 실존적 이유에서 민주적 법치국가이어야만 한다(켈젠과의 차이). 이러한 사실은 국가기관이 국민의 저항을 받음이 없이 계속적으로 국민의 의사에 반해서 통치할 수는 없다는 것을 생각한다면 자명한 것이다. 민주주의는 필연적으로 적대적일 수밖에 없는 사회구조 속에서 결정통일체이자 작용통일체로서의 국가를 이루면서 끊임없이 새롭게 형성되는 과정에서 아래로부터 위로 정치적 통일체를 형성해 나가는 국민을 토대로 한다(국민의 실체적 통일성을 전제하는 슈미트와의 차이).

2) 포르스트호프에게 법치국가는 기술적인 제도이다. 곧 법치국가는 본질상 '조직적 정서통일체나 경험통일체'(Gesinnungs- oder Erlebniseinheit)가 아니라 제도적 조직이며, 법률적 자유를 보장하기 위한 법기술적 기교개념의 체계이다. E. Forsthoff, Die Umbildung des Verfassungsgesetzes, in: H. Barion, u.a.(Hrsg.), *Festschrift für Carl Schmitt zum 70. Geburtstag*, 1959, S. 35ff.(61)(계희열 편역, 헌법의 해석, 고려대학교출판부, 1993, 89쪽 이하 참조). 따라서 포르스트호프에게 법치국가는 가치논쟁과는 관계가 없으며 고도의 형식화가 특징이다. 곧 권력분립, 법률의 개념, 행정의 적법률성원리, 기본권의 보장, 사법권의 독립과 같은 법치국가의 본질적 구성요소들은 그 실현조건을 자체 내에 가지고 있다. 법치국가의 구성요소들은 환경(Ambiance)의 변화와는 전혀 무관하다. 법치국가는 이렇듯 엄격한 기술적 의미에서만 진지하게 고려될 수 있고 변화하는 정치적 상황의 역학관계에 규범적인 것이 지속적으로 희생되는 것을 방지할 수 있을 것이라고 한다. E. Forsthoff, Begriff und Wesen des sozialen Rechtsstaas(1954), in: Forsthoff(Hrsg.), *Rechtsstaatlichkeit und Sozialstaatlichkeit*, 1968, S. 165ff.(175f., 193); ders., *Der Staat der Industriegesellschaft*, 1971, S. 68ff.

3. 法治主義의 意義

321. 현대의 법치주의: 법률이 자유와 평등을 통한 인간의 존엄성보장에 이바지할 것을 요구

이렇듯 법치주의는 국가와 시대에 따라 상이하게 발달되어 왔다.[1] 그럼에도 불구하고 법치주의의 변하지 않는 내용은 국가권력을 법에 구속시킴으로써 국가권력을 완화시키고 이를 통해 개인의 자유와 권리를 보호하는 것이다. 그러나 오늘날에는 과거 전제군주국가 시대처럼 이미 형성되어 있는 국가권력은 존재하지 않는다. 그렇기 때문에 법치주의원리는 이러한 소극적 의의 외에도 국가권력을 구성하는 적극적 의의를 가지게 된다.[2] 따라서 오늘날의 법치주의는 법이라는 형식에 의한 통치가 내용적으로 정당한 법을 통하여 이루어질 것을 요청하고 있다. 곧 법률이 자유와 평등을 통한 인간의 존엄성보장에 이바지할 것을 요구하고 있다.[3] 그러므로 오늘날의 법치주의는 단순한 법률의 우위가 아닌 헌법의 우위로 나타나며, 그 핵심과제는 합법성의 근거가 되는 법률과 정당성의 근거가

---

1) M. Kriele, *Einführung in die Staatslehre*, S. 328f.는 영국의 법의 지배와 독일의 법치국가 사이의 차이를 다음과 같이 지적하고 있다. "영국의 법의 지배와 독일의 법치국가사상 사이에는 실천적인 측면에서뿐만 아니라 자연법적 배경에서도 여러 가지 차이점이 있다 … 법의 지배가 변증법적인 소송절차를 기축으로 해서 자기방향을 설정하고 있는 데 반하여, 법치국가이념은 일방적 결정권을 손에 쥐고 있는 주권자에 대한 호소의 형식을 취하고 있다. 법의 지배라는 관점에서 보면 법은 소송절차를 통하여 발전되는 것인 데 반하여, 법치국가의 입장에서 보면 법이란 고권적 법정립행위를 통하여 제정되는 것이다. 법의 지배의 관점에서 보면 법의 발전이란 역사 속에서 연면히 계속되는 미완(未完)의 과정이다. 법치국가를 자연법적으로 이해하는 한 이러한 자연법이란 보편적이고 초시간적인 효력을 갖는 규범복합체가 된다. 법의 지배의 관점에서 보면 법이란 상황피제약적인 국민의 경험에서 형성된다. 법치국가의 기반을 이루고 있는 자연법은 전제에서 결론을 연역하는 선전제 후결론식(先前提後結論式 ex principiis derivationes)의 체계적 모습을 띠고 있다. 법의 지배의 입장에서 볼 때는 기존법의 불완전성에 관한 일상체험, 즉 불의(不義)의 체험이 법발전의 계기가 되고 있다. 법치국가의 기반을 이루고 있는 자연법 이념은 적극적 정의의 이상을 출발점으로 하고 있다. 부정의를 기준으로 하여 방향설정을 하고 있기 때문에 법의 지배의 원칙이 구체성과 생명을 얻고 있는 데 반하여, 정의를 기준으로 하여 방향설정을 하고 있는 자연법은 현실로부터 유리되어 소외현상을 빚어내고 있다"(국순옥 역, 민주적 헌정국가의 역사적 전개, 종로서적, 1983, 121·122쪽).

2) K. Hesse, *Grundzüge des Verfassungsrechts der Bundesrepublik Deutschland*, S. 78ff. (Rdnr. 186ff.)는 헌법에 규정된 법치국가적 질서의 의미를 다음과 같이 간추리고 있다. 첫째, 법치주의의 원리는 그 정당성을 통하여 실질적으로 정치적 통일의 근거를 마련하고 이를 공고하게 한다. 둘째, 법치주의의 원리는 기능적으로 정치적 통일을 성립시켜 준다. 셋째, 법치주의의 원리는 안정화작용을 함으로써 동시에 계속성을 마련하는 의의를 갖는다. 넷째, 법치주의의 원리는 국가생활을 합리화시키는 의의를 갖는다. 다섯째, 법치주의의 원리는 국가권력을 제한하는 의의를 갖는다. 계희열, 헌법학(상), 321-323쪽 참조.

3) 또한 헌재 1998. 2. 27. 94헌바13 등 병합결정〈노동조합법 제 1 항 위헌소원(합헌)〉도 참조.

되는 법을 조화시키는 데 있다.[1)]

> **판례** 〈상속세법 제32조의2의 위헌 여부에 관한 헌법소원(일부인용)〉 "오늘날의 법치국가는 국민의 권리·의무에 관한 사항을 법률로써 정해야 한다는 형식적 법치국가가 아니라 비록 국회에서 제정한 법률이라 할지라도 그 법률의 목적과 내용이 헌법이념에 부합하는 등 정의에 합치되는 것이어야 한다는 실질적 법치국가를 의미한다."(헌재 1989. 7. 21. 89헌마38 결정)

4. 우리 憲法에 具體化된 法治主義

(1) 우리 憲法에 具體化된 法治主義의 要素에 대한 檢討

322. 우리 헌법에 구체화된 법치주의의의 요소: 1. 실질적 요소 — 평등한 자유를 통하여 확보되는 인간의 존엄; 형식적 요소 — 기본권보장, 권력분립제도, 입법작용의 헌법 및 법기속, 행정의 합법률성, 사법적 권리보

국내의 학설은 법치주의가 무엇인가에 대하여 의견이 일치되어 있지 않은 것처럼 우리 헌법에 구체화되어 있는 법치주의의 요소가 무엇인가에 대하여도 의견의 차이를 보이고 있다. 이를 크게 나누면 법치주의의 요소를 구별 없이 열거·설명하는 입장[2)]과 법치주의의 요소를 실질적 요소와 형식적 요소로 나누어 설명하는 입장[3)]으로 분류할 수 있다.

오늘날의 법치주의가 합법성과 정당성의 조화를 요구하고 있다는 것을 감안한다면 법치주의의 요소를 이념적 요소와 제도적 요소로 나누어 설명하는 것

1) G. Püttner, Der Rechtsstaat und seine offene Probleme, DÖV 1989, S. 137ff.(139)는 법치국가원리가 당면하고 있는 새로운 과제로서 규범의 홍수, 형식의 남용, 비공식적 행정활동, 행정의 합법률성의 유연화를, M. Kloepfer, Gesetzgebung im Rechtsstaat, *VVDStRL* 40, S. 63ff.는 이러한 것 외에도 국가와 국민 사이의 거리의 상실과 입법의 질 저하를 더 붙이고 있다.

2) 김철수, 헌법학개론, 193쪽은 우리 헌법상의 법치주의로서 기본권보장, 권력의 분립, 사법적 권리보장, 기타를 들고 있고, 권영성, 헌법학원론, 149쪽은 성문헌법주의, 기본권과 적법절차의 보장, 권력분립의 확립, 위헌법률심사제의 채택, 포괄적 위임입법의 금지, 행정의 합법률성과 사법적 통제, 공권력행사의 예측가능성의 보장과 신뢰보호의 원칙을 들고 있다.

3) 허영, 한국헌법론, 142쪽 이하는 법치주의의 실질적 내용으로서 자유·평등·정의의 원리를, 제도적·형식적 내용으로서 기본권보장, 권력분립제도, 입법작용의 헌법 및 법기속, 법치행정의 보장, 효과적인 권리구제제도, 신뢰의 보호 내지 소급효력의 금지, 과잉금지의 원칙을 들고 있고, 계희열, 헌법학(상), 324쪽 이하는 법치주의의 실질적 요소로서 인간의 존엄성, 자유, 평등을, 법치주의의 형식(제도)적 요소로서 법의 최고성, 기본권의 보장, 권력의 분립, 행정의 합법률성, 포괄적 위임입법의 금지, 사법적 권리보장, 기타를 들고 있다. 장영수, '헌법의 기본원리로서의 법치주의', 157쪽 이하는 법치주의와 법의 이념(법적 안정성, 정의, 비례성), 법치주의와 기본권보장, 법치주의와 국가권력(법치주의의 전제로서의 권력 분립), 법치주의와 입법(법의 우위·법률유보), 법치주의와 행정(행정의 합법률성), 법치주의와 사법절차로 나누어 설명하고 있다.

이 바람직하다 할 것이다. 법치주의의 이념적 요소를 확정하기 위해서는 더 많은 고찰이 필요하다. 그러나 이곳에서는 그러한 고찰 없이 자유와 평등, 더 정확하게는 평등한 자유를 통하여 확보되는 인간의 존엄[1]을 법치주의의 이념적 요소로 보기로 한다.[2] 그러한 한에서 법치주의와 민주주의는 이념상 불가분의 관련이 있다[3]는 것을 지적하는 데 만족하기로 한다.

우리 헌법에 구체화되어 있는 법치주의의 제도적 요소로서는 기본권보장, 권력분립제도, 입법작용의 헌법 및 법기속, 행정의 합법률성, 사법적 권리보호, 공권력행사의 예측가능성의 보장과 신뢰보호의 원칙, 비례의 원칙을 들 수 있다.

호, 공권력 행사의 예측가능성의 보장과 신뢰보호의 원칙, 비례의 원칙

이러한 모든 요소들은 서로 동등한 차원에 있고 상호 보완작용을 하며, 전체로서 법치국가를 이룬다. 이러한 법치국가의 요소들은 불가분적(不可分的)이다. 따라서 하나의 요소를 다른 요소보다 고양시키거나 무시하는 경우, 그것은 법치국가의 정신에 정면으로 배치된다.

(2) 基本權保障

323. 법치주의의 요소로서의 기본권보장: 법치주의의 직접적·본질적 내용

법치주의의 가장 오래된 내용은 국민의 자유와 권리를 보장하는 데 있다. 따라서 기본권의 보장은 법치주의의 직접적이고 본질적인 내용에 속한다.

우리 헌법은 제 2 장(제10조-제37조)의 서두에 기본권의 이념으로서 인간의 존엄과 가치를 선언하고 이를 실현하기 위하여 평등의 원리, 자유권, 참정권, 사회권 등 각종의 기본권을 규정하고 있다.

---

1) 예컨대 G. Dürig, Der Grundrechtssatz von der Menschenwürde, AöR Bd. 81(1956), S. 120f.와 E. Benda, *Gefährdungen der Menschenwürde*, 1975, S. 9ff.는 법치국가에서 모든 법의 내용은 인간의 존엄을 통하여 확정된다라고 표현하고 있다.

2) 허영, 한국헌법론, 142·143쪽은 법치주의의 실질적 내용을 자유·평등·정의로 이해하면서도 그것들이 정확하게 무엇인가를 설명하고 있지 않다. 보통 정의의 실체는 평등으로 이해되기 때문에 결국 자유와 평등을 법치주의의 실질적 내용으로 볼 수 있지 않을까 생각한다. G. Püttner, Der Rechtsstaat und seine offene Probleme, S. 139에 따르면 법치국가원리의 실질적 요소 가운데서 예컨대 정의의 실현은 오늘날의 통설에 따르면 사회국가원리에 있어서의 사회적 정의에 그 근거를 가지거나 또는 평등원칙에 그 기초가 있는 것일 수는 있으나 결코 법치국가 원리로부터는 근거지어질 수 없는 것으로 이해되고 있다고 한다.

3) 그렇기 때문에 독일연방헌법 재판소의 판결과 우리 헌법재판소의 판결이 법치주의를 민주주의 내에 포함시켜 이해하고 있지 않나 생각된다.

(3) 權力分立制度

324. 법치주의의 요소로서의 권력분립제도: 자유와 권리를 보장하기 위한 전제와 수단

권력분립의 원리란 국가의 권력을 여러 국가기관에 분산시켜 서로 견제하고 균형을 이루게 함으로써 국가권력을 완화시켜 개인의 자유와 권리를 보호하려는 원리이다. 절대적 권력이 존재하는 한 그것은 남용되기 마련이고, 권력이 남용되는 한 개인의 자유와 권리는 항상 침해되기 마련이다. 곧 권력분립은 자유와 권리를 보장하기 위한 전제와 수단이 되며, 그러한 한에서 법치주의의 중요한 내용이 된다.

우리 헌법은 입법권은 국회에(제40조), 행정권은 대통령을 수반으로 하는 정부에(제66조 제4항), 사법권은 법원에(제101조) 속하게 함으로써 권력분립의 원리를 채택하고 있다. 그 밖에도 우리 헌법은 기능적인 권력통제의 길을 마련해 놓고 있다.[1)]

(4) 國家作用, 특히 立法作用의 憲法 및 法羈束

국가작용이 헌법과 법에 기속된다는 것은 국가기관과 국민이 똑같이 헌법과 법에 복종하여야 한다는 것을 의미한다. 그리고 헌법과 법은 주로 전체 실정법을 뜻한다. 과거에는(특히 바이마르 헌법 하에서는) 법률제정자인 입법자가 (특히 법률 앞의 평등과 관련하여) 법률에 기속되는가라는 문제와 관련하여 견해가 나뉘었기 때문에, 국가작용의 헌법과 법에 기속[2)]과 관련하여 특히 입법작용의 헌법과 법의 기속이 문제되었다.

325. 법치주의의 요소로서의 입법작용의 헌법 및 법기속: 1. 법의 최고성과 헌법의 우위의 표현; 2. 위헌심사제도의 채택

민주국가에서 법률을 제정하는 것은 입법자의 권한이다. 그러나 입법자의 입법형성권은 헌법과 법의 범위 내에서 행해져야 하고, 이를 유월하면 법치주의의 실질적 내용이 침해되게 된다. 입법작용의 헌법 및 법기속은 그러한 한에서 '법의 최고성'(Primat des Rechts)과 '헌법의 우위'(Vorrang der Verfassung)의 표현이라 하겠다. 더 나아가서 입법작용이 헌법과 법에 기속된다는 것은 여러 종

1) 허영, 한국헌법론, 144쪽은 기능적인 권력통제의 수단으로서 지방자치제도를 통한 중앙정부와 지방자치단체 사이의 수직적인 권력통제, 직업공무원제도를 통한 관료조직과 정치세력 사이의 권력통제, 복수정당제도를 통한 여당과 야당 사이의 권력통제, 헌법재판제도를 통한 권력통제 등을 들고 있다.

2) 이와 관련하여 국가작용의 헌법과 법에 기속은 (행정부는 물론 사법부를 통한, 그것도 하나의 생활사태를 규범에 포섭하는 과정을 통해서만 가능한) 규범적용 과정에서 상대화될 수도 있다는 것을 간과해서는 안 된다. 왜냐하면 포섭은 항상 주관적 가치평가를 포함하고 있고, 거의 모든 개념은 특정의 해석여지를 허용하기 때문이다(J. Esser, *Vorverständnis und Methodenwahl*, 1970, S. 194ff.).

류의 '법규범 사이의 위계질서'(Normenhirarchie, Normenpyramide)를 인정한다는 것을 의미한다.

입법작용의 헌법 및 법기속성은 우리 헌법에서는 위헌심사제도(제107조 제 1 항, 제111조 제 1 항 제 1 호)에서 표현되고 있다. 그러나 우리 헌법은 법률의 위헌 여부가 재판의 전제가 된 경우에 위헌심사를 할 수 있는 구체적 규범통제만을 규정하고 있다. 입법작용의 헌법 및 법기속의 확보를 위해서는 위헌심사의 대상을 추상적 규범통제에까지 확대시킬 필요가 있을 것이다. 또 법률에 대한 위헌심사는 위헌심사권과 위헌결정권을 나누어 위헌심사권은 법원에 주고 있지만(제107조 제 1 항), 위헌결정권은 헌법재판소에 독점시키고 있다(제111조 제 1 항, 제113조 제 1 항).

(5) 行政의 合法律性

326. 법치주의의 요소로서의 행정의 합법률성: 1. 법률의 우위원칙, 법률의 유보원칙; 2. 포괄적 위임입법금지, 명령·규칙·처분에 대한 위헌·위법심사제도

행정의 합법률성이란 행정은 법률에 근거하여 그리고 법률에 규정된 절차에 따라 행해져야 한다는 것을 말하는 것으로, '법률의 우위'(Vorrang des Gesetzes)와 '법률의 유보'(Vorbehalt des Gesetzes)의 원칙으로 나타난다.

법률의 우위란 법률의 형태로 표현된 국가의사가 다른 국가의사에 대하여 우선한다는 원칙이며, 법률의 유보란 행정권이 국민의 권리와 재산을 침해하기 위해서는 법률의 수권이 필요하다는 원칙이다.[1] 오늘날 국가작용 중에서 행정은 국민과 가장 접촉이 많은 부분이기 때문에 국민의 자유와 권리를 침해할 소지 또한 매우 크다. 따라서 행정이 법률에 따라서만 행동할 수 있도록 하는 것은 법치주의의 실질적 내용을 구현하는 것과 밀접한 관계가 있다.

판례 **〈한국방송공사법 제35조 등 위헌소원(합헌, 헌법불합치)〉** "헌법은 법치주의를 그 기본원리의 하나로 하고 있으며, 법치주의는 행정작용에 국회가 제정한 형식적 법률의 근거가 요청된다는 법률유보를 그 핵심적 내용의 하나로 하고 있다. 그런데 오늘날 법률유보원칙은 단순히 행정작용이 법률에 근거를 두기만 하면 충분한 것이 아니라, 국가공동체와 그 구성원에게 기본적이고도 중요한 의미를 갖는 영역, 특히 국민의 기본권실현에 관련된 영역에 있어서는 행정에 맡길 것이 아니라 국민의 대표자인 입법자 스스로 그 본질적 사항에 대하여 결정하여야 한다는 요구까지 내포하는 것으로 이해하여야 한다(이른바 의회유보 원칙). 그리고 행정

1) 국내에서는 법률의 유보(Vorbehalt des Gesetzes)와 법률유보(Gesetzesvorbehalt)를 동의어로 사용하는 경향이 있다. 그러나 원래 법률의 유보는 행정의 작용과 관련하여 발전된 개념으로 어떤 전제하에 기본권이 법률을 통하여 제한될 수 있는가 하는 법률유보와는 구별되어야 한다. E. Stein, *Staatsrecht*, S. 53 참조.

작용이 미치는 범위가 광범위하게 확산되고 있으며, 그 내용도 복잡·다양하게 전개되는 것이 현대행정의 양상임을 고려할 때, 형식상 법률상의 근거를 갖출 것을 요구하는 것만으로는 국가작용과 국민생활의 기본적이고도 중요한 요소마저 행정에 의하여 결정되는 결과를 초래하게 될 것인바, 이러한 결과는 국가의사의 근본적 결정권한이 국민의 대표기관인 의회에 있다고 하는 의회민주주의의 원리에 배치되는 것이라 할 것이다."(헌재 1999. 5. 27. 98헌바70 결정)

우리 헌법은 집행부에 대하여 광범한 행정입법권을 부여하면서도 법치주의 원리에 반하는 포괄적 위임입법을 금지하고(제75조), 명령·규칙·처분에 대한 위헌·위법심사제도를 규정함으로써(제107조 제2항) 행정의 합법률성의 원칙을 채택하고 있다. 그 밖에도 우리 헌법은 행정심판에도 사법절차를 준용하도록 하였으며(제107조 제3항), 행정조직과 행정관청의 직무범위를 법률로 정하게 하고(제96조, 제100조, 제114조 제6항·제7항), 조세법률주의(제59조)를 규정하고 있다. 더 나아가서 행정의 공정성·투명성·신뢰성을 확보하고 국민의 기본권을 보호하기 위하여 1997년 말부터 행정절차법이 시행되고 있다.

판례 〈교육법 제8조의2에 관한 위헌심판(합헌)〉 "위임의 구체성·명확성의 요구 정도는 규제대상의 종류와 성격에 따라서 달라진다. 기본권침해영역에서는 급부행정영역에서보다는 구체성의 요구가 강화되고, 다양한 사실관계를 규율하거나 사실관계가 수시로 변화될 것이 예상될 때에는 위임의 명확성의 요건이 완화되어야 한다."(헌재 1991. 2. 11. 90헌가27 결정)

(6) 司法的 權利保護

327. 법치주의의 요소로서의 사법적 권리보호: 각종 청구권과 사법절차적 기본권규정

국민의 기본권을 보장하기 위해서는 자유와 권리를 보장하는 것만으로는 부족하고 그것이 침해된 경우 독립된 법원이 이를 효과적으로 구제하고 보장해 주는 것이 필요하다.

우리 헌법은 국가배상청구권(제29조), 손실보상청구권(제23조 제3항), 형사보상청구권(제28조), 청원권(제26조), 헌법소원심판청구권(제111조 제1항 제5호), 위헌법률심판청구권(제107조 제1항), 인신보호를 위한 사법절차적 기본권(제12조, 제16조, 제27조, 제101조, 제103조, 제109조)을 규정함으로써 위헌적·위법적 국가작용은 물론 합법적인 국가작용에 대해서도 이를 구제해 줄 수 있는 효과적인 권리제도를 마련하고 있다.

판례 〈사회보호법 제5조 및 같은 법 부칙 제2조의 위헌심판(합헌)〉 "헌법 제12조 제1항이 규정한 적법절차는 헌법상의 규정을 기다릴 것도 없이 법치국가의 본

질적 내용이고, 헌법 제12조 제 1 항이 특별히 적법절차를 규정하고 있는 것은 법치국가의 당연한 원리를 강조하고 주의를 불러일으키기 위한 것에 불과하다."(헌재 1989. 9. 29. 89헌가86 결정)

(7) 公權力行使의 豫測可能性保障과 信賴保護의 原則

328. 법치주의의 요소로서의 공권력의 예측가능성의 보장과 신뢰보호의 원칙: 집행권과 사법권 조직의 법률주의, 법률의 소급효금지, 일사부재리원칙

법적 안정성은 법적 명확성을 요구한다. 즉 국민은 자신에게 요구되는 것이 무엇인지를 인식할 수 있어야 한다. 이해될 수 있는 법적 명령만이 구속력을 가질 수 있기 때문이다. 이러한 법치국가적 요구로부터 법적 명확성의 원칙이 도출된다. 그리고 이러한 법적 명확성의 원칙을 전제로 하는 공권력행사의 예측가능성의 보장 내지 신뢰보호의 원칙은 법적 안정성[1]을 추구하는 자유민주주의·법치국가헌법의 기본원칙이다.[2]

우리 헌법은 제89조, 제96조, 제102조 제 2 항 등에서 집행권과 사법권의 조직에 대한 법률주의를 규정함으로써 간접적으로 이들 공권력행사에 대한 어느 정도의 예측을 가능하게 하고 있다. 뿐만 아니라 우리 헌법은 법률의 소급효를 금지하고 형벌의 불소급과 일사부재리원칙을 규정함으로써(제13조) 국민의 신뢰를 보호하는 데 노력하고 있다.[3]

판례 "행정상의 법률관계에 있어서 신뢰보호의 원칙이 적용되기 위해서는, 첫째, 행정청이 개인에 대하여 신뢰의 대상이 되는 공적인 견해표명을 해야 하고, 둘째, 행정청의 견해표명이 정당하고 신뢰한 데 대하여 그 개인에게 귀책사유가 없어 그 신뢰가 보호가치가 있는 것이어야 하며, 셋째, 그 개인이 견해표명을 신뢰하고 이에 따라 어떠한 행위를 하였어야 하고, 넷째, 행정청이 위 견해표명에 반하는 처분을 함으로써 그 견해표명을 신뢰한 개인의 이익이 침해되는 결과가 초래되어야 하는 것이며, 이러한 요건을 충족할 때에는 행정청의 처분은 신뢰보호의 원칙에 반하는 행위로서 위법하다고 볼 것이다."(대법원 1993. 9. 10. 93누5741 판결)

판례 〈대학입시기본계획 일부변경처분 위헌확인(기각)〉 "신뢰보호의 원칙은 법치국가원리에 근거를 두고 있는 헌법상의 원칙으로서 특정한 법률에 의하여 발생한

---

1) 법치주의는 원칙적으로 부분적으로는 반대되는 두 가지 요소, 즉 실질적 정의와 형식적 법적 안정성을 포함한다. 즉 물론 정의와 법적 안정성 사이에 참을 수 없는 모순이 있는 경우에는 예외적으로 정의가 관철된다(라드브루흐 *Radbruch*의 공식).
   법적 안정성에 대하여 더 자세한 것은 A. von Arnauld, *Rechtssicherheit*, 2006 참조.
2) 헌재 1992. 10. 1. 92헌마68 등 병합결정〈1994학년도 신입생선발입시안에 대한 헌법소원(기각)〉
3) 신뢰보호의 중요성을 강조한 판결로는 헌재 1995. 10. 26. 94헌바12 결정〈조세감면규제법 부칙 제13조 등 위헌소원(한정위헌)〉이 있다.

법률관계는 그 법에 따라 파악되고 판단되어야 하고 과거의 사실관계가 그 뒤에 생긴 새로운 법률의 기준에 따라 판단되지 않는다는 국민의 신뢰를 보호하기 위한 것이나, 사회환경이나 경제여건의 변화에 따른 정책적인 필요에 의하여 공권력행사의 내용은 신축적으로 바뀔 수밖에 없고 그 바뀐 공권력행사에 의하여 발생된 새로운 법질서와 기존의 법질서와의 사이에는 어느 정도 이해관계의 상충이 불가피하므로, 국민들의 국가의 공권력행사에 관하여 가지는 모든 기대 내지 신뢰가 절대적인 권리로서 보호되는 것은 아니다."(헌재 1996. 4. 25. 94헌마119 결정)

판례 **〈종합생활기록부 제도개선 보완시행지침 위헌확인(기각)〉** "법규나 제도의 존속에 대한 개개인의 신뢰가 그 법규나 제도의 개정으로 침해되는 경우에 신뢰의 근거 및 종류와 신뢰이익의 상실로 인한 손해의 정도 등과 개정규정이 공헌하는 공공복리의 중요성을 비교 교량하여 현존상태의 지속에 대한 신뢰가 우선되어야 한다고 인정될 때에는 규범정립자는 지속적 또는 과도적으로 그 신뢰보호에 필요한 조치를 취하여야 할 의무가 있다."(헌재 1997. 7. 16. 97헌마38 결정)

판례 **〈하천법 제2조 제1항 제2호 다목 위헌소원(위헌)〉** "법률을 새로이 제정하거나 개정함에 있어서는 기존 법질서와의 어느 정도의 마찰은 불가피한 것인바, 신뢰보호의 원칙에 위반되는지를 판단하기 위하여는 신뢰보호의 필요성과 새로이 달성하려는 공익목적을 비교·형량하여야 한다."(헌재 1998. 3. 26. 93헌바12 결정).

판례 "기존 법질서에 대하여 국민의 합리적이고 정당한 신뢰가 형성되어 있는 경우 이를 적절한 범위에서 보호하여야 한다는 이른바 신뢰보호의 원칙 역시 같은 이유에서 우리 헌법의 기본원리인 법치주의 원리에 속하는 것이라고 할 것이다. 즉, 어떤 법령이 장래에도 그대로 존속할 것이라는 합리적이고 정당한 신뢰를 바탕으로 국민이 그 법령에 상응하는 구체적 행위로 나아가 일정한 법적 지위나 생활관계를 형성하여 왔음에도 국가가 이를 전혀 보호하지 않는다면, 법질서에 대한 국민의 신뢰는 무너지고 현재의 행위에 대한 장래의 법적 효과를 예견할 수 없게 되어 법적 안정성이 크게 저해된다 할 것이므로, 입법자는 법령을 개정함에 있어서 이와 같은 신뢰를 적절하게 보호하는 조치를 취함으로써 법적 안정성을 도모하여야 한다는 것이 법치주의의 원리가 요청하는 바이라 할 것이다. 물론 이러한 신뢰보호는 절대적이거나 어느 생활영역에서나 균일한 것은 아니고 개개의 사안마다 관련된 자유나 권리, 이익 등에 따라 보호의 정도와 방법이 다를 수 있으며, 새로운 법령을 통하여 실현하고자 하는 공익적 목적이 우월한 때에는 이를 고려하여 제한될 수 있다. 그러므로 법령의 개정에 있어서 구 법령의 존속에 대한 당사자의 신뢰가 합리적이고도 정당하며, 법령의 개정으로 야기되는 당사자의 손해가 극심하여 새로운 법령으로 달성하고자 하는 공익적 목적이 그러한 신뢰의 파괴를 정당화할 수 없다면, 입법자는 경과규정을 두는 등 당사자의 신뢰를 보호할 적절한 조치를 하여야 하며, 이와 같은 적절한 조치 없이 새 법령을 그대로 시행하거나 적용하는 것은 허용될 수 없다 할 것인바, 이는 앞서 본 바와 같이 헌법의 기본원리인 법치주의 원리에서 도출되는 신뢰보호의 원칙에 위배되기 때문이다. 이러한 신뢰보호 원칙의 위배 여부를 판단하기 위하여는 한편으로는 침해받은 이익의 보호가치, 침해의 중한 정도, 신뢰가 손상된 정도, 신뢰침해의 방법 등과 다른 한편으로는 새 법령을 통해 실현하고자 하는 공익적 목적을 종합적으로 비교·형량하여야 할 것이다(헌재 2002. 11. 28. 2002헌바45 전원재판부 결정 등 참조)." (대법원 2006. 11. 16. 2003두12899 판결)

판례 〈사법시험법 시행령 제4조 제3항 등 위헌확인 등(각하, 기각)〉 "개인의 신뢰이익에 대한 보호가치는 ① 법령에 따른 개인의 행위가 국가에 의하여 일정방향으로 유인된 신뢰의 행사인지, ② 아니면 단지 법률이 부여한 기회를 활용한 것으로서 원칙적으로 사적 위험부담의 범위에 속하는 것인지 여부에 따라 달라진다. 만일 법률에 따른 개인의 행위가 단지 법률이 반사적으로 부여하는 기회의 활용을 넘어서 국가에 의하여 일정 방향으로 유인된 것이라면 특별한 보호가치가 있는 신뢰이익이 인정될 수 있고, 원칙적으로 개인의 신뢰보호가 국가의 법률개정이익에 우선된다고 볼 여지가 있다."(헌재 2007. 4. 26. 2003헌마947 등 병합결정)

판례 〈산업재해보상법 제38조 제6항 위헌소원 등(위헌)〉 "신뢰보호원칙의 위반 여부는 한편으로는 침해되는 이익의 보호가치, 침해의 정도, 신뢰의 손상 정도, 신뢰 침해의 방법 등과 또 다른 한편으로는 새로운 입법을 통하여 실현하고자 하는 공익적 목적 등을 종합적으로 형량하여야 한다. 따라서 신뢰보호원칙의 위반 여부를 판단함에 있어서는, 첫째, 보호가치 있는 신뢰이익이 존재하는가, 둘째, 과거에 발생한 생활관계를 현재의 법률로써 규율함으로써 달성되는 공익이 무엇인가, 셋째, 개인의 신뢰이익과 공익상의 이익을 비교 형량하여 어떠한 법익이 우위를 차지하는가를 살펴보아야 할 것이다."(헌재 2009. 5. 28. 2005헌바20 등 병합결정)

판례 〈산업재해보상보험법 제38조 제6항 위헌소원 등(위헌)〉 "신뢰보호원칙의 위반 여부는 한편으로는 침해되는 이익의 보호가치, 침해의 정도, 신뢰의 보상 정도, 신뢰 침해의 방법 등과 또 다른 한편으로는 새로운 입법을 통하여 실현하고자 하는 공익적 목적 등을 종합적으로 형량하여야 한다. 따라서 신뢰보호원칙의 위반 여부를 판단함에 있어서는, 첫째, 보호가치 있는 신뢰이익이 존재하는가, 둘째, 과거에 발생한 생활관계를 현재의 법으로 규율함으로써 달성되는 공익이 무엇인가, 셋째, 개인의 신뢰이익과 공익상의 이익을 비교 형량하여 어떠한 법익이 우위를 차지하는가를 살펴보아야 할 것이다."(헌재 2009. 5. 28. 2005헌바20 결정)

판례 〈법원조직법 부칙 제1조 등 위헌확인(한정위헌)〉 "신뢰보호원칙은 법치국가원리에 근거를 두고 있는 헌법상 원칙으로서, 특정한 법률에 의하여 발생한 법률관계는 그 법에 따라 파악되고 판단되어야 하고 과거의 사실관계가 그 뒤에 생긴 새로운 법률의 기준에 따라 판단되지 않는다는 국민의 신뢰를 보호하기 위한 것이다. 법률의 개정시 구법 질서에 대한 당사자의 신뢰가 합리적이고도 정당하며, 법률의 개정으로 야기되는 당사자의 손해가 극심하여 새로운 입법으로 달성하고자 하는 공익적 목적이 그러한 당사자의 신뢰의 파괴를 정당화할 수 없다면, 그러한 새 입법은 신뢰보호의 원칙상 허용될 수 없다. 그런데 사회 환경이나 경제여건의 변화에 따른 필요성에 의하여 법률은 신축적으로 변할 수밖에 없고, 변경된 새로운 법질서와 기존의 법질서 사이에는 이해관계의 상충이 불가피하다. 따라서 국민이 가지는 모든 기대 내지 신뢰가 헌법상 권리로서 보호될 것은 아니고, 신뢰의 근거 및 종류, 상실된 이익의 중요성, 침해의 방법 등에 비추어 종전 법규·제도의 존속에 대한 개인의 신뢰가 합리적이어서 권리로서 보호될 필요성이 있다고 인정되어야 한다. 즉, 신뢰보호원칙의 위반 여부를 판단함에 있어서는, 한편으로는 침해받은 신뢰이익의 보호가치, 침해의 중한 정도, 신뢰가 손상된 정도, 신뢰침해의 방법 등과 다른 한편으로는 새로운 입법을 통해 실현하고자 하는 공익적 목적을 종합적으로 비교·형량하여야 한다(헌재 2002. 11. 28. 2002헌바45, 판례집 14-2, 704, 712-713; 헌재 2002. 2. 28. 99헌바4, 판례집 14-1, 106, 116; 헌재 2001. 6. 28. 2001헌마132, 판례집 13-1, 1441, 1466 등 참조). … 판사임용자격에 관한 법원조직법 규정이 지난 40여 년 동안 유지되어 오면서, 국가는 입법행위를 통하여 사법시험에 합격한 후 사법연수원을 수료한 즉시 판사임용자격을 취득할 수 있다는 신뢰의 근거를 제공하였다고 보아야 하며, 수년간 상당한 노력과 시간을 들인 끝에 사법시험에 합격한 후 사법연수원에 입소하여 사법연수생의 지위까지 획득한 청구인들의 경우 사법연수원 수료로써 판사임용자격을 취득할 수 있으리라는 신뢰이익은 보호가치가 있다고 할 것이다. 이 사건에서 청구인들의 신뢰이익에 대비되는 공익이 중대하고 장기적 관점에서 필요한 것이라 하더라도, 이 사건 심판대상조항을 이 사건 법원조직법 개정 당시 이미 사법연수원에 입소한 사람들에게도 반드시 시급히 적용해야 할 정도로 긴요하다고는 보기 어렵고, 종전 규정의 적용을 받게 된 사법연수원 2년차들과 개정 규정의 적용을 받게 된 사법연수원 1년차들인 청구인들 사이에 위 공익의 실현 관점에서 이들을 달리 볼 만한 합리적인 이유를 찾기도 어려우므로, 이 사건 심판대상 조항이 개정법 제42조 제2항을 법 개정 당시 이미 사법연수원에 입소한 사람들에게 적용되도록 한 것은 신뢰보호원칙에 반한다고 할 것이다."(헌재 2012. 11. 29. 2011헌마786 결정)

(8) 比例의 原則

'비례의 원칙'(Verhältnismäßigkeitsprinzip)은 국가권력의 행사를 통하여 이루고자 하는 목적과 그 목적을 이루기 위하여 선택하는 수단 사이의 합목적성을 뜻한다. 비례의 원칙은 '적합성의 원칙'(Grundsatz der Geeignetheit), '필요성의 원칙'(Grundsatz der Erforderlichkeit), '협의의 비례성의 원칙'(Verhältnismäßigkeitsprinzip im engeren Sinne)을 포함한다.[1] 오늘날 비례의 원칙은 국가권력행사의 모든 영역에서 고려되어야 할 헌법적 요청으로 이해되고 있다. 그에 따라 비례의 원칙을 충족했는가 여부는 국가권력행사의 정당성을 판단하는 기준으로 작용하고 있다.[2] 329. 법치주의의 요소로서의 비례의 원칙: 헌법 제37조 제 2 항

우리 헌법은 제37조 제 2 항에서 기본권제한입법과 관련하여 기본권제한의 목적·형식·방법 및 내용상의 한계를 분명히 함으로써 비례의 원칙을 채택하고 있다. 그러나 비례의 원칙은 그 밖의 입법, 행정활동 그리고 형사절차 등에서도 존중되어야 한다. 더 나아가서 헌법은 국가비상사태가 발생하여 대통령이 국가긴급권을 발동하는 경우에도 그 발동요건을 엄격하게 제한함과(제76조 제 1 항·제 2 항, 제77조 제 1 항) 동시에 그에 대하여 국회가 사후적으로 통제할 수 있도록 함으로써(제76조 제 3 항·제 4 항·제 5 항, 제77조 제 4 항·제 5 항) 국가긴급권의 과잉발동을 억제토록 하고 있다. 이는 국가긴급사태하에서도 법에 따라 이를 극복하고 헌법을 수호하겠다는 의지를 표현하고 있는 것으로, 법치주의의 절차적·형식적 내용을 확인한 것이라 할 것이다.[3]

5. 民主主義와 法治主義의 갈등

예컨대 「신행정수도 건설을 위한 특별조치법」 위헌확인사건, 대통령(노무현) 329a. 민주주의와 법치주의의 갈등

1) 독일연방헌법재판소는 비례의 원칙을 "목적달성에 적절한 수단일 것"(BVerfGE 10, 89(117); 18, 353(362); 35, 202(232); 38, 281(302)), "당사자에게 지나친 부담을 주지 않는 수단일 것"(BVerfGE 17, 306(314); 38, 312 (322); 45, 422(431); 49, 24(58)), "기대가능성의 한계 내에 있을 것"(BVerfGE 30, 292(316); 33, 171(187f.); 36, 47(59); 38, 61(92); 39, 210(234); 40, 196(227); 41, 378(395)) 등의 용어로 표현하고 있다.

2) E. Grabitz, Der Grundsatz der Verhältnismäßigkeit in der Rechtsprechung des Bundes Verfassungsgerichts, AöR 98(1973), S. 568ff.(581ff.) 참조.

3) 허영, 한국헌법론, 146쪽; 계희열, 헌법학(상), 334쪽. 그러나 김철수, 헌법학개론, 194쪽과 권영성, 헌법학원론, 152쪽은 국가비상사태의 경우에는 법치주의원리가 제한되는 것으로 이해하고 있다.

탄핵심판사건과 통합진보당 해산심판과 같은 정치적으로 이해관계를 달리하는 민감한 사안들과 관련해서 헌법재판소의 민주적 정당성이 문제된 바 있다. 국민의 대표기관인 국회에서 결정한 법률에 대하여, 국민에 의하여 선출된, 즉 민주적으로 정당화된 대통령에 대하여 그리고 국민의 정치적 의사를 대변하는 정당에 대하여 국민이 선출하지 않은 헌법재판관들이 위헌 여부를 결정하거나 탄핵결정을 내리거나 또는 해산결정을 내리는 것이 민주적으로 정당화되는가 하는 것이 문제가 되어 왔으며, 앞으로도 비슷한 문제가 발생하지 않는다고 장담할 수는 없을 것이다.

사람에 따라서는 이러한 문제들을 민주주의와 법치주의의 대립의 문제, 입헌주의와 민주주의의 모순 또는 자유민주주의와 헌정주의간의 갈등의 문제로 표현하면서 여러 가지 논거를 내세우지만 종국적으로는 자신의 이해관계에 따라 민주주의를 우선하기도 하고 법치주의를 우선하기도 한다.

헌법학에서도 원리적으로 민주주의와 법치주의가 갈등·대립하는 경우와 양자 중 하나를 선택하여야 하는 경우가 있다는 것을 인정하는 견해가 있다.[1] 그러나 이러한 견해에서 예로 든 것들이 모두 적절한지에 대해서는 의문이 있을 뿐만 아니라 이러한 견해는 민주주의와 법치주의가 갈등·대립하는 경우와 양자 중 하나를 선택하여야 하는 경우에 대한 해결책을 제시하고 있지 않다는 데서 문제가 있다.

헌법적으로는 이 문제를 두 가지 측면에서, 즉 헌법재판소가 민주적 정당성을 결여하고 있는가라는 측면과 민주주의와 법치주의가 갈등·대립하는 경우에 우리 헌법은 어느 것을 우선시하고 있는가라는 측면에서 고찰하여야 한다고 생각한다. 첫 번째 물음과 관련해서는 다음과 같이 이야기할 수 있다. 우리 헌법상 '인적인 민주적'(personelle demokratische) 정당성을 획득하는 방법에는 직접적으로 획득하는 방법과 간접적으로 획득하는 방법이 있다. 인적인 민주적 정당성을

1) 대표적인 예로는 정종섭, 헌법학원론, 190쪽의 다음과 같은 설명 참조. "민주주의와 법치주의는 모두 헌법원리로서 통상의 경우에 조화된다. 민주주의는 법치주의에 의해 보장될 때 진정한 민주주의가 된다. 그러나 원리적으로 민주주의와 법치주의가 갈등·대립하는 경우도 있고(예: 법관의 선거, 배심재판, 참심재판, 재판기관에 의한 탄핵결정 등), 어느 하나를 선택하여야 하는 경우도 있다(예: 법치주의가 지배하는 재판에서 민주주의에 따라 표결로 결론을 내리는 것). 그리고 민주주의와 법치주의는 모두 공동체의 존속·유지와 구성원의 행복추구라는 상위의 가치를 실현하는 수단으로서의 지위에 있다. 민주주의든 법치주의든 그 자체 목적일 수는 없다. 이 양자는 모두 국가를 구성하고 국가작용을 지배하는 원리로서 그의 목적은 공동체의 존속·유지와 구성원의 행복추구를 실현하는데 있다."

직접적으로 획득하는 방법은 선거이다. 그리고 우리 헌법상 국회의 구성원인 국회의원과 국가원수이자 행정부의 수반인 대통령은 선거에 의해 직접 인적인 민주적 정당성을 획득한다. 나머지 국가기관(여기서는 헌법재판소)은 국민으로부터의 인적인 민주적 정당성을 국회와 대통령을 통해서 간접적으로 획득해야 한다. 그런데 헌법재판소를 구성하는 9인의 헌법재판관은 국회의 인사청문을 거쳐 3인은 국회에서 선출되고, 3인은 대통령에 의하여 임명되며, 3인은 국회의 동의를 얻어 대통령이 임명하는 대법원장에 의하여 지명됨으로써 간접적으로 인적인 민주적 정당성을 획득한다.[1] 그런가 하면 헌법재판관은 국민이 제정한 헌법과 국회에서 의결된 법률에 의하여 심판하기 때문에 이들에게는 '물적·내용적'(sachlich－inhaltiche) 민주적 정당성이 인정된다. 더 나아가서 헌법제(개)정자 자신에 의하여 구성되고 권한을 부여받은 기관인 헌법재판소는 더 이상의 논거를 필요로 하지 않는 '제도적이고 기능적인'(institutionelle und funktionelle) 민주적 정당성(저자는 이를 헌법적 정당성으로 부른다)도 가진다.[2] 따라서 엄격히 말한다면,

1) 헌법재판소와 같은 합의제결정기관의 경우 결정에 참여하는 자 전부가 민주적으로 정당화되어야 하는지 아니면 결정에 참여하는 자 중 다수가 민주적으로 정당화되는 것으로 충분한지에 대해서는 견해의 대립이 있다. 이 문제에 대하여 독일연방헌법재판소는 이른바 '이중적 다수의 원칙'(Prinzip der doppelten Mehrheit)으로 대답하였다. 그에 따르면 결정의 주체인 다수 자체의 다수가 완전하게 인적으로 정당화될 때에만 완전하게 인적인 민주적 정당성을 획득하게 된다(BVerfGE 93, 37, 67f., 71f.).

2) 민주적 정당성을 이처럼 세 가지 요소로 설명하는 것은 뵈켄푀르데 E.－W. Böckenförde(Demokratie als Verfassungsprinzip, HStR Bd. Ⅱ, 3. Aufl. 2004, § 24, Rdnr. 14ff(erste Fassung von 1987)의 견해를 따라 독일연방헌법재판소(BVerfGE 83, 37; 83, 60; 93, 37; 107, 59)가 더욱 정밀하게 체계적으로 발전시키고 일반적으로 인정된 민주적 정당화의 이론을 따른 것이다. 그에 따르면 민주적 정당화는 '기능적 제도적 정당화'(funktional institutionelle Legistimation), '물적·내용적 정당화' (sachlich－inhaltliche Leitimation), '인적·조직적 정당화'(personell－organisatorische Legitimation)라는 세 가지 요소로 구성되고, 세 가지 요소는 상호 보완하며, 어떤 요소가 부족하면 다른 요소가 강화됨으로써 그 부족을 보충하게 된다. 기능적 제도적 정당화는, 헌법이 입법, 행정, 사법의 기능과 제도를 규정하고 있는 한, 헌법 자체에 민주적 정당화 효과를 부여한다. 물적·내용적 정당화는 국가적 조치는 한편으로는 실제로 의회법률에 의하여, 다른 한편으로는 행정부 내에서 상명하복적인 지시·감독권에 의하여 행해져야 한다는 것을 의미한다. 민주적으로 선출되고 책임을 지는 장관은 행정부의 정점이므로 감독은 물적·내용적 민주적 정당화의 기초로 이해된다. 그렇기 때문에 민주적 정당화의 요청은 법률유보뿐만 아니라 의회가 본질적인 결정을 스스로 내려야 한다는 요청(본질성이론)의 근거가 된다. 인적·조직적 정당화와 관련하여 연방헌법재판소는 원칙적으로 이러한 정당화가 중단 없이 연속될 것을 요구한다. 즉 모든 국가공무원의 임명은 국민의 의사에 귀착될 수 있어야 한다는 것이다. 모든 국가공무원은 의회와 행정부의 정점을 이루는 장관의 임명행위라는 고리를 통하여 국민의 의사와 연결된다(여기서는 W. Heun, *Die Verfassungsordnung der Bundesrepublik Deutschland*, 2012, S. 41f.에 따랐음).

위에 든 사건들에서 사람들이 민주주의와 법치주의의 갈등이라고 표현한 것은 문제가 있는 표현이라 할 것이다.

다음으로, 두 번째 물음에 대해서는 우리 헌법은 원칙적으로 법치주의에 우위를 부여했다고 생각한다. 왜냐하면 우리 헌법은 법치주의의 요소인 기본권을 보장하고 있을 뿐만 아니라 민주적으로 정당화된 법률에 대한 위헌법률심판을 헌법재판소의 관장사항으로 규정함으로써 민주주의보다 법치주의를 더 강조하고 있기 때문이다. 따라서 민주주의와 법치주의가 갈등·대립하는 경우에는 법치주의에 따라 해결하는 것이 우리 헌법의 정신에 더욱 부합된다고 생각한다.

第 3 節 社會國家原理

1. 社會國家 解析 모델에 대한 檢討

(1) 憲法의 基本原理

330. 사회적 정의와 사회적 안전: 우리 시대의 가장 커다란 관심사 가운데 하나

사회적 안전과 사회적 정의는 우리 시대의 가장 커다란 관심사[1] 가운데 하나이다.[2] 이 시대를 살고 있는 사람들은 국적이나 이념에 관계 없이 국가와 법이 점점 더 절실해져 가고 있는 사회적 문제를 해결할 의무가 있다고 생각하고 있다. 이러한 사정은 우리나라의 경우에도 예외없이 그대로 적용된다.

331. 사회국가: 우리 헌법의 기본원리

우리 헌법은 명문으로 사회국가를 선언하고 있는 독일의 본(Bonn)기본법[3]과는 달리 사회국가를 직접적으로 언급하지는 않고 있다. 그러나 국내학자들 사

---

1) W. Eucken, *Grundsätze der Wirtschaftspolitik*, hrsg. von E. Eucken-Erdsiek/K. P. Hensel, 1952, S. 10

2) 이 밖에도 환경문제와 핵문제가 우리 시대에 부과되어 있는 커다란 문제일 것이다. 따라서 다이믈러·벤츠재단(Gottlieb Daimler- und Karl Benz-Stiftung)의 지원을 받아 1988년에서 1993년까지 5년에 걸쳐 이른바 '라덴부르그 콜렉'(Ladenburger Kollege)에서 행해진 연구는 결론으로 '미래의 헌법 국가는 법치국가, 사회국가임과 아울러 환경국가이어야 한다'는 데 의견을 모은 바 있다. 이 연구의 최종회의는 "환경국가"라는 이름으로 1993년 9월 15일 행해졌다. 이에 대한 전반적인 보고는 M. Kloepfer, Interdisziplinäre Aspekte des Umweltstaats, DVBl. 1994, S. 12ff. 참조. 독일의 환경보호에 대한 국내문헌으로는 홍성방, 독일의 헌법과 행정법에 있어서의 환경보호(상), 안암법학 제 4 집, 1996, 23-99쪽과 홍성방, 독일의 헌법과 행정법에 있어서의 환경보호(하), 한림법학 FORUM 제 5 권, 1996, 7-67쪽 참조.

3) 독일 본기본법 제20조 제 1 항 "독일연방공화국은 민주적·사회적 연방국가이다" 및 동 제28조 제 1 항 제 1 문 "지방(支邦)의 헌법질서는 이 기본법에서 의미하는 공화적·민주적 및 사회적 법치국가의 여러 원칙에 부합하여야 한다."

이에는 우리 헌법이 간접적인 방법이긴 하지만 사회국가를 채택하고 있을 뿐만 아니라 사회국가원리가 우리 헌법의 기본원리 가운데 하나라는 데 대하여 널리 의견이 일치되어 있으며,[1] 헌법재판소도 같은 입장을 취하고 있다.

> **판례** 〈저상버스 도입의무 불이행 위헌확인(각하)〉 "우리 헌법은 사회국가원리를 명문으로 규정하고 있지는 않지만, 헌법의 전문, 사회적 기본권의 보장(헌법 제31조 내지 제36조), 경제영역에서 적극적으로 계획하고 유도하고 재분배하여야 할 국가의 의무를 규정하는 경제에 관한 조항(헌법 제119조 제 2 항 이하) 등과 같이 사회국가원리의 구체화된 여러 표현을 통하여 사회국가원리를 수용하였다. 사회국가란 한 마디로, 사회정의의 이념을 헌법에 수용한 국가, 사회현상에 대하여 방관적인 국가가 아니라 경제·사회·문화의 모든 영역에서 정의로운 사회질서의 형성을 위하여 사회현상에 관여하고 간섭하고 분배하고 조정하는 국가이며, 궁극적으로는 국민 각자가 실제로 자유를 행사할 수 있는 그 실질적 조건을 마련해 줄 의무가 있는 국가이다."(헌재 2002. 12. 18. 2002헌마52 결정)

이렇듯 사회국가가 헌법의 기본원리의 하나로 이해되기 때문에 사회국가를 어떻게 이해할 것이냐에 대해서는 많은 논의가 있었고 아직도 진행되고 있다. 그렇지만 아직까지 정설이 없다.

(2) 社會國家概念의 不確定性

이처럼 사회국가원리를 어떻게 이해하여야 하느냐에 대하여 의견의 일치를 보지 못하고 있는 이유는 사회국가란 개념 자체가 성립된 지 별로 오래되지 않은 이유도 있을 것이다.[2] 그러나 그보다 더 커다란 이유는 사회국가의 개념, 더 정확하게는 '사회적'(sozial)이란 개념의 '불확정성'(Unbestimmtheit)에 있다고 할 것이다.

332. 사회국가개념의 불확정성: 배후의 상이한 정치적 견해 때문

일반적으로 불확정성이란 개념은 고정된 의미내용을 가지고 있지 않은 개념을 가리킬 때 사용된다. 그러나 사회국가개념이 불확정적이라는 의미는 이와는 다르다. 왜냐하면 사회국가라는 개념은 그것이 수많은 움직일 수 없는 정치적 견해들과 관련되어 있기 때문이다. 곧 사회국가라는 개념은 그 자체 '텅빈'(leer), 따라서 그 속에 무엇이나 포함시킬 수 있는 개념이 아니라, 그와는 정반대로 움직일 수 없는 상이한 전통들과 요청들을 포함하고 있기 때문

1) 권영성, 헌법학원론, 140쪽 이하; 허영, 한국헌법론, 149쪽 이하; 계희열, 헌법학(상), 341쪽 이하.

2) 계희열, 헌법학(상), 337쪽.

이다.[1)]

(3) 社會國家 解釋모델에 대한 檢討

1) 사회국가 해석모델 개관

333. 사회국가에 대한 세 가지 해석모델: 법치국가적 해석론, 사회주의적 해석론, 자유주의적 해석론

이러한 상이한 전통들과 요청들은 사회국가를 해석하는 데 전혀 상이한 모델로 나타나게 된다. 사회국가에 대한 해석모델로서는 포르스트호프의 형식적 법치국가적 해석론, 아벤트로트 *W. Abendroth*의 사회주의적 해석론, 헤세를 중심으로 하는 자유주의적 해석론 등 세 가지가 있다.[2)]

2) 법치국가적 해석론

334. 사회국가에 대한 법치국가적 해석론: 1. 포르스트호프가 대표; 2. 사회국가는 행정과 입법을 위한 준칙

포르스트호프는 사회국가와 법치국가의 상관관계를 문제삼고 법치국가가 독일헌법의 구성요소임에 반하여, 사회국가원리는 헌법원리라기보다는 행정과 — 행정은 활동하기 위하여 법률을 필요로 하기 때문에 — 입법을 위한 '준칙'(Maxime), 그것도 반드시 필요하지는 않은 준칙으로 이해한다.

3) 사회주의적 해석론

335. 사회국가에 대한 사회주의적 해석론: 1. 아벤트로트가 대표; 2. 사회국가는 사회주의적 복지국가의 의미에서 사회헌법을 내용으로 한다

그에 반하여 아벤트로트는 민주주의와 사회국가를 규정하고 있는 본 기본법 제20조 제1항에 주목하면서 동 조항은 사회주의적 복지국가의 의미에서 '사회헌법'(Sozialverfassung)을 내용으로 한다고 한다. 그의 추종자들은 한 걸음 더 나아가서 사회국가는 자본주의적 경제체제와 사회체제에 대한 반대명제라고 한다. 곧 사회국가가 추구하는 목표는 사회의 모든 영역에 참여와 민주주의를 확장시키는 것이며, 자본주의적 생산관계에 원인이 있는 지배를 해체시키는 데 있다고 한다.[3)]

---

1) G. Haverkate, *Rechtsfragen des Leistungsstaats*, 1983, S. 36.

2) 이러한 명칭 대신에 Sun-Ok Kuk, *Das Wesen der Sozialstaatsidee bei Lorenz von Stein. Eine Untersuchung zur Genesis der konservativen Sozialstaatstheorie*, Diss. Köln, 1978, S. 180ff.; 국순옥, Das Sozialstaatsmodel des Grundgesetzes, 인하대 사회과학연구소논문집, 제3집(1984), 73쪽 이하는 법치국가적 입장, 민주주의적 입장, 자유주의적 입장으로 표현하고 있다.

3) 사회국가에 대한 해석모델에 대하여 더욱 자세한 내용과 그에 대한 비판에 대하여는 홍성방, 사회국가해석모델에 대한 비판적 검토, 안암법학, 창간호, 1993, 148쪽(특히 154쪽 이하) 이하 참조.

4) 자유주의적 해석론

336. 사회국가에 대한 자유주의적 해석론: 1. 헤세가 중심; 2. 사회국가는 법적으로는 구속력을 가지며, 기능적으로는 개방성을 가진다; 3. 사회국가는 소극적·적극적 과제이다

그러나 포르스트호프의 사회국가해석론은 헌법구성적 기본결정으로서의 사회국가원리의 원칙적 지위는 인정하면서도 그 법적 결과는 부정하는 모순을 나타내고 있다. 그런가 하면 아벤트로트의 사회국가해석론은 헌법을 이데올로기화할 위험이 뒤따르기 때문에 취할 수 없다.[1]

따라서 사회국가는 사회국가원리를 법적으로는 구속력을 가지며, 기능적으로는 개방성을 가진 헌법규정으로 이해하는 선에서 사회국가를 '소여'(所與, Gegebenheit)가 아닌 소극적·적극적 과제로 파악하면서 사회국가가 법치국가적 형식을 벗어날 경우 급양국가(給養國家)로 전락하게 된다는 것을 분명히 하고 있는 자유주의적 해석론[2]을 기초로 설명될 수밖에 없다.

2. 社會國家의 概念的 由來와 社會國家를 登場시킨 原因들

(1) 社會國家의 概念的 由來

337. 사회국가의 개념적 유래: 1. 생 시몽 — 사회적이란 용어를 처음으로 사용; 2. 슈타인 — 시대적응적 행정활동에 의한 사회국가 실현; 3. 헬러 — 사회국가를 헌법적 차원으로 고양

사회국가개념의 성립에 처음으로 영향을 준 것은 초기 사회주의자인 생 시몽 *Saint-Simon*으로 알려져 있다. 그는 '사회적'이라는 용어를 처음 사용하면서 당시의 재화분배에 대하여 이의를 제기하였다.[3] 곧 생 시몽은 산업혁명의 결과 생겨난 시민사회의 갈등과 대립관계를 해소하기 위하여 모든 생산과정을 더욱 정의롭고 합리적으로 조직·관리할 수 있는 새로운 사회구조를 제창하면서 사회국가라는 개념을 사용했다고 한다.[4]

이렇듯 생 시몽이 불분명하게 사용한 사회국가개념을 더욱 구체적으로 연구한 것은 슈타인 *Lorenz von Stein*이다. 그는 사회적 문제는 사회행정의 형태로 해결되는 국가의사와 행위의 대상이라고 하면서, 사회국가를 시대적응적인 행정활동에 의하여 실현될 수 있는 것으로 보았다.[5] 이러한 전통은 뢰슬러 *H.*

---

1) G. Haverkate, *Rechtsfragen des Leistungsstaats*, S. 48f. 더욱 자세한 것은 홍성방, '사회국가해석모델에 대한 비판적 검토', 168쪽 이하 참조.
2) 사회국가에 대한 자유주의적 해석론에 대하여는 홍성방, '사회국가해석모델에 대한 비판적 검토', 163-168쪽 참조.
3) H. Krüger, Diskussionsbeitrag, *VVDStRL* Heft 12(1954), S. 110.
4) 허영, 헌법이론과 헌법(상), 289쪽.
5) 슈타인에 대한 연구로는 특히 Sun-Ok Kuk, *Das Wesen der Sozialstaatsidee bei Lorenz von Stein. Eine Untersuchung zur Genesis der konservativen Sozialstaatstheorie*을 볼 것.

Roesler, 좀 *R. Sohm* 등을 거쳐 현재는 포르스트호프에게 계승되어 있다.

행정법적 차원에 머물러 있던 사회국가의 문제를 헌법적 차원으로 고양(高揚)시킨 것은 헬러이다. 그는 1930년에 최초로 사회적 법치국가라는 개념을 사용하면서[1] 시민적 법치국가를 비판하고, "실질적 법치국가사상을 노동질서와 재화질서에 확장시킬" 것을 주장함으로써[2] 사회국가를 국가의 구조적 측면에서 다루기 시작했다.[3] 이러한 헬러의 (민주)사회적 사회국가모델은 현재는 아벤트로트에게서 찾아볼 수 있다. 그러나 헬러의 논문에는 사회국가의 구체적 내용에 대한 언급은 없었다. 그렇기 때문에 사회국가는 본 기본법에 수용되기까지[4] 여전히 미개척의 헌법문제로 남아 있을 수밖에 없었다.

(2) 社會國家를 登場시킨 原因들

338. 사회국가의 등장요인: 1. 산업혁명의 결과 발생한 사회적 폐해를 해결하기 위해 — 절대적 자유주의의 부정; 2. 두 차례의 세계대전의 결과; 3. 생활배려의 영역과 관련하여; 4. 가톨릭 사회이론의 영향

사회국가를 등장시킨 원인이 무엇인가를 단적으로 이야기할 수는 없다. 왜냐하면 사회국가의 형성에 영향을 미친 것은 하나의 원리나 하나의 국가관 또는 하나의 요청이 아니기 때문이다. 사회국가의 배후에는 여러 가지 요인이 혼합되어 있다. 곧 '사회적'(sozial)이라는 단어에는 여러 인권선언 이후의 사회적 대변혁 — 기술과 산업적 분업, 고도의 인구증가, 독점자본주의의 등장, 세계경제의 흥망, 두 차례의 세계대전, 환경오염 그리고 그 결과 국가에 부여된 통합역할 —

1) H. Heller, *Rechtsstaat oder Diktatur?*, 1930, S. 11. 그러나 이에 대하여 K. Stern, *Das Staatsrecht der Bundesrepublik Deutschland*, S. 885, Anm. 44는 의문을 제기하고 있다. 그는 사회 국가라는 표현은 이미 Piloty-Schneider, *Grundriß des Verwaltungsrechts*, 1921, S. 1에게서 발견된다고 한다.

2) H. Heller, *Rechtsstaat oder Diktatur?*, S. 10f., 21ff.

3) 헬러의 사상에 대하여는 W. Schluchter, *Entscheidung für den sozialen Rechtsstaat. Hermann Heller und die staatstheoretische Diskussion in der Weimarer Republik*, 1968; S. Albrecht, *Hermann Hellers Staats- und Demokratieverständnis*, 1983; W. Fiedler, Materieler Rechtsstaat und sozialer Homogenität zum 50. Todestag von Hermann Heller, JZ 1984, S. 201; Chr. Müller/I. Staff(Hrsg.), *Staatslehre in der Weimarer Republik*, 1985 등 참조.

4) 사회국가를 기본법에 수용할 것을 제안한 이가 누구인지에 대하여는 견해가 일치되어 있지 않다. C. F. Menger, *Der Begriff des sozialen Rechtsstaates im Bonner Grund-gesetz*, 1953, S. 3; W. Bogs, *Der soziale Rechtsstaat, Weg oder Irrweg?*, 1963, S. 44ff. (48); W. Weber, Die verfassungsrechtlichen Grenzen sozialstaatlicher For-derungen, Der Staat 1965, S. 409ff(411); O. Volker, *Das Staatsverständnis des Parlamen-tarischen Rates*, 1971, S. 65은 슈미트 *C. Schmid*를, K.-H. Niclauß, Der Parla-mentarische Rat und Sozialpostulat, PVS 1974, S. 33ff.(41, 45); K. Stern, *Das Staatsrecht der Bundesrepublik Deutschland*, S. 878은 만골트 *v. Mangoldt*를 각각 사회국가의 제안자로 들고 있다.

의 산물인 우리 시대의 사회상황이 반영되어 있다.[1][2]

이처럼 사회국가의 형성원인이 다양하기는 하지만, 그것을 중점에 따라 다음과 같이 요약할 수 있을 것이다.

첫째, 사회국가는 사회적 문제의 해결, 곧 산업혁명의 결과 생겨난 사회적 폐해에 대한 대답의 시도로서 등장하였다. 그 결과 독일에서는 비스마르크 *Bismarck*의 사회입법에서부터 사유재산의 폐지를 통한 사회혁명의 이론에 이르는 여러 가지 해결책이 제시되었다. 이러한 것이 사회국가해석의 여러 가지 모델을 등장하게 하는 중요한 원인이 되고 있다. 따라서 사회적 문제와 관련되는 한 사회국가원리는 국가의 과제[3]는 주로 국내·외의 안전보장에 국한되며, 사회는 국가의 간섭이 없다 하더라도 스스로 자신을 조종할 수 있다는 이론과의 단절을 의미한다.[4] 곧 사회국가원리는 절대적 자유주의에 대한 부정을 의미한다.[5]

둘째, 사회국가는 두 차례의 세계대전의 결과 생겨난 곤궁, 곧 인플레이션,

---

1) H. Huber, Soziale Verfassungsrecht(1948), in: E. Forsthoff(Hrsg.), *Rechtsstaatlichkeit und Sozialstaatlichkeit*, 1968, S. 1ff.(2); L. Wildhaber, Soziale Grundrechte, in: *Der Staat als Aufgabe. Gedankenschrift für Max Imboden*, 1972, S. 371ff.(373); K. Hesse, *Grundzüge des Verfassungsrechts der Bundesrepublik Deutschland*, S. 85ff.(Rdnr. 207ff.) 참조.

2) E. R. Huber, Rechtsstaat und Sozialstaat in moderner Industriegesellschaft(1965), in: E. Forsthoff(Hrsg.), *Rechtsstaatlichkeit und Sozialstaatlichkeit*, 1968, S. 589ff.(598f.)는 사회국가성장의 토대인 산업사회의 특징으로서 다음과 같은 것을 들고 있다. ① 경제체제의 면에서는 고도의 자본집중, 거의 완벽에 가까운 기계기술, 합리화된 노동과정, 표준화된 대량의 생활필수품을, ② 사회체계의 면에서는 유산자와 무산자 사이의 대립을, ③ 문화체계의 면에서는 모든 자가 동등하게 문화의 혜택 및 문명의 이기를 이용할 수 있는 가능성을 갖는다는 점을, ④ 국가체계의 면에서는 대중의 경제·사회·문화적 충족을 목표로 하며 산업사회 내에서의 대중의 조정·평화정책을 위한 도구로서의 행정기구 및 무간섭·자율원칙으로부터 사회적 간섭체계에로의 전환(轉換)을 들고 있다.

3) 국가의 과제가 무엇인가에 대하여는 특히 Del Vecchio, Über die Aufgaben und Zweck des Staates, AöR 88(1963), S. 294ff.; H. P. Bull, *Die Staatsaufgaben nach dem Grundgesetz*, 2. Aufl.(1977), 특히 S. 167ff. 참조.

4) R. Herzog, Zur Auslegung des Sozialstaatsprinzips, BayVBl. 1976, S. 161ff.(163).

5) G. Haverkate, *Rechtsfragen des Leistungsstaats*, S. 40. 이러한 사회국가의 의미, 곧 절대적 자유주의에 대한 부정, 달리 표현한다면 자유와 평등의 결합문제를 독일연방헌법재판소는 독일공산당 위헌판결(KPD-Urteil, BVerfGE 5, 85, 206)에서 "무제한적 자유의(행사가 가져온 — 저자의 삽입) 유해한 결과를 방지하고 평등을 이성이 요구하는 정도까지 전향적으로 실현하기 위하여" 사회국가가 헌법의 원리로 고양되었다고 판시하였다. 이 판결에서 약하게 언급된 사회국가와 자유의 조화(이성이 요구하는 정도)는 1972년 제 1 차 대학입학정원판결(Numerus-Clausus-Urteil, BVerfGE 33, 303, 331)에서 "사회적 법치국가는 기본권적 가치체계를 헌법현실로 전환시키는 보증인적 지위"(를 가진다 — 저자의 삽입)라는 표현으로써 다시 확인되었다.

전쟁 중에 받은 부담의 조정, 피난민문제 등을 해결하기 위해 등장하였다.

셋째, 사회국가는 사회적 문제나 절박한 곤궁과 직접적인 관계가 없는 국가내부구조의 개선을 위한 조치와 관련되어 있다. 여기에서 문제가 되는 것은 국가에 의하여 언제나 행해져 왔으나 사적 영역에 대한 국가의 불간섭이라는 후기 자유주의의 이론에 의하여 의식에서 사라진 그러한 조치들을 말한다. 곧 사회국가는 이른바 '생활배려'(Daseinsvorsorge)[1]의 모든 영역과 관련되어 등장하였다.

그 밖에도 사회국가 성립에 영향을 미친 것으로는 그리스도교, 특히 가톨릭 교회의 사회이론이 거론된다. 곧 19세기의 사회적 문제에 대하여 그리스도교는 자신의 입장을 표명하지 않을 수 없었으며, 이는 1891년 레오 13세 교황의 '노동헌장'(Rerum novarum)[2]으로 나타났다. 이 노동헌장은 후일 비오 11세 교황[3]과 요한 23세 교황의 여러 회칙(會則) — 예를 들면 '어머니요 교사'(Mater et Magistra, 1961), '지상의 평화'(Pacem in Terris, 1963), '민족들의 발전'(Populorum Progre-ssio, 1967) 등 — 에서 확장되고 새롭게 체계화되었다. 이들은 한결같이 사회정책과 사회배려에 대한 국가의 의무를 강조했으며, 세계복지국가를 가톨릭사회윤리의 이념형으로 공포하고 있다.[4][5]

3. 社會國家의 槪念 및 法的 性格

(1) '社會的'(sozial)이라는 말의 뜻

339. 사회적이란 말의 뜻: 1. 계몽주의와 프랑스혁명의 산

사회국가를 개념정의하기 위해서는 우선 '사회적'이라는 말이 무엇을 뜻하는가를 분명히 하지 않으면 안 된다. 왜냐하면 사회국가, 사회적 정의, 사회적

---

1) 특히 이 영역은 E. Forsthoff, *Lehrbuch des Verwaltungsrechts*, 10. Aufl.(1973), S. 368ff., 567ff.에 의하여 강조되고 있다. 그러나 Erichsen, *Staatsrecht und Verwaltungsgerichtsbarkeit I*, 1972, S. 89f.는 이 개념에 대하여 비판적인 태도를 취하고 있다.

2) 이에 대한 국내문헌으로는 김춘호, 사회주의와 가톨릭사회교시, 분도출판사, 1991이 있다.

3) 이에 대하여는 v. Nell-Breuning OSJ, *Die Enzyklika, Erläuterungen zum Weltrundschreiben Papst Pius' XI über die gesellschaftliche Ordnung*, 3. Aufl.(1950) 참조.

4) 이에 대하여는 H. Barion, Vorbesinnung über den Wofhlfahrtsstaat, DöV 1970, S. 15ff.(15); ders., Das Konziliare Utopia, Eine Studie zur Soziallehre des Ⅱ. Vatikanischen Konzils, in: *Säkularisation und Utopie. Elbracher Studien. Ernst Forsthoff zum 65. Geburtstag*, 1967, S. 187ff. 참조.

5) 극히 소수의견이긴 하나 Ch. Scheer, *Sozialstaat und öffentliche Finanzen*, 1975는 계급적·가부장적 관계의 해체와 결합된 사회보장제도를, H. Maier, *Die ältere deutsche Staats- und Verwaltungslehre*, 1966, S. 313, 329는 독일적 경찰국가의 복지국가적 전통을 사회국가의 성립원인으로 들기도 한다.

안전 등등의 용어에서 국가, 정의, 안전 등에 대하여는 이미 어느 정도 합의가 이루어져 있으나, 유독 '사회적'이라는 말에 대해서는 극단적인 의견의 대립이 있기 때문이다. 곧 '사회적'이라는 말을 어떻게 이해하여야 하는가에 대하여는 '사회적'이라는 말에서 '일의성'(一義性 Eindeutigkeit)을 발견할 수 없다고 하는 견해가 있는가 하면,[1] 그 말에서 매우 제한적으로 경제적 요소만을 볼 수 있다고 하는 견해도 있다.[2]

물; 2. 생활기반의 보호와 필수적 생활수단의 해결이 그 관심; 3. 결국 빈곤으로부터의 자유를 뜻함

그러나 '사회적'이라는 개념은 추상적인 개념도 아니고, 그렇다고 매우 협의로 한정해서만 이해하여야 하는 개념도 아니다. '사회적'이라는 개념은 계몽주의와 프랑스혁명의 산물로서, 이 개념을 처음으로 사용한 생 시몽은 이 개념을 재화분배에 대한 논쟁개념으로 사용하였다. 곧 이 개념은 초기에는 물질적 필요와 관련된 제한적 의미로 사용되었으며, 이러한 의미에서 '사회적'이라는 용어는 지금까지도 '생존 기반'(Existenzgrundlage)의 보호와 필수적 생활수요의 해결과 관계되어 있다.[3] 그러나 시간이 흐르면서 이 개념에는 기회균등, 복지, 정의 등에 대한 요청이 첨가된다. 그와 함께 사람들은 '사회적'이라는 말을 사회문제, 노동자문제, 사회개혁, 사회입법 등과 결합시키게 되었다.[4] 따라서 오늘날 '사회적'이라는 말은 일반적으로 "빈곤, 부적절한 복지수준의 차이 및 종속에 반대하는"[5] 또는 "모든 사람에게 인간의 존엄에 적합한 생존을 보장하고 복지수준의 차이를 균형되도록 하며 종속관계를 완화시키고 제거하는 방향의"[6]라는 의미로 사용되고 있다. 간단하게 말한다면 '사회적'이라는 말은 빈곤으로부터의 자유라는 의미로 사용되고 있다.[7]

1) 이러한 견해를 주장하고 있는 학자로는 포르스트호프, 바호프 *O. Bachof*, 베버 *W. Weber* 등이 있다. 그러나 이러한 견해를 가장 잘 표현하고 있는 학자는 W. Bogs, Das Problem der Freiheit im sozialen Rechtsstaat, in: E. Forsthoff(Hrsg.), *Rechtsstaatlichkeit und Sozialstaatlichkeit*, 1968, S. 509ff.(516)이다. 그곳에서 그는 "다양한 형태가 가능하다. 그러나 모든 것이 사회적이다." 사회적이라는 말을 이해하기 위하여 "우리는 우리의 상상력을 동원하고 표현력을 보이지 않으면 안 된다"라고 쓰고 있다.

2) 예컨대 P. Badura, Die Rechtsprechung des Bundesverfassungsgerichts zu den verfassungsrechtlichen Grenzen wirtschaftspolitischer Gesetzgebung im sozialen Rechtsstaat, AöR 1967, S. 382ff. 참조.

3) D. Wiegand, Sozialstaatsklausel und soziale Teilhaberechte, DVBl. 19 74, S. 657ff. (659).

4) J. H. Kaiser, Die Verfassung der öffentlichen Wohlfahrtspflege, in: *Festschrift für U. Scupin*, 1973, S. 241ff.(243).

5) H. F. Zacher, Freiheits- und Sozialrechte im modernen Verfassungsstaat, in: S.-E. Szydzik(Hrsg.), *Christliches Gesellschaftsdenken im Umbruch*, 1977, S. 75ff.(76).

6) J. P. Müller, Soziale Grundrechte in der Verfassung, in: Schweizer. Juristenverband 107(1973), S. 695ff.(711).

7) 이 밖에도 최근에 G. Haverkate, *Verfassungslehre. Verfassung als Gegenseitigkeits-*

(2) 社會國家의 概念定義

1) 현상학적으로 파악하려는 견해와 그 문제점

340. 사회국가를 현상학적으로 파악하려는 견해

사회국가가 무엇을 의미하는가에 대해서는 의견이 분분하다. 학자들은 사회국가의 본질을 그 외형적인 출현형태에 따라 정의해 보고자 한다. 곧 사회국가를 '조세국가',[1] '계획국가',[2] '급부국가',[3] '분배국가'[4] 또는 '환경국가'[5] 등으로 이해하고자 한다.

341. 사회국가는 현상학적으로 파악할 수 없다

그러나 사회국가의 본질을 그 출현 형태에 따라 현상학적으로 파악하려는 시도는 실패할 수밖에 없다. 왜냐하면 앞에서도 본 바와 같이 사회국가는 모든 자신의 부분현상을 자체 내에 변증법적으로 종합하고 있기 때문이다. 그리고 이 이야기는 사회국가를 개념정의하기 위하여 사회국가의 거의 모든 현상을 망라하는 경우에도 그대로 적용된다고 할 수 있다.

2) 사회국가에 대한 개념정의

342. 사회국가에 대한 개념정의: 사회적 정의와 사회적 안전과 사회적 통합을 위하여 노력하는 국가

따라서 사회국가는 이러한 모든 현상을 고려하여 목적론적으로 개념되어야 할 것이다. 이에 따라 사회국가는 산업혁명 이후의 사회변동을 통하여 조건지어진 여러 관계들을 사회의 영역에서도 각자에게 인간의 존엄에 적합한 생활을 보장하고, 복지수준의 차이를 좁히고, 종속관계를 제거하거나 조정하기 위하여 개

---

ordnung, 1992, S. 296는 사회적이라는 것을 '호혜적'(gegenseitig)으로 행동하는 것, 특히 호혜적으로 돕는 것이라 정의하고, 이 정의를 사회국가에 대입하려는 시도를 하고 있다 (S. 298). 곧 그에 따르면 사회국가의 과제는 결여된 호혜성의 가능성에 대한 '보상'(Kompensation)이라고 하고, 모든 사회국가적 활동의 출발점은 사회적 결손을 제거하려는 의지라고 한다. 그리고 이러한 결손은 특정상황에서는 사람들은 자유로운 호혜성의 관계에 있을 수 없기 때문에 생겨나며, 그러한 사람들의 예로서 사회적, 경제적 약자를 들고 있다.

1) J. Isensee, Mitbestimmungsgesetz und Rationalität, in: *Hamburg-Deutschland-Europa*, 1977, S. 409ff.

2) E. Schmidt-Aßmann, Planung unter dem Grundgesetz, DöV 1974, S. 541 ff.(543); Fr. Ossenbühl, Rundfunkprogramm-Leistung in treuhänderischer Freiheit, DöV 1977, S. 381ff.(384)

3) P. Häberle, Grundrechte im Leistungsstaat, *VVDStRL* Heft 30(1978), S. 43ff.

4) H. P. Bull, *Die Staatsaufgaben nach dem Grundgesetz*, S. 167ff.

5) W. Weber, Umweltschutz in Verfassungs- und Verwaltungsrecht, DVBl. 1971, S. 806ff. 본 기본법에 환경국가에 대한 규정이 없었던 과거에는 사회국가규정이 환경보호에 대한 근거규정인가에 대하여 토론이 있었다. 그러나 이제는 기본법에 환경국가에 대한 규정(제20a조)이 있기 때문에 더 이상 사회국가규정으로부터 환경보호의무를 추론할 여지는 없다고 보아야 한다.

인에게 그의 인격의 발전과 자기책임에 필요한 균등한 기회를 보장하는 분배하고 급부하며, 지도하고 감시하며, 계획하고 형성하며, 고무하고 조장하는 국가, 곧 사회적 정의와 사회적 안전 및 사회적 통합을 위하여 노력하는 국가로 정의할 수 있다.[1)]

판 례 〈저상버스 도입의무 불이행 위헌확인(각하)〉 "사회국가란 한마디로, 사회정의의 이념을 헌법에 수용한 국가, 사회현상에 대하여 방관적인 국가가 아니라 경제·사회·문화의 모든 영역에서 정의로운 사회질서의 형성을 위하여 사회현상에 관여하고 간섭하고 분배하고 조정하는 국가이며, 궁극적으로는 국민 각자가 실제로 자유를 행사할 수 있는 그 실질적 조건을 마련해 줄 의무가 있는 국가이다."(헌재 2002. 12. 18. 2002헌마52 결정)

(3) 社會國家의 法的 性格

1) 학설의 개관

343. 사회국가의 법적 성격에 대한 학설

초기에 사회국가의 법적 효력을 문제삼는 견해가 없었던 것은 아니다.[2)] 그러나 현재에는 사회국가에 대한 의무는 직접적으로 효력을 가지는 법이라는 데 대하여 학설[3)]과 판례[4)]는 널리 의견이 일치되어 있다.[5)] 그러나 사회국가

1) 물론 이와 다른 정의도 가능하다. 예컨대 김철수, 헌법학개론, 89쪽은 (사회국가라는 용어 대신 복지국가라는 용어를 사용하여) "복지국가란 기본적으로 개인의 정치적·경제적·사회적 활동의 자유를 허용하는 자유주의에 입각하면서 경제적 자유경쟁의 결과가 낳은 여러 모순을 국가권력의 적극적 활동에 의하여 해소하는 것을 목적으로 하는 국가이다. 즉 사회적·경제적 원인에 의한 실업·질병·빈곤 등을 제거함으로써 인간으로 하여금 '인간다운 생활'을 하게 하기 위하여 재산권이나 경제활동을 규제하거나 또는 적극적으로 경제정책·사회정책을 실시하는 국가"라고 하고, 권영성, 헌법학원론, 140쪽은 "사회국가라 함은 모든 국민에게 그 생활의 기본적 수요를 충족시킴으로써 건강하고 문화적인 생활을 영위할 수 있도록 하는 것이 국가의 책임이면서 그것에 대한 요구가 국민의 권리로서 인정되어 있는 국가를 말한다"고 하며, 허영, 한국헌법론, 151쪽은 사회국가를 정확하게 개념정의하지 않은 채 "사회국가 원리가 내포하는 가장 핵심적인 내용은 역시 실질적인 자유와 평등의 실현이라고 보는 것이 옳다"고 하며, 계희열, 헌법학(상), 340쪽은 "사회국가란 대체로 사회적·경제적 약자와 소외계층, 특히 산업사회가 성립하면서 대량으로 발생한 무산근로대중의 생존을 보호하고 정의로운 사회·경제질서를 확립하려는 국가"라 하고 있다.

2) 이와 관련하여 W. Grewe, Das bundesstaatliche System des Grundgesetzes, DRZ 1949, S. 349(351)는 '실체없는 백지개념'(substanzloser Blankettbegriff)을, v. Mangoldt, *Kommentar zum Grundgesetz*, Art. 20 Anm. 2b., S. 134는 '강령규정'(Programm)을, Wernicke, Art. 20, Erläuterungen(Erstbearbeitunmg) Ⅱ 1 d, in: *Bonner Kommentar*, 1950은 '강령적 요구규정'(programmatische Forderung)을 이야기한 바 있다.

3) K. Hesse, *Grundzüge des Verfassungsrechts der Bundesrepublik Deutschland*, S. 87(Rdnr. 213); O. Bachof, Begriff und Wesen des sozialen Rechtsstaates. Der soziale Rechtsstaat in verwaltungsrechtlicher Sicht, *VVDStRL* Heft 12(1954), S. 37(38f.); E. Fechner, Sozialer

원리에 어떤 법적 성격을 부여할 것인가에 대하여는 '국가목표규정'(Staatszielbestimmung)이라는 설,[1] '해석원칙'(Auslegungsmaxime)이라는 설,[2] '사회적 일반유보'(soziale Generalvorbehalte)라는 설,[3] '현상유지의 보장규정'(Garantie der Status-quo-Sicherung)이라는 설,[4] '헌법을 구성하는 기본결단'(verfassungs-gestaltende Grundentscheidung)이라는 설[5] 등이 대립되어 있다.

2) 통설의 입장

344. 사회국가의 법적 성격: 국가목표규정이자 입법위임규정

통설은 사회국가의 법적 성격을 국가목표규정인 동시에 입법위임규정으로 이해하고 있다. 국가목표규정으로서 사회국가는 국가적 사회형성일반에 대한 위임뿐만 아니라 사회적 정의의 의미에서 국가적 사회형성에 대한 위임을 의미한다.[6] 동시에 사회국가는 국가의 '활동에 대한 전권 위임'(Aktionsvollmacht)을 뜻한

Rechtsstaat und Arbeitsrecht, RdA 1955, S. 161ff.; E. R. Huber, Der Streit um das Wirtschaftsverfassungsrecht, DöV 1956, S. 200(200f.); P. Badura, Das Prinzip der sozialen Grundrechte und seine Verwirkli- chung im Recht der Bundesrepublik Deutschland, Der Staat 14(1975), S. 17(34); E. Benda, Sozialstaatsklausel in der Rechtsprechung des BAG und BVerfG, RdA 1979, S. 1ff.

4) BVerfGE 1, 97(105); 12, 354(367); 26, 44(62).

5) 물론 예외도 있다. 예컨대 H.-F. Zacher, Was können wir über das Sozialstaatsprinzip wissen?, *Festschrift für Ipsen*, 1977, S. 207ff는 사회국가원리는 '정치적 선서'(politische Manifestation)일 뿐이며, 그렇기 때문에 사회국가원리의 법원리로서의 성격을 부인하려고 한다.

1) H. P. Ipsen, Über das Grundgesetz, in: E. Forsthoff(Hrsg.), *Rechtsstaatlichkeit und Sozialstaatlichkeit*, 1968, S. 16(23); U. Scheuner, Staatszielbestimmungen, in: *Fest-schrift für E. Forsthoff zum 70. Geburtstag*, 1972, S. 325ff.; G. Haverkate, (주 232), S. 36ff.

2) E. Friesenhahn, Die rechtlichen Grundlagen des Verwaltungsrechts, in: *Recht-Staat-Wirtschaft*, Bd. 2, 1950, S. 164ff.; W. Abendroth, Zum Begriff des demokratischen und sozialen Rechtsstaats im Grundgesetz der Bundesrepublik Deutschland, in: *Aus Geschichte und Politik, Festschrift zum 70. Geburtstag von Bergstraesser*, 1954, S. 279(281); K.-H. Niclauß, Der Parlamentarische Rat und Sozialpostulat, S. 50.

3) E. R. Huber, *Wirtschaftsverwaltungsrecht*, Bd. 1, 1953, S. 37.

4) P. Lerche, *Übermaß und Verfassungsrecht. Zur Bindung des Gesetzgebers an die Grundsätze der Verhältnismäßigkeit und der Erforderlichkeit*, 1961, S. 231; W. Weber, Die verfassungsrechtlichen Grenze sozialstaatlicher Forderungen, Der Staat 4(1965), S. 409(416).

5) J. Isensee, *Subsidiaritätsprinzip und Verfassungsrecht*, 1968, S. 191 ff.

6) P. Badura, Auftrag und Grenzen der Verwaltung im sozialen Rechtsstaat, DöV 1968, S. 446.

그리고 입법자가 어느 정도와 어떤 범위에서 이러한 국가목표규정이자 입법위임규정을 실현하려고 노력하고 있는가는 예산안에서 분명해진다. 여기서는 사회국가를 잘 실현하고 있는 대표적 예로 손꼽히는 독일의 (추가경정예산을 포함한) 2012년 연방예산 3,127억

다.[1] 그 밖에도 사회국가는 개인 상호간에 있어서 그리고 공동체에 대하여 사회 의무성을 근거짓기도 한다.[2]

3) 사회국가의 일차적 수범자

345. 사회국가의 일차적 수범자: 입법자

이러한 사회국가를 구체화시키는 일차적인 책임은 입법자에게 있다.[3] 왜냐하면 사회적 정의를 극대화하고 자유를 실제로 보장하고 유지하기 위하여 노력하는 일은 입법자에게 주어진 과제이기 때문이다. 그리고 이러한 목표를 실현하기 위해서 역동적인 사회변화에 적합한 사회정책을 추진하는 것은 입법자에게 일임되어 있다.[4] 곧 사회국가는 정의로운 사회질서라는 목적에 대하여는 규정하고 있으나, 그러한 목적을 실현하는 방법에 대하여는 입법자에게 모든 것을 일임하고 있다.[5] 그리고 그러한 한에서 입법자에게는 광범위한 형성의 자유가 주어져 있다.[6] 그러나 입법자의 형성의 자유는 경제적 궁핍을 예방하고 최소한의 물질적 생존조건을 보장하며,[7] 보충성의 원칙을 지키는 한에서 행사되어야 할 것은 두말할 여지가 없다.

사회국가의 일차적 수범자가 입법자라고 해서 사회국가를 실현시킬 책임이 입법자에게만 있는 것은 아니다. 국가목표규정이기도 한 사회국가는 행정부와 사법부에 의한 법률의 해석과 적용에서 중요한 의미를 가진다. 즉 행정부는 재량영역에서 사회적 관점을 적절하게 고려하여야 하고, 사법부는 의심이 있는 경우에 사회적 약자의 지위를 개선할 수 있는 방향으로 법률을 해석하여야 한다.

유로 중 노동·사회부 예산은 1,261억 유로로 국방예산 319억을 훨씬 상회하였다는 점만을 지적해두기로 한다(수치는 H.-W. Arndt/Th. Fetzer, *Öffentliches Recht*, 16. Aufl. (2013), S. 47에 따랐음).

1) K. Stern, *Das Staatsrecht der Bundesrepublik Deutschland*, S. 888.
2) E. Fechner, *Freiheit und Zwang im sozialen Rechtsstaat*, 1953, S. 14; E. Friesenhahn, *Staatsrechtslehrer und Verfassung*(Bonner Rektoratsrede 1950), S. 11; E. R. Huber, Der Streit um das Wirtschaftsverfassungsrecht, DöV 1956, S. 200(201f.); K. Hesse, (주 19).
3) BVerfGE 1, 97(105).
4) BverfGE 18, 257(273); 22, 180(204); 29, 221(235); 33, 303(331f.) 등 참조.
5) BVerfGE 5, 85(198) 참조.
6) P. Badura, Auftrag und Grenzen der Verwaltung im sozialen Rechtsstaat, S. 449.
7) G. Dürig, Der Grundrechtssatz von der Menschenwürde, 165쪽, 각주 67에 인용된 문헌 참조.

4. 社會國家의 理念的 內容

(1) 概　　觀

346. 사회국가의 이념내용에 대한 학설의 대립

사회국가의 이념적 내용이 무엇인가에 대하여는 의견이 일치되어 있지 않다. 그 이유는 사회국가원리의 목적을 확정하는 것이 불가능할 뿐만 아니라 그것이 가능하다 하더라도 그 어느 하나만을 강조하는 경우 다른 목적을 축소시킬 염려가 있기 때문이다.

그렇다고 사회국가의 목표로서 "인격발현의 자유보장"이나 "인간존엄의 보장"과 같은 사회국가의 목표를 넘어서는 국가질서의 정당성의 원천을 거론할[1] 수는 없을 것이다. 그뿐만 아니라 비록 본 기본법 제28조 제 1 항 제 1 문의 표현이 '사회적 법치국가'(sozialer Rechtsstaat)로 되어 있다 하더라도, '사회적'이라는 말은 법치국가를 성격규정하는 데서 그 의미를 다하는 것은 아니다. 그러한 한에서 기본법 제20조와 제28조의 사회국가 규정은 독자적 헌법원리로 이해되어야 한다.[2] 그렇기 때문에 사회국가의 내용은 법치국가의 내용과도 구별되는 것이어야 할 것이다.[3] 따라서 '정의로운 생활배려'(gerechte Daseinsfürsorge)를 자신의 과제로 하는[4] 사회국가를 '정의국가'(Gerechtigkeitsstaat)로 특징짓거나,[5] 사회국가의 내용을 실질적인 자유와 평등으로 보는 견해[6]도 아주 적당하다고는 볼 수 없다. 왜냐하면 법치국가 스스로가 이미 자유와 평등을 실현하려 하기 때문이다.

347. 사회국가의 이념: 사회적 정의, 사회적 안전, 사회의 통합

일반적으로 사회국가에 특유한 이념 내용으로는 '사회적 정의'(soziale Gerechtigkeit)와 '사회적 안전'(soziale Sicherheit)이 이야기된다.[7] 여기에 '사회의 통합'

1) 홍성방, '사회국가해석모델에 대한 비판적 검토', 165쪽, 각주 67에 인용된 문헌 참조.

2) O. Bachof, Begriff und Wesen des sozialen Rechtsstaates, S. 44. 그 밖에 페히너 *Fechner*, 니퍼다이 *Nipperdey*, 쉴레 *Schülle*, 뒤리히 *Dürig*, 프리젠한 *Friesenhahn*, 그레베 *Grewe*, 카우프만 *Kaufmann*, 클라인 *Klein*, 쇼이너 *Scheuner*, 마운츠 *Maunz*, 베르니케 *Wernicke* 등 대다수의 학자들이 초기부터 사회국가가 독자적 헌법원리라는 데 의견을 같이 하였다.

3) 그러므로 사회국가에 대한 자유주의적 해석론의 대표자격인 헤세가 사회국가를 전적으로 법치국가의 명령에만, 곧 그 내용에 있어서까지도, 묶어 놓은 것은 문제가 있다. 왜냐하면 그 경우 사회국가는 전적으로 법치국가에 흡수·소멸되어 버릴 것이며, 그 경우 사회국가를 본 기본법이 수용한 취지는 많은 면에서 삭감되어 버릴 것이기 때문이다. 홍성방, '사회국가해석모델에 대한 비판적 검토', 175쪽.

4) O. Bachof, Begriff und Wesen des sozialen Rechtsstaates, S. 122.

5) Ch.-F. Menger, Der Begriff des sozialen Rechtsstaates im Bonner Grundgesetz, in: E. Forsthoff(Hesg.), *Rechtstaatlichkeit und Sozialstaatlichkeit*, 1968, S. 42ff.

6) 허영, 한국헌법론, 151쪽.

7) K. Stern, *Das Staatsrecht der Bundesrepublik Deutschland*, S. 890 FN 87 참조. 또한 O. Bachof, Begriff und Wesen des sozialen Rechtsstaates, S. 90f.; W. Geiger, Was heißt

(Integration der Gesellschaft)을 더 첨가할 수 있을 것이다.[1)]

(2) 社會的 正義

대다수의 학자들은 사회적 정의[2)]를 사회국가원리로부터 추론되는 사회국가의 목표로 들고 있다.[3)] 곧 사회적 정의는 사회국가적 활동이 지향하여야 할 규범이다.

348. 사회적 정의: 1. 법적 평등을 기회의 균등을 통하여 보충하려는 노력의 표현; 2. 사회적 정의는 당사자의 능력에 따라 사회적 급부와 사회적 부담을 차등화할 것을 명한다

사회적이라는 용어에 대한 개념규정과 정의란 각자에게 그의 몫을 주려는 지속적 의지라는 정의의 고전적 개념 정의에 따른다면 사회적 정의는 이미 부분적으로는 구체화되어 있다.[4)] 국가는 도움이 필요한 자와 경제적 약자들에게 인간다운 최소한의 생활을 보장하고 근로기회를 제공하며 노동력을 보호할 의무를 지고 있다. 이러한 의무는 예컨대 특히 사회보장법과 노동법을 통하여 구체화되고 있다. 그런가 하면 당사자의 부담능력을 기준으로 한 진취적 소득세에 따라 분배의 측면에서도 정의가 실현되고 있고, 중소기업에는 국고보조금이 지급됨으로써 사회적 격차가 조정되기도 한다.

사회적 정의라는 사회국가의 이념내용을 실현하려는 이러한 시도들은 자유주의적 법치국가에서 투쟁을 통하여 획득한 법적 평등을 '기회의 균등'(Chancengleichheit)을 통하여 보충하려는 노력의 표현이다. 곧 국가로 하여금 법적으로 평등한 지위를 차지한 시민들이 기본권적으로 보장된 여러 자유를 사회국가원리를 근거로 현실적으로도 향수할 수 있게 배려하도록 위임하고 있는 것

---

sozialer Rechtsstaat nach dem Grundgesetz, in: ders.(Hrsg.), *Sozialer Rechtsstaat-Wohlfahrtstaat-Vorsorgestaat*, 1962, S. 9ff.(19)도 참조. 또한 G. Burdeau, *Traite de Science Politique*, Bd. Ⅵ, 1956, S. 154도 현대사회국가의 목표는 사회적 정의와 사회적 안전의 창출이라고 하고 있다.

J. Ipsen, *Staatsrecht I, Staatsorganisationsrecht*, S. 266은 사회국가는 최소한의 사회적 안전을 보장할 뿐만 아니라 그것을 넘어 사회적 정의를 실현하기 위한 그 밖의 노력들을 정당화하는 것이며, 그런 한에서 사회국가조항은 (현존하는) 국가의 구성표지이자 동시에 (앞으로 실현해야 할) 국가목표규정이라고 한다.

1) 계희열, 헌법학(상), 345쪽 이하는 사회국가의 내용으로서 생활할 만한 여건의 조성의무, 사회적 안전, 사회적 평등, 사회적 자유를 들고 있다.

2) 사회적 정의의 발현형태를 '필요정의'(Bedarfsgerechtigkeit), '급부정의'(Leistungsgerechtigkeit), '소유정의'(Beseitsstandsgerechtigkeit)로 더욱 세분화하는 학자도 있다(H. F. Zacher, in: *HdbStR* Ⅱ § 28 Rdnr. 52).

3) 홍성방, '사회국가해석모델에 대한 비판적 검토'에 소개된 문헌 및 K. Löw, Sozialstaat, in: P. Gutjahr-Löser/K. Hornung (Hrsg.), *Politisch-Pädagogisches Handwörterbuch*, 1980, S. 301 ff.(301f.) 참조.

4) 특히 O. Bachof, Begriff und Wesen des sozialen Rechtsstaates, S. 42f.

이라고 볼 수 있다.[1] 그러한 한에서 사회국가원리는 평등의 요청과 자유권적 기본권과도 밀접한 관계가 있다.

그렇다고 해서 사회국가원리로부터 국가가 물질적(실질적)인 평등을 창출해야 할 또는 전적인 기회균등을 창출해야 할 위임을 도출해 내거나 사회적 정의를 사회적 평등과 동일시할 수는 없을 것이다.[2] 또한 그렇다고 해서 이와는 정반대되는 입장, 곧 사회국가원리와 평등의 요청을 대립되는 것으로 보고 평등원리에 대한 사회국가의 우위를 강조하는 것도[3] 지나친 견해라고 해야 할 것이다. 오히려 이러한 입장들과는 반대로 사회국가원리로부터는 사회적 정의를 지향함으로써 균일화경향을 방지할 국가적 과제가 도출된다고 보아야 할 것이다.[4] 곧 사회국가원리는 해당 당사자의 능력에 따라 사회적 급부와 사회적 부담을 차등화할 것을 명하고 있다고 보아야 한다.

(3) 社會的 安全

349. 사회적 안전: 사회보험, 노동력보호, 가정의 보호 및 도움을 필요로 하는 자에 대한 배려를 주된 내용으로 한다

사회적 안전이 사회국가의 이념내용이라는 데 대하여는 거의 대부분의 학자가 의견을 같이하고 있다. 그리고 현대의 개별시민은 19세기에 시작된 산업화가 가져온 사회변동 때문에 그리고 20세기에 있었던 두 차례의 세계대전의 결과 더 이상 스스로 사회적 안전을 확보할 처지에 있지 않다는 것에 대하여도 의견은 통일되어 있다. 곧 산업화와 기술상의 여러 발명이 원인이 되어 개인의 '지배생활영역'(beherrschter Lebensraum)이 축소된 결과 이제 인간은 그가 생활하는 데 필요한 것을 향수하기 위하여 조직적 예방수단과 폭넓은 배려기구를 필요로 하고 있다.[5]

---

1) J. Isensee, Verfassungsgarantie ethischer Grundwerte und gesellschaftlicher Konsens, NJW 1977, S. 545ff.(547)은 이를 "모든 기본권주체가 자신의 사회적 환경 속에서 자기의 기본권적 자유를 행사할 사실상의 전제를 발견하는 것"이라고 표현하고 있다.

2) 사회적 정의와 평등을 동일시하는 대표적인 입장은 F. Pilz, *Das sozialstaatliche System der Bundesrepubluik Deutschland*, 1978, S. 53에서 찾아볼 수 있다. 이 밖에도 H. F. Zacher, Soziale Gleichheit, AöR 1968, S. 341ff.(362); ders., Sozialstaatsprinzip, HdWW 1977, Sp. 153ff.(153)는 정의와 평등의 긴밀한 관련을 강조하고 있다.

3) 예컨대 K. A. Gerstenmaier, *Die Sozialstaatsklausel des Grundgesetzes als Prüfungsmaßstab im Normenkontrollverfahren*, 1975, S. 96 참조.

4) E. Benda, *Industrielle Herrschaft und sozialer Staat*, 1966, S. 112; E. R. Huber, Rechtsstaat und Sozialstaat in moderner Industriegesellschaft, S. 608; R. Henning, Gefährdet der Sozialstaat die Freiheit?, in: A. Rauscher (Hrsg.), *Krise des Sozialstaats?*, 1977, S. 25ff.(32).

5) E. Forsthoff, Verfassungsprobleme des Sozialstaats, in: ders.(Hrsg.), *Rechtsstaatlichkeit und Sozialstaatlichkeit*, 1968, S. 145ff.(146ff.); ders., *Rechtsfragen der leistenden*

따라서 국가는 시민이 광범한 사회적 필요성의 상태에서 생활할 수 있도록 배려할 의무가 있다. 곧 국가는 사회보험제도, 교육시설, 부양시설, 교통시설 등을 마련하고 사회 내에서 경제적·사회적 활동을 지원하여야 한다. 그럼으로써 국가는 개인의 능력만으로는 어찌할 수 없으며 시장법칙만으로는 창출되지 않으나, 개인의 생존을 위해서는 필수적인 것으로 간주되는 전제들을 창출해 내거나 확보하지 않으면 안 되게 되었다.

이러한 사회적 안전, 곧 사회국가적 '생활배려'(Daseinsvorsorge)로 표현되는 국가과제는 그 속에 여러 가지를 포함시킬 수 있는 불확정개념이다.[1]

사회적 안전은 사회적 정의와 비교하면 이미 정형화되었다는 점에서 정태적이라 할 수 있으나, 두 가지 점에서는 매우 동적인 개념이라 할 수 있다. 그 이유는 한편으로는 생존에 필수적인 급부와 더 이상 생존에 필수적이 아닌 급부의 경계는 상대적일 뿐만 아니라 그 경계는 복지수준과 안전이란 개념의 발전에 달려 있기 때문이다.[2] 그리고 다른 한편으로는 생활배려는 오늘날 '예방적 생활배려'(vorbeugende Daseinsvorsorge),[3] '복지수준에 대한 배려'(Wohlstandsvorsorge)[4] 또는 '경제성장에 대한 배려'(Wachstumsvorsorge)[5]를 요구하고 있기 때문이다.

이렇듯 사회적 안전은 동적인 개념일 뿐만 아니라 그 실현은 경제적·재정적 조건과 인류학적 조건에 좌우된다. 그렇기 때문에 그 범위는 언제나 정치적 토론의 대상이 될 수밖에 없으며, 그 주된 내용인 사회보험제도를 사회국가원리로부터 추론할 수 있는가에 대하여도 학설은 일치되어 있지 않다.[6]

그러나 사회적 안전의 주요내용은 사회보험, 노동력보호, 가정의 보호 및 도움을 필요로 하는 자에 대한 배려 등이라는 데 대하여는 널리 의견이 일치되

Verwaltung, 1959, S. 25f.; ders., *Der Staat der Industriegesellschaft*, 1971, S. 75f.

1) 예컨대 F. X. Kaufmann, *Sicherheit als soziologisches und sozialpolitisches Problem*, 1973, S. 39, 119는 안전은 '사회적 가치이념'(gesellschaftliche Wertidee)에 지나지 않으므로 '실천가능한 사회정책적 목표'(praktikables sozialpolitisches Ziel)가 될 수 없다고 한다.

2) E. Buchholz, Sozialstaatsprinzip und Sozialpolitik. in: derS. u. a.(Hrsg.), *Die Grenzen der Planung. Aufsätze zur Sozial- und Wirtschaftspolitik*, 1976, S. 1ff. (2f.).

3) Ch.-F. Menger, Der Begriff des sozialen Rechtsstaates im Bonner Grundgesetz, S. 69.

4) G. Nicolaysen, Wohlstandesvorsorge, in: E. Stödter/W. Thieme(Hrsg.), *Hamburg, Deutschland, Europa*, 1977, S. 485ff.

5) H.-P. Ipsen, Diskussionsbeitrag, *VVDStRL* Heft 24, S. 222; P. Badura, Die Daseinsvorsorge als Verwaltungszwecke der Leistungsverwaltung und der soziale Rechtsstaat, DöV 1966, S. 624ff.(632).

6) 예컨대 찬성하는 학자로는 E. R. Huber, Rechtsstaat und Sozialstaat in moderner Industriegesellschaft, S. 610, 반대 또는 유보적인 입장에 있는 학자로는 E. Benda, *Industrielle Herrschaft und sozialer Staat*, S. 80ff.를 들 수 있다.

어 있다.[1] 독일연방행정법원은 사회국가조항으로부터 생활에 필요한 최저생계비를 청구할 개인의 권리를 추론한 바 있고[2] 독일연방헌법재판소도 최저생계비의 보장은 진정한 급부청구권으로 보고 있다.[3]

(4) 社會의 統合

350. 사회의 통합: 국민의 생활을 배려하고 사회적 정의를 실현함으로써 계층 사이의 통합을 이루고 평화를 정착시키려는 것

'사회의 통합'(Integration der Gesellschaft)은 사회적 정의, 사회적 안전과 더불어 사회국가의 이념적 내용의 하나이다. 그러나 국내의 경우 사회의 통합을 사회국가의 이념내용으로 보는 학자는 거의 없다.[4]

그러나 사회적·경제적으로 도움이 필요한 자들을 보호하고, 지나친 사회적 차이를 균형시키고, 당사자의 능력에 따라 부담과 혜택을 분배하는 방향으로 사회적 정의를 실현시키려는 시도들은 법적 평등을 기회의 평등 또는 '기회에 있

---

1) W. Geiger, Was heißt sozialer Rechtsstaat nach dem Grundgesetz, S. 16f.; O. Bachof, Begriff und Wesen des sozialen Rechtsstaates, S. 204f.; E. Benda, *Industrielle Herrschaft und sozialer Staat*, S. 71; E. R. Huber, Rechtsstaat und Sozialstaat in moderner Industriegesellschaft, S. 600f.

2) 1954년 6월 24일자 연방행정법원판결(BVerwGE 1, 159, 161f.). "법률이 보호주체에게 (도움을) 필요로 하는 자를 위하여 의무를 부과하고 있다면, (도움을) 필요로 하는 자는 그에 상당하는 권리를 가진다."

3) 국가공동체는 도움이 필요한 자에게 "어떤 경우에도 인간다운 생활을 영위하기 위한 최소한의 조건을 보장할" 의무가 있다(BVerfGE 40, 121, 133). 기본법 제 1 조 제 1 항과 사회국가원리로부터 최저생계비 보장에 대한 헌법적 기초를 도출할 수 있다(BVerfGE, 40, 121, 133; 45, 187, 228; 82, 60, 85; 113, 88, 108f.; 123, 267, 363; 125, 175, 222; 132, 134, 159). 최저생계비의 보장은, 사회국가원리가 주관적 청구권을 매개하지 않는다는 원칙의 예외로, 즉 진정한 급부청구권으로 이해된다(BVerfGE 125, 175, 222f. 참조). "인간다운 최저생계비 보장에 대한 직접적으로 헌법적인 급부청구권은 인간다운 생활을 유지하기 위하여 반드시 필요한 수단에만 해당되는 것은 아니다"(BVerfGE 125, 175, 223). 이 급부청구권의 범위는 인간다운 생활에 필수적인 것에 대한 사회적 견해, 도움을 필요로 하는 자의 구체적 생활상태 및 그때그때의 경제적 그리고 기술적 소여에 좌우되며 그에 따라 입법자에 의하여 구체적으로 결정된다(BVerfGE 125, 175, 224).

4) 국내의 경우 사회국가의 이념내용으로서 저자와 같은 의미에서 사회의 통합을 들고 있는 경우는 없는 것으로 보인다. 물론 권영성, 헌법학원론, 141쪽은 "사회국가는 산업화사회에서 발생하는 계급적 갈등을 사회개량정책을 통하여 해결하려는 국가이다. 그리고 사회개량정책이라 함은 … 사회적 통합을 이룩하려는 정책을 말한다"고 말하고 있고, 계희열, 헌법학(상), 340쪽은 후버 *E. R. Huber*를 원용하여 "사회국가란 시민계급이 장악하고 있는 기존의 국가와 무산대중간의 갈등을 사회적 통합을 통해 극복하려는 현대산업시대의 국가라고 말할 수 있다"고 말하고 있기는 하다. 그러나 E. R. Huber, Rechtsstaat und Sozialstaat in moderner Industriegesellschaft, S. 598는 sozial과 gesellschaftlich를 구별하는 입장에서 S. 600에서 '사회적 통합'(soziale Integration)을 이야기하고 있기 때문에 위의 저자들이 말하고 있는 사회적 통합은 이곳에서 말하고 있는 사회의 통합과는 다르다. 물론 계급적 갈등을 제거한다는 결론에서는 같다고 할 수 있다.

어서의 정의'(Chancengerechtigkeit)[1]를 통하여 보충하려는 노력을 나타낼 뿐만 아니라 또한 사회적 정의라는 목표로부터 사회의 통합에 이바지할 국가에 대한 위임을 나타내는 것으로 해석할 수 있다. 이러한 관점에서 사회국가로부터 "사회의 모든 신분과 계층의 국가이어야 할 헌법상의 의무"가 추론되는가 하면,[2] 계급투쟁의 가능한 원인을 제거하고 "계급투쟁에서 동반자관계로 이행할" 위임이 추론되기도 한다.[3] 곧 사회국가는 국가가 국민의 생활을 배려해야 하는 근거규정이 될 뿐만 아니라 그를 넘어서 국가가 사회적 정의의 실현을 통해서 계층 사이에 통합을 이루고 평화를 정착시키도록 노력해야 하는 근거규정이 된다.[4]

이렇듯 사회국가원리를 통합원리로 이해하는 경우 두 가지 문제점이 생겨날 수 있다. 그 하나는 사회국가의 1차적 수범자가 국가가 아닌 개개의 시민이 아닌가[5] 하는 점이다. 다른 하나는 사회국가원리로부터 추론된 국가의 사회통합의무가 어쩌면 '산업사회가 하나로 통합'(Einswerden der industriellen Gesellschaft)될 의무[6]로 변질되지는 않을까 하는 점이다. 첫 번째의 의문에 대하여는 비록 사회국가원리로부터 개인의 사회적합성의무를 추론하는 데 대하여 이의를 제기하는 견해는 없으나,[7] 독일연방 헌법재판소는 초기부터 사회국가의 수범자는 일차적으로 입법자라는 입장[8]을 견지해 왔음을, 그리고 두 번째의 의문에 대

---

1) R. Herzog, in: Maunz-Dürig-Herzog-Scholz, *Grundgesetzkommentar*, Art. 20 Ⅷ, Rdnr. 40.

2) W. Geiger, Was heißt sozialer Rechtsstaat nach dem Grundgesetz, S. 18.

3) E. Benda, *Industrielle Herrschaft und sozialer Staat*, S. 99, 147. 또한 E. R. Huber, Rechtsstaat und Sozialstaat in moderner Industriegesellschaft, S. 603f. 참조. 그러한 한에서 사회국가원리는 마르크스의 계급투쟁원리에 대한 대안(代案)이라고 할 수 있으며, 그렇기 때문에 사회국가와 사회주의국가는 구별되어야 한다.

4) 이러한 의미에서 Chr. Starck, Gesetzgeber und Richter im Sozialstaat, DVBl. 1978, S. 937ff.(938)는 사회국가에서 '평화배려'(Friedensvorsorge) 의무를 추론하고 있다.

5) 이러한 문제점을 크뤼거 *H. Krüger*와 페히너 *E. Fechner*는 다음과 같이 표현하고 있다. H. Krüger, Diskussionsbeitrag, in: *VVDStRL* Heft 12(1954), S. 11. 사회국가의 기능은 시민으로 하여금 "모든 자유에는 구속이 따름을" 의식하도록 하는 데 있다. E. Fechner, Freiheit und Zwang im sozialen Rechtsstaat, in: E. Forsthoff(Hrsg.), *Rechtsstaatlichkeit und Sozialstaatlichkeit*, 1968, S. 73ff.(84). 사회국가원리의 핵심은 "우리가 이제까지 사회국가의 본질로 보아 온 것과는 바로 정반대의 것이다. 문제는 … 전체에 대한 개인의 청구권이 아니라, 필요한 경우에는 강제를 수반하는 전체에 대한 개인의 의무이다."

6) E. R. Huber, Rechtsstaat und Sozialstaat in moderner Industriegesellschaft, S. 603.

7) 예컨대 E. Benda, *Industrielle Herrschaft und sozialer Staat*, S. 92ff.; W. Geiger, Was heißt sozialer Rechtsstaat nach dem Grundgesetz, S. 21 참조.

8) BVerfGE 1, 97(105).

하여는 사회국가해석론으로서 유일의 가능한 자유주의적 해석론은 바로 그러한 가능성을 문제삼고 있다는 것을 지적함으로써 충분할 것이다.

5. 社會國家와 補充性의 原理

(1) 槪　　觀

351. 사회국가와 복지국가 또는 급양국가의 구별: 보충성의 원리에 기초하고 있느냐에 따라

앞에서도 본 바와 같이 사회국가는 사회적 정의와 사회적 안전 및 사회의 통합을 그 이념내용으로 한다. 그리고 사회국가는 이러한 이념을 실현하기 위하여 분배하고 급부하며, 지도하고 감독하며, 계획하고 형성하며, 동기를 부여하며 장려하는 등 각종 작용을 수행한다.

사회국가를 실현할 의무는 일차적으로는 국가가 지지만, 그렇다고 해서 개개의 시민이 사회국가의 이념내용들을 스스로, 곧 자신의 노력과 자조(自助)와 자기책임하에 이루려는 것에 반대하지는 않는다. 만일 사회국가가 이 모든 일을 혼자서 독점하려 한다면, 국가는 과중한 부담에 시달릴 것이며, 인간의 국가에의 예속과 부자유는 늘어나기만 할 것이고, 개인의 자기주장의 의지와 개인적 결정의 자유 그리고 개인의 창의성은 마비될 것이다. 곧 1949년 이후 독일에서 구체화되어 온 사회국가는 사회적 문제를 해결하는 데 인격의 자유로운 발전과 사회의 자율을 우선하며, 이러한 개인과 사회의 노력이 기능하지 않을 때에만 국가는 부차적으로 도움을 제공하고 배려하며 조정한다는 기본적 사고를 바탕으로 하고 있다. 이러한 점에서 사회국가는 복지국가 또는 '급양국가'(給養國家, Versorgungsstaat)와 구별된다.[1] 그러한 한에서 사회국가는 넓은 의미에서 보충성

1) W. Geiger, Was heißt sozialer Rechtsstaat nach dem Grundgesetz, S. 25f.; K. Hesse, *Grundzüge des Verfassungsrechts der Bundesrepublik Deutschland*, S. 88(Rdnr. 215); H. J. Wolff/O. Bachof, *Verwaltungsrecht* Ⅲ, 1974, S. 209. 국내의 경우 허영, 한국헌법론, 152쪽과 계희열, 헌법학(상), 343쪽은 사회국가와 복지국가를 개념상 구별한다. 그러나 권영성, 헌법학원론, 140쪽, 각주 1은 사회국가와 복지국가를 동일한 개념으로 보거나 사회복지국가라는 합성어로 사용하여도 무방하다고 한다.

그러나 Charles I. Scottland(ed.), *The Welfare State*, 1967, p. 16에 따르면 복지국가라는 용어를 고안한 York의 대주교 템플 *William Temple*은 복지국가를 공산주의자와 나치의 권력국가에 반대하는 뜻으로 사용하였다고 한다. 따라서 복지국가가 복지수준의 향상을 목표로 삼고 있고 반권력적이라는 점에서는 사회국가와 일면 상통하는 점이 있다고 할 수 있다. 그러나 오늘날 복지국가를 채택하고 있는 나라들에서는 국민생활이 하나에서부터 열까지 철저하게 국가의 사회보장제도에 따라 규율될 것이 요구되고 있다면, 복지국가는 개인의 노력과 자조와 자기책임을 기초로 하고 국가의 간섭과 배려는 보충적으로만 행해지는 사회국가와는 개념상 구별되어야 할 것이다.

의 원리[1]에 근거하고 있다고 할 수 있다.[2]

(2) 補充性의 原理의 意味와 性格

352. 보충성의 원리: 1. 가톨릭 사회이론의 핵심원리; 2. 개인이 스스로의 주도하에 그리고 스스로의 힘으로 할 수 있는 일을 개인에게서 박탈하여 공동체의 활동으로 삼아서는 안 된다; 3. 기본법의 내재적 구성부분, 일반 법정책적·자연법적·헌법적 원리

'보충성의 원리'(Subsidiaritätsprinzip)는 보조성의 원리라고도 번역되며 인간 존엄성의 원리, 정의의 원리와 더불어 가톨릭사회이론의 핵심을 이룬다.[3]

이 원리의 고전적인 표현은 교황 레오 13세의 사회문제에 대한 회칙 '노동헌장'(Rerum Novarum) 40주년을 기념하여 1931년 교황 비오 11세가 반포한 회칙 '사십주년'(Quadragesimo anno)에서 찾아볼 수 있다. 그에 따르면 이 원리는 관계가 변화되어서 과거에는 소규모공동체가 해결할 수 있었던 과제들이 이제는 더 커다란 공동체에 의해서만 해결될 수 있게 되었다 하더라도, "개인이 스스로의 주도하에 그리고 스스로의 힘으로 할 수 있는 일을 개인에게서 박탈하여 공동체의 활동으로 삼아서는 안 된다"[4]는 것을 뜻한다.

판례 〈국토이용관리법 제21조의3 제 1 항, 제31조의2의 위헌심판(합헌)〉 "자유민주주의국가에서는 각 개인의 인격을 존중하고 그 자유와 창의를 최대한으로 존중해 주는 것을 그 이상으로 하고 있는 만큼 기본권 주체의 활동은 일차적으로 그들의 자결권과 자율성에 입각하여 보장되어야 하고 국가는 예외적으로 꼭 필요한 경우에 한하여 이를 보충하는 정도로만 개입할 수 있고, 이러한 헌법상의 보충의 원리가 국민의 경제생활영역에도 적용됨은 물론이므로 사적 자치의 존중이 자유민주주의국가에서 존중되어야 할 대원칙임은 부인할 수 없다."(헌재 1989. 12. 22. 88헌가13 결정)

---

1) 보충성을 '사적 생활형성의 우위'(Vorrang der privater Lebensgestaltung)로 표현하는 학자도 있고('사적 생활형성의 우위'에 대하여 더 자세한 것은 H. Sodan, *Freie Berufe als Leistungserbringer im Recht der gesetzlichen Krankenversicherung*, 1997; H. M. Meyer, *Vorrang der privaten Wikrtschafts- und Sozialgestaltung als Rechtsprinzip*, 2006 참조), '자기책임의 우선'(Primat der Selbstverantwortung)으로 표현하는 학자도 있다(H. F. Zacher, in: *HdbStR* Ⅱ § 28 Rdnr. 31). 보충성의 원리에 대한 국내문헌으로는 한지민, 헌법상 보충성의 원리에 관한 연구, 서강대학교 대학원 박사학위청구논문, 2014 참조.

2) H.-H. Hartwich, *Sozialstaatspostulat und gesellschaftlicher Status quo*, 1978, S. 340ff.

3) 이는 다수설의 입장이다. 그러나 B. Bender, Rechtsstaat und Sozialstaat. Zur Dialektik des heutigen Verfassungsstaats, in: Götz/Briefs(Hrsg.), *Laissez-faire-Pluralismus*, 1964, S. 359는 보충성원리는 최고의 사회철학적 원리이자 사회정책적 원리일 뿐 가톨릭사회이론의 정신적 전유물이 아니라고 하면서 이 원리는 개신교측에서도, 신자유주의에서도(*Eucken, Röpke*) 그리고 사회주의자들에게서도(*Preller*) 인정받고 있다고 한다.

4) Pius XI, Enzyklika Quadragesimo anno, Nr. 79, in: A. Utz(Hrsg.) *Die katholische Sozialdoktrin in ihrer geschichtlichen Entfaltung*, 1976, S. 554ff.(602f.).

보충성의 원리는 일반적으로 국가와 사회 사이에 과제를 분배하는 가늠자로서도 유효하다는 것이 통설의 입장이다.[1] 그뿐만 아니라 보충성의 원리는 그 자체만으로는 불확정적이며, 헤렌힘제(Herrenchiemsee)회의에서 이 원리의 수용을 명시적으로 거부했기 때문에, 헌법제정자에 의하여 자명하게 전제된 것으로 볼 수는 없다. 그렇지만 보충성의 원리는 기본권목록과 법치국가 및 연방국가규정으로부터 결론되는 기본법의 내재적 구성부분이며,[2] 일반 법정책적, 자연법적 그리고 심지어는 헌법적 원리로 생각된다.[3] 이러한 통설에 대해서는 예외적이기는 하지만 국가와 사회 사이에는 변할 수 없는 경계가 있다는 것을 이유로 보충성 원리의 적용을 거부하는 견해도 있다.[4]

(3) 社會國家와 補充性의 原理

353. 사회국가와 보충성의 원리: 1. 사회국가는 보충성의 원리에 근거; 2. 보충성원리의 근거: 다수설 — 법치국가; 소수설 — 사회국가

사회국가와 보충성의 원리의 관계의 문제는 사회국가원리로부터 국가활동의 보충성을 추론할 수 있는가라는 문제로 집약된다.[5]

1) 다수설의 입장

이 문제에 대하여 다수설은 사회국가원리는 국가와 사회가 공동으로 실현시켜야 할 과제영역을 규정함과 동시에 이러한 활동이 실현되어야 하는 척도를 규정하고 있고, 그러한 한에서 사회국가원리는 보충성의 원리가 적용될 수 있는 테두리를 제시하기는 하나, 그렇다고 보충성의 원리가 헌법적으로 효력을 가질 근거를 제시하지는 않는다고 한다.[6] 곧 사회국가원리로부터 국가활동의 보충성을 추론할 수는 있겠지만, 그것이 논리필연적인 것은 아니라는 것이다.[7] 오히려

---

1) E. Benda, *Industrielle Herrschaft und sozialer Staat*, S. 177; E. Buchholz, Sozialstaatsprinzip und Sozialpolitik, S. 5f.; Th. Fleiner-Gerster, *Allgemeine Staatslehre*, 1980, §38, 41. 헌법과 보충성의 원리에 관하여는 특히 J. Isensee, *Subsidiaritätsprinzip und Verfassungsrecht* 참조.

2) J. Isensee, *Subsidiaritätsprinzip und Verfassungsrecht*, S. 281.

3) H. F. Zacher, *Freiheit und Gleichheit in der Wohlfahrtspflege*, 1964, S. 73.

4) R. Herzog, Subsidiaritätsprinzip und Staatsverfassung, Der Staat 1963, S. 399ff.; ders., *Allgemeine Staatslehre*, 1971, S. 150.

5) 이 밖에도 Chr. Starck, Gesetzgeber und Richter im Sozialstaat, S. 939는 보충성의 원리에서 사회국가의 헌법적 한계를 볼 수 있는가라는 의문을 제기하고 있다. 그러나 이 질문에 대하여는 거의 모든 학자들이 긍정적인 대답을 하고 있기 때문에 검토할 필요가 없다고 생각한다.

6) J. Isensee, *Subsidiaritätsprinzip und Verfassungsrecht*, S. 269.

7) H.-H. Hartwich, Sozialstaatspostulat und gesellschaftlicher Status quo, S. 341.

사회적 법치국가의 결과로서의 보충성의 원리는 일반적으로 사회국가적 간섭에 대한 법치국가적 자유보호로 나타나기 때문에 보충성의 원리는 법치국가로부터 추론함이 논리적일 것이라고 한다.[1]

2) 소수설의 입장

이에 대하여 소수설은 보충성원리는 내용적으로 하위공동체가 능력이 없는 경우에는 상위공동체가 적극적으로 도와야 하는 측면(실질적 부조원리 materiales Hilfsprinzip)과 하위공동체가 능력이 있는 경우에는 상위공동체는 소극적으로 간섭해서는 안 되는 측면(형식적 보충원리 formales Prinzip der ersatzweisen Zuständigkeit)을 가진다고 한다.[2] 그리고 이 견해는 사회국가원리를 구체화시키고 있는 '연방사회부조법'(Bundessozialhilfegesetz = BSHG) 제 2 조에 규정된 보충성의 원리를 근거로 사회국가원리와 보충성원리의 직접적 연관을 주장한다.[3]

3) 사 견

결국 어떤 견해에 따르든 사회국가와 보충성의 원리 사이에 일정한 관계를 추론할 수 있다. 오히려 중요한 것은 다음과 같은 점을 강조하는 것일 것이다. 사회국가는 시민과 사회를 객체로 보아서는 안 되고 주체로 보아야 하며,[4] 시민과 공동체를 동반자로 간주해야만 한다. 그렇기 때문에 사회국가원리는 한편으로는 사회국가가 개인의 자유로운 발전과 책임을 무시하는 급양국가로 전락하는 것으로부터 개인과 공동체를 보호하지 않으면 안 된다. 곧 사회국가원리는 국가기구에 대하여 자유로운 복지단체의 우선권을 보장하지 않으면 안 된다.[5] 그리고 다른 한편으로는 사회국가원리는 국가를 국민의 과도한 요구로부터 보호하여야 한다. 왜냐하면 사회국가원리는 개인과 사회의 일차적인 책임을 전제하고 자조(自助)가 가능한 경우에는 국가의 보조는 불필요한 것으로 생각하기 때문이다.[6][7]

---

1) H. J. Wolff, *Verwaltungsrecht* Ⅲ, § 138 Ⅱ b, c.
2) B. Bender, Rechtsstaat und Sozialstaat, S. 359.
3) B. Bender, Rechtsstaat und Sozialstaat, S. 360. 그 밖에도 사회국가원리로부터 보충성의 원리를 추론하는 견해는 M. Bernzen, *Das Subsidiaritätsprinzip als Prinzip des deutschen Staatsrechts*, Diss. Kiel, 1966, S. 64, 67에서 찾아볼 수 있다.
4) O. Bachof, Begriff und Wesen des sozialen Rechtsstaates, S. 247; Chr. Starck, Gesetzgeber und Richter im Sozialstaat, S. 941, 945.
5) J. Isensee, *Subsidiaritätsprinzip und Verfassungsrecht*, S. 276.
6) J. Isensee, *Subsidiaritätsprinzip und Verfassungsrecht*, S. 269, 276.
7) 보충성의 원리에 대하여 더 자세한 것은 홍성방, 헌법상 보충성의 원리, 공법연구 제36집 제 1 호(2007. 10.), 601쪽 이하 및 그곳에 인용된 여러 논문 참조.

6. 社會國家와 法治國家의 關係

(1) 學 說

1) 내 용

354. 사회국가와 법치국가의 관계에 관한 학설과 그 문제점

사회국가와 법치국가의 관계에 대하여는 양자가 '이율배반'(Antinomie)의 관계에 있다는 견해[1]에서 시작하여, 양자는 두 개의 보충적 목표로서 서로를 보완한다는 견해[2]와 양자의 '완벽한 일치'(lückenlose Konkordanz)를 요구하는 견해[3]를 거쳐, 법치국가의 틀·형식·내용에 사회국가를 엄격하게 구속하려는 견해[4] 등 다양한 견해가 있다.

사회국가와 법치국가의 관계에 대하여 이렇듯 다양한 견해가 있는 이유는 우선은 법치국가를 어떻게 이해하는가와 밀접한 관계가 있다. 법치국가를 국가작용의 형식적 합법성만을 지향하는 형식적(시민적) 법치국가로 이해하는 경우, 그 결론은 필연적으로 사회국가와 법치국가의 이율배반에 이를 수밖에 없다. 그러나 현대의 법치국가는 형식적 법치국가임과 아울러 국가작용의 내용적 정당성을 지향하는 실질적 법치국가이기 때문에, 이러한 결론은 더 이상 유지될 수 없다.[5]

2) 검 토

그러나 법치국가를 형식적·실질적 법치국가로 보는 경우에도 사회국가 특유의 이념내용을 확실히 하지 않거나 두 가지 헌법원리의 내용을 비슷하거나 동일한 것으로 보는 경우에는 법치국가와 사회국가는 상호모순적인 관계가 아니라 상호보충적인 관계에 있다는 결론을 내리게 된다.[6] 또는 법치국가는 형식적 법

1) E. R. Huber, (주 245), S. 612; E. Forsthoff, Begriff und Wesen des sozialen Rechts-staats, *VVDStRL* Heft 12(1954), S. 8ff.

2) H. Maier, Sozialer Rechtsstaat — ein Widerspruch, in: P. Haungs(Hrsg.), *Res publica. Studium zum Verfassungswesen. Dolf Sternberger zum 70. Geburtstag*, 1977, S. 219ff.(225).

3) R. Herzog, in: Maunz-Dürig-Herzog-Scholz, *Grundgesetz-Kommentar*, Art. 20 Ⅷ, Rdnr. 31.

4) K. Hesse, Der Rechtsstaat im Verfassungssystem des Grundgesetzes, in: E. Forsthoff (Hrsg.), *Rechtsstaatlichkeit und Sozialstaatlichkeit*, 19 68, S. 557ff.; ders., *Grundzüge des Verfassungsrechts der Bundesrepublik Deutschland*, S. 85ff.

5) 국내의 교과서들은 법치국가와 사회국가의 관계에 대하여 거의 언급하고 있지 않다. 예외적인 경우로 계희열, 헌법학(상), 343쪽은 "사회국가는 법치국가(=시민적·자유주의적 법치국가)와 구별된다"고 한다.

6) 이는 독일의 통설과 판례의 입장이다. 예컨대 J. A. Kämmerer, *Staatsorganisationsrecht*,

치국가이면서 동시에 실질적 법치국가이며, 더 나아가서 사회적 법치국가라고 하면서[1] 결국은 사회국가의 독자성을 부정하고 사회국가를 법치국가에 흡수·소멸되게 하는 결론에 이를 수밖에 없게 된다.

(2) 私 見

355. 사회국가와 법치국가의 관계에 대한 사견: 1. 사회국가는 법치국가와는 구별되는 이념내용을 갖는다; 2. 법치국가와 사회국가는 상호제약관계·긴장관계에 있기도 하다; 3. 법치국가는 사회국가에 방법적 한계를 제시한다; 4. 법치국가와 사회국가는 인간의 존엄 속에서 변증법적으로 통합된다

결국 사회국가와 법치국가의 관계를 분명히 하기 위해서는 법치국가의 내용을 분명히 함으로써 양자의 관계를 확인할 수밖에 없다. 실질적 법치국가는 형식적 법치국가의 남용 내지는 악용으로(단순한 법률국가로 타락하였으며, 단순한 법률국가에서는 법률은 모든 자의적 내용을 수용할 수 있었고 심지어 실질적인 불법도 승인하는 것이 가능하게 되어) 인간이 누려야 할 자유, 평등, 정의의 상태를 누리지 못하고 예속과 불평등과 불의의 상태에서 고통을 받는 데 대한 해결책으로서 등장했다.[2] 기본법의 법치국가(형식적·실질적 법치국가 — 저자)는 자유주의적 법치국가이고, 그 목적은 모든 국가권력의 행사를 법적으로 제한하고 완화시키는 데에 있다.[3]

이에 반해서 사회국가는 산업혁명과 전쟁과 경제위기에 대한 20세기의 대답으로 등장했다고 볼 수 있다. 그리고 실질적 법치국가로써 해결하려는 예속과 불평등과 불의의 원인 제공자가 주로 국가라면, 사회국가로써 해결하려는 빈곤의 원인제공자는 국가에 한정되지는 않는다. 그곳에는 개인, (산업)사회 그리고

S. 46는 법치국가는 국가구성원리를, 사회국가는 국가목표를 나타낸다고 하면서 법치국가와 사회국가는 동일한 메달의 두 개의 측면을 다루고 있다고 한다. 그리고 이러한 견해에 따르면 (실질적) 법치국가는 실질적 정의를 창출하는 것과 관련이 있고, 실질적 정의는 '사회적 관심사'(soziale Belange)의 실현과도 관계되기 때문에 바로 그곳에서 법치국가와 사회국가는 서로 만나게 되며(S. 46), 그러한 한에서 사회국가원리는 법치국가원리와 '공생'(symbiotisch) 관계에 있다고 한다(S. 55). 국내에서는 허영, 한국헌법론, 152쪽이 이 입장을 취하고 있다.

1) 이는 K. Hesse, Der Rechtsstaat im Verfassungssystem des Grundgesetzes의 입장이다. 국내에서는 계희열, 헌법학(상), 320쪽이 이 입장을 취하고 있다.

2) 독일에서 일반적으로 형식적 법치국가는 국가의 모든 권력행사가 법률과 법에 따라 예측되어야 함을 요구하는 것으로 이해된다. 독일연방헌법재판소는 법치국가원리를 말하는 경우 법치국가원리의 부분영역만을 규율하고 있는(BVerfGE 30, 1, 24f.), "입법은 헌법질서에 구속되고, 집행과 사법은 법률과 법에 구속된다"라고 규정하고 있는 기본법 제20조 제 3 항을 든다(BVerfGE 39, 128, 143; 93, 99, 107; 95, 64, 82). 그에 반하여 실질적 법치국가는 국가의 모든 활동이 (실질적) 정의의 사고에 의하여 지배되어야 할 것을 요구한다(BVerfGE 21, 378, 388; 52, 131, 144f.; 95, 96, 130). 즉 실질적 법치국가는 '실질적 정의의 원리'(Prinzip der materiellen Gerechtigkeit)에 기초하고 있는 국가라 할 수 있다.

3) Chr. Degenhart, *Staatsrecht I, Staatsorganisationsrecht*, 28. Aufl. Rdnr. 133(이곳에서는 홍일선 역, 독일헌법총론, 95쪽에 따랐음).

국가가 포함되며, 그 밖에도 사회구조가 속한다고 할 수 있다. 따라서 현대법치국가의 실질적 내용을 자유, 평등, 정의라고 하고, 사회국가의 이념내용을 실질적 자유와 실질적 평등이라고 하거나,[1] 사회국가의 내용으로서 사회적(실질적) 평등과 사회적(실질적) 자유를 드는 경우에도,[2] 법치국가에서 말하는 자유, 평등, 정의와 사회국가에서 말하는 자유, 평등, 정의는 앞에서 이미 보았듯이 사회적=실질적이 아니기 때문에, 같은 것일 수 없다. 그렇다면 사회국가는 법치국가와는 구별되는 특유의 내용을 가졌다고 할 수 있고, 이는 앞에서 말한 사회적 정의, 사회적 안전, 사회의 통합이라 할 수 있다.

이렇듯 법치국가와 사회국가는 각각 특유의 내용을 가지고 있기 때문에, 각각 그 이념을 실현하기 위하여 법치국가는 국가권력을 제한하려고 하고, 사회국가는 필요하다면 국가권력을 강화시키려고 한다. 그 결과 양자 사이에는 상호제약관계, 긴장관계가 성립되기도 한다. 그러나 법치국가는 '정치적인 형식원리'(politisches Formprinzip)이기도 하기 때문에,[3] 그리고 법치국가로부터 추론되는 보충성의 원리는 동시에 헌법상의 일반원리이기도 하기 때문에, 법치국가는 사회국가에 방법적 한계를 제시한다.[4] 곧 주로 급부행정을 통하여 실현되는 사회국가적 활동은 법률적합성의 원칙을 따라야 한다.[5] 왜냐하면 법치국가적 수단을 떠난 사회국가는 반드시 독재에 이를 것이기 때문이다.[6] 뿐만 아니라 법치국가와 사회국가는 한편으로는 그 자체 목적이면서, 다른 한편으로는 그보다 더 높은 가치인 인간의 존엄과 가치를 위한 수단이기 때문에, 인간의 존엄과 가치를 실현하기 위해서는 상호보완, 상호협조하는 관계에 놓이게 된다. 그리고 이러한 법치국가와 사회국가의 관계는 자유와 평등의 관계에 비교될 수 있다. 곧 법치국가와 사회국가는 인간의 존엄 속에서 변증법적으로 통합된다.

---

1) 허영, 한국헌법론, 157쪽.
2) 계희열, 헌법학(상), 345-348쪽.
3) U. Scheuner, Die neuere Entwicklung des Rechtsstaats in Deutschland, in: ders., *Staatstheorie und Staatsrecht*, 1978, S. 185ff.(188).
4) 계희열, 헌법학(상), 350쪽 및 각주 39 참조.
5) Chr. Starck, Gesetzgeber und Richter im Sozialstaat, S. 944f. 또한 BVerfGE 40, 249 참조.
6) W. Kägi, Zur Entwicklung des schweizerischen Rechtsstaates seit 1848, in: *Hundert Jahre Schweizerisches Recht. Jubiläumsausgabe der Zeitschrift für Schweizerisches Recht*, S. 222. 여기서는 H. Gerber, Die Sozialstaatsklausel des Grundgesetzes, AöR 81(1956), S. 1(25)에서 재인용함. 또한 H. Heller, *Rechtsstaat oder Diktatur?*도 참조.

7. 社會國家의 限界

356. 사회국가의 한계: 1. 법치국가적 한계; 2. 보충성의 원리에 의한 한계; 3. 국가의 재정·경제력에 의한 한계; 4. 기본권적 한계

사회국가의 한계, 더 정확하게 말한다면 사회국가의 이념을 실현하는 방법적 한계에는 여러 가지가 있다.[1] 그러나 사회국가원리를 법적으로는 구속력을 가지며, 기능적으로는 개방성을 가진 헌법규정으로 이해하는 선에서 사회국가를 소여가 아닌 사회국가의 이념적 내용, 곧 사회적 정의, 사회적 안전, 사회의 통합을 달성하려는 소극적·적극적 과제로 파악하면서 사회국가가 법치국가적 형식을 벗어날 경우 급양국가로 전락하게 된다는 것을 분명히 하고 있는 자유주의적 해석론을 기초로 설명될 수밖에 없다는 입장을 취하는 경우에는 사회국가는 다음과 같은 한계를 가진다고 할 수 있다. 사회국가의 한계에 대해서는 앞의 여러 곳에서 언급했기 때문에, 이곳에서는 간추리는 것으로 충분할 것이다.

첫째, 사회국가의 실현은 보충성의 원리에 의하여 제한된다. 다만 구조적인 사회적·경제적 약자에게는 보충성의 원리를 적용하기가 곤란할 것이므로 국가는 인간다운 최저생활을 보장해야 할 것이다.

둘째, 사회국가의 실현에는 법치국가적 한계가 인정된다. 그러나 여기에서 말하는 법치국가란 주로 법률적합성의 원칙이란 의미를 가진다.

셋째, 사회국가의 실현에는 기본권적 한계가 있다. 곧 사회국가의 이념을 실현하는 과정에서 기본권적 자유의 본질적 내용을 침해해서는 안 된다.

넷째, 사회국가의 실현은 국가의 재정·경제력에 의해 좌우된다. 그렇기 때문에 국가는 사회국가의 실현을 위하여 소요되는 막대한 재원을 확보하기 위해서 계속적인 물가안정, 경제성장, 무역수지의 균형, 완전고용을 꾀해야 하며, 더

1) 국내교과서에서 들고 있는 사회국가의 한계는 다음과 같다. 권영성, 헌법학원론, 142쪽은 개념본질상의 한계, 법치국가원리에 의한 한계, 기본권제한상의 한계, 재정·경제력에 의한 한계, 보충성의 원리에 의한 한계를, 허영, 한국헌법론, 153-155쪽은 이념적 한계와 실질적 한계(경제정책적 한계, 제도적·재산권적 한계)를, 계희열, 헌법학(상), 349-351쪽은 법치국가적 한계, 이념적·개념적 한계, 재정적 한계를 각각 들고 있다. 이들 사이에서 보이는 가장 커다란 차이는 허영, 한국헌법론, 155쪽이 사회국가의 한계는 '체계적합성'의 문제이기 때문에 법치국가원리에서 사회국가실현의 방법적 한계를 찾아야 할 필연성을 부정하는 반면, 특히 계희열, 헌법학(상), 350쪽, 각주 39는 체계적합성을 적용하여 사회국가의 한계를 찾는 것은 시기상조라고 보고 그러한 한에서 사회국가실현에서 법치국가적 한계를 빼놓을 수 없다고 보는 데 있다. 그러나 저자의 생각으로는 사회국가의 한계는 사회국가의 이념적 내용을 실현함에 있어서 어떤 방법상의 한계가 있는가 하는 문제이며, 그러한 한에서 사회국가해석모델의 문제이지 체계적합성의 문제로 볼 수는 없다. 그렇기 때문에 사회국가의 한계를 논함에 있어서 이념적 한계를 드는 것 또한 문제가 있다고 생각한다.

나아가서 정의로운 조세제도를 확립하여야 한다.

8. 우리 憲法에 具體化된 社會國家原理

357. 우리 헌법에 구체화된 사회국가원리: 헌법전문, 사회적 기본권, 경제에 대한 규정 등에서 구체화

우리 헌법은 명시적으로 사회국가에 대하여 언급하지는 않고 있다. 그러나 다음과 같은 규정들에서 사회국가의 이념적 내용들을 실현하고자 한다.

우리 헌법은 첫째, 전문에서 "… 정치·경제·사회·문화의 모든 영역에서 각인의 기회를 균등히 하고 … 안으로는 국민생활의 균등한 향상을 기한다"고 선언하고 있다. 둘째, 제10조에서는 "모든 국민은 인간으로서의 존엄과 가치를 가지며, 행복을 추구할 권리를 가진다"라고 하여 기본권보장의 대원칙을 선언하고 있다. 셋째, 제23조 제 2 항에서는 사회적 정의의 요청에 따라 "재산권의 행사는 공공복리에 적합하도록 하여야 한다"고 하고 있다. 넷째, 제31조부터 제36조에 걸쳐 사회적 기본권을 규정하고 있다. 다섯째, 제119조 제 2 항에서는 "국가는 균형있는 국민경제의 성장 및 안정과 적정한 소득의 분배를 유지하고, 시장의 지배와 경제력의 남용을 방지하며, 경제주체간의 조화를 통한 경제의 민주화를 위하여 경제에 관한 규제와 조정을 할 수 있다"고 하여 사회적 시장경제를 채택하고, 이를 실현하기 위한 구체적 방법을 제120조에서 제127조에 걸쳐 규정하고 있다.

판례 〈국토이용관리법 제21조의3 제 1 항, 제31조의2의 위헌심판(합헌)〉 우리 헌법 제119조 2항은 "헌법이 이미 많은 문제점과 모순을 노정한 자유방임적 시장경제를 지향하지 않고 아울러 전체주의국가의 계획통제경제도 지양하면서 국민 모두가 호혜공영하는 실질적인 사회정의가 보장되는 국가, 환언하면 자본주의적 생산양식이라든지 시장메커니즘의 자동조절기능이라는 골격은 유지하면서 근로대중의 최소한의 인간다운 생활을 보장하기 위하여 소득의 재분배, 투자의 유도·조정, 실업자구제 내지 완전고용, 광범한 사회보장을 책임있게 시행하는 국가, 즉 민주복지국가의 이상을 추구하고 있음을 의미하는 것이다."(헌재 1989. 12. 22. 88헌가13 결정)

판례 〈주세법 제38조의7 등에 대한 위헌제청(위헌)〉 "우리 헌법은 전문 및 제119조 이하의 경제에 관한 장에서 '균형 있는 국민경제의 성장과 안정, 적정한 소득의 분배, 시장의 지배와 경제력남용의 방지, 경제주체간의 조화를 통한 경제의 민주화, 균형 있는 지역경제의 육성, 중소기업의 보호육성, 소비자보호' 등 경제영역에서의 국가목표를 명시적으로 규정함으로써 국가가 경제정책을 통하여 달성하여야 할 공익을 구체화하고 있다. 이와 같이 우리 헌법의 경제질서는 사유재산제를 바

탕으로 하고 자유경쟁을 존중하는 자유시장 경제질서를 기본으로 하면서도 이에 수반되는 갖가지 모순을 제거하고 사회복지·사회정의를 실현하기 위하여 국가적 규제와 조정을 용인하는 사회적 시장경제질서로서의 성격을 띠고 있다. 그러나 경제적 기본권의 제한을 정당화하는 공익이 헌법에 명시적으로 규정된 목표에만 제한되는 것은 아니고, 헌법은 단지 국가가 실현하려고 의도하는 전형적인 경제목표를 예시적으로 구체화하고 있을 뿐이므로 기본권의 침해를 정당화할 수 있는 모든 공익을 아울러 고려하여 법률의 합헌성 여부를 심사하여야 한다."(헌재 1996. 12. 26. 96헌가18 결정)

第 4 節　文化國家原理

1. 憲法의 基本原理

(1) 文化에 대한 최초의 憲法規定

358. 문화에 대한 최초의 헌법규정: 바이마르헌법 제18조 제 1 항

인간은 정신적 능력을 통하여 동물과는 구별된다. 그러한 능력은 사회생활에서 문화로 표현된다. 문화는 과학 및 기술과 함께 경제의 기반을 이룬다. 모든 사회적 영역이 국가 내에서 통합되면서 문화를 보호·육성·진흥·전수시키는 일 또한 중요한 국가적 과제로 이해되게 되었다. 따라서 오늘날에는 모든 문화의 영역이 자신의 고유법칙에 따라 발전할 수 있도록 국가가 그에 필요한 전제조건을 마련해 주는 것이 매우 중요한 의미를 가지게 되었다. 이에 따라 1919년 바이마르 헌법은 처음으로 문화에 대한 규정을 두게 되었다.[1] 제 2 차 세계대전 후에는 국제법적인 차원[2]에서뿐만 아니라 각국 헌법에서도 점차 문화국가조항을 명문화하기 시작하였다.[3]

---

1) 바이마르 헌법 제18조 제 1 항: "라이히를 각 란트로 분할함에 있어서 국민의 경제 및 문화상의 최고의 이익에 부응할 수 있도록 가급적이면 관계주민의 의사에 따라야 한다."

2) 1948년의 세계인권선언 제27조 제 1 항은 "모든 인간은 사회·문화적 활동에 참가하고 예술을 감상하며 과학의 진보와 그 응용의 혜택을 누릴 권리를 가진다"라고 규정하고 있고, 이를 더욱 구체화한 1966년의 '경제적·사회적·문화적 권리에 관한 국제규약'은 문화적 권리의 인권성을 국제적 차원에서 선언하고 있다.

3) 특히 주목을 요하는 것은 독일의 경우 문화국가를 국가목표규정으로 고양시키려는 시도가 진지하게 논의되고 있다는 점이다. *Bericht der Sachverständigenkommission, Staatszielbestimmungen/Gesetzgebungsaufträge*, hrsg. von Bundesministern des Innen und der Justiz, 1983 참조.

(2) 우리 憲法의 基本原理

359. 문화국가원리: 우리 헌법의 기본원리

따라서 우리 헌법도 전문을 비롯한 여러 곳에서 문화에 관한 규정을 두고 있다. 이러한 규정들을 근거로 국내에서는 문화국가원리가 우리 헌법의 기본원리라는 데 대하여 의견이 합치되고 있다.[1] 헌법재판소도 문화국가를 헌법의 기본원리라고 한다. 그러나 다른 헌법의 기본원리와는 달리 문화국가에 대하여는 아직까지 충분한 논의가 이루어지지 못했다.[2]

판 례 **〈학교보건법 제6조 제1항 제2호 위헌제청, 학교보건법 세19조 등 위헌 제청(위헌, 헌법불합치)〉** "우리나라는 건국헌법 이래 문화국가의 원리를 헌법의 기본원리로 채택하고 있다. 우리 현행 헌법은 전문에서 '문화의 … 영역에 있어서 각인의 기회를 균등히' 할 것을 선언하고 있을 뿐 아니라, 국가에게 전통문화의 계승·발전과 민족문화의 창달을 위하여 노력할 의무를 지우고 있다(제9조). 또한 헌법은 문화국가를 실현하기 위하여 보장되어야 할 정신적 기본권으로 양심과 사상의 자유, 종교의 자유, 언론·출판의 자유, 학문과 예술의 자유 등을 규정하고 있는바, 개별성·고유성·다양성으로 표현되는 문화는 사회의 자율영역을 바탕으로 한다고 할 것이고, 이들 기본권은 견해와 사상의 다양성을 그 본질로 하는 문화국가원리의 불가결한 조건이라고 할 것이다."(헌재 2000. 4. 27. 98헌가16 등 병합결정; 헌재 2004. 5. 27. 2003헌가1 등 병합결정)[3]

---

1) 김철수, 헌법학개론, 86쪽; 권영성, 헌법학원론, 144쪽 이하; 허영, 한국헌법론, 161쪽 이하; 계희열, 헌법학(상), 367쪽 이하.

2) 문화국가에 대한 연구로는 예컨대 전광석, 헌법과 문화, 공법연구 제18집, 1990, 161쪽 이하; 유시조, 문화국가의 개념과 법적 성격, 법학연구 제3집(부산외국어대학), 1991, 57쪽 이하; 김수갑, 헌법상 문화국가원리에 관한 연구, 고려대학교대학원 박사학위논문, 1993; 김수갑, 문화국가론, 충북대학교출판부, 2012 등이 있을 정도이다.

3) 이밖에도 문화국가원리에 대한 헌법재판소의 판례로는 구 「전통사찰보존법」 사건〈헌재 2003. 1. 30. 2001헌바64 결정(구 「전통사찰보존법」 제6조 제1항 제2호 등 위헌소원사건)〉, 과외교습금지 사건〈헌재 2000. 4. 27. 98헌가429 등 병합결정(「학원설립·운영에 관한 법률」 제22조 제1항 제1호 등 위헌제청, 「학원설립·운영에 관한 법률」 제3조 등 위헌확인)〉, 문화예술진흥기금 납입금 사건〈헌재 2003. 12. 18. 2002헌가2 결정(구 문화예술진흥법 제19조 제5항 등 위헌제청)〉, 스크린쿼터제 사건〈헌재 1995. 7. 21. 94헌마125 결정(영화법 제26조 등 위헌확인)〉, 호주제 사건〈헌재 2005. 2. 3. 2001헌가9 등 병합결정(민법 제781조 제1항 본문 후단 부분 위헌제청 등)〉, 동성동본금혼제 사건〈헌재 1997. 7. 16. 95헌가6 등 병합결정(민법 제809조 제1항 위헌제청)〉, 학교운영위원회 위원 전원에 의한 교육위원 및 교육감 선출제도 사건〈헌재 2002. 3. 28. 2000헌마283 결정(「지방교육자치에 관한 법률」제62조 제1항 위헌확인)〉 등이 있다.

2. 文化國家의 概念

(1) 文化의 槪念

1) 문화의 어원

360. 문화의 어원: 경작하다 또는 돌보다라는 뜻을 가진 라틴어 cultura에서 유래

문화국가에 대하여 체계적으로 논하기 위해서는 문화의 개념에 대한 명료성이 성립되어야만 그 논의가 의미있는 것이 될 수 있다. 특히 법학분야에서 문화의 개념을 분명히 하는 것은 인식대상을 명확히 할 뿐 아니라 그 범위를 확정하는 것과 관련해서 중요한 의미를 갖는다.

'문화'(culture, Kultur)라는 말은 경작하다 또는 돌보다라는 뜻을 가진 라틴어 cultura에 그 어원을 두고 있다. 처음 이 말은 자연적으로 주어진 것을 가꾸고 돌본다는 의미로 사용되었다. 그러나 시간이 흐르면서 자연만이 아니라 인간의 정신과 영혼을 도야한다는 의미로 발전하게 된다. 이렇게 문화를 자연에 인간의 활동이 가해진 것으로 볼 때에는 문화란 사회학에서 일반적으로 사용되듯이 "사회 내의 전형적인 생활양식, 가치관 및 행위양식을 총칭"하는 것[1]일 수밖에 없다.

2) 문화에 대한 법학적 정의

361. 문화에 대한 법학적 정의: 국가와 특별한 관계를 가지고 있는 인간의 정신적·창조적 활동영역

그러나 이러한 포괄적인 개념을 가지고는 문화의 보호·육성·진흥·전수라는 특수한 과제를 그 밖의 공공의 과제들과 명확하게 구별할 수 없다. 뿐만 아니라 국가와 문화의 관계에 대한 물음은 이러한 기초 위에서는 충분하게 논의될 수 없으며, 더구나 법적인 맥락으로는 나갈 수 없다.[2] 따라서 법학적으로는 문화는 "국가와 특별한 관계를 가지고 있는 인간의 정신적·창조적 활동영역"으로 정의된다.[3] 전통적으로 이러한 문화의 범주에 속하는 것으로는 교육, 학문, 예술, 종교를 들 수 있다.[4]

---

1) U. Steiner, Kulturauftrag im staatlichen Gemeinwesen, *VVDStRL* Heft 42(1984), S. 8f.

2) D. Grimm, Kulturauftrag im staatlichen Gemeinwesen, *VVDStRL* Heft 42, 1984, S. 59 참조. 그러나 P. Häberle, *Verfassungslehre als Kulturwissenschaft*, 1982는 광의의 문화개념을 기초로 삼고 있으며, 광의의 문화개념에 의해서 포괄된 모든 요소와 산물을 헌법해석, 헌법개정, 비교헌법의 기초자료로 인식하려고 한다. 국내에서는 전광석, 헌법과 문화, 162·163쪽이 광의의 문화개념을 근거로 하고 있는 것으로 생각된다.

3) U. Steiner, Kulturauftrag im staatlichen Gemeinwesen, 같은 곳; 계희열, 헌법학(상), 370쪽.

4) U. Steiner, Kulturauftrag im staatlichen Gemeinwesen, 같은 곳. 그러나 Th. Oppermann, *Kulturverwaltungsrecht*, 1969, S. 8f.는 전통적 문화영역으로서 교육, 학문, 예술영역을 들고 있다.

3) 문화의 영역

362. 문화의 영역: 1. 전통적 영역 — 교육, 학문, 예술, 종교; 2. 새로운 영역 — 방송, 신문, 저작권, 기념물·문화재보호, 스포츠, 청소년보호

그러나 이러한 전통적 영역만을 문화의 범주로 이해한다면, 일반대중문화, 항의문화 등은 문화영역의 대상으로서 고려의 대상이 될 수 없다. 문화의 개념은 변하는 것이다. 변화된 문화의 개념은 전통적인 문화영역 외에 새로운 문화영역을 포괄할 수 있는 것이어야 한다. 따라서 협의의 법학적 문화개념은 문화의 기능을 '공동체의 관념적 재생산'으로 보고, 문화에 세계해석, 의미형성, 가치정당성, 가치전승, 가치비판과 그것들의 상징적 표현을 포함시키는 견해[1]를 통하여 보완되지 않으면 안 된다. 그렇게 되면 문화에는 전통적으로 문화영역에 속했던 생활영역 외에도 사회의 관념적 재생산이라는 기능을 수행하는 영역들이 포함된다. 그러한 한에서 교육, 학문, 예술, 종교 외에도 방송, 신문, 저작권, 기념물과 문화재의 보호, 스포츠, 청소년보호 등이 문화영역의 대상으로 된다.[2]

(2) 文化와 國家의 關係

1) 문화국가라는 용어의 유래

363. 문화국가: 피히테가 처음으로 사용

문화와 국가를 개념적으로 결합시켜 문화국가라는 용어를 만들어 낸 것은 피히테 *Johann Gottlieb Fichte*(1762-1814)이다.[3]

2) 국가와 문화의 관계

364. 국가와 문화의 관계

그러나 국가와 문화는 그 이전부터 밀접한 관계에 있었으며, 역사적으로는 대체로 다음과 같은 3단계의 과정을 거치면서 발전하여 왔다.[4] ① 문화가 철저히 지배체계에 봉사하는 수단적 존재로 기능했던 근대이전의 시기, ② 시민계급의 성장과 프랑스대혁명을 계기로 문화가 국가로부터 자율성과 독자성을 획득한 시기, ③ 문화활동이 시장법칙에 따르게 되면서 문화의 경제종속성, 외래문화의 범람과 전통문화의 퇴조, 문화적 불평등 등의 문제가 생겨나 건전한 문화의 육성과 문화적 불평등의 시정이 국가적 과제가 된 현대.

---

1) D. Grimm, Kulturauftrag im staatlichen Gemeinwesen, S. 60.

2) 김수갑, 헌법상 문화국가원리에 관한 연구, 28·29쪽.

3) J. G. Fichte, Die Grundzüge des gegenwärtigen Zeitalters, 1806, in: I. H. Fichte (Hrsg.), *Sämtliche Werke* Bd. Ⅶ, 1846, S. 189, 200ff.

4) 자세한 것은 D. Grimm, Kulturauftrag des Staates, in: ders., *Recht und Staat der bürgerlichen Gesellschaft*, 1987, S. 104ff.; 전광석, '헌법과 문화', 165쪽 이하; 김수갑, 헌법상 문화국가원리에 관한 연구, 33쪽 이하 참조.

3) 문화국가의 유형

그러나 문화국가를 문화에 대한 국가의 태도에 따라 유형화시키면 다음과 같은 네 가지 모델로 체계화시킬 수 있다.[1] ① 문화에 대하여 국가가 전혀 개입하지 않는 이원주의적 모델(초기 미국의 경우), ② 문화적 국가목적과는 다른 이해관계 때문에 국가가 문화를 육성하는 공리주의적 모델(계몽군주국가시대), ③ 문화 그 자체를 위하여 국가가 문화를 육성하는 문화국가적 모델(프로이센의 개혁시대), ④ 정치적 기준에 따라 국가가 문화를 조종하는 지도적(후견적) 모델(나치독일의 경우). 365. 문화국가의 유형

(3) 文化國家의 槪念

1) 후버의 문화국가개념과 그 문제점

피히테, 훔볼트 *Wilhelm von Humboldt*(1776-1835) 등에서 시작된 문화국가 개념을 이상주의적 문화개념, 국가주의적인 국가개념, 정신과학적인 변증법적 방법론을 지주로 하여 문화국가개념의 의미를 분석하고 오늘날까지도 영향력 있는 문화국가의 개념을 제시한 것은 후버 *Ernst Rudolf Huber*의 커다란 공적이다. 366. 후버의 문화국가개념과 그 문제점

후버는 문화를 자율적인 인격도야재로 이해하고 문화국가라는 개념 속에 전제된 문화의 자율성은 어떻게 보장될 수 있고, 문화와 국가의 '통일'(Einsein)은 과연 이룰 수 있는가라는 문제를 제기한다. 이러한 문제제기를 바탕으로 그는 문화와 국가의 상호관계에서 문화국가개념의 의미를 다음과 같은 다섯 가지로 나누어 고찰하였다. ① '문화의 국가로부터의 자유'(Die Staatsfreiheit der Kunst), ② 문화에 대한 국가의 기여(문화보호, 문화관리, 문화전승, 문화진흥), ③ 국가의 문화형성력(특히 문화고권), ④ 문화의 국가형성력, ⑤ '문화적 산물로서의 국가'(Der Staat als Kulturgebilde).[2]

이러한 후버의 견해는 특히 국가주의적인 국가개념, 곧 국가를 고유한 가치를 가진 초개인적·윤리적 조직체로 전제하는 헤겔의 국가개념을 기초로 하고 있다. 그렇기 때문에 오늘날의 상황과는 부합되지 않는다는 원칙적인 문제점을

1) D. Grimm, Kulturauftrag im staatlichen Gemeinwesen, S. 58; 전광석, '헌법과 문화', 169쪽 이하; 김수갑, 헌법상 문화국가원리에 관한 연구, 44쪽 이하; 계희열, 헌법학(상), 372쪽 이하.

2) E. R. Huber, *Zur Problematik des Kulturstaates*, 1958, S. 8ff.; 김수갑, 헌법상 문화국가원리에 관한 연구, 48쪽 이하; 계희열, 헌법학(상), 373쪽 이하.

포함하고 있다.[1] 그러나 후버의 견해는 문화국가의 모습을 잘 보여주고 있기 때문에,[2] 비판적으로 수용할 필요가 있다.[3]

2) 문화국가의 개념정의

367. 문화국가의 개념정의: 문화의 자율성을 존중하면서 건전한 문화육성이라는 적극적 과제의 수행을 통하여 실질적인 문화적 평등을 실현하려는 국가

문화국가에 대한 개념 정의는 현대적 상황에 부합되는 구체적이고 현실적인 것이어야 한다. 그리고 오늘날 일반적인 자유주의적 국가개념에 따르면 자율적인 문화는 국가형성의 원동력이다.[4] 따라서 오늘날의 문화국가에 부여된 가장 중요한 과제는 문화의 자율성과 국가의 문화고권을 어떻게 하면 이상적으로 조화시켜 모든 국민이 실질적인 문화적 평등권을 향수할 수 있도록 하느냐 하는 문제이다. 앞에서 한 이야기를 종합하여 미흡하지만 문화국가란 문화의 자율성을 존중하면서 건전한 문화육성이라는 적극적 과제의 수행을 통하여 실질적인 문화적 평등을 실현시키려는 국가로 일단 정의할 수 있을 것이다.[5]

368. 문화국가의 내용: 문화적 자율성의 보장, 문화의 보호·육성·진흥·전수, 문화적 평등권의 보장

3. 文化國家의 內容

(1) 文化的 自律性의 保障

1) 문화적 자율성

369. 문화적 자율성: 문화활동에 대한 국가의 문화정책적 중립성과 관용

문화적 자율성이란 문화활동에 대한 국가의 문화정책적 중립성과 관용을 의미한다.[6] 문화의 본질적 특성은 문화의 모든 영역에서 각각 그 고유법칙에 따른 창조적 발현이다. 이러한 창조의 과정은 그것이 세계관적이든, 학문적이든,

---

1) M.-E. Geis, *Kulturstaat und kulturelle Freiheit*, 1990, S. 165f.

2) 계희열, 헌법학(상), 390쪽.

3) 김수갑, 헌법상 문화국가원리에 관한 연구, 59쪽.

4) H. Schelsky, Die Idee des Kulturstaates, in: P. Häberle(Hrsg.), *Kulturstaatlichkeit und Kulturverfassungsrecht*, 1982, S. 200.

5) 이러한 개념정의는 계희열, 헌법학(상), 369·370쪽의 개념정의와 거의 비슷하다. 그러나 계희열, 헌법학(상), 370쪽은 문화를 전통적인 영역에만 한정해서 이해하기 때문에 그러한 한에서는 다르다고 할 수 있다. 저자는 문화의 범주를 김수갑, 헌법상 문화국가원리에 관한 연구, 28·29쪽과 같이 본다. 그러나 김수갑, 헌법상 문화국가원리에 관한 연구, 59쪽은 문화국가를 "문화의 자율성보장을 핵심으로 하면서 문화영역에 있어서 건전한 문화육성에 책임과 의무를 다하는 국가"로 이해하여 문화적 평등권을 문화국가의 개념요소에서 제외시키고 있기 때문에 그러한 한에서는 다르다.

6) W. Maihofer, Kulturelle Aufgaben des modernen Staates, in: E. Benda/W. Maihofer/ H.-J. Vogel, *Handbuch des Verfassungsrechts der Bundesrepublik Deutschland*, 1983, S. 956ff.(992ff.).

예술적이든, 종교적이든 또는 그 밖의 것으로 표현되든 그 핵심영역은 자율적이며, 자발적인 것이다.[1] 그렇기 때문에 국가는 문화정책을 수행함에 있어서 이러한 문화정책적 중립성과 문화정책적 관용의 한계를 벗어나서는 안 된다.[2] 곧 국가에게는 문화정책적 명령과 획일화의 시도 또는 학문이나 예술의 내용을 결정하는 지시는 허용되지 않는다. 더 나아가서 국가는 '불편부당의 원칙'(Prinzip der Nichtidentität)[3]을 지켜 국가에 편리한 문화활동에 대하여는 특혜를 주고, 불편한 활동에 대하여는 차별대우를 해서도 안 된다.[4]

판 례 〈학교보건법 제 6 조 제 1 항 제 2 호 위헌제청 등(위헌, 헌법불합치)〉 "문화국가원리는 국가의 문화국가실현에 관한 과제 또는 책임을 통하여 실현되는바, 국가의 문화정책과 밀접불가분의 관계를 맺고 있다. 과거 국가 절대주의사상의 국가관이 지배하던 시대에는 국가의 적극적인 문화간섭정책이 당연한 것으로 여겨졌다. 그러나 오늘날에 와서는 국가가 어떤 문화현상에 대하여도 이를 선호하거나, 우대하는 경향을 보이지 않는 불편부당의 원칙이 가장 바람직한 정책으로 평가받고 있다. 오늘날 문화국가에서의 문화정책은 그 초점이 문화 그 자체에 있는 것이 아니라 문화가 생겨날 수 있는 문화풍토를 조성하는 데 두어야 한다. … 국가의 문화육성의 대상에는 원칙적으로 모든 사람에게 문화창조의 기회를 부여한다는 의미에서 모든 문화가 포함된다."(헌재 2004. 5. 27. 2003헌가1 등 병합결정)

2) 자의적 문화활동의 제한

370. 자의적 문화활동의 제한

문화적 자율성을 보장한다고 해서 스스로를 문화활동이라고 주장하는 모든 활동이 보장되는 것은 아니다. 문화적 자율성의 보장이란 국가가 문화에 대해 무관심하다거나 문화를 방기한다는 것, 곧 문화를 사회에 일임한다는 것을 의미하지는 않는다. 오늘날에는 국가만이 아니라 사회집단도 문화를 위협하고 있다. 사회집단도 문화를 지배하고 조종하며 자신에게 복종하도록 강요하고 있다. 이러한 점에서 문화영역 쪽에서도 부담해야 할 사회적 책임이 있다. 따라서 사회

---

1) D. Grimm, Kulturauftrag im staatlichen Gemeinwesen, S. 68 참조.

2) R. Scholz, in: Maunz/Dürig/Herzog/Scholz, *Grundgesetz-Kommentar*, Art. 5 Ⅲ, Rdnr. 8d. 독일연방대법원(BGH)은 예술에 대한 국가의 문화정책적 중립성과 문화정책적 관용의 의무를 추론한 바 있다. NJW, 1975, S. 1884.

3) 허영, 한국헌법론, 161쪽, 각주 2에 따르면 이 원칙은 크뤼거 *H. Krüger*가 처음 사용한 개념으로 국가는 그 어떤 문화현상도 국가 스스로의 입장인 것처럼 표현해서는 안 되고, 국가는 객관적이고 불편부당한 입장에서 모든 문화현상으로부터 일정한 거리를 유지해 나가야 한다는 원칙이라고 한다.

4) W. Maihofer, Kulturelle Aufgaben des modernen Staates, S. 994; 김수갑, 헌법상 문화국가원리에 관한 연구, 214쪽; 계희열, 헌법학(상), 376·377쪽.

적 책임 내지 역할을 무시한 자의적인 문화활동, 내재적 한계를 일탈한 문화활동은 다른 기본권 또는 다른 (헌)법적 법익의 보호를 위해 제한될 수밖에 없으며, 국가는 그에 대해 적절한 조치를 취하지 않으면 안 된다. 그러나 그러한 조치는 문화 자체에 대한 직접적인 것이 아니라 문화가 생겨날 수 있는 문화여건을 간접적으로 조성해 주는 것이어야 한다. 이러한 국가적 조치는 문화의 자율성보장과 모순되는 것이 아니라 문화의 자유를 보장하기 위한 국가의 최소한의 책임으로 이해된다.[1]

(2) 文化의 保護·育成·振興·傳受

371. 문화의 보호·육성·진흥·전수: 문화의 자율성을 고려한 지원의 방식으로 행해져야 한다

문화국가의 두 번째 내용은 국가에 의한 문화의 보호·육성·진흥[2]·전수이다. 현대의 문화적 문제는 문화의 경제에의 종속성, 문화적 불평등, 제3세계의 문화종속현상으로 간추릴 수 있다. 이러한 현상에 대처하기 위해서는 국가가 자율적·자발적 문화에 책임 있는 봉사를 하여야 할 필요가 있다. 그러나 국가의 문화에 대한 보호·육성·진흥·전수는 지도적(후견적)·공리적·간섭적인 것이어서는 안 되고, 문화의 자율성을 고려한 지원의 방식으로 행해져야 한다. 그 지원의 방법은 유·무형 문화재의 보존을 위한 금전적 보조, 문화창작에 대한 보조, 문화보급에 대한 국가적 보호와 보조, 문화적 발현을 돕기 위한 금전적 보조, 문화시설의 확충을 위한 지원 등 여러가지가 있다. 또한 문화의 보호·육성·진흥·전수의 대상에는 고급문화뿐 아니라 대중문화, 전통문화, 항의문화 등 모든 사람의 문화가 포함되어야 한다. 그러나 국가의 재정능력에는 한계가 있기 때문에, 문화에 대한 지원은 합리적 기준을 근거로 한 차별적 지원이 될 수밖에 없을 것이다.

판례 〈민법 제809조 제1항 위헌제청(헌법불합치=적용중지)〉 "헌법 제9조의 정신에 따라 우리가 진정으로 계승·발전시켜야 할 전통문화는 이 시대의 제반 사회·경제적 환경에 맞고 또 오늘날에 있어서도 보편타당한 전통윤리 내지 도덕관념이라 할 것이다."(헌재 1997. 7. 16. 95헌가6 등 병합결정)

판례 〈학교보건법 제6조 제1항 제2호 위헌제청 등(위헌, 헌법불합치)〉 "문화국가원리의 이러한 특성은 문화의 개방성 내지 다원성의 표지와 연결되는데, 국가의

1) 김수갑, 헌법상 문화국가원리에 관한 연구, 213·214쪽; 계희열, 헌법학(상), 382쪽.
2) 문예진흥기금의 모금을 대통령령으로 정하게 한 구 문화예술진흥법 제19조 제5항 및 제19조의2 제3항은 위헌선언되었다(헌재 2003. 12. 18. 2002헌가2 결정).

문화육성의 대상에는 원칙적으로 모든 사람에게 문화창조의 기회를 부여한다는 의미에서 모든 문화가 포함된다. 따라서 엘리트문화뿐만 아니라 서민문화, 대중문화도 그 가치를 인정하고 정책적인 배려의 대상으로 하여야 한다."(헌재 2004. 5. 27. 2003헌가1 등 병합결정)

판례 **〈민법 제781조 제1항 본문 후단부분 위헌제청 등(헌법불합치=잠정적용)〉** "헌법 제9조와 헌법전문에서 말하는 '전통', '전통문화'란 역사성과 시대성을 띤 개념으로서 헌법의 가치질서, 인류의 보편가치, 정의와 인도정신을 고려하여 오늘날의 의미로 포착하여야 하며 … 과거의 어느 일정시점에서 역사적으로 존재하였다는 사실만으로 모두 헌법의 보호를 받는 전통이 되는 것은 아니다. 전통이란 과거와 현재를 다 포함하고 있는 문화적 개념이다."(헌재 2005. 2. 3. 2001헌가9 등 병합결정)

문화활동에 대한 국가의 지원은 그 방식에 따라서는 간섭이 될 수도 있다. 따라서 합리적 지원방식이 요구된다. 이를 위해서는 국가가 전문가집단에 평가를 위촉하고 그 결과에 따라 지원의 대상과 정도를 확정하는 방식이 바람직하다. 이 경우 전문가집단의 선정과 구성에 있어서 전문성과 독립성이 진지하게 고려되어야 하며, 그 조직과 절차도 민주적이어야 한다는 것은 덧붙일 필요도 없다.[1)]

판례 **〈「학원의 설립·운영에 관한 법률」 제22조 제1항 제1호 등 위헌제청, 동법 제3조 등 위헌확인(위헌)〉** "단지 일부 지나친 고액과외교습을 방지하기 위하여 모든 학생으로 하여금 오로지 학원에서만 사적으로 배울 수 있도록 규율한다는 것은 어디에도 그 예를 찾아볼 수 없는 것일 뿐만 아니라 자기결정과 자기책임을 생활의 기본원칙으로 하는 헌법의 인간상이나 개성과 창의성, 다양성을 지향하는 문화국가원리에도 위반되는 것이다."(헌재 2000. 4. 27. 98헌가16 등 병합결정)

판례 **〈구 전통사찰보존법 제6조 제1항 제2호 등 위헌소원(헌법불합치=잠정적용)〉** "중요한 것은 민족문화유산을 보존하는 것이 국가의 단순한 은혜적 시혜가 아니라 헌법상 의무이므로, 일단 관할국가기관에 의하여 민족문화유산으로 지정된 전통사찰의 경우, 사정이 허락하는 한 이를 최대한 빠짐없이 지속적으로 보존하는 것이 헌법 제9조 등의 규정취지에 부합한다."(헌재 2003. 1. 30. 2001헌바64 결정)

---

1) U. Steiner, Kulturpflege, in: J. Isensee/P. Kirchhof, *Handbuch des Staatsrechts der Bundesrepublik Deutschland*, Bd. Ⅲ, 1988, S. 1245f.; 김수갑, 헌법상 문화국가원리에 관한 연구, 241·242쪽; 계희열, 헌법학(상), 378·379쪽.

(3) 文化的 平等權의 保障

372. 문화적 평등권: 1. 문화활동에 참여할 수 있는 기회요구권; 2. 그러한 기회를 국가와 타인에 의하여 방해받지 아니할 권리; 3. 평등한 문화향유권 — 가능성의 유보하에서만 실현

문화적 평등권은 누구든지 문화활동에 참여할 수 있는 기회를 요구할 수 있다는 것과 그러한 기회를 국가와 타인에 의해서 방해받지 아니할 것 및 이미 존재하는 문화활동의 결과를 평등하게 향유하는 것을 내용으로 한다.

문화적 평등권과 관련하여 특히 문제가 되는 것은 평등권과 문화적 개별 기본권에서 도출되는 문화적 참여권으로부터 추론되는 평등한 문화향유권의 문제이다. 그러나 문화향유권은 많은 경우 개인의 경제적 능력에 따라 그 향유에 실질적 차이를 나타낸다. 그렇기 때문에 동시에 사회국가이기도 한 문화국가는 경제적 약자 또한 인간다운 존엄에 맞는 최소한의 문화를 향유할 수 있도록 문화적 참여권에 상응되는 문화적 급부의무를 지게 된다. 그러나 문화향유권은 사회적 참여권[1]보다 덜하기는 하겠지만 역시 '가능성의 유보하에'(unter dem Vorbehalt des Möglichen)서만 실현될 수 있다는 한계가 있다.[2]

4. 우리 憲法에 具體化된 文化國家原理

373. 우리 헌법에 구체화된 문화국가원리: 1. 헌법전문 — 문화국가이념 선언; 2. 제9조, 제69조 — 문화국가원리 선언; 3. 문화기본권 보장; 4. 사회의 관념적 재생산기능을 수행하는 영역보호

우리 헌법은 여러 곳에서 여러 가지 형식으로 문화에 대하여 규정함으로써 간접적으로 문화국가를 우리 헌법의 기본원리로 삼고 있다.

판례 **〈학교보건법 제6조 제1항 제2호 위헌제청, 학교보건법 제19조 등 위헌제청(위헌, 헌법불합치)〉** "우리나라는 건국헌법 이래 문화국가의 원리를 헌법의 기본원리로 채택하고 있다. 우리 현행 헌법은 전문에서 '문화의 … 영역에 있어서 각인의 기회를 균등히' 할 것을 선언하고 있을 뿐 아니라, 국가에게 전통문화의 계승발전과 민족문화의 창달을 위하여 노력할 의무를 지우고 있다(제9조). 또한 헌법은 문화국가를 실현하기 위하여 보장되어야 할 정신적 기본권으로 양심과 사상의 자유, 종교의 자유, 언론·출판의 자유, 학문과 예술의 자유 등을 규정하고 있는 바, 개별성·고유성·다양성으로 표현되는 문화는 사회의 자율영역을 바탕으로 한다고 할 것이고, 이들 기본권은 견해와 사상의 다양성을 그 본질로 하는 문화국가원리의 불가결의 조건이라고 할 것이다."(헌재 2004. 5. 27. 2003헌가1 등 병합결정)

1) 사회적 참여권은 독일연방헌법재판소의 대학입학정원제한판결(BVerfGE 33, 303)에서 부분적으로 인정되었다. 자세한 것은 홍성방, 사회적 참여권, 고시계(1986년 9월), 88쪽 이하 참조.
2) 김수갑, 헌법상 문화국가원리에 관한 연구, 239·240쪽; 계희열, 헌법학(상), 379·380쪽.

첫째, 헌법전문은 "유구한 역사와 전통에 빛나는 우리 대한국민은"이라는 표현을 통해 문화국가의 이념을 선언하고, "정치·경제·사회·문화의 모든 영역에 있어서 각인의 기회를 균등히 하고 …"라는 표현을 통해 문화 영역에서의 평등을 강조하고 있다.

판례 〈문화재보호법 제80조 제 2 항 등 위헌소원(합헌)〉 "우리 헌법전문 첫머리의 "유구한 역사와 전통에 빛나는"이라는 표현과 총강 제 9 조가 "국가는 전통문화의 계승·발전과 민족문화의 창달에 노력하여야 한다"고 한 것은 헌법상 문화의 범주에 포함되는 기본내용을 규정한 것이고, 대통령의 취임선서에 "민족문화의 창달에 노력"한다(제69조)는 구절을 둔 것은 문화국가의 실현이 국가적 의무임을 분명히 한 것이다."(헌재 2000. 6. 29. 98헌바67 결정)

둘째, 헌법 제 9 조에서는 "국가는 전통문화의 계승발전과 민족문화의 창달에 노력하여야 한다"고 규정하고, 헌법 제69조에서는 대통령에게 취임시 "민족문화의 창달에 노력"할 것을 선서하도록 하였다. 이 규정은 문화국가원리를 선언한 규정으로,[1] 그 법적 성격은 국가목표규정으로 해석될 수 있다.[2][3] 비록 이 규정이 전통문화의 계승발전과 민족문화의 창달이라는 표현을 사용하고 있기는 하나, 이는 전통문화와 민족문화를 강조한 것에 지나지 않는다. 따라서 국가의 문화육성의 대상에는 원칙적으로 모든 문화가 포함된다.[4]

---

1) 권영성, 헌법학원론, 146쪽; 허영, 한국헌법론, 162쪽; 김수갑, 헌법상 문화국가원리에 관한 연구, 131쪽; 계희열, 헌법학(상), 383쪽.
2) 김수갑, 헌법상 문화국가원리에 관한 연구, 126쪽.
3) 1980년 이 규정이 헌법에 신설된 배경에 대해서는 전혀 자료가 존재하지 않는다. 따라서 이 조항의 의의에 대하여는 추측을 바탕으로 한 해석이 있을 뿐이다. 전통문화·민족문화의 계승·발전을 통해 문화적·민족적 동질성을 유지하여 장기적으로 통일에 대비하려고 한 것이다(전광석, '헌법과 문화', 172쪽; 김수갑, 헌법상 문화국가원리에 관한 연구, 133·134쪽; 계희열, 헌법학(상), 381쪽). 외래문화의 범람에 대하여 민족문화·전통문화를 보호하고 유지·발전시켜 후세에 계승함으로써 문화공동체로서의 존립을 보존하고 더 나아가 정치적·사회적 공동체로서의 존립을 확고히 함으로써 세계의 문화에도 기여한다(계희열, 헌법학(상), 366쪽, 김수갑, 헌법상 문화국가원리에 관한 연구, 131·132쪽).
4) 김수갑, 헌법상 문화국가원리에 관한 연구, 134쪽; 계희열, 헌법학(상), 381쪽. 그러나 전광석, '헌법과 문화', 175쪽은 이 조항을 대중문화에 대한 민족문화, 전통문화의 우선적 보호라는 보호의 우선순위에 따른 차별은 적어도 가능하게 하는 근거로 해석하고 있다. 물론 이러한 차별이 문화정책적으로 가능하기는 하겠지만, 이 규정이 결코 민족지상의 국수주의를 인정하는 것은 아니라는 것 또한 분명하다. 따라서 김수갑, 헌법상 문화국가원리에 관한 연구, 135쪽은 이 문제를 입법론적으로 해결할 것을 제안하고 있다. 곧 국가의 과제가 전통문화와 민족문화에 집중된다는 오해가 생기지 않도록 일반적인 문화국가 조항의 형태로 규정하는 것이 바람직하지 않았나 하는 제안이 그것이다. 정당한 지적이자 적절한 제안이라 생각된다.

판례 〈구 전통사찰보존법 제 6 조 제 1 항 제 2 호 등 위헌소원(헌법불합치)〉 "헌법 제 9 조의 규정취지와 민족문화유산의 본질에 비추어볼 때, 국가가 민족문화유산을 보호하고자 하는 경우 이에 관한 헌법적 보호법익은 '민족문화유산의 존속' 그 자체를 보장하는 것이고, 원칙적으로 민족문화유산의 훼손 등에 관한 가치보상(價値報償)이 있는지 여부는 이러한 헌법적 보호법익과 직접적인 관련이 없다."(헌재 2003. 1. 30. 2001헌바64 결정)

판례 〈민법 제781조 제 1 항 본문 후단 부분 위헌제청 등(헌법불합치)〉 "헌법전문과 헌법 제 9 조에서 말하는 '전통', '전통문화'란 역사성과 시대성을 띤 개념으로 이해하여야 한다. 과거의 어느 일정 시점에서 역사적으로 존재하였다는 사실만으로 모두 헌법의 보호를 받는 전통이 되는 것은 아니다. 전통이란 과거와 현재를 다 포함하고 있는 문화적 개념이다. 만약 전통의 근거를 과거에만 두는 복고주의적 전통개념을 취한다면 시대적으로 특수한 정치적·사회적 이해관계를 전통이라는 이름하에 보편적인 문화양식으로 은폐·강요하는 부작용을 낳기 쉬우며, 현재의 사회구조에 걸맞은 규범정립이나 미래지향적 사회발전을 가로막는 장애요소로 기능하기 쉽다. 헌법재판소는 이미 '헌법 제 9 조의 정신에 따라 우리가 진정으로 계승·발전시켜야 할 전통문화는 이 시대의 제반 사회·경제적 환경에 맞고 또 오늘날에 있어서도 보편타당한 전통윤리 내지 도덕관념이라 할 것이다'(헌재 1997. 7. 16. 95헌가6 등)고 하여 전통의 이러한 역사성과 시대성을 확인한 바 있다. 따라서 우리 헌법에서 말하는 '전통', '전통문화'란 오늘날의 의미로 재해석된 것이 되지 않으면 안 된다. 그리고 오늘날의 의미를 포착함에 있어서는 헌법이념과 헌법의 가치질서가 가장 중요한 척도의 하나가 되어야 할 것임은 두말할 나위가 없고 여기에 인류의 보편가치, 정의와 인도의 정신 같은 것이 아울러 고려되어야 할 것이다. 따라서 가족제도에 관한 전통·전통문화란 적어도 그것이 가족제도에 관한 헌법이념인 개인의 존엄과 양성의 평등에 반하는 것이어서는 안 된다는 자명한 한계가 도출된다. 역사적 전승으로서 오늘의 헌법이념에 반하는 것은 헌법전문에서 타파의 대상으로 선언한 '사회적 폐습'이 될 수 있을지언정 헌법 제 9 조가 '계승·발전'시키라고 한 전통문화에는 해당하지 않는다고 보는 것이 우리 헌법의 자유민주주의원리, 전문, 제 9 조, 제36조 제 1 항을 아우르는 조화적 헌법해석이라 할 것이다."(헌재 2005. 2. 3. 2001헌가9 등 병합결정)

셋째, 전통적으로 문화의 영역으로 간주되는 학문, 예술, 교육, 종교를 학문의 자유(제22조), 예술의 자유(제22조), 종교의 자유(제20조), 교육을 받을 권리(제31조)와 같이 문화기본권의 형태로 규정하였다. 더 나아가서 문화적 자율성의 기초가 되는 양심의 자유(제19조)를 규정하고 있다.

판 례 〈교육법 제 8 조의2에 관한 위헌심판(합헌)〉 "교육을 받을 권리는 우리 헌법이 지향하는 문화국가·민주복지국가의 이념을 실현하는 방법의 기초이다."(헌재 1991. 2. 11. 90헌가27 결정)

판 례 〈「학원의 설립 · 운영에 관한 법률」 제22조 제 1 항 제 1 호 등 위헌제청, 「학원의 설립 · 운영에 관한 법률」 제 3 조 등 위헌 확인(위헌)〉 "혼인과 가족의 보호는 헌법이 지향하는 자유민주적 문화국가의 필수적인 전제조건이다. 개별성·고유성·다양성으로 표현되는 문화는 사회의 자율영역을 바탕으로 하고, 사회의 자율영역은 무엇보다도 바로 가정으로부터 출발하기 때문이다. 헌법은 가족제도를 특별히 보장함으로써, 양심의 자유, 종교의 자유, 언론의 자유, 학문과 예술의 자유와 같이 문화국가의 성립을 위하여 불가결한 기본권의 보장과 함께, 견해와 사상의 다양성을 그 본질로 하는 문화국가를 실현하기 위한 필수적인 조건을 규정한 것이다. 따라서 헌법은 제36조 제 1 항에서 혼인과 가정생활을 보장함으로써 가족의 자율영역이 국가의 간섭에 의하여 획일화·평준화되고 이념화되는 것으로부터 보호하고자 하는 것이다."(헌재 2000. 4. 27. 98헌가16 결정)

넷째, 그 밖에도 사회의 관념적 재생산이라는 기능을 수행하는 영역, 곧 방송, 신문, 저작권, 기념물 및 문화재의 보호, 스포츠, 청소년보호 등에 대해서도 규정하고 있다. 곧 언론·출판의 자유(제21조), 지적 재산권의 보호(제22조 제 2 항), 전통문화의 계승(제 9 조), 연소자의 근로보호(제32조 제 2 항)와 청소년에 대한 복지정책(제34조 제 4 항) 등이 그에 해당된다.[1)]

---

1) 이 밖에도 허영, 한국헌법론, 162쪽은 환경권을, 김수갑, 헌법상 문화국가원리에 관한 연구, 127·128쪽과 계희열, 헌법학(상), 385쪽은 인간으로서의 존엄과 가치, 인간다운 생활을 할 권리, 환경권을 문화와 관련된 조항으로 보고 있다.

그러나 환경에는 문화적 환경은 포함시키지 않는 것이 지배적인 견해일 뿐만 아니라 쾌적한 주거환경은 앞에서 본 문화영역(전통적 영역이든, 사회의 관념적 재생산이라는 기능을 수행하는 영역이든)에 속하지 않으며, 더 나아가서 문화재의 문제는 환경권을 규정한 제35조가 아니라 전통문화의 계승·발전 및 민족문화의 창달을 규정한 제 9 조의 문제이므로 환경권을 문화와 관련된 조항으로 설명하는 것은 그다지 설득력있는 설명이라고 볼 수 없다. 또한 인간다운 생활을 할 권리도 문화와 관련된 조항으로 해석하기는 어려울 것이다. 잘 알려진 바와 같이 인간다운 생활을 할 권리는 사회적 기본권의 핵심을 이루며, 그러한 한에서 물질적 요소와 관련되므로 독자적 가치를 본성으로 하는 문화와는 — 문화를 아주 넓게 이해하지 않는 한 — 관련이 적다 할 것이다. 끝으로 인간으로서의 존엄과 가치는 모든 기본권(여기에는 물론 문화적 기본권도 포함된다)의 이념적 근거로서 그리고 헌법의 핵으로서 문화와 관련된다고 볼 수 있다. 그러나 모든 헌법규정은 궁극적으로는 인간으로서의 존엄과 가치를 실현하려고 하기 때문에 인간으로서의 존엄과 가치를 문화와 관련된 규정으로 열거할 수 있다 하더라도 그 의미는 그다지 크지 못할 것이다.

第5節 平和國家原理

1. 平和國家의 意義

(1) 平和國家의 概念

374. 평화국가의 개념: 국제법을 존중함으로써 국제적 차원에서 평화를 달성하려고 하는 국가

모든 권력을 자신의 수중에 독점시킨 근대국가가 권력의 분산에서 오는 내전을 종식시킴으로써 국내평화를 확립했고, 헌법국가가 법치주의를 토대로 국민의 자유를 가능하게 하였으며, 민주적 헌법국가가 정의를 실현시키는 전제조건이라면, 이제 모든 국가는 대외적 평화를 성취함으로써 이제까지 이루어 온 모든 것을 계속하여 발전시켜 나가지 않으면 안 된다. 인류역사상 국지전이 없었던 때는 거의 없었지만 평화의 중요성이 오늘날처럼 현실적인 것으로 되고 있는 때도 없다. 이러한 사실은 20세기에 있었던 두 차례의 세계대전의 결과 특히 명확한 사실이 되었다. 과거의 전쟁들도 인간에게서 인간이 인간일 수 있는 모든 조건들을 박탈하기는 하였다. 그러나 20세기의 전쟁들은 인류로 하여금 그러한 것 외에 지구와 인류가 계속하여 존속할 수 있을까에 대하여 현실적으로 심각한 반성을 하게끔 하였다.

국내적 평화의 실현이 정당성[1]의 제 조건이 얼마나 잘 갖추어져 있는가에 의해 좌우된다면, 국제적 평화의 성패는 모든 국가가 개별적인 경우 자국에 이익이 되지 않고 불이익이 된다 하더라도 국제법상의 제 법규를 정당한 것으로 존중하는가 여부에 달려 있다. 그리고 모든 국가가 국제법상의 제 법규를 정당한 것으로 존중하기 위해서는 모든 국가가 원칙적인 평등과 독립(만국평등의 원칙과 내정불간섭의 원칙), 곧 대외적 주권(국제법상의 주권)을 상호존중함으로써만 가능하다.[2]

따라서 평화국가란 국제법을 존중함으로써 국제적 차원에서 평화를 달성하려고 하는 국가로 정의할 수 있겠다.[3]

---

1) M. Kriele, Legitimitätsprobleme der Bundesrepublik(1977), in: ders., *Recht-Vernunft-Wirklichkeit*, 1990, S. 379ff.(379)는 "정당성이란 국가와 헌법에 대한 내적 승인이다. 현대 민주적 헌법국가의 제 조건하에서는 정당성은 국가와 헌법이 평화와 자유와 정의에 대한 비교적 유리한 조건을 제시하고 그리고 그렇기 때문에 모든 대안(代案)들보다 우선시된다는 것이 대체로 이성에 의하여 근거지어진다는 확신을 근거로 한다"고 한다. 정당성에 대하여 더 자세한 것은 M. Kriele, *Einführung in die Staatslehre*, S. 19ff. 참조.

2) M. Kriele, *Einführung in die Staatslehre*, S. 65ff.

3) 이와 다른 개념정의도 가능하다. 예컨대 권영성, 헌법학원론, 152쪽은 "평화국가라 함은

(2) 平和國家의 展開

1) 고대그리스의 스토아철학

375. 평화국가의 전개: 1. 고대그리스의 스토아철학; 2. 칸트의 영향 — 영구평화론; 3. 현대 — 국제연맹과 국제연합; 4. 세계 각국헌법의 규정

세계국가, 국제질서의 확립을 통하여 국제평화를 이루려는 노력은 아주 멀리는 고대그리스의 스토아철학에서 그 근원을 찾을 수 있다. 곧 스토아철학은 자연을 다스리는 법칙이자 인간의 행위를 규율하는 도덕적·법적 규범인 '로고스'(logos)가 세계를 구성하는 모든 인간에게 동등하게 부여되어 있다고 설파함으로써 그로부터 세계국가(오늘날의 국제공동체)의 사상이 싹텄다.

2) 평화국가에 이론적 근거를 제공한 학자들

이러한 국제공동체와 국제질서의 확립을 통한 국제평화의 확보라는 사상은 근대에 들어서면서 한편으로는 비토리아 *Vitoria*, 수아레즈 *Franz Suarez*(1548-1617),[1] 그로티우스 *Hugo Grotius*(1583-1645)[2] 등 국제법 학자들과 다른 한편으로는 라이프니츠 *Gottfried Wilhelm Freiherr von Leibniz*(1646-1716)와 칸트 *Immanuel Kant*(1724-1804)[3] 등 사상가들에 의하여 활발하게 이론적으로 전개되었다.

3) 칸트의 영구평화론

자연이 인류에게 부과하여 그 해결을 강요하는 최대의 문제는 법을 주재(主宰)하는 하나의 보편적인 시민사회를 이루는 것이며,[4] 그렇기 때문에 역사의 발전은 필연적으로 영구평화의 목표를 이성적인 상황으로서 지향한다고 생각하는 칸트는 영구평화는 유토피아적 이념이 아니라 도덕적·실천적 과제이며, 그 과제는 항구적인 노력을 통해서만 성취될 수 있다고 한다. 칸트는 영구평화의 조건을 예비적 조건과 확정적 조건[5]으로 나누어 제시함으로써 현대의 국제공동체와

국제협조와 국제평화의 지향을 그 이념적 기반으로 하는 국가를 말하고, 평화국가의 원리란 국제적 차원에서 평화공존·국제분쟁의 평화적 해결·각 민족국가의 자결권존중·국내문제불간섭 등을 핵심내용으로 하는 국제 평화주의를 국가목적으로 지향하는 국가적 원리를 말한다"라고 한다.

1) Fr. Suarez, *De legibus ac Deo legislatore*, 1612.
2) H. Grotius, *De jure belli ac pacis*, 1625.
3) I. Kant, Zum ewigen Frieden, 1795.
4) I. Kant, Idee zu einer allgemeinen Geschichte in weltbürgerlicher Absicht, WW., hrsg. von Rosenkranz, Vii S. 323. 여기서는 G. Jellinek, *Allgemeine Staatslehre*, 3. Aufl.(1921), S. 379에서 인용.
5) I. Kant, Idee zu einer allgemeinen Geschichte in weltbürgerlicher Absicht, in: *Schriften*

국제법의 발전에 사상적으로 결정적인 기초를 제공했다.

4) 국제연맹과 국제연합

국제평화를 실제 정치세계에서 이루려는 노력은 계약의무의 이행을 강제하기 위한 수단으로서의 전쟁을 금지한 1907년의 헤이그평화회의에서도 볼 수 있다. 그러나 평화를 국제사회에서 정착시키려는 노력은 제1차 세계대전 이후 창설된 국제연맹의 노력에서 실현되기 시작하였다. 곧 국제연맹규약은 모든 종류의 전쟁을 금지하고 전쟁을 국제적으로 규율할 것을 정하였고, 1928년에는 부전조약(不戰條約)이 체결되었다. 그러나 이것들은 모두 위반자에 대한 제재수단의 불비로 실효성이 없었기 때문에 제2차 세계대전의 발발을 막을 수 없었다. 제2차 세계대전 후 창설된 국제연합은 그 헌장에서 침략전쟁과 무력의 행사나 무력에 의한 위협을 금지하고, 더 나아가서 분쟁의 해결수단으로서의 전쟁 또는 무력에 호소하는 행위까지 금지하고 있다. 또한 국제연맹의 실패를 교훈삼아 헌장위반에 대한 제재조치까지를 마련함으로써 국제평화에 기여할 수 있는 실효성 있는 길을 마련하였다.[1]

5) 세계 각국 헌법에의 수용

이렇게 평화를 국제적으로 보장하려는 노력은 각국의 실정헌법에도 반영되어 제2차 세계대전 이후 각국의 헌법은 다양한 내용으로 평화국가를 선언하고 있다.[2]

---

zur Anthropologie, Geschichtsphilosophie, Politik und Pädagogik 1, Werkausgabe Bd. XI (hrsg. v. Wilhelm Weischedel, stw 192), 1968, S. 195ff.는 국가들 사이에 영구평화를 확립하기 위한 예비적 조건으로 6가지를 들고 있다. ① 미래의 전쟁에 대비한 물자(物資)를 비밀리에 준비해 둔 채 성립된 평화조약은 평화조약으로 간주되어서는 안 된다. ② 어떠한 독립국가도(크든지 작든지 그것은 여기서는 중요하지 않다) 상속, 교환, 매매 또는 증여에 의해서 다른 국가에 예속될 수 없다. ③ 상비군은 점차 완전히 폐지되야 한다. ④ 외국과의 거래관계에서 어떤 국채도 발행해서는 안 된다. ⑤ 어떠한 국가도 다른 국가의 제도와 통치에 대해 폭력으로 간섭해서는 안 된다. ⑥ 어떠한 국가도 타국과의 전쟁중 장차 평화시의 상호신뢰를 불가능하게 할 수밖에 없을 적대행위를 해서는 안 된다. 여기에는 암살자와 독살자의 고용, 항복조약의 파기, 전쟁상대국에서의 반역선동 등이 있다. 이러한 예비적 조건에 이어 칸트는 국가들 사이에 영구평화를 확립하기 위한 확정적 조건으로서 3가지를 제시한다. ① 모든 국가에서 시민적 체제는 공화적이어야 한다. ② 국제법은 자유국연방제에 근거해야 한다. ③ 세계시민권은 보편적 우호관계를 조건으로 제한되어야 한다.

1) 계희열, 헌법학(상), 198·199쪽 참조.

2) 계희열, 헌법학(상), 199·200쪽에 따르면 국제평화주의를 보장하기 위한 각국헌법의 태도는 다음과 같다. ① 침략전쟁의 부인(한국헌법, 1949년 독일기본법, 1946년 브라질헌법,

2. 우리 憲法에 具體化된 平和國家原理

(1) 憲法規定

이러한 국제적인 경향에 따라 우리 헌법은 전문에서 "평화적 통일의 사명"을 강조하고, "밖으로는 항구적인 세계평화와 인류공영에 이바지"하겠다는 평화추구의 이념을 선언하였다. 그에 이어 제 5 조 제 1 항에서는 "국제평화의 유지에 노력하고 침략적 전쟁을 부인"하겠다는 국제평화의 구체적 실현방법을 제시하고 있다. 그런가 하면 제 6 조 제 1 항에서는 "헌법에 의하여 체결·공포된 조약과 일반적으로 승인된 국제법규는 국내법과 같은 효력을 가진다"라고 규정하여 평화국가의 요체인 국제법존중주의를 선언하고 있다. 더 나아가서 제 6 조 제 2 항에서는 "외국인은 국제법과 조약이 정하는 바에 의하여 그 지위가 보장된다"라고 규정함으로써 호혜주의에 따라 외국인을 법적으로 보호하겠다는 것을 분명히 하고 있다.

376. 우리 헌법에 구체화된 평화국가: 1. 헌법전문 — 평화추구의 이념선언; 2. 제 5 조 제 1 항 — 침략전쟁의 부인; 3. 제 6 조 제 1 항 — 국제법존중주의 선언; 4. 제 6 조 제 2 항 — 외국인보호; 5. 헌법전문, 제69조, 제66조 제 3 항, 제92조 제 1 항 — 평화적 통일지향

(2) 侵略戰爭의 否認

헌법 제 5 조 제 1 항은 "대한민국은 … 침략적 전쟁을 부인한다"고 하여 국제연합의 회원국으로서 국제연합헌장에 규정된 무력행사금지원칙을 헌법에 수용하고 있다. 곧 우리 헌법은 영토의 확장, 국가이익 또는 정책의 실현을 위한 제국주의적 또는 패권주의적 발상에 의한 침략[1] 전쟁을 부인하고 있다.

377. 침략전쟁의 부인: 침략전쟁은 부인하나, 자위전쟁은 인정

그러나 헌법 제 5 조 제 2 항 전단은 "국군은 국가의 안전보장과 국토방위의 신성한 의무를" 진다고 하여 외국으로부터의 공격을 격퇴하여 국민과 영토를 보호하기 위한 자위전쟁까지를 금지하고 있지는 않다.

따라서 우리 헌법에 규정되어 있는 대통령의 국군통수권(제74조 제 1 항), 국군의 조직과 편성의 법정주의(제74조 제 2 항), 국민의 국방의무(제39조 제 1 항), 국

1950년 니카라과헌법), ② 전쟁포기와 군비금지(1947년 일본헌법), ③ 평화교란행위금지(독일기본법), ④ 군수물자의 생산, 수송 및 유통의 통제(독일기본법), ⑤ 국제분쟁의 평화적 해결(네덜란드헌법, 1931년 스페인헌법), ⑥ 양심상의 병역거부권규정(독일기본법, 1963년 네덜란드헌법, 1946년 브라질헌법), ⑦ 주권의 제한과 주권의 부분적 이양규정(1947년 이탈리아헌법), ⑧ 영세중립국선언(1955년 오스트리아헌법). 또한 권영성, 헌법학원론, 173-175쪽도 참조.

1) 1928년 부전조약에 따르면 침략이라고 함은 국제분쟁이 발생했을 때 평화적 조정의 절차를 거치지 않고 무력을 행사하거나, 무력을 행사함에 있어서 명시적 통고(선전포고) 또는 묵시적 통고(국교단절 또는 주재국사절 추방 등)를 하지 아니한 채 무력을 행사하는 것을 말한다.

가안전보장회의의 설치(제91조), 군사법원(제27조 제 2 항, 제29조 제 2 항, 제87조 제 4 항, 제110조), 군사에 관한 중요사항의 국무회의심의(제89조 제 2 호, 제 6 호, 제16 호), 계엄(제77조), 일정한 군사행동에 대한 국회의 동의권(제60조 제 2 항)에 대한 규정들은 자위전쟁에 대비하기 위한 규정들이다.

이렇듯 국군의 사명은 국가의 안전보장과 국토방위에만 한정되기 때문에, 국군은 정치적으로는 중립성을 지키도록 하였다(제 5 조 제 2 항 후단).

판 례 **〈전시증원연습 등 위헌확인(각하)〉** "헌법전문 및 제 1 장 총강에 나타난 '평화'에 관한 규정에 의하면, 우리 헌법은 침략적 전쟁을 부인하고 조국의 평화적 통일을 지향하며 항구적인 세계평화의 유지에 노력하여야 함을 이념 내지 목적으로 삼고 있음은 분명하다. 따라서 국가는 국민이 전쟁과 테러 등 무력행위로부터 자유로운 평화 속에서 생활을 영위하면서 인간의 존엄과 가치를 지키고 헌법상 보장된 기본권을 최대한 누릴 수 있도록 노력하여야 할 책무가 있음은 부인할 수 없다. 그러나 침략전쟁과 방어전쟁의 구별이 불분명할 뿐만 아니라 전시나 전시에 준한 국가비상상황에서의 전쟁준비나 선전포고 등 행위가 침략전쟁에 해당하는지 여부에 관한 판단은 고도의 정치적 결단에 해당하여 사법심사를 자제할 대상으로 보아야 할 경우가 대부분일 것이다. 또한, 평상시의 군사연습, 군사기지 건설, 무기의 제조·수입 등 군비확충 등의 행위가 '침략적' 전쟁준비행위에 해당한다고 볼 수 있는 경우란 거의 없거나 '침략적 성격', '중대한 공포' 등에 관한 규명이 사실상 곤란하므로, 이에 대하여 평화적 생존권이라는 이름으로 관련 공권력 행사를 중지시키려는 것은 실효적으로 보호받을 가능성을 긍정하기 쉽지 않다. 이러한 사정을 종합적으로 고려해 보면, 평화적 생존권을 헌법에 열거되지 아니한 기본권으로서 특별히 새롭게 인정할 필요성이 있다거나 그 권리내용이 비교적 명확하여 구체적 권리로서의 실질에 부합한다고 보기 어렵다 할 것이다."(헌재 2009. 5. 28. 2007헌마369 결정)

(3) 國際法尊重主義

378. 국제법존중: 평화국가의 요체

평화국가의 요체는 국제법의 존중이다. 우리 헌법은 제 6 조 제 1 항에서 "헌법에 의하여 체결·공포된 조약과 일반적으로 승인된 국제법규는 국내법과 같은 효력을 가진다"라고 규정함으로써 국제법존중주의를 직접 선언하고 있다.

판 례 **〈부정수표단속법 제 2 조 제 2 항 위헌제청(합헌)〉** "헌법 제 6 조 제 1 항의 국제법 존중주의는 우리나라가 가입한 조약과 일반적으로 승인된 국제법규가 국내법과 같은 효력을 가진다는 것으로서 조약이나 국제법규가 국내법에 우선한다는 것은 아니다."(헌재 2001. 4. 26. 99헌가13 결정)

판례 〈병역법 제88조 제 1 항 제 1 호 위헌제청 등(합헌)〉 "우리나라가 1990. 4. 10. 가입한 시민적·정치적 권리에 관한 국제규약(International Covenant on Civil and Political Rights)에 따라 바로 양심적 병역거부권이 인정되거나 양심적 병역거부에 관한 법적인 구속력이 발생한다고 보기 곤란하고, 양심적 병역거부권을 명문으로 인정한 국제인권조약은 아직까지 존재하지 않으며, 유럽 등의 일부국가에서 양심적 병역거부권이 보장된다고 하더라도 전 세계적으로 양심적 병역거부권의 보장에 관한 국제관습법이 형성되었다고 할 수 없어 양심적 병역거부가 일반적으로 승인된 국제법규로서 우리나라에 수용될 수는 없으므로, 이 사건 법률조항에 의하여 양심적 병역거부자를 형사 처벌한다고 하더라도 국제법 존중의 원칙을 선언하고 있는 헌법 제 6 조 제 1 항에 위반된다고 할 수 없다."(헌재 2011. 8. 30. 2008 헌가22 등 병합결정)

1) 조 약

① 조약의 개념과 효력

가. 조약의 개념

379. 조약의 개념: 명칭과 관계없이 법률상의 권리·의무를 창설·변경·소멸시키는 2개국 이상의 성문의 합의·약속

조약이란 그 명칭과 관계 없이 법률상의 권리·의무를 창설·변경·소멸시키는 2개국 이상의 성문의 합의·약속을 말한다.[1] 조약의 체결권은 대통령에게 있으나(제73조), 그 체결·비준에 앞서 국무회의의 심의를 거쳐야 하며(헌법 제89조 제 3 호), 특히 중요한 사항에 관한 조약은 사전에 국회의 동의를 얻어야 한다(헌법 제60조 제 1 항). 물론 비자(Visa)협정과 문화교류를 내용으로 하는 협정 등과 같이 헌법에 열거되지 아니한 단순한 행정협조적·기술적 사항에 관한 조약의 체결·비준에는 국회의 동의가 필요없다.

판례 〈국회의원과 대통령 등 간의 권한쟁의(각하)〉 "조약은 '국가·국제기구 등 국제법 주체 사이에 권리의무관계를 창출하기 위하여 서면형식으로 체결되고 국제법에 의하여 규율되는 합의'인데, 이러한 조약의 체결·비준에 관하여 헌법은 대통령에게 전속적인 권한을 부여하면서(헌법 제73조), 조약을 체결·비준함에 앞서 국무회의의 심의를 거쳐야 하고(헌법 제89조 제 3 호), 특히 중요한 사항에 관한 조약의 체결·비준은 사전에 국회의 동의를 얻도록 하는 한편(헌법 제60조 제 1 항), 국회는 헌법 제60조 제 1 항에 규정된 일정한 조약에 대해서만 체결·비준에 대한 동의권을 가진다.

이 사건 공동성명은 한국과 미합중국이 상대방의 입장을 존중한다는 내용만 담고 있을 뿐, 구체적인 법적 권리·의무를 창설하는 내용을 전혀 포함하고 있지 아니하므로, 조약에 해당된다고 볼 수 없으므로 그 내용이 헌법 제60조 제 1 항의 조

1) 외교문서에는 조약 외에도 그 비중과 효력에 따라 각서, 비망록, 구술서 등이 있다.

약에 해당되는지 여부를 따질 필요도 없이 이 사건 공동성명에 대하여 국회가 동의권을 가진다거나 국회의원인 청구인이 심의표결권을 가진다고 볼 수 없다."(헌재 2008. 3. 27. 2006헌라4 결정)

나. 조약의 효력

380. 조약의 효력: 국내법상의 법률과 같은 효력

우리 헌법은 "헌법에 의하여 체결·공포된 조약 … 은 국내법과 같은 효력을 가진다"(제 6 조 제 1 항)라고만 규정하고 있다. 그렇기 때문에 절차적·내용적으로 합헌인 조약이 국내법체계상 위치가 문제된다. 이 문제와 관련해서는 조약우위설과 헌법우위설이 대립되어 있다. 그러나 헌법우위설이 다수설의 입장이고 또한 타당하다. 따라서 조약은 원칙적으로 국내법의 법률과 같은 효력을 갖는다. 다만 순수한 행정협정과 같은 것은 명령·규칙과 같은 효력을 가지는 것으로 이해되고 있다.[1]

판례 **〈「특정범죄 가중처벌 등에 관한 법률」 부칙 제2항 등 위헌소원(합헌)〉** "마라케쉬협정도 적법하게 체결되어 공포된 조약이므로 국내법과 같은 효력을 갖는 것이어서, … 마라케쉬협정에 의하여 관세법위반자의 처벌이 가중된다고 하더라도 이를 들어 법률에 의하지 아니한 형사처벌이라거나 행위시의 법률에 의하지 아니한 형사처벌이라고 할 수 없다."(헌재 1998. 11. 26. 97헌바65 결정)

판례 **〈부정수표단속법 제2조 제2항 위헌제청(합헌)〉** "헌법 제6조 제1항의 국제법 존중주의는 우리나라가 가입한 조약과 일반적으로 승인된 국제법규가 국내법과 같은 효력을 가진다는 것으로서 조약이나 국제법규가 국내법에 우선한다는 것은 아니다. 이 사건 법률조항에서 규정하고 있는 부정수표 발행행위는 지급제시될 때에 지급거절될 것을 예견하면서도 수표를 발행하여 지급거절에 이르게 하는 것으로 그 보호법익은 수표거래의 공정성이며 결코 '계약상 의무의 이행불능만을 이유로 구금'되는 것이 아니므로 국제법 존중주의에 입각한다 하더라도 국제연합인권규약 제11조의 명문에 정면으로 배치되는 것이 아니다."(헌재 2001. 4. 26. 99헌가13 결정)

② 위헌인 조약

가. 학 설

381. 위헌인 조약의 효력: 조약이 체결·비준되는 과정에서 정치적으로 해결되는 것이 바람직

위헌인 조약은 위헌인 법률과 마찬가지로 국내법적 효력을 가질 수 없다. 다만 조약의 위헌여부의 결정방법과 관련하여 학설은 의견이 나뉘어 있다. 다수설은 법률의 효력을 가지는 조약은 헌법재판소가, 명령·규칙의 효력을 가지는

1) 김철수, 헌법학개론, 231·232쪽; 권영성, 헌법학원론, 177쪽; 허영, 한국헌법론, 169쪽; 계희열, 헌법학(상), 203쪽.

조약은 대법원이 최종적으로 그 위헌 여부를 심사한다고 하고,[1] 소수설은 규범통제제도가 원용될 수 없다고 한다.[2] 우리 헌법재판소는 조약이 국내법적 효력을 가짐에 있어 성립절차상의 하자로 헌법에 위반되는지 여부뿐만 아니라 조약의 실질적 내용이 헌법의 제규정에 위반되는지 여부까지 판단하고 있다.

판례 **〈「대한민국과 아메리카합중국간의 상호방위조약 제 4 조에 의한 시설과 구역 및 대한민국에서의 합중국군대의 지위에 관한 협정」 제 2 조 제 1 의 (나)항 위헌제청(합헌)〉** (1) 이 사건 조약은 그 명칭이 "협정"으로 되어 있어 국회의 관여없이 체결되는 행정협정처럼 보이기도 한다. 그러나 우리나라의 입장에서 볼 때에는 외국군대의 지위에 관한 것이고, 국가에게 재정적 부담을 지우는 내용과 입법사항을 포함하고 있다. 따라서 이 사건 조약은 국회의 동의를 요하는 조약으로 취급되어야 한다. (2) 이 사건 조약은 국회의 비준동의와 대통령의 비준 및 공포를 거친 것으로 인정된다. 따라서 이 사건 조약이 국내법적 효력을 가짐에 있어서 성립절차상의 하자로 인하여 헌법에 위반되는 점은 없다. (3) 이 사건 조약 제 2 조 제 1 의 (나)항에 의하여 이 사건 조약 발효 당시 미군이 사용중인 시설과 구역에 대하여는 사용공여의 합의가 있는 것으로 간주된다. 그러나 이 조항은 당해 재산의 소유자에 대한 관계에서 공용수용·사용 또는 제한을 한 경우와 같이 권리의 변동을 초래하는 것으로 해석할 수는 없다. 따라서 이 조항에 의한 법률효과로서 사인의 재산권에 대한 침해가 발생할 여지는 없다. 국가가 미리 적법한 소유권 또는 사용권 취득을 마치지 않은 사인의 특정 재산을 사실상 공여된 시설과 구역으로 취급함으로 국가(대한민국) 또는 미군이 그 재산을 권원 없이 사용하거나 그 밖의 방법으로 사인의 재산권을 침해하는 사태가 있다 하더라도, 그것은 위 조항 자체에 내재된 위헌성에서 비롯된 결과라고는 볼 수 없다. 그러므로 위 조항이 국민의 재산권을 침해한다고는 할 수 없다(헌재 1999. 4. 29. 97헌가14 결정).

판례 **〈국제통화기금조약 제 9 조 제 3 항 등 위헌소원(각하)〉** "이 사건조항(국제통화기금협정 제 9 조 제 3 항(사법절차의 면제) 및 제 8 항(직원 및 피용자의 면제와 특권), 전문기구의특권과면제에관한협약 제 4 절, 제19절(a))은 각 국회의 동의를 얻어 체결된 것으로서, 헌법 제 6 조 제 1 항에 따라 국내법적, 법률적 효력을 가지는바, 가입국의 재판권 면제에 관한 것이므로 성질상 국내에 바로 적용될 수 있는 법규범으로서 위헌법률심판의 대상이 된다."(헌재 2001. 9. 27. 2000헌바20 결정)

나. 사　　견

논리적으로는 다수설이 명쾌한 듯 보이지만 다수설은 조약의 국제정치성과 조약무효로 인한 국가의 체면손상 등 조약의 특수성을 간과하고 있다. 더 나아

1) 김철수, 헌법학개론, 232쪽; 권영성, 헌법학원론, 177쪽.
2) 허영, 한국헌법론, 173쪽.

가서 오늘날 통치행위이론이 대단한 수정을 받고 있음에도 불구하고 전통적으로 조약체결은 통치행위의 핵심부분을 구성한다는 사실 또한 잊어서는 안 될 것이다. 따라서 위헌적인 조약이 체결·비준되는 과정에서 정치적으로 해결되는 것이 바람직한 방법이라 생각한다.

2) 일반적으로 승인된 국제법규

① 일반적으로 승인된 국제법규의 개념

382. 일반적으로 승인된 국제법규의 개념: 성문·불문에 관계없이, 우리나라에 의한 승인여부와 관계없이 세계 대다수 국가에 의하여 승인된 국제법규

일반적으로 승인된 국제법규란 성문·불문에 관계없이[1] 또한 우리나라에 의하여 승인된 여부와는 관계없이 세계 대다수국가에 의하여 승인된 국제법규를 말한다. 일반적으로 승인된 국제법규는 특별한 수용절차를 거치지 않고 국내법과 동등한 효력을 갖게 된다(헌법 제6조 제1항).

② 일반적으로 승인된 국제법규의 효력

가. 학 설

일반적으로 승인된 국제법규의 국내법상의 효력과 관련해서도 학설은 견해를 달리하고 있다. 법률로서의 효력을 인정하는 설,[2] 일반적으로 승인된 국제법규에 따라 개별적으로 그 효력의 차이가 있기 때문에 획일적으로 판단하기는 어렵다는 설,[3] 대체로 헌법보다는 하위이지만 법률보다는 상위라는 설[4] 등이 그것이다.

나. 사 견

383. 일반적으로 승인된 국제법규의 효력: 헌법보다는 하위이지만 법률보다는 상위의 효력을 인정하는 것이 타당

일반적으로 승인된 국제법규의 효력을 획일적으로 판단한다는 것이 어렵기는 할 것이다. 그러나 개인적으로는 그러한 국제법규에 헌법보다는 하위이지만 법률보다는 상위의 효력을 인정하는 것이 타당하다고 생각한다. 일반적으로 승인된 국제법규는 국제사회에서 장기간에 걸쳐 '세계양심'(Weltgewissen)[5]화되어온 것으로 전체 국제법질서에서 핵심을 이루는 것이다. 그렇기 때문에 그러한 국제법규들을 국내법률로써 부인할 수 있도록 한다면, 우리 헌법이 선언한 평화국가

---

1) 일반적으로 승인된 국제관습법으로는 전시국제법상의 일반원칙(포로의 살해 금지 등), 외교관의 대우에 관한 일반원칙, 조약은 준수되어야 한다는 원칙(pacta sunt servanda) 등이, 일반적으로 승인된 국제성문법으로는 부전조약(不戰條約), 포로에 관한 제네바협정, 집단학살(genocide)금지규정 등을 들 수 있다.

2) 권영성, 헌법학원론, 176쪽.

3) 김철수, 헌법학개론, 231쪽; "국내법과 같은 효력이란 반드시 법률과의 동일한 효력만을 가리키는 것은 아니다"라는 허영, 한국헌법론, 174쪽도 이 견해에 속한다고 볼 수 있다.

4) 계희열, 헌법학(상), 203쪽.

5) 이 표현은 인권의 국제적 차원에서의 발전과 관련하여 G. Oestreich, *Die Idee der Menschenrechte in ihrer geschichtlichen Entwicklung*, 1961, S. 8가 사용한 것이나, 이곳에서도 무리없이 사용할 수 있다고 생각한다.

원리가 유명무실한 것이 될 것이기 때문이다.[1]

(4) 外國人의 法的 地位保障

외국인의 법적 지위에 관한 입법례로는 호혜주의(=상호주의)와 평등주의가 있다. 각국의 실정헌법은 일반적으로 호혜주의에 입각하여 외국인의 법적 지위를 보장하고 있다. 우리 헌법도 제 6 조 제 2 항에서 "국제법과 조약이 정하는 바에 의하여 그 지위가 보장된다"라고 함으로써 호혜주의(상호주의)를 선언하였다. 384. 외국인의 법적 지위보장: 호혜주의 원칙에 따라 보장

외국인의 법적 지위의 보장과 관련하여 특히 문제가 되는 것은 우리 헌법상의 기본권을 외국인에게도 보장해 줄 것인가 하는 문제이다. 최근 외국과의 교역과 교류가 증대되고 각국에 체류하는 외국인의 수가 늘어나면서 국제법이 개발한 외국인법은 외국인이 정치적 권리나 특정 직업의 행사를 요구할 수 없도록 제한하는 외에는 외국인에게 폭넓은 보호를 하고 있다.[2] 더 나아가서 외국인체류자가 많은 나라에서는 일정한 요건하에 기초지방자치단체에서 외국인에게도 선거권과 피선거권을 인정해야 한다는 견해가 강하게 제기되고 있다.[3] 이와 관련하여 국회는 2005. 8. 4. 공직선거법을 개정하여 「출입국관리법」 제10조(체류자격)의 규정에 따른 영주의 체류자격 취득일 후 3년이 경과한 19세 이상의 외국인으로서 제37조 제 1 항의 선거인명부작성기준일 현재 「출입국관리법」 제34조(외국인등록표등의 작성 및 관리)의 규정에 따라 당해 지방자치단체의 외국인등록대장에 등재된 자에게는 그 구역에서 선거하는 지방자치단체의 의회의원 및 장의 선거권을 부여하였다(동법 제15조 제 2 항 제 2 호).

이 문제는 국제공동체와 국제법질서의 발전에 따라 입법론적으로는 문제되겠지만, 현재의 헌법규정과 국제법상의 호혜주의에 의하면 어떻든 외국인은 내국인에 비하여 제한된 범위 내에서만 기본권의 주체가 된다고 해석할 수밖에 없다.

(5) 平和的 統一指向

우리 헌법은 한반도의 분단현실을 인정하고 무력에 의한 통일추구가 불가능한 국제정치적 현실을 인식하여 여러 곳에서 평화적 방법에 의한 통일을 선언 385. 평화적 통일지향: 자유민주적 기본질서에 입각한 통일

1) 계희열, 헌법학(상), 203쪽 참조.
2) K. Stern, *Das Staatsrecht der Bundesrepublik Deutschland*, Bd. Ⅲ/1, 1988, S. 1036 및 계희열, 헌법학(상), 204·205쪽 참조.
3) 계희열, 헌법학(상), 205쪽과 (각주 18)의 문헌 참조.

— 정치이념의 측면에서 자유와 평등을 추구하고, 정치원리로서는 국민주권의 원리가 존중되는 통치질서에 의한 통일

하고 있다. 헌법전문은 “조국의 … 평화적 통일의 사명”을 선언하고, 헌법 제 4 조는 “대한민국은 통일을 지향하며, 자유민주적 기본질서에 입각한 평화적 통일정책을 수립하고 이를 추진한다”고 하였다. 이 밖에도 국가원수인 대통령으로 하여금 취임시에 “조국의 평화적 통일 … 에 노력”할 것을 선언하게 함(제69조)과 동시에 대통령에게 “조국의 평화적 통일을 위한 성실한 의무”를 지우고 있으며(제66조 제 3 항), “평화통일정책의 수립에 관한 대통령의 자문에 응하기 위하여 민주평화통일자문회의를 둘 수 있”도록 하였다(제92조 제 1 항).

이러한 규정들은 평화적인 방법에 의한 통일을 추구하면서도, 곧 무력이나 강압에 의한 통일을 배제하면서도 자유민주적 기본질서에 입각한 통일을 추구한다는 남북한통일의 기본원칙을 선언한 것이다. 여기서 자유민주적 기본질서에 입각한 통일이란 정치이념의 측면에서는 자유와 평등을 추구하고, 정치원리로서는 특히 국민주권의 원리가 존중되는 통치질서에 입각한 통일을 뜻한다.

> **판례** 〈「남북교류협력에 관한 법률」 제 9 조 제 3 항 위헌소원(합헌)〉 “헌법상의 여러 통일관련조항들은 국가의 통일의무를 선언한 것이기는 하지만, 그로부터 국민 개개인의 통일에 대한 기본권, 특히 국가기관에 대하여 통일과 관련된 구체적인 행동을 요구하거나 일정한 행동을 할 수 있는 권리가 도출된다고 볼 수 없다.”(헌재 2000. 7. 20. 98헌바63 결정)

이러한 헌법적 기초 위에서 1991년 12월에는 상대방체제의 존중, 내부문제 불간섭, 비방·중상의 중지, 파괴·전복행위의 금지, 현 정전상태의 평화상태로의 전환, 국제무대에서의 대결과 경쟁중지 등을 내용으로 하는 「남북 사이의 화해와 불가침 및 교류·협력에 관한 합의서」(약칭 남북합의서)가 채택되고, 1992년 2월에는 효력을 발생하여 남북한은 적어도 법적으로는 무력의 행사를 포기하였다. 1991년 9월 17일의 남북한유엔동시가입과 남북합의서의 효력 발생으로 남북한관계는 비록 외국과의 관계는 아니지만 사실상 외국과의 관계와 유사하게 되었다고 할 것이다.

> **판례** 〈국가보안법 제 7 조에 대한 위헌심판(한정합헌)〉 “제 6 공화국 헌법이 지향하는 통일은 평화적 통일이기 때문에 마치 냉전시대처럼 빙탄불상용의 적대관계에서 접촉·대화를 무조건 피하는 것으로 일관할 수는 없는 것이고 자유민주적 기본질서에 입각한 통일을 위하여 때로는 북한을 정치적 실체로 인정함도 불가피하게 된다. 북한집단과 접촉·대화 및 타협하는 과정에서 자유민주적 기본질서에 위해를 주지 않는 범위 내에서 때로는 그들의 주장을 일부 수용하여야 할 경우도 나타날 수 있다.”(헌재 1990. 4. 2. 89헌가113 결정)

第 3 編

基本權一般理論

第 1 章 基本權의 歷史的 展開
第 2 章 基本權의 槪念과 分類
第 3 章 基本權의 本質과 機能(性格)
第 4 章 基本權享有의 主體
第 5 章 基本權의 效力
第 6 章 基本權의 衝突과 競合
第 7 章 基本權의 限界와 制限
第 8 章 基本權의 保護

第 1 章　基本權의 歷史的 展開
第 1 節　序　　論
第 2 節　自由權的 基本權의 歷史的 展開
第 3 節　社會的 基本權의 登場과 展開
第 4 節　1945년 이후의 人權保障—人權保障의 現代的 展開
第 2 章　基本權의 槪念과 分類
第 1 節　基本權의 槪念
第 2 節　基本權의 分類
第 3 章　基本權의 本質과 機能(性格)
第 1 節　基本權의 本質—基本權理論
第 2 節　基本權의 機能
第 4 章　基本權享有의 主體
第 1 節　一 般 論
第 2 節　國　　民
第 3 節　外 國 人
第 4 節　法　　人
第 5 章　基本權의 效力
第 1 節　槪念과 種類
第 2 節　基本權의 對國家的 效力
第 3 節　基本權의 效力擴張論
第 6 章　基本權의 衝突과 競合
第 1 節　基本權의 衝突
第 2 節　基本權의 競合
第 7 章　基本權의 限界와 制限
第 1 節　基本權의 限界
第 2 節　基本權의 內在的 限界
第 3 節　基本權의 制限
第 8 章　基本權의 保護
第 1 節　基本權保護의 종류
第 2 節　基本權 保護手段

第 1 章　基本權의 歷史的 展開

第 1 節　序　　論

1. 法의 歷史와 政治史의 關聯性

헌법의 역사와 정치사는 항상 복선궤도(複線軌道)를 달린다. 일반적으로 이들 양자 사이에는 대략 한 세대의 시간차이가 나는 것으로 알려져 있다. 역사는 철학자와 법학자들의 생각이 대략 30년에서 50년의 시간이 지난 후 정치제도, 법률 그리고 그 밖의 법적 수단에 받아들여지는 것을 보여주고 있다.[1] 새로운 정의관이 한 세대가 흐르는 동안 사회조직에서 받아들여지면, 다음 세대 또는 또 다음 세대는 그것을 사회질서의 한 부분으로서 법질서로 받아들인다.[2]

386. 법의 역사와 정치사의 관련성

2. 基本權思想의 淵源

따라서 오늘날 헌법전에 규정되어 있는 기본권목록도 그 존재가 자명한 것은 아니다. 그러나 기본권사상이 인권사상에서 비롯되었다는 것만은 확실하다. 특히 근대적 의미의 기본권사상은 개인적 자유와 정치질서 사이의 관계에서 언제나 같은 것으로 남아 있는 기본적 문제에 대한 대답으로서 대략 17·18세기에 자연법과 이성법을 주장한[3] 계몽주의철학자들에게서 발전되었다.

387. 기본권사상의 연원: 1. 기본권사상은 인권사상에서 연원; 2. 근대적 의미의 기본권사상 — 계몽주의 철학자들에게서 발전

1) O. Kimminich, *Menschenrechte — Versagen und Hoffnung*, 1973, S. 13.

2) M. Hauriou, Sozialordnung, Gerechtigkeit und Recht, in: R. Schnur(Hrsg.), *Die Theorie der Institution und zwei andere Aufsätze von Maurice Hauriou*, 1965, S. 67ff.(74).

3) 예컨대 노예제도를 자연법위반이라 질타한 빅토리아 *Francisco de Victoria* O. P.(1485-1546), '인민협약'(Agreement of the People)에 서명하기를 거부한 크롬웰 *Oliver Cromwell*의 개인비서이면서 펜을 사용하여 언론의 자유와 검열제폐지에 노력한 밀톤 *John Milton*(1608-1674). 물론 밀톤의 주장은 이러한 것에 한정된 것은 아니었다. 이 밖에도 밀톤은 생명과 재산과 자유에 대한 권리, 종교의 자유와 양심의 자유를 주장하였다(A. Bleckmann, *Allgemeine Grundrechtslehren*, 1979, S. 1f.). 절대군주제를 주장한 홉스 *Thomas Hobbes*에 반대하여 가능하면 방해받지 않고 자연적 자유(생명, 자유, 재산)를 향유하기 위하여 국가

3. 基本權思想의 成文化

388. 기본권사상의 성문화: 자유헌법을 쟁취하기 위한 투쟁의 결과

그러나 그것이 헌법전에 성문화된 것은 시간이 흐르고 난 후이며, 그것도 여러 차례의 정치적·혁명적 투쟁을 통해서 이룩되었다. 이러한 투쟁은 절대적 국가권력이 지배자의 의사가 아닌 법에 구속될 것을 요구한 자유헌법(근대의 시민적 헌법)을 쟁취하기 위한 투쟁과 동일시된다.

4. 絕對主義國家觀

389. 절대주의 국가관: 국가권력을 무제한이며, 군주의 사유물로 간주

계몽주의철학자들은 인간을 이성적인 존재, 양도될 수 없는 자연적 권리를 가진 존재로 생각하였다. 이렇게 철학적으로 정당화된 자유를 정부당국에 대하여도 관철시키는 것은 당시의 지배적인 절대주의국가관 때문에 불가능하였다. 왜냐하면 절대주의[1] 국가관에 따르면 국가권력은 무제한적인 것이자 전적으로 군주의 사유물인 것으로 간주되었기 때문이다. 국가권력의 발로로서의 군주의 의사에 대하여 신민(臣民, Untertan)은 무력할 수밖에 없었다.

5. 市民階級의 등장과 득세

390. 시민계급의 등장과 득세: 1. 자유권을 성문화할 수 있는 조건과 필요성의 성숙; 2. 중농주의학파의 이론적 지원

18세기에 급격하게 성장한 상공업에 힘입어 시민계급은 경제적 부를 축적할 수 있었다. 이로써 자유권을 성문화할 수 있는 조건과 그 필요성이 성립되었다. 곧 시민이 자연적 권리를 국가에 대해서도 주장할 수 있도록 그것을 자의적으로 변경할 수 없고 정부의 침해에 대해서도 안전할 수 있도록 헌법에 기본권으로 보장하는 것이 필요하게 되었다. 그러한 필요성은 산업화를 통하여 더욱 촉진되었다. 주도적으로 기업을 운영하기 위해서는 특정의 자유를 보장받는 것이 필수적인 것으로 되었기 때문이다. 이제 국가산업의 주도자가 된 시민계급은

를 창설했다고 주장 한 로크 *John Locke*(1632-1704), 사상의 자유와 표현의 자유를 위하여 노력한 네덜란드인 스피노자 *Baruch de Spinoza*(1632-1677), 인간을 존엄의 주체로 파악하고 군주가 자연법에 반하여 국민의 자유와 생명과 재산을 침해한 경우 저항권을 인정한 푸펜도르프 *Samuel Pufendorf*(1632-1694) 등을 들 수 있다. 이 외에도 기본권의 발전에 영향을 준 독일자연법론자들로는 토마지우스 *Christian Thomasius* (1655-1728)와 볼프 *Christian Wolff*(1679-1754)를 들 수 있을 것이다.

1) '절대주의'(Absoutismus)는 라틴어 absolutus에서 유래하였다. absolutus는 '고삐에서 풀려난, 어떤 것을 통해서도 제한되지 않는'이라는 의미를 가진다. 17·18세기의 유럽국가를 절대국가라 한다.

법질서의 안정을 요구함과 동시에 국가적 조치들이 예견가능할 것을 요구하였고, 거기에서 더 나아가 국가가 자의적 행위를 중지할 것을 요구하게 되었다. 여기에 특권과는 관계없이 인간의 자기완성력을 신봉하여 경제질서를 개혁하고자 한 중농주의학파가 이론적 기초를 제공하였다.

6. 自由와 法的 安定性에 대한 要求

391. 자유와 법적 안정성에 대한 요구: 주권의 거부

자유와 법적 안정성에 대한 요구는 그 당시로서는 혁명적인 것이었으며, 절대주의의 권력구조와는 대립되는 것이었다. 따라서 기본권은 (무제약적이며, 철회불가능하고, 시간적·내용적으로 무제한적이라는 본래의 의미의) '주권에의 경향'(Tendenzen zur Souveränität)에 대한 대답인 동시에 인간의 기본적 자유에 봉사하도록 주권을 거부한 것으로 이해될 수 있다.[1)]

第 2 節 自由權的 基本權의 歷史的 展開

1. 原基本權(Ur-Grundrecht)

(1) 人權의 起源에 대한 부뜨미와 옐리네크의 論爭

392. 인권의 기원에 대한 논쟁: 1. 부뜨미 — 18세기 프랑스 계몽철학, 특히 루소의 사상이 인권의 효시; 2. 옐리네크 — 미연방헌법과 여러 주의 헌법에 규정된 종교의 자유가 인권의 기원

20세기 초 독일의 저명한 국법학자인 옐리네크 *Georg Jellinek*와 당대 프랑스의 대표적 정치학자인 부뜨미 *Emile Boutmy* 사이에 인권의 기원에 대하여 격렬한 논쟁이 있었다. 그 논쟁에서 부뜨미는 사상사적 측면을 강조하여 18세기의 프랑스계몽철학, 특히 루소야말로 인권의 효시라고 할 수 있으며, 루소의 사상은 그 후 프랑스혁명이 진행되는 가운데 인권선언에서 구체적인 표현을 보았고, 이를 계기로 하여 전세계에 확산되었다는 견해를 표명하였다.[2)]

이에 대해서 옐리네크는 제도사적 측면을 강조하면서 반대의 뜻을 표명하였다.[3)] 곧 그는 1776년의 버지니아헌법 및 기타 식민지 각주의 헌법에 규정된

1) M. Kriele, Zur Geschichte der Grund- und Menschenrechte, in: *Öffentliches Recht und Politik. Festschrift für H. U. Scupin*, 1973, S. 187ff.(195).

2) E. Boutmy, Die Erklärung der Menschen- und Bürgerrechte und Georg Jellinek, in: R. Schnur(Hrsg.), *Zur Geschichte der Erklärung der Menschenrechte*, 1964, S. 78ff.(88ff.).

3) G. Jellinek, Die Erklärung der Menschen- und Bürgerrechte/Die Erklärung der Menschen- und Bürgerrechte. Antwort an Emile Boutmy, in: R. Schnur, *Zur Ge-*

권리장전이야말로 1789년 성립된 프랑스인권선언의 모델을 이루고 있다고 하면서, 인권의 역사는 미연방헌법 및 주헌법에 보장된 종교의 자유에서 비롯되었다고 하였다.[1]

그러나 이러한 옐리네크의 주장은 그대로 유지될 수 없다. 왜냐하면 수많은 저명한 역사학자들(예컨대 *Hartung, Hashagen, Vossler, Ritter, Bohatec, Pound*)이 옐리네크의 주장과는 다른 것을 증명하고 있기 때문이다. 곧 그들은 그 당시 미국에는 뚜렷한 자유권의 역사가 존재하였던 데 반하여, 종교의 자유가 권리로서 관념되었던 것은 미국역사상 극히 예외적인 경우에 국한되었고 일반적으로는 종교의 자유를 관용으로 이해하였다는 것을 증명하고 있다.[2]

(2) 英國의 大憲章

393. 영국의 자유대헌장

아마도 기본권을 헌법문서에 성문화된 권리라고 개념규정하는 한, 최초의 기본권은 1679년의 '인신보호령'(Habeas-corpus-Act)에 규정된 자의(恣意)적인 체포 및 형사소추로부터 보호를 받을 권리, 곧 인신의 보호에 대한 권리라 할 수 있다. 그리고 이러한 인신의 보호에 대한 권리에 견인차적 역할을 한 것은 전문 63개 조항으로 구성된 1215년 6월 15일의 영국의 「자유대헌장」(Magna Charta Libertatum) 제39조에 규정된 신체의 자유라 해야 할 것이다.[3] 왜냐하면 "누구든지 국법 및 적법절차에 의하지 않고는 체포·구인(拘引)되거나 금고형에 처하여지지 않는다"(No man can be taken, arrested, attached, or imprisoned, but by due process of law and according to the law of the land)라고 고전적 기본권을 정식화(定式化)한 코크 *Sir Edward Coke*(1552-1634)[4]가 그 근거로서 대헌장 제39조를

schichte der Erklärung der Menschenrechte, 1964, S. 1ff., 113ff.

1) G. Jellinek, Die Erklärung der Menschen- und Bürgerrechte, S. 39ff.

2) M. Kriele, *Einführung in die Staatslehre*, 5. Aufl.(1994), S. 134f.

3) 자유대헌장 제39조: "자유인은 누구라도 같은 신분의 사람에 의한 적법한 심판이나 국법에 정한 경우를 제외하고는 체포, 구금, 재산권박탈, 추방, 법외방치되거나 다른 방법으로 처벌되지 아니하며 짐(朕)도 그에게 불리한 조치를 하거나 그를 체포하지 않을 것이다" (Nullus liber homo capiatur vel imprisonetur aut dissaisiatur aut utlagetur aut exuletur aut aliquo destruatur, nec super eum ibimus nec super eum mittemus, nisi per legale judicium parium suorum vel per legem terrae).

4) 코크는 실정법을 근거로 그가 '생래(生來)의 권리'(birthrights)로 생각한 '정당한 권리와 자유'(just rights and liberties)인 개인적 자유와 생명 및 재산권을 발전시키고 이러한 권리들을 '코먼로'(Common Law) 또는 '법의 공정한 절차'(due process of law)에 의하여 보장받는 것이라 보았다. 코크에 대하여 더 자세한 것은 M. Kriele, *Die Herausforde-rung des Verfassungsstaates. Hobbes und englische Juristen*, 1970(홍성방 역, 헌법국가의 도전, 두성사, 2007) 참조.

자주 원용하고 있기 때문이다.[1)]

(3) 大憲章의 法的 性格

영국의 「대헌장」은 존왕이 영국의 귀족들에게 특히 법원의 절차 및 재산과 관련된 자유와 권리를 확인해 준 문서이다. 그렇기 때문에 이 문서의 성격에 대해서는 견해가 나뉘어 있다.

394. 대헌장의 법적 성격에 대한 학설: 1. 제 1 설 — 기본권 보장성 부정; 2. 제 2 설 — 근대적 인권선언의 조상으로서의 역할 인정; 3. 제 3 설 — 대헌장 제39조는 모든 기본권의 모태

첫 번째 견해는 「대헌장」의 기본권보장성을 부정한다. 이 문서는 모든 사람을 위하여 기본권을 성문화한 것이 아니라, 특정신분, 곧 귀족들을 위하여 자유와 특권을 문서로 확인한 것에 지나지 않으며, 그러한 한에서 후일 유럽대륙에서 영주와 신분 사이에 종종 체결된 지배계약의 예에 지나지 않는다. 더구나 중세에는 자유란 지배로부터의 자유가 아닌 특권을 의미하였다. 그 밖에도 개인이 대헌장에 의한 보호를 받았는지도 의심스러울 뿐만 아니라 오히려 등족회의가 자신의 소속원, 곧 귀족을 보호한 일종의 제도에 지나지 않는다. 따라서 「대헌장」은 기본권을 보장한 것이라기보다는 오히려 특권적 예외를 선언한 것으로 생각된다고 한다.[2)]

두 번째 견해는 「대헌장」이 현대적 의미의 성문헌법이라는 점은 부정하면서도 근대적 인권선언의 조상격인 역할을 인정하려고 한다. 곧 「대헌장」(과 「권리청원」, 「권리장전」)에 보장된 권리 내지 자유는 봉건귀족의 봉건적 지배권의 재확인 또는 특히 영국인이 고래로부터 향유하고 있었다고 생각된 것이며, 인간성으로부터 논리필연적으로 개개 인간에게 부착되는 생래의 권리가 아니다. 그리고 또 이와 같은 영국의 역사적 문서는 성문헌법과 일체가 되는 것은 아니었다. 이러한 점에서 영국의 이들 문서는 근대적 인권선언이 특색으로 하는 제1, 제 2의 성격을 가지고 있지 않다. 그렇다고 하여 영국의 「대헌장」, 「권리청원」, 「권리장전」이 국왕의 절대적 권력에 의한 침해에서부터 국민의 권리를 방어하고 보장하였던 역사적 의의까지를 부인하는 것은 아니며, 이들 문서의 역사적 역할로 볼 때에는 근대적 인권선언의 조상이었다고 할 수 있을 것이라고 한다.[3)]

---

1) K. Löw, *Die Grundrechte*, 2. Aufl.(1982), S. 58, S. 422 미주 28는 17세기 초 처음으로 코크가 "모든 사람은 대헌장의 의미에서 자유인이다"(All men are free men in the sense of Magna Charta)라고 선언했다고 적고 있다.

2) I. v. Münch, *Grundbegriffe des Staatsrechts I*, 1979, S. 77; A. Bleckmann, *Allgemeine Grundrechtslehren*, S. 1; B. Pieroth/B. Schlink, *Grundrechte. Staatsrecht II*, 1985, S. 6 : S. Ilse, *Verfassungsrecht*, 1976, S, 19 참조.

3) C. Schmitt, *Verfassungslehre*, 1928, S. 45ff.; McKechnie, *Magna Carta*, 2nd. ed.(1914), S. 104ff.; K. Löw, *Die Grundrechte*, S. 58; P. Badura, *Staatsrecht. Systematische Erläuterung*

세 번째 견해는 대헌장 제39조를 모든 기본권의 모태로 간주한다. 이 견해는 자의(恣意)에 의한 체포 또는 형사소추를 당하지 않을 권리야말로 기본권의 원형이요 자유의 근원으로 보아야 한다고 한다. 그 이유는 이와 같은 기본권이 존재하지 않는 경우 인간은 끊임없는 위협에 직면하게 되고, 그 내용이 정신적인 것이든 정치적인 것이든 또는 종교적인 것이든 일체의 의사표시나 행동에는 개인적 자유의 상실이라는 높은 대가가 뒤따르게 되며, 공포는 결국 사람들의 입을 봉해 버리고 말기 때문이라는 것이다. 따라서 역사적 관점에서 보든 내용적 측면에서 보든 자의의 체포로부터 보호를 받을 권리야말로 모든 기본권의 모태라는 것이다.[1]

(4) 私 見

395. 원기본권에 대한 사견: 1215년 영국의 대헌장 제39조에 규정된 신체의 자유는 모든 기본권의 원형이다

원기본권을 정하는 문제에서 오늘날의 기본권개념에 지나치게 집착할 필요는 없다고 생각한다. 헌법문서에 성문화되었고, 오늘날까지도 기본권의 발달에 계속적인 영향력을 행사하고 있다면 그것으로 충분하다 할 것이다. 그러한 한에서 세 번째의 견해가 타당하다고 생각된다.

2. 英 國

(1) 英國에서의 人權 및 基本權의 展開

396. 영국에서의 인권 및 기본권의 전개: 1629년의 권리청원-1679년의 인신보호령-1689년의 권리장전-로크의 인권에 대한 이론적 체계화

영국의 17세기는 한편으로는 인권발전사에 커다란 영향을 끼친 3명의 위대한 국가철학자 겸 법철학자(코크, 밀톤, 로크)를 배출했는가 하면, 다른 한편으로는 커다란 역사적 의미를 가지는 3가지 헌법문서, 곧 「권리청원」과 「인신보호령」과 「권리장전」을 우리에게 남겨 주었다.

1628년 영국의 의회는 왕의 자의적 통치에 대하여 대헌장을 내세워 신민(臣民)의 자유와 권리를 재확인하는 「권리청원」(Petition of Rights)에 대한 승인을 찰스 1세로부터 얻어내었다. 「권리청원」은 코크가 기초한 것으로, 특히 의회의 동의없는 과세와 자의적인 체포를 금지하였다.

1679년 찰스 2세가 서명한 「인신보호령」(Habeas-Corpus-Act)은 문서로 된 체포영장 없이는 영국신민의 인신을 체포하는 것을 금지하였으며, 체포된 자는 늦

---

des Grundgesetzes für die Bundesrepublik Deutschland, 1986, S. 64는 대헌장을 헌법적으로 보장된 기본권의 선구자로 본다.

1) M. Kriele, *Einführung in die Staatslehre*, S. 133.

어도 30일 이내에 법관에게 구인되어 그 체포가 허용되는 것인가 여부를 심사할 것을 명하고 있다. 따라서 인신보호령의 가장 중심적인 의도는 빠른 시일 내에 해당 법관에게 출두할 수 있는 구속자의 권리를 분명히 하기 위한 것이었다.[1)]

1689년 12월 16일의 「권리장전」(Bill of Rights. 정확한 명칭은 Bill and Declaration of Rights and Liberties of Subjects이다)은 1688/89년의 무혈명예혁명의 결과였다. 이곳에서는 의회의 동의 없이 법률을 제정하거나 폐지하는 것을 금하였고, 대표자를 자유로운 선거에 의하여 선출할 것 등을 규정하였다. 이로써 통치자의 권력은 여러 면에서 매우 제한되게 되었다.

1690년에 로크는 「市民政府二論」(Two Treatises on Civil Government)에서 인권에 대하여 최초로 학문적인 서술을 함으로써 그를 체계화시켰다. 블랙스톤 *William Blackstone*(1723-1780)이 로크의 작업을 계승하였다. 특히 블랙스톤은 신분적 특권을 영국인의 일반적 권리로 만든 「인신보호령」과 「권리장전」의 이론적 기초 및 이러한 권리보장이 가지는 정치적 결과를 정리하였다.

(2) 英國에서의 人權 및 基本權展開의 特色

397. 영국에서의 인권 및 기본권전개의 특색: 일반적인 권리와 자유를 개인에게 국민의 권리로서 보장하기 위하여 국가권력을 제한

영국의 헌법발전과 기본권발전에 있어서 본질적인 점은 대정부투쟁과 종교투쟁의 결과 일반적인 권리와 자유를 개인에게 국민의 권리로서 보장하고 그를 위하여 국가권력을 제한한 것이었다. 이러한 자유권의 보장과 국가권력의 제한은 후세에 모범이 되었으며, 그 이후의 모든 인권발전에 영향을 주었다.

3. 美　國

(1) 美國에서의 人權 및 基本權의 展開

398. 미국에서의 인권 및 기본권의 전개: 1776년의 버지니아 권리장전-로크의 자유주의적 국가관에 기초한 1776년의

영국의 인권선언이 신분적 자유와 권리를 개별 헌법문서에 보장한 것과는 달리 미국에서는 천부불가침의 자연권을 선언하고 근대적 의미의 기본권목록을 최초로 헌법전에 성문화하였다.

전문 16개 조항으로 구성된 1776년 6월 12일의 「버지니아 권리장전」(Virgi-

1) 「인신보호령」의 전신은 크롬웰에게 제출된 「인민협약」(Agreement of the People, 1647-1649)이었다. 「인민협약」에는 종교와 양심의 자유, 강제병역으로부터의 자유, 의회추종자의 정치적 행위에 대한 사면, 모든 이의 법 앞의 평등, 오로지 법에 근거를 둔 신체와 재산에 대한 침해 등과 같은 중요한 기본권적 내용들이 들어 있었다. 그러나 크롬웰이 끝내 서명을 거부했기 때문에 발효되지는 못하였다.

독립선언서-1791년 과 그 이후의 수정 헌법조항들

nia Bill of Rights)[1]은 '천부불가양의 권리'(inherent, unalienable rights)에 대하여 언급하고 있다. 따라서 버지니아 권리장전은 전국가적 자연법사상에 기초한 기본적 인권을 확인한 최초의 기본권목록으로 평가된다. 그 중요한 내용은 ① 사람은 '생래의 권리'(inherent rights)를 가지며, 그것은 전국가적인 권리라는 것(제1조), ② 주권은 국민에게 있고(제2조), 정부가 그 목적에 반할 때에는 혁명권이 인정된다는 것(제3조), ③ 특권이나 세습제의 부정(제4조), ④ 공정한 형사소송절차와 배심제도의 보장(제8조-제11조), ⑤ 언론의 자유(12조), 종교의 자유는 국가권력에 의하여 침해될 수 없다는 것(제16조) 등이다.[2]

1776년 7월 4일의 「미국독립선언」(Declaration of Independence, The Unanimous Declaration of the Thirteen United States of America)은 엄격한 의미에서 인권선언의 성격을 가지는 것은 아니었다. 그러나 그 문서는 로크가 주창한 바와 같은 자연법사상에 기초한 자유주의적 국가관을 공표한 것으로, 자연권적 인권의 승인, 국가계약설, 국민주권, 혁명권 등을 선언하고 있다. 특히 그 둘째 절에는 유명한 다음과 같은 주장이 선언되어 있다. "우리는 자명의 진리로서 모든 인간은 평등하게 창조되고 조물주에 의하여 일정한, 양도될 수 없는 권리를 부여받고 있으며, 그 가운데 생명·자유와 행복추구가 포함되어 있는 것을 믿는다. 그리고 이 권리를 확보하기 위하여 사람들 사이에 정부가 설정되었다는 것, 정부의 정당한 권력은 피치자의 동의에 유래하는 것임을 믿는다. 어떠한 정부의 형식도 이들 목적을 파괴하는 것으로 될 때에는 그것을 변경 또는 폐지하고 그들의 안전과 행복을 가져오기에 가장 적합한 원리에 기하여 또 그러한 형식으로 권력을 조직하여 새로운 정부를 만드는 것은 인민의 권리이다."

1787년 9월 17일에 제정된 미연방헌법은 처음에는 권리장전에 대한 부분이 없었으나,[3] 발효 직후인 1791년에 권리장전에 해당하는 수정헌법 제1조-제10조

1) 버지니아에서는 1776년 6월에 세계최초의 것으로 유명한 '인권선언'(Bill of Rights)을 채택하고 그 직후에 '헌법'(Constitution)이라는 이름을 붙인 통치기구에 관한 기초적 규정을 채택하였다. 이처럼 버지니아에서는 별개의 문서로 된 인권선언과 통치기구의 기초적 규정을 전후하여 채택·제정하였으나 보통 이 양자를 합하여 버지니아헌법이라 한다(한동섭, 헌법, 박영사, 1969, 73쪽). 그러나 1776년의 펜실베이니아헌법은 '펜실베이니아주 헌법'(Consti-tution of the Commonwealth of Pennsylvania)에 '통치기구'(Frame of Government)를 포함시켰다. 따라서 펜실베이니아주 헌법은 기본권과 통치조직의 두 부분으로 구성된, 최초의 근대적 의미의 헌법이라 할 것이다. B. Pieroth/B. Schlink, *Grundrechte. Staatsrecht Ⅱ*, S. 8.

2) Fr. Hartung, *Die Entwicklung der Menschen- und Bürgerrechte von 1776 bis zur Gegenwart*, 4. Aufl.(1972), S. 41ff. 참조.

3) 최초의 미연방헌법은 전문과 7개의 조문 즉, 입법권(제1조), 행정권(제2조), 사법권(제3

를 증보하였다(Federal Bill of Rights). 그 내용은 종교·언론·출판·집회의 자유, 신체의 자유, 적법절차·사유재산의 보장 등으로, 버지니아 권리장전에 선언된 것과 거의 비슷한 것이다. 그 후 시대의 변화와 더불어 수정헌법 제13조-제15조(1865-1870)[1]와 제19조(1920)를 추보하였다. 그 주요내용은 노예제와 강제노역의 폐지, 인종에 따른 참정권의 차별금지, 부인참정권의 인정 등이었다. 특히 수정헌법 제 5 조의 적법절차조항을 주(州)에도 적용하도록 한 것은 미국의 인권보장사에 중요한 계기를 부여하였다.[2]

(2) 美國에서의 人權 및 基本權展開의 特色

399. 미국에서의 인권 및 기본권전개의 특색: 헌법의 우위의 확립과 위헌법률심사제도의 정착

미국의 제인권선언의 사상적 기초로서는 종교개혁과 그 후의 신앙자유의 투쟁, 인간주의와 국가계약설에 의하여 전형적으로 표현되는 자유주의국가관에 기초한 자연권사상을 든다.[3]

미국의 인권선언 또는 기본권규정에서 우리는 다른 나라에서는 볼 수 없었던 특이성을 볼 수 있다. 그것은 권리장전과 헌법이 의회가 아닌 특별한 회의체

조), 연방정부와 주정부의 관계(제 4 조), 헌법개정 등(제 5 조), 경과조치 등(제 6 조) 및 연방헌법의 비준절차 등(제 7 조)으로 구성되었다. 이 중 제 7 조는 현재 적용되지 않는다.

1) 수정헌법 제13조－제15조는 남북전쟁 기간 중에 해방된 노예들을 포함한 흑인의 권리를 보장하기 위해서 남북전쟁 이후에 연속적으로 규정되었기 때문에 이 조항들을 '남북전쟁조항'이라고 부른다.

2) 미국헌법의 제정에 관한 국내문헌으로는 조지형, 미국헌법의 탄생, 서해문집, 2012 참조.

3) "역사적으로 볼 때 미국의 제 인권선언은 그 기술적 및 철학적 측면에 있어서, 당시의 지적 분위기의 산물임에 틀림없다. 그리고 이 18세기의 분위기는 국제적인 것, 오히려 세계적인 것이며, 미국혁명의 이론가에 대해서나 프랑스혁명의 이론가에 대해서나 마찬가지로 영향을 주었던 것이다. 이 두 혁명의 정신적 연원은 동일한 것이다. 왜냐하면 그들은 18세기의 커다란 인간주의적 조류라는 동일한 철학적 조류에서 유래하는 것이기 때문이다." Mirkine-Guetzévitch, *Les Constitutios européennes, I.* p. 126; 한동섭, 헌법, 75쪽. 이와 관련하여 그 당시 미국을 지도했던 두 사람의 생각을 알아 두는 것이 의미있을 것으로 생각된다. 예컨대 프랭클린 *Benjamin Franklin*(1706-1790)은 다음과 같이 말하고 있다. "사상의 자유가 없다면 지혜는 존재하지 않는다. 그리고 언론의 자유가 없다면 공적 자유도 존재하지 않는다 — 재산의 안전과 언론의 자유는 항상 병행한다. 그리고 자기의 혀를 자기의 것이라고 부를 수 없는 불행한 나라에서는 사람은 다른 그 무엇도 그것을 자신의 것이라 할 수는 없다"(B. Franklin, *Sein Leben von ihm selbst erzählt*, 1947). 그런가 하면 프랑스혁명 당시 주 프랑스미국대사로서 프랑스인권선언의 작성에 커다란 영향력을 미쳤으며, 후일 미연방대통령을 지낸 제퍼슨 *Thomas Jefferson*(1743-1826)은 다음과 같은 말을 남기고 있다. "나는 다수의 인간은 등에 말안장을 지고 태어났고, 소수의 선택된 자들은 신의 은총을 입어 다수의 인간의 등 위에 올라탈 권리를 가지고 장화와 박차를 가지고 태어났다고 생각하지는 않는다"(D. Bruce, *Von Washington bis Lincoln*, Frankfurt 1959, S. 131f.). 여기서는 K. Löw, *Die Grundrechte*, S. 65에서 인용하였음.

에서 통과되었으며, 그 개정은 입법부로부터 구별되는 헌법개정기관에 의해서만 가능한 것으로 간주됨으로써 헌법의 우위가 확립되었다는 사실이다.

헌법, 곧 '최고법'(paramount law)의 우위가 확보된 결과 위헌법률을 내용적으로 심사할 수 있게 되었다. 실제로 미연방대법원은 1803년의 '마베리 대 매디슨 사건'(Marbury v. Madison, 1 Cranch 713)에서 위헌법률심사권을 행사하였다. 이렇듯 위헌법률심사를 제도화한 것은 미국인들이 식민통치하에서 보낸 경험의 표현이었다. 곧 미국인들은 의회도 국민에게 부정을 행할 수 있다는 것을 식민지하의 영국의회제정법으로부터 배웠다. 그렇기 때문에 그들은 헌법에 규정된 기본권들이 정부뿐만 아니라 의회다수파에 의해서 침해되는 것을 방지하고자 하였다.[1]

4. 프 랑 스

(1) 人間과 市民의 權利宣言

400. 인간과 시민의 권리선언: 1. 선구자 — 볼테르, 몽테스키외, 루소, 미라보; 2. 1789년의 인간과 시민의 권리선언 — 인권의 자연권성과 불가양성 강조, 권력분립 선언

18세기 프랑스에는 입헌운동과 자유주의운동에 동기를 부여한 몇몇 사람이 살고 있었다. 그들은 통찰력이 풍부한 냉소주의자 볼테르 *Voltaire*(1694-1778)와 국가권력을 3분할 것을 정치적으로 주장한 몽테스키외 *Montesquieu*(1689-1755)였다. 그 밖에도 「사회계약론」에서 불가양의 국민주권과 개인의 자유가 사회계약의 목적이라 주장한 루소 *J. J. Rousseau*(1712-1778)와 '기본권'(droit fondamentaux)이라는 용어의 성립에 절대적 영향력을 미친 미라보 *Mirabeau* (1715-1789)를 프랑스혁명의 선구자로 꼽을 수 있을 것이다.

이러한 사상에 커다란 영향을 받은 프랑스의 국민의회는 1789년 8월 26일 「인간과 시민의 권리선언」(Déclaration des droits de l'homme et du citoyen)을 선포하였으며, 이는 인간성(자유, 평등, 형제애 liberté, égalité, fraternité)에 대한 열렬한 고백이었다. 워싱턴의 친구이며 미국독립전쟁에도 참여한 라파이예트 *Marquis de la Fayette*(1757-1834)가 제퍼슨의 도움을 받아 작성한 전문 17개 조항으로 구성된 이 인권선언은 전문에서 인권의 자연권성, 불가양성, 신성성을 선언하는 것으로 시작된다. 그 주요내용은 ① 인간은 자유이고 평등한 존재로서 출생하고 존재한다는 것(제 1 조), ② 모든 정치적 결사의 목적은 인간의 '소멸되지 아니하는 자연의 권리'(droits naturels et imprescriptibles)를 보지(保持)하기 위한 것이라는

1) B. Pieroth/B. Schlink, *Grundrechte. Staatsrecht II*, S. 8 참조.

것(제 2 조), ③ 국민주권의 원리(제 3 조), ④ 법률은 일반의지의 표현이라는 것(제 6 조), 종교의 자유(제10조), 언론의 자유(제11조), ⑤ 권리의 보장과 권력의 분립은 근대적 헌법의 필수적 내용이라는 것(제16조), ④ 재산권은 신성불가침의 권리이며, 법률로 규정된 공적 필요성을 위하여 사전의 정의로운 보상을 통해서만 침해될 수 있다는 것(제17조) 등이다. 이처럼 이 인권선언이 인권의 자연권성과 불가양성을 거듭하여 강조하고 권력이 분립되지 않은 사회는 자유로운 입헌국가가 아니라는 것을 강조하는 이유는 프랑스가 오랫동안 절대군주의 전제지배하에 있었기 때문이다.[1] 이 인권선언은 2년 후에 제정된 1791년의 프랑스헌법에 편입되어 헌법의 구성요소가 되었다.

이 인권선언은 미국의 인권선언들과 많은 공통성을 보이고 있다. 그러나 프랑스의 역사적 여건이 미국과는 달랐기 때문에 구체적인 내용에서는 차이가 드러난다. 또한 이 선언은 「버지니아 권리장전」과 13년밖에 시간적 차이가 나지 않음에도 불구하고 진보를 보이고 있다. 곧 "이곳에서는 모든 것이 한층 더 수미일관(首尾一貫)되게, 논리적으로 더욱 철저하게, 보편타당하게 그리고 간결한 언어로 표현되어 있다."[2]

(2) 人間과 市民의 權利宣言 以後

그 뒤를 이은 1791년의 프랑스헌법은 정치적 결사(국가)의 궁극목적은 프랑스국민에 한정되지 않는 모든 인간의 자연적·절대적 인권을 보장하는 데 있다는 것을 명시적으로 규정하였다. 이 헌법에는 1789년에 선언된 권리 외에도 거주·이전의 자유, 결사권, 청원권 및 언론의 자유와 예배의 자유가 더욱 보충되었다.

401. 인간과 시민의 권리선언 이후: 1. 1791년 헌법 — 자연적·절대적 인권보장; 2. 1793년 헌법-인권의 자연성·불가양성 강조, 공안위원회의 독재정당화도구로 전락; 3. 1795년 헌법 — 인권이 아닌 공동체 내에서의 권리보장; 4. 1799년 헌법 — 기본권규정 부재; 5. 1814년 헌법·1848년 제 2 공화국헌법 — 보수적 성격의 기본권보장;

1791년의 헌법보다 더욱 풍부한 35개 조항의 인권목록을 가진 1793년의 헌법은 인권의 자연성, 불가양성을 강조하였다. 그러나 이 헌법은 당시의 난국타개를 위하여 혁명정부의 독재가 필요하다고 하여 평화가 도래할 때까지 시행이 보류되었다. 더 나아가서 이 헌법은 사실상 과격도덕주의자인 로베스피에르 *Robespierre* 지배하의 공안위원회의 독재를 정당화하는 수단으로 전락하였다. 그 결과 단두대와 공포정치가 이어져 그 기간 동안 프랑스는 왕정하에서보다 더 자

1) G. Oestreich, *Die Idee der Menschenrechte in ihrer geschichtlichen Entwikklung*, 1961, S. 29f. 참조.

2) W. Hug, *Die Menschenrechte — Informationen zur politischen Bildung*, Bundeszentrale für politische Bildung, 1974, S. 10. 인간과 시민의 권리선언에 대하여는 H. Hofmann, Die Grundrechte 1789-1949-1989, NJW 1989, S. 3177ff.도 참조.

1875년 제3공화국 헌법 — 기본권규정 부재

유롭지 못했다는 것은 잘 알려진 사실이다.[1)]

1795년 8월 22일의 제1공화국 헌법에서는 기본권의 수가 축소되어 22개 조항의 권리와 9개 조항의 의무가 규정되었고, 그 성격도 보수적으로 변하였다.[2)] 그 이유는 신분질서와 특권질서가 제거되자 인권에는 정착된 시민질서를 정당화하는 새로운 기능이 주어졌기 때문이었다. 그에 따라 이제는 자연적·불가양적 인권이 아닌 공동체 내에서의 권리가 이야기되게 되었다. 인간은 자유롭고 평등한 권리를 가지고 태어났다는 조항은 법 앞의 형식적 평등으로 대치되었으며, 법원의 절차라는 법치국가적 보장이 강화되었다. 그리고 그에는 사회에 대한 의무가 뒤따르게 되었다.[3)]

이러한 보수적 성격의 헌법마저도 몇 해 못 가서 나폴레옹의 쿠데타로 폐기되고, 1799년 12월 13일의 헌법에는 기본권에 대한 규정이 아예 없었다. 나폴레옹의 몰락 후 1814년 6월 4일의 헌법(Charte constitionelle)에는 기본권규정이 있었으나, 왕정복고헌법이라는 성격상 그 내용은 보수적인 것이었다.[4)] 그 뒤를 이은 1848년 11월 4일의 제2공화국 헌법에 규정된 기본권들도 같은 성격의 것이었다.[5)] 1875년 2월 25일의 제3공화국 헌법은 아예 기본권규정을 두지 않았다.[6)]

프랑스에서 헌법에 현대적 의미의 기본권이 채택된 것은 1946년 10월 13일의 제4공화국과 1958년 9월 28일의 제5공화국에서였다.

---

1) 당통 *Danton*과 수천 명의 혁명주의자들을 단두대에서 처형하고 정권을 잡은 과격도덕주의자인 로베스피에르와 생 쥐스트 *Saint-Just*는 이성(理性)의 지배를 구호로 내세웠으나 그 결과는 단두대의 지배로 변했고, 그들 자신도 단두대에서 처형되었다. 이러한 잔인한 공포정치의 결과를 독일의 정치학자이며 역사학자인 마이어 *Hans Maier*는 다음과 같이 일반화시켜 표현하고 있다. "역사에서 절대윤리는 현실에서 실패하였다. 절대적인 것(숭고하고 이상적인 단어들을 가지고 정당화될 수 없었을 무강제, 무공포, 무폭력정부)을 현세에서 강제로 실현시키려 함으로써 사람들은 현세를 비인간적인 것으로 만들었다"(H. Maier, Münchner Katholische Kirchenzeitung, 21. März 1975, S. 3).

2) Fr. Hartung, *Die Entwicklung der Menschen- und Bürgerrechte von 1776 bis zur Gegenwart*, S. 57ff. 參조.

3) B. Pieroth/B. Schlink, *Grundrechte. Staatsrecht II*, S. 9 參조.

4) Fr. Hartung, *Die Entwicklung der Menschen- und Bürgerrechte von 1776 bis zur Gegenwart*, S. 61ff.

5) Fr. Hartung, *Die Entwicklung der Menschen- und Bürgerrechte von 1776 bis zur Gegenwart*, S. 79ff.

6) G. Franz, *Staatsverfassungen*, 1964, S. 299, 396ff. 參조.

5. 獨 逸

(1) 獨逸의 特殊한 狀況

독일에도 푸펜도르프 *Samuel Pufendorf*(1632-1694), 토마지우스 *Christian Thomasius*(1655-1716), 볼프 *Christian Wolff*(1679-1754) 같은 자연법사상가들이 있었다. 그러나 이들의 자연법사상이 독일의 기본권발전에 기여한 정도는 다른 나라에 비하면 제약된 것이었다. 독일에서는 18세기 중반까지만 하더라도 절대주의 국가건설이 문제되었기 때문이다. 18세기 중반에 들어와서야 지배를 제한한다는 생각이 전면에 나타나게 되었다. 그러나 그것도 지배자의 도덕적 의무를 통한 자기구속의 형태로였다. 절대적인 효력을 가진 인권사상은 18세기 말에야 유럽 다른 나라들의 수준에 도달하였다. 그리고 이러한 생각도 19세기에는 입헌주의라는 독일 특유의 현상 때문에 다시금 정치이론에서 후퇴하였다.[1)]

402. 독일의 특수한 상황: 1. 기본권보장보다 절대국가건설이 중요 관심사; 2. 지배자의 도덕적 자기구속이라는 형태의 지배의 제한; 3. 입헌주의

그런가 하면 「현자 나탄」(Nathan der Weise)에서 인간성을 노래한 레싱 *Lessing*(1729-1801), 「에그몬트」(Egmont)와 「빌헬름 텔」(Wilhelm Tell)에서 각각 시민적 자유와 민족의 자유를 대변한 괴테 *Johann Wolfgang von Goethe*(1749-1832)와 쉴러 *Friedrich von Schiller*(1759-1805) 같은 문필가와 「영구평화론」(Zum ewigen Frieden)에서 전제정에 반대하고 인간의 자유와 신민의 평등을 주장한 칸트 *Immanuel Kant*(1724-1804), 「자연법의 기초」(Grundlagen des Natur-rechts), 「국가론」(Staatslehre) 등에서 프랑스혁명의 이상에 환호한 피히테 *Johann Gottlieb Fichte*(1762-1814) 같은 철학자들의 생각도 독일에서는 인권과 기본권의 발달에 커다란 실제적 의미를 발휘할 수 없었다.

독일은 1789년의 프랑스혁명과 그 인권선언에 소극적인 반응을 보였다. 왜냐하면 혁명 후의 공포정치 때문에 혁명은 부정적인 것으로 생각되었기 때문이다. 오히려 당시 독일의 시민계급은 국민이 국가권력의 행사에 참여할 것과 전 독일이 민족국가로 통합될 것을 요구하였다.

(2) 獨逸에서의 人權과 基本權의 展開

독일에서의 인권발전의 실마리는 1807년 나폴레옹에 의해 세워진 베스트팔렌(Westfalen)왕국이 프랑스헌법을 모방하여 헌법을 제정하면서 그 속에 종교의 자유와 평등의 규정 등을 둔 데서 비롯된다.[2)] 나폴레옹의 몰락 후 프랑스에서

403. 독일에서의 인권과 기본권의 전개: 1. 초기헌법들 — 국가에 의해서만 보증될 수 있는 신민

1) B. Pieroth/B. Schlink, *Grundrechte. Staatsrecht Ⅱ*, S. 7f.

2) E. R. Huber, *Deutsche Verfassungsgeschichte*, Bd. 1, 2. Aufl.(1960), S. 88f.

의 권리를 규정; 2. 1849년 프랑크푸르트헌법 — 독일국민의 기본권이란 제목하에 방대한 자유주의적 기본권목록 규정, 발효된적 없음; 3. 1850년 프러시아헌법 — 흠정헌법; 4. 1871년 비스마르크헌법 — 기본권목록 부재; 1919년 바이마르헌법 — 고전적 기본권뿐만 아니라 사회적 기본권을 최초로 규정

제정된 1814년의 왕정복고헌법의 영향을 받아 남독의 몇 개 국가가 헌법을 제정하였다. 그 중 1814년의 나사우(Nassau)헌법과 1818년 5월 26일의 바이에른헌법은 흠정헌법이었고, 1818년 8월 22일의 바덴(Baden) 대공국헌법과 1820년의 헤센-다름슈타트(Hessen-Darmstadt)헌법은 군주와 등족 사이의 협약헌법이었다.[1] 그러나 이러한 헌법들에 규정된 기본권들은 국가 이전의 권리가 아니라 신민(臣民)의 권리에 지나지 않았다. 곧 이러한 권리들은 오래된 독일적 전통, 곧 자유는 국가에 의해서만 보증될 수 있다는 생각을 반영한 것이었다.[2] 그러한 한에서 이러한 헌법들에 규정된 기본권들은 근대적 의미의 기본권과는 거리가 있었고, 남독의 몇 개 국가에 한정되었기 때문에 헌법을 제정하였다는 사실 이상의 커다란 의의를 찾기는 힘들다.

나폴레옹의 몰락 후 유럽은 1815년의 빈 *Wien* 회의를 통해 복고세력에 의해 새로운 질서가 형성되었다. 그러나 이 질서는 이미 크게 성장한 자유주의적 시민세력과 계속해서 갈등을 일으켰다. 독일에서도 1848년 자유주의자들의 혁명이 일어났고 프랑크푸르트에 국민회의가 소집되어 헌법제정을 논의하게 되었다. 그 결과 1849년 3월 28일의 프랑크푸르트헌법에서 '독일국민의 기본권'[3]이라는 표현을 처음으로 사용함과 동시에 자유주의적 기본권을 모범적으로 목록화하였다. 이 기본권목록은 60개 조항에 달하는 아주 포괄적인 것이었으며, 그 내용도 매우 진보적인 것이었다.[4] 곧 프랑크푸르트헌법에는 평등권, 거주이전의 자유,

1) E. R. Huber, *Deutsche Verfassungsgeschichte*, Bd. 1, S. 319, 312.

2) B. Pieroth/B. Schlink, *Grundrechte. Staatsrecht II*, S. 19. 이 헌법들은 원래의 의미의, 곧 헌법사적 의미의 입헌주의 헌법의 특색을 그대로 갖추고 있다. 헌법은 군주에 의하여 흠정(欽定)되거나 군주와 신분대표기관 사이의 협약으로 성립되었다. 국가권력의 정당성은 국민과 인권에 의하여 부여되지 않고 신과 전래된 질서에 근거를 두었다. 입법과 과세에 대한 신분회의의 영향력은 군주의 권한이 미치지 않는 범위에서만 유효하였다. 그 결과 입헌주의는 통일된 주권을 가지지 못한 상이한 근거에서 정당성을 가지는 권한주체의 이중체계로 되었다. 이러한 한계 때문에 예컨대 프로이센의 헌법분쟁(1861-1865)에서는 이러한 상이한 두 개의 권한주체 가운데 누가 우위에 있는지가 의심스러울 때에는 군주에게 우위가 있는 것으로 생각되었다. 그에 따라 후기입헌주의 국법학에서는 자유는 국가의 부정, 국가에서 자유로운 영역으로, 곧 전국가적 자유권이라는 의미에서가 아니라 국가에 의하여 보증된(허여된) 자유영역으로 이해되었다. 후기입헌주의 헌법학에서는 기본권은 국가의 구성원리가 아니라 오히려 국가의 조직원리로 이해되었다.

3) 프랑크푸르트헌법의 기본권편은 1848년 12월 27일 이미 프랑크푸르트 국민회의에서 통과된 것을 후에 수용한 것으로, 1831년의 벨기에헌법의 영향을 크게 받은 것으로 알려져 있다. R. Smend, *Die Preußische Verfassungsurkunde im Vergleich mit der Belgischen*, 1904 참조.

4) Fr. Hartung, *Die Entwicklung der Menschen- und Bürgerrechte von 1776 bis zur Gegenwart*, S. 84ff.

영업의 자유, 언론의 자유, 출판의 자유, 재산권 등이 보장되었을 뿐만 아니라, 그 당시로서는 매우 진보적이라고 할 수밖에 없는 출국의 자유(제136조), 외교관에 대한 보호(제189조)도 규정되었다. 이들 권리에 대한 제한은 헌법이 명시적으로 인정한 경우에만 가능하도록 하였다. 또한 이 헌법은 헌법소원에 대해서도 규정하였다.[1] 이 헌법에 규정된 기본권목록이 가지는 의미는 개인적 자유를 보호함에 그친 것은 아니었다. 프랑크푸르트 국민의회는 기본권을 통하여 통일된 연방국가건설을 고무하고자 했다.

그러나 이 헌법은 복고세력의 재등장과 특히 오스트리아와 프로이센의 저항으로 전체로서 효력을 발휘한 적은 없었으며, 1851년에는 이미 폐지되었다. 그러나 이 헌법은 그 후의 독일헌법들, 특히 1919년 8월 11일의 바이마르헌법에 커다란 영향을 미쳤다.

1850년 1월 30일의 프러시아헌법은 기본권규정을 두었으나, 그것은 보수세력의 재등장 이후 제정된 흠정헌법이었기 때문에 별로 의미가 없는 것이었다.[2]

그러나 1871년의 비스마르크헌법은 기본권목록을 아예 수용하지 않았다. 그 이유는 비스마르크가 독일통일에 필요한 실용적 조항만을 수록하고 통일에 방해가 될 소지가 있는 기본권규정은 개별적 연방법률과 각 지방(支邦)헌법에 위임하고자 하였기 때문이다.

독일은 1919년의 바이마르공화국헌법에서 비로소 모든 고전적 기본권을 규정하였고, 사회적 기본권을 최초로 규정한 것은 획기적인 사실이었다. 그러나 바이마르헌법의 기본권은 현실적 권리가 아니라 시행법률에 의하여 구체화되어야 하는 법원리에 지나지 않았다. 나치정권에 의한 온갖 만행과 인권유린을 경험하고 난 후 1949년 5월 23일에 제정된 현행 독일기본법은 제 1 조에 인간의 존엄성을 규정하고 국가와 국가권력은 인간의 존엄성존중을 위해 존재한다는 것을 분명히 하고 있다.

---

1) K. Löw, *Die Grundrechte*, S. 71.
2) 자세한 내용에 대해서는 Fr. Hartung, *Die Entwicklung der Menschen- und Bürgerrechte von 1776 bis zur Gegenwart*, S. 94ff. 참조.

第 3 節 社會的 基本權의 登場과 展開

1. 一 般 論

18세기 후반 증기기관(1765)과 방적기계(1767)의 발명과 더불어 산업혁명이 시작되었고, 산업혁명의 결과 산업사회가 등장하였다. 사회권은 산업사회의 등장에 따른 새로운 시대를 특징짓는 법발전의 단계이다. 전통적인 시민권 일반과 마찬가지로 사회권도 기존의 사회질서와 '정의의 명령의 집대성'(eine Sammlung von Gerechtigkeitsgeboten)인 자연법사상 사이의 투쟁의 한 부분이다.[1] 사회권의 문제점은 언제나 위기시에는 시야에 들어왔다가 안정기나 회복기에는 사라지곤 한다.[2]

404. 사회적 기본권의 등장: 1. 산업사회의 등장에 따른 새로운 시대를 특징짓는 법발전단계; 2. 여러 인권선언 이후의 사회적 대변혁의 산물인 우리 시대의 사회상황의 반영

사회변화가 법에 영향을 미친다는 것은 일반적으로 인정되고 있다.[3] 기술적,[4] 경제적, 사회적 변화는 많은 경우 형성적 영향력을 발휘하는 매개체로서 법체계에 작용한다.[5] 공동생활의 변화된 관계와 규범이 주는 점증적인 압력 때문에 생활사실과 법 사이에는 깊은 간격이 형성되게 된다. 그렇게 되면 법은 그러한 간격에 대하여 대응하지 않으면 안 된다. 사회가 변화하면 정의에 대한 새로운 가늠자가 필요해지게 된다. 법이 가지는 형식상의 불의(不義)나 모순은 시정되어야 한다.[6] 그러므로 끊임없이 기술·경제상의 새로운 발전과 법과 사회의 일반적 견해에 적응하도록 법정책적 고찰이 요구된다.[7] 사회질서의 가장 중요한 도구라는 자신의 기능을 제대로 수행하고자 하는 한, 법은 사회변화를 항상 염두에 두지 않으면 안 된다.[8]

그렇다면 사회권을 등장하게 한 사회변화는 어떤 것일까. 더 정확하게 묻는

1) M. Hauriou, Sozialordnung, Gerechtigkeit und Recht, S. 92.
2) H. Scholler, Die sozialen Grundrechte in der Paulskirche, Der Staat Bd. 13(1974), S. 51ff.(51).
3) 법규범과 사회변화 사이의 상호의존성에 대하여는 W. Friedmann, *Recht und sozialer Wandel*, 1969; E. Benda, Rechtsstaat im Wandel, AöR Bd. 101(1976), S. 497ff.(505ff.) 참조.
4) 새로운 기술에 법률이 적응하는 것에 대하여는 H. Huber, *Das Recht im technischen Zeitalter*, 1960, 특히 S. 22ff. 참조.
5) Th. Steinmark, Rechtspolitik und sozialer Wandel. Zum Schlußgutachten der Kommission für wirtschaftlichen und sozialen Wandel, ZRP 1977, S. 170ff.(17 1).
6) W. Friedmann, *Recht und sozialer Wandel*, S. 32.
7) Th. Steinmark, Rechtspolitik und sozialer Wandel, S. 171.
8) W. Friedmann, *Recht und sozialer Wandel*, S. 7.

다면 사회권에는 어떤 사회변화가 반영되어 있는가. 이러한 질문에 (법)사회학은 자세한 대답을 할 수 있을 것이다. 그러나 이곳에서는 다음과 같은 것을 지적함으로써 만족하고자 한다. 사회권에는 여러 인권선언 이후의 사회적 대변혁 — 기술과 산업적 분업, 고도의 인구증가, 독점자본주의의 등장, 세계경제의 흥망, 두 차례의 세계대전, 환경오염 그리고 그 결과 단 하나의 '중립적 권력'(pouvoir neutre)인 국가에 부여된 통합역할 — 의 산물인 우리 시대의 사회상황이 반영되어 있다.[1]

2. 프랑스 大革命을 前後한 時期의 社會權

(1) 루이 16세의 布告文과 社會權

405. 1776년 루이 16세의 포고문: 1. 사회적 문제를 언급한 최초의 헌법문서; 2. 근로에의 권리에 대한 언급

사회적 문제가 처음으로 국가문서에 나타난 것은 유럽의 인권문서 중 초기의 것 가운데 하나인 1776년 2월의 프랑스 루이 16세의 포고문에서였다.[2] 이 포고문에서는 동업조합(=길드)을 폐지함과 동시에 중농학파(重農學派)의 영향을 받아 근로의 권리를 제일의 가장 신성하고 없어서는 안 될 인권으로 공포하였다.[3]

그러나 이 포고문에 포함된 근로의 권리는 사회권이라 보기보다는 방어권으로 파악하는 것이 오히려 정당할 것이다. 왜냐하면 이 포고문은 '근로를 청구할 권리'(Recht auf Arbeit)라는 표현 대신에 '근로에의 권리'(Recht zur Arbeit)와 직업의 자유를 선언했기 때문이다.[4]

(2) 프랑스 大革命과 社會權

406. 1789년 인간과 시민의 권리선언: 1.

1789년 8월의 「인간과 시민의 권리선언」은 자유·평등·형제애라는 프랑스 대혁명의 3대 구호에도 불구하고 전적으로 자유권만을 수용했을 뿐 사회권에 대

1) H. Huber, Soziale Verfassungsrechte?(1948), in: E. Forsthoff(Hrsg.), *Rechtsstaatlichkeit und Sozialstaatlichkeit*, 1968, S. 1ff.(2); L. Wildhaber, Soziale Grundrechte, in: *Der Staat als Aufgabe. Gedenkschrift für Max Imboden*, 1972, S. 371ff.(373); K. Hesse, *Grundzüge des Verfassungsrechts der Bundesrepublik Deutschland*, 18. Aufl.(1991), S. 85ff.(Rdnr. 207ff.) 참조.

2) G. Oestreich, *Die Idee der Menschenrechte in ihrer geschichtlichen Entwicklung*, S. 35; P. Krause, Die Entwicklung der sozialen Rechte, in: G. Birtsch(Hrsg.), *Grund- und Freiheitsrechte im Wandel von Gesellschaft und Geschichte. Beiträge zur Geschichte Grund- und Freiheitsrechte vom Ausgang des Mittelalters bis zur Revolution von 1848*, 1981, S. 402ff. (403).

3) Fr. Hartung, *Die Menschen- und Bürgerrechte von 1776 bis zur Gegenwart*, S. 22.

4) P. Krause, Die Entwicklung der sozialen Rechte, S. 403.

사회권을 규정하지 않음; 2. 푸리에의 비판

해서는 전혀 언급하지 않고 있다. 이러한 사정은 1791년 9월 3일의 프랑스헌법에서도 비슷하다.

이렇듯 1789년 8월의 「인권과 시민의 권리선언」에 사회권이 수용되지 않은 것은 프랑스의 국민의회가 원칙적으로 사회권을 경원시했다는 것을 뜻하지는 않는다. 프랑스 국민의회는 동 선언이 완전하지 못하다는 것을 알고 있었다.[1] 그러나 프랑스 국민의회는 지체없이 정치적으로 현실적인 문제를 다루고자 하였기 때문에 동 선언은 사회권이 포함되지 않은 상태로 선언될 수밖에 없었다.[2] 따라서 「인간과 시민의 권리선언」에 사회권이 포함되지 않은 것은 사회권이 앞으로 국가를 구성하는 데에는 도움이 되나 '구체제'(ancien régime)의 해체에는 도움이 되지 않기 때문에 뒤로 미룰 수밖에 없었다는 사실에서 설명될 수 있다.[3]

그러나 공상적 사회주의자 가운데 한 사람인 푸리에 *Fourier*는 1848년에 재산이 없는 자들에게는 자유의 현실적 기초가 결여되어 있다는 것을 지적하면서 이 권리선언에 사회권이 포함되지 않은 것을 비판하였다.[4]

(3) 자코뱅당의 憲法草案[5]과 社會權

407. 1793년의 자코뱅당 헌법초안: 근로의 권리, 공적 구호청구권, 교육을 받을 권리를 규정

사회적 문제를 헌법상의 권리로 보장하여야 한다는 생각은 프랑스대혁명의 주체세력 중 과격주의자들의 헌법초안에서 처음으로 성문화되었다. 곧 1793년 6월 24일의 자코뱅당 헌법초안 제21조[6]와 제22조에서 근로의 권리, 공적 구호청구권, 교육을 받을 권리로 처음으로 규정하였다.[7][8] 특히 이 헌법 제21

1) P. Krause, Die Entwicklung der sozialen Rechte, S. 412.

2) P. Krause, Die Entwicklung der sozialen Rechte, S. 411.

3) P. Krause, Die Entwicklung der sozialen Rechte, S. 412.

4) G. Oestreich, *Die Idee der Menschenrechte in ihrer geschichtlichen Entwicklung*, S. 32.

5) 이 헌법 초안은 보통 자코뱅헌법이라 불리고 있다.

6) "공적 구호업무는 신성한 의무이다. 공동체는 근로의 기회를 마련해 주거나 또는 근로의 능력이 없는 자들에게 생계비를 지급함으로써 불행에 빠진 시민을 원조할 의무가 있다."

7) 이 헌법 초안 제21조만을 사회적 기본권으로 보느냐 제22조까지를 사회적 기본권으로 보느냐에 대해서는 견해가 나누어져 있다. E. Forsthoff, Begriff und Wesen des sozialen Rechtsstaates, *VVDStRL* Heft 12(1954), 8ff.(10); G. Brunner, *Die Problematik der sozialen Grundrechte*, 1971, S. 6; P. Badura, Das Prinzip der sozialen Grundrechte und seine Verwirklichung im Recht der Bundesrepublik Deutschland, Der Staat Bd. 14(1975), S. 17ff.(19)는 동 헌법초안 제21조의 규정만을 사회적 기본권으로 봄에 반하여, K. Hernekamp, *Soziale Grundrechte, Arbeit, Bildung, Umweltschutz etc.*, 1979, S. 11과 P. Krause, Die Entwicklung der sozialen Rechte, S. 415는 동 헌법 제22조의 규정까지를 사회적 기본권으로 간주한다.

8) B. Pieroth/B. Schlink, *Grundrechte. Staatsrecht II*, 1985, S. 9에 따르면 1793년의 자코뱅

조는 지롱드당의 헌법초안 제24항과 *Herault de Sechelles*의 초안을 결합한 것이었다.[1)]

이들 최초의 사회권에 대한 헌법규정들은 구체적으로는 아무것도 보장하지 않고 그 구체화와 실현을 입법과 행정에 위임한, 곧 의무를 선언하는 데 그친 '강령규정'(Programmsatz)에 지나지 않았다.[2)] 그뿐만 아니라 이 헌법의 발효는 1793년 7월 '사회복지'(salut public)를 명분으로 내세워 연기되었고,[3)] 급기야는 기본권목록에 사회권을 규정하지 않은 1795년 8월 22일의 헌법에 의하여 대치되었다. 그 이후의 나폴레옹 헌법도 사회권을 규정하지 않았다. 왕정복고기에는 몇몇 기본권을 성문화했으나(예컨대 1814년의 헌장), 사회권에 대하여는 전혀 언급을 하지 않았다. 이러한 상태는 프랑스의 경우 1848년까지 계속되었다.[4)]

그러나 1793년의 자코뱅당 헌법초안은 로베스피에르 *Robespierre*의 「인간과 시민의 권리선언초안」[5)]과 더불어 1830년 프랑스 7월혁명 이후 시기의 프랑스와 독일의 기본권 논의에 영향을 미쳤으며, 독일의 사회운동에 적지 않은 영향력을 발휘하였다.[6)]

3. 英國의 차티즘運動과 社會權

영국에도 사회권과 사회입법에 대하여 여러 가지 기여를 한 디스랠리 *Benjamin Disraeli* 같은 정치가가 없었던 것은 아니다.[7)] 그러나 영국의 사회권은 차 408. 영국의 차티즘 운동: 노동자들에게 선거권을 부여하여

헌법에는 자유로운 직업선택권, 자유로운 직장선택권, 근로의 권리, 근로무능력시 부조청구권, 강의청구권 등의 사회적 권리들이 포함되어 있었다고 한다.

1) P. Krause, Die Entwicklung der sozialen Rechte, S. 415. 또한 E. Forsthoff, Begriff und Wesen des Rechtsstaates, S. 10도 참조.
2) E. Forsthoff, Begriff und Wesen des Rechtsstaates, S. 10. 그러나 보통 강령규정은 "현실적 효력과 적용가능성이 결여된 미래의 입법에 대한 지침"으로 이해된다. G. Anschütz, *Die Verfassung des Deutschen Reiches vom 11. August 1919*, 14. Aufl.(1933), Nachdruck 1960, S. 514f.
3) M. Kriele, *Einführung in die Staatslehre*, S. 170; B. Pieroth/B. Schlink, *Grundrechte. Staatsrecht II*, S. 9.
4) P. Krause, Die Entwicklung der sozialen Rechte, S. 416ff.
5) 예컨대 이 초안 제 2 조는 다음과 같다. "인간의 기본권은 인간의 생존과 인간의 자유를 위한 것이다. M. Bentele, *Das Recht auf Arbeit in rechtsdogmatischer und ideengeschichtlicher Betrachtung*, 1949, S. 28, 각주 45 참조.
6) G. Oestreich, Die Entwicklung der Menschenrechte und Grundfreiheiten, in: Bettermann/Neumann/Nipperdey, *Die Grundrechte*, Bd. I/1, 1966, S. 1ff.(93f.); P. Krause, Die Entwicklung der sozialen Rechte, S. 416. 참조.
7) 예컨대 디스랠리는 1834년에 제정된 영국의 빈민구호법에 대하여 1837년에 다음과 같은

사회변혁의 전제요건을 확보함으로써 무산자를 정치적으로 해방시키려 함

티즘운동에서 다른 나라들과는 다른 방향으로 전개되었다.

19세기 전반기에 초기자본주의에 그 원인을 찾을 수 있는 빈고(貧苦)와 불의와 부자유(=예속)를 처음으로 알게 된 영국의 노동자들은 유럽 최초의 거대한 사회운동인 차티즘운동에서 자신들의 권리를 주장하였다.[1] 차티스트들의 주된 목적은 노동자들에게 선거권을 부여하여 스스로를 의회 내에서 대변하게 함으로써 사회변혁의 전제요건을 확보하여 무산자(無産者)를 정치적으로 해방시키려는 것이었다.[2]

차티즘운동에시 우리가 주목해야 하는 것은 영국적 기반 위에서 인간의 권리와 시민의 권리가 노동자의 권리와 조화를 이룬 방법이다. 예컨대 차티스트들은 재산권에 대한 로크의 생각을 원용하였다. 이러한 자연법적 원리들은 후일 새로운 사회·경제질서에 전용(轉用)되게 되었다.[3] 이러한 조화 내지 상관관계는 마르크스 사회주의에서는 소멸되었다.

4. 1848년 革命期의 社會權

(1) 1848년의 프랑스革命과 社會權

409. 1848년의 프랑스혁명: 1. 가진 자와 가지지 못한 자의 대립은 근대자본주의 사회의 필연적 계급구조의 결과이다; 2. 1848년의 프랑스헌법 — 근로의 자유와 영업의 자유 보장

사회권의 문제는 1848년의 프랑스혁명기간 중 다시금 정치적 논의의 대상이 되었다. 사회권의 문제는 이 혁명기간에는 이전에 비해 더 높은 강도로 그리고 다른 방법으로 제기되었다. 가진 자와 가지지 못한 자의 대립은 더욱 강한 것으로 표출되었다. 가진 자와 가지지 못한 자의 대립은 개인 사이의 우연한 대립이 아니라 근대자본주의 사회의 필연적 계급구조의 결과로 간주되기 시작하였다. 그와 동시에 가지지 못한 자라는 용어는 노동자와 동의어로 통하게 되었다.[4]

1848년 2월 25일 국가가 최저임금과 완전고용과 단결의 자유를 보장하겠다는 훈령이 공포되었다.[5] 그러나 얼마 안가서 공적으로 근로의 기회를 제공하는

언급을 하였다. "그 기본목적은 정치적 실수와 도덕적 착오 위에서 형성되었다 — 그것은 가난한 자에 대한 구호는 자선이라는 원리에서 계속되었다. 그러나 나는 그것은 권리라고 말한다." Van der Ven, *Soziale Grundrechte*, 1963, S. 16에서 인용.

1) G. Oestreich, *Die Idee der Menschenrechte in ihrer geschichtlichen Entwicklung*, S. 36. 이 운동의 결과는 1838년 5월 8일의 '정의와 일반적 복지를 위한 인민헌장'으로 나타났다.

2) P. Badura, Begriff und Wesen des Rechtsstaates, S. 19.

3) G. Oestreich, *Die Idee der Menschenrechte in ihrer geschichtlichen Entwicklung*, S. 36 참조.

4) P. Krause, Die Entwicklung der sozialen Rechte, S. 419.

5) P. Krause, Die Entwicklung der sozialen Rechte, S. 420.

일이 완전고용에 턱없이 모자라게 되었기 때문에 자유사회국가는 실패한 것으로 판명이 났다. 1848년 11월 4일의 헌법은 제13조에서 근로의 자유와 영업의 자유를 보장하는 것에 만족할 수밖에 없었다.[1)]

1848년 11월 헌법에 규정된 근로의 자유와 영업의 자유는 1793년 자코뱅헌법 제21조와 제22조와 마찬가지로 단순한 강령규정에 지나지 않았다. 학문적 논의에서는 근로의 권리가 두 가지 방법으로 해석되었다. 곧 한편에서는 근로의 권리를 자유의 실질적 토대 위에서 체제합치적 권리로 해석하였음에 반하여, 다른 한편에서는 사회주의 국가경제로 이행하는 단계로 이해하였다.[2)]

(2) 1848/1849년의 프랑크푸르트憲法과 社會權

410. 1849년 프랑크푸르트헌법: 1. 프랑크푸르트 선의회—소수의 사회권 수용을 권고; 2. 국민회의—사회권의 헌법수용 제안; 3. 로버트 폰 몰—사회권의 법적 성격을 밝히고 헌법적 수용에 반대; 4. 사회적 기

독일에서는 이미 1800년에 피히테가 철학자로서는 처음으로 「폐쇄적 상업국가」(Der geschlossene Handelsstaat)[3)]에서 근로의 권리와 실업자에 대한 국가보조를 인정한 바 있다.[4)] 그러나 사회권이 정치적 논의의 대상이 된 것은 그로부터 반세기가 지난 후의 일이다.

1848년 5월 18일 프랑크푸르트의 바오로교회에서 회동한 독일국민회의는 독일헌정사에서는 처음으로, 그러나 프랑스와 비슷한 방법으로 사회권을 헌법에 수용하는 문제를 논의하였다.[5)] 프랑크푸르트 선의회(先議會)는 몇몇 사회권을 헌

1) Fr. Hartung, *Die Entwicklung der Menschen- und Bürgerrechte von 1776 bis zur Gegenwart*, S. 78ff. 참조.

2) P. Krause, Die Entwicklung der sozialen Rechte, S. 421.

3) 피히테의 「폐쇄적 상업국가」는 피히테의 일반국가론을 포함하고 있다. 이 책에서 피히테는 단순한 법치국가의 관점을 넘어서 모든 사람이 자신의 노동에 의하여 생활할 수 있도록 국가조직이 노동을 창출해 내는 '이성국가'(Vernunftstaat)를 주장하고 있다. "왜냐하면 모든 사람은 노동과 인간의 존엄에 합당한 생활을 할 불가양의 권리를 가지고 있기 때문이다. 인간은 마땅히 노동하여야 한다. 그러나 마치 가축처럼 일해서는 안 된다." 이러한 목적을 달성하기 위해서 국가는 스스로 수입과 수출을 관장하여야 한다. 피히테는 이러한 정책의 결과를 '폐쇄적 상업국가'라고 부르고 있다. 피히테는 이러한 자신의 생각을 관철하기 위하여 예컨대 식품을 균등하게 분배할 것 등을 제안하고 있는바, 이러한 피히테의 생각을 많은 사람들은 비현실적인 것이라고 생각한다. 예컨대 통일독일의 수상으로서 1880년대에 수많은 사회입법을 관철시킨 비스마르크 *Bismarck*는 피히테의 폐쇄적 상업국가를 '항소의 길이 막혀 있는 형무소'(ein inappellables Zuchthaus)에 비교하고 있다. E. Fr. Sauer, *Staats-philosophie*, 1965, S. 78 참조.

4) P. Krause, Die Entwicklung der sozialen Rechte, S. 419. 그러나 이와는 달리 이미 헤겔에게서 근로의 권리를 근거짓는 실마리를 찾을 수 있다는 견해도 있다. G. Oestreich, Die Entwicklung der Menschenrechte und Grundfreiheiten, S. 68f.; W. Daum, Soziale Grundrechte, RdA 1968, S. 81ff.(82) 참조.

5) 이 헌법의 기본권과 관련된 논의에 대해서는 J. Franke, *Das Wesen der Grundrechte von*

본권의 불수용; 5. 프랑크푸르트헌법 제157조 — 초등학교와 하급실업학교에서 무료교육권 명문화

법에 수용할 것을 권고하였다. 그러나 국민회의 내에서의 토론에 커다란 영향을 준 17인위원회의 헌법초안에는 사회권에 대한 규정은 빠져 있었다.[1]

17인위원회에서는 사회권 중 가장 중요한 근로의 권리에 대해서만 약간의 언급이 있었을 뿐이다.[2] 곧 근로의 권리는 근로의 기회를 할당하거나 '참담한 필요'(traurige Nothdurft), 곧 최소한의 생활을 보장함으로써 보장되어야 하는 것으로,[3] 또한 생존의 자유로 이해되었으며, 국가는 마지막 피난처로 파악되었다.[4] 동시에 근로의 권리는 개인의 필요에 그 근거를 두고 고정적이며 움직일 수 없는 그리고 인간의 법률을 통하여 부여되거나 제한될 수 없는[5] 자연권으로 간주되었다.[6] 이러한 언급을 통하여 국민회의에서는 근로의 권리와 관련하여 특히 생활수단을 가지지 못한 실업자에 대한 사전배려, 생계비청구권 및 근로능력 없는 빈곤자에 대한 배려와 같은 사회권들을 헌법에 성문화할 것이 제안되었다.[7]

이러한 견해에 대하여 국가가 후견인을 자임할 수 없을 뿐만 아니라 또한 그러한 권리들을 보장하게 되면 소유를 증대시키려는 동기(動機)가 잠들게 될 것이라는 반대견해가 제기되었다. 그리고 후자의 견해가 관철되었다. 그런가 하면 몰 *Robert von Mohl*은 국가의 원조를 청구할 권리는 직접 소(訴)의 대상이 될 수 없을 것이라 하여 국가의 원조를 청구할 권리를 헌법에 수용하는 것에 반대하였다. 그 결과 1848년 2월 9일의 회의에서 사회권을 헌법에 수용하려는 모든 제안은 317대 114로 부결되었다.[8]

1848년은 기본권에 대한 논의가 지연되어 새롭게 국가를 건설하려는 시도가 실패하게 되는 원인이 되었을 뿐만 아니라 기본권의 법적 성격이 충분히 인식되지 못했기 때문에 독일의 기본권발달사에서 커다란 역할을 하지 못하였다.[9] 후버 *E. R. Huber*는 이렇듯 사회적 기본권을 헌법에 수용하지 않은 데 대해서

1948/49 im System der Entwicklung der Menschen- und Grundrechte, 1971; H. Scholler, *Die Grundrechtsdiskussion in der Paulskirche*, 1973 참조.

1) 이 헌법의 사회권과 관련된 논의에 대해서는 H. Scholler, Die sozialen Grundrechte in der Paulskirche 및 P. Krause, Die Entwicklung der sozialen Rechte, S. 422ff. 참조.
2) H. Scholler, Die sozialen Grundrechte in der Paulskirche, S. 66.
3) H. Scholler, Die sozialen Grundrechte in der Paulskirche, S. 66.
4) H. Scholler, Die sozialen Grundrechte in der Paulskirche, S. 66f.
5) H. Scholler, Die sozialen Grundrechte in der Paulskirche, S. 67.
6) H. Scholler, Die sozialen Grundrechte in der Paulskirche, S. 70f.
7) P. Krause, Die Entwicklung der sozialen Rechte, S. 424.
8) P. Krause, Die Entwicklung der sozialen Rechte, S. 424.
9) H. Scholler, Die sozialen Grundrechte in der Paulskirche, S. 61.

다음과 같이 비난하고 있다. "바오로교회에 모인 국민회의는 사회국가적 개혁이 이미 오래 전부터 사회적 보수주의자와 사회적 자유주의자 및 사회적 과격주의자들 사이에서 활기띤 논의의 대상이었음에도 불구하고 사회국가적 개혁을 거부하였다."[1)]

그러나 바오로교회에서 채택된 헌법은 교육제도와 관련해서는 진보를 보였다. 독일청소년의 교육은 강령으로 고양되었으며, 등록금의 면제는 부분적으로는 필수적인 것으로, 부분적으로는 권장할 만한 것으로 간주되었다.[2)] 그 결과 초등학교와 하급실업학교에서 무료로 교육받을 권리가 1849년 3월 28일 헌법 제157조에 명문화되었다. 무료초등교육은 1850년 1월 30일의 프로이센 헌법 제25조 제 3 항에도 규정되었다.[3)]

5. 바이마르憲法과 社會權

(1) 바이마르憲法의 成立背景

1919년 8월 11일의 바이마르헌법[4)]은 사회권의 헌법적 수용과 관련하여 결정적인 역할을 수행한 헌법으로 평가를 받고 있다.[5)] 바이마르헌법은 사회적 제요청, 곧 "국가의 사회적 과제와 국민의 사회적 연대성"[6)]을 권리, 강령, 의무를 규정함으로써 전통적 자유주의적·민주적 권리들과 융합시키려고 시도하였다. 이렇듯 기본권적 사고를 사회적 보장과 객관적 질서에 확대시킨 것은 국가의 과제를 사회국가적으로 확장시키려는 것과 직접적인 관련이 있으며, 국가과제의 변천은 개인적 자유의 조건의 변화, 곧 기본권의 변화와 필연적인 관련이 있다.[7)]

411. 바이마르헌법의 성립배경: 1. 국가의 사회적 과제와 국민의 사회적 연대성을 전통적 자유주의적·민주적 권리들과 융합시키려는 시도; 2. 나우만의 사회권 수용주장

1) E. R. Huber, *Deutsche Verfassungsgeschichte*, Bd. 1, S. 777.
2) H. F. Zacher, Freiheits- und Sozialrecht im modernen Verfassungsstaat, in: S.-E. Szydzik(Hrsg.), *Christliches Gesellschaftsdenken im Umbruch*, 1977, S. 75ff.(78f.).
3) P. Krause, Die Entwicklung der sozialen Rechte, S. 424.
4) 이 헌법의 공식명칭은 Verfassung des Deutschen Reiches vom 11. August 1919이다.
5) 바이마르헌법의 특징은 기본권과 기본의무를 결합시킨 것, 기본권편의 경제생활이란 장에서 사회적 기본권을 규정한 것이었다. 그러나 이러한 포괄적인 기본권목록에도 불구하고 제48조 제 2 항에서 대통령에게 긴급명령권을 부여하였고, 긴급명령을 근거로 기본권목록에 열거된 권리, 예컨대 인신의 자유, 의사표현의 자유, 집회의 자유, 결사의 자유 등을 일시적으로 제한하거나 부분적으로 실효시킬 수 있도록 한 부정적인 측면이 있다.
6) P. Badura, Das Prinzip der sozialen Grundrechte und seine Verwirrklichung im Recht der Bundesrepublik Deutschland, S. 19.
7) P. Badura, *Staatsrecht*, S. 66.

우선 국민회의의 헌법위원회에서는 소수의 조항으로써 전래된 의미의 기본적 권리들만을 헌법에 수용하자는 견해가 대변되었다.[1]

그러한 견해에 대하여 반대의견을 제시한 것은 1918년 러시아의「공장노동자와 착취당하는 자들의 권리선언」에 커다란 영향을 받은 나우만 *Friedrich Naumann*이었다. 나우만은 1919년 3월 31일에 개최된 헌법위원회에서 '국민이 납득할 수 있는 기본권을 규정할 것'(Versuch volksverständlicher Grundrechte)을 제안하였다.[2] 그는 정부초안에 포함된 몇 안 되는 권리에 대한 규정들을 골동품으로, 이전 법문화의 박물관에나 전시할 조항이라 표현하고 "현대의 최신헌법, 곧 1918년 7월 5일의 볼셰비키·러시아 헌법이야말로 말하자면 우리가 지금 작성하려는 헌법의 직접적인 경쟁상대이다"[3]라고 말하였다. 따라서 나우만에게는 시대의 필요를 해결하고 혁명사회주의의 결과를 방지하기 위하여 개인주의적 자유주의는 사회적으로 구속을 받는 자유라는 원리를 통하여 극복되지 않으면 안 되었다.[4] 곧 나우만은 시민적·개인주의적 국민국가도 아니고 볼셰비키적·사회주의적 국민국가도 아닌 '사회적 국민국가'(sozialer Volksstaat)의 헌법을 주장하였다. 그리고 그는 이러한 국가가 성립되지 못한다면 그것은 "우리가 다시 재건하고자 하는 국가의 결함"(ein Manko an dem Staatskörper)이 될 것이라고 주장하였다.[5]

이러한 나우만의 윤리적·정치적 주장에 대하여 동 위원회의 법률가들, 특히 바이얼레 *K. Beyerle*는 반대하였다.[6] 열띤 논쟁의 결과 처음의 계획과는 반대로 방대한 규모의 바이마르 헌법의 제 2 편 "독일인의 기본권과 기본의무"[7]가 성립되었다.

1) G. Oestreich, Die Entwicklung der Menschenrechte und Grundfreiheiten, S. 98.
2) Aktenstück Nr. 391, S. 171. 여기서는 P. Badura, *Staatsrecht*, S. 66에서 인용.
3) G. Oestreich, Die Entwicklung der Menschenrechte und Grundfreiheiten, S. 98에서 인용.
4) P. Badura, *Staatsrecht*, S. 66.
5) C. Schmitt, *Verfassungslehre*, S. 162.
6) G. Oestreich, Die Entwicklung der Menschenrechte und Grundfreiheiten, S. 100.
7) 바이마르헌법의 제 2 편은 "독일인의 기본권과 기본의무"란 표제 아래 다음과 같은 5개장을 두었다. 제 1 장(개별인), 제 2 장(공동체생활), 제 3 장(종교와 종교공동체), 제 4 장(교육과 학교), 제 5 장(경제생활). 제 1 장과 제 2 장에는 전통적·자유주의적 시민적 자유권이, 제 3 장에는 종교의 자유와 양심의 자유, 국가와 교회의 관계, 국교(國教)의 부인이, 제 4 장과 제 5 장에는 사회적 기본권이 주로 규정되었다고 할 수 있다.

(2) 바이마르憲法에 規定된 社會的 基本權

412. 바이마르헌법 제 2 편 제 5 장: 최초의 상세한 사회적 기본권목록

바이마르헌법은 전문에서 사회적 진보를 추진한다는 목표를 선언하였다. 그리고 제 2 편의 제 2 장(공동체생활, 제119조 이하), 제 4 장(교육과 학교, 제142조 이하) 및 특히 제 5 장(경제생활, 제151조 이하)에서 새로운 국가는 더 이상 개인적 자유에 대한 적대자가 아니라 물질적 자유의 보증인으로 그리고 경제적·사회적 영역에서 생활의 형성자로 등장하게 되었다. 그러나 이곳에서 강조해야 할 점은 전통적 기본권 외에도 사회적 강령과 사회권이 헌법에 자리잡게 되었다는 점이다.

공동체의 생활에 대한 규정들에서는 혼인 외의 자와 혼인 중의 자의 지위를 같게 하고(제121조), 착취와 무보호상태에서 보호하였다(제122조). 그런가 하면 제119조는 서구 헌정사상 처음으로 헌법에 혼인제도를 보장하였으며 — 이는 "특정의 공산주의 학설을 의식적·의도적으로 부정한 것"(G. Anschütz)이다 — 가정, 특히 자녀가 많은 가정에 대한 국가적 보호와 배려 및 모성(母性)보호청구권을 규정하였다.

바이마르헌법은 제 2 편 제 5 장 경제생활에서 사회권적 규정들에 대하여 매우 상세하게 규정하고 있다. 그 중에서 중요한 규정을 몇 개 보면 다음과 같다. 경제생활의 질서를 통한 모든 사람들의 인간다운 생활의 보장(제151조)을 선두로, 노동력의 보호(제157조), 근로조건과 경제조건을 향상시키기 위한 적극적 단결권의 의미에서 단결의 자유의 보호(제159조), 근로보호와 피보험자참여하의 사회보장의 구성에 대한 강령(제163조), 근로자에 의한 경제조건과 근로조건의 공동형성(제165조)이 규정되어 있으며, 끝으로는 "제국은 인류 가운데 전체노동계급을 위하여 일반적인 사회권의 최소척도를 추구하는, 노동자의 법률관계를 국가 사이에서 조정하는 것을 옹호한다"는 강령(제162조 이하)이 있다.

(3) 바이마르憲法의 基本權에 대한 評價

413. 바이마르헌법의 사회적 기본권에 대한 평가: 강령규정으로 해석되었을 뿐만 아니라 그에 따른 입법의 불비로 현실화되지 못함

이러한 규정들에서 현대의 사회적 요청을 고려하여 자유주의적 법치국가의 자유를 제한하려는 경향이 두드러지게 나타났다. 그럼에도 불구하고 사회적 권리를 전통적 시민권과 융합시키려는 헌법적 시도 — '계급타협'(Klassenkompromis)의 시도[1] — 는 실패하였다.[2] 바이마르헌법의 기본권들[3]은 한번도 독일국

1) G. Anschütz, *Drei Leitgedanken der Weimarer Reichsverfassung*, 1923, S. 26. 잘 알려진 바와 같이 바이마르공화국은 제 1 차 세계대전에서의 패전, 혁명을 통한 군주제와의 결별,

민의 실제 법생활의 일부가 되지 못하였다 그런가 하면 독일헌법학은 바이마르 헌법에 규정된 기본권들을 공동화(空洞化)시키고, 직접적으로 의무를 부과할 수 없는 규정 또는 직접적으로 권리를 부여하지 않는 강령규정[1] 또는 기술적으로 이해되는 행정법적 유형의 규정으로 해석하여 헌법에서 기본권이 가지고 있는 본래의 가치를 떨어뜨렸다.[2)3)]

사회적 권리들은 현실적 효력을 가지는 권리라기보다는 오히려 윤리적·정치적 호소에 가까운 것이었으며, 헌법재판을 통하여 제소될 수 없는 것이었다.[4] 그렇기 때문에 사회적 권리들은 간접적인 효력을 가질 수 있기 위하여, 곧 개인에게 주관적 공권을 부여하기 위하여 해당 법률을 통한 구체화가 필요하였

그리고 그러한 과정에서 상실된 국민 내의 통일성결여를 새로운 헌법을 통하여 다시 회복하고자 하였다. 그러나 이러한 시대적 요청과는 달리 바이마르헌법은 사회민주당과 가톨릭중앙당, 그리고 민주당 사이의 타협의 산물로서 성립되었다. 따라서 이 헌법에는 이질적인 가치체계들(예컨대 자유주의적 원리들과 사회주의적 원리들)이 혼재하고 있었다. 그 결과 많은 헌법학자들은 독일 역사상 최초의 공화적 헌법인 바이마르헌법에 대하여 적대감을 표시하거나, 또는 그 헌법에 대한 깊은 확신으로 긍정하는 대신 '합리적 공화주의자'(Vernunftrepublikaner)로서 주어진 헌법을 받아들였을 뿐이며, 그러한 태도는 국민들에게 커다란 영향을 미쳤다.

2) 바이마르헌법은 사회권과 자유권을 결합시키려는 시도에 있어서만 실패한 것이 아니라 전반적으로 실패한 헌법으로 평가된다. 그 이유는 헌법의 구조상 결함이라기보다는 여러 계층의 국민들이 자신들을 바이마르공화국과 동일시할 준비가 되어 있지 않았기 때문이다. 그 밖에도 군소정당의 난립으로 의회가 정부를 구성하는 데 필요한 다수를 구성하지 못한 것도 이 헌법이 실패한 이유가 될 것이다.

3) 바이마르 헌법의 기본권에 대하여 더욱 자세한 것은 C. Schmitt, Grundrechte und Grundpflichten, in: ders., *Verfassungsrechtliche Aufsätze 1924-1954*, 2. Aufl.(1973), S. 181ff.; W. Apelt, *Geschichte der Weimarer Verfassung*, 1946, S. 352ff.; Fr. K. Fromme, *Von der Weimarer Verfassung zum Bonner Grundgesetz*, 2. Aufl.(1962) 참조.

1) 사회적 기본권이 규정됨으로써 처음으로 전반적으로 헌법강령과 현실적으로 효력을 가지는 헌법이라는 구별이 생겨났다. H. F. Zacher, Freiheits- und Sozialrecht im modernen Verfassungsstaat, S. 79 참조.

2) F. Thieme, Die Europäischen Konvention zum Schutz der Menschenrechte, Recht und Freiheit 1951, S. 9ff.(9).

3) B. Pieroth/B. Schlink, *Grundrechte. Staatsrecht II*, S. 13은 다음과 같이 설명하고 있다. "개인적 자유를 내용으로 한 기본권규범은 점점 더 법관에 의한 심사권을 인정받음으로써 효력이 강화된 데 반하여, 경제적·사회적 권리들은 주로 단순한 강령규정으로 강등되었다. 이렇게 된 이유는 부분적으로는 헌법본문이 원인을 제공하였다. 왜냐하면 자유주의적 자유권들은 오랜 전통과 완성된 도그마틱으로 무장되어 있었기 때문에 정확하게 표현되어 문제 없이 적용될 수 있었던 반면, 새로운 규정들은 그러한 전제가 결여되어 있었기 때문에 선언적 효력만을 가졌기 때문이었다. 그 밖에도 헌법학은 이 새로운 규정들을 적당하게 이식시키려는 노력을 하지 않았다. 끝으로 헌법하위의 법규정들은 전반적으로 변화에 저항하였다."

4) G. Oestreich, *Die Idee der Menschenrechte in ihrer geschichtlichen Entwicklung*, S. 38.

다. 그러나 그러한 법률들은 전혀 제정되지 않았다.

6. 그리스도 교회의 社會倫理와 社會權

사회권의 발달에는 그리스도 교회의 사회윤리 또한 커다란 영향력을 행사하였다. 곧 19세기의 사회적 문제에 대하여 그리스도교는 자신의 입장을 표명하지 않을 수 없었는데, 이는 1891년 레오 13세 교황의 「노동헌장」(Rerum Novarum)으로 나타났다. 이것은 후일 비오 11세 교황의 회칙[1]과 「어머니요 교사」(Mater et Magistra, 1961), 「지상의 평화」(Pacem in terris, 1963), 「민족들의 발전」(Populorum Progressio, 1967) 등의 여러 회칙(會則)에서 확장되고 새롭게 체계화되었다. 이들은 한결같이 사회정책과 사회배려에 대한 국가의 의무를 강조했으며, 세계복지국가를 가톨릭 사회윤리의 이념형으로 공포하였다.[2]

414. 1891년 레오 13세 교황의 노동헌장과 그 이후의 회칙들: 1. 사회정책과 사회배려에 대한 국가의 의무강조; 2. 세계복지국가를 가톨릭 사회윤리의 이념형으로 공포

그리스도 교회의 사회윤리에서는 노동자의 단결권은 자연권으로 이해된다. 이로써 그리스도교의 자연법은 사회의 발전에 따른 시대에 적합한 표현방법을 찾아내었고, 이론과 실무에서 기본권 문제의 모든 영역에 영향을 미칠 수 있게 되었다.[3]

第 4 節 1945년 이후의 人權保障 — 人權保障의 現代的 展開

1. 人權保障의 現代的 趨勢

보통 세계사의 시대구분에 따르면 제 1 차 세계대전을 기점으로 현재까지의 시기를 현대라고 부른다. 그러나 이곳에서는 현대를 1945년 이후의 시점으로 잡

415. 인권보장의 현대적 추세: 인권보장의 국제화, 사회적 인권의 헌법적 수용, 제 3 세대 인권의 등장

1) 이에 대하여는 v. Nell-Breuning, *Die soziale Enzyklika, Erläuterungen zum Weltrundschreiben Papst Pius' XI. über die gesellschaftliche Ordnung*, 3. Aufl.(1950) 참조.

2) 이에 대하여는 H. Barion, Vorbesinnung über den Wohlfahrtsstaat, DöV 1970, S. 15ff.(15); ders., Das Konzialre Utopia. Eine Studie zur Soziallehre des Ⅱ. Vatikanischen Konzils, in: *Säkularisation und Utopie. Ebracher Studien. E. Forsthoff zum 65. Geburtstag*, 1967, S. 187ff. 참조.

3) G. Oestreich, Die Entwicklung der Menschenrechte und Grundfreiheiten, S. 103.

기로 한다. 역사학도가 아닌 저자로서는 이러한 시대구분이 객관성을 갖추고 있는 것인지에 대하여 정확한 대답을 할 수가 없다. 따라서 이러한 시대구분을 객관성을 결여한 것이라고 비판하더라도 그러한 비판은 감수할 생각이다.

그러나 이렇게 1945년 이후를 현대로 잡기로 한 데는 나름대로 몇 가지 이유가 있다. 우선 우리는 이미 21세기에 살고 있다는 점이다. 다음으로, 현재 우리가 살고 생활하고 있는 법질서는 1945년 이후의 정치·경제·사회·문화·과학·기술의 변화에 커다란 영향을 받아 재편되거나 개편된 질서의 한 부분이라는 점이다. 그리고 끝으로 우리가 민주적 법치국가의 헌법하에서 생활하게 된 것은 1945년 이후라는 점이다.

이러한 이유에서 1945년 이후를 현대로 볼 때 인권의 자연권성을 기초로 한 인권보장의 국제화[1]와 사회적 인권의 헌법적 수용 및 환경권을 중심으로 하는 제3세대 인권의 등장이 현대를 특징짓는 인권보장의 현대적 추세라고 생각된다.

2. 人權保障의 國際化

(1) 國際的 人權宣言

416. 인권의 국제적 선언: 1. 세계양심의 표현; 2. 인권문제는 더 이상 국내문제가 아니다

인권의 국제적 선언은 법규범에 나타나는 공적 양심, 곧 '세계양심'(Weltgewissen)의 표현이다.[2] 오늘날 인권은 개별 국가만이 아니라 전 인류에게 그 존중을 요구하고 있다. 전통적 자유권뿐만 아니라 사회권의 여러 문제들, 곧 세계적인 빈곤, 발전도상국가들에서 보이는 폭넓은 주민층의 식품부족상태, 문맹(文盲)현상, 인구폭발현상, 제3세계의 극심한 빈부의 격차와 1960년대 이후 특히 문제가 되어 온 환경보호문제와 같은 것은 국제적 공동 노력에 의해서만 어느 정도 만족할 수 있는 해결을 이끌어낼 수 있다. 따라서 인권에 대한 이러한 인식의 변화는 인권의 문제를 더 이상 개별 국가의 문제로 보지 않게 되었고 인권탄압에 대한 타국의 간섭은 더 이상 내정간섭으로 간주되지 않는다.

---

1) Ch. E. Ritterband, *Universeller Menschenrechtsschutz und völkerrechtliches Interventionsverbot*, 1982, S. 54는 인권의 국제화를 가져온 원인은 제2차 세계 대전의 충격이었다고 지적하고 있다. 인권의 국제화와 더불어 국제인권법이라는 새로운 연구분야가 성립되었다. L. Henkin, Human Rights, in: Encyclopedia of Public International Law (EPIL), Inst. 8, 1985, S. 268ff.(274)는 국제인권법의 성립을 20세기 국제법의 발달에서 아마도 가장 중요한 사건일 것이라고 지적하고 있다.

2) G. Oestreich, *Die Idee der Menschenrechte in ihrer geschichtlichen Entwicklung*, S. 8.

(2) 國際聯盟과 人權의 國際化 — 특히 國際勞動機構

인권보장의 국제화현상은 이미 제 1 차 세계대전 후에 시작되었다. 그리고 이러한 인권의 국제화현상에서는 전통적 자유권뿐만 아니라 사회권도 그 대상이 되었다.

417. 국제연맹과 인권의 국제화: 특히 국제노동기구-근로자의 근로조건과 생활조건을 향상시키는 조약들을 취급

특히 1919년의 베르사유 강화조약의 결과로 1919년 6월 28일 설립된 '국제노동기구'(ILO)는 1946년 이후에는 국제연합의 특수기구로 활동하고 있다. 국제노동기구는 그 헌장전문에서 전세계에 걸쳐 사회적 정의를 진작시키고 노동조건과 생활조건을 개선함으로써 세계평화에 기여할 것을 선언하고 있다. 그에 따라 국제노동기구는 정부대표, 노동조합의 대표 및 사용자단체에서 파견한 대표들로 이루어진 의회에서 노동자의 근로조건과 생활조건을 향상시키는 조약들을 다루고 있다.

국제노동기구가 설립된 후 현재까지 100개가 넘는 협약이 체결되었다. 이러한 협약들은 대부분의 국가들에서 비준되어 국내법적 효력을 누리고 있다.[1)]

(3) 國際聯合의 成立과 人權의 國際化

그러나 인권이 본격적으로 국제적 선언, 결의, 협약 등에서 보장되기 시작된 것은 제 2 차 세계대전 후의 일이다.[2)]

418. 국제연합과 인권의 국제화: 1. 1945년의 국제연합헌장; 2. 1948년 세계인권선언 — 단순한 권고사항이자 구속력 없는 선언, 국제인권보장사에 획기적 전기 마련

1945년 6월 26일의 「국제연합헌장」은 '인간의 기본권과 인격의 가치에 대한 믿음'(Glauben an die Grundrechte des Menschen und Wert der menschlichen Persönlichkeit)을 선언하고 인간의 존엄과 가치, 기본적 인권과 평등 및 경제적·사회적 기본권 등을 선언하고 있다. 이러한 국제연합헌장의 정신에 기초하여 1948년 12월 10일 국제연합 제 3 차총회에서 모든 인간 가족의 구성원의 평등·불가양의 권리를 고백한 「세계인권선언」[3)]이 채택되었다. 이 선언에는 인간의 존엄성, 평등권, 신체의 자유, 표현의 자유, 정보수집의 자유, 망명자보호청구권 등 모든 중요한 인권들이 망라되어 있다.

---

1) H. Huber, *Soziale Verfassungsrechte?*, S. 2; K. J. Partsch, Internationale Menschenrechte?, AöR Bd. 74 (1948), S. 158ff.; A. Bleckmann, *Allgemeine Grundrechtslehren*, S. 4 참조.

2) 물론 제 2 차 세계대전 중에도 인권의 중요성을 언급한 문서가 없었던 것은 아니다. 예컨대 1941년 1월 6일자 루즈벨트 대통령의 '4대자유연설'(Four-Freedom-Speech)에 커다란 영향을 받은 1941년 8월 14일의 대서양헌장을 그 예로 들 수 있을 것이다.

3) UN-Doc. 217/A(III).

이 선언은 단순한 권고사항이자 구속력 없는 선언[1]에 지나지 못했지만, 국제인권보장사에 획기적 전기를 마련하였다.

> **판례** 〈사립학교법 제55조, 제58조 제1항 제4호에 관한 위헌심판(합헌)〉 "국제연 합의 '인권에 관한 세계선언'에 관하여 보면, 이는 그 전문에 나타나 있듯이 '인권 및 기본적 자유의 보편적인 존중과 준수의 촉진을 위하여 … 사회의 각 개인과 사회 각 기관이 국제연합 가맹국 자신의 국민 사이에 또 가맹국 관할하의 지역에 있는 인민들 사이에 기본적인 인권과 자유의 존중을 지도교육함으로써 촉진하고 또한 그러한 보편적, 효과적인 승인과 준수를 국내적·국제적인 점진적 조치에 따라 확보할 것을 노력하도록, 모든 국민과 모든 나라가 달성하여야 할 공동의 기준'으로 선언하는 의미는 있으나 그 선언내용인 각 조항이 바로 보편적인 법적 구속력을 가지거나 국제법적 효력을 갖는 것으로 볼 것은 아니다."(헌재 1991. 7. 22. 89헌가106 결정)

(4) 유럽人權協約

419. 1950년 유럽협약과 1961년 유럽사회헌장: 회원국에 대한 구속력부과

1950년 11월 4일에는 「인권과 기본적 자유의 보호를 위한 유럽협약」(=약칭 유럽인권협약)이 채택되었고, 이 협약은 1953년 9월 3일부터 발효하여 회원국에 대하여 구속력을 갖게 되었다. 비록 유럽지역에 한정된 것이기는 하지만 강제력을 가진 인권선언이 탄생되었다는 것은 국제적 인권보장의 신기원을 이룩한 것으로 평가될 수 있다.[2] 1961년 10월 18일에는 유럽인권협약을 보완하기 위하여[3] 「유럽사회헌장」이 채택되어 19개의 사회적 기본권이 보장되었다.[4]

---

1) W. Schätzel, Der internationale Schutz der Menschenrechte, in: *Festschrift für Giese zum 70. Geburtstag*, 1953, S. 215ff.(219, 227); G. Oestreich, *Die Idee der Menschenrechte in ihrer geschichtlichen Entwicklung*, S. 5 참조. 이 선언이 구속력 없다는 것을 호이스(Th. Heuss, Über Sinn und Ziel der Menschenrechte, in: Bulletin des Presse- und Informationsamtes der Bundesregierung Nr. 231, 1958, S. 8)는 다음과 같이 표현하고 있다. "몽상가나 환상가만이 저 선언의 조항들을 현실의 반영으로 간주할 것이다. 풍자가는 의혹을 표시하는 뜻으로 어깨를 움츠리며, 회의주의자는 경멸을 표시한다. 저 선언의 의미는 간단 명료하다. 저 선언은 공동체 — 그것이 공동체이든 민족이든 국가이든 간에 — 내에서 인간이 가지는 지위에 대한 위임이며 척도일 뿐이다."
2) 이 협약에 자극을 받아 1954년 전미법률가회의는 전미인권조약초안을 작성하였고, 1969년에는 「인간의 권리와 의무에 관한 미주인권협약」이 체결되었다. 이 협약은 1978년 7월 18일부터 발효하였다. 아프리카에서는 1981년 6월 27일 「인간의 권리와 인민의 권리에 관한 아프리카헌장」이 체결되어 1986년 10월 21일부터 발효하였다.
3) A. Khol, Die europäische Sozialcharta und die Österreichische Rechtsordnung, JBl. 1965, S. 75ff.(76).
4) 자세한 내용은 H. Schambeck, *Grundrechte und Sozialordnung*, 1969, S. 59ff.; S.-B. Hong, *Soziale Rechte auf der Verfassungsebene und auf der gesetzlichen Ebene*, 1986,

(5) 國際人權規約

「세계인권선언」이 공포된 이후 국제연합인권위원회는 「세계인권선언」에 규정된 권리들에 구속력을 부여하기 위하여 커다란 노력을 경주하였다. 그 결과 1966년 12월 16일 국제연합 제21차총회에서 「국제인권규약」(International Convenant on Human Rights)이 통과되었다.

420. 1966년 국제인권규약: 서명국의 의무를 규정, 1977년부터 서명국에 대하여 효력 발생

이 규약은 전문 31개조로 구성된 「경제적·사회적·문화적 권리에 관한 규약」(A규약)과 전문 53개조로 된 「시민적·정치적 권리에 관한 규약」(B규약)[1] 및 B규약선택의정서로 구성되어 있다. 이 규약은 세계인권선언을 한층 더 상세하게 규정하고 시행규정을 두어 서명국의 의무에 대하여 상세히 규정한 것이다. 예컨대 서명국 가운데 한 나라가 이 규약에 규정된 권리를 침해하는 경우 다른 서명국은 그에 대하여 인권위원회에 소원을 제기할 수 있도록 되어 있다.

이 규약은 1977년부터 서명국에 대하여 효력을 발생하기 시작하였다.[2]

(6) 人權의 效力

인권이 세계적으로 효력을 가지게 됨으로써 한편으로는 자연법적 사고가 세계적인 것이 되었다. 그러나 다른 한편으로는 현실과 요청 사이의 커다란 간격 때문에 그러한 자연법적 권리, 곧 인권의 효력이 문제되기 시작하였다. 그러나 이러한 권리들이 전국가적(前國家的) 효력을 가진다고 선언되면서도 구체적 국가현실에서 침해된다는 것 때문에 그 효력을 의심할 필요는 없다. 여기서 말하는 전국가적 효력이란 소송과정에서 관철되는 법적 실효성을 의미하는 것이 아니라, 도덕적 의무부여와 사회윤리적 효력으로 이해된다. 그러한 한에서 인권은 국가적 보증과 보장과 관계없이 효력을 갖는다고 할 수 있다.[3]

421. 국제법적 인권의 효력: 소송과정에서 관철되는 법적 실효성을 의미하는 것이 아니라, 도덕적 의무부여와 사회윤리적 효력

S. 231ff. 참조.

1) Un-Doc. 2200/A(XXI).

2) 우리나라는 "경제적·사회적및문화적권리에관한국제규약"(1990. 6. 13. 조약 1006호, 이른바 A규약)에는 유보 없이, "시민적및정치적권리에관한국제규약"(1990. 6. 13. 조약 1007호, 이른바 B규약)에는 국내법과 저촉되는 4개항(비상계엄하의 단심제, 외국에서 받은 형의 경감 또는 면제, 노무직을 제외한 공무원 및 사립학교교원의 단체행동, 혼인중 또는 이혼시의 배우자의 평등)을 유보하고 가입하여 1990년 7월 11일 발효하였다. 배우자평등조항에 대한 유보는 우리 민법의 개정으로 1991년 1월 1일 철회되었다. 외국에서 받은 형의 경감 또는 면제는 1993년 1월 21일 철회되었다.

3) Th. Maunz/R. Zippelius, *Deutsches Staatsrecht*, 25. Aufl.(1983), S. 140 참조.

3. 社會的 人權의 憲法的 受容

422. 사회적 인권의 헌법적 수용: 제 2 차 세계대전 후 사회권, 사회국가, 사회권+사회국가의 형태로 각국헌법에서 사회적 인권을 헌법에 수용

앞에서도 보았듯이 제 1 차 세계대전 전까지만 하더라도 사회적 인권을 헌법에 규정하는 것은 예외적 현상이었다. 그 이유는 매우 강하게 개인주의적으로 이해된 자유권은 공권력에게 사회국가적 요청을 하는 것을 몰랐기 때문이다. 따라서 자유주의적 국가는 특히 사회적 문제에 대해서는 국외자일 수밖에 없었다.

비록 바이마르헌법이 방대한 사회적 인권의 목록을 헌법에 실정화시켰지만, 이 헌법의 13년 남짓한 짧은 수명 때문에 그리고 그 밖의 사정들 때문에 이 헌법에 규정된 사회권들은 헌법생활에서 중요한 역할을 하지 못하였다.

그러나 1945년 이후 사람들은 개인에게 책임이 없는 사정 때문에 발생한, 점점 더 긴박해져 가는 사회적 문제의 해결을 국가와 법이 해결하지 않으면 안 된다고 생각하기 시작하였다. 곧 1945년 이후 '사회적 안전과 사회적 정의는 시대의 커다란 관심사'[1]로 등장하였다.

이러한 요청에 따라 1945년 이후에 제정된 헌법들은 사회적 인권을 헌법에 규정하고 있다.[2] 1946년 10월의 프랑스 제 4 공화국헌법은 전문에서 1789년의 인권선언을 재확인하고 나서 노동권, 건강권·휴식권·물질적 수급권, 교육을 받을 권리와 같은 여러 가지 사회권을 규정하였다. 1946년 11월의 일본국헌법에도 사회권이 들어 있다. 1947년 12월의 이탈리아헌법은 사회권과 사회국가를 동시에 규정하고 있다. 1949년 5월의 독일기본법은 상세한 사회권목록을 가지고 있던 바이마르헌법과는 달리 사회국가조항만을 두고 있다.[3] 특히 1976년의 포르투갈

---

1) W. Eucken, *Grundsätze der Wirtschaftspolitik*(hrsg. v. E. Eucken-Erdsiek/K. P. Hensel), 1952, S. 10.

2) 국내의 교과서들에서는 이 부분을 기본권의 사회화(김철수, 헌법학개론, 박영사, 2001, 237쪽), 인권선언의 사회화(권영성, 헌법학원론, 법문사, 2001, 280쪽), 자유권의 생활권화 현상(허영, 한국헌법론, 박영사, 2001, 201쪽), 사회적 기본권의 확대(계희열, 헌법학(중), 박영사, 2000, 13쪽)라는 말로 표현하고 있다. 그러나 그러한 표현으로 설명되는 것은 19세기의 기본권목록이 주로 자유권에 한정되었던 것을 20세기에 들어서면서 자유권 외에 사회권으로 확장된 것에 관한 것이다. 따라서 정확하게 이야기한다면 기본권의 사회권화는 기본권목록의 확대, 인권선언의 사회화는 인권목록의 확대가 되어야 할 것이다. 그리고 자유권의 생활권화현상은 사회권적 기본권을 규정하고 있지 않은 국가(특히 독일)의 일부학설, 판례의 입장에 불과하고, 그 나라에서도 그러한 경향에 대하여 다수설은 비판하고 있고(그러한 시도들과 그에 대한 비판에 대해서는 S.-B. Hong, *Soziale Rechte auf der Verfassungsebene und auf der gesetzlichen Ebene*, S. 67ff. 참조), 현재는 사회적 기본권을 수용하려는 논의가 일각에서 진행되고 있다는 것을 지적해 둔다.

3) 독일기본법이 사회권을 수용하지 않은 이유는 '헌법제정평의회'(Parlamentarischer Rat)가 "인간의 자유권 외에 여타 기본권이라 명명되는 제도를 연방헌법의 기본권목록에 수용할

헌법과 1978년의 스페인헌법은 상세한 사회권규정을 두고 있다.

우리 헌법도 건국헌법 이래 자세한 사회권조항을 두고 있다.

4. 第三世代 人權[1]의 登場

(1) 人權의 現在的 狀況

1948년 12월 10일 국제연합에서 세계인권선언이 있고 난 후 대략 40년 사이에 150개가 넘는 전쟁에서 대략 2,000만 명의 인간이 목숨을 잃었다.[2] 그런가 하면 전세계적으로 인간의 상상을 불허하는 절대적 빈곤 속에서 살고 있는 인간의 숫자는 8억 명에 달하며, 5억 명의 인간이 항시적인 기아 속에서 살고 있고 날마다 기아 때문에 죽어가는 어린이의 숫자는 4만 명이 넘는다.[3] 그것만이 아니다. 우리의 자연적 생활기반은 파멸직전에 놓여 있을 뿐만 아니라 의사소통분 423. 인권의 현재상황

필요가 없다"는 '헌법제정회의'(Verfassungskonvent)의 충고에 따라 기본권목록을 이른바 고전적 기본권에 한정시켰기 때문이다. 동 기본법이 사회적 기본권을 규정하지 않은 데 대해서는 동 기본법의 제정자들이 단지 외견적(外見的)인, 독일의 패전에 기인한 사회변화와 패전 후 몇 년의 혼란에 한정하였다는 비난이 있다. 그럼에도 불구하고 동 기본법이 기본권목록을 원칙적으로 전통적·자유주의적 자유권에 한정시킨 것은 다음과 같은 몇 가지 이유 때문이다.

첫째, 새롭게 제정되는 기본법은 그 제정에 참여했던 모든 자들의 견해에 따라 단순한 임시적(또는 과도기적) 헌법으로 생각되었다는 점이다. 따라서 그러한 헌법에 경제질서와 사회질서를 새롭게 규정한다면 장차 전체독일이 통일되어 그와는 다른 경제구조와 사회구조를 채택하려는 경우 방해물이 될 수도 있다는 것이다. 이와 같은 사정을 슈미트(Carlo Schmid)는 "임시적 헌법을 제정하고자 하는 곳에서 생활질서를 창조하는 것은 적합하지 않다"고 강조하고 있다. 따라서 헌법제정평의회는 "예측불가능한 발전"에 직면하여 사회질서와 경제질서의 형성을 의식적으로 정치의사형성의 과정에 위임하였다.

둘째, 헌법제정평의회에 참여했던 자들은 바이마르헌법에서 그랬던 것처럼 주로 강령규정적 성격을 가지는 기본권을 수용하지 않음으로써 이러한 기본권들이 해석이라는 수단을 통하여 불필요하게 증가되지 않도록 하고자 하였다.

셋째, 본기본법의 기본권편은 매우 강력하게 시대정신의 영향을 받았다는 점이다. 인간의 존엄이 지속적으로 억압되고 극심하게 경시되고 난 후에는 인간의 존엄을 존중하기 위하여 필수적 기반으로서 고전적 자유권을 보장하는 것이 필요불가결한 것으로 생각되며, 그렇기 때문에 사회적 기본권은 후퇴할 수밖에 없었다. 이에 대한 자세한 문헌은 S.-B. Hong, *Soziale Rechte auf der Verfassungsebene und auf der gesetzlichen Ebene*, S. 55ff. 참조.

1) 제 3 세대 인권에 대하여 자세한 것은 A. Barthel, *Die Menschenrechte der dritten Generaion*, 1991 참조. 또한 홍성방, 제 3 세대 인권, 법정고시(1996년 3월), 32-44쪽도 참조.
2) V. Matthies, *Kriegsschauplatz Dritte Welt*, 1988.
3) 1984년 국제연합 세계식량기구(FAO)의 보고. 여기서는 F. Nuscheler, *Lern- und Arbeitsbuch Entwicklungspolitik*, 1987, S. 30에서 재인용.

야와 유전공학 분야의 신기술은 그 결과를 전혀 예측할 수 없는 지경이다. 이것이 인간이 처해 있는 현재의 상황이다.

(2) 第三世代 人權의 登場과 그 目錄

424. 제3세대 인권의 등장과 그 목록: 1. 개념의 창시자 — 바작; 2. 목록 — 경제발전권, 평화권, 환경권, 인류공동의 유산에 대한 소유권, 인간적 도움을 요구할 권리; 3. 이념 — 연대성

이러한 상황에 대한 대응책으로 1972년 바작 *Karel Vazak*은 인권의 개념을 변화된 상황에 적용하기 위하여 '새로운 인권'(les nouveaux droits de l'homme), 곧 제3세대 인권이란 개념을 고안해 내었다. 그는 이미 국제인권법의 내용을 이루고 있는 시민적·정치적 권리를 제1세대 인권, 경제적·사회적·문화적 권리를 제2세대 인권이라 부르고 여기에 제3세대 인권, 곧 새로운 인권이 첨부되어야 한다고 주장하였다.[1)] 제3세대 인권개념은 얼스톤 *Philip Alston*[2)]의 정당화를 거쳐, UNESCO에서 활발하게 논의되고 부분적으로는 인정을 받았다.

무엇을 제3세대 인권으로 보아야 하는가에 대해서는 견해의 차이가 있다. 그러나 제3세대 인권에 속하는 권리로서는 경제발전권, 평화권, 환경권, 인류공동의 유산에 대한 소유권 및 인간적 도움을 요구할 권리의 다섯 가지를 드는 것이 일반적이다.

제1세대 인권의 이념이 자유, 제2세대 인권의 이념을 평등한 자유라는 의미에서의 평등이라 한다면, 제3세대 인권의 이념은 프랑스대혁명의 3대 구호 중 하나인 형제애의 현대적 표현인 연대성이다.

판례 **〈「대한민국과 미합중국 간의 미합중국군대의 서울지역으로부터의 이전에 관한 협정」 등 위헌확인(각하)〉** "오늘날 전쟁과 테러 혹은 무력행위로부터 자유로워야 하는 것은 인간의 존엄과 가치를 실현하고 행복을 추구하기 위한 기본전제가 되는 것이므로, 달리 이를 보호하는 명시적 기본권이 없다면 헌법 제10조와 제37조 제1항으로부터 평화적 생존권이라는 이름으로 이를 보호하는 것이 필요하다. 그 기본내용은 침략전쟁이 강제되지 않고 평화적 생존을 할 수 있도록 국가에 요청할 수 있는 권리라고 볼 수 있을 것이다."(헌재 2006. 2. 23. 2005헌마268 결정)

---

1) K. Vasak, Le droit international des droits de l'homme, in: Revue des Droits de l'homme, Vol. V, No. 1, 1972, S. 43ff.(44f.); ders., Die allgemeine Erklärung der Menschenrechte 30 Jahre später, in; UNESCO Kurier, Nr. 11, 1977, S. 29; ders., Pour les droits de l'homme de la troisième génération: les droits de solidarité. Leçon Inagurale, Institut International des droits de l'homme, Dixième Sessio d'enseigne-ment, Strassbourg 2.-27. 7. 1979, p. 3.

2) Ph. Alston, A third generation of solidarity rights: Progressive development or obfascation of international human rights law?, in: Netherlands International Law Review, 29(1982), S. 307ff.

(3) 第三世代 人權의 特色

425. 제 3 세대 인권의 특색: 1. 정치적 색채가 옅음; 2. 연대책임의 인정에서만 가능; 3. 국제법적 차원에서 제기; 4. 주체는 집단; 5. 제 1 세대 인권과 제 2 세대 인권의 종합, 곧 보완

제 3 세대 인권은 다음과 같은 다섯 가지 특색을 가지고 있다. 첫째, 제 3 세대 인권은 그 개념의 창시자인 바작이 이미 지적했듯이 제 1 세대 인권과 제 2 세대 인권에 비하여 정치적 색채가 옅다.

둘째, 제 1 세대 인권과 제 2 세대 인권이 법적 강제수단을 통하여 국가에 의하여 이루어짐에 반하여, 제 3 세대 인권은 사회동반자, 곧 개인, 국가, 공·사의 단체 및 국제공동체가 연대책임을 인정하는 것을 전제로 해서만 가능하다.

셋째, 제 1 세대 인권과 제 2 세대 인권이 국가내부의 문제로 제기되어 국내법의 차원에서 해결되고 국제법적인 인정을 받은 것과는 달리, 제 3 세대 인권은 국내법적 차원이 아닌 국제법적 차원에서 제기되고 그 인정을 요구하고 있다.

넷째, 제 1 세대 인권과 제 2 세대 인권의 주체가 개인임에 반하여, 제 3 세대 인권의 주체는 그것이 민족이든 국가이든 집단이다. 그러한 한에서 제 3 세대 인권은 전통적 의미의 인권과는 차이를 보이고 있다.

다섯째, 제 3 세대 인권은 제 1 세대 인권과 제 2 세대 인권에 대한 '종합'(Synthese)으로 묘사될 수 있다. 그러나 제 3 세대 인권을 '종합권'(Syntheserecht)으로 획득한다는 말은 이미 인정되어 있는 제 1 세대 인권과 제 2 세대 인권을 제 3 세대 인권으로 대체한다는 의미가 아니라 이미 존재하는 인권을 새로운 인권으로 보충한다는 의미이다. 결국 제 1 세대 인권과 제 2 세대 인권이 이미 국제법질서에서 '완성된'(in esse) 권리라고 한다면, 제 3 세대 인권은 '생성중에 있는'(in fieri) 또는 그 인정을 요구하고 있는 권리라고 할 수 있겠다.

(4) 第三世代 人權에 대한 反對論據

426. 제 3 세대 인권에 대한 반대논거: 1. 인권의 세대개념의 불필요성; 2. 실현가능성에 대한 의문; 3. 개인적인 인권사상에서 벗어난 사고

그러나 제 3 세대 인권에 대하여는 "인권이념의 인플레이션"[1] 또는 "모든 새로운 인권은 이미 인정되고 보장된 인권에 대한 경각심을 감소시킨다"[2]라는 명제로써 비판이 가해지고 있다. 제 3 세대 인권을 부정하는 또는 반대하는 이유는 다음과 같이 정리될 수 있다.

첫째, 인권의 세대개념에 대하여 의문이 제기된다. 국제연합은 모든 인권은

1) L. Kühnhardt, *Die Universalität der Menschenrechte*, 1987, S. 323.
2) K. J. Partsch, Menschenrechte und "Rechte der Völker", in: Vereinte Nationen, Heft 5, 1986, S. 153ff. (159).

분리할 수 없고 상호종속적이라는 것을 고집하고 있다는 주장이 그것이다.[1] 그런가 하면 제3세대 인권이란 개념을 식기세척기판매소에서 빌려온 표현에 비교하고 “상인은 새로운 기계를 팔기 위하여 낡은 기계를 부서뜨린다. 자유권은 고철(古鐵)이 되어야 하는가?”[2]라는 표현으로써 세대구분의 불합리성을 지적하기도 한다.

둘째, 제3세대 인권이란 새 이념은 전통적 인권론의 범위 내에서 그리고 국제연합의 인권기구 내에서 실현될 수 없다고 한다. 연대권이라고 하는 상위개념에 포섭될 수도 있을 개별적 목표들이 의문시되거나 환영받지 못하기 때문이 아니라, 정치적·국제법적 세계질서의 범위 내에서 정치적 요청을 인권의 도덕적 범주에 연결시키는 일은 실현될 기회가 있을 수 없다는 것이다.[3]

셋째, 정신사적 측면에서 비판이 가해진다. 제3세대 인권은 근본적으로 개인적인 인권사상에서 벗어난 사고이며, 원래 정치적·사회적 목표를 도와 한층 고차원적인 정당성과 신빙성을 얻으려 한다는 것이다. 그렇게 되면 인격적 인권개념이 이데올로기로 변하고 가치가 전도되어 시민적·자율적 근원과는 극도로 대립될 수밖에 없다는 것이다.[4] 결국 제3세대 인권은 비현실적 희망을 불러 일으키고 전체 인권이념을 공상적 바람과 요청의 차원에 갖다 놓는 결과를 가져온다는 것이다.

(5) 私 見

427. 제3세대 인권에 대한 사견: 1. 인권의 이념은 인간의 존엄으로 요약된다; 2. 인간의 존엄은 한계상황에서 문제된다; 3. 제3세대 인권론은 새로운 인권이라는 도구를 사용하여 개별국가의 권한을 넘어서는 문제들을 해결하려는 시도로서 주목할 가치가 있다

인권의 이념은 이미 계몽주의에서 그리고 오늘날에도 여러 인권선언과 인권협정에서 인간의 존엄이란 단어에 요약되어 있다. 인간의 존엄은 모든 자연법적 윤리에 의하여 전제된 것이며, 또한 윤리의 효력도 그것에 의하여 전제된다.

우리는 인간의 존엄을 명확하게 개념규정할 수 없다. 또한 인간의 존엄이 일반적으로 구속력을 가지는 것을 증명할 수도 없다. 그럼에도 불구하고 인간의 존엄은 현실이다. 왜냐하면 어디에서 인간의 존엄이 짓밟히고 침해되는가는 금방 알 수 있기 때문이다. 특히 인간의 존엄은 한계상황에서 문제된다고 할 수 있다.

---

1) Ph. Alston, A third generation of solidarity rights, S. 315.
2) K. J. Partsch in: German Yearbook of International Law, vol. 29, 1986, S. 598.
3) Chr. Tomuschat, Human rights in a world wide framework. Some current issues, in: Zeitschrift für ausländisches öffentliches Recht und Völkerrecht, 45(1985), S. 547ff. (571f.) 참조.
4) L. Kühnhardt, *Die Universalität der Menschenrechte*, S. 249.

제 3 세대 인권론은 극심한 빈부의 차이, 전쟁과 위기상황, 특히 제 3 세계의 기아, 범세계적 환경파괴에 의한 인간의 존엄에 대한 위협을 지적하면서 인권을 새롭게 이해할 것을 요구하고 있다. 그러한 한에서 제 3 세대 인권론은 새로운 인권이라는 도구를 사용하여 개별 국가의 권한을 넘어서는 문제들을 해결하려는 시도라고 볼 수 있다. 그러므로 제 3 세대 인권론은 그 관철여부와는 관계없이 주목받을 충분한 가치가 있다.

第 2 章　基本權의 槪念과 分類

第 1 節　基本權의 槪念

1. 基本權의 槪念定義

(1) 基本權의 一般的 槪念定義

428. 기본권의 일반적 개념정의: 헌법에 규정된 개인의 권리

기본권은 헌법의 필수적 부분이고, 자유민주적 기본질서의 본질적 핵심부분이다.[1] 그렇기 때문에 국가는 국민의 기본권보장을 다른 무엇에 앞서 우선적인 과제로 삼아야 한다. 따라서 현대 자유민주주의 국가들은 예외 없이 헌법에 기본권을 규정하고 있다. 우리 헌법도 예외가 아니다. 그 결과 우리 헌법교과서들은 헌법총론, 기본권(총론과 각론) 및 통치구조의 순으로 우리 헌법을 설명하고 있다. 그리고 기본권 총론에서는 기본권의 역사적 전개, 기본권의 특성과 법적 성격, 기본권의 주체, 기본권의 효력, 기본권의 충돌과 경합, 기본권의 한계와 제한, 기본권의 보장, 기본권의 분류 등이 다루어진다.

그러나 이러한 모든 문제를 다루기에 앞서 선결되어야 하는 문제가 있다. 그것은 기본권을 무엇으로 이해하여야 하는가 하는 문제이다. 보통 기본권은 헌법에 규정된 개인의 권리라고 정의된다. 그러나 이러한 막연한 개념규정만으로는 기본권을 체계적으로 설명할 수 없다. 곧 기본권에 대하여 체계적으로 논의하기 위해서는 기본권의 개념에 대한 명료성이 성립되어야만 하며, 그래야만 그 논의가 의미 있는 것이 될 수 있다. 특히 법학분야에서 기본권의 개념을 분명히 하는 것은 인식대상을 명확히 할 뿐만 아니라 보호대상의 범위를 확정하는 것과 관련해서 중요한 의미를 갖는다.

1) BVerfGE 31, 58(73).

(2) 狹義의 基本權槪念과 廣義의 基本權槪念

1) 협의의 기본권개념

기본권의 개념은 협의로 이해할 수도 있고 광의로 이해할 수도 있다. 기본권을 협의로 이해하는 경우 기본권을 주관적 공권(방어권 또는 청구권[1])에 한정하여 "개별 국민을 위하여 헌법문서, 곧 객관적 법에 포함되어 있는 보장으로 국민들이 국가에 대하여 그것을 존중할 것을 요구하고 경우에 따라서는 사법적인 방법으로 관철할 수 있는 보장"[2]으로 이해한다. 이러한 협의의 기본권개념은 헌법이 명시적 또는 묵시적으로 기본권에 인정하고 있는 특정의 법적 결과를 결합시킨 것이다. 협의의 기본권개념을 법기술적 의미의 기본권 개념이라고도 한다. 우리 헌법학계에서는 이러한 협의의 기본권개념이 일반화되어 있다. 429. 협의의 기본권 개념: 주관적 공권

2) 광의의 기본권개념

그러나 기본권의 개념은 광의로도 파악할 수 있다. 광의의 기본권개념은 기본권을 비기술적 의미, 곧 필립 헤크 *Philipp Heck*의 의미에서 순수질서개념으로 이해한 것이다. 광의의 기본권개념은 특정의 법적 결과를 고려함이 없이 동일한 문제를 발생시키는 부분영역을 총괄한다. 이 경우 기본권은 "국가에 대한 국민의 관계(또는 지위 — 저자의 삽입)를 규율하는 객관적 헌법규범"으로 정의된다.[3] 이 견해는 국내에서는 최근에야 주장되기 시작하였다.[4] 430. 광의의 기본권 개념: 국민에 대한 국민의 관계를 규율하는 객관적 헌법규범

(3) 私　　見

우리 헌법 제 2 장(국민의 권리와 의무)에 규정되어 있는 국민의 권리들을 보면 주관적 공권으로만 볼 수 없고, 국가목표규정, 입법위임규정,[5][6] 또는 제도보 431. 우리 헌법의 기본권개념: 사견 — 우리 헌법의 기본권은

---

1) J. A. Kämmerer, *Staatsorganisationsrecht*, 2008, S. 25 참조.

2) A. Katz, *Grundkurs im öffentlichen Recht*, 1975, S. 204. 또는 기본권을 "국가 권력의 행사를 의무지우는 개인의 주관적 권리"로 정의하고 있는 B. Pieroth/B. Schlink, *Grundrechte. Staatsrecht Ⅱ*, S. 19가 이러한 입장에 속한다고 할 수 있다. 그러나 엄격하게는 이들도 동시에 기본권의 '다차원성'(Mehrdimensionalit)을 이야기하고 있기 때문에 협의의 기본권개념에 입각하고 있다고 보기는 힘들 것이다.

3) A. Bleckmann, *Allgemeine Grundrechtslehren*, S. 41f.

4) 예컨대 김선택, '기본권의 개념', 법정고시 1998년 6월, 7쪽 이하(17쪽).

5) 김선택, '기본권의 개념', 16·17쪽은 기본권(규정)을 최광의의 기본권(규정), 광의의 기본권(규정), 협의의 기본권(규정), 최협의의 기본권으로 4분하고, 광의의 기본권규정을 국가목표규정, 헌법위임규정, 입법위임규정, 제도보장규정, 주관적 권리규정으로 나누고 있

광의의 개념으로 이해되어야 한다

장규정으로 이해하지 않으면 안 되거나 주관적 권리와 이들 규정들 중 하나를 결합해서 설명하는 것이 더 합리적인 규정들이 존재한다. 기본권과 관련되어 있는 모든 문제를 총괄하지 않으면 안 되는 기본권일반이론은 이들도 포괄할 수 있는 것이어야 한다. 그 밖에도 기본권일반이론에서 사용되는 기본권의 개념은 주관적 방어권은 물론 적극적 급부청구권, 객관적 규범으로서의 기본권, 가치질서로서의 기본권 등 모든 것을 포괄할 수 있는 것이지 않으면 안 된다. 그러한 한에서 기본권의 개념은 광의로 이해되어야 할 것이다.

2. 人權과 基本權

(1) 人權과 基本權의 相關關係

432. 인권과 기본권의 상관관계: 1. 기본권 사상은 인권사상에서 유래; 2. 기본권은 헌법에 실정화된 인권

국내교과서들이 설명하듯이 기본권사상은 인권사상에서 유래하였다. 그러나 인권사상이 어디에서 기원(起源)하였는지에 대해서는 견해의 일치를 보지 못하고 있다.[1] 다만 확실한 것은 인권사상은 인간이 역사상 당한 모든 불의(不義)와

다. 그러나 저자는 헌법위임규정과 입법위임규정을 따로 구분하는 것은 별 실익이 없다고 생각한다. 예컨대 뵈켄푀르데는 '헌법위임규정'(Verfassungsauftrag)과 '입법위임규정'(Gesetzgebung-sauftrag)을 구별하고, 입법과 행정에 대한 위임을 뜻하는 헌법위임규정 속에 입법자에 대한 위임만을 의미하는 입법위임규정이 포함되는 것으로 이해한다. E.-W. Böckenförde, Grundrechtstheorie und Grundrechtsinterpretation, NJW 1974, S. 1529ff.(1536); ders., Die sozialen Grundrechte im Verfassungsgefüge, in: Böckenförde/Jekewitz/Ramm (Hrsg.), *Soziale Grundrechte*, 1981, S. 7ff.(14). 그러나 학설과 판례에서는 일반적으로 이들 양자를 모두 입법위임규정으로 통일하여 사용하고 있다. G. Lücke, Soziale Grundrechte als Staatszielbestimmungen und Gesetzgebungsaufträgen, AöR Bd. 107 (1982), S. 15ff.(25). 그러나 '구속적 헌법위임 규정'(ein verbindlicher Verfassungsauftrag)이란 용어를 사용하는 학자도 있다. H. H. Klein, Ein Grundrecht auf saubere Umwelt?, in: *Im Dienst an Recht und Staat. Festschrift für W. Weber zum 70. Geburtstag*, 1974, S. 643ff.(656). 정확성을 기하기 위해서는 '입법자에 대한 구속적 헌법위임규정'이란 표현이 좋을 것이다. 저자는 이전에는 헌법위임규정이란 용어를 사용하였으나(S.-B. Hong, 주 115, S. 43, 46ff.) 최근에는 이 용어의 발상지인 독일의 일반적인 용어례를 따라 입법위임규정이란 용어를 사용하고 있다(홍성방, 독일의 헌법과 행정법에 있어서의 환경보호, 안암법학 제40집, 1996, 23쪽 이하(67쪽)).

6) 이들 규정은 특히 사회권을 이해하는 데 필요하다. 이들 규정에 대하여 자세한 것은 S.-B. Hong, *Soziale Rechte auf der Verfassungsebene und auf der gesetzlichen Ebene*, S. 42ff. 참조.

1) M. Kriele, *Einführung in die Staatslehre*, S. 149; ders., Zur Geschichte der Grund- und Menschenrechte, S. 187ff.에 따르면 스토아학파를 기점으로 해서 프랑스의 계몽사상에 이르기까지의 자연법철학에서 인권의 기원을 구하는 사람이 있는가 하면, 마르크스주의 이론가나 보수주의 이론가처럼 '경제적 하부구조', 곧 부르주아적 소유 및 착취관계에서 이

비인간적 경험을 바탕으로 인류역사상 모든 중요한 철학적·종교적·정치적 흐름들, 예컨대 그리스(소크라데스, 플라톤, 아리스토텔레스 등과 스토아학파[1])와 로마(치체로 *Cicero*)의 철학, 인간을 신의 모상으로 개념 정의한 그리스도교와 그리스도교의 자연법이론, 스콜라철학[2]의 자연법사상, 계몽주의와 문예부흥과 종교개혁 등의 영향을 받아 성립되었다는 것이다.

일반적으로 인권은 인간의 존엄에 상응하는 생활을 확보하는 데 필수적이며 그 구속력이 자연법으로부터만 결과되는, 인간이라는 이유만으로 모든 사람에게 마땅히 귀속되는 권리라 정의된다.[3] 달리 표현한다면 인권이란 인간이기 때문에 당연히 향유하는 인간생래의 권리라 할 수 있다.

그에 반하여 인권이 각국의 실정헌법에 성문화되면 그것을 기본권이라 한다.[4]

를 구하는 사람도 있다. 그런가 하면 영국법이나 미국법에서 인권의 기원을 구하는 사람도 있다.

1) 스토아철학(stoische Philosophie)은 기원전 310년 사이프러스 출신 철학자 제논 *Zenon* (335-263 B.C.)에 의하여 시작된 것으로 알려져 있다. 스토아라는 이름은 아테네에서 이 학파가 위치했던 회당이 여러 가지 색으로 채색된 기둥을 가졌던 데서 유래한다. 이 학파의 근본사상은 로고스(logos)였다. 로고스는 스토아학파의 사람들에게는 모든 것을 주도하는 신의 섭리, 자연을 지배하는 법칙임과 동시에 또한 "인간의 행위를 규율하는 도덕법적 법칙"(das moralisch-rechtliche Gesetz, welches das menschliche Verhalten regelt)을 의미하였다(A. Verdross, *Abendländische Rechtsphilosophie*, 1958, S. 44). 스토아철학은 이러한 이성이 모든 인간에게 부여되어 있다고 생각하였다. 곧 인간적 이성이 세계이성의 유출(流出)이라는 것은 모든 인간은 평등하다는 것을 의미한다. 스토아철학은 특히 13세기에 만개한 중세의 스콜라철학(Scholastik)과는 구별된다.

2) 스콜라라는 말은 강의(처음에는 수도원에서 그 후에는 대학에서 행해진)에서 유래하며 교사라는 뜻을 가진다(그러나 스콜라라는 말의 원래 뜻은 자유시간이라는 견해도 있다). 초기스콜라철학은 아리스토텔레스의 철학(아리스토텔레스적으로 숙련된 변증법)과 플라톤의 철학(아우구스티누스에 의하여 매개된 신플라톤주의)을 그리스도교교리를 설명하는 데 도입하였다. 토마스 *Thomas von Aquin*(1225-1274)는 스콜라철학을 완성시켰는데, 그는 초기 스콜라철학자들과 방법을 같이 하면서도 아리스토텔레스 철학을 더욱 중시하였다. 결국 토마스의 철학체계는 아리스토텔레스 철학과 아우구스티누스 신학의 '종합'(Synthese)으로 특징지을 수 있다. 그러한 한에서 토마스의 사상에 스토아철학적 요소는 커다란 영향을 미치지 않았다고 할 수 있다. 그러나 허영, 한국헌법론, 200쪽은 "특히 토마스는 아리스토텔레스와 스토아철학을 연결시켜 인간을 도덕적 양심에 따라 행동할 수 있는 유일한 생명체로 이해함으로써 인간에 대한 자유보장의 이념적 기초를 마련하는 데 기여했다"고 설명하고 있다.

3) A. Khol, *Der Menschenrechtskatalog der Volksgemeinschaft. Die Menschenrechtskonvention der Verreinten Nationen*, 1968, S. 13.

4) 국제법학에서는 인권이 국제법규에 성문화된 경우에 그것을 기본권으로 부르기도 한다. 그러나 국제법규에 성문화된 권리는 첫째, 국제법규 자체에서는 그것을 인권이라는 용어로 표현하고 있으며, 둘째, 그것이 국내법에 수용되더라도 헌법보다 하위의 효력밖에 인정되지 못하며, 셋째, 국제법규에 성문화된 권리는 개인이 아주 예외적인 경우에만 국가

따라서 기본권이란 헌법에 실정화된 인권이다.[1)]

(2) 人權과 基本權의 區別

433. 인권과 기본권의 구별: 1. 인권은 자연법상의 권리, 기

그러나 일반적으로 인권과 기본권은 동의어로 사용되거나 혼용되고 있으며, 헌법교과서들에서도 예외는 아니다.[2)] 그런가 하면 "기본권의 역사는 인권사상에

권력에 대하여 원용할 수 있고, 넷째, 이들 권리를 관철할 효과적인 구제수단이 결여되어 있기 때문에 헌법에 실정화된 인권인 기본권과는 구별하여야 할 것이다. 따라서 국제법규에 규정되어 있는 권리들은 국제적 인권이라고 부르는 것이 바람직할 것이다. 또한 국제법규에 규정되어 있는 권리들이 현재까지 알려진 거의 대부분의 인권목록을 나타내기는 하지만, 그것들이 인권목록을 전부 망라하고 있는 것도 아니며, 위에서 이야기한 초실정적 인권과 구별하기 위해서도 그것들은 국제법적 인권이란 표현이 적절할 것으로 생각된다.

1) 이러한 생각은 이준일, 헌법학강의, 홍문사, 2005이 "인권을 실정헌법에 담았을 때 우리는 그것을 기본권이라 한다"라고 하든가(121쪽) 또는 "기본권이란 대화이론에서 논증된 것처럼 국가 이전에 모든 인간에게 인정되어야 할 기본적 인권인 법과 제도에 의하여 강제적으로 실현되기 위하여 국가 안에서 실정헌법적 권리로서 체화된 것을 의미한다. 다시 말해 기본적 인권이 국가를 전제로 하지 않은 채 모든 주체가 인격적으로 승인된 절차에서 반드시 합의되어야 할 당위적 권리임에도 불구하고, 그것이 현실적으로는 제대로 실현되지 못하기 때문에 국가에 의하여 '강제적으로'라도 실현되어야 하는 실정헌법적 권리로 전화된 것을 기본권이라 한다. 이렇게 국가의 실정헌법이라는 법과 제도의 형식에 의해 강제된 인권을 우리는 '기본권'이라 부른다"라고 하여(294쪽) 우리 헌법학계에서도 조금씩 받아들여지고 있다. 인권과 기본권의 관계에 대하여는 E. v. Hippel, Naturrecht und positives Recht, in: ders., *Mechanisches und moralisches Denken*, 1959, S. 193ff.; F. Ermacora, Die Menschenrechte als Grundnorm des Rechts, in: *Festschrift für H. H. Klecatsky*, 1980, S. 151ff.; E. Denninger, Über das Verhältnis von Menschenrechten zum positiven Recht, JZ 1982, S. 225ff. 참조. 기본권에 대한 인권의 영향을 인정하는 것이 지배적인 견해이다. 그러나 H. Kelsen, *Allgemeine Staatslehre*, 1925은 인권과 기본권은 본질적으로 '완전히'(zu toto genere) 상이한 범주에 속한다고 한다(S. 154). 켈젠은 국가와 '법질서'(Rechtsordnung)를 동일시하고 국가란 법질서를 실현시키는 수단(S. 108f.)으로 이해한다. 그는 '관계이론'(Beziehungslehre)(S. 150ff.)에서 국민의 국가에 대한 적극적 지위를 인정하지 않고, 국민의 국가에 대한 관계를 주로 '수동적 의무관계'(passive Pflcht-Beziehung)로 이해하고 주관적 공권이란 개념에 대해서 매우 부정적인 태도를 취한다(S. 161). 그에게 주관적 공권은 법질서에 의하여 인정되는 법질서 내에서의 제한적인 법상의 힘이기 때문에 법질서에 의하여 규제될 수 없는 주관적인 권리나 자유는 존재할 수 없다. 곧 그에게는 국가로부터의 자유 또는 국가의 부작위를 내용으로 하는 주관적 공권은 존재하지 않는다(S. 154).

2) 예 1: "인권이 인간의 본성에서 나오는 생래적 자연권을 의미하는 데 비하여, 기본권이란 헌법이 보장하는 국민의 기본적 권리를 말하는데 이 중에는 생래적인 권리도 있지만 국가 내적인 생존권적 기본권·청구권적 기본권·참정권 등이 있는 까닭에 인권과 기본권은 그 내용에 있어서 반드시 일치하는 것은 아니다. 따라서 엄격히 말한다면 두 개념은 동일한 것이 아니다. 하지만 각국 헌법에서 보장하고 있는 기본권은 인권사상에 바탕을 두고 인간의 권리를 실현하려고 하는 것이므로 대체로 말한다면 기본권은 인권을 의미한다고

서 유래한다"[1]라고 하여 기본권의 인권유래성을 인정하면서도, 인권과 기본권의 관계에 대해서는 중요성을 둠이 없이 의도적으로 기본권의 다른 기능을 강조하는 견해도 있다.[2]

본권은 실정헌법상의 권리; 2. 기본권은 사법심사 내지 구제의 대상이 됨에 반하여, 인권은 그렇지 못하다

그러나 인권과 기본권의 관계를 확실히 하는 것은 여전히 중요한 의미를 갖는다. 왜냐하면 기본권이 인권에서 유래한다면 그 이유만으로 기본권을 보장하는 것은 국가적 의무가 되고 그것을 제한하는 데 이유가 필요하겠지만, 기본권이 인권과 관계 없는 국가내적 권리라면 기본권이 헌법에서 보장되기 위하여 국가에 의하여 계속적인 확인이 필요하고 국가가 그러한 확인을 거부하는 경우 국민 쪽에서 그러한 거부가 부당하다는 것을 입증하여야 할 것이기 때문이다.

1770년에 미라보 *Mirabeau*는 인권을 인정할 것을 요구하였다. 그 당시 미라보는 인권을 droit fondamentaux, 곧 기본권이라 불렀다. 그 때부터 철학에서는 기본권과 인권을 동의어로 사용하는 것이 관례가 되었다.[3]

할 수 있다. 그러나 인권은 국가 이전의 자연권인 데 대하여, 시민의 권리는 국가의 구성원으로서의 시민의 권리로 자유권을 확보하게 하기 위하여 국가가 인정하는 권리로서 서로 구별된다고 할 수 있다"(김철수, 헌법학개론, 230쪽).

예 2: "인권 또는 인간의 권리라 함은 인간이 인간으로서 당연히 가지는 권리를 말한다. 이러한 의미의 인권을 최초로 선언한 헌법전은 버지니아 권리장전과 프랑스 인권선언이다. 인권 또는 인간의 권리를 독일 등에서는 기본권이라고 한다. 엄격한 의미에서 인권과 기본권은 동일한 개념이 아니다. 인권은 인권사상을 바탕으로 하여 인간이 인간이기 때문에 당연히 누리는 인간의 생래적·천부적 권리(자연권)를 의미하지만, 기본권은 헌법이 보장하는 국민의 기본적 권리를 의미하기 때문이다. 그러나 각국의 헌법에서 보장하고 있는 기본권은 자유권적 기본권을 중심으로 하고 있을 뿐 아니라 그 밖의 정치적·경제적·사회적 기본권 등은 인간의 권리와 함수관계에 있으므로 비록 인권과 기본권을 동일시하여도 무방하다"(권영성, 헌법학원론, 259쪽).

1) 허영, 한국헌법론, 119쪽.

2) "우리 헌법이 이처럼 기본권을 보장하고 있는 것은 일체의 정치성과 국가형성적 기능을 배제한 단순한 자연법상의 선국가적이고 천부적인 인간의 자유와 권리를 실정법화한 것은 아니다. 또 우리 헌법상의 기본권은 선재하는 법질서로서의 국가에 대한 국민의 '지위' 내지 '관계'를 '자유' 또는 '권리'의 형식으로 성문화한 이른바 '법률 속의 자유'로서 '국가권력의 자제'를 전제로 한 '은혜적인 성격'의 것도 물론 아니다. … 우리 헌법은 우리 민족의 동화적 통합을 실현시키기 위한 수단으로 우리 사회공동체의 저변에 깔려 있는 가치적인 Konsens를 기본권의 형식으로 보장한 것이라고 보아야 할 것이다. … 기본권의 자연법적 성격보다는 그 국가형성적 기능과 동화적 통합 기능을 강조하지 않을 수 없다. 결국 우리 사회의 저변에 흐르고 있는 가치적인 Konsens가 바로 기본권의 형식으로 집약된 것이라고 보아야 한다"(허영, 한국헌법론, 225·226쪽).

3) O. Kimminich, *Menschenrechte – Versagen und Hoffnung*, S. 44. G. Kleinheyer, Grundrechte, Menschen- und Bürger-rechte, Volksrechte, in: O. Brunner/W. Conze/R. Koselleck(Hrsg.), *Geschichtliche Grundbegriffe*, Bd. 2, 3. Aufl.(1992), S. 1047ff.(1076)에 따르면 프랑스에서는 1770년에 이미 droit fondamentaux라는 용어가 사용되었으나 헌법

그러나 인권과 기본권은 법학적·법이론적으로는 구별하지 않으면 안 된다. 이 두 가지 개념은 유래와 언어의 관용(慣用)상 다음과 같이 구별될 수 있다. "기본권은 실정법[1]상의 권리이고 인권은 자연권이다. 이론논쟁에서 이러한 구별이 갖는 의의는 크다. 곧 인권은 시간적으로 볼 때 영구불변의 효력을 가지고 있다. 인권은 자연이나 신의 창조에 기원을 두고 있으며, 신성불가침의 성격을 지니고 있다. 이와 대조해 볼 때 기본권은 그보다는 격이 낮은 듯한 인상을 준다. 곧 기본권이란 법적·제도적으로 보장된 권리를 의미한다. 기본권의 효력은 시간적으로나 장소적으로 제약되어 있다. 그 대신 기본권은 객관적 효력은 물론 주관적 효력도 아울러 가지고 있는 권리이다. 기본권은 사법심사 내지 구제의 대상이 된다. 기본권은 권력에 일정한 제약을 가하고 있다."[2] 따라서 이러한 차이를 무시하고 인권과 기본권을 혼용하거나 동의어로 사용하거나 동의어로 사용하여도 무방하다고 말하는 것은 근거 없는 자의적 사용이며, 특히 사법심사를 통한 권리구제를 그 중심내용으로 하는 법학에서는 커다란 혼란을 불러오는 결과가 될 것이다.

(3) 基本權이 人權에서 由來한다는 말의 意味

1) 인권의 기능

434. 인권의 기능: 1. 인권은 자연법상의 권리이므로 법률과 헌법을 판단하고 해석하는 척도가 아니다; 2. 그러나 인권은 헌법의 제정과 개정논의에서 따라

기본권이 자연권인 인권에서 비롯되고 인권적 유래를 가진다고 하지만 헌법에 실정화된 이상 그것은 실정법이며, 국민과 국가기관은 실정화된 인권, 곧 기본권만을 주장할 수 있고, 기본권에만 구속된다. 그러므로 자연법상의 인권은 법률, 더 나아가서는 헌법을 판단하고 해석하는 척도가 아니다. 자연법이론의 불확정성과 '논쟁성'(Umstrittenheit) 및 성문화된 헌법의 절대적·통일적 효력의 요

적으로는 중요한 의미를 갖지 못했고, 1789년의 인권선언을 둘러싼 논의에서도 전혀 영향력을 발휘하지 못했다고 한다.

1) '실정법'(das positive Recht)에서 우리가 '실정'으로 번역하고 있는 말은 라틴어 ponere(정립하다, 제정하다)의 과거분사 positum(정립된, 제정된)에서 유래한다. 실정법은 다양한 의미를 가지나, 일반적으로 두 가지 의미로 사용된다. 우선, 실정법은 법창조작업에 의하여 정립(제정)되기 때문에 (오직 이성이나 도덕 또는 종교적 확신에 근거하는) '자연법'(Naturrecht)에 대한 반대개념으로 사용된다. 따라서 자연법적 법명제에 효력을 인정하는 경우 자연법적 법명제들은 법창조작업과는 무관하게 효력을 주장하고 실정법과 충돌할 수도 있기 때문에 자연법을 '초실정법'(das überpositive Recht)이라고 부른다. 다음으로, 실정법은 형식적인 법정립(제정) 절차를 통하여 성립하지 않고 해당 법공동체의 지속적인 관행과 법적 확신에 의하여 법적 구속력을 획득하게 된 관습법에 대한 반대개념으로 사용된다. 이곳에서 실정법은 첫 번째 의미로 사용되었다.

2) M. Kriele, *Einführung in die Staatslehre*, S. 132.

구는 서로 상치된다. 독일연방헌법재판소는 이미 그 초기판결에서 "헌법제정자를 구속하는 초실정법의 존재"를 인정하고,[1] "기본법의 입법자들은 기본결단 속에(예컨대 기본법 제 1 조와 또한 제20조에) 법률보다 상위의 것으로 표현되는 규범을 포함시켜 기본법에 실정화시켰다 … 이 규범들은 그 특성을 잃지 않았다"[2]는 것을 강조하면서도 자연법이론의 다양성 때문에 "자연법적 사고를 근거로" 기본권을 해석하는 것을 거부하였다.[3]

야 할 최고의 지침, 실현해야 할 궁극목표로 작용한다

그러한 한에서 자연법상의 인권은 헌법해석의 척도로 작용하는 것이 아니라, 헌법의 제정과 개정논의에서 따라야 할 최고의 지침, 실현해야 할 궁극목적으로 작용한다. 이러한 인권이 아직까지 제도화되지 않았거나 부분적으로만 제도화된 곳에서 헌법개정논의가 이루어지는 경우 인권의 목록은 요구, 이념, 희망, 자극 그리고 경향을 의미하게 된다. 곧 이와 같은 경우에는 인권을 기본권으로 전화(轉化)시키는 일이 중요한 의미를 가지게 된다.[4] 그러나 인권은 어디까지나 이념에 불과하고 그것이 현실태(現實態)로 되기 위해서는 그것을 그때그때 주어진 상황에서 사법구제가 가능한 기본권으로서 자기를 실현할 만한 정치적 힘이 필요하다. 그러나 그것이 인권인 한, 그것이 침해됨으로써 보호될 필요가 있는 한 그것은 언젠가는 기본권으로 성문화될 수밖에 없을 것이다. 왜냐하면 인간의 존엄으로 요약되는 인권이야말로 모든 사회의 저변에 흐르는 가치의 핵심이기 때문에 그 핵심을 인정하지 않는 어떤 권력도, 어떤 헌법도[5] 그 수명이 오래가지는 않을 것이기 때문이다. 이러한 사실은 지난 세기에도 여러 번 증명되었다.

---

1) BVerfGE 1, 14, Leitsatz 27 참조.
2) BVerfGE 3, 225(233) 참조.
3) BVerfGE 10, 59(81).
4) M. Kriele, *Einführung in die Staatslehre*, S. 132. 예컨대 R. Alexy, in: S. Gosepath/G. Lohmann, Die Institutionalisierung der Menschenrechte im demokratischen Verfassungsstaat, in: Philosophie der Menschenrechte, 1998, S. 244ff.(250f.)는 인권의 속성으로 보편성, 도덕적 타당성, 근본성, 우월성(실정법 내용의 판단척도), 추상성을 제시하고 있다(정태호, 보통·평등선거권의 심사구조와 심사기준에 관한 관견, 헌법실무연구 제 9 권, 박영사, 2008, 447쪽 이하(453쪽 각주 25)에서 재인용).
5) 전체주의적 국가질서와 사회질서는 언제나 그리고 원칙적으로 전국가적·초국가적 권리를 부인하고 있으며, 그럴 수밖에 없다. 왜냐하면 그렇지 않을 경우 전체주의적 국가의 이데올로기적 기초, 곧 인간을 마음대로 처분하는 기초는 포기될 수밖에 없기 때문이다(K. Löw, 주 12, S. 34). 과거 동독의 표준적인 헌법교과서는 이것을 다음과 같이 단언하고 있다. "그러므로 신의 명령, 초실정적(인간과 인간의 사회에 선존하는) 법 또는 그와 유사한 형이상학적 논거로부터 기본권을 추론하는 것은 사회주의적 기본권에는 생소하다(거리가 있다)." K. Sorgenicht u.a., *Verfassung der Deutschen Demokratischen Republik. Dokumente. Kommentar*(Bd. 2), 2. Aufl.(1969), S. 16.

2) 기본권이 인권에서 유래한다는 말의 의미

435. 기본권이 인권에서 유래한다는 말의 의미: 기본권의 행사가 국가에 의해서 정당화되지 않으면 안 된다는 것이 아니라, 국가가 기본권을 제한하는 데 정당화가 필요하다는 뜻

자연법상의 인권은 헌법의 제정과 관련해서는 전국가적 권리로서 국가를 형성하는 이념으로 작용한다. 곧 개인의 자유와 평등은 국가성립을 정당화하는 조건이며, 인권이 성문화된 기본권은 국가권력의 행사를 의무지우고 제한한다. 기본권에 전국가적 요소가 있다는 것은 기본권의 행사가 국가에 의해서 정당화되지 않으면 안 된다는 것이 아니라, 그와는 반대로 국가가 기본권을 제한하는 데 정당화가 필요하다는 의미이다.[1] 그러므로 인간의 자유는 법에 선존하는 것이며, 법에서 다루어야 하는 것은 법 이전의, 원칙적으로 무제한적인 것으로 생각되는 자유의 존재여부를 결정하는 것이 아니라 그러한 자유를 법적으로 인정하고 보장할 것인가 여부와 그러한 경우의 범위에 대한 것이다. 그러나 인권 중에서 어떤 것을 헌법에 규정하여 보장하는 것은 헌법제정시에 헌법제정자가 모든 사정을 감안하여 정할 문제이다.[2]

이러한 의미에서 헌법전에 성문화된 인권인 기본권은 '국가와 사회를 정당화하는 표지'(Legitimitätskriterien für Staat und Gesellschaft)[3]이며, 국가에 대하여 내용과 존엄성을 부여해 주는 실질적 통합의 요소[4]라고 할 수 있다.[5]

---

1) B. Pieroth/B. Schlink, *Grundrechte. Staatsrecht II*, S. 14 참조.

2) "우리 헌법은 특수한 존립기반을 가지고 있는 한국이란 사회공동체를 전제로 하므로, '인간의 권리 내지 인권'도 우리 헌법에 편입되는 과정에서 우리 사회공동체의 역사적 경험, 시대적 상황 등에 맞게끔 수용될 수밖에 없다"는 헌재 2011. 9. 29. 2007헌마1083 등 병합결정에서 김종대 재판관의 반대의견 및 그에 동조하고 있는 정태호, 외국인의 기본권주체성문제에 대한 비판적 고찰, 헌법실무연구 제13권(2012), 박영사, 402쪽 이하도 이러한 생각을 달리 표현한 것으로 보인다.

3) F. Ermacora, *Grundriß einer Allgemeinen Staatslehre*, 1979, S. 8.

4) R. Smend, Verfassung und Verfassungsrecht, in: *Staatsrechtliche Abhandlungen*, 2. Aufl. (1968), S. 260.

5) 그러나 허영, 한국헌법론, 225·226쪽은 "우리 헌법은 우리 민족의 동화적 통합을 실현시키기 위한 수단으로 우리 사회공동체의 저변에 깔려 있는 가치적인 Konsens를 기본권의 형식으로 보장한 것이라고 보아야 할 것이다 … 기본권의 자연법적 성격보다는 그 국가형성적 기능과 동화적 통합기능을 강조하지 않을 수 없다 … 기본권은 본질적으로 우리 사회구성원 모두가 공감을 느낄 수 있는 '가치의 세계'를 징표하는 것이어야 한다. 우리 헌법은 그러한 '가치세계'의 핵심적인 내용으로서 '인간으로서의 존엄과 가치'를 내세우고 있다 … 따라서 제10조의 규정은 자연법적 기본권사상의 구체적인 표현형태라고 하기보다는 우리 헌법상 기본권보장의 원칙적인 '가치지표'가 역시 '인간으로서의 존엄과 가치'를 그 가치적인 핵으로 하는 '자주적 인간'들의 동화적 통합질서를 마련하는 데 있다는 것을 명백히 하고 있는 것이라고 할 것이다"라고 설명하고 있다. 그러나 논리적으로나 역사적 사실로서도 인간의 존엄을 보호하고 실현시키기 위하여 인권사상이 발생했고 인권이 국가 이전의 권리이기 때문에 헌법에 기본권으로서 보장되어 왔다는 사실을 부정할 수 없

(4) 특히 基本權과 (基本)價値

1) 민주국가헌법의 가치관련성

민주주의 국가의 헌법은 세계관[1]에 대해서는 중립적인 태도를 취하고 있다.[2] 이 이야기는 헌법이 특정의 세계관에 봉사하거나 특정의 세계관을 지지하거나 또는 특정의 세계관에 적대적인 태도를 취하지 않는다는 것을 의미한다. 그러나 헌법은 가치에 대해서는 중립적인 태도를 취하고 있지 않다. 436. 민주국가헌법의 가치관련성

2) 기본권과 (기본)가치의 관계

① 학 설

그렇다면 기본권과 '기본가치'(Grundwert)의 관계는 어떠한가? 이 문제에 대하여는 국내에서는 논의가 되지 않았다. 또한 이 문제가 논의된 바 있는 독일의 경우에도 의견은 통일되어 있지 않다. 437. 기본권과 기본가치가 상이하다는 견해

기본권과 기본가치는 전혀 상이하다는 견해가 있다.[3][4] 이 견해는 세 가지

을 뿐 아니라 또한 인간의 가치와 존엄이 우리 사회의 저변에 흐르는 가치적 공감대인 것은 사실이나 인간의 존엄과 가치는 어느날 갑자기 출처도 없이 그저 튀어나온 것이 아니라 오랜 세월 동안 인류가 경험한 불의(不義)와 비인간적 경험을 바탕으로 구성된 자연법적 인권사상을 요약하는 표현으로 우리 사회의 가치적 공감대를 이루게 된 것이라고 보아야 할 것이다. 이렇게 본다면 기본권의 인권유래성에 부차적 의미를 두기보다는 오히려 일차적 의미를 두어야 할 것이다. 곧 기본권은 국가 이전의 인권에서 유래하는 것이기 때문에 기본권이 국가를 형성하는 기능을 하는 것이며 우리 사회에서 통합기능을 하는 것이다. 인간의 존엄과 가치가 우리 사회의 '가치세계의 핵심적인 내용'이라는 데 대해서는 전적으로 동감이나 이러한 설명은 그러한 '가치세계'의 출처나 근거를 밝히는 데에는 부족하다 할 것이다.

1) 세계관이란 세계와 인간의 본질, 기원, 가치, 의미 및 목표에 대한 전반적인 견해를 의미한다.

2) 예컨대 K. Hesse, *Grundzüge des Verfassungsrechts der Bundesrepublik Deutschland*, S. 4(Rdnr. 3)는 "헌법은 하나의 실질적 통일체로서 이해되고 있다. 그 내용은 흔히 실정법질서에 선행하는 기본적 가치로서 표현된다. 그들 가치는 …헌법제정자가 결단한 하나의 가치질서로 결합되었으며, 세계관적으로 중립적이긴 하지만 가치중립적은 아닌 국가체제를 구성하고 있다"고 이야기하고 있으며, H. Maier, *Grundwerte in Staat und Erziehung*, 1977, S. 8는 "현대국가가 종교적·세계관적으로 중립국가라는 사실은 이제 의심의 여지가 없다"고 한다. 그런가 하면 O. Kimminich, Die Grundwerte im demokratischen Rechtsstaat, ZfP 1977, S. 1ff.(14f.)도 기본법을 '세계관적으로는 중립'이라고 이야기한다.

3) 독일의 수상이던 슈미트 *H. Schmidt*는 1976년 3월 23일 함부르크의 가톨릭아카데미에서 행한 강연에서 "기본법의 기본권들과 초월적인 것을 지향하는 종교적 또는 기본가치들을 동일시하는 것은 잘못이다. 그것들은 동일한 것이 아니라, 전혀 상이한 것이다"라고 이야기했다. H. Schmidt, Ethos und Recht im Staat und Gesellschaft, Vortrag vor der

근거를 든다.

첫째, 기본권이란 단어는 대략 200년 전의 프랑스혁명기에 생겨났다.[1] 그에 반하여 기본가치란 표현이 언제 처음으로 생겨났는지에 대해서는 정확하게 연구된 바 없지만, 이 단어가 1920년대에 언급된 것[2]을 입증할 수는 있다. 그러나 기본가치가 사회적 관심의 중심이 된 것은 1970년대 중반의 일이다.

둘째, 기본권은 기본법에 실정화되어 있다.[3] 누구나 기본법의 기본권이 어떤 내용의 것인가를 알아볼 수 있다. 기본권은 개인적 '임의'(Belieben)로부터 자유롭다. 헌법제정자만이 기본법 제79조 제3항[4]의 한계 내에서 새로운 기본권을 만들어내거나 기존의 기본권을 수정하거나 폐지할 수 있다. 그에 반하여 기본가치가 추구하는 목표는 헤아릴 수 없이 많다. 누구든지 자기 나름의 방식으로 행복할 수 있다. 그러나 기본가치에 대하여는 그것이 언제 존재하는지, 누가 그것을 확정하는지 등에 대해서 폭넓은 합의를 얻어낼 수 없다.

셋째, 기본권은 현저하게 법적인 것이다. 그러나 기본권에 대하여 쓴 셀 수도 없이 많은 문헌들에서 기본가치를 언급하는 경우는 거의 없다.[5]

Katholischen Akademie in Hamburg am 23. Mai 1976, in: Gorschenek(Hrsg.), *Grundwerte in Staat und Gesellschaft*, 1977, S. 18.

4) Th. Schramm, *Staatsrecht Bd. Ⅱ. Grundrechte und ihre verfassungsrechtliche Absicherung*, 3. Aufl.(1985), S. 30f.은 기본법이 가치중립적이 아니라는 것을 인정하면서도 다음과 같은 의미에서는 이 견해를 이해할 수 있다고 한다. 헌법은 사회의 합치된 공감대 위에서만 효력을 유지할 수 있다. 그러기 위해서는 국가기관은 교회가 윤리적으로 설정한 목표나 사회집단의 도덕적 요청으로부터 자유로워야 한다(이러한 경향에 대하여 O. Kimminich, Die Grundwerte im demokratischen Rechtsstaat, S. 14는 "가치질서를 유지하는 국가기관의 책임을 부정하고 교회를 포함하는 이른바 그 밖의 사회세력에 그 책임을 미루는 것"이라고 비판하고 있다), 특히 기본가치와 관련하여 문제되는 것이 헌법에 규정된 '기본가치'(Basiswerten)에 속하지 않는 주관적 요청이라면, 국가기관은 그러한 목표나 요청으로부터 자유로워야 한다는 명제는 무제한적으로 적용되어야 한다. 왜냐하면 헌법은 전체사회에서 철저히 양극화된 세계관을 평화롭게 조화시켜 통합작용을 해야 하는데, 헌법이 교화(教化)된 가치를 지향하는 경우 그러한 통합작용은 사라질지도 모르기 때문이다.

1) H. Hofmann, Die Grundrechte 1789-1949-1989, S. 3179에 따르면 대략 1770년 이후부터 유럽과 독일의 문헌에서 기본권이란 용어가 나타나기 시작한다고 한다.

2) K. Lehmann, Grundwerte und Gottes Gebot, RM 21. 3. 1980, S. 25.

3) 헌법전에서 기본권(Grundrecht)이라는 용어를 처음으로 사용한 헌법은 1849년의 프랑크푸르트헌법이다.

4) 본 기본법 제79조 제3항: "연방을 각 지방(支邦)으로 분할 편성하는 것, 입법에 있어서 지방의 원칙적인 협력 또는 제1조와 제20조에 규정된 원칙들에 저촉되는 기본법개정은 허용되지 아니한다."

5) H. Schmidt, Ethos und Recht im Staat und Gesellschaft, S. 18.

② 사 견

그러나 조금만 더 자세히 관찰하면 이 양자의 밀접한 관계를 확인할 수 있으며, 누구도 그것을 부정하지 못할 것이다. 우선, 우리가 기본가치의 개념을 광의로 이해하는가 협의로 이해하는가와는 무관하게 인간의 존엄이 기본가치에 속한다는 것을 부정할 수 없다. 우리 헌법은 기본권목록의 맨 앞, 곧 제10조에서 인간으로서의 존엄과 가치를 선언하고 있을 뿐만 아니라 국가에 대하여 개인이 가지는 불가침의 기본적 인권을 확인하고 이를 보장할 의무를 부과하고 있다. 우리 헌법 제10조가 선언하고 있는 인간의 존엄이 기본가치와 무관한 것이라면 국가에 부과된 기본적 인권을 확인하고 보장할 의무는 설명되기 어려울 것이다. 그 밖에도 차별금지와 평등한 취급, 신체의 자유를 비롯한 여러 가지 자유, 재산, 가정과 혼인 등등도 중요한 의미를 가지는 가치들이다. 헌법은 이들을 실정화하여 특별히 보호하고 있다.

438. 기본권과 기본가치의 관계: 사견—1. 기본권과 기본가치는 밀접한 관계에 있다; 2. 우리 헌법의 인간의 존엄은 기본가치이다; 3. 기본권은 (기본)가치를 보호해 준다

다음으로, 기본법도 우리 헌법도 (기본)가치를 언급하고 있지는 않다. 더 나아가서 '가치질서'란 표현도 헌법에는 생소하다. 다만 두 헌법은 '자유민주적 기본질서'를 이야기할 뿐이다. 그러나 독일연방헌법재판소는 처음부터 그리고 계속된 판결에서 기본법의 '가치질서'(Wertordnung)를 이야기해 왔고, 비슷한 의미를 가진 '가치서열질서'(Wertrangordnung), '일반적 가치질서'(allgemeine Wertordnung), '가치체계'(Wertsystem) 등의 표현을 사용해 왔을 뿐 아니라[1] 이미 최초의 판결들 중 하나에서 헌법을 통하여 보장된 최고의 기본가치에 대하여 언급한 바 있다.[2] 이러한 사실들로부터 우리는 '기본가치'라는 용어가 우연히 그것도 실수로 연방헌법재판소판례집에 수록된 것이 아니라는 사실을 간과해서는 안 될 것이다.[3]

따라서 우리는 기본권과 (기본)가치의 관계를 다음과 같이 요약할 수 있을 것이다. 기본권은 권리이고, 보장이고, 요청이다. 기본권은 보호하거나 마련해 준다. 그러나 기본권은 보호대상 자체는 아니다. 기본권은 (기본)가치를 보호한다.

---

1) H. Goerlich, *Wertordnung und Grundgesetz*, 1973, S. 17f. 참조.

2) BVerfGE 2, 12.

3) O. Kimminich, Die Grundwerte im demokratischen Rechtsstaat, 같은 곳. 또한 K. Löw, *Die Grundrechte*, S. 42f.도 참조.

(5) 人間의 權利와 國民의 權利

1) 학 설

439. 인간의 권리와 국민의 권리의 관계: 통설 — 기본권은 인간의 권리와 국민의 권리로 구별된다

기본권은 내·외국인을 불문하고 모든 인간에게 인정되는 권리와 국민에게만 인정되는 권리를 구별할 수 있다는 것이 국내의 통설적 입장이다.[1] 이에 대해서는 지금까지 이견이 없는 것으로 생각된다. 곧 사회권·참정권·청구권 등은 국가를 전제로 해서 국가의 구성원인 국민에게만 인정되는 것이므로 인간의 권리라고 보기는 힘들다는 것이다. 그렇다면 기본권은 실정화된 인권이라는 개념정의는 유지될 수 없는 것이 된다. 과연 그럴까.

이 문제에 대하여는 법학의 기본적인 두 가지 입장, 곧 자연법론과 법실증주의에 따라 상이한 입장이 있고, 헌법 문서상으로도 상이한 태도가 있어 왔다. 첫 번째의 견해에 따르면, 기본권은 국가 이전에 존재하는 것이며, 국가는 그것을 선언하고 인정할 권한만을 가지는 자연적 권리라고 한다. 이 견해는 특히 아우구스티누스 *Augustinus*(354-430)가 그의 저서 「신국」(Civitas Dei)에서 기초한 그리스도교 자연법론의 '자연법'(ius naturale)과 그리스도 교인의 양심의 자유에 대한 종교 개혁주의자들의 이론에서 비롯된다. 아우구스티누스에 따르면 자연법은 세계(=현세)에 현존하는 '신법'(ius divinum)의 반사를 뜻한다. 그에 반하여 두 번째의 견해는 기본권은 헌법에 의하여 보증되는 권리, 곧 국가적 권리라고 한다. 이 견해는 계몽주의 기간 중에 특히 루소의 학설에서 시작되었다. 루소는 '일반의지'(volonté générale)에 표현된 국가의 의지야말로 국민에게 마치 선물처럼 자유를 보장할 수 있다고 하였다.

역사적으로도 두 가지 경향이 그대로 나타났다. 근대초기의 헌법들은 자신들 속에 선언된 인간의 권리들을 '자연법적 권리, 양도할 수 없는 권리, 신성한 권리'(droits naturels, inaliénables et sacrés de l'homme)로 간주하였다(1791년 9월 3일의 프랑스 헌법 전문, 1793년 7월 24일의 헌법 전문에도 거의 비슷한 문구가 나타남). 이것은 자유와 평등의 이념이 정치생활을 강하게 혁명시킨 계몽주의 초기의 일이었다. 그러나 무제한적 낙관주의의 그림자가 현실화되었다. 곧 이성을 지나치게 과대평가한 나머지 이성은 모든 것을 투시할 수 있다고 믿게 되었고, 그 결과

---

1) 독일의 경우에도 기본권을 '모든 사람의 기본권'(Jedermann-Grundrechte)과 '독일인의 기본권'(Duetschen-Grundrechte)으로 나누는 것이 보편화되어 있다. A. Bleckmann, *Allgemeine Grundrechtslehren*, S. 39; K. Löw, *Die Grundrechte*, S. 37.B. Pieroth/B. Schlink, *Grundrechte. Staatsrecht* Ⅱ, S. 14.

다양한 현실 정치적 목표설정과 요구를 거역할 수 없는 자연질서의 명령으로 간주하는 논문이 쏟아져 나왔다.

그 결과 기진맥진한 계몽주의의 이성법은 회의주의에 그 자리를 양보하게 되었으며, 법철학과 법실무에서는 계몽주의시대의 과도한 자연법이론(*Grotius, Pufendorf*)에 대한 반작용으로 철저한 법실증주의가 자리잡게 되었다. 실증주의에 따르면 인간의 생래의 권리는 없으며, 그러한 권리를 증명할 수도 없다고 한다. 따라서 법실증주의자들(*v. Savigny, v. Haller*)은 명시적으로 입법자에 의하여 제정된 법만을 인정한다.

그러나 자연법이 존재한다는 것은 curios regio, eius religio라는 명제, 곧 국가가 국민으로 하여금 영주의 종교를 받아들이도록 요구하는 것은 인간이 자신의 양심에만 복종하는 영역을 침범하는 것이다라는 명제에서 보인다.

2) 사　　견

440. 인간의 권리와 국민의 권리의 관계: 사견 — 1. 모든 기본권은 인권을 핵심으로 하며, 부차적으로만 실정법적 요소를 한다; 2. 국민의 권리로 생각되는 것은 헌법제정자가 여러 가지 사정을 고려하여 국민인 자만이 그것들을 행사할 수 있도록 그 주체를 한정한 것에 지나지 않는다

결국 기본권을 인간의 권리와 국민의 권리로 나누는 것은 기본권을 지나치게 수평적으로만 고찰한 결과이다. 오히려 모든 기본권은 '인권을 핵심'(menschenrectlicher Kern)으로 하며 부차적으로만 '실정법적 요소'(positivrechtlicher Hof)를 가진다고 할 것이다. 그리고 여러 가지 법적 결과들을 기본권의 자연법적 핵심에 관련시킬 수(적용할 수) 있기 위해서는 기본권의 자연법적 핵심과 기본권의 실정법적 요소를 정확하게 구분하는 것이 요구된다. 그러한 일은 우리가 자연법의 내용을 알게 될 때에만 가능할 것이다. 그러나 그러한 일은 기본권관의 다양성 때문에 쉽지 않다. 어떠한 경우에도 우리 헌법 제10조에 실정화된 '인간의 존엄과 가치'가 자연법적 인권의 핵심내용이라는 것만은 분명하다.[1)]

더 나아가서 헌법전 내에 규정되어 있는 권리들 가운데서 일반적으로 국민에게만 인정되는 것으로 해석되는 권리들도 인권과는 관계없이 헌법에 의하여 비로소 창설된 권리로 생각될 수는 없다. 그러한 권리들은 헌법제정자가 여러 가지 사정을 고려하여 국민인 자만이 그것들을 행사할 수 있도록 그 주체를 한정한 것으로 해석하는 것이 타당할 것이다. 비록 기본권의 체계가 역사적으로 근거지어지고 제약을 받는 전체(*Smend*)라 하더라도 그 때문에 그 인권성을 부정할 수 있는 것은 아니다.[2)]

1) A. Bleckmann, *Allgemeine Grundrechtslehren*, S. 39 참조.

2) 보통 인간의 자연적 자유는 국가로부터의 자유로 이해되어 왔다. 그러나 자연적 자유는 자체 목적일 뿐만 아니라 시민적 자유, 곧 정치질서에 참여하는 시민적 자유의 조건이자 전제이기도 한 것이다. Chr. Link, Menschenrechte und bürgerliche Freiheit, in:

第 2 節 基本權의 分類

1. 學說의 槪觀

(1) 多 數 說

441. 기본권의 분류에 관한 학설

기본권의 분류와 관련하여 국내에서는 여러 가지 기준이 제시되고 있다.[1] 기본권은 주체에 따라 인간의 권리와 국민의 권리, 자연인의 권리와 법인의 권리로 분류된다. 성질을 기준으로 하면 초국가적 기본권과 실정법상의 기본권, 진정한 기본권과 비진정한 기본권으로 분류된다.[2] 내용에 따르면 인간의 존엄과 가치·행복추구권, 평등권, 자유권적 기본권, 참정권적 기본권, 사회권적 기본권, 청구권적 기본권으로 분류된다.[3] 효력을 기준으로 하면 구체적 기본권과 추상적 기본권, 대국가적 기본권과 대사인적 기본권으로 분류된다. 우리나라의 다수설

Festschrift für W. Geiger, 1974, S. 277ff.(298)는 자연적 자유와 시민적 자유, 국가로부터의 자유와 국가에의 참여를 상호관련된 것으로 본 것을 18세기 독일의 국가론이 현대의 기본권논의에 끼친 공헌이라고 표현하였다. 그러나 19세기에 독일국가는 이와는 달리 발전했기 때문에 이러한 이야기가 잊혀지고 주장되지 않게 된 것뿐이다. W. Hennis, Zum Problem der deutschen Staatsanschauung, VJH f. Zeitgeschichte 1959, S. 1ff. 곧 독일에서는 시민계급이 정치세력화될 수 없었기 때문에 19세기에 독일에서는 기본권은 국 가에 대한 개인의 경계설정권, 국가에 의하여 유보된 권리로 이해될 수밖에 없었던 것이다. 그에 반하여 유럽의 나머지 국가들에서는 개인적 기본권은 자유로운 공동체의 기초로서 적극적·정치적 의미를 계속 유지하였다. U. Scheuner, Die rechtliche Tragweite der Grundrechte in der deutschen Verfassungsentwicklung des 19. Jahrhunderts, in: *Festschrift für E. R. Huber*, 1973, S. 139ff.(146); H. Maier, Rechts-staat und Grund-rechte im Wandel des modernen Freiheitsverständnisses(1966), in: ders., *Politische Wissenschaft in Deutschland*, 1969, S. 198ff. 참조.

1) 독일의 경우는 기본권을 분류하는 기준으로서 권리의 보장에 따른 분류(기본권, 제도보장, 강령규정), 법원(法源)에 따른 분류(인간의 권리와 시민의 권리, 개정 가능한 기본권과 개정할 수 없는 기본권, 기본권목록상의 기본권과 기본권목록 외의 기본권, 국제법상의 기본권과 헌법상의 기본권), 전통적 분류(옐리네크의 지위론과 그에 따른 분류, 곧 방어권·급부권·참여권), 생활영역 내지 사회영역에 따른 분류 등이 제시되고 있다. 독일의 통설과 판례(BVerfGE 6, 32, 36ff. 이후의 일관된 판례의 입장)는 기본권을 자유권과 평등권으로 분류하고 있다. 그러나 P. Badura, *Staatsrecht*, S. 73f.는 기본법상의 기본권을 내용에 따라 특정 보호 객체에 대한 헌법의 가치결단이나 결정을 표현하는 기본권, 방어권, 참여권, 국가적 행동의무를 포함하는 기본권, 입법위임규정으로 분류하고 있다.

2) 여기에 권영성, 헌법학원론, 292쪽은 절대적 기본권과 상대적 기본권의 구별을 더하고 있다.

3) 권영성, 헌법학원론, 292쪽은 인간의 존엄과 가치를 빼고 경제적 기본권을 더하고 있다.

은 옐리네크 *G. Jellinek*의 '지위론'(Statuslehre)을 약간 변용시켜 주로 기본권을 내용에 따라 분류한다. 그와 동시에 용어의 사용에 있어서는 통일을 보이고 있지 않다.

(2) 小 數 說

이러한 다수설에 대하여 소수설은 "우리 헌법이 보장하는 기본권의 기능을 그 전체적인 시각에서 합리적으로 설명하기 위해서는 '자유권'과 '생활권'을 획일적으로 구별하는 종래의 태도를 버리고, 되도록이면 '자유권의 생활권화현상'에 부응할 수 있는 새로운 기본권의 유형화와 체계화가 모색되어야" 한다고 하면서 생활영역에 따른 기본권의 분류를 시도하고 있다.[1)]

2. 옐리네크의 地位論과 그 現代的 變容

(1) 옐리네크의 地位論

법실증주의 헌법학자 중 대표적인 옐리네크의 기본권이론은 '주관적 공권'(das subjektive öffentliche Recht)과 지위론을 중심으로 이루어져 있다. 442. 옐리네크의 기본권이론: 주관적 공권론과 지위론이 중심

1) 옐리네크의 주관적 공권론

옐리네크에 따르면 모든 주관적 권리는 객관적 법질서의 존재를 전제로 하여, 이 법질서에 의하여 권리는 형성되고 인정되며 보호된다. 권리는 오직 인격(체) 또는 인간만에 한정된 권리주체 사이의 관계에서 성립되며 고립된 권리주체는 상상할 수 없다.[2)] 주관적 권리는 법(질서)에 의하여 인정되는 특정의 사물이나 이익에 대한 인간의 의사력을 말하며, 이에는 개인에게 '능력'(Können)과 '허용'(Dürfen)을 동시에 부여해주는 주관적 사권[3)]과 능력만을 부여하는 주관적 공권[4)]이 있다. 결국 주관적 공권은 고립된 개인으로서의 개별 인간(인격)에게 주어지는 것이 아니라 공동체의 한 부분으로서, 곧 국가 내에서 구성원적 지위를 근거로 주어진다.[5)] 443. 옐리네크의 주관적 공권론: 주관적 공권은 법질서에 의하여 국가 내에서 구성원적 지위를 근거로 주어진다

---

1) 허영, 한국헌법론, 310·311쪽.
2) G. Jellinek, *System der subjektiven öffentlichen Rechte*, 1905(2. Aufl., 1919), S. 8ff.
3) G. Jellinek, *System der subjektiven öffentlichen Rechte*, S. 45f.
4) G. Jellinek, *System der subjektiven öffentlichen Rechte*, S. 51.
5) G. Jellinek, *System der subjektiven öffentlichen Rechte*, S. 53.

옐리네크는 국가가 공공복리에 봉사하는 공적 규정에 근거하여 특정의 작위 또는 부작위가 금지되는 경우 예기치 않게 개인의 권리영역이 확장되며 개인에게 유리한 결과를 가져오는 경우를 객관적 법규의 반사적 작용이라고 부르고 있다. 따라서 이러한 '반사적 권리'(Reflexrecht)는 국가에 대한 청구권을 내용으로 하는 주관적 권리와는(따라서 주관적 공권과도) 구별된다.[1]

2) 옐리네크의 지위론

444. 옐리네크의 지위론: 1. 지배주체로서의 국가와 복종주체로서의 개인을 전제; 2. 지위 — 국가 내에서 국민의 국가와의 관계를 나타내는 법적 상태; 3. 국민의 지위 — 수동적 지위, 소극적 지위, 적극적 지위, 능동적 지위로 4분

그리고 난 후 옐리네크는 선험적으로 존재하는 '시원적'(ursprünglich)이며 '저항할 수 없는'(unwiderstandlich) 지배권을 가진 지배주체로서의 국가[2]와 국가에 복종하는 복종주체로서의 개인을 전제하고, 국가 내에서 국민의 국가와의 관계를 나타내는 법적 '상태'(Zustand), 곧 '지위'(Status)를 '수동적 지위'(passiver Status 또는 '복종의 지위' status subjektiones), '소극적 지위'(negativer Status 또는 '자유의 지위' status libertatis), '적극적 지위'(positiver Status 또는 '적극적 시민의 지위' status civitatis), '능동적 지위'(aktiver Status 또는 '능동적 시민의 자유' Status der aktiven Zivität)의 넷으로 나누었다.[3]

'수동적 지위'는 개개의 국민이 국가의 구성원으로서 국가의 통치권에 복종하는 지위를 말하는데, 이 지위에서 의무가 생겨난다. 이 지위는 이른바 '일반권력관계'의 기초를 형성한다.

'소극적 지위'는 국민이 국가생활을 영위함에 있어 국가권력으로부터 자유인 지위를 말한다. 옐리네크는 기본권을 본질상 소극적 지위에 속하는 것으로 이해하고 있다. 소극적 지위는 국민이 국가에 대하여 가지는 모든 방어권의 총괄개념이다. 이 지위에서 국민은 국가에 대하여 '부작위를 요구하는 권리'(Rechte auf Unterlassung)를 가지게 된다.[4] 이렇게 부작위를 요구하는 권리가

---

1) G. Jellinek, *System der subjektiven öffentlichen Rechte*, S. 53.

2) 옐리네크에 따르면 "법적 개념으로서의 국가는 시원적 지배권을 가진 정주(定住)하는 국민의 사단(社團) 또는 … 지역 사단이다."(G. Jellinek, *Allgemeine Staatslehre*, 3. Aufl. (Neudruck 1960), S. 183). 그리고 지배란 무조건적으로 명령하는 것이며, 이를 충족시키도록 강제를 행사할 수 있는 것이다. 복종자는 다른 모든 권력으로부터는 벗어날 수 있으나 (국가의) 지배권으로부터는 벗어날 수 없다(S. 429).

3) G. Jellinek, *System der subjektiven öffentlichen Rechte*, S. 81ff.; ders., *Allgemeine Staatslehre*, S. 418ff. S. Detterbeck, *Öffentliches Recht*, 9. Aufl., 2013, S. 109는 지위(Status)를 '기본권의 영역'(Grundrechtsbereich)으로 표현하고 있다. 그에 따르면 수동적 지위는 기본권의 수동적 영역, 소극적 지위는 기본권의 소극적 영역, 적극적 지위는 기본권의 적극적 영역, 능동적 지위는 기본권의 능동적 영역이 될 것이다.

4) H. Helfritz, *Allgemeines Staatsrecht*, 1949, S. 104.

전통적인 자유권이며, 그 사상적 기초는 자연법, 개인주의, 자유주의라 할 수 있다.[1]

'적극적 지위'는 국민이 국가에 대하여 적극적인 청구권을 가지는 지위를 말하는데, 이로부터 청원권, 재판을 받을 권리 등 고전적 청구권이 나온다. 헬프리츠에 따르면 근대복지국가의 국민은 이 지위에서 '적극적 급부를 요구할 권리'(Rechte auf positive Leistungen)를 가지며,[2] 그것은 사회적 기본권으로 나타난다.[3]

'능동적 지위'는 국민이 국가의사의 형성에 참여하는 지위를 말하는데, 그로부터 참정권이 생겨난다.

(2) 批 判

445. 옐리네크의 지위론에 대한 비판: 1. 소극적인 지위에 일차적인 지위를 부여; 2. 추상적 인격에 권리·의무의 주체성 인정; 3. 언제나 회수가능한 권리

옐리네크의 지위론에 대해서는 소극적인 지위에 일차적인 지위를 부여하고 있다는 점, 구체적인 인간이 아닌 국가에 의해서 창조되는 추상적 인격에 권리·의무의 주체성을 인정하고 있다는 점, 이 권리는 언제나 회수할 수 있는 것이라는 점 등을 들어 비판이 가해지고 있다.

우선, 옐리네크가 가장 중요한 기본권을 귀속시키고 있는 지위는 소극적 지위이다. 그러나 이 소극적 지위는 순형식적이고 부차적인 것에 지나지 않는다.[4] 곧 옐리네크에 따르면 방어청구권으로서의 자유는 국가적 침해의 부재(不在)로 소극적으로 정의된다. 그러나 이 견해는 기본권규범의 구성요건은 적극적인 것, 곧 개인의 다수행위 또는 특정 법익을 통하여 보호된다는 것을 전적으로 간과하고 있다.[5]

다음으로, 소극적 지위의 주체가 되는 '인격'(Person)은 생활현실 속에서의 '인간'(der Mensch) 또는 '시민'(der Bürger)이 아니라, 권리와 의무의 주체가 될 수 있는 능력에 환원시켜 놓은 추상적 인간에 불과하다. 그렇기 때문에 옐리네크에

---

1) H. v. Mangoldt-Klein, *Das Bonner Grundgesetz*, 2. Aufl.(1965), S. 59.

2) H. Helfritz, *Allgemeines Staatsrecht*, S. 104.

3) H. v. Mangoldt-Klein, *Das Bonner Grundgesetz*, S. 59. B. Pieroth/B. Schlink, *Grundrechte. Staatsrecht II*, S. 21은 이 지위로부터 청구권, 요구권, 급부권, 참여권, 절차권이 나온다고 한다.

4) K. Hesse, *Grundzüge des Verfassungsrechts der Bundesrepublik Deutschland*, S. 120 (Rdnr. 281).

5) E. Grabitz, *Freiheit und Verfassungsrecht. Kritische Untersuchungen zur Dogmatik und Theorie der Freiheitsrechte*, 1976. S. 176ff. 참조. 또한 A. Bleckmann, *Allgemeine Grundrechtslehren*, S. 160도 참조.

부국가를 통하여 자신들의 기본권이 관계된 자들이 절차(언론·출판에 대한 규정 포함)에 참여하는 것을 규율하는 모든 종류의 규범과 형식의 총괄개념"을 뜻한다.[1]

3. 生活領域에 따른 基本權의 分類

(1) 內　容

448. 생활영역에 따른 기본권분류방법: 1. 지위론에 기초한 기본권분류방법은 생활권을 설명하는 데 어려움이 있다; 2. 오늘날에는 자유권의 생활권화 현상이 보편화되어 있다; 3. 따라서 기본권은 생활영역에 따라 유형화·체계화되어야 한다

국내 다수설이 취하는 기본권분류의 문제점을 지적하면서 기본권을 새롭게 분류하려는 시도가 있다. 우리나라에서는 "분류방법의 바탕은 여전히 옐리네크적인 '지위이론'에 두면서도 학자마다 조금씩 다르게 기본권을 분류하고 있다. 국내학자들의 기본권분류방법은 *C. Schmitt*의 이론체계에 따라 국가권력에 대한 방어권으로서의 '자유권'을 중심으로 한 것이기 때문에, *C. Schmitt*에게서와 마찬가지로 생활권(사회권)을 설명하는 데는 그 '법적 성격'에서부터 시작해서 적지 않은 어려움을 겪게 된다. 그러나 기본권의 중점이 이미 자유권에서 생활권으로 옮겨지고, '자유권의 생활권화현상'이 보편화되어 가는 오늘의 시점에서 생활권을 실효성 없는 하나의 장식적 기본권유형으로 구분하는 기본권의 분류방법은 이미 그 분류방법 자체에도 그 문제가 있다고 하지 않을 수 없다. 따라서 기본권의 유형에 대한 고전적이고 전통적인 개념으로서의 '자유권', '생활권'(사회권), '청구권', '참정권' 등은 그것을 개별적 기본권의 연혁의 의의를 시사해 주는 개념으로 이해하고 이를 구태여 배척할 필요는 없다고 하더라도, 우리 헌법이 보장하는 기본권의 기능을 그 전체적인 시각에서 합리적으로 설명하기 위해서는 '자유권'과 '생활권'을 획일적으로 구별하는 종래의 태도를 버리고, 되도록 '자유권의 생활권화현상'에 부응할 수 있는 새로운 기본권의 유형화와 체계화가 모색되어야 하리라고 생각한다"[2]고 한다.

네크의 지위론을 보충하고 변형시키려는 시도는 H. J. Wolff/O. Bachof, *Verwaltungsrecht I*, 9. Aufl.(1974), S. 210ff.와 S. 319f.에서도 볼 수 있다.

1) P. Häberle, Grundrechte im Leistungsstaat, *VVDStRL* Heft 30(1970), S. 81.

2) 허영, 한국헌법론, 309·310쪽. 이 밖에도 계희열, 헌법학(중), 30쪽은 지위론을 기준으로 우리 헌법의 기본권을 이해할 수 없는 이유를 다음과 같이 적고 있다. "이러한 법실증주의적 기본권이론은 이론적으로만이 아니라 우리의 실정헌법규정과도 부합되지 않는다. 우선 지배주체로서의 국가와 복종의 주체로서 개인을 전제로 하여 기본권을 개인의 국가에 대한 방어권으로 보는 경우 기본권은 오늘날 충분히 보장될 수 없다. 또한 기본권은 오늘날 국가와 개인 사이만이 아니라 사인들 사이에도 효력을 가져야 할 때가 있다. 그러나 이 기본권의 제3자적 효력의 문제는 위와 같은 전제하에서는 전혀 제기조차 될 수

그에 따라 이러한 주장을 하는 학자는 "하나하나의 기본권이 중점적으로 규율하는 생활영역에 따라 기본권을 체계화하는 것이 가장 합리적이라고 생각하고" 개별 기본권을 다음과 같이 분류한다. ① 인신권(인신에 관한 실체적 권리, 인신보호를 위한 헌법상의 기속원리 및 사법절차적 기본권), ② 사생활영역의 보호(주거의 자유, 사생활의 비밀과 자유, 통신의 비밀), ③ 정신·문화·건강생활영역의 보호(양심의 자유, 종교의 자유, 학문과 예술의 자유, 교육을 받을 권리, 보건에 관한 권리, 환경권), ④ 경제생활영역의 보호(거주·이전의 자유, 직업의 자유, 재산권의 보장, 근로활동권, 인간다운 생활을 할 권리), ⑤ 정치·사회 생활영역의 보호(참정권, 청원권, 언론·출판의 자유·집회결사의 자유), ⑥ 권리구제를 위한 청구권(국가배상청구권, 범죄피해자구조청구권).[1)2)]

(2) 檢　討

1) 이른바 자유권의 생활권화현상

이러한 주장을 하는 학자는 기본권을 새롭게 분류하기 위한 전제로서 '자유권의 생활권화현상'이 보편화되어 가고 있다고 한다. 이 학자는 인권보장의 현대적 추세라는 소제목 가운데서 자유권의 생활권화현상을 설명하고 있다. 그 내용은 우선 20세기 초반부터 사회권과 사회국가원리가 헌법에 수용되게 된 것과 다음으로 그에 따라 자유권의 의미와 기능도 단순한 방어권으로서가 아니라 생활권적인 시각에서 이해하려는 경향이 점점 늘어나게 된 것을 말한다.[3)]

449. 자유권의 생활권화 현상: 1. 자유권의 생활권화 현상이란 표현은 적절한 표현이 아니다; 2. 우리 헌법은 독일기본법과는 달리 사회권을 헌법에 규정하고 있으므로 자유권의 생활권화 현상을 이야기할 이유가 없다

국내의 교과서들에서는 20세기 초반부터 사회권과 사회국가원리가 헌법에

없는 문제이다. 또한 국가를 추상적으로 전능적인 것으로 볼 수는 없다. 뿐만 아니라 우리 헌법 제10조가 보장해 주고 있는 존엄성을 가진 인간은 단순히 권리와 의무의 담당능력을 가진 법적 인간이 아니다. 그러기에 우리 헌법은 위법적 강제로부터의 일반적 자유를 규정하는 대신에 구체적 자유와 권리를 열거하고 법률유보조항을 두어 이 자유와 권리에 대한 세심한 제한을 가하도록 하고 있다. 또한 우리 헌법에 규정된 기본권은 전능적 국가가 언제든지 회수할 수 있는 것이 아니다. 우리 헌법상의 기본권은 제37조 제 2 항에 따라 기본권을 제한하는 경우에도 그 본질적 내용은 제한할 수 없도록 하고 있다."

1) 허영, 한국헌법론, 310쪽 이하.

2) 독일에서도 생활영역 내지 사회영역에 따른 기본권분류방법이 소개되고 있다. 예컨대 B. Pieroth/B. Schlink, *Grundrechte. Staatsrecht II*, S. 23은 기본법의 기본권을 정치생활영역(정당과 결사, 시위와 집회, 방송과 언론), 경제생활영역(재산권, 직업, 거래와 상업), 문화생활(예술과 학문, 대학과 학교, 다시금 방송과 언론), 종교생활, 개인의 의사소통생활(kommunikative Existenz), 혼인·가정·주거 등 개인의 은밀한 생활(die abgeschirmte Existenz)에 따라 분류하는 방법을 소개하고 있다.

3) 허영, 한국헌법론, 201쪽.

수용되게 된 것을 '기본권의 사회화' 또는 '인권선언의 사회화'라는 말로 표현하기도 한다.[1] 그러나 그러한 표현하에 설명되는 것은 19세기의 기본권목록이 주로 자유권에 한정되었던 것이 20세기에 들어서면서 사회권으로 확장된 것에 관한 것이다. 따라서 정확하게 이야기한다면 기본권의 사회권화는 기본권목록의 확대, 인권선언의 사회화는 인권목록의 확대가 되어야 할 것이다.

경제적 자유의 경우에는 그 속성상 사회권(이러한 주장을 하는 학자의 표현에 따르면 생활권)과 밀접한 관계에 놓일 수밖에 없다고 할 수 있을 것이다. 그러나 그 밖의 자유, 예컨대 신체의 자유, 신앙의 자유, 언론의 자유 등은 여전히 개인의 자유영역에 대한 방어라는 본래의 속성과 기능을 그대로 가지고 있다고 할 수밖에 없을 것이다. 따라서 독일연방헌법재판소는 개인권적 방어기능은 주관적 공권으로서 기본권이 가지는 '원래의 그리고 현재까지도 남아 있는 의미'(ursprünglicher und bleibender Sinn)[2]라는 것을 강조하고 있다.

만일 이 견해가 우리 헌법과는 다른 기본권목록을 가지고 있는 헌법, 예컨대 사회적 기본권을 수용하고 있지 않은 독일기본법하에서 자유권으로부터 사회권을 추론해내려는 경향을 '자유권의 생활권화현상'이라고 표현하고 있다면, 그것은 우리 헌법의 기본권목록과 해당 헌법의 기본권목록이 다르다는 것을 잘못 이해한 것이라고 할 수밖에 없을 것이다.[3] 독일기본법하에서도 자유권으로부터 사회권을 추론해 내려는 노력은 많은 기본권이론 중의 하나인 사회국가적 기본권이론의 입장에 불과하고, 그러한 시도에 대해서는 찬성하는 견해보다 비판의 목소리가 더 크다는 것을 덧붙여 두기로 한다.[4]

2) 개별적 문제점

450. 생활영역에 따른 기본권분류의 개별적 문제점: 1. 대

경우에 따라서는 어떤 생활영역이나 사회영역에 해당되는 기본권들이 한 곳에 모아지고, 그것에 예컨대 문화질서, 경제·재산질서, 직업질서 등의 명칭이

1) '기본권의 사회화'는 김철수, 헌법학개론, 237쪽의 표현이고, '인권선언의 사회화'는 권영성, 헌법학원론, 280쪽의 표현이다.
2) BVerfGE 50, 290(337).
3) 한수웅, 헌법소송을 통한 사회적 기본권실현의 한계, 인권과 정의(1997. 1.), 70쪽 이하(88쪽)은 이 부분에 대하여 다음과 같이 이야기하고 있다. "한국헌법 체계에서는 자유권의 생활권화는 불필요하며, 따라서 자유권의 생활권화에 부응할 수 있는 새로운 기본권의 유형화도 불필요하다. 물론 자유권의 생활권화를 자유권의 소극적인 측면과 함께 자유행사의 전제요건으로서의 국가의 적극적 의무의 중요성을 강조하려고 했다면 이에 대하여 전혀 이의가 있을 수 없겠으나, 만일 자유권과 사회적 기본권의 구조적 경계를 폐지하려는 시도의 표현이라면 이에 동의할 수 없다."
4) 자세한 것은 다음 장의 사회국가적 기본권이론에 대한 평가부분 참조.

부여되거나,[1] 경제헌법, 문화헌법 등의 명칭이 부여되는 경우[2]가 있다. 그러나 이러한 개념들은 법적으로 독립된 의미를 가지지 않는다. 그러한 개념들은 질서 기능을 수행하지도 않으며 규범의 해석이나 법적 결과에 어떤 중요성을 갖지도 않는다. 즉 헌법상의 어떤 규범들이 다소간 경제적 또는 문화적으로 중요성을 갖는다는 사실이 그 규범들을 해석하는 데 어떤 역할을 하는 것은 아니다.[3] 그리고 경제헌법이나 문화헌법이라는 명칭을 사용하는 경우에도 그곳에 모아진 기본권들을 그러한 영역에 한정된 것으로 이해하여서는 안 될 것이다. 왜냐하면 그러한 경우에도 그러한 영역에 질서를 부여하고 그러한 영역을 더욱 상세하게 규율하는 것은 입법자의 권한이며, 해당 기본권들은 입법자에게 특정의 '윤곽조건'(Rahmenbedingungen)을 제시하고 있기 때문이다.[4]

부분의 생활영역은 방어의 측면과 참여의 측면을 동시에 갖고 있다; 2. 생활영역들이 중첩되고 있는 현상을 설명할 수 없다; 3. 생활영역 자체의 구분이 불명료하다

이렇게 본다면 새로운 기본권의 유형화와 체계화의 모색을 위해서 제시된 생활영역에 따라 기본권을 분류하려는 시도는 본래의 기도와는 달리 그렇게 합리적인 것으로 생각되지 않는다. 우선, 이 견해는 대부분의 생활영역이나 사회영역이 침해에 대한 방어라는 측면과 동시에 참여와 급부라는 측면을 동시에 가지고 있음을 무시하고 있다.

다음으로, 이 견해는 분류의 방법으로 제시된 생활영역들이 서로 중첩되고 있는 현상을 설명해 줄 수 없다. 예컨대 예술품이 매매되는 경우나 경제에 대해서 연구하는 경우 또는 주거 내에서 직업이 행사되는 경우를 이 견해는 설명하기가 어려울 것이다.

셋째로, 이 견해가 사용하는 생활영역 자체에 대한 구분이 불명료한 것도 문제가 된다. 예컨대 정신·문화·건강생활영역을 함께 묶는 것이 합리적인지 아니면 이들을 따로 분리시키는 것이 합리적인 것인지에 대해서 이 견해는 궁색한 답변밖에 할 수 없을 것이다.

그런가 하면 인신보호를 위한 헌법상의 기속원리 및 사법절차적 기본권을 권리구제를 위한 청구권이 아닌 인신권의 내용에 포함시킨 것에 대해서도 의문을 제기할 수 있다.

따라서 생활영역에 따른 기본권의 분류가 종래의 기본권분류방법을 대체하는 합리적인 것이 되려면 위에서 지적된 문제점을 보완하고 설명할 수 있는 것이 되어야 할 것이다.

---

1) Th. Maunz/R. Zippelius, *Deutsches Staatsrecht*, S. 217ff.

2) E. Stein. *Staatsrecht*, 8. Aufl.(1982), S. 161ff.

3) H.-W. Arndt/Th. Fetzer, *Öffentliches Recht*, 16. Aufl.(2013), S. 10 참조.

4) B. Pieroth/B. Schlink, *Grundrechte. Staatsrecht II*, S. 23.

4. 私 見

451. 기본권분류에 대한 사견: 현재로서는 옐리네크의 지위론을 현대적으로 변형시킨 방법에 따라 분류하는 것이 무난한 방법이다

위에서 본 바와 같이 기본권의 분류에 대한 기존의 견해에 대한 대안(代案)으로 제시된 생활영역에 따른 기본권의 분류는 기본권의 분류에 대한 '인식을 돕는 의미'(heuristische Bedeutung)를 인정할 수 있다는 점[1)]을 제외하고는 다수설보다 더 많은 문제점을 가지고 있다.

따라서 우리 헌법의 기본권목록에 포함되어 있는 기본권들은 기본권의 역사적 전개과정과 기능 및 성격을 감안하여 옐리네크의 지위론을 현대적으로 변형시킨 방법에 따라 분류할 수 있다고 생각한다. 그에 따르면 우리 헌법의 기본권목록은 크게 기본권의 이념적 전제로서의 인간의 존엄과 가치, 평등원리와 개별평등권, 자유권, 참정권, 사회권, (기본권보장을 위한)절차기본권으로 분류된다.

---

1) B, Pieroth, *Staatsrecht Ⅱ*, *Grundrechte*, 1999, Rdnr. 103 참조.

第 3 章　基本權의 本質과 機能(性格)

第 1 節　基本權의 本質 — 基本權理論

1. 基本權理論의 새로운 體系化와 現代의 基本權理論에 미친 스멘트의 影響

(1) 基本權理論의 새로운 體系化

1) 종래의 기본권이론

452. 종래의 기본권이론: 법실증주의의 기본권이론, 결단론의 기본권이론, 통합론의 기본권이론

국가에 대한 이해가 헌법에 대한 이해를 좌우하듯이, 헌법에 대한 이해는 기본권에 대한 이해를 좌우한다.[1] 그러한 한에서 법실증주의헌법관과 결단론적 헌법관, 통합론적 헌법관에 따라 기본권의 본질에 대한 이해도 달라질 수밖에 없다. 이에 따라 국내에서도 기본권이론을 이들 세 가지 방법에 따라 설명하고 있다.[2]

2) 기본권이론의 새로운 분류

453. 기본권이론의 새로운 분류: 자유주의적 기본권이론, 제도적 기본권이론, 가

그러나 기본권이론을 법실증주의 헌법관, 결단론적 헌법관, 통합론적 헌법관에 따라 이해하는 것은 어쩌면 이미 기본권이론의 발전과정에 미치지 못하는 설명방법이라 할 수밖에 없다. 따라서 아래에서는 기본권이론을 자유주의적 기

---

1) E.-W. Böckenförde, Grundrechtstheorie und Grundrechtsinterpretation, NJW 1974, S. 1529ff.(1530)는 기본권이론을 "기본권의 일반적 성격, 규범적 지향 목표 및 내용적 범위에 대한 체계적 인식"이라고 이해하고, 기본권을 해석하고 구체화하기 위해서는 의식적이든 무의식적이든 기본권의 역할을 결정하는 특정 국가관과 (또는) 헌법이론에서 출발하여야 한다는 것을 강조한다. 그리고 그는 "기본권이론과 기본권해석의 필연적 관련을 명시적·일반적으로 의식하게 하는 것과 상이한 기본권이론들이 현재의 기본권해석에 어떤 영향을 주고 있으며 그러한 기본권규정들이 개별 기본권규정의 내용에 어떤 결과를 가져오고 있는가라는 문제를 제기하는 것이 헌법학의 중요한 과제"에 속한다고 한다.

2) 예컨대 계희열, 헌법학(중), 23쪽 이하; 허영, 헌법이론과 헌법, 1995, 313쪽 이하; 허영, 한국헌법론, 205쪽 이하.

치이론, 민주적 기능이론, 사회국가적 기본권이론, 기본법의 기본권이론

본권이론, 제도적 기본권이론, 가치이론, 민주적 기능이론, 사회국가적 기본권이론, 기본법의 기본권이론의 순서로 살펴보기로 한다.[1] 자유주의적 기본권이론은 국내에서 설명되는 결단론적 헌법관에서 본 기본권관에 해당되는 것이고, 사회국가적 기본권이론은 사회권을 규정하고 있지 않은 본 *Bonn* 기본법하에서 그 결함을 보충하기 위하여 고안된 이론이며, 기본법의 기본권이론은 뵈켄푀르데 *E. - W. Böckenförde*의 기본권관이다. 제도적 기본권이론, 가치이론, 민주적 기능이론은 기본권의 객관법적 기능을 강조하고 있다는 점에서 스멘트(곧 통합론적 헌법관)의 기본권관의 영향을 받은 것이라고 할 수 있다.

(2) 現代의 基本權理論에 미친 스멘트의 影響

454. 스멘트가 현대의 기본권이론에 미친 요소: 1. 기본권의 객관적 규범성강조; 2. 법적 자유에 대한 제도적 이해; 3. 정치적 권리로서의 기본권

스멘트 *Rudolf Smend*에게 기본권은 일차적으로 '헌법의 구성적 전체목적'(der konstitutierender Gesamtzweck des Verfassungsrechts), 곧 국가전체의 통합을 추구하는 규범이다.[2] 기본권은 실질적 통합요소이자 그 속에서 국가가 실질적으로 실현되고 통합되어야 하는 가치체계 또는 문화체계를 의미한다. 동시에 기본권은 '국민'(Staatsbürger)의 실질적 지위를 근거지어주며, 그 지위를 통하여 국민은 실질적으로 하나의 '국민'(Volk)이 된다.[3] 스멘트는 문화체계와 '국민의 통합'(Volksintegration)이라는 이중적 의미 속에서 기본권의 '적극적 지침성'(positive Orientierung der Grundrechte)을 보고 있다.[4] 스멘트의 이해에 따르면 기본권은 이차적으로만 사법관계, 행정법관계, 형법관계를 규율하는 특별법적 의미를 가진다.

스멘트의 기본권관을 특징짓는 세 가지 요소, 곧 헌법의 통일성[5]을 함께 구성하는 객관적 규범성강조, 법적 자유에 대한 제도적 이해,[6] 통합작용을 하고

---

1) 이는 뵈켄푀르데의 체계화에 따른 것이다. 뵈켄푀르데의 체계화는 우리나라에도 소개된 바 있다. 이강혁, 기본권의 해석과 기본권이론, 고시계(1982년 3월호), 73쪽 이하; 김효전, 최근 독일의 기본권이론 — E.-W. 뵈켄푀르데의 분석을 중심으로 —, 고시계(1991년 7월호), 83쪽 이하.

2) R. Smend, Verfassung und Verfassungsrecht, S. 161ff.

3) R. Smend, Verfassung und Verfassungsrecht, S. 163.

4) R. Smend, Verfassung und Verfassungsrecht, S. 163.

5) '헌법의 통일성'(Einheit der Verfassung)을 스멘트는 특히 Bürger und Bourgeois im deutschen Staatsrecht(1933), in: *Staatsrechtliche Abhandlungen*, 2. Aufl.(1968), S. 309ff.(318f.)에서 강조하였다.

6) 스멘트가 기본권을 제도적으로 이해하는 것은 E. Kaufmann, Die Gleichheit vor dem Gesetz im Sinne des Art. 109 der Reichsverfassung(1927), in: A. H. van Scherpenberg/W. Strauss/E. Kordt/F. A. Frh.V.D. Heydte/H. Mosler/K. J. Partsch(Hrsg.), Erich

국가를 구성하는 작용을 하는 정치적 권리로서의 기본권의 이해는 현대의 기본권이론에 커다란 영향을 미쳤다.[1] 그러나 스멘트의 기본권관에 대해서는 '자유주의에 적대적이라기보다는 자유주의에 이질적인 기본권의 이해'(eher liberalismusfremdes als liberalismusfeindliches Grundrechtsverständnis)라는 비판이 가해진다.[2] 그런가 하면 시간에 따라 경우에 따라서는 급하게 변하는 가치관과 가치판단을 기본권해석에 도입한 것이라는 비판도 있다.[3]

2. 自由主義的(市民的·法治國家的) 基本權理論

(1) 內　容

455. 자유주의적 기본권 이론의 내용: 1. 슈미트의 법치국가적 분배이론에 기초; 2. 기본권은 국가에 대한 개인의 자유권; 3. 개인의 자유는 무제한적·국가의 침해권한은 제한적

자유주의적 기본권이론은 특히 국가와 사회의 엄격한 분리를 이론적 전제로하여 18, 19세기에 발전되고 바이마르 공화국시대에 슈미트 *Carl Schmitt*에 의하여 도식화된 (개인적 자유와 국가적·고권적 행위를 분할하는, 즉 기본권상 보호된 법익인 자유와 재산을 침해하는 국가의 권한과 권리의 범위를 정하는 원리인) '법치국가적 분배원리'(das rechtsstaatliche Verteilungsprinzip)를 기초로 하고 있다. 이 견해에 따르면 기본권은 국가에 대한 개인의 자유권을 의미한다. 이러한 관찰방법은 개인은 '전국가적'(vorstaatlich) 자유영역을 가지며, 국가는 (보장하고 확실히 하며 규율하는) 본연의 과제를 수행하는 데에만 한정된다는 가정에 근거를 두고 있다. 곧 법적으로 볼 때 개인의 자유는 무제한임에 반하여, 국가의 침해권한은 제한적이라는 것이다.[4] 그 결과 기본권은 국가권력에 대하여 방어적 또는 경계설정적 성격을 가지며, 국가는 이러한 개인의 자유영역과 개인이 (그 목적과 동기가

Kaufmann, *Gesammelte Schriften*, Bd. Ⅲ, 1960, S. 246ff.의 영향을 받은 것이다.

1) K. Kröger, *Grundrechtstheorie als Verfassungsproblem*, 1978, S. 19.

2) 그 대표적인 것으로는 예컨대 Th. Ossadnik, *Die Liberalismusfremdheit in der Staatstheorie Rudolf Smends*, 1977를 들 수 있을 것이다. 그러나 K. Kröger, *Grundrechtstheorie als Verfassungsproblem*, S. 17는 이러한 비판을 끊임없는 갱신의 과정, 지속적으로 새롭게 체험되는 과정 속에서 국가가 존재한다는 스멘트의 통합론의 맥락에서만 이해되어야 한다고 한다.

3) E.-W. Böckenförde, Grundrechtstheorie und Grundrechtsinterpretation, S. 1534. 그러나 K. Kröger, *Grundrechtstheorie als Verfassungsproblem*, S. 21는 이러한 비판은 잘못된 것이며, 이 비판은 독일연방헌법재판소의 가치이론과 관련해서 더욱 어울릴 것이라고 한다. 가치이론에 대하여는 후술한다.

4) C. Schmitt, *Verfassungslehre*, S. 126, 158; ders., Grundrechte und Grundpflichten (1932), in: *Verfassungsrechtliche Aufsätze aus den Jahren 1924-1954*, 2. Aufl.(1973), S. 181ff., 208ff.

어떻든) 자신의 자유를 사용하는 방법에 대해서는 간섭해서는 안 된다고 한다. 곧 법적 관점에서 볼 때에는 '올바른' 자유의 사용이나 '잘못된' 자유의 사용, 더 가치 있거나 덜 가치 있는 자유의 사용이란 있을 수 없으며, 단지 허용된 또는 허용되지 않은 자유의 사용이 있을 뿐이라고 한다.[1)]

(2) 評 價

1) 공 적

456. 자유주의적 기본권이론에 대한 평가: 1. 공적 — 자유를 확실하게 보장하고 더욱 강화하려고 한 점; 2. 문제점 — 의회민주정적 현대국가에서는 한계가 있음, 기본권적 자유를 실현하는 사회적 전제에 대한 인식부족, 기본권의 제3자효를 설명하지 못함

슈미트가 자유를 국가(특히 입법권)의 처분권에서 분리시켜 천부적 자유, 전국가적 자유로 보고 이를 통하여 국가권력을 통제하고 제한하려고 노력함으로써 자유를 더욱 확실하게 보장하고 자유를 더욱 강화하려고 한 것은 그의 커다란 공적이다.[2)]

2) 문 제 점

그러나 슈미트의 이론에 대해서는 많은 문제점이 지적되기도 한다. 우선, 이 이론에 대해서는 이 이론이 기초하고 있는 국가관이 더 이상 현대에는 적절하지 않다는 점이 지적된다. 곧 기본권을 방어권으로 해석하는 것은 자유입헌주의적 국가관에서 비롯된 것이기 때문에 기본권의 다른 기능이 강조되고 있는 의회민주정적 현대국가의 기본권이해로서는 문제가 있다고 한다.[3)]

다음으로, 이 이론의 약점으로서는 기본권적 자유를 실현하는 사회적 전제에 대하여 상대적으로 안목이 부족하다는 점이 지적된다.[4)] 오늘날 자유의 실현은 다양한 방법으로 지도하고 원조하며, 조정하고 분배하는 급부국가의 활동에 의존하고 있다. 그러나 기본권을 국가로부터의 자유로 이해하게 되면, 개인이 국가에 대하여 사회현실을 고려하여 더욱 안정된 상황에서 가능하면 더 커다란 자유에 참여할 수 있도록 조장해 주는 조치를 취할 것을 청구하는 것을 근거지을 수 없다. 그에 따라 국가는 인간들을 사회적 종속과 불평등과 그 부정적 결과로

---

1) H. H. Klein, Öffentliche und private Freiheit, Der Staat 10(1971), S. 145 ff.(164ff.). 이러한 생각은 제2차 세계대전 후에는 특히 W. Apelt, *Die Gleichheit vor dem Gesetz und Art. 3 AbS. 1 des Grundgesetzes*, 1953, S. 353ff.; H. v. Mangoldt/F. Klein, *Das Bonner Grundgsetz*, 2. Aufl.(1966), Vorb. B Ⅷ, S. 103에 의해서 대변되었다.

2) 계희열, 헌법학(중), 35쪽; 허영, 한국헌법론, 211쪽.

3) 그러한 생각을 대표하는 학자로는 E. Grabitz, *Freiheit und Verfassungsrecht. Kritische Untersuchungen zur Dogmatik und Theorie der Freiheitsrechte*를 들 수 있다.

4) E.-W. Böckenförde, Grundrechtstheorie und Grundrechtsinterpretation, S. 1530f.

부터도 보호할 수 없게 된다.[1] 그렇게 되면 소수의 사회의 소유상태를 고착시키고, 더 나아가서 다수로 하여금 그들이 기본권적 자유를 실현하는 데 필요한 물질적 가능성을 박탈하게 될 위험이 있다.

셋째로, 기본권을 일차적으로 방어권으로만 이해하게 되면 이론적으로도 기본권관을 왜곡시키게 되며, '기본권이론'(Grundrechtsdogmatik)상의 수많은 문제들 — 그 가운데 하나는 기본권의 제3자효일 것이다 — 을 해결할 수 없게 된다.[2)3)]

(3) 現代的 意味

457. 자유주의적 기본권이론의 현대적 의미: 여전히 기본권은 일차적으로는 국가권력에 대한 방어권이다

과거와 비교할 때 오늘날 기본권의 의미는 여러 면에서 변화하였다.[4] 그럼에도 불구하고 독일연방헌법재판소는 여전히 많은 판결에서 기본권은 일차적으로 공권력에 대한 국민의 방어권이라는 것을 확인하고 있다. 그런가 하면 국가

---

1) G.-Chr. v. Unruh, *Grundkurs Öffentliches Recht*, 1976, S. 83.

2) 따라서 이러한 주장을 하는 E. Grabitz, *Freiheit und Verfassungsrecht. Kritische Untersuchungen zur Dogmatik und Theorie der Freiheitsrechte*는 기본권은 일차적으로 방어권을 근거짓는 것이 아니라 자유를 실현시킬 국가의 의무를 근거지으며, 기본권이 그러한 기능을 가지는가 여부는 기본권의 해석을 통하여 확정된다고 한다. 또한 A. Bleckmann, *Allgemeine Grundrechtslehren*, S. 157도 참조.

3) 국내에서 계희열, 헌법학(중), 35쪽 이하는 "우리 헌법의 기본권을 '국가로부터의 개인의 자유'를 보장하는 자연법상의 초국가적, 전국가적 자연권으로 보는 견해에 대해서는 동의하기 어렵다. 현실적 자유는 국가권력의 부재상태에서 개인이 마음대로 할 수 있다고 보장될 수 있는 것이 아니라 자유로운 법질서 안에서만 보장될 수 있고, 또한 사인에 의한 자유침탈, 자유의 물질적 전제가 결핍된 자들에 대한 실질적 자유보장의 문제에 대하여 자연법사상에 토대를 둔 자유주의적 기본권론으로는 적절하게 대처하기 어렵다"고 하여 슈미트의 기본권관의 문제점을 천부적 자연권의 문제와 자연권의 문제로 나누어 설명하고 있고 정태호, 외국인의 기본권주체성문제에 대한 비판적 고찰, 헌법실무연구 제13권(2012), 박영사, 402쪽 이하(420쪽)는 이에 동조하고 있으며, 허영, 한국헌법론, 211-213쪽은 기본권과 통치구조의 분리 및 기본권의 input 기능무시, 기본권의 정치적 통합기능무시, '국가로부터의 자유' 논리의 취약점, 사회적 기본권의 경시를 그 문제점으로 들고 있다.

4) 기본권이해의 변화에 대해서는 다음의 문헌 참조. W. Geiger, Die Wandlung der Grundrechte, in: M. Imboden(Hrsg.), *Gedanke und Gesalt des demokratischen Rechtsstaates*, 1965, S. 9ff.; R. Bernhardt, *Wandlungen der Grundrechte*, 1970; P. Saladin, *Grundrechte im Wandel*, 1970; Th. Ramm, Der Wandel der Grundrechte und der freiheitliche soziale Rechtsstaat, JZ 1972, S. 137ff.; E. Friesenhahn, Der Wandel der Grundrechtsverständnisses, in: Verhandlungen des 50. DJT, Bd. Ⅱ, 1974, Teil G 1ff.; K. Löw, Die Grundrechte im Wechsel der Generation, in: ders.(Hrsg.), *25 Jahre Grundgesetz*, 1974, S. 93ff.; H. H. Rupp, Vom Wandel der Grundrechte, AöR Bd. 101(1976), S. 161ff.

의 급부의무가 강화된 권위주의적 복지국가에서는 방어권으로서의 기본권은 예나 지금이나 침해되고 있다.[1] 이러한 사실을 감안할 때 기본권의 방어권적 성격을 강조하는 것은 여전히 중요한 의미를 갖는다 하겠다.

3. 制度的 基本權理論

458. 제도이론의 역사적 전개: 오리우-볼프-슈미트

제도에는 여러 가지 개념이 있다.[2] 그러나 법학의 경우 제도이론은 특히 오리우 *Maurice Hauriou*에 의하여 시작되어,[3] 바이마르 시대에 볼프 *Martin Wolff*[4]가 재산권을 해석하는 데 도입하였고, 슈미트[5]에 의하여 체계화되었다.

이곳에서 말하는 제도적 기본권이론이란 기본법하의 기본권이론을 말한다.[6]

---

1) 더욱 자세한 것은 H. H. Klein, *Die Grundrechte im demokratischen Staat*, 1974; J. Schwabe, *Probleme der Grundrechtsdogmatik*, 1977, S. 13f. 참조.

2) 예컨대 B. Rüthers, *Institutionelles Rechtsdenken im Wandel der Verfassungsepochen*, 1970는 대강 제도의 개념을 세 가지로 나눈다. 첫째는 '사실적'(faktisch) 제도개념이다. 사실적 제도개념은 사회학에서 유래하는데 통합과정에 참여하는 자의 역할에 따른 행동을 의미한다. 둘째는 독일의 제국재판소와 연방대법원이 혼인과 관련된 판결들에서 발전시킨 '형이상학적'(metaphysisch) 제도개념이다. 형이상학적 제도개념은 초실정적인, 선존하는 질서에서 출발하여 혼인을 고차원적 복지에 봉사하는 제도로 이해한다. 셋째는 '규범적'(normativ) 제도개념이다. 규범적 제도개념은 혼인, 계약 등과 같은 특정의 생활영역, 사회 유형적 이해관계의 복합체와 관련된 다수의 법규범을 의미한다.

3) R. Schnur(Hrsg.), *Die Theorie der Institution und zwei andere Aufsätze von Maurice Hauriou*, 1965 참조. 성낙인, 헌법학, 법문사, 2008, 314쪽에 따르면 오리우의 제도이론은 ① 사회집단 속에서 법적으로 실현·유지되어야 할 사업의 이념, ② 이 이념의 실현과 유지를 위해서 봉사하는 조직된 통치권력, ③ 이 이념의 실현과 유지에 관하여 사회집단 속에서 산출된 동의의 표시로 요약할 수 있다고 한다. 오리우는 제도를 인적 제도와 물적 제도로 구분하고, 주로 인적 제도의 고찰에 주력하지만, 자유 내지 기본권 그 자체를 제도로서 파악하는 관점에서는 오히려 물적 제도가 중요하다고 볼 수 있다.

4) M. Wolff, Reichsverfassung und Eigentum, in: *Festgabe für Wilhelm Kahl*, 1923, S. 5.

5) C. Schmitt, *Verfassungslehre*, 1928, unverän. Nachdurck 1957, S. 170ff.; Freiheitsrechte und institutionelle Garantie der Reichsverfassung(1931); Grundrechte und Grundpflichten(1932), in: ders., *Verfassungsrechtliche Aufsätze aus den Jahren 1924-54*, 2. Aufl.(1973), S. 140ff. bzw. 181ff.; Die Grundrechte und Grundpflichten des deutschen Volkes, in: G. Anschütz/R. Thoma, *Handbuch des Deutschen Staatsrechts II*, 1932, S. 572ff.

6) 제도보장이론에 대하여 자세한 것은 U. Scheuner, Die institutionellen Garantien des Grundgesetzes, in: H. Wandersleb(Hrsg.), *Recht-Staat-Wirtschaft*, Bd. 4, 1953, S. 88ff.; G. Abel, *Die Bedeutung der Lehre von den Einrichtungsgarantien für die Auslegung des Bonner Grundgesetzes*, 1964; A. Bleckmann, *Allgemeine Grundrechtslehren*, S. 170ff. U. Mager, *Einrich-tungsgarantien*, 2003; 김세진, 헌법과 제도 — 기본권과 제도보장에 관한 해석론을 중심으로, 숙명여자대학교 대학원 법학박사학위논문, 2005 참조.

그러나 기본법하의 제도적 기본권이론을 정확하게 이해하기 위해서는 슈미트의 제도보장이론에 대한 고찰이 선행되어야 한다.

(1) 슈미트의 制度保障理論[1)]

1) 내 용

① 슈미트의 제도적 보장의 개념

슈미트에게는 넓은 의미에서 헌법상의 제도적 보장이란 입법자를 구속하는 헌법의 모든 개별법문을 뜻한다. 바이마르 헌법상의 법관의 독립(제102조), 예외법원의 금지(제105조), 공법상의 사단으로서의 종교공동체(제137조), 공무원의 제 권리의 불가침성(제129조 제 1 항 제 3 문) 등이 이러한 헌법상의 제도적 보장을 포함하고 있는 것으로 해석된다. 그에 반하여 좁은 의미의 본래적 의미의 제도적 보장이란 법률로 규율되는 특정의 규범복합체, 예컨대 재산제도나 혼인제도에 대한 헌법상의 보장만을 의미한다. 따라서 슈미트는 '그에 속하는 관계를 보장하고 나머지를 보장함으로써 공법상의 제도복합체'(Komplex öffentlichrechtlicher Einrichtungen mit den dazugehörigen Konnex- und Komplementärgarantien und Normierungen)를 보장하는 것과[2)] '전형적이고 전통적으로 확립된 규범복합체와 법적 관계를 보장'(Gewährleistungen von Rechtsinstituten im Sinne von typischen, traditionell feststehenden Normenkomplexen und Rechtsbeziehungen)하는 것에[3)] 대하여 이야기하고 있다. 그와 동시에 슈미트는 공법상의 규범복합체를 의미하는 '제도적 보장'(institutionellen Garantien)과 사법상의 제도와 관련된 '제도보장'(Institutsgarantien)을 구별하고 있다. 그러나 그 후 슈미트는 이러한 구별을 포기하고 제도적 보장이란 용어만을 사용하고 있다.

459. 슈미트에 있어서 제도적 보장의 개념: 1. 광의 — 입법자를 구속하는 헌법의 모든 개별법문; 2. 협의 — 법률로 규율되는 특정의 규범복합체에 대한 헌법상의 보장

② 제도적 보장의 목적

슈미트는 제도적 보장의 전형적인 것으로 지방자치, 대학의 자치, 직업공무원 제도의 전래된 제 원리 및 재산권과 상속권의 보호를 들고 있다. 제도적 보장의 목적은 이러한 제도의 전래된 법적 규정의 본질적 내용을 입법자가 변경(개정)하지 못하도록 보호하는 데 있다. 이러한 보호는 헌법의 발효시에 성립하여 있는 특정의 법상황이 지속되도록 하는 선까지 확장될 수 있으나, 그러한 '현상

460. 제도적 보장의 목적: 제도의 전래된 법적 규정의 본질적 내용을 입법자가 변경(개정)하지 못하도록 보호하는 것

---

1) 여기서는 A. Bleckmann, *Allgemeine Grundrechtslehren*, S. 171ff.를 중심으로 요약하였다.
2) C. Schmitt, *Verfassungslehre*, S. 114.
3) C. Schmitt, *Verfassungslehre*, S. 215.

보장'(Status quo-Garantie)은 희귀한 경우일 것이라고 한다. 따라서 제도적 보장과 제도보장은 원칙적으로 '우리가 제도가 제도가 전형적이고 특징적인 것으로 간주하지 않으면 안 되는 것'(was man als typisch und charakteristisch für die Institute ansehen muß),[1] 곧 현재까지의 규정의 '전형적 특질'(die typischen Grundzüge)[2]만을 보호한다. 예컨대 신학부(神學部)를 헌법적으로 보장하는 것의 전형적 특질로는 학설의 자유, 학부의 내부문제에 대한 학문적 자치권, 박사학위수여권이 속하며, 교수의 독립의 전형적 특질로는 독일대학에 속하는 개인적 지위의 독립을 들 수 있다.[3]

③ 슈미트에 있어서 기본권과 제도의 관계

461. 슈미트에 있어서 기본권과 제도의 관계: 자유는 무제한적 · 제도는 제한적

기본권에도 제도적 보장이 포함되어 있을 수 있으나, 그러한 경우는 법률로 규율되는 재산권의 경우에 한정된다. 이 경우 제도적 보장은 시민의 재산권의 전형적 특질에 확장될 것이다. 그러나 자유에 대해서는 사정이 다르다. 자유는 법률로 규율되지 않으며 법률로 규율될 수도 없을 것이다. 자유를 법률로 규율하게 되면 그 자유주의적 성격이 상실된다. 그러므로 자유는 어떠한 내용의 제도적 보장도 포함할 수 없을 것이다.

개별적인 경우에 제도적 보장으로부터 기본권이 발생하는 경우가 있다 하더라도 모든 제도적 보장이 기본권을 포함할 수 있는 것은 아니며, 그와 반대로 모든 기본권이 제도적 보장을 포함하는 것도 아니다. 재산권과 상속권만이 제도적 보장으로서 보호될 수 있다. 하나의 기본권으로부터 제도적 보장이 흘러나온다 하더라도 양자의 보호영역은 반드시 일치되지 않는다.

따라서 '재산권'(재산에 대한 기본권, das Grundrecht auf Eigentum)은 민법상의 재산 외에도 모든 '재산적 이익'(Vermögensinteresse)을 보호함에 반하여, 제도적 보장은 민법적 의미의 물적 재산을 보호하는 데 제한된다.[4] 그 밖에 제도적 보장과 기본권(방어권)이 교차하는 경우에 입법자가 제도적 보장에 대하여 금지된 침해를 하면 그것은 곧바로 방어권을 침해하는 것이 된다.

슈미트에 있어 제도적 보장은 입법자의 헌법에 대한 구속을 근거짓는 단 하나의 기능만을 가진다. 바이마르 시대의 지배적인 학설에 따르면 기본권은 행정과 사법을 구속할 뿐 입법자를 구속하는 것은 아니었다. 따라서 입법자의 헌법에 대한 구속을 근거짓는 제도적 보장의 이러한 기능이 없다면 기본권은 입법자

1) C. Schmitt, *Verfassungslehre*, S. 158.
2) C. Schmitt, *Verfassungslehre*, S. 214.
3) C. Schmitt, *Verfassungslehre*, S. 214.
4) C. Schmitt, *Verfassungslehre*, S. 163.

에 대하여 무력할 수밖에 없을 것이다.[1)]

2) 평　　가

① 공　　적

이처럼 슈미트는 자유와 제도가 다르다는 전제하에서 그의 제도보장론을 전개하고 있다. 그의 제도보장이론은 자유권과는 구별되는 기본권의 다른 측면을 명백히 함으로써 기본권의 본질과 기능을 이해하는 데 커다란 이론적 기여를 한 것으로 평가된다.[2)]

462. 슈미트의 제도적 보장이론에 대한 평가: 1. 공적 — 자유와 제도는 다르다는 것을 명백히 함으로써 기본권의 본질과 기능을 이해하는 데 이론적 기여를 했다; 2. 현대적 의미 — 입법자의 기본권구속성을 분명히 해 주고 있다

② 현대적 의미

그러나 독일기본법 제 1 조 제 3 항은 모든 국가권력은(따라서 입법자도) 기본권에 구속된다는 원칙을 선언하고 있기 때문에, 슈미트의 제도보장이론은 그 의미를 상실한 것으로 생각될 수도 있다. 그러나 기본법의 기본권해석과 관련하여 슈미트의 이론은 여전히 중요성을 가지고 있다.[3)]

첫째, 슈미트의 이론은 기본법 제 7 조의 규정(학교제도에 관한 규정)처럼 기본권을 포함하고 있지 않은 헌법규정의 의미를 밝히는 데 도움을 줄 수 있다.

둘째, 제도적 보장의 이론은 입법자의 기본권(방어권)에 대한 구속을 세 가지 측면에서 설명해 줄 수 있다. ㉮ 입법자는 법문의 총체인 법적 제도가 가지는 특정의 전형적 특질에 구속된다. 이 이론은 슈미트에 있어 전래된 법적 제도를 보장하고 그럼으로써 과거의 헌법 하위의 법을 근거로 헌법을 해석하는 결과를 가져온다. 법적 제도는 아마도 헌법제정자의 의사와 상응하지 않을지도 모른다. 그러나 슈미트의 이론을 재구성하면 다음과 같은 결론을 내릴 수 있다. 보호의 대상이 되는 것은 헌법에 의하여 전제된 그리고 그럼으로써 헌법의 해석을 통하여 발전되는 법적 제도가 가지는 특정의 전형적 특질이다. ㉯ 자유권은 어떠한 제도적 보장도 근거지을 수 없다는 말을 통하여 입증된 것은 하나도 없다. 이곳에서도 다음과 같은 것을 생각할 수 있다. 예컨대 도로교통의 경우에서 볼 수 있는 현대세계의 여러 관계는 조밀한 법적 규율(제도)의 망(網)을 요구하며, 그 특질은 기본권에 의하여 보호된다. 그 밖에도 헌법은 개별적인 자유들이 다수의 개인에 의하여 사실상 실현될 수 있도록 입법자가 법질서를 발전시킬 것을 요구할 수 있다. ㉰ 제도적 보장은 해당 기본권이 입법자를 통하여 사회현실에

1) C. Schmitt, *Verfassungslehre*, S. 140f., 154, 164, 161.
2) 계희열, 헌법학(중), 35쪽; 허영, 한국헌법론, 210쪽.
3) A. Bleckmann, *Allgemeine Grundrechtslehren*, S. 174f.

서 사실상 실현되지 않으면 안 된다는 것을 근거짓는다. 따라서 예컨대 일반적으로 재산과 주거가 존재하지 않으면 안 된다는 것을 요구하는 것을 근거짓는 것은 오늘날에도 여전히 중요하다.

(2) 해벌레 *P. Häberle*의 制度的 基本權理論

1) 내 용

① 기본법하의 제도에 대한 접근시도

463. 기본법하의 제도에 대한 접근시도

제도를 기본권과 연결시켜 체계화하려는 노력은 기본법하에서도 계속하여 이루어지고 있다. 그러한 시도로는 제도보장의 내용을 법적 제도 외에도 사회사정에 확장시키려는 클라인 *Friedrich Klein*,[1] 모든 기본권을 제도로 이해하려는 해벌레,[2] 연방헌법재판소의 일련의 판결에서 기본권의 제도보장적 요소를 볼 수 있다고 하는 슈타이거 *Heinhard Steiger*,[3] 기본권적 자유는 이제 더 이상 자유 그 자체가 아니라 자유보장의 제도적·객관적 의미의 실현이라는 특정의 목적을 지향하는 자유라고 하는 뵈켄푀르데[4]의 노력을 들 수 있다. 이러한 노력들 가운데서 '자유는 제도일 수밖에 없다'[5]라는 전제하에서 자유와 기본권을 이해하려는 해벌레의 시도가 가장 커다란 영향력을 발휘하고 있다.

② 해벌레의 제도적 기본권이론

464. 해벌레의 제도적 기본권이론: 1. 자유권에 대한 스멘트의 제도적 해석을 출발점으로 삼음; 2. 모든 기본권을 제도로 파악; 3. 기본권은 개인권적 측면을 가지나, 그것은 기본권의 제도적 측면과

해벌레의 제도적 기본권이론은 자유는 전적인 개인적 '임의'(任意, Belieben)에 있는 것이 아니라, 처음부터 객관적 전체질서에 포함되어 있다는 자유권에 대한 스멘트의 제도적 해석을 출발점으로 삼고 있다. 제도적 기본권이론은 객관적 질서원리로서의 자유권의 성격을 강조하며 제도와 기본권적 자유는 상이하다는 슈미트의 제도적 보장론과는 달리 모든 기본권을 제도로 파악한다.

제도는 전체헌법을 결합시키는 생활관계, 객관적 질서, 생활영역, 곧 법률적

1) F. Klein, in: H. v. Mangoldt/F. Klein, *Das Bonner Grundgesetz*, 2. Aufl. (1966), Vorb. Bd. I, S. 84ff.

2) P. Häberle, *Die Wesensgehaltsgarantie des Art. 19 AbS. 2 Grundgesetz*, 2. Aufl.(1962), S. 70ff.

3) H. Steiger, Institutionalisierung der Freiheit? in: H. Schelsky(Hrsg.), *Zur Theorie der Institution*, 2. Aufl.(1973), S. 91ff.

4) E.-W. Böckenförde, *Staat, Gesellschaft, Freiheit*, 1976, S. 221ff.(228ff.).

5) 이와 비슷한 견해는 해벌레 이전에 시작되었다. 예컨대 *Santi Romano*(1875-1947)는 법질서를 제도와 완전히 같은 것으로 본다. 즉 법이라는 것은 국가만의 특유한 것이 아니라 모든 제도에 존재한다는 것이다. 그에 따르면 사회적인 통제를 위해서는 여러 가지 수단이 있고 법률가의 법은 그 하나에 불과하다는 것이다.

계약질서·재산질서·상속질서, 현존하는 혼인질서·가족질서 및 결사·집회·단결의 자유를 가리킨다. 기본권은 그렇게 제도적으로 이해될 수 있으며 그러한 해석이 필요하다. 개인적 권리라는 측면과 제도적 측면이 합쳐져 전체로서 기본권을 이룬다. 기본권주체의 입장에서 보면 기본권은 주관적 공권으로 생각되고, 생활관계라는 측면에서 보면 기본권은 제도이다. 기본권은 절차적·객관적·제도적으로 깊은 영향을 받는다.[1)]

불가분적인 관계에 있음; 4. 기본권이 입법자의 형성을 통하여 생활현실에서 완성되는 것에 결정적 의미를 부여

"개인적 자유는 제도적으로 보장된 생활관계, 기본권의 제도적 측면 및 기본권을 풍부하게 하는 규범복합체를 필요로 한다. 규범복합체는 기본권에 방향과 척도, 안정성과 안전성, 내용과 과제를 부여한다. 개인의 자유의지는 규범복합체 없이는 — 법이 없는 공간에서는 — 작용할 수 없을 것이다. 개인적 자유는 그 속에서 자유가 확증되고 발전될 수 있는 객관적 질서를 필요로 한다 … 개인적 자유는 제도로서의 자유로 존재한다. 제도로서의 자유는 개인적 자유에 그때그때의 생활영역에 상응하여 소여와 형성된 것으로서 객관화되어 대항한다."[2)]

제도적 기본권이론은 기본권의 개인권적 측면을 부정하지는 않으나, 그것을 기본권의 제도적 측면과 불가분적으로 결합되어 있는 것으로 본다. 개인은 주관적 공권으로서의 자신의 기본권과 함께 그때그때 '객관적 생활관계'(objektiven Lebensverhältnissen)하에 존재한다.[3)] 개인적 관심사와 사회적 관심사, 사적 이해관계와 공적 이해관계는 고유의 변증법적 방법으로 서로 관련을 맺고 있다.[4)] 기본권은 헌법의 가치체계의 부분으로 파악되며, 다른 헌법상의 이익들과 서로 제약적인 관계에 있다.[5)]

제도는 우선 개별 기본권의 이념에 근거를 두고 있다. 헌법에 의하여 개별 생활영역에 심어진 이 이념은 생활현실에 이식(移植)되지 않으면 안 된다. 이념을 생활현실에 이식하는 것에는 우선 입법을 통한 형성이 속하며, 입법을 통한 형성은 예컨대 혼인, 신문 등을 위하여 객관적 규범복합체를 만들어낸다. 그러나 해벌레적 의미의 제도는 이러한 규범복합체 자체가 아니다. 오히려 해벌레에게 결정적인 것은 그때그때의 기본권이 입법자의 형성을 통하여 생활현실에서 완성되는 것이다. 기본권의 이념이 이렇게 사실적으로 실현됨으로써 비로소 그 위에

1) P. Häberle, *Die Wesensgehaltsgarantie des Art. 19 Abs. 2 Grundgesetz*, S. 70f.
2) P. Häberle, *Die Wesensgehaltsgarantie des Art. 19 Abs. 2 Grundgesetz*, S. 98f.
3) P. Häberle, *Die Wesensgehaltsgarantie des Art. 19 Abs. 2 Grundgesetz*, S. 114.
4) P. Häbelre, *Die Wesensgehaltsgarantie des Art. 19 Abs. 2 Grundgesetz*, S. 21ff.
5) P. Häberle, *Die Wesensgehaltsgarantie des Art. 19 Abs. 2 Grundgesetz*, S. 31ff.

서 제도적 보장이 명백하게 들어나는 제도가 창설된다. 그러므로 사회현실은 궁극적으로 기본권의 이념과 일치되지 않으면 안 된다. 그와 같은 일은 개인들이 기본권과 입법자의 기본권형성에 상응하는 생활을 하고 행동을 함으로써 이루어진다.

2) 평 가

① 공 적

465. 해벌레의 제도적 기본권이론에 대한 평가: 1. 공적 — 자유의 헌법적 보장이 자유실현을 뜻하지는 않는다는 점을 지적한 점; 2. 문제점 — 개인적 권리와 객관적 생활관계의 지나친 동일시, 개인적 자유와 결정에 대한 불신·입법자에 대한 무제한적 신뢰, 개인의 주관적 방어권의 적용범위를 제한하는 결과를 가져올 수 있음

자유를 일반적으로 보장하는 데 그치는 경우 그러한 자유는 현실에서 몇 안 되는 자들의 특권으로 변질될 수 있다. 그렇기 때문에 자유를 실현하기 위해서는 형식적으로 자유를 헌법에 보장하는 것만으로는 부족하다는 것을 지적한 것은 제도적 기본권이론의 커다란 공적으로 평가될 수 있다. 그러한 한에서(또는 그러한 한에서만) 제도적 기본권이론에 대하여 찬성하는 견해도 있고, 이러한 입장을 근거로 내려진 독일연방헌법재판소의 판결들[1]도 있다.

② 문 제 점

그러나 제도적 기본권이론에는 다음과 같은 문제점이 있다. 우선, 제도적 기본권이론은 개인적 권리와 객관적 생활관계, 사적 이해관계와 공적 이해관계, 권리와 자유를 지나치게 동일시하고 있다. 그러나 이러한 것들은 현실생활에서는 갈등상태에 있기도 하며 대립관계에 있기도 하다.[2]

다음으로, 해벌레의 견해는 개인적 자유와 그에 따른 개인적 결정을 불신하고 입법자를 무제한적으로 신뢰하고 있다.[3] 해벌레에 따르면 개인의 자유권이란

---

1) 예컨대 독일연방헌법재판소는 BVerfGE 4, 97(106)에서 기본법 제9조 제3항(노동조합결성권)을 전래된 임금계약권의 전형적 핵심영역으로 해석하였다. 그러나 A. Bleckmann, *Allgemeine Grundrechtslehren*, S. 185은 이 판결은 해벌레적 의미에서가 아니라 슈미트적 의미에서 제도보장을 이해한 것이라고 한다. 그런가 하면 BVerfGE 10, 59(66)에서는 혼인의 전래적 전형적 구조의 보장을 제도적 보장이라고 하고 있으며, BVerfGE 12, 205(259ff.)에서는 없어서는 안 될 현대 대중의사소통수단이자 여론을 형성하는 요소로서의 방송을 위하여 제도적 자유는 신문에서와 마찬가지로 중요하다고 판시하였다. A. Bleckmann, *Allgemeine Grundrechtslehren*, S. 192은 이 판결은 사회생활에서 제도적 보장을 실현시키는 입법자의 특정활동을 분명히 하였다는 점에서 해벌레적 이론을 원용한 것이라고 한다. 이 밖에도 독일연방헌법재판소는 신문의 자유(기본법 제5조 제1항 제2문)로부터 '자유로운 언론'(freie Presse)제도를(BVerfGE 20, 162, 175), 기본법 제7조 제4항으로부터는 제도로서의 사립학교의 보장을(BVerfGE 27, 195, 200), 기본법 제5조 제3항으로부터는 '자유로운 학문'(freie Wissenschaft)제도를 추론해낸 바 있다(BVerfGE 35, 79, 120).

2) K. Kröger, *Grundrechtstheorie als Verfassungsproblem*, S. 25.

3) K. Kröger, *Grundrechtstheorie als Verfassungsproblem*, S. 26.

임의적인 행위를 할 수 있는 권리가 아니라, 기본권의 사회적 기능에 상응하는 행위를 할 수 있는 권능에 지나지 않는다. 곧 개인은 다양한 여러 생활영역 가운데서 법률에 의하여 형성된 제도 내에서만 활동할 수 있을 뿐이다. 개인은 제도에 구속되어 있으며, 사회적 제도라는 틀 내에서만 자유도 성립될 수 있다. 그러나 개인적 자유는 미리 규정되거나 정의되지도 않으며 그렇다고 스스로를 포기하지도 않는다.[1] 개인의 자유가 기본권과 기본권을 제한하는 규범에 의하여 보장되는 것은 사실이다. 그러나 그러한 사실을 통해서 자유의 내용이 확정되는 것은 아닐 것이다.[2]

더 나아가서, 제도적 기본권이론에는 겉으로 보기에는 상반된 듯하지만, 사실은 공통적인 현상이 잠재해 있다. 하나는 기존의 소유상태와 일단 성립된 법률규정들을 고정시키는 경향이며, 다른 하나는 개인적 자유를 법률로 형성된 생활관계에 구속시키는 경향이다. 첫 번째 경향은 자유로부터 특권을 만들어내는 길이 되며, 두 번째 경향은 제도적 의미보완이라는 길을 통하여 자유가 의무로 되는 방법이 된다.[3][4]

결국 제도적 기본권이론에서 염려되는 점은 개인의 주관적 방어권의 적용범위를 제한하는 결과를 가져올 수 있다는 점이다.[5] 제도적 기본권이론에는 '제도의 속성인 의무동기'(den Institutionen zugehörigen Pflichtmoment)[6]를 통하여 모든 기본권주체에게 의무를 부과함으로써 자유에서 강제를 만들어낼 위험성이 항상 존재한다. 특히 입법자에게 개인적 자유를 침해할 수 있는 여지를 크게 함으로써 그에 따른 위험 또한 커지게 된다. 그렇기 때문에 제도적 기본권이론은 본래의 목적과는 다르게 변질했다는 지적도 있으며,[7] 기본권을 제도적으로 이해하는 것이 과연 필요한 것인가 또는 '기본권을 제도로서 이해하는 악성종양과 같은 개념은 포기되어야 하는 것이 아닐까'[8]라는 의문이 제기되기도 한다.

---

1) H. Steiger, Institutionalisierung der Freiheit?, S. 111f.
2) 해벌레의 책에 대한 R. Schnur, DVBl. 1965, S. 489ff.(490)의 서평.
3) E.-W. Böckenförde, Grundrechtstheorie und Grundrechtsinterpretation, S. 1532.
4) 허영, 한국헌법론, 221쪽은 해벌레의 제도적 기본권이론의 문제점을 기본권의 지나친 제도화, 자유=제도의 논리의 문제점, 법률 속의 자유논리로 요약하고 있다.
5) A. Bleckmann, *Allgemeine Grundrechtslehren*, S. 179f.; Th. Schramm, *Staatsrecht Bd. Ⅱ. Grundrechte und ihre verfassungsrechtliche Absicherung*, S. 16.
6) P. Häberle, *Die Wesensgehaltsgarantie des Art. 19 Abs. 2 Grundgesetz*, S. 101.
7) Th. Schramm, *Staatsrecht Bd. Ⅱ. Grundrechte und ihre verfassungsrechtliche Absicherung*, S. 16.
8) I. v. Münch, *Grundbegriffe des Staatsrechts I*, S. 84f.

4. 價値理論

(1) 成立背景

466. 가치이론의 성립배경: 바이마르헌법학의 가치중립적 해석론에 대한 반감, 가치윤리학·평가법학·스멘트의 통합론의 영향

가치이론이란 표현은 역사적으로는 바이마르 헌법을 해석함에 있어 많은 헌법학자들이 그것을 입법자의 의사에 따라 임의대로 개정할 수 있는 '가치중립적 체계'(wertneutrales System)라고 해석한 데 대한 반감에서 시작되었다. 그러나 그러한 사정이 그리 큰 역할을 한 것은 아니다. 오히려 독일연방헌법재판소는 이 이론의 기원을 정신사적으로는 철학의 영역에서 칸트의 윤리학에 반대하여 셸러 *Max Scheller*가 제시한 '가치윤리학'(Wertethik)[1]과 법철학의 영역에서 헤크 *Philipp Heck*의 '이익법학'(Interessenjurisprudenz)에서 유래하는 현대의 '평가법학'(Wertungsjurisprudenz)[2]에서 구하고 있으며, 헌법적으로는 스멘트의 저작에서 구하고 있다.[3]

(2) 內　容

467. 가치이론의 내용: 1. 기본권은 객관적 규범; 2. 가치실현적 기본권 사용과 가치침해적 기본권 사용을 구별

가치이론은 기본권을 국가의 전체 법질서를 포괄하고 관통하는 것으로 이해한다. 이 견해에 따르면 기본권은 기초가 되는 공동체의 가치를 확정하고 있기 때문에 '국가건설(형성)의 요소이자 수단'(Elemente und Mittel der Staatsher-vorbringung)이며, 자유는 기본권을 통하여 총체적으로 세워진 가치질서를 본질로 한다. 따라서 기본권은 객관적 규범이지 주관적 청구권이 아니다.

기본권의 객관적 성격을 강조하는 한에서 가치이론은 제도적 기본권이론과 유사한 점이 있다. 그러나 기본권은 기본법의 제가치를 실현시키려는 목적을 가진다고 하면서 '가치실현적'(wertverwirklichend) 기본권사용과 '가치침해적'(wert-gefährdend) 기본권사용을 구별하는 것이 이 이론의 특징적인 점이라 할 수 있다.

이 이론은 많은 학자들에 의하여 지지를 받고 있다.[4] 독일연방헌법재판

---

1) M. Scheler, *Der Formalismus in der Ethik und die materiale Wertethik*, 4. Aufl. (1954).
2) 평가법학에 대하여는 K. Larenz, *Methodenlehre der Rechtswissenschaft*, 6. Aufl.(1991) 참조.
3) A. Blekmann, *Allgemeine Grundrechtslehren*, S. 200.
4) 이 이론에 *Günter Dürig, Peter Häberle, Walter Hamel, Alexander Hollerbach, Walter Leisner, Friedrich Klein, Gebhard Müller, Hans-Carl Nipperdey und Reinhold Zippelius*는 찬성하고 있고, 특히 *Ernst Forsthoff, Erhard Denninger, Helmut Goerlich*는 반대하고 있다.

소는 명시적으로 언급하지는 않고 있으나 많은 판결에서 가치를 원용하고 있다.[1)]

그러나 독일연방헌법재판소는 가치를 '역사적 발전에서 보장된 지속성과 철저하게 구체화된 내용을 가진 것'으로 보는 스멘트[2)]와는 달리, 자신이 사용하는 가치개념의 연원을 철저하게 개방시켜 놓고 있다. 연방헌법재판소는 기본권으로부터 방어권적 청구권 이외의 기능을 근거지으려고 할 때 특히 가치질서를 원용하고 있다. 그렇다면 가치질서란 기본권의 새로운 기능이 아니라, 새로운 기능들을 근거짓기 위한 것에 지나지 않는다.[3)] 예컨대 연방헌법재판소는 기본권의 간접적 제3자효와 전체 법질서에 대한(특히 행정청의 재량결정에 대한) 방사효 및 사법을 통한 불확정개념의 '확정'(Ausfüllung)을 기본법의 가치질서를 원용하여 근거지었다.

(3) 評　價

1) 공　적

468. 가치이론에 대한 평가: 1. 공적 — 기본권의 제3자효에 대한 이론적 근거제공; 2. 문제점 — 가치체계란 개념의 불명료성과 자의적 해석의 가능성

독일연방헌법재판소가 기본권으로부터 모든 방향에서 절대적으로 보호받는 제 가치와 제 법익을 끌어냄으로써 기본권이 국가에 대한 방어권이라는 좁은 의미를 탈피하여 제3자에게도 효력을 주장할 수 있게 된 것은 가치이론의 커다란 공적이다.[4)]

2) 문 제 점

그러나 가치이론에 대하여는 초기에 대단히 긍정적인 평가가 이루어진 것과는 달리 점차 문헌에서 비판적인 견해가 점차 증가하고 있다.[5)] 그에 따르면 독일연방헌법재판소가 사용하고 있는 기본권적 '가치체계'(Wertsystem)란 개념은 스멘트의 가치개념보다 훨씬 불명료하다고 한다. 특히 독일연방헌법재판소가 기본권적 가치체계란 개념 외에도 '헌법의 일반적 가치질서'(allgemeine Wertordung

1) BVerfGE 6, 55; 7, 198; 8, 210; 13, 296; 24, 135; 25, 263; 27, 254; 30, 189; 34, 280; 35, 79; 42, 144; 42, 148, 170.

2) R. Smend, *Verfassung und Verfassungsrecht*, 1928의 서문. 또한 G. Leibholz, *In memoriam Rudolf Smend*, 1976, S. 15ff.(35f.)도 참조.

3) A. Bleckmann, *Allgemeine Grundrechtslehren*, S. 201.

4) A. Bleckmann, *Allgemeine Grundrechtslehren*, S. 201. 참조.

5) 특히 H. Goerlich, *Wertordnung und Grundgesetz*, 1973; B. Schlink, *Abwägung im Verfassungsrecht*, 1976 참조.

der Verfassung)[1]란 용어를 기본권적 가치체계와의 관계를 분명히 하지 않은 채 병행해서 사용하고 있기 때문에 더욱 혼란이 가중되고 있다는 것이다.[2]

따라서 기본권을 이렇게 해석하는 데 대해서는 가치도, 가치질서도 그렇다고 가치형량을 위한 전제로서의 가치의 결과질서도 합리적으로 근거지을 수 없다는 비판이 가해진다. 그러므로 학자에 따라서는 특정의 가치에 근거를 두고 있는 이 이론을 '법관에 의한 결정주의 내지는 해석에 의한 결정주의[3]를 은폐하기 위한 도식'(eine Verhüllungsformel für richterlichen bzw. interpretatorischen Dezisionismus)이라고 비판하기도 하며,[4] 독일연방헌법재판소의 가치질서개념을 헌법해석의 '별장'(Arcanum)으로, 가치이론을 '허위의 논증형태'(apokryphe Argumentationsfigur)로 표시하기도 한다.[5]

5. 民主的 機能理論

(1) 內　容

469. 민주적 기능이론의 내용: 1. 기본권의 일차적 목적은 민주적 의사형성의 자유로운 과정을 촉진하는 것; 2. 기본권은 공동체의 구성원인 속성에서 주어짐; 3. 언론의 자유와 집회의 자유를 다른 자유보다 중시

민주적 기능이론은 기본권을 일차적으로 국가적 통일의 갱신과 지속적 발전을 위한 그리고 국가의사의 방향결정을 위한 정치적 권리라고 이해하는 스멘트의 생각을 기초로 하고 있다. 이 이론은 기본권적 자유를 객관화하고 전체질서를 위해 봉사하는 것으로 보는 점에서 제도적 기본권이론과 가치이론과 공통점을 가지고 있다. 그러나 이 이론은 자유권의 보장을 특히 정치적 목표와 목적에 한정시킨다는 점에서는 제도적 기본권이론과 가치이론과 구별된다.

이 견해에 따르면 기본권의 일차적인 목적은 민주적 의사형성의 자유로운 과정을 촉진하는 것이다. 따라서 기본권은 개인의 주관적·자의적 자유를 보호하는 것이 아니라 민주적 의사형성과정을 지향하는 자유를 가능하게 하는 것이어야 한다. 곧 기본권은 특정의 가치, 곧 민주주의의 보호에 봉사하는 것이어야 한다. 기본권은 국민이 마음대로 처분할 수 있는 것이 아니라, 공동체의 구성원인 속성에서 주어진다.[6] 그 결과 기본권과 국민의 권리는 직접적인 관계에 있다. 기

1) 예컨대 BVerfGE 10, 59(81) 참조.
2) K. Hesse, *Grundzüge des Verfassungsrechts der Bundesrepublik Deutschland*, S. 127f.
3) 결정주의(Dezisionismus)란 어떤 법적 표현(특히 입법, 그러나 또한 그 밖의 법을 규정하는 고권적 행위)의 내용을 올바른 것으로, 더 나아가서는 정의로운 것으로 통용되지 않으면 안 된다고 주장하는 견해를 가리킨다.
4) E.-W. Böckenförde, Grundrechtstheorie und Grundrechtsinterpretation, S. 1534.
5) H. Goerlich, *Wertordnung und Grundgesetz*, S. 140ff.
6) BVerwGE 14, 21, 25; R. Smend, Bürger und Bourgeois im deutschen Staatsrecht, in:

본법의 민주적 정부형태는 자유권을 근거로 해서 비로소 전개될 수 있으며, 특히 정치적으로 의미가 있는 언론의 자유와 집회의 자유가 중요시된다.

판례 **〈「정기간행물의 등록 등에 관한 법률」 제16조 제 3 항, 제19조 제 3 항의 위헌여부 에 관한 헌법소원(합헌)〉** "오늘날 자유민주적 기본질서를 유지하기 위한 여론의 형성에서 언론이 차지하는 비중은 결코 과소평가될 수 없고, 민주주의를 지키고 발전시켜 나가기 위하여 표현의 자유의 우월적 지위는 반드시 보장되어야 한다. 반론권을 인정하는 근거는 공정한 여론형성에 참여할 자유나 객관적 질서로서의 언론제도를 보장하는 데 있다."(헌재 1991. 9. 16. 89헌마165 결정)

(2) 評　　價

1) 공　　적

470. 민주적 기능이론에 대한 평가: 1. 공적 — 시민에게 사회의 구성원인 자격에서 기본권이 보장된다는 점을 인식시켜준 점; 2. 문제점 — 특정 자유에 대한 우선순위부여, 자유권의 탈주관화

시민은 전적으로 자유로운, 비구속적인 개인으로서 기본권이 보장되는 것이 아니라 동시에 사회의 구성원으로서 기본권이 보장된다는 것을 인식시켜 준 점은 이 이론의 커다란 공적으로 평가된다. 왜냐하면 기본권은 개인적 이익뿐만 아니라 공공의 이익을 위해서도 보장되는 것이기 때문이다.

2) 문 제 점

이 이론에 대해서는 두 가지 측면에서 비판이 가해지고 있다. 우선, 이 이론에서는 (예컨대 같은 보도의 자유라 하더라도 순수한 오락방송과 같은) 비정치적인 자유의 행사에 대해 (정치적 비평을 다루는 방송과 같은) 정치적으로 지향된 자유의 사용만이 보호받을 가치가 있는 것으로, 선호되는 것으로 그리고 더 나아가서 특별취급을 받고 있는 것으로 생각되고 있다.[1] 그러나 그러한 태도는 자유권을 부당하게 제한하는 것일 뿐 아니라 또한 그것을 상대화시키는 것을 뜻한다. 왜냐하면 정치적인 것의 범주는 언제나 고정되어 있는 것이 아니라, 개별적인 경우마다 변화되는 관계에 따라 유동적인 것이기 때문이다. 그 결과 뚜렷한 이유 없이 그저 정치적인 것을 지적하여 그것을 선호한다면 그것은 정치적 동기를 가진 결정주의에 이르는 결과가 될 것이다.[2]

다음으로, 자유권을 특히 정치적 의사형성과정에 봉사하는 것으로 이해하는

Staatsrechtliche Abhandlungen, 1955, S. 309ff.(313ff.); E.-W. Böckenförde, Grundrechtstheorie und Grundrechtsinterpretation, S. 1534f.

1) H. H. Klein, Öffentliche und private Freiheit, Der Staat Bd. 10(1971), S. 145ff.(164ff.).

2) E.-W. Böckenförde, Grundrechtstheorie und Grundrechtsinterpretation, S. 1535 참조.

경우 자유권은 필연적으로 강력하게 탈주관화될 것이다.[1] 이 이론의 핵심은 자유권을 개인적 행동의 자유와 결정의 자유가 아닌 이미 전제된 공적·정치적 과정, 정치적 의사형성과정에 참여하는 것으로 보는 것이다. 그러나 이렇게 자유권을 기능화하고 탈주관화함으로써 기본권의 '의무속성'(Pflichtmoment)이 강조될 수밖에 없다. 크뤼거 *H. Krüger*는 이 점을 아주 분명하게 강조한 바 있다. "사회의 영역에서 기본권의 사용 '여부'(Ob)와 관련하여 시민은 자신의 기본권을 사용하지 않으면 안 된다는 단 하나의 의견만을 가질 수 있다. 이 의견을 관철하기 위하여 국가적 강제가 따르지 않는다 하더라도 사회가 자신의 고유한 질서 및 징계수단을 사용하여 그 의견을 존중하도록 영향력을 행사하는 것을 배제할 수 없다."[2] 그렇게 되면 개인적 자유에서 남는 것은 거의 전무하다는 이야기가 될 수밖에 없다. 결국 단 하나의 목적에 봉사하여야 하는 자유는 그 목적을 결정하는 자에 의하여 조작될 수 있다. 목적을 결정하는 자는 민주주의에 있어서는 다수이다. 그러나 다수결에만 따르는 자유는 이미 자유가 아니라 종속을 의미할 것이다.

6. 社會國家的 基本權理論

(1) 內 容

471. 사회국가적 기본권이론의 내용: 기본권은 기본권적 자유의 실현을 위하여 요구되는 사회적 전제요건을 창조할 국가의 의무를 포함한다

이 이론은 기본권을 '절대적' 자유주의적으로 관찰하는 데 대한 반작용으로 성립되었다.[3] 곧 이 이론은 자유주의적 기본권이론의 약점과 기본권적 자유를 실현하는 데 필요한 사회적 전제에 대한 인식부족을 시정하고 보완하려고 한다.[4] 이 이론은 기본권을 해석함에 있어서 기본법 제20조 제1항의 사회국가조항을 근거로 삼는다. 이 이론은 앞에서 설명한 여러 이론들(특히 스멘트의 영향을 받은 이론들)과는 달리 자유권에 대한 독자적인 생각을 그 기초로 삼고 있지 않다. 오히려 이 이론에서는 기본권의 '실효화'(Effektivierung),[5] 곧 기본권의 전통적 보호영역을 확대시키는 데 그 주안점이 있다.

이 이론에 따르면 기본권은 기본권적 자유의 실현을 위하여 요구되는 사회

1) E.-W. Böckenförde, Grundrechtstheorie und Grundrechtsinterpretation, S. 1535.
2) H. Krüger, *Allgemeine Staatslehre*, 1964, S. 543.
3) G.-Chr. Unruh, *Grundkurs Öffentliches Recht*, S. 85.
4) H.-W. Arndt/W. Rudolf, *Öffentliches Recht*, 4. Aufl.(1983), S. 114.
5) P. Häberle, Grundrechte im Leistungsstaat, S. 65, 67.

적 전제요건을 창조할 국가의 의무까지를 포함한다. "왜냐하면 자유권은 그것을 주장할 수 있는 실질적인 전제요건이 없으면 무가치한 것일"[1] 것이기 때문이다. 그리고 각 개인은 이러한 국가적 급부와 국가에 의하여 창설된 여러 제도에 참여할 청구권을 갖는다.[2] 그리고 이렇게 사회국가원리의 영향하에 자유권을 참여권으로 해석하는 것은 '자유권적 기본권으로부터 추론되는 객관적이며 법원리적인 내용이 명확해진 것'(Ausprägung der aus diesen Grundrechten zu entnehmenden objektiven rechtsgrundsätzlichen Gehalte)으로 자명한 것이라고 한다.[3]

(2) 評 價

1) 긍정적 평가

472. 사회국가적 기본권이론에 대한 평가: 1. 공적 — 개인적 자유의 영역을 넓힌 점; 2. 문제점 — 자유보장의 범위가 국가재정상태에 종속되게 됨, 인간이 종속관계에 놓이게 될 염려·전체국가로 발전될 가능성, 헌법해석과 헌법정책의 혼동, 권력분립원리에 대한 침해

제도적 기본권이론과 민주적 기능이론이 개인적 자유의 영역을 제한하였음에 반하여, 이 이론은 국가는 모든 사람이 법적으로뿐만 아니라 현실적으로도 기본권을 가질 수 있도록 하는 실제적 조건을 마련하여야 한다고 함으로써 개인적 자유의 영역을 넓혔다. 이렇게 개인적 자유의 영역을 확대한 것은 이 이론의 공적이다. 독일연방헌법재판소는 여러 판결에서 이 이론을 구성하였다.[4] 특히 이 이론이 잘 나타나고 있는 '대학입학정원판결'(Numerusclausus-Entscheidung)[5]에 대하여는 '개혁적 판결'(Reformurteil),[6] '원칙판결'(Grundsatzurteil)[7] 또는 '기본권의 역사에 고무적인 순간'(einen erregenden Augenblick in der Geschichte der Grundrechte)[8]을 그은 판결이라는 극찬이 있다.

2) 부정적 평가

그러나 이 이론에 대해서는 다음과 같은 비판이 있다. 그 비판은 다음과 같은 네 가지로 간추릴 수 있다. 첫째로, 자유보장의 범위가 국가재정상태에 종속

1) BVerfGE 33, 303(331).
2) BVerfGE 33, 303(330f.).
3) P. Badura, Das Prinzip der sozialen Grundrechte und seine Verwirklichung im Recht der Bundesrepublik Deutschland, S. 17ff.(37).
4) BVerfGE 29, 312(316); 33, 303(329ff.); 27, 71(80ff.).
5) BVerfGE 33, 303ff.
6) P. Häberle, Das Bundesverfassungsgericht im Leistungsstaat. Die Numerusclausus-Entscheidung vom 18. 7. 1972, DöV 1972, S. 729ff.(729).
7) J. Lüthje, Ausbildungsfreiheit im Hochschulwesen. Anmerkungen zur Rechtsprechung des Bundesverfassungsgerichts zum Numerus clausus, JZ 1977, S. 577ff.(577).
8) O. Kimminich, Anmerkungen zur Rechtsprechung. Bundesverfassungsgerichtsurteil vom 18. 7. 1972, JZ 1972, S. 696ff.(696).

되게 된다. 곧 재정적 수단이 고갈되면 기본권보장 또한 감축될 수밖에 없다. 이러한 종속성은 기본권에 대한 국가권력의 구속을 상대화한다. 그 결과 이 이론은 기본법 제1조 제3항(이하의 기본권은 직접 효력을 갖는 법으로서 입법, 집행 및 사법을 구속한다)과 모순될 수도 있으며,[1] 경우에 따라서는 기본권이 해석을 통하여 단순한 강령규정으로 축소될 염려도 있다.[2]

둘째로, 이 이론을 사상적으로 끝까지 캐어 보면 인간의 독립을 유지하는 대신 종속관계가 성립되는 위험이 생겨난다. 왜냐하면 다양한 개인적 요구를 충족시키기 위하여 국가의 기능이 더욱 증대되는 경우 국가의 급부에 의존하는 개인에 대하여 국가의 지위는 높아질 것이기 때문이다. 그렇게 되면 결국 그렇지 않아도 곤란한 포괄적 국가활동에 대한 통제는 그저 형식이 되고 말 것이다. 기본권으로부터 사회적 차원이 박탈되는 경우, 곧 기본권의 사회적 영역이 박탈되어 단순한 헌법위임으로 축소(환원)되는 경우 전체주의국가로 발전될 가능성도 배제할 수 없다. 왜냐하면 그 경우 국가의 급부에 한계를 설정할 객관적 척도가 더 이상 존재하지 않게 될 것이기 때문이다. 그렇게 되면 인간과 시민은 전지전능한 지배권에 굴복하게 될 것이다. 그러나 기본권은 그러한 전권(全權)을 막기 위해서 헌법에 수용된 것이다.[3]

셋째로, 이 이론은 헌법해석과 헌법정책[4]을 혼동하고 있다. 곧 이 이론은 변화된 사회현실 속에서 기본권의 의미와 목적이 어디에 있는가를 질문하는 목적론적 해석방법의 극단적 변종(變種)이라는 것이다.[5] 기본법은 여러 가지 이유 때문에 기본권목록에 사회적 기본권을 수용하지 않았다. 그런데 이것을 해석이라는 조작(操作)을 통하여 적극적이고 기본권적인 청구권을 인정하게 된다면 그것은 기본법제정자의 명백한 의사에 반한다는 것이다.

넷째로, 만일 법원이 막대한 물자의 분배와 국가정책과 사회정책상의 결정권을 자기의 것이라고 주장한다면 그것은 잘못일 것이다. 왜냐하면 기본법의 정

1) H.-W. Arndt/W. Rudolf, *Öffentliches Recht*, S. 114.
2) A. v. Mutius, Grundrechte als "Teilhaberechte". Zu den verfassungsrechtlichen Aspekten des "numerus clausus", VerwArch. Bd. 64(1973), S. 183ff. (193); E.-W. Böckenförde, Grundrechtstheorie und Grundrechtsinterpretation, S. 1536; O. Kimminich, Anmerkungen zur Rechtsprechung. Bundesverfassungsgerichtsurteil vom 18. 7. 1972, S. 698.
3) G.-Chr. v. Unruh, *Grundkurs Öffentliches Recht*, S. 85.
4) 헌법해석과 헌법정책을 왜 구별해야 하는가에 대해서는 M. Kriele, Verfassungsrechtliche und rechtspolitische Erwägungen, in: Duden u. a.(Hrsg.), *Gerechtigkeit in der Industriegesellschaft*, 1974, S. 141ff. 참조.
5) H. Kratzmann, *Grundrechte - Recht auf Leistungen*, 1974, S. 79.

치질서는 대의민주주의이기 때문에 물자를 순위를 정하여 배분하는 권한은 의회와 정부에 속하는 것이지, 정치적으로 책임을 지지 않는 법관에게 속하는 것은 아니기 때문이다. 따라서 법원이 기본권을 본래적 급부청구권으로 '개주(改鑄)한다면'(ummünzen), 그것은 자신의 권한을 일탈하여 권력분립이라는 헌법원리의 핵심을 침해하는 것이다.[1] 곧 법원은 기본권의 효율화라는 이름 아래 헌법상의 권한질서를 해체시켜서는 안 된다는 것이다.

7. 基本法의 基本權理論

(1) 內　　容

473. 기본법의 기본권이론의 내용: 1. 기본권은 헌법조문 자체로부터 해석되어야 한다; 2. 자유권은 원칙적으로 국가적 간섭 밖에 있는 것이다; 3. 그러나 예외적으로 국가는 개인과 사회의 자유를 유지하고 보장하는 데 필요한 한에서 간섭할 수 있는 권한이 있다

사회국가적 기본권이론이 가져오는 부정적 결과를 방지하고 산업사회의 생활관계를 헌법의 이해와 일치시키기 위하여 뵈켄푀르데에 의하여 주장된[2] 이 이론은 헌법조문 자체로부터 기본권을 이해하려고 한다. 이 이론에 따르면 헌법 내에서 기본권이 가지고 있는 '고유한 가치'(Eigengewicht), 곧 기본권의 개인적 권리성과 일차적인 자기목적성을 강조하는 것이 중요하며,[3] 기본권은 개인의 존엄과 가치를 실현하기 위하여 헌법에 보장된 것인 만큼 기본법의 모든 기본권이론은 이러한 기본적인 사정을 고려해야 한다는 것을 전제로 한다.

따라서 이 견해는 기본법의 성립과 내용으로부터 자유권을 '원칙적으로 국가적 간섭 밖에 있는'(staatlichem Zugriff prinzipiell vorausliegend) 것으로 이해한다. 왜냐하면 기본법 제 1 조 제 1 항(인간의 존엄은 불가침이다. 이를 존중하고 보호하는 것은 모든 국가권력의 의무이다)은 명시적으로 국가 이전의 인권을 선언하였기 때문에 기본법의 기본권은 더 상위에 있는 것으로 개념되는 가치나 제도에 속하지 않는다는 것이다. 그렇다고 해서 이 견해는 기본권을 해석함에 있어서 제도적 관점과 민주적 기능적 관점을 기반으로 삼을 수 있다는 것을 배제하지는 않는다. 곧 제도는 자유를 제한하기도 하지만 동시에 자유를 가능하게도 한다는 점과 기본법은 개인을 민주적 공동체의 구성원으로 이해하고 있다는 점(기본법 제18조 참조)[4]을 잊지 않는다. 따라서 이러한 기본권에 대한 이해들이 개별 기본권

1) W. Martens, Grundrechte im Leistungsstaat, VVDStRL Heft 30(1972), S. 7ff.(35f.).
2) E.-W. Böckenförde, Grundrechtstheorie und Grundrechtsinterpretation, S. 1536ff.
3) E.-W. Böckenförde, Grundrechtstheorie und Grundrechtsinterpretation, S. 1538.
4) 기본법 제18조: "의사표현의 자유, 특히 신문의 자유(제 5 조 제 1 항), 교수의 자유 (제 5 조 제 3 항), 집회의 자유(제 8 조), 결사의 자유(제 9 조), 서신·우편·전신의 비밀(제10조), 재산권(제14조) 또는 망명자비호권(제16조 제 2 항)을 자유민주적 기본질서에 대한 공격

을 해석함에 있어서 영향을 발휘할 수 있다고 한다. 다만 전통적 기본권이해에 우위를 부여해야 한다는 것을 강조할 뿐이다.

그러면서도 이 견해는 자유주의적 법치국가 시대와는 다른 결과를 이끌어 낸다. 이 이론에게 국가는 그 영역 내에 있는 사회적 관계에 대하여 더 이상 '냉담해도 좋은'(indifferent) 것이 아니라, '사회국가'로서 개인과 사회의 자유를 유지하고 보장하는 데 필요한 한에서 '간섭할 수 있는 권한'(Eingriffsbefugnisse)을 갖는다. 이로써 자유주의적·법치국가적 기본권이론은 지양되지는 않으나 '사회적 구속'(soziale Einbindung)이라는 의미에서 수정되고 변화된다.

(2) 評　價

474. 기본법의 기본권이론에 대한 평가: 기본권의 제한 정도, 기본권제한의 정당화사유에 대한 합리적 척도를 명확하게 제시하지 못했다

이렇게 기본법의 기본권을 해석하는 것은 급부의 과잉을 통하여 "인간의 존엄"은 침해될 수도 있기 때문에 모든 국가권력의 행사는 개인적 영역의 경계를 존중하라는 명령에 구속받는 자유민주적 기본질서에도 합치된다. 그럼으로써 기본권은 국가 내에서 자유로운 인간과 시민을 사전배려의 과잉은 물론 생활영역을 제한하는 침해로부터도 보호하게 된다. 그렇게 함으로써 기본권은 더 이상 국가 자체에 대항하지는 않지만 고권적 권력이 그 보호과제를 수행하지 않으면 안 되는 곳에서만 합헌적으로 전개될 수 있는 국가권력의 잘못된 사용에 대항하게 된다.[1] 국가작용의 한(경)계는 기본권을 통하여 분명해진다. 왜냐하면 기본권은 넓은 의미에서 국가작용에 목표를 부여함과 동시에 한계를 설정하기 때문이다.[2]

그러나 이 이론에서는 자유와 평등의 결합의 문제, 곧 어느 정도의 범위에서 시민의 기본권이 제한될 수 있는가, 그러한 기본권의 제한을 정당화시킬 수 있는 목표와 목적은 무엇인가라는 것이 밝혀져 있지 않다.

(3) 基本法의 基本權理論을 補完하려는 試圖

475. 기본법의 기본권이론을 보완하려는 시도: 개인적 자유의 고유가치성 인정, 모든 이의 평등

따라서 기본법의 기본권이론에 찬성하면서도 크뢰거 *Klaus Kröger*는 기본법의 기본권이론을 위한 '주도적 관점'(Leitgesichtpunkt)으로서 '개인적 자유의 고유가치성'(die individuelle Freiheit als Eigenwert) 인정, '모든 이의 평등한 자유라는

을 위해 남용하는 자는 이 기본권들의 효력을 상실한다. 실효와 그 범위는 연방헌법재판소에 의하여 선고된다."

1) G.-Chr. v. Unruh, *Grundkurs Öffentliches Recht*, S. 86.
2) Maunz-Durig-Herzog, Art. 5 Anm. 183ff.

목표설정'(die Zielvorstellung der gleichen Freiheit aller) 및 '국가로부터의 자유와 자유로운 정치적 참여의 동시보장'(das Zugleich von Freiheit vom Staat und freier politischer Teilhabe)을 제안하고 있다.[1)]

한 자유라는 목표설정, 국가로부터의 자유로운 정치적 참여의 동시보장을 기본권이론의 주도적 관점으로 삼아야 한다

기본권은 개인적 자유를 법적으로 보장한 것이며, 그 고유한 가치는 특히 개인이 지배할 수 있는 영역이 점점 협소해져 가고 있기 때문에 오늘날에도 그대로 의미를 갖는다. 그러나 개인은 사회생활에서 타인과의 교류를 통하여 자신을 표현하며, 자신을 표현하는 것이 성공하기 위해서는 그 전제로서 존엄과 자유를 확보할 것이 요구된다. 개인적 자유는 강제로부터의 자유와 개인적 자기표현을 방해하는 사회적 구조로부터 자유로울 것을 요구한다. 개인적 자유가 확보되기 위해서는 국가 스스로가 개인적 자유를 국가존립의 원칙으로 인정하는 자유로운 국가여야만 한다.[2)] 곧 자유는 국가와 법이 자유로운 곳에서만 보장된다. 그러한 한에서 헌법의 객관적 질서로서의 기본권의 의미는 부정할 수 없다.

다음으로, 기본법은 제 1 조에서 인간의 존엄을 강조하고 있다. 인간의 존엄을 강조함으로써 자유뿐만 아니라 평등 또한 복구된 것이다. 따라서 자유와 평등의 관계가 문제된다. 그러나 자유와 평등은 지금까지 정치사상에서 그래 왔듯이 서로 대립되는 것[3)]이 아니다. 오히려 자유와 평등은 멀리는 인간은 태어날 때부터 평등한 자유를 가진다는 푸펜도르프 *Samuel Pufendorf*[4)]의 사상이나 가깝게는 자유와 평등을 동일시하는 크릴레 *M. Kriele*[5)]의 생각에서 보듯이 평등한 자유라는 관계에서 합일되는 것으로 보아야 한다.

마지막으로, 기본법의 기본권이론을 위해서는 헌법은 '모든 인간적 공동체의 기초로서 불가침·불가양의 인권'(unverletzlichen und unveräußerlichen Menschenrechte als Grundlage jeder menschlichen Gemeinschaft)을 고백하고 있다는 것이 그 지침이 되어야 한다. 곧 인권이라는 바탕 위에서 객관적인 전체질서는 구성되어야 한다. 곧 인간의 자연적 자유는 국가로부터의 자유로 이해되었다. 그러나 자연적 자유는 그 자체 목적일 뿐만 아니라, 시민적 자유, 곧 정치질서에 참

1) K. Kröger, *Grundrechtstheorie als Verfassungsproblem*, S. 33ff.

2) K. Hesse, Der Rechtsstat im Verfassungssystem des Grundgesetzes, in: *Staatsverfassung und Kirchenordnung. Festgabe für R. Smend*, 1962, S. 71ff.(85f.).

3) H. Laufer, Freiheit und Gleichheit. Die Antinomie politischer Strukturprinzipien in einer sich wandelnden Gesellschaft, in: *Festschrift für. W. Geiger*, 1974, S. 337ff. 참조.

4) Samuel Pufendorf, *De jure naturae et gentium*, 1672, 3 Ⅱ 8.

5) M. Kriele, *Einführung in die Staatslehre*, S. 332f.

여하는 시민적 자유의 조건이자 전제이기도 한 것이다.[1)]

8. 私見 — 우리 憲法의 基本權理解

476. 우리 헌법의 기본권이론: 1. 우리 헌법의 기본권이론은 국가관과 헌법관을 기초로 하면서도 우리 헌법의 기본권 목록을 근거로 한 것이어야 한다; 2. 우리 헌법의 기본권 이론은 인간의 존엄을 궁극목표로 하여 기본권의 인권성을 천명하는 것, 그를 위하여 자유권과 사회권을 최적의 상태로 결합시켜 최대한 보장하는 것, 국가에 참여하는 자유를 확보하는 것이어야 한다; 3. 우리 헌법의 기본권이론은 헌법의 통일성을 염두에 둔 것이어야 한다

앞에서도 보았듯이 모든 기본권에 대한 이해들은 각각 장단점을 가지고 있다. 따라서 기본권을 해석하는 사람은 누구나 우선 기본권이론의 전제가 되는 국가와 헌법에 대한 자신의 이해를 분명히 해야 한다. 그리고 난 후에야 토론가능한, 합리적으로 수행할 수 있는 해석결과에 도달할 수 있을 것이다. 그 밖에도 이들 기본권에 대한 이해들은 임의적으로 적용될 수 있고 교환될 수 있다는 의문이 가능하기 때문에 헌법 스스로가 그때마다의 해석자가 가지고 있는 '선이해'(Vorverständnis)에 따라 기본권보장을 좌우하는 것을 금지하는 일정한 (또는 특정한) 기본권의 이해를 헌법 안에 실정화시키고 있는 것이 아닌가 한다. 곧 기본권이론은 국가관과 헌법관을 기초로 하면서도 실정헌법상의 기본권목록을 근거로 한 것이어야 한다. 그러한 한에서 우리 헌법과 다른 기본권목록을 가진 헌법의 기본권이론을 우리 헌법에 그대로 적용하는 것은 문제가 있다.

더 나아가서, 해석이론이라는 자신의 과제에 철저하고자 하는 기본권이론은 기본권의 해석을 위하여, 기본권을 구성하고 토대를 제공하며 틀을 제공하기 위하여 구속력 있는 지침을 갖고 있지 않으면 안 된다.[2)]

기본권 해석의 과제와 그 한계는 이론적 결정표지들을 성찰하고 그에 근거함으로써 그리고 또한 헌법의 통일성을 존중함으로써 모든 기본권의 실효성이 최대화된다. 항상 가능성의 범위 안에서 모든 기본권을 포괄적으로 고려할 것이 요구된다.[3)] 그러므로 기본권이론은 기본권규정 상호간의 '상호교차성과 상호제약성'(Ineinander-Verschränktheit-Sein und Gegenseitig-Bedingt-Sein)을 근거로 그리고 헌법규정 중의 조직규정들과의 관계에서 헌법의 통일성을 유지하면서 개별적 헌법규범들 사이에 가능한 최대의 완결성, 포괄적 '상호작용'(Wechselwirkung) 내지는 '실제적 조화'(praktische Konkordanz)를 창출할 수 있는 것이어야

1) Chr. Link, Menschenrechte und bürgerliche Freiheit, in: *Festschrift für W. Geiger*, 1974, S. 277ff.(298)는 자연적 자유와 시민적 자유, 국가로부터의 자유와 국가에의 참여를 상호관련된 것으로 본 것을 18세기 독일의 국가론이 현대의 기본권논의에 끼친 공헌이라고 표현하였다.

2) E.-W. Böckenförde, Die Methoden der Verfassunsinterpretation-Bestandaufnahme und Kritik, NJW 1976, S. 2089ff.(2098).

3) BVerfGE 15, 288(295).

한다.[1)]

이러한 모든 것을 감안하여 우리 헌법의 기본권이론은 다음과 같은 두 가지 점을 지침으로 하여야 한다고 생각한다. 우선, 그것은 인간의 존엄을 궁극목표로 하여 기본권의 인권성을 천명하는 것, 인간의 존엄을 실현하기 위하여 자유권과 사회권을 양자택일(兩者擇一)관계가 아닌 최적의 상태로 결합시켜 최대한 보장하는 것, 더 나아가서 국가에 참여하는 자유를 확보하는 것이어야 한다고 생각한다. 그리고 이러한 목적을 위해서는 경우에 따라 가감은 있겠지만 모든 기본권의 고유한 가치를 인정해야 하고 어떠한 경우에도 기본권을 철저하게 기능적·수단적 측면에서만 보는 시각, 하나의 기본권을 위해 다른 하나의 기본권을 기능화하거나 수단화하는 시각은 물론 다른 목적을 위하여 기본권을 기능화하거나 수단화하는 시각은 지양되어야 할 것이다. 더 나아가서 기본권이 인권에서 유래된 것이지만 한 국가구성원들의 공통된 가치관을 통하여 한 국가의 헌법에 실정화되고 그를 근거로 관철되는 것인 이상 기본권의 객관적 규범성과 국가구성원의 지위에서 개인에게 보장된 것이라는 점을 동시에 강조해야 할 것이다.

판 례 **〈사립학교법 제55조, 제58조 제1항 제4호에 관한 위헌심판(합헌)〉** "국민의 기본권보장의 사상적 배경을 자연권이라고 이해할 때(헌법 제10조) 모든 국민의 기본권은 존중되면 존중될수록 그리고 제한은 억제되면 될수록 헌법의 기본권보장 정신에 합치하는 것이라고 할 수 있기 때문에 최대보장의 원칙, 최소제한의 원칙은 기본권보장의 2대 원칙으로 존중되어야 할 것이다."(헌재 1991. 7. 22. 89헌가106 결정)

다음으로, 우리 헌법의 기본권이론은 헌법의 다른 부분과의 관련성, 곧 헌법의 통일성을 염두에 둔 것이어야 한다. 기본권과 (또는) 인권은 예나 지금이나 한편으로는 특히 국가와 시민과의 관계에서 국가권력을 제한하기 위하여 그리고 다른 한편으로는 그에 대한 대개념(對槪念)으로서 개인적 자유를 국가로부터뿐만 아니라 국가를 통하여 보호하기 위하여 요구되고 반드시 필요한 것으로 간주되고 있다. 곧 기본권과 인권은 인간적 실존(존재)과 국가적 공동체를 근거짓는 최소한이자 동시에 필수적인 요건이다. 요컨대 기본권은 국가를 제한하는 작용을 가진 '질서원리'(Ordnungsprinzipien)이며, 그러한 한에서 헌법의 기본원리들과 결합되어 있다. 법치국가의 본질적 요소인 권력분립과 기본권의 상호관련성에서 보듯이, 헌법의 기본원리들의 전제요건과 본질적 구성부분들은 동시에 중요한

1) E. Friesenhahn, 50. DJT, 1974, G 4ff. 참조.

기본권들의 헌법적 보장이기 때문이며 그 반대의 이야기도 통하기 때문이다. 그러므로 기본권과 헌법의 기본원리들 그리고 더 나아가서 통치구조는 통일적으로 일체를 이루고 있다.[1]

第2節 基本權의 機能

1. 一 般 論

477. 기본권의 기능: 주관적 공권, 객관적 법질서, 제도보장

기본권은 이념상 국가의 권력행사에 대한 시민의 주관적 방어권(부작위청구권)에서 출발하였다고 할 수 있다.[2] 그러나 오늘날 기본권에 대한 이해는 예나 지금이나 기본권의 중심작용범위로 특징지어지는[3] 이러한 기본권의 본래의 기능을 훨씬 넘어서고 있다. 오늘날의 기본권이해[4]에 따르면 기본권은 국가에 대한 방어적 기능 이외에도 객관적 법질서(또는 원리), 제도적 보장, 급부권 및 참

1) 인권과 권력분립과 민주주의의 일체성(一體性)을 M. Kriele, *Befreiung und politische Aufklärung. Plädoyer für die Würde des Menschen*, 1980, S. 42(홍성방 옮김, 해방과 정치계몽주의, 가톨릭출판사, 1988)는 다음과 같이 강조하고 있다. "근대 정치계몽주의의 정수는 인권, 권력분립 그리고 민주주의의 일체성이다. 인권의 진정한 효력은 그 법률적 효력을 전제로 하고, 이것은 권력분립을 전제로 한다. 왜냐하면 국가권력의 담당자가 일반적으로 법에 구속될 때 비로소 인권에 구속될 수 있기 때문이다. 국가권력의 담당자는 권력분립의 체제에서만, 즉 행정부가 법을 임의대로 할 수도 없고 또한 법을 파괴할 수도 없으며, 또한 행정부 이전에 헌법제정자와 입법자가 존재하고, 그리고 독립된 법관이 법의 준수를 감시하는 곳에서만 법에 구속된다. 민주주의는 인권의 법적 효력, 즉 권력분립을 전제로 한다. 왜냐하면 인권이 법적으로 유효할 때에만 국민은 법적 안정성과 정신적 및 정치적 자유를 향유하기 때문이며, 그러한 자유가 없으면 국민은 민주적 자기결정의 주체가 아닌, 국가적 타인결정의 객체에 불과하기 때문이다. 인권의 발전과 계속적인 발전은 다시금 민주주의, 다시 말해서 법률을 스스로 형성하고 3권을 공개적으로 통제하는 국민의 자유를 전제로 한다. 즉 다음과 같다. 권력분립과 민주주의는 인권의 이념에서 출발하여 그 속으로 유입한다. 인권, 권력분립 그리고 민주주의의 이러한 세 가지 요소는 법적·제도적 일체를 형성한다. 이 세 가지 요소가 일체를 이루는 정치적 현실은 각자에 대한 인간성과 정의, 자유와 인간존엄의 조건이다. 이 세 가지 요소 중에서 한 요소가 떨어져 나가면, 다른 요소도 또한 성립하지 않는다."

2) BVerfGE 1, 97(104).

3) BVerfGE 50, 290(337).

4) A. Bleckmann, *Allgemeine Grundrechtslehren*, S. 155; E.-W. Böckenförde, Grundrechtstheorie und Grundrechtsinterpretation, S. 1529ff.; K. Hesse, Bestand und Bedeutung der Grundrechte in der Bundesrepublik Deutschland, EuGRZ 1978, S. 427ff.(430f.); Fr. Ossenbühl, Die Interpretation der Grundrechte in der Rechtsprechung des Bundesverfassungsgerichts, NJW 1976, S. 2100ff.

여권으로서 기능하고 있다.[1]

그러나 반드시 주의해야 할 것은 우리 헌법의 기본권목록은 자유권을 중심으로 구성된 독일기본법의 기본권목록과는 다르다는 것이다. 그렇기 때문에 그러한 차이를 감안해서 기본권의 기능도 논해져야 한다는 것이다. 곧 우리 헌법의 기본권목록은 여러 가지 기능을 하는 여러 종류의 기본권들이 있다는 것을 인식하고 이러한 인식 위에서 기본권의 기능도 논해져야 하지 외국의 이론과 실제를 그대로 따를 수는 없다. 그리고 기본권의 형태로 표현되어 있지만 주관적 공권의 의미에서 기본권이라고는 볼 수 없고 달리 해석해야 하는 경우도 있다. 우리 헌법의 기본권은 주관적 공권과 객관적 법질서로서 기능하며, 부분적으로는 제도적 보장으로서 기능하고 있다.

2. 主觀的 公權으로서의 基本權

(1) 主觀的 公權

478. 주관적 공권의 개념: 특정의 개인을 위하여 기본권규정으로부터 이끌어낼 수 있는 법적 청구권

기본권은 일차적으로 주관적 공권으로서 기능한다. 주관적 공권이 무엇인가를 분명히 하기 위해서는 그에 앞서 주관적 권리가 무엇인지를 확실히 하지 않으면 안 된다. 주관적 권리는 일반적으로 '인간의 이해관계를 충족시키기 위하여 법질서가 개인에게 부여한 법적 힘'(eine Rechtsmacht, die dem Einzelnen durch die Rechtsordnung verliehen ist, seinem Zwecke nach ein Mittel zur Befriedigung

1) 기본권이 다양한 기능을 가진다는 것은 BVerfGE 6, 55(71ff.)와 또한 24, 135에 분명히 표현되고 있다. 기본권의 기능은 달리 구별될 수도 있다. 예컨대 A. Katz, *Staatsrecht. Grundkurs im öffentlichen Recht*, 12. Aufl.(1994), S. 255f.는 기본권의 기능을 국가제한기능, 자유보장기능, 구성기능으로 나누고 있고, A. Bleckmann, *Allgemeine Grundrechtslehren*, S. 155ff.는 방어권, 참여권, 제도적 보장, 객관적 규범, 침해수권규정(행위수권규정과 헌법위임규정), 사회행위규범, 국가의 보호의무규정, 가치질서규정으로 나누고 있다. 그런가 하면 H.-J. Papier/Chr. Krönke, *Grundkurs Öffentliches Recht. Grundrechte*, 2012는 기본권의 기능을 기본권 해석의 본질적 결과라 하면서 기본권의 기능을 방어권(이른바 소극적 지위에 해당), 좁은 의미의 급부권(*국가적 급부를 청구하는 이른바 본래적 의미의 참여권), 좁은 의미의 참여권(Teilhaberecht, *이미 존재하는 국가적 급부에 참여하는 이른바 파생적 의미의 참여권), 보호의무, 절차권(이상 이른바 적극적 지위에 해당, *절차권으로는 예컨대 기본법 제93조 제1항 4a의 헌법소원권 및 제19조 제4항의 권리구제절차, 제101조 제1항 제2문의 법률로 정한 법관에 대한 권리 및 제103조 제1항의 법정에서의 법적 진술권을 들 수 있다), 참정권(Teilnahmerecht)(이른바 능동적 지위에 해당), 제도보장(제도보장), 객관적 가치질서로 분류하기도 한다(괄호 안의 표현은 고전적 이해에 따른 것임).

menschlicher Interessen)으로 정의된다.[1] 이 정의는 한편으로는 법질서가 개인, 곧 국민에게 법적 힘을 부여하는 것이라는 것을, 다른 한편으로는 이 법적 힘은 타인(주관적 공권의 경우에는 원칙적으로 국가)을 대상으로 한다는 것을 전제하고 있다.[2] 주관적 권리는 객관적 법을 주장할 수 있는, 곧 필요한 경우에는 소송을 통하여 객관적 법을 관철할 수 있는 힘이다.

따라서 주관적 공권이란 특정의 개인을 위하여 기본권규정으로부터 이끌어 낼 수 있는 권리, 곧 공법관계에서 권리주체가 '고권담당자'(Hoheitsträger)에 대하여 작위 또는 부작위를 요구할 수 있는 법적 청구권을 뜻한다. 그러므로 기본권의 특징적 표지는 그것이 특정의 개인적 기본권주체와 결합되어 있다는 점이다. 기본권은 주관적 권리이기 때문에 국민은 국가가 기본권을 존중하는 것을 사법적으로 관철시킬 수 있다.[3] 이러한 일은 특히 헌법소원에 의하여 분명해진다.

(2) 防禦權的 機能, 參與權的 機能, 請求權的 機能, 給付權的 機能

479. 주관적 공권의 세부적 기능: 방어권적 기능, 참여권적 기능, 청구권적 기능, 급부권적 기능

자연법에 의하여 고무된 입헌주의운동은 자유를 일차적으로 공권력에 대하여 개인적 자유를 보호하는 것으로 이해하였다. 따라서 주관적 공권으로서의 기본권의 본질적 기능은 국가권력을 제한하는 데 있다. 이는 기본권의 방어권적 기능이다.[4] '방어권'(Abwehrrechte)으로서 기능하는 기본권은 공권력이 기본권의 보호영역에 간섭하는 것을 배제할 수 있는 법적 힘을 의미한다.[5] 이러한 개인권

---

1) Ennecceurs-Nipperdey, *Allgemer Teil des Bürgerlichen Rechts*, 1. Halbbd., 15. Aufl.(1959), S. 428f.

2) 주관적 권리를 근거짓기 위해서는 객관적 법규범 — 여기서는 기본권규정 — 을 전제로 하며, 그러한 객관적 법규범은 직접적으로 또는 규범에 의하여 법적 효력이 부여된 행위를 통하여 개인의 법적 지위를 근거짓는 데 적합한 것이어야 한다(BVerfGE 51, 193, 211). 그러한 규범의 특성은 이러한 규범이 내용과 목적에 따라 권리자의 개별화될 수 있는 이익을 보호하고(*Jhering*) 권리자에게 의사능력을 인정하며(*Windscheid*), 제3자에게 보호대상인 이익을 존중할 것을 요구할 수 있게 되는 경우 존재한다. 기본권규정은 공권력이 기본권적으로 보호되는 결정의 자유와 활동의 자유를 존중하고 보호할 주관적 공권을 근거짓는다. 그리고 기본권의 사법형성작용이 문제되는 한 제3자에 대하여도 같다.

3) 이러한 사실은 본 기본법의 제정과정에서 분명하게 표현되었다. 예컨대 멘첼(Menzel) 의원은 다음과 같이 이야기하였다. "그러므로 우리는 기본권이 … 개별 국민들에게 소추할 수 있는 주관적 권리를 부여하도록 결정하였다." Stenographischer Bericht über die Verhandlungen des Hauptausschusses und des Plenums des Bonner Parlamentarischen Rates, S. 204.

4) 기본권의 방어권적 기능은 또한 기본권의 문언으로부터도 도출할 수 있는데, 특히 우리 헌법의 경우 특정한 요건 하에서만 국가에게 기본권을 제한할 수 있는 권한을 부여하고 있는 제37조 제2항의 일반적 법률유보가 그 대표적 예이다.

5) BVerfGE 24, 367(396); 105, 313(342ff.). 국가권력의 부작위를 요구하는 기본권의 방어권

적 방어기능은 주관적 공권으로서의 기본권이 가지는 '원래의 그리고 현재까지도 남아 있는 의미'(ursprünglicher und bleibender Sinn)이다.[1] 기본권은 일차적으로 국가권력의 침해로부터 국민의 자유영역을 보호한다. 그러한 한에서 동시에 공동체 내에서 국민이 자유롭고 능동적으로 참여하고 형성하는 전제조건을 보장한다.[2]

다음으로, 기본권은 '참여권'(Teilnahmerecht, Teilhaberecht)으로서 기능한다. 참여권은 개인이 자신의 권리나 이익과 관련된 결정에 동참할 것을 요구할 수 있는 권리이다. 이러한 의미에서 참여는 민주적 국가형태의 기본적 요소에 속한다. 이러한 시각에서 선거권과 피선거권, 정치적 집회 및 결사의 자유는 참여권으로 기능한다.

그 밖에도 기본권은 '청구권'(Anspruch)과 '급부권'(Leistungsrecht)으로도 기능한다. 우리 헌법에 규정되어 있는 청원권, 재판청구권, 국가배상청구권 등은 청구권의 대표적 예이다. 급부권은 국가적 급부에 시민이 참여하는 것을 보장한다. 예컨대 근로의 권리나 교육을 받을 권리와 같은 사회권적 기본권이 급부권의 전형적인 것이다.

(3) 특히 社會權的 基本權에 대하여

1) 사회권적 기본권은 주관적 공권인가

480. 사회권적 기본권: 예외적인 경우를 제외하고는 사회적 권리는 주관적 공권이 아니다

학문적·법정책적 논의에서는 일반적으로 사회적 기본권이란 용어가 일반화되어 있다. 우리 헌법 제31조-제36조는 사회권을 실현하는 여러 가지 가능성 중에서[3] 여러 가지 사회적 권리들을 기본권의 형태로 규정하고 있다. 그리고 어떤

적 기능은 예컨대 다음과 같은 표현에 구체적으로 표현되어 있다. "그 안에서 개인이 자신의 인격을 자유롭고 자기책임 하에 발현할 수 있도록 개인에게는 개인이 스스로를 소유하고 돌아갈 수 있으며, 세인들이 침입하지 않고 귀찮게 굴지 않으며 은둔을 즐기는 '내적 영역'(Innenraum)이 남아 있어야 한다"(J. Wintrich, *Zur Problematik der Grundrechte*, 1957, S. 15f.를 인용하는 BVerfGE 27, 1, 6). 이를 연방헌법재판소는 다음과 같은 '영역이론'(Sphärentheorie)으로 표현한다. "전체 공권력의 영향이 배제된, 궁극적으로 인간적 자유가 침해될 수 없는 영역이 성립될 수 있도록, 개별시민에게는 사적 생활형성의 영역이 헌법적으로 유보되어 있다"(BVerfGE 33, 303, 331).

1) BVerfGE 50, 290(337).
2) BVerfGE 21, 362(369).
3) 사회권을 국내법적으로 실정화하는 방법으로는 국가목표규정, 헌법(=입법)위임규정, 제도보장 및 좁은 의미의 기본권(주관적 공권)의 네 가지 방법이 있다. 이에 대하여 자세한 것은 S.-B. Hong, *Soziale Rechte auf der Verfassungsebene und auf der gesetzlichen Ebene*, S. 42ff. 참조.

권리가 기본권목록에 포함되어 있는 이상 그것은 주관적 공권의 의미로 해석하는 것이 바람직할 것이다.

그러나 사회권적 기본권이 헌법상 규정을 근거로 급부를 요구할 수 있고 그것을 사법적으로 관철할 수 있다는 의미에서 주관적 공권인가에 대하여는 의문이 있다.

사회적 권리의 경우 그 보호목표로부터 개인적 권리와 그에 대한 국가권력의 구속 사이에 주관적 공권에서 볼 수 있는 규범적 등가성(等價性)을 인정할 수 없다. 그 결과 사법적으로 관철할 수 있는 개인적 청구권을 근거짓기가 어렵다.[1] 이러한 청구권을 근거지을 수 있는 사회적 권리가 있다면, 그것은 생존에 필요한 최소한을 국가에 요구하는 청구권 정도일 것이다.[2]

따라서 사회적 권리는 원칙적으로 주관적 공권이 아니라 '기본전제'(Grund-voraussetzungen)라 할 수 있다. 기본전제로서의 사회적 권리에서 문제가 되는 것은 예컨대 직업선택이나 깨끗한 환경의 존재와 같은 해당 기본권의 구성요건에 속하지는 않으나, 그러한 구성요건의 실현을 제약하고 조건짓는 소여(所與)이다.[3] 따라서 이러한 기본전제를 사회적 기본권이라고 부르는 것은 이들에게도 자유권과 같은 중요성을 주어야 한다는 정치적 의미를 가질 뿐이다.[4]

판례 〈교육법 제8조의2에 관한 위헌심판(합헌)〉 "국민이 교육을 받을 권리를 보장하기 위한 의무교육을 확대 실시함에 있어서는 그 전제로서 몇 가지 고려하지 않으면 아니 될 사항이 있다. (가) 교육을 받을 권리가 실질적으로 보장될 수 있도록 국가와 지방자치단체는 의무교육을 실시하는 학교를 설치·유지하고 의무교육을 담당하는 교사를 양성하는 등 충분한 인적·물적 시설을 갖추어야 하고 이에 따르는 인건비와 기존시설유지 및 신규시설투자비 등 재원을 확보하여야 한다.

1) P. Badura, Das Prinzip der sozialen Grundrechte und seine Verwirklichung im Recht der Bundesrepublik Deutschland, S. 27.

2) G. Brunner, *Die Problematik der sozialen Grundrechte*, S. 18. 독일연방헌법재판소는 기본법 제20조 제1항의 사회국가원리와 함께 기본법 제1조 제1항의 인간존엄성 보장으로부터 모든 도움이 필요한 자들의 "최저생활비" 청구권을 도출하였다(BVerfGE 125, 175ff.).

3) Chr. Sailer, Subjektives Recht und Umweltschutz, DVBl. 1976, S. 521ff.(526).

4) P. Badura, Das Prinzip der sozialen Grundrechte und seine Verwirklichung im Recht der Bundesrepublik Deutschland, S. 23. J. A, Kämmerer, *Staatsorganisationsrecht*, S. 56f.는 사회적 기본권은 문언상 기본권으로 표현되고 있음에도 불구하고 목적론적 내지는 법구조적 이유에서 기본권으로 해석될 수 없다고 한다. 왜냐하면 사회적 기본권은 문언상 국가를 수범자로 하고 있지만 국가는 법질서와 사회질서에서 이러한 문언을 가진 권리를 충족시킬 수 있는 입장에 있지 않기 때문에, 그러한 규정에 대해서는 국가목표로서의 의미만을 부여하여야 한다고 한다.

(나) 국가는 국민이 자녀들을 중학교에 취학시키는 데 지장을 초래하는 사회적·경제적 문제를 해소할 수 있는 제도적 장치를 마련하여야 한다. (다) 결국 의무교육의 확대실시 문제는 이와 같은 인적·물적 교육시설의 정비와 아울러 국가의 재정형편과 국민의 소득수준, 즉 학부모의 교육비 부담능력 등을 종합 고려하여 신중히 결정하지 않으면 아니 된다."(헌재 1991. 2. 11. 90헌가27 결정)

2) 사회권의 특성

481. 사회권의 특성: 1. 자유권은 금지를, 사회권은 명령을 의미한다; 2. 자유권은 소구가능한 권리임에 반하여, 사회권은 개인의 주관적인 청구권이 인정될 수 없는 국가의 의무에 불과하다

사회권이 극히 예외적인 경우를 제외하고는 주관적 공권일 수 없다는 것은 사회권의 특성으로부터도 분명해진다. 사회권의 특성은 주관적 공권의 대표적인 예인 자유권의 특성과 비교함으로써 명확해질 수 있다.

두 종류의 권리는 서로 겹쳐지는 점이 많다. 그러나 원칙적으로 자유권은 금지를, 사회권은 명령을 의미한다는 점에서 양자는 구별된다. 자유권은 국가가 어떠한 경우에도 하여서는 안 되는 것을 규정하고 있음에 반하여, 사회권은 국가가 무엇을 해야 하고 어떠한 목표를 추구해야 하는가를 규정하고 있다. 곧 자유권은 국가가 침해를 하지 않음으로써 보장되는 개인적 자유와 관련되어 있고, 사회권은 국가가 법률 또는 행정처분을 통하여 그 기반을 마련해야 하는 사회보장과 관련되어 있다.[1]

이러한 차이로부터 우리는 양 권리 사이의 본질적인 차이를 추론해 낼 수 있다.

자유권은 직접적인 효력을 가지는 소구(訴求)가능한 권리임에 반하여, 사회권은 극히 예외적인 경우를 제외하고는 헌법에 그것이 규정되어 있다는 사실만으로 개인의 주관적인 청구권이 인정될 수 없는 국가의 의무에 지나지 않는다.[2] 예컨대 근로의 권리는 오로지 일자리를 확대함으로써만 보장될 수 있다. 그러나 법관은 근로의 권리가 침해된 경우에 그것을 지켜 줄 수는 있으나, 일자리 자체를 마련해 줄 수는 없다. 곧 일자리를 마련해 주는 것은 입법부와 행정부의 의무인 것이며, 개인이 가지고 있는 근로의 권리는 어느 정도까지는 이러한 국가의 의무이행의 결과일 뿐이다. 그리고 이러한 권리는 소(訴)의 대상이 될 수 없다. 왜냐하면 이러한 의무를 수행하느냐의 여부는 정치적 형성에 일임되어 있기 때문이다. 뿐만 아니라 이러한 의무는 그러한 것을 해야 될지의 여부와 관련되어 있을 뿐 어떻게 그것을 해야 될지에 관해서는 이야기하는 바가 없다. 그리고 국

1) M. Kriele, *Menschenrechte zwischen Ost und West*, 1977, S. 16f.
2) M. Kriele, Freiheit und Gleichheit, in: Benda/Maihofer/Vogel(Hrsg.), *Handbuch des Verfassungsrechts*, 1983, S. 129ff.(146f.).

가(입법부와 행정부)가 이러한 의무를 완수하기 위하여 자신의 능력 아래 있는 모든 노력을 경주하였는지에 대하여는 법원으로서는 판단하기가 대단히 어렵다. 또한 이와 같은 문제는 정치적·경제적·조직적 여러 여건과 예산을 어떻게 사용할 것인가에 대한 우선순위결정의 문제이고, 그것은 입법부와 행정부의 권한영역에 속한다. 따라서 이러한 문제의 판단을 민주주의를 희생시켜 사법부에 위임할 수는 없다.[1)]

3) 사회권의 법적 성격에 대한 사견

482. 사회권의 법적 성격에 대한 사견: 일차적으로 기본전제를 형성하라는 입법자에 대한 구속적인 헌법위임규정

이러한 모든 것을 감안한다면 우리 헌법에 규정되어 있는 사회적 기본권들은 주관적 공권이 아니라, 일차적으로 기본전제를 형성하라는 입법자에 대한 구속적인 헌법위임규정으로 이해할 수 있다. 그러나 개별적 사회권들이 입법위임규정 외에도 다른 것을 뜻하는지는 구체적인 경우를 따져 개별적으로 판단하여야 할 것이다.

3. 客觀的 價値秩序(法秩序, 法原理)로서의 基本權

483. 객관적 가치질서로서의 기본권: 1. 헤세 — 기본권은 주관적 권리이자 객관적 기본요소라는 이중성을 갖는다; 2. 그러한 한에서 기본권은 추상적·일반적으로 특정의 법적 상태를 확정하는 객관적 법이며 법적 규정; 3. 객관적 가치질서는 헌법의 기본적 결단으로서 모든 법분야에 적용되어야 한다; 4. 기본권이 객관적 법질서

기본권은 그것이 주관적 공권인 것과는 관계없이 '객관적 가치질서'로서 기능한다. 따라서 기본권은 객관적 의미의 법이며, 이는 전체 법질서, 곧 모든 자연인과 법인의 공동생활을 규율하는 원칙적으로 강제할 수 있는 모든 규정을 의미한다. 달리 표현한다면 기본권은 추상적·일반적으로 특정의 법적 상태를 확정하는 객관적 법이며 법적 규정이다. 왜냐하면 기본권은 그것이 개인적 관련과는 관계없이 공동체적 질서의 기본적 요소이며 따라서 헌법에 의하여 구성된 (법치)국가의 기본적 요소이기 때문이다. 법치국가원리는 — 그것이 전부는 아니지만 그래도 본질적으로 — 기본권을 보장하는 데서 표현된다. 그에 따라 국가를 제한할 수 있는 주관적 청구권과 객관적으로 국가에 주어진 제한으로서의 기본권은 대비된다. 이렇게 기본권을 객관적 가치질서로서 기능하는 것으로 이해하는 이론은 기본권의 '자유보장적·사회정의적'(freiheitssichernde und auf soziale

---

1) M. Kriele, *Menschenrechte zwischen Ost und West*, S. 18. 사회권의 이러한 특성 외에도 H. v. Mangoldt, *Das Bonner Grundgesetz*, S. 78f.는 자유권은 자연법적으로 근거지을 수 있으나 사회권의 경우에는 그것이 힘들다는 점과 사회권은 대국가적임과 동시에 대사인적이라는 점을 지적하고 있다. 사회권도 자연법적 인권에서 기원되고 근거지어진다는 것에 대해서는 이미 기술한 바 있다. 기본권의 제3자적 효력에 대해서는 해당 분야에서 이야기될 것이다.

Gerechtigkeit angelegte) 내용에 더욱 커다란 실효성을 보장하려는 노력에서 성립되었다.[1)]

로 작용한다고 해서 기본권의 본래의 기능이 후퇴하는 것은 아니다

판례 〈형사소송법 제312조 제 1 항 단서 위헌소원(합헌)〉 "국민의 기본권은 국가권력에 의하여 침해되어서는 아니 된다는 의미에서 소극적 방어권으로서의 의미를 가지고 있을 뿐만 아니라, 헌법 제10조에서 국가는 개인이 가지는 불가침의 기본 적 인권을 확인하고 이를 보장할 의무를 진다고 선언함으로써 국가는 나아가 적극 적으로 국민의 기본권을 보호할 의무를 부담하고 있다는 의미에서 기본권은 국가 권력에 대한 객관적 규범 내지 가치질서로서의 의미를 함께 갖는다. 객관적 가치 질서로서의 기본권은 입법·사법·행정의 모든 국가기능의 방향을 제시하는 지침으로서 작용하므로 국가기관에게 기본권의 객관적 내용을 실현할 의무를 부여한다."(헌재 1995. 6. 29. 93헌바45 결정)

기본권을 헌법의 객관적 규범으로 특징짓는 일은 특히 헤세 *K. Hesse*가 강조하고 있다. 헤세에게 기본권은 주관적 권리이자 객관적 질서의 기본요소라는 '이중성'(Doppelcharakter)을 갖는다. "기본권은 주관적 권리로서 개인의 근본적인 법상태를 규정하고 보장한다. 기본권은 민주적·법치국가적 질서의 (객관적) 기본요소로서는 이 질서 속에 개인의 법상태를 편입시키며, 그 질서 자체는 그러한 주관적 권리의 실행을 통하여 비로소 현실성을 가질 수 있다."[2)]

방어권으로서의 자유권의 의미를 부정하지 않으면서도 자유권에 커다란 관심을 보이지도 않는 스멘트[3)]와는 달리, 헤세는 주관적 권리와 객관적 법에 똑같은 중요성을 두고 있다. 곧 인간의 자유와 존엄은 주관적 권리와 객관적 법이 실정 국가법질서를 이루는 자유로운 전체질서 속에서만 유지될 수 있기 때문에, 주관적 권리와 객관적 법은 매우 밀접한 상호관련하에 있다는 것이다.[4)]

---

1) BVerfGE 39, 1(68ff.); A. Bleckmann, *Allgemeine Grundrechtslehren*, S. 199ff.; Th. Schramm, *Staatsrecht Bd. Ⅱ. Grundrechte und ihre verfassungsrechtliche Absicherung*, S. 24.

2) K. Hesse, *Grundzüge des Verfassungsrechts der Bundesrepublik Deutschland*, S. 119(Rdnr. 280).

3) R. Smend, Das Recht der freien Meinungsäußerungen(1928), in: ders., *Staatsrechtliche Abhandlungen*, 2. Aufl.(1968), S. 89ff.(95ff., 110f., 112ff.). 물론 스멘트는 기본권의 주관적 측면을 완전히 무시하고 있는 것은 아니다. 곧 그는 기본권에는 국가권력의 남용을 막기 위한 방어적 성격의 기능이 없지 않으나 그것은 소극적·보충적 의의를 가질 뿐이라고 한다. R. Smend, Verfassung und Verfassungsrecht, S. 163ff.

4) K. Hesse, *Grundzüge des Verfassungsrechts der Bundesrepublik Deutschland*, S. 120f. K. Kröger, *Grundrechtstheorie als Verfassungsproblem*, S. 20는 헤세의 견해에 대하여 이러한 견해는 과거의 쓰라린 경험을 고려한 것일 뿐 아니라 현대의 산업 사회에서의 자유는 국

객관적 헌법으로서의 기본권은 다른 법들, 특히 법률보다 상위에 있는 법이다. 따라서 다른 모든 법규정들은 기본권에 합치되지 않으면 안 된다. 객관적 가치질서 속에서 기본권의 효력은 강화된다.[1] 이러한 가치질서는 헌법의 기본적 결단으로서 모든 법 분야에 적용되지 않으면 안 된다.[2] 입법과 사법 그리고 행정은 이러한 가치질서로부터 방향을 지정받으며 동기를 취한다.[3] 곧 기본권은 객관적 가치질서이기 때문에 '방사효'(Ausstrahlungswirkung)가 인정되며, 그 결과 입법자와 법적용기관들은 기본권에 구속된다. 곧 법적용기관들은 기본권에 비추어 법령(특히 법령 중의 불확정법개념과 일반조항)을 해석하여야 한다. 그리고 입법자는 기본권에 의하여 보호되는 영역과 지위를 침해하면 안 될 뿐 아니라 기본권이 위태로워지지 않게끔 법상태를 만들어내야 할 의무가 부과된다. 예컨대 우리 헌법 제21조 제 1 항에 따라 모든 국민에게는 언론의 자유가 보장되어 있기 때문에, 입법자는 언론기관이 개인이나 집단에 의하여 독점됨으로써 자유로운 언론이 위험에 처하지 않도록 법령을 정비해야 할 의무가 있게 되는 것이다.

이렇듯 기본권이 객관적 법질서로 작용한다고 해서 원래의 기본권의 기능, 곧 기본권의 방어권으로서의 기능이 후퇴한다고 할 수는 없다. 기본권은 여전히 주관적 권리로서 작용한다. 곧 기본권의 객관적 법질서로서의 기능은 방어권으로부터 독립된, 방어권적 기능을 무시하고 인정될 수 있는 독자적인 기능은 아니다.[4]

가적 보장과 보호를 필요로 한다는 것을 인식한 결과라고 한다. 그러면서도 크뢰거는 헤세가 기본권의 고유가치(개인적 자유를 뜻함)를 과소 평가하고 있지 않느냐 하는 의문을 제기하고 있다.

1) B. Pieroth/B. Schlink, *Grundrechte. Staatsrecht Ⅱ*, S. 24에 따르면 기본권의 객관법적 요소를 통하여 기본권의 주관적 의미가 강화되는 것으로부터 연방헌법재판소는 다음과 같은 다섯 가지를 이끌어내었다고 한다. 1) 법률과 또한 사법(私法)의 해석과 적용을 위한 조건(BVerfGE 8, 210, 221; 46, 166, 184; 66, 116, 135), 2) 국가의 보호의무(BVerfGE 49, 89, 142; 56, 54, 78; 46, 160, 164; 39, 1, 68; 56, 54; 55, 37, 68; 52, 357, 365), 3) 제도적 보장이 아닌, 개인적 자유를 방어적으로 보장하고 개인적 자유를 조장하기 위하여 기능에 알맞는 조직을 요구하는 국가제도형성을 위한 척도(BVerfGE 35, 79; 47, 327, 369). 그뿐만 아니라 기본권의 객관법적 의미는 다음과 같은 것에서 주관적 권리로 변화될 수 있다. 4) 절차권 (BVerfGE 46, 325, 334f.; 49, 330; 49, 252; 51, 150), 5) 참여권과 급부권 (BVerfGE 33, 303, 305; 35, 79, 115f.).

2) BVerfGE 21, 362, 372; Hesse, § 9 Ⅱ 3 참조.

3) BVerfGE 7, 198(205); 39, 1, 41; 49, 89(141f.).

4) BVerfGE 50, 290(337f.). 참조.

4. 制度的 保障으로서의 基本權

기본권 중 어떤 것은 제도적 보장으로서의 성격을 가진다. 예컨대 언론·출판의 자유를 보장하고 있는 헌법 제21조, 재산권을 보장하고 있는 헌법 제23조, 대학의 자율성을 규정하고 있는 헌법 제31조 제4항 및 혼인과 가족생활에 대한 국가의 보장의무를 규정하고 있는 헌법 제36조의 규정들이 그에 속한다.

484. 제도적 보장을 포함하고 있는 우리 헌법의 규정: 제21조, 제23조, 제31조 제3항, 제36조 등

제도보장의 기능은 법질서 내에서 해당되는 법적 제도가 존재할 수 있도록 보증하는 규범(또는 규범핵심)의 기본적 존립을 확보하는 데 있다. 곧 제도보장은 인간과 직접 관계를 맺는 것이 아니라 제도 자체만을 보호한다. 예컨대 혼인제도는 제도 자체를 폐지할 수 없도록 하는 기능을 할 뿐 개별적인 혼인을 보호하는 것은 아니다. 그러나 제도적 보장은 그러한 제도(혼인제도)를 보장함으로써 해당 기본권(혼인의 자유)이 실현되는 데 기여한다.[1] 그와 동시에 그것을 입법자가 마음대로 하지 못하도록 함으로써 해당 제도를 통하여 '주어진'(vorgegeben) 구성원리를 보호한다.[2]

> **판례** 〈구 지방공무원법 제2조 제3항 제2호 나목 등 위헌소원(합헌)〉 "제도적 보장은 객관적 제도를 헌법에 규정하여 당해 제도의 본질을 유지하려는 것으로서, 헌법제정권자가 특히 중요하고도 가치가 있다고 인정되고 헌법적으로 보장할 필요가 있다고 생각하는 국가제도를 헌법에 규정함으로써 장래의 법발전, 법형성의 방침과 범주를 미리 규율하려는 데 있다. 다시 말하면 이러한 제도적 보장은 주관적 권리가 아닌 객관적 법규범이라는 점에서 기본권과 구별되기는 하지만 헌법에 의하여 일정한 제도가 보장되면 입법자는 그 제도를 설정하고 유지할 입법의무를 지게 될 뿐만 아니라 헌법에 규정되어 있기 때문에 법률로써 이를 폐지할 수 없고, 비록 내용을 제한한다고 하더라도 그 본질적 내용을 침해할 수는 없다. 그러나 기본권의 보장은 … '최대한보장의 원칙'이 적용되는 것임에 반하여, 제도적 보장은 기본권보장의 경우와는 달리 그 본질적 내용을 침해하지 아니하는 범위 안에서 입법자에게 제도의 구체적인 내용과 형태의 형성권을 폭넓게 인정한다는 의미에서 '최소한보장의 원칙'이 적용될 뿐이다."(헌재 1997. 4. 24. 95헌바48 결정)

그러나 제도적 보장과 관련된 보장은 기본권의 개별적 보호작용으로부터 독립된 것으로 이해될 수는 없다. 곧 제도적 보장은 개인적 자유를 보호하는 데 이바지한다. 객관적으로 보장된 제도적 보장의 내용이 개인의 자유보호를 위한 법적 제도로 이해되는 한에서만 제도적 보장은 개인의 주관적 권리를 근거짓는

1) BVerfGE 24, 367(389).
2) BVerfGE 53, 224(245).

데 해석의 요소로 생각될 수 있을 것이다.[1]

헌법재판소는 기본권과 제도적 보장을 구분하면서, 의무교육제도, 지방자치제도, 직업공무원제, 혼인제도, 가족제도, 복수정당제도 등을 제도적 보장으로 본다.

그러나 제도적 보장은 기본권의 객관법적 내용이 일반적으로 인정되면서 이전과 같은 의미를 상실한 것으로 생각된다.[2] 이에 따라 독일연방헌법재판소도 최근에는 제도적 보장에 대하여 상세한 논의를 하고 있지 않은 것으로 보인다.[3]

5. 국가의 기본권보호의무

484a. 국가의 기본권 보호의무

그밖에도 기본권(자유권)의 기능으로 이야기되는 것은 국가의 기본권보호의무이다. 국가의 기본권보호의무란 예컨대 핵에너지를 평화롭게 사용한 결과 발생하는 생명과 건강에 대한 위험으로부터 보호하거나 핍쇼(Peep Show)로부터 인간의 존엄을 보호하는 것처럼 제3자, 즉 사인이나 또는 외국의 국가기관이나 자연재해와 같은 외부작용에 의하여 발생되는 개별적 기본권에 대한 위험과 개별 기본권에 표현된 가치결정에 대한 위험을 국가가 방어할 의무이다. 이로써 자유권은 국가작용을 방어할 뿐만 아니라(소극적 지위, 기본권의 방어권적 기능) 기본권이 제3자(다른 시민)에 의한 침해에 대해서 국가가 보호해야 할 의무를 지우게 된다.

이러한 보호의무는 일차적으로 국가(입법부와 행정부)의 객관법적 의무이다. 따라서 국가는 자신의 보호의무를 이행함에 있어 어떤 방법을 채택할지에 대하여 광범위한 결정권한을 가지나, 어떤 경우에도 최소한의 보호조치는 취해야 한다(과소보호금지 Untermaßverbot). 따라서 국민은 원칙적으로 특정의 국가적 조치를 소송에 의하여 관철할 수 있는 권리를 가지지는 않는다. 국민은 국가가 객관법적 보호의무를 전혀 이행하지 않았거나 또는 이제까지 국가가 행한 조치가 전적으로 부적합하거나 명백하게 불충분한 경우에만 예외적으로 소를 제기할 수 있다.

---

1) P. Badura, *Staatsrecht*, S. 77.

2) H. Sodan/J. Ziekow, *Grundkurs Öffentliches Recht*, S. 205.

3) 이에 대한 예외로는 기본법 제28조 제2항과 관련된 BVerfGE 103, 332(376)과 기본법 제6조 제1항과 관련된 BVerfGE 105, 313(342) 참조.

기본권보호의무의 헌법적 근거에 대해서는 기본권의 객관적 내용이라거나 법치국가원리라는 견해가 있다. 그러나 기본권보호의무의 헌법적 근거와 헌법이론적 근거는 구별해야 하며, 그러한 한에서 기본권보호의무의 헌법적 근거는 헌법 제10조 제 2 문으로 보아야 할 것이다. 헌법재판소도 같은 입장이다.[1)]

판례 〈민법 제 3 조 등 위헌소원(합헌, 각하)〉 "우리 헌법은 제10조 제 2 문에서 "국가는 개인이 가지는 불가침의 기본적 인권을 확인하고 이를 보장할 의무를 진다."라고 규정함으로써 국가의 적극적인 기본권보호의무를 선언하고 있는바, 이러한 국가의 기본권보호의무 선언은 국가가 국민과의 관계에서 국민의 기본권보호를 위해 노력하여야 할 의무가 있다는 의미뿐만 아니라 국가가 사인 상호간의 관계를 규율하는 사법(私法)질서를 형성하는 경우에도 헌법상 기본권이 존중되고 보호되도록 할 의무가 있다는 것을 천명한 것이다.

그런데 국민의 기본권에 대한 국가의 적극적 보호의무는 궁극적으로 입법자의 입법행위를 통하여 비로소 실현될 수 있는 것이기 때문에, 입법자의 입법행위를 매개로 하지 아니하고 단순히 기본권이 존재한다는 것만으로 헌법상 광범위한 방어적 기능을 갖게 되는 기본권의 소극적 방어권으로서의 측면과 근본적인 차이가 있다.

국가가 소극적 방어권으로서의 기본권을 제한하는 경우 그 제한은 헌법 제37조 제 2 항에 따라 국가안전보장·질서유지 또는 공공복리를 위하여 필요한 경우에 한하고, 자유와 권리의 본질적인 내용을 침해할 수는 없으며 그 형식은 법률에 의하여야 하고 그 침해범위도 필요최소한도에 그쳐야 한다. 그러나 국가가 적극적으로 국민의 기본권을 보장하기 위한 제반조치를 취할 의무를 부담하는 경우에는 설사 그 보호의 정도가 국민이 바라는 이상적인 수준에 미치지 못한다고 하여 언제나 헌법에 위반되는 것으로 보기 어렵다. 국가의 기본권보호의무의 이행은 입법자의 입법을 통하여 비로소 구체화되는 것이고, 국가가 그 보호의무를 어떻게 어느 정도로 이행할 것인지는 입법자가 제반사정을 고려하여 입법정책적으로 판단하여야 하는 입법재량의 범위에 속하는 것이기 때문이다.

물론 입법자가 기본권 보호의무를 최대한 실현하는 것이 이상적이지만, 그러한 이상적 기준이 헌법재판소가 위헌 여부를 판단하는 심사기준이 될 수는 없으며, 헌법재판소는 권력분립의 관점에서 소위 "과소보호금지원칙"을, 즉 국가가 국민의 기본권 보호를 위하여 적어도 적절하고 효율적인 최소한의 보호조치를 취했는가를 기준으로 심사하게 된다. 따라서 입법부작위나 불완전한 입법에 의한 기본권의 침해는 입법자의 보호의무에 대한 명백한 위반이 있는 경우에만 인정될 수 있다. 다시 말하면 국가가 국민의 법익을 보호하기 위하여 아무런 보호조치를 취하지 않

---

1) 독일연방헌법재판소도 기본법 제 1 조 제 1 항 제 2 문 "이를(즉 인간의 존엄을) 존중하고 보호하는 것은 모든 국가권력의 의무이다"으로부터 기본권보호의무를 도출해내고 있다 (BVerfGE 88, 203(251f.).

았든지 아니면 취한 조치가 법익을 보호하기에 명백하게 부적합하거나 불충분한 경우에 한하여 헌법재판소는 국가의 보호의무의 위반을 확인할 수 있을 뿐이다(헌재 1997. 1. 16. 90헌마110, 판례집 9-1, 90, 120-123 참조)."(헌재 2008. 7. 31. 2004헌바81 결정)

판례 **〈교통사고처리특례법 제4조 제1항 등 위헌확인(위헌)〉** "기본권 보호의무란 기본권적 법익을 기본권주체인 사인에 의한 위법한 침해 또는 침해의 위험으로부터 보호하여야 하는 국가의 의무를 말하며, 주로 사인인 제3자에 의한 개인의 생명이나 신체의 훼손에서 문제되는데, 이는 타인에 의하여 개인의 신체나 생명 등 법익이 국가의 보호의무 없이는 무력화될 정도의 상황에서만 적용될 수 있다."(헌재 2009. 2. 26. 2005헌마764 등 병합결정)

第 4 章　基本權享有의 主體

第 1 節　一 般 論

헌법에 보장된 '기본권을 주장할 수 있는 권리를 가진 자'(Grundrechtsberechtigte)가 누구인가를 정하는 것이 기본권향유의 주체의 문제이다. 누가 기본권의 향유주체가 될 수 있는가는 그때그때 문제되는 기본권의 인격적 보호영역에 따라 개별적으로 결정된다. 따라서 아래의 설명은 기본권의 향유주체에 대한 일반적인 기준을 제시하는 것에 지나지 않는다.

485. 기본권향유의 주체의 개념: 기본권을 주장할 수 있는 권리를 가진 자, 곧 자연인과 법인

기본권향유의 주체는 크게 자연인과 법인으로 나누어진다. 자연인인 국민이 기본권을 향유할 수 있다는 데에는 이의가 있을 수 없다. 그러나 기본권향유의 주체와 관련하여 미성년자의 기본권행사능력을 인정할 것인가, 인정한다면 그 범위는 어떻게 정할 것인가, 외국인과 법인에게 기본권향유의 주체성을 인정할 것인가라는 문제에 대하여는 견해의 대립이 있다.

第 2 節　國　　民

1. 國民의 範圍

자연인인 국민은 누구나 기본권향유의 주체가 된다. 국민이란 대한민국의 국적을 가진 모든 사람을 가리키며, 여기에는 예외가 없다. 사람은 국민이기만 하면 대부분의 기본권을 제한 없이 행사할 수 있다. 그러나 참정권의 예에서 보는 것처럼 기본권을 행사하기 위해서는 일정한 조건을 갖추어야 하는 경우가 있다. 따라서 헌법에 보장된 기본권을 향유하는 데 있어서는 기본권의 주체능력과 기본권의 행사능력을 구별하여야 한다.

486. 기본권향유주체로서의 국민: 대한민국의 국적을 가진 모든 사람

2. 基本權의 主體能力과 基本權의 行使能力

(1) 基本權의 主體能力

487. 기본권의 주체능력: 1. 기본권의 주체가 될 수 있는 능력; 2. 원칙적으로는 살아있는 사람, 예외적으로는 사자와 태아

'기본권의 주체능력'(Grundrechtsfähigkeit,[1] Grundrechtsträgerschaft[2])[3]은 기본권의 주체가 될 수 있는 능력을 의미한다. 기본권의 주체능력은 민법상의 권리능력에 비교할 수 있다.

그러나 기본권의 주체능력은 민법상의 권리능력과 반드시 일치하는 것은 아니다. 이 양자가 같은 것이 아니라는 것은 사망한 사람과 태아의 경우 및 권리능력 없는 사단의 경우를 보면 더욱 분명해진다. 민법상으로는 사망한 자의 권리능력은 전적으로 부정되며, 태아의 경우에도 출생을 전제로 하고 인정되는 예외를 제외하고는 그 권리능력이 원칙적으로 부정된다. 그러나 헌법적으로는 사망한 자도 인간의 존엄권(헌법 제10조)의 주체는 될 수 있다. 예컨대 사망한 자의 명예를 실추시킨 소설,[4] 사망자의 사망 전 승낙없는 장기이식, 사체에 대한 의학적 실험 등과 관련해서는 사자(死者)의 인간의 존엄권이 침해된 것으로 본다. 또한 태아의 경우 원칙적으로 생명권과 신체적 완전성의 권리 등의 주체가 된다.[5] 인간 배아(胚芽)가 생명권의 주체가 될 수 있는지에 대해서는 견해가 대립되어 있다.[6] 헌

1) A. v. Mutius, Grundrechtsfähigkeit, Jura 1983, S. 30ff.의 표현.

2) H. Bethge, Grundrechtsträgerschaft juristischer Personen. Zur Rechtsprechung des Bundesverfassungsgerichts, AöR 104, 1979, S. 54ff., 265ff.의 표현.

3) 독일에서 Grundrechtsfähigkeit와 Grundrechtsträgerschaft란 개념은 일반적으로 동의어로 사용되고 있다. 그러나 F. Hufen, *Staatsrecht II Grundrechte*, 4. Aufl.(2014), S. 82은 Grundrechtträgerschaft는 구체적 기본권주체로, Grundrechtsfähigkeit는 추상적 기본권주체능력, 즉 '기본권의 주체가 될 수 있는 원칙적 가능성'으로 구별하고, 후자를 민법상의 권리능력에 상응하는 것으로 본다.

4) BVerfGE 30, 173(194) — 메피스토판결(Mephisto-Beschluß). 이 판결에서 독일연방헌법재판소는 다음과 같은 요지의 판결을 하였다. 일반적 인격권은 사자(死者)에게는 인정되지 않는다. 그러나 기본법 제 1 조 제 1 항에서 모든 국가권력에게 부과된 의무, 곧 개인의 인간의 존엄에 대한 침해에 대하여 보호하라는 국가권력에게 부과된 의무는 사망과 동시에 종료되지는 않는다. 이 판결에 대한 국내문헌으로는 계희열, 메피스토-클라우스만 결정, 판례연구 제 2 집(고려대 법학연구소)이 있다.

5) BVerfGE 39, 1(36-42) — 제 1 차 낙태판결. 이 판결에서는 태아에게 주관적 권리가 주어지는지 아니면 결여된 권리능력과 기본권주체능력 때문에 헌법의 객관적 규범에 의하여 생명권이 보호되는지에 대하여는 결정되지 않았다. 어떻든 이 판결에서 동헌법재판소가 기본법 제 2 조 제 2 항의 객관법적 내용으로부터 형성중의 생명에 대하여 법적으로 보호해야 할 국가의 의무를 이끌어낸 것은 분명하다. 그러나 엄밀하게 말한다면 기본권의 주체성과 기본권의 보호에 참여하는 문제는 구별해야 한다.

6) 기본권주체성의 시기에 관한 독일의 논의는 배아(Embryo) – 태아(nasciturus) – 성체로 인

법재판소는 배아가 생명권의 주체라고 일반적으로 인정하고 있지는 않으나, 원시생명체로서 보호할 가치가 있는 경우에는 국가의 보호의무가 있음을 인정하고 있다(헌재 2010. 5. 27. 2005헌마346 결정). 그 밖에도 정당과 같이 민법상 권리능력 없는 사단이 특정 기본권을 향유할 능력을 갖는 경우가 있다.

판례 "인간의 생명은 잉태된 때부터 시작하는 것이고 회임된 태아는 새로운 인격의 근원으로서 존엄과 가치를 지니므로 그 자신이 이를 인식하고 있는지 스스로를 방어할 수 있는지에 관계없이 침해되지 않도록 함이 헌법 아래에서 국민일반이 지니는 건전한 도의적 감정과 합치한다."(대법원 1985. 6. 11. 84도1958 판결)

판례 〈민법 제 3 조 등 위헌소원(합헌, 각하)〉 "모든 인간은 헌법상 생명권의 주체가 되며, 형성중의 생명인 태아에게도 생명에 대한 권리가 인정되어야 한다. 따

간이 발전해가는 과정에서 배아에게 기본권주체성을 인정할 수 있는가 여부를 중심으로 다루어지고 있다. 이에 대해서는 P. Zaar, *Wann beginnt die Menschenwürde nach Art. GG?*, 2004 및 그를 소개하고 있는 국내문헌으로 김학성·최희수·김주환·홍일선, 「기본권의 주체」(헌법재판연구 제20권), 헌법재판소, 2009, 8-45쪽 참조. 그에 따르면 수정시부터는, 수정란이 모체 내에 있든 모체 밖에 있든, 기본법 제 1 조 제 1 항의 인간존엄성보장을 완전하게 향유한다는 것이 독일연방헌법재판소의 입장(BverfGE 39, 1, 41: 인간의 생명이 존재하는 한 그에는 존엄이 인정된다)이자 다수설의 입장이다. 그러한 주장을 뒷받침하기 위한 논거로는 '종적 귀속성 논거'(Speziesargument), '동일성논거'(Identitätsargument), '잠재성논거'(Ptentialitätsafgument), '연속성논거'(Kontinuitätsargument) 등이 있다. 그러나 이러한 설명은 독일 연방헌법재판소의 판례 '어떻든 수정 후 14일부터'(jedenfalls vom 14. Tage nach der Empfängnis)(BVerfGE 39, 1, 37; 88, 203, 251)을 오인한 것으로 보인다.

이 문제와 관련하여 국내에서는 (1) 인간생명(=인간생명체)과 출생 후의 인간(=성체로서의 인간)을 구분하여 전자에게는 생명권을 후자에게는 생명권과 인간존엄권을 인정하면서, 자연배아의 경우 개체화가 이루어지는 착상(수정 후 14일)시부터는 배아도 존엄권의 주체가 될 수 있으나, 착상 전 배아는 인간생명이기는 하지만 아직 인간의 존엄성의 주체가 될 수 없다는 견해(김선택, 출생전 인간생명의 헌법적 보호, 헌법논총 제16집, 2005)와 (2) 독일연방헌법재판소의 제 1 차 낙태판결의 판시내용("인간생명이 존재하는 한 그에게는 인간으로서의 존엄권이 귀속된다")을 근거로 인간존엄의 시점은 인간생명의 시점과 동시에 인정되므로, 결국 인간존엄 역시 '수정란'에서 시작된다고 보는 견해(정문식, 독일에서의 인간의 존엄과 생명권의 침해, 공법학연구 제 7 권 제 2 호, 2006) 및 (3) 생명침해는 곧 인간존엄의 침해가 된다고 보고 인간의 시기를 수정시로 보면서 인간존엄은 발달단계에 따라서 상대화될 수 있는 것으로 보는 것이 타당한 바, 구체적으로 착상시를 기준으로 착상 이전의 존엄보호는 상대화될 수 있는 반면, 착상 이후에는 인간존엄의 절대적 보호가 이루어진다고 보는 견해(방승주, 배아와 인간존엄, 법학논총(한양대 법학연구소) 제25집 제 2 호)가 있다.

어떻든 이상의 국내외 학설과 판례를 종합하면, 수정 후 14일이 지나 착상된 배아의 기본권(인간의 존엄과 생명권)주체성은 인정될 수 있다 할 것이다(BVerfGE 39, 1, 37 및 88, 203, 251 참조).

라서 태아도 헌법상 생명권의 주체가 되며, 국가는 헌법 제10조에 따라 태아의 생명을 보호할 의무가 있다. … 태아는 수정란이 자궁에 착상한 때부터 낙태죄의 객체로 되는데 착상은 통상 수정 후 14일경에 이루어지므로 …"(헌재 2008. 7. 31. 2004헌바81 결정)

판례 〈「일제강점하 반민족행위 진상규명에 관한 특별법」 제2조 제7호 등 위헌소원(합헌)〉 "헌법 제10조로부터 도출되는 일반적 인격권에는 개인의 명예에 관한 권리도 포함되는바(헌재 1999. 6. 24. 97헌마265, 판례집 11-1, 768, 774; 헌재 2005. 10. 27. 2002헌마425, 판례집 17-2, 311, 319), 이 사건 심판대상조항에 근거하여 반민규명위원회의 조사대상자 선정 및 친일반민족행위결정이 이루어지면(이에 관하여 작성된 조사보고서 및 편찬된 사료는 일반에 공개된다), 조사대상자의 사회적 평가가 침해되어 헌법 제10조에서 유래하는 일반적 인격권이 제한받는다고 할 수 있다. 다만 이 사건 결정의 조사대상자를 비롯하여 대부분의 조사대상자는 이미 사망하였을 것이 분명하나, 조사대상자가 사자(死者)의 경우에도 인격적 가치에 대한 중대한 왜곡으로부터 보호되어야 하고, 사자(死者)에 대한 사회적 명예와 평가의 훼손은 사자(死者)와의 관계를 통하여 스스로의 인격상을 형성하고 명예를 지켜온 그들의 후손의 인격권, 즉 유족의 명예 또는 유족의 사자(死者)에 대한 경애추모의 정을 침해한다고 할 것이다. 따라서 이 사건 심판대상조항은 조사대상자의 사회적 평가와 아울러 그 유족의 헌법상 보장된 인격권을 제한하는 것이라고 할 것이다."(헌재 2011. 3. 31. 2008헌바111 결정)

(2) 基本權의 行使能力

1) 개 념

488. 기본권의 행사능력: 기본권의 주체가 독립적으로 자신의 책임하에 기본권을 행사할 수 있는 능력

'기본권의 행사능력'(Grundrechtsmündigkeit)은 기본권의 주체가 독립적으로 자신의 책임하에 기본권을 행사할 수 있는 능력을 의미한다.[1] 기본권의 행사능력은 인간의 행위가능성을 보호하고자 하는 기본권에서 문제되기 때문에, 예컨대 인간의 존엄성이나 생명권 또는 (일반적 행동의 자유를 의미하는 인격발현권을 제외한) 협의의 인격권처럼 특정 법익이나 상태 자체를 보호하기 위한 기본권에서는 기본권의 행사능력이 문제되지 않는다.[2] 기본권의 행사능력은 민법상의 행위능력에 비교할 수 있다.

---

1) 그러나 K. Hesse, *Grundzüge des Verfassungsrechts der Bundesrepublik Deutschland*, S. 121f.는 "미성년자는 기본권의 보유 및 행사에 있어서 일반적으로 제약된다든가 또는 기본권의 행사에는 일반적으로 기본권주체 능력 이외에 또한 기본권의 행사능력이 요구된다 하는 것은 헌법상 근거가 없다"고 하여 기본권의 행사능력이란 개념 자체를 인정하지 않는다.

2) 한수웅, 헌법학, 384쪽 참조.

그러나 민법상 행위능력이 제한되는 미성년자의 경우에도 기본권의 행사능력은 널리 인정된다. 그러한 한에서 양자는 반드시 일치하는 것은 아니라고 할 수 있다.

2) 기본권의 행사가 제한되는 경우

489. 기본권의 행사가 제한되는 경우: 1. 기본권의 성격상 제한되는 경우; 2. 법에서 기본권의 행사능력 자체를 제한하는 경우

기본권의 행사가 제한되는 경우에는 두 가지 경우가 있다. 하나는 기본권의 성격상 기본권의 행사능력이 제한되는 경우이다. 이러한 경우는 9살 된 어린이가 서신의 비밀의 자유를 행사할 수 있겠는가, 12살 된 소년이 결사를 조직할 수 있겠는가, 14세의 미성년자가 신문의 자유를 행사할 수 있겠는가 등에서 그 예를 찾을 수 있다.

다른 하나는 법에서 기본권의 행사능력 자체를 제한하는 경우이다. 이에는 헌법 자체가 규정하는 경우,[1] 헌법의 위임을 받아 법률이 정하는 경우,[2] 헌법상의 명문규정이 없지만 개별 법률의 규정에 의한 경우를 나눌 수 있다.[3] 기본권의 행사능력이 헌법의 위임을 받은 규정이나 헌법의 위임이 없이도 개별 법률규정에 의하여 제한되는 것은 민주국가에서 입법권자에게 주어진 광범위한 입법형성권에 근거한 것으로 볼 수 있다.[4]

(3) 基本權의 行使能力의 制限에 관한 理論과 判例(특히 未成年者의 基本權行使能力)

1) 문 제 점

490. 미성년자의 기본권행사능력의 문제점

이 문제는 국내에서는 거의 언급되고 있지 않거나 언급되고 있더라도 이 문제를 친권의 문제로서만 파악하고 있다.[5] 그러나 "모든 국민은 인간으로서의 존엄과 가치를 가지며"(헌법 제10조 제 1 문 전단), "모든 국민은 … 자유와"(헌법 제12

---

1) 대통령피선거권의 행사능력을 국회의원의 피선거권이 있고 선거일 현재 40세에 달한 자에 한정하고 있는 우리 헌법 제67조 제 4 항이 이 경우에 속한다.

2) 헌법의 위임을 받아 국회의원과 지방자치단체의 의회의원 및 장의 선거권과 피선거권을 각각 19세와 25세로 정한 공직선거법 제15조, 제16조의 규정 또는 공무담임권을 대법원장과 대법관의 경우 70세, 기타 법관의 경우 65세까지로 제한한 법원조직법 제45조 제 4 항의 규정이 그 예이다.

3) 미성년자의 거주·이전의 자유(헌법 제14조)가 친권자의 거소지정권(민법 제914조)에 의해서 제한되는 경우가 그 예이다.

4) 허영, 한국헌법론, 229쪽.

5) 그 결과 국내학계와 판례에서는 부모의 친권과 미성년자의 기본권이 충돌할 수 있다는 것을 부인하고, 부모에 대한 자(子)의 기본권주장도 인정하지 않고 있다.

조－제22조), "모든 국민은 …권리를" 가지고(헌법 제23조－제35조), "가족생활이 개인의 존엄을 기초로 유지되어야 하며, 국가는 이를 보장"하여야(헌법 제36조 제1항) 하는 헌법하에서 미성년자의 기본권행사능력의 문제는 친권의 문제로만 볼 수는 없다.[1)]

판 례 〈「학원의 설립·운영에 관한 법률」 제22조 제1항 제1호 등 위헌제청, 「학원의 설립·운영에 관한 법률」 제3조 등 위헌확인(위헌)〉 "자녀의 양육과 교육은 일차적으로 부모의 친권적인 권리인 동시에 부모에게 부과된 의무이기도 하다. '부모의 자녀에 대한 교육권'은 비록 헌법에 명문으로 규정되어 있지는 아니하지만, 이는 모든 인간이 누리는 불가침의 인권으로서 혼인과 가족생활을 보장하는 헌법 제36조 제1항, 행복추구권을 보장하는 헌법 제10조 및 '국민의 자유와 권리는 헌법에 열거되지 아니한 이유로 경시되지 아니한다'고 규정하는 헌법 제37조 제1항에서 나오는 중요한 기본권이다."(헌재 2000. 4. 27. 98헌가16 등 병합결정)

오히려 미성년자의 기본권행사능력의 문제에는 다음과 같은 세 가지 문제가 포함되어 있다. 첫째, 미성년자가 자신의 기본권을 제3자에 대해서 독립적으로 행사할 수 있는가라는 문제와 어느 시점까지 그리고 어느 정도의 범위에서 부모로 하여금 기본권을 대신 행사할 수 있도록 할 수 있는가, 둘째, 행위능력에 관한 민법의 규정을 기본권행사에 전용(轉用)할 수 있는가 또는 헌법 자체로부터 독자적인 해결책을 추론해 낼 수 있는가, 셋째, 미성년자의 기본권과 미성년자에 대한 대리권을 포함하는 친권이 충돌하는 경우의 문제는 어떻게 해결할 것인가.[2)]

입법론적으로는 성년이 되는 연령을 지금보다 빠르게 잡고, 해석론으로서는 미성년자에게 독립된 인격체로서 특별한 사유가 없는 한 기본권을 향유할 수 있

1) 이와 관련하여 김철수, 헌법학개론, 274쪽은 "미성년자나 어린이에게도 고유한 자연권을 인정하는 것이 바람직하다. 그러나 미성년자나 어린이는 판단능력이 어느 정도 미숙하기 때문에 특별히 보호할 필요가 있다. … 이러한 제약의 가부는 연령면에서의 발달단계, 인격적 자율에 있어 핵심적인 것인가 주변적인 것인가 등을 고려하여 결정하여야 할 것이다"라고 쓰고 있고, 허영, 한국헌법론, 230쪽은 "우리 헌법질서 내에서도 기본권주체로서의 子의 기본권의 행사능력과 부모의 자에 대한 교육권(친권)과의 상호조화를 모색하려는 독일의 이론적인 시도가 본받아져야 한다고 생각한다"고 적고 있다. 또한 S. Engels, Kinder－ und Jugendschutz in der Verfassung, AöR 122(1997), S. 212ff.(특히 S. 219－222)에게서 미성년자의 '인격체로 성장할 권리'(인격성장의 권리, Rechts auf Person－Werden)를 차용하여 사용하면서 이 권리를 헌법 제10조(인간으로서의 존엄과 가치 및 행복추구권)에 보장된 기본권내용의 일부로 보고 있는 김선택, 아동·청소년보호의 헌법적 기초, 헌법논총 제8집, 헌법재판소, 1997, 77쪽 이하(특히 89－91쪽)도 참조.

2) A. Bleckmann, *Allgemeine Grundrechtslehren*, S. 296.

도록 기본권의 행사능력을 확대시키는 이론구성이 필요할 것으로 생각된다. 이와 관련 여기에서는 이 문제와 관련된 독일의 이론과 판례를 간추린다.

2) 뒤리히의 견해

491. 미성년자의 기본권행사능력에 대한 뒤리히의 견해: 1. 부모의 친권과 미성년자녀의 인격발현권 및 국가의 문제로 파악; 2. 부모와 미성년자 사이의 문제 — 기본권의 제 3 자효의 이론에 따라 해결; 3. 제 3 자와 미성년자 사이의 문제 — 법적 안정성을 보호하기 위하여 일반적인 연령에 따라 미성년자의 행위능력 제한

독일에서 미성년자의 기본권행사능력의 문제가 처음 논의된 것은 1956년 크뤼거 *Hildergard Krüger*의 논문에서이다.[1] 그러나 이 문제에 대하여 체계적인 접근을 한 것은 뒤리히 *Günter Dürig*이다.[2]

뒤리히는 이 문제를 부모의 친권(교육권, 기본법 제 6 조 제 2 항)[3]과 미성년인 자녀의 자유로운 인격발현권(기본법 제 2 조 제 1 항)[4] 및 국가라는 '삼각관계'(Dreiecksverhältnis)의 문제로 파악하였다. 그러므로 그는 부모와 미성년인 자녀 사이에서 기본권이 문제되는 경우와 미성년자와 제 3 자 사이에서 기본권이 문제되는 경우를 구별하지 않는다. 물론 미성년자와 제 3 자 사이에 기본권이 문제되는 경우에는 법적 거래의 이익이 존중되어야 한다고 한다.

부모와 미성년인 자녀 사이에 기본권이 문제되는 경우를 뒤리히는 일반적인 제 3 자효의 이론에 따라 해결하고자 한다. 따라서 부모의 기본권(친권·교육권) 과 미성년인 자녀의 기본권(자유로운 인격발현권)은 형량되어야 하며, 이 때 기본법 제 6 조 제 2 항(부모의 친권)은 이중적으로 제한될 수밖에 없을 것이라고 한다. 곧 한편으로는 기본법 제 2 조 제 1 항과 제 6 조 제 2 항으로부터 부모는 자녀가 스스로 결정권을 행사할 수 없고 자녀가 아직도 부모의 부양과 교육을 필요로 하는 한에서만 자녀를 위하여 자녀 대신에 결정해도 된다는 것이다. 다른 한편으로는 자녀가 아직도 교육을 필요로 하며 아직도 스스로 결정할 수 없다 하더라도 부모의 친권(교육권)은 교육을 위하여 필요한 수단에 한정된다는 것이

1) A. Bleckmann, *Allgemeine Grundrechtslehren*, S. 296. I. Staff, *Verfassungsrecht*, S. 51에 따르면, 크뤼거(FamRZ 1956, S. 329)는 아동과 청소년이 특정의 의무를 부담하고 있고 기본권이 그들에게 부과된 의무에 대하여 그에 상응하는 권리를 주장할 수 있는 근거가 되는 경우에는 아동과 청소년에게 기본권행사능력을 인정하고자 하였다고 한다.

2) G. Dürig, in: Maunz/Dürig/Herzog/Scholz, *Grundgesetz-Kommentar*, Art. 19 Ⅲ Rdnr. 16ff.

3) 기본법 제 6 조 제 2 항: "자녀의 부양과 교육은 부모의 자연적 권리이고 일차적으로 그들에게 부과된 의무이다. 그들의 활동에 대하여는 국가가 감시한다."

4) 기본법 제 2 조 제 1 항: "누구든지 타인의 권리를 침해하지 않고 헌법질서나 도덕률에 반하지 않는 한, 자신의 인격을 자유로이 발현할 권리를 가진다."

독일판례: "아동·청소년보호에는 독일기본법 제 1 조 제 1 항과 제 2 조 제 1 항으로부터 헌법적 지위가 부여된다. 아동·청소년은 이들 기본권규정의 의미에서 자신의 인격의 발현권을 가진다. 그들은 자기 자신을 사회공동체 내에서 책임 있는 인격체로 성장시키기 위하여 보호와 도움을 필요로 한다."(BVerfGE 83, 130, 140)

다.[1] 그에 따라 부모의 결정권은 특정영역에 한정될 수밖에 없다는 것이다. 곧 부모와 미성년인 자녀 사이에 기본권이 문제되는 경우에는 경우에 따라 그 해결이 달라질 수밖에 없다.

그러나 제3자와 미성년자 사이에 기본권이 문제가 되는 경우에는 제3자가 미성년자의 성숙도를 쉽게 알 수 없기 때문에, 법적 안정성을 보호하기 위하여 일반적인 연령(18세 또는 21세)에 따라 미성년자의 행위능력을 제한하여야 한다고 한다. 그러나 14세가 되면 미성년자가 자신의 종교를 자유롭게 선택할 수 있게 하듯이(독일의 '종교에 관한 아동교육법' 제5조 참조), 개별 기본권에 따라 연령의 제한선은 다를 수 있을 것이라고 한다. 그와 동시에 뒤리히는 민법상의 행위능력은 민법상의 법률행위에만 한정된 것이므로, 예컨대 학생이 학교신문을 통해서 신문의 자유를 자주적으로 행사하는 경우에는 적용되어서는 안 된다는 것과 법률로 미성년자의 기본권행사능력을 제한하는 경우에는 미성년자가 자신의 기본권을 실현시킬 수 있는 일반적 성숙도를 고려하여 결정하여야 한다고 이야기하고 있다.

3) 현재의 학설

이러한 뒤리히의 이론을 기초로 현재 독일의 통설은 기본권행사능력은 문제가 되는 개별 기본권에 따라 기본권주체의 인식능력, 해당 기본권의 보호목적과 특성에 따라 달리 판단할 수밖에 없다고 한다.

그러나 그렇게 되면 극도의 법적 불안정을 초래할 염려가 있다고 하여 일반적인(고정된) 나이를 제안하고 있는 견해도 있다. 그에 따르면 첫째, 민법상의 법률행위와 관련이 있는 기본권의 행사능력은 민법의 규정에 따라 정한다. 둘째, 인간의 생존과 관계되고 인식능력이나 결정능력을 전제하지 않는 기본권(인간의 존엄, 생명권, 인격의 자유, 절차기본권)의 경우에는 기본권의 행사능력은 기본권의 주체능력과 같다. 셋째, 세계관, 고백, 종교활동과 관련된 기본권은 법률(Gesetz über die religiöse Kindererziehung)에 규정된 나이(14세)를 따른다. 넷째, 특정한 나이를 언급한 상황이 중요한 기본권에서는 그 나이가 되어야 기본권 행사능력이

1) 독일판례: "부모의 권리는 의무적인 권리로서 아동의 복지에 봉사한다. 부모의 권리는 본질로 보나 목적으로 보나 아동이 생활관계에 대하여 독자적으로 판단하고 스스로의 책임하에 법률적 거래에 들어갈 만한 나이에 도달하면 뒤로 물러나지 않으면 안 된다. 아동을 위하여 그의 인격적 성장을 위하여 존재하는 권리로서 그것은 구조상 아이가 성숙하면 할수록 그만큼 불필요하고 무의미해지도록 되어 있는 것이다."(BVerfGE 59, 360, 387)

있다. 예컨대 혼인의 경우는 성년으로 한다.[1)]

4) 판례의 입장

판례도 초기의 판결[2)]을 제외하고는 기본권의 행사능력을 일괄적으로 연령에 따라 정하는 대신 개별적인 경우마다 달리 정하고 있다. 이 때 해당 미성년자의 정신적 성숙도가 중요한 기준으로 적용되고 있다.

492. 미성년자의 기본권행사능력에 대한 독일판례의 입장: 개별적인 경우마다 달리 판단, 해당 미성년자의 정신적 성숙도가 중요한 판단기준

예컨대 독일연방행정법원은 기본법 제 4 조에 규정되어 있는 학생의 기본권을 행사함에 있어(여기에서 문제가 된 것은 학교에서 하는 기도에 자발적으로 참여했는가 여부이다) 종교문제의 행사능력 여부를 민법상의 성년과는 다른 기준에서 정한 바 있다. 뮌헨고등법원도 기본권행사능력을 미성년자의 정신적 성숙도에 따라 결정하고 일괄적으로 나이에 따라 결정하지는 않았다.[3)] 독일연방헌법재판소는 '성관계문서판결'(Sexualkunde-Entscheidung)에서 기본권행사능력의 문제에서 본질적인 것은 청소년의 성숙도라고 판시하고 미성년자가 고유한 인격체임을 강조하였다. "청소년은 부모와 국가의 교육대상에 불과한 것은 아니다. 오히려 청소년은 처음부터 그리고 나이가 듦에 따라 더욱 더 기본법 제 1 조 제 1 항과 제 2 조 제 1 항에 의하여 보호받는 고유한 인격체이다."[4)]

---

1) I. v. Münch, *Grundbegriffe des Staatsrechts I*, S. 61f. 다른 기준도 제시되고 있다. 예컨대 A. Blekmann, *Allgemeine Grundrechtslehren*, S. 298ff.는 두 가지 경우를 나누어 해결책을 제시한다. 첫째, 기본권의 행사능력을 결정하는 문제는 그 구체화의 필요성 때문에 일차적으로 입법자에게 일임되어 있으며, 입법자는 민법에서 행위능력을 18세로 규정하였다. 18세란 연령은 사법상의 법률행위에 한정된 것이나, 이를 '가감(加減)하여' 헌법에도 적용하여야 할 것이다. 둘째, 그러나 18세가 절대적인 기준은 될 수 없을 것이고 구체적인 경우에 개별적으로 판단되어야 한다. 국내에서 이 문제에 대하여 유일하게 자세하게 논하고 있는 계희열, 기본권의 주체, 고시연구(1995년 11월), 48쪽 이하(51쪽)는 "기본권행사능력은 정신적·육체적 능력의 미숙으로 인해 제한되는 것이기 때문에 일반적으로 판단 및 결정능력을 갖춘 성년을 기준으로 하여 기본권행사능력은 정할 수 있으나 일반법률의 규정에 기본권행사능력을 맞출 수 없다는 원칙적 문제가 있을 뿐만 아니라 일반법률의 규정에 따르는 경우에도 획일적으로는 불가능하고 차별할 수밖에 없다. 어쨌든 법률행위능력에 관한 일반적 원칙은 기본권행사능력에 간접적 기준이 될 수 있다"라고 적고 있다.

2) 예컨대 독일연방법원은 행위능력이 없는 자도 기본법 제 2 조 제 1 항의 기본권의 주체가 되나, 행위무능력자는 의미 있고 이성에 따른 의사를 형성할 수 없기 때문에 그 기본권을 유효하게 행사할 수는 없다고 하였다(BGHZ 15, 265f.).

3) NJW 1958, S. 633.

4) BVerfGE 47, 46.

第3節 外 國 人

1. 外國人의 範圍

493. 기본권향유주체로서의 외국인: 국내에 거주하고 있는 외국인

외국인은 대한민국의 국적을 갖지 않은 자를 말한다. 외국인에는 외국국적자, 다국적자 및 무국적자가 포함된다. 이때의 외국인은 원칙적으로 국내에 거주하고 있는 외국인만을 말한다. 왜냐하면 국외에 있는 외국인은 한국헌법에 보장된 기본권을 향유하는 데서 가지는 실익이 없을 것이기 때문이다.[1)]

2. 外國人의 基本權享有主體性

(1) 憲法觀에 따른 見解의 차이

494. 헌법관에 따른 외국인의 기본권향유주체성 인정여부: 1. 결단론 — 무제한 인정; 2. 법실증주의 — 전면적 부정; 3. 통합론-대체적 부정

우리 헌법은 외국인이 기본권을 향유할 수 있는가 여부에 대하여 아무런 언급을 하고 있지 않다.[2)] 따라서 이 문제는 헌법관과 기본권관에 따라 해결될 문제이다. 이 문제에 대한 태도는 찬·반 두 가지로 나누어져 있다.

기본권을 천부적·전국가적 자유로 이해하는 결단론적 헌법관에서는 기본권

---

1) 정태호, 외국인의 기본권주체성 문제에 대한 비판적 고찰 - 헌재 2011. 09. 29. 2007헌마1083 등(외국인근로자의 고용 등에 관한 법률 제25조 제4항 등 위헌확인 사건)의 관련 법리분석을 중심으로, 헌법실무연구 제13권(2012), 박영사, 2012, 402쪽 이하(431·432쪽)는 외국에 있는 외국인과 관련해서 한국헌법에 보장된 기본권을 향유하는 데서 실익이 있는 경우를 '외국인의 특수한 내국관계'라고 부르면서 네 가지 경우를 들고 있다. ① 기본권의 보호법익, 가령 외국인 소유의 토지가 국내에 있고 또 고권조치의 대상이 된 경우 외국에 살고 있는 외국국적의 자연인은 재산권, 재판청구권, 평등권을 주장할 수 있다. ② 타격을 받은 기본권적 법익이 외국에 있는 경우에는 대한민국의 국가권력이 이 법익을 침해하는 경우, 가령 공해상이나 외국영토에서 훈련 중인 한국의 전함이나 전투기에 의해 인적·물적 피해가 발생한 경우에 관련 기본권 침해 주장이 제기될 수 있다. ③ 외국인이 국내에서 사회보험주체에 대하여 청구권을 획득한 경우에 본국으로 귀국한 후에 헌법 제23조에 의한 재산권의 보호문제가 될 수 있는 경우처럼 외국에 있는 외국인은 추상적인 사실에 그치는 것이 아니라 대한민국과 법적 관계를 맺고 있는 경우에는 급부권이나 보호의무를 내용으로 하는 기본권을 주장할 수 있다. ④ 대한민국정부가 국경 인근에 원자력발전소 건설을 허가할 경우 인근의 접경지역에 사는 외국인이 내국인과 마찬가지로 생명권이나 신체를 훼손당하지 않을 권리에 의거하여 허가의 근거가 된 법률규정의 위헌성을 주장하는 경우도 상정할 수 있을 것이다.

2) 예컨대 독일의 기본법은 비독일인에게만(곧 외국인에게만) 인정되는 권리를 규정하고 있다. 곧 동 기본법 제16조 제2문은 "정치적 박해를 받는 자는 망명자 비호권을 갖는다."라고 규정하고 있다.

이 모든 인간의 권리이기 때문에 외국인의 기본권향유주체성은 무제한적으로 인정된다.

그에 반해서 기본권을 법률 속의 자유라고 보는 법실증주의에서는 기본권이 헌법(률)에 의하여 비로소 국민에게 허용되는 것이기 때문에 마땅히 외국인은 기본권을 향유할 수 없다.

또한 기본권의 권리적 측면보다 정치기능적 측면을 강조하는 통합론적 헌법관의 경우에도 외국인에게 기본권을 향유하게 하는 데에는 무리가 있게 된다.

(2) 國內 학자들의 見解 및 判例

1) 학 설

국내에서는 한때 법실증주의적 헌법관에 근거하여 외국인의 기본권주체성을 부정하는 소수견해가 주장된 바 있다. 우리 헌법 제 2 장이 국민의 권리와 의무를 규정하고 있기 때문에 국민의 권리만을 보장하는 것이지 외국인의 권리까지 보장하는 것은 아니라는 것이다. 이 견해에 따르면 외국인에게 기본권을 인정하느냐 여부는 입법정책의 문제이지 헌법상의 보장의 문제는 아니라고 한다. 곧 우리 헌법상 외국인의 국내법상의 권리는 제 5 조 제 2 항(현행 헌법 제 6 조 제 2 항)의 규정에 따라 인정되는 특수한 법적 권리로서 제 2 장의 국민의 기본권보장과는 무관한 것이라고 한다.[1)]

495. 외국인의 기본권향유주체성에 대한 국내학설: 1. 전적으로 외국인의 기본권향유주체성을 부정하는 견해는 없다; 2. 참정권과 사회권에 유보를 두는 입장이 다수설에 속한다

> **판례** 〈불기소처분취소(각하) — 국회노동위원회의 헌법소원청구적격을 부인한 사례〉
> "기본권보장규정인 헌법 제 2 장의 제목이 '국민의 권리와 의무'이고 그 제10조 내지 제39조에서 '모든 국민은 … 권리를 가진다'고 규정하고 있으므로 국민(또는 국민과 유사한 지위에 있는 외국인과 사법인)만이 기본권의 주체라 할 것이다."(헌재 1994. 12. 29. 93헌마120 결정)

그러나 현재 국내에서 외국인의 기본권향유주체성을 부정하는 견해는 없다.[2)] 그러나 그 근거에 대하여는 견해를 달리하는 네 가지 입장이 있다. 첫 번째

1) 박일경, 기본적 인권과 그 주체, 고시연구(1974년 10월호), 12쪽 이하. 또한 박일경, 제 6 공화국 신헌법, 1990, 199쪽도 참조.

2) 그러나 최근에 "어떤 관점에서도 헌법 제 2 장의 국민의 개념에 의해서 그어진 한계를 무시하고 기본권조항별로 외국인이 그 주체가 될 수 있는 것으로 보아야 할 이유가 없다. 헌법제정자가 외국인의 기본권주체성 문제를 헌법해석에 맡겨두었다고 볼 수도 또한 국제화·세계화로 인하여 국민개념이 변천했다고 볼 수도 없다. 오히려 문리적 해석, 체계적·전체적 해석의 결과는 반대의견의 타당성을 뒷받침한다"고 보는 견해가 주장되고 있다(정태호, 외국인의 기본권주체성 문제에 대한 비판적 고찰, 헌법실무연구 제13권(2012),

견해는 천부인권을 근거로 외국인의 기본권향유주체성을 인정하면서도 국가내적인 참정권과 사회권적 기본권에 대해서는 유보를 둔다.[1] 두 번째 견해는 통합론적 입장에서 "외국인은 우리 민족의 동화적 통합을 해치지 않고 그들을 우리 사회에 동화시키는 데 필요한 범위 내에서 기본권의 주체가 될 수 있다"고 한다.[2] 세 번째 견해는 세계의 1일 생활권화, 기본권보장의 국제화, 내국인과 외국인의 법적 지위의 유사화추세 등을 들어 외국인의 기본권향유주체성을 인정한다.[3] 네 번째 견해는 헌법전문의 '항구적인 세계평화와 인류공영에 이바지함으로써'라는 문구, 헌법 제 6 조의 국제법존중주의 등을 통해 표출되어 있는 헌법의 국제평화주의에 부응하여야 하기 때문에 외국인에게도 기본권주체성을 인정하여야 한다고 한다.[4]

2) 판　　례

헌법재판소는 '국민' 또는 국민과 유사한 지위에 있는 '외국인'은 기본권의 주체가 될 수 있다고 판시하여 일정한 경우 외국인의 기본권주체성을 인정하고 있다(헌재 1994. 12. 29. 93헌마120 결정; 헌재 2001. 11. 29. 99헌마494 결정). 즉 외국인에게 모든 기본권이 무한정 인정될 수 있는 것이 아니라 원칙적으로 '국민의 권리'가 아닌 '인간의 권리'의 범위 내에서만 인정될 수 있다고 한다(헌재 2007. 8. 30. 2004헌마670 결정).

(3) 私　　見

496. 외국인의 기본권향유주체성에 대한 사견: 1. 기본권은 원칙적으로 외국인에게도 보장된다; 2. 예외적으로는 호혜주의적인 입장에서 외국인의 기본권

어떻든 우리 헌법에 보장된 기본권이 원칙적으로 외국인에게도 보장된다는 데에는 이론(異論)이 있을 수 없다. 그 이유는 다른 무엇보다도 모든 기본권이 인권에서 유래하는 것이기 때문이다. 그러나 예외적으로 호혜주의적인 입장(헌법 제 6 조 제 2 항)에서 외국인의 기본권향유주체성(정확하게는 기본권행사능력)을 개별적·부분적으로 제한하는 것은 무방하다.[5] 현실적으로 국가가 우리 생활의 최

박영사, 2012, 402쪽 이하(405－428쪽).

1) 김철수, 헌법학개론, 277쪽, 권영성, 헌법학원론, 304쪽. 후자는 헌법전문과 제 6 조 제 2 항의 호혜주의를 근거로 더 열거하고 있다.

2) 허영, 한국헌법론, 234쪽. 물론 이 견해도 우리 헌법전문과 헌법 제 6 조 제 2 항의 호혜주의원칙에 대하여 언급하고 있다.

3) 계희열, 헌법학(중), 63쪽.

4) 장영수, 헌법학, 2009, 473쪽; 허영, 헌법이론과 헌법, 2004, 367쪽.

5) 정태호, 외국인의 기본권주체성 문제에 대한 비판적 고찰, 헌법실무연구 제13권(2012), 박영사, 2012, 402쪽 이하, 407쪽은 "적지 아니한 학자들이 조약이나 법률에 의해서 외국인

대단위가 되어 있는 현실에서는 이론적으로나 정책적으로도 그리고 법실무상으로도 이러한 결론은 피할 수 없다고 생각한다. 따라서 어떤 기본권을 외국인이 향유할 수 있느냐 없느냐를 처음부터 획일적으로 정하는 것[1]은 무의미한 일이라 하겠다.

향유주체성을 개별적·부분적으로 제한할 수 있다

판례 **〈「재외동포의 출입국과 법적 지위에 관한 법률」 제2조 제2호 위헌확인(헌법불합치)〉** "청구인들이 침해되었다고 하는 인간의 존엄과 가치, 행복추구권은 대체로 '인간의 권리'로서 외국인도 주체가 될 수 있다고 보아야 하고, 평등권도 인간의 권리로서 참정권 등에 대한 성질상의 제한 및 상호주의에 따른 제한이 있을 수 있을 뿐이다."(헌재 2001. 11. 29. 99헌마494 결정)

에게 인정되는 권리의 주체성 문제와 헌법이 보장하는 기본권주체의 문제를 혼동하고 있다. 외국인의 기본권을 설명하면서 외국이 우리 국민에게 보장해주는 만큼 우리도 외국인에게 보장하는, 즉 상호주의적으로 인정하는 것도 있다고 하면서 외국인 토지법 제3조의 토지소유권을 들거나 청구권적 기본권은 국제법과 조약에 정한 바에 의하여 호혜평등하게 인정된다고 한다(각주 17). 그러나 그러한 권리들은 기본권과 명칭이 같다고 하더라도 조약이나 조약을 집행하는 국내법률에 의하여 인정되는 권리이지 헌법에 그 효력의 근거가 있는 기본권은 아니다"라고 하면서, (각주 17)에서 "<u>홍성방, 헌법학, 2008, 437쪽은 외국인의 입국의 자유는 호혜주의에 따라 인정된다고 하고, 500쪽은 집회자유도 호혜주의원칙에 의하여 인정된다고 본다</u>"고 하여 저자가 조약이나 법률에 의해서 외국인에게 인정되는 권리의 주체성문제와 헌법이 보장하는 기본권주체의 문제를 혼동하는 것으로 보고 있다. 그러나 저자는 밑줄 친 부분과 같은 이야기를 한 적도 없을 뿐만 아니라 "외국인의 입국의 자유는 호혜주의원칙에 따라 해결되어야 할 문제"라고 했고, 집회의 자유의 주체와 관련해서도 "외국인에 대해서는 호혜주의의 원칙이 적용된다"라고 했으며, 직업선택의 자유의 주체와 관련해서는 "직업의 자유는 외국인에게도 그 주체성이 인정되나, 호혜주의적 입장에서 제한되는 경우가 있다"라고 하였다. 그러한 한에서 저자가 이야기하는 것은 외국인에게 기본권의 주체능력이 아닌 기본권의 행사능력을 호혜주의에 의하여 제한하는 것이라는 점에서 위와 같은 지적은 적절하다고 볼 수 없다.

1) 이에는 외국인이 주체가 될 수 있는 기본권을 처음부터 획일적으로 한정하려는 입장(김철수, 헌법학개론, 277쪽 이하; 권영성, 헌법학원론, 302쪽 이하)은 물론 참정권만은 우리사회가 추구하는 동화적 통합의 방향에 엉뚱하고 그릇된 영향을 미칠 가능성이 있기 때문에 허용되지 않을 것이라는 견해(허영, 한국헌법론, 234쪽)도 포함된다. 왜냐하면 호혜주의에 입각하는 한 예컨대 우리나라에서 태어났고, 우리의 교육을 받았으며, 3대째 우리나라에서 살고 있는 화교(華僑)에게 참정권을 부인할 이유는 없을 것이라 생각되기 때문이다.

第4節 法 人

1. 問題點

497. 법인의 기본권 향유주체성의 문제점

법인[1)]은 그 소재지에 따라 내국법인과 외국법인으로 나누어지며, 이들은 법적 형태에 따라 다시 사법상의 법인과 공법상의 법인으로 나누어진다.

"기본권이 그 본질상 내국법인에게 적용될 수 있는 때에는 그들에게도 적용된다"(제19조 제3항)는 명시적 규정을 두고 있는 독일기본법과는 달리, 우리 헌법은 법인의 주체성과 관련하여 명문의 규정을 두고 있지 않다. 그렇다면 이들은 기본권의 주체가 될 수 없는가.

2. 法人의 基本權享有主體性의 根據

(1) 法人의 基本權享有主體性認定與否에 관한 學說

498. 헌법관에 따른 법인의 기본권향유주체성인정여부: 1. 법실증주의 — 인정; 2. 결단론 — 부정; 3. 통합론 — 인정

독일의 경우 이미 초기입헌주의시대부터 법인에게는 청원권과 소원권이 인정되었다.[2)] 이러한 경향은 후기입헌주의시대에도 그대로 이어졌다. 예컨대 옐리네크는 사물의 본성에 반하지 않거나 명시적으로 법률이 예외를 규정하지 않는 한 법인과 특히 지방자치단체에 '소극적 지위'(Status negativus)를 인정하고 소극적 지위에서 나오는 기본권을 인정하였다.[3)]

바이마르헌법은 법인의 기본권향유주체성에 대하여 침묵하였다. 그러나 법실증주의자들은 자연인이나 법인 모두 법질서에 의하여 법인격을 부여받기 때문에 법인도 기본권을 향유할 수 있다고 주장하였다.

이에 대하여 슈미트는 단체에 대하여 아주 적대적이었던 1789년 프랑스혁명의 전통을 원용하여[4)] 기본권을 순수한 인권으로 파악하고, 기본권의 개인적 성격 때문에 법인은 그 주체가 될 수 없다고 하였다.[5)]

---

1) 법인은 가상의 법적 산물, 법학의 인위적 산물, "법질서의 순수한 목적의 산물"(fiktive Rechtsgebilde, juristische Kunstgebilde, "bloße Zweckgebilde der Rechtsordnung)이다 (BVerfGE 95, 220, 242; 106, 28, 42 참조).
2) A. v. Mutius, *Bonner Kommentar*, Art. 19 AbS. 3 Rdnr. 1ff.
3) G. Jellinek, *System der subjektiven öffentlichen Rechte*, S. 275ff., 289.
4) W. Rüfner, Zur Bedeutung und Tragweite des Art. 19 AbS. 3 des GG, AöR Bd. 89(1964), S. 261ff(262).
5) C. Schmitt, Grundrechte und Grundpflichten, in: ders., *Verfassungsrechtliche Aufsätze*

이러한 견해의 차이에도 불구하고[1] 판례와 문헌은 모두 법인이 청원권의 주체가 되고 재산권을 보장받을 것을 주장할 수 있다고 하였다.[2] 특히 게브하르트 *Ludwig Gebhard*는 슈미트와는 정반대의 입장을 취했다.[3]

또한 통합론의 입장에서도 법인의 기본권향유주체성은 인정될 수 있다고 한다. 곧 "법인은 그것이 사법인이건 공법인이건 생활공동체의 구성부분임에 틀림없고 개개의 인간이 동화되고 통합되어 가는 과정에서 형성될 수 있는 동화적 통합의 형식인 동시에 수단이라고 볼 수 있기 때문이다. 정치적으로 가치적인 동질성의 집단이라고 볼 수 있는 정당이 동화적 통합의 과정인 동시에 수단이기 때문에 마땅히 기본권의 주체가 되어야 한다면 법인도 같은 차원에서 그 기본권 주체성을 인정하는 것이 타당하다"는 것이다.[4]

(2) 私　見

499. 법인의 기본권향유주체성에 대한 사견: 1. 기본권은 일차적으로 자연인에게만 귀속된다; 2. 그러나 법인의 구성원인 자연인의 기본권행사를 용이하게 해 주고 촉진시켜 주는 한 법인에게도 기본권향유주체성이 인정되어야 한다

기본권은 인간과 국가 사이의 기본적 관계를 형성한다. 그러므로 기본권은 일차적으로 자연인에게만 귀속된다.

그러나 정치적·사회적·경제적 분야에서 다수 사람의 집합체들(예컨대 정당, 노동조합, 경영자연합, 시민단체 등)이 활동하고 있고, 이러한 영역에서 행하는 그들의 활동은 경우에 따라서는 개인들의 활동보다 더 중요성을 가지기도 한다. 이러한 다수 사람의 집합체 또는 일정목적에 출연된 재산의 총합체는 이미 로마법에도 알려져 있었으며, 현재는 모든 법질서의 공유재산이 되어 있다.

비록 법인의 활동이 개인들의 활동보다 더 중요성을 가진다고 하지만 그것은 어디까지나 그 법인을 구성하고 있는 개인들의 목적을 실현하는 것에 도움이 되는 한에서의 이야기이다. 그러한 한에서 법인의 기본권향유주체성의 문제는 그 법인을 구성하는 개인의 기본권보장이라는 차원에서 그 근거를 찾아야지 다른 목적 때문에 또는 법인 자체의 목적 때문에 법인에게 기본권향유능력이 주어지는 것은 아니라고 보아야 할 것이다.[5] 곧 법인에게 기본권향유주체성이 인정

---

aus den Jahren 1924-1954, 1958, S. 181ff.(208).

1) 부분적으로는 법인이 평등권을 주장할 수 있는가가 논쟁의 대상이 되었다. 예컨대 쇼믈로 *Fritz Stier Somlo*는 평등권이 법인에 적용될 수 없다고 하였고, 라이프홀츠 *Gerhard Leibholz*는 그에 반대입장을 취하였다. S. Maser, *Die Geltung der Grundrechte für juristische Personen und teilrechtsfähige Verbände*, 1964, S. 9f.

2) A. v. Mutius, *Bonner Kommentar*, Art. 19 Abs. 3.

3) A. Bleckmann, *Allgemeine Grundrechtslehren*, S. 69.

4) 허영, 한국헌법론, 235쪽.

5) "법인의 설립과 활동이 자연인들의 자유로운 발현의 표현일 때, 특히 법인의 배후에 있는

되는 것은 그 구성원인 자연인의 기본권행사를 용이하게 해 주고 촉진시켜 주기 때문이다.[1]

그러나 이러한 태도에 서면 인적 기반이 없는 재단의 기본권주체성을 설명하기 어렵다. 따라서 예외적으로 재단의 경우에는 그 존재이유와 기능 때문에 기본권의 수단으로서의 기능을 넘어 고유한 가치를 보유하게 되기 때문에 구성원과는 독립된 조직체로서 독자적인 기본권의 주체가 된다고 보아야 할 것이다.[2]

3. 內國法人

(1) 私法上의 法人

500. 사법상의 법인의 기본권향유주체성: 1. 법인 — 통일적으로 의사를 형성할 수 있는 인적 결합체; 2. 기본권이 그 성질상 법인에게 적용될 수 있는 것인 한 사법상의 법인은 기본권의 주체가 된다

기본권이 그 성질상 법인에게 적용될 수 있는 것인 한 사법상의 법인은 자연인의 결합체이든 그렇지 않든 기본권의 주체가 된다.[3]

기본권의 주체로서의 법인은 넓게 개념 정의된다. 곧 기본권의 주체로서의 법인은 민법적 의미에서 권리능력을 필요로 하지 않으며, 통일적으로 의사를 형성할 수 있는 인적 결합체이기만 하면 그것으로 족하다. 우리 헌법재판소도 사단법인·재단법인 또는 영리법인·비영리법인을 가리지 아니하고 또한 법인 아닌 사단·재단도 기본권을 침해받았을 때 헌법소원심판을 청구할 수 있다고 하여 법인의 개념을 넓게 이해하고 있다.

인간들에 대한 조치가 의미 있고 필요한 것으로 생각될 때"(BVerfGE 21, 362, 369) 및 "따라서 법인을 실제적인 기본권의 보호영역으로 끌어들이는 것은 법인의 설립과 활동이 사인의 자유로운 활동의 표현으로서 법인의 배후에 존재하는 자연인의 유기적 조직체로 파악하고 있기 때문이다."(한병채, 헌법재판의 청구인, 헌법논총 제4집, 1993, 7쪽 이하(43쪽)).

1) J. Isensee, Anwendung der Grundrechte auf juristische Personen, in: Isensee/ Kirchhof (Hrsg.), *Handbuch des Staatsrechts*, Bd. Ⅴ, 1992, S. 563ff.(581); 권영성, 헌법학원론, 293쪽.

2) 법인의 기본권주체성에 대하여 더 자세한 것은, 원칙적으로 투시이론에 따르되 재단법인의 경우에는 분리이론에 따라 법인의 기본권주체성을 논거지어야 한다는 저자와는 다르게, 법인의 기본권주체성을 원칙적으로는 분리이론에 따라 법인 그 자체에서 찾되, 일정한 경우에(예컨대 합명회사나 합자회사 또는 1인 회사의 경우)는 투시이론에 따라 인적 실체를 기초로 법인의 기본권주체성 근거로 삼아야 한다는 김학성·최희수·김주환·홍일선, 「기본권의 주체」, 179-194쪽도 참조.

3) BVerfGE 3, 383(391).

판례 〈영화법 제12조 등에 대한 헌법소원(각하)〉 "우리 헌법은 법인의 기본권 향유능력을 인정하는 명문의 규정을 두고 있지 않지만, 본래 자연인에게 적용되는 기본권규정이라도 언론·출판의 자유, 재산권의 보장 등과 같이 성질상 법인이 누릴 수 있는 기본권은 당연히 법인에게도 적용하여야 할 것으로 본다. 따라서 법인도 사단법인·재단법인 또는 영리법인·비영리법인을 가리지 아니하고 위 한계 내에서는 헌법상 보장된 기본권이 침해되었음을 이유로 헌법소원심판을 청구할 수 있다. 또한 법인 아닌 사단·재단이라고 하더라도 대표자의 정함이 있고 독립된 사회적 조직체로서 활동하는 때에는 성질상 법인이 누릴 수 있는 기본권을 침해당하게 되면 그의 이름으로 헌법소원심판을 청구할 수 있다."(헌재 1991. 6. 3. 90헌마56 결정)(대법원 1966. 9. 20. 63다30 판결)

판례 〈방송법 제100조 제 1 항 제 1 호 위헌제청(위헌)〉 "법인도 법인의 목적과 사회적 기능에 비추어 볼 때 그 성질에 반하지 않는 범위 내에서 인격권의 한 내용인 사회적 신용이나 명예 등의 주체가 될 수 있고 법인이 이러한 사회적 신용이나 명예 유지 내지 법인격의 자유로운 발현을 위하여 의사결정이나 행동을 어떻게 할 것인지를 자율적으로 결정하는 것도 법인의 인격권의 한 내용을 이룬다고 할 것이다." (헌재 2012. 8. 23. 2009헌가27 결정)

기본권의 주체가 될 수 있는 법인으로는 권리능력 있는 사단,[1] 유한회사,[2] 주식회사,[3] 합명회사[4]는 물론 합자회사, 등록된 조합, 보험연합과 광업법상의 조합, 축협중앙회 등이 포함된다. 그 밖에도 독일연방행정법원은 상설시설로서 현재와 미래를 형성하는 데 동참하는 재단은 그 설립자가 의도한 과제를 수행하기 위하여 국가의 부당한 침해에 대하여 기본권이 보호될 필요가 있다는 논거로 사립학교를 운영할 목적으로 설립된 민법상의 재단에게도 특정 기본권(기본법 제 2 조 제 1 항의 인격권과 동 제 7 조 제 4 항의 사립학교설립권)의 주체성을 인정하고 있다.[5]

판례 〈농업협동조합법 위헌확인(기각)〉 "헌법상 기본권의 주체가 될 수 있는 법인은 원칙적으로 사법인에 한하는 것이고 공법인은 헌법의 수범자이지 기본권의 주체가 될 수 없다. 축협중앙회는 지역별·업종별 축협과 비교할 때, 회원의 임의탈퇴나 임의해산이 불가능한 점 등 그 공법인성이 상대적으로 크지만, 이로써 공법인이라고 단정할 수는 없고, 이 역시 그 존립목적 및 설립형식에서의 자주적 성

1) BVerfGE 3, 383(390).
2) BVerfGE 3, 360(363).
3) BVerfGE 25, 371ff.; 50, 290(319).
4) BVerfGE 4, 7(12).
5) BVerwGE 40, 347(348f.).

격에 비추어 사법인적 성격을 부인할 수 없다. 따라서 축협중앙회는 공법인성과 사법인성을 겸유한 특수한 법인으로서 이 사건에서 기본권의 주체가 될 수 있다."(헌재 2000. 6. 1. 99헌마553 결정)

더 나아가서 경우에 따라서는 권리능력 없는 사단에게도 기본권의 주체성이 인정된다. 예컨대 정당은 다른 정당과 평등한 취급을 받을 권리가 있으며,[1] 결사의 자유를 주장할 수 있다.[2]

판례 〈대통령선거법 제65조 위헌확인(일부각하, 일부기각)〉 "청구인협회(한국신문편집인협회)는 언론인들의 협동단체로서 법인격은 없으나, 대표자와 총회가 있고, 단체의 명칭, 대표의 방법, 총회운영, 재산의 관리 기타 단체의 중요한 사항이 회칙으로 규정되어 있는 등 사단으로서의 실체를 가지고 있으므로 권리능력 없는 사단이라고 할 것이다. 따라서 기본권의 성질상 자연인에게만 인정될 수 있는 기본권이 아닌 한 기본권의 주체가 될 수 있으며, 헌법상의 기본권을 향유하는 범위 내에서는 헌법소원심판청구능력도 있다고 할 것이다."(헌재 1995. 7. 21. 92헌마177 등 병합결정)

판례 〈정당법 제25조 등 위헌확인(기각)〉 "청구인(사회당)은 등록이 취소된 이후에도, 취소 전 사회당의 명칭을 사용하면서 대외적인 정치활동을 계속하고 있고, 대내외 조직 구성과 선거에 참여할 것을 전제로 하는 당헌과 대내적 최고의사결정기구로서 당대회와, 대표단 및 중앙위원회, 지역조직으로 시·도위원회를 두는 등 계속적인 조직을 구비하고 있는 사실 등에 비추어 보면, 청구인은 등록이 취소된 이후에도 '등록정당'에 준하는 '권리능력 없는 사단'으로서의 실질을 유지하고 있다고 볼 수 있으므로 이 사건 헌법소원의 청구인능력을 인정할 수 있다. 또한, 정당설립의 자유는 그 성질상 등록된 정당에게만 인정되는 기본권이 아니라 청구인과 같이 등록정당은 아니지만 권리능력 없는 사단의 실체를 가지고 있는 정당에게도 인정되는 기본권이라고 할 수 있고, 청구인이 등록정당으로서의 지위를 갖추지 못한 것은 결국 이 사건 법률조항 및 같은 내용의 현행 정당법(제17조, 제18조)의 정당등록요건규정 때문이고, 장래에도 이 사건 법률조항과 같은 내용의 현행 정당법 규정에 따라 기본권제한이 반복될 위험이 있으므로, 심판청구의 이익을 인정할 수 있다."(헌재 2006. 3. 30. 2004헌마246 결정)

---

1) BVerfGE 6, 273(277). 또한 BVerfGE 10, 89(99)도 참조. 우리 헌법재판소도 정당의 기본권주체성(선거에서의 기회균등권)을 인정한 바 있다(헌재 1991. 3. 11. 91헌마21 결정). 그리고 "정당의 법적 지위는 적어도 그 소유재산의 귀속관계에 있어서는 법인격 없는 사단으로 보아야 한다"고 함으로써 재산권을 정당이 누릴 수 있음도 인정하고 있다(헌재 1993. 7. 9. 92헌마262 결정).

2) BVerfGe 13, 175ff.

그러나 법인과 권리능력 없는 사단의 기본권주체능력의 문제와 조직이 타인의 기본권을 행사할 수 있는가라는 문제는 구별되어야 하며, 후자는 부정된다.[1] 기본권은 고도로 개인적인 권리이기 때문에 기본권이 침해되는 경우 — 법률상의 대리의 경우를 제외하고는 — 제 3 자나 제 3 의 단체가 이를 행사할 수 없다.[2]

(2) 公法上의 法人[3]

1) 학 설

501. 공법상의 법인의 기본권향유주체성 인정여부: 다수설

공법인(공법상의 사단, 영조물, 공법상의 재단[4])이 기본권의 향유주체가 될 수 있는가라는 문제[5]에 대하여는 격렬한 논쟁이 있어 왔다. 그러한 논쟁은 예컨대

1) BverfGE 16, 147(158).

2) I. v. Münch, *Grundbegriffe des Staatsrechts I*, S. 67.

3) 공법인의 기본권주체성에 관한 국내문헌으로는 계희열, 공법인의 기본권주체성, 공법이론의 현대적 과제, 방산 구병삭 박사 정년기념논문집, 박영사, 1991, 1쪽 이하; 정종섭, 법인의 기본권에 관한 연구 서설, 헌법논총 제 2 집, 헌법재판소 1991, 394쪽 이하; 신우철, 법인의 기본권주체성: 비판적 재구성, 공법연구 30－3(2002), 186쪽 이하; 곽상진, 공법인의 기본권주체성에 관한 소고, 공법연구 30－4(2002), 159쪽 이하; 지방자치단체를 포함하는 공법인뿐만 아니라 공사혼합기업의 기본권주체성까지 다루고 있는 김학성·최희수·김주환·홍일선, 「기본권의 주체」, 229－289쪽 참조.

4) 공법인에는 광의의 공법인과 협의의 공법인이 있다. 광의의 공법인은 국가·지방자치단체를 포함하여 공사·공단 등의 공공단체를 의미하며, 협의의 공법인은 국가·지방자치단체를 제외한 개념으로 사용된다. 협의의 공법인은 다시 공법상 사당법인(공공조합), 영조물법인, 공법상 재단법인(공재단)으로 구분된다.

공법상 사단법인은 특정한 국가목적을 위하여 한정된 특수사업을 수행함을 목적으로 일정한 조합원 또는 사원을 구성요소로 한 인적 단체로서 공공조합이라고도 한다. 예컨대 중소기업협동조합, 수산업협동조합, 의료보험조합, 임업협동조합, 농지개량조합, 상공회의소, 변호사회, 의사회, 약사회, 재향군인회 등이 이에 해당된다.

영조물법인은 일정한 행정목적을 달성하기 위하여 설립된 인적·물적 시설의 종합체로서 독립한 법인격을 취득한 것을 말한다. 예를 들어 한국방송공사, 한국전력공사, 서울대학교병원, 적십자병원, 과학기술원, 한국기술검정공단 등이 이에 해당된다. 영조물법인은 당해 행정목적을 수행함에 있어 예산·인사 등에서 일반적인 공법상 제약을 완화하여 합리적·능률적인 경영을 도모하고자 하는데 그 설립목적이 있다고 할 수 있다. 영조물법인은 공법적으로 조직된다는 점에서 공법인의 징표를 가질 뿐 그의 이용관계가 항상 공법적으로 형성되는 것에 있지 않다는 점에 그 특성이 있다.

공법상 재단법인은 재단설립자에 의해 출연된 재산을 관리하기 위하여 설립된 물적 결합체를 말한다. 공법상 재단법인은 직원 및 수혜자는 있으나 구성원이 없다는 점이 그 특징이다. 한국연구재단, 한국정신문화연구원 등이 이에 해당된다(이상 김학성·최희수·김주환·홍일선, 「기본권의 주체」, 233·234쪽 및 그곳에 인용된 문헌 참조).

5) 이 문제에 대한 국내문헌으로는 계희열, 공법인의 기본권주체성, 공법이론의 현대적 문제(방산 구병삭박사 정년기념논문집), 1991, 1쪽 이하가 있다.

은 공법상의 법인에게 기본권의 향유주체성을 인정하지 않는다

이 문제를 '기본권이념의 전적인 왜곡'(völlige Verdrehung der Grundrechtsidee — *Nipperdey*의 표현), '예산상의 간책'(etatistisches Schelmenstück — *Dürig*의 표현), '전적으로 간계적인'(allzu schelmisch — *Bettermann*의 표현) 논거로 특징짓는 대가들의 표현에서 볼 수 있다.[1] 왜냐하면 전통적으로 공법상의 법인은 국가의 일부분으로 간주되었기 때문이다.

학설상으로는 공법상의 법인에게 기본권의 주체성을 인정하지 않으려는 견해가 다수설이다.[2]

2) 독일연방헌법재판소의 견해

502. 공법인의 기본권향유주체성에 대한 독일연방헌법재판소의 입장: 1. 공법상의 법인은 공적 업무를 수행하는 한 원칙적으로 기본권의 향유주체가 될 수 없다; 2. 예외적으로는 엄격한 요건하에서 공법상의 법인에게도 기본권향유주체성이 인정되는 경우가 있다; 3. 사법기본권과 관련해서는 공법인의 기본권향유주체성이 인정된다

이 문제와 관련된 독일연방헌법재판소의 판례는 다음과 같이 간추릴 수 있다. 법인에게 기본권향유주체성을 부여하는 것이 정당화되기 위해서는 법인의 형성과 활동이 자연인의 자유로운 '발현'(Entfaltung)의 표현이어야 하며, '특히 그 배후의 인간들에 대한 조치가 의미있고 필요한 것'(Durchgriff auf die hinter diesen stehenden Menschen als sinnvoll und erforderlich)[3]이 되어야 한다. 그렇기 때문에 통일적 국가권력이 발현하는 특수한 형태에 불과한 공법상의 법인은 공적 업무를 수행하는 한 원칙적으로 기본권의 주체가 될 수 없다.[4] 기본권은 공권력에 대한 개별 시민의 관계에 대한 것이다. 그렇기 때문에 국가 자신이 기본권의 관여자가 되거나 수익자가 될 수는 없으며, 더 나아가서 국가는 기본권의 수범자이면서 동시에 주체가 될 수 없다. 즉 국가는 기본권의 의무자이면서 동시에 그 권리자가 될 수는 없다(이른바 동일성논거 Iden-titätsargument 또는 혼동논거 Konfusions-argument).[5] 이 원칙은 국가 내에서 공무를 수행하는 모든 독립된 법적 단체에

1) 이상 I. v. Münch, *Grundbegriffe des Staatsrechts I*, S. 69에서 인용.
2) 그러나 공법상의 법인에게도 기본권주체성을 인정하려는 견해도 있다. 예컨대 모든 공법상의 법인에게 기본권의 주체성을 인정하려는 견해는 K. A. Bettermann, Gewerbefreiheit der öffentlichen Hand, in: *Festschrift für Hirsch*, 1968, S. 1ff.; ders., Juristische Person des öffentlichen Rechts als Grundrechtsträger, NJW 1969, S. 1321ff.; R. Dreier, Zur Grundrechtssubjektivität juristischer Personen des öffentlichen Rechts, in: *Festschrift für Hans-Ulrich Scupin*, 1973, S. 81ff.; F. E. Schnapp, Die Stellung der Sozialversi-cherungsträger in der Verfassungsordnung, in: Soziale Sicherheit 1970, S. 199ff. 등에서 볼 수 있다.
3) BVerfGE 10, 89(99).
4) BVerfGE 21, 362; 23, 30; 45, 63(78); P. Badura, JZ 1984, S. 14ff.; I. v. Münch, BK Art. 19 AbS. 3 Rdnrn 88ff.는 다른 견해를 보이고 있다. 이 문제에 대하여 자세한 것은 Broß, VerwArch, 1986, S. 65ff. 참조.
5) BVerfGE 21, 369f. 그러나 K.-A. Bettermann, Juristische Personen des öffentlichen Rechts als Grundrechtsträger, NJW 1969, S. 1321ff.은 공법인이 국고(國庫)와 고권주체라는 이중

적용된다. 따라서 공법상의 법인은 국가이든, 지방자치단체이든, 행정청이든, 공법상의 영조물이든 공법상의 재단이든 그 종류를 불문하고 기본권의 주체성이 인정되지 않는다.[1] 왜냐하면 공법상의 법인은 국가에 편입되어 있거나 공법인의 배후에는 국가가 있어서 기본권에 전형적인 위험상태에 있어서 국가와 대립되지 않기 때문이다. 우리 헌법재판소도 공법인의 기본권주체성을 원칙적으로 부정한다.

> **판례** 〈불기소처분취소(각하)〉 "헌법재판소법 제68조 제 1 항에서 '… 기본권을 침해받은 자는 헌법소원의 심판을 청구할 수 있다'고 규정한 것은 기본권의 주체라야만 헌법소원을 청구할 수 있고, 기본권의 주체가 아닌 자는 헌법소원을 청구할 수 없다는 것을 의미한다. 그런데 기본권의 보장에 관한 각 헌법규정의 해석상 국민(또는 국민과 유사한 지위에 있는 외국인과 사법인)만이 기본권의 주체라 할 것이고, 국가나 국가기관 또는 국가조직의 일부나 공법인은 기본권의 '수범자(Adressat)'이지 기본권의 주체로서 그 '소지자(Träger)'가 아니고 오히려 국민의 기본권을 보호 내지 실현해야 할 '책임'과 '의무'를 지니고 있는 지위에 있을 뿐이다. 따라서 국가기관인 국회의 일부조직인 국회의 노동위원회는 기본권의 주체가 될 수 없고 따라서 헌법소원을 제기할 수 있는 적격이 없다."(헌재 1994. 12. 29. 93헌마120 결정)

그러나 예외적으로 공법상의 법인이 기본권에 의하여 보호되는 생활영역에 속하여 있으며, 시민의 개인적 기본권을 실현하는 데 기여하고 있을 뿐만 아니라 국가로부터 독립된 또는 어쨌든 국가와는 구별되는 실체를 가지고 있는 경우[2]와 사법상(私法上)의 권리주체로서 법률행위를 하는 경우에는[3] 기본권주체성이 인정된다. 그러한 한에서 국립대학과 방송국은 기본권의 주체가 된다.[4] 우리

적 역할을 수행할 수 있다는 점과 고권을 행사하는 경우에도 다른 공권력의 지배하에 있을 수 있다는 것을 이유로 매우 엄격한 조건하에서이긴 하지만 공법인의 기본권주체성을 전적으로 배제하지는 않는다.

1) BVerfGE 21, 362(370, 373).
2) BVerfGE 21, 362(373f.); 23, 353(372); 45, 63(97); 78, 101(102); W. Zeidler, Zur Bedeutung und Tragweite des Artikels 19 AbS. 3 GG, AöR Bd. 89(1964), S. 261ff.
3) 헌법재판소는 국가가 사법상의 권리주체로서 법률행위를 한 때에는 국민과 대등하게 헌법상의 평등권의 지배를 받는다고 판시한 바 있다(헌재 1991. 5. 13. 89헌마97 결정).
4) 국립대학에게는 기본법 제 5 조 제 3 항의 연구와 교수의 자유의 주체성이(BVerfGE 15, 256, 262), 공법상의 방송국의 경우는 기본법 제 5 조 제 1 항 제 2 문의 방송 및 필름을 통한 보도의 자유의 주체성이(BVerfGE 78, 101, 102)이 인정된다. H.-U. Erichsen, Staatsrecht und Verfassungsgerichtsbarkeit, 2. Aufl.(1982) 참조. 그에 반하여 바이에른주 헌법재판소는 지방자치단체에게 바이에른 주헌법 제103조에 규정된 재산권의 주체성을 인정한 바 있다(BayVerfGH, NVwZ 1985, 260). 이 밖에도 독일의 특수사정상 교회(가톨

헌법재판소도 서울대학교가 공권력행사의 주체인 동시에 학문의 자유의 주체가 되며, 대학의 자율성은 헌법 제22조 제1항이 보장하고 있는 학문적 자유의 확실한 보장수단으로 꼭 필요한 것으로서 이는 대학에게 부여된 헌법상의 기본권이라고 보았다.[1]

판례 〈주택건설촉진법 제3조 제8호 등 위헌소원(합헌)〉 "주택건설촉진법 제36조 제3항이 전기간선시설의 설치비용을 그 설치방법에 상관없이 전부 청구인(한국전력공사)의 부담으로 하는 것은 헌법 제35조의 주택개발정책과 관련한 국가의 의무를 실현하려는 것으로 이를 통하여 국민들에게 더욱 저렴한 가격으로 택지 및 주택을 공급할 수 있게 하고, 간선시설의 설치비용을 둘러싼 분쟁을 사전에 방지함으로써 적기에 전기의 공급을 가능하게 하며 주택개발정책의 효율적인 집행을 가능하게 하므로 그 입법목적의 정당성을 쉽게 긍정할 수 있고, 이로써 서민들의 주거생활안정과 문화적이고 쾌적한 주거생활의 실현에 효과적으로 기여하므로 그 수단의 적절성도 인정된다. … 따라서 위 주택건설촉진법 제36조 제3항은 헌법 제37조 제2항이 정하는 기본권제한입법의 한계내의 것으로 설치의무자의 기업경영의 자유나 재산권 등 기본권을 침해한다고 할 수 없다."(헌재 2005. 2. 24. 2001헌바71 결정)

판례 〈방송광고 판매대행 등에 관한 법률 제5조 제2항 위헌확인(기각)〉 "청구인은 공법상 재단법인인 방송문화진흥회가 최다출자자인 방송사업자로서 방송법 등 관련 규정에 의하여 공법상의 의무를 부담하고 있지만, 그 설립목적이 언론의 자유의 핵심 영역인 방송 사업이므로 이러한 업무 수행과 관련해서는 기본권주체가 될 수 있고, 그 운영을 광고수익에 전적으로 의존하고 있는 만큼 이를 위해 사경제주체로서 활동하는 경우에도 기본권주체가 될 수 있다."(헌재 2013. 9. 26. 2012헌마271 결정)

판례 〈「방송광고 판매대행 등에 관한 법률」 제5조 제2항 위헌확인(기각)〉 "기본권 보장 규정인 헌법 제2장은 그 제목을 '국민의 권리와 의무'로 하고 있고, 제10조 내지 제39조는 "모든 국민은 …… 권리를 가진다."고 규정하고 있으므로 공권력의 행사자인 국가, 지방자치단체나 그 기관 또는 국가조직의 일부나 공법인은 국민의 기본권을 보호 내지 실현해야 할 '책임'과 '의무'를 지는 주체로서 헌법소원을 청구할 수 없다(헌재 1994. 12. 29. 93헌마120, 판례집 6-2, 477, 480; 헌재 1995. 9. 28. 92헌마23등, 판례집 7-2, 343, 351; 헌재 2006. 2. 23. 2004헌바50, 판

릭교회와 개신교회)에게도 모든 기본권의 주체성이 인정된다(BVerfGE 18, 385, 387; 19, 1, 5).

1) 헌재 1992. 10. 1. 92헌마68 등 병합결정〈1994학년도 신입생선발입시안에 대한 헌법소원(기각)〉.

례집 18－1상, 170, 179).

다만 공법인이나 이에 준하는 지위를 가진 자라 하더라도 공무를 수행하거나 고권적 행위를 하는 경우가 아닌 사경제 주체로서 활동하는 경우나 조직법상 국가로부터 독립한 고유 업무를 수행하는 경우, 그리고 다른 공권력 주체와의 관계에서 지배복종관계가 성립되어 일반 사인처럼 그 지배하에 있는 경우 등에는 기본권 주체가 될 수 있다. 이러한 경우에는 이들이 기본권을 보호해야 하는 국가적 기능을 담당하고 있다고 볼 수 없기 때문이다.

청구인의 경우 공법상 재단법인인 방송문화진흥회가 최다출자자인 방송사업자로서 방송법 등 관련규정에 의하여 공법상의 의무를 부담하고 있지만, 상법에 의하여 설립된 주식회사로 설립목적은 언론의 자유의 핵심 영역인 방송사업이므로 이러한 업무 수행과 관련하여 당연히 기본권 주체가 될 수 있고, 그 운영을 광고수익에 전적으로 의존하고 있는 만큼 이를 위해 사경제 주체로서 활동하는 경우에도 기본권 주체가 될 수 있는바, 이 사건 심판청구는 청구인이 그 운영을 위한 영업활동의 일환으로 방송광고를 판매하는 지위에서 그 제한과 관련하여 이루어진 것이므로 그 기본권 주체성을 인정할 수 있다."(헌재 2013. 9. 26. 2012헌마271 결정)

그 밖에도 사법기본권(司法基本權, 소송절차적 기본권, 사법절차적 기본권)과 관련해서는 공법인의 기본권 주체성이 인정된다. 왜냐하면 이 규정들은 기본법 제 1 조 제 3 항의 의미에서 기본권이 아닐 뿐만 아니라, 개인적 권리가 아닌 객관적 절차원칙을 포함하고 있기 때문이다.[1)]

4. 外國法人

우리 헌법의 경우 독일기본법 제19조 제 3 항과 같은 규정이 없기 때문에 외국법인의 경우에는 호혜주의의 원칙에 따라 외국인에게 주체성을 인정할 수 있는 것 중에서 성질상 법인에게도 적용될 수 있는 기본권에 대해서만 기본권주체성이 인정된다. 그러나 저자는 외국인의 기본권주체성과 관련하여 '외국인'은 원칙적으로 국내에 거주하고 있는 외국인을 대상으로 하였기 때문에, 외국법인의 기본권주체성과 관련해서도 '외국법인'이라 함은 외국에 소재하는 외국법인이 아니라 한국에서 사실상 활동하고 있는 외국법인의 지사, 대리인, 지점을 대상으로 한다. 그러한 한에서 외국법인의 주체성은 대단히 제약된다 할 것이다. 503. 외국법인의 기본권향유주체성

제19조 제 3 항과 같은 명문규정이 있는 독일의 경우에도 기본권유사적 권리,[2)]

1) BVerfGE 21, 373; 75, 192(200).
2) '기본권유사적 권리'(grundrechtsähnliches Recht)와 '사법절차적 권리'(Verfaharensrecht)는 같은 개념이 아니다. 기본권편 이외에 있는 권리를 기본권유사적 권리라고 하기 때문이

그 중에서도 법치국가가 구체화된 것으로 간주되는 사법절차적 권리[1]인 '법률로 정한 법관에 의한 재판을 받을 권리'(기본법 제101조 제1항 제1문), '피고인의 법적 진술권'(기본법 제103조 제1항)에 대해서는 외국(사)법인에게 권리주체성을 인정하고 있다.[2] 그러나 외국법인은 기본권의 침해에 대하여 헌법소원을 제기할 수는 없다.[3][4]

다. 연방헌법재판소법 제90조에 자신의 기본권 또는 … 에 해당하는 부분을 기본권유사적 권리라고 하며, 저항권(제20조 제4항), 모든 독일인의 국민으로서의 평등한 지위(제33조), 선거권 및 피선거권(제38조), 특별법원의 금지 및 법률에 의한 법관에 의한 재판을 받을 권리(제101조), 피고인의 기본권과 법적 청문 및 일사부재리(제103조), 자유박탈의 경우의 권리보장(제104조)이 기본권유사적 권리에 속한다. 현재는 기본권유사적 권리라는 표현보다 '기본권과 동일한 권리'(grundrechtsgleiches Recht)라는 용어를 사용하는 저자가 더 많아지고 있는 것으로 보인다.

1) BVerfGE 12, 6(8) 참조.

2) BVerfGE 12, 6(8); 18, 441(447); 21, 362(373); 64, 1(11); 129, 78(95). 이러한 경우를 제외하고는 I. v. M., *Grundbegriffe des Staatsrechts I*, S. 68f.는 제19조 제3항을 들어 외국법인의 기본권주체성을 부정한다.

3) BVerfGE, MDR 1967, S. 560.

4) 이에 대하여 정태호, '외국인의 기본권주체성 문제에 대한 비판적 고찰', 435쪽, 각주 91은 "홍성방, 2008, 285쪽은 제한적이지만 외국사법인의 기본권주체성을 인정하면서도 외국사법인의 헌법소원청구능력은 부정하는 모순을 범하고 있다"고 한다. 그러면서 다음과 같은 이유로 외국법인의 기본권 주체성을 부정한다. "국제사법상으로는 국내에 소재지를 두고 있지 아니한 법인을 외국법인으로 본다. 소재지는 법인의 사실상의 경영 내지 관리의 중심지가 있는 곳을 말한다. 즉 법인의 최고행정(경영)기관이 조직운영에 관한 다수의 결정을 내리는 곳을 의미한다. 따라서 내국에 있는 외국법인의 지사, 대리인, 지점은 그 소재지라고 할 수는 없다. …(434쪽)"

"대한민국영역에서 외국국적의 자연인은 대한민국의 국가권력에 실존적으로 복종한다. 이에 비하여 외국법인은 국내의 활동과 국내에 소재하는 재산과 관련해서만 공권력의 규제대상이 된다. 그 행정의 중심지는 외국에 있고 또 그렇기 때문에 대한민국의 공권력의 규제대상 밖에 있다. 대한민국의 공권력이 외국법인의 활동을 통제하는 것은 어렵다. 더구나 외국법인은 본국의 경제적·법적·정치적 이익추구를 그 활동의 목표로 삼을 수 있다. 그렇기 때문에 외국법인에 대한 기본권적 보호의 필요성도 적다. 독일 기본법은 이 때문에 외국국적의 자연인에 대해서는 제한적인 기본권적 보호를 제공하지만, 외국법인에 대하여는 기본권유사적 권리(사법절차적 권리) 이외의 기본권의 보호를 제공하지 않는다.

끝으로 대한민국의 공권력이 외국법인의 처우와 관련하여 기본권에 구속되는 것은 대한민국을 중요한 영역, 즉 통상, 항해, 영업활동에 관한 국제협정에서 정치적으로 무력하게 만들어 버리게 된다. 이 영역에서 헌법이 외국법인을 내국법인과 동일하게 취급하도록 명령하고 있다면, 대한민국은 외국과 그 법인에 대하여 더 내어줄 것도 없고 또 거절할 것도 없다. 즉 외국과 통상협정에서 협상할 것이 없어지게 된다. 외국법인에게는 대한민국의 기업을 위하여 최혜국대우나 내국인대우를 인정할 필요나 동기가 없어지게 된다. 외국법인은 이와 같은 명백한 경우만이 아니라 모든 경우에 헌법의 기본권을 통한 보호에 실질적으로 의존하지 않는다.

독일연방헌법재판소는 유럽연합 소속 외국 소재 사법인의 기본권주체성에 대해서는 종전의 판례를 변경하여 원칙적으로 내국법인과 같은 기본권능력을 인정하였다.[1] 따라서 독일에서 활동하는 유럽연합 소속 외국 소재 법인은 기본법 제19조 제 3 항의 의미에서 내국법인으로 되었다.

5. 性質上 法人에게 適用될 수 있는 基本權

(1) 原　　則

504. 성질상 법인에게 적용될 수 없는 기본권: 개별 기본권의 특수한 내용이 인간의 인격 자체와 분리될 수 없을 정도로 결합되어 있는 기본권

어떤 기본권이 성질상 법인에게 적용될 수 있는가라는 문제는 기본권의 역사적 유래보다는 그 기본권이 개인적으로만 행사될 수 있느냐 아니면 단체에 의해서도 행사될 수 있느냐 여부를 기준으로 판단되어야 한다.[2] 따라서 이 문제는 개별 기본권의 특수한 내용에 따라 결정된다고 할 것이다. 곧 개별 기본권의 특수한 내용이 인간의 인격 자체, 곧 지·영·육(知靈肉)의 합일체와 분리될 수 없을 정도로 결합되어 있는 경우에 그러한 기본권은 법인에 적용될 수 없다.[3]

(2) 韓國憲法上 法人에게 適用될 수 있는 基本權

505. 한국헌법상 법인에게 적용될 수 있는 기본권

이러한 기준에 비추어볼 때 우리 헌법상의 다음과 같은 기본권들은 법인에게도 주체성이 인정된다. 곧 행복추구권(반대의견 있음), 남녀평등을 제외한 평등권, 종교의 자유, 학문의 자유, 언론·출판·집회·결사의 자유, 거주이전의 자유, 직업의 자유, 주거의 자유, 사생활의 비밀과 자유(반대의견 있음), 통신의 자유, 재산권, 소비자의 권리, 청원권, 재판청구권, 국가배상청구권, 환경권(반대의견 있음), 근로 3권이 그것이다.[4]

외국국적의 자연인의 기본권주체성 인정문제와는 별개로 외국사법인에 대해서는 기본권주체성을 부정하는 것이 타당하다(435쪽)."(정태호 외에도 원칙적 부정설은 계희열, 헌법학(중), 67-68; 장영수, 헌법학, 2014, 476쪽; 한수웅, 헌법학, 2014, 389쪽 등의 입장이다)

1) BVerfGE 129, 78ff.(98).

2) BVerfGE 42, 212(219).

3) I. v. Münch, *Grundbegriffe des Staatsrechts I*, S. 65.

4) 독일에서는 일반적으로 일반적 행동의 자유로 이해되는 인격발현권, 평등권(BVerfGE 4, 12; 19, 206, 215), 종교의 자유(BVerfGE 21, 217, 277f.), 결사의 자유, 언론·출판의 자유(BVerfGE 31, 314, 322), 학교설립권(BVerwGE 40, 347, 349), 영업활동의 자유로 이해되는 직업의 자유(BVerfGE 21, 261, 266), 재산권(BVerfGE 4, 7, 17), 재판을 받을 권리와 재판절차에서의 진술권(BVerfGE 3, 359, 363)은 법인에게도 주체성이 인정되는 것으로 이해하고 있다. 그 밖에도 I. v. Münch, *Grundbegriffe des Staatsrechts I*, S. 66은 법인에도 적용될 수 있는 기본권과 자연인에게만 적용될 수 있는 기본권을 상세하게 구별하고 있다.

판례 〈방송법 제100조 제1항 제1호 위헌제청(위헌)〉 "이 사건 심판대상조항은 법인인 방송사업자에 대하여 그 의사에 반하여 시청자에 대한 사과를 할 것을 강제하고 있는바 이로 인해 제한되는 기본권에 관하여 살펴본다. 우리 헌법은 법인 내지 단체의 기본권 향유능력에 대하여 명문의 규정을 두고 있지는 않지만 본래 자연인에게 적용되는 기본권이라도 그 성질상 법인이 누릴 수 있는 기본권은 법인에게도 적용된다(헌재 1991. 6. 3. 90헌마56, 판례집 3, 289, 295 참조). 이 사건 심판대상조항에 의한 '시청자에 대한 사과'는 사과여부 및 사과의 구체적인 내용이 방송통신위원회라는 행정기관에 의해 결정됨에도 불구하고 마치 방송사업자 스스로의 결정에 의한 사과인 것처럼 그 이름으로 대외적으로 표명되고, 이는 시청자 등 국민들로 하여금 방송사업자가 객관성이나 공정성 등을 저버린 방송을 했다는 점을 스스로 인정한 것으로 생각하게 만듦으로써 방송에 대한 신뢰가 무엇보다 중요한 방송사업자의 사회적 신용이나 명예를 저하시키고 법인격의 자유로운 발현을 저해한다. 법인도 법인의 목적과 사회적 기능에 비추어 볼 때 그 성질에 반하지 않는 범위 내에서 인격권의 한 내용인 사회적 신용이나 명예 등의 주체가 될 수 있고 법인이 이러한 사회적 신용이나 명예 유지 내지 법인격의 자유로운 발현을 위하여 의사결정이나 행동을 어떻게 할 것인지를 자율적으로 결정하는 것도 법인의 인격권의 한 내용을 이룬다고 할 것이다. 그렇다면 이 사건 심판대상조항은 방송사업자의 의사에 반한 사과행위를 강제함으로써 방송사업자의 인격권을 제한하는바, 이러한 제한이 그 목적과 방법 등에 있어서 헌법 제37조 제2항에 의한 헌법적 한계 내의 것인지 살펴본다. … 따라서 이 사건 심판대상조항은 과잉금지원칙에 위배되어 방송업자의 인격권을 침해한다."(헌재 2012. 8. 23. 2009헌가27 결정)

第 5 章　基本權의 效力

第 1 節　槪念과 種類

1. 槪　　念

기본권의 효력이란 기본권이 그 의미·내용대로 실현될 수 있는 힘, 곧 기본권의 기속력을 말한다. 이에는 대국가적 효력, 대사인적 효력, 좁은 의미의 방사효가 있다.

506. 기본권의 효력의 개념: 기본권이 그 의미·내용대로 실현될 수 있는 힘

2. 基本權의 對國家的 效力

기본권의 역사적 전개과정에서도 보았듯이 기본권은 원래 국가권력에 대한 방어권으로 발전되어 왔다. 따라서 기본권은 국가에 대한 관계, 곧 국민과 국가 사이에서는 직접 작용한다. 이를 기본권의 대국가적 효력 또는 '기본권의 수직적 효력'(die vertikale Geltung der Grundrechte)이라고 한다.

507. 기본권의 대국가적 효력: 기본권이 국민과 국가 사이에서 직접 작용하는 힘

3. 基本權의 對私人的 效力

그러나 국가보다 개인의 기본권을 더 침해할 수 있는 경제연합체, 노동조합, 독점기업 등과 같은 사회적·경제적 세력이 등장하면서부터 이들로부터도(더 나아가서 이제는 이들뿐만 아니라 사법상의 거래관계에 있는 개인들로부터도) 개인의 기본권을 보호해 주는 것이 문제되기 시작하였다. 그에 대한 대답으로 등장한 것이 '기본권의 제 3 자적 효력'(die Drittwirkung der Grundrechte) 또는 대사인적 효력의 문제이다. 기본권의 대사인적 효력의 문제, 곧 기본권은 사법상의 거래에도 적용되는가, 적용된다면 그 범위는 어디까지일 것인가 하는 문제는 사법관계에

508. 기본권의 대사인적 효력: 기본권이 개인과 개인 사이의 관계에 작용하는 힘

효력을 확장시키는 문제이다.[1] 이를 기본권의 수직적 효력에 대하여 '기본권의 수평적 효력'(die horizontale Geltung der Grundrechte)이라고도 한다.

4. 基本權의 放射效

509. 기본권의 방사효

법적용에 대하여 기본권이 미치는 영향은 사법에 한정되지 않는다. 이러한 영향은 법적용기관에 대하여 기본권의 구속력을 규정하고 있는 기본법 제1조 제3항을 근거로 한다. 개인과 개인 사이의 관계에 기본권이 작용하는 "제3자효"와 그 밖의 법률관계에 기본권이 작용하는 것, 즉 기본권의 객관적 측면으로부터 개별 법령의 해석·적용에 있어서 기본권규정에 포함된 객관적 가치로서의 기본권의 의미를 실현하고 존중하여야 한다는 것을 개념적으로 구별하여 후자를 협의의 '방사효'(Ausstrahlungswirkung)[2]로 표시한다.[3] 이에 따르면 법적용기관이 구체적 사건에 대한 법령의 해석·적용의 지침으로서의 기본권의 의미를 간과하였다거나, 오인하였다거나 충돌하는 법익들 간의 형량에 있어 기본권의 비중을 잘못 측량하고 법령을 해석, 적용하였을 경우에 그러한 해석·적용은 위법한 것이 된다. 이러한 협의의 방사효는 특히 절차법과 재량권의 행사시에 나타난다. 예컨대 기본법 제14조로부터 이 기본권이 침해되는 경우 효과적으로 권리를 보호할 법원의 의무가 직접 도출된다. 곧 기본법 제14조 제1항 제1문은 '임대료상한선규율법'(Gesetz zur Regelung der Miethöhe)의 절차규정이 실제로 임대료인상을 중지시키고 계약임대비를 청구할 법률상의 청구권을 폐지하는 결과가 되는 방법으로 작용하지 못하도록 한다.[4]

---

1) 그러한 한에서 K. Hesse, Bestand und Bedeutung, in: E. Benda/W. Maihofer/H.-J. Vogel (Hrsg.), *Handbuch des Verfassungsrechts*, 1984, S. 77ff.(94f., 106)는 BVerfGE 7, 198(204ff.)와 50, 290(337f.)를 원용하여 기본권의 실현과 기본권의 효력을 강화시킨 확장된 기본권관을 이야기한다.

2) 학자에 따라서는 '파급효'로 번역하기도 한다. 계희열, 헌법학(중), 82쪽.

3) M. Lepa, *Der Inhalt der Grundrechte*, 1981, S. 14f.

4) BVerfGE 53, 352(358). 기본권의 방사효에 대한 그 밖의 더 많은 예는 BVerfGE 51, 150(156); 51, 324(326)(이상 절차법과 관련된 것); 18, 353(363), OVG Berlin, NJW 1975, S. 2261(이상 재량의 행사와 관련된 것) 등을 참조.

第 2 節　基本權의 對國家的 效力

기본권은 원칙적으로 입법권·행정권·사법권은 물론 헌법개정권력과 지방자치권력을 포함하는 모든 국가권력을 직접 구속한다(헌법 제10조 제 2 문). 따라서 이러한 국가작용이 기본권을 침해하는 경우 그 국가작용은 위법한 것이 된다. 510. 기본권의 대국가적 효력: 기본권은 모든 국가권력을 직접 구속한다

1. 基本權의 立法權羈束

과거에는 기본권은 법률에 따라서만 효력을 가지는 것으로 이해되었다. 그러나 오늘날은 "이하의 기본권은 직접 효력을 갖는 법으로서 입법, 집행 및 사법을 구속한다"(본 기본법 제 1 조 제 3 항)라는 규정의 유무와는 관계없이 기본권은 입법작용을 직접 구속하는 것으로 이해되고 있다.[1) 511. 기본권의 입법권기속: 입법자의 기본권침해는 비례의 원칙을 준수하는 한에서만 가능하다

일반적으로 입법자에게는 비교적 넓은 입법재량권이 인정된다. 그러나 입법자는 입법재량권을 행사함에 있어서 이른바 '과잉금지'(Übermaßverbot)의 원칙을 준수해야 한다. 따라서 입법자의 기본권침해는 '비례의 원칙'(das Prinzip der Verhältnismäßigkeit)에 반하지 않을 때에만 유효한 것이 된다.

더 나아가서 독일연방헌법재판소는 입법자가 기본권을 침해하기 위해서는 '헌법적 법률유보의 불문구성요건표지'(ungeschriebene Tatbestandmerkmale der verfassungsrechtlichen Gesetzesvorbehalte — *Martens*의 표현)로서 그에 상응하는 공익을 실현하기 위한 것임을 입증할 수 있어야 한다고 보고 있다.[2) 물론 입법자가 자신의 '경제·사회 정책적 관점'(wirtschafts-, sozial- und gesellschaftspolitische Vorstellungen)에 따라 새로운 이해관계를 중요한 공동체적 이해관계의 서열에 고양(高揚)시키는 것은 입법자 자신의 책무에 속한다.[3)

1) 이렇듯 입법이 기본권에 구속됨으로써 완성된 원칙적 변화를 H. Krüger, *Grundgesetz und Kartellgesetz*, 1950, S. 12는 다음과 같이 매우 적절하고 인상깊은 말로써 표현하였다. "이전에 기본권은 법률 내에서만 유효하였으나, 오늘날은 법률이 기본권 내에서만 유효하다"(Früher Grundrechte nur im Rahmen der Gesetze; heute Gesetze nur im Rahmen der Grundrechte).
2) 법률이 국민의 자유영역을 침해하는 경우 공익을 통하여 명령되지 않은 법률은 과잉법률이며, 그 결과 그 법률은 무효이다. 예컨대 BVerfGE 22, 384f.; 23, 56; 25, 11f., 117 참조. 이 판결들에 대한 개관은 W. Martens, *Öffentlich als Rechtsbegriff*, 1969, S. 37ff. 참조.
3) BVerfGE 13, 97, 107.

판례 〈교통사고처리특례법 제4조 등에 대한 헌법소원(일부각하, 일부기각)〉 "국가의 기본권보호의무의 이행은 입법자의 입법을 통하여 비로소 구체화되는 것이고, 국가가 그 보호의무를 어떻게 어느 정도로 이행할 것인지는 원칙적으로 한 나라의 정치·경제·사회·문화적인 제반여건과 재정사정 등을 감안하여 입법정책적으로 판단하여야 하는 입법재량의 범위에 속하는 것이다. 국가의 보호의무를 입법자가 어떻게 실현하여야 할 것인가 하는 문제는 입법자의 책임범위에 속하므로, 헌법재판소는 권력분립의 관점에서 소위 과소보호금지원칙을, 즉 국가가 국민의 법익보호를 위하여 적어도 적절하고 효율적인 최소한의 보호조치를 취했는가를 기준으로 심사하게 되어, 결국 헌법재판소로서는 국가가 특정조치를 취해야만 당해 법익을 효율적으로 보호할 수 있는 유일한 수단인 특정조치를 취하지 않은 때에 보호의무의 위반을 확인하게 된다."(헌재 1997. 1. 16. 90헌마110 등 병합결정)

2. 基本權의 行政權羈束

512. 기본권의 행정권기속: 판단여지가 인정되지 않는 한 행정청은 기본권에 기속된다

기본권은 행정권을 구속한다. 기본권은 행정기관, 공법상의 법인, 광의의 공무원뿐만 아니라 고권적 행위, 관리행위, 국고(國庫)행위까지를 구속한다.[1)]

기본권의 행정권기속은 법률이 행정청에 재량권을 부여하고 있는 경우 특히 문제된다. 그러나 행정청이 법률이 부여한 재량권을 행사함에 있어 기본권에 구속된다는 것은 널리 인정되고 있다.[2)] 행정청이 불확정법개념을 적용한 경우에 행정법원은 행정청이 불확정법개념을 적용하는 과정에서 ① 절차를 흠결하지 않았는지, ② '잘못된 사실'을 기초로 삼지 않았는지, ③ 일반적으로 승인된 평가원칙을 위반하지 않았는지, ④ 사안에 맞지 않은 고려를 기초로 하지 않았는지 여부에 대해 심사할 수 있다. 그리고 이 경우 행정청이 아닌 행정법원의 견해가 결정적인 역할을 한다.

그러나 예컨대 공직지원자가 공직에 '적합한지'에 대한 심사 및 확정과 같은 특정한 경우에는 행정청에 사후심사의 대상이 될 수 없는 '판단여지'(Beurteilungs-

1) 우리 헌법재판소는 국유재산 가운데 잡종재산은 사적 거래의 대상이 되므로 국유재산에 대한 시효취득을 금지한 국유재산법 제5조 제2항을 잡종재산에 대하여 적용하는 것은 사법적 거래상 국가를 이유 없이 우대하여 평등권을 침해한 것이라 하여 위헌선언하였다(헌재 1991. 5. 13. 89헌가97 결정. 헌재판례집 제3권, 202쪽 이하). 지방재정법 제72조 제2항도 같은 취지로 위헌선언되었다. "사권을 규율하는 법률관계에 있어서는 그 권리주체가 누구냐에 따라 차별대우가 있어서는 아니 되며, 비록 지방자치단체라 할지라도 사경제적 작용으로 인한 민사관계에 있어서는 사인과 대등하게 다루어져야 한다는 것이 헌법의 기본원리이다"(헌재 1992. 10. 1. 92헌가67 등 병합결정).

2) P. Badura, in: H.-U. Erichsen/W. Martens, *Allgemeines Verwaltungsrecht*, 6. Aufl. (1983), S. 317ff.

spielraum), 즉 법관의 평가에 의하여 대체될 수 없는 행정청의 주관적 평가의 영역이 인정된다.[1)]

그 밖에 행정법원은 행정청이 행한 법적용과 사실확인을 사후적으로 심사할 수 있다. 그렇다면 헌법재판소도 법적용과 사실확인과 관련하여 행정청이 행한 기본권적용을 사후적으로 심사할 수 있지 않으면 안 된다. 따라서 입법자에 대한 통제에 비해 행정청에 대한 헌법재판소의 통제는 훨씬 강하다. 물론 헌법재판소가 행정청의 판단여지에 속하는 것까지를 심사할 수 있는가 하는 것이 문제될 수는 있다. 그러나 행정법원이 기본권의 적용에 대해서 심사할 수 있다면, 헌법재판소는 그보다 더 큰 심사권이 있다고 보아야 한다. 왜냐하면 이 문제는 여전히 판단여지 밖의 문제이기 때문이다.[2)]

3. 基本權의 司法權羈束

513. 기본권의 사법권기속: 사법권은 기본권을 최대한으로 보장하는 방향으로 재판하여야 하며, 기본권을 침해하는 재판은 그 정당성이 부정된다

기본권은 사법권을 구속한다. 사법권은 국민의 기본권을 최대한으로 보장하는 방향으로 재판해야 하며, 기본권을 침해하는 재판은 그 정당성이 부정된다. 따라서 사법권에 의한 기본권침해의 경우에도 그에 대한 구제수단이 마련되어야 한다. 더 나아가서 재판에 대한 헌법소원도 인정되어야 할 것이다.[3)4)]

---

1) 불확정법개념과 판단여지에 대하여 자세한 것은 정하중, 행정법총론, 법문사, 2002, 189-197쪽 참조.

2) A. Bleckmann, *Allgemeine Grundrechtslehren*, S. 114f.

3) 우리 헌법재판소법 제68조 제1항은 헌법소원의 제기요건으로서 보충성을 요구함과 동시에 법원의 재판을 헌법소원의 대상에서 제외하고 있어 실질적인 기본권보장에 문제점이 되고 있다. 그러나 최근 우리 헌법재판소는 부분적이기는 하지만 법원의 재판이 기본권을 침해한 경우에 대하여 헌법소원을 인정하는 판결을 하였다(헌재 1997. 12. 24. 96헌마172 등 병합결정). 이 결정에 대한 평석은 홍성방, 헌법재판소법 제68조 제1항 본문은 위헌이다, 판례월보(1998년 8월), 12쪽 이하 참조.

4) 참고로 재판에 대한 헌법소원을 인정하고 있는 독일의 경우를 간추리면 다음과 같다. 연방헌법재판소는 법원의 결정이 기본권을 침해했는가 여부를 심사할 수 있다. 개별적인 경우에 절차의 형성, 구성요건의 확인과 평가, 법률의 해석과 적용과 관련하여 잘못이 있을 수 있지만 그렇다고 해서 곧바로 헌법소원이 정당화되는 것은 아니다. 잘못된 법적용 자체만으로 헌법침해가 되는 것은 아니기 때문이다. 원칙적으로 헌법소원을 제기하기 위해서는 모든 권리구제수단을 경유하여야 하기 때문에 헌법소원의 대상이 되는 법원의 재판은 최종심의 재판만을 의미한다. 재판과 관련하여 구체적으로 헌법소원의 대상이 될 수 있는 것은 소송절차상의 조치로 법원이 소송관계인의 헌법상 권리를 침해하거나 재판의 내용이 자의적인 경우, 기본권의 원리에 반하는 법률의 해석 및 기본권을 침해하는 위헌법률의 적용 및 기본권의 제3자효를 오인한 경우(BVerfGE 7, 198ff.; 12, 113ff.), 증거가 결여된 무죄선고(BVerfGE 6, 7) 및 새로운 기본권침해를 주장하는 경우의 집행행위

第3節 基本權의 效力擴張論

1. 一 般 論

514. 기본권의 대사인적 효력의 등장배경: 1. 이론적으로 기본권의 객관적 법질서로서의 성격이 인정되면서; 2. 실무상 근로관계에서 남녀간의 평등한 임금이 문제되면서

기본권의 대사인적 효력 또는 제3자적 효력은 이론적으로는 기본권에 객관적 법질서로서의 성격(기능)이 인정되면서부터 본격적으로 문제되기 시작하였다. 실무에서는 근로관계에서 남녀간의 평등한 임금과 관련하여 처음으로 다루어지기 시작하였다.

이 문제는 독일과 미국에서 각각 다른 방법으로 접근되고 있다. 스위스에서는 1999. 4. 18. 헌법개정을 통하여 기본권의 제3자적 효력을 헌법에 명문화하였으며,[1] 포르투갈헌법도 명문으로 기본권의 제3자적 효력을 인정하고 있다.[2]

2. 美國에서의 接近方法 — 公的 關係擬制論(美國判例)

(1) 修訂憲法 第14條

515. 미수정헌법 제14조

미연방헌법의 기본권규정들은 오랫동안 연방에 대해서만 효력을 가지는 것으로 생각되었다. 곧 미연방헌법의 기본권규정들은 사인 상호간의 관계에 대해서는 물론 주에 대해서도 효력을 가지지 못하는 것으로 해석되었다. 남북전쟁 후 1868년에 새롭게 추가된 미국의 수정헌법 제14조[3]는 주정부에 대하여 인종차별을 금하였으나 사인에 대해서는 아무런 언급도 하지 않고 있다.

(BVerfGE 15, 508) 등이다. 판결이유가 관계인에게 독자적인 부담을 주는 경우를 제외하고는 판결이유는 원칙적으로 헌법소원의 대상이 되지 않는다(BVerfGE 6, 9).

1) 스위스헌법 제35조(기본권의 실현): "① 기본권은 전체 법질서 내에서 유효하지 않으면 안 된다. ② 국가과제를 수행하는 자는 기본권에 기속되며, 그 실현에 기여할 의무를 진다. ③ 국가당국은 기본권이 사인 사이에서도 유효하도록 유의한다."

2) 포르투갈헌법 제18조 제1항: "권리와 자유 및 그 보장에 관한 헌법규정은 공·사조직체에 직접 적용되어 구속력을 가진다."

3) 수정헌법 제14조는 길이가 아주 긴 4개 항으로 되어 있다. 그 주요내용은 '적법절차조항'(due process clause)과 '평등보호조항'(equal protection clause)으로 구성되어 있다. "어떤 주도 적법절차에 의하지 아니하고는 어떤 사람으로부터도 생명·자유 또는 재산을 박탈할 수 없으며 … 어떤 사람에 대하여도 법률에 의한 평등한 보호를 거부하지 못한다."

수정헌법 제14조의 제정과정과 그 당시의 헌법사적 배경과 의미에 관하여는 Daniel A. Faber & Suzanna Sherry, *A History of the American Constitution*, 1990, pp. 247-319 참조.

(2) 셸리 대 크래머 事件

516. 셸리 대 크래머 사건: 1. 공적 관계 의제론의 등장; 2. 사법적 집행은 국가 행위에 해당된다

그러나 사적 관계에서 흑인에 대한 차별대우가 심하여 사회적으로 이를 금지할 필요가 생겼다. 이와 관련하여 인종을 이유로 한 부락적(部落的) 차별, 곧 '사적 정부'(private government)에 의한 인종적 차별에 관한 미국의 판례가 있다. '셸리 대 크래머'(Shelly v. Kraemer) 사건이[1] 그것이다.

이 사건은 일정지역의 토지소유자들이 백인 이외의 자(흑인 또는 유색인)에게 토지를 양도하지 아니할 것을 약속하는 '제한협정'(restrictive convents)에 관한 사건이다. 그 요지는 다음과 같다. 셸리 *Shelly*라는 흑인이 제한협정지역 내의 토지의 일부를 매수하였기 때문에 그 지역 내의 다른 토지소유주가 제소하여 셸리의 소유권을 부인하는 판결을 구하였다. 미주리주 제1심법원은 이것을 기각하였으나, 주최고법원은 원판결을 파기하고 이 요구를 인용하였다. 그래서 셸리는 미국수정헌법 제14조의 '법의 평등한 보호'(the equal protect of the law)에 위반한다는 것을 이유로 연방대법원에 상소하였다. 미연방대법원은 1883년의 '인권사건'(Civil Rights Cases)[2] 이래 미연방수정헌법 제14조 제1항이 금지하고 있는 것은 주(州), 곧 국가의 행위이며 단순한 사인의 행동이 아니라는 헌법판례의 이론을 승인하면서 이 사건의 제한협정 자체는 수정헌법 제14조 제1항에서 보장하는 권리를 침해하는 것이 아니고, 이 제한협정이 실제에 있어서 임의적으로 지켜지는 한, 주의 행동은 존재하지 아니하며, 따라서 위헌문제는 발생하지 아니한다고 하였다. 그러나 이 사건의 판례는 이 협정을 주법원에 의하여 강제집행하는 것, 곧 제한협정의 '사법적 집행'(judicial enforcement)은 '국가행위'(state action)에 해당하므로 주(=국가)가 수정헌법 제14조 제1항의 권리를 침해하는 것이라 하여 주최고법원의 판결을 파기하였다.

(3) 公的 關係擬制論

517. 공적 관계의제론: 통치기능의 이론, 사법적 집행의 이론, 국유재산의 이론, 국가원조의 이론, 특권부여의 이론

미국에서 공적 관계를 의제하여 기본권의 효력을 확장시키기 위한 이론구성으로는 통치기능의 이론, 사법적 집행의 이론, 국유재산의 이론, 국가원조의 이론, 특권부여의 이론 등이 있다.

'통치기능의 이론'(governmental function theory)은 성질상 통치기능을 대행하

1) 334 U.S. I, 1175(1948).
2) 109 U.S. 3. 835(1983). '인권사건'은 1875년의 '시민의 시민적·법적 권리를 보호하는 법률', 곧 이른바 '인권법'(Civil Rights Act) 제1조, 제2조와 관련된 일련의 사건을 말한다.

는 사인의 인권침해행위를 국가(=주)의 행위로 보고 위헌이라고 한다. '사법적 집행의 이론'(judicial enforcement theory)은 인권침해행위가 재판상의 문제가 되었을 경우에 법원의 개입에 의하여 사법적으로 집행되면, 그것을 위헌적 국가행위로 본다. '국유재산(주 또는 지방자치단체의 재산)의 이론'(state property theory)은 국유재산을 임차한 사인이 그 시설에서 인권침해를 행한 경우에 그 사인의 행위를 국가행위로 본다. '국가원조의 이론'(state asssistance theory)은 국가(=주)로부터 재정적 원조를 받거나, 토지수용권·조세면제 등의 특권을 받고 있는 사인이 인권침해를 하였을 경우에 국가행위로 본다. '특권부여의 이론'(governmental regulation theory)은 국가에서 특별한 권한이 부여되고, 그러한 한에서 국가의 광범한 규제를 받고 국가와의 사이에 밀접한 관계가 있을 때의 사인의 행위를 국가행위로 본다.[1)]

(4) 公的 關係擬制論의 特徵

518. 공적 관계의제론의 특징: 기본권은 원칙적으로 국가권력에 대해서만 효력을 가진다는 입장 고수

이상의 미연방대법원의 판례에서 확립된 이론들은 헌법의 기본적 인권규정은 어디까지나 국가행위에 대한 제약이라는 이론을 전제로 한다. 다만 실제의 사회문제를 해결하기 위하여 이들 사행위를 되도록 확대하여 공행위로 의제하여 결국 주정부의 행위로 본다. 그러한 논거에 따라 주에 대하여 흑인에 대한 차별대우를 금지한 수정헌법 제14조에 위반된다고 한다.

따라서 미국의 경우 기본권은 원칙적으로 국가권력에 대해서만 효력을 가진다는 종전의 입장은 그대로 유지되고 있다 하겠다.

3. 獨逸의 理論 — 基本權의 第 3 者的 效力

519. 기본권의 제 3 자적 효력에 대한 기본법의 침묵

독일의 기본법은 기본권의 대사인적 효력에 대하여 제 9 조 제 3 항 제 2 문[2)]에서 예외적인 직접 적용의 경우를 규정하고 있을 뿐 침묵하고 있다. 따라서 이 문제는 전적으로 학설에 맡겨진 문제이다. 이 문제에 대하여 부정설, 직접적용설, 간접적용설이 나뉘어 있다.

---

1) 이들 이론과 관련된 미국의 판례는 문홍주, 미국헌법과 기본적 인권, 유풍출판사, 2002 (제 4 판) 참조.

2) 독일기본법 제 9 조 제 3 항 제 2 문: "이 권리(*노동조합결성권을 말함 — 저자)를 제한하거나 방해하려는 협정은 무효이며, 이를 목적으로 하는 조치는 위법이다."

(1) 基本權의 第3者的 效力否定說

1) 내 용

과거에는 기본권의 제3자적 효력은 부정되었다. 그 논거는 다음과 같이 간추릴 수 있다. 첫째, 기본권은 역사적으로 전적으로 국가와의 관계에서 발달해온 것이기 때문에 사인 상호간에는 적용될 여지가 없다. 둘째, 기본법 제1조 제3항은 "이하의 기본권은 직접 효력을 갖는 법으로서 입법, 집행 및 사법을 구속한다"고 하고 있어 사인을 기본권의 의무자 또는 기본권의 수범자로 들고 있지 않다. 셋째, 사인 상호간에는 상하관계에 있는 국가와 국민과의 관계와는 달리 평등관계와 사적 자치의 원칙이 지배하기 때문에 기본권의 제3자효를 긍정하는 경우 민법을 지배하는 계약자유의 원칙이 극히 심하게 침해된다. 넷째, 사인에 의한 침해행위로부터 기본권을 보호하는 데에는 일반법률로도 충분하므로 헌법상의 기본권규정을 직접 원용할 필요가 없다.[1)]

520. 기본권의 제3자적 효력부정설의 내용: 1. 기본권은 역사적으로 대국가적 관계에서 발전; 2. 기본법 제1조 제3항; 3. 사인간에는 평등관계가 전제됨; 4. 일반법률로 충분

2) 비 판

그러나 기본권의 제3자적 효력을 부정하는 학설에 대해서는 다음과 같은 비판이 있다.[2)] 첫째, 기본권의 구속을 받는 입법자는 자신에게 주어진 권한범위 내에서 이러한 구속에 주의하지 않으면 안 된다. 따라서 입법자는 개인 사이의 법률행위와 그 밖의 사법상의 법률관계를 규율하는 사법의 규정들도 헌법과 기본권의 요청을 충족시키도록 노력하지 않으면 안 된다.[3)]

둘째, 기본권의 제3자적 효력을 부정하는 견해는 기본권의 제3자적 효력을 인정하는 견해를 오해하고 있다. 곧 기본권의 제3자적 효력을 인정한다고 해서 그것이 기본권의 효력을 계약자유의 원칙에 전적으로 맡겨진 문제에까지 적용하자는 것은 아니다. 왜냐하면 기본권의 제3자적 효력은 개별적인 경우에 제3자의 특정 기본권을 보장하기 위하여 사적 자치가 후퇴되어야 한다는 판단이 내려지는 경우에만 기본권이 사적 거래관계에도 효력을 가질 수 있다고 하기 때문이다.[4)]

따라서 현재 기본권의 제3자적 효력을 부정하는 학설은 없는 것으로 보

1) 이에 대하여 자세한 것은 W. Leisner, *Grundrecht und Privatrecht*, 1960, S. 309ff. 참조.
2) 이하 P. Badura, *Staatsrecht*, S. 80의 요약.
3) BVerfGE 31, 58.
4) BVerfGE 7, 198; 25, 256; 30, 173; 34, 269 참조.

인다.

(2) 直接適用說

1) 내 용

521. 기본권의 효력 직접적용설: 1. 니퍼다이, 라이스너, 연방노동법원의 입장; 2. 기본권은 직접 사인간의 법률관계에 적용된다; 3. 그러나 어떤 기본권이 사법관계에 직접적용되는가는 개별적으로 확정되어야 한다

직접적용설은 니퍼다이 *H. C. Nipperdey*와 독일의 연방노동법원 그리고 라이스너 *W. Leisner*에 의하여 대표되는 학설이다.

그에 따르면 기본권은 일반조항과 같은 매개수단이나 출입구 없이 사인 상호간에 절대적 또는 직접적으로 효력을 갖는다고 한다. 직접적용설은 특히 전체 법질서의 통일성을 강조한다. 곧 헌법은 최고법이기 때문에 모든 법은 헌법의 기초 위에서만 그리고 헌법의 테두리 내에서만 타당하며, 사법도 이에 대한 예외가 될 수 없다고 한다.[1)]

직접적용설은 다음과 같은 두 가지 이론적 구성이 가능하다. 첫째, 기본권은 사인에 대한 '주관적 공방어권'(subjektiv öffentliche Abwehrrechte)이다. 둘째, 사인은 객관적 법원리 또는 제도적 보장으로서 기본권에 구속된다.[2)]

그러나 독일연방노동법원은 후자의 방법을 택하였다. 독일연방노동법원(1부)의 초기판결들[3)]은 기본권의 제3자적 효력의 창시자인[4)] 니퍼다이의 영향[5)]을 받아 직접효력설을 주장하였다. 독일연방노동법원은 일련의 중요한 기본권들(예컨대 기본법 제1조의 인간의 존엄성, 제3조의 법 앞의 평등, 제5조 제1항 제1문의 자유로운 의사표현권과 같이 사법에도 적용이 가능한 기본권들)은 '의미가 변화'(Bedeutungswandel der Grundrechte)[6)]하여 국가에 대한 자유권의 보장을 넘어 사

---

1) H. C. Nipperdey, *Grundrechte und Privatrecht*, 1961, S. 15, 17 참조.
2) D. Vogt, *Die Drittwirkung der Grundrechte und Grundrechtsbestimmungen des Bonner Grundgesetzes*, 1960.
3) BAGE 1, 185ff.(191ff.); 4, 274ff.
4) Th. Schramm, *Staatsrecht Bd. Ⅱ. Grundrechte und ihre verfassungsrechtliche Absicherung*, S. 49.
5) H. C. Nipperdey, Gleicher Lohn der Frau, RdA 1950, S. 125 Ziff. 21는 기본권의 제3자적 효력을 부정하는 견해는 기본권규정을 전적으로 선언적 성격만을 가진 것으로 이해하는 결과가 될 것이라고 한다. 기본법이 필요의 측면에서 볼 때 보호하지 않으면 안 되는 경우에 보호를 명할 수 없는 규정들만을 포함하고 있다고 한다면 개인들에게는 전혀 도움이 되지 않을 것이며, 따라서 입법자는 그런 식으로 기본법의 가치를 박탈하는 원칙을 원하지 않았을 것이라는 것이다.
6) 기본권의 의미변화를 연방노동법원은 Lernpflegerin-Fall, NJW 1957, S. 1688ff.(1689)에서 다음과 같이 특징지었다. "모든 기본권은 아니지만 일련의 중요한 헌법의 기본권들은 국가권력에 대하여 자유권을 보장할 뿐 아니라 더 나아가서 사회생활을 위한 객관적 원칙들을 보장하며, 이 원칙들은 기본권에서 더 자세하게 발전하는 범위 내에서 국민 상호간

회생활의 '질서원칙'(Ordnungsgrundsätze)을 보장하고 있다고 한다. 그리고 이러한 사회생활의 질서원칙은 기본권으로부터 더 자세하게 발전할 수 있는 범위 내에서 시민 상호간의 법적 거래에 직접적인 의미를 가지게 된다고 한다.[1] 따라서 사법상의 법률행위는 기본권과 모순되어서는 안 될 것이며,[2] 사법상의 법률행위라 하더라도 기본권에 저촉되면 무효가 된다고 한다.

기본권이 사인 상호간에 직접 적용된다고 해서 모든 기본권이 사법질서에서 효력을 가져야 하는 것은 아니다. 앞의 연방노동법원의 판례에서 보듯이 헌법의 명문규정상 또는 기본권의 성질상 사인 상호간에 직접 적용될 수 있는 기본권만이 직접 효력을 갖는다. 따라서 어떤 기본권이 사법관계에 직접 적용되어야 하는가는 개별적으로 확정되어야 한다.[3] 또한 이 학설에 따르면 기본권이 사인간에 적용된다고 하더라도 그 강도는 국가와 개인 사이에서와 같은 강도로 적용되는 것은 아니다. 개인의 기본권은 대등한 당사자 사이의 자유의사에 기초하고 제한의 한계가 지켜지는 한 자율적으로 제한될 수 있다[4]

최근에는 기본권은 사인에 대해서가 아니라 국가에 대해서 효력을 가지기 때문에 사법(私法)상의 법률관계에서 기본권이 효력을 가지는 것을 '기본권의 간접적 효력'이란 표제어로 표현하는 것은 문제를 해결하지 못하고, 기본권의 효력을 간접적 효력과 직접적 효력으로 구분하는 오래된 법률가의 지혜도 문제의 해결에 도움이 되지 않는다는 견해도 주장되고 있다. 이 견해는 그 근거로서 다른 법분야에서 마찬가지로 사법(私法)입법도 기본권에 직접 기속되기 때문에 어떤 규범을 사법(私法)으로 해석하는 것은 기본권적 관계에서 어떤 의미도 가지 않는다고 한다. 즉 "이하의 기본권은 직접 효력을 갖는 법으로서 입법, 집행 및 사법(司法)을 기속한다"는 기본법 제 1 조 제 3 항은 "기본권은 사법(私法)에서 간접적으로 효력을 가진다"라는 어떤 유보도 포함하고 있지 않으며, 오히려 경우에 따라서는 입법자는 기본권적 자유영역을 보호하기 위하여 약자인 계약당

의 사법적 거래에도 직접적인 의미를 가진다. … 또한 사회적 법치국가(기본법 제20조, 28조)에 대한 기본법의 규범적 고백, 자유롭고 사회적인 공동체 내에서 법동료 상호간에 필수적인 기본권규정의 직접 적 사법적 효력에 대한 기본법의 규범적 고백"에 대하여 언급하고 있다.

1) BAGE 1, 185ff.(191ff.); 13, 168ff.(174ff.); 24, 438ff.(441). 그러나 이 견해는 바뀌었다. 예컨대 BAG, JZ 1985, 1108 참조.

2) BAGE 13, 168ff.(176). 연방대법원도 같은 논지에서 직접적용설을 따른 바 있다. BGHZ 33, 145ff.(149ff.).

3) H. C. Nipperdey, *Grundrechte und Privatrecht*, S. 12, 20.

4) H. C. Nipeerdey, *Grundrechte und Privatrecht*, S. 19f.

사자를 보호할 의무가 있다는 것을 든다. 그런가 하면 이 견해는 일반조항을 기본권적 가치결정을 위한 '출입구'(Einfallstore)로 표현하는 것도 입법자가 일반조항을 사용하는가 사용하지 않는가 여부는 기본권의 효력에 영향을 미치지 않기 때문에 오해의 소지가 있다고 한다. 따라서 이 견해에 따르면 직접적 기본권기속, 즉 사인에 대한 기본권의 효력은 기본법에 의하여 지시된 경우에만, 즉 기본법 제9조 제3항 제2문과 기본법 제48조 제1항과 제2항[1]에만 인정된다고 한다.[2]

2) 평 가

522. 기본권의 효력 직접적용설에 대한 평가: 1. 비판적 평가: 다수설 — 사적 자치와 사법체계를 전면 부정하는 결과를 가져온다; 2. 긍정적 평가: 소수설

① 비판적 평가

이 견해에 대하여는 사적 자치와 더불어 전체 사법체계를 뿌리에서부터 뒤흔들 것이라는 반대가 있다. 특히 뒤리히 *G. Dürig*는 기본권을 직접 사법관계에 적용시키게 되면 전체 사법거래에 대한 헌법의 영향이 비대해져 전적인 법적 불안정과 개별 거래당사자의 의사의 자유를 속박하는 결과를 가져올 것이라고 한다.[3] 그런가 하면 헤세 *K. Hesse*는 이 학설은 사적 자치를 지나치게 제한함으로써 민법의 특성과 의미를 원칙적으로 변화시켜 '민법 자체를 폐지하는'(das Privatrecht als solches aufheben) 결과로 이끌 것이라는 우려를 표시하고 있다.[4] 더 나아가서 이 견해는 일반적 해석원칙에 따라 유지될 수도 없을 것이라고 한다. 여기에서 문제가 되고 있는 것은 동질적인 것 사이에서 정도의 '차이'(ein Mehr oder Weniger)의 문제가 아니라 '이질적인 것'(ein aliud)의 문제라는 것이다. 독일연방헌법재판소는 이러한 사실을 분명히 한 바 있다. 곧 동재판소는 국가가 어떤 조치를 할 권리를 갖지 않기 때문에 개별 국민도 이 권리를 가질 수 없을 것이라는 견해는 그 견해가 '같은 것에 속하지 않는 것'(Nicht-Zusammen-gehöriges)을 (동질적인 것 사이에서 정도의) 차이라는 단순한 관계로 만들려 하기 때문에 잘못일 것이라고 선언하였다.[5]

---

1) 기본법 제48조: "① 연방의회에서 의석(議席)을 획득하고자 하는 자는 그의 선거준비에 필요한 휴가(休暇)를 청구할 수 있다. ②누구든지 의원직의 취임과 행사를 방해받아서는 안 된다. 이러한 사유로 인한 해고(解雇)의 통지와 해고는 허용되지 아니한다."
2) G. Manssen, *Staatsrecht Ⅱ, Grundrechte*, 11. Aufl.(2014), S. 32ff.
3) Maunz-Dürig-Herzog-Scholz, Art. 1 AbS. 3 Rdnr. 129.
4) K. Hesse, *Grundzüge des Verfassungsrechts der Bundesrepublik Deutschland*, S. 149ff. 참조.
5) BVerfGE 7, 198(220).

② 긍정적 평가

그러나 직접적용설이 정곡을 찌르는 것이라고 생각하는 견해도 있다.[1] 이 견해는 그 근거로서 다음과 같은 논거를 든다. 첫째, 기본법 제1조 제2항은 (국가기관뿐만 아니라) 독일국민이 인간적 공동체의 기초로서(따라서 시민과 국가의 관계에서뿐만 아니라 사인 상호간의 관계에 있어서도) 불가침·불가양의 인권을 고백하고 있다. 둘째, 자유는 국가에 의해서뿐만 아니라 사인들(예컨대 경제적 또는 사회적 강자그룹)과 개인인 사인에 의하여도 위협될 수 있다. 셋째, 간접적용설이 걱정하는 사적 자치와 계약의 자유는 기본법 제2조 제1항을 통하여 기본권적으로 보호된다. 넷째, 기본권은 자유를 지켜야지 역사를 보존해서는 안 되기 때문에 기본권의 역사적 방향은 이제는 더 이상 결정적인 것이 아니다.

(3) 間接適用說

523. 기본권의 효력 간접적용설: 1. 뒤리히의 체계화, 뤼트판결에서 수용된 후 독일의 통설적 입장; 2. 기본권은 주관적·공적 방어권뿐만 아니라 모든 법영역에

이 견해는 헌법을 기초로 하는 전체 법질서의 통일성을 유지함과 동시에 사법질서의 독자성 및 고유법칙성을 동시에 존중하고자 한다. 이 견해는 크뤼거 *H. Krüger*에 의하여 제공된 이론적 실마리[2]를 더욱 확충시킨 뒤리히[3]의 영향을 받아 독일연방헌법재판소에서 채택된 후 독일의 통설과 판례의 입장이 되었다. 곧 1958년 1월 15일의 뤼트판결(Lüth-Urteil)[4]에서 처음으로 기본권의 대사인적

1) I. v. Münch, *Grundbegriffe des Staatsrechts I*, S. 91.

2) H. Krüger, Die Verfassungen in der Zivilrechtsprechung, NJW 1949, S. 163ff.

3) G. Dürig, Grundrechte und Zivilrechtsordnung, in: *Festschrift für Nawiasky*, 1956, S. 157ff. "모든 국가권력은 기본법 제1조 제1항 제2문에 따라 자신의 행위에 있어서뿐만 아니라 또한 제3자, 곧 개인과 사회적 단체의 행위에 대해서도 인간의 존엄을 존중할 의무가 있다. 그러나 헌법이 기본법 제1조 제3항에서 이하의 기본권들을 기본법 제1조 제1항의 객관적 규범을 실정법적으로 실현시키는 가장 중요한 수단으로 보고 있다면, 사법부는 기본권에 반하는 제3자의 행위를 위법으로 다룸으로써 기본법 제1조 제1항 제2문에 규정된 국가의 기본권보호의무를 다하여야 하지 않은가라는 헌법적으로 매우 진지하게 고려되어야 하는 의문이 제기된다. 관철가능성과 제재수단의 관점에서 볼 때 기본권은 주관적 공적(곧 대국가적) 권리로부터 절대적(곧 모든 생각할 수 있는 침해자에 대한) 권리로 되었다. 더 나아가서 기본권을 보호함으로써 특히 선존하는 윤리적 제 가치가 보호된다는 기본법에 의하여 설정된 전제를 따른다면, 그러한 가치들은 절대적 가치로서 그것들이 실정화되었음에도 불구하고 그 방향에 따라 문제되는 것이 아니라 오히려 실정법 속에서 — 누가 침해자인가에 관계없이 — '법도덕'(Rechtsmoral) 속에서 일치하여야 한다고 하는 인식이 뒤따르게 된다."

4) BVerfGE 7, 198ff. 뤼트(Erich Lüth)는 1950년 함부르크 언론클럽의 회장으로 나치시대에 유대인 배척주의적 내용을 가진 영화(Jud Süß)를 제작한 바 있는 할란(Veit Harlan)의 영화 '영원한 연인'(Unsterbliche Geliebte)의 관람거부를 요청하였다. 그에 대하여 영화제작사와 배급자는 민법 제826조에 따라 그러한 행위를 중지할 것을 법원에 요청하였고, 그것

적용되는 객관적 가치결단을 포함한다; 3. 기본권은 해당 법영역을 지배하는 규정: 가치충전이 가능하고 필요한 일반조항과 불확정개념을 통해서 사법관계에 적용된다; 4. 사회적 권력이 사실상 국가 자신과 마찬가지로 작용하는 경우에는 기본권규범은 예외적으로 직접 적용되어야 한다

효력이 다루어진 이후 지금까지 연방헌법재판소는 대사인간의 관계에서 기본권은 간접적 효력만을 가진다는 입장을 견지해 오고 있다. 간접적용설의 내용은 두 가지로 간추릴 수 있다.

첫째, 기본권은 주관적-공적 방어권뿐만 아니라 모든 법영역에 적용되는 객관적 가치결단을 포함한다. 그로부터 민사법상의 법규정은 기본권과 모순되어서는 안 될 뿐만 아니라 기본권은 법원에 의하여 민사법상의 규정을 해석하고 계속 형성해 나감에 있어 반드시 고려되지 않으면 안 된다는 결론이 나온다.[1] 법관은 불확정법개념과 일반조항을 해석하고 법을 계속형성함에 있어 기본권을 존중하지 않으면 안 되기 때문에, 기본권은 간접적으로 시민 상호간의 사법관계에 간접 적용된다.[2]

따라서 기본권은 '해당 법영역을 직접적으로 지배하는 규정을 통해서'[3] 적용된다. 곧 기본권은 특정 '출입구'(Eingangs- und Einbruchsstelle), 곧 '매개체'(Medium)를 통해서만 사인간의 관계에 적용될 수 있다. 그러한 출입구는 예컨대 독일민법 제826조[4]와 같은 가치충전이 가능하고 가치충전에 필요한 일반조항[5]과 불확정법개념[6]이다. 따라서 이 견해에 따르면 기본권의 제 3 자적 효력은 사법에 적용되는 "객관적 가치질서", "지침", "방사효"로서의 기본권에서 시작되거나, 기본

은 인용되었다. 그러자 뤼트는 최종적으로 자유로운 의사표현의 기본권(기본법 제 5 조 제 1 항)을 원용하면서 헌법소원을 제기하여 승소하였다. 연방헌법재판소는 함부르크 지방(支邦)법원이 뤼트의 자유로룬 의사표현의 기본권을 침해했다고 판시하였다. "가치중립적 질서이기를 거부하는 기본법은 기본권편에서 객관적 가치질서를 창설하였으며 객관적 가치질서 속에서 기본권의 효력은 원칙적으로 강화되었다. 사회적 공동체 내에서 자유롭게 발현하는 인간의 인격과 존엄에 중심을 가지는 이러한 가치체계는 헌법적 기본결단으로서 모든 법영역에 대하여 효력을 가지지 않으면 안 된다. 입법, 행정 사법은 이러한 가치체계로부터 지침과 활동의 동기를 부여받는다. 그러므로 이러한 가치체계가 민법에도 영향력을 행사한다는 것은 자명한 사실이다. 어떠한 민법규정도 이러한 가치체계에 모순되어서는 안 되며, 모든 민법규정은 이러한 가치체계의 정신 안에서 해석되지 않으면 안 된다"(S. 205).

1) BVerfGE 7, 198(200f.).
2) G. Dürig, Grundrechte und Zivilrechtsordnung; BVerfGE 7, 198(205); 30, 173(196f.); 42, 147; 58, 377(396). G. Dürig, in: Neumann-Nipperdez-Scheuner, *Die Grundrechte*, Bd. Ⅱ, S. 525는 민법질서의 일반조항은 기본권이 민법질서에 '침입하는 장소'(Einbruchsstellen)라고 한다.
3) BverfGE 42, 143(148).
4) 그 밖에도 그러한 출입구로서 독일민법 제134조, 제138조, 제242조, 제823조, 제1004조 등을 들 수 있다.
5) BverfGE 7, 198(206).
6) BverfGE 7, 53(56).

권이 사법에 들어가기 위한 열쇠로서 언제나 사법상의 규범을 필요로 한다.[1] 그에 따라 사법의 일반조항과 불확정법개념을 평가적으로 적용함에 있어 기본권이 가치확정적 요소로서 간접적으로 적용되는 경우 사법을 지배하는 사적 자치의 원칙이 특히 존중되지 않으면 안 된다. 따라서 예컨대 본질적으로 동일한 구성요건을 평등하게 취급하라는 원칙을 지키지 않은 사법행위라 하더라도 바로 그 이유 때문에 독일민법 제138조의 의미에서 '윤리에 반하는'(sittenwidrig) 것은 아니며 무효가 되지는 않는다. 왜냐하면 계약자유의 원칙과 '유언자유'(Testierfreiheit)의 원칙은 기본법 제 2 조 제 1 항에 보장된 일반적 행동자유권의 결과로서 헌법질서의 한 부분이기 때문이다. 그러므로 기본법 제 3 조에 대한 특정의 위반이 있어야만 그 법률행위는 윤리에 반하는 것이 될 수 있다.[2]

둘째, 그 밖에도 '사회적 권력'(gesellschaftliche Gewalt)이 부분영역에 대하여 거대한 경제적 또는 사회적 압력을 행사하여 사실상 국가와 마찬가지로 작용하고 침해한 경우에는 예외적으로 기본권규범은 직접 구속력을 가지지 않으면 안 된다.[3] 왜냐하면 국민과의 관계에서 인간존엄의 원칙을 존중할 의무가 있는 국가는 개인 상호간의 관계에서도 한 국민이 동료국민의 인간의 존엄을 무시하도록 내버려두어서는 안 되기 때문이다.[4] 개인의 자결권이 일반적으로 사회적 권력에 규율되면 될수록 더욱 기본권은 실효성 있게 보호되지 않으면 안 된다.[5] 기본권이 단순히 선언적 성격을 넘어서 규범력을 가지기 위해서는 기본권은 해당 생활관계를 형성하는 데 책임있는 세력들에게도 효력이 있어야만 한다. 기본권의 제 3 자적 효력이 인정될 필요성은 최소한 커다란 사회단체, 경영자 및 노동조합의 경우 분명하며,[6] 이들 영역, 특히 노동법분야에서는 이미 제 3 자적 효

---

1) "기본권의 영향을 받은 그러한 행위규범으로부터 오는 권리와 의무에 대한 사인 사이의 분쟁은 실체적·절차적으로 여전히 민법상의 법적 분쟁이다. 이러한 분쟁을 해석하는 데 공법, 곧 헌법을 따르지 않으면 안 된다 하더라도 해석되고 적용되는 것은 민법이다." BverfGE 7, 198(205f.).

2) BGH, NJW 1978, S. 945.

3) BVerfGE 25, 256(263ff.); K. Hesse, *Grundzüge des Verfassungsrechts der Bundesrepublik Deutschland*, S. 148ff. 참조. 이러한 논거로써 연방노동법원은 사용주가 독점적인 지위에 있지 않음에도 불구하고 평등원칙에 구속된다고 판시하였다. BAGE 2, 259(264) 참조.

4) 특히 H. v. Mangoldt-Klein, *Das Bonner GG, Art.* 1, Anm. V 4b, S. 159. 또한 H. C. Nipperdey, Gleicher Lohn der Frau, S. 125 참조.

5) 이 생각은 특히 R. Zippelius, *Allgemeine Staatslehre*, 8. Aufl.(1982), S. 314ff.에 의하여 정치하게 전개되었다.

6) A. Bleckmann, *Allgemeine Grundrechtslehren*, S. 143ff. 참조.

력의 이론이 타당한 것으로 증명되었다.[1]

(4) 그 밖의 學說

524. 그 밖의 학설

1) 슈바베의 견해

기본권을 원칙적으로 국가에 대한 방어권으로 보는 슈바베 *J. Schwabe*에 따르면 사법거래에서 기본권의 직접효력은 "사법상의 청구권의 경우에도 국가권력은 명령과 금지의 형태로 존재한다"는 데서 결론된다. 사법도 국가(입법자)에 의하여 제정된 법이라는 것이다. 법관은 민사법상의 분쟁을 결정함에 있어 고권적으로 행동하며 기본법 제1조 제3항에 의하여 기본권에 구속된다고 한다. 곧 직접적용설에 따르면 '사법(私法)의 기본권정향성(定向性)(die Grundrechtsorientierung des Privatrechts)'은 '공권력의 기본권구속성'(die Grundrechtsbindung der öffentlichen Gewalt), 특히 법원의 기본권구속성을 매개로 하여 생겨난다고 한다. 예컨대 가족법이 평등의 원칙에 반하여 남편에게 우월한 지위를 부여하는 경우 그것은 평등권의 제3자적 효력이 문제가 아니라 국가에 대한 문제라는 것이다. 따라서 슈바베에 따르면 기본권의 수평적 효력이라는 좁은 의미에서의 제3자효는 전혀 문제가 되지 않는다.[2] 곧 그에게 기본권의 제3자적 효력이란 '외관상의 문제'(Scheinproblem)에 지나지 않는다.

2) 간접적용설의 부분적 수정 — 간접적용설의 새로운 전개

새로운 문헌들에서는 간접효력설은 부분적으로 수정되고 있다.

우선, 기본권의 제3자적 효력을 더욱 확장시키려는 움직임이 보인다. 예컨대 슈타르크 *Chr. Starck*는 다음과 같은 경우에 사법에서 기본권의 '효력'(Wirkung)을 인정한다. ① 기본법 제1조 제1항 제2문, 제6조 제1·제4항의 경우처럼 국가에 보호의무가 있는 경우와 제14조 제1·제3항 등의 경우처럼 보장의무가 있는 경우, ② 기본법에 표현된 인간상이 기본권의 '효력'(Geltung)을 필요로 하

---

1) Th. Schramm, *Staatsrecht Bd. Ⅱ. Grundrechte und ihre verfassungsrechtliche Absicherung*, S. 53.

2) J. Schwabe, *Die sog. Drittwirkung der Grundrechte*, 1971, 특히 S. 30, 47, 157. 이 견해에 H. Bethge, *Zur Problematik von Grundrechtskollisionen*, 1977, S. 395ff.는 동의하고 있다. 그러나 슈바베의 견해에 대하여는 v. Mangoldt-Klein-Starck, Art. 1 AbS. 3 Rdnr. 197의 반대가 있다. 그에 따르면 사법상의 분쟁을 결정하는 법원의 구속력을 직접적이고 일반적인 제3자효를 생기게 하지 않는다. 사법상의 주체의 기본권구속성에 있어서 중요한 것은 법적 분쟁의 당사자들이 처해 있는 실체법적 법률관계일 뿐이다.

는 경우.[1]

다음으로, 카나리스 *C.‐W. Canaris*는 기본권의 수범자는 국민이 아닌 국가일 뿐이므로 사법상의 주체 상호간의 행위에는 직접적인 제 3 자효가 생길 수 없다는 데에서 출발한다. 그러나 사법입법자 내지는 법관에 대해서는 기본권은 직접효를 전개한다. 이들은 기본권의 '보호명령기능'(Schutzgebotsfunktionen)을 통하여 기본권을 시민 상호간의 관계에서도 보호할 의무가 있다.[2]

(5) 基本權의 第 3 者的 效力이 認定되는 結果 發生하는 問題

기본권의 제 3 자효가 인정되기 때문에 기본권의 충돌이 발생하게 된다. 기본권의 충돌현상이 발생하면 정규법원에 제소되어 재판에서 자신의 기본권을 구제받지 못하는 경우 헌법소원에 의하여 구제받게 될 것이다.

525. 기본권의 제 3 자적 효력이 인정되는 결과 발생하는 문제: 기본권의 충돌

그러나 우리 헌법재판소법 제68조 제 1 항 본문은 재판작용을 헌법소원의 대상에서 제외시키고 있기 때문에 이 부분에 대해서는 원칙적으로 구제의 길이 막혀 있다. 기본권의 충돌에 대하여는 다음 장에서 상세히 다룬다.

4. 韓國憲法과 基本權의 第 3 者的 效力

(1) 學　說

1) 多 數 說

우리 헌법은 기본권의 대사인적 효력과 관련하여 명문의 규정을 두고 있지 않다. 그러나 국내의 학설은 독일이론의 영향을 받아 기본권의 대사인적 효력과 관련하여 간접적용설의 입장을 취하고 있다.[3] 판례도 같은 입장이다.

526. 기본권의 제 3 자적 효력에 대한 국내다수설의 입장: 1. 간접적용설이 다수설; 2. 대사인적 효력이 부정되는 기본권, 직접적용되는 기본권, 간접적용되는 기본권으로 분류

> **판례** "헌법상의 기본권은 제 1 차적으로 개인의 자유로운 영역을 공권력의 침해로부터 보호하기 위한 방어적 권리이지만 다른 한편으로 헌법의 기본적인 결단인 객관적인 가치질서를 구체화한 것으로서, 사법을 포함한 모든 법 영역에 그 영향을 미치는 것이므로 사인간의 사적인 법률관계도 헌법상의 기본권 규정에 적합하게 규율되어야 한다. 다만 기본권 규정은 그 성질상 사법관계에 직접 적용될 수 있는 예외적인 것을 제외하고는 사법상의 일반원칙을 규정한 민법 제 2 조, 제103

---

1) Chr. Starck, v. Mangoldt‐Klein‐Starck, Art. 1 AbS. 3 Rdnr. 198ff.; Jus 1981, S. 237ff.
2) C.‐W. Canaris, Grundrechte und Privartecht, AcP 184(1984), S. 201ff. 여기서는 A. Alpmann, *Grundrechte*, 1986, S. 59에서 인용.
3) 그러나 윤세창, 신헌법, 1980, 96쪽은 기본권의 대사인적 효력을 부정하고 있다.

조, 第750조, 第751조 등의 내용을 형성하고 그 해석 기준이 되어 간접적으로 사법관계에 효력을 미치게 된다."(대법원 2010. 4. 22. 2008다38288 판결)

국내 다수설은 기본권을 대사인적 효력이 부정되는 기본권, 대사인적 효력이 직접 적용되는 기본권, 대사인적 효력이 간접 적용되는 기본권의 세 가지로 분류한다.

우선, 대사인적 효력이 부정되는 기본권으로는 사법절차적 기본권, 청구권적 기본권, 참정권(선거권, 공무담임권, 국민투표권), 소급입법에 의한 참정권제한과 재산박탈금지 등이 거론된다.

다음으로, 직접 적용되는 기본권과 관련해서는 견해의 차이가 있다. 그러나 인간의 존엄과 가치 및 행복추구권(제10조), 노동 3권 및 노동조건의 보호에 관한 권리(제33조 및 제32조 제3·제4·제5항), 언론·출판의 자유(제21조), 참정권(제24조, 제25조, 제72조, 제130조 제2항) 등이 직접 적용된다고 한다.

끝으로, 나머지 기본권조항은 사법의 일반원칙을 규정한 조항들(민법 제2조, 제103조, 제750조, 제751조)을 통하여 간접적용된다고 본다.

2) 多數說에 대한 問題提起와 代案

527. 다수설에 대한 문제제기: 제1설—직접적용되는 기본권을 언론·출판의 자유에 한정시켜야 한다; 2. 제2설—근로 3권을 제외하고는 직접적용여부를 사안에 따라 그때그때 판단하여야 한다

대사인적 효력이 부정되는 기본권이 있다는 점에 대해서는 전혀 이의가 없는 것으로 보인다. 그러나 기본권을 대사인적 효력이 직접 인정되는 기본권과 그렇지 않은 기본권으로 양분하는 것이 타당한가에 대하여는 의문이 제기되고 있다. 이에 대하여는 두 가지 견해가 대립되어 있다.

제1설은 다수설이 직접 적용되는 기본권의 범위를 부당하게 확대하였다고 비판한다. 곧 인간의 존엄과 가치는 기본권질서의 이념적·정신적 출발점이기 때문에 인간의 존엄과 가치에 대하여 직접적 효력을 인정하는 것은 모든 기본권의 효력을 직접 인정하는 결과가 된다는 것이다.[1] 따라서 이 견해는 직접 적용되는 기본권을 제21조의 언론·출판의 자유에 한정시키려고 한다. 그러면서 이 견해는 제21조 제4항은 민법상의 불법행위에 관한 규정(제750조 이하)만으로도 충분히 해결할 수 있는 사항을 언론·출판의 자유가 현대사회에서 가지는 사회통합적·민주적 기능 때문에 이 기본권에 대해서 특별히 직접적 대사인적 효력을 인정한 것이라고 한다.[2]

1) 허영, 한국헌법론, 253쪽.
2) 허영, 한국헌법론, 253쪽.

제 2 설은 근로 3권처럼 애당초 사인 사이에 적용되는 것을 전제로 한 경우를 제외하고는 간접 적용되는가 직접 적용되는가를 헌법질서의 테두리 내에서 기본권이 갖는 기능과 과제에 따라 그때그때 판단하는 것이 바람직하다고 주장한다. 그러면서 이 견해는 동일한 기본권이라 하더라도 개인에 의한 침해냐 또는 거대한 경제적 또는 사회적 권력에 의한 침해냐에 따라 간접 적용될 수도 있고 직접 적용될 수도 있을 것이라고 한다.[1)]

3) 私　見

528. 한국헌법과 기본권의 효력에 대한 사견: 사인간의 관계에서 노동 3권을 제외한 나머지 기본권은 원칙적으로 간접적용되지만 직접적용되는 예외가 있다

그러나 헌법 제21조 제 4 항의 규정을 기본권의 제 3 자적 직접 효력을 근거지운 규정으로 보는 것은 무리가 있다고 생각한다. 왜냐하면 이 규정은 현대사회에서 언론·출판이 가지는 중요성, 과제, 기능 등을 고려하면서도 언론의 책임을 분명히 한 것이라 보는 것이 더 설득력 있을 것이기 때문이다. 곧 이 규정은 언론·출판이 자신에게 주어진 커다란 힘을 사용하여 한계를 일탈하지 말 것과 한계를 일탈했을 경우의 결과를 헌법이 규정한 것이라고 보아야 할 것이다.

기본권의 제 3 자적 효력은 자유권목록만을 가진 독일기본법 하에서 자유권, 특히 노동3권이 국가 이외의 강력한 사인에 의해서도 침해된다는 사실 때문에 문제시되기 시작한 것이다.[2)] 따라서 기본권을 침해하는 자가 개인이든 경제적 또는 사회적 권력이든을 불문하고 기본권을 침해받는 자와 동등한 입장에 있는 자인가 그렇지 않은 자인가에 따라 그것을 간접적용 또는 직접적용을 정하는 기준으로 삼는 것이 설득력 있다 할 것이다. 더 나아가서 기본권의 사인간의 적용은 사법질서의 독자성과 고유법칙성을 가능한 한 존중하는 것이어야 한다. 그러한 하에서 사인간의 관계에서 노동 3권을 제외한 나머지 자유권은 원칙적으로 간접적용되지만 직접적용되는 예외가 있다고 이해하면 되겠다.[3)]

---

1) 계희열, 헌법학(중), 89·90쪽.
2) 이러한 점을 한수웅, 헌법학, 412·413쪽도 분명히 하고 있다. "독일에서 '기본권의 대사인적 효력'의 논의의 출발점은 기본적인 인간의 권리는 사회공동체의 이념적 기초로서 사인간의 관계에서도 어느 정도 효력을 가지고 보호되어야 한다는 것이었고, 독일에서 객관적 가치질서를 통하여 기본권의 효력을 강화하고자 한 것은 무엇보다도 인권, 즉 자유권을 사인의 침해로부터 보호하고자 한 것이었다. 따라서 기본권의 대사인적 효력은 처음부터 인권(자유권)에 제한되는 것이었다."
3) 그러나 기본권 중에 직접적으로 사인간에 적용되는 기본권이 있을 수 없다는 견해도 있다. 예컨대 정연주, 기본권의 대사인적 효력, 고시계(1991. 7.), 73쪽 이후(80쪽)는 "사인간의 기본권 효력은 헌법이 기본권의 직접적 사인효력을 명시하고 있는 경우 — 헌법이 스스로 이익형량의 결정을 한 경우 — 를 제외한다면 원칙적으로 입법자에 의한 해당 사법규정의 해석과 적용을 통해서 간접적으로 미치는 것"이라고 한다.

(2) 判 例

헌법재판소가 판례에서 사인간의 기본권 효력을 정면으로 다툰 경우는 없는 것으로 생각된다. 헌법재판소는 KBS의 채용광고가 기본권 침해냐에 대한 헌법소원에서 KBS는 사인이기 때문에 공권력행사를 할 수 없다고 하여 기각하였다(헌재 2006. 11. 30. 2005헌마855 결정).

이에 반하여 대법원은 간접적 효력설을 채택하고 있다. 즉 대법원은 헌법상의 기본권은 제 1 차적으로 개인의 자유로운 영역을 공권력의 침해로부터 보호하기 위한 방어적 권리이지만 다른 한편으로 헌법의 기본적인 결단인 객관적인 가치질서를 구체화한 것으로서, 사법을 포함한 모든 법 영역에 그 영향을 미치는 것이므로 사인간의 사적인 법률관계도 헌법상의 기본권 규정에 적합하게 규율되어야 한다고 하고, 다만 기본권 규정은 그 성질상 사법관계에 직접 적용될 수 있는 예외적인 것을 제외하고는 사법상의 일반원칙을 규정한 민법 제 2 조, 제103조, 제750조, 제751조 등의 내용을 형성하고 그 해석 기준이 되어 간접적으로 사법관계에 효력을 미치게 된다고 한다.

판례 "헌법상의 기본권은 제 1 차적으로 개인의 자유로운 영역을 공권력의 침해로부터 보호하기 위한 방어적 권리이지만 다른 한편으로 헌법의 기본적인 결단인 객관적인 가치질서를 구체화한 것으로서, 사법(사법)을 포함한 모든 법 영역에 그 영향을 미치는 것이므로 사인간의 사적인 법률관계도 헌법상의 기본권 규정에 적합하게 규율되어야 한다. 다만 기본권 규정은 그 성질상 사법관계에 직접 적용될 수 있는 예외적인 것을 제외하고는 사법상의 일반원칙을 규정한 민법 제 2 조, 제103조, 제750조, 제751조 등의 내용을 형성하고 그 해석 기준이 되어 간접적으로 사법관계에 효력을 미치게 된다. 종교의 자유라는 기본권의 침해와 관련한 불법행위의 성립 여부도 위와 같은 일반규정을 통하여 사법상으로 보호되는 종교에 관한 인격적 법익침해 등의 형태로 구체화되어 논하여져야 한다. … 종립학교가 고등학교 평준화정책에 따라 강제배정된 학생들을 상대로 특정 종교의 교리를 전파하는 종파적인 종교행사와 종교과목 수업을 실시하면서 참가 거부가 사실상 불가능한 분위기를 조성하고 대체과목을 개설하지 않는 등 신앙을 갖지 않거나 학교와 다른 신앙을 가진 학생의 기본권을 고려하지 않은 것은, 우리 사회의 건전한 상식과 법감정에 비추어 용인될 수 있는 한계를 벗어나 학생의 종교에 관한 인격적 법익을 침해하는 위법한 행위이고, 그로 인하여 인격적 법익을 침해받는 학생이 있을 것임이 충분히 예견가능하고 그 침해가 회피가능하므로 과실 역시 인정된다."(대법원 2010. 4. 22. 2008다38288 판결. *대법원 2011. 1. 27. 2009다19864 판결도 참조)

5. 基本權의 第3者效와 (국가의) 基本權 保護義務

528a. 기본권의 제 3 자효와 기본권의 보호의무

오랫동안 기본권의 제 3 자효의 문제는 기본권해석론의 핵심문제 중 하나로 간주되어 왔다. 그러나 이제 국가의 기본권보호의무에 의해서도 제 3 자에 의한 기본권침해가 구제될 수 있는 길이 열렸으므로 기본권 제 3 자효의 문제는 이전에 가졌던 것과 같은 커다란 의미를 상실하였다고 할 수 있다.

그러나 기본권의 보호의무는 아직까지는 주로 생명과 건강과 관련해서 문제되고 있으며, 그것도 최소한의 보호의무를 의미한다는 점에서 기본권의 제 3 자효는 여전히 중요성을 상실하지 않은 것으로 생각된다.

第 6 章 基本權의 衝突과 競合[1)]

第 1 節 基本權의 衝突

1. 理論的 背景

529. 기본권충돌의 이론적 배경: 기본권의 제3자적 효력

'기본권의 충돌'(Grundrechtskollisionen)은 헌법학에서 비교적 새로운 현상이다. 왜냐하면 기본권을 국가권력에 대한 방어권 내지는 '국가로부터의 자유'(Freiheit vom Staat)로 이해하고 기본권의 기능을 공권력을 구속하고 공권력의 침해를 제한하는 것, 곧 국가로부터 자유로운 영역을 획정짓는 것으로만 파악하는 입장에서는 기본권의 충돌은 이론적으로 문제시될 수 없기 때문이다.

기본권의 충돌이 있을 수 있는 것으로 문제시되기 시작한 것은 기본권이 국가의 침해행위에 대한 방어권인 동시에 '전체 법질서의 원칙규정'(Grundsatzregelungen für die gesamte Rechtsordnung)으로 이해되기 시작하면서부터이다. 곧 기본권의 구속력이 공권력뿐만 아니라 사법(私法)상의 주체에게도 확장된다

---

1) 허영, 한국헌법론, 2011, 267쪽은 기본권의 충돌과 경합이란 용어 대신 기본권의 경쟁 및 상충이라는 용어를 사용하고 있다. 그러면서 (각주 2)에서는 다음과 같이 말하고 있다. "'기본권의 경쟁'이라는 개념을 '기본권의 경합'이라고 표현하는 판례와 학자도 있다. 그러나 '경합'의 사전적 의미로 보거나 '경합'이라는 표현이 특히 형법에서 하나의 행위 혹은 수개의 행위가 여러 개의 죄명에 해당하는 것을 표현하는 뜻으로 사용되고 있다는 점을 감안한다면 기본권의 경쟁관계에 그대로 사용하는 것은 되도록 피하는 것이 옳다고 생각한다. 또 원어 Konkurrenzen의 의미도 경합보다는 경쟁이 더 정확하다." 이에 대하여, 계희열, 헌법학(중), 2004, 116쪽은 "허교수가 기본권의 경합과 충돌의 문제를 교과서에 처음 소개하였기 때문에 가급적 먼저 사용한 용어를 따르는 것이 용어의 통일을 위해서도 바람직하나 경쟁과 상충이라는 표현보다는 경합과 충돌이라는 용어가 보다 보편적이라고 판단하여" 경합과 충돌이라는 용어를 사용한다고 하고 있다.

그러나 우리나라에 '기본권의 충돌과 경합'이 소개되기 훨씬 이전에 이미 민법학 분야에서 '권리의 경합과 충돌'이라는 말이 이미 (번역)사용되고 있었고, 독일의 경우에도 '기본권의 충돌과 경합'은 '권리의 충돌과 경합'에서 유래하는 것이기 때문에 개인적으로는 '기본권의 충돌과 경합'이라는 말을 사용하는 것이 바람직하다고 생각한다.

는 기본권의 제 3 자 효력이 인정되면서부터[1] 국민들의 상충하는 여러 이해관계가 기본권규정에 의하여 보호될 수 있게 되었기 때문에 기본권의 충돌은 예외적인 현상이 아니라 보편적인 현상으로 되었다.[2]

2. 概　念

(1) 概　念

기본권의 충돌은 상이한 기본권의 주체들이 여러 이해관계를 관철하기 위하여 나름대로의 기본권규정들을 원용하는 경우에 원용된 여러 기본권 사이에 발생하는 현상이다.[3]

530. 기본권충돌의 개념: 상이한 기본권 주체들이 상충하는 여러 이해관계를 관

1) 기본권의 제 3 자적 효력, 곧 기본권의 대사인간의 효력을 처음으로 인정한 것은 독일연방헌법재판소의 뤼트판결(Lüth-Urteil, BVerfGE 7, 198, 207f.)이다. 이 판결에서는 그 밖에도 기본권의 충돌이 암시되었고 그 해결책으로서 법익형량이 제시되었다. 뤼트판결에 대한 평석은 G. Dürig, Zum Lüth-Urteil des Bundesverfassungsgerichts vom 15. 1. 1958. DÖV 1958, S. 194ff. 참조.

2) G. Dürig, Grundrechtsverwirklichung auf Kosten von Grundrechten, in: *Summum Ius summa Iniuria*, 1963, S. 80f.는 Lüth-Urteil을 일상적 사건의 예로 보고 있다. 이에 대하여 P. Lerche, *Übermaß und Verfassungsrecht*, 1967, S. 125ff.; W. Rüfner, Grundrechtskonflikte, in: *Bundesverfassungsgericht und Grundgesetz, Festgabe aus Anlaß des 25 Jährigen Bestehens des Bundesverfassungsgesetzes*, 1976, S. 453ff.(461)은 기본권의 충돌을 극소수의 예외적인 현상으로 보고 있다. 그러나 그 이후 독일연방헌법재판소에서 기본권의 충돌이 많이 다루어진 것을 보면 기본권의 충돌은 일반화된 현상이라 하는 것이 타당할 것이다.

3) 기본권의 충돌을 이와는 달리 개념정의하는 것이 국내의 일반적인 경향이다. 예컨대 권영성, 한국헌법론, 322쪽은 "복수의 기본권주체가 서로 충돌하는 권익을 실현하기 위하여 국가에 대해 각기 대립되는 기본권의 적용을 주장하는 경우"로, 계희열, 헌법학(중), 101쪽은 "상이한(복수의) 기본권주체가 서로의 권익을 실현하기 위해 하나의 동일한 사건에서 국가에 대해서 서로 대립되는 기본권의 적용을 주장하는 경우"로 정의한다. 그 결과 권영성은 "그 결과 기본권의 제 3 자적 효력은 엄밀히 따지면 기본권의 충돌과는 그 문제상황을 달리하는 것이다. 왜냐하면 전자(제 3 자효력문제)는 대체로 어느 일방의 사인이 사실적인 힘에 의하여 다른 사인의 기본권을 침해하는 경우에 제기되는 문제인 데 대하여, 후자(충돌문제)는 대체로 사인과 사인간의 기본권이 국가공권력을 매개로 하여 상호 대립하는 상황에서 국가공권력이 그 대립을 해소하기 위해 여기에 개입하는 경우에 제기되는 문제이기 때문이다"라고 하고, 계희열은 "그러나 기본권의 충돌은 기본권의 대사인적 효력과 동일하지 않다. 기본권의 충돌은 사인이 서로 다른 기본권을 주장하는 데서 발생하지만, 기본권의 제 3 자적 효력에서처럼 사인상호간의 관계에서 사인에 대하여 주장하는 것이 아니라 국가에 대하여 주장한다는 데서 구별된다"고 한다. 허영, 한국헌법론, 257쪽은 "상이한 기본권주체가 서로 상충하는 이해관계의 다툼에서 각각 나름대로의 기본권을 들고 나오는 경우 이들 기본권은 서로 상충관계에 있다"고 하면서도 "사적인 이해관계의 다툼에서 기본권이 상충하게 되는 경우 이해관계의 당사자인 기본권주체는 일

철하기 위하여 나름 대로의 기본권규정 들을 원용하는 경우 에 원용된 여러 기 본권 사이에 발생하 는 현상

이러한 기본권의 충돌현상은 다음과 같은 두 가지 조건이 충족될 때 존재하게 된다. 첫째, 헌법상 보장되어 있는 규정들로부터 여러 기본권주체의 주관적인 권리들이 도출되고, 이러한 주관적인 권리들은 구체적인 경우에 교차하여야 한다. 둘째, 기본권에 구체화되어 있는 객관적인 가치들이 동시에 그 밖의 법질서에 '방사'(ausstrahlen)됨으로써 동일한 생활사태에 대하여 대립되는 평가에 이르러야 한다.[1)]

531. 기본권충돌의 특징: 한 기본권이 그 효력을 주장함에 있어 다른 기본권의 효력을 희생시킴

기본권의 충돌은 한 기본권이 그의 '효력'(Geltung)을 주장함에 있어 다른 기본권의 효력을 희생시킨다는 데 그 특징이 있다.[2)]

기본권충돌의 대표적인 예로는 임신중절(모의 인격발현권과 태아의 생명권의 충돌), 명예를 훼손시키는 소설의 출판(출판의 자유·예술의 자유와 명예 훼손된 자의 인간의 존엄의 충돌)을 들 수 있다.

(2) 區別되어야 할 概念

532. 기본권의 충돌과 구별되어야 할 개념: 기본권의 경합, 기본권의 외견적 충돌

기본권의 충돌을 '기본권의 경합'으로 표시하는 학자[3)]가 있다. 그런가 하면 기본권의 충돌을 기본권과 '헌법이 보호하고 있는 공익'(Gemeinschaftsinteresse mit Verfassungsrang) 사이의 마찰에까지 연장시키려는 학자[4)]도 있다. 이렇듯 혼란된

단 국가권력을 상대로 자신이 갖는 기본권의 효력을 주장하게 되고, 국가권력은 쌍방당사자가 주장하는 기본권의 내용과 효력을 비교형량해서 양측의 기본권이 충분히 존중될 수 있는 합헌적인 해결책을 찾아내야 하는 헌법적 의무를 지게 된다. … 기본권의 상충관계가 궁극적으로는 기본권의 대국가적 효력의 문제로 평가되는 이유도 바로 여기에 있다"고 한다.

그러나 이러한 기본권의 충돌에 대한 개념정의들('국가에 대해서'라는 것을 기본권의 충돌의 개념요소로서 파악하는 정의)은 기본권의 충돌현상(기본권의 충돌의 개념요소)과 그 충돌현상의 해결주체(그것을 누가 해결할 것인가)를 분리하지 않고 있다는 점(권영성, 계희열)에서 문제가 있다. 더 나아가서 허영처럼 기본권의 충돌이 국가에 의해서 해결되기 때문에 그것을 대국가적 효력의 문제로 이해한다면, 기본권의 대사인적 효력이 인정될 수 있는 여지는 거의 존재할 수 없게 될 것이며, 기본권의 제3자적 효력이란 개념조차도 존재할 수 없게 되는 결론에 도달할 수밖에 없다. 왜냐하면 기본권에 관한 모든 분쟁은 국가(사법)에 의해서 해결되기 때문이다. 따라서 기본권의 충돌을 개념정의함에 있어 "국가에 대하여"라는 요소는 불필요한 요소이다.

1) H. Blaesing, *Grundrechtskollisionen*, Diss, Bochum 1974, S. 3.

2) G. Dürig, Grundrechtsverwirklichung auf Kosten von Grundrechten는 기본권의 충돌을 '기본권을 희생한 기본권의 실현'(Grundrechtsverwirklichung auf Kosten von Grundrechten)으로 개념규정하고 있으며, 이러한 개념정의는 일반적인 것이 되었다. H. Blaesing, *Grundrechtskollisionen*, S. 2; H. Bethge, *Zur Problematik von Grundrechtskollisionen*, 1977, S. 321.

3) P. Lerche, *Übermaß und Verfassungsrecht*, S. 125ff.

4) P. Lepa, Grundrechtskonflikte, DVBI, 1972, S. 161ff.(166); ders., *Der Inhalt der Grund-*

개념사용 때문에[1] 기본권충돌의 영역을 확정하는 데에는 많은 어려움이 따르기도 한다.

그러나 기본권의 경합이란 동일한 기본권주체의 특정한 행위가 여러 기본권의 구성요건에 해당되는 경우로 기본권의 대국가적 효력의 문제이다.[2] 그런가 하면 후자의 경우는 개인과 사회의 보호법익 사이에 발생하는 문제이다. 따라서 이 두 개념은 기본권의 충돌과는 구별된다.

또한 기본권의 충돌과 구별해야 할 개념에 '기본권의 외견적 충돌'(Scheinkollisionen der Grundrechte)이 있다. 기본권의 외견적 충돌이란 얼핏 보아서는 기본권의 충돌처럼 보이나, 사실은 한 기본권주체의 기본권 보호영역에 속하지 않는 행위, 곧 '기본권의 남용' 또는 '기본권의 한계일탈'의 행위가 다른 기본권주체의 기본권의 보호영역과 충돌하는 경우를 말한다.[3] 기본권의 외견적 충돌은 예컨대 화가가 그림을 그리기 위한 재료를 대금도 지불하지 않고 가져가면서 예술의 자유를 주장할 때 화가가 주장하는 예술의 자유와 화구상의 재산권 사이에 발생하게 된다. 이러한 기본권의 외견적 충돌이 문제시되는 이유는 기본권의 충돌을 논함에 있어 기본권(특히 자유권)이 인간행위의 특정영역을 보호하는 제한된 권리라는 것이 충분히 고려되고 있지 않기 때문이다. 자유권은 헌법에 의하여 실정화된 권리로서 그것에 유보가 있건 없건 합헌적 법질서의 영역 내에서만 행사될 수 있는 제한된 권리이다.

따라서 기본권의 보호영역 밖에서의 인간행동과 기본권 사이의 충돌로 파악될 수 있는 기본권의 외견적 충돌의 경우에 문제되는 것은 하나의 기본권이 다른 기본권과 마찰하는 경우에 행해지는 법익형량이 아니라, 개별적인 기본권의 보호영역의 한계를 확정하는 것임을 분명히 할 필요가 있다.

---

rechte, 4. Aufl.(1981), S. 22ff.

1) 국내에서는 기본권의 충돌과 기본권의 경합이란 용어가 일반화되어 있다. 다만 허영, 한국헌법론, 254쪽 이하는 기본권의 상충과 기본권의 경쟁이란 용어를 사용하고 있다. 그러나 이렇게 일반적인 용어가 아닌 새로운 용어를 사용하는 것이 본질의 규명에 무슨 도움이 되는지에 대해서는 의심스럽다.

2) 기본권의 경합은 기본권의 대국가적 효력의 문제인 반면, 기본권의 충돌은 기본권의 대사인적 효력의 문제로 기본권확장의 문제이다.

3) 기본권의 외견적 충돌에 대하여 자세한 것은 W. Rüfner, Grundrechtskonflikte, S. 455ff.; H. Bethge, *Zur Problematik von Grundrechtskollisionen*, S. 133ff. 참조.

3. 基本權의 衝突을 解決하는 方法

(1) 解釋에 일임된 問題의 解決

533. 기본권의 충돌 해결: 해석에 일임된 문제

다른 법영역들, 예컨대 민법과는 달리 헌법은 대법전편찬이라는 입법적 수단을 사용하지 않는다. 헌법은 결코 '완결된 헌법전의 형식에 따른 법전이 아니며'(kein Kodex nach Art eines vollständigen Verfassungsgesetzbuches),[1] 헌법문서를 통하여 그 내용을 고정시킬 때에 '무흠결의 체계'(lückenloses System)를 취하지도 않는다.[2]

이러한 헌법의 개방성은 '한 국민의 생활질서'(Lebensordnung eines Volkes)[3] 이고자 하는 헌법의 목표로부터 설명된다. 그것은 헌법의 정체(停滯)를 예방하고 헌법전을 동태적으로 이해할 것을 불가피하게 요구한다. 이러한 요구는 헌법에 명확히 규정된 영역뿐만 아니라 무언중에 헌법에 속해 있는 보호원칙들에도 그대로 적용된다.

기본권의 충돌은 헌법에 '명확히'(expressis verbis) 규정되어 있지 않은 문제이다. 그 이유는 헌법제정자들이 이 문제를 인식했지만 그에 대한 대답을 유보했기 때문은 아니다. 곧 헌법의 제정자들은 기본권들 사이에 잠재적으로 존재할 수 있는 마찰에도 불구하고 자유영역이 절대적으로 보장되어야 한다고 생각하지는 않았다.[4]

오히려 그들은 이 문제의 해결을 '여러 기본권보장의 관계와 목적'에서 찾을 수 있을 것으로 생각했다.[5] 따라서 이 문제의 해결은 학설과 판례에 일임되었다고 보아야 할 것이다. 그러한 한에서 기본권의 충돌을 어떻게 해결할 것인가는 단순히 기본권에만 국한되지 않는 '조화적 헌법해석'(die harmonisierende Verfassungsauslegung)의 한 부분을 이룬다.[6]

기본권의 충돌을 해결하는 방법으로는 입법의 자유영역의 이론, 기본권의 서열질서의 이론, 법익형량이론, 실제적 조화의 이론 등이 제안되고 있다. 이러

1) E.-W. Böckenförde, Religionsfretheit und öffentliches Schulgebet, DÖV 1966, S. 30ff. (35).
2) K. Hesse, *Grundzüge des Verfassungsrechts der Bundesrepublik Deutschland*, S. 14(Rdnr. 34).
3) H. C. Nipperdey, Gleicher Lohn der Frau, S. 124.
4) H.-U. Gallwas, *Der Mißbrauch von Grundrechten*, 1967, S. 51f.
5) H. Blaesing, *Grundrechtskollisionen*, S. 18.
6) W. Rüfner, Grundrechtskonflikte, S. 454.

한 이론들 중 입법의 자유영역의 이론은 입법자를 중시하는 견해이고, 나머지 기본권의 서열질서의 이론, 법익형량이론 및 실제적 조화의 이론은 해석자를 중시하는 견해라고 할 수 있다.

(2) '立法의 自由領域의 理論'(Die Theorie des legislatorischen Freibereichs)

1) 내　　용

이 견해[1]는 기본권의 충돌을 예외적 현상으로 보고, 헌법재판소는 기본권의 충돌을 해결하는 데 부적합하다는 생각에서 출발한다. 이 견해의 창안자인 레르헤 *P. Lerche*에 따르면 여러 기본권영역의 기본권충돌로부터 '힘의 장(場)'이 성립되며, 이 힘의 장 내에서 헌법의 구속을 받는 입법자에게 갈등을 해결하기 위한 활동영역이 형성된다고 한다. 곧 기본권충돌의 경우에 문제되는 것은 '헌법률'(Verfassungsgesetz)의 흠결이 아니라고 한다. 따라서 갈등의 해결을 법관에게 위임하지 않는다고 해서 그것이 권력분립의 원리에 위배되지는 않는다고 한다. 오히려 기본권충돌의 경우에는 '적극적 침해의 수권', 곧 법률유보를 통하여 생기는 것과 동일한 활동영역이 형성되기 때문에, 그러한 한에서 헌법은 원칙적으로 입법자에게 자기책임하에 갈등을 해결할 것을 위임했다는 것이다.[2]

534. 입법의 자유영역의 이론: 1. 레르헤, 뤼프너 등이 주장; 2. 기본권의 충돌은 예외적 현상; 3. 기본권의 충돌은 입법을 통해서 해결되어야 한다

레르헤의 견해를 지지하고 있는 뤼프너 *W. Rüfner*에 따르면 헌법재판소는 헌법적으로 허용되는 조정이 발견되는가 여부에 대해서만 구체적인 법형성을(경우에 따라서는 구체적인 결정을) 할 수 있을 것이기 때문에, 상호충돌하는 헌법규정들을 조정하는 것은 헌법재판에는 한정된 경우에 적합하다고 한다. 곧 헌법재판소는 법형성에 대한 암시를 줄 수 있지만, 스스로 법을 형성할 수는 없다고 한다. 따라서 일반적·추상적 규범을 통하여 충돌하는 권리들을 정리하고 그들 사이에 '화해적인 조정'(schonende Ausgleich)을 하는 것이 가능하다면, 그것은 입법자의 과제라고 한다.[3]

2) 비　　판

이 견해에 대하여는 다음과 같은 비판이 있다. 첫째, 이 견해는 기본권의 충돌을 '상호질서에 개념상 불가피하게 수반되는 현상'(nahezu schon begriffsnot-

535. 입법의 자유영역의 이론에 대한 비판: 1. 기본권의

1) 국내에서는 이강혁, 기본권 상호간의 보완과 충돌, 월간고시(1981년 7월), 59쪽 이하(69쪽)가 이 입장을 취하고 있다.
2) P. Lerche, *Übermaß und Verfassungsrecht*, S. 130f.
3) W. Rüfner, Grundrechtskonflikte, S. 472.

충돌은 일반적 현상이라는 것을 오인; 2. 헌법재판소의 해결능력에 대한 과소평가; 3. 문제를 해결하는 대신 회피

wendige Begleiterscheinung einer Gegenseitigkeitsordnung)이 아니라 아주 한정된, 따라서 입법이라는 예외적인 처방을 통해서만 해결될 수 있는 예외현상으로 간주하고 있다.

둘째, 기본권의 충돌은 보편적인 현상이고 헌법흠결의 문제이기 때문에 그것을 해결하는 것은 특히 '헌법해석'(verfassungsrechtliche Relais)에 주어진 과제임에도 불구하고, 이 견해는 기본권의 충돌을 해결하는 헌법재판소의 결정능력을 과소평가하고 부인하고 있다.

셋째, 이 견해는 문제의 미묘함을 '다른 상표를 붙여서'(unter einem anderen Etikett) 변질시킴으로써 문제를 해결하기보다는 회피하고 있다.[1]

결국 헌법에 불충분하게 규정되어 있으면 입법에 의하여 해결되어야 한다는 견해는 문제의 파악에서부터 실패하였다고 할 것이다.[2]

(3) '基本權의 서열질서'(Rangordnung der Grundrechte)의 理論

1) 내 용

536. 기본권의 서열질서의 이론: 기본권 사이에 서열을 정하고, 기본권의 충돌을 그 서열에 따라 해결

우리는 여러 문헌에서 기본법의 기본권목록으로부터 기본권들 사이의 서열질서를 추론해 내려는 여러 가지 시도를 찾아볼 수 있다.[3] 개별 기본권에 규정되어 있는 여러 상이한 법률유보로부터 단계화된 기본권의 제한가능성을 도출한다든가,[4] 헌법의 최고가치인 인간의 존엄성의 보장에 각 기본권들이 어느 정도 인접해 있는가를 증명함으로써[5] 또는 비물질적 법익(Personengut)과 물질적 법익(Sachgut)을 구별하거나 또는 자유권과 평등권을 구별함으로써 기본권 사이의 서열질서를 정당화하려는 노력이 그 예이다. 우리 헌법재판소와 대법원의 판례 중에도 기본권의 서열가능성을 적시한 것으로 보이는 판례들이 있다.

---

1) H. Bethge, *Zur Problematik von Grundrechtskollisionen*, S. 294ff.(307).

2) H. Blaesing, *Grundrechtskollisionen*, S. 40.

3) 이에 대하여 자세한 것은 R. Krüger, Die bewußte Tötung bei polizeilichen Schußwaffengebrauch, NJW 1973, S. 1ff.(3); K.Vater, *Die Schranken der Religionsfreiheit nach Art. 4 des Bonner Grundgesetzes und Art. 9. der Europäischen Konvention zum Schutz der Menschenrechte und Grundfreiheiten*, DisS. Köln 1964, S. 20.

4) W. Leisner, Grundrechte und Freiheit, 1960, S. 391ff.; M. Lepa, Grundrechtskonflikte, S. 167; H. L. Graf, *Die Grenzen der Freiheitsrechte ohne besondere Vorbehaltsschranke*, DisS. München 1970, S. 128; H. Blaesing, *Grundrechtskollisionen*, S. 143ff.

5) A. Dietel, Ermessensschranken bei Eingreifen in das Verfassung-und Demonstrationsrecht, DVBI. 1969, S. 569ff.(575).

판례 〈「택지소유 상한에 관한 법률」 제2조 제1호 나목 위헌소원(위헌)〉 "기본권을 보장하는 목적은 인간의 존엄성을 실현하기 위한 것이다. 그러므로 우리 헌법구조에서 보다 더 중요한 자유영역과 덜 중요한 자유영역을 나눌 수 있다면, 이를 판단하는 유일한 기준은 '인간의 존엄성'이다. 따라서 인간의 존엄성을 실현하는 데 있어서 불가결하고 근본적인 자유는 더욱 강하게 보호되어야 하고 이에 대한 제한은 더욱 엄격히 심사되어야 하는 반면에, 인간의 존엄성의 실현에 있어서 부차적이고 잉여적인 자유는 공익상의 이유로 보다 더 광범위한 제한이 가능하다고 할 것이다."(헌재 1999. 4. 29. 94헌바37 등 병합결정)

판례 〈「국민건강증진법 시행규칙」 제7조 위헌확인(기각)〉 "흡연권은 사생활의 자유를 실질적 핵으로 하는 것이고 혐연권은 사생활의 자유뿐만 아니라 생명권에까지 연결되는 것이므로 혐연권이 흡연권보다 상위의 기본권이다. 상하의 위계질서가 있는 기본권끼리 충돌하는 경우에는 상위기본권우선의 원칙에 따라 하위기본권이 제한될 수 있으므로, 흡연권은 혐연권을 침해하지 않는 한에서 인정되어야 한다."(헌재 2004. 8. 26. 2003헌마457 결정)

판례 "학교교육에 있어서 교원의 가르치는 권리를 수업권이라고 한다면, 이것은 교원의 지위에서 생기는 학생에 대한 일차적인 교육상의 직무권한이지만 어디까지나 학생의 학습권 실현을 위하여 인정되는 것이므로, 학생의 학습권은 교원의 수업권에 대하여 우월한 지위에 있다. 따라서 학생의 학습권이 왜곡되지 않고 올바로 행사될 수 있도록 하기 위해서라면 교원의 수업권은 일정한 범위 내에서 제약을 받을 수밖에 없고, 학생의 학습권은 개개 교원들의 정상을 벗어난 행동으로부터 보호되어야 한다."(대법원 2007. 9. 20. 2005다25298 판결)

기본권 사이에 서열이 정해지면 기본권이 충돌하는 경우 그 서열을 기준으로 하위의 기본권은 상위의 기본권의 실현을 위하여 희생되게 된다.

2) 비 판

537. 기본권의 서열질서의 이론에 대한 비판: 전체 기본권을 관통하는 일반적 서열을 추론해 낼 수는 없다

기본권의 서열질서에 따라 기본권의 충돌을 해결하려는 시도가 기본권의 충돌을 해결하는 데 하나의 척도를 제공한다는 점을 부정할 수는 없다.

그러나 기본권의 서열질서가 기본권충돌의 모든 경우를 해결할 수 있으리라는 생각에는 찬성하기가 어렵다. 왜냐하면 모든 기본권들은 하나의 '대전제'(Obersatz)로부터 연역된 개별 권리가 아니라, 그 자체가 나름대로의 역사적 배경을 가지고 있는 독립된 보장규정들이기 때문에, 전체 기본권을 관통하는 일반적 서열을 추론해 낼 수는 없기 때문이다. 기본권규정들은 원칙적으로 동등한 서열

에 있고 그것들은 헌법의 통일성의 사고에 입각하고 있기 때문에, 기본권규정들 사이의 서열은 예외적인 경우에만(인간의 존엄과 그 밖의 모든 기본권 사이에만) 인정된다고 할 것이다.[1)]

판례 〈국가배상법 제 2 조 제 1 항 등 위헌소원(일부각하, 일부기각)〉 "헌법은 전문과 각 개별조항이 서로 밀접한 관련을 맺으면서 하나의 통일된 가치체계를 이루고 있는 것으로서, 헌법의 제 규정 가운데는 헌법의 근본가치를 보다 추상적으로 선언한 것도 있고, 이를 보다 구체적으로 표현한 것도 있으므로 이념적·논리적으로 규범 상호간의 우열을 인정할 수 있는 것이 사실이다. 그러나, 이때 인정되는 규범 상호간의 우열은 추상적 가치규범의 구체화에 따른 것으로 헌법의 통일적 해석에 있어서는 유용할 것이지만, 그것이 헌법의 어느 특정규범이 다른 규정의 효력을 전면적으로 부인할 수 있을 정도의 개별적 헌법규정상호간에 효력상의 차등을 의미하는 것이라고는 볼 수 없다."(헌재 1995. 12. 28. 95헌바3 결정)

(4) 法益衡量理論 — 獨逸聯邦憲法裁判所 判例의 立場

1) 내 용

538. 법익형량이론: 구체적인 사례마다 사안과 관련하여 더 높은 이익을 찾아내고 그에 따라 기본권의 충돌을 해결

독일연방헌법재판소는 「뤼트판결」에서 처음으로 기본권이 관련된 '헌법갈등'(Verfassungskonflikt)이 발생할 수 있음을 인정하였다. 연방헌법재판소는 같은 판결에서 '헌법과 일반법률의 상호관계'에 대하여 언급한 다음 커다란 공동체에서 공동생활을 하다 보면 '끊임없이 이해충돌과 권리충돌'(ständige Interessen- und Rechtskollisionen)이 발생한다는 것을 시인하고 있다. 그리고 이러한 충돌의 해결책으로 '법익형량'(Güterabwägung)의 원칙을 제시하고 있다. "따라서 법익을 형량하는 것이 필요하다. 만일 보호받을 가치 있는 더 높은 서열에 있는 다른 이익이 의사의 자유를 행사함으로써 침해된다면 의견발표권은 후퇴되어야 한다. 그러나 타인의 우세한 이익이 존재하는가 여부는 사건의 모든 경우를 고려하여 탐구되어야 한다."[2)]

판례 "인격권으로서 개인의 명예의 보호와 표현의 자유의 보장이라는 두 법익이 충돌하였을 때, 그 조정을 어떻게 할 것인지는 구체적인 경우에 사회적인 여러 가지 이익을 비교하여 표현의 자유로 얻어지는 이익·가치와 인격권의 보호에 의하여 달성되는 가치를 형량하여 그 규제의 폭과 방법을 정해야 할 것이다."(대법원 1988. 10. 11. 85다카29 판결)

---

1) 특히 W. Rüfner, Grundrechtskonflikte, S. 461f.
2) BVerfGE 7, 198ff.(210ff.)

이때 척도로 작용하는 관점은 서로 충돌하는 두 개의 기본권 중의 하나를 완전히 배제시키는 것이 아니라 그 대립을 조정하려는 시도이다. "그러므로 충돌하는 두 개의 헌법적 가치는 가능한 한 조정되지 않으면 안 된다. 그러한 조정이 불가능한 경우에는 전형적 특징과 개별적 경우의 특수한 상황을 고려하여 어떤 이익이 후퇴하여야 하는가를 결정하지 않으면 안 된다."[1]

법익형량의 원칙, 곧 구체적인 사례마다 더 높은 서열에 있는 이익을 찾아내는 방법은 「뤼트판결」 이후 기본권의 충돌을 해결하는 연방헌법재판소의 확고한 입장이 되었다.[2] 법익형량의 논거는 기본권충돌의 경우를 다룬 것은 아니지만 「군인판결」(Soldaten-Beschluß)[3]에서 가장 잘 표현되고 있다. "충돌하는 제3자의 기본권과 헌법적 가치가 부여되어 있는 그 밖의 법적 가치는 헌법의 통일성과 그 통일성에 의하여 보호되는 전체 가치질서를 고려하여 제한할 수 없는 기본권이라 하더라도 예외적으로 개별적인 관계에서 제한할 수 있다. 이때 발생하는 마찰은 구체적으로 결정되어야 할 문제에서 어느 헌법규정이 '더 중요성'(das höhere Gewicht)을 가지는가를 밝힘으로써 해결되어야 한다(BVerfGE 2, 1, 72f.). 덜 중요한 규범은 논리적·체계적으로 부득이한 정도로만 후퇴될 수 있다. 그 규범의 '본질적 기본가치의 내용'(ihr sachlicher Grundwertgehalt)은 모든 경우에 존중되어야 한다."[4][5]

그러나 애초부터 두 개의 서로 충돌하는 기본권들 사이의 조정이 전혀 불가능한 경우도 있다. 그 예로서 임신중절의 경우를 들 수 있다. 임신중절수술을 받는 경우 태아의 생명권은 전혀 남는 것이 없게 된다. 곧 태아의 생명권의 본질내

---

1) BVerfGE 35, 202(225) — Lebach 판결.

2) H. Schneider, *Die Güterabwägung des Bundesverfassungsgerichts bei Grundrechtskonflikten*, 1979, S. 121에 따르면 BVerfGE, Bd. 1-40에 수록된 판결들 가운데서 14개의 판결이 기본권의 충돌을 다루었으며 그 가운데서 12개의 판결(BVerfGE 7, 198ff.; 35, 202ff.; 38, 241ff.; 39, 1ff.)이 법익형량을 통하여 해결되었다고 한다. 그러나 BVerfGE 12, 1(4); 25, 167(189, 196)의 두 경우는 연방헌법재판소에 의하여 기본권의 충돌이 부정되었기 때문에 결국 모든 기본권의 충돌이 법익형량의 방법으로 해결되었다고 볼 수 있다. 40권 이후의 중요한 기본권충돌과 관련된 판결로는 BVerfGE 44, 196ff., 52, 223ff.가 있다.

3) BVerfGE 28, 243ff. 이 판결에서 다루어진 사안은 기본권의 충돌이 아니라 양심상의 이유에서 병역의무거부신청서를 낸 병사가 그 신청이 결정되기 이전에 병역에 종사하여야 하는가 여부에 대한 것이었다.

4) BVerfGE 28, 243(261).

5) 그러나 B. Schlink, *Abwägung im Verfassungsrecht*, 1976, 특히 S. 152, 17ff., 128ff.는 가치와 법익을 서로 비교하고 서열을 정하는 헌법에서의 형량은 실패했다고 한다. 그 이유는 헌법이 아주 적은 부분에서만 가치를 나타내고 있고 평가를 간주관적(間主觀的)으로 행하는 방법상의 어려움을 해결할 수 없기 때문이라고 한다.

용 자체가 부인된다. 그와 반대로 임산부에게 임신의 계속을 강제하게 되면 임산부의 자유로운 인격발현권은 전적으로 침해되게 된다. "이와 같은 경우에는 기본법 제19조 제2항[1]의 기본정신을 고려하여 태아의 생명을 우선적으로 보호하지 않으면 안 된다."[2]

2) 비 판

539. 법익형량이론에 대한 비판: 일정한 원칙이 없다

법익형량의 이론에 대해서는 그것이 ① 일정한 원칙없이 그때그때 사정에 따라 판단한다는 점, ② 기본권의 효력의 우열을 가리기 위한 합리적인 기준을 제시하기가 쉽지 않다는 점, ③ 기본권의 효력의 우열을 결정하는 일은 바로 헌법적 가치질서에 대한 형성기능을 의미하게 된다는 점 등이 문제점으로 지적되고 있다.

(5) '實際的 調和'(praktische Konkordanz)[3]의 理論

540. 실제적 조화의 이론

학자들은 연방헌법재판소의 판결로부터 '실제적 조화',[4] '비례의 원칙'(der Grundsatz der Verhältnismäßigkeit),[5] '규범영역분석'(Normbereichsanalyse)의 원칙,[6] 법익형량의 원칙[7]을 도출해 내고 있다.

---

1) 기본법 제19조 제2항: "기본권의 본질적 내용은 어떤 경우에도 침해되어서는 안 된다."

2) BVerfGE 39, 1(43).

3) Konkordanz는 라틴어 concordia(일치)에서 유래한다.

4) K. Hesse, *Grundzüge des Verfassungsrechts der Bundesrepublik Deutschland*, Rdnr. 72, 317ff., 325, 332, 393, 400, 423, 448, 472. 그는 "헌법상 보호되는 법익은 문제해결에 있어 각 법익이 모두 실현되도록 상호 정서되어야 한다. … 오히려 헌법의 통일성의 원리로부터 '최적화'(Optimierung)의 과제가 제기된다. 곧 양 법익이 최적으로 실현될 수 있는 경계가 그어져야 한다. 따라서 이 경계획정은 그때그때의 구체적 사례에 있어서 비례적이어야 한다. 그리고 그 경계획정은 양 법익의 조화를 이루기 위하여 필요한 한도에 그쳐야 한다"(S. 27=Rdnr. 72)고 한다. 그리고 I. v. Münch, *Grundbegriffe des Staatsrechts I*, S, 105는 법익형량 없이는 기본권의 충돌은 해결할 수 없다고 한다. 그렇기 때문에 헤세가 실제적 조화의 원칙을 가지고 경고하고자 하는 것은 '지나치게 빠른 법익형량'(vorschneller Güterabwägung)이나 '추상적인 가치형량'(abstrakte Wertabwägung)을 주의하라는 것이라고 한다.

5) K. Hesse, *Grundzüge des Verfassungsrechts der Bundesrepublik Deutschland*, Rdnr. 72, 317ff., 325ff., 333f., 422f.

6) W. Leisner, Grundrechte und Freiheit, S. 394ff.; F. Müller, *Die Positivität der Grundrechte*, 1969, 여러 곳.

7) J. Schwabe, *Die sog. Drittwirkung der Grundrechte*, S. 107ff., 115, 117; H.-U. Gallwas, *Der Mißbrauch von Grundrechten*, S. 44f.; H. Blaesing, *Grundrechtskollisionen*, S. 141ff., 231f.

우선, 비례의 원칙은 목적(하나의 기본권을 실현함)을 위하여 채택된 수단(다른 기본권을 희생함)이 적합하고, 필요하며, 비례적이고, 지나쳐서는 안 된다는 것을 증명하고자 한다. 다음으로, 규범영역분석은 기본권규정에서 '서술적 징표'(deskriptive Merkmale)를 제외한 양심·종교·언론·의사표현·평화로운 시위 또는 직업 등의 규범영역,[1] 곧 보호영역을 분석하고 그 결과로서 특정한 인간의 행동양식은 특정한 기본권의 내용에 속하지 않는다고 함으로써[2] 기본권의 충돌을 해결하려고 한다. 끝으로, 법익형량은 규범의 충돌시에 하나의 규범에 전적으로 우위를 인정하고 다른 규범은 전적으로 후퇴하도록[3] 하는 것이 아니라, 약한 법익이 희생되지 않도록 의미를 발견하는 데 치중한다.[4]

그러나 이러한 여러 원칙은 개념(용어)사용과 이론적 출발점에서 차이를 보임에도 불구하고, 결국은 동일한 것을 염두에 두고 있고 그 결과 같은 결론에 이르게 된다. 곧 이러한 모든 원칙들은 그 자체가 목적이 아니라 기본권의 충돌현상을 해결함에 있어 '실제적 조화의 달성'(praktische Konkordanzherstellung)을 목표로 삼고 있다.[5]

(6) 憲法裁判所의 立場

헌법재판소의 입장은 일관적이지 않다. 그러나 헌법재판소의 표현에 따르면 "헌법재판소는 기본권 충돌의 문제에 관하여 충돌하는 기본권의 성격과 태양에 따라 그때그때마다 적절한 해결방법을 선택, 조합하여 이를 해결하여 왔다"고 한다.[6] 541. 헌법재판소의 입장: 일관적이지 않다

곧 헌법재판소는 1) 국민건강증진법시행규칙 제 7 조 위헌확인 사건에서는 흡연권과 혐연권의 관계처럼 상하의 위계질서가 있는 기본권끼리의 충돌하는 경우에 상위기본권우선의 원칙에 따라 하위기본권이 제한될 수 있다고 보아서 흡

1) 물론 규범영역에는 규범의 문구에 표현된 지시인 규범프로그램 외에도 규범이 규율해야 할 현실의 상황이 포함된다. K. Hesse, *Grundzüge des Verfassungsrechts der Bundesrepublik Deutschland*, S. 18(Rdnr. 46).

2) K. Hesse, *Grundzüge des Verfassungsrechts der Bundesrepublik Deutschland*, Rdnr. 310ff.; W. Leisner, Grundrechte und Freiheit, S. 394 참조.

3) F. Müller, *Juristische Methodik*, 1976, S. 175f.

4) H. Schneider, *Die Güterabwägung des Bundesverfassungsgerichts bei Grundrechtskonflikten*, S. 202ff.; J. Schwabe, *Problem der Grundrechtsdogmatik*, 1977, S. 319ff.

5) H. Schneider, *Die Güterabwägung des Bundesverfassungsgerichts bei Grundrechtskonflikten*, S. 216f.

6) 헌재 2005. 11. 24. 2002헌바95 등 병합결정〈노동조합및노동관계조정법 제81조 제 2 호 단서 위헌확인(합헌)〉.

연권은 혐연권을 제한하지 않는 한에서 인정된다고 판시하였고,[1] 2) 「정기간행물의 등록 등에 관한 법률」 제16조 제3항 등 위헌여부에 관한 헌법소원사건에서는 동법 소정의 정정보도청구권(반론권)과 보도기관의 언론의 자유가 충돌하는 경우에 헌법의 통일성을 유지하기 위하여 상충하는 기본권 모두가 최대한으로 그 기능과 효력을 발휘할 수 있도록 하는 조화로운 방법이 모색되어야 한다고 보고, 결국은 정정보도청구제도가 과잉금지의 원칙에 따라 그 목적이 정당한 것인가, 그러한 목적을 달성하기 위하여 마련된 수단 또는 언론의 자유를 제한하는 정도가 인격권과의 사이의 적정한 비례를 유지하는 것인가의 관점에서 심사를 하였으며,[2] 3) 「노동조합 및 노동조합관계조정법」 제2호 위헌소원 사건에서는 개인적 단결권과 집단적 단결권이 충돌하는 경우에 개인적 단결권은 헌법상 단결권의 기초이자 집단적 단결권의 전제가 되는 반면에, 집단적 단결권은 개인적 단결권을 바탕으로 조직·강화된 단결체를 통하여 사용자와의 사이에 실질적으로 대등한 관계를 유지하기 위하여 필수불가결한 것이기 때문에, 기본권의 서열이론이나 법익형량이론에 의하여 문제를 해결할 수 없다고 판단하고 그러한 경우에는 헌법의 통일성을 유지하기 위하여 상충하는 기본권 모두가 최대한으로 그 기능과 효력을 발휘할 수 있도록 조화로운 방법을 모색하되(규범조화적 해석), 법익형량의 원리, 입법에 의한 선택적 재량 등을 종합적으로 참작하여 심사하여야 한다[3]고 하였다.

대법원의 판례 중에는 기본권의 충돌을 해결하는 방법으로 법익형량이론과 실제적 조화의 이론을 모두 언급한 것이 있다.

판례 "고등학교 평준화 정책에 따른 학교 강제배정제도가 위헌이 아니라고 하더라도 여전히 종립학교(종교단체가 설립한 사립학교)가 가지는 종교교육의 자유 및 운영의 자유와 학생들이 가지는 소극적 종교행위의 자유 및 소극적 신앙고백의 자유 사이에 충돌이 생기게 되는데, 이와 같이 하나의 법률관계를 둘러싸고 두 기본권이 충돌하는 경우에는 구체적인 사안에서의 사정을 종합적으로 고려한 이익형

---

1) 헌재 2004. 8. 26. 2003헌마457 결정〈국민건강증진법시행규칙 제7조 위헌확인(기각)〉.

2) 헌재 1991. 9. 16. 89헌마165 결정〈정기간행물의등록등에관한법률 제16조 제3항, 제19조 제3항의 위헌여부에 관한 헌법소원(합헌)〉. 또한 헌법재판소는 〈'교육기관의 정보공개에 관한 특례법 제3조 제2항 등 위헌확인(기각, 각하)〉 사건에서도 교원의 교원단체 및 노동조합 가입에 관한 정보의 공개를 요구하는 학부모들의 알 권리와 그 정보의 비공개를 요청하는 정보주체인 교원의 개인정보 자기결정권이 충돌한다고 보고, 이를 실제적 조화의 이론에 따라 해결하였다(헌재 2011. 12. 29. 2010헌마293 결정).

3) 헌재 2005. 11. 24. 2002헌바95 등 병합결정〈노동조합및노동관계조정법 제81조 제2호 단서 위헌확인(합헌)〉.

량과 함께 양 기본권 사이의 실제적인 조화를 꾀하는 해석 등을 통하여 이를 해결하여야 하고, 그 결과에 따라 정해지는 양 기본권 행사의 한계 등을 감안하여 그 행위의 최종적인 위법성 여부를 판단하여야 한다."(대법원 2010. 4. 22. 2008다38288 판결)

(7) 私　見

542. 기본권의 충돌에 대한 사견: 1. 예외적인 경우에는 입법에 의하여, 일반적인 경우에는 법익형량에 의하여 해결하여야 한다; 2. 그러나 법익형량은 항상 실제적 조화를 염두에 둔 것이어야 한다

기본권의 충돌을 해결하는 방법은 예외적인 경우와 일반적인 경우에 각각 다른 방법을 채택할 수 있을 것이다. 예외적인 경우에는 기본권의 충돌은 입법(즉 입법의 자유영역의 이론)에 의하여 해결된다. 그러나 그러한 경우 그 법에 의하여 보호받는 기본권을 주장하는 기본권주체와 헌법상의 기본권을 주장하는 기본권주체 사이에 발생하는 충돌은 헌법재판소가 말하는 것처럼 기본권의 충돌이 아니라[1] (어떤 기본권을 보호하는) 법률에 의한 기본권제한의 문제로 된다.[2] 그렇기 때문에 이 문제는 헌법재판소가 말하듯이 비례의 원칙에 따라 심사를 하게 되는 것이다.

그러나 앞에서도 보았듯이 기본권의 충돌현상은 일상적으로 발생하는 현상이기 때문에 그것을 하나하나 입법에 의하여, 즉 법률을 제정함으로써 해결한다는 것은 거의 불가능한 일에 속한다. 따라서 일반적인 경우에는 기본권의 충돌은 해석을 통하여, 즉 기본권의 서열질서의 이론, 법익형량이론, 실제적 조화의 이론 중의 어느 하나에 의하여 해결될 수밖에 없다. 그리고 그 경우 여러 가지 문제점에도 불구하고 현실적으로는 법익형량에 의하여 기본권의 충돌은 해결될 수밖에 없을 것이다. 그리고 이러한 법익형량은 항상 실제적 조화를 염두에 둔 것이어야 할 것이다. 왜냐하면 실제적 조화의 이론은 숙려 없는 법익형량에 대하여 경고하고 있기 때문이다.[3]

---

1) 헌재 1991. 9. 16. 89헌마165 결정〈「정기간행물의 등록 등에 관한 법률」 제16조 제 3 항, 제19조 제 3 항의 위헌여부에 관한 헌법소원(합헌)〉; 헌재 2007. 10. 25. 2005헌바96 결정〈민법 제406조 제 1 항 위헌소원(합헌)〉.

2) 따라서 한수웅, 헌법학, 510쪽의 다음과 같은 설명도 같은 취지로 이해된다. "입법에서 기본권충돌의 문제는 상충하는 기본권을 함께 고려하여 이익조정을 해야 하는 '입법과정'에서 발생하는 일상적인 현상이다. … 입법자가 하나의 기본권을 위하여 다른 기본권을 제한하는 형태로 입법을 통하여 기본권충돌을 규율하는 경우, 헌법재판에서 문제되는 것은 기본권충돌을 해결하고자 시도한 결과인 법률의 위헌여부이다. 법익형량의 결과인 입법자의 결정(법률)이 위헌심사의 대상이 되는 경우, 여기서 문제되는 것은 '기본권충돌'이 아니라, '법률에 의한 기본권제한'이므로, 기본권충돌을 언급하고 그 해결방법을 확인하는 것은 불필요하다."

3) 한수웅, 헌법학, 509쪽의 다음과 같은 설명도 비슷한 취지로 이해된다. "기본권충돌을 비롯하여 헌법적 법익간의 충돌은 법익형량을 통하여 해결할 수밖에 없고, 헌법적 법익간

그러한 한에서 기본권의 충돌은 법익형량을 통하여 해결하되, 다음과 같은 점에 주의하여야 할 것이다. 곧 기본권의 충돌을 정의롭게 해결하기 위해서는 우선 관계되는 기본권주체의 어떤 기본권이 문제되어 있는가, 그것들이 어떠한 방법과 정도로 침해되어 있는가, 그리고 이러한 침해를 어떻게 하면 피할 수 있거나 최소화시킬 수 있을 것인가 따위의 사안을 정확하게 분석하여야만 한다. 왜냐하면 이러한 분석 위에서만 구체적인 사례의 해결을 위한 기초가 확립될 수 있는 것이기 때문이다. 또한 기본권의 충돌을 해결하기 위한 지도원리로서 헌법의 통일성을 견지할 것이 요청된다. 비록 헌법이 '예정된 조화'(prästabilierte Harmonie)를 명시하고 있지는 않지만, 헌법의 통일성은 모든 헌법의 규정들 사이에 조화를 이룬다는 의미에서 중요한 해석기준을 형성하고 모든 기본권조항들이 개별적인 경우에 존중될 것을 요구한다. 그러므로 경우에 따라서 발생할 수도 있는 기본권들 사이의 모순은 해당 기본권들이 '최적으로'(optimal) 실현될 수 있도록 해결되어야 한다. 어떤 것이 가능한 한 폭넓은 기본권의 행사를 보장할 것인가는 실제의 가능성 속에서 탐구되어야 한다. 어떠한 경우에도 모든 기본권의 본질적 내용이 침해되어서는 안 되고 개별적인 기본권의 기능이 유지되어야만 한다.

第 2 節 基本權의 競合

1. 概念 및 類型

(1) 概 念

543. 기본권의 경합의 개념: 동일한 기본권주체의 특정행위가 여러 기본권의 구성요건에 해당하는 현상

기본권의 경합이란, 예컨대 어떤 집회의 연설자가 국가에 대하여 자기의 행위를 의사표현의 자유와 집회결사의 자유에 해당된다고 주장하는 경우와 같이, 동일한 기본권주체의 특정한 행위가 여러 기본권의 구성요건에 해당하는 현상을 말한다.[1)]

의 충돌을 해결하는 유일하게 합헌적인 법익형량의 방법이 바로 실제적 조화의 원칙이므로, 법익형량이란 충돌하는 법익간의 실제적 조화를 추구하는 법익형량, 즉 비례적 법익형량만을 의미할 수 있을 뿐이다. 결국, 헌법적 법익간의 형량은 실제적 조화의 원칙에 따른 법익 형량 외에 다른 것을 의미할 수 없다. 이러한 점에서, 법익형량의 이론은 실제적 조화의 원칙과 사실상 동일한 의미를 가진다."

1) W. berg, *Konkurrenzen schrankendivergierender Freiheitsrechte im Grundrechtsabschnitt des Grundgesetzes*, Diss. Köln 1968.

(2) 類 型

기본권의 경합에는 일반적 기본권과 특별기본권이 경합하는 경우, 제한의 정도가 다른 기본권들이 경합하는 경우, 규범영역이 서로 다른 기본권사이의 경합의 경우의 3가지 유형이 있다. 이러한 세 가지 유형의 기본권의 경합 가운데서 특히 문제가 되는 것은 제한의 정도가 다른 기본권들이 경합하는 경우라 할 수 있다.[1)]

544. 기본권의 경합의 유형: 일반적 기본권과 특별기본권의 경합, 제한의 정도가 다른 기본권 사이의 경합, 규범영역이 서로 다른 기본권 사이의 경합

2. 解 決 策

(1) 一般的 基本權과 特別基本權이 競合하는 경우

이 경우에는 '특별법우선의 원칙'(lex specialis derogat legi generali)에 따라 해결하면 된다. 따라서 이 경우에는 일반적 기본권을 검토하기에 앞서 그때그때 문제되는 특별기본권의 침해여부를 심사하지 않으면 안 된다.[2)]

545. 일반적 기본권과 특별기본권이 경합하는 경우의 해결: 특별법우선의 원칙에 따라 해결

그러나 이러한 특별법우선의 원칙은 예컨대 평등의 원칙(헌법 제11조)과 교육기회의 균등(헌법 제31조)과 같이 특별법이 일반법의 범위 내에 속할 때에만, 말을 바꾸면 특별법을 침해하는 것이 반드시 일반법을 침해하는 경우에만 경합을 해결하는 원칙으로 적용될 수 있다. 따라서 이 원칙은 기본권의 경합을 해결하는 일반적인 원칙으로서는 한계를 가진다.

(2) 制限程度가 다른 基本權들이 競合하는 경우

예컨대 절대적 기본권과 상대적 기본권이 경합되는 경우와 같이 서로 경합관계에 있는 '기본권들의 제한정도가 다른' 경우(Problem der schrankendivergenter Grundrechte)에 대해서는 여러 가지 해결책이 시도되고 있다.

546. 제한정도가 다른 기본권들이 경합하는 경우의 해결: 구성요건해당성 여부를 기준으로 해결하려는 견해, 최강효력설, 최약효력설

1) 구성요건해당성 여부를 기준으로 해결하려는 견해

① 내 용

547. 구성요건해당성 여부를 기준으로 기본권의 경합을 해결하려는 견해: 1. 내

이 견해는, 기본권의 경합문제를 '구성요건해당성'(Tatbestandmäßigkeit)과 '구성요건비해당성'(Tatbestandausschluß)의 문제로 이해하여 양자가 가능하면 경합하

1) Th. Schramm, *Staatsrecht Bd. II. Grundrechte und ihre verfassungsrechtliche Absicherung*, S. 46; W. Berg, Grundrechtskonkurrenzen, JuS 1969, S. 16ff.

2) BVerfGE 13, 290(296ff.).

용 — 기본권의 구성요건을 세밀하게 규정함으로써 기본권의 경합을 해결할 수 있다; 2. 비판 — 기본권의 구성요건은 지나치게 불확정적이다

지 않도록 기본권규정을 아주 세밀하게 경계지으려고 한다. 그러한 노력을 한다면 기본권 사이의 경합을 최대한 피할 수 있거나 최소한으로 줄일 수 있다는 것이다. 예컨대 리더 *H. Ridder*는 '정치성을 띤 예술'(politische zielende Kunst)은 외관상으로는 예술의 자유(기본법 제5조 제3항)와 언론·출판의 자유(기본법 제5조 제1항)의 보호법익을 모두 갖춘 것으로 보이지만, 예술의 자유는 정치적으로 중립적인 예술만을 보호하기 때문에, 정치성을 띤 예술은 언론·출판의 자유에 의해서만 보호를 받는다고 하였다.

② 검　토

그러나 이 해결책은 다음과 같은 두 가지 이유 때문에 설득력이 없다. 첫째, 형법은 범죄의 구성요건을 자세하게 규정하여 경합을 막으려고 했음에도 불구하고 경합범이 발생하는 것을 막을 수 없었다. 그런데 기본권의 구성요건은 형법의 구성요건에 비하여 훨씬 불확정적이다. 따라서 구성요건을 제한적으로 해석하는 방법으로 기본권의 경합을 해결하기는 어려울 것이다.

둘째, 이러한 해결시도는 기본권의 경합을 해결하는 수단이라기보다는 정확하게 관찰한다면 경합의 문제가 제기되기 전에 행해져야 하는 것으로 기본권의 경합을 해결하는 고유한 해결책이 아니다. 곧 기본권의 경합을 논의하기에 앞서 기본권의 구성요건을 분명하게 정의하고 개별적인 사례를 이러한 구성요건에 포섭하지 않으면 안 되며, 그러한 연후에야 비로소 특정의 행위가 사실상 여러 구성요건요소를 충족하고 있는가를 결정할 수 있다.[1)]

2) 최약효력설과 최강효력설

548. 최약효력설과 최강효력설: 1. 최약효력설 — 기본권이 경합하는 경우 기본권의 효력은 효력이 약한 기본권의 효력만큼만 나타난다; 2. 최강효력설 — 기본권이 경합하는 경우 효력이 강한 기본권이 유효하다

① 최약효력설

제한의 정도가 다른 기본권들이 경합하는 경우에 기본권의 효력은 제한의 가능성이 큰 기본권, 따라서 효력이 약한 기본권의 효력만큼만 나타난다는 입장이 있다. 이 견해를 최약효력설이라고 하며, 소수설의 입장이다.[2)]

예컨대 법률유보가 있는 기본권과 법률유보가 없는 기본권이 경합하는 경우 약한 기본권, 곧 법률유보가 있는 기본권이 적용된다.

② 최강효력설

이와는 반대로 제한의 정도가 다른 기본권들이 경합하는 경우 더 강한 기본

---

1) A. Bleckmann, *Allgemeine Grundrechtslehren*, S. 276; Th. Schramm, *Staatsrecht Bd. Ⅱ. Grundrechte und ihre verfassungsrechtliche Absicherung*, S. 48.

2) W. Berg, *Konkurrenzen schrankendivergierender Freiheitsrechte im Grundrechtsabschnitt des Grundgesetzes*의 입장.

권, 곧 약한 제한을 가진 기본권규범에 의하여 제한된다는 견해가 있다. 이를 최강효력설이라고 하며, 다수설의 입장이다.

그 논거는 다음과 같다. 기본권은 국가에 대한 청구권의 기초이다. '청구권의 기초'(Anspruchsgrundlage)에 대하여는 청구권의 소지지가 자신에게 최상의 법적 결과를 보장하는 청구권의 기초를 선택할 수 있다. 그와 같은 일이 명료하지 않은 경우에는 어떤 기본권주체의 하나의 행동에 대해서 기본권이 많이 적용되면 될수록 기본권의 보호는 그만큼 강해질 것이다.[1)]

③ 검 토

그러나 서로 제한정도가 다른 기본권들 사이의 경합을 최약효력설 또는 최강효력설의 어느 하나만을 가지고 해결하려는 것은 무리가 있다고 생각한다. 왜냐하면 이 두 가지 이론은 그때그때 문제되는 여러 보호법익 중에서 하나 또는 다른 하나만을 염두에 두고 있기 때문이다. 예컨대 사람의 왕래가 복잡한 길거리에서 음악을 연주하는 길거리 예술인의 행위를 공익을 목적으로 제한하려는 경우, 그 길거리 예술인은 예술의 자유와 직업행사의 자유를 동시에 주장할 것이다. 그 경우 국가기관은 이 두 가지 기본권을 서로 분리시켜 형량하지 않으면 안 될 것이다. 그러나 이 경우에 특징적인 것은 사적 이익을 예술의 자유와 직업행사의 자유로 분리해서 고찰하는 것보다 두 개의 보호법익을 누적적으로 고찰하는 것이 사인에게 더 이익이 된다는 점이다. 곧 이 경우 길거리 음악가가 예술의 자유와 직업행사의 자유를 누적해서 주장한다면 아마추어 음악가가 예술의 자유만을 주장하거나 소매상인이 직업행사의 자유만을 주장하는 것보다 그때그때 문제되는 공익에 대한 우위를 증명하는 것이 용이해질 것이다.

④ 국내학자들의 입장

549. 기본권의 경합을 해결하는 데 대한 국내학설: 1. 기본권의 경합을 제한의 정도가 다른 기본권의 경합으로 이해; 2. 사안과 직접적으로 관련된 기본권 — 최강효력설의 순으로 해결

국내학자들은 기본권의 경합의 문제를 제한의 정도가 다른 기본권이 경합하는 경우로 한정하여 이해하는 듯하다. 따라서 이 문제에 대하여 다음과 같은 해결책을 제시한다.

제한이 다른 기본권들이 경합하는 경우에는 문제된 사안과 직접적으로 관련되는 기본권이 우선되어야 한다.[2)] 직접적으로 관련되는 기본권이 무엇인가는

1) 이 밖에도 Th. Schramm, *Staatsrecht Bd. Ⅱ. Grundrechte und ihre verfassungsrechtliche Absicherung*, S. 47은 제한이 다른 기본권들이 경합하는 경우의 해결책과 관련하여 경합하는 기본권들 중 어느 것에도 우위를 부여하지 않고 똑같이 적용시키려는 입장, 자유로운 인격발현권을 척도로 해결하려는 입장, 단순히 법익형량에 따라 해결하려는 입장 등을 소개하고 있다.

2) 권영성, 헌법학원론, 321쪽; 허영, 한국헌법론, 256쪽.

기본권을 주장하는 기본권주체의 의도와 기본권을 제한하는 공권력의 동기를 감안해서 개별적으로 판단하여야 할 것이다.[1] 그러나 사안과의 관련성이 동일한 경우에는 최강효력설에 따라 해결한다.[2] 그 경우에도 기본권의 효력이 되도록 강화되는 방법의 해결책을 모색하는 것이 바람직할 것이다.[3]

(3) 規範領域이 서로 다른 基本權들이 競合하는 경우

550. 규범영역이 서로 다른 기본권 사이의 경합의 해결: 독일연방헌법재판소 — 1차적으로 관계된 기본권을 기준으로 문제를 해결

그러나 경합하는 규범들 사이에 앞에서 말한 상관관계가 존재하지 않고 서로가 각각 독립적인 영역을 대상으로 하고 있을 때에는 문제가 다르다. 이렇게 동등한 제한정도를 가진 기본권들 사이의 경합을 '한계(제한)의 경합'(Schrankenkonkurrenz)이라고 부르는 학자도 있다.[4]

이 경우에 독일연방헌법재판소는 어떤 규범이 1차적으로 관계되었는지를 확인하는 것이 필요할 것이며, 1차적으로 관계된 규범은 그 특별한 의미내용에 따라 해당 사안과 더욱 강한 정도로 실질적 관계를 맺고 있는 규범이 될 것이라고 하여[5] 1차적으로 관계된 기본권을 기준으로 문제를 해결하고 있다. 따라서 연방헌법재판소는 영업세의 영역에서 혼인과 관련된 중과세문제에 대하여 기본법 제 3 조 제 1 항(일반적 평등권)과 제 6 조 제 1 항(혼인과 가족에 대한 국가보호)이 경합한다고 보았다. 그러나 동재판소는 이 경우에 일반법이지만 제 3 조가 더 문제가 된다고 보았다. 곧 이 경우는 특별법에 대하여 일반법이 우선된 경우이다.

그러나 문제의 사안과 관련이 있는 모든 기본권의 효력이 동일한 경우에는 관련이 있는 기본권 모두를 적용할 수밖에 없다는 견해도 있다.[6]

(4) 私　見

551. 한국헌법상 기본권의 경합이 발생하는 경우에 대한 해결책 — 사견: 1. 우리 헌법하에서 모든 유형의 기본권경

기본권의 경합의 문제는 기본권의 효력이 제한가능성에 따라 기본권마다 다르다는 것을 전제로 해서 구성된 이론이다. 그러나 우리 헌법으로부터 제한가능성에 따라 강한 기본권과 약한 기본권을 구별하기는 어렵다고 생각한다. 경우에 따라서는 법률유보가 있는 경우와 법률유보가 없는 기본권을 기준으로 강한

1) 허영, 한국헌법론, 256쪽.
2) 권영성, 헌법학원론, 321쪽; 허영, 한국헌법론, 256쪽.
3) 허영, 한국헌법론, 256쪽.
4) Th. Schramm, *Staatsrecht Bd. Ⅱ. Grundrechte und ihre verfassungsrechtliche Absicherung*, S. 48.
5) BVerfGE 13, 290(296).
6) 권영성, 헌법학원론, 321쪽.

기본권과 약한 기본권을 구별할 수도 있겠으나, 이 또한 절대적인 기준으로 채택하기는 어려울 것이다.[1] 왜냐하면 우리 헌법 제37조 제2항의 일반적 법률유보 때문에 이러한 구별은 그 의미를 많은 부분 상실하기 때문이다. 따라서 기본권의 경합을 제한의 정도가 다른 기본권 사이의 경합으로 이해하는 다수설에 따라 최강효력설을 중심으로 기본권의 경합을 해결하기는 어려울 것으로 생각된다.

우리 헌법하에서 모든 유형의 기본권경합은 일반적 기본권과 특별한 기본권이 동일한 규범영역에 속해 있는 경우를 제외하고는 효력이 같으면서도 규범영역이 다른 기본권들 사이의 경합으로 축소될 것이다. 우리 헌법상 기본권의 경합을 해결하는 데는 "어떤 규범이 1차적으로 관계되었는지를 확인하는 것이 필요할 것이다. 1차적으로 관계된 규범은 그 특별한 의미내용에 따라 해당 사안과 더욱 강한 정도로 실질적 관계를 맺고 있는 규범이 될 것"이라는 앞에서 본 독일연방헌법재판소의 입장이 도움을 줄 것이다.[2]

합은 예외적인 경우를 제외하고는 효력이 같으면서도 규범영역이 다른 기본권들 사이의 경합으로 축소된다; 2. 우선 일차적으로 관련된 기본권을 확인하여 그 기본권을 기준으로 문제를 해결하여야 한다; 3. 일차적으로 관계된 규범을 확정할 수 없는 경우에는 문제된 사안과 관련된 모든 기본권을 적용할 수밖에 없다

우리 헌법재판소는 "하나의 규제로 인해 여러 기본권이 동시에 제약을 받는다고 주장하는 경우에는 기본권침해를 주장하는 청구인의 의도 및 기본권을 제한하는 입법자의 객관적 동기 등을 참작하여 먼저 사안과 가장 밀접한 관계에 있고 또 침해의 정도가 큰 주된 기본권을 중심으로 해서 그 제한의 한계를 따져 보아야 한다"고 한다.[3]

그러나 개별적인 경우에 "기본권주체의 의도와 기본권을 제한하는 공권력의 동기를 감안해서"[4]도 1차적으로 관계된 규범을 확정할 수 없는 경우에는 문제의 사안과 관련있는 모든 기본권을 적용할 수밖에 없을 것이다.[5] 이러한

1) 이는 내면적 양심결정의 자유와 같은 성격상 절대적인 기본권을 부정하는 것은 아니다. 그러나 성격상 절대적인 기본권을 인정한다고 하더라도 그것은 기본권의 경합과 관련하여 그리 커다란 역할을 하지 못할 것이다. 왜냐하면 기본권의 경합은 주로 기본권이 외부로 표현된 경우에 문제되기 때문이다.

2) 이를 위해서는 기본권의 보호영역을 확정하는 것이 필요하다. 예컨대 우리 헌법재판소는 교육공무원법 제47조 제1항에 대한 헌법소원심판(헌재 2000. 12. 14. 99헌마112 등 병합결정)에서 청구인들이 재산권·행복추구권·교육권(가르칠 권리)·직업선택의 자유 등의 침해를 주장한 데 대해서, 이를 모두 배척하고 사실관계(교육공무원의 정년을 65세에서 62세로 단축한 것)를 보면 단지 공무담임권의 문제로 귀착된다고 하였다.

3) 헌재 2002. 4. 25. 2001헌마614 결정〈경비업법 제7조 제8항 등 위헌확인(위헌)〉

4) 이 표현은 허영, 한국헌법론, 256쪽에서 빌려왔다. 그러나 허영은 효력의 우열을 획일적으로 말하기 어려운 우리 기본권들 사이에 효력의 우열을 정하기 위한 기준으로 이 표현을 사용함에 반하여, 저자는 효력의 우열이 아닌 해당 기본권을 결정하는 기준으로 이 표현을 사용한다는 점에서 차이가 있다.

5) 우리 헌법재판소는 여러 판결(검사의 불기소처분에 대한 일련의 헌법소원 심판사건 — 예

해결책이 기본권의 효력을 가능한 한 강화하는 방법이며, 그러한 해결책은 국가적 이익의 관철보다 개인의 기본권보장이 우위에 있다는 전제에서만 가능할 것이다.[1)]

건대 1993. 9. 27. 92헌마179 결정; 1993. 11. 25. 92헌마278 결정에서는 평등권과 재판절차진술권을, 체육시설의설치·이용등에관한법률에 대한 심판사건 — 1993. 5. 13. 92헌마80 결정)에서 직업선택의 자유와 평등권을 동시에 적용하였다. 이렇게 사안에 조금이라도 관련되는 것으로 인정되는 기본권이라면 무조건 헌법재판의 근거로 보는 헌법재판소의 관행에 대해서는 기본권의 보호범위의 획정이라는 관점과 헌법판단의 경제성이라는 측면에서 문제점이 지적되고(권영성, 헌법학원론, 321쪽, 주 3) 있다. 타당한 지적이라고 본다. 왜냐하면 앞에서도 보았듯이 기본권이 경합을 논하기에 앞서 기본권의 구성요건을 분명하게 정의하고 개별적인 사례를 이러한 구성요건에 포섭하지 않으면 안 되며, 그러한 연후에야 비로소 특정의 행위가 사실상 여러 구성요건요소를 충족하고 있는가를 정할 수 있기 때문이다. 그럼에도 불구하고 우리 헌법재판소는「영화법 제1조 등에 대한 위헌결정」(헌재 1996. 10. 4. 93헌가13 등 병합결정)에서 "영화도 의사표현의 한 수단이므로 그 제작과 상영은 헌법 제21조가 규정하고 있는 언론·출판의 자유의 보장을 받을 뿐만 아니라 영화는 학문적 연구결과를 발표하는 수단이 되기도 하고 예술표현의 수단이 되기도 하므로 헌법 제22조에 규정된 학문·예술의 자유에 의하여도 보장을 받는다"고 하여 모든 영화가 예술과 학문의 자유와 언론·출판의 자유에 의해서 보장을 받는 것으로 이해하였다. 그러나 헌법재판소의 판례는 영화에는 예술과 학문의 자유 및 언론·출판의 자유에 의해서 보호를 받는 영화와 단순히 언론·출판의 자유에 의해서만 보호를 받는 두 가지 경우가 있을 수 있다는 것을 간과한 판결이라 할 것이다. 위 결정에 대한 평석은 홍성방, 영화법 제12조 등에 대한 위헌결정, 한림법학 FORUM 제6권(1997), 1쪽 이하 참조.

1) Th. Schramm, *Staatsrecht Bd. Ⅱ. Grundrechte und ihre verfassungsrechtliche Absicherung*, S. 48.

第7章　基本權의 限界와 制限

第1節　基本權의 限界

1. 基本權制限의 槪念

기본권의 제한[1]이란 기본권규정에 의하여 보장된 결정이나 활동의 자유 또는 기본권규정을 통하여 보장된 특정행위나 영역에 대한 보호를 사항적으로 축소시킴으로써 기본권으로부터 이끌어낼 수 있는 개인의 법적 지위를 전적으로 또는 특정한 경우에 감소시키는 공권력의 행위를 말한다.[2]

552. 기본권제한의 개념: 개인에게 기본권의 보호영역에 속하는 행위를 방해하거나 하지 못하도록 하는 모든 국가행위

과거에는 어떤 침해가 다음과 같은 네 가지 요건을 충족할 때 제한이란 개

1) 제한에 해당되는 독일어 표현은 Eingriff, Schranke, Beschränkung, Beeinträchtigung, Verkürzung 등 여러 가지가 있다. 이들 다양한 용어들은 표현은 다르지만 모두 같은 의미로 사용된다. 다만 Begrenzung이란 표현만은 이들보다 더 넓은 의미로 사용된다. Begrenzung이란 용어는 기본권에 의하여 보호받는 생활영역을 그렇지 않은 영역과 구별하고 보호영역을 '규율영역'(Regelungsbereich)으로부터 구별하는 경계설정을 의미할 때 사용된다. 그에 반하여 침해에 해당되는 독일어 표현으로는 Antastung과 Verletzung이 있다. Antastung은 기본법의 경우 인간의 존엄(기본법 제1조 제1항 제1문)과 기본권의 본질적 내용(기본법 제19조 제2항)과 관련하여 '금지'의 의미로만(인간의 존엄은 불가침이다/기본권의 본질적 내용은 어떤 경우에도 침해되어서는 안 된다) 사용되고 있다. Verletzung은 기본권의 제한 중 허용되지 않는 제한, 달리 표현하면 위법한 침해를 뜻하는 데 사용된다. B. Pieroth/B. Schlink, *Grundrechte. Staatsrecht Ⅱ*, S. 59, 61f.

2) P. Badura, *Staatsrecht*, S. 81. 그러나 이와는 다른 견해도 있다. 예컨대 R. Alexy, *Theorie der Grundrechte*, 1985, S. 252에 따르면 기본권제한에는 합헌제한과 위헌제한의 가능성이 있다. 이를 구별하는 기준이 바로 기본권제한의 정당화(한계)이다. 만일 기본권제한의 정당화가 결여된 위헌적 제한이 있게 되면, 이것이 바로 기본권침해가 된다. 따라서 기본권제한과 기본권침해는 구별되어야 한다고 한다. 따라서 Th. Maunz/R. Zippelius, *Deutsches Staatsrecht*, 30. Aufl.(1998), S. 161는 기본권침해의 존재 여부의 심사, 곧 정당화에 대한 심사가 기본권보호심사절차의 마지막 단계가 된다고 한다. 이러한 견해에 따르면 우리의 경우 헌법 제37조 제2항의 요건들에 대한 심사가 바로 그것이 될 것이다. 결국 기본권제한에 해당하는 국가조치(고권행위)가 정당한 것이 아닌 경우, 곧 기본권침해에 해당해야만 비로소 해당기본권들이 어떻게 보호받을 수 있는지를 구체적으로 검토할 수 있게 된다고 할 수 있다.

념이 성립되는 것으로 생각하였다. 첫째, 국가작용의 목적적·의도적 결과이어야 한다. 둘째, 직접적인[1] 국가작용의 결과이어야 한다. 셋째, 단순히 사실적[2] 효력이 아닌 법적 효력을 가진 법적 행위이어야 한다. 넷째, (법률, 명령, 규칙, 지방자치규범, 행정행위 등을 통해서) 일방적 명령과 강제로써 지시되거나 관철되어야 한다.[3] 이러한 고전적 기본권제한개념에 따르면, 경찰의 총기오발과 같이 의도하지 않았던 행위로 지나가던 행인이 다친 경우나 특정기업에 대한 보조금지급으로 경쟁기업이 간접적으로 손해를 입은 경우 또는 수사기관에 의한 전화도청과 같이 명령이나 강제가 없는 사실상의 행위 등의 경우에는 그것을 기본권제한으로 보지 않았다.

그러나 개인의 입장에서 보면 국가기관이 어떤 목적을 위하여 어떤 형태로 기본권에 영향을 미쳤는가는 중요하지 않을 뿐만 아니라, 기본권보장이 궁극적

---

1) 간접적인 제한은 공권력의 특정 행위가 서로 작용하여 불이익을 가져오는 원인 – 경우에 따라서는 결정적인 – 가운데 하나의 원인이 되는 경우에 성립한다.

2) 사실적인 제한은 "목적성"(Finalität, 의도성)과 직접성이라는 두 가지 요소 가운데 최소한 하나의 요소가 결여되어 있는 경우에 성립한다. 사실적인 제한의 적용범위에는 의도적인 것은 아니나 직접적으로 발생하는 제한도 포함된다는 점에서 사실적 제한은 간접적 제한과 구별된다.

3) A. Bleckmann, *Allgemeine Grundrechtslehren*, S. 231f. Pieroth/Schlink, *Grundrechte. Staatsrecht II*, Rdnr. 238; J. Isensee, *HdbStR* V, 1992, § 111 Rdnr. 61; A. Bleckmann, *Staatsrecht II*, *Grundrechte*, 1989, 336f.; R. Eckhoff, *Der Grundrechtseingriff*, 1992, S. 176.

그러나 기본법 시행 이전에 통일적이고 일반적으로 승인된 고전적 제한개념은 존재하지 않았다고 하면서 이러한 기본권제한의 목적(의도)성(Finalität), 직접성(Unmittelbarkeit), 법적 행위성(Rechtsakt), 명령성(Imperativität)이라는 네 가지 요건 중 직접성과 목적성(Zielgerichtetheit)이라는 두 가지 요건을 요구하는 견해가 있는가 하면(P. Lerche, *Übermaßverbot und Verfassungsrecht*, 1961, S. 114; W. Krebs, *Vorbehalt des Gesetzes und Grundrechte*, 1975, S. 103), 명령성이라는 요소만을 고전적 기본권제한 개념의 본질적 표지라고 보아야 한다는 견해도 있다(M. Sachs, Grundrechtseingriff und Grundrechtsbetroffenheit, in: K. Stern, *Das Staatsrecht der Bundesrepublik Deutschland*, Bd. 111/2, 1994, S. 104ff., 127; H.–U. Erichsen, *Staatsrecht und Verfassungsgerichtsbarkeit I*, 1982, S. 57; U. Ramsauer, *Die faktische Beeinträchtigung des Eigentums*, 1980, S. 28ff.; R. Wendt, *Eigentum und Gesetzgebung*, 1985, S. 317; G. Lübbe–Wolff, *Die Grundrechte als Eingriffsabwehrrechte*, 1988, S. 43ff.; A. Scherzberg, *Grundrechtsschutz und "Eingriffsintensität"*, 1989, S. 152; B. Weber– Dürler, VVDStRL 57(1989), S. 57ff.(60f.). 국내에서는 정태호, 자유권적 기본권의 제한개념에 대한 연구, 헌법논총 제13집(2002), 헌법재판소, 561쪽 이하(572·573쪽)가 명령이란 결국 기본권에 대한 제약을 '직접적으로' 야기하는 '의도적인 법적 행위'를 의미한다는 견해(G. Lübbe–Wolff, M. Sachs, B. Weber–Dürler)에 동의하면서 명령성이라는 개념표지만이 본질적인 의미를 갖는다고 하고 있다.

가치인 현대 헌법하에서 이렇게 좁게 기본권의 제한을 해석하는 일은 용납할 수 없는 일이 되었다.

따라서 고전적 기본권제한개념은 오늘날 모든 면에서 수정받고 있다. 오늘날 인간의 특정행위 영역만이 아니라 모든 행위영역(자유영역)들이 기본권의 보호를 받게 되었으므로[1] 제한은 개인에게 기본권보호영역에 속하는 행위를 하지 못하도록 하는 모든 국가행위를 말하며, 제한의 효과가 의도적이든 비의도적이든,[2] 직접적이든 간접적이든, 법적이든 사실적이든,[3] 명령과 강제가 따르는 것이든 그렇지 않은 것이든을 불문한다.[4] 물론 제한의 효과는 공권력의 '원인행위'(ursächliches und zurechenbares Verhalten)에서 비롯하지 않으면 안 된다.[5] 따라서 개인으로 하여금 기본권에 의하여 보호받는 행위를 하지 못하게 하는 국가적 제약이 존재하는 경우 제한은 존재하게 된다.[6]

---

1) BVerfGE 65, 196(210).

2) V. Gronefeld, *Preisgabe und Ersatz des enteignungsrechtlichen Finalitätsmerkmals*, 1972, S. 98ff. 참조.

3) H.-U. Gallwas, *Faktische Beeinträchtigungen im Bereich der Grundrechte*, 1970, S. 98ff.
헌법재판소는 예컨대 다음과 같은 경우가 사실행위(Realakt)에 의한 기본권제한에 해당된다고 보았다. 변호인과의 접견을 감시하는 것(헌재 1992. 1. 28. 91헌마111 결정), 미결구금자가 변호사에게 보내는 서신을 검열하는 것(헌재 1995. 7. 21. 92헌마144 결정), 미결구금자가 구독하는 신문의 기사 일부를 삭제하는 것(헌재 1998. 10. 29. 98헌마4 결정), 미결구금자의 행동을 용이하게 감시할 수 있도록 충분치 못한 칸막이만을 갖춘 화장실을 갖춘 유치장에 구금하는 것(헌재 2001. 7. 19. 2000헌마546 결정), 현행범으로 체포된 여성들을 유치장에 수용하는 과정에서 신체를 과잉 정밀수사하는 것(헌재 2002. 7. 18. 2000헌마327 결정).

4) 이렇게 제한의 개념이 확대된 것은 특히 1964년 이후 기본권의 보호가 전면에 나타났고 행정분야에 행정작용이 과거의 침해과정에서 급부행정으로 확대되었기 때문이다. 곧 이제 국가는 전체경제형성과 사회형성의 책임자가 되었기 때문이다. 이러한 책임을 완수하기 위하여 국가(특히 행정)가 사용하는 새로운 행위유형들은 법적으로 파악하기가 매우 어렵기 때문에 기본권의 제한에서 과거에는 국가(행정)작용의 형식이 문제가 되었던 반면 현재에는 그 효력이 문제되게 되었다. A. Bleckmann, *Allgemeine Grundrechtslehren*, S. 232 참조.

5) BVerfGE 66, 39(60). 독일연방헌법재판소의 최근 판례에서는 다음과 같이 표현되고 있다. "기본권보호는 전통적 의미의 침해에 국한되지 않는다. … 오히려 기본권의 방어적 내용은 사실적인 침해나 간접적인 침해의 경우에도 그것이 목적과 결과에서 침해에 비견된다면 침해된다"(BVerfGE 116, 202(222)).

6) H.-J. Papier/Chr. Krönke, *Grundkurs Öffentliches Recht 2, Grundrechte*, S. 59는 기본권침해의 국가'귀속성'(Zurechenbarkeit)은 '인과성'(Kausalität), '예견가능성'(Vorhersehbarkeit), '제한의 강도'(Schwere der Beeinträchtigung)라는 3가지 판단기준에 의하여 결정된다고 한다.
정태호, '자유권적 기본권의 제한개념에 대한 연구'는 기본권제한개념의 확장필요성을 인정하면서도 과도한 확장의 위험성을 감안하여(594쪽 이하) 고전적 기본권제한 이외의 그러나 그 밖에 (주관적 판단이 아닌 객관적 척도에 따라 판단할 때) 그저 사소한 일이나 일상생활에서 발생하는 성가신 일, 주관적으로 민감한 일은 제한이 아니라고 할 수 있다.[1] 예컨대 경찰의 음주단속으로 인하여 도로가 원활하게 소통되지 아니하여 받는 불편 또는 장기하사관 모집공고 및 원자력발전소에 대한 선전을 보면서 느끼는 반전주의자나 반핵주의자의 주관적 불쾌감은 기본권제한으로 이해될 수 없다.

또한 기본권주체가 유효하게 기본권적 보호를 포기한 경우에도 기본권은 제한(침해)되지 않는다. 그러나 유효한 기본권포기가 인정되려면 한편으로는 유효한 포기선언이 확실하게 확정되어야 한다는 것을, 다른 한편으로는 포기되는 기본권이 원칙적으로 포기될 수 있는 것이어야 한다는 것을 요건으로 한다. 특히 어떤 기본권이 도대체 포기될 수 있는 것인가 여부는 정확하게 검토되어야 한다. 예컨대 인간의 존엄과 가치는 어떤 경우에도 포기될 수 없다. 그러나 그 밖의 기본권에 대해서는 특히 포기의 강도와 시간적 관점이 판단에 중요한 척도를 제공한다고만 할 수 있을 뿐 일반적인 이야기를 하기 어렵다 할 것이다.

2. 基本權의 保護領域과 基本權制限의 相關關係

(1) 基本權의 制限可能性

553. 기본권의 제한 가능성: 국가 내에서 질서잡힌 공동생활을 보장하기 위하여

헌법에 보장된 기본권은 무제한적이거나 내용상 제한될 수 없는 권리가 아니다. 곧 기본권은 법적 권리이기 때문에 국가 내에서 질서잡힌 공동생활을 보장하기 위하여 제한될 수 있다.[2] 그 결과 그러한 한계를 설정하고 그에 해당되

유형의 기본권제약이 기본권제한으로 평가될 수 있는 범위를 두 가지로 요약하고 있다. ① 국가와 기본권주체로 이루어지는 양극관계에서 기본권의 보호법익에 직접적으로 타격을 가하는 사실행위는 제한개념에 포함시켜야 한다. ② 명령성이 없으면서도 행태의 자유를 제약하는 조치들도 원칙적으로 기본권에 구속된다고 보아야 한다(620쪽).

1) B. Pieroth/B. Schlink, *Grundrechte. Staatsrecht Ⅱ*, S. 65f.

2) 이 부분을 계희열, 헌법학(중), 110·111쪽은 기본권제한의 임무라 부르면서 다음과 같이 설명하고 있다. "따라서 기본권제한의 임무는 기본권 상호간 그리고 기본권과 타법익을 정서하는 데 있다. 기본권의 제한은 우선 기본권에 의해 보장되는 생활관계들을 상호 정서하는 데 있으며, 더 나아가 기본권에 의해 보장된 생활관계를 다른 생활관계와, 즉 국가생활에 있어서 중요하기 때문에 법적으로 보호되고 있거나 보호되어야 할 다른 법익과 정서해야 한다. 즉 기본권의 제한 자체가 목적이 될 수 없고 기본권과 타법익을 보호하기 위해 기본권을 제한하는 것이라면, 제한의 임무는 기본권 상호간, 또한 기본권과 타법익을 정서하는 데 있을 수밖에 없다. 왜냐하면 자유와 권리(기본권)는 잘 정서된 법질서 내에서만 보장될 수 있기 때문이다. 헌법은 이러한 정서의 임무를 부분적으로만 스스로 행

는 기본권을 확정하는 것이 필요하게 된다.[1])

(2) 基本權의 保護領域

554. 기본권의 보호영역: 개별기본권에 특유한 사항적·내용적 범위

기본권의 제한을 이야기하기에 앞서 기본권은 각 개별 기본권규범에 규정된 권리만을 보장한다는 것을 분명히 할 필요가 있다. 곧 헌법은 해당 기본권규범의 내용에 속하는 것인 한에서만 그것을 기본권으로서 보장하고 있다는 이야기이다. 개별 기본권에 특유한 사항적·내용적 범위 즉, 기본권에 의하여 보호되는 생활영역을 기본권의 '보호영역'(Schutzbereich)[2]) 또는 '기본권의 구성요건'(Grundrechtstatbestand)[3]) 그리고 경우에 따라서는 '규범영역'(Normbereich)[4])이라

하고, 나머지는 입법자에게 맡기고 있다."

1) 그러나 그러한 경우에도 헌법에 의하여 보장된(또는 형성된) 기본권은 헌법 자체를 통해서만 제한된다는 것을 명심하여야 한다. 그에 따라 있을 수 있는 기본권의 한계와 제한의 근거는 헌법 자체에서 주어져야 한다. 불문의 기본권제한은 원칙적으로 불문의 헌법이 문제되는 경우에만 인정되어야 한다. A. Katz, *Grundkurs im öffentlichen Recht*, S. 216.

2) 기본권의 보호영역은 인적 보호영역과 물적 보호영역으로 구분할 수 있다. 전자는 기본권 주체와 관련하여 논의되며, 후자는 기본권에 의해서 보호되는 개인들의 행동뿐만 아니라 단순한 상태와 공간 그리고 법적 지위를 보호한다(Manssen, *Staatsrecht I*, 1995, S. 75; 강태수, 기본권의 보호영역, 제한 및 제한의 한계, 허영박사 회갑기념 논문집, 1997, 105쪽 참조). 그리고 기본권에 의해서 보호되는 행위에는 작위뿐만 아니라 부작위도 포함된다.
기본권의 보호영역과 구별되어야 하는 개념에 규율영역(Regelungsbereich)과 기본권의 '실제적 보장영역'(effektiver Garantiebereich)이라는 것이 있다. 규율영역은 기본권이 보호하는 생활영역과 기본권이 보호하지 않은 생활영역을 합친 생활영역 전체를 말하며(Pieroth/Schlink, *Grundrechte II*, 6. Aufl.(1990), S. 57), 실제적 보장영역은 더 이상의 합헌적 제한이 불가능하여 제한 자체가 불가능한 영역을 말한다. 기본권은 개별 기본권에 특유한 사항적·내용적 범위를 말하는 보호영역 내에서 보호된다. 기본권제한, 즉 기본권의 보호영역에 대한 제한이 허용되려면 헌법이 요구하는 여러 형식적·실질적 요건을 충족하여야 한다. 우리 헌법 제37조 제2항에 따르면 법률적 근거, 제한의 목적, 과잉금지(필요한 경우에 한하여) 등의 요건이 충족되어야 한다. 제한의 정당성(허용성) 여부에 대한 심사가 이루어진 뒤에야 비로소 기본권의 실제적 보장영역이 드러난다(Lübbe-Wolff, *Die Grundrechte als Eingriffsabwehrrechte*, 25f.).
보호영역의 크기가 고정되어 있는 것과는 달리, 실제적 보장영역의 크기는 제한의 정당성 여부가 특히 비례성, 즉 가변적 상황에 달려 있기 때문에 가변성을 띤다. 보호영역과 실제적 보장영역의 구분은 기본권의 형식적 보호작용(법률적 근거가 없는 제한에 대한 방어작용)과 실질적 보호작용(비례의 원칙 등 실질적 요건을 충족하지 못하는 제한에 대한 방어작용)의 구분으로 이어진다. 두 보호작용은 제한개념을 매개로 연계된다.

3) v. Mangoldt/Klein/Starck, GG, Art. 1 AbS. 3 Rdnr. 170의 표현.

4) 기본권의 규범영역이란 K. Hesse, *Grundzüge des Verfassungsrechts der Bundesrepublik Deutschland*, S. 181ff.(특히 Rdnr. 46, 49)가 F. Müller, *Juristische Methodik*, 1993, S. 147ff.; ders., *Struktierende Rechtslehre*, 1984와 의견을 같이 하여 사용하는 용어로 생활현실로부터 보호대상으로서의 기본권규범을 분리시키는 영역, 곧 규범프로그램(법조문)이

한다.

(3) 基本權의 保護領域의 確定

555. 기본권의 보호영역의 확정: 1. 제1단계 — 지도개념과 그 밖의 구성요건적 기본권의 전제요건들을 개념정의로 확정함으로써 그 내용과 범위를 일반적으로 규정; 2. 제2단계 — 고권행위가 해당 기본권의 보호영역에 포섭될 수 있는 사안인가를 검토

따라서 기본권의 제한에 앞서 해당 기본권의 보호영역을 '확정하는 것'(sachliche Eingrenzung)이 필요하다. 그 과정은 사고의 진행상 두 단계로 나누어진다.

첫째, 구체적 사례에서 관찰의 대상이 되는 개별 기본권규범의 해석을 통하여, 특히 개별적인 '지도개념'(Leitbegriff)과 그 밖의 기본권의 구성요건적 전제요건들을 개념정의로 확정함으로써 그 내용과 범위를 일반적으로 규정하여야 한다.[1] 이 경우 기본권을 특징짓는 이른바 지도개념을 정확하게 개념정의하는 것은 경우에 따라서는 곤란할 수도 있다. 지도개념은 역사적으로 변하기 때문이다.

따라서 기본권의 보호영역을 확정하기 위해서는 해당 기본권을 고립시켜 고찰하는 것만으로는 충분하지 않고 경우에 따라서는 (예컨대 신앙고백의 자유와 보호영역을 확정하기 위하여 종교의 자유와 언론·출판의 자유를 함께 보아야 하는 것처럼) 해당 기본권을 다른 기본권 및 그 밖의 헌법규정들과 체계적인 관련하에 고찰하는 것이 필요하다.[2] 이 경우 기본권의 체계적 해석에서 보호영역이 인식되는 범위와 충돌하는 헌법(다른 기본권과 그 밖의 헌법적 이익)을 통한 해당 기본권의 보호영역에 대한 제한의 정당화를 구별하는 것이 중요하다. 왜냐하면 보호영역과 제한은 서로 밀접하게 관련되어 있기 때문에,[3] 때에 따라서는 기본권의 보호영역은 침해를 관찰함으로써도 확정될 수 있기 때문이다. 따라서 기본권은 무엇에 대한 보호인가라는 질문에 답이 주어지지 않으면 안 된다.[4]

규율하고자 하는 영역으로 선택한 사회적 현실의 단면을 말한다.

1) A. Bleckmann, *Allgemeine Grundrechtslehren*, S. 228. "기본권의 구성요건은 개별 기본권들을 해석함으로써 분명해진다. 그러므로 예컨대 '직업'(기본법 제12조), '재산'(기본법 제14조), '혼인과 가정'(기본법 제6조) 등이 무엇을 뜻하는가가 정의되지 않으면 안 된다."

2) v. Mangoldt/Klein/Starck, GG, Art. 1 AbS. 3 Rdnr. 171 참조.

3) 이러한 기본권의 보호와 기본권의 제한 사이의 밀접한 관련을 Rober Lohan, *Amerika, Du Hast es besser*, 1946, p. 74, 각주 15는 매우 유연한 표현으로 다음과 같이 표현하고 있다. 한 사람이 폭행치상죄로 고소를 당하였다. 고소를 당한 자는 재판관에게 자유로운 나라에서 사람은 자신의 팔을 흔들 권리조차 없느냐고 질문하였다. 이에 대하여 재판관은 다음과 같이 대답하였다. "자유로운 나라에서는 팔을 흔들 권리는 다른 사람의 코가 시작되는 곳에서 끝나지요"(In a free country your right to swing your arm ends where the other mans nose begins).

4) B. Pieroth/B. Schlink, *Grundrechte. Staatsrecht II*, S. 64.

둘째, 법적으로 심사하여야 할 조치(고권행위)가 개념적으로 특징지어진 기본권영역에 속하는 행위(조치)인가 여부, 곧 해당 기본권의 보호영역(특히 지도개념)에 포섭될 수 있는지 여부가 검토되어야 한다. 만약 그렇다면 그 행위(조치)는 해당 기본권의 보호영역을 침해할 것이라는 결론을 내릴 수 있다.

더 나아가서 자유권의 경우에는 이러한 기본권의 침해가 헌법적인 제한에 의하여 허용되는 것인가 여부를 검토해야 할 것이다.[1][2]

결국 기본권의 제한은 어떤 사실이 기본권의 보호영역 내의 것일 때에만 비로소 문제된다. 따라서 기본권의 보호영역에 대한 검토와 기본권의 제한 또는 한계에 대한 검토는 형법에서의 구성요건해당성에 대한 검토와 정당화이유(위법성조각사유)에 대한 검토의 관계와 매우 비슷하다고 할 수 있다.[3]

3. 基本權制限의 對象과 形態

(1) 對　　象

기본권제한의 대상은 모든 기본권이다. 우리 헌법도 제37조 제 2 항에서 "국민의 모든 자유와 권리는 … 제한할 수 있다"고 하였다.[4] 다만 성질상 제한이 불

556. 기본권제한의 대상: 절대적 기본권을 제외한 모든 기본권

---

1) A. Bleckmann, *Allgemeine Grundrechtslehren*, S. 227.

2) 이러한 보호영역의 확정 → 보호영역에 대한 국가적 제한 → 헌법적 정당화 여부라는 3단계의 기본권의 침해에 대한 확정은 자유권의 경우에 해당된다. 따라서 기본권보호청구권이나 급부권과 같은 기본권의 침해여부를 가리는 심사구조는 단일의 단계구조로 이루어진다. 즉 국가의 조치(보호조치나 급부)가 테마상 관련 있는 기본권에 의거하여 요구할 수 있는 것인지를 묻게 된다. 다시 말하면 이러한 법적 효과가 기본권규범에 내포된 청구권에 포함되어 있는지 여부만을 묻게 된다(Pieroth/Schlink, *Grundrechte. Staatsrecht Ⅱ*, Rdnr. 11).

그에 반하여 평등권의 침해여부에 대한 심사는 차별(또는 무차별)의 존부 확정 → 차별의 정당성 확정의 2단계로 이루어진다(Pieroth/Schlink, *Grundrechte. Staatsrecht Ⅱ*, Rdnr. 10). 그 이유는 평등권이 제한될 수 있는 실질적 보호법익 내지 보호영역을 가지고 있지 않다는 것, 다시 말하면 평등권에서는 자유권에 전형적으로 나타나는 보호영역과 실제적 보장영역의 구분이 가능하지 않다는 것이 위와 같은 심사구조 분화의 결정적인 이유이다(G. Lübbe-Wolff, Grundrechte als Eingriffsabwehrrechte, 1988, S. 258). 그에 따라 평등규정은 전통적으로 통상적인 기본권제한 개념이 뜻하는 제한이 가능하지 않다는 견해(M. Klopfer, *Gleichheit als Verfassungsfrage*, 1980, S. 54)가 유력하게 받아들여졌다.

3) I. v. Münch, *Grundbegriffe des Staatsrechts I*, S, 109.

4) 이는 다수설적 입장이다. 그밖에도 계희열, 헌법학(중), 2004, 132쪽은 "헌법제정자가 규정한 기본권은 폐지될 수 없고 일단 설정된 기본권을 기준으로 하여 볼 때 그 기본권의 축소는 제한이 된다"는 것을 더 붙이고 있다.

가능한 절대적 기본권은 예외를 이룬다.[1]

이에 대해서 허영, 한국헌법론, 2011은 다음과 같이 반대하고 있다. "우리 헌법 제37조 제2항이 '일반적인 법률유보'의 형식으로 규정되고 있다는 점만을 지나치게 의식하고, 그 내용과 '기본권의 법률유보'의 순기능적 의미를 도외시한 채, 「국민의 모든 자유와 권리는 필요하다면 법률로써 제한할 수 있다」는 식의 이른바 법률유보의 역기능적인 해석을 국내문헌에서 접할 때마다 헌법이론적인 저항감을 느끼게 된다(292쪽). … 전통적인 '기본권의 법률유보'의 관념에 사로잡혀 기본권에 관한 모든 헌법상의 법률유보를 오로지 기본권의 '제한형식'으로만 이해하려는 태도는 옳지 못하다(294·295쪽)."

그런가 하면 과잉금지원칙은 자유권에만 적용되기 때문에 자유권만이 제한의 대상이 된다고 하는 견해도 주장되고 있다. 이러한 견해에 따르면 기본권의 제한이란 기본권의 보호범위에 대한 제한을 의미하며 '이미 존재하는 것'(즉 자유권)만이 제한될 수 있는데, 법질서에 의하여 비로소 형성되고 구체화되는 것(즉 자유권 이외의 기본권들)은 법률로써 제한될 수 없으며, 이러한 법률을 기본권에 대한 제한으로 이해될 수 없다고 한다(한수웅, 헌법학, 484쪽 이하).

그러나 개인적으로는 예컨대 자유권 이외의 기본권들이 일단 법률에 의하여 (예를 들어 선거범으로 100만원 이상의 벌금형의 선고를 받은 후 5년을 경과하지 아니하면 선거권을 행사할 수 없도록) 구체화되거나 (예를 들어 생활무능력자에 대한 생계보조비가 월 50만원으로) 형성되고 난 후, 벌금액수를 100만원에서 50만원으로 인하하거나 기간을 5년에서 10년으로 연장하는 경우 또는 생계보조비를 월 50만원에서 월 20만원으로 감액하는 법률개정을 한 경우 이는 법률에 의한 기본권의 구체화 내지는 형성으로 볼 수도 있지만 오히려 법률에 의한 기본권의 제한으로 표현하는 것이 더욱 적절할 것이며, 그러한 법률개정이 정당화되려면 헌법 제37조 제2항에 의하여, 따라서 비례의 원칙에 의하여도 정당화되어야 할 것으로 생각한다.

1) 김선택, 생명 공학시대에 있어서 학문연구의 자유, 헌법논총 제12집(2001), 헌법재판소, 229쪽 이하, 257쪽은 절대적 자유, 절대적 기본권이라는 개념 자체가 다음과 같은 이유로 불가능하다는 입장을 취한다. "(다수 국민 간의 이해의 갈등, 국민의 사익과 국가의 공익과의 갈등을 해결하기 위한 임무를 지고 있는) 국가법질서를 전제로 하는 '기본권'이라는 개념에 '절대적'이라는 수식어는 논리상 처음부터 불가능한 것이고, '자유'의 '절대성'이란 로빈손 크루소가 무인도에서나 주장할 수 있지 공동체생활을 하는 사람으로서는 생각할 수 없는 것임이 자명하다. 그리고 앞에서도 보았지만 독일 기본법상 개별적 개별유보가 붙어 있지 아니한 기본권에 대하여 한 때 절대적 기본권이라는 용어를 잘못 사용한 적은 있었으나 그런 잘못된 용례를 이제는 찾아보기 어렵다. 따라서 '절대적 자유'나 '절대적 기본권'이라는 개념은 법학에서 성립할 수 없으므로, 더 이상 사용하지 말아야 할 것이다."

그러나 절대적 기본권에는 독일 기본법에서처럼 개별적 법률유보가 없는 기본권처럼 '형식적 절대적 기본권'과 개별적 법률유보가 있든 없든 제한할 수 없는 '내용적 절대적 기본권'이 있을 수 있다. 예컨대 양심형성의 자유와 양심적 결정의 자유를 포함하는 내심적 자유, 종교에 관한 일체의 내심작용을 보호하는 신앙의 자유, 학문연구의 자유 중 연구대상의 선택의 자유 등은 후자에 속한다. 그러한 한에서 절대적 기본권이라는 말을 내용적 절대적 기본권이라는 의미로 한정해서 사용하는 한 절대적 자유 또는 절대적 기본권이라는 개념은 여전히 필요하다.

또한 김선택은 종래의 학설에서 절대적 기본권이라고 부르고 있는 학문연구의 자유도 헌법 제37조 제2항에 의하여 당연히 법률적 제한의 대상이 될 수 있다고 하면서(260쪽), 헌법 제37조 제2항의 목적요건이 국가적 사회적 법익과 같은 공익에 국한되어 있기 때

(2) 形　態

기본권의 제한에는 여러 가지 형태가 있다. 그러나 여기에서는 기본권의 제한을 일반적 제한과 특별한 제한으로 나누어 설명하기로 한다. 기본권의 일반적 제한으로는 헌법에 의한 제한과 법률에 의한 제한을 들 수 있다. 다수설은 기본권의 일반적 제한에 기본권의 내재적 한계에 의한 제한을 포함시키고 있다.[1] 그러나 기본권의 내재적 한계는 국가작용 이전에 기본권 자체 내에 존재하는 한계로서 국가작용을 전제로 성립하는 기본권의 제한과는 개념적으로 구별되어야 한다.[2] 기본권의 특별한 제한에는 국가긴급권행사에 의한 제한이 있다.

557. 기본권제한의 유형: 1. 일반적 제한 — 헌법에 의한 제한, 법률에 의한 제한; 2. 특별한 제한 — 특별관계에 의한 제한, 국가긴급권 행사에 의한 제한

문에, 어떤 기본권의 행사가 그와 같은 공익과는 저촉하지 않으면서 다른 중요한 법익을 침해하거나 , 또는 그러한 공익에 포섭시키기가 어려운 다른 공익(물론 목적요건의 포괄성으로 말미암아 이런 경우는 드물 것이지만)과 저촉하는 경우를 해결할 수 없기 때문에 일반적 법률유보에 의한 기본권제한체계를 가지고 있는 한국헌법하에서도 기본권의 헌법 내재적 한계를 인정하지 않을 수 없게 된다(261쪽)고 하면서, 264·265쪽에서는 "생각컨대 학문연구의 본질적 내용은 학문이 인간의 정신적 활동으로서 진리탐구에 지향된 것이라는 점을 고려할 때 내면의 영역(forum internum)에서 진리를 추구하는 범위에서 인정될지 않을까 생각한다. 예컨대, 연구주제나 연구대상을 선정하는 것, 그에 관한 기존의 학설, 문헌을 정독하는 것, 그에 입각하여 가설을 세우는 것, 이에 대한 검증을 이론적으로 수행하는 것까지는 외부적인 위험을 야기하지 않는 것이므로(즉 다른 법익을 침해할 가능성이 아직 없으므로) 절대적으로 보호되어야 할 것이다. 이 정도의 학문활동에까지 외부적 제한이 침투할 경우 학문의 자유는 멈춰 서버릴 것이기 때문이다"고 한다.

그러나 밑줄 친 부분을 본질적 내용이라고 부를 수도 있겠지만 절대적 기본권이라고 불러야 한다는 것이 저자의 생각이다. 본질적 내용을 내면의 영역에 한정되는 것으로 이해한다면 다른 기본권의 본질적 영역은 설명하기 힘들 것이며, 어떤 기본권에서는 내면의 영역이 본질적 내용이 되고 다른 기본권에서는 그렇지 않다는 이야기가 되어 본질적 내용에 대한 판단기준이 통일되지 아니하기 때문이다.

1) 김철수, 헌법학개론, 304쪽; 헌법학원론, 329쪽; 계희열, 헌법학(중), 112쪽.

2) 허영, 한국헌법론, 262쪽은 "기본권의 제한은 어디까지나 법률유보의 본질을 밝히려는 것이기 때문에 그 이론적 기초가 되는 기본권의 내재적 한계의 문제와는 엄격히 구별할 필요가 있다"고 한다.

第2節 基本權의 內在的 限界

1. 內在的 限界의 槪念 및 作用

(1) 基本權의 內在的 限界理論의 登場背景

558. 기본권의 내재적 한계이론의 등장배경: 독일에서 절대적 기본권을 제한하기 위하여

헌법이 특정의 기본권을 법률유보하에 두지 않은 것은 그러한 기본권을 그 밖의 기본권과 명백히 구별하려는 헌법제정자의 의지의 표현이다.[1] 곧 입법자는 법률유보 없는 기본권에 대해서는 어떠한 제한도 해서는 안 되는 것이다.[2]

기본권의 내재적 한계이론은 독일에서 법률유보가 없는 이른바 절대적 기본권을 제한할 필요성에서 전개되기 시작하여,[3] 연방헌법재판소의 초기판결[4]에서 받아들여진 후 이제는 일반적으로 인정되고 있다. 곧 다수설에 따르면 절대적 기본권이라 하더라도 기본법의 인간상[5]을 근거로 하는 기본권에 내재하는 사

---

1) 이 점에 대하여는 Fr. Müller, *Die Positivität der Grundrechte*, 1969, S. 17ff.; Schwartz, *Der Begriff der "allgemeinen Gesetze"* in Art. 5 AbS. 2 des Grundgesetzes, 1970 參조.

2) 이와는 다른 설명도 있다. 예컨대 한수웅, 헌법학, 457쪽은 "특정 기본권이 법률유보 없이 보장되었다면, 이는 다른 기본권과 비교할 때 규제되어야 할 필요성이 적다는 것을 의미한다. 헌법이 특정 기본권(가령, 신앙·양심·예술·학문의 자유 등)을 법률유보 하에 두지 않은 것은, 이러한 기본권이 내면의 정신적 세계에서 이루어지는 자기결정권을 보호하고 외부세계에서 이루어지는 기본권의 행사도 그 효과에 있어서 일반적으로 개인적인 범위를 넘지 않기 때문에, 사회적 영역에서 다른 법익과 충돌할 위험이나 계기가 적고, 이에 따라 법률로써 규율되어야 할 필요가 적다고 판단한 것이라 할 수 있다. 즉, 법률유보 없는 기본권의 경우, 기본권의 행사로 인한 법익충돌의 가능성이 없다고 보고 입법자에게 제한의 가능성을 명시적으로 규정하지 않은 것이다"라고 한다. 보호필요성이 더 크기 때문이 아니라. "기본권의 의미와 중요성·보호필요성은 자유가 개인의 인격발현에 대하여 가지는 의미 및 자유민주적 질서에 대하여 가지는 의미에 따라 판단된다."(458쪽) 그러나 459쪽 (각주 2)에서는 "독일기본법은 신앙의 자유, 예술의 자유, 양심의 자유와 관련하여 법률유보를 두고 있지 아니한데, 이러한 기본권의 경우, 일반적으로 인간의 존엄성실현을 위한 가장 기본적인 요소로서, 기본권의 행사를 통하여 타인의 법익이나 다른 헌법적 법익과의 충돌가능성이 상대적으로 적다고 할 수 있다"고 한다.

3) I. v. Münch, *Grundbegriffe des Staatsrechts I*, S, 117f.; P. Badura, *Staatsrecht*, S. 82. 예컨대 독일기본법상 제4조 제1항의 신앙과 양심의 자유, 제5조 제3항의 예술과 학문과 연구의 자유, 부분적으로는 제8조 제1항의 집회의 자유와 제16조 제2항의 망명권이 절대적 기본권에 속한다.

4) 연방헌법재판소는 헌법내재적 한계라는 개념을 BVerfGE 3, 248(252f.)에서 처음으로 언급하였다. 이 판결은 절차기본권의 제한가능성과 관련된 것이었다.

5) BVerfGE 4, 7(15)에 따르면 기본법의 인간상은 고립된 주관적 개인을 상정하고 있지 않다. 오히려 기본법은 개인(Person)의 사회관련성과 사회구속성의 의미에서 개인의 고유한 가치를 침해함이 없이 개인과 사회가 긴장관계에 있는 것으로 본다. 기본법의 인간상에

회구속성,[1] 헌법의 통일성 및 헌법규범 사이의 충돌을 근거로 모든 기본권은 제한될 수 있다고 한다.[2] 따라서 법률유보가 없는 기본권이라 하더라도 원칙적으로 고양된 보호를 받는 것은 아니다. 다만 연방헌법재판소는 헌법 자체로부터 내재적 한계를 추론해 낼 수 있으나, 대체로 그러한 추론을 삼갈 것을 명령하고 있다.[3] 국내에서도 법률유보가 없는 기본권이라 하더라도 절대적 기본권[4]을 제외하고는 내재적 한계에 따라 제한될 수 있다는 데 대해서 이견이 없다. 우리 헌법재판소도 기본권의 내재적 한계를 인정한다.

판례 〈형법 제241조의 위헌여부에 관한 헌법소원(합헌)〉 "헌법 제10조는 모든 기본권보장의 종국적 목적(기본이념)이라 할 수 있는 인간의 본질이며 고유한 가치인 개인의 인격권과 행복추구권을 보장하고 있다. 그리고 개인의 인격권·행복추구권에는 개인의 자기운명결정권이 전제되는 것이고, 이 자기운명결정권에는 성행위여부 및 그 상대방을 결정할 수 있는 성적 자기결정권이 포함되어 있으며 간통죄의 규정이 개인의 성적 자기결정권을 제한하는 것임은 틀림없다. 그러나 개인의 성적 자기결정권도 국가적·사회적 공동생활의 테두리 안에서 타인의 권리·공중도덕·사회윤리·공공복리 등의 존중에 의한 내재적 한계가 있는 것이며, 따라서

대하여는 또한 BVerfGE 7, 320(323) 참조.

1) 연방헌법재판소(BVerfGE 32, 98, 107f.; evangelischer Brüderverein-Fall. 이 판결은 남편이 신앙상의 이유에서 같은 종교단체에 속한 부인에게 필요한 치료, 특히 수혈을 하지 않아서 부인이 사망했기 때문에 형법 제330c조에 규정한 도움을 주지 않은 것을 이유로 유죄선고를 받은 사건과 관련된 판결이다)는 다음과 같이 이야기하고 있다. "기본법 제 4 조 제 1 항의 자유보장은 모든 기본권들과 마찬가지로 기본법의 인간상, 곧 사회공동체 내에서 자유롭게 발전할 수 있는 자기책임적 인격으로서의 인간에 근거를 두고 있다. 기본법에 의하여 인정된 이러한 개인의 공동체구속성은 유보없이 보장된 기본권에도 일정한 극단의 한계를 허용한다."

2) 이러한 다수설에 대하여 Hermann/Lenz, GG, Art. 19, Anm. B6, Vorb. Art. 1, Anm. 8은 기본법 제19조 제 2 항(기본권의 본질적 내용에 대한 침해금지)을 근거로 기본권의 내재적 한계를 인정할 수 없다고 한다.

3) BVerfGE 30, 173(193) 참조.

4) 다수설은 예컨대 내면적 양심의 자유와 같이 극히 부분적이기는 하나 어떤 경우에도 제한될 수 없는 절대적 기본권을 인정한다. 그러나 허영, 한국헌법론, 262쪽, 각주 1은 "오늘날에는 절대적 기본권의 개념이 성립되지 않는다"하여 절대적 기본권이라는 개념 자체의 성립을 부정한다. 그러면서도 개별기본권을 설명하는 부분에서는 예컨대 "양심의 자유는 법률에 의한 제한이 사실상 어려운 인간의 내심영역에 관한 것이기 때문에 양심의 자유에 대한 제한형태는 본질적으로 기본권의 내재적 한계이론에 따른 제한일 수밖에 없다는 점을 간과할 수 없다"(348쪽)고 하여 절대적 기본권을 인정하고 있다. 기본권을 법률유보의 유무에 따라 상대적 기본권과 절대적 기본권으로 분류하는 것은 오늘날 의미를 잃었다 하더라도 절대적 기본권이라는 개념 자체를 부정할 필요는 없다고 본다. 대상이 존재하는 한 그것이 커다란 역할을 하는가 여부와는 관계없이 그에 대한 명칭은 있어야 하기 때문이다.

절대로 보장되는 것은 아닐 뿐만 아니라 헌법 제37조 제2항이 명시하고 있듯이 질서유지(사회적 안녕질서), 공공복리(국민공동의 행복과 이익) 등 공동체목적을 위하여 그 제한이 불가피한 경우에는 성적 자기결정권의 본질적 내용을 침해하지 않는 한도에서 법률로써 제한할 수 있는 것이다."(헌재 1990. 9. 10. 89헌마82 결정).

(2) 基本權의 內在的 限界의 概念

559. 기본권의 내재적 한계의 개념: 헌법에 명시되지 않은 기본권의 보호영역의 유효범위의 한계

보통 내재적 한계는 헌법에 명시되지 않은, 외부적 사유에 의하지 않은 기본권 자체에 잠재되어 있는 한계로서, '기본권의 보호영역이 가지는 유효범위의 한계'(die Grenzen der Reichweite der Schutzbereiche der Grundrechte)라고 정의된다.[1]

(3) 基本權의 內在的 限界의 作用

560. 기본권의 내재적 한계의 작용: 내재적 한계에 속하는 행위의 경우 법치국가적 보호수단과는 무관하게 해당 기본권을 제한

내재적 한계는 다음과 같은 법적 작용을 한다. 기본권의 구성요건이 그러한 내재적 한계를 통하여 제한된다면 그러한 내재적 한계에 속하는 행위의 경우 해당 기본권을 제한하는 가능성을 가지게 된다. 그 결과 일반적으로 기본권을 제한하는 데 전제되는 법치국가적 보호수단이 요구되지 않게 된다. 곧 이러한 행위에 대한 제한은 법률유보의 구속을 받지 않고 제한되는 기본권의 해당 조항을 적시할 필요가 없고, 객관적 헌법의 제한도 심사할 필요가 없으며, 비례의 원칙도 존중할 필요가 없다.[2] 곧 기본권의 내재적 한계를 확대하는 경우 기본권의 본질적 내용의 보장을 유명무실하게 할 위험이 있다. 따라서 이 문제에 대해서는 신중한 접근이 필요하다.[3]

2. 基本權의 內在的 限界에 관한 學說

561. 기본권의 내재적 한계에 관한 학설: 3한계이론, 개념내재적 한계이론, 국가공동체유보이론, 실제적 조화의 이론

기본권의 내재적 한계에 관한 학설로는 3한계이론, 개념내재적 한계이론, 국가공동체유보이론, 실제적 조화의 이론 등이 있다. 이 중 실제적 조화의 이론이 독일의 통설과 판례의 입장이다.

---

1) B. Pieroth/B. Schlink, *Grundrechte. Staatsrecht II*, S. 68. K. Hesse, *Grundzüge des Verfassungsrechts der Bundesrepublik Deutschland*, S. 310는 같은 이야기를 "기본권은 내용상 유효범위가 끝나는 곳에 그 한계가 있다"고 표현한다.

2) A. Bleckmann, *Allgemeine Grundrechtslehren*, S. 228. 이를 허영, 한국헌법론, 266쪽, (각주 1)은 매우 간명하게 다음과 같이 표현한다. "그것은 기본권의 제한이 아니라, 그 기본권에는 이러한 한계가 있다는 것을 다만 선언적으로 … 확인한 것에 지나지 않는다."

3) 허영, 한국헌법론, 263쪽.

(1) 3限界理論

1) 내 용

독일기본법은 제 2 조 제 1 항에서 인격의 자유로운 발현권을 규정하면서, 이 기본권은 타인의 권리를 침해하지 않고 헌법질서나 도덕률에 반하지 않는 한 보장된다고 이야기하고 있다. 여기서 인격의 자유로운 발현권의 한계로 제시되고 있는 타인의 권리, 헌법질서, 도덕률이라는 '3가지 한계'(Schrankentrias)가 다른 모든 기본권의 내재적 한계로 작용한다는 주장이 3한계이론이다.

562. 3한계이론의 내용: 1. 독일연방헌법재판소의 초기판결의 입장; 2. 타인의 권리, 헌법질서, 도덕률이 모든 기본권의 내재적 한계

독일연방헌법재판소는 초기판결에서 이 견해에 따라 내재적 한계를 근거지었으며, 학설[1]도 이 견해를 많이 따르고 있다. 국내에서도 이 견해를 따르는 입장이 있다.[2] 우리 헌법재판소도 이와 비슷한 입장에서 판결을 내린 바 있다.[3]

2) 비 판

이 견해에 대해서는 이러한 제한은 해당 조항, 곧 제 2 조 제 1 항에만 한정된 제한이지 다른 조항에 확장시킬 수 있는 근거가 없다는 비판이 있다. 더구나 한때 연방헌법재판소는 '헌법질서'(verfassungsmäßige Ordnung)를 '헌법에 따른 법질서'(die der Verfassung gemäße Rechtsordnung)로 이해한 바 있는데,[4] 이는 '모든 형식적·실질적 합헌적 법률'(jedes formell und materiell verfassungsmäßige Gesetz)이란 뜻이 되어 내재적 한계로서는 전혀 이해될 수 없는 것으로 된다[5]고 한다.

563. 3한계이론에 대한 비판: 해당조항을 넘어 다른 조항에 확장시킬 근거가 없다

(2) 概念內在的 限界理論

1) 내 용

이 이론은 기본권의 내재적 한계는 모든 기본권의 개념과 유효범위가 끝나는 곳에 있다고 하고, 그것은 결국 규범영역의 문제라고 한다. 곧 기본권규정에

---

1) G. Dürig Maunz/Dürig/Herzog/Scholz, Grundgesetzkommentar, Art. 2 AbS. 1 Rdnr. 70ff.; H. v. Mangoldt/F. Klein, Das Bonner Grundgesetz, 2. Aufl.(1966), Vorb. B XV 3 a vor Art. 2 I, S. 176; Th. Schramm, *Staatsrecht Bd. Ⅱ. Grundrechte und ihre verfassungsrechtliche Absicherung*, S. 37ff.

2) 권영성, 헌법학원론, 331쪽.

3) 헌재 1990. 9. 10. 89헌마82 결정 참조.

4) BVerfGE 6, 32(37)-Elfes-Urteil.

5) I. v. Münch, *Grundbegriffe des Staatsrechts I*, S, 117.

사용된 지도개념(종교, 예술, 직업 등)은 그 자체 역사적으로 한정된 의미를 가진다는 것이다.

그 밖에도 이 견해는 '부가적 문구에 의한 개념내재적 한계'를 인정한다. 기본법 제4조 제3항의 병역거부의 기본권을 집총병역거부에 제한하고, 동 제5조 제1항 제1문의 정보의 자유를 일반적으로 접근할 수 있는 정보원으로부터의 정보에 제한하며, 또는 동 제8조 제1항의 집회의 자유를 평온한 집회의 개최에 제한하는 것이 부가적 문구에 의한 개념내재적 한계의 예이다.[1)]

2) 비　판

564. 개념내재적 한계이론에 대한 비판: 1. 규범영역의 불명료성; 2. 보호영역의 확정과 기본권의 제한을 혼동; 3. 부가적 문구에 의한 개념내재적 한계는 헌법에 의한 명시적 한계

이 학설에 대해서는 규범영역이란 용어가 분명하지 않다는 비판[2)]이 있다. 그 밖에도 이 이론에 대해서는 기본권의 보호영역의 확정과 기본권의 제한은 서로 밀접한 관계를 가지는 것이기는 하지만, 개념상, 사고과정상 구별하여야 함에도 불구하고 양자를 혼동하고 있다는 이야기를 할 수 있을 것이다. 더 나아가서 이 견해에서 내재적 한계의 한 유형으로 들고 있는 '부가적 문구에 의한 개념내재적 한계'는 개념내재적 한계라기보다 헌법에 의한 명시적 제한에 속한다고 보아야 할 것이다.

(3) 國家共同體留保理論

1) 내　용

565. 국가공동체유보이론의 내용: 1. 독일연방행정법원의

국가공동체유보이론은 독일연방행정법원이 기본권의 내재적 한계를 근거짓기 위하여 고안해 낸 이론이다. 동 법원은 초기판결[3)]에서 경찰은 공공의 안녕과

1) K. Hesse, *Grundzüge des Verfassungsrechts der Bundesrepublik Deutschland*, S. 131 (Rdnr. 310). 국내에서는 계희열, 헌법학(중), 112·113쪽이 이 입장을 취하고 있다.

2) 예컨대 B. Pieroth/B. Schlink, *Grundrechte. Staatsrecht II*, S. 56f.는 이 개념의 불명확성을 다음과 같이 지적한다. "여기에서 이야기되고 있는 것이 '규율영역'(Regelungsbereich)이라면 규율영역으로써 뜻하는 바는 보호영역이 아니라 기본권이 적용되고 그 속에서 보호영역이 비로소 확정되는 생활영역이다. 예컨대 기본법 제8조 제1항의 규율영역은 모든 집회에 미치나, 그 보호영역은 평온한 그리고 무기를 휴대하지 않은 집회에만 한정된다. … 용어사용에서는 다음과 같은 것을 구별하지 않으면 안 된다. 기본권에는 보호영역이 있다. 기본권은 보호영역 내에서 주관적 권리(방어권, 절차권, 참여권 또는 급부권), 제도보장, 법률의 기본권합치적 해석과 적용 등등을 보증, 보장 또는 허용한다. … 결정적인 것은 기본권보장이란 개념은 유사한 개념들과 함께 법적으로 형성된 기본권의 보호작용과 관련되어 있음에 반하여, 기본권이 가지는 보호영역이란 개념은 그러한 보호가 효력을 발하는 현실의 단면을 나타낸다는 점이다."

3) BVerwGE 1, 303(307): Sünderin-Urteil. 이 판결에서는 예술의 자유의 한계를 Sünderin

질서를 해친다고 해서 예술의 자유를 침해할 수 있는가라는 문제를 다루었다. 그곳에서 동 법원은 어떤 기본권의 행사가 "다른 기본권을 침해하거나 국가공동체의 존립에 필수적인 이익을 위험에 빠뜨린다면" 그 기본권을 주장할 수 없다고 하였다.

초기판결의 입장; 2. 국가공동체의 존립에 필수적인 이익이 기본권의 내재적 한계

2) 비 판

이러한 연방행정법원의 견해에 대해서 연방헌법재판소는 예술의 자유를 제한하는 데 '공동체조항'(Gemeinschaftsklausel)은 충분하지 않다고 하였다. "예술의 자유는 법률유보가 없는 권리이기 때문에, 일반적 법질서나 또는 헌법적 근거 없이 그리고 충분한 법치국가적 보장 없이 국가공동체의 존립에 필수적인 이익을 위험에 빠뜨린다고 해서 그것을 배제하는 불확정조항을 통하여 상대화되어서는 안 된다."[1)]

566. 국가공동체유보이론에 대한 비판: 국가공동체의 존립에 필수적인 이익이란 불확정개념이다

연방행정법원도 연방헌법재판소와 의견을 같이 하여[2)] 이 입장을 포기하였다.

(4) 實際的 調和의 理論

1) 내 용

이 이론은 헌법의 통일성을 유지하고 헌법이 추구하는 전체적인 가치질서를 실현시키기 위한 실제적 조화의 필요성으로부터 기본권의 내재적 한계를 이끌어내려고 한다. 이 견해는 독일연방헌법재판소의 입장으로, 국내에서는 '규범조화를 위한 한계이론'이라고도 한다.[3)]

567. 실제적 조화의 이론의 내용: 1. 독일연방헌법재판소의 입장; 2. 헌법의 통일성과 전체적인 가치질서의 실현을 중시; 3. 기본권은 다른 헌법규범과 충돌하거나 다른 기본권주체의 기본권과 마찰을 일으키는 경우 내재적 한계를 가진다

연방헌법재판소는 법률유보 없는 기본권의 의미는 해당 기본권의 한계가 "헌법자체에 의해서만 규정될 수 있는 것"[4)]이라고 한다. 따라서 원칙적으로 개별기본권의 내재적 한계를 확정함에 있어서는 다른 헌법규정, 특히 기본법 제1조와 제20조 및 다른 기본권과의 관계, 곧 헌법의 통일성에 주의하여야 한다. 곧 "헌법의 본질은 국가공동체의 정치적 그리고 사회적 생활의 통일적 질서라는 데 있기 때문에 가장 중요한 해석원칙은 논리적·목적적 의미체로서의 헌법의 통일성이며,"[5)]

('죄 많은 여자' 정도로 옮기면 될 것이다)이라는 영화와 관련해서 판단하였다.

1) BVerfGE 30, 173(193) — Mephisto 판결.
2) BVerwGE 49, 202(208) 참조.
3) 허영, 한국헌법론, 264쪽.
4) BVerfGE 30, 173(193).
5) BVerfGE 19, 206(220); 30, 1(19f.).

"제 3 자의 충돌하는 기본권과 헌법적 서열을 갖는 법적 가치들만이 예외적으로 헌법의 통일성과 헌법에 의하여 보호되는 전체 법질서를 고려하여 개별적인 관점에서 제한될 수 없는 기본권들을 제한할 수 있다."[1] 그에 따라 기본권은 다른 헌법규범과 충돌하거나 다른 기본권주체의 기본권과 마찰을 일으키는 곳에서 일차적으로 "내재적 한계"를 가진다.[2)3)]

2) 평　가

568. 실제적 조화의 이론에 대한 평가: 1. 강점 — 기본권 내재적 한계를 구체적이고 개별적인 점으로 보는 점; 2. 문제점 — 통치기능상의 여러 제도가 기본권의 내재적 한계의 논거로 악용될 위험성이 내재

이 견해는 기본권의 내재적 한계를 헌법의 테두리 내에서 찾으려 함으로써 기본권의 내재적 한계를 구체적이고 개별적인 것으로 본다는 강점이 있다.

그러나 이 견해는 헌법의 통일성을 강조하는 나머지 기본권과 통치기능의 연관성을 강조한다. 그 결과 이 견해에는 통치기능상의 여러 가지 제도가 경우에 따라서는 기본권의 내재적 한계의 논거로 악용될 위험성이 내포되어 있다.[4] 그렇기 때문에 독일에서도 절대적 기본권의 내재적 한계를 확정함에 있어 기본권에 포함된 인간의 존엄과 비례의 원칙이 존중되어야 한다고 하고 있다.[5]

3. 韓國憲法과 基本權의 內在的 限界

569. 한국헌법과 기본권의 내재적 한계: 예외적인 경우를 제외하고는 내재적 한계를 논할 실익이 없다

우리 헌법상 국민의 모든 자유와 권리는 법률로써 제한할 수 있기 때문에(제37조 제 2 항), 독일에서 절대적 기본권의 제한을 위하여 구성된 기본권의 내재적 한계이론을 우리 헌법상의 기본권을 해석하는 데 도입할 여지는 거의 없다.[6]

---

1) BVerfGE 12, 45(54f.) — Kriegsdienstverweigerungsfall. 이 판결에서 헌법적 서열이 주어진 법적 가치로 여겨진 것은 기본법 제12a조 제 1 항, 제73조 제 1 호 및 제87a조 제 1 항 제 1 문을 근거로 한 연방군의 기능가능성이었다.
2) BVerfGE 28, 243(261) 참조.
3) 경우에 따라 연방헌법재판소는 다른 근거에서 기본권의 내재적 한계를 발전시키기도 했다. 예컨대 IPRUrteil(BVerfGE 31, 58, 68f)에서는 유보 없는 기본권의 한계를 제도적 보장으로부터 발전시키기도 했다.
4) 허영, 한국헌법론, 266쪽.
5) Th. Maunz/R. Zippelius, *Deutsches Staatsrecht*, S. 161. 또한 Th. Schramm, *Staatsrecht Bd. Ⅱ. Grundrechte und ihre verfassungsrechtliche Absicherung*, S. 42f.도 참조.
6) 허영, 한국헌법론, 265쪽; 계희열, 헌법학(중), 114쪽; 한수웅, 헌법학, 460쪽. 허영, 한국헌법론, 262쪽, 각주 1은 절대적 기본권이라는 개념 자체를 부정하면서도 동 265·266쪽에서는 다음과 같이 적고 있다. "다만 우리 헌법처럼 원칙적으로 모든 기본권을 법률에 의한 제한대상으로 삼는 경우에도 신앙과 양심의 자유처럼 법률에 의한 외부적인 제약을

第 3 節 基本權의 制限

1. 基本權의 一般的 制限

(1) 憲法에 의한 制限

570. 헌법에 의한 기본권제한: 1. 개념 — 헌법 스스로가 개별 기본권에 제한을 명시하는 경우; 2. 유형 — 기본권의 내용에 제한을 가하는 경우, 기본권의 주체에 대하여 제한을 가하는 경우; 3. 작용 — 입법자는 헌법에서 정한 한계를 넘어 새로운 제한을 가할 수 없다

헌법이 기본권을 보장하면서 헌법 스스로가 개별기본권에 제한을 명시하는 경우가 있다. 이처럼 기본권 자체에 부가된 규범적 제한을 헌법에 의한 기본권 제한[1]이라고 한다. 학자에 따라서는 헌법에 의한 기본권제한이란 용어 대신 헌법직접적 제한,[2] 헌법유보[3] 또는 헌법적 한계[4] 등의 용어를 사용하기도 한다.

우리 헌법상 헌법에 의한 기본권제한의 경우는 기본권의 내용에 제한을 가하는 경우와 기본권의 주체에 대하여 제한을 가하는 두 가지 경우가 있다.

기본권의 내용에 제한을 가한 경우로는 첫째, 정당설립의 자유를 보장하면서 그 목적이나 활동이 민주적 기본질서에 위배되지 못하도록 제한해 놓은 것

가하는 것이 적당치 못한 기본권이 있다는 점도 부인하기 어렵다. 따라서 우리 헌법상 기본권의 내재적 한계가 문제될 수 있다면 이 같은 법률의 규제권 밖에 있는 기본권이 다른 기본권 또는 헌법에 의해서 보호되고 있는 다른 헌법적 가치와 충돌을 일으키는 경우, 그 구체적인 문제를 해결하기 위한 수단으로 원용되는 때에 국한된다고 보아야 한다." 그러나 이 견해는 신앙과 양심의 자유에서 절대적으로 보장되는 것은 내심작용에 한하는 것이라는 것을 간과했다는 생각이 든다. 곧 내부적인 신앙의 자유와 양심의 자유는 다른 기본권이나 다른 헌법적 가치와 충돌되지 않는다. 또한 양심의 자유와 신앙의 자유가 외부로 표출되어 다른 기본권이나 헌법적 가치와 충돌할 때에는 굳이 내재적 한계의 이론을 원용하지 않더라도 기본권의 충돌을 해결하는 방법에 따라 해결될 수 있다.

1) 계희열, 헌법학(중), 114쪽. 그러나 계희열은 헌법에 의한 기본권제한의 유형을 명시적 제한과 사리적 제한으로 나누고 있다. 기본권제한에서 헌법의 내재적 한계라는 개념을 인정하지 않는다면 모르겠으나, 기본권제한의 유형에서 내재적 한계와 헌법에 의한 제한을 분리하여 설명하면서 사리에 의한 제한, 곧 묵시적 제한을 헌법에 의한 제한이라고 보는 것은 문제가 있다고 생각한다. 오히려 그가 기본권내재적 한계의 한 유형으로 분류한 부가적 문구에 의한 개념내재적 한계는 헌법에 의한 기본권의 제한에 해당되는 것이고, 그가 헌법에 의한 제한의 한 유형으로 분류한 사리적 제한은 기본권의 내재적 한계로 보는 것이 합리적이 아닌가 생각한다. 권영성, 헌법학원론, 330·331쪽도 기본권의 내재적 한계와 이른바 헌법적 한계를 개념적으로 구별하면서도 내용적으로는 양자를 동일시하고 있다.

2) 김철수, 헌법학개론, 304쪽.

3) 권영성, 헌법학원론, 331쪽. 한수웅, 헌법학, 454쪽 이하는 헌법유보란 개념을 사용하면서도 헌법유보는 '헌법이 스스로 직접기본권을 제한하는 경우'가 아니라, '헌법이 스스로 기본권에 대하여 한계를 제시하고 설정하고 있는 경우'로 이해해야 한다고 한다. 그러나 기본권의 제한을 넓게 이해하는 입장에서는 이러한 구별은 특별한 의미를 가지지 않는다.

4) 허영, 한국헌법론, 267쪽.

(제8조 제4항), 둘째, 언론·출판의 자유를 보장하면서 타인의 명예나 권리 또는 공중도덕이나 사회윤리를 침해하지 못하도록 한 것(제21조 제4항), 셋째, 국민의 재산권을 보장하면서, 그 행사를 공공복리에 적합하게 하도록 제한한 것(제23조 제2항)을 들 수 있다. 기본권의 주체에 대하여 제한을 가한 경우로는 국민의 국가배상청구권을 보장하면서 군인, 군무원, 경찰공무원 등의 배상청구권을 제한한 것(제29조 제2항), 노동 3권을 보장하면서 공무원의 경우 일부 공무원인 근로자에게만 인정하고, 주요 방위산업체에 종사하는 근로자의 단체행동권을 제한한 것(제33조 제2항·제3항)을 들 수 있다.

이처럼 헌법이 명시적으로 기본권을 제한하고 있는 경우 입법자는 헌법제정자가 설정한 한계 내에서 그 기본권을 구체적으로 형성할 수는 있으나 그 한계를 넘어 새로운 제한을 가할 수는 없다. 곧 입법자의 구체적 형성은 이미 그 그어진 한계를 선언적으로 확인하는 데 지나지 않는다.[1] 이처럼 헌법에 의한 기본권제한의 경우 입법자의 입법형성권이 크게 제한된다는 점이 법률에 의한 기본권제한의 경우와 구별되는 점이라 하겠다.

그러므로 입법자가 헌법 자체에 의하여 제한된 기본권을 구체적으로 형성한 경우 그에 대한 합헌성심사는 법률유보가 있는 기본권을 구체화시키고 현실화시킨 경우보다 더욱 엄격하게 행해진다. 곧 헌법재판관은 한편으로는 해당 기본권의 내용적 범위를 평가해야 하고, 다른 한편으로는 헌법제정자가 행한 기본권에 대한 제한을 입법자가 바르게 해석했는가를 검토하지 않으면 안 된다. 더 나아가서 헌법재판관은 기본권과 기본권제한규범(곧 헌법에 명시된 기본권의 제한을 구체적으로 형성한 법률)의 관계를 헌법의 가치질서에 따라 그리고 이러한 근본적 가치체계의 통일성을 고려하여 형량하지 않으면 안 된다.[2]

(2) 法律에 의한 制限

1) 법률유보의 개념과 성립과정

571. 법률유보의 개념: 헌법이 법률에 기본권의 범위와 한계를 확정할 수 있도록 수권한 것

헌법은 입법자에게 기본권의 '범위와 한계'(Umfang und Grenze)를 확정할 수 있도록 수권하고 있다. 이러한 수권규정을 보통 기본권에 대한 법률유보규정이라 한다.[3] 그에 따라 입법자는 기본권영역에서 기본권을 제한하고 형성하는 두

1) 허영, 한국헌법론, 267쪽; 계희열, 헌법학(중), 114·115쪽.
2) BVerfGE 30, 173ff.
3) 법률유보에 대하여 자세한 것은 특히 N. Henke, Gedanken zum Vorbekalt des Gesetzes. Ein Beitrag aus sozialrechtlicher Sicht, AöR Bd, 101(1976), S. 576ff. 참조.

가지 기능을 행사한다.[1] 엄밀히 말한다면 기본권의 범위확정, 곧 기본권의 형성은 기본권의 보호영역 자체에 관한 문제이기 때문에 기본권의 침해와는 다르나 편의상 함께 다루기로 한다.

법률유보는 역사적으로 군주의 집행부로부터 시민사회를 보호하는 기능을 하였다.[2] 18·19세기의 대부분의 헌법들과 심지어는 바이마르헌법도 기본권을 국가내적 권리, 곧 국가가 마음대로 처분할 수 있는 권리로 간주하였다. 따라서 기본권을 보장할 국가기관이 필요하였다. 그러나 통치자와 내각, 곧 집행부가 기본권을 침해하는 경향이 많았기 때문에, 국민의 대표기관인 의회와 의회에서 제정하는 일반의지의 표현으로서의 법률이 기본권을 보장하는 데 적합한 것으로 생각되었다. 따라서 기본권의 범위와 한계를 정하는 것은 입법부의 몫이 되었고, 그러한 연유로 법률유보라는 개념이 성립되었다.

개별 기본권에 법률유보가 있는 경우에는 입법자는 법률에 의하여 또는 법률을 근거로[3] 기본권을 제한할 수 있다. 전자의 경우에는 입법자 스스로가 기본권을 제한하여 별도의 집행행위를 필요로 하지 않는다. 후자의 경우에는 입법자가 행정권 또는 사법권이 집행할 수 있도록 전제요건을 규정한다.[4][5] 그러나 전제주의국가에서와는 달리 오늘날 법률유보는 '입법권에 의한 기본권의 보장'과 '입법권으로부터의 기본권의 보장'이라는 이중적 의미를 지니므로, 기본권의 제한조항을 의미하는 법률유보도 반드시 헌법이 명시한 목적을 위하여 그리고 헌법이 명시한 방법에 따라 헌법이 명시한 한계 내에서만 기본권을 제한할 수 있

1) P. Häberle, *Die Wesensgehaltsgarantie des Art. 19 Abs. 2 Grundgesetz*, S. 180ff.
2) E.-W. Böckenförde, *Gesetz und Gesetzgebende Gewalt*, 2. Aufl.(1981).
3) '법률을 근거로'(auf Grund eines Gesetzes)라는 말은 '법규명령의 발급에 대한 수권'(zur Ermächtigung zum Erlaß von Rechtsverordnungen), 곧 법규명령을 통하여라는 의미이다. I. v. Münch, *Grundbegriffe des Staatsrechts I*, S. 111; K. Hesse, *Grundzüge des Verfassungsrechts der Bundesrepublik Deutschland*, S. 126.
4) K. Hesse, *Grundzüge des Verfassungsrechts der Bundesrepublik Deutschland*, S. 314(Rdnr. 314)
5) 따라서 '법률유보'(Gesetzesvorbehalt)와 '법률의 유보'(Vorbehalt des Gesetzes)는 개념상 구별되어야 한다. 법률유보는 법률을 통한 또는 법률을 근거로 한 기본권제한의 문제임에 반하여, 법률의 유보는 부담을 주는 실질적 법률이 고권주체에게 그러한 부담을 지울 수 있도록 수권한 경우에만 허용된다는 것을 의미하기 때문이다. 그러한 한에서 법률유보는 기본권제한의 문제이고, 법률의 유보는 행정작용의 근거의 문제라고 볼 수 있다. 법률의 유보는 기본법 제20조 제 3 항 "입법은 헌법질서에 구속되고, 집행과 사법은 법률과 법에 구속된다"에 표현된 것으로 간주된다. 그에 반하여 법률유보는 기본권을 위하여 기본법 제20조 제 3 항에 규정된, 시민의 자유와 (또는) 재산을 침해하는 데는 법률적 근거를 필요로 한다는 법률의 유보를 구체화한다. H.-W. Arndt/W. Rudolf, *Öffentliches Recht*, S. 116; I. v. Münch, *Grundbegriffe des Staatsrechts I*, S. 111. 참조.

는 것으로 이해된다.

> **판례** 〈국세기본법 제35조 제1항 제3호의 위헌심판(위헌)〉 "헌법 제37조 제2항의 규정은 기본권제한입법의 수권규정이지만 그것은 동시에 기본권제한입법의 한계규정이기도 하기 때문에, 입법부도 수권의 범위를 넘어 자의적인 입법을 할 수 있는 것은 아니다."(헌재 1990. 9. 3. 89헌가95 결정)

> **판례** 〈한국방송공사법 제35조 등 위헌소원(합헌, 헌법불합치)〉 "오늘날 법률유보원칙은 단순히 행정작용이 법률에 근거를 두기만 하면 충분한 것이 아니라, 국가공동체와 그 구성원에게 기본적이고도 중요한 의미를 갖는 영역, 특히 국민의 기본권실현과 관련된 영역에 있어서는 국민의 대표자인 입법자가 그 본질적 사항에 대해서 스스로 결정하여야 한다는 요구까지 내포하고 있다."(헌재 1999. 5. 27. 98헌바70 결정)

> **판례** 〈주민등록법 제17조의8 등 위헌확인(기각, 각하)〉 "기본권제한에 관한 법률유보의 원칙은 '법률에 의한 규율'을 요청하는 것이 아니라 '법률에 근거한 규율'을 요청하는 것이므로, 기본권의 제한에는 법률의 근거가 필요할 뿐이고 기본권제한의 형식이 반드시 법률의 형식일 필요는 없다."(헌재 2005. 5. 26. 99헌마513 등 병합결정)

2) 법률유보의 유형

572. 법률유보의 유형: 1. 규정형식에 따른 분류 — 개별적 법률유보와 일반적 법률유보; 2. 제약요건에 따른 분류 — 단순법률유보, 가중법률유보; 3. 헌법제정자가 기도한 목적에 따른 분류 — 기본권제한적 법률유보, 기본권형성적 법류유보, 기본권 구체화적 법률유보

법률유보는 규정형식과 제약조건의 가중 여부 및 헌법제정자가 기도한 목적에 따라 세 가지로 유형화할 수 있다. 규정형식에 따르면 법률유보는 개별적 법률유보와 일반적 법률유보로 구분된다. 제약요건에 따르면 법률유보는 단순법률유보와 가중법률유보로 나누어진다. 또한 법률유보는 헌법제정자가 기도한 목적에 따라 기본권제한적 법률유보, 기본권형성적 법률유보, 기본권구체화적 법률유보로 나누어진다.

> **판례** 〈「공직선거 및 선거부정방지법」 제15조 제2항 등 위헌확인 등(헌법불합치)〉 "헌법 제24조는 모든 국민은 '법률이 정하는 바에 의하여' 선거권을 가진다고 규정함으로써 법률유보의 형식을 취하고 있지만, 이것은 국민의 선거권이 '법률이 정하는 바에 따라서만 인정될 수 있다'는 포괄적인 입법권의 유보하에 있음을 의미하는 것이 아니다. 국민의 기본권을 법률에 의하여 구체화하라는 뜻이며 선거권을 법률을 통해 구체적으로 실현하라는 의미이다.
>
> 이러한 법률유보는 선거권을 실현하고 보장하기 위한 것이지 제한하기 위한 것이 아니므로, 선거권의 내용과 절차를 법률로 규정하는 경우에도 국민주권을 선언하고 있는 헌법 제1조, 평등권에 관한 헌법 제11조, 국회의원선거와 대통령선거

에 있어서 보통·평등·직접·비밀선거를 보장하는 헌법 제41조 및 제67조의 취지에 부합하도록 하여야 한다. 그리고 민주주의 국가에서 국민주권과 대의제 민주주의의 실현수단으로서 선거권이 갖는 이 같은 중요성으로 인해 한편으로 입법자는 선거권을 최대한 보장하는 방향으로 입법을 하여야 하며, 또 다른 한편에서 선거권을 제한하는 법률의 합헌성을 심사하는 경우에는 그 심사의 강도도 엄격하여야 하는 것이다."(헌재 2007. 6. 28. 2004헌마644 등 병합결정)

① 개별적 법률유보와 일반적 법률유보

법률유보는 개별기본권 조항에 법률유보조항을 두고 있는가 또는 모든 기본권에 적용될 수 있도록 법률유보가 일반적으로 규정되어 있는가에 따라 개별적 법률유보와 일반적 법률유보로 나누어진다. 법률유보는 일정한 제약요건의 부가 여부에 따라 다시 '단순법률유보'(einfacher Gesetzesvorbehalt)와 '가중법률유보'(qualifizierter Gesetzesvorbehalt)가 있다.

573. 개별적 법률유보와 일반적 법률유보

단순법률유보란 입법자가 일정한 요건의 제약 없이 개별기본권을 제한할 수 있는 경우를 말한다. 이때 입법자는 보통 공공의 이익을 이유로 해당 기본권을 제한하게 된다.[1] 그렇다고 해서 입법자는 해당 기본권을 무제한적으로 제한할 수는 없으며, 기본권의 제한은 '상호작용이론'[2]에 따라 제한을 받는다.

574. 단순법률유보와 가중법률유보

그에 반하여 가중법률유보란 헌법에 명시된 일정한 요건에 따라서만, 예를 들면 기본법 제11조 제 2 항[3]의 경우처럼 일정한 요건이나, 기본법 제13조 제 3 항[4]의 경우처럼 일정한 목적에 의해서만 기본권을 제한하는 경우를 말한다. 가

1) 기본법 제12조 제 1 항(직업의 자유)에 대한 판결인 BVerfGE 13, 97(107) 참조.

2) '상호작용이론'은 기본법 제 5 조 제 2 항 "이 권리들(자유로운 의사표현의 권리를 말함)은 일반법률의 조항과 소년보호를 위한 법률규정에 의하여 그리고 개인적 명예권에 의하여 제한된다"에 대한 연방헌법재판소의 판결에서 발전되었다. 그 내용은 대강 다음과 같다. 기본권과 일반법률의 상호관계는 일반법률을 통하여 기본권의 효력을 일방적으로 제한하는 것으로 파악될 수는 없다. 오히려 일반법률의 법문으로 기본권에 제한을 가하나 일반법률은 해당 기본권의 자유민주적 국가에서의 가치정립적 의미를 인식하여 해석하고 그럼으로써 기본권을 제한하는 작용 속에서 그 일반법률 스스로가 제한되지 않으면 안 된다는 의미에서 일반법률과 제한되는 기본권은 상호작용을 한다. BVerfGE 7, 198ff.(208ff.); 12, 113; 25, 44; 26, 186; 27, 71; 28, 191(201f.) 참조.

3) 기본법 제11조 제 1 항: "이 권리는(거주이전의 자유를 말함) 충분한 생활근거가 없고 이로 말미암아 일반에게 특별한 부담을 지우는 경우나, 연방 또는 어떤 지방(支邦)의 존립이나 그 자유민주적 기본질서를 위협하는 위험을 방지하기 위하여, 전염병의 위험이나 자연재해 또는 특별히 중대한 사고를 극복하기 위하여, 소년을 방치로부터 보호하기 위하여, 또는 범죄행위의 예방을 위하여 필요한 경우 법률에 의해서만 또는 법률에 근거하여서만 제한될 수 있다."

4) 기본법 제13조(주거의 불가침) 제 3 항: "그 밖에도 침해와 제한은 공동의 위험이나 개인의 생명의 위험을 방지하기 위해서만 그리고 또한 법률에 근거하여 공공의 안전과 질서에 대

중법률유보는 헌법에 의한 기본권제한과는 구별되어야 한다. 왜냐하면 가중법률유보의 경우 헌법제정자는 입법자가 법률에 의하여 기본권을 제한할 수 있는 특별한 요건이나 목적을 규범화시키고 있음에 반하여, 헌법에 의한 기본권제한의 경우에는 헌법제정자 스스로가 기본권으로 보장되는 한계를 규정하고 있기 때문이다.[1)]

우리 헌법에는 신체의 자유(제12조 제1항 제2문)에 개별적 단순법률유보가 규정되어 있고, 제37조 제2항에는 일반적 가중법률유보가 규정되어 있다. 그러나 우리 헌법상 개별적 단순법률유보는 제37조 제2항의 일반적 가중법률유보 때문에 사실상 큰 의미를 갖지 못한다.[2)]

② 기본권제한적 법률유보(Eingriffsvorbehalt), **기본권형성적 법률유보**(Ausgestaltungsvorbehalt), **기본권구체화적 법률유보**(Regelungsvorbehalt)

575. 기본권제한적 법률유보, 기본권형성적 법률유보, 기본권구체화적 법률유보

법률유보는 헌법제정자가 기도한 목적에 따라 기본권제한적 법률유보와 기본권형성적 법률유보, 기본권구체화적 법률유보로 나누어진다.[3)]

기본권제한적 법률유보는 입법자에게 기본권을 제한하는 기능을 부여한 경

한 급박한 위험을 방지하기 위해서, 특히 주택난을 덜기 위해서, 전염병의 위험을 극복하기 위해서, 또는 위험에 처한 소년을 보호하기 위해서도 행해질 수 있다."

1) Th. Schramm, *Staatsrecht Bd. Ⅱ. Grundrechte und ihre verfassungsrechtliche Absicherung*, S. 34. 그러나 계희열, 헌법학(중), 117쪽은 우리 헌법 제21조 제4항을 개별적 가중법률유보의 예로 보고 있다.

2) 계희열, 헌법학(중), 116쪽. 허영, 한국헌법론, 277·278쪽도 비슷한 이야기를 하고 있다. 그러나 허영, 한국헌법론, 278쪽은 헌법 제37조 제2항을 일반적 법률유보조항이 아니라, '기본권제한입법의 한계조항'으로 보고 있다. 이에 대하여 계희열, 헌법학(중), 26쪽 각주 29는 다음과 같이 아주 적절한 지적을 하고 있다. "이 견해는 1972년의 소위 유신헌법에서처럼 모든 기본권에게 개별유보조항을 두고 또다시 제32조 제2항이 '국민의 자유와 권리를 제한하는 법률의 제정은 국가안전보장, 질서유지 또는 공공복리를 위하여 필요한 경우에 한한다'고 규정한 경우 타당성을 갖는다. 그러나 현행 헌법에서처럼 개별법률유보가 거의 제거된 상황에서는 제37조 제2항을 기본권 제한의 근거규정으로, 곧 일반적 법률유보로 보는 것이 적절하다고 생각한다. 제37조 제2항의 규정을 일반적 법률유보로 본다고 하여 법률유보의 역기능이 보다 더 크게 나타난다고 할 수는 없다." 이에 대해 우리 헌법재판소는 "헌법 제37조 제2항의 규정은 기본권제한입법의 수권규정이지만 그것은 동시에 기본권제한입법의 한계규정이기도 하기 때문에, 입법부도 수권의 범위를 넘어 자의적인 입법을 할 수 있는 것은 아니다"라고 한다(헌재 1990. 9. 3. 89헌가95 결정).

3) 이는 A. Bleckmann, *Allgemeine Grundrechtslehren*, S. 254f.의 분류방법이다. 그러나 Th. Maunz/R. Zippelius, *Deutsches Staatsrecht*, S. 159는 법률유보를 기본권을 형성하는 것과 기본권을 침해하는 것으로 나누고 있다. 그런가 하면 P. Badura, *Staatsrecht*, S. 81는 기본권형성적 법률유보와 기본권구체화적 법률유보의 가능성을 인정하면서도 기본권제한적 법률유보를 중시하여 법률유보는 방어권적 성격을 가지는 자유권에만 한정된다고 할 수 있다고 한다.

우이다. 기본권제한적 법률유보는 본래적 의미의 법률유보라고도 하며, 주로 자유권의 경우 문제된다.[1] 이에 반하여 기본권형성적 법률유보는 입법자에게 기본권의 내용을 구체화하는 권한이 부여된 경우를 말한다. 기본권형성적 법률유보는 기본법 제14조 제 1 항 제 1 문의 경우에서 볼 수 있다. 그에 따르면 재산권과 상속권의 내용과 한계는 법률에 의해서 비로소 구체화된다. 마지막으로 기본권구체화적[2] 법률유보에는 입법자에게 기본권의 내용을 자세하게 규정하거나 기본권의 행사를 규제하는 권한을 유보하는 두 가지 경우가 있을 수 있다. 특히 후자의 경우를 기본권규제적 법률유보라고 부르기도 한다. 기본권규제적 법률유보의 예는 "직업행사는 법률에 의하여 또는 법률을 근거로 규제될 수 있다"는 기본법 제12조 제 1 항 제 2 문에서 볼 수 있다.

이러한 기준에 따라 우리 헌법에 규정된 법률유보를 분류하면 제12조의 법률유보와 제37조 제 2 항의 법률유보는 기본권제한적 법률유보에 속하고, 사회권에 규정되어 있는 법률유보는 대체로 기본권형성적 법률유보에 해당되며, 재산권·참정권·청구권·절차권적 기본권에 규정되어 있는 법률유보는 기본권구체화적 법률유보라 할 수 있다.[3] 그러나 헌법재판소는 기본권형성적 법률유보와 기

---

1) A. Bleckmann, *Allgemeine Grundrechtslehren*, S. 254.

2) 여기에서 '구체화'라고 옮긴 독일어는 Regelung이다. Regelung의 원래의 의미는 규율이나 규제이다. 그러나 다음과 같은 이유에서 구체화라고 옮겼다. 기본법은 Regelung이라는 개념을 기본권(기본법 제 4 조 제 3 항 제 2 문, 제12조 제 2 항 제 3 문)과 기본권유사적 권리(기본법 제38조 제 3 항, 제104조 제 2 항 제 4 문)와 관련하여 '더 자세한 내용'(das Nähere)을 '규율하거나'(regeln) '규정할'(bestimmen) 것을 입법자에게 수권하는 경우에만 사용하고 있다. 그 의미는 기본권으로 보장된 내용을 양식과 형식과 절차를 통하여 사용할 수 있도록 만들 수는 있지만 그 내용을 변경하거나 축소해서는 안 된다는 뜻이다. 연방헌법재판소는 기본법 제12조 제 1 항 제 2 문의 Regelung의 개념을 다음과 같이 이해하였다. "내부로부터 나오는 한계, 곧 기본권의 본질 자체에 있는 한계를 더 자세하게 규정하는 것은 제한을 통하여 입법자가 기본권의 실질적 내용 자체에 대하여 처분할 수 있는 제한, 곧 기본권의 자연적, 합리적 의미를 추론함으로써 결과되는 기본권의 효력범위를 외부에서 제한하는 것을 뜻한다"(BVerfGE 7, 377, 404 — Apothekenurteil: 약국판결). 연방헌법재판소는 기본법 제12조 제 1 항 제 2 문에 대한 그 후의 판결(BVerfGE 13, 97, 122)에서 모든 종류의 기본권제한을 Regelung으로 인정하고, 기본권제한적 법률유보와 기본권형성적 법률유보의 구별을 부정하였다. B. Pieroth/B. Schlink, *Grundrechte. Staatsrecht Ⅱ*, S. 61 참조.

3) 그러나 권영성, 헌법학원론, 333쪽은 사회적 기본권을 구체적 권리로 파악하는 경우 기본권형성적 법률유보의 개념은 지양되어야 한다고 하면서 법률유보의 유형을 기본권제한적 법률유보와 기본권구체화적 법률유보로만 나누고 있다. 그에 반해 허영, 한국헌법론, 279-281쪽은 기본권구체화적 법률유보에 대해서는 언급하지 않으면서 기본권형성적 법률유보에 기본권실현적·행사절차적 법률유보와 기본권강화 내지 보장적 법률유보를 포함시켜 설명하고 있다.

본권구체화적 법률유보를 개념상 구별하지 않고 이들을 모두 기본권형성적 법률유보로 부르고 있다.

판례 **〈불기소처분에 대한 헌법소원(기각)〉** "재판절차진술권에 관한 헌법 제27조 제5항이 정한 법률유보는 법률에 의한 기본권의 제한을 목적으로 하는 자유권의 기본권에 대한 법률유보의 경우와는 달리 기본권으로서의 재판절차진술권을 보장하고 있는 헌법규범의 의미와 내용을 법률로써 구체화하기 위한 이른바 기본권형성적 법률유보에 해당한다."(헌재 1993. 3. 11. 92헌마48 결정)

판례 **〈민법 제245조 제1항에 대한 헌법소원(합헌)〉** "우리 헌법상의 재산권에 관한 규정은 다른 기본권 규정과는 달리 그 내용과 한계가 법률에 의해 구체적으로 형성되는 기본권형성적 법률유보의 형태를 띠고 있다. 그리하여 헌법이 보장하는 재산권의 내용과 한계는 국회에서 제정되는 형식적 의미의 법률에 의하여 정해지므로 이 헌법상의 재산권 보장은 재산권형성적 법률유보에 의하여 실현되고 구체화하게 된다. 따라서 재산권의 구체적 모습은 재산권의 내용과 한계를 정하는 법률에 의하여 형성된다. 물론 헌법이 보장하는 재산권의 내용과 한계를 정하는 법률은 재산권을 제한한다는 의미가 아니라 재산권을 형성한다는 의미를 갖는다." (헌재 1993. 7. 29. 92헌바20 결정)

판례 **〈「공직선거 및 선거부정방지법」 제15조 제2항 등 위헌확인 등(헌법불합치)〉** "헌법 제24조는 모든 국민은 '법률이 정하는 바에 의하여' 선거권을 가진다고 규정함으로써 법률유보의 형식을 취하고 있지만, 이것은 국민의 선거권이 '법률이 정하는 바에 따라서만 인정될 수 있다'는 포괄적인 입법권의 유보 하에 있음을 의미하는 것이 아니다. 국민의 기본권을 법률에 의하여 구체화하라는 뜻이며 선거권을 법률을 통해 구체적으로 실현하라는 의미이다. 이러한 법률유보는 선거권을 실현하고 보장하기 위한 것이지 제한하기 위한 것이 아니므로, 선거권의 내용과 절차를 법률로 규정하는 경우에도 국민주권을 선언하고 있는 헌법 제1조, 평등권에 관한 헌법 제11조, 국회의원선거와 대통령선거에 있어서 보통·평등·직접·비밀선거를 보장하는 헌법 제41조 및 제67조의 취지에 부합하도록 하여야 한다. 그리고 민주주의국가에서 국민주권과 대의제 민주주의의 실현수단으로서 선거권이 갖는 이 같은 중요성으로 인해 한편으로 입법자는 선거권을 최대한 보장하는 방향으로 입법을 하여야 하며, 또 다른 한편에서 선거권을 제한하는 법률의 합헌성을 심사하는 경우에는 그 심사의 강도는 엄격하여야 하는 것이다."(헌재 2007. 6. 28. 2004헌마644 결정)

판례 **〈형사소송법 제297조 제1항 위헌소원(합헌)〉** "헌법은 제27조 제1항에서 '법률에 의한' 재판을 받을 권리를 보장함으로써 헌법이 보장하는 공정한 재판절차를 어떠한 내용으로 구체화할 것인가에 관하여는 입법부에게 입법형성의 자유를 부여하고 있다. 입법자는 형사소송절차를 규율함에 있어서 형사피고인인 국민을 단순한 처벌대상으로 전락시키는 결과를 초래하는 등 헌법적으로 포기할 수 없는 요소를 무시하거나, 헌법 제37조 제2항이 정하는 과잉금지원칙에 위반되는 내용의 절차를 형성하지 아니하는 한 재판절차를 합리적으로 형성할 수 있는 입법형성권을 가진다(헌재 1998. 12. 24. 94헌바46, 판례집 10-2, 842, 851; 헌재 2010. 11. 25. 2009헌바57, 판례집 22-2하, 387, 395)."(헌재 2012. 7. 26. 2010헌바62 결정)

3) 일반적 법률유보

576. 일반적 법률유보: 헌법 제37조 제2항

우리 헌법은 제37조 제2항 전단에서 "국민의 모든 자유와 권리는 국가안전보장·질서유지 또는 공공복리를 위하여 필요한 경우에 한하여 법률로써 제한할 수 있으며"라고 하여 기본권의 제한과 관련하여 일반적 가중법률유보를 규정하고 있다. 따라서 여기에서는 첫째, 「국가안전보장·질서유지·공공복리」가 무엇을 뜻하는가, 둘째, 「필요한 경우」가 어떤 의미인가, 셋째, 여기에서 말하는 법률이란 어떤 범위의 것인가가 밝혀져야 한다.

① 국가안전보장 · 질서유지 · 공공복리

577. 국가안전보장·질서유지·공공복리: 1. 국가안전보장 — 외부로부터의 국가의 존립 및 이와 관련된 내부적 안전과 존립의 보장; 2. 질서유지 — 내부에 있어서의 국가의 존립과 안전의 보장, 경찰법적 의미의 공공질서; 3. 공공복리 — 개개 국민 다수의 실질적 이익

건국헌법에서 제3공화국헌법까지는 기본권제한의 요건으로서 질서유지와 공공복리만이 규정되어 있었고, 국가안전보장은 질서유지의 개념에 포함되는 것으로 이해하였다. 그러나 이른바 유신헌법, 곧 제4공화국헌법에서 국가안전보장을 기본권제한의 요건으로 분리하여 규정하였으며, 지금까지도 그대로 계속되고 있다.

국가안전보장이란 외부로부터의 국가의 존립과 안전[1] 그리고 이와 관련되는 내부적 안전과 존립을 보장하는 데 국한된다고 볼 수 있다.[2] 국가안전보장을 위하여 기본권을 제한하는 법률로는 내란죄와 외환죄 등을 규정하고 있는 형법, 국가보안법 등을 들 수 있다. 국가보안법은 국가기밀누설을 처벌하고 있는데 헌

---

1) K. Stern, *Das Staatsrecht der Bundesrepublik Deutschland*, Bd. Ⅱ, 1980, S. 1468ff.은 국가의 존립이란 국가와 그 기본적인 법적·사회적 및 경제적 토대의 존립을 의미한다고 하며 구체적으로는 영토의 불가침, 국가의 대내외적으로 헌법에 따라 행위할 수 있는 능력, 주민의 생존근거를 포함하는 주민에 대한 안전의 보장을 의미한다고 한다. 또한 공공의 안전이란 국가의 기관과 법질서 및 생명, 건강, 자유, 존엄성, 명예 및 재산과 같은 개인의 법익을 포함하는 국가의 존립을 의미한다고 한다.

2) 계희열, 헌법학(중), 120쪽. 국가안전보장의 개념과 관련하여 김철수, 헌법학개론, 314쪽은 국가의 존립, 헌법의 질서유지만을 의미한다고 하고, 권영성, 헌법학원론, 366쪽은 국가의 독립과 영토의 보전, 헌법과 법률의 규범력과 헌법기관의 유지 등 국가적 안전의 확보를 말한다고 한다.

법재판소와 대법원은 이를 제한적으로 해석하고 있다.

판례 〈국가보안법 제7조에 대한위헌심판(한정합헌)〉 "국가의 존립·안전을 위태롭게 한다 함은 대한민국의 독립을 위협·침해하고 영토를 침략하여 헌법과 법률의 기능 및 헌법기관을 파괴·마비시키는 것으로 외형적인 적화공작 등일 것이다."(헌재 1990. 4. 2. 89헌가113 결정)

판례 〈군사기밀보호법 제6조 등에 대한 위헌심판(한정합헌)〉 "헌법 제37조 제2항에서 기본권제한의 근거로 제시하고 있는 국가안전보장의 개념은 국가의 존립·헌법질서의 유지들을 포함하는 개념으로서 결국 국가의 독립·영토의 보전·헌법과 법률의 기능·헌법에 의하여 설치된 국가기관의 유지 등의 의미로 이해될 수 있을 것이다."(헌재 1992. 2. 25. 89헌가140 결정).

판례 〈국가보안법 위헌소원(합헌·한정합헌)〉 "일반적으로 국가기밀은 일반인에게 알려지지 아니한 것, 즉 비공지의 사실(넓은 의미)로서, 국가의 안전에 대한 불이 익의 발생을 방지하기 위하여 그것이 적국 또는 반국가단체에 알려지지 아니하도 록 할 필요성, 즉 '요비익성'이 있는 동시에, 그것이 누설되는 경우 국가의 안전에 명백한 위험을 초래한다고 볼 만큼의 실질적 가치가 있는 것, 즉 '실질비성'을 갖춘 것이어야 한다."(헌재 1997. 1. 16. 92헌바6 등 병합결정)

판례 "현행 국가보안법 제4조 제1항 제2호 (나)목에 정한 기밀을 해석함에 있어 서 그 기밀은 정치, 경제, 사회, 문화 등 각 방면에 관하여 반국가단체에 대하여 비밀로 하거나 확인되지 아니함이 대한민국의 이익이 되는 모든 사실, 물건 또는 지식으로서, 그것들이 국내에서의 적법한 절차 등을 거쳐 이미 일반인에게 널리 알려진 공지의 사실, 물건 또는 지식에 속하지 아니한 것이어야 하고, 또 그 내용이 누설되는 경우 국가의 안전에 위험을 초래할 우려가 있어 기밀로 보호할 실질가치를 갖춘 것이라야 한다."(대법원 1997. 7. 16. 97도985 판결)

질서유지란 내부에 있어서의 국가의 존립과 안전의 보장을 의미한다. 그 밖에도 질서유지의 개념에는 경찰법적 의미의 공공질서[1]가 포함된다.[2] 질서유지를

1) 여기서 경찰법적 의미의 공공질서란 이를 준수하는 것이 그때그때의 지배적인 사회적 인식 및 윤리인식에 비추어 공동생활을 위한 불가결한 전제로서 인식되는 규율들의 총체적 개념을 말한다(N. Achterberg, "Öffentliche Ordnung" im pluralistischen Staat, in: *Festschrift für H. U. Scupin*, 1973, S. 10).

2) 계희열, 헌법학(중), 120쪽. 질서유지의 개념과 관련하여 김철수, 헌법학개론, 316쪽은 공공의 안녕질서를 의미하며, 헌법의 기본질서 이외의 타인의 권리유지, 도덕질서유지, 사회의 공공질서유지 등이 포함된다고 하고, 권영성, 헌법학원론, 336쪽은 헌법 제37조 제2항의 질서를 자유민주적 기본질서를 포함하는 헌법적 질서는 물론 그 밖의 사회적 안녕

위해 기본권을 제한하는 법률로는 형법, 「집회와 시위에 관한 법률」, 도로교통법, 소방법, 경범죄처벌법, 경찰법, 경찰관직무집행법 등 많은 법률이 있다.

> **판례** 〈서신검열 등 위헌확인(일부인용, 일부각하, 일부기각, 일부한정위헌)〉 "증거인멸이나 도망을 예방하고 교도소 내의 질서를 유지하여 미결구금제도를 실효성 있게 운영하고 일반사회의 불안을 방지하기 위하여 미결수용자의 서신에 대한 검열은 그 필요성이 인정된다고 할 것이고, 이로 인하여 미결수용자의 통신의 비밀이 일부 제한되는 것은 질서유지 또는 공공복리라는 정당한 목적을 위하여 불가피할 뿐만 아니라 유효적절한 방법에 의한 최소한의 제한으로서 헌법에 위반된다고 할 수 없다."(헌재 1995. 7. 21. 92헌마144 결정)

공공복리란 매우 불확정적이고 다의적인 개념이다. 다만 국가안전보장이나 질서유지가 소극적인 개념이라면, 공공복리는 적극적인 개념이라는 것만은 확실하다. 공공복리의 국가성·전체성·일반성을 해석기준으로 볼 수 있다면 공공복리란 사회생활을 영위하는 구성원, 곧 개개 국민의 다수의 실질적 이익으로 정의될 수 있을 것이다.[1] 공공복리의 내용을 결정하는 것은 궁극에 있어서 사회적 정의의 이념일 수밖에 없다. 추상적인 사회정의의 원칙은 언제나 존재하는 것이지만, 그 구체적 내용은 때와 장소를 초월하여 고정될 수는 없는 것이며, 특정한 사회, 경제, 정치의 조건변화에 따라 변한다. 그러므로 공공복리의 구체적인 내용은 구체적 국가의 헌법질서에 있어서 통설적인 헌법판례에 의하여 구현된다 할 것이다. 공공복리를 위해 기본권을 제한하는 법률로는 「국토의 계획 및 이용에 관한 법률」, 도시공원법, 건축법, 도로교통법, 하천법, 산림법 등 많은 법률이 있다.

헌법재판소는 일정한 범위에서의 토지사용의 제한을 규정한 도시계획법 제21조(헌재 1998. 12. 24. 89헌마214 등 병합결정), 자동차운행자에게 무과실책임을 지우는 자동차손해배상보장법 제3조 단서 2호(헌재 1998. 5. 28. 96헌가4 등 병합결정), 국민건강을 위해서 구 약사법상 약사에게 인정된 한약조제권의 제한을 규정한 약사법 부칙 제4조 제2항(헌재 1997. 11. 27. 97헌바10 결정), 주택건설촉진법

질서를 말한다고 한다.

1) 한동섭, 헌법, 105쪽. 공공복리의 개념과 관련하여 김철수, 헌법학개론, 317쪽은 현대적 복지국가의 이념을 구현하는 적극적인 의미를 갖는 것으로, 인권 상호간의 충돌을 조정하고 각인의 인권의 최대한의 보장을 꾀하는 사회정의의 원리로 보고, 권영성, 헌법학원론, 337쪽은 공동으로 사회생활을 영위하는 사회구성원전체를 위한 공공적 이익, 곧 국민공동의 이익으로 이해하며, 계희열, 헌법학(중), 121쪽은 공동체구성원전체를 위한 공존공영의 이익이라고 한다.

에 의한 도시재개발사업(헌재 1997. 4. 24. 96헌가3 등 병합결정), 구 「토지공시 및 토지 등의 평가에 관한 법률」의 표준지가공시에 관한 이의신청기간의 제한(헌재 1996. 10. 4. 95헌바11 결정) 등을 공공복리를 위한 것으로 인정하였다.

판례 **〈도로교통법 제50조 제2항 등에 관한 위헌심판(한정합헌)〉** "도로교통법 제50조 제2항, 제111조 제3호는 교통질서유지 및 사회공동체의 상호이익을 보호하는 공공복리를 위한 필요에서 합리적으로 제정된 것이라 할 것이다."(헌재 1990. 8. 27. 89헌가118 결정)

판례 **〈기부금품모집금지법 제3조 등 위헌제청(위헌)〉** "입법자는 공익실현을 위하여 기본권을 제한하는 경우에도 입법목적을 실현하기에 적합한 여러 수단 중에서 되도록 국민의 기본권을 가장 존중하고 기본권을 최소로 침해하는 수단을 선택해야 한다. 기본권을 제한하는 규정은 기본권행사의 '방법'에 관한 규정과 기본권행사의 '여부'에 관한 규정으로 구분할 수 있다. 침해의 최소성의 관점에서, 입법자는 그가 의도하는 공익을 달성하기 위하여 우선 기본권을 보다 적게 제한하는 단계인 기본권행사의 '방법'에 관한 규제로써 공익을 실현할 수 있는가를 시도하고 이러한 방법으로는 공익달성이 어렵다고 판단되는 경우에 비로소 그 다음 단계인 기본권행사의 '여부'에 관한 규제를 선택해야 한다."(헌재 1998. 5. 28. 96헌가5 결정)

② 「필요한 경우」

가. 비례의 원칙의 명문화

578. 필요한 경우: 비례의 원칙의 명문화

필요한 경우란 보호하려는 구체적 법익을 위하여 다른 방법으로는 달성할 수 없는 경우를 말하며, 기본권을 제한하는 경우에도 그 제한은 최소한도에 그쳐야 한다는 것을 말한다.[1] 곧 필요한 경우란 기본권을 제한하는 경우에 비례의 원칙을 지켜야 한다는 것을 헌법에 명문화해 놓은 것이라고 할 수 있다.

나. 비례의 원칙

579. 비례의 원칙: 1. 경찰행정법에서 성립; 2. 법치국가원리

'비례의 원칙'(Der Grundsatz der Verhältnismäßigkeit, Verhältnismäßigkeitsprinzip)은 경찰행정법에서 성립하였다.[2] 곧 비례의 원칙은 마이어 *Otto Mayer*가 경찰권

1) 김철수, 헌법학개론, 318쪽; 권영성, 헌법학원론, 338·339쪽; 계희열, 헌법학(중), 122쪽.

2) P. Badura, *Staatsrecht*, S. 84에 따르면 비례의 원칙은 공공의 안녕과 질서가 위험에 놓이는 경우에 행정부의 간섭을 제한하는 일반적인 한계로서 경찰법에서 성립·발전되었다. 그에 따르면 행정부의 간섭은 위험을 방어하기 위하여 필요한 경우에만 그것도 주어진 상황에서 위험을 방어하는 데 가장 부드러운 수단이 사용되는 때에만 합법적이다.

W. Heun, *Die Verfassungsordnung der Bundesrepublik Deutschland*, S. 51에 따르면 비례의 원칙은 역사적으로는 포로이센 경찰법에서 발전되었고 프리드리히 대제 *Friedrich des Großen*의 치세까지 소급된다고 한다.

발동과 관련하여 '방어의 비례성'(Verhältnismäßigkeit der Abwehr)이란 표현을 사용한 것에서 비롯되었다. 비례의 원칙은 법치국가원리에서 요청되는 불문의 원칙으로서,[1] 헌법적 서열의 원칙이다. 왜냐하면 이 원칙은 법치국가원리(기본법 제20조, 제28조 제 1 항), 더 근본적으로는 국민의 국가에 대한 일반적 자유요청의 표현인 기본권은 공공의 이익을 보호하기 위하여 불가피한 한도에서만 공권력에 의하여 제한될 수 있다는 기본권의 본질 자체로부터 도출되기 때문이다.[2] 따라서 기본권의 제한은 원칙적으로 비례적이어야만, 곧 동기와 목적을 통하여 정당화되어야 할 뿐만 아니라 수단이 목표달성에 적합하고 불가피할 때에만 합헌적이다.[3]

에서 요청되는 불문의 원칙으로 헌법적 서열의 원칙; 3. 적합성의 원칙, 필요성의 원칙, 기대가능성의 원칙(=협의의 비례성의 원칙=과잉금지의 원칙)을 포함; 4. 특히 기본권을 구체화하는 법률이 기본권을 제한하는 경우 입법자에게 형량의 지침을 제공

비례의 원칙은 '적합성'(Geeignetheit, Zwecktauglichkeit)의 원칙, '필요성'(Erforderlichkeit)의 원칙, '기대(수인)가능성'(Zumutbarkeit, Angemessenheit)의 원칙을 포함한다.[4] 적합성의 원칙이란 법률에 규정된 처분이 법률에서 추구하는 목적을 달성하는 데 적합한 수단이어야 할 것을 요구한다. 그리고 어떤 법률이 적합성의 원칙을 충족하였는가는 법률이 성립 후 사실상의 발전에 따라서가 아니라 법률을 제정할 때 수단이 목적을 달성하는 데 적합한가 여부, 즉 문제된 사안을 판단함에 있어 입법자의 예측이 적절하고 받아들일 수 있었는가 여부에 따라 판단된다. 그러므로 어떤 법률에 규정된 처분이 잘못된 예측에 근거하고 있는 것만으로 그 법률이 위헌이 되는 것은 아니며, 입법자에게는 그와 관련하여 광

---

1) Th. Schramm, *Staatsrecht Bd. Ⅱ. Grundrechte und ihre verfassungsrechtliche Absicherung*, S. 26f. 이러한 입장은 *Wendt, Grabitz, Maunz, Hesse, Herzog* 등이 지지하고 있다. 우리 헌법재판소도 비례의 원칙을 법치국가원리로부터 파생하는 헌법적 원칙으로 판시하고 있다. "과잉금지원칙이라 함은 … 법치국가의 원리에서 당연히 파생하는 헌법상의 기본원리의 하나인 비례의 원칙을 말하는 것이다."(헌재 1992. 12. 24. 92헌가8 결정)

2) BVerfGE 19, 342(348ff.).

3) BVerfGE 25, 1(13ff.); 29, 211(235ff., 241f.).

4) BVerfGE 30, 292(313, 316ff.); 67, 157. 그러나 논자에 따라서는 이러한 3분법을 따르지 않고 비례의 원칙을 필요성의 원칙과 '협의의 비례'(die Verhältnismäßigkeit im eigentlichen Sinne)의 원칙, 곧 (필요한) 침해가 바로 이러한 방법으로 필요한가(곧 방법 Wie의 문제), 그리고 (비록 필요하다 하더라도) 그 수단이 추구하는 목적과의 관계에서 비례성을 잃지 않았는가 여부 또는 수단이 과도한 부담을 주기 때문에 요구되는 목적의 달성을 포기해야 하는 것은 아닌가 여부로 나누기도 한다. 협의의 비례의 원칙은 '과잉금지'(Übermaßverbot, 이 문제에 대해서는 특히 P. Lerche, *Übermaß und Verfassungsrecht*, 1961 참조)의 원칙과 동의어이다. P. Badura, *Staatsrecht*, S. 84는 필요성의 원칙과 '협의의 비례'(Proportionalität)의 원칙을 과잉금지'(Übermaßverbot)의 원칙으로 묶을 수 있다고 한다. 또한 그는 위험을 방어하는 데 적합한 하나의 수단만이 요구되기 때문에 단 하나의 수단이 가지는 적합성의 관점 또한 필요한 간섭(곧 제한)에 대한 표지로서 고유한 의미를 가진다고 생각한다.

범위한 판단여지가 있다.

필요성의 원칙은 법률에서 규정한 처분이 합헌적인 목적을 달성하기 위하여 개인의 자유로운 영역에 대한 침해가 불가피한 것일 것을 요구한다. 필요성의 요청은 법률에 규정된 조치보다 더 가벼운 개입으로써는 목적을 달성할 수 없을 때 충족된다. 여기에는 입법자가 그 목적을 달성하기 위하여 적합한 여러 가지 방법 중에서 권리침해가 가장 작은 방법을 선택하여야 한다는 뜻이 내포되어 있다고 할 수 있다. 이러한 의미에서 필요성의 원칙은 '최소화 명령'으로 부를 수 있다. 따라서 필요성의 원칙은 당연히 적합성의 원칙을 전제한다. 적합성의 원칙을 충족하는 여러 수단 중에서 가장 최소한의 침해를 하는 수단을 선택하는 것이 필요성의 원칙이기 때문이다.

기대(수인)가능성의 원칙은 협의의 비례성의 원칙(Verhältnismäßigkeit im engeren sinne)이라고도 하며 수단과 목적이 서로 적절한 비례관계에 있을 것, 곧 법률에 의하여 제한을 받는 기본권의 주체에게 예상 밖의 제한이 가해지지 않을 것, 즉 '수인될 수 없는 것'이어서는 안 된다는 것을 요구한다.[1] 다시 말해서 이 원칙은 목적과 수단 사이의 법익형량을 구체화하는 것이며, 선택된 수단의 사용으로 인한 손실이 효용에 비하여 클 경우에는 고려된 수단을 철회할 것을 요구한다.[2] 이러한 의미에서 협의의 비례성의 원칙은 '최적화 명령'으로 부를 수 있다. 그러나 협의의 비례성의 원칙은 구체적으로 무엇이 비례적인 것이냐에 대하여 말해 주는 바가 없기 때문에 형식적 원칙이라 할 수 있다.

---

1) 비례성의 원칙에 대한 요약은 Fr.-E. Schnapp, Die Verhältnismäßigkeit des Grundrechtseingriffs, JuS 1983, S. 850ff. 참조.

2) 어쨌든 협의의 비례성의 원칙에서 가장 중요한 논점은 '비례적이어야 할 목적과 수단의 두 가지 요소를 어떻게 형량하고 평가할 것인가'라고 할 수 있다. 이와 관련하여 독일연방헌법재판소는 '보호의 대상', '침해의 대상' 및 '규제의 정도'라는 세 가지 실질적 기준을 제시하고 있다. 우선, 보호대상과 관련하여 경제질서의 영역과 같은 분야에서는 입법자에게 폭넓은 형성의 자유를 주고, 국민의 자유권 등 기본권의 핵심분야(예컨대 양심 또는 언론의 자유 등과 같은 정신적 기본권)에 있어서는 상대적으로 입법자의 재량의 폭을 좁게 인정하고 있다. 그래서 경제질서의 영역과 같은 데에서는 입법자가 명백히 잘못된 전제로부터 목적을 설정했거나 취해진 수단에 대해서 전혀 어떤 이론적 근거를 찾아볼 수 없을 경우에만 협의의 비례성의 원칙을 위배하는 것이 된다(BVerfGE 29, 260, 267; 39, 210, 225). 다음으로, 침해의 대상과 관련해서 그 침해가 인간에 있어서의 '행위자유의 본질적 외형'에 접근하면 할수록, 자유의 요청에 대항하는 합리화의 근거 역시 보다 더 면밀하여야 한다고 한다(BVerfGE 17, 306, 313; 20, 150, 159). 끝으로, 비례성을 판단하는 마지막 요소로서 규제의 정도도 역시 고려되어야 한다. 즉, 그 규제에 의하여 개인의 법적 지위가 예민하게 침해받으면 받을수록 그만큼 그 규정이 추구하는 공공의 이익이 강해야 한다(BVerfGE 11, 30, 44; 30, 336, 351).

연방헌법재판소는 비례의 원칙을 처음에는 필요성 → 적합성 → 기대(수인)가능성의 순으로 적용하였다. 그러나 그 후에 그 순서를 바꾸어 적합성 → 필요성 → 기대(수인)가능성의 순서로 적용하고 있으며, 전자의 원칙이 충족되지 않으면 후자의 원칙은 검토하지 않고 있다.[1)]

특히 비례의 원칙은 기본권을 구체화하는 법률이 기본권을 제한하는 경우 입법자에게 형량의 지침을 제공한다. 기본권을 제한하는 법률은 기본권침해의 정도에 따라 더 중요한 공익을 이루기 위하여 필요한 것이어야만 한다. 기본권을 제한하는 법률은 기본권을 제한함에 있어서 공적 목적을 달성하기 위하여 명령되는 한에서만 유효하며 전체적으로 기본권에 비추어 기대가능한 구체화이지 않으면 안 된다.

구체화규정의 적합성 또는 합목적성은 구체화규정의 필요성 요소이다.[2)] 어떤 기본권에 대한 제한이 정당화되는가 여부의 문제를 심사함에 있어서는 보통 일반적인, 곧 기본법 제20조 제 3 항의 법치국가원리로부터 추론되는 비례성의 원칙이 적용되지 않고, 오히려 개별 기본권이 척도가 된다.[3)] 비례성의 원칙은 실무에서는 특히 이른바 기본권구체화적 법률유보를 가진 기본권을 구체화하는 법률에서 중요한 역할을 하며,[4)] 비례성의 원칙 내지는 필요성의 요지는 더욱 자세하게 형성되기도 한다. 필요성의 표지는 다수의 똑같이 적합한 수단 중에서 가장 가벼운 수단을 택할 것을 요청한다. 그러므로 제한의 강도를 단계화시킬 수 있는 경우에 비례의 원칙은 입법자가 강도가 약한 제한으로 목적을 이룰 수 없는 경우에만 그 단계를 요구한다. 연방헌법재판소는 기본법 제12조의 직업의 자유와 관련하여 그 행사를 제한하는 '3단계 이론'(Drei-Stufen-Lehre)을 전개하였으며,[5)] 기본법 제 2 조 제 1 항과 관련해서도 일반화할 수 있는 단계를 구체화시

---

1) B. Pieroth/B. Schlink, *Grundrechte. Staatsrecht II*, S. 73은 다음과 같은 이유에서 적합성의 원칙과 필요성의 원칙의 비중은 같을 수 없다고 한다. "적합한 것만이 또한 필요한 것일 수 있다. 필요한 것은 적합한 것이 아닐 수 있다. 체계상 적합성심사는 필요성심사에 대하여 후퇴한다. 필요성을 심사한 결과가 긍정적인 경우 적합성의 심사결과도 긍정적일 수 있다. 필요성의 심사결과가 부정적인 경우 적합성의 심사결과가 부정적이라면 비례의 원칙으로서는 어찌할 수가 없다. 그럼에도 불구하고 적합성에 대한 심사는 전략적으로 중요하다. 적합성에 대한 심사는 경험적 연관을 추론하여 필요성의 심사에 이른다."

2) P. Badura, *Staatsrecht*, S. 85.

3) M. Lepa, *Der Inhalt der Grundrechte*, S. 26.

4) I. v. Münch, *Grundbegriffe des Staatsrechts I*, S, 116.

5) BVerfGE 7, 377 — 약국판결. 이 판결에 따르면 입법자는 "공공의 복리를 합리적으로 고려하여 직업행사를 규제하는 것이 합목적적으로 생각되는 한"(405) 입법자는 직업행사를 규제해도 된다(제 1 단계). "개인의 자유에 우선하는 사회적 이익"을 보호하기 위해서만

켰다.[1)]

다. 우리 헌법재판소와 비례의 원칙

580. 우리 헌법재판소와 비례의 원칙: 비례의 원칙의 요소 — 목적의 정당성, 방법의 적정성, 피해의 최소성, 법익의 균형성

우리 헌법재판소는 비례의 원칙을 과잉금지원칙이라고도 부르면서 그 요소로서 목적의 정당성, 방법의 적정성, 피해의 최소성, 법익의 균형성을 들고 있다.

> **판례** 〈국토이용관리법 제21조의3 제 1 항, 제31조의2의 위헌심판(합헌)〉 "과잉금지 의 원칙은 국가작용의 한계를 명시하는 것인데 목적의 정당성, 방법의 적정성, 피 해의 최소성, 법익의 균형성(보호하려는 공익이 침해되는 사익보다 더 커야 한다는 것으로 그래야만 수인의 기대가능성이 있다는 것)을 의미하는 것으로서 그 어느 하나에라도 저촉되면 위헌이 된다는 헌법상의 원칙이다."(헌재 1999. 12. 22. 88헌가13 결정)

독일연방헌법재판소가 발전시킨 비례의 원칙과 비교할 때 방법의 적정성은 적합성의 원칙에, 피해의 최소성은 필요성의 원칙에, 법익의 균형성은 협의의 비례원칙에 각각 해당되는 것으로 볼 수 있다. 우리 헌법재판소가 목적의 정당성을 비례원칙의 한 부분원칙으로 들고 있는 것은 독일연방헌법재판소와 다른 점이다. 그러나 이는 우리 헌법이 제37조 제 2 항에서 "국가안전보장·질서유지 또는 공공복리를 위해서"라는 명문규정을 두고 있기 때문인 것으로 보인다. 비례의 원칙은 목적과 수단과의 상관관계에 관한 것이므로 목적 그 자체의 정당성을 묻는 목적의 정당성은 정확히는 비례의 원칙의 한 부분(원칙)에 속하지 않는다 할 것이다. 그러나 목적(과 또는 동기)이 정당하다는 것이 전제되어야 목적과 수단과의 상관관계를 논할 수 있으므로 독일에서도 비례원칙에 대한 검토는 목적의 정당성 → 적합성 → 필요성 → 기대(수인)가능성에 대한 검토의 4단계로 행해진다. 그러나 실무에서 목적의 정당성에 대한 검토는 일반적으로 독립된 과정에서 행해지지 않고 적합성을 심사하는 과정에서 간단하게 행해진다.

목적의 정당성은 국민의 기본권을 제한하는 입법은 그 목적이 헌법과 법률의 체계 내에서 정당성을 인정받을 수 있는 것이어야 할 것을 요구한다.[2)]

---

(406) 주관적 사유에 의하여 직업선택의 자유는 제한된다(제 2 단계). "매우 중요한 사회적 이익에 대한 입증할 수 있고 매우 개연성 있는 중대한 침해를 방어"(408)하기 위해서만 객관적 사유에 의하여 직업선택의 자유는 제한된다(제 3 단계).

1) 집회법과 관련하여 연방헌법재판소(BVerfGE 20, 150)는 금지된 행위를 예외적으로만 허용해 주는 '억압적 금지'(repressiver Verbot)와 행위를 원칙적으로 허용하나 예외적으로 잘못된 행위에 대해서만 심사하는 '예방적 금지'(präventiver Verbot)를 구별하였다.

2) 우리 판례에서 목적의 정당성에 위배되어 위헌결정이 난 경우는 드물다. 우리 헌법재판소는 예컨대 국유잡종재산 시효취득사건(헌재 1991. 5. 13. 89헌가97 결정)과 동성동본금혼사건(헌재 1997. 7. 16. 95헌가6 등 병합결정)에서 '질서유지'나 '공공복리' 그 어디에도

판례 〈주세법 제38조의 7 등에 대한 위헌제청(위헌)〉 "우리 헌법은 헌법 제119조 이하의 경제에 관한 장에서 "균형 있는 국민경제의 성장과 안정, 적정한 소득의 분배, 시장의 지배와 경제력남용의 방지, 경제주체간의 조화를 통한 경제의 민주화, 균형 있는 지역경제의 육성, 중소기업의 보호육성, 소비자보호 등"의 경제영역에서의 국가목표를 명시적으로 규정함으로써 국가가 경제정책을 통하여 달성하여야 할 "공익"을 구체화하고, 동시에 헌법 제37조 제2항의 기본권제한을 위한 일반 법률유보에서의 "공공복리"를 구체화하고 있다. 그러나 경제적 기본권의 제한을 정당화하는 공익이 헌법에 명시적으로 규정된 목표에만 제한되는 것은 아니고, 헌법은 단지 국가가 실현하려고 의도하는 전형적인 경제목표를 예시적으로 구체화하고 있을 뿐이므로 기본권의 침해를 정당화할 수 있는 모든 공익을 아울러 고려하여 법률의 합헌성 여부를 심사하여야 한다."(헌재 1996. 12. 26. 96헌가8 결정)

방법의 적정성은 기본권을 제한하는 입법을 하는 경우에 법률에 규정된 기본권제한의 방법은 입법목적을 달성하기 위하여 그 방법이 효과적이고 적절하여야 할 것을 요구한다.[1)]

판례 〈도로교통법 제71조의15 제2항 제8호 위헌제청(위헌)〉 "이 사건 조항이 운전전문학원을 졸업한 자 중 일정비율 이상이 교통사고를 일으킨 경우, 그 교통사고의 원인과 관계없이 운영정지나 등록취소를 할 수 있도록 한 것은 입법목적을 달성하기 위한 합리적이고 공정한 방법이라 보기 어렵다. 교통사고는 본질적으로 우연성을 내포하고 있고 사고의 원인도 다양하다. 학원의 수료생이 낸 교통사고는 당해 운전전문학원의 교습내용 내지 교습방법과 연관이 있는 운전자의 운전기술의 미숙함으로 인한 것일 수도 있으나, 졸음운전 또는 주취운전과 같이 운전자의 운전기술과 별다른 연관이 없는 경우도 있다. 그런데 이 사건 조항은 운전전문학원의 귀책사유를 불문하고 수료생이 낸 교통사고를 자동적으로 운전전문학원의 법적 책임으로 연관시키고 있다. … 또한 운전교육과 기능검정이 철저하더라도 교통사고는 우연적 사정과 운전자 개인의 부주의로 발생할 수 있다는 것을 감안하면, 교통사고를 예방하고 운전교육과 기능검정을 철저히 하도록 한다는 입법목적은 이 사건 조항으로 인하여 효과적으로 달성할 수도 없는 것이다."(헌재 2005. 7. 21. 2004헌가30 결정)

해당되지 않는다고 하여 위헌선언을 하였다.

1) 예컨대 헌법재판소는 근로기준법 제30조의2 제2항에 대한 헌법소원사건에서 근로자의 퇴직금 전액에 대하여 담보권자에 우선하는 변제수령권을 인정하는 방법은 적절하지 않다고 판시하였다(헌재 1997. 8. 21. 94헌바19 등 병합결정). 헌법재판소는 이러한 적정한 방법의 수단이 그 목적달성을 위하여 유일무이한 것일 필요는 없다고 하고 있다(헌재 1989. 12. 22. 88헌가13 결정).

판례 〈사립학교교직원 연금법 제42조 제1항 위헌제청(헌법불합치)〉 "사립학교 교원 또는 사립학교 교원이었던 자가 재직중의 사유로 금고 이상의 형을 받은 때에는 대통령령이 정하는 바에 의하여 퇴직급여 및 퇴직수당의 일부를 감액하여 지급하도록 하는 것은 … 재직중의 사유로 금고 이상의 형을 선고받아 처벌받음으로써 기본적 죗값을 받은 사립학교 교원에게 다시 당연퇴직이란 사립학교 교원의 신분상실의 치명적인 법익박탈을 가하고 이로부터 더 나아가 다른 특별한 사정도 없이 직무관련 범죄 여부, 고의 또는 과실범 여부 등을 묻지 않고 퇴직급여와 퇴직수당을 일률적으로 감액하는 것은 사립학교 교원의 범죄를 예방하고 사립학교 교원이 재직중 성실히 근무하고 직무상 의무를 위반하지 않도록 유도한다는 이 사건 법률조항의 입법목적을 달성하는 데 적합한 수단이라고 볼 수 없고, 과도한 재산권의 제한으로서 심히 부당하며 침해되는 사익에 비해 지나치게 공익만을 강조한 것이다."(헌재 2010. 7. 29. 2008헌가15 결정)

피해의 최소성은 입법권자가 선택한 기본권제한조치가 입법목적달성을 위하여 적절한 것이라 하더라도 더욱 완화된 수단이나 방법을 모색함으로써 그 제한이 필요최소한이 되도록 할 것을 요구한다.[1)2)]

판례 〈도로교통법 제78조 제1항 단서 제5호 위헌제청(위헌)〉 "도로교통법상 운전면허는 신체적 조건이나 도로교통과 관련된 법령 등에 대한 지식 및 자동차의 운전 능력 등을 종합적으로 평가하여 도로에서의 자동차 등의 운전행위를 허가해 주는 것인데, 만약 자동차 등을 운전면허 본래의 목적과 배치되는 범죄행위에 이

---

1) 우리 헌법재판소는 기부금품모집금지법 제3조 등에 대한 위헌제청사건에서 "기본권을 제한하는 기본권제한의 '방법'에 관한 규정과 기본권행사의 '여부'에 관한 규정으로 구분할 수 있다. 침해의 최소성의 관점에서, 입법자는 그가 의도하는 공익을 달성하기 위하여 우선 기본권을 보다 적게 제한하는 단계적인 기본권행사의 '방법'에 관한 규제로써 공익을 실현할 수 있는가를 시도하고 이러한 '방법'으로는 공익달성이 어렵다고 판단되는 경우에 비로소 그 다음 단계인 기본권행사의 '여부'에 관한 규제를 선택해야 한다"고 하여 피해의 최소성을 명백히 한 바 있다(헌재 1998. 5. 28. 96헌가5 결정). 피해의 최소성원칙을 과잉금지의 원칙이라고 부르는 경우도 있다(헌재 1998. 2. 27. 95헌바59 결정에서 재판관 이재화, 조승형, 신창언의 반대의견).

2) 그러나 완화된 수단이 있다고 하더라도 선택된 제한조치가 입법목적달성에 유효적절한 수단인 경우 제한조치가 현저하게 불합리하거나 불공정하지 않는 한 완화된 수단이 있는 것만 가지고 최소침해의 원칙에 위반된다고 볼 수 없다는 것이 헌법재판소의 입장이다 〈헌재 1996. 4. 25. 95헌마331 결정 — 법무사법시행규칙 제35조 제4항 위헌확인(기각)〉. 최근 헌법재판소는 피해의 최소성원칙을 적용함에 있어서 기본권의 내용에 따라 이를 완화해야 한다고 보고 있다. "그러므로 상업광고규제에 관한 비례의 원칙 심사에 있어서 '피해의 최소성 원칙'은 같은 목적을 달성하기 위하여 필요한 최소한의 제한인지를 심사하기보다는 '입법목적을 달성하기 위하여 필요한 범위 내의 것인지'를 심사하는 정도로 완화되는 것이 상당하다"(헌재 2005. 10. 27. 2003헌가3 결정).

용하게 되면 이는 국민의 생명과 재산에 큰 위협이 될 것이므로 자동차 등을 교통이라는 그 고유의 목적에 이용하지 않고 범죄를 위한 수단으로 이용하는 경우 운전면허를 취소하도록 하는 것은 원활한 교통을 확보함과 동시에 차량을 이용한 범죄의 발생을 막기 위한 것으로 그 목적이 정당하고 수단도 적합하다고 할 것이다. 그러나 이 사건 규정은 자동차 등을 이용하여 범죄행위를 하기만 하면 그 범죄행위가 얼마나 중한 것인지, 그러한 범죄행위를 행함에 있어 자동차 등이 당해 범죄행위에 어느 정도로 기여했는지 등에 대한 아무런 고려 없이 무조건 운전면허를 취소하도록 하고 있으므로 이는 구체적 사안의 개별성과 특수성을 고려할 수 있는 여지를 일체 배제하고 그 위법의 정도나 비난의 정도가 극히 미약한 경우까지도 운전면허를 취소할 수밖에 없도록 하는 것으로 최소침해성의 원칙에 위반된다 할 것이다."(헌재 2005. 11. 24. 2004헌가28 결정)

법익의 균형성은 기본권제한입법에 의하여 보호하려는 이익과 침해되는 사익을 비교 형량할 때 공익이 더 크거나 적어도 양자 사이에 균형이 유지되도록 할 것을 요구한다.[1)]

판례 〈경비업법 제７조 제８항 등 위헌확인(위헌)〉 "이 사건 법률조항으로 달성하고자 하는 공익인 경비업체의 전문화, 경비원의 불법적인 노사분규 개입 방지 등은 그 실현 여부가 분명하지 않은데 반하여, 경비업자인 청구인들이나 새로이 경비업에 진출하고자 하는 자들이 짊어져야 할 직업의 자유에 대한 기본권침해의 강도는 지나치게 크다고 할 수 있으므로, 이 사건 법률조항은 보호하려는 공익과 기본권침해간의 현저한 불균형으로 법익의 균형성을 잃고 있다."(헌재 2002. 4. 25. 2001헌마614 결정)

판례 〈도로교통법 제71조의15 제２항 제８호 위헌제청(위헌)〉 "이 사건 조항이 추구하는 입법목적은 과연 이 사건 조항을 통하여 달성될 것인지 여부가 불투명한 반면, 이 사건 조항에 따른 행정제재를 당하는 운전전문학원은 자신이 충실히 운전교육과 기능검정을 하였더라도 피할 수 없는 제재를 당할 수 있게 되고, 지속적 등록과 상시적 운전교육이 이루어지는 운전학원업에 있어서 그러한 제재가 가져오는 영업상의 손실은 매우 큰 것이다. 그렇다면 이 사건 조항은 법익간의 균형성 원칙에도 위배되고 있다."(헌재 2005. 7. 21. 2004헌가30 결정)

헌법재판소는 기본권을 제한하는 법률이 목적의 정당성, 방법의 적정성, 피해의 최소성, 법익의 균형성 가운데 어느 하나에라도 저촉이 되면 위헌이 된다

1) 법익의 균형성과 관련된 판례로는 헌재 1999. 4. 29. 96헌바10 등 병합결정, 1998. 11. 26. 97헌바31 결정, 1998. 2. 27. 97헌바20 결정 등 참조. 다만 법익의 균형성만을 심사하여 위헌결정이 난 판례는 아직까지는 없는 것으로 보인다.

고 한다.[1] 대법원도 같은 입장을 취하고 있다.

> **판례** "국민의 기본권을 제한하는 것으로서 국가안전보장, 질서유지 또는 공공복리를 위하여 필요한 것이 아니거나, 또는 필요한 것이라 하더라도 국민의 자유와 권리를 덜 제한하는 다른 방법으로 그와 같은 목적을 달성할 수 있다든지, 위와 같은 제한으로 인하여 국민이 입게 되는 불이익이 그와 같은 제한에 의하여 달성할 수 있는 공익보다 클 경우에는 이와 같은 제한은 비록 자유와 권리의 본질적인 내용을 침해하는 것이 아니더라도 헌법에 위반되는 것이다."(대법원 1994. 3. 8. 92누1728 판결)

③ 법 률

가. 기본권제한법률의 일반적 요건

581. 기본권제한법률의 일반적 요건: 정당한 절차에 따라 성립되고 일반성과 명확성의 요건을 갖출 것

우선, 기본권을 제한하는 법률은 정당한 절차에 따라 성립되어야 하며, 예컨대 법치국가원리와 같은 객관적 법원리를 침해해서는 안 된다(객관적 헌법의 준수).[2]

다음으로, 기본권을 제한하는 법률은 일반성을 가진 법률이어야 한다.

끝으로, 기본권을 제한하는 법률은 명확해야 한다. 불명확한 법률로는 '막연하기 때문에 무효'(void for vagueness)라는 이론에 따라 기본권을 제한하지 못한다.[3][4] 그렇지만 명확성의 원칙이 법률에 불확정 법개념을 사용하는 것을 금지하는 것은 아니다.

---

1) 예컨대 헌재 1990. 9. 10. 89헌마82 결정.
2) Elfes-Urteil(BVerfGE 6, 32ff., 37f.) 이후에 확립된 판례의 입장.
3) 독일기본법 제19조 제1항 제2문은 기본권을 제한하는 "그 법률은 또한 해당 기본권을 적시해야 한다"고 하여 막연한 법률로 기본권을 제한할 수 없도록 하고 있다. H. Bethge, Probleme des Zitiergebots des Art. 19 AbS. 1 Satz 2 GG, DVBl. 1972, S. 365ff.; H. Röhl, Die Nennung des einschränkten Grundrechts nach Art. 19 AbS. 1 Satz 2 GG, AöR Bd. 81(1956), S. 195ff.; 계희열, 헌법학(중), 125쪽.

   B. Pieroth/B. Schlink, *Grundrechte. Staatsrecht II*, S. 79는 법치국가적 명확성과 확정성의 요청으로써 고유한 '기본권제한의 한계'(Schranken-Schranken)가 설정되었는지 의심스럽다고 한다. 왜냐하면 불명료하고 불확정적인 법률은 법률의 목적을 달성하는 데 필수적인 것 이상으로 더 많은 '제한'(Eingriffe)을 가할 수 있고 그럼으로써 비례성의 원칙이 침해될 수도 있기 때문이다. 그럼에도 불구하고 법치국가적 명료성과 확정성의 요청은 그것이 개인의 입장에서 개인이 예측과 계산을 가능하게 할 것을 강조하고 있다. 개인이 예측과 계산을 하기에는 법률이 지나치게 불명료하고 불확정적이라면 비례성에 대한 심사 없이는 그러한 일을 할 수 없을 것이라는 것이다.
4) 법률의 명확성확보를 위해서는 예시의 방법, 별도의 정의규정을 두는 방법, 여러 개의 요건을 중첩하여 요건사실을 한층 명확하게 하는 방법, 이미 동종의 사항에 관하여 법률이 있을 때 다시 별도의 법률을 두어 더 상세하게 규정하는 방법 등의 입법기술적 방법이 있다.

판례 〈구 대통령선거법 제36조 제 1 항 위헌제청, 구 대통령선거법 제34조 등 위헌제청(일부한정위헌, 일부한정합헌)〉 "처벌법규의 구성요건이 다소 광범위하여 어떤 범위에서는 법관의 보충적인 해석을 필요로 하는 개념을 사용하였다고 하더라도, 그 점만으로 헌법이 요구하는 처벌법규의 명확성이 반드시 배치되는 것이라고는 볼 수 없다. 그렇지 않으면, 처벌법규의 구성요건이 지나치게 구체적이고 정형적이 되어 부단히 변화하는 다양한 생활관계를 제대로 규율할 수 없게 될 것이기 때문이다. 다만, 자의를 허용하지 않는 통상의 해석방법에 의하더라도 당해 처벌법규의 보호법익과 그에 의하여 금지된 행위 및 처벌의 종류와 정도를 누구나 알 수 있도록 규정되어 있어야 한다."(헌재 1994. 7. 29. 93헌가4 등 병합결정)

판례 〈「출판사 및 인쇄소의 등록에 관한 법률」 제 5 조의2 제 5 호 등 위헌제청(일부합헌, 일부위헌)〉 "법치국가의 한 표현인 명확성의 원칙은 기본적으로 모든 기본권제한입법에 대하여 요구된다. 규범의 의미내용으로부터 무엇이 금지되는 행위이고 무엇이 허용되는 행위인지를 수범자가 알 수 없다면 법적 안정성과 예측가능성은 확보될 수 없게 될 것이고, 또한 법집행당국에 의한 자의적 집행을 가능하게 할 것이기 때문이다."(헌재 1998. 4. 30. 95헌가16 결정)[1)]

판례 〈「노동조합 및 노동관계조정법」 제91조 제 1 호 등 위헌확인(위헌)〉 "법규범이 명확한지 여부는 그 법규범이 수범자에게 법규의 의미내용을 알 수 있도록 공정한 고지를 하여 예측가능성을 주고 있는지 여부 및 그 법규범이 법을 해석·집행하는 기관에게 충분한 의미내용을 규율하여 자의적인 법해석이나 법집행이 배제되는지 여부, 다시 말하면 예측가능성 및 자의적 집행배제가 확보되는지 여부에 따라 이를 판단할 수 있는데, 법규범의 의미내용은 그 문언뿐만 아니라 입법목적이나 입법취지, 입법연혁, 그리고 법규범의 체계적 구조 등을 종합적으로 고려하는 해석방법에 의하여 구체화하게 되므로, 결국 법규범이 명확성원칙에 위반되는지 여부는 위와 같은 해석방법에 의하여 그 의미내용을 합리적으로 파악할 수 있는 해석기준을 얻을 수 있는지 여부에 달려 있다."(헌재 2005. 6. 30. 2002헌바83 결정)

판례 〈영화진흥법 제21조 제 3 항 제 5 호 등 위헌제청(헌법불합치)〉 "영화진흥법 제21조 제 3 항 제 5 호는 '제한상영가' 등급의 영화를 '상영 및 광고·선전에 있어서 일정한 제한이 필요한 영화'라고 규정하고 있는데, 이 규정은 제한상영가 등급의 영화가 어떤 영화인지를 말해주기보다는 제한상영가 등급을 받은 영화가 사후

---

1) 그러나 헌법재판소는 국가보안법의 여러 가지 규정에 관한 사건들에서 명확성에 의문이 있다고 하면서도 헌정합헌결정을 한 바 있다(헌재 1992. 4. 14. 90헌바23 등 병합결정).

에 어떠한 법률적 제한을 받는지를 기술하고 있는바, 이것으로는 제한상영가 영화가 어떤 영화인지를 알 수가 없고, 따라서 영화진흥법 제21조 제3항 제5호는 명확성원칙에 위배된다."(헌재 2008. 7. 31. 2007헌가4 결정)

여기에서 말하는 법률에는 형식적 의미의 법률뿐만 아니라 헌법에 의하여 체결·공포된 조약과 일반적으로 승인된 국제법규와 법률의 효력을 갖는 긴급명령, 긴급재정·경제명령과 법률의 수권이 있는 명령도 포함된다.

나. 특히 개별적 법률과 관련하여

582. 개별적 법률 우리 헌법에는 독일기본법 제19조 제1항 제1문 "이 기본법에 따라 기본권이 법률에 의하여 또는 법률에 근거하여 제한될 수 있는 경우 그 법률은 일반적으로 적용되어야 하고 개별적 경우에만 적용되어서는 안 된다"와 같은 규정은 없다. 그러나 국내에서도 학설은 '개별적 법률'(Einselfallgesetz, Individualgesetz)로 기본권을 제한할 수 없다는 데에는 널리 의견이 일치되어 있다.

개별적 법률로써 기본권을 제한해서는 안 된다는 원칙은 법 앞의 평등으로부터 근거지어질 수 있다. 곧 개별적 법률금지원칙이 가지는 의미는 기본권을 제한함에 있어 평등원칙을 준수하라는 데 있다.[1]

법률이 일반적이어야 한다는 것은 법률이 모든 인간과 모든 사항을 규율해야 한다는 의미로, 개별법규나 처분적 법률을 금한다는 것을 뜻한다.[2] 슈나이더 *Hans Schneider*는 일반법의 반대개념으로부터 개별적 법률의 개념을 확정하고 있다. '원칙'(Regel)이라는 말에는 불특정다수의 경우에 적용되는 '언표'(Aussage)가 필연적으로 포함된다. 따라서 개별적 법률은 항상 일반적 법률로부터의 '이탈'(Dispens)이거나 '특별취급'(Previlegierungen)이거나 또는 일반적 법질서에 대한 침해를 뜻한다.[3]

독일연방헌법재판소에 따르면 개별적 법률에 대비되는 일반적 법률은 특

---

1) Th. Maunz/R. Zippelius, *Deutsches Staatsrecht*, S. 159.

2) 계희열, 헌법학(중), 122쪽은 민주주의의 불가결의 요소이며 그 전제이자 존립요건인 언론의 자유를 제한하는 법률의 일반성은 달리 이해되어야 한다고 하면서 기본법 제19조 제1항과 제5조 제1항을 들고 언론의 자유에 반하는 특별법을 내포하고 있지 않은 법률이 일반적 법률이라는 핸첼 *K. Häntzschel*의 견해와 법률이 보호하는 사회적 이익이 언론의 자유보다 높은 경우 일반성이 존재한다는 스멘트의 견해를 소개하고 있다. 그러나 우리 헌법은 독일기본법과는 달리 규정하고 있기 때문에 이러한 해석을 할 필요가 없을 것으로 생각된다.

3) H. Schneider, Über Einzelfallgesetz, in: *Festschrift für C. Schmitt*, 1959. H. Bauernfeind, Zum Verbot von Einzelfallgesetzen gemäß Art. 19 I GG, DVBl. 1976, S. 193ff.도 비슷하게 정의하고 있다. 그에게 개별적 법률이란 사항적·법적으로 상응하는 경우들 가운데서 일부분을 분리하여 특별하게 규율하는 법률규정을 뜻한다.

정의 법적 결과와 결합된 구성요건을 일반적으로 규정하고, 그 추상적인 효력을 가지는 표현에 따라 불확정다수의 경우에 효력을 가지는 규정들이라고 한다. 또한 그 법률이 적용되는 방법과 적용되는 사례도 간과되어서는 안 된다고 한다.[1] 기본법 제19조 제１항이 금지하는 법률에는 구체적으로 단 하나의 경우나 또는 '조망할 수 있는' 경우와 관련될 수 있는 일반적 내용의 법률도 포함된다.[2]

어떤 법률이 개별적 법률에 해당하는가를 확정하는 것은 매우 어렵다. 그러나 전적으로 구체적인 경우나 아주 특정의 수범자만을 대상으로 하는 경우를 개별적 법률이라 할 수 있을 것이다.[3] 개별적 법률은 입법자가 구체적인 사안을 근거로 하여 입법의 흠결이 있다는 것을 인식하고 그러한 동기에서 제정하는 그리고 그 법적 규정들이 미래에는 일반적으로 적용되는 '처분법률'(Maßnahmegesetz)[4]

---

1) BVerfGE 10, 234(241); 24, 33(52).

2) BVerfGE 13, 225(229); 24, 33(52).

3) BVerfGE 15, 126(146f.); 25, 371(196f.) 참조.

4) A. Bleckmann, *Allgemeine Grundrechtslehren*, S. 239에 따르면 C. Schmitt, Die Diktatur des Reichspräsi-denten, *VVDStRL* 1(1924), S. 63; ders, *Die Diktatur*, 2. Aufl.(1928), S. 213에게서 실마리를 찾을 수 있는 처분법률의 개념을 *E. Forsthoff*가 발전시켰다고 한다.

포르스트호프에 따르면 입법자는 정의를 지향하고 형법전이나 민법전처럼 특정구성요건이 성립되면 특정의 법적 결과가 발생하는 법률만을 제정하는 것은 아니다. 오히려 입법자는 경제적, 문화적, 사회적 등등의 목적을 달성하려 한다. 이러한 목적들을 달성하기 위하여 입법자는 아주 구체적인 사안과 관련하여 특정의, 구체적 계획을 실현시키는 법률을 제정한다. 그러한 법률을 '처분법률'(Maßnahmegesetze)이라 한다. 처분법률의 특징은 구체적인 목표를 가지고 있고, 이 목표가 법률에 규정된 조치에 대하여 논리적으로 우위를 가진다는 점이다. 고전적 의미의 법률이 의도하는 바가 장기적으로 생활영역에 질서를 부여하는 것이라면, 처분법률은 직접적이고 특정된 목적을 추구하며 처분법률에 의하여 내려진 명령은 전적으로 이러한 목적을 지향한다. 고전적 의미의 법률은 그것이 성립하게 된 구체적인 동기와는 무관하게 효력을 가짐에 반하여, 처분법률은 구체적인 목적에 대한 수단인 것이 그 전부다. 처분법률로써 입법자는 행정의 영역을 침해한다.

그럼에도 불구하고 포르스트호프는 권력분립원칙을 유연한 것으로 보기 때문에 권력분립원칙이 침해되었다고 생각하지 않는다. 더 나아가서 기본법 제19조 제１항은 처분법률에 대해서 침묵하고 있기 때문에 처분법률은 허용된다고 한다. 이러한 포르스트호프의 생각은 *Christian F. Menger*와 *Kurt Ballerstedt*에 의하여 더욱 심화되었다. 그러나 *Herbert Wehrhahnn*은 법률의 목적은 충분히 나눌 수 없으며 보통 하나의 법률은 여러 개의 목적을 가질 수 있다는 점을 들어 비판하고 있다. 곧 법률의 목적에 따라 고전적 의미의 법률과 처분법률을 구분하는 것은 법적 결과를 연결시키는 구별에 대해서 분명한 척도를 제공하지 않는다는 것이다. U. Scheuner, *VVDStRL* 15, 1957, S. 69에 따르면 처분법률이란 개념은 지나친 것이라고 한다. 개별적 법률이 문제되는 한 기본법 제１조 제１항으로 충분하며, 그렇지 않은 경우에만 처분법률이 허용된다고 한다.

독일연방헌법재판소도 처분법률을 '구체적인 사건과 관련된 법률'(ein auf einen konkreten Sachverhalt abgestelltes Gesetz)로 이해하고 있다(BVerfGE 25, 371, 396).

과는 구별된다.[1] 따라서 일반적 법조문이 존재하면 개별적 경우가 법적 규정을 생기게 하는 원인이 되었는가 하는 문제는 중요하지 않다. 판례는 하나의 규정이 고찰의 대상인 사안의 성질상 그 이후의 사건을 포착하는 데 적합하다면 그것만으로 개별적 법률은 아니라고 한다.[2] 곧 하나의 구체적 사안에 관한 법률이라 하더라도 다른 관점에서는, 곧 수많은 신뢰자(Gläubiger)를 고려하여, 일반적인 효력을 가질 수도 있다고 한다.[3]

그러한 한에서 개별적 법률은 그것이 '개방된'(offene) 개별적 법률인가 '숨겨진'(getarnte) 개별적 법률인가를 불문하고 금지된다.[4][5]

헌법재판소는 처분적 법률에 해당하는 것이라는 이유만으로 헌법에 위반되는 것은 아니며, 이것이 정당화되는 경우에는 인정된다고 본다(헌재 1996. 2. 16. 96헌가2 등 병합결정 이후 일관된 입장). 또한 개인대상법률의 경우에도 그 차별적 규율이 합리적인 이유로 정당화되는 경우에는 헌법상 허용된다고 본다(헌재 2005. 6. 30. 2003헌마841 결정). 헌법재판소는 '5·18 민주화운동 등에 관한 특별법'(헌재 1996. 2. 16. 96헌가2 등 병합결정)과 특별검사를 임명하여 특정사건에 대하여 수사·처리하게 하는 법률(헌재 2008. 1. 10. 2007헌마1468 결정)을 개별사건법률에, 세무대학을 설치하는 것을 정하는 법률과 이를 폐지하는 법률(헌재 2001. 2. 22. 99헌마613 결정)을 개별사건법률 또는 처분적 법률에 각 해당되는 것으로 보면서 이들을 인정된다고 보았다.

판례 **〈「뉴스통신진흥에 관한 법률」 제10조 등 위헌확인(기각)〉** "심판대상조항은 상법상의 주식회사에 불과한 연합뉴스사를 주무관청인 문화관광부장관의 지정절차도 거치지 아니하고 바로 법률로써 국가기간뉴스통신사로 지정하고, 법이 정하는 계약조건으로 정부와 뉴스정보 구독계약을 체결하게 하며, 정부가 위탁하는 공익업무와 관련하여 정부의 예산으로 재정지원을 할 수 있는 법적 근거를 법률로써 창설하고 있는바, 이는 특정인에 대해서만 적용되는 '개인대상법률'로서 처분적 법률에 해당한다. 뉴스통신시장에서 국가기간뉴스통신사의 지정이 필요한 경우 통상적으로 상정할 수 있는 입법형식은 국가기간뉴스통신사의 기능과 역할, 그리고 대상이 될 수 있는 자격과 지정절차 등을 법률에서 규정하고 그 구체적인 지정행위는 소관 행정청의 집행행위에 의하는 형식이 될 것인데, 법은 구체적인 법집행행

1) BVerfGE 7, 125(150f.); 10, 234(244); 24, 33(52) 참조.
2) BVerfGE 25, 371(396f.); 36, 383(400f.).
3) BVerfGE 15, 126(146f.). 또한 BVerfGE 4, 7; 10, 89(108); 14, 52; 25, 14; 25, 396도 참조.
4) BVerfGE 10, 244; 13, 229; 25, 398f. 참조.
5) I. v. Münch, *Grundbegriffe des Staatsrechts I*, S. 112는 법률의 개념에 추상적, 일반적 법률만이 포함되는 한, 개별적 법률을 금지하고 있는 조항은 별 소용이 없다고 한다.

위로서 '지정행위'를 거치지 아니하고 법률에서 직접 연합뉴스사를 국가기간뉴스통신사로 지정하고 있으므로 그 자체로 법적용상의 차별취급이 야기되는 것이다. 그러나 우리 헌법은 처분적 법률로서 개인대상법률 또는 개별사건법률의 정의를 따로 두고 있지 않음은 물론, 이러한 처분적 법률의 제정을 금하는 명하는 명문의 규정도 두고 있지 않은바, 특정규범이 개인대상 또는 개별사건법률에 해당한다고 하여 그것만으로 바로 헌법에 위반되는 것은 아니라고 할 것이다. 결국 심판대상조항이 일반 국민을 그 규율의 대상으로 하지 아니하고 특정 개인만을 그 대상으로 한다고 하더라도 이러한 차별적 규율이 합리적인 이유로 정당화되는 경우에는 허용된다고 할 것이다."(헌재 2005. 6. 30. 2003헌마841 결정)

다. 적시조항과 법적 명확성

583. 적시조항의 기능: 입법자에 대하여 분명한 법적 명확성을 창출하고 경고기능을 행사

기본법 제19조 제 1 항 제 2 문은 기본권을 제한하는 법률은 "제한되는 기본권의 해당 조항을 적시해야 한다"고 규정하고 있다. 이 조항에 주어진 과제는 가능하면 분명한 법적 명확성을 창출하고 경고기능을 행사하는 것이다. 이 조항은 입법자가 기본권을 침해함에 있어서 자신의 기본권을 제약하고 있다는 사실을 분명히 알고 있어야 함을 분명히 하기 위한 것이다(무의식적 기본권제약의 배제). 그러한 한에서 적시조항은 기본권을 제약하는 법률을 사려 없이 제정하는 것을 방지하는 역할을 하며, 새로운 기본권제한에 대해서 경고하는 기능을 수행한다.

독일연방헌법재판소에 따르면 제19조 제 1 항 제 2 문 때문에 입법자는 불필요한 방해를 받아서는 안 된다고 한다. 곧 동 조항은 단지 이제까지의 법에 알려지지 않은 새로운 기본권침해의 가능성이 고려되지 않고 명시적으로 인식되지도 않은 채 기본권이 침해되는 것을 배제할 뿐이다. 그러므로 동 조항은 단지 지금까지 통용되던 기본권에 대한 제약에 변경을 가져오지 않거나 또는 아주 조금만 달리하여 반복하는 법률에는 적용되지 않는다. 곧 적시조항은 단지 기본권의 내용 자체만을 또는 헌법적 제약을 정의하고 구체화시키는 법률에는 적용되지 않는다.[1)]

결국 입법자의 일상에서 기본권과 관련이 있는 매우 중요한 법률들은 적시

1) BVerfGE 10, 89(99); 13, 97(122); 21, 92f.; 35, 185(188f.) 참조. 따라서 연방헌법재판소의 판결에 따르면 적시조항은 다음과 같은 법률에는 적용되지 않는다(이하 I. v. Münch, *Grundbegriffe des Staatsrechts I*, S. 114에서 인용). 1) 기본법 제 2 조 제 1 항 후단의 자유로운 인격발현권을 제한하는 법률(BVerfGE 10, 99). 2) 기본법 제 5 조 제 2 항에 따른 법률. 3) 기본법 제12조 제 1 항 제 2 문에 따른 이른바 규제유보를 보충하는 법률. 4) 기본법 제14조 제 1 항 제 2 문의 재산권의 내용과 한계를 정하는 법률(BVerfGE 13, 22). 곧 형성유보에는 적용되지 않는다.

조항의 구속을 받지 않는 것으로 된다. 그러한 한에서 적시조항은 기본권보호에 커다란 도움이 되지 않는다.[1)]

4) 법률에 의한 기본권제한의 한계

① 본질적 내용의 침해금지

584. 헌법 제37조 제2항의 본질적 내용의 침해금지: 기본권의 내용적 최소핵심을 보호한다는 점에서 주관적 권리를 보호한다

법률유보하에 있는 기본권이라고 해서 무제한적으로 제한될 수 있는 것은 아니다. 법률유보는 기본권이 제한될 수 있다는 것만을 말할 따름이다. 곧 법률유보는 입법자에게 전적으로 임의적이거나 자의적으로 기본권을 제한할 수 있도록 수권하는 것은 아니다. 여기에는 한계가 있다.

우리 헌법 제37조 제2항 후단은 "국민의 모든 자유와 권리는 … 제한하는 경우에도 자유와 권리의 본질적인 내용을 침해할 수 없다"라 하여 기본권제한의 한계를 명시하고 있다. 이 규정은 독일기본법 제19조 제2항 "기본권의 본질적 내용은 어떤 경우에도 침해되어서는 안 된다"[2)]에서 유래하였다. 이 규정은 우리 헌법의 경우 제2공화국헌법에서 수용되어 계속되다가 이른바 유신헌법에서 삭제되었다가, 제5공화국헌법에서 부활되어 현재에 이르고 있다.

기본권은 이중적 성격을 가지기 때문에 본질적 내용의 침해금지는 개인을 위해서 있는 것인지, 곧 주관적 권리를 보호하기 위해서 있는 것인지 아니면 공공을 위해서 있는 것인지, 곧 객관적 법을 보호하기 위해서 있는 것인지가 분명하지 않다.[3)] 그러나 본질적 내용의 침해금지는 기본권의 '내용적 최소핵심'

---

1) 연방헌법재판소와 지배적인 학설에 따르면 기본법 제19조 제1항 제2문에 대한 침해는 법률을 무효로 만드는 원인이 된다고 한다. 그에 반해서 이 규정을 단순한 '당위·강행규정'(Sollvorschrift)으로 보는 견해도 있다(H. Bethge).

2) 이 규정은 기본권이 입법자를 통하여 공동화(空洞化)되는 것을 방지하려는 헌법제정자의 의지의 표현으로 볼 수 있다. 곧 입법은 특정의 정치적 상황에서는 인권에 대한 위협이 될 수 있으며, 예컨대 바이마르 시대와 같이 '법률실증주의'(Gesetzespositivismus)로부터 헤어날 줄 모르는 시대에 그 위험은 특히 크다는 것을 경험한 독일기본법제정자의 의지의 표현으로 보아야 할 것이다.

3) 이와 관련하여 주관설(=개인적 지위보장설, 법적 지위보장설. H. Krüger, Der Wesensgehalt der Grundrechte im Sinne des Aer. 19 AbS. 2 GG, DÖV 1955, S. 599; G, Dürig, Der Grundsatz der Menschenwürde, AöR 81(1956), S. 117ff.; W. Leisner, *Grundrecht und Privatrecht*, S. 91; R. Alexy, *Theorie der Grundrechte*, S. 268f.), 객관설(=사회설, 제도설. F. Klein, in: Mangoldt/Klein, *Das Bonner Grundgesetz*, 2. Aufl.(1964), S. 556, 561f.; H. Jäckel, *Grundrechtsgeltung und Grundrechtssicherung*, 1967, S. 111), 절충설(K. Hesse, *Grundzüge des Verfassungsrechts der Bundesrepublik Deutschland*, Rdnr. 334; K. Stern, *Das Staatsrecht der Bundesrepublik Deutschland*, Bd. Ⅲ/2, 1994, S. 871) 등 견해가 대립되어 있다.

(inhaltlicher Mindestkern)을 보호한다는 점에서 주관적 권리를 보호한다는 점만은 확실하다.

본질적 내용의 침해금지규정에 대하여는 선언적 의의를 가질 뿐이라거나[1] 경고적 의의를 가질 뿐이라는[2] 이야기가 있다. 왜냐하면 최고법인 헌법에 규정되어 있는 기본권을, 그것도 그 본질적 내용을 입법자가 법률로써 제거할 수는 없기 때문이다. 곧 입법자가 법률로써 헌법규정을 폐기할 수는 없기 때문이다. 그러나 입법자는 기본권을 제한함으로써 기본권을 사실상 공동화(空洞化)시킬 수 있다. 그렇기 때문에 이 규정은 공동화에 대한 방지규정으로서 의의를 갖는다고 해야 할 것이다.[3]

우리나라에서 기본권의 본질적 내용을 침해하였다는 이유로 법률조항의 위헌이 처음으로 확인된 것은 대법원 1971. 6. 22. 70다1010 판결이었다. 이 판결에서 대법원은 "국가배상법 제 2 조 제 1 항 단서는 헌법 제26조에서 보장된 국민의 기본권인 손해배상청구권을 헌법 제32조 제 2 항의 질서유지 또는 공공복리를 위하여 제한할 필요성 없이 제한한 것이고, 또 헌법 제 9 조의 평등의 원칙에 반하여 군인 또는 군속인 피해자에 대하여서만 그 권리를 부인함으로써 그 권리 자체의 본질적인 내용을 침해하였으며, 기본권제한의 범주를 넘어 권리 그 자체를 박탈하는 규정이므로, 이는 헌법 제26조, 제 8 조, 제 9 조 및 제32조 제 2 항(현행 헌법 제37조 제 2 항)에 위반된다 할 것이다"라고 판시하였다.

② 기본권의 본질적 내용과 관련된 독일의 판례와 학설

가. 판 례

기본권의 본질적 내용은 법률에 의한 기본권제한의 절대적 한계이다. 이 한계를 넘으면 기본권의 본질적 핵심영역은 침해된다. 이러한 주장에 대하여는 누구도 이의를 말하지 않는다. 그러나 '본질의 본질은 미지(未知)의 것이다'라는 루

585. 기본권의 본질적 내용과 관련된 판례와 학설: 1. 상대설 — 본질적 내용

---

1) P. Häberle, *Die Wesensgehaltsgarantie des Art. 19 AbS. 2 GG*, 3. Aufl.(1983), S. 234ff.

2) P. Lerche, Grundrechtsschranken, in: Isensee/Kirchhof(Hrsg.), *Handbuch des Staatsrechts*, Bd. V, 1992, S. 775ff.(795).

3) K. Hesse, *Grundzüge des Verfassungsrechts der Bundesrepublik Deutschland*, S. 139ff.(Rdnr. 329, 332ff.). P. Badura, *Staatsrecht*, S. 84에 따르면 기본법 제19조 제 2 항의 본질적 내용에 대한 보장은 3가지 방향으로 작용한다고 한다. 첫째, 동 조항은 어떤 공공의 이익이 기본권에 대한 침해를 정당화하느냐 하는 것을 불문하고 모든 기본권의 핵심영역을 보장한다. 예컨대 종교행위는 일반적으로 금지될 수 없으며, 결혼의 자유와 결혼제도는 제거될 수 없으며, 결사를 형성하는 자유로운 결정권은 배제될 수 없다. 둘째, 본질적 내용의 보장은 과잉금지를 의미한다. 셋째, 기본권에 대한 제한이 행해진 경우 그 제한은 측정할 수 있는 것이어서 실체법적으로 법원의 통제를 위한 척도가 주어져야 한다.

은 개별적인 경우에 개별 기본권마다 분리시켜 확정되어야 한다; 2. 절대설—본질적 내용은 제한 후에 남는 것이다; 3. 절충설; 4. 사견—기본권을 가능한 한 최대한으로 보장해야 하므로 절대설이 타당하다

만 *N. Luhmann*의 말을 입증이라도 하는 듯이[1] 정작 본질적 내용이 무엇인가에 대해서는 상대설, 절대설, 절충설 및 그 밖에 다양한 견해가 있다.[2]

주로 독일연방대법원이 주장한[3] 상대설에 따르면 본질적 내용은 고정적인 것이 아니라 가변적인 것이기 때문에 개별기본권뿐만 아니라 심지어는 개별적 경우마다 분리시켜 확정되지 않으면 안 된다고 한다. 따라서 개별적인 경우에 관련된 공익과 사익을 평가하고 형량함으로써 비로소 본질내용의 침해 여부를 확정할 수 있다는 것이다. 구체적으로 결정하여야 할 문제에 있어서 기본권에 덜 비중이 두어지는 경우 침해는 제거되어야 한다.[4] 그렇다면 구체적으로 결정하여야 할 문제에 있어서 기본권에 덜 비중이 두어진다 하더라도 기본권이 침해되는 경우가 있을 수 있다고 보지 않으면 안 된다. 따라서 상대설에서는 비례의 원칙과 협의의 비례의 원칙에서 사용되는 의심스러운 표현들이 되풀이된다.[5] 그 결과 기본권제한을 정당화하는 기준과 관련하여 상대설에 따르면 본질내용침해금지원칙은 비례의 원칙과 구별되는 독립적인 원칙이 아니라 비례의 원칙을 다시 한번 확인시켜주는 확인적이고 선언적인 규정에 지나지 않는다. 따라서 상대설에 따를 때 기본권제한을 정당화하기 위해서는 비례의 원칙 하나만으로 충분하다.

이에 반하여 독일연방헌법재판소가 주장한[6] 절대설은 본질적 내용을 고정된 것, 개별적 경우와 구체적 문제와는 무관한 것으로 이해하면서 제한 후에 남아 있어야 하는 것을 본질적 내용이라고 한다. 그러나 절대설은 본질적 내용을

1) N. Luhmann, *Grundrechte als Institution*, 1965, S. 59f.

2) Th. Maunz, in: Maunz-Dürig, *Grundgesetz-Kommentar*, Art. 19 AbS. Ⅱ Rdnr. 1ff.; A. Bleckmann, *Allgemeine Grundrechtslehren*, S. 265ff. 참조. 여기서는 I. v. Münch, *Grundbegriffe des Staatsrechts I*, S, 115f.; B. Pieroth/B. Schlink, *Grundrechte. Staatsrecht Ⅱ*, S. 77에 따라 정리하였음. 그 밖에도 v. Mangoldt/Klein, *Das Bonner Grundgesetz*, S. 557; P. Häberle, *Die Wesensgehaltsgarantie des Art. 19 Abs. 2 Grundgesetz* 참조. 이와 관련된 국내문헌으로는 정태호, 기본권의 본질적 내용보장에 관한 고찰, 헌법논총 제8집, 헌법재판소, 1997, 279쪽 이하(특히 289쪽-314쪽) 참조.

3) BGHSt 4, 375; 4, 385; 5, 375; BGHZ 6, 270. 예외적인 경우이기는 하지만 BVerfGE 22, 180(219)는 본질적 내용은 개별기본권에 따라 분리하여 확정되어야 한다고 한다.

4) BVerwGE 47, 330(358).

5) "그럼에도 불구하고 본 재판소는 공권력으로부터 전적으로 유리된 사적 생활형성의 최후적 불가침영역을 인정한다. 중요한 공공복리에도 불구하고 이러한 영역의 침해는 정당화될 수 없다. 비례의 원칙의 척도에 따른 형량은 일어나지 않는다. 이것은 한편으로는 기본권의 본질적 내용의 보장으로부터 나오고, 다른 한편 인격권의 핵심이 불가침적 인간의 존엄에 의하여 보호된다는 것으로부터 나온다."(BVerfGE 80, 267, 374)

6) BVerfGE 7, 377(411); 16, 194; 22, 180; 27, 344; 32, 373; 34, 238; 81, 367(374).

'본질적 핵심'(Wesenskern), '기본권의 핵심'(Grundrechtskern), '근본실체'(Grundsubstanz), '최소내용'(Mindesinhalt), '최소지위'(Mindesposition), '핵심영역'(Kernbereich), '기본권 특유의 본성을 결정하는 것'(das, was die spezipische Natur des Grundrechts macht) 등의 애매한 개념으로 윤곽을 그리는 데 그치고 있다. 따라서 절대설에서는 정확하게 침해되어서는 안 되는 것이 무엇인지가 지금까지 정확하게 확정되지 않았다. 기본권으로부터 어떠한 경우에도 침해되어서는 안 되는 것이 무엇인가를 질문하는 것은 기본권에 대한 침해가 기본권을 희생시킬 정도로 강력한 것일 때에 비로소 의미를 가진다. 그러나 경제가 성장하고 국민이 복지를 누리며 정치적으로 합의가 창출되는 시기에는 기본권을 침해하면서까지 규율되어야 하는 강력한 사회적 갈등이 발생하지 않는다. 국가가 기본권의 침해에 대해서 보상하고 급부와 참여를 보장함으로써 기본권에 대한 침해에 대해서 대안을 제시할 수 있는 한 기본권에 대한 침해는 기본권의 본질적 내용을 침해할 만큼 강도 있는 것일 수가 없다. 그 결과 기본권제한을 정당화하는 기준과 관련하여 절대설에 따르면 기본권에는 어떠한 경우에도 제한될 수 없는 절대적 본질내용, 곧 핵심내용이 있기 때문에 비례의 원칙에 따르는 경우에도 결코 제한될 수 없는 영역이 존재하게 된다. 따라서 절대설을 따르는 경우 기본권을 제한하는 원칙으로서 비례의 원칙과 본질내용침해금지원칙이라는 두 가지 원칙이 존재하게 된다.

절충설은 독일연방행정법원이 주장했던 견해로[1] 기본권의 핵심을 절대적으로 보호하는 것을 긍정하지만 공동체의 존립을 위하여 필요한 법익을 보호하기 위해서는 기본권의 침해를 허용한다는 입장이다.

나. 학　설

학설은 상대설을 취하는 소수설[2]을 제외하고는 기본권의 본질적 내용을 획일적으로 확정하는 기준을 제시하고자 한다. 예컨대 구체적인 경우에 기본권을 제한하고 난 후에 개별적 기본권의 목적이 여전히 달성될 수 있는가에 따라서 기본권의 본질적 내용을 확정하려는 견해,[3] 기본권의 본질적 내용은 기본권의 인권적 핵심을 보장한다고 하면서 인간의 존엄을 기본권의 본질적 내용으로 보려는 견해,[4] 기본권의 본질적 내용은 개인의 방어권이 아닌 제도적 보장으로서

---

1) BVerwGE 1, 92,; 1, 269(273); 2, 295(300); 4, 24(37); 6, 141.

2) B. Pieroth/B. Schlink, *Grundrechte. Staatsrecht II*, S. 76; L. Schneider, *Der Schutz des Wesensgehalts von Grundrechten nach Art.* 19 AbS. 2 GG, 1983, S. 193.

3) H. Krüger, Der Wesensgahalt der Grundrechte im Shinne des Art. 19 Grundgesetz, DÖV 1955, S. 597ff.

4) G. Dürig, Der Grundsatz von der Menschenwürde, AöR Bd. 81(1956), S. 117ff.(136); Th.

의 기본권을 보장하는 것이라는 견해,[1] 기본권의 본질적 내용은 허용된 가능성이 끝나는 곳에서 시작된다, 곧 제한의 법익과 보호의 법익이 동시에 최적의 실효성을 나타낼 수 있는 경계가 그 한계라는 견해[2] 등이 그것이다.

다. 종 합

기본권을 가능한 한 최대한으로 보장하여야 한다는 관점에서 그리고 우리 헌법이 비례의 원칙과 본질적 내용에 대한 침해금지를 모두 규정하고 있다는 것을 고려할 때 절대설이 타당하다고 하겠다.

그러나 기본권에서 전혀 남는 것이 없다 하더라도 기본권을 제약할 수밖에 없는 경우가 있을 수 있다. 이와 관련하여 지배적 견해와 연방헌법재판소는 '그러한 침해가 비례의 원칙을 따른 때에는 본질적 내용이 침해된 것이 아니'라는 예외를 발전시켰다. 따라서 기본권의 본질적 내용은 실제로는 침해가 적절한 수단이 아니거나 또는 추구되는 실질적 목적을 달성하기 위하여 요구되지 않거나 또는 사회를 위하여 추구되는 사용과 비례관계에 있지 않은 경우에만 침해된다. 특히 중요한 공공의 이익을 이유로 절박하게 기본권이 제한되는 경우에는 기본법 제19조 제2항이 거의 무시될 정도로 그 예외는 확대된다.[3] 그 결과 범죄자에게 무기징역형을 선고하거나[4] 또는 위험한 정신병자를 폐쇄된 시설에 입소시키는 경우에는 기본법 제2조 제2항의 기본권이 전혀 남아 있지 않은 것처럼 보이지만 본질적 내용은 침해되지 않은 것으로 간주된다.[5]

③ 기본권의 본질적 내용과 관련된 국내학설

가. 학 설

586. 기본권의 본질적 내용과 관련된 국내학설

국내에서는 기본권의 본질적 내용과 관련하여 개별기본권마다 다르지만 인간의 존엄과 가치와 밀접하다는 견해,[6] 구체적인 판례에 일임하는 견해,[7] 인간

Schramm, *Staatsrecht Bd. Ⅱ. Grundrechte und ihre verfassungsrechtliche Absicherung*, S. 33.

1) E.-R. Huber/Fr. Klein/H. Peters/H. Jäckel, *Grundrechtsgeltung und Grundrechtssicherung. Eine rechtsdogmatische Studie zu Art.* 19 AbS. 2 GG, 1967, S. 59.

2) K. Hesse, *Grundzüge des Verfassungsrechts der Bundesrepublik Deutschland*, S. 140(Rdnr. 332).

3) 공공관련성, 사회구속성, 법익형량 등이 그 예이다. BVerfGE 30, 47(53f.) 참조.

4) BVerfGE 45, 187.

5) BVerfGE 22, 180(218f.); 30, 47(52ff.) 참조.

6) 김철수, 헌법학개론, 334쪽.

7) 권영성은 1999년까지는 위와 같은 견해를 취하다가, 2000년부터는 "기본권의 본질적 내용이 되는 것은 모든 기본권에 공통된 최소한의 어떤 가치(예컨대 인간으로서의 존엄성)에다 각 기본권에 특유한 어떤 고유가치를 더한 것"으로 견해를 바꾸었다.

의 존엄과 가치로 보는 견해,[1] 기본권의 본질적 내용은 허용된 제한의 가능성이 끝나는 곳에서 시작된다는 견해[2] 등이 주장되고 있다. 최근에는 독일의 절대설 중 기본권의 핵심영역설을 변형하여 동태적 핵심영역설을 주장하는 견해도 있고,[3] 절대설의 한계(규범적 심사가 불가능하다는 점과 일관된 적용이 불가능하다는 점)를 지적하면서 본질적 내용의 침해금지원칙은 입법자가 기본권을 제한하는 경우에도 본질적 내용을 침해해서는 안 된다는 의미에서 입법자에게 호소하고 경고하는 기능을 가지는데 불과하다는 견해도 주장되고 있다.[4] 헌법재판소는 기본권의 본질적 내용이라 함은 당해 기본권의 핵이 되는 실체를 말하고, 본질적인 내용의 침해라 함은 그 침해로 말미암아 당해 자유나 권리가 유명무실한 것이 되어 버리는 침해를 말한다고 하면서[5] 그 내용은 기본권마다 다르다는 입장

1) 허영, 한국헌법론, 275쪽.

2) 계희열, 헌법학(중), 142쪽.

3) 정태호, '기본권의 본질적 내용보장에 관한 고찰', 314-319쪽. 기본권의 핵심영역설은 기본권이 공권력에 의한 제한으로 인하여 그 핵심영역이 손상되거나 그 '실체의 온전성'(die vollständige Substanz des Grundrechts)을 상실하는 경우에는 그 본질적 내용에 대한 침해가 있다고 보는 설이다. 즉 이설은 기본권제한 이후에 남아 있는 것이 무엇이냐를 기준으로 그 침해여부를 가리고자 한다. 그렇지만 이에 대한 판단이 전적으로 양적 기준에 의거하여 이루어지는 것이 아니라, 특정한 자유의 보장을 위하여 부여된 기본권의 목적이 그에 대한 제한 이후에도 여전히 달성될 수 있는지를 기준으로 하여야 한다고 본다. 기본권에 의하여 보호된 이익을 실현하기 위한 모든 길이 개인에게 차단되어 있을 때에 본질적 내용보장에 의해서 그어지는 기본권제한의 한계를 넘어서게 된다는 것이다(정태호, '기본권의 본질적 내용보장에 관한 고찰', 313쪽).

동태적 핵심영역설의 주장은 다음과 같다. "그 중에서도(즉 절대설 중에서도: 저자) 기본권의 본질적 내용이 인간의 존엄과 가치보다는 그 범위가 넓으나 기본권의 핵심영역에 국한된다고 보는 소위 핵심영역설을 지지한다. 그러나 나는 이 핵심영역도 시대와 상황에 따라 변화할 수 있으며, 따라서 본질적 내용도 역사적 성격을 가짐을 전제로 한다. 그리고 기본권이 일차적으로 개인의 주관적 권리임에 비추어 기본권의 본질적 내용을 파악함에 있어서는 개인의 사정이 반영되어야 한다고 본다. 그렇기 때문에 본고에서 제시된 졸견을 동태적 핵심영역설로 명명하고자 한다.

이 설은 그 결과에 있어서 본질적 내용을 비례의 원칙과 동일시하는 견해에 상당히 근접하게 될 것이다. 그러나 본질적 내용은 타협의 대상이 될 수 없고 절대적으로 보장된다고 보는 점에서 기본권 전체를 상대화하는 상대설과 구분된다. 이 설은 핵심영역보장설이 현실적으로 불합리한 결과를 초래할 수밖에 없다는 점을 인정하면서도 동설에 내포된 올바른 문제의식을 살리려는 시도라고 볼 수 있다."(정태호, '기본권의 본질적 내용보장에 관한 고찰', 314·315쪽)

4) 한수웅, 헌법학, 497쪽.

5) "토지재산권의 본질적인 내용이라는 것은 토지재산권의 핵이 되는 실질적 요소 내지 근본요소를 뜻한다. 따라서 재산권의 본질적인 내용을 침해하는 경우라고 하는 것은 그 침해로 사유재산권이 유명무실해지고 사유재산제도가 형해화(形骸化)되어 헌법이 재산권을 보장하는 궁극적인 목적을 달성할 수 없는 지경에 이르는 경우라고 할 것이다"(헌재

을 나타내고 있다.[1]

나. 학설에 대한 검토

587. 기본권의 본질적 내용과 관련된 국내학설에 대한 검토

이상의 국내학설들은 나름대로 합리적인 근거를 갖는다고 할 수 있다. 그러나 본질적인 내용을 구체적인 판례에 일임하려는 태도는 법실무에 지침을 제공한다는 법학 본연의 임무[2]를 포기한 태도라고 생각되며, 인간의 존엄과 가치를 기본권의 본질적 내용으로 보는 견해는 기본권의 본질적 내용을 이루는 한 부분에만 집착하고 있어서 기본권마다 다른 고유영역이 있음을 간과하고 있다는 생각이 들며, 기본권의 본질적 내용은 허용된 제한의 가능성이 끝나는 곳에서 시작된다는 견해는 바다가 무엇이냐에 대한 질문에 육지가 끝나는 곳에서 바다가 시작된다고 답하는 것처럼 정작 기본권의 본질적 내용이 무엇인가에 대해서는 이야기해 주는 바가 없다고 생각한다.

다. 사　　견

588. 기본권 본질적 내용에 대한 사견: 기본권의 본질적 내용은 모든 기본권에 공통된 부분과 개별 기본권에 특유한 부분으로 구성된다. 전자는 개별기본권에 포함된 인간의 존엄이며, 후자는 기본권마다 다르다

기본권의 본질적 내용은 모든 기본권에 공통된 부분과 개별 기본권에 특유한 부분, 곧 하나의 기본권을 다른 기본권과 구별짓는 부분으로 구성된다고 생각한다. 곧 모든 기본권에 공통된 본질적 내용은 그 기본권에 포함된 인간의 존엄과 가치이며, 각 기본권에 특유한 본질적 내용은 기본권마다 다르다고 할 것이다. 이 두 가지는 서로 불가분의 요소를 이루기 때문에 어느 하나를 침해하면 전체로서 그 기본권의 본질적 내용이 침해된다고 할 수 있다. 따라서 기본권의 본질적 내용은 이론과 구체적인 판례에서 밝혀지겠지만, 이론과 판례는 각 기본

1999. 12. 22. 88헌가13 결정).

1) 그러나 헌법재판소의 입장은 분명하지 않다. 왜냐하면 헌법재판소의 판례 중에는 과잉금지원칙의 위배가 바로 기본권의 본질적 내용의 침해가 된다고 판시한 판례(헌재 1992. 4. 28. 90헌바24 결정; 1995. 2. 23. 93헌가1 결정 등)도 있고, 과잉금지원칙의 위배가 바로 기본권의 본질적 내용을 침해한 것이라고는 할 수 없다고 판시한 판례(헌재 1990. 11. 19. 90헌가48 결정; 1992. 12. 24. 92헌가8 결정; 1994. 12. 29. 93헌바21 결정 등)도 있기 때문이다. 다만 한 가지 분명한 것은 헌법재판소는 기본권의 본질내용 침해 여부를 판단함에 있어 쟁점이 된 기본권의 개별적·구체적 상황하의 특정내용을 기준으로 하여 본질적 내용의 침해 여부를 판단하고 있다는 점이다. 예컨대 헌법재판소는 선거운동원이 아닌 자의 선거운동을 금지하는 것은 국민의 참정권과 정치적 표현의 자유의 본질적 내용을 침해하는 것이고(헌재 1994. 7. 29. 93헌가4 등 병합결정), 특허법의 특허쟁송절차는 법관에 의한 사실확정 및 법률적용의 기회를 박탈한 것으로 법관에 의한 재판을 받을 권리의 침해하는 것이며(헌재 1995. 9. 28. 92헌가11 등 병합결정), 근로기준법의 퇴직금우선변제제도는 질권이나 저당권의 우선변제수령권이라는 본질적 내용을 침해할 소지가 있고(헌재 1997. 8. 21. 94헌바19 등 병합결정), 축산협동조합의 복수조합의 금지하는 것은 결사의 자유 등 기본권의 본질적 내용을 침해하는 것(헌재 1996. 4. 25. 92헌바47 결정)이라고 한다.

2) K. Stern, Interpretation eine existentielle Aufgabe der Jurisprudenz, NJW 1958, S. 695ff.는 해석을 '법학의 실존적 임무'라고 이야기 하고 있다.

권에 특유한 본질적 내용만을 밝힐 수 있고 또한 그래야 할 것이다.[1)]

5) 行政法上의 特別身分關係에 의한 制限

① 독일에서의 논의

가. 이른바 특별권력관계와 기본권의 제한

a) 개 념

오랫동안 문헌과 판례에서 국민이 국가의 구성원인 입장에서 국가의 포괄적 통치권에 복종하는 일반권력관계[2)]에서와는 달리 이른바 '특별권력관계' (besondere Gewaltverhältnisse)에서는 법률의 수권 없이도 기본권이 제한될 수 있는가라는 것이 논의의 대상이 되어 왔다. 589. 특별권력관계의 개념: 특별한 법적 원인에 의하여 성립되며, 특정의 목적을 달성하기 위하여 시민이 국가권력에 대하여 특히 강한 법적 구속에 있는 법률관계

특별권력관계란 특별한 법적 원인(법률의 규정이나 당사자의 동의)에 의하여 성립되며 특정의 목적을 달성하기 위하여(예컨대 학생, 군인, 공무원, 수형자) 시민이 국가권력에 대하여 특히 강한 법적 구속(포괄적 지배·복종)하에 있는 법률관계를 말한다. 이 관계는 일반적으로 장기간 계속된다. 따라서 오늘날의 관점에서는 단순한 공공시설이용관계(예: 박물관이용관계)는 이전[3)]과는 달리 특별권력관계로 보지 않는다.[4)]

b) 바이마르 시대의 이론

바이마르 시대까지 지배적이었던 특별권력관계에 대한 고전적 학설에 따르 590. 특별권력관계에

---

1) 이러한 생각은 다음과 같은 독일연방헌법재판소의 판결과 마운츠 *Th. Maunz*의 생각에서 시사를 받은 것이다. 원칙적으로 기본권에서 침해되지 않은 나머지 부분은 '근본적 실체' (본질 Grundsubstanz)를 포함하여야 한다(주관적 보호). 그와 동시에 모든 기본권의 침해될 수 없는 본질적 내용이 무엇인가는 기본권의 전체체계 내에서 각개의 기본권이 가지는 의미 때문에 개별적으로 확인되지 않으면 안 된다(BVerfGE 22, 180, 219). 또한 Th. Maunz/R. Zippelius, *Deutsches Staatsrecht*, S. 161는 다음과 같이 생각하고 있다. "이 최소한의 내용을 개념적으로 철저하고 예리하게 개관할 수는 없으며, 그것은 개별기본권에 대해서도 모든 기본권에 대해서도 불가능하다. 파악할 수 있는 그 무엇이 있다면 '본질적 내용'(Wesensgehalt)의 내용적 요소를 다음과 같이 생각, 곧 최소한 모든 기본권이 '인간존엄적 내용'(Menschenwürdegehalt)은 침해되지 말고 남아 있지 않으면 안 된다는 생각을 통해서 파악하는 것이 가능하지 않을까 하는 것이며, 그 이유는 인간의 존엄은 헌법개정권력에 의해서도 침해되서어는 안 된다는 '확실한'(a fortiori) 이유에서 그렇다. 본질적 내용의 두 번째 요소는 비례성의 원칙과 과잉금지의 원칙에 있다."

2) 더 정확하게 이야기한다면 일반권력관계는 어느 나라의 국민과 외국인을 포함하는 주민은 그 나라의 일반적 법질서를 존중하지 않으면 안 되는 관계라고 할 수 있다.

3) 특별권력관계이론의 창시자인 Otto Mayer, *Deutsches Verwaltungsrecht*, 3. Aufl.(1924), S. 101는 특별권력관계를 "앞에서 본 특별한 관련에 있는 모든 개인들에게 행정의 특정 목적을 달성하기 위하여 근거지어진 강화된 종속관계"라고 정의한다.

4) I. v. Münch, *Grundbegriffe des Staatsrechts I*, S, 118.

대한 바이마르시대의 이론: 1. 기본권은 특별권력관계 내에서는 효력을 가지지 못한다; 2. 국가기구편입론, 기본권행사포기론

면 기본권은 특별권력관계에서는 효력이 없었다.[1] 왜냐하면 특별권력관계에 있는 사람들은 국가기구 속에 '편입되어'(eingliedert) 있으며, 국가기구 내부에서는 법률관계라든지 권리와 의무 같은 것은 상상할 수 없는 것으로 생각되었기 때문이다(국가와의 일체성). 그 결과 특별권력관계에서는 기본권도 효력을 가질 수 없었다. 그러므로 특별권력관계를 근거짓고 형성하는 데는 기본권에 대한 침해가 없기 때문에 법률을 필요로 하지 않았으며, 특별권력관계에 있는 자의 이익이 침해되는 경우 권리가 침해된 것은 아니며 특별권력관계에 있는 자들에게는 행정법원에 소를 제기할 권한도 주어지지 않는 것으로 생각되었다.[2]

그 밖에도 과거에는 "특별한 생활관계는 특별한 고유법칙을 가지며, 그 때문에 특히 신속성 있는 질서를 가져야 한다"고 주장되었다. 곧 특별권력관계에서는 일반권력관계에서와는 달리 법률에 의하지 않더라도 기본권을 제한할 수 있다고 주장되었다. 그 근거로는 특별권력관계에 있는 자들은 해당 기본권의 행사를 포기하였기[3] 때문이라고 하였다. 곧 특별권력관계에 있는 자들은 '자유의

1) I. v. Münch, Verwaltung und Verwaltungsrecht im demokratischen und sozialen Rechtsstaat, in: H.-U. Erichsen/W. Martens(Hrsg.), *Allgemeines Verwaltungsrecht*, 6. Aufl. (1983), S. 1ff.(49ff.).

2) A. Bleckmann, *Allgemeine Grundrechtslehren*, S. 252. M. Ronellenfitsch, Das besondere Gewaltverhältnis — ein zu früh totgesagtes Rechtsinstitut, DÖV 1981, S. 935에 따르면 그 밖에도 특별권력관계에서는 행정의 합법률성의 원칙도 배제되고 특별권력관계에서의 명령은 행정내부규칙이나 지시의 형식으로 행해지기 때문에 그것은 사법심사의 대상이 되지 않는다고 한다.

3) A. Bleckmann, *Allgemeine Grundrechtslehren*, S. 283ff.에 따르면 현재 기본권의 포기에 대하여는 대략 다음과 같은 여러 가지 견해가 주장되고 있다고 한다. 첫째, 기본법 제1조 제2항에 따라 인권은 양도할 수 없기 때문에 포기할 수도 없다는 견해(*G. Dürig, K. Friess*, BVerfGE 22, 49, 81f.). 둘째, 기본권은 개인이 마음대로 처분할 수 없기 때문에 공익을 근거로 하며, 기본권은 기본권의 행사를 의무지우는 객관적 가치질서 또는 사회적 기능을 가지기 때문에 포기할 수 없다는 견해. 셋째, 기본권을 '소극적 권한규범'(negative Kompetenznormen)으로 보아 국가적 권한경계에 대하여는 개인이 포기할 수 없다는 견해(*Fr. Müller, B. Pieroth*). 넷째, 기본법 제1조 제1항에 규정되어 있는 인간의 존엄과 모든 기본권에 명문화된 국가의 보호의무를 근거로 기본권은 포기할 수 없다는 견해(*K. Friess*). 다섯째, 기본권의 포기가 효력을 가지기 위한 조건은 그 자발성에 있으나 개인은 전능한 국가의 권력에 복종하고 있고 종속되어 있으므로 기본권 포기의 자발성이 부정된다는 가정에서 기본권의 포기를 부정하는 견해. 여섯째, 기본권의 본질에 대한 포기는 인정되지 않으나 그 행사에 대한 포기는 가능하다는 견해. 그 밖에도 기본권의 포기는 불가능하나 기본권의 행사는 포기할 수 있다는 견해와 기본권의 포기는 불가능하나 기본권으로부터 나오는 개별적 권능은 포기할 수 있다는 견해도 있다. 그러나 기본권을 절대적으로 포기할 수 없는 기본권과 그렇지 않은 기본권으로 나누고 후자의 경우에는 개별기본권과 포기의 목적에 따라 세분화된 고찰을 할 것을 제안하고 있는 I. v. Münch, *Grundbegriffe des Staatsrechts I*, S, 121f.의 견해가 설득력 있는 것으로 생

사로'(freiwilling) 특별권력관계에 들어갔기 때문에, 그는 자신의 기본권에 대한 제한을 자유의사로 받아들인 것이며, 그러한 이유에서 그에게 주어지는 이러한 제한은 그가 '원한 것이기 때문에 불법이 아니'(volenti non fit iniuiria)라는 것이다. 곧 국가와의 사이에 그러한 종속관계에 들어간 것은 그러한 관계에 들어간 자의 책임이며, 그것이 싫다면 그러한 관계에서 나오면 그만이라는 것이다(Du bist selbst schuld daran, wenndudich in eine solche Abhängigkeit zum Staate begibst! Wenn du das jetzt bedauerst, dann löse dich doch wieder von dieser Abhängigkeit!).

그러므로 법적 행위의 목록에서 특별권력관계를 배제하기 위해서는 '언제나 설득력을 가진 법적 논거가 있었던 것이 아니라, 강압적인 정치적 선언만이 있었을 뿐'이라는 룹 *H. - H. Rupp*의 지적[1)]은 매우 정당한 것이다.

나. 특별권력관계이론에 대한 비판과 특별관계에서의 기본권의 제한

a) 특별권력관계이론에 대한 비판

591. 특별권력관계이론에 대한 비판: 1. 국가내부에도 법률관계가 있다; 2. 기본권의 효력은 특별권력관계에서도 인정되어야 한다

그러나 1949년 이후, 곧 본기본법이 제정·발효되고 난 후 특별권력관계이론에 대해서 두 가지 측면에서 문제가 제기되기 시작하였다. 하나는 사람들이 국가내부에도 법률관계가 있다는 것을 인식했다는 점이다. 그렇다면 특별권력관계도 기본권이 효력을 가질 수 있는 법률관계에 속하지 않느냐는 것이다. 다른 하나는 기본권의 효력을 높이기 위해서는 특별권력관계에서도 기본권의 효력을 인정할 필요가 있었다는 점이다. 기본권의 포기는 오랫동안 더 이상 기본권의 제한으로 인정되지 않았다. 동시에 병역의무관계, 수형자복역관계의 예에서 보듯이 모든 특별권력관계가 자유의사에 의한 복종을 근거로 성립한 것은 아니라는 점도 지적되었다.

b) 특별권력관계이론의 극복을 위한 시도

592. 특별권력관계이론의 극복을 위한 시도

이러한 사정을 고려하여 오늘날에는 특별권력관계라는 용어 대신 '특별법관계'(Sonderrechtsverhältnisse, *Maunz*의 표현), '강화된 종속관계' 또는 '특별의무관계'(gesteigerte Abhängigkeitsverhältnisse, besondere Pflichtverhältnisse, *Ule*의 표현), '특별관계'(Sonderverhältnis, *Wolff*의 표현),[2)] '특별신분관계'(Sonderstatusverhältnis,

---

각된다. 뮌휘 I. v. Münch는 인간의 존엄은 어떠한 경우에도 포기할 수 없다고 한다. 그러나 예컨대 장기이식을 위해서 신체적 완전성을 포기할 수 있고, 승려가 되기 위하여 혼인할 자유를 포기할 수 있으며, 히피족이 되기 위해서 재산권과 유산상속을 포기할 수 있을 것이라고 한다. 기본권의 포기와 관련하여 동시에 유의할 것은 그것이 자발적인 것이냐 여부와 영구적인 것이냐 일시적인 것이냐 하는 것도 판단의 기준이 되어야 한다고 한다.

1) H.-H. Ripp, Die Verwaltungsvorschriften im Normensystem, JuS 1975, S. 609ff.(612).

2) I. Staff, *Verfassungsrecht*, 1976, S. 155에 따르면 H.-J. Wolff, in: Wolff/Bachof,

*Hesse*의 표현)[1] 등의 용어가 사용된다.

이러한 표현들은 종래의 특별권력관계이론이 극복되었다는 것을 뜻한다.[2] 그러나 명칭과는 무관하게 일반적인 국민의 국가에 대한 관계와는 달리 또는 그러한 관계에서보다는 더욱 국가와 밀접한 관계에 있는 사람들이 있을 수 있고, 그러한 사람들의 기본권을 일반권력관계에 있는 사람들의 기본권보다 더 제한해야 할 필요성이 있다는 것만은 부인할 수 없다.

이러한 특별관계에서 기본권의 효력을 일정한 한계 내에서 제한시키고자 하는 경우 그러한 일은 '제한'(Eingriff)의 개념을 축소함으로써만 가능하다. 이러한 목적에서 울레 *Carl Hermann Ule*는 종래의 특별권력관계를 '기본관계'(Grundverhältnis)와 '내부관계'(Betriebsverhältnis)로 구분하고,[3] 기본관계, 곧 특별권력관계의 설정·변경·존속에 직접적인 영향을 미치는 관계에서는 기본권의 효력을 인정하고 그 침해에 대해서는 사법적 권리구제도 허용해야 한다고 하였다. 곧 특히 중요한 이해관계에 대한 제한에 대해서만 행정행위를 인정함으로써 기본권에 대한 제한은 종래의 의미에서 제한으로 이해하였다.

그러나 이제 제한의 개념은 형식에서 효과의 문제로 되었기 때문에, 기본권에 대한 모든 제한은 그것이 비록 특별관계에서의 제한이라 하더라도 원칙적으로 제한일 수밖에 없게 되었다. 따라서 현재는 특별관계에서도 기본권은 제한되지 않고 원칙적으로 효력을 가진다는 데 대하여 전혀 이견이 없다. 현재 논의의 대상이 되는 것은 특별관계의 의미와 목적 그리고 특성이 기본권에 대한 제약을

Verwaltungsrecht I, § 32 IV c 3은 '특별권력관계'를 헌법적으로 더욱 적절하게 '행정법상의 특별신분관계'(verwaltungsrechtliches Sonderstatusverhältnis)로 표시했다고 한다.

1) K. Hesse, *Grundzüge des Verfassungsrechts der Bundesrepublik Deutschland*, S. 138 (Rdnr. 322).에 따르면 오늘날의 민주적 헌법질서에는 지배주체로서의 국가와 국가의 지배에 복종하는 개인을 전제로 하는 특별권력관계는 존재이유를 상실하였기(S. 119, Rdnr. 280) 때문에, 일반국민이 국가에 대해서 가지는 일상적인 권리·의무관계를 넘어 개인이 국가에 대한 밀접한 관계를 가지는 데서 오는 특별한 의무나 특별한 권리를 발생시키는 여러 형태의 관계를 특별신분관계로 표현하는 것이 좋다고 한다.

2) 현재에도 특별권력관계이론이 의미를 가질 것인가에 대해서는 부인설이 절대 다수설이다. 앞에서 지적된 것 말고도 학자에 따라 세 가지 이유가 더 첨가된다. 공무원관계, 병역관계, 수형자관계, 학교관계와 같이 상이한 법률관계를 특별권력관계라고 하는 하나의 통일적 개념의 지붕 아래 모아 놓은 것은 문제가 있으며, 아무리 그러한 관계에 있다 하더라도 인간의 존엄과 혼인할 자유처럼 법률로써도 제한할 수 없는 기본권이 있다는 것이다(I. v. Münch, 주 13, S. 121). 그 밖에도 Th. Maunz/R. Zippelius, *Deutsches Staatsrecht*, S. 165는 또한 헌법개정을 통하여 제17a조(군인의 기본권제한)를 신설한 것도 (과거의) 특별권력관계이론이 극복되었다는 것을 의미한다고 한다.

3) H. Krüger/C. H. Ule, Das besondere Gewaltverhältnis, *VVDStRL* 15(1957), S. 109ff.

요구하고 정당화하는 경우에,[1] 헌법 자체로부터 결론되는 형식으로만 기본권은 제약될 수 있는가 하는 것이다.[2]

c) 특별관계와 기본권제한에 대한 결론

지금까지의 논의를 간추리면 다음과 같다. 기본권은 헌법에 규정된 방법에 따라서만, 곧 법률에 의하거나 법률을 근거로 해서만 제한될 수 있으며, 모든 제한은 헌법에 정해진 한계를 지키지 않으면 안 된다.[3] 곧 원칙적으로 이제는 특별권력관계를 근거로 기본권을 제한하는 것은 더 이상 정당화될 수 없으며, 기본권에 대한 모든 '본질적' 제한은 형식적·실질적 법률의 형태로 된 명시적인 수권을 필요로 한다.[4] 더 나아가서 그러한 관계에서 법률로써 제한할 수 있는 기본권이 있다 하더라도 그에 대한 제한은 그러한 법률관계의 기능(목적)에 불가피한 것이어야 한다.[5] 593. 특별관계와 기본권제한에 대한 결론: 특별권력관계를 근거로 한 기본권제한은 정당화되지 않으며, 특별관계에서 기본권을 제한하는 경우에도 그 기능에 불가피한 것이어야 한다

그리고 그 동안 비판의 십자포화를 받으며 사형선고를 받은 것으로 간주되

1) BVerfGE 28, 55(63ff.); K. Hesse, *Grundzüge des Verfassungsrechts der Bundesrepublik Deutschland*, S. 137f.(Rdnr. 342ff.) 참조.

2) BVerfGE 33, 1, 10f.; 34, 165, 192f. 참조. 앞의 판결은 본인의 동의 없이 이른바 특별권력관계에 들어간 수형자의 기본권을 제한한 행형법과 관련하여 당시의 입법기 말까지 입법촉구결정을 내린 판결이다. "형의 집행과정에서 기본권이 임의로 또는 재량에 의하여 제한될 수 있다면 그것은 국가권력이 제한된다는 것과 모순될 것이다. 기본권에 대한 제한은 기본법의 가치질서에 의하여 인정되는 사회와 관련된 목적을 달성하기 위하여 불가피한 때에만 그리고 그를 위하여 헌법에 규정된 형식으로 행해질 때에만 고려의 대상이 된다. 따라서 수형자의 기본권은 법률에 의하거나 법률을 근거로 해서만 제한될 수 있으며, 그렇다 하더라도 기본권은 — 가능한 한 좁게 한정된 — 개괄(일반)규정에 의하여 포기될 수는 없다"(BVerfGE 33, 1, 11). 이 판결에 따라 1976년 3월 16일 새로운 행형법(Strafvollzugsgesetz: BGBl. I. S. 581)을 통과시켜 1977년 1월부터 시행되기 시작하였다.

3) 특히 B. Löhning, Der Vorbehalt des Gesetzes im Schulverhältnis, 1974 참조.

4) '본질성이론'(Wesentlichkeitstheorie)의 개념은 Th. Schramm, *Staatsrecht Bd. II. Grundrechte und ihre verfassungsrechtliche Absicherung*, S. 70에 따르면 연방헌법재판소의 입학정원판결(BVerfGE 33, 303f.-4. Leitsatz)을 원용하고 있는 *Th. Oppermann*에게서 시작되었다고 한다. Gutachten von Oppermann zur Neuordnung des Schulwesens zum 51. DJT(Gutachten C) 1976, 48ff. 참조. 예컨대 연방헌법재판소는 '본질성이론'(Wesentlichkeitstheorie)에 기초하여 학교법과 관련하여 다음과 같은 결정을 내렸다. "기본법의 법치국가원리와 민주주의원리는 학교관계를 규율함에 있어서 입법자 스스로가 기본이 되는 결정을 내리고 행정의 재량에 위임하지 말 것을 입법자에게 의무로 부과하고 있다"(BVerfGE DÖV 1977, 721, 723; BVerwGE 47, 201 참조).

5) 독일의 판례는 군인에게 머리를 짧게 깎을 것을 지시한 국방장관의 명령을 인격발현권위반이기 때문에 위헌으로 보았다. 그런가 하면 근무시간 중이 아니고 제복을 입지 않았다 하더라도 여호와의 증인을 선전하는 것을 금한 경찰관에 대한 금지는 기본법 제 4 조 제 1 항, 제 2 항의 신앙고백과 신앙행위의 기본권에 반하여 위헌으로 보았다(BVerwGE 30, 30).

던 이른바 특별권력관계이론은 1972년에 독일연방헌법재판소가 행형절차에서 수형자의 기본권을 보장함으로써[1] 종언을 고했다.

② 한국헌법과 특별관계

594. 한국헌법과 특별관계: 1. 특별관계 — 국가공동체가 기능하는 데 불가피한 관계; 2. 특별관계의 본질 — 법률에 의한 기본권제한의 한 유형

우리 헌법은 이른바 과거의 특별권력관계에 해당되는 공무원근무관계(제7조, 제29조, 제33조 제2항, 제78조), 병역의무관계(제39조, 제27조 제2항, 제110조), 학생교육관계(제31조), 수형자복역관계(제12조, 제13조, 제27조, 제28조) 등을 규정하고 있다.

이러한 관계는 국가공동체가 기능하는 데 불가피한 특별관계이다. 이들은 각기 상이한 고유법칙성을 가진다. 그러한 한에서 특별관계에 있는 자들의 기본권을 법률로써 최소한으로 제한하는 것은 우리 헌법의 전체취지에 위반되지 않는다.[2] 이들은 국가에 대한 밀접한 관계 때문에 특수한 것으로 보일 뿐 그 본질은 법률에 의한 기본권제한의 한 유형에 속한다. 따라서 기본권침해에 대한 사법적 권리구제수단도 그대로 적용된다.[3] 헌법재판소와 대법원도 대체로 같은 입장에 있다.[4]

예컨대 공무원은 법률에 의하여 표현의 자유가 제한된다(형법 제127조, 국가공무원법 제60조, 지방공무원법 제52조, 정당법 제45조 등). 또한 공무원은 공직에 입후보하기 위해서는 일정시기까지 사임하여야 한다(공직선거법 제53조). 이 밖에도 특별관계에 있는 자들은 여러 법률에 의하여 그들의 기본권이 제한된다.

판례 〈군형법 제1조 제3항 제3호 등 위헌소원(합헌)〉 "예비역이 병역법에 의하여 병역동원훈련 등을 위하여 소집을 받는 것은 헌법과 법률에 따른 국방의 의무를 이행하는 것이고, 그 동안 군형법의 적용을 받는 것 또한 국방의 의무를 이행

1) BVerfGE 33, 1, 9ff.
2) 허영, 한국헌법론, 284쪽; 계희열, 헌법학(중), 132쪽 참조.
3) 허영, 한국헌법론, 286쪽.
4) 헌법재판소(헌재 1992. 10. 1. 92헌마68 등 병합결정)는 "국립대학인 서울대학교는 특정한 국가목적(대학교육)에 제공된 인적·물적 종합시설로서 공법상의 영조물이다. 그리고 서울대학교와 학생과의 관계는 공법상의 영조물이용관계로서 공법관계이다"라고 하여 종래의 특별권력관계를 인정하는 듯한 표현을 하면서도, 병역의무관계와 공무원근무관계가 결코 기본권의 사각지대가 될 수 없고 기본권의 효력이 미친다는 입장을 취하고 있다. "경찰공무원을 비롯한 공무원의 근무관계인 이른바 특별권력관계에 있어서도 일반행정법관계에 있어서와 마찬가지로 행정청의 위법한 처분 또는 공권력의 행사·불행사 등으로 인하여 권리 또는 법적 이익을 침해당한 자는 행정소송 등에 의하여 그 위법한 처분 등의 취소를 구할 수 있다고 보아야 할 것이다"(법관전보발령처분에 대한 헌재 1993. 12. 23. 92헌마247 결정 참조). 대법원도 특별권력관계라는 말을 사용하면서도 "특별권력관계에 있어서도 위법·부당한 특별권력의 발동으로 인하여 권리를 침해당한 자는 그 위법·부당한 처분의 취소를 구할 수 있다"고 하여 특별관계에서의 사법적 구제를 인정하였다(대법원 1982. 7. 2. 80누86 판결).

하는 중에 범한 군사상의 범죄에 대하여 형벌이라는 제재를 받는 것이다."(헌재 1999. 2. 25. 97헌바3 결정)

판례 〈공직선거법 제86조 제１항 제２호 등 위헌확인(한정위헌)〉 "이 사건 법률조항이 공무원이 선거운동의 기획행위를 모두 금지시키는 것은 공무원의 선거개입의 여지를 철저히 불식시키고자 하는 것이나, 선거의 공정성이 침해될 수 있다는 개연성만으로 공무원의 정치적 표현의 자유 내지 선거운동의 자유를 제한하는 것은 바람직하지 않다. 선거의 공정성을 확보하기 위하여 선거에 대한 부당한 영향력의 행사 기타 선거결과에 영향을 미치는 행위를 금지하여 선거에서의 공무원의 중립의무를 실현하고자 한다면, 공무원이 '그 지위를 이용하여' 하는 선거운동의 기획행위를 막는 것으로 충분하며, 그 지위를 이용함이 없이 하는 선거운동의 그러한 준비행위를 허용한다고 해서 그것이 선거에 영향을 미친다고는 보이지 않는다. 이러한 점에서 이 사건 법률조항은 수단의 적정성과 비해의 최소성 원칙에 반한다고 할 것이다."(헌재 2008. 5. 29. 2006헌마1096 결정)

2. 基本權의 特別한 制限

(1) 國家緊急權行使에 의한 基本權制限의 特色

헌법의 기초가 중대한 위협을 받게 되는 국가긴급상태 또는 국가비상사태가 발생하는 경우에 이를 빠른 시일 내에 정상상태로 되돌려놓기 위해서 헌법은 여러 가지 수단을 마련해 놓고 있다. 여러 가지 수단에는 기본권을 제한하는 조치도 포함된다.

595. 국가긴급권행사에 의한 기본권제한의 특색: 1. 헌법 자체를 수호하기 위한 성격이 강함; 2. 거시적인 안목에서는 기본권보호수단이 되기도 함

앞에서 본 법률에 의한 기본권제한이 정상적인 헌정질서 내에서 헌법에 규정되어 있는 다른 법익과의 조화를 생각한 것이라면, 비상사태하에서의 기본권제한은 헌법 자체를 수호하기 위한 성격이 강하다. 또한 기본권은 헌법의 핵심적 내용을 이루기 때문에 국가긴급권의 행사에 의한 기본권의 제한은 거시적인 안목에서는 기본권보호수단이 되기도 한다. 국가긴급권이 오용 또는 남용되는 경우, 곧 국가긴급권이 헌법질서를 보호하기 위한 목적 외에 사용되는 경우 헌법규정의 유무와는 관계없이 국민의 저항권행사가 인정된다고 보아야 할 것이다.[1] 국가긴급권이 본래의 취지대로 사용된 경우라 하더라도 비례의 원칙에 비추어 그것이 과도하게 사용되어 국민에게 수인(受忍)할 수 없는 피해를 안겨주었다면 사후에 정당한 보상이 행해져야 함은 물론이다.

1) 허영, 한국헌법론, 287·288쪽.

우리 헌법은 제76조와 제77조에서 긴급명령 등에 의한 기본권제한과 비상계엄하에서의 기본권제한을 규정하고 있다.

(2) 緊急財政·經濟命令과 緊急命令에 의한 基本權의 制限

596. 긴급재정·경제명령과 긴급명령에 의한 기본권의 제한: 1. 헌법 제76조; 2. 긴급재정·경제명령으로는 경제적 기본권과 그에 관련된 기본권만을 제한가능함에 반하여, 긴급명령으로 제한가능한 기본권은 제한이 없다

헌법 제76조 제1항은 "대통령은 내우·외환·천재·지변 또는 중대한 재정·경제상의 위기에 있어서 국가의 안전보장 또는 공공의 안녕질서를 유지하기 위하여 긴급한 조치가 필요하고 국회의 집회를 기다릴 여유가 없을 때에 한하여 최소한으로 필요한 재정·경제상의 처분을 하거나 법률의 효력을 가지는 명령을 발할 수 있다"고 하여 긴급재정·경제명령권을 규정하고 있다. 또 동조 제2항은 "대통령은 국가의 안위에 관계되는 중대한 교전상태에 있어서 국가를 보위하기 위하여 긴급한 조치가 필요하고 국회의 집회가 불가능한 때에 한하여 법률의 효력을 가지는 명령을 발할 수 있다"고 하여 긴급명령권을 규정하고 있다.

이렇듯 긴급재정·경제명령과 긴급명령은 법률의 효력을 가지므로 헌법 제37조 제2항의 요건하에서 기본권을 제한할 수 있다. 문제가 되는 것은 이들 명령으로써 제한할 수 있는 기본권의 범위에 대한 것이다. 긴급재정·경제명령권은 "최소한으로 필요한 재정·경제상의 처분을 하거나 법률의 효력을 가지는 명령을 발할 수 있"는 권한이므로 그에 맞추어 재산권, 노동 3권, 직업의 자유 등과 같은 경제적 기본권과 그에 관련되는 기본권만을 제한할 수 있다. 그에 반하여 긴급명령에 의하여 제한될 수 있는 기본권은 그러한 제한이 없다고 보아야 할 것이다.[1)]

(3) 非常戒嚴 하에서의 基本權의 制限

597. 비상계엄하에서의 기본권제한: 헌법 제77조, 계엄법 제9조

헌법 제77조 제1항은 "대통령은 전시·사변 또는 이에 준하는 국가비상사태에 있어서 병력으로써 군사상의 필요에 응하거나 공공의 안녕질서를 유지할 필요가 있을 때에는 법률이 정하는 바에 의하여 계엄을 선포할 수 있다"고 하여 계엄선포권을 규정하고 있고, 동조 제3항은 "비상계엄이 선포된 때에는 법률이 정하는 바에 의하여 영장제도, 언론·출판·집회·결사의 자유, 정부나 법원의 권한에 관하여 특별한 조치를 할 수 있다"고 하여 비상계엄하에서 기본권을 제한할 수 있음을 명시하고 있다.

---

1) 계희열, 헌법학(중), 134쪽; 권영성, 헌법학원론, 345쪽; 허영, 한국헌법론, 288쪽은 "이(긴급재정·경제) 명령으로 국민의 재정·경제 생활영역을 제한하는 조치를 할 수도 있다 … (긴급명령으로) 제한되는 기본권은 긴급재정·긴급명령의 경우보다 포괄적이다"라고 하고, 김철수, 헌법학개론, 336쪽은 "상대적 기본권은 이를 제한할 수 있을 것이다"라고 한다.

따라서 비상계엄이 선포되면 헌법 제77조 제 3 항을 구체화한 계엄법 제 9 조 제 1 항에 따라 "체포·구금·압수·수색·거주·이전·언론·출판·집회·결사 또는 단체행동에 대하여 특별한 조치가" 행해질 수 있다.[1)2)] 또한 비상계엄하에서는 민간인도 군사법원의 재판을 받으며(제27조 제 2 항, 제110조), 비상계엄하의 군사재판은 일정한 범죄에 한하여 사형선고의 경우를 제외하고는 단심재판이 허용된다(제110조 제 4 항).

특별한 조치의 내용에 대해서는 계엄법 제 9 조 제 2 항·제 3 항에서 규정하고 있다. "비상계엄지역 안에서는 계엄사령관은 법률이 정하는 바에 의하여 동원 또는 징발할 수 있으며, 필요한 경우에는 군수에 공할 물품의 조사·등록과 반출금지를 명할 수 있으며"(동 제 2 항), "계엄사령관은 부득이한 경우에는 국민의 재산권을 파괴 또는 소훼할 수 있다"(동 제 3 항). 국민의 재산권을 파괴 또는 소훼한 경우에는 정당한 보상을 하여야만 한다(동 제 4 항).

1) 여기에서 말하는 특별조치에 영장제도의 배제를 포함하는가가 문제된다. 이 점과 관련하여 제 1 공화국의 헌법위원회는 여기서 말하는 특별한 조치가 영장제도를 완전히 배제하는 것은 아니라고 결정한 바 있다. 1953년 10월 8일 헌법위원회결정 참조.

2) 김철수, 헌법학개론, 337쪽은 계엄법 제 9 조에서 헌법 제77조 제 3 항에 규정하지 않은 거주·이전의 자유와 근로자의 단체행동의 자유에 대한 특별조치를 정하고 있는 것은 헌법의 입법위임을 초월한 것이 아닌가라는 문제를 검토하고 있다. 그리고 다음과 같이 결론을 내리고 있다. "그러나 비상계엄의 요건은 협의로 해석되어야 하며, 이에 따른 비상계엄은 적과 교전상태에 있거나 사회질서가 극도로 교란된 위기에 직면하여 병력으로써 질서유지를 하기 위한 것이기 때문에 동 조항은 합헌이라고 보아야 할 것이다. 이것은 신체의 자유에 대한 제한을 인정해야 할 정도의 비상시에 있어서 소개(疏開)·대피행위 등을 명할 수 없다고 보는 것은 옳지 않기 때문이다." 이에 대하여 권영성, 헌법학원론, 346쪽은 "비상계엄령에 의하여 제한할 수 있는 기본권은 … 헌법 제77조 제 3 항에 열거된 기본권에 한정된다"라고 반대의 견해를 밝히고 있다.

第 8 章　基本權의 保護

第 1 節　基本權保護의 종류

598. 기본권보호수단의 유형: 기본권의 일반적 보호수단, 기본권의 사전적 보호수단, 기본권의 사후적 보호수단, 저항권

헌법은 기본권의 여러 규정에서 기본권을 법률에 의하여 제한할 가능성을 열어놓고 있다. 그러므로 지나친 기본권의 제한에 대한 보호조치를 헌법적으로 확정해 놓는 것이 필요하다. 기본권의 존립과 실효성을 보호하고 유지하고자 하는 노력은 우리 헌법질서에서 기본권이 갖는 특별한 중요성에 대응된다. 기본권을 보호하기 위하여 여러 가지 방법이 모색되고 있다. 바로 이러한 다양성이 그 자체 하나만 가지고 충분한 '만병통치약'(Allheilmittel)이 될 수 없음을 입증하고 있다.

기본권에 대한 국민의 일반적인 확신이 매우 강하여 누구도 감히 권력이나 불법적인 수단으로 기본권을 침해할 생각을 못한다면 기본권은 의심의 여지 없이 보호될 것이다. 기본권에 대한 보장수단은 국민 속에 기본권이 확실하게 자리잡고 있지 못해서 기본권이 침해되는 경우에 효력을 발생한다. 그러나 법적 '보장수단'은 임시변통수단에 지나지 않으며, 그와 같은 것은 모든 법기술적 예방책의 본질에 속한다. 현실적인 압력이 매우 강력해지면 댐은 붕괴되기 마련이다. 장기적으로 볼 때 시민의 자유는 국민이 자신의 자유를 스스로 감시할 때에만 보장될 수 있다.[1)]

우리 헌법에 기본권의 보호를 위해서 특별히 마련된 것으로 헌법 제37조 제 2 항에서 추론되는 비례의 원칙과 기본권의 본질적 내용의 침해금지, 개별적 법률의 금지, 제27조의 재판청구권, 제28조의 형사보상청구권, 제29조의 국가배상청구권, 제111조 제 1 항 제 5 호의 헌법소원제도를 들 수 있다. 그 밖에도 기본권의 보호와 직접적인 관계는 없으나 간접적으로 관계가 있는 것으로 제107조 제 3 항의 행정심판제도와 제26조의 청원제도가 있다. 이 외에도 우리나라 법에서는 채택되어 있지 않으나 일반헌법이론적으로 인정된 것과 독일기본법에 규정되

1) Th. Maunz/R. Zippelius, *Deutsches Staatsrecht*, S. 158f.

어 있는 기본권보호제도로서 추상적 규범통제, 적시조항, 기본권실효제도 및 저항권 등이 있다.

국내의 대부분 교과서에서는 기본권의 보호를 국가기관별로 나누어 설명하고 있다.[1] 그러나 기본권의 보호를 국가기관별로 나누어 설명하는 방법은 예컨대 청원과 같이 모든 국가기관에 대해 행해지는 경우 중복해서 설명해야 하는 번거로움이 있으며, 특히 그것이 기본권의 침해와 구제란 제목하에서 행하여질

---

1) 김철수, 헌법학개론, 341쪽 이하는 기본권의 침해와 구제란 제목하에 ① 입법기관에 의한 침해와 구제(적극적 입법에 의한 기본권의 침해에 대한 구제 — 헌법소송에 의한 구제, 청원에 의한 구제, 선거권의 행사에 의한 구제, 국회의원소환제에 의한 구제, 국민발안과 국민투표에 의한 구제: 입법부작위에 의한 기본권의 침해에 의한 구제 — 헌법소원에 의한 구제, 법원에 의한 의무이행소송과 부작위위법확인소송, 청원권 기타 참정권의 행사), ② 행정기관에 의한 기본권의 침해와 구제(행정소송제도, 행정절차, 헌법소원에 의한 구제) ③ 사법기관에 의한 기본권의 침해와 구제, ④ 사인에 의한 기본권의 침해와 구제(고소·고발조치, 손해배상청구 등 권리보호청구), ⑤ 예외적인 구제방법(자구행위에 의한 구제, 저항권의 행사에 의한 구제, 특별한 인권옹호기관에 의한 구제), ⑥ 민원사무의 고충처리위원회에 의한 구제를 들고 있고, 권영성, 헌법학원론, 348쪽 이하도 기본권의 침해와 구제란 제목하에 ① 입법기관에 의한 기본권의 침해와 구제(적극적 입법에 의한 기본권침해와 구제, 입법부작위에 위한 기본권 침해와 구제), ② 집행기관에 의한 기본권의 침해와 구제(행정기관에 의한 구제 — 청원, 행정심판, 형사보상제도, 행정상의 손해배상제도: 법원에 의한 구제 — 행정소송, 명령·규칙심사제도: 헌법재판소에 의한 구제), ③ 사법기관에 의한 기본권의 침해와 구제, ④ 인권옹호기관에 의한 법률구조제도, ⑤ 사인에 의한 기본권의 침해와 구제, ⑥ 기본권의 침해와 저항권행사에 의한 구제를 들고 있다. 계희열, 헌법학(중), 143쪽 이하도 입법권에 의한 기본권의 침해와 보호, 집행권에 의한 침해와 보호, 사법권에 의한 침해와 보호로 나누고, 그 각각에 대하서 사전예방적 보호와 사후구제적 보호를 설명하고 있다. 그에 반하여 허영, 한국헌법론, 289쪽 이하는 기본권의 보호란 제목하에 ① 입법기능과 기본권의 보호(입법권에 대한 기본권의 보호 — 위헌입법에 대한 보호수단, 입법부작위에 대한 보호수단: 입법권에 의한 기본권의 보호 — 절차법제정에 의한 기본권의 보호, 청원처리에 의한 기본권의 보호, 인권위원의 활동에 의한 기본권의 보호), ② 집행기능과 기본권의 보호(집행권에 대한 기본권의 보호 — 탄핵심판에 의한 기본권의 보호, 사법절차에 의한 기본권의 보호, 명령·규칙의 위헌심사에 의한 기본권의 보호; 집행권에 의한 기본권의 보호 — 대통령에 의한 기본권의 보호, 국무총리와 국무의원에 의한 기본권의 보호, 행정공무원에 의한 기본권의 보호), ③ 사법기능과 기본권의 보호(사법권에 대한 기본권의 보호 — 심급제도에 의한 기본권의 보호. 형사보상청구에 의한 기본권의 보호, 대통령의 사면권에 의한 기본권의 보호, 법관에 대한 탄핵심판에 의한 기본권의 보호: 사법권에 의한 기본권의 보호 — 법률의 위헌결정제청권에 의한 기본권의 보호, 명령·규칙의 위헌심사에 의한 기본권의 보호, 재판에 의한 기본권의 보호), ④ 헌법재판기능과 기본권의 보호(헌법재판에 대한 기본권의 보호, 헌법재판에 대한 기본권의 보호 — 헌법재판에 의한 간접적인 기본권의 보호(탄핵심판, 권한쟁의, 위헌정당해산, 기본권의 실효): 헌법재판에 의한 직접적인 기본권의 보호(구체적 규범통제, 추상적 규범통제, 헌법소청, 민중소송), ⑤ 기본권보호의 최후수단 — 저항권을 들고 있다.

경우 기본권의 보호를 사후적 구제에 한정시킬 우려가 있다. 따라서 여기에서는 기본권의 보호수단을 기본권의 일반적 보호수단, 사전적 보호수단, 사후적 보호수단 및 기본권의 최후적 보호수단인 저항권행사의 넷으로 나누기로 한다.

第2節 基本權 保護手段

1. 基本權의 一般的 保護手段

599. 기본권의 일반적 보호수단: 청원권

헌법 제26조는 "모든 국민은 법률이 정하는 바에 의하여 국가기관에 문서로 청원할 권리를 가진다"라고 하여 청원권을 규정하고 있다.

청원권은 국가권력에 대하여 기본권을 보호하기 위한 가장 오래된 제도 중의 하나이다. 영국의 헌법사에서는 청원권은 군주에게 자유를 보장하도록 하는 법적 기초를 이루었을 뿐 아니라 의회가 입법에 참여하는 기초를 이루기도 하였다. 예컨대 영국의 대헌장은 청원권의 행사결과로 알려져 있다.[1] 청원권은 1689년 영국의 「권리장전」에서 최초로 성문화된 것으로 알려져 있다.

청원법 제5조에 규정되어 있는 내용을 제외하고는 국민은 사전·사후에 관계없이 그 내용을 불문하고(청원법 제4조) 국가기관에 청원을 할 수 있다. 그러한 한에서 청원은 가장 일반적인 기본권 보호수단이라 할 것이다.

2. 基本權의 事前的 保護手段

600. 기본권의 사전적 보호수단: 1. 개념 — 헌법개정권자와 입법자에 대한 기본권보호; 2. 종류 — 비례의 원칙, 본질적 내용의 침해금지, 기본권을 제한하는 개별적 법률금지, 적시조항, 추상적 규범통제

기본권의 사전적 보호는 기본권이 침해되기 이전에 취해지는 보호로서 헌법개정권자와 입법자에 대한 기본권의 보호를 말한다. 헌법개정권자라 하더라도 일정한 제약하에 놓여 있으므로,[2] 핵심적인 기본권에 대해서는 침해하지 못한다는 것은 널리 인정되어 있다.[3]

입법자에 대한 기본권의 보호수단으로는 비례의 원칙, 본질적 내용의 침해금지, 기본권을 제한하는 개별적 법률의 금지, 적시조항과 추상적 규범통제를 들 수 있다. 이 중에서 비례의 원칙, 본질적 내용의 침해금지, 기본권을 제한하는

1) P. Badura, *Staatsrecht*, S. 86.

2) 자세한 것은 헌법개정의 한계 참조.

3) Th. Maunz/R. Zippelius, *Deutsches Staatsrecht*, S. 161는 그러한 기본권으로서 인간의 존엄, 평가절하적 차별금지, 신앙의 자유와 양심의 자유, 혼인할 권리 등을 들고 있다.

개별적 법률의 금지, 적시조항에 대해서는 이미 살펴보았다.

추상적 규범통제제도는 법률의 합헌성에 대해 의문이 제기되거나 분쟁이 발생한 경우에 구체적 재판과는 무관하게 정부 또는 일정수의 국회의원의 신청에 의해서 헌법재판기관이 법률의 위헌 여부를 심사하고 그 법률이 위헌이라고 판단되는 경우에는 그 효력을 상실시키는 제도를 말한다. 그러한 한에서 추상적 규범통제제도는 일차적으로 헌법보장제도로서 기능한다. 그러나 법률의 합헌성이 문제되는 경우는 그 법률의 기본권침해 여부가 의심스러운 경우가 많을 것이므로 추상적 규범통제제도는 이차적으로는 기본권보호수단으로서 기능한다.

601. 추상적 규범통제제도: 법률의 합헌성에 대해 의문이 제기되거나 분쟁이 발생한 경우에 구체적 재판과는 무관하게 정부 또는 일정수의 국회의원의 신청에 의해서 헌법재판기관이 법률의 위헌 여부를 심사하고 그 법률이 위헌이라고 판단되는 경우에는 그 효력을 상실시키는 제도

예컨대 독일기본법은 연방정부, 지방정부 또는 '연방하원'(Bundestag) 재적의원 3분의 1 이상의 신청과 제한적이기는 하지만 지방의회의 신청에 의하여 연방헌법재판소가 추상적 규범통제를 하도록 규정하고 있다(동 제93조 제 1 항 제 2 호). 그러나 우리 헌법은 이 제도를 채택하고 있지 않다.

3. 基本權의 事後的 保護手段

(1) 一 般 論

기본권의 사후적 보호라 함은 기본권이 침해된 경우 이를 사후적으로 구제해 주는 것을 말한다. 우리 헌법은 기본권의 사후적 보호수단으로서 재판청구권(제27조), 형사보상청구권(제28조), 국가배상청구권(제29조), 위헌법률심사제(구체적 규범통제. 제107조 제 1 항·제111조 제 1 항 제 1 호), 행정심판제도(제107조 제 3 항), 헌법소원심판제도(제11조 제 1 항 제 5 호) 등을 규정하고 있다. 이 밖에도 우리 헌법에는 채택되고 있지 않지만, 독일기본법이 채택하고 있는 기본권실효제도도 기본권의 사후적 보호수단으로 볼 수 있을 것이다.

602. 우리 헌법에 규정된 기본권의 사후적 보호수단

이 중에서 재판청구권이 가장 일반적·직접적인 보호제도이다. 구체적 규범통제제도와 행정심판제도, 기본권실효제도는 간접적인 보호제도라 할 수 있고, 헌법소원심판제도는 특별한 권리보호제도라 할 수 있다. 여기에서는 구체적 규범통제제도와 헌법소원심판제도, 기본권실효제도에 대해서만 간단히 살피기로 한다.

(2) 具體的 規範統制

구체적 규범통제는 법률이 헌법에 위반되는지 여부가 재판의 전제가 된 경우에 사법기관이 그 법률의 위헌 여부를 심사하고 그것이 위헌인 경우에 무효를

603. 구체적 규범통제: 우리 헌법은 위헌심사권과 위헌결

정권을 법원과 헌법재판소에 분리시켜 규정

선언하고 그 적용을 거부하는 제도를 말한다.

구체적 규범통제도 추상적 규범통제와 마찬가지로 일차적으로는 헌법보장제도로서 기능하며, 이차적으로만 기본권을 보호하는 기능을 한다.

우리 헌법은 위헌심사권과 위헌결정권을 분리시켜 위헌심사권과 위헌결정권제청권은 법원에(제107조 제1항·제111조 제1항 제1호), 위헌결정권은 헌법재판소(제111조 제1항 제1호)에 각각 귀속시키고 있다.

(3) 憲法訴願

604. 헌법소원: 1. 개념 — 공권력의 행사 또는 불행사에 의해서 헌법상 보장된 자신의 기본권이 직접 그리고 현실적으로 침해되었다고 주장하는 국민이 헌법재판기관에 직접 기본권의 보호와 구제를 청구함으로써 헌법재판에 의하여 직접 기본권의 보호를 받는 제도; 2. 우리 헌법재판소법은 재판작용을 헌법소원의 대상에서 제외

모든 법원에는 자신의 과제범위 내에서 입법부와 행정부가 기본권을 존중하고 있는가를 재판에서 통제할 과제와 권한이 주어져 있다. 그 밖에도 기본권을 보호하기 위한 특별한 권리구제절차로서 헌법소원이 있다.

헌법소원은 공권력의 행사 또는 불행사에 의해서 헌법상 보장된 자신의 기본권이 직접 그리고 현실적으로 침해되었다고 주장하는 국민이 헌법재판기관에 직접 기본권의 보호와 구제를 청구함으로써 헌법재판에 의하여 직접 기본권의 보호를 받는 제도를 말한다. 남소를 방지하기 위하여 헌법소원은 모든 법적 수단, 곧 사법적 권리구제절차를 다 마친 후에야 제기할 수 있도록 하는 것이 일반적인 입법례이다.[1]

기본권과 관련하여 행정소송제도가 행정기관에 의한 기본권침해, 규범통제(위헌법률심사)제도가 입법기관에 의한 기본권침해를 염두에 둔 것이라면, 헌법소원제도는 모든 공권력에 의한 기본권침해를 포괄하면서도 특히 사법기관에 의한 기본권침해에 대한 보호라는 측면이 강하다. 헌법소원은 일차적으로는 기본권을 보호하며, 이차적으로는 헌법을 보장하는 기능을 한다.

우리 헌법도 헌법소원제도를 채택하여(제11조 제1항 제5호) 공권력의 행사 또는 불행사로 말미암아 기본권을 침해당한 국민은 헌법재판소에 헌법소원을 제기할 수 있게 하였다. 그러나 헌법을 구체화한 헌법재판소법은 제68조 제1항에서 사법적 절차를 다 마친 후에야 헌법소원을 제기할 수 있게 하면서도(헌법소원의 보충성), 법원의 재판을 헌법소원의 대상에서 제외시켜 국민의 기본권 보호에 사각지대(死角地帶)를 만들어 놓았다. 법원의 재판을 헌법소원의 대상에서 제외시킨 데 대해서는 많은 비판이 가해지고 있다. 최근 헌법재판소는 부분적이기는 하지만 법원의 재판을 헌법소원대상이라고 결정한 바 있다.[2]

---

1) 예컨대 독일기본법 제93조 제1항 제4a호, 독일연방헌법재판소법 제90조 제2항 참조.
2) 헌재 1997. 12. 24. 96헌마172 등 병합결정, 이 결정에 대한 평석으로는 홍성방, '헌법재판

(4) 基本權의 失效

우리 헌법에는 규정되어 있지 않지만 독일기본법 제18조에 규정되어 있는 기본권의 실효제도도 기본권의 보호수단으로 기능한다. 기본권의 실효는 방어적 민주주의의 표현으로서 일차적으로는 헌법수호의 기능을, 이차적으로는 기본권을 사후적으로 보호하는 기능을 한다. 605. 기본권의 실효

4. 基本權의 最後的 保護手段

기본권의 일반적 보호수단, 기본권의 사전적 보호수단, 기본권의 사후적 보호수단 등을 통해서도 기본권이 보호되지 않는 경우 국민은 기본권을 보호하기 위한 최후적 보호수단으로서 저항권을 행사할 수 있다. 저항권은 일차적으로는 헌법수호의 기능을 하며, 이차적으로는 기본권보호기능을 한다. 저항권은 헌법의 규정 유무와 관계없이 일정한 요건을 충족시킨 경우 행사될 수 있다. 저항권이 인정된다는 것은 최종적인 헌법수호와 기본권보호의 주체는 국민 자신이라는 것을 확인하는 의미를 갖는다. 606. 기본권의 최후적 보호수단: 저항권의 행사

소법 제68조 제 1 항 본문은 위헌이다'이 있다.

대한민국헌법

전 문

유구한 역사와 전통에 빛나는 우리 대한국민은 3·1운동으로 건립된 대한민국임시정부의 법통과 불의에 항거한 4·19민주이념을 계승하고, 조국의 민주개혁과 평화적 통일의 사명에 입각하여 정의·인도와 동포애로써 민족의 단결을 공고히 하고, 모든 사회적 폐습과 불의를 타파하며, 자율과 조화를 바탕으로 자유민주적 기본질서를 더욱 확고히 하여 정치·경제·사회·문화의 모든 영역에 있어서 각인의 기회를 균등히 하고, 능력을 최고도로 발휘하게 하며, 자유와 권리에 따르는 책임과 의무를 완수하게 하여, 안으로는 국민생활의 균등한 향상을 기하고 밖으로는 항구적인 세계평화와 인류공영에 이바지함으로써 우리들과 우리들의 자손의 안전과 자유와 행복을 영원히 확보할 것을 다짐하면서 1948년 7월 12일에 제정되고 8차에 걸쳐 개정된 헌법을 이제 국회의 의결을 거쳐 국민투표에 의하여 개정한다.

1987년 10월 29일

제1장 총 강

제1조 ① 대한민국은 민주공화국이다.

② 대한민국의 주권은 국민에게 있고, 모든 권력은 국민으로부터 나온다.

제2조 ① 대한민국의 국민이 되는 요건은 법률로 정한다.

② 국가는 법률이 정하는 바에 의하여 재외국민을 보호할 의무를 진다.

제3조 대한민국의 영토는 한반도와 그 부속도서로 한다.

제4조 대한민국은 통일을 지향하며, 자유민주적 기본질서에 입각한 평화적 통일 정책을 수립하고 이를 추진한다.

제5조 ① 대한민국은 국제평화의 유지에 노력하고 침략적 전쟁을 부인한다.

② 국군은 국가의 안전보장과 국토방위의 신성한 의무를 수행함을 사명으로 하며, 그 정치적 중립성은 준수된다.

제6조 ① 헌법에 의하여 체결·공포된 조약과 일반적으로 승인된 국제법규는 국내법과 같은 효력을 가진다.

② 외국인은 국제법과 조약이 정하는 바에 의하여 그 지위가 보장된다.

제7조 ① 공무원은 국민전체에 대한 봉사자이며, 국민에 대하여 책임을 진다.

② 공무원의 신분과 정치적 중립성은 법률이 정하는 바에 의하여 보장된다.

제8조 ① 정당의 설립은 자유이며, 복수정당제는 보장된다.

② 정당은 그 목적·조직과 활동이 민주적이어야 하며, 국민의 정치적 의사형성에 참여하는데 필요한 조직을 가져야 한다.

③ 정당은 법률이 정하는 바에 의하여 국가의 보호를 받으며, 국가는 법률이 정하는 바에 의하여 정당운영에 필요한 자금을 보조할 수 있다.

④ 정당의 목적이나 활동이 민주적 기본질서에 위배될 때에는 정부는 헌법재판소에 그 해산을 제소할 수 있고, 정당은 헌법재판소의 심판에 의하여 해산된다.

제9조 국가는 전통문화의 계승·발전과 민족문화의 창달에 노력하여야 한다.

제2장 국민의 권리와 의무

제10조 모든 국민은 인간으로서의 존엄과 가치를 가지며, 행복을 추구할 권리를 가진다. 국가는 개인이 가지는 불가침의 기본적 인권을 확인하고 이를 보장할 의무를 진다.

제11조 ① 모든 국민은 법 앞에 평등하다. 누구든지 성별·종교 또는 사회적 신분에 의하여 정치적·경제적·사회적·문화적 생활의 모든 영역에 있어서 차별을 받지 아니한다.

② 사회적 특수계급의 제도는 인정되지 아니하며, 어떠한 형태로도 이를 창설할 수 없다.

③ 훈장등의 영전은 이를 받은 자에게만 효력이 있고, 어떠한 특권도 이에 따르지 아니한다.

제12조 ① 모든 국민은 신체의 자유를 가진다. 누구든지 법률에 의하지 아니하고는 체포·구속·압수·수색 또는 심문을 받지 아니하며, 법률과 적법한 절차에 의하지 아니하고는 처벌·보안처분 또는 강제노역을 받지 아니한다.

② 모든 국민은 고문을 받지 아니하며, 형사상 자기에게 불리한 진술을 강요당하지 아니한다.

③ 체포·구속·압수 또는 수색을 할 때에는 적법한 절차에 따라 검사의 신청에 의하여 법관이 발부한 영장을 제시하여야 한다. 다만, 현행범인인 경우와 장기 3년 이상의 형에 해당하는 죄를 범하고 도피 또는 증거인멸의 염려가 있을 때에는 사후에 영장을 청구할 수 있다.

④ 누구든지 체포 또는 구속을 당한 때에는 즉시 변호인의 조력을 받을 권리를 가진다. 다만, 형사피고인이 스스로 변호인을 구할 수 없을 때에는 법률이 정하는 바에 의하여 국가가 변호인을 붙인다.

⑤ 누구든지 체포 또는 구속의 이유와 변호인의 조력을 받을 권리가 있음을 고지받지 아니하고는 체포 또는 구속을 당하지 아니한다. 체포 또는 구속을 당한 자의 가족 등 법률이 정하는 자에게는 그 이유와 일시·장소가 지체없이 통지되어야 한다.

⑥ 누구든지 체포 또는 구속을 당한 때에는 적부의 심사를 법원에 청구할 권리를 가진다.

⑦ 피고인의 자백이 고문·폭행·협박·구속의 부당한 장기화 또는 기망 기타의 방법에 의하여 자의로 진술된 것이 아니라고 인정될 때 또는 정식재판에 있어서 피고인의 자백이 그에게 불리한 유일한 증거일 때에는 이를 유죄의 증거로 삼거나 이를 이유로 처벌할 수 없다.

제13조 ① 모든 국민은 행위시의 법률에 의하여 범죄를 구성하지 아니하는 행위로 소추되지 아니하며, 동일한 범죄에 대하여 거듭 처벌받지 아니한다.

② 모든 국민은 소급입법에 의하여 참정권의 제한을 받거나 재산권을 박탈당하지 아니한다.

③ 모든 국민은 자기의 행위가 아닌 친족의 행위로 인하여 불이익한 처우를 받지 아니한다.

제14조 모든 국민은 거주·이전의 자유를 가진다.

제15조 모든 국민은 직업선택의 자유를 가진다.

제16조 모든 국민은 주거의 자유를 침해받지 아니한다. 주거에 대한 압수나 수색을 할 때에는 검사의 신청에 의하여 법관이 발부한 영장을 제시하여야 한다.

제17조 모든 국민은 사생활의 비밀과 자유를 침해받지 아니한다.

제18조 모든 국민은 통신의 비밀을 침해받지 아니한다.

제19조 모든 국민은 양심의 자유를 가진다.

제20조 ① 모든 국민은 종교의 자유를 가진다.

② 국교는 인정되지 아니하며, 종교와 정치는 분리된다.

제21조 ① 모든 국민은 언론·출판의 자유와 집회·결사의 자유를 가진다.

② 언론·출판에 대한 허가나 검열과 집회·결사에 대한 허가는 인정되지 아니한다.

③ 통신·방송의 시설기준과 신문의 기능을 보장하기 위하여 필요한 사항은 법률로 정한다.

④ 언론·출판은 타인의 명예나 권리 또는 공중도덕이나 사회윤리를 침해하여서는 아니된다. 언론·출판이 타인의 명예나 권리를 침해한 때에는 피해자는 이에 대한 피해의 배상을 청구할 수 있다.

제22조 ① 모든 국민은 학문과 예술의 자유를 가진다.

② 저작자·발명가·과학기술자와 예술가의 권리는 법률로써 보호한다.

제23조 ① 모든 국민의 재산권은 보장된다. 그 내용과 한계는 법률로 정한다.

② 재산권의 행사는 공공복리에 적합하도록 하여야 한다.

③ 공공필요에 의한 재산권의 수용·사용 또는 제한 및 그에 대한 보상은 법률로써 하되, 정당한 보상을 지급하여야 한다.

제24조 모든 국민은 법률이 정하는 바에 의하여 선거권을 가진다.

제25조 모든 국민은 법률이 정하는 바에 의하여 공무담임권을 가진다.

제26조 ① 모든 국민은 법률이 정하는 바에 의하여 국가기관에 문서로 청원할 권리를 가진다.

② 국가는 청원에 대하여 심사할 의무를 진다.

제27조 ① 모든 국민은 헌법과 법률이 정한 법관에 의하여 법률에 의한 재판을 받을 권리를 가진다.

② 군인 또는 군무원이 아닌 국민은 대한민국의 영역 안에서는 중대한 군사상 기밀·초병·초소·유독음식물공급·포로·군용물에 관한 죄 중 법률이 정한 경우와 비상계엄이 선포된 경우를 제외하고는 군사법원의 재판을 받지 아니한다.

③ 모든 국민은 신속한 재판을 받을 권리를 가진다. 형사피고인은 상당한 이유가 없는 한 지체없이 공개재판을 받을 권리를 가진다.

④ 형사피고인은 유죄의 판결이 확정될 때까지는 무죄로 추정된다.

⑤ 형사피해자는 법률이 정하는 바에 의하여 당해 사건의 재판절차에서 진술할 수 있다.

제28조 형사피의자 또는 형사피고인으로서 구금되었던 자가 법률이 정하는 불기소처분을 받거나 무죄판결을 받은 때에는 법률이 정하는 바에 의하여 국가에 정당한 보상을 청구할 수 있다.

제29조 ① 공무원의 직무상 불법행위로 손해를 받은 국민은 법률이 정하는 바에 의하여 국가 또는 공공단체에 정당한 배상을 청구할 수 있다. 이 경우 공무원 자신의 책임은 면제되지 아니한다.

② 군인·군무원·경찰공무원 기타 법률이 정하는 자가 전투·훈련 등 직무집행과 관련하여 받은 손해에 대하여는 법률이 정하는 보상 외에 국가 또는 공공단체에 공무원의 직무상 불법행위로 인한 배상은 청구할 수 없다.

제30조 타인의 범죄행위로 인하여 생명·신체에 대한 피해를 받은 국민은 법률이 정하는 바에 의하여 국가로부터 구조를 받을 수 있다.

제31조 ① 모든 국민은 능력에 따라 균등하게 교육을 받을 권리를 가진다.

② 모든 국민은 그 보호하는 자녀에게 적어도 초등교육과 법률이 정하는 교육을 받게 할 의무를 진다.

③ 의무교육은 무상으로 한다.

④ 교육의 자주성·전문성·정치적 중립성 및 대학의 자율성은 법률이 정하는 바에 의하여 보장된다.

⑤ 국가는 평생교육을 진흥하여야 한다.

⑥ 학교교육 및 평생교육을 포함한 교육

제도와 그 운영, 교육재정 및 교원의 지위에 관한 기본적인 사항은 법률로 정한다.

제32조 ① 모든 국민은 근로의 권리를 가진다. 국가는 사회적·경제적 방법으로 근로자의 고용의 증진과 적정임금의 보장에 노력하여야 하며, 법률이 정하는 바에 의하여 최저임금제를 시행하여야 한다.

② 모든 국민은 근로의 의무를 진다. 국가는 근로의 의무의 내용과 조건을 민주주의원칙에 따라 법률로 정한다.

③ 근로조건의 기준은 인간의 존엄성을 보장하도록 법률로 정한다.

④ 여자의 근로는 특별한 보호를 받으며, 고용·임금 및 근로조건에 있어서 부당한 차별을 받지 아니한다.

⑤ 연소자의 근로는 특별한 보호를 받는다.

⑥ 국가유공자·상이군경 및 전몰군경의 유가족은 법률이 정하는 바에 의하여 우선적으로 근로의 기회를 부여받는다.

제33조 ① 근로자는 근로조건의 향상을 위하여 자주적인 단결권·단체교섭권 및 단체행동권을 가진다.

② 공무원인 근로자는 법률이 정하는 자에 한하여 단결권·단체교섭권 및 단체행동권을 가진다.

③ 법률이 정하는 주요방위산업체에 종사하는 근로자의 단체행동권은 법률이 정하는 바에 의하여 이를 제한하거나 인정하지 아니할 수 있다.

제34조 ① 모든 국민은 인간다운 생활을 할 권리를 가진다.

② 국가는 사회보장·사회복지의 증진에 노력할 의무를 진다.

③ 국가는 여자의 복지와 권익의 향상을 위하여 노력하여야 한다.

④ 국가는 노인과 청소년의 복지향상을 위한 정책을 실시할 의무를 진다.

⑤ 신체장애자 및 질병·노령 기타의 사유로 생활능력이 없는 국민은 법률이 정하는 바에 의하여 국가의 보호를 받는다.

⑥ 국가는 재해를 예방하고 그 위험으로부터 국민을 보호하기 위하여 노력하여야 한다.

제35조 ① 모든 국민은 건강하고 쾌적한 환경에서 생활할 권리를 가지며, 국가와 국민은 환경보전을 위하여 노력하여야 한다.

② 환경권의 내용과 행사에 관하여는 법률로 정한다.

③ 국가는 주택개발정책 등을 통하여 모든 국민이 쾌적한 주거생활을 할 수 있도록 노력하여야 한다.

제36조 ① 혼인과 가족생활은 개인의 존엄과 양성의 평등을 기초로 성립되고 유지되어야 하며, 국가는 이를 보장한다.

② 국가는 모성의 보호를 위하여 노력하여야 한다.

③ 모든 국민은 보건에 관하여 국가의 보호를 받는다.

제37조 ① 국민의 자유와 권리는 헌법에 열거되지 아니한 이유로 경시되지 아니한다.

② 국민의 모든 자유와 권리는 국가안전보장·질서유지 또는 공공복리를 위하여 필요한 경우에 한하여 법률로써 제한할 수 있으며, 제한하는 경우에도 자유와 권리의 본질적인 내용을 침해할 수 없다.

제38조 모든 국민은 법률이 정하는 바에 의하여 납세의 의무를 진다.

제39조 ① 모든 국민은 법률이 정하는 바에 의하여 국방의 의무를 진다.

② 누구든지 병역의무의 이행으로 인하여 불이익한 처우를 받지 아니한다.

제3장 국 회

제40조 입법권은 국회에 속한다.

제41조 ① 국회는 국민의 보통·평등·직접·비밀선거에 의하여 선출된 국회의원으로 구성한다.

② 국회의원의 수는 법률로 정하되, 200인 이상으로 한다.

③ 국회의원의 선거구와 비례대표제 기타 선거에 관한 사항은 법률로 정한다.

제42조 국회의원의 임기는 4년으로 한다.

제43조 국회의원은 법률이 정하는 직을 겸할 수 없다.

제44조 ① 국회의원은 현행범인인 경우를 제외하고는 회기중 국회의 동의없이 체포 또

는 구금되지 아니한다.

② 국회의원이 회기 전에 체포 또는 구금된 때에는 현행범인이 아닌 한 국회의 요구가 있으면 회기중 석방된다.

제45조 국회의원은 국회에서 직무상 행한 발언과 표결에 관하여 국회 외에서 책임을 지지 아니한다.

제46조 ① 국회의원은 청렴의 의무가 있다.

② 국회의원은 국가이익을 우선하여 양심에 따라 직무를 행한다.

③ 국회의원은 그 지위를 남용하여 국가·공공단체 또는 기업체와의 계약이나 그 처분에 의하여 재산상의 권리·이익 또는 직위를 취득하거나 타인을 위하여 그 취득을 알선할 수 없다.

제47조 ① 국회의 정기회는 법률이 정하는 바에 의하여 매년 1회 집회되며, 국회의 임시회는 대통령 또는 국회재적의원 4분의 1 이상의 요구에 의하여 집회된다.

② 정기회의 회기는 100일을, 임시회의 회기는 30일을 초과할 수 없다.

③ 대통령이 임시회의 집회를 요구할 때에는 기간과 집회요구의 이유를 명시하여야 한다.

제48조 국회는 의장 1인과 부의장 2인을 선출한다.

제49조 국회는 헌법 또는 법률에 특별한 규정이 없는 한 재적의원 과반수의 출석과 출석의원 과반수의 찬성으로 의결한다. 가부동수인 때에는 부결된 것으로 본다.

제50조 ① 국회의 회의는 공개한다. 다만, 출석의원 과반수의 찬성이 있거나 의장이 국가의 안전보장을 위하여 필요하다고 인정할 때에는 공개하지 아니할 수 있다.

② 공개하지 아니한 회의내용의 공표에 관하여는 법률이 정하는 바에 의한다.

제51조 국회에 제출된 법률안 기타의 의안은 회기중에 의결되지 못한 이유로 폐기되지 아니한다. 다만, 국회의원의 임기가 만료된 때에는 그러하지 아니하다.

제52조 국회의원과 정부는 법률안을 제출할 수 있다.

제53조 ① 국회에서 의결된 법률안은 정부에 이송되어 15일 이내에 대통령이 공포한다.

② 법률안에 이의가 있을 때에는 대통령은 제1항의 기간 내에 이의서를 붙여 국회로 환부하고, 그 재의를 요구할 수 있다. 국회의 폐회중에도 또한 같다.

③ 대통령은 법률안의 일부에 대하여 또는 법률안을 수정하여 재의를 요구할 수 없다.

④ 재의의 요구가 있을 때에는 국회는 재의에 붙이고, 재적의원과반수의 출석과 출석의원 3분의 2 이상의 찬성으로 전과 같은 의결을 하면 그 법률안은 법률로서 확정된다.

⑤ 대통령이 제1항의 기간 내에 공포나 재의의 요구를 하지 아니한 때에도 그 법률안은 법률로서 확정된다.

⑥ 대통령은 제4항과 제5항의 규정에 의하여 확정된 법률을 지체없이 공포하여야 한다. 제5항에 의하여 법률이 확정된 후 또는 제4항에 의한 확정법률이 정부에 이송된 후 5일 이내에 대통령이 공포하지 아니할 때에는 국회의장이 이를 공포한다.

⑦ 법률은 특별한 규정이 없는 한 공포한 날로부터 20일을 경과함으로써 효력을 발생한다.

제54조 ① 국회는 국가의 예산안을 심의·확정한다.

② 정부는 회계연도마다 예산안을 편성하여 회계연도 개시 90일 전까지 국회에 제출하고, 국회는 회계연도 개시 30일 전까지 이를 의결하여야 한다.

③ 새로운 회계연도가 개시될 때까지 예산안이 의결되지 못한 때에는 정부는 국회에서 예산안이 의결될 때까지 다음의 목적을 위한 경비는 전년도 예산에 준하여 집행할 수 있다.

1. 헌법이나 법률에 의하여 설치된 기관 또는 시설의 유지·운영
2. 법률상 지출의무의 이행
3. 이미 예산으로 승인된 사업의 계속

제55조 ① 한 회계연도를 넘어 계속하여 지출할 필요가 있을 때에는 정부는 연한을 정하여 계속비로서 국회의 의결을 얻어야 한다.

② 예비비는 총액으로 국회의 의결을 얻어야 한다. 예비비의 지출은 차기국회의 승

인을 얻어야 한다.

제56조 정부는 예산에 변경을 가할 필요가 있을 때에는 추가경정예산안을 편성하여 국회에 제출할 수 있다.

제57조 국회는 정부의 동의없이 정부가 제출한 지출예산 각항의 금액을 증가하거나 새 비목을 설치할 수 없다.

제58조 국채를 모집하거나 예산 외에 국가의 부담이 될 계약을 체결하려 할 때에는 정부는 미리 국회의 의결을 얻어야 한다.

제59조 조세의 종목과 세율은 법률로 정한다.

제60조 ① 국회는 상호원조 또는 안전보장에 관한 조약, 중요한 국제조직에 관한 조약, 우호통상항해조약, 주권의 제약에 관한 조약, 강화조약, 국가나 국민에게 중대한 재정적 부담을 지우는 조약 또는 입법사항에 관한 조약의 체결·비준에 대한 동의권을 가진다.

② 국회는 선전포고, 국군의 외국에의 파견 또는 외국군대의 대한민국 영역 안에서의 주류에 대한 동의권을 가진다.

제61조 ① 국회는 국정을 감사하거나 특정한 국정사안에 대하여 조사할 수 있으며, 이에 필요한 서류의 제출 또는 증인의 출석과 증언이나 의견의 진술을 요구할 수 있다.

② 국정감사 및 조사에 관한 절차 기타 필요한 사항은 법률로 정한다.

제62조 ① 국무총리·국무위원 또는 정부위원은 국회나 그 위원회에 출석하여 국정처리상황을 보고하거나 의견을 진술하고 질문에 응답할 수 있다.

② 국회나 그 위원회의 요구가 있을 때에는 국무총리·국무위원 또는 정부위원은 출석·답변하여야 하며, 국무총리 또는 국무위원이 출석요구를 받은 때에는 국무위원 또는 정부위원으로 하여금 출석·답변하게 할 수 있다.

제63조 ① 국회는 국무총리 또는 국무위원의 해임을 대통령에게 건의할 수 있다.

② 제1항의 해임건의는 국회재적의원 3분의 1 이상의 발의에 의하여 국회재적의원 과반수의 찬성이 있어야 한다.

제64조 ① 국회는 법률에 저촉되지 아니하는 범위 안에서 의사와 내부규율에 관한 규칙을 제정할 수 있다.

② 국회는 의원의 자격을 심사하며, 의원을 징계할 수 있다.

③ 의원을 제명하려면 국회재적의원 3분의 2 이상의 찬성이 있어야 한다.

④ 제2항과 제3항의 처분에 대하여는 법원에 제소할 수 없다.

제65조 ① 대통령·국무총리·국무위원·행정각부의 장·헌법재판소 재판관·법관·중앙선거관리위원회 위원·감사원장·감사위원 기타 법률이 정한 공무원이 그 직무집행에 있어서 헌법이나 법률을 위배한 때에는 국회는 탄핵의 소추를 의결할 수 있다.

② 제1항의 탄핵소추는 국회재적의원 3분의 1 이상의 발의가 있어야 하며, 그 의결은 국회재적의원 과반수의 찬성이 있어야 한다. 다만, 대통령에 대한 탄핵소추는 국회재적의원 과반수의 발의와 국회재적의원 3분의 2 이상의 찬성이 있어야 한다.

③ 탄핵소추의 의결을 받은 자는 탄핵심판이 있을 때까지 그 권한행사가 정지된다.

④ 탄핵결정은 공직으로부터 파면함에 그친다. 그러나, 이에 의하여 민사상이나 형사상의 책임이 면제되지는 아니한다.

제4장 정 부

제1절 대 통 령

제66조 ① 대통령은 국가의 원수이며, 외국에 대하여 국가를 대표한다.

② 대통령은 국가의 독립·영토의 보전·국가의 계속성과 헌법을 수호할 책무를 진다.

③ 대통령은 조국의 평화적 통일을 위한 성실한 의무를 진다.

④ 행정권은 대통령을 수반으로 하는 정부에 속한다.

제67조 ① 대통령은 국민의 보통·평등·직접·비밀선거에 의하여 선출한다.

② 제1항의 선거에 있어서 최고득표자가 2인 이상인 때에는 국회의 재적의원 과반수가 출석한 공개회의에서 다수표를 얻은 자를 당선자로 한다.

③ 대통령후보자가 1인일 때에는 그 득표수가 선거권자 총수의 3분의 1 이상이 아니면 대통령으로 당선될 수 없다.

④ 대통령으로 선거될 수 있는 자는 국회의원의 피선거권이 있고 선거일 현재 40세에 달하여야 한다.

⑤ 대통령의 선거에 관한 사항은 법률로 정한다.

第68조 ① 대통령의 임기가 만료되는 때에는 임기만료 70일 내지 40일 전에 후임자를 선거한다.

② 대통령이 궐위된 때 또는 대통령 당선자가 사망하거나 판결 기타의 사유로 그 자격을 상실한 때에는 60일 이내에 후임자를 선거한다.

第69조 대통령은 취임에 즈음하여 다음의 선서를 한다. "나는 헌법을 준수하고 국가를 보위하며 조국의 평화적 통일과 국민의 자유와 복리의 증진 및 민족문화의 창달에 노력하여 대통령으로서의 직책을 성실히 수행할 것을 국민 앞에 엄숙히 선서합니다."

第70조 대통령의 임기는 5년으로 하며, 중임할 수 없다.

第71조 대통령이 궐위되거나 사고로 인하여 직무를 수행할 수 없을 때에는 국무총리, 법률이 정한 국무위원의 순서로 그 권한을 대행한다.

第72조 대통령은 필요하다고 인정할 때에는 외교·국방·통일 기타 국가안위에 관한 중요정책을 국민투표에 붙일 수 있다.

第73조 대통령은 조약을 체결·비준하고, 외교사절을 신임·접수 또는 파견하며, 선전포고와 강화를 한다.

第74조 ① 대통령은 헌법과 법률이 정하는 바에 의하여 국군을 통수한다.

② 국군의 조직과 편성은 법률로 정한다.

第75조 대통령은 법률에서 구체적으로 범위를 정하여 위임받은 사항과 법률을 집행하기 위하여 필요한 사항에 관하여 대통령령을 발할 수 있다.

第76조 ① 대통령은 내우·외환·천재·지변 또는 중대한 재정·경제상의 위기에 있어서 국가의 안전보장 또는 공공의 안녕질서를 유지하기 위하여 긴급한 조치가 필요하고 국회의 집회를 기다릴 여유가 없을 때에 한하여 최소한으로 필요한 재정·경제상의 처분을 하거나 이에 관하여 법률의 효력을 가지는 명령을 발할 수 있다.

② 대통령은 국가의 안위에 관계되는 중대한 교전상태에 있어서 국가를 보위하기 위하여 긴급한 조치가 필요하고 국회의 집회가 불가능한 때에 한하여 법률의 효력을 가지는 명령을 발할 수 있다.

③ 대통령은 제1항과 제2항의 처분 또는 명령을 한 때에는 지체없이 국회에 보고하여 그 승인을 얻어야 한다.

④ 제3항의 승인을 얻지 못한 때에는 그 처분 또는 명령은 그때부터 효력을 상실한다. 이 경우 그 명령에 의하여 개정 또는 폐지되었던 법률은 그 명령이 승인을 얻지 못한 때부터 당연히 효력을 회복한다.

⑤ 대통령은 제3항과 제4항의 사유를 지체없이 공포하여야 한다.

第77조 ① 대통령은 전시·사변 또는 이에 준하는 국가비상사태에 있어서 병력으로써 군사상의 필요에 응하거나 공공의 안녕질서를 유지할 필요가 있을 때에는 법률이 정하는 바에 의하여 계엄을 선포할 수 있다.

② 계엄은 비상계엄과 경비계엄으로 한다.

③ 비상계엄이 선포된 때에는 법률이 정하는 바에 의하여 영장제도, 언론·출판·집회·결사의 자유, 정부나 법원의 권한에 관하여 특별한 조치를 할 수 있다.

④ 계엄을 선포한 때에는 대통령은 지체없이 국회에 통고하여야 한다.

⑤ 국회가 재적의원 과반수의 찬성으로 계엄의 해제를 요구한 때에는 대통령은 이를 해제하여야 한다.

第78조 대통령은 헌법과 법률이 정하는 바에 의하여 공무원을 임면한다.

第79조 ① 대통령은 법률이 정하는 바에 의하여 사면·감형 또는 복권을 명할 수 있다.

② 일반사면을 명하려면 국회의 동의를 얻어야 한다.

③ 사면·감형 및 복권에 관한 사항은 법률로 정한다.

제80조 대통령은 법률이 정하는 바에 의하여 훈장 기타의 영전을 수여한다.

제81조 대통령은 국회에 출석하여 발언하거나 서한으로 의견을 표시할 수 있다.

제82조 대통령의 국법상 행위는 문서로써 하며, 이 문서에는 국무총리와 관계 국무위원이 부서한다. 군사에 관한 것도 또한 같다.

제83조 대통령은 국무총리·국무위원·행정각부의 장 기타 법률이 정하는 공사의 직을 겸할 수 없다.

제84조 대통령은 내란 또는 외환의 죄를 범한 경우를 제외하고는 재직중 형사상의 소추를 받지 아니한다.

제85조 전직대통령의 신분과 예우에 관하여는 법률로 정한다.

제2절 행정부

제1관 국무총리와 국무위원

제86조 ① 국무총리는 국회의 동의를 얻어 대통령이 임명한다.

② 국무총리는 대통령을 보좌하며, 행정에 관하여 대통령의 명을 받아 행정각부를 통할한다.

③ 군인은 현역을 면한 후가 아니면 국무총리로 임명될 수 없다.

제87조 ① 국무위원은 국무총리의 제청으로 대통령이 임명한다.

② 국무위원은 국정에 관하여 대통령을 보좌하며, 국무회의의 구성원으로서 국정을 심의한다.

③ 국무총리는 국무위원의 해임을 대통령에게 건의할 수 있다.

④ 군인은 현역을 면한 후가 아니면 국무위원으로 임명될 수 없다.

제2관 국무회의

제88조 ① 국무회의는 정부의 권한에 속하는 중요한 정책을 심의한다.

② 국무회의는 대통령·국무총리와 15인 이상 30인 이하의 국무위원으로 구성한다.

③ 대통령은 국무회의의 의장이 되고, 국무총리는 부의장이 된다.

제89조 다음 사항은 국무회의의 심의를 거쳐야 한다.

1. 국정의 기본계획과 정부의 일반정책
2. 선전·강화 기타 중요한 대외정책
3. 헌법개정안·국민투표안·조약안·법률안 및 대통령령안
4. 예산안·결산·국유재산처분의 기본계획·국가의 부담이 될 계약 기타 재정에 관한 중요사항
5. 대통령의 긴급명령·긴급재정경제처분 및 명령 또는 계엄과 그 해제
6. 군사에 관한 중요사항
7. 국회의 임시회 집회의 요구
8. 영전수여
9. 사면·감형과 복권
10. 행정각부간의 권한의 획정
11. 정부안의 권한의 위임 또는 배정에 관한 기본계획
12. 국정처리상황의 평가·분석
13. 행정각부의 중요한 정책의 수립과 조정
14. 정당해산의 제소
15. 정부에 제출 또는 회부된 정부의 정책에 관계되는 청원의 심사
16. 검찰총장·합동참모의장·각군참모총장·국립대학교총장·대사 기타 법률이 정한 공무원과 국영기업체관리자의 임명
17. 기타 대통령·국무총리 또는 국무위원이 제출한 사항

제90조 ① 국정의 중요한 사항에 관한 대통령의 자문에 응하기 위하여 국가원로로 구성되는 국가원로자문회의를 둘 수 있다.

② 국가원로자문회의의 의장은 직전대통령이 된다. 다만, 직전대통령이 없을 때에는 대통령이 지명한다.

③ 국가원로자문회의의 조직·직무범위 기타 필요한 사항은 법률로 정한다.

제91조 ① 국가안전보장에 관련되는 대외정책·군사정책과 국내정책의 수립에 관하여 국무회의의 심의에 앞서 대통령의 자문에 응하기 위하여 국가안전보장회의를 둔다.

② 국가안전보장회의는 대통령이 주재한다.

③ 국가안전보장회의의 조직·직무범위 기타 필요한 사항은 법률로 정한다.

제92조 ① 평화통일정책의 수립에 관한 대통령의 자문에 응하기 위하여 민주평화통일

자문회의를 둘 수 있다.

② 민주평화통일자문회의의 조직·직무범위 기타 필요한 사항은 법률로 정한다.

제93조 ① 국민경제의 발전을 위한 중요정책의 수립에 관하여 대통령의 자문에 응하기 위하여 국민경제자문회의를 둘 수 있다.

② 국민경제자문회의의 조직·직무범위 기타 필요한 사항은 법률로 정한다.

제3관 행정각부

제94조 행정각부의 장은 국무위원 중에서 국무총리의 제청으로 대통령이 임명한다.

제95조 국무총리 또는 행정각부의 장은 소관사무에 관하여 법률이나 대통령령의 위임 또는 직권으로 총리령 또는 부령을 발할 수 있다.

제96조 행정각부의 설치·조직과 직무범위는 법률로 정한다.

제4관 감 사 원

제97조 국가의 세입·세출의 결산, 국가 및 법률이 정한 단체의 회계검사와 행정기관 및 공무원의 직무에 관한 감찰을 하기 위하여 대통령 소속하에 감사원을 둔다.

제98조 ① 감사원은 원장을 포함한 5인 이상 11인 이하의 감사위원으로 구성한다.

② 원장은 국회의 동의를 얻어 대통령이 임명하고, 그 임기는 4년으로 하며, 1차에 한하여 중임할 수 있다.

③ 감사위원은 원장의 제청으로 대통령이 임명하고, 그 임기는 4년으로 하며, 1차에 한하여 중임할 수 있다.

제99조 감사원은 세입·세출의 결산을 매년 검사하여 대통령과 차년도국회에 그 결과를 보고하여야 한다.

제100조 감사원의 조직·직무범위·감사위원의 자격·감사대상공무원의 범위 기타 필요한 사항은 법률로 정한다.

제5장 법 원

제101조 ① 사법권은 법관으로 구성된 법원에 속한다.

② 법원은 최고법원인 대법원과 각급법원으로 조직된다.

③ 법관의 자격은 법률로 정한다.

제102조 ① 대법원에 부를 둘 수 있다.

② 대법원에 대법관을 둔다. 다만, 법률이 정하는 바에 의하여 대법관이 아닌 법관을 둘 수 있다.

③ 대법원과 각급법원의 조직은 법률로 정한다.

제103조 법관은 헌법과 법률에 의하여 그 양심에 따라 독립하여 심판한다.

제104조 ① 대법원장은 국회의 동의를 얻어 대통령이 임명한다.

② 대법관은 대법원장의 제청으로 국회의 동의를 얻어 대통령이 임명한다.

③ 대법원장과 대법관이 아닌 법관은 대법관회의의 동의를 얻어 대법원장이 임명한다.

제105조 ① 대법원장의 임기는 6년으로 하며, 중임할 수 없다.

② 대법관의 임기는 6년으로 하며, 법률이 정하는 바에 의하여 연임할 수 있다.

③ 대법원장과 대법관이 아닌 법관의 임기는 10년으로 하며, 법률이 정하는 바에 의하여 연임할 수 있다.

④ 법관의 정년은 법률로 정한다.

제106조 ① 법관은 탄핵 또는 금고 이상의 형의 선고에 의하지 아니하고는 파면되지 아니하며, 징계처분에 의하지 아니하고는 정직·감봉 기타 불리한 처분을 받지 아니한다.

② 법관이 중대한 심신상의 장해로 직무를 수행할 수 없을 때에는 법률이 정하는 바에 의하여 퇴직하게 할 수 있다.

제107조 ① 법률이 헌법에 위반되는 여부가 재판의 전제가 된 경우에는 법원은 헌법재판소에 제청하여 그 심판에 의하여 재판한다.

② 명령·규칙 또는 처분이 헌법이나 법률에 위반되는 여부가 재판의 전제가 된 경우에는 대법원은 이를 최종적으로 심사할 권한을 가진다.

③ 재판의 전심절차로서 행정심판을 할 수 있다. 행정심판의 절차는 법률로 정하되, 사법절차가 준용되어야 한다.

제108조 대법원은 법률에서 저촉되지 아니하는 범위 안에서 소송에 관한 절차, 법원의

내부규율과 사무처리에 관한 규칙을 제정할 수 있다.

제109조 재판의 심리와 판결은 공개한다. 다만, 심리는 국가의 안전보장 또는 안녕질서를 방해하거나 선량한 풍속을 해할 염려가 있을 때에는 법원의 결정으로 공개하지 아니할 수 있다.

제110조 ① 군사재판을 관할하기 위하여 특별법원으로서 군사법원을 둘 수 있다.

② 군사법원의 상고심은 대법원에서 관할한다.

③ 군사법원의 조직·권한 및 재판관의 자격은 법률로 정한다.

④ 비상계엄하의 군사재판은 군인·군무원의 범죄나 군사에 관한 간첩죄의 경우와 초병·초소·유독음식물공급·포로에 관한 죄 중 법률이 정한 경우에 한하여 단심으로 할 수 있다. 다만, 사형을 선고한 경우에는 그러하지 아니하다.

제 6 장 헌법재판소

제111조 ① 헌법재판소는 다음 사항을 관장한다.

1. 법원의 제청에 의한 법률의 위헌여부 심판
2. 탄핵의 심판
3. 정당의 해산 심판
4. 국가기관 상호간, 국가기관과 지방자치단체간 및 지방자치단체 상호간의 권한쟁의에 관한 심판
5. 법률이 정하는 헌법소원에 관한 심판

② 헌법재판소는 법관의 자격을 가진 9인의 재판관으로 구성하며, 재판관은 대통령이 임명한다.

③ 제 2 항의 재판관 중 3인은 국회에서 선출하는 자를, 3인은 대법원장이 지명하는 자를 임명한다.

④ 헌법재판소의 장은 국회의 동의를 얻어 재판관 중에서 대통령이 임명한다.

제112조 ① 헌법재판소 재판관의 임기는 6년으로 하며, 법률이 정하는 바에 의하여 연임할 수 있다.

② 헌법재판소 재판관은 정당에 가입하거나 정치에 관여할 수 없다.

③ 헌법재판소 재판관은 탄핵 또는 금고 이상의 형의 선고에 의하지 아니하고는 파면되지 아니한다.

제113조 ① 헌법재판소에서 법률의 위헌결정, 탄핵의 결정, 정당해산의 결정 또는 헌법소원에 관한 인용결정을 할 때에는 재판관 6인 이상의 찬성이 있어야 한다.

② 헌법재판소는 법률에 저촉되지 아니하는 범위안에서 심판에 관한 절차, 내부규율과 사무처리에 관한 규칙을 제정할 수 있다.

③ 헌법재판소의 조직과 운영 기타 필요한 사항은 법률로 정한다.

제 7 장 선거관리

제114조 ① 선거와 국민투표의 공정한 관리 및 정당에 관한 사무를 처리하기 위하여 선거관리위원회를 둔다.

② 중앙선거관리위원회는 대통령이 임명하는 3인, 국회에서 선출하는 3인과 대법원장이 지명하는 3인의 위원으로 구성한다. 위원장은 위원중에서 호선한다.

③ 위원의 임기는 6년으로 한다.

④ 위원은 정당에 가입하거나 정치에 관여할 수 없다.

⑤ 위원은 탄핵 또는 금고 이상의 형의 선고에 의하지 아니하고는 파면되지 아니한다.

⑥ 중앙선거관리위원회는 법령의 범위 안에서 선거관리·국민투표관리 또는 정당사무에 관한 규칙을 제정할 수 있으며, 법률에 저촉되지 아니하는 범위 안에서 내부규율에 관한 규칙을 제정할 수 있다.

⑦ 각급 선거관리위원회의 조직·직무범위 기타 필요한 사항은 법률로 정한다.

제115조 ① 각급 선거관리위원회는 선거인명부의 작성 등 선거사무와 국민투표사무에 관하여 관계 행정기관에 필요한 지시를 할 수 있다.

② 제 1 항의 지시를 받은 당해 행정기관은 이에 응하여야 한다.

제116조 ① 선거운동은 각급 선거관리위원

회의 관리하에 법률이 정하는 범위 안에서 하되, 균등한 기회가 보장되어야 한다.

② 선거에 관한 경비는 법률이 정하는 경우를 제외하고는 정당 또는 후보자에게 부담시킬 수 없다.

제 8 장 지방자치

제117조 ① 지방자치단체는 주민의 복리에 관한 사무를 처리하고 재산을 관리하며, 법령의 범위 안에서 자치에 관한 규정을 제정할 수 있다.

② 지방자치단체의 종류는 법률로 정한다.

제118조 ① 지방자치단체에 의회를 둔다.

② 지방의회의 조직·권한·의원선거와 지방자치단체의 장의 선임방법 기타 지방자치단체의 조직과 운영에 관한 사항은 법률로 정한다.

제 9 장 경 제

제119조 ① 대한민국의 경제질서는 개인과 기업의 경제상의 자유와 창의를 존중함을 기본으로 한다.

② 국가는 균형있는 국민경제의 성장 및 안정과 적정한 소득의 분배를 유지하고, 시장의 지배와 경제력의 남용을 방지하며, 경제주체간의 조화를 통한 경제의 민주화를 위하여 경제에 관한 규제와 조정을 할 수 있다.

제120조 ① 광물 기타 중요한 지하자원·수산자원·수력과 경제상 이용할 수 있는 자연력은 법률이 정하는 바에 의하여 일정한 기간 그 채취·개발 또는 이용을 특허할 수 있다.

② 국토와 자원은 국가의 보호를 받으며, 국가는 그 균형있는 개발과 이용을 위하여 필요한 계획을 수립한다.

제121조 ① 국가는 농지에 관하여 경자유전의 원칙이 달성될 수 있도록 노력하여야 하며, 농지의 소작제도는 금지된다.

② 농업생산성의 제고와 농지의 합리적인 이용을 위하거나 불가피한 사정으로 발생하는 농지의 임대차와 위탁경영은 법률이 정하는 바에 의하여 인정된다.

제122조 국가는 국민 모두의 생산 및 생활의 기반이 되는 국토의 효율적이고 균형있는 이용·개발과 보전을 위하여 법률이 정하는 바에 의하여 그에 관한 필요한 제한과 의무를 과할 수 있다.

제123조 ① 국가는 농업 및 어업을 보호·육성하기 위하여 농·어촌종합개발과 그 지원등 필요한 계획을 수립·시행하여야 한다.

② 국가는 지역간의 균형있는 발전을 위하여 지역경제를 육성할 의무를 진다.

③ 국가는 중소기업을 보호·육성하여야 한다.

④ 국가는 농수산물의 수급균형과 유통구조의 개선에 노력하여 가격안정을 도모함으로써 농·어민의 이익을 보호한다.

⑤ 국가는 농·어민과 중소기업의 자조조직을 육성하여야 하며, 그 자율적 활동과 발전을 보장한다.

제124조 국가는 건전한 소비행위를 계도하고 생산품의 품질향상을 촉구하기 위한 소비자보호운동을 법률이 정하는 바에 의하여 보장한다.

제125조 국가는 대외무역을 육성하며, 이를 규제·조정할 수 있다.

제126조 국방상 또는 국민경제상 긴절한 필요로 인하여 법률이 정하는 경우를 제외하고는, 사영기업을 국유 또는 공유로 이전하거나 그 경영을 통제 또는 관리할 수 없다.

제127조 ① 국가는 과학기술의 혁신과 정보 및 인력의 개발을 통하여 국민경제의 발전에 노력하여야 한다.

② 국가는 국가표준제도를 확립한다.

③ 대통령은 제 1 항의 목적을 달성하기 위하여 필요한 자문기구를 둘 수 있다.

제10장 헌법개정

제128조 ① 헌법개정은 국회재적의원 과반수 또는 대통령의 발의로 제안된다.

② 대통령의 임기연장 또는 중임변경을 위한 헌법개정은 그 헌법개정 제안 당시의 대통령에 대하여는 효력이 없다.

제129조 제안된 헌법개정안은 대통령이 20

일 이상의 기간 이를 공고하여야 한다.

제130조 ① 국회는 헌법개정안이 공고된 날로부터 60일 이내에 의결하여야 하며, 국회의 의결은 재적의원 3분의 2 이상의 찬성을 얻어야 한다.

② 헌법개정안은 국회가 의결한 후 30일 이내에 국민투표에 붙여 국회의원선거권자 과반수의 투표와 투표자 과반수의 찬성을 얻어야 한다.

③ 헌법개정안이 제2항의 찬성을 얻은 때에는 헌법개정은 확정되며, 대통령은 즉시 이를 공포하여야 한다.

부 칙

제1조 이 헌법은 1988년 2월 25일부터 시행한다. 다만, 이 헌법을 시행하기 위하여 필요한 법률의 제정·개정과 이 헌법에 의한 대통령 및 국회의원의 선거 기타 이 헌법시행에 관한 준비는 이 헌법시행 전에 할 수 있다.

제2조 ① 이 헌법에 의한 최초의 대통령선거는 이 헌법시행일 40일 전까지 실시한다.

② 이 헌법에 의한 최초의 대통령의 임기는 이 헌법시행일로부터 개시한다.

제3조 ① 이 헌법에 의한 최초의 국회의원선거는 이 헌법공포일로부터 6월 이내에 실시하며, 이 헌법에 의하여 선출된 최초의 국회의원의 임기는 국회의원선거 후 이 헌법에 의한 국회의 최초의 집회일로부터 개시한다.

② 이 헌법공포 당시의 국회의원의 임기는 제1항에 의한 국회의 최초의 집회일 전일까지로 한다.

제4조 ① 이 헌법시행 당시의 공무원과 정부가 임명한 기업체의 임원은 이 헌법에 의하여 임명된 것으로 본다. 다만, 이 헌법에 의하여 선임방법이나 임명권자가 변경된 공무원과 대법원장 및 감사원장은 이 헌법에 의하여 후임자가 선임될 때까지 그 직무를 행하며, 이 경우 전임자인 공무원의 임기는 후임자가 선임되는 전일까지로 한다.

② 이 헌법시행 당시의 대법원장과 대법원판사가 아닌 법관은 제1항 단서의 규정에 불구하고 이 헌법에 의하여 임명된 것으로 본다.

③ 이 헌법 중 공무원의 임기 또는 중임제한에 관한 규정은 이 헌법에 의하여 그 공무원이 최초로 선출 또는 임명된 때로부터 적용한다.

제5조 이 헌법시행 당시의 법령과 조약은 이 헌법에 위배되지 아니하는 한 그 효력을 지속한다.

제6조 이 헌법시행 당시에 이 헌법에 의하여 새로 설치될 기관의 권한에 속하는 직무를 행하고 있는 기관은 이 헌법에 의하여 새로운 기관이 설치될 때까지 존속하며 그 직무를 행한다.

판례색인

[憲法裁判所判例]

헌재 1989. 1. 25. 88헌가7 결정 ········ 118
헌재 1989. 7. 14. 88헌가5 결정 ········ 41, 42
헌재 1989. 7. 21. 89헌마38 결정 ········ 41, 222
헌재 1989. 9. 8. 88헌가6 결정 ········ 19, 32, 118, 143, 144, 151, 156, 183
헌재 1989. 9. 29. 89헌가86 결정 ········ 227
헌재 1989. 12. 22. 88헌가13 결정 ········ 253, 260, 487
헌재 1990. 9. 10. 89헌마82 결정 ········ 490
헌재 1990. 11. 19. 90헌가48 결정 ········ 502
헌재 1990. 4. 2. 89헌가113 결정 ········ 78, 81, 106, 119, 126, 284, 480
헌재 1990. 6. 25. 90헌가11 결정 ········ 38, 119
헌재 1990. 8. 27. 89헌가118 결정 ········ 482
헌재 1990. 9. 3. 89헌가95 결정 ········ 474, 476
헌재 1990. 9. 10. 89헌마82 결정 ········ 466, 467
헌재 1991. 2. 11. 90헌가27 결정 ········ 226, 273, 379
헌재 1991. 3. 11. 91헌마21 결정 ········ 106, 145, 151, 181, 185, 404
헌재 1991. 5. 13. 89헌가97 결정 ········ 416, 486
헌재 1991. 6. 3. 90헌마56 결정 ········ 403, 412
헌재 1991. 7. 22. 89헌가106 결정 ········ 316
헌재 1991. 9. 16. 89헌마163 결정 ········ 36
헌재 1991. 9. 16. 89헌마165 결정 ········ 365, 446
헌재 1992. 1. 28. 89헌가8 결정 ········ 119
헌재 1992. 2. 25. 89헌가140 결정 ········ 480
헌재 1992. 3. 13. 92헌마37 등 병합결정 ········ 119, 153, 185
헌재 1992. 4. 14. 90헌바23 등 병합결정 ········ 491
헌재 1992. 4. 28. 90헌바24 결정 ········ 502
헌재 1992. 10. 1. 92헌가67 등 병합결정 ········ 416
헌재 1992. 10. 1. 92헌마68 등 병합결정 ········ 227, 408, 508
헌재 1992. 12. 24. 92헌가8 결정 ········ 483, 502
헌재 1993. 3. 11. 92헌마48 결정 ········ 478

헌재 1993. 5. 13. 92헌마80 결정 ··· 454
헌재 1993. 7. 9. 92헌마262 결정 ··· 404
헌재 1993. 7. 29. 92헌마262 결정 ··· 181, 187
헌재 1993. 7. 29. 92헌바20 결정 ··· 478
헌재 1993. 9. 27. 92헌마179 결정 ··· 454
헌재 1993. 11. 25. 92헌마278 결정 ··· 454
헌재 1993. 12. 23. 89헌마189 결정 ··· 75
헌재 1993. 12. 23. 92헌마247 결정 ··· 508
헌재 1994. 6. 30. 92헌가18 결정 ··· 4
헌재 1994. 7. 29. 93헌가4 등 병합결정 ··· 157, 166, 170, 491, 502
헌재 1994. 7. 29. 93헌마23 결정 ··· 150
헌재 1994. 12. 29. 93헌마120 결정 ··· 397, 398, 407
헌재 1994. 12. 29. 93헌바21 결정 ··· 502
헌재 1995. 1. 20. 94헌마246 결정 ··· 66
헌재 1995. 2. 23. 93헌가1 결정 ··· 502
헌재 1995. 5. 25. 95헌마105 결정 ··· 153, 168, 183
헌재 1995. 6. 29. 93헌바45 결정 ··· 381
헌재 1995. 7. 21. 92헌마144 결정 ··· 481
헌재 1995. 7. 21. 92헌마177 등 병합결정 ··· 170, 404
헌재 1995. 7. 21. 94헌마125 결정 ··· 262
헌재 1995. 9. 28. 92헌가11 등 병합결정 ··· 502
헌재 1995. 10. 26. 94헌바12 결정 ··· 227
헌재 1995. 11. 30. 94헌마97 결정 ··· 188
헌재 1995. 12. 15. 95헌마221 등 병합결정 ··· 67
헌재 1995. 12. 27. 95헌마224 등 병합결정 ··· 153, 159
헌재 1995. 12. 28. 95헌바3 결정 ··· 35, 60, 442
헌재 1996. 2. 16. 96헌가2 등 병합결정 ··· 494
헌재 1996. 3. 28. 96헌마9 등 병합결정 ··· 165
헌재 1996. 3. 28. 96헌마18 등 병합결정 ··· 181
헌재 1996. 4. 25. 92헌바47 결정 ··· 113, 502
헌재 1996. 4. 25. 94헌마119 결정 ··· 228
헌재 1996. 4. 25. 95헌마331 결정 ··· 488
헌재 1996. 8. 29. 96헌마99 결정 ··· 145, 178
헌재 1996. 10. 4. 93헌가13 등 병합결정 ··· 454
헌재 1996. 10. 4. 95헌바11 결정 ··· 482
헌재 1996. 12. 26. 96헌가8 결정 ··· 487
헌재 1996. 12. 26. 96헌가18 결정 ··· 261
헌재 1997. 1. 16. 90헌마110 등 병합결정 ··· 386, 416

헌재 1997. 1. 16. 92헌마6 등 병합결정 ······ 106
헌재 1997. 1. 16. 92헌바6 등 병합결정 ······ 80, 82, 480
헌재 1997. 4. 24. 95헌바48 결정 ······ 383
헌재 1997. 4. 24. 96헌가3 등 병합결정 ······ 482
헌재 1997. 5. 29. 96헌마85 결정 ······ 184
헌재 1997. 6. 26. 96헌마89 결정 ······ 148
헌재 1997. 7. 16. 95헌가6 등 병합결정 ······ 262, 268, 486
헌재 1997. 7. 16. 97헌마38 결정 ······ 228
헌재 1997. 8. 21. 94헌바19 등 병합결정 ······ 487, 502
헌재 1997. 9. 25. 97헌가4 결정 ······ 94
헌재 1997. 11. 27. 97헌바10 결정 ······ 481
헌재 1997. 12. 24. 96헌마172 등 병합결정 ······ 417, 516
헌재 1998. 1. 28. 97헌마263 등 병합결정 ······ 75
헌재 1998. 2. 27. 94헌바13 등 병합결정 ······ 221
헌재 1998. 2. 27. 95헌바59 결정 ······ 488
헌재 1998. 2. 27. 97헌바20 결정 ······ 489
헌재 1998. 3. 26. 93헌바12 결정 ······ 228
헌재 1998. 4. 30. 95헌가16 결정 ······ 491
헌재 1998. 5. 28. 96헌가4 등 병합결정 ······ 481
헌재 1998. 5. 28. 96헌가5 결정 ······ 482, 488
헌재 1998. 5. 28. 97헌마282 결정 ······ 75
헌재 1998. 8. 27. 97헌마372 등 병합결정 ······ 170
헌재 1998. 11. 26. 97헌바31 결정 ······ 489
헌재 1998. 11. 26. 97헌바65 결정 ······ 280
헌재 1998. 12. 24. 89헌마214 등 병합결정 ······ 481
헌재 1999. 1. 28. 98헌마172 결정 ······ 167
헌재 1999. 2. 25. 97헌바3 결정 ······ 509
헌재 1999. 3. 25. 97헌마99 결정 ······ 75, 147
헌재 1999. 4. 29. 94헌바37 등 병합결정 ······ 441
헌재 1999. 4. 29. 96헌바10 등 병합결정 ······ 489
헌재 1999. 4. 29. 97헌가14 결정 ······ 281
헌재 1999. 5. 27. 98헌마214 결정 ······ 151
헌재 1999. 5. 27. 98헌바70 결정 ······ 226, 474
헌재 1999. 6. 24. 97헌마265 결정 ······ 390
헌재 1999. 9. 8. 88헌가6 결정 ······ 34
헌재 1999. 11. 25. 95헌마154 결정 ······ 193
헌재 1999. 11. 25. 98헌마141 결정 ······ 168
헌재 1999. 12. 22. 88헌가13 결정 ······ 486, 502

헌재 1999. 12. 23. 99헌마135 결정 ······ 106, 176, 195
헌재 2000. 3. 30. 98헌마206 결정 ······ 75
헌재 2000. 4. 27. 98헌가16 등 병합결정 ······ 262, 269, 273, 392
헌재 2000. 4. 27. 98헌가429 등 병합결정 ······ 262
헌재 2000. 6. 1. 99헌마553 결정 ······ 404
헌재 2000. 6. 1. 99헌마576 결정 ······ 189
헌재 2000. 6. 29. 98헌바67 결정 ······ 271
헌재 2000. 7. 20. 98헌바63 결정 ······ 81, 284
헌재 2000. 8. 31. 97헌가12 결정 ······ 70, 71, 72, 77
헌재 2001. 2. 22. 99헌마613 결정 ······ 494
헌재 2001. 3. 21. 99헌마139 등 병합결정 ······ 79, 119
헌재 2001. 4. 26. 99헌가13 결정 ······ 278, 280
헌재 2001. 6. 28. 2000헌마111 결정 ······ 152
헌재 2001. 6. 28. 2001헌마132 결정 ······ 230
헌재 2001. 7. 19. 2000헌마91 등 병합결정 ······ 145, 155, 160, 163
헌재 2001. 8. 30. 2000헌마121 등 병합결정 ······ 167, 168, 171
헌재 2001. 9. 27. 2000헌마238 등 병합결정 ······ 88, 106, 113, 127
헌재 2001. 9. 27. 2000헌바20 결정 ······ 281
헌재 2001. 10. 25. 2000헌마92 등 병합결정 ······ 154, 163
헌재 2001. 10. 25. 2000헌바5 결정 ······ 189
헌재 2001. 11. 29. 99헌마494 결정 ······ 75, 398, 399
헌재 2001. 12. 20. 2000헌바96 등 병합결정 ······ 171
헌재 2002. 2. 28. 99헌바4 결정 ······ 230
헌재 2002. 3. 28. 2000헌마283 결정 ······ 262
헌재 2002. 4. 25. 2001헌마614 결정 ······ 453, 489
헌재 2002. 7. 18. 2000헌마327 결정 ······ 457
헌재 2002. 11. 28. 2002헌바45 결정 ······ 229, 230
헌재 2002. 12. 18. 2002헌마52 결정 ······ 235
헌재 2003. 1. 30. 2001헌바64 결정 ······ 262, 269, 272
헌재 2003. 9. 25. 2003헌마106 결정 ······ 145
헌재 2003. 10. 30. 2002헌라1 결정 ······ 180, 184, 186
헌재 2003. 12. 18. 2002헌가2 결정 ······ 262, 268
헌재 2004. 3. 25. 2001헌마710 결정 ······ 182
헌재 2004. 3. 25. 2002헌마411 결정 ······ 148
헌재 2004. 5. 14. 2004헌나1 결정 ······ 157
헌재 2004. 5. 27. 2003헌가1 등 병합결정 ······ 262, 267, 269, 270
헌재 2004. 6. 24. 2004헌바16 결정 ······ 188
헌재 2004. 8. 26. 2003헌마457 결정 ······ 441, 446

헌재 2004. 8. 26. 2003헌마806 결정 …… 71
헌재 2004. 9. 23. 2000헌라2 결정 …… 5
헌재 2004. 10. 21. 2004헌마554 등 병합결정 …… 5, 45, 52
헌재 2004. 12. 16. 2004헌마456 결정 …… 177, 184
헌재 2005. 2. 3. 2001헌가9 등 병합결정 …… 262, 269, 272
헌재 2005. 2. 3. 2004헌마216 결정 …… 190
헌재 2005. 2. 24. 2001헌바71 결정 …… 408
헌재 2005. 4. 28. 2004헌마219 결정 …… 150
헌재 2005. 5. 26. 99헌마513 등 병합결정 …… 474
헌재 2005. 6. 30. 2002헌바83 결정 …… 491
헌재 2005. 6. 30. 2003헌마841 결정 …… 494, 495
헌재 2005. 6. 30. 2003헌바114 결정 …… 78, 81
헌재 2005. 6. 30. 2004헌마859 결정 …… 118
헌재 2005. 7. 21. 2004헌가30 결정 …… 487, 489
헌재 2005. 10. 27. 2002헌마425 결정 …… 390
헌재 2005. 10. 27. 2003헌가3 결정 …… 488
헌재 2005. 11. 24. 2002헌바95 등 병합결정 …… 445, 446
헌재 2005. 11. 24. 2004헌가28 결정 …… 489
헌재 2006. 2. 23. 2005헌마268 결정 …… 320
헌재 2006. 3. 30. 2003헌마806 결정 …… 72
헌재 2006. 3. 30. 2004헌마246 결정 …… 185, 179, 404
헌재 2006. 7. 27. 2004헌마655 결정 …… 175, 192
헌재 2006. 11. 30. 2005헌마739 결정 …… 72, 74
헌재 2006. 11. 30. 2005헌마855 결정 …… 432
헌재 2007. 4. 26. 2003헌마947 등 병합결정 …… 229
헌재 2007. 4. 26. 2006헌가2 결정 …… 40
헌재 2007. 6. 28. 2004헌마643 결정 …… 149
헌재 2007. 6. 28. 2004헌마644 등 병합결정 …… 149, 152, 475, 478
헌재 2007. 6. 28. 2005헌마772 결정 …… 149, 155, 156
헌재 2007. 8. 30. 2004헌마670 결정 …… 398
헌재 2007. 11. 29. 2005헌가10 결정 …… 42
헌재 2007. 11. 29. 2005헌마977 결정 …… 165
헌재 2008. 1. 10. 2007헌마1468 결정 …… 494
헌재 2008. 1. 17. 2004헌마41 결정 …… 150
헌재 2008. 1. 17. 2007헌마700 결정 …… 176
헌재 2008. 3. 27. 2006헌라4 결정 …… 280
헌재 2008. 5. 29. 2006헌마1096 결정 …… 509
헌재 2008. 7. 31. 2004헌바81 결정 …… 386, 390

헌재 2008. 7. 31. 2007헌가4 결정 492
헌재 2009. 2. 26. 2005헌마764 등 병합결정 386
헌재 2009. 2. 26. 2007헌바35 결정 79
헌재 2009. 3. 26. 2007헌마843 결정 141
헌재 2009. 5. 28. 2005헌바20 등 병합결정 229
헌재 2009. 5. 28. 2007헌마369 결정 278
헌재 2009. 6. 25. 2008헌마413 결정 164
헌재 2009. 10. 29. 2007헌마1462 결정 149
헌재 2009. 12. 29. 2007헌마1412 결정 158
헌재 2010. 5. 27. 2005헌마346 결정 389
헌재 2010. 7. 29. 2008헌가15 결정 488
헌재 2011. 3. 31. 2008헌바111 결정 390
헌재 2011. 8. 30. 2006헌마788 결정 120
헌재 2011. 8. 30. 2008헌가22 등 병합결정 279
헌재 2011. 9. 29. 2007헌마1083 등 병합결정 332
헌재 2011. 12. 29. 2007헌마1001 결정 169
헌재 2011. 12. 29. 2010헌마293 결정 446
헌재 2012. 2. 23. 2010헌마601 결정 169
헌재 2012. 7. 26. 2010헌바62 결정 479
헌재 2012. 8. 23. 2009헌가27 결정 403, 412
헌재 2012. 11. 29. 2011헌마786 결정 230
헌재 2013. 8. 29. 2012헌마326 결정 155
헌재 2013. 9. 26. 2012헌마271 결정 408, 409
헌재 2014. 12. 19 2013헌다1 결정 104, 105, 126, 196, 198, 200

[大法院 및 下級法院判例]

대법원 1966. 4. 21. 66도152 판결 140
대법원 1970. 12. 22. 68사58 판결 73
대법원 1971. 6. 22. 70다1010 판결 497
대법원 1975. 4. 8. 74도3323 판결 94
대법원 1980. 5. 20. 80도316 판결 93, 94
대법원 1982. 7. 2. 80누86 판결 508
대법원 1985. 1. 29. 74도3501 판결 68
대법원 1985. 6. 11. 84도1958 판결 389
대법원 1988. 10. 11. 85다카29 판결 442
대법원 1992. 4. 28. 92도344 판결 165

대법원 1992. 5. 8. 91부8 판결 ··· 41
대법원 1992. 7. 24. 92도1148 판결 ··· 81
대법원 1992. 8. 14. 92도1211 판결 ··· 106
대법원 1992. 8. 18. 92도1244 판결 ··· 106
대법원 1993. 9. 10. 93누5741 판결 ··· 227
대법원 1994. 3. 8. 92누1728 판결 ··· 490
대법원 1994. 4. 12. 93도 2712 판결 ··· 183
대법원 1996. 11. 12. 96누1221 판결 ··· 77
대법원 1997. 4. 17. 96도3376 판결 ··· 67
대법원 1997. 7. 16. 97도985 판결 ··· 480
대법원 1998. 7. 24. 98도1395 판결 ··· 106
대법원 1999. 7. 23. 98두14525 판결 ··· 81
대법원 1999. 12. 24. 99도3354 판결 ··· 73
대법원 2004. 8. 30. 2004도3212 판결 ··· 81
대법원 2004. 11. 12. 2004도4044 판결 ··· 78, 81
대법원 2005. 1. 27. 2004도7511 판결 ··· 168
대법원 2006. 11. 16. 2003두12899 판결 ··· 229
대법원 2007. 3. 15. 2006도8869 판결 ··· 167
대법원 2007. 9. 20. 2005다25298 판결 ··· 441
대법원 2010. 4. 22. 2008다38288 판결 ··· 430, 432, 447
대법원 2010. 7. 15. 2009두19069 판결 ··· 73
대법원 2011. 1. 27. 2009다19864 판결 ··· 432

서울민사지법 1979. 9. 8. 79카21709 판결 ··· 186
서울민사지법 1987. 7. 30. 87카30864 판결 ··· 186

[獨逸聯邦憲法裁判所判例]

BVerfGE 1, 14 ··· 331
BVerfGE 1, 41 ··· 382
BVerfGE 1, 44 ··· 244
BVerfGE 1, 97 ··· 244, 245, 374
BVerfGE 1, 299 ··· 29
BVerfGE 1, 354 ··· 244
BVerfGE 2, 1 ··· 107, 126, 199
BVerfGE 2, 266 ··· 40
BVerfGE 3, 27 ··· 153

BVerfGE 3, 45 ········· 154
BVerfGE 3, 47, 253 ········· 154
BVerfGE 3, 225 ········· 331
BVerfGE 3, 248(252f.) ········· 464
BVerfGE 3, 359 ········· 411
BVerfGE 3, 360 ········· 403
BVerfGE 3, 383 ········· 402, 403
BVerfGE 4, 7 ········· 403, 411, 464, 494
BVerfGE 4, 12 ········· 411
BVerfGE 4, 27 ········· 181
BVerfGE 4, 39ff. ········· 153
BVerfGE 4, 287 ········· 118
BVerfGE 5, 85 ········· 118, 177, 199, 239, 245
BVerfGE 5, 85ff. ········· 93, 126
BVerfGE 5, 138f. ········· 106
BVerfGE 5, 140 ········· 107
BVerfGE 6, 9 ········· 418
BVerfGE 6, 32 ········· 338, 467
BVerfGE 6, 32ff., 37f. ········· 490
BVerfGE 6, 55 ········· 363, 375
BVerfGE 6, 90ff. ········· 153
BVerfGE 6, 273 ········· 404
BverfGE 7, 53(56) ········· 426
BVerfGE 7, 63 ········· 154
BVerfGE 7, 77 ········· 154
BVerfGE 7, 125 ········· 494
BVerfGE 7, 198 ········· 363, 382, 414, 421
BVerfGE 7, 198(200f.) ········· 426
BVerfGE 7, 198(205) ········· 426
BverfGE 7, 198(205f.) ········· 427
BverfGE 7, 198(206) ········· 426
BVerfGE 7, 198, 207f. ········· 435
BVerfGE 7, 198ff. ········· 417, 443, 475
BVerfGE 7, 198ff.(210ff.) ········· 442
BVerfGE 7, 320 ········· 465
BVerfGE 7, 377 ········· 477, 485, 498
BVerfGE 8, 210 ········· 363, 382
BVerfGE 10, 59 ········· 331, 364

BVerfGE 10, 89 ········ 231, 406, 494, 495
BVerfGE 10, 99 ········ 495
BVerfGE 10, 234 ········ 493, 494
BVerfGE 10, 244 ········ 494
BVerfGE 11, 30 ········ 484
BVerfGE 11, 126 ········ 29
BVerfGE 11, 282f. ········ 108
BVerfGE 12, 6 ········ 410
BVerfGE 12, 45 ········ 470
BVerfGE 12, 113 ········ 475
BVerfGE 12, 113ff. ········ 417
BVerfGE 13, 22 ········ 495
BVerfGE 13, 97 ········ 415, 475, 477, 495
BVerfGe 13, 175ff. ········ 404
BVerfGE 13, 225 ········ 493
BVerfGE 13, 229 ········ 494
BVerfGE 13, 296 ········ 363
BVerfGE 14, 52 ········ 494
BVerfGE 15, 126 ········ 493, 494
BVerfGE 15, 256 ········ 407
BVerfGE 15, 288 ········ 372
BVerfGE 15, 508 ········ 418
BverfGE 16, 147 ········ 405
BVerfGE 16, 194 ········ 498
BVerfGE 17, 306 ········ 231, 484
BverfGE 18, 257 ········ 245
BVerfGE 18, 385 ········ 408
BVerfGE 18, 441 ········ 410
BVerfGE 19, 206 ········ 411, 469
BVerfGE 19, 342 ········ 483
BVerfGE 20, 56 ········ 181
BVerfGE 20, 150 ········ 484, 486
BVerfGE 21, 92f. ········ 495
BVerfGE 21, 217 ········ 411
BVerfGE 21, 362 ········ 377, 382, 406, 407, 410
BVerfGE 21, 373 ········ 409
BVerfGE 21, 378 ········ 257
BVerfGE 22, 49 ········ 504

BVerfGE 22, 180 ········ 245, 498, 500
BVerfGE 23, 30 ········ 406
BVerfGE 23, 353 ········ 407
BVerfGE 24, 33 ········ 493, 494
BVerfGE 24, 135 ········ 363
BVerfGE 24, 367 ········ 376, 383
BVerfGE 25, 1 ········ 483
BVerfGE 25, 14 ········ 494
BVerfGE 25, 44 ········ 475
BVerfGE 25, 256 ········ 421
BVerfGE 25, 256(263ff.) ········ 427
BVerfGE 25, 263 ········ 363
BVerfGE 25, 371 ········ 493
BVerfGE 25, 371ff. ········ 403
BVerfGE 25, 396 ········ 494
BVerfGE 25, 398f. ········ 494
BVerfGE 26, 186 ········ 475
BVerfGE 27, 1 ········ 377
BVerfGE 27, 7 ········ 475
BVerfGE 27, 71 ········ 367
BVerfGE 27, 254 ········ 363
BVerfGE 27, 344 ········ 498
BVerfGE 28, 191 ········ 475
BVerfGE 28, 243 ········ 470
BVerfGE 28, 243(261) ········ 443
BVerfGE 28, 243ff. ········ 443
BVerfGE 29, 211 ········ 483
BVerfGE 29, 221 ········ 245
BVerfGE 29, 260 ········ 484
BVerfGE 29, 312 ········ 367
BVerfGE 30, 1 ········ 257
BVerfGE 30, 1(19f.) ········ 469
BVerfGE 30, 1ff. ········ 62
BVerfGE 30, 47 ········ 500
BVerfGE 30, 173 ········ 421, 465, 469
BVerfGE 30, 173(196f.) ········ 426
BVerfGE 30, 173ff. ········ 472
BVerfGE 30, 189 ········ 363

BVerfGE 30, 292 ······ 231, 483
BVerfGE 30, 336 ······ 484
BVerfGE 31, 58 ······ 324, 421, 470
BVerfGE 31, 314 ······ 411
BVerfGE 32, 98 ······ 465
BVerfGE 32, 373 ······ 498
BVerfGE 33, 1 ······ 507
BVerfGE 33, 171 ······ 231
BVerfGE 33, 303 ······ 239, 245, 367, 377, 382
BVerfGE 33, 303f. ······ 507
BVerfGE 33, 303ff. ······ 367
BVerfGE 34, 238 ······ 498
BVerfGE 34, 269 ······ 421
BVerfGE 34, 280 ······ 363
BVerfGE 35, 79 ······ 363, 382
BVerfGE 35, 185 ······ 495
BVerfGE 35, 202(225) ······ 443
BVerfGE 35, 202ff. ······ 443
BVerfGE 36, 1 ······ 15, 118
BVerfGE 36, 47 ······ 231
BVerfGE 38, 23 ······ 107
BVerfGE 38, 23f ······ 108
BVerfGE 38, 241ff. ······ 443
BVerfGE 39, 1 ······ 37, 382, 389
BVerfGE 39, 1ff. ······ 443
BVerfGE 39, 128 ······ 257
BVerfGE 39, 210 ······ 231, 484
BVerfGE 40, 121 ······ 250
BVerfGE 40, 196 ······ 231
BVerfGE 40, 249 ······ 258
BVerfGE 41, 378 ······ 231
BverfGE 42, 143(148) ······ 426
BVerfGE 42, 144 ······ 363
BVerfGE 42, 147 ······ 426
BVerfGE 42, 148 ······ 363
BVerfGE 42, 212 ······ 411
BVerfGE 44, 125 ······ 181
BVerfGE 44, 196ff. ······ 443

BVerfGE 45, 63 ········· 406, 407
BVerfGE 45, 187 ········· 500
BVerfGE 46, 160 ········· 382
BVerfGE 46, 166 ········· 382
BVerfGE 46, 325 ········· 382
BVerfGE 47, 253 ········· 137
BVerfGE 47, 327 ········· 382
BVerfGE 49, 89 ········· 382
BVerfGE 49, 252 ········· 382
BVerfGE 49, 330 ········· 382
BVerfGE 50, 290 ········· 346, 374, 377, 382, 403
BVerfGE 51, 150 ········· 382, 414
BVerfGE 52, 223ff. ········· 443
BVerfGE 52, 357 ········· 382
BVerfGE 53, 224 ········· 383
BVerfGE 53, 352 ········· 414
BVerfGE 55, 37 ········· 382
BVerfGE 56, 54 ········· 382
BVerfGE 58, 377(396) ········· 426
BVerfGE 59, 119 ········· 156
BVerfGE 59, 360 ········· 394
BVerfGE 65, 196(210) ········· 457
BVerfGE 66, 39 ········· 457
BVerfGE 66, 116 ········· 382
BVerfGE 77, 1(40) ········· 137
BVerfGE 78, 101 ········· 407
BVerfGE 80, 267 ········· 498
BVerfGE 81, 367 ········· 498
BVerfGE 83, 37 ········· 233
BVerfGE 83, 130 ········· 393
BVerfGE 87, 48(66) ········· 27
BVerfGE 88, 203(251f.) ········· 385
BVerfGE 90, 263(275) ········· 27
BVerfGE 93, 37 ········· 137, 233
BVerfGE 95, 220 ········· 440
BVerfGE 103, 332(376) ········· 384
BVerfGE 105, 313(342) ········· 384
BVerfGE 112, 118 ········· 202

BVerfGE 116, 220(222) ········ 457
BVerfGE 125, 175 ········ 250
BVerfGE 125, 175ff. ········ 378
BVerfGE 129, 78ff.(98) ········ 411
BVerfGE 380, 61 ········ 231

[獨逸聯邦行政法院判例]

BVerwGE 1, 92 ········ 499
BVerwGE 1, 159 ········ 250
BVerwGE 1, 269(273) ········ 499
BVerwGE 1, 303 ········ 468
BVerwGE 2, 295(300) ········ 499
BVerwGE 4, 24(37) ········ 499
BVerwGE 6, 141 ········ 499
BVerwGE 14, 21 ········ 364
BVerwGE 30, 30 ········ 507
BVerwGE 40, 347 ········ 403, 411
BVerwGE 47, 201 ········ 507
BVerwGE 47, 330 ········ 498
BVerwGE 49, 202 ········ 469

[獨逸聯邦大法院 · 聯邦勞動法院 · 聯邦社會法院判例]

BAGE 1, 185ff.(191ff.) ········ 422, 423
BAGE 2, 259(264) ········ 427
BAGE 13, 168ff.(174ff.) ········ 423
BAGE 13, 168ff.(175) ········ 423
BAGE 24, 438ff.(441) ········ 423

BGHZ 15, 265f. ········ 395
BGHZ 33, 145ff.(149ff.) ········ 423

[美國判例]

Jacobson v. Mass., 197 U. S.11(1905) ········ 117

사항색인

[ㄱ]
가중다수 213
가중법률유보 475
가치이론 362
가톨릭 사회윤리 313
間接民主制 143
間接適用說 425
概念內在的 限界理論 467
개별적 법률 492
개별적 법률유보 475
客觀的 價値秩序(法秩序, 法原理)로서의 基本權 380
建國憲法 64
決斷論的 憲法概念 8
決定多數의 類型 212
決定의 槪念 201
경제명령 510
공공복리 481
公權力行使의 豫測可能性保障 227
公法上의 法人 405
公的 關係擬制論 418
광의의 기본권개념 325
具體的 規範統制 515
국가3요소설 15
國家共同體留保理論 468
국가안전보장 479
국가원조의 이론 420
국가의 개념정의 16
국가의 수호 87
국가의 어의 14
국가형태 138
국고보조금 191
국민 69
國民의 權利 336
국민주권론 135
國民主權原理의 의미 139
國民主權의 原理 133
國民主權의 行使方法 140
국민주권의 현대적 이해 137
국유재산(주 또는 지방자치단체의 재산)의 이론 420
國籍 71
국적법정주의 71
國籍喪失 73
국적의 선천적 취득 72
國籍의 取得方法 72
국적의 후천적 취득 72
국적재취득 72
국적회복 72
國際勞動機構 315
國際法尊重主義 278
國際人權規約 317
국체 138
국회의원선거제도 162
군주주권론 135
權力分立制度 224
권리장전 293
권리청원 292

귀화 72
近代民主主義 123
급부권 343
給付權的 機能 376
기능적 적정성의 원리 36
기대(수인)가능성의 원칙 484
기본가치 333
기본권구체화적 법률유보 477
基本權保障 223
(국가의) 기본권보호의무 384
基本權思想 287
基本權의 槪念 324
基本權의 競合 448
기본권의 기능 375
기본권의 내재적 한계 464
기본권의 대국가적 효력 413
基本權의 對國家的 效力 415
基本權의 放射效 414
基本權의 保護 512
基本權의 保護領域 459
基本權의 分類 338
基本權의 司法權羈束 417
基本權의 事前的 保護手段 514
基本權의 事後的 保護手段 515
基本權의 서열질서의 理論 440
기본권의 수직적 효력 413
기본권의 수평적 효력 414
基本權의 失效 106, 517
기본권의 외견적 충돌 437
基本權의 一般的 保護手段 514
基本權의 一般的 制限 471
기본권의 제3자적 효력 413, 420
기본권의 제3자효와 (국가의) 기본권보호의무 433
基本權의 制限 471
基本權의 主體能力 388
基本權의 最後的 保護手段 517
기본권의 충돌 434
기본권의 포기 505
基本權의 限界 455
基本權의 行使能力 390
基本權의 行政權羈束 416
기본권의 효력 413
基本權의 效力擴張論 418
基本權理論 349
基本權制限 455
기본권제한법률 490
기본권제한적 법률유보 476
基本權享有의 主體 387
기본권향유주체로서의 국민 387
기본권향유주체로서의 외국인 396
기본권형성적 법률유보 477
基本法의 基本權理論 369
기탁금 190
긴급명령 510
긴급재정 510

[ㄴ]
內國法人 402
논리적 해석 26
능동적 절차적 지위 343
능동적 지위 341

[ㄷ]
多數決原理 201
多數決原理의 前提 208
多數決原理의 正當性根據 204
다수결원리의 한계 211
다수대표제 159
단순다수 212
단순법률유보 475
당비 189
당선소송 172
黨의 憲法上 地位 181
대사인적 효력 413
대통령선거제도 162

대표제 158
獨逸의 法治國家 218

[ㅁ]
목적론적 해석 28
목적의 정당성 486
문법적 해석 26
文化國家原理 261, 270
文化의 槪念 263
文化의 保護·育成·振興·傳受 268
文化的 自律性의 保障 266
文化的 平等權 270
미국독립선언 294
미성년자의 기본권행사능력 392
民主共和國 134
민주적 기능이론 364
민주주의 123
민주주의와 법치주의의 갈등 231

[ㅂ]
방법의 적정성 487
방어권 343
防禦權的 機能 376
防禦的 民主主義 101
버지니아 권리장전 293
法律에 의한 制限 472
법률유보 472
법률의 위헌심사 39
법률의 추정적 효력 39
법실증주의적 헌법관 7
법익의 균형성 489
法益衡量理論 442
법인의 기본권 향유주체성 400
법치국가 218
법치국가적 분배원리 351
法治主義 222
法治主義原理 213
法學的 意味의 憲法 4
補充性의 原理 253
보통선거 151
複數政黨制度 173
복수정당제의 의의 177
본질적 내용의 침해금지 496
北韓地域 80
비례대표제 160
비례의 원칙 231, 482
비밀선거 155
비상계엄 511
비스마르크의 흠결설 89

[ㅅ]
私法上의 法人 402
司法的 權利保護 226
사법적 집행의 이론 420
사회국가 해석모델 236
社會國家와 法治國家의 關係 256
社會國家原理 234, 260
社會國家의 槪念定義 242
社會國家의 限界 259
社會國家的 基本權理論 366
사회권의 특성 379
社會의 統合 250
社會的 基本權의 登場과 展開 302
社會的 安全 248
社會的 人權의 憲法的 受容 318
社會的 正義 247
社會的 240
3限界理論 467
상대다수 212
상대설 498
상대적 헌법개념 9
선거공영제 167
선거구제 158
선거권 146
선거소송 172
선거소청 171

선거운동 165
選擧의 基本原則 151
選擧의 意義 143
選擧制度 143
소극적 지위 340
소수대표제 159
수동적 지위 340
수반취득 72
스토아철학 275
시민불복종이론 98
信頼保護의 原則 227
실정적 헌법개념 9
실제적 조화의 원리 35
實際的 調和의 理論 444, 469
실질적 법치국가 220
실질적 의미의 헌법 4

[ㅇ]
아래로부터의 정변 99
역사적 해석 27
영공 79
英國의 大憲章 290
영역 78
영토 78
영해 79
옐리네크의 지위론 340
외국법인의 기본권향유주체성 409
우리 憲法의 基本權理解 372
原基本權 289
위로부터의 정변 99
違憲政黨解散 105
유럽人權協約 316
人間과 市民의 權利宣言 296
人間의 權利 336
人權과 基本權 326
인권보자아의 현대적 전개 313
人權保障의 國際化 314
인권으로서의 저항권 92
인권의 기능 330
人權의 效力 317
인신보호령 292
인지 72
일반권력관계 503
일반적 법률유보 475, 479
일반적으로 승인된 국제법규 282
입법의 자유영역의 이론 439
立法作用의 憲法 및 法羈束 224
입헌적 헌법 3

[ㅈ]
자유권의 생활권화현상 345
自由權的 基本權의 歷史的 展開 289
自由民主的 基本秩序 125
自由民主主義原理 122
자유선거 157
자유주의적 기본권이론 351
在外國民 74
在外國民登錄制度 75
저항권 92, 517
抵抗權의 行使對象 95
抵抗權의 行使要件 96
抵抗權의 行使主體 95
적극적 지위 341
적시조항 495
적합성의 원칙 483
절대다수 212
절대설 498
절대적 헌법개념 8
정당국가 174
정당국가적 민주주의 175
정당성 50
政黨의 强制解散 193
政黨의 概念 178
정당의 공공의 지위 186
政黨의 登錄取消 200
政黨의 法的 形態 186

政黨의 任務 180
정당의 자유의 지위 182
정당의 평등의 지위 185
정당의 해산 193
정당해산의 효과 199
정체 138
정치원리로서의 민주주의 133
정치자금법 188
政治資金 187
제1차 개헌 64
제2차 개헌 64
제3차 개헌 65
제4차 개헌 65
제5차 개헌 65
제6차 개헌 65
제7차 改憲 65
제8차 改憲 66
제9차 改憲 68
制度保障理論 355
제도적 기본권이론 354
制度的 基本權理論 358
制度的 保障으로서의 基本權 383
第三世代 人權 319
조약 279
主觀的 公權 375
주관적 공권론 339
주권 135
주권이론 135
지도개념 460
지방의회의원선거제도 165
地位論 339
직능대표제 161
直接民主制 141
직접선거 154
直接適用說 422
질서유지 480

[ㅊ]
차티즘운동 306
참여권 343
參與權的 機能 376
처분법률 493
請求權的 機能 376
청원 514
체계적 해석 28
최강효력설 450
최약효력설 450
侵略戰爭의 否認 277

[ㅋ]
칸트의 영구평화론 275

[ㅌ]
脫北住民의 問題 77
토픽적·문제지향적 방법 31
통치기능의 이론 419
統合論的 憲法概念 11
통합작용의 원리 36
특권부여의 이론 420
特別關係 503
특별권력관계 503

[ㅍ]
평등선거 153
平和國家原理 274, 277
平和的 統一指向 283
프랑크푸르트憲法 307
피선거권 150
피해의 최소성 488
필요성의 원칙 484

[ㅎ]
韓國憲法 改正略史 64
韓國憲法의 基本原理 113
合憲的 法律解釋 37

해석학적·구체화적 방법 31
行政의 合法律性 225
헌법개정 51
憲法改正無限界論 59
憲法改正의 限界 58
憲法改正節次 56
憲法改正限界論 60
헌법개혁 55
헌법관 6
헌법국가 3
憲法訴願 516
헌법수호수단으로서의 저항권 92
憲法守護의 手段 91
憲法에 固有한 解釋方法 29
헌법에 의한 제한 471
憲法에의 의지 20
憲法의 槪念 3, 17
憲法의 經濟規範性 22
憲法의 構造的 開放性 22
憲法의 權力制限性 21
헌법의 규범력의 원리 36
헌법의 기본원리 112
헌법의 변천 54
헌법의 수호 87
憲法의 守護者 88
憲法의 意義 3
헌법의 이상개념 9
憲法의 自己保障性 20
헌법의 적용범위 69
헌법의 정지 54
憲法의 制定 43
憲法의 組織規範性 21
憲法의 最高規範性 19
헌법의 침해 54
헌법의 통일성의 원리 35
憲法의 特性 17
헌법의 파괴 53
헌법의 폐제 53
憲法의 包括的 規範性 19
憲法前文 116
憲法前文의 機能 118
憲法前文의 法的 性格 117
憲法制定權力 44
憲法制定權力理論 46
헌법지향적 해석 38
헌법학 6
헌법해석 24
憲法解釋의 指針 34
憲法解釋의 限界 37
헌법해석학 6
현대의 법치주의 221
현실과학지향적 방법 32
협의의 기본권개념 325
狹義의 民主主義 133
협의의 비례성의 원칙 484
형식적 법치국가 219
형식적 의미의 헌법 4
후원금 189

저자약력

1952년 제주 출생
고려대학교 법과대학 및 동 대학원 석사박사과정 수료
독일 Köln대학교에서 법학박사학위(Dr. iur.) 취득
한림대학교 교수(1988~1997)
독일 쾰른 대학교 법과대학 '국가철학 및 법정책연구소' 객원교수(1994~1995)
제 7 회 한국헌법학회 학술상 수상(2005)
사법시험 및 각종 국가시험위원, 한국공법학회 부회장, 한국헌법학회 부회장, 한독법률학회 부회장, 안암법학회 부회장, 한국가톨릭사회과학연구회 회장, 한국환경법학회 부회장 역임
현재 서강대학교 법학전문대학원 교수

주요 저서 및 논문

Soziale Rechte auf der Verfassungsebene und auf der gesetzlichen Ebene, Diss. Köln(1986)
해방과 정치계몽주의, 도서출판 새남, 1988(M. Kriele, *Befreiung und politische Aufklärung*, 1980)
민주주의 세계혁명, 도서출판 새남, 1990(M. Kriele, *Die demokratische Weltrevolution*, 1987)
법과 실천이성, 한림대학교출판부, 1992(M. Kriele, *Recht und praktische Vernunft*, 1979)
법발견론, 한림대학교출판부, 1994(M. Kriele, *Theorie der Rechtsgewinnung*, 2. Aufl. 1976)
마르크스주의와 수정사회주의, 도서출판 새남, 1996(B. Gustaffson, *Marxismus und Revisionismus*, 1972)
국가론, 민음사, 1997(H. Heller, *Staatslehre*, 6. Aufl. 1983)
헌법 I, 현암사, 1999
헌법정해, 신영사, 1999
헌법요론, 신영사, 1999(2005: 제 4 판)
환경보호의 법적문제, 서강대학교 출판부, 1999
헌법 II, 현암사, 2000
객관식헌법, 신영사, 2000(2005: 제 4 판)
헌법재판소결정례요지(편), 법문사, 2002
헌법학, 현암사, 2002(2009: 개정 6판)
헌법과 미래(공저), 인간사랑, 2007
법학입문, 신론사, 2007
헌법국가의 도전, 두성사, 2007(M. Kriele, *Die Herausforderungen des Verfassungsstaates*, 1970)
7급객관식헌법, 두성사, 2008
헌법학(중), 박영사, 2010(2015: 제 2 판)
헌법학(하), 박영사, 2010(2014: 제 3 판)
프롤레타리아 계급독재, 신론사, 2011(Karl Kautsky, *Die Diktatur des Proletariats*, 1918)
국가의 법적 기본질서로서의 헌법, 유로, 2011(Werner Kägi, *Die Verfassung als rechtliche Grundordnung des Staates*, 2. Aufl. 1971)
국가형태, 유로, 2011(Max Imboden, *Die Staatsformen*, 1959)
소외론, 유로, 2011(Friedrich Müller, *Entfredung*, 2. Aufl. 1985)
법발견의 이론, 유로, 2013(M. Kriele, *Theorie der Rechtsgewinnung*, 2. Aufl. 1976)
법과 실천이성, 유로, 2013(M. Kriele, *Recht und praktische Vernunft*, 1979)
정의의 판단기준, 유로, 2014(M. Kriele, *Kriterien der Gerechtigkeit*, 1963)
법률과 판결, 유로, 2014(Carl Schmitt, *Gesetz und Urteil*, 1912, 2. Aufl. 1969)
법관법, 유로, 2014(Friedrich Müller, *Richterrecht*, 1986)
헌법소송법, 박영사, 2015
'사회국가 해석모델에 관한 비판적 검토', '자연의 권리주체성', '독일의 헌법과 행정법에 있어서의 환경보호' 등 논문 다수

제 3 판
憲法學(上)

초판발행 2010년 2월 28일
제 2 판발행 2013년 8월 30일
제 3 판인쇄 2016년 2월 5일
제 3 판발행 2016년 2월 20일

지은이 홍성방
펴낸이 안종만

편 집 한두희
기획/마케팅 박세기
표지디자인 조아라
제 작 우인도·고철민

펴낸곳 (주) 박영사
서울특별시 종로구 새문안로3길 36, 1601
등록 1959. 3. 11. 제300-1959-1호(倫)
전 화 02)733-6771
f a x 02)736-4818
e-mail pys@pybook.co.kr
homepage www.pybook.co.kr
ISBN 979-11-303-2828-7 94360
978-89-6454-568-3 (세트)

정 가 33,000원